A FRAGILIDADE DA BONDADE

Martha C. Nussbaum

A FRAGILIDADE DA BONDADE
Fortuna e ética na tragédia e na filosofia grega

Tradução
Ana Aguiar Cotrim

Revisão da tradução
Aníbal Mari

SÃO PAULO 2019

Esta obra foi publicada originalmente em inglês com o título
THE FRAGILITY OF GOODNESS
por The Press Syndicate of the University of Cambridge.
Copyright © Cambridge University Press, 1986.
Copyright © Martha C. Nussbaum, 2001.
Copyright © 2009, Livraria Martins Fontes Editora Ltda.,
São Paulo, para a presente edição.

1ª edição 2009
2ª tiragem 2019

Tradução
ANA AGUIAR COTRIM

Revisão da tradução
Aníbal Mari
Acompanhamento editorial
Luzia Aparecida dos Santos
Preparação do original
Luzia Aparecida dos Santos
Revisões gráficas
Maria Regina Ribeiro Machado
Ana Maria de O. M. Barbosa
Produção gráfica
Geraldo Alves
Paginação
Studio 3 Desenvolvimento Editorial

Dados Internacionais de Catalogação na Publicação (CIP)
(Câmara Brasileira do Livro, SP, Brasil)

Nussbaum, Martha C.
  A fragilidade da bondade : fortuna e ética na tragédia e na filosofia grega / Martha C. Nussbaum ; tradução Ana Aguiar Cotrim ; revisão da tradução Aníbal Mari. – São Paulo : Editora WMF Martins Fontes, 2009.

  Título original: The fragility of goodness.
  Bibliografia.
  ISBN 978-85-7827-062-9

  1. Ética antiga na literatura 2. Ética – Grécia – História 3. Sorte na literatura 4. Teatro grego (Tragédia) I. Título.

08-12346   CDD-170.938

Índices para catálogo sistemático:
1. Ética grega antiga : Filosofia   170.938

Todos os direitos desta edição reservados à
Editora WMF Martins Fontes Ltda.
Rua Prof. Laerte Ramos de Carvalho, 133 01325-030 São Paulo SP Brasil
Tel. (11) 3241.3677 e-mail: info@wmfmartinsfontes.com.br
http://www.wmfmartinsfontes.com.br

Para Rachel

Alguns rogam por ouro, outros por terras vastas.
Eu rogo por deleitar meus concidadãos
até que meus membros sejam envoltos em terra – um homem
que louvou o que merece louvor
e semeou a censura aos malfeitores.
Mas a excelência humana
cresce qual videira
alimentada pelo verde orvalho,
alçada, entre os homens sábios e os justos,
ao céu líquido.
Temos toda sorte de necessidades daqueles que amamos –
a maior parte nas misérias, mas na alegria, também,
empenha-se por ir ao encalço de olhos em que possa confiar.

Píndaro, Neméias VIII. 37-44

Ele o verá como sendo ele próprio por si só e consigo, eterno e único, e verá todas as outras coisas belas como coisas que participam dele de tal maneira que, quando as outras vêm a ser e são destruídas, ele jamais vem a ser algo mais ou menos, tampouco sofre alguma alteração... É nesse momento, meu caro Sócrates, se em algum momento é, que a vida é para um ser humano digna de viver – o momento em que ele contempla o belo em si... Pensas que a vida seria miserável para uma pessoa que olhasse lá fora e o contemplasse de maneira apropriada e estivesse com ele? Ou não entendes que somente ali, onde ele vê o belo com essa faculdade à qual ele é visível, ser-lhe-á possível dar à luz não simulacros da excelência, uma vez que não é um simulacro que ele apreende, mas a verdadeira excelência, uma vez que apreende a verdade? E uma vez que dá origem à verdadeira excelência e a nutre, tornar-se-á amado-de-deus e, se é que um ser humano o pode ser, imortal?

Platão, Banquete 211B-212A

SÓCRATES: Pois bem, o que é um ser humano?
ALCIBÍADES: Não sei o que dizer.

Platão, Alcibíades I, 129E

Sumário

Prefácio à edição revista XIII
Prefácio XXXVII
Agradecimentos XXXVIII
Abreviações XL

Capítulo 1. Fortuna e ética 1
Uma preocupação do pensamento ético grego: a boa vida humana depende de coisas que os seres humanos não controlam. A busca pela auto-suficiência por meio da razão; seus limites. Por que essas questões, importantes para nós, são raramente tratadas nos escritos éticos modernos. Três subproblemas: componentes vulneráveis da boa vida; conflito contingente de valores; os elementos não-controlados da personalidade. Esboço do argumento. Por que obras de literatura são parte indispensável de uma investigação filosófica dessas questões.

PARTE I. TRAGÉDIA: FRAGILIDADE E AMBIÇÃO 19

Capítulo 2. Ésquilo e o conflito prático 21
A descrição que a tragédia grega faz dos dilemas práticos como sérios e insolúveis sem resquício: a acusação de que isso é um sinal de pensamento primitivo e ilógico.
    I Um esboço do problema. Fatores que normalmente consideramos importantes na avaliação desses casos. Razões para não tornar central para nossa discussão a distinção moral/não-moral. 23
    II Algumas "soluções" filosóficas do problema. 25
    III Dois casos de conflito trágico em Ésquilo: Agamêmnon em Áulis, Etéocles diante dos portões. 27
    IV A concepção, implícita nas peças, da resposta apropriada em tais casos. O que significa dizer que essas experiências podem proporcionar aprendizado. 34
    V Essa concepção trágica confrontada com as teorias dos filósofos da Seção II. A realização positiva da consideração esquiliana. 40

Capítulo 3. A *Antígona* de Sófocles: conflito, visão e simplificação 44
Uma pessoa racional poderia planejar a vida de modo a evitar tanto quanto possível as situações do Capítulo 2? Uma maneira de o fazer seria simplificar e limitar o alcance dos próprios comprometimentos.
    I O guarda: um exemplo da razão prática comum, cindida e conflituosa. 45
    II Creonte. Tensão entre valores excluídos pelo reconhecimento de um único valor. Suas engenhosas redefinições; estranhas conseqüências para o amor e a religião. A motivação de sua estratégia; seu malogro. 46

III Antígona. Sua concepção de valor é limitada de uma maneira diferente. Sua reinterpretação de certos termos e conceitos. Por que sua estratégia, ainda que deficiente, é superior à de Creonte. 54
   IV A idéia de Hegel de que a peça aponta para uma síntese em que se faz justiça a ambas as esferas concorrentes de valor. A lírica do coral nos ajuda a analisar essa hipótese. Os pàrodos: olhos e visão, simples e complexo. A ode ao ser humano: a profundidade das razões do conflito na vida cívica. A ode a Dânae: seu pessimismo quanto à nossa relação com a contingência. Um conflito de ordem superior concernente ao próprio conflito. A resposta pessimista de Schopenhauer. 58
   V Tirésias e Hemon: uma racionalidade humana flexível. Sua relação com a harmonia; com a fortuna. A invocação de Dioniso. 68

Conclusão da Parte I 72
A vulnerabilidade dos valores individuais segundo a tragédia.

PARTE II. PLATÃO: BONDADE SEM FRAGILIDADE? 75

Introdução 77
A continuidade do pensamento de Platão com a tragédia. Dois problemas metodológicos: o desenvolvimento filosófico ao longo do tempo, a forma do diálogo.

Capítulo 4. O *Protágoras*: uma ciência de raciocínio prático 79
A antítese entre *týkhe* e *tékhne* (arte ou ciência) e histórias míticas do poder salvador da *tékhne*: uma esperança para o progresso humano.
   I O cenário dramático: problemas da *týkhe*. 81
   II O conceito geral de *tékhne* na ciência grega pré-platônica. 83
   III A história de Protágoras do progresso humano sobre a *týkhe*. Qual *tékhne* ele ensina, e como ela progride com os nossos problemas? 88
   IV A ciência da medida: o que a motiva, que progresso ela poderia fazer. O argumento da *akrasía*: o papel do prazer como padrão de escolha. Como a comensurabilidade dos valores opera para eliminar a *akrasía*. 94
   V Uma conclusão socrática para o mito de Protágoras. 103

Interlúdio I: O teatro antitrágico de Platão 108
O diálogo filosófico como um novo tipo de escrita. A ausência de qualquer distinção prévia entre o filosófico e o literário. O poeta como mestre ético. O débito positivo do diálogo à tragédia e o seu repúdio a ela: a ruptura estilística de Platão expressa uma profunda crítica moral.

Capítulo 5. A *República*: valor verdadeiro e o ponto de vista da perfeição 120
A abertura do diálogo: uma questão sobre o que verdadeiramente vale a pena procurar.
   I A suposta insuficiência dos argumentos de Platão para sustentar sua classificação da vida contemplativa acima de outras vidas. Um argumento profundo, muito embora intrincado, concernente à necessidade e ao valor intrínseco. *República* IX; paralelos de *Górgias* e *Filebo*. 122
   II Uma defesa do ascetismo: como atividades que não são verdadeiramente valiosas desvalorizam aquelas que o são. *Fédon* e *República*. 133

III Questões sobre o ponto de vista a partir do qual se alcançam juízos verdadeiros de valor. Sua relevância para o juízo estético; para a educação moral. 134
    IV Como se obtém harmonia entre valores. 139
    V O problema da motivação. A utilização de Platão de argumentos negativos e positivos. 141

Capítulo 6. A fala de Alcibíades: uma leitura do *Banquete* 145
A acusação de que Platão negligencia o amor de um indivíduo único por outro: cumpre avaliá-lo em relação à totalidade do diálogo.
    I A construção do diálogo. Datas dramáticas. 147
    II A fala de Aristófanes: o amor de indivíduos únicos uns pelos outros; sua perspectiva e seus problemas. 150
    III Diotima e a ascese do amor. Suas motivações práticas. O papel capacitador dos juízos de homogeneidade qualitativa. Como o amante adquire auto-suficiência. 155
    IV A entrada de Alcibíades. Sua afirmação de que dirá a verdade por meio de imagens. A história de um amor particular; o desejo do amante por conhecimento. 162
    V A acusação de Alcibíades. *Éros* e escravidão. Um confronto entre duas concepções de valor. 171

Capítulo 7. "Essa história não é verdadeira": loucura, razão e retratação no *Fedro* 176
A evidente distância entre o *Fedro* e os diálogos intermediários quanto ao lugar do amor e da loucura na boa vida.
    I Loucura: o que é, como é criticada nos outros diálogos. As duas primeiras falas desenvolvem certos elementos da posição em favor da qual Platão argumentou seriamente nos diálogos intermediários. 179
    II O louvor de Sócrates a (certos tipos de) loucura. Os elementos não-intelectuais como fontes importantes de energia motivacional. Sua função orientadora e até mesmo cognitiva em nossa aspiração ao bem. O entrelaçamento entre amor e entendimento. Paixão pessoal como uma parte intrinsecamente valiosa da melhor vida. Implicações para a concepção platônica da alma e da identidade pessoal. A ação do diálogo em relação às suas concepções éticas. 187
    III A psicologia moral na condenação dos poetas. Em que medida o discurso poético é agora restituído a um lugar de honra. A filosofia e seu estilo. 196
    IV Motivações para essa retratação. O *status* de suas verdades. 200

PARTE III. ARISTÓTELES: A FRAGILIDADE DA BOA VIDA HUMANA 205

Introdução 207
O papel das discussões gerais de método e ação.

Capítulo 8. A salvação das aparências segundo Aristóteles 210
A intenção declarada de Aristóteles de filosofar dentro dos limites dos *phainómena* (aparências). Por que há dificuldade em reconstruir e apreciar essa visão.
    I O que são *phainómena*. Como se relacionam com a linguagem e a crença usual. 213
    II Como funciona o método. Como as aparências são reunidas e quais são relevantes. Incógnitas. O retorno às aparências: o papel do juiz competente. 214

 III As mais básicas entre todas as aparências. A defesa do princípio de não-contradição como necessário para o pensamento e o discurso. Como a refutação de um princípio pode ter lugar no bojo das aparências. 220
 IV A defesa do método contra uma acusação de indolência e conservadorismo. As tarefas positiva e negativa da filosofia aristotélica: um contraste com Wittgenstein. ... 226

Capítulo 9. Animais racionais e a explicação da ação 231
Relações entre nossas questões éticas e uma teoria da ação. A aparente estranheza da maneira de proceder de Aristóteles: uma "explicação comum" para todos os movimentos animais.
 I Crenças (gregas) usuais sobre a explicação causal do movimento animal. A intencionalidade da crença e do desejo. 233
 II Um modelo fisiológico de explicação causal na ciência primitiva; suas tendências reducionistas e suas implicações. As críticas de Platão; sua defesa de um modelo de explicação psicológica que isola o intelecto das outras faculdades do animal. 235
 III O interesse de Aristóteles em uma concepção genérica do desejo. A palavra *órexis*; sua função no resgate de noções comuns de intencionalidade. Relação entre movimento dirigido a um objetivo e ausência de auto-suficiência. 239
 IV Explicação pela cognição e o desejo. A combinação de uma conexão lógica e uma conexão causal entre *explanantia* e *explanandum* vista como uma vantagem, não um defeito, da consideração de Aristóteles. Por que uma descrição psicológica não é uma explicação causal. 241
 V Essa explicação vista como uma reflexão sobre o movimento "voluntário". Suas relações com questões de avaliação ética e legal. 246

Capítulo 10. Deliberação não-científica 253
Sabedoria prática não é entendimento científico; o critério de escolha correta é a pessoa de sabedoria prática. A evidente ligação dessas teses com o ataque de Aristóteles à auto-suficiência platônica.
 I O antropocentrismo da busca pelo viver bem. 254
 II O ataque à comensurabilidade dos valores. 256
 III A exigência platônica de generalidade. A defesa de Aristóteles da prioridade do particular concreto. 260
 IV O papel dos elementos não-intelectuais na deliberação. Comparação entre Aristóteles e o *Fedro*. 267
 V A pessoa de sabedoria prática e um aparente problema de circularidade. 270
 VI Um exemplo de deliberação aristotélica. Como essa concepção deixa o agente vulnerável à contingência. 272

Capítulo 11. A vulnerabilidade da boa vida humana: atividade e desgraça ... 277
Eudaimonía "permanece carente de coisas boas provindas do exterior": que coisas? quando? em que medida?
 I Duas posições extremas quanto à fortuna: o método dialético de Aristóteles. 278
 II A primeira posição extrema: a fortuna é o único fator decisivo na consecução de uma boa vida. Como essa concepção é rejeitada; fato e valor numa investigação aristotélica. . 279
 III A concepção oposta: uma vida humana boa é completamente invulnerável à fortuna. Duas versões dessa posição. O ataque de Aristóteles à concepção da "boa-condição": casos de impedimento total ou parcial à atividade. 280

IV Ruptura parcial da boa atividade: o caso de Príamo. Casos trágicos relacionados.... 284
V Danos aos próprios bons estados de caráter. 293
VI O papel do risco e da limitação material na constituição do valor de certas virtudes
   importantes. 296

Capítulo 12. A vulnerabilidade da boa vida humana: bens relacionais 299
Componentes relacionais da boa vida: sua vulnerabilidade especial.
  I Atividade e afiliação política. Sua instabilidade. Seu valor instrumental no desenvolvimento e na preservação do bom caráter. Conseqüências para a teoria política. Seu valor intrínseco. A administração política do conflito. 301
  II *Phíloi* como "o maior dos bens exteriores". A natureza da *philía*. Os tipos e fontes de sua vulnerabilidade. Seu valor instrumental no desenvolvimento e na preservação do bom caráter; na continuação da atividade; no autoconhecimento. Seu valor intrínseco. 308

Apêndice à Parte III: Humano e divino 326
Evidência conflitante em Aristóteles em favor de uma posição platônica mais teocêntrica. Evidência de uma classificação geral de vidas em termos de sua bondade. O caso especial da *Ética nicomaquéia* X.6-8; sua incompatibilidade com o restante do pensamento ético de Aristóteles.

Interlúdio 2: A fortuna e as emoções trágicas 331
Uma passagem controversa da *Poética*: a primazia da ação trágica vinculada a pensamentos sobre caráter e ação na *eudaimonía*. Sua ligação com o ataque de Aristóteles aos teóricos da boa-condição e aos platônicos. A tragédia explora a lacuna entre ser bom e viver bem. Por que piedade e temor são irracionais e inúteis para os oponentes da fortuna, mas fontes valiosas de reconhecimento para os aristotélicos. Fortuna e *kátharsis* trágica. A escrita própria de Aristóteles.

Epílogo: Tragédia 347

Capítulo 13. A traição da convenção: uma leitura da *Hécuba* de Eurípides ... 349
O fantasma de uma criança assassinada. Rejeição dessa peça por aqueles que acreditam que o bom caráter não pode declinar.
  I A fala de Hécuba sobre a firmeza do bom caráter na adversidade. Sua posição no debate natureza-convenção. Conexões com Tucídides sobre Corcira. Polixena, um exemplo de nobre simplicidade. 351
  II A unidade da peça. O crime de Poliméstor. A desconjunção do caráter de Hécuba. .. 357
  III A vingança como a nova "convenção" de Hécuba. Sua estrutura e ponto central. 360
  IV A ligação entre a peça e as concepções aristotélicas. 367
  V Nada do que é humano é digno de confiança. O significado negativo e positivo desse pensamento. A rocha de Hécuba como um ponto de referência para marinheiros. 368

Notas 371
Bibliografia 453
Índice geral 467
Índice de passagens 478

Prefácio à edição revista[1]

I

Este ano *Fragilidade* está completando quinze anos[2]. Durante esse tempo, muita coisa mudou, tanto na minha maneira de pensar como no âmbito mais amplo da filosofia. Com relação ao meu próprio pensamento, o meu crescente envolvimento com a ética estóica e a minha preocupação cada vez maior com questões de filosofia política deram-me novas perspectivas sobre alguns dos temas éticos aqui discutidos. Entrementes, o trabalho sobre o pensamento ético dos antigos gregos, antes apanágio de um pequeno grupo de especialistas, vem aos poucos conquistando lugar central no palco da filosofia moral anglo-americana e da Europa continental[3]. Esse movimento é heterogêneo, e modelos gregos são invocados para sustentar inúmeras posições diferentes, algumas das quais são objeto da minha veemente discordância. Assim, embora nesta edição o texto em si esteja inalterado[4], este novo Prefácio me dá a grata oportunidade de complementar *Fragilidade* com minhas reflexões sobre essas mudanças e sobre como elas afetam minha visão atual do livro.

Fragilidade examinou o papel da vulnerabilidade humana à fortuna no pensamento ético dos poetas trágicos, de Platão e de Aristóteles. Embora o texto tenha dedicado alguma atenção ao papel da fortuna na formação da virtude do bom caráter, ele enfocava primordialmente a lacuna entre ser uma pessoa boa e conseguir viver uma vida humana florescente, uma vida que contenha proeminentemente a atividade virtuosa. (Assim, a "bondade" do título deve ser entendida como "o bem humano" ou *eudaimonía*, e não como "bondade de caráter".) É famosa a afirmação de Sócrates de que uma pessoa boa não pode ser prejudicada – o que significa que, enquanto a virtude estiver a salvo, estará a salvo todo o necessário para viver uma vida florescente. Afirmo que essa idéia marcou um estágio de um debate rico e atribulado sobre o papel ético da fortuna, debate que prosseguiu, em Atenas, ao longo dos séculos VI e V a.C., e do qual participaram tanto poetas quanto filósofos. Ao investir contra o papel da fortuna no pensamento dos poetas trágicos, Sócrates preparou o caminho para o ataque mais sistemático de

---

1. Sou muito grata a John Deigh, Michael Green, Andrew Koppelman, Charles Larmore, Michelle Mason, Richard Posner, Henrt Richardson, David Sedley, David Strauss, Cass Sunstein e Bernard Williams por seus comentários tão proveitosos a um esboço anterior deste Prefácio. O livro já tem uma dedicatória, mas seu novo Prefácio não: dedico assim este Prefácio ao meu professor e amigo Bernard Williams, um dos distintos filósofos do nosso tempo, cuja hilariante obra sobre a fortuna inspirou, e continua a inspirar, meu trabalho sobre esses temas.
2. É, em verdade, muito mais antiga, já que comecei a esboçá-la por volta de 1971.
3. Não tenciono excluir outras culturas filosóficas: simplesmente não conheço o suficiente para dizer se essa renovação acontece em outros lugares. Sei que a filosofia moral peruana compartilha o interesse pela ética da virtude que descreverei; o importante jornal *Areté* fez dela um de seus temas centrais.
4. Salvo a correção de vários erros tipográficos e a complementação de referências a livros que então não haviam sido editados.

Platão e para a complicada tentativa aristotélica de preservar alguns elementos da cena trágica sem deixar de fazer justiça à posição de Sócrates.

Muito embora a idéia de Sócrates tenha ganhado alguns adeptos, uma concepção como a sua exige uma reconsideração bastante radical de quais são os elementos da vida que possibilitam o florescimento ou a *eudaimonía*. Muitos elementos da vida que normalmente são tidos como indispensáveis à *eudaimonía* terão de ser omitidos. Pois dificilmente se poderia negar que a capacidade de atuar como cidadão, as atividades envolvidas em vários tipos de amor e amizade, e mesmo as atividades associadas com as virtudes éticas maiores (coragem, justiça, e assim por diante) requerem condições exteriores que a bondade do agente não pode por si mesma assegurar. Eliminadas essas condições, eventos que fogem ao nosso controle podem causar prejuízo, inclusive prejuízo ético. Isto é, eventos que estão para além do nosso controle podem afetar, para o bem ou mal, não apenas nossa felicidade, sucesso ou satisfação, mas também elementos éticos centrais de nossa vida: nossa capacidade ou incapacidade de agir de maneira justa na vida pública, de amar outra pessoa e cuidar dela, de agir corajosamente. Assim, mesmo sem ponderar a questão do papel da fortuna[5] em fazer-nos sábios, corajosos ou justos, percebemos que ela parece ter um papel ético importante na medida em que nos torna capazes, ou não, de agir virtuosamente e, portanto, de levar uma vida plena do ponto de vista ético. Não só para os poetas, mas também para alguns filósofos, parecia difícil negar que a uma pessoa incapacitada por uma doença crônica que a desfigurava, ou a uma pessoa presa e torturada, ou a uma mulher estuprada pelo inimigo e escravizada, foram recusados pelo menos alguns elementos eticamente significativos do apogeu humano. Essas pessoas não são apenas infelizes: elas também têm menos capacidade de fazer e intercambiar as coisas que possibilitam uma vida humana plena.

Somente, pois, pela identificação da plenitude da vida com um estado de caráter virtuoso, ou com certas atividades, especialmente a contemplação intelectual, cuja realização parece menos dependente de condições exteriores, seria possível sustentar de maneira plausível que a pessoa boa não pode ser impedida de florescer[6]. Mas essas concepções estreitas do apogeu humano eram, e ainda são, profundamente controversas. Omitir amigos do benefício do apogeu, por exemplo, parecia a Aristóteles, a despeito de seu interesse em geral veemente pela estabilidade, empobrecer a vida dos seres humanos a tal ponto que deixa de ser digna de viver. Que a vulnerabilidade à fortuna foi um tema central da filosofia grega pós-aristotélica jamais fora posto em dúvida, embora esse aspecto da ética helenística careça ainda de um exame mais sistemático[7]. Mas o grau em que Platão e Aristóteles compartilharam a preocupação dos poetas trágicos com o papel da fortuna em moldar a vida que os humanos conseguem viver foi menos amplamente reconhecido, assim como o foram muitas linhas de continuidade relacionadas entre os poetas e os filósofos. Recuperar essas continuidades e os temas em torno dos quais elas giram foi uma motivação central para o livro. Parecia-me que a segmentação das profissões na vida moderna havia-nos obscurecido a verdade evidente de que, na Atenas dos séculos VI e V a.C., os poetas trágicos eram amplamente vistos como fontes principais de apreensão ética. Os filósofos arvoravam-se em competidores, não simplesmente colegas em um departamento relacionado. E competiam tanto na forma como no conteúdo, selecionando as es-

---

5. Aqui, bem como no texto, emprego o termo "fortuna" para designar o que os gregos designaram por *tykhe*, a saber, eventos sobre os quais os agentes humanos não têm controle; ele não conota aleatoriedade, nem mesmo uma concepção particular sobre causalidade.
6. A imagem é de Aristóteles: ver *Ética nicomaquéia* 1101a9.
7. Incumbo-me de alguns aspectos de uma tal investigação em *The Therapy of Desire*, publicado em 1994, um volume paralelo a *Fragilidade*.

tratégias que pareciam mais propensas a revelar a seus alunos os tipos de fatos sobre o mundo que eles tomavam como verdadeiros. Assim, um tema secundário do livro é o debate acerca dessas estratégias e das faculdades a que se dirigem. Os poetas trágicos sustentavam, e revelavam em sua escolha de formas literárias, a idéia de que emoções fortes, entre as quais especialmente a piedade e o temor, eram fontes de percepção da boa vida humana. Platão negou essa idéia e desenvolveu uma concepção de entendimento ético que separa tanto quanto possível o intelecto das influências perturbadoras do sentido e da emoção[8]. Aristóteles, segundo afirmei, retornou a pelo menos algumas das percepções dos poetas trágicos, tanto sobre a vulnerabilidade do florescimento à desgraça, quanto sobre a pertinência ética das emoções para nosso esclarecimento com respeito à importância de tais reveses.

Quando *Fragilidade* foi publicado, havia na filosofia moral contemporânea uma surpreendente ausência de discussões sobre a vulnerabilidade e a fortuna, apesar de sua permanente importância humana. Considerei, pois, a retomada dos debates dos gregos também como uma contribuição a um entendimento ético contemporâneo. Poucos de nós acreditam agora que vivemos em um mundo providencialmente ordenado pela finalidade do bem geral; poucos acreditam até mesmo em uma teleologia da vida humana social que avança rumo à maior perfeição. E, no entanto, pelo menos assim parecia e a mim parece, as conseqüências éticas contemporâneas de supor que vivemos em um mundo em grande parte indiferente aos nossos esforços não haviam sido plenamente investigadas. *Fragilidade* tinha também a intenção de ser um passo preliminar dessa investigação.

Sustento ainda a maioria dos argumentos de *Fragilidade*, tanto interpretativos como substantivos. Por exemplo, ainda penso que a concepção de Aristóteles do ser humano, e da deliberação prática, é de grande importância para o pensamento político e ético contemporâneo; e acredito que a descrição da pluralidade de bens e de conflitos entre eles que encontramos tanto nos poetas como em Aristóteles oferece percepções ausentes em boa parte do raciocínio social contemporâneo. Mas o meu crescente envolvimento com a ética estóica me fez enxergar alguns temas do livro original sob uma nova luz — especialmente a natureza das emoções e o conceito de ser humano. Entrementes, minha preocupação com a filosofia política levou-me a repensar vários tópicos de *Fragilidade*, incluindo a importância ética da pluralidade de bens, a vulnerabilidade da vida humana à fortuna e a natureza da amizade. A segunda e a terceira seções deste Prefácio discutem essas reinterpretações e reconsiderações.

Com respeito à disseminada influência do pensamento ético dos antigos gregos sobre a filosofia moral contemporânea, sinto agora a necessidade de dizer explicitamente algumas coisas que deixei subentendidas em *Fragilidade*. Em particular, gostaria de me distanciar dos apelos aos gregos que insistem em rejeitar a teorização sistemática em ética e o objetivo iluminista de uma vida social fundada na razão[9]. Tais alternativas simplesmente não estavam disponíveis

---

8. Afirmo, entretanto, que ele não manteve essa posição ao longo de toda a sua carreira: o *Fedro*, particularmente, marca uma mudança, ainda que seja uma mudança altamente imbuída de nuances e difícil de mapear com clareza.
9. Entre as concepções que tenho em mente aqui, as mais influentes são as de Bernard Williams em *Ethics and the Limits of Philosophy* (Cambridge, MA: Harvard University Press, 1985) e *Shame and Necessity* (Berkerley e Los Angeles: University of California Press, 1993), e de Alasdair MacIntyre em *After Virtue* (Notre Dame: University of Notre Dame Press, 1981) e *Whose Justice? Which Racionality?* (Notre Dame: University of Notre Dame Press, 1987). Para uma discussão substantiva de Willians, ver "Human Nature", "Practice/Theory" e "Virtue Ethics"; os dois últimos artigos também discutem obra relacionada de Annette Baier e Cora Diamond. Para meu exame crítico de *Whose Justice?*, de MacIntyre, ver *The New York Review of Books*, 7 de dezembro de 1989. Na seção IV, argumentarei que a diferença entre Williams e MacIntyre é muito significativa: MacIntyre é tanto contra a teoria (em um sentido) como contra a razão; Williams, embora rejeite a teoria ética, defende a idéia iluminista (e também socrática) de uma cultura crítica pública.

quinze anos atrás, e aqueles que gostariam de rotular como "antiteoria" a minha posição, a qual almeja não rejeitar idéias iluministas, mas adequar os gregos como aliados de uma versão expandida do liberalismo iluminista, estão simplesmente equivocados. A quarta e a quinta seções do Prefácio tratam desses assuntos: a quarta enfoca a ascensão da "antiteoria" e da anti-razão no interior do pensamento ético recente. A quinta enfoca uma discordância mais sutil quanto à resposta apropriada às desgraças trágicas.

II

Um dos temas principais de *Fragilidade*, como sugeri, era o papel que as emoções têm de nos esclarecer sobre questões de importância ética. Ao tratar dos poetas trágicos, do *Fedro* de Platão e das concepções éticas de Aristóteles, falo com freqüência de uma função cognitiva das emoções; mas digo pouco sobre o que são as emoções. Entretanto, a análise correta da emoção faz uma diferença considerável para a questão que suscitei; algumas análises das emoções tornam muito mais plausível do que outras sua função cognitiva. Refletir sobre as emoções passou a ser um tema central em minha obra posterior. Meus conceitos foram largamente influenciados pelo fato de que dediquei considerável parte desse período intermediário ao estudo do pensamento ético e político das três escolas helenistas centrais: epicuristas, céticos e estóicos[10]. Entre esses, os estóicos tiveram maior importância no desenvolvimento dos meus conceitos sobre a emoção. Acredito que eles nos proporcionam o núcleo da explicação de que precisamos, se quisermos tornar plausível a idéia de que as emoções revelam realidade ética.

Afirmando que as emoções são formas de juízo de valor que atribuem às coisas e pessoas que escapam ao controle do próprio agente grande importância para o seu próprio florescimento, os estóicos seguem insistindo que todos esses juízos são falsos, e que devemos nos despegar deles tanto quanto possível. Rejeito em última instância essa visão normativa em sua forma simples, embora pense realmente que ela tem muito a nos oferecer no que diz respeito à insensata fixação por dinheiro, glória e *status*.

A análise que os estóicos fazem das emoções como juízos de valor, entretanto, é independente de sua controversa tese normativa. Apropriadamente modificada, acredito que ela possa fornecer a base para uma explicação filosófica contemporânea das emoções[11]. Para que seja adequada, a teoria estóica requer três tipos principais de modificação. Em primeiro lugar, ela precisa dar uma explicação plausível da relação entre as emoções adultas e as emoções das crianças e dos animais. (Os estóicos negavam, sem nenhuma plausibilidade, que as crianças e os animais tivessem emoções.) O desenvolvimento de tal explicação nos leva a ampliar a análise cognitiva estóica de modo a incluir uma gama maior de tipos de cognição, como percepções e crenças não lingüísticas. Em segundo lugar, a teoria precisa dar uma boa explicação da variedade cultural da emoção. Os estóicos demonstraram de modo convincente em que medida as normas sociais se tornam internalizadas na arquitetura de nossas emoções; mas pensavam que as normas relevantes eram basicamente semelhantes em todas as sociedades, e assim dedicaram muito pouca atenção a variações sutis. Finalmente, a teoria estóica precisa de uma história genética de como as emoções adultas se desenvolvem para além das emoções arcaicas da infância e da puberdade. Essa história genética complica sob vários aspectos a teoria, sugerindo que as emoções adultas costumam trazer vestígios das primeiras experiências substanciais que envolvem uma perturbadora ambivalência com relação aos objetos amados.

---

10. Sobretudo em *Therapy*; mas os estóicos também desempenham um papel central em "Lawyer", "*Erôs*", "Kant-Stoics", *For Love of Country*, "Political Animals", "Cicero", "Four Paradigms", "Practice/Theory" e *Upheavals*.
11. O projeto de *Upheavals* é construir uma reflexão desse tipo.

Aquele que adotar uma versão da teoria estóica da emoção, mesmo nessa forma bastante alterada, precisará reconhecer, como conseqüência, que a orientação dada pelas emoções é às vezes boa e às vezes má, do ponto de vista ético. As emoções não são mais confiáveis que o material cultural do qual são feitas. Uma boa crítica filosófica das normas culturais acarretará uma crítica das emoções culturalmente adquiridas[12]. Esse ponto importante se aplica também à teoria de Aristóteles da emoção, embora ele não confira à crença o mesmo papel na emoção que a teoria estóica confere[13]. Esse problema deveria, pois, ter sido exposto em *Fragilidade* de maneira mais completa do que foi. Parece-me que o meu interesse em vindicar a possibilidade geral de uma função cognitiva para as emoções levou-me a enfocar demasiados casos (por exemplo, o dos amantes no *Fedro*) em que a influência delas é boa; eu deveria ter reconhecido mais plenamente a verdade do juízo de Platão, segundo o qual elas podem fixar no espírito erros arraigados na cultura.

Ainda que a concepção estóica apresente assim alguns problemas para todos os que confiariam na orientação da emoção, ela também conserva esperanças para o esclarecimento da sociedade ignoradas por ao menos algumas teorias iluministas, como a de Kant, por exemplo, que tende a tratar as emoções como elementos relativamente não-inteligentes da natureza humana. A concepção estóica sustenta que, muito embora a mudança não seja fácil, é possível à personalidade como um todo se tornar esclarecida, se combater os juízos de valor que constituem a raiva e o ódio insensatos[14]. A explicação de Aristóteles da emoção conserva uma esperança semelhante; com efeito, sua idéia de que a emoção apropriada é uma parte constitutiva da virtude significa que um indivíduo pode cultivar emoções virtuosas, aprendendo a sentir raiva da pessoa certa e não da errada, no momento certo, e assim por diante.

Aristóteles é, por certo, demasiado confiante quanto à medida em que as emoções, adquiridas cedo, podem de fato ser mudadas. Os estóicos percebiam que todos os hábitos profundamente arraigados são difíceis de alterar, e mais difíceis ainda se estão enraizados na estrutura motivacional da personalidade. Em *Therapy*, argumentei que Sêneca enxergava mais longe que Aristóteles quando afirmava que a luta contra a raiva requer vigilância perpétua. Sobre o amor erótico apaixonado, suas idéias eram ainda mais complexas: nas tragédias, mas não nos escritos filosóficos, ele insistiu na capacidade do amor de fugir à avaliação moral, e encontrou nessa energia amoral uma fonte potencial tanto para a beleza quanto para o perigo. Minhas próprias reflexões recentes sobre as raízes da emoção na infância e na puberdade sugerem ainda outras razões para supor que as emoções arcaicas podem criar obstáculos à formação de um caráter virtuoso. Contudo, a adoção de um tipo cognitivo de teoria da emoção ainda sugere direções para o aperfeiçoamento da sociedade que não serão evidentes para nós se considerarmos as emoções simplesmente como ímpetos ou impulsos, desprovidas de um rico conteúdo cognitivo ou de intencionalidade. Devemos pensar que o objetivo apropriado para uma sociedade justa, por exemplo, não é meramente a supressão do ódio racial; é a ausência completa de tal emoção, a ser realizada através de formas de um discurso público e (especialmente) de uma educação pública que ensine o respeito mútuo entre todos os cidadãos.

Desse modo, pensar bem sobre o que são as emoções pode nos ajudar a defender melhor a tese geral de *Fragilidade* sobre a sua função cognitiva. Concomitantemente, a obra revela tanto alguns riscos que corremos ao confiar na orientação delas, quanto algumas perspectivas para o progresso pessoal e social anteriormente não reconhecidas.

---

12. Para um caso sobre esse ponto, ver minha reflexão sobre a crítica estóica de *éros* em "*Erôs*"; esse artigo inclui algumas modificações da minha reflexão sobre o *Fedro* de Platão em *Fragilidade*, Capítulo 7. A principal modificação é o posicionamento mais seguro do argumento em seu contexto social e histórico.
13. Para minha reflexão sobre a diferença, ver *Therapy*, Capítulos 3 e 10.
14. Ver "Kant-Stoics" e, para algumas implicações legais contemporâneas, "Two Conceptions".

III

Fragilidade não era centrado em questões políticas, embora o papel da fortuna em nossa capacidade de agir como cidadãos estivesse entre seus temas. Mas os temas éticos da obra têm realmente implicações significativas para o pensamento político. Em particular, a concepção aristotélica do ser humano como um ser tão capaz quanto vulnerável, que necessita de uma rica pluralidade de atividades vitais (concepção que ele extrai, sob vários aspectos, dos poetas trágicos), tem notável ressonância para o pensamento contemporâneo sobre bem-estar e desenvolvimento. Porque passei grande parte do tempo intermediário em busca dessas implicações e porque, aqui também, vejo agora as questões sob uma luz substancialmente nova, como resultado de meu envolvimento com a ética estóica, parece de grande valia esclarecer esses desdobramentos, ainda que a narrativa resultante possa parecer menos diretamente ligada ao argumento de *Fragilidade*. O que deve emergir daí é uma maior continuidade do que a princípio poderia parecer entre o livro de 1986 e as minhas atuais preocupações políticas.

O pensamento de Aristóteles foi apropriado pela teoria política moderna de muitas maneiras. Mesmo que nos restringíssemos às suas idéias sobre a capacidade e a atuação humanas, essas idéias foram centrais para um bom número de projetos modernos diferentes: a doutrina católica socialdemocrata de Jacques Maritain; a doutrina católica conservadora de John Finnis e Germain Grisez; o comunitarismo católico de Alasdair MacIntyre; o marxismo humanista do jovem Marx e dos seguidores posteriores dessa linha do pensamento de Marx; a tradição socialdemocrata liberal britânica representada pela obra de T. H. Green e Ernest Barker[15]. Todos esses pensadores podem corretamente afirmar que encontram em Aristóteles sustentação para o que dizem; em parte, a razão disso é que Aristóteles é um pensador político incomumente diversificado, e por vezes também internamente incoerente[16].

Durante os últimos doze anos, vali-me de Aristóteles para desenvolver uma teoria política e uma teoria das bases éticas para o desenvolvimento internacional que é uma forma de liberalismo socialdemocrata, estreitamente relacionada às concepções de Maritain, Green e Barker. Embora tenha por vezes me interessado pela interpretação textual estrita das concepções de Aristóteles, almejei primordialmente desenvolver uma concepção própria que, não obstante em certo sentido aristotélica em espírito, afasta-se de Aristóteles sob muitos aspectos, tanto na direção do liberalismo como na direção do feminismo[17]. Em colaboração com o economista Amartya Sen[18], mas desenvolvendo uma proposta política normativa independente do uso comparativo que Sen faz das capacidades como uma medida, argumentei que uma explicação de certas capacidades humanas centrais tem o potencial de fornecer diretrizes ao planejamento polí-

---

15. Para Maritain, ver, entre outros, *The Rights of Man and Natural Law* (Nova York: Charles Scribner's Sons, 1943) e *Man and the State* (Chicago: Chicago University Press, 1951); para Finnis, *Natural Law and Natural Rights* (Oxford: Clarendon Press, 1980), que cita e desenvolve as obras de Grisez, geralmente mais recônditas; para MacIntyre, ver nota 5 acima; uma boa reflexão sobre a influência dos *Economic and Philosophical Manuscripts of 1844* de Marx nos marxismos humanistas subseqüentes está em David A. Crocker, *Praxis and Democratic Socialism* (Nova Jérsei: Humanities Press, 1983); para Green, ver *Prolegomena to Ethics* (Oxford: Clarendon Press, 1890) e *Lectures on Political Obligation* (Londres: Longmans, reeditado em 1941). As partes mais pertinentes da copiosa produção de Barker podem ser descobertas por meio de uma cuidadosa leitura de seu *The Political Thought of Plato and Aristotle* (Londres: Methuen, 1906), que é repleto de comentários que relacionam os gregos com sua própria posição filosófica (e com a de Green).
16. Para mais discussões dessa variedade e suas fontes textuais, ver "Aristotle/Capabilities".
17. A asserção última e mais acabada dessa concepção está em *WHD*, que contém também uma enumeração completa dos *papers* anteriores que levaram a ele; aqui, portanto, não os listo na bibliografia.
18. Novamente, não listo as publicações pertinentes de Sen, porque estão enumeradas em *WHD*.

tico: como condição mínima necessária da justiça social, deve-se garantir aos cidadãos um nível liminar dessas capacidades, o que quer que possuam além delas. As capacidades podem também ser usadas comparativamente, como um índice de qualidade de vida em diversas nações.

Ao longo dos anos, venho enfatizando cada vez mais a importância do respeito pelo pluralismo e pela discordância razoável sobre o valor e o significado últimos da vida. Distanciando-me intencionalmente de Aristóteles, que seguramente acreditava que a política devia fomentar a atuação de acordo com uma única concepção abrangente da vida humana boa, afirmo que a política deve restringir-se à promoção de capacidades, e não de atuações efetivas, com o intuito de abrir espaço para escolhas quanto a seguir ou não seguir uma dada atividade[19]. Ademais, mesmo isso deve ser feito de maneira a deixar espaço para escolhas plurais de religião e demais formas abrangentes de vida. Em outras palavras, minha concepção aristotélica – como a de Maritain, mas diferentemente de outras concepções familiares da tradição – é uma forma de "liberalismo político", significando um liberalismo que reconhece a importância de respeitar diversos modos de vida, inclusive formas não liberais razoáveis[20]. Nessas circunstâncias, meu aristotelismo foi cada vez mais influenciado pelas idéias de John Rawls e de Kant. Outro aspecto em que me afasto de Aristóteles é meu enfoque teórico e prático nas condições das mulheres nos países em desenvolvimento e na sua luta pela igualdade. As concepções de Aristóteles sobre as mulheres não são dignas de um exame sério, mesmo encaradas como meras falsidades.

Como trabalhei nessas idéias, utilizei e desenvolvi mais os aspectos de Aristóteles que *Fragilidade* considerou centrais: sua insistência em que os seres humanos são tão vulneráveis quanto ativos, sua insistência na necessidade que eles têm de uma pluralidade rica e irredutível de atuações, sua ênfase no papel do amor e da amizade na boa vida. Mas, uma vez mais, meu envolvimento com as concepções estóicas foi também de considerável importância. O estudo dos estóicos faz-nos vivamente cientes de alguns grandes defeitos do pensamento de Aristóteles. Dado que esses defeitos estão ausentes nos pensadores estóicos que viveram no mesmo período que Aristóteles (e no caso dos pensadores cínicos, até mesmo antes deles), eles não podem ser escusados sob a justificativa de que a modernidade ainda não havia acontecido[21]. Acredito que esses defeitos deveriam ter recebido em *Fragilidade* pelo menos algum destaque, ainda que fosse diverso o propósito desse livro.

O primeiro e mais surpreendente defeito é a ausência, em Aristóteles, de qualquer senso de dignidade humana universal, *a fortiori* da idéia de que o valor e a dignidade dos seres humanos são iguais. Talvez haja efetivamente uma tensão interna no pensamento de Aristóteles: pois às vezes ele acentua (como enfatizarei) que todo ser natural é digno de reverência. Mas é preciso admitir que em seus escritos éticos e políticos são reconhecidas classificações distintas de seres humanos: mulheres subordinadas a homens, escravos subordinados a senhores. Para os estóicos, ao contrário, o simples ato de possuir a capacidade de escolha moral confere a todos nós uma ilimitada e igual dignidade. Homem e mulher, escravo e livre, grego e estrangeiro, rico e pobre, de classe alta ou baixa – todos são de igual valor, e esse valor impõe a todos nós estritos deveres de respeito[22]. Os estóicos, seguindo seus antepassados, os cínicos, utilizaram-se dessa

---

19. Para outras discussões sobre esse ponto, ver *WHD* e "Aristotle/Capabilities".
20. A expressão foi introduzida por Charles Larmore: ver "Political Liberalism" *in The Morals of Modernity* (Nova York: Cambridge University Press, 1996). Ver também seu *Patterns of Moral Complexity* (Cambridge: Cambridge University Press, 1987). O conceito é ainda desenvolvido por Jonh Rawls em *Political Liberalism* (Nova York: Columbia University Press, edição ampliada em brochura, 1996).
21. Onde se trata da irrelevância política da diferença sexual, e da necessidade de criticar normas sociais de gênero, Platão, evidentemente, indicou o caminho.
22. Evidentemente, eles achavam que havia uma enorme diferença entre virtude e falta de virtude; e, no entanto, parecem acreditar que a própria presença do aparelhamento básico para a virtude é digna de respeito. E porque

idéia para investir radicalmente contra sobre as hierarquias moralmente irrelevantes de classe, posição, honra, e mesmo sexo e gênero, que dividiam os seres humanos em seu mundo[23]. Essas idéias tiveram uma influência formativa na modernidade, graças à atração que exerceram em pensadores como Grócio, Rousseau e Kant. Toda concepção aristotélica contemporânea precisa incorporar algo dessa noção desde o início para que seja moralmente adequada.

Tampouco Aristóteles reconhece que temos ligações morais com pessoas fora de nossa própria cidade-Estado. Realmente reconhecemos como humanos, diz ele, pessoas que vivem a certa distância. Mas ele não sugere que esse reconhecimento nos impõe alguma obrigação moral, mesmo a obrigação de não travar guerra ofensiva contra eles. Novamente, os pensadores estóicos suprem o elemento necessário, argumentando que somos todos, antes de tudo, *kosmopolîtai*, cidadãos do mundo da humanidade como um todo, e que essa cidadania moral comum tem, de fato, pelo menos algumas conseqüências para nossas obrigações éticas. Quais conseqüências são essas, é alvo de debate no interior da tradição. A mais influente reflexão que sobrevive, a de *Dos deveres* (*De Officiis*) de Cícero[24], deixa claro que a humanidade comum impõe deveres bastante estritos de não travar guerra ofensiva, bem como deveres ao inimigo durante a guerra, deveres de hospitalidade a estrangeiros em nosso solo e uma série de outros. A reflexão de Cícero sobre esses deveres exerceu extraordinária influência no pensamento político e jurídico moderno.

Infelizmente, o pensamento de Cícero tem graves lacunas e inconsistências: em particular, ele parece acreditar que não temos nenhum dever de fornecer auxílio material a pessoas que estão fora de nossa própria república. Essa lacuna infeliz está ligada à sua ratificação da concepção estóica de que coisas "exteriores" como dinheiro e propriedade não têm valor intrínseco, e que a virtude é completa em si mesma[25]. O pensamento estóico nos deixa, pois, com alguns grandes problemas que ainda temos de solucionar; no entanto, ele fornece também a base necessária para transpor a política para além do mundo da cidade-Estado. De novo, a necessidade de assim expandir nosso pensamento poderia ter sido proveitosamente mencionada em *Fragilidade*, especialmente em sua ponderação do papel do amor e da amizade na boa vida humana.

Por fim, Aristóteles carece de um elemento essencial de uma boa abordagem política moderna: uma vigorosa concepção de áreas de liberdade, de atividades protegidas nas quais é errado o Estado interferir[26]. O pensamento moderno não é de modo algum uniforme quanto à questão do que é a liberdade e quais são as suas formas mais centrais para um Estado bem governado. Entretanto, qualquer leitor moderno da *Política* de Aristóteles, não importa de qual parte do mundo, seguramente julgará que alguma coisa está faltando quando os cidadãos são comandados em assuntos pessoais como a quantidade de exercício a realizar por dia, sem nenhum reconhecimento de que o desempenho desse papel pelo Estado é moralmente controverso. Essas limitações devem ter sido mencionadas nas partes de *Fragilidade* em que saliento a

---

pensavam que nenhuma pessoa vivente fosse (pelo menos desde o tempo dos grandes fundadores da escola) realmente virtuosa, o reconhecimento dessa disparidade não levava ao reconhecimento de duas classes de valor, mesmo (o que não é claro) que houvesse.

23. Eles nem sempre concluíam de seus argumentos que as condições políticas precisavam de uma mudança radical, porque cometeram o erro de pensar que os "bens exteriores" são irrelevantes para o florescimento humano: ver a discussão seguinte.
24. Embora Cícero seja com freqüência bastante crítico das posições estóicas, em *Dos deveres* ele desenvolve uma posição fundamentalmente estóica ortodoxa, ainda que mediada pelo "estoicismo intermediário" de Panécio.
25. Defendo essa posição em "Cicero".
26. Ver "Aristotle/Capabilities", com referências a discussões anteriores; aqui, estou de acordo com as críticas a Aristóteles feitas por Green e, especialmente, Barker.

importância da escolha e da diligência para a virtude. Embora insista nas condições mundanas de escolha, Aristóteles não pensa com suficiente profundidade sobre os tipos pertinentes de escolha e as condições que elas efetivamente exigem. Os estóicos certamente não nos conduzem a todos pelo caminho que leva a uma concepção moderna de liberdade, mas, novamente, fornecem uma base valiosa para o progresso. O estoicismo romano, especialmente, enfoca com atenção a liberdade como um objetivo central do bom governo, e define o "regime misto" como superior à monarquia, em parte com base nessa consideração. Os estóicos reiteradamente puseram suas crenças em prática, arriscando ou perdendo suas vidas em conspirações antiimperiais por amor à liberdade[27]. Ainda que por séculos tenha-se debatido precisamente o modo como a liberdade dos estóicos romanos se relaciona com as liberdades estimadas pelo liberalismo moderno[28], os estóicos pelo menos oferecem um ponto de partida para a reflexão sobre essas questões cruciais.

Contudo, mesmo que os estóicos proporcionem algumas correções essenciais ao pensamento político de Aristóteles, não devemos construir uma abordagem política moderna apenas sobre as idéias estóicas. Estaremos em melhor situação, acredito, se nos apegarmos a uma abordagem que seja aristotélica em alguns aspectos cruciais, embora modificada para corrigir os defeitos reais da concepção de Aristóteles. Pois há algumas lacunas no pensamento estóico (transmitidas de alguma forma aos herdeiros liberais do estoicismo) que o recurso às idéias aristotélicas pode-nos ajudar a corrigir. E, aqui, a ênfase de *Fragilidade* na vulnerabilidade humana nos leva na direção certa. Os estóicos insistem que os "bens exteriores" da vida – que incluem prosperidade, honra, dinheiro, comida, abrigo, saúde, integridade física, amigos, filhos, pessoas amadas, cidadania e atividade política – não têm nenhum valor genuíno. Sustentam, com Sócrates, que a pessoa boa não pode ser prejudicada. A virtude interior basta para o florescimento humano. Isso confere à sua política uma ênfase distorcida, em que está em questão a necessidade desses bens. Uma distorção correlata aparece em Kant, com sua descrição do ser humano como pertencente a dois reinos distintos, o reino da natureza e o reino moral dos fins, esse último imaginado como relativamente refratário às mudanças do primeiro.

Assim, embora tanto os estóicos quanto Kant insistissem que temos o dever de promover o bem-estar alheio, inclusive seu bem-estar material, a urgência e centralidade desse dever é mais bem assimilada por uma teoria aristotélica que afirma que habitamos um único reino, o reino da natureza, e que todas as nossas faculdades, inclusive nossas faculdades morais, são mundanas e necessitam de bens mundanos para seu florescimento. As relações entre ser bem alimentado e ser livre, entre integridade física e atuação moral, são todas inferidas de maneira mais direta e perspícua de uma teoria como essa, pelas razões dadas no argumento geral de *Fragilidade*: o ser humano é realmente como uma videira, "alçada, entre os homens sábios e os justos, ao céu líquido". Reconhecendo essas vulnerabilidades e suas relações com a atuação valiosa, obtemos incentivos que os estóicos jamais nos fornecem plenamente para promover a distribuição e a redistribuição apropriada de bens materiais, de modo que todos os cidadãos disponham do suficiente. Pois o que está em jogo não é uma questão de oportunidade, mas (entre outras coisas) a própria atuação mental e moral humana.

---

27. Cícero vinculava sua defesa da república com os ideais estóicos. Tanto Sêneca quanto Lucano perderam suas vidas na conspiração de Piso contra o imperador Nero. Trasea Paeto, outro estóico do século I d.C., também perdeu a vida numa conspiração estóica antiimperial. Embora o filósofo-imperador Marco Aurélio não preferisse de fato a restauração da república à sucessão de seu perturbado e desprezível filho Cômodo, como faz no recente filme *Gladiador* (2000), teria sido mais coerente com seus princípios estóicos se tivesse desempenhado o papel que o filme lhe atribui.

28. Como, por exemplo, na famosa discussão de Benjamin Constant sobre a questão.

Podemos avançar um passo nesse ponto: a abordagem estóica separa necessidade de dignidade. A necessidade em si não tem dignidade; é apenas contingencialmente vinculada àquilo que tem dignidade[29]. Isso significa que não pensamos na fome do corpo, na sua necessidade de abrigo, de cuidado em tempos de enfermidade, e de amor, como ingredientes de sua dignidade. Esses são fatos um tanto embaraçosos num ser que também tem dignidade. Essa idéia influencia sutilmente a maneira como abordaremos a tarefa de aliviar a necessidade física: nós a pensamos como algo que comporta um aspecto relativamente indigno da vida humana, com o intuito de que a parte digna possa tirar proveito disso. Acredito que esse seja um fundamento distorcido para pensarmos o amor e o cuidado que temos com as crianças, os doentes e os idosos, questões que as sociedades devem contínua e progressivamente enfrentar, à medida que o tempo de vida se prolonga e muitos adultos passam até um terço de suas vidas em um estado que não promete plena atuação mental e moral. Alguns seres humanos, evidentemente, vivem a totalidade de suas vidas em um estado de radical dependência mental dos outros; o bom pensamento político deve também cuidar deles, bem como lhes demonstrar respeito.

Outra maneira de expor esse ponto é dizer que o estoicismo, diferentemente da maioria das outras escolas antigas de pensamento, faz uma cisão muito aguda entre o humano e o animal. O reconhecimento estóico da dignidade e do valor da humanidade baseia-se nos fatores da humanidade que distinguem os humanos das "bestas"[30]. Isso se evidencia constantemente na retórica estóica da dignidade humana. Mesmo quando edificam o humano, fazendo dele algo precioso e de ilimitado valor, igualmente denigrem o animal, fazendo dele algo brutal e inerte, que carece de dignidade e portento. Isso os leva a fazer afirmações factualmente falsas – por exemplo, que os animais não têm emoções, que os animais carecem de inteligência. E leva-os a estabelecer uma aguda cisão em que na realidade há sutil sobreposição e continuidade. Aristóteles reconhecia, é claro, essa continuidade, e sobre ela construiu sua reflexão sobre as espécies. Ele também sustentava que em toda criatura natural, por mais que fosse aparentemente inferior ou mesmo repulsiva, há algo de maravilhoso e digno de reverência (*Partes dos animais* I. 5).

No mundo moderno, precisamos de uma abordagem política que compreenda bem nossa relação com os outros animais e com nossa própria animalidade, nossos corpos permeáveis, nosso crescimento e declínio[31]. Não precisamos negar que as faculdades humanas racionais e morais vinculam-se a interesses e deveres morais especiais para que reconheçamos que há também interesses e deveres inerentes à própria animalidade, e que esta, em todas as suas formas, merece respeito. Com efeito, devemos reconhecer que nossas formas humanas de inteligência e emoção são determinações da animalidade, não algo separado dela ou que deva ser contrastado com ela. Não podemos pensar bem sobre nossa própria infância e senilidade, sobre nossos relacionamentos morais com outros animais, ou sobre nosso relacionamento com humanos portadores de uma variedade de deficiências mentais, se abordamos o mundo com a inflexível dicotomia estóica. Formas modernas de liberalismo na tradição estóica – e aqui eu incluiria o liberalismo de Kant – são igualmente eficientes em uma série de questões políticas e morais prementes. Poderíamos, é claro, retificar-nos sem retornar de modo algum ao pensamento grego. Mas a concepção aristotélica da natureza, na medida em que contém uma rica variedade de criaturas maravilhosas, cada uma com sua própria forma característica de atuação, junta-

---

29. Isso é complicado, uma vez que os estóicos são fisicalistas; mas parece que eles concebem a pessoa de tal maneira que seja possível para um ser racional (Zeus) ter dignidade sem necessidade.
30. Ver Richard Sorabji, *Animal Minds and Human Morals* (Ithaca: Cornell University Press, 1993). Sorabji responsabiliza os estóicos por nossa acentuada tendência moderna de separar os humanos dos outros animais; mas seguramente as concepções judaico-cristãs merecem parte da culpa.
31. Sobre tudo isso, ver "Disc. Pres.".

mente com sua concepção de que os movimentos humanos e animais são aparentados e suscetíveis de uma "explicação comum", ajuda-nos a pensar melhor sobre nós mesmos e sobre o mundo[32]. Como afirma Aristóteles: se temos aversão ao corpo dos animais, significa que temos aversão a nós mesmos: pois "em toda coisa natural há algo maravilhoso". Há coisas piores que poderíamos fazer do que levar adiante, e elaborar, as implicações éticas dessa idéia[33].

IV

Quanto às mudanças e desenvolvimentos em meu próprio pensamento, basta o que ficou dito. Ao mesmo tempo, o mundo da filosofia moral transformou-se intensamente, tornando necessárias algumas distinções e esclarecimentos que antes pareciam desnecessários. Desde que *Fragilidade* foi escrito, houve uma grande renovação do interesse pelo pensamento ético dos antigos gregos, inspirada pela influência de muitos pensadores éticos inspirados nos gregos. Essa renovação inclui filósofos morais decisivos, como Bernard Williams, Alasdair MacIntyre, Iris Murdoch, John McDowell e David Wiggins – todos os quais combinaram obra original em filosofia moral com um envolvimento sério e sustentado com os gregos; inclui pensadoras como Philippa Foot, Annette Baier e Cora Diamond, cujas obras desenvolvem temas correlatos sem considerar em detalhes os textos gregos antigos; finalmente, inclui um amplo grupo de pensadores que escreveram primeiramente como especialistas em ética grega antiga. Atualmente, não é mais verdade que o kantianismo e o utilitarismo são as duas abordagens éticas dominantes. A maioria das introduções à matéria hoje mencionaria a "abordagem ética da virtude" como um terceiro grande paradigma.

Acredito que essa taxonomia é confusa[34]. Kant e os principais pensadores utilitaristas têm teorias da virtude; portanto, em um sentido óbvio, a idéia de que a "ética da virtude" é uma abordagem distinta dessas duas envolve um equívoco de categoria. Mesmo entre os pensadores que escrevem sobre virtude e rejeitam as abordagens kantiana e utilitarista em favor de abordagens inspiradas pelo pensamento ético dos antigos gregos há pouco consenso. Certas preocupações realmente unem esse grupo bastante díspar: uma preocupação com o papel dos motivos e paixões na boa escolha; uma preocupação com padrões permanentes de motivação e ação, em outras palavras, com o caráter; uma preocupação relacionada com a totalidade do curso da vida de um indivíduo humano.

Mas há discordâncias igualmente profundas, especialmente com respeito ao papel que a razão deve desempenhar na vida ética e ao valor da teoria ética. Tentemos, de maneira bastante esquemática, situar essas discordâncias. Um grupo de teóricos da virtude moderna volta-se para Aristóteles e para outros pensadores gregos primeiramente em função de uma insatisfação com o utilitarismo[35]. Eles acreditam que os utilitaristas negligenciam a pluralidade e a hetero-

---

32. A "explicação comum" foi o tema de meu primeiro livro, *Aristotle's De Motu Animalium* (Princeton: Princeton University Press, 1978).
33. Os problemas éticos e políticos que menciono não foram bem resolvidos pelo próprio Aristóteles, que não transfere seu grande respeito pela vida animal para o interior da esfera política, mas desvia-se passando a ver os animais como existentes apenas para o uso humano.
34. Ver "Virtue Ethics" para uma reflexão mais detalhada sobre todo o material dessa seção, inclusive uma discussão mais detalhada das posições de vários pensadores e referências às suas principais obras. Essa questão foi anteriormente suscitada por Bernard Williams, por exemplo, em seu artigo em *Philosophy: A Guide through the Subject*, org. A. C. Grayling (Oxford: Oxford University Press, 1994), 551.
35. Ver, por exemplo, David Wiggins, "Deliberation and Practical Reason", *in Essays on Aristotle's Ethics*, org. A. Rorty (Berkeley e Los Angeles: University of California Press, 1980), 221-40; e Henry Richardson, *Practical Reasoning about Final Ends* (Cambridge: Cambridge University Press, 1994).

geneidade de valores, a possibilidade de deliberação inteligente sobre os fins, e não só sobre os meios, e a suscetibilidade das paixões ao cultivo social (dito de outra forma, a endogeneidade das preferências)[36]. Esses pensadores costumam ser bem-sucedidos no empreendimento de teorizar a ética; querem simplesmente construir uma teoria ética de tipo não-utilitarista, e encontram em Aristóteles um guia útil para esse projeto. E costumam expandir, não reduzir, o papel da razão em nossa vida ética – demonstrando, por exemplo, que é possível deliberar holisticamente sobre fins últimos, e demonstrando que as próprias paixões respondem à deliberação. Não se inclinam ao conservadorismo social e são com freqüência atraídos às concepções antigas precisamente porque elas demonstram o quão socialmente formados são muitos maus motivos (tais como a ganância e a inveja), e assim nos demonstram como devemos conduzir uma crítica radical deles. Embora alguns membros desse grupo não tenham muita simpatia por Kant, considerando (por exemplo) que a concepção kantiana é injustamente hostil às emoções e desatenta para com a pluralidade de bens potencialmente conflitantes, não há na visão deles uma lógica interna que os leve a rejeitar algum tipo de aliança com Kant. Com efeito, alguns podem almejar a uma síntese dos melhores elementos de Aristóteles e Kant[37].

É dentro desse grupo que sempre me senti à vontade; os escritos de David Wiggins e Henry Richardson, paradigmáticos do envolvimento antiutilitarista desse grupo, sempre me pareceram aliados admiráveis daquilo que procurei dizer[38].

Um outro grupo de teóricos da virtude são primordialmente antikantianos. Eles acreditam que a razão passou a desempenhar um papel demasiado dominante na maioria das reflexões filosóficas sobre ética, e que um lugar maior deveria ser dado aos sentimentos e às paixões – os quais eles costumam interpretar de uma maneira menos baseada na razão do que faz o primeiro grupo. Esse grupo é em si mesmo muito heterogêneo, mas tem pelo menos uma linha proeminente neo-humiana. Vemos o interesse em uma ética baseada no sentimento humano nos escritos de Annette Baier e (penso ser justo dizer) Bernard Williams[39]. Embora não seja uma conseqüência inevitável de uma posição neo-humiana, esses dois pensadores e seus aliados tendem a se opor ao próprio empreendimento da teorização ética, o qual associam com um papel excessivo da razão na vida ética. Ainda que Baier não invoque com simpatia o particularismo de Aristóteles, ela o descreve como um tipo de antiteoria ou como uma alternativa à empresa da teorização. Williams, ao contrário, trata como falha a teoria ética de Aristóteles[40].

---

36. Evidentemente, haveria muito o que dizer sobre quem é o alvo e se a crítica é justa. Os alvos primeiros de David Wiggins, assim como de Henry Richardson, são as formas simplificadas de utilitarismo que se encontram na economia contemporânea; contra essas formas, o ataque parece bastante acertado. Numa extensa discussão de Sidgwick, Richardson argumenta que Sidgwick não fez as afirmações que Richardson contesta por obtusidade: ele tinha objetivos teóricos que eram em muitos aspectos louváveis; assim, qualquer teoria que conteste a sua deve explicitar que pode chegar a esses objetivos por um caminho diferente. Quanto a Mill, muitos aristotélicos antiutilitaristas o considerariam uma figura híbrida, nominalmente um utilitarista, mas fundamentalmente um eudaimonista aristotélico.
37. Como é proposto, por exemplo, na interessantíssima obra de Nancy Sherman: ver *Making a Necessity of Virtue: Aristotle and Kant on Virtue* (Cambridge: Cambridge University Press, 1997).
38. Em "Virtue Ethics", discuto a relação com esse grupo de John McDowell e Bernard Williams, cujas idéias são demasiado complexas para admitir simples categorização aqui. Não sei até que ponto Wiggins aceitaria a descrição "teoria ética" para o que ele faz e o que ele gosta de ver feito; Richardson claramente abraça essa descrição.
39. Novamente, entretanto, as concepções de Williams são complexas demais para serem apreendidas adequadamente por esse rótulo: ver "Virtue Ethics". Simon Blackburn, um dos neo-humianos mais renomados, distingue de sua própria abordagem a da ética da virtude, embora o que ele defenda seja, em muitos aspectos, semelhante àquilo que alguns outros defendem recorrendo à ética da virtude: ver minha discussão em "Virtue Ethics".
40. Para minha própria resposta a essas acusações, ver "Human Nature" – e, no mesmo volume, a réplica de Williams.

Devemos agora introduzir, contudo, uma distinção tripla e diversa: (a) os defensores tanto da teorização ética como de um amplo papel da razão nos assuntos humanos; (b) defensores de um amplo papel para a razão na vida ética que rejeitam a empresa da teoria ética; e (c) aqueles que pretendem reduzir consideravelmente o escopo da razão na vida ética. Incluo-me no primeiro grupo de teóricos da virtude – juntamente, acredito, com antiutilitaristas como Wiggins e Richardson. Todos nós defendemos o papel da teoria; ocorre que buscamos uma teoria do tipo de Aristóteles, com seu compromisso com a deliberação sobre fins últimos e com uma irredutível pluralidade de bens.

Um oponente da teoria ética pode no entanto acreditar que as paixões e sentimentos socialmente adquiridos tendem a ser corruptos, e que, por conseguinte, uma utilização crítica da razão desempenha um papel essencial e valioso nos assuntos humanos. Tal é, por exemplo, a posição de Bernard Williams, que de muitas maneiras ratifica o ideal socrático da indagação sobre a vida[41]. Mas é também bastante possível que as razões de que um pensador disponha para criticar a teoria ética tenham a ver com uma objeção mais geral ao predomínio da razão nos assuntos humanos: tal é o caso, de diferentes maneiras, tanto de Annette Baier como de Alasdair MacIntyre. Embora não haja nenhuma necessidade de que essa abordagem seja ética ou socialmente conservadora, seu rebaixamento da razão como orientadora sugere que há outra coisa mais digna de nos conduzir. Para Baier, são os nossos sentimentos. Para MacIntyre, é, ao contrário, a autoridade política/eclesiástica que substitui a razão, pelo menos no nível do estabelecimento de princípios primeiros.

Embora eu difira de ambos esses grupos de pensadores antiteóricos[42] quando defendo um papel importante para a teoria na vida ética e política, minhas diferenças com Williams são bem mais sutis que minhas diferenças com pensadores que tanto são contra a teoria e contra a razão, como apelam à ética grega antiga para defender essa idéia[43]. Falando sem rodeios, não me sinto à vontade na segunda companhia, e fiquei bastante estupefata com as tentativas ocasionais de encontrar em *Fragilidade* essa concepção anti-racional e antiteórica. Minha defesa da máxima de Aristóteles, segundo a qual "o discernimento depende da percepção", via essa reflexão sobre o juízo como um elemento em cujo âmago se encontra muito obviamente uma teoria ética provida de uma consideração universal da *eudaimonía*. A consideração universal tem sempre que responder a particulares e é, nessa medida, provisória; mas é, contudo, uma teoria[44]. Ademais, ao recomendar romances que cultivam tal percepção aristotélica, insisti que apenas proporcionariam compreensão ética se lidos no contexto de um estudo sistemático da teoria ética – uma afirmação que Cora Diamond visou desde o início, percebendo, corretamente, que acentuava uma profunda divergência entre seu empreendimento (profundamente antiteórico) e o meu[45].

---

41. A meu ver, é também esse o caso das concepções de Cora Diamond, que enfoca o papel crítico da imaginação e que, como Williams, associa um ceticismo quanto à teoria com um forte interesse pelo raciocínio ético crítico. Ver "Literature/Ethics" para uma longa discussão da minha relação com as posições de Diamond.
42. Em "Virtue Ethics", discuto também outros que não podem ser adequadamente tratados aqui, como Philippa Foot e Simon Blackburn.
43. Minhas diferenças com Williams tornaram-se ainda mais estreitas, uma vez que ele toma agora a posição de que a teoria é valiosa na vida política e no direito; é apenas a teoria ética que ele pretende atacar.
44. Parte da dificuldade nesse ponto é que alguns dos antiteóricos tomam alvos medíocres e excessivamente simples. Há algum teórico ético renomado que acredite, por exemplo, que uma teoria é simplesmente um sistema de regras?
45. Ver *LK* para a reflexão sobre o papel da literatura no cultivo da percepção; sobre Diamond, ver "Literature/Theory".

Assim como deveria estar clara minha defesa da teoria, assim também deveria estar minha sustentação da razão como orientadora. Afirmei somente duas coisas que podem parecer limitar seu papel: que a contemplação intelectual por si só não é suficiente para uma vida humana florescente, e que as emoções também desempenham um papel no raciocínio ético. A primeira afirmação atribui um papel mais limitado do que Platão atribuiria a *uma forma de raciocínio*, posição esta que é perfeitamente compatível com a atribuição de um papel central à razão prática no planejamento e na organização de uma vida, e mesmo com o fato de insistir (como faço) que é a razão prática que torna todas as nossas atividades plenamente humanas. A segunda afirmação não qualifica de maneira alguma o papel da razão na vida humana, uma vez que argumento que as emoções são formas de interpretação avaliativa inteligente, e que a dicotomia razão/emoção deve portanto ser rejeitada. (Evidentemente, isso não quer dizer que todas as emoções são boas orientadoras, e que, mais que todas as outras formas de raciocínio, conferem boa orientação.) Assim, minha posição deixa à razão todo o espaço de que ela precisa para levar a cabo uma crítica da injustiça.

Recentemente, vendo a difundida influência de várias formas de antiteoria na ética, e considerando-as um pouco perturbadoras porque me pareciam arruinar muitas possibilidades de crítica radical dos hábitos injustos, escrevi um texto defendendo a teoria ética contra seus detratores – deixando igualmente claro, espero, o que fez com que pensadores antigos como Aristóteles e os estóicos acreditassem que a teorização filosófica tinha um valioso papel a desempenhar nos assuntos humanos[46]. Parece-me muito estranho que os filósofos dos dias modernos invoquem os filósofos gregos como aliados na iniciativa de esmagar a teoria, quando essas próprias personalidades recomendavam de modo autoconsciente a filosofia a suas culturas e suas culturas à filosofia, como uma alternativa aos modelos de interação social promovidos pela retórica, pela astrologia, pela poesia e pelo interesse próprio irrefletido[47]. Certamente, os filósofos gregos não teriam gostado da idéia de uma vida vivida pela orientação dos sentimentos e hábitos, ou mesmo de refinadas obras de arte. Queriam debates críticos, e a construção de reflexões sistemáticas sobre a vida humana florescente. Estou com eles. Como Sócrates, penso que as democracias modernas precisam de filosofia, se pretendem realizar seu potencial[48]. E não precisam apenas da investigação e do auto-exame socráticos, precisam também envolver-se com teorias éticas complexas, à frente das quais devem estar teorias de justiça social.

As teorias podem e devem ter algum respeito pelos juízos baseados na experiência e no cultivo da percepção; a de Aristóteles é um exemplo. Mas a totalidade de sua teoria está pronta para ser alçada ao palco a qualquer momento, com o objetivo de criticar percepções distorcidas. Evidentemente, o processo de crítica será holístico, e os juízos testarão as teorias assim como as teorias testam os juízos[49]. Mas isso não quer dizer que a teoria é inútil. Obviamente, não é: pois ela nos obriga à coerência com nossas melhores apreensões; protege nosso juízo de se tornar um novo inconsciente da racionalização movida pelo interesse próprio; e estende nosso pensamento a domínios que podemos não ter explorado ou experimentado[50].

---

46. "Practice/Theory".
47. Para diferentes maneiras de o fazer, ver "Lawyer" e "Four Paradigms".
48. Ver *Cultivating*, Capítulo I, onde defendo exigência de filosofia para todos os graduandos.
49. Tanto em LK como em WHD comparo esse processo com a reflexão de John Rawls sobre o raciocínio que almeja o equilíbrio reflexivo.
50. Para desenvolvimento desses pontos, ver "Practice/Theory".

V

Mas *Fragilidade* é, sobretudo, um livro sobre a desgraça, e sobre as maneiras pelas quais o pensamento ético chega a um acordo com a desgraça. E a esse aspecto do pensamento ético dos antigos gregos a filosofia moral contemporânea também deu um novo destaque. Teóricos insatisfeitos com as teorias éticas podem por vezes encontrar o que procuram nas teorias filosóficas de Platão e Aristóteles. No entanto, pode acontecer de a insatisfação com a teoria ética moderna conduzir o pensador não aos filósofos, mas às intuições da literatura grega pré-platônica sobre a fortuna e a vulnerabilidade. Tornar claro o valor dessas intuições foi uma de minhas preocupações centrais, mas ela não é apenas minha. Tem sido também uma preocupação incessante de Bernard Williams, o mais sutil paladino moderno dos poetas gregos. Com respeito a essa preocupação comum, entretanto, Williams e eu chegamos por vezes a entendimentos diversos, justamente sobre quais são as intuições dos poetas com respeito à fortuna e à vulnerabilidade. Antes de falar das idéias de Williams, será útil resumir as conclusões de *Fragilidade* a esse respeito.

Que entendimento da nossa relação com a fortuna e a necessidade pode, portanto, a filosofia moral contemporânea obter ao voltar-se para a tragédia grega e para obras filosóficas aliadas às intuições das tragédias (como acredito que são as obras éticas de Aristóteles, até certo ponto)? Em *Fragilidade*, afirmo que essas obras evidenciam-nos três coisas sobre os valores que os seres humanos perseguem na vida, as quais a filosofia moral pode facilmente esquecer. Primeiro, há o fato de que alguns valores humanos expõem o ser humano ao risco. O cuidado com as crianças, os amigos, as pessoas amadas; o cuidado para com a cidadania política e a ação política; o cuidado, em geral, quanto à capacidade de agir, e não apenas de ser – todas essas preocupações e afeições colocam a pessoa que as estima à mercê da fortuna, pelo menos em alguns aspectos.

Todos os filósofos, argumentei, buscam limitar esses riscos em função da estabilidade da vida. Alguns deles vão longe demais, produzindo uma reflexão rasa e limitada do bem. Mas alguma ênfase na estabilidade é razoável e essencial; com efeito, os poetas trágicos enfocam de sua própria maneira a estabilidade, na medida em que estimam os bens do caráter nobre e da ação virtuosa acima dos bens mais transitórios do dinheiro e da reputação exterior. Aristóteles, argumentei, vai além, louvando alguns bens ao menos em parte por causa de sua estabilidade: assim, louva a amizade baseada no caráter acima de outras formas menos estáveis, em parte porque ela é mais estável. Como os poetas trágicos, entretanto, ele jamais exalta a estabilidade, ou a imunidade à sorte, como um fim dominante ao qual se subordinam outras esferas de valor. Ele continua a louvar a amizade, pois, como um dos bens humanos mais importantes, mesmo quando reconhece que o verdadeiro amigo sempre corre o risco de perda e pesar. Uma vida solitária não lhe causa nenhum enlevo: seria demasiado empobrecida de valor[51].

Uma segunda intuição da tragédia que salientei em *Fragilidade* diz respeito à relação entre coisas valiosas. Dado que as coisas valiosas são plurais e irredutíveis a alguma coisa valiosa única da qual todos os outros bens seriam meras funções, os agentes morais se tornam vulneráveis à fortuna de um segundo modo, uma vez que pode haver conflitos contingentes de valor que tornem difícil ou mesmo impossível para eles cumprir todas as coisas com as quais se comprometeram. As tragédias proporcionam ricos estudos sobre esses conflitos; mas argumentei que o pensamento de Aristóteles – apesar, novamente, de se preocupar com a harmonia em um grau mais elevado que os poetas trágicos – também lhes abre espaço[52].

---

51. Sobre essa questão, ver também "Transcending Humanity", *in LK*.
52. Esse tema já foi bem desenvolvido por Michael Stocker em *Plural and Conflicting Values*. Ver "Costs of Tragedy".

Em terceiro lugar, se as próprias emoções têm valor como elementos constitutivos de uma vida humana boa, esse fato igualmente vincula o agente a eventos casuais que escapam ao controle do eu. (Sobre a análise da emoção, essa não é senão uma outra maneira de expor o primeiro ponto, já que as emoções envolvem juízos de valor que atribuem grande importância às coisas fora de nós que não controlamos plenamente, e é em virtude desses vínculos com o exterior que as emoções nos tornam vulneráveis.)

Assim, as tragédias e as obras filosóficas que aprendem com as tragédias podem enriquecer nossa compreensão de que os valores humanos são vulneráveis ao acaso e, desse modo, podem pôr em dúvida projetos de reformular o nosso sistema de fins e objetivos com o propósito de eliminar inteiramente a influência do acaso na vida humana[53]. Tais projetos correm o risco de eliminar bens humanos genuínos. Mas essa sensata lembrança de que uma vida completamente invulnerável tende a se mostrar pobre não acarreta de modo algum que devemos preferir vidas arriscadas a vidas mais estáveis, ou buscar maximizar nossa própria vulnerabilidade, como se ela fosse um bem em si mesma. Até certo ponto, a vulnerabilidade é uma condição básica necessária para certos bens humanos genuínos: assim, todos os que amam uma criança fazem-se vulneráveis, e o amor às crianças é um bem genuíno. Mas jamais endossei a posição romântica de que vulnerabilidade e fragilidade devem ser louvadas por si sós. Na verdade, endossei a afirmação razoável de Aristóteles de que as melhores formas dos bens vulneráveis (ação política, amor e amizade) são elas mesmas antes as formas relativamente estáveis, do que as relativamente transitórias. Analogamente, podemos supor que todos os que se afeiçoam à ação política correm com isso um risco de perda (por exemplo, em tempo de guerra), sem concluirmos que um estado de constante sublevação política é algo a ser louvado. Evidentemente, não é.

Ao longo do tempo, eu talvez tenha posto maior ênfase nesse ponto, mas entendo a mudança como uma mudança mais de ênfase que de concepção. A importância de não louvar a fragilidade como um fim em si mesmo surge com particular clareza quando se toma como foco o pensamento político. Pois, se pensarmos da melhor maneira sobre os elementos vulneráveis da vida humana, veremos que grande parte da vulnerabilidade humana não resulta da própria estrutura da vida humana, ou de alguma necessidade misteriosa da natureza. Resulta da ignorância, ganância, malícia e de várias outras formas de maldade. Todos temos que morrer em algum momento, mas o fato de muitos morrerem tão jovens (na guerra, de doença ou de fome, em situações em que tal morte poderia ter sido evitada) não é sob nenhum aspecto necessário, assim como não é necessária a morte do menino Astianax em *As troianas*; essa morte resulta de deficiências na organização política. Novamente, o próprio fato de termos um corpo nos torna sujeitos ao sofrimento físico; mas o fato de que as mulheres são estupradas em tempos de guerra é, como bem o sabiam Sófocles e Eurípides, resultado da perversidade humana, não da necessidade natural. Tampouco está a extrema fragilidade que muitos humanos experimentam diariamente (falta de comida, abrigo, segurança física) ligada a algum valor importante. Pode bem ser que ter um corpo humano seja a condição necessária de alguns bens humanos genuínos; e pode também ser verdade que ter um corpo humano nos exponha à violação, ao estupro, à fome e à doença. Contudo, isso não nos deve levar a dizer que violação, estupro, fome e doença sejam condições para um bem genuíno. Evidentemente, não são; e, se nos livrarmos delas, não estaremos perdendo coisa alguma de valor. As tragédias nos mostram nitidamente que mesmo o mais sábio e melhor dos seres humanos pode deparar com a desgraça. Mas mostram-nos também, de modo igualmente nítido, que muitas desgraças são resultado do mau comportamento, seja dos seres humanos, seja dos deuses antropomórficos[54].

---

53. Sobre esse aspecto da tragédia, ver também *"Bacchae"*.
54. Ver *"Political Animals"*.

Será sempre difícil separar um tipo de desgraça de outro, uma vez que não sabemos o que somos capazes de evitar se não tentarmos, e tentarmos de novo, enquanto nossa espécie existir, empregando todos os meios que estiverem à nossa disposição. Mas, seguramente, Cícero está correto quando observa que a pessoa que não comete nenhum erro ativo não pode receber o crédito pela justiça, se o que fez foi sentar-se à toa quando poderia estar ajudando seres humanos que tenham sido violentados ou lesados[55]. Assim, a fragilidade dos seres humanos resultante do fato de que a maioria dos seres humanos são indolentes ou preocupados só consigo mesmos (ou, podemos acrescentar, racistas, ou nacionalistas, ou de outras maneiras repletos de ódio, cegos à plena humanidade dos outros) não deve contar como sofrimento necessário, deve contar como malefício culpável, e não devemos louvar seus frutos de maneira alguma, ou mesmo sugerir que podem ser condições básicas para bens humanos genuínos.

O reconhecimento de que a indolência, o erro e a cegueira ética causam inúmeras tragédias tem consequências para o tópico do conflito de valor, consequências que não formulei plenamente em *Fragilidade*. No Capítulo 2, descrevi a idéia de Hegel, segundo a qual um conflito contingente entre dois bens genuínos deve levar-nos a procurar uma síntese que preserve ambos os bens e crie um mundo no qual os agentes não tenham que enfrentar constantemente conflitos trágicos entre si. Embora até certo ponto simpática a essa idéia, acentuei o fato de que todo reconhecimento de uma pluralidade de bens genuínos sempre deixa aberta a possibilidade de conflito; assim, devemos ser mais pessimistas do que Hegel foi quanto às possibilidades de sobrepujá-los. Continuo acreditando que isso é basicamente correto: algumas esferas de valor não podem jamais ser equilibradas de maneira a apaziguar para sempre todos os conflitos. A família e o Estado são duas dessas esferas. Hoje, no entanto, eu daria mais ênfase ao que é correto na posição de Hegel[56]. Muitas vezes, chegamos apressadamente à conclusão de que o conflito trágico necessariamente persistirá no cerne de toda organização política, antes de pensarmos bem no que um bom planejamento político pode alcançar. Assim como é possível a existência de um Estado que honre profundas obrigações religiosas ao mesmo tempo que busque o bem da ordem cívica – penso que a Atenas do século V é um exemplo, e penso que, de um modo diferente, os Estados Unidos contemporâneos são um outro –, assim também muitos conflitos que de início parecem insolúveis podem eles mesmos ser sobrepujados por um planejamento inteligente. Durante muito tempo se pensou que devia haver um conflito trágico para a mulher entre carreira e família. Agora colocamos essa complacente conclusão em dúvida, questionando por que a estrutura de carreiras não deve ser ajustada para refletir os fatos da vida familiar, e solicitando que os homens compartilhem o cuidado dos filhos. Já se pensou que os pais pobres tinham que enfrentar uma escolha trágica entre educar seus filhos ou empregá-los no trabalho infantil: considerava-se que a escolha era trágica porque o trabalho infantil era considerado necessário para a sobrevivência dos próprios pais. Hoje, embora pais em muitas partes do mundo enfrentem ainda essas escolhas trágicas, sabemos que não é preciso ser assim: o bom planejamento político pode tornar possível que todos os cidadãos sejam educados sem que ninguém passe fome.

Em suma, o que parece necessidade inflexível não passa muitas vezes de ganância, indolência e falta de imaginação. E acredito que todos os trágicos gregos de diferentes maneiras acentuam esse elemento de mau comportamento, vinculando a tragédia à reflexão sobre o surgimento da justiça. Ésquilo sustenta de forma clara que os danos causados pelo ciclo da vingança não são absolutamente necessários: muito sofrimento desnecessário pode ser superado por uma organização política justa. Eurípides demonstra reiteradamente a malícia e a insensatez

---

55. *De Officiis*, I.28-30.
56. Como faço em "Costs of Tragedy".

dos seres humanos em tempos de guerra. Os sofrimentos retratados em *As troianas* não são, nenhum deles, resultado da necessidade, ou inerentes à natureza do valor humano. Provêm da insensatez e da ganância; mesmos os deuses são implicados por sua voluntariedade de permitir que essas coisas sigam adiante. Escrevendo para um público de imperialistas que faziam a guerra ofensiva e que tinham, eles mesmos, escolhas reais a fazer sobre como tratar aqueles que eram vulneráveis a suas ações, Eurípides seguramente não aconselhava resignação. Aconselhava raiva de todos os que se comportassem como se comportam os gregos em *As troianas*, e ação vigilante para assegurar que não se façam tais coisas. Mesmo Sófocles, cujos dramas enfocavam na maioria das vezes desgraças que nem mesmo a sabedoria e a bondade poderiam evitar (o ferimento de Filoctete, o parricídio de Édipo), ainda chama a atenção, igualmente, para muitas perversidades evitáveis. Neoptólemo tinha a opção de ajudar Filoctete ou prejudicá-lo. Anteriormente, os gregos tinham a opção de ajudar Filoctete ou de abandoná-lo. Antígona e Creonte tinham opções sobre como conceber a relação entre Estado e família (opções que a Atenas de Péricles fazia de maneira diferente).

Não devemos confundir a religião grega com a religião judaico-cristã, em que é geralmente verdadeiro que os atos de Deus devem ser recebidos como as operações misteriosas de uma ordem fundamentalmente moral. Jó está certo ao renunciar à sua tentativa de acusar Deus de malefícios, e ao aceitar o mistério inescrutável de Suas ações. No mundo grego, ao contrário, a moralidade das ações dos deuses é normalmente contestada, e muitas vezes se sugere que os deuses carecem de consciência plena e sensibilidade para com as normas morais, por não estarem na situação de indigência e incompletude que dá origem à necessidade dessas normas. Aristóteles leva essa perspectiva ao extremo, negando absolutamente que os deuses disponham de virtudes morais. Pela razão de que seria ridículo imaginar os deuses fazendo contratos e devolvendo depósitos, não se pode dizer que sejam justos. Muito embora os poetas trágicos não cheguem tão longe, há uma tendência, de Homero em diante, a retratar os deuses como insensíveis e egoístas na sua conduta para com os mortais. Mas isso significa que mesmo as tragédias causadas pelo conluio dos deuses podem ser ocasionadas pela obtusidade, indolência e falha moral, não por uma necessidade misteriosa.

Podemos agora retornar a Bernard Williams e à sua rica reflexão sobre o que a filosofia moral contemporânea pode aprender com a tragédia. *Shame and Necessity*, de Williams, é um livro notável. Grande parte dele contém um debate admiravelmente lúcido contra vários tipos de interpretação progressista do pensamento grego. Williams demonstra de maneira convincente, por exemplo, que a crença comum de que os gregos careciam de uma consciência de deliberação e escolha, e tinham um conceito primitivo de ação, não resistirá a um exame rigoroso dos textos. Também é boa a sua argumentação, ao que me parece, quando sustenta que os gregos não têm uma "cultura da vergonha" no sentido constantemente suposto, em que significa uma cultura totalmente centrada na avaliação e recompensa externas. A concepção grega de vergonha, afirma ele, incorpora em grande medida o caráter especificamente ético, bem como a internalidade do conceito moderno de culpa. Por fim, ele salienta de maneira muito convincente que, no pensamento dos poetas, percebemos uma visão do mundo que faríamos bem em ponderar: um mundo em que nossas perspectivas não estão plenamente sob o controle da razão e no qual estamos em larga escala expostos à sorte. Com todas essas afirmações, no geral estou de acordo.

O livro por vezes sugere que nossas posições sobre essas questões não são idênticas: por exemplo, a rejeição que Williams faz de Aristóteles sugere que ele considera Aristóteles mais distante dos poetas trágicos do que eu o considero; e isso pode ser atribuído a uma interpretação diferente dos poetas, bem como a uma diferente interpretação de Aristóteles. Mas as questões afloram com muito maior vivacidade em um artigo publicado depois do livro, que oferece uma leitura sustentada de uma tragédia, e vincula essa leitura a um debate geral sobre a importância da tragédia para o pensamento ético contemporâneo. Portanto, enfocarei esse ensaio e as diferenças que ele revela entre as concepções de Williams sobre a fortuna e as minhas[57]. Se enfoco aqui as diferenças, não se pode considerar que isso obscurece a imensa admiração que tenho pelo envolvimento de Williams com os gregos, bem como por sua obra filosófica como um todo.

Williams inicia o debate com a afirmação de que a filosofia moral é tipicamente vinculada ao projeto de nos dar "boas notícias" sobre nossa condição — seja na forma das grandes narrativas hegelianas do progresso ou da teodicéia leibniziana. Mesmo o puro fato da boa vontade kantiana é por si só um tipo de boa notícia. As "ficções cruas", incluindo proeminentemente as tragédias gregas, nos põem frente a frente com "os horrores" inerentes à vida humana. Dessa maneira, "oferecem um complemento necessário e uma adequada limitação ao incansável objetivo da filosofia moral de tornar o mundo seguro para as pessoas bem-dispostas". Ao explicitar-nos um espaço eticamente relevante sobre o qual os agentes humanos carecem de controle, elas nos pedem, em verdade, para conceder esse espaço à natureza, ao destino e aos deuses caprichosos.

Ora, evidentemente eu não negaria que algumas tragédias por vezes o fazem. Mas acredito que a exposição de Williams é demasiado simples, assim como sua visão daquilo que é considerado como "boas notícias" e "más notícias". Examinemos o fim de *Trakhíniai* [*As traquínias*], de Sófocles, que é o exemplo de Williams. O plano bem-intencionado de Deianeira de dar a seu marido uma poção do amor falhou, em virtude da malícia do centauro. Héracles não é tomado de amor, mas de horrível agonia. Assistindo ao seu sofrimento, seu filho Hilo pede *syggnomosýne*, solidariedade, dos espectadores humanos (e da platéia), contrastando essa simpatia com a insensibilidade dos deuses. A famosa passagem final é citada por Williams como epígrafe:

> Vedes a grande indiferença (*agnomosýne*) dos deuses
> a essas coisas que aconteceram,
> eles que nos conceberam e são chamados nossos pais
> e assistem a tais sofrimentos.
> O que está por vir ninguém pode ver,
> mas, o que há aqui agora é para nós lastimável
> e vergonhoso para eles,
> mas, entre todos os homens, mais opressivo para aquele
> sobre quem recaiu essa desgraça.
> Donzela, não permaneças nesta casa:
> viste morte e muitas agonias,
> recentes e estranhas,
> e nada há aqui senão Zeus.[58]

Williams vê nesses versos um verdadeiro reconhecimento das limitações inevitáveis dos projetos humanos. Hilo reconhece que o universo é fundamentalmente injusto e arbitrário, e que quanto a isso não há nada a fazer. Nesse sentido, a peça, uma "ficção crua", nos confronta

---

57. "*The Women of Trachis*: Fictions, Pessimism, Ethics", in *The Greeks and Us*, ed. R. B. Louden e P. Schollmeier (Chicago: University of Chicago Press, 1996), 43-53.
58. Cito a tradução apresentada por Williams, que é de John Moore. Não encontro nela nenhuma falta grande, mas apontaria que seria proveitoso se a passagem de Williams começasse duas linhas antes, para que incluísse a referência de Hilo à *syggnomosýne* (pensamento e sentimento de solidariedade) que vincula os atores humanos — surpreendentemente justapostos e em contraste com o empedernimento (*agnomosýne*) irrefletido dos deuses. Williams observa esse contraste mais à frente em seu ensaio.

diretamente com "os horrores" e nos adverte contra a aceitação de "boas notícias" provindas dos filósofos. Mas há dois problemas nessa leitura. O primeiro é que ela ignora em que medida o juízo moral humano é estimado e asseverado, mesmo diante da desgraça: a piedade e o sentimento de solidariedade da comunidade humana têm uma nobreza que, nas palavras de Aristóteles, "resplandece por entre tudo"[59] a despeito do horror, contrastando favoravelmente com a indiferença dos deuses. Isso não é exatamente idêntico às boas notícias de Kant sobre a integridade moral da boa vontade afligida pelos "acidentes da natureza madrasta", mas seguramente está mais próximo de Kant do que Williams admite[60].

O segundo problema é que a leitura de Williams dá pouca importância, acredito, à cólera inerente à fala de Hilo. Williams não aconselha exatamente a resignação à necessidade trágica; mas é um pouco difícil perceber que outra atitude moral sua perspectiva sugere. Resignação à necessidade trágica, entretanto, certamente não é o que transmitem as palavras *megálen dè theôn agnomosýnen*, "grande e indiferente negligência dos deuses", nem tampouco a caracterização dos deuses como pais que assistem ao desenrolar de terríveis acontecimentos. É bastante óbvio que a família grega veria como profundamente repreensível a conduta de qualquer pai que permitisse que tais coisas acontecessem a seus filhos quando poderia impedi-las. Essa conduta é verdadeiramente "vergonhosa", e, como insistiu Williams, a vergonha no mundo grego é compatível com as reações morais de indignação e culpa[61]. Devemos levar muito a sério a idéia de que os deuses são agentes antropomórficos, semelhantes aos humanos, mas muito mais poderosos. Terem tais seres permitido essa desgraça é algo profundamente censurável, especialmente se pretendem ser pais cuidadosos. Um mundo assim não precisava ter existido; eles permitiram que existisse.

Pensemos em um espectador indiano, examinando a carnificina depois do massacre do general Dyer de milhares de civis inocentes em Amritsar. Ele bem poderia ter proferido um discurso semelhante ao de Hilo, que concluísse com a frase "... e nada há aqui senão o Raj britânico". Em outras palavras, como ousam essas pessoas poderosas vir aqui afirmando ser nossos superiores e pais, e então se portar de maneira ignominiosa e perversa?[62] Uma vez que os gre-

---

59. *EN* 1100b30-33. Tendo observado que grandes infortúnios podem oprimir e "poluir" o florescimento de uma pessoa por trazer a dor e impedir a atividade, ele continua: "Mas, entretanto, mesmo nessas circunstâncias o nobre faz transpassar seu resplendor (*dialámpei tò kalón*), se a pessoa suporta grandes infortúnios com dignidade, não porque não os sinta, mas porque é nobre e grandioso de alma."
60. Williams não alega que todas as tragédias gregas remanescentes sejam "ficções cruas" nesse sentido, tampouco desejaria afirmá-lo. Ele insiste que a nobreza, o sentimento de solidariedade e a amizade são também celebrados nas tragédias, embora resistisse à equiparação desse material a qualquer coisa presente em Kant, "exceto na medida em que Kant admite inúmeras reações que sua teoria não permite". (Devo essa observação a Williams, em correspondência.)
61. Ver Williams, *Shame and Necessity*, 90.
62. Em sua *Autobiografia*, Nehru descreve um encontro com o general Dyer em um trem em 1919. Sem ser observado, ocupou a vaga superior de um beliche em um compartimento atulhado e por acaso escutou a ruidosa conversa de um grupo de oficiais britânicos. "Um deles palavreava em um tom agressivo e triunfante e logo descobri que era Dyer, o herói de Jallianwala Bagh, e que descrevia suas experiências em Amritsar. Enunciava como ele tivera a cidade toda à sua mercê e quisera reduzir a urbe sublevada a um amontoado de cinzas, mas sentiu pena dela e se conteve... Fiquei extremamente escandalizado ao ouvir sua conversa e observar suas maneiras impiedosas. Ele desceu na estação de Delhi em pijamas listrados de cor-de-rosa reluzente e roupão." Se o toque final pertence mais a Aristófanes (Poseidon ao fim de *Os pássaros* é sobre direito), o restante corresponde exatamente a Eurípedes. Com efeito, a fala de Dyer poderia ter sido extraída do diálogo inicial dos deuses em *As troianas*. (Novamente: pensemos em uma peça que colocasse Jesus em pijamas listrados de cor-de-rosa e veremos a grande diferença entre a devoção grega e sua análoga cristã.)

gos viam seus deuses como agentes antropomórficos – aliás, como agentes antropomórficos que nem sequer eram moralmente perfeitos –, questões sobre a justiça de suas ações eram questões candentes, e não era inadequado propô-las; ou, ainda que alguns pensassem ser (Platão certamente pensava), elas eram, de qualquer modo, regularmente propostas. (Imaginemos como ainda seria escandaloso ver uma peça que retratasse as ações de Jesus como "vergonhosas" e insensivelmente obtusas, e perceberemos um pouco da diferença entre a perspectiva grega e a cristã.) A peça não afirma que essas coisas têm de acontecer, menos ainda (o que um texto judaico-cristão provavelmente teria dito) que tudo o que aconteceu é justo e bom, embora não possamos compreender a justiça e a bondade divinas. Diz o contrário, e com isso censura as escolhas dos deuses.

E observemos em que se transformou o problema das boas e más notícias. A notícia de que o sofrimento que testemunhamos é resultado de uma necessidade distante, inacessível, implacável, não-inteligente seria em certo sentido má notícia: pois significaria que ele tinha de acontecer, e que coisas semelhantes continuarão acontecendo. Não podemos nos desembaraçar dessas necessidades. É isso o que Williams quer dizer quando afirma que essa notícia é uma correção a anúncios exageradamente otimistas de "boas notícias". Penso, porém, que há um outro sentido em que esse tipo de notícia é boa: pois ela significa que não há ninguém a culpar e nada mais a fazer. Podemos nos recostar e nos resignar ao mundo tal qual ele é, sabendo que não nos é possível transformá-lo.

Se, entretanto, achamos que a maldade, a ignorância e a insensibilidade podem estar por trás do sofrimento que testemunhamos, bem, isso é num certo sentido boa notícia: pois significa que há esperança de transformação. Mas é num outro sentido má notícia: pois significa que o sofrimento talvez não fosse necessário, e que se tivéssemos nos esforçado mais ou pensado melhor talvez pudéssemos tê-lo impedido. No mínimo, significa que é melhor nos reunirmos para fazer tudo o que pudermos para evitar tais coisas no futuro. Para Gandhi, Nehru e milhões de outros, o reconhecimento pleno de que os sofrimentos da Índia não eram necessários acarretou um comprometimento político com anos de sofrimento e risco, para banir a tirania de um conjunto tão monstruoso de "pais"[63]. No caso em que a disparidade de poder entre vítimas e algozes é ainda maior, como entre mortais e deuses (pois, afinal, o Raj não era Zeus, mesmo que por vezes acreditasse ser), não é muito claro o que se pode fazer, embora ao menos a privação do culto seja uma tentativa regular, tanto na tragédia (o fim de *As troianas*) quanto na comédia (*Os pássaros*); na falta disso, deve-se constantemente procurar exigir com furor reconhecimento e reparação. Mesmo que os deuses sejam relativamente obtusos, não são inteiramente surdos às acusações humanas. Dado que sua obtusidade parece com freqüência provir não de maldade profunda, mas de uma falta real de entendimento do que os seres mortais experimentam, tornar-lhes claros os custos de suas ações é ao menos um estratagema esperançoso.

Mas, certamente no caso muito comum na tragédia em que os algozes são, como o general Dyer, humanos, a conseqüência de reconhecer a maldade como a origem da tragédia é evidente: a testemunha deve a grande custo opor-se a esse mal e denunciá-lo a outros. Uma maneira de fazer isso seria escrever um drama que revele o mal para todo o corpo cidadão de uma democracia. E os dramas trágicos freqüentemente aludem à sua própria capacidade de reconhecer o sofrimento dos desterrados, fomentando uma concepção ética mais adequada. A pústula gotejante do pé de Filoctete faz com que ele seja evitado pelos comandantes, que simplesmente negam o sofrimento perpetuado por seu comportamento. O drama, ao contrário, alude constantemente à sua própria determinação de ver o sofrimento dele e tomar providência, víncu-

---

63. Depois que a comissão de investigação exonerou Dyer, Gandhi asseverou que "a cooperação de qualquer modo ou forma com esse governo satânico é pecaminosa". Ver Percival Spear, *A History of India*, Vol. 2 (Delhi: Penguin, 1998), 191.

lando essa atividade imaginativa ao objetivo da ação moralmente apropriada[64]. Uma vez que essas ações são muito mais difíceis do que contemplar os horrores da existência, a notícia de que o mal, e não a necessidade, jaz por trás do sofrimento é uma má notícia. Para Neoptólemo, a consciência de que ele pode escolher agir de maneira justa é tão dolorosa quanto o ataque de Filoctete: ele utiliza a mesma expressão, *papai*, para sinalizar a agonia da reconhecida ação[65].

Acredito que as "ficções cruas" dos gregos desafiam a platéia a combater as difíceis reflexões sobre as causas da desgraça: a causa é a necessidade imutável ou a maldade e a insensatez? Onde devemos traçar a linha entre uma e outra? Alcançamos entendimento com a maneira sutil e freqüentemente indeterminada pela qual as tragédias propõem a questão, e a partir dos desafios que nos propõem de confrontar o papel da ação culpável mesmo em coisas que parecem tão naturais quanto respirar[66]. Jamais devemos nos esquecer de que as tragédias eram veículos da deliberação e reflexão política em um festival cívico sagrado – em uma cidade que mantinha seu império como uma "tirania" e matava incontáveis pessoas inocentes. Para essa platéia, a tragédia não trazia as boas notícias do resignacionismo; trazia as más notícias do autoexame e da mudança. (Em 415 a.C., ano em que *As troianas* de Eurípides foi produzida, os atenienses mataram todos os cidadãos do sexo masculino da colônia rebelde de Melos e escravizaram as mulheres e crianças.)

Em suma, em vez de conceder à necessidade implacável ou ao destino a parte do espaço ético dentro do qual as tragédias ocorrem, as tragédias, afirmo, desafiam a platéia a ocupá-la ativamente, como um lugar controverso do embate moral, um lugar em que a virtude talvez prevaleça, em alguns casos, sobre os caprichos do poder amoral; e um lugar em que, mesmo que não prevaleça, a virtude possa ainda fulgurar por si mesma[67].

Em nosso mundo contemporâneo, em que há uma boa suposição de que a maior parte da fome e grande parte das outras misérias que testemunhamos são o resultado da negligência censurável dos poderosos, a resignação metafísica[68] seria, de novo, uma notícia relativamente boa, uma vez que isentaria os poderosos. Mas a verdadeira notícia da tragédia grega, para nós, bem como para os atenienses, é muito pior que isso: pois a má notícia é que somos tão culpáveis como Zeus em *Trakhíniai*, como os generais gregos em *As troianas*, como Odisseu em *Filoctete* e como muitos outros deuses e mortais em muitas épocas e lugares – a menos e até que nos livremos de nossa indolência, ambição egoísta e obtusidade e nos perguntemos como os males que testemunhamos poderiam ter sido impedidos. Como sabia Filoctete, piedade significa ação: intervenção em nome do sofrimento, ainda que difícil e repulsivo[69]. Se deixamos a ação de lado, somos covardes ignóbeis, talvez também hipócritas e mentirosos. Se ajudamos, fizemos algo bom.

---

64. Ver "Invisibility" para maior desenvolvimento desse ponto, em que se comparam as estratégias do *Filoctete* às de *Invisible Man*, de Ralph Ellison.
65. Sobre a estrutura dessa cena, ver "Invisibility".
66. Para mais discussões sobre o entendimento como um objetivo da tragédia, de acordo com Aristóteles, desenvolvendo ainda a consideração de *Fragilidade*, Interlúdio II, ver "Fear and Pity".
67. Em seu notável livro *Life As We Know It* (Nova York: Vintage, 1996), o teórico literário Michael Bérubé descreve a vida de seu filho Jamie, que nasceu com Síndrome de Down. Após descrever longamente tanto as necessidades biológicas como a obtusidade institucional com a qual ele e sua esposa Janet Lyon tiveram que lutar, sem saber previamente qual êxito possivelmente alcançariam, se é que alcançariam algum, ele fala da tentação de ver a vida de Jamie como condenada: "*Sabemos que eles não podem ajudar, então, por que nos incomodarmos?* Seria difícil imaginar uma atitude mais irresponsável para com as perspectivas de sua vida." Parece-me que esse momento do livro se conecta ao *Filoctete* e a muitos aspectos da tragédia grega em geral.
68. Mais uma vez, não sugiro que Williams aconselhe o resignacionismo. Mas penso que seja justo dizer que ele não enfatiza, ao menos no artigo em questão, a possibilidade de aperfeiçoamento através do esforço ético.
69. Ver *Filoctete*, 477-9, 500-6. Os verbos *eleéo* e *oiktiró*, nessas passagens, significam não apenas "sinta piedade por X", mas "tome-se de piedade por X", significando "faça algo para tornar melhor a situação de X".

BIBLIOGRAFIA

Aqui estão (em ordem cronológica) algumas publicações subseqüentes particularmente pertinentes a este ensaio, com as abreviações pelas quais me refiro a elas.

LK: *Love's Knowledge: Essays on Philosophy and Literature* (Nova York: Oxford University Press, 1990).
"*Bacchae*": "'Euripedes' *Bacchae*: Introduction", publicado com nova tradução da peça por C. K. Williams (Nova York: Farrar, Straus, and Giroux, 1990), vii-xliv.
"Fear and Pity": " Tragedy and Self-Sufficiency: Plato and Aristotle on Fear and Pity", *Oxford Studies in Ancient Philosophy* 10 (1992), 107-60. Uma versão reduzida aparece em *Essays on Aristotle's Poetics*, org. A. Rorty (Princenton 1992), 261-90.
Therapy: *The Therapy of Desire: Theory and Practice in Hellenistic Ethics* (Princenton: Princeton University Press, 1994).
"Lawyer": "Lawyer for Humanity: Theory and Practice in Ancient Political Thought", *Nomos* 37 (1995), 181-215.
"Human Nature": "Aristotle on Human Nature and the Foundations of Ethics", *in World, Mind, and Ethics: Essays on the Philosophy of Bernard Williams*, org. J. E. J. Altham e Ross Harrison (Cambridge: Cambridge University Press, 1995), 86-131.
"*Erós*": "*Erós* and the Wise: The Stoic Response to a Cultural Dilemma", *Oxford Studies in Ancient Philosophy* 13 (1995), 231-67. Reeditado *in The Emotions in Hellenistic Philosophy*, org. J. Sihvola e T. Engberg-Pedresen (Dordrecht: Kluwer, 1998, New Synthese Historical Library Vol. 46), 271-304. Em forma revista, a ser editado em *The Sleep of Reason: Erotic Experience and Sexual Ethics in Ancient Greece and Rome*, org. M. Nussbaum e J. Sihvola, a sair pela University of Chicago Press.
"Kant-Stoics": "Kant and Stoic Cosmopolitanism", *Journal of Political Philosophy* 5 (1996), 1-25; em alemão como "Kant und stoisches Weltbürgertum", *in Frieden durch Recht: Kants Friendesidee und das Problem einer neuen Weltordnung*, org. Matthias Lutz-Bachmann e James Bohman (Frankfurt: Suhrkamp, 1996), 45-75, e, em inglês, *Perpetual Peace* (Cambridge, MA: MIT Press, 1997), 25-58.
"Two Conceptions": (com Dan Kahan) "Two Conceptions of Emotion in Criminal Law", *Columbia Law Review* 96 (1996), 269-374.
For Love of Country: *For Love of Country: A Debate on Patriotism and Cosmopolitanism* (ensaio principal meu, com respostas e resposta a respostas) (Boston: Beacon Press, 1996).
Cultivating: *Cultivating Humanity: A Classical Defense of Reform in Liberal Education* (Cambridge, MA: Harvard University Press, 1997).
"Political Animals": "Political Animals: Luck, Love and Dignity", *Metaphilosophy* 29 (1998), 273-87.
"Virtue Ethics": "Virtue Ethics: A Misleading Category?" *The Journal of Ethics* 3 (1999), 163-201.
"Cicero": "Duties of Justice, Duties of Material Aid: Cicero's Problematic Legacy", *Journal of Political Philosophy* 7 (1999), 1-31.
"Invisibility": "Invisibility and Recognition: Sophocles' *Philoctetes* and Ellison's *Invisible Man*", *Philosophy and Literature* 23 (1999), 257-83.
WHD: *Women and Human Development: The Capabilities Approach* (Cambridge: Cambridge University Press, 2000).
"Practice/Theory": "Why Practice Needs Ethical Theory: Particularism, Principles, and Bad Behavior", *in "The Path of the Law" and Its Influence: The Legacy of Oliver Wendell Holmes, Jr.*, org. Steven J. Burton (Cambridge: Cambridge University Press, 2000), 50-86.

"Aristotle/Capabilities": "Aristotle, Politics, and Human Capabilities: A Response to Antony, Arneson, Charlesworth, and Mulgan", *Ethics* 111 (2000), 102-40.
"Costs of Tragedy": "The Costs of Tragedy: Some Moral Limits of Cost-Benefit Analysis", *The Journal of Legal Studies* j29 (2000), 1005-36.
"Four Paradigms": "Four Paradigms of Philosophical Politics", *The Monist* 83 (2000), 465-90.
"Literature/Theory": "Literature and Ethical Theory: Allies or Antagonists?", *Yale Journal of Ethics*, outono de 2000.
"Disc. Pres.": "The Future of Feminist Liberalism", um discurso presidencial proferido à Central Division of the American Philosophical Association, *Proceedings and Addressses of the American Philosophical Association* 74 (2000).
Upheavals: *Upheavals of Thought: The Intelligence of Emotions* (Cambridge: Cambridge University Press, a sair).

M.C.N.
Chicago
Janeiro de 2001

Prefácio

Este livro pode ser lido de duas maneiras. À exceção do caso de Aristóteles, fiz de cada capítulo um ensaio sobre uma única obra, com o intuito de respeitar a complexa estrutura filosófica/literária de cada uma. Isso significa que fiz leituras de tragédias singulares (no caso do Capítulo 2, de porções significativas de duas tragédias relacionadas), em lugar de uma reflexão sistemática do pensamento moral do século V. Significa também, no caso de Platão, que somente com prudência fiz afirmações sistemáticas de amplo alcance (como no Capítulo 5), e procurei estabelecer uma ligação geral entre os capítulos apenas na medida em que estivesse de acordo com as exigências da interpretação filosófica/literária dos diálogos particulares. Acredito que essa maneira de proceder é mais adequada à complexidade do material do que uma abordagem sistemática de tópico por tópico. Cada capítulo é, pois, relativamente auto-suficiente; cada um irradia sua própria luz sobre os problemas que identifico no Capítulo 1. Os leitores podem, portanto, sentir-se livres para se voltarem diretamente ao capítulo ou capítulos que parecerem mais pertinentes a seus próprios interesses. Mas há também um debate histórico geral, com relação ao desenvolvimento do pensamento grego sobre nossas questões; ele está estreitamente vinculado a uma discussão filosófica geral sobre os méritos de várias propostas de vida auto-suficiente. Uma vez que a estrutura que escolhi, tratando de uma obra de cada vez, faz com que as ligações temáticas tenham mais a forma de uma teia de aranha heraclitiana (ver pp. 59-60) que a de uma régua de medida linear, proporcionei também vários tipos de orientação para o leitor interessado em investigar minha discussão de um tema singular ao longo dos capítulos: (1) o esboço geral de minha tese, no Capítulo 1; (2) o índice analítico detalhado das matérias; (3) freqüentes remissões recíprocas no interior dos capítulos; e (4) um índice temático detalhado.

A maior parte das discussões acadêmicas das interpretações de outros estudiosos, todas as referências à literatura secundária e inúmeros pontos filosóficos mais periféricos encontram-se em notas no final do livro. As notas assinaladas com asteriscos na página são aquelas que fornecem material de importância essencial para o leitor.

AGRADECIMENTOS

Meu primeiro trabalho de planejamento deste livro foi apoiado por uma licença da Universidade de Harvard e por uma Humanities Fellowship [bolsa de pesquisa em humanidades] concedida pela Universidade de Princeton em 1977-78. Uma National Endowment [doação nacional] para Humanities Summer Grant [subvenção de verão em humanidades] sustentou meu primeiro trabalho sobre a seção de Aristóteles em 1979. Uma Guggenheim Fellowship [bolsa de pesquisa de Guggenheim] em 1981 permitiu-me completar um esboço do livro inteiro; e o Bunting Institute de Radcliffe College proporcionou um ambiente estimulante para o trabalho.

Li muitas partes deste livro em muitos lugares; publiquei muitas seções separadamente e distribuí cópias de outras. Tenho, portanto, de agradecer a um número incomumente grande de pessoas as proveitosas sugestões e críticas. Muitos dos meus débitos particulares estão atestados nas notas aos capítulos individuais. Agradeço aqui encarecidamente a inestimável ajuda de Julia Annas, Myles Burnyeat, Sissela Bok, Geoffrey Lloyd, Hugh Lloyd-Jones, Nancy Sherman, Gregory Vlastos e Bernard Williams, todos os quais leram o manuscrito inteiro em um estágio próximo do final e da maneira mais generosa me ofereceram comentários detalhados. Tenho uma dívida mais intangível e geral com muitas pessoas cujo incentivo e troca de idéias alimentaram meu trabalho ao longo dos anos – especialmente com Stanley Cavell, Arnold Davidson, Robert Nozick, Hilary Putnam, David Wiggins, Susan Wolf e Richard Wollheim. O projeto todo se formou há muitos anos em minha mente, mas tomou forma concreta como possibilidade pela primeira vez em um seminário sobre Fortuna Moral dado por Bernard Williams em Harvard em 1972-73. As críticas de Williams e sua própria obra filosófica foram especialmente valiosas para o meu trabalho sobre esse tema no decorrer dos anos, mesmo quando discordamos, e eu gostaria de agradecer-lhe.

Completei este livro durante o ano em que passei como professora visitante em Wellesley College. Sou muitíssimo grata a todos os que tornaram essa nomeação possível, e ao College, por proporcionar um ambiente de serenidade e apoio nesse intenso período de trabalho; ademais, uma Mellon Grant [subvenção Mellon] concedida pelo College sustentou a compilação da Bibliografia em ordem alfabética.

Não escrevi este livro em Brown, por isso não posso expressar o tipo usual de agradecimento aos meus colegas daqui. Entretanto, como o enviei à gráfica em meados do segundo semestre que passei aqui, não posso deixar de expressar respeito e afeição por meus colegas tanto da Filosofia como das Clássicas. O cálido sentimento de colegado que encontrei aqui, o entusiasmo comum dos dois departamentos pelo tema da filosofia antiga, e o clima de harmonia e mútuo respeito em que os planos para o tema foram discutidos e implementados entre os departamentos convenceram-me de que este é um esplêndido lugar para o florescimento do trabalho na filosofia antiga. Gostaria especialmente de agradecer aos meus dois diretores, Dan Brock e Kurt Raaflaub, a inexaurível calidez e afabilidade de suas boas-vindas e o estímulo de sua conversa.

Os Capítulos 11, 12 e 13 e o Interlúdio 2 foram proferidos nas Eunice Belgum Memorial Lectures em St Olaf College, Northfield, Minnesota, em fevereiro de 1983. Eunice Belgum foi aluna de graduação em St Olaf e em seguida estudou comigo na pós-graduação em Harvard no início da década de 1970. Suas preocupações filosóficas incluíam muitos dos temas deste livro: as concepções gregas de paixão e ação; a relação entre crença e autonomia; a relação de teorias filosóficas com exemplos literários. Ela cometeu suicídio em 1977, enquanto lecionava em William and Mary College. Ao falar em sua memória e ao conversar com seus pais sobre os vínculos entre o objeto das conferências e o esforço deles por entender sua morte, comecei a sentir que minha relação com meu tema era muito mais complicada do que eu jamais soubera. Pois como autora e oradora das conferências, senti-me como alguém que não é de modo algum passivamente vulnerável à fortuna, mas sim desembaraçadamente capaz de atividade autossuficiente. Ocorreu-me perguntar a mim mesma se o ato de escrever sobre a beleza da vulnerabilidade humana não será, paradoxalmente, um modo de tornar-se menos vulnerável e adquirir mais controle dos elementos incontroláveis da vida. Aos pais de Eunice, Joe e Esther Belgum, gostaria de dedicar esses capítulos. Ao leitor (a mim mesma), deixo a questão: que tipo de ato ético é a escrita deste livro?

Tendo passado por tantos estágios durante tão longo período de tempo, este livro beneficiou-se da habilidade e dedicação de um número incomumente grande de digitadores. Gostaria de estender meus calorosos agradecimentos a: Cathy Charest, à falecida Peg Griffin, Lisa Lang, Susan Linder, Leslie Milne, Jan Scherer, Jane Trahan, Martha Yager. Paula Morgan preparou a Bibliografia em ordem alfabética, organizando com destreza uma pluralidade de referências de difícil tratamento. Russ Landau merece enorme gratidão e recomendação pela preparação dos dois índices. Aos meus editores, Jeremy Mynott e Pauline Hire, sou muitíssimo grata por sua rara inteligência e entendimento.

M.C.N.
Providence, Rhode Island
Fevereiro de 1985

Partes deste livro foram previamente publicadas como segue.

O Capítulo 2 foi publicado em *Ethics* 95 (1985); uma versão reduzida foi publicada em um volume em memória de Victor Goldschmidt, org. J. Brunschwig e C. Imbert (Paris, 1984). O material do Capítulo 4 foi publicado em meu "Plato on commensurability and desire", *Proceedings of the Aristotelian Society Supplementary Volume* 58 (1984) 55-80. Uma versão anterior do Capítulo 6 foi publicada como "The speech of Alcebiades: a reading of Plato's *Symposium*", *Philosophy and Literature* 3 (1979) 131-72. Uma versão anterior do Capítulo 7 foi publicada como "'This story isn't true': poetry, goodness, and understanding in Plato's *Phaedrus*", *in Plato on Beauty, Wisdom, and the Arts*, org. J. Moravcsik e P. Temko (Totowa, N. J., 1982) 79-124. Uma versão concisa do Capítulo 8 foi publicada em *Language and Logos: Studies in Ancient Greek Philosophy in Honour of G. E. L. Owen*, org. M. Schofield e M. Nussbaum (Cambridge, 1982) 267-93. Uma versão anterior do Capítulo 9 foi publicada como "The 'common explanation' of animal motion", *in Zweifelhaftes im Corpus Aristotelicum*, org. P. Moraux e J. Wiesner (Berlim, 1983) 116-56.

ABREVIAÇÕES USADAS PARA JORNAIS E OBRAS DE REFERÊNCIA

AGP	*Archiv für Geschichte der Philosophie*
AJP	*Americam Journal of Philology*
CJ	*Classical Journal*
CP	*Classical Philology*
CQ	*Classical Quarterly*
CR	*Classical Review*
GR	*Greece and Rome*
GRBS	*Greek, Roman, and Byzantine Studies*
HSCP	*Harvard Studies in Classical Philology*
JHP	*Journal of the History of Philosophy*
JHS	*Journal of Hellenic Studies*
JP	*Journal of Philosophy*
LSJ	*A Greek-English Lexicon*, compilado por H. C. Liddell e R. Scott, revisado por H. S. Jones, com Suplemento. Oxford, 1968.
Mus Helv	*Museum Helveticum*
NLH	*New Literary History*
NYRB	*NewYork Review of Books*
OSAP	*Oxford Studies in Ancient Philosophy*
PAPA	*Proceedings of the American Philosophical Association*
PAS	*Proceedings of the Aristotelian Society*
PASS	*Proceedings of the Aristotelian Society, SupplementaryVolume*
PBA	*Proceedings of the British Academy*
PCPS	*Proceedings of the Cambridge Philological Society*
Phil Lit	*Philosophy and Literature*
PPA	*Philosophy and Public Affairs*
PR	*Philosophical Review*
REA	*Revue des études anciennes*
RM	*Review of Methaphysics*
TAPA	*Transactions of the American Philological Association*
YCS	*Yale Classical Studies*

1. Fortuna e ética

"Mas a excelência humana cresce qual videira alimentada por verde orvalho, alçada, entre os homens sábios e os justos, ao céu líquido."[1] Assim Píndaro expõe um problema que se situa no cerne do pensamento grego sobre a vida boa para um ser humano. É um poeta que dedicou sua carreira a escrever odes líricas em louvor à excelência humana. Essa carreira pressupõe, da parte tanto do poeta como de sua platéia, a crença de que a excelência de uma pessoa boa é algo que ela possui, por cuja posse e exercício essa pessoa pode apropriadamente ser considerada responsável[2]. Ele rogava apenas morrer como viveu, como quem "louvou o que merece louvor e semeou a culpa aos malfeitores". Seu "mas", que pode ser igualmente bem traduzido por "e", tanto prolonga quanto qualifica essa súplica. A excelência da boa pessoa, escreve ele, é como uma planta jovem: algo que cresce no mundo, franzino, frágil, em constante necessidade de alimento provindo do exterior[3]. Uma videira deve ser de boa linhagem para crescer bem. E, mesmo que tenha uma boa herança, precisa de um clima favorável (orvalho e chuva suaves, ausência de geadas repentinas e de ventos fortes), bem como do cuidado de donos preocupados e inteligentes, para sua contínua saúde e plena perfeição. O mesmo, sugere o poeta, se dá conosco. Nós precisamos nascer com capacidades adequadas, viver em condições naturais e sociais favoráveis, permanecer livres de catástrofes abruptas, desenvolver associações positivas com outros seres humanos. Os versos seguintes do poema são: "Temos todo tipo de necessidades daqueles que amamos: a maior parte nas misérias, mas a alegria, também, se empenha por procurar olhos em que possa confiar." Nossa vulnerabilidade à fortuna e nosso senso de valor, novamente aqui, nos tornam dependentes do que nos é exterior: a vulnerabilidade à fortuna, porque deparamos com privações e podemos vir a precisar de algo que somente um outro pode proporcionar; o senso de valor, porque, mesmo quando não precisamos da *ajuda* de amigos e daqueles que amamos, amor e amizade ainda nos importam por si mesmos. Mesmo a alegria do poeta é incompleta sem a tênue sorte de vê-la confirmada por olhos em cujo entendimento, boa vontade e veracidade possa confiar. Sua alegria é como um caçador, acossando o rastro de uma caça esquiva[4]. Boa parte do poema fala sobre a inveja, sobre como as mentiras podem tornar o mundo podre. O amigo e confidente invocado pelo poeta está morto, além do alcance até mesmo de suas palavras poéticas. E todas essas necessidades de todas essas coisas que não controlamos humanamente são pertinentes, é claro, não apenas a sentimentos de contentamento e felicidade. O que o exterior alimenta, e até ajuda a constituir, é a excelência ou o próprio valor humano.

A imagem da videira, situando-se próxima ao fim do poema, entre o anseio de morrer fazendo o elogio da bondade e a invocação do amigo morto, confronta-nos com um profundo dilema na situação do poeta, que é também nosso. Ela revela o completo entrelaçamento do que é nosso e do que pertence ao mundo, da ambição e da vulnerabilidade, de fazer e ser feito, que estão presentes nessa e em qualquer vida humana. Ao fazê-lo, propõe a questão sobre as crenças que sustentam as práticas éticas humanas. Como pode Píndaro ser um poeta laudatório, se a bondade humana é alimentada, e mesmo constituída, por acontecimentos exteriores? Como podemos louvar e receber louvor, se nosso valor é apenas uma planta que precisa ser aguada? A platéia é convidada a inspecionar sua própria autoconcepção. Em que medida *podemos* fazer distinção entre o que cabe ao mundo e o que cabe a nós, quando avaliamos uma vida humana? Em que medida *devemos* insistir na busca por essas distinções, se queremos continuar louvando como louvamos? E como podemos aperfeiçoar essa situação, progredir colocando as coisas mais importantes, tais como a realização pessoal, a política e o amor, sob nosso controle?

O problema torna-se ainda mais complexo com uma outra implicação da imagem poética. Ela sugere que parte da beleza peculiar à excelência *humana é* justamente sua vulnerabilidade. A ternura de uma planta não é a deslumbrante solidez de uma pedra preciosa. Parece haver dois tipos, e talvez dois tipos incompatíveis, de valor. Tampouco, também, é a beleza de um verdadeiro amor humano a mesma beleza, apenas menor, do amor de dois deuses imortais. O céu líquido que cobre essas pessoas e circunscreve suas possibilidades também empresta a seu ambiente um rápido e lampejante esplendor que não seria, suspeitamos, o clima do firmamento. (Um poeta posterior falará do frescor úmido, "orvalhoso" do jovem Ganimedes enxugando-se depois de um banho – como uma beleza e sexualidade por ele *perdidas* a partir do momento em que o deus, por amor, deu-lhe imortalidade, destruindo sua própria paixão[5].) A excelência humana é vista, no poema de Píndaro e difusamente na tradição poética grega, como algo cuja própria natureza é ter necessidade, alguma coisa em crescimento no mundo que não poderia fazer-se invulnerável e manter sua própria delicadeza peculiar. (O herói Odisseu escolheu o amor mortal de uma mulher que envelhecia em vez do imutável esplendor de Calipso[6].) As contingências que tornam problemático o louvor são também, de maneira até agora obscura, constitutivas daquilo que há para louvar.

Se essa imagem da videira passiva começa a nos impressionar por ser incompatível com alguma aspiração que temos para nós mesmos como agentes humanos (e assim é provável que tenha impressionado a platéia desse poema), há o consolo de que, até então, Píndaro aparentemente omitiu alguma coisa. Por mais que os seres humanos pareçam formas inferiores de vida, somos diferentes, queremos insistir, em um aspecto crucial. Somos dotados de razão. Somos capazes de deliberar e escolher, fazer um plano em que os fins são classificados, decidir ativamente o que deve ter valor e quanto. Tudo isso deve valer para alguma coisa. Se é verdade que muito em nós é confuso, necessitado, descontrolado, enraizado no pó e desamparadamente situado na chuva, é também verdade que há algo em nós que é puro e puramente ativo, algo em que poderíamos pensar como "divino, imortal, inteligível, unitário, indissolúvel, sempre autoconsistente e invariável"[7]. Parece possível que esse elemento racional em nós possa governar e orientar o restante, salvando com isso a pessoa como um todo de viver à mercê da fortuna.

Essa esplêndida e equívoca esperança é uma preocupação central do pensamento grego antigo sobre o bem humano. Uma sensação bruta da passividade dos seres humanos e da sua humanidade no mundo da natureza, e uma reação tanto ao horror como à raiva dessa passividade, viviam lado a lado e alimentavam a crença de que a atividade da razão poderia tornar seguras, e com isso salvar, nossas vidas humanas – com efeito, cumpre salvá-las, se humanamente deve valer a pena vivê-las. Essa necessidade de uma vida digna de ser vivida preocupou a maioria dos primeiros pensadores gregos, incluindo alguns aos quais a tradição denomina filósofos e alguns que normalmente recebem outros títulos (por exemplo, poeta, dramaturgo, historiador). Com efeito, parece ter sido sobretudo essa necessidade que motivou os fundadores de uma filosofia humana e ética a premir sua busca por uma nova arte que progredisse para além das crenças e práticas usuais; e a tradição filosófica grega sempre permaneceu centralmente dedicada à realização de uma vida humana boa, mesmo quando se ocupa, com freqüência, de investigações metafísicas e científicas.

Mas, do outro lado dessa busca da auto-suficiência, complicando e refreando o esforço de banir a contingência da vida humana, sempre esteve um senso vívido da beleza especial do contingente e do mutável, esse amor pelo risco e pela vulnerabilidade da humanidade empírica que encontra expressão nas recorrentes histórias sobre deuses que se apaixonam por mortais. A questão da salvação da vida se torna, pois, uma questão delicada e complicada para qualquer pensador profundo. Torna-se, em verdade, a questão do bem humano: como ele pode ser confiavelmente bom e ainda belamente humano? Era evidente para todos os pensadores de que nos ocuparemos que a boa vida para um ser humano deve em alguma medida, e sob alguns aspectos, ser auto-suficiente, imune às incursões da fortuna. Até que ponto uma vida pode e deve ser auto-suficiente, que papel a razão desempenha na busca pela auto-suficiência, qual é o tipo apropriado de auto-suficiência para uma vida humana racional – essas questões suscitaram e tornaram-se parte da questão geral: quem pensamos ser, e onde (sob qual céu) queremos viver?

Este livro será um exame da aspiração à auto-suficiência racional no pensamento ético grego: a aspiração de tornar a bondade de uma vida humana boa imune à fortuna pelo poder controlador da razão. Utilizarei a palavra "fortuna" de maneira não estritamente definida, mas, espero, perfeitamente inteligível, estreitamente relacionada à maneira como os próprios gregos falavam da *týkhe*[8]. Não pretendo sugerir que os eventos em questão são fortuitos ou desprovidos de causa. O que acontece a uma pessoa pela fortuna será apenas o que não acontece por meio de sua própria ação, o que simplesmente *acontece* a ela, como algo oposto ao que ela faz ou realiza*. Em geral, eliminar a fortuna da vida humana será colocar essa vida, ou suas

---

* O problema dos pronomes masculinos e femininos preocupou-me ao longo de todo o processo de redação deste livro. Usar "ele ou ela" como o pronome neutro em todos os casos pareceu-me intoleravelmente enfadonho. Optar por "ele" em toda parte repugnou a minha sensibilidade política, bem como pareceu-me falso em vista do corrente estado da língua, em que, cada vez mais, são feitos esforços para dar igual vez a "ela". Parece-me claro também que nos contextos em que "ele" mais freqüentemente ocorreria neste livro (fazendo referência a "o filósofo", "o poeta", "o ser humano bom"), sua presença está longe de ser neutra: realmente encoraja a imaginação a figurar o personagem em questão como masculino. Essa não é, tampouco, uma preocupação irrelevante ao escrever sobre esse material. Pois todos os trágicos reivindicam o direito de ser considerados como pensadores sérios sobre os privilégios e o *status* moral das mulheres; em cada uma das peças que discutiremos, uma mulher defende sua pretensão de igualdade moral e política. Platão tem uma boa razão para ser designado como o primeiro filósofo feminista – embora sua posição seja ainda mais radical: pois é a negação de que o corpo, e portanto o gênero, tenha qualquer significado ético (cf. Cap. 5). Ele é também o primeiro pensador que conheço a indicar que o feminismo deve levar a mudanças no gênero lingüístico neutro. Na *República* 540C, Sócrates expressa a preocupação de que o fato de Glauco não empregar ambos os particípios masculino e feminino, quando se refere aos governantes, pode dar origem à falsa impressão de que estão falando apenas de homens. O antifeminismo conspícuo de Aristóteles é um problema que discutiremos. Minha primeira idéia, ao considerar essas questões, era adotar a "solução" completamente arbitrária de usar "ele" como neutro nos capítulos pares e "ela" nos ímpares. Mas isso se mostrou confuso e áspero para leitores de crenças políticas amplamente variadas. Tampouco, evidentemente, era uma solução que a linguagem natural poderia jamais adotar. Decidi portanto, após refletir, seguir a prática de Platão na passagem acima mencionada, utilizando "ele ou ela" com regular freqüência, com o intuito de lembrar o leitor de não pensar somente em homens, mas revertendo entrementes (como faz Platão) para o masculino, a fim de evitar ritmos de frase enfadonhos. Fui também sensível ao contexto – uma vez que não há utilidade alguma em fingir que "ele ou ela" seja apropriado quando se fala de um governante aristotélico imaginado por Aristóteles; ao passo que há grande utilidade em empregar essa forma para Platão.

[No caso presente ao qual a nota se refere, a utilização de "*him or her*" [ele ou ela] se refere à palavra "*person*" [pessoa], que em inglês é neutra. Uma vez que em português é um substantivo feminino, o pronome "ela" se faz necessário, sendo evidente a referência do termo a ambos os gêneros. Convém dizer que a autora emprega "him

coisas mais importantes, sob o controle do agente (ou dos elementos dele pelos quais identifica a si mesmo), eliminando o elemento de confiança no que é exterior e incerto assimilado na imagem da planta. E minha questão geral será, com quanto de fortuna esses pensadores gregos acreditam que podemos humanamente viver? Com quanto *deveríamos* viver, para que vivamos a vida melhor e mais valiosa para um ser humano?

Essa questão era, como afirmei, central para os gregos. Já sugeri que acredito ser importante também para nós. Contudo, em alguns períodos da história, ela não seria considerada uma questão de modo algum genuína. A enorme influência da ética kantiana* sobre nossa cultura intelectual levou a uma duradoura negligência para com esses temas nas obras sobre a ética grega. Quando são tratados, com freqüência se sugere que a maneira como os gregos propõem os problemas da ação e da contingência é primitiva ou mal orientada. Pois o kantiano acredita que há uma esfera de valor, a esfera do valor moral, que é inteiramente imune às investidas da fortuna. Seja o que for que aconteça no mundo, o valor moral da boa vontade permanece intacto. Ademais, o kantiano acredita que existe uma nítida diferença a se fazer entre esse e qualquer outro tipo de valor, *e* que o valor moral tem importância avassaladoramente maior que tudo o mais. Se essas crenças são todas verdadeiras, então uma investigação como a nossa somente pode servir para descobrir falsas crenças acerca das crenças verdadeiras e importantes sobre o trivial. Pode demonstrar que os pensadores gregos sustentavam a concepção falsa e primitiva de que o valor moral é vulnerável à fortuna; e pode demonstrar que eles tinham a crença verdadeira, mas relativamente sem importância, de que outras espécies de valor são vulneráveis. Ela seguramente revelará, ao mesmo tempo, o caráter primitivo de um pensamento ético que nem mesmo tenta fazer uma distinção acentuada entre valor moral e outros tipos de valor. Quando a verdade dessas crenças kantianas, e a importância da distinção entre valor moral e não-moral**, é tomada como ponto de partida para a investigação das

or her" na primeira referência, e apenas "him" nas subseqüentes, como determinou na nota acima. Essa utilização dos pronomes se estenderá por todo o livro, exceto nos casos aristotélicos a que a autora faz referência. Essa distinção, que em inglês se faz necessária apenas na utilização dos pronomes, uma vez que os substantivos são em geral neutros, se respeitada em português ocorreria tão freqüentemente que acabaria por tornar a leitura enfadonha. Optei então por subentender a referência a ambos os gêneros sempre que não houver indicação do contrário, no corpo do texto ou em nota. Assim, sempre que ocorrer expressões como "o amante", "o leitor", "o filósofo", "o kantiano" etc., subentende-se que se referem a ambos os gêneros. (N. da T.)]

* Há, evidentemente, muitas outras concepções pós-clássicas que afetariam significativamente a apreciação dessas questões: por exemplo, concepções estóicas e cristãs concernentes à providência divina e concepções cristãs concernentes à relação entre bondade humana e graça divina. Enfoco a influência de Kant porque, como procurarei demonstrar (especialmente nos Capítulos 2, 11, 12, 13 e no Interlúdio 2), as concepções kantianas afetaram profundamente a crítica e a avaliação desses textos gregos; e é a difundida influência dessas concepções em nosso tempo que constitui o maior obstáculo para uma estimação apropriada da importância dos textos. À exceção do Capítulo 2, no qual realmente discuto as concepções de Kant sobre o conflito de obrigação, falo antes dos "kantianos" e da influência de Kant do que das posições normalmente mais complexas e sutis de Kant.

** Em verdade, tentarei evitar não apenas a distinção kantiana de moral/não-moral, mas todas as versões dessa distinção e das distinções correlatas entre raciocínio prático moral e não-moral, conflito prático moral e não-moral. Os textos gregos não fazem tal distinção. Partem da questão geral "Como devemos viver?" e consideram a idéia de que todos os valores humanos são partes constitutivas da boa vida; não assumem que haja um grupo qualquer que tenha sequer à primeira vista a pretensão de ser o valor supremo. Acredito que sua abordagem seja fiel à maneira como nosso raciocínio prático intuitivo de fato procede, e que reassimila aspectos de nossa vida prática que tendem a ser obscuros em obras que partem daquela distinção, como quer que seja entendida. No Capítulo 2, descrevo várias versões da distinção e demonstro por que elas não seriam pontos de partida apropriados para nossa investigação. Nossas discussões da justiça, obrigação cívica e exigência religiosa têm, entretanto, intenção de satisfazer o partidário convicto da distinção de que nossos pontos sobre a fragilidade se aplicam mesmo a valores que, na maioria das versões da distinção, seriam comumente considerados valores morais centrais.

concepções gregas sobre esses temas[9], então, os gregos não se saem bem. Parece haver algo peculiar no modo como se afligem com a contingência, lamentando um conflito prático insolúvel e o pesar que acarreta, ponderando os riscos do amor e da amizade, pesando o valor da paixão contra seus excessos destrutivos. É como se estivessem em dificuldades por não terem descoberto o que Kant descobriu, não saberem o que todos os kantianos sabem.

Mas, se não abordamos os textos armados de um ponto de vista a partir do qual suas questões não podem ser vistas, fica difícil evitar que sintamos, nós mesmos, a força dessas questões[10]. Inicio este livro de uma posição que acredito ser comum: a posição de quem não considera os problemas da ode de Píndaro senão como problemas peculiares, e que tem enorme dificuldade em entender como podem jamais deixar de ser problemas. Que sou um indivíduo que age, mas também uma planta; que muito do que não fiz contribui para fazer com que eu seja tudo aquilo pelo qual eu deva ser louvado ou culpado; que devo constantemente escolher entre bens concorrentes e aparentemente incomensuráveis e que as circunstâncias podem forçar-me a uma posição na qual não posso evitar ser falso com respeito a alguma coisa ou fazer algum mal; que um evento que simplesmente acontece a mim pode, sem meu consentimento, alterar minha vida; que é igualmente problemático confiar seu bem a amigos, amantes ou ao país e tentar ter uma boa vida sem eles – tudo isso considero não apenas como o material da tragédia, mas como fatos cotidianos da razão prática vivida.

Por outro lado, parece igualmente impossível, ou igualmente inumano, evitar sentir a força da concepção platônica de um ser auto-suficiente e puramente racional, purificado das "sarnas" e "ervas daninhas" da paixão, das "muitas coisas pétreas e selvagens que lhe foram incrustadas por toda parte"[11], liberto das limitações contingentes de seu poder. Platão nos mostra como Glauco, um cavalheiro comum, descobre em si mesmo, no diálogo com Sócrates, um intenso amor pela atividade pura e estável do raciocínio matemático, um amor que exige denegrir muito do que ele anteriormente valorizara. Mesmo assim, à medida que lemos essas obras e nos fascinamos por elas, tendemos a recobrar uma aspiração à pureza e à liberdade com relação à fortuna, que é também uma parte profunda do caráter humano e se mantém em uma complexa tensão com outras percepções empíricas. E, se sentir essa tensão não é uma experiência idiossincrática ou rara, mas um fato da história natural dos seres humanos, então o bom raciocínio prático humano sobre a auto-suficiência da vida boa parece requerer uma investigação que explore ambos os retratos, sentindo o poder de cada um.

Investigaremos o papel desempenhado pela fortuna no âmbito da excelência humana* e das atividades associadas a ela, deixando de lado as incontáveis maneiras como a fortuna afeta o mero contentamento e o bem-estar**. Três questões serão centrais para nossa investiga-

---

* Excelência (*areté*) deve ser aqui compreendida amplamente, não como algo que pressupõe alguma separação de um grupo especial de excelências morais; incluímos até o momento todas as características das pessoas em virtude das quais elas vivem e agem bem, isto é, de modo a merecer louvor. Incluímos, pois, ao menos, tanto o que Aristóteles denominaria "excelências de caráter" (grupo não equivalente às "virtudes morais", embora essa expressão seja a tradução inglesa mais comum – cf. Cap. 11) como o outro grande grupo de Aristóteles, as excelências do intelecto.

** Alguns textos que discutiremos tornam-se obscuros nesse ponto pela tradução comum do termo grego "*eudaimonía*" pelo inglês "*happiness*" [em português, "felicidade"]. Dada especialmente nossa herança kantiana e utilitarista na filosofia moral, em ambas as partes da qual "felicidade" é considerada o nome de um sentimento de contentamento ou prazer, e dado que se assume que uma concepção que faz da felicidade o bem supremo seja, por definição, uma concepção que confere valor supremo antes a estados psicológicos que a atividades, essa tradução é gravemente enganosa. Para os gregos, *eudaimonía* significa algo como "viver uma vida boa para um ser humano"; ou, como sugeriu um escritor recente, John Cooper, "florescimento humano". Aristóteles nos diz que é equivalente, no discurso ordinário, a "viver bem e fazer bem". A maioria dos gregos entenderia *eudaimonía*

ção. A primeira concerne ao papel na boa vida humana das atividades e relações que são, em sua natureza, especialmente vulneráveis ao revés. Quanto deve um plano racional de vida permitir elementos como amizade, amor, atividade política, afeição a propriedade ou posses, todos os quais, sendo por si mesmos vulneráveis, tornam a pessoa que aposta o seu bem neles similarmente aberta ao acaso? Esses "bens exteriores" podem adentrar a vida excelente não apenas como meios instrumentais necessários ao bem viver, mas também, se os valorizamos o suficiente, como fins em si mesmos; sua ausência contingente, pois, pode privar o agente não somente de recursos, mas do próprio valor intrínseco e do próprio bem viver. Isso tudo é razão para não lhes atribuir tal valor ou os incluir como componentes de um plano racional?

Estreitamente ligada à questão sobre os componentes individuais da boa vida está nossa segunda questão, que concerne à relação entre esses componentes. Eles coexistem harmoniosamente, ou são capazes, em circunstâncias não criadas pelo próprio agente, de gerar exigências conflitantes que podem por si mesmas prejudicar a boa vida dele? Se um agente atribui valor intrínseco e se interessa por mais de uma atividade, há sempre um risco de que surjam circunstâncias em que se exijam cursos de ação incompatíveis; a deficiência torna-se, portanto, uma necessidade natural. Quanto mais rico meu sistema de valor*, mais me abro para essa possibilidade; e, no entanto, uma vida destinada a repelir essa possibilidade pode se revelar pobre. Esse problema está de muitas maneiras relacionado ao primeiro. Pois uma vida centrada em torno de atividades cuja consecução está sempre em poder do agente, independentemente das circunstâncias, trará poucas oportunidades de conflito; e as estratégias da razão adotadas para minimizar conflitos reduzirão significativamente (como veremos) a fragilidade de certos valores importantes, considerados isoladamente.

Até o momento, falamos daquilo que poderíamos denominar "contingência externa"[13] – da fortuna que atinge o agente a partir do mundo fora dele, e de seu próprio sistema de valores, na medida em que o vincula ao exterior. Esse será o primeiro enfoque de nossa atenção. Mas devemos também suscitar um terceiro problema, concernente à relação entre autosuficiência e as partes mais ingovernáveis da composição interna do ser humano. Nossos dois

---

como algo essencialmente ativo, do qual as atividades dignas de louvor não são apenas meios produtivos, mas efetivas partes constitutivas. É possível para um pensador grego argumentar que *eudaimonía* seja equivalente a um estado de prazer; nessa medida, a atividade não é uma parte conceitual da noção. Mas, mesmo aqui, devemos estar cientes de que muitos pensadores gregos concebem o prazer como algo antes ativo que estático (cf. Cap. 5); uma equiparação da *eudaimonía* com o prazer pode, pois, não significar aquilo que esperaríamos que significasse em um escritor utilitarista. A idéia de que *eudaimonía* é equivalente a um *estado* de prazer é uma posição não convencional e *prima facie* contra-intuitiva na tradição grega (cf. Cap. 4). Muito comum seria a posição de Aristóteles, de que *eudaimonía* consiste em atividade conforme à(s) excelência(s). Nos termos dessa concepção, então, investigaremos as maneiras pelas quais a fortuna afeta a *eudaimonía* e as excelências que são a sua base. Onde for importante para a clareza do nosso raciocínio, a palavra grega não será traduzida.

Deixarei também de lado uma parte da questão sobre a excelência, a saber, a fortuna de nascimento ou constituição – o papel dos fatores não controlados pelo agente que o dotam das várias capacidades iniciais indispensáveis para se viver humanamente bem. Apenas assumirei, como assumem os textos, que a resposta a essa questão não é tal que impeça todas as nossas outras questões.

* Todos os que tenham dúvida quanto ao uso da palavra inglesa "value" [valor] com referência aos textos éticos gregos ficarão satisfeitos, espero, à medida que prosseguirmos, conforme se esclarecer por que ela é uma noção apropriada para traduzir certos termos éticos gregos. Não há uma única palavra para a qual "valor" seja sempre e exclusivamente a tradução apropriada; mas é freqüentemente a melhor palavra para certos usos de "*agathón*", "bem", e especialmente "*kalón*"[12], "ótimo", "intrinsecamente bom". Outras locuções importantes são "aquilo que é digno (*axion*)", "aquilo que é digno de escolher (*baireton*)", e várias locuções verbais que envolvem palavras de avaliação, estimativa e escolha.

outros problemas nos levarão a indagar, em particular, sobre o valor ético das chamadas "partes irracionais da alma": apetites, sentimentos, emoções. Pois nossa natureza corpórea e sensível, nossas paixões, nossa sexualidade, servem todas como vínculos poderosos com o mundo do risco e da mutabilidade. As atividades associadas aos desejos corporais não apenas exemplificam a mutabilidade e a instabilidade em sua própria estrutura interna; também nos levam e nos atam ao mundo dos objetos perecíveis e, desse modo, ao risco de perda e ao perigo de conflito. O agente que atribui valor às atividades ligadas aos apetites e às emoções será *eo ipso* dependente do exterior, de recursos e de outras pessoas, para que tenha possibilidades de boa atividade contínua. Ademais, essas ligações "irracionais" envolvem, mais do que muitas outras, um risco de conflito prático e, portanto, de falha contingente na virtude. E, mesmo quando as atividades passionais não são em si mesmas reputadas valiosas, as paixões podem ainda figurar como fontes de ruptura, perturbando o planejamento racional do agente como que de fora e produzindo distorção do juízo, inconstância ou fraqueza na ação. Alimentá-las sob qualquer condição é, pois, expor-se a um risco de desordem ou "loucura"[14]. Precisamos indagar, então, se uma reestruturação do ser humano, uma transformação ou supressão de certas partes familiares de nós mesmos, poderia levar a um maior controle racional e auto-suficiência, e se seria essa a forma apropriada de auto-suficiência para uma vida humana racional.

Formular qualquer uma dessas três questões é, evidentemente, indagar sobre uma concepção de razão humana. Se é a razão, e a arte da razão, a filosofia, que supomos salvar ou transformar nossas vidas, então, como seres interessados em viver bem, cumpre indagarmos o que é essa parte de nós, como ela opera para ordenar uma vida, como se relaciona com o sentimento, a emoção, a percepção. Os gregos, característica e apropriadamente, vinculam essas questões éticas muito estreitamente a questões sobre os procedimentos, capacidades e limites da razão. Pois intuem que alguns projetos para viver de modo auto-suficiente são questionáveis na medida em que solicitam de nós que ultrapassemos os limites cognitivos do ser humano; e, por outro lado, que muitas tentativas de se aventurar, no raciocínio metafísico ou científico, além de nossos limites humanos são inspiradas por motivos éticos questionáveis, motivos que têm a ver com fechamento, segurança e poder. Os limites cognitivos humanos circunscrevem e limitam o conhecimento e o discurso ético; e um tópico importante *no interior* do discurso ético deve ser a determinação de uma atitude humana apropriada com relação a esses limites. Por essas duas razões, nossa investigação ética considerará necessário falar sobre princípios primeiros, verdade e as exigências do discurso.

Este livro descreverá, normalmente em ordem histórica, uma seqüência de reflexões inter-relacionadas sobre esses problemas em obras dos três grandes poetas trágicos, de Platão e de Aristóteles. Em lugar de procurar fazer uma reflexão sistemática sobre aquilo que cada grande pensador grego tinha a dizer sobre essa questão, optei por estudar em detalhes um conjunto de textos que me parecem especialmente pertinentes e representativos[15]. Para resumir brevemente, descreverei a exploração de nossos problemas em várias tragédias do século V, que insistirão no papel irredutível da fortuna na configuração da vida humana e de seu valor; em seguida, a tentativa heróica de Platão, nos diálogos intermediários, de salvar as vidas dos seres humanos tornando-os imunes à fortuna; finalmente, o retorno de Aristóteles a muitas das percepções sutis e valores da tragédia, na medida em que expressa uma concepção de racionalidade prática que tornará os seres humanos auto-suficientes de um modo apropriadamente humano. Mas essa estrutura simples se complica pelo fato de que todas essas obras contêm em seu interior mais de uma posição sobre os problemas. É uma característica das tragédias mostrar a luta entre a ambição de transcender o meramente humano e o reconhecimento das perdas que essa ambição acarreta. Tampouco os diálogos de Platão argumentam simplesmente em favor da revisão de sua concepção ética; em vez disso, Platão se utiliza da forma diálogo para nos demonstrar um confronto de posições, evidenciando para nós o que toda "solução" se arrisca a perder ou entregar. E, no posterior *Fedro*, vemos ainda, como argumentarei, uma crítica explícita da maneira como a própria oposição de posições fora concebida nos primeiros diálogos. O procedimento declarado de Aristóteles é a análise de posições conflitantes, avaliando e respondendo à sua força; tampouco é sua "solução" desprovida de tensões e divisões internas. Isso tudo significa que, embora a reflexão tenha uma direção geral, o movimento entre ambição e retorno, transcendência e aceitação, está também presente, ao mesmo tempo, em quase todas as seções individuais.

Nos Capítulos 2 e 3, contemplo a descrição da exposição humana à fortuna em três tragédias, particularmente com referência ao problema do conflito contingente de valores. (A consideração desse problema leva, no entanto, a uma discussão da fragilidade de certos valores individuais, uma vez que dela se segue que os valores que com mais freqüência geram conflito, considerados isoladamente, estão entre os mais vulneráveis.) Em especial no Capítulo 2, procuro mostrar como uma abordagem kantiana dos problemas da fortuna impediu nosso entendimento dos textos gregos; apresento a caracterização que Ésquilo faz dos problemas como uma alternativa forçosa à reflexão kantiana e às demais relacionadas. No Capítulo 3, estendendo essas reflexões sobre casos individuais de conflito prático, volto-me para a aspiração de planejar todo o curso de uma vida de modo a minimizar os riscos de tais conflitos. Constato mais de uma forma dessa aspiração na *Antígona* de Sófocles. Examino a descrição que a peça faz dos valores como plurais e incomensuráveis, suas críticas à ambição humana de assenhorar-se da fortuna pela simplificação de nossos comprometimentos com o valor. Ao mesmo tempo, procuro demonstrar a continuidade subjacente entre Ésquilo e Sófocles no tratamento desses problemas.

No Capítulo 4, voltando a Platão, argumento que a reflexão sobre uma ciência do raciocínio prático no *Protágoras* é uma resposta aos mesmos problemas que preocuparam os trágicos e um desenvolvimento das estratégias propostas no interior de seus dramas para derrotar a fortuna. Esse capítulo é particularmente importante não apenas por demonstrar essa continuidade entre as motivações de Platão e a tradição literária, mas também porque revela claramente as inter-relações dos nossos três problemas, evidenciando como uma estratégia adotada para a eliminação da incomensurabilidade e do conflito entre os valores também torna mais estáveis os valores individuais. Ademais, ao reordenar a natureza de nossos vínculos, ela transforma as paixões, nossas fontes internas de desordem. Os Capítulos 5 e 6 demonstram como Platão desenvolve essas idéias nos diálogos de seu período intermediário: *Fédon*, *República* e *Banquete*. (O primeiro Interlúdio de transição suscita questões sobre a forma diálogo como uma alternativa ao drama trágico, evidenciando como a escolha de Platão da forma literária está estreitamente vinculada a suas concepções éticas.) O Capítulo 5 analisa a defesa, no *Fédon* e na *República*, de uma vida de contemplação auto-suficiente, em que as atividades instáveis e seus objetos não têm nenhum valor intrínseco. O Capítulo 6 examina a reflexão que o *Banquete* faz desses problemas na área do amor pessoal. Muito embora esses capítulos dêem mais destaque à vulnerabilidade de valores individuais, jamais se afastam do problema do conflito de valor; sua importância para os argumentos da *República* é discutida ao final do Capítulo 5.

O Capítulo 6 explicita o grau de profundidade com que a reflexão platônica sobre o amor responde à beleza da fragilidade humana, ainda que nos motive ao mesmo tempo a abandoná-la em favor de uma beleza mais estável. Desse modo, prepara a discussão do Capítulo 7, segundo a qual o *Fedro* questiona e modifica a concepção prévia de valor de Platão. Argumento que o *Fedro* confere um lugar elevado na boa vida, tanto como meio instrumental quanto como componentes intrinsecamente valiosos, às relações apaixonadas entre indivíduos, relações que são frágeis por sua própria natureza. Avalio os argumentos autocríticos de Platão e essa nova reflexão sobre a bondade humana.

A seção de Aristóteles tem início com uma discussão do método filosófico de Aristóteles, uma vez que suas concepções gerais sobre a relação entre teoria filosófica e crença humana usual desempenham um importante papel no seu tratamento de problemas éticos. O Capítulo 9 examina a reflexão de Aristóteles sobre o movimento e a ação "voluntários", indagando que relação nossos movimentos devem ter com os acontecimentos do mundo para que as atitudes e práticas éticas sejam apropriadamente direcionadas a eles. O Capítulo 10 se volta para a reflexão sobre a racionalidade prática em que Aristóteles se fia quando faz sua descrição antiplatônica da auto-suficiência humana, perguntando de que ponto de vista e por quais procedimentos são feitos bons juízos éticos aristotélicos. Esse capítulo é, pois, um correlativo à reflexão do Capítulo 5 sobre a epistemologia do valor de Platão; veremos como a diversa epistemologia de Aristóteles está associada com sua diferente reflexão sobre o conteúdo do valor humano. Voltaremos a nos referir ao ideal platônico de ciência ética enunciada inicialmente no Capítulo 4, indagando o que Aristóteles quer dizer quando afirma que o raciocínio prático humano não é e não deve ser científico. Os Capítulos 11 e 12 tratam da fragilidade dos componentes individuais da melhor vida humana. Inquirem de que maneiras a melhor vida aristotélica é vulnerável aos acontecimentos exteriores e como Aristóteles argumenta que uma vida assim vulnerável é, não obstante, a melhor. O Capítulo 11 examina a vulnerabilidade da boa atividade humana de modo geral; o Capítulo 12 trata de dois casos particulares de boa atividade humana vulnerável, a saber, a atividade política e o amor pessoal. Ambos os capítulos encerram discussões, relacionadas entre si, sobre a concepção aristotélica do conflito de valores. O segundo Interlúdio de transição 2 examina, em seguida, as implicações de tudo isso para a concepção de Aristóteles do papel da tragédia e das emoções trágicas no aprendizado humano. O Capítulo 13 retorna à tragédia do século V com uma leitura da *Hécuba* de Eurípides, que evidencia a vulnerabilidade do próprio bom caráter à corrupção pelos reveses do acaso. Embora sua discussão conte apenas com o material contemporâneo ao século V, sua disposição no final do livro ajudará a demonstrar a continuidade entre o empreendimento de Aristóteles e a tradição trágica à qual ele mesmo atribui tão grande importância.

A concepção de teoria ética em que me apóio, na medida em que fundamento essa investigação filosófica na exegese de textos históricos, é, *grosso modo*, aristotélica, aquela que é explorada e defendida no Capítulo 8[16]. Ela sustenta que a teorização ética procede por meio de um diálogo reflexivo entre as intuições e crenças do interlocutor, ou leitor, e uma série de concepções éticas complexas, apresentadas para investigação. (Essa série, como Aristóteles a expõe, deve idealmente incluir as concepções tanto da "maioria" quanto dos "sábios".) Tal investigação não pode ter início sem leitores ou interlocutores já formados como um certo tipo de pessoas. Seu objetivo é chegar a uma explicação dos valores e juízos de pessoas que já têm vínculos e intuições definidas[17]; devem ser elas, no final das contas, o material de investigação. E, no entanto, isso não significa que o resultado da investigação será uma mera repetição da reflexão sobre a visão que o leitor teria apresentado no início. Pois, como Aristóteles salienta (e como Sócrates demonstrou antes dele), a maioria das pessoas, quando se pede que generalizem, faz afirmações que são falsas com relação à complexidade e ao conteúdo de suas crenças efetivas. Elas precisam aprender o que realmente pensam. Quando, pela análise de alternativas e pelo diálogo uns com os outros, chegam a um ajustamento harmonioso de suas crenças, tanto individualmente quanto na companhia uns dos outros, será ele a verdade ética, no entendimento aristotélico da verdade: uma verdade que é antropocêntrica, mas não relativista*. (Na prática, a busca é raramente completa ou inteiramente suficiente; assim, a idéia resultante será apenas a melhor candidata atual para a verdade.) Para preencher a lacuna entre crença e teoria, é com freqüência proveitoso trabalhar a partir dos textos, levando o interlocutor a uma elucidação e avaliação da complexa posição de outra pessoa – ou melhor, de muitas posições alternativas – sobre o problema em questão. Isso confere um grau de afastamento de nossos preconceitos teóricos; e, se fazemos nossa seleção de textos com suficiente cuidado, podemos esperar ter explorado as principais alternativas.

Uma vez que o material grego, por mais diversificado, apresenta somente algumas das alternativas éticas disponíveis, e uma vez que importantes concepções opostas, sobretudo a de Kant, não serão aqui minuciosamente estudadas, esse projeto é apenas uma pequena parte de um projeto aristotélico mais amplo. Ficará claro que as conclusões dessa investigação são conclusões que considero atraentes. Acredito, com base no pensamento que tenho até o momento sobre essas questões, que elas têm uma forte pretensão de verdade ética, no sentido aristotélico. Mas não afirmo que representem a conclusão desse projeto mais amplo.

Se o meu método é aristotélico, isso não predispõe a totalidade de minhas investigações na direção das conclusões aristotélicas? Se há, como parece provável, uma ligação não casual entre os procedimentos de Aristóteles e seu resultado, isso não será apenas uma confissão de que estarei caminhando na direção desse resultado? Há aqui um problema profundo. O método aristotélico presume ser justo para com todas as crenças e concepções concorrentes: assim, nesse sentido, presume ser justo para com o platonismo. Mas Platão não atribui muito valor a esse tipo de justiça imparcial. Ele argumenta, primeiramente, que apenas um número muito pequeno de pessoas tem condições de se empenhar seriamente na reflexão ética e na escolha ética; às outras, deve-se apenas dizer o que fazer. O ponto de vista a partir do qual se fazem juízos corretos é muito distante da situação do ser humano comum. E, em segundo lugar, ele sustenta que algumas posições éticas, por exemplo, algumas das concepções desenvolvidas nas tragédias, são tão nocivas à alma que não devem de maneira alguma sequer ser cogitadas em uma cidade bem-ordenada. Em um outro sentido, pois, todo procedimento que *seja* tão respeitoso e imparcial com relação a tantas coisas e a tantas pessoas, todo procedimento que confronte suas concepções com as da "maioria", e as ponha lado a lado com as dos poetas trágicos, não pode, talvez, ser justo para com as suas concepções segundo seu modo de entender a justiça.

Meu compromisso de proceder de maneira aristotélica é tão profundo quanto qualquer compromisso que tenho; para mim, seria impossível escrever ou ensinar de outro modo. Ademais, ofereço, no Capítulo 8, uma defesa do método pelo menos parcialmente não-circular; defendo a circularidade remanescente como rica e interessante (Cap. 10): e, no Capítulo 5,

---

* Tanto Aristóteles como Sócrates acreditam que a melhor expressão de cada sistema interno individual de crenças será também uma reflexão compartilhada por todos os indivíduos capazes de levar a cabo seriamente a busca pela verdade. Isso porque eles acreditam que os maiores obstáculos ao acordo coletivo são deficiências de juízo e reflexão; se cada um de nós for singularmente conduzido através dos melhores procedimentos de escolha prática, passaremos a concordar quanto aos assuntos mais importantes, tanto na ética como na ciência. Acredito que essa posição é substancialmente correta. Embora eu não argumente diretamente em seu favor aqui, exemplos do método aplicado e outras discussões do método tal como Aristóteles o defende devem mostrar sua força. Dificuldades que surgem do desacordo com relação aos "melhores procedimentos de escolha prática" e a ameaça de circularidade que eles geram são discutidas ainda nos Capítulos 5 e 10.

argumento que Platão compartilha mais das preocupações metodológicas de Aristóteles do que este resumo indica. Por enquanto, só posso convidar o leitor a ser sensível, em cada estágio, às maneiras como o meu método influencia o resultado. Desse modo, pode-se avaliar com mais simpatia o desafio platônico ao próprio método e compreender melhor a sua ligação com as conclusões platônicas.

Há uma diferença óbvia entre a maneira como alguns filósofos recentes, Sidgwick e Rawls, por exemplo, seguiram uma investigação ética aristotélica e o meu procedimento aqui. É que escolhi consultar determinados textos, a saber, quatro dramas trágicos, que são tradicionalmente considerados como obras mais de "literatura" que de "filosofia". É habitual tomá-los como textos de tipos bastante diversos, vinculados de modos bem diferentes às questões éticas humanas[18]. Claramente, não era essa a visão dos gregos[19]. Para eles, existiam vidas e problemas humanos, e gêneros diversos, em prosa tanto quanto em poesia, nos quais se poderia refletir sobre esses problemas. Com efeito, assumia-se amplamente que os poetas épicos e trágicos eram pensadores e mestres éticos centrais na Grécia; ninguém considerava suas obras menos sérias, menos dirigidas à verdade, que os tratados especulativos em prosa dos historiadores e filósofos. Platão vê os poetas não como colegas de um departamento diferente, que perseguem objetivos diferentes, mas como perigosos rivais. Sua própria criação de um modo de escrever que reputamos "filosófico" está vinculada a concepções específicas sobre a boa vida e a alma humana; cometeremos grave injustiça a seus argumentos contra a tragédia se subentendermos a distinção entre filosofia e literatura e pressupormos sem discussão que as obras de literatura são dispensáveis numa investigação que visa à verdade ética. Discutiremos adiante, no primeiro Interlúdio, o ataque de Platão aos trágicos; os problemas são ainda infundidos em vários capítulos, especialmente Capítulos 2, 3 e 7, e Interlúdio 2. Mas devemos agora fazer algumas observações preliminares sobre a importância das obras literárias para o nosso estudo. (Essas observações não devem ser lidas como algo que subentende a própria distinção; dirigem-se ao nosso agrupamento convencional de textos, sem ratificá-lo.) O estudioso dos clássicos ou leitor de literatura provavelmente estará convencido de antemão de que essas obras têm uma séria pretensão de verdade e compreensão humanas. Mas o leitor que aborda o livro da perspectiva de uma tradição filosófica (especialmente nossa tradição anglo-americana) terá questões sem respostas. Por que essa tentativa de analisar concepções alternativas importantes sobre o problema ético deve voltar-se para os poemas dramáticos em lugar de restringir-se às obras de filósofos reconhecidos? Por que um livro que se associa com o aristotelismo de Sidgwick e Rawls deve utilizar-se de textos de um tipo que nem Sidgwick nem Rawls incluíram em seu exame da tradição ética? Esses textos não serão realmente dispensáveis?

Primeiramente, mesmo que nosso objetivo fosse apenas desvelar o pensamento de Platão e Aristóteles sobre nossos problemas, seria muito importante examinar a tradição da reflexão ética na poesia em que sua obra tem raiz e contra a qual eles se definem. Nada me apareceu com mais clareza durante meu trabalho neste livro do que a importância de ver o pensamento de Platão, em particular, como uma resposta a essa complexa tradição cultural, motivado por seus problemas e preocupações. Ademais, a escrita de Platão alude tão continuamente a seu contexto poético em sua escolha de imagem, história e modo de expressão que passaremos ao largo do significado de muitos detalhes marcantes se não tentarmos abordá-lo com consciência de seu contexto.

Mas não pretendo estudar as tragédias apenas como meio, com o fim de um melhor entendimento de Platão. Tampouco pretendo estudá-las somente com o intuito de registrar uma estrutura de pensamento popular contra a qual os filósofos buscavam a verdade[20]. Meu método aristotélico faria em todo caso um estudo do pensamento popular mais diretamente relevante à busca pela verdade do que muitos historiadores da moralidade popular grega pensam ser. Mas tal estudo histórico sistemático e abrangente, para uma cultura cuja moralidade sobrevive, em sua maior parte, somente através de textos de excelência literária, apresenta enormes problemas de comprovação e está muito além do escopo deste livro. Pretendo, pois, estudar as obras dos poetas trágicos como Platão as estudou: como reflexão ética por direito próprio, que incorpora tanto no seu conteúdo como no seu estilo uma concepção de excelência humana. Em outras palavras, embora eu certamente fale sobre a relação dessas obras com o pensamento da "maioria", onde isso pode de algum modo averiguar-se, elas serão consideradas como criações dos "sábios", como obras de distinção às quais uma cultura se voltava para compreensão. Para esse procedimento, ofereço dois tipos de argumentos *prima facie*. O primeiro concerne ao valor desses textos para analisar as questões éticas particulares com as quais me preocupo aqui; o segundo defenderá o valor de textos semelhantes a esses para analisar questões éticas de qualquer espécie.

Os poemas trágicos, em virtude de sua matéria e de sua função social, tendem a confrontar e explorar problemas sobre os seres humanos e a fortuna que um texto filosófico pode omitir ou evitar. Lidando, como fazem, com as histórias através das quais toda uma cultura refletiu sobre a situação dos seres humanos, e lidando, também, com a experiência de personagens complexos dessas histórias, é improvável que escondam da vista a vulnerabilidade das vidas humanas à fortuna, a mutabilidade de nossas circunstâncias e de nossas paixões, a existência de conflitos entre nossos compromissos[21]. Todos esses fatos, uma obra filosófica do tipo mais familiar em nossa tradição, que não enfoque atentamente as histórias dos personagens concretos, pode perder de vista ao buscar considerações sistemáticas ou almejar uma maior pureza. Isso aconteceu com freqüência, tanto na tradição grega como na nossa. Com o intuito de ilustrar esse ponto, farei, no capítulo seguinte, uma justaposição das reflexões de duas tragédias gregas sobre o conflito prático com as pretensas soluções desse problema oferecidas em muitos textos filosóficos recentes, cuja influência combinou-se à influência de Platão para distanciar muitos pensadores das concepções trágicas. Essa justaposição nos ajudará a ver mais claramente as tragédias, bem como a nos fornecer um motivo pelo qual devemos voltar à tragédia. Se nosso desejo é explorar concepções alternativas e se o trágico, por sua natureza, apresenta uma perspectiva distinta com respeito a essas questões, isso é por si só uma razão para suspeitar das fronteiras disciplinares convencionais e para considerar a poesia trágica como parte, ela mesma, da investigação ética.

Não é, entretanto, uma razão suficiente. Pois o objetivo de proporcionar reflexão sobre a fortuna com esse conteúdo complexo e concreto pode ser satisfeito pela utilização, dentro do discurso filosófico tradicional, de *exemplos* extraídos da poesia ou do mito trágicos[22]. É preciso mais para demonstrar por que queremos, em lugar disso, ler a totalidade das tragédias e discuti-las em toda a sua complexidade poética. Há, então, no próprio fato de que são poemas trágicos complexos, alguma possibilidade de uma contribuição distinta à nossa investigação? Quanto a isso, muita coisa deve aflorar dos capítulos. Mas podemos dizer, provisoriamente, que um drama trágico inteiro, diferentemente de um exemplo filosófico esquemático que faça uso de uma história similar, é capaz de traçar a história de um padrão complexo de deliberação, evidenciando suas raízes em um modo de vida e olhando adiante para suas conseqüências nessa vida. Na medida em que faz tudo isso, expõe à vista a complexidade, a indeterminação, a diáfana dificuldade de deliberação humana efetiva. Se um filósofo se utilizasse da história de Antígona como um exemplo filosófico, ele sinalizaria à atenção do leitor, ao expô-la sistematicamente, tudo o que o leitor deve perceber. Ele apontaria apenas o que é estritamente importante. Uma tragédia não revela os dilemas de suas personagens como pré-enunciados; ela os mostra em sua busca por aquilo que tem pertinência moral; e nos compele, como intérpretes, a ser igualmente ativos. A interpretação de uma tragédia é mais confusa, menos definida e mais misteriosa do que a avaliação de um exemplo filosófico; e mesmo que a obra já tenha sido interpretada, permanece inesgotada, sujeita a reavaliação, de um modo tal que não ocorre com o exemplo. Trazer esse material para o centro de uma investigação ética relativa a esses problemas de razão prática é, pois, acrescentar a seu conteúdo uma descrição dos procedimentos e problemas da razão que não poderiam ser prontamente transmitidos de alguma outra forma.

Novamente aqui, não é evidente que isso constitui um argumento suficiente para o uso dos poemas trágicos em nossa investigação. Pois, na medida em que examinamos as concepções platônica e aristotélica (seria possível afirmar), poderíamos certamente confrontá-los para avaliação, não apenas com os exemplos sistemáticos, senão também com os dados da experiência própria de cada leitor. Pois essa experiência seguramente terá toda a indeterminação e dificuldade pertinentes a uma investigação que indaga quanta dificuldade realmente há em nossa relação ética com a fortuna. (Poderíamos colocar essa questão em termos históricos perguntando por que Aristóteles, que insiste no papel central da experiência na sabedoria prática, deve também insistir na importância dos poemas trágicos como parte da educação moral de cada cidadão; isso será feito no Interlúdio 2.) Certamente, uma parte importante da busca pela verdade aqui será o exame que cada leitor fará do texto com relação a suas próprias experiências e intuições éticas. Mas, diferentemente da experiência de cada pessoa, o poema trágico é igualmente disponível a todos os leitores que estudem sobre a vida boa. É, ao lado disso, a análise de uma história humana cuidadosamente inventada, destinada a trazer certos temas e questões à atenção de cada leitor. Pode, portanto, promover a conversação entre leitores necessária à completude do projeto aristotélico, cujos objetivos são primordialmente definidos em termos de um "nós", de pessoas que desejam viver juntas e compartilhar uma concepção de valor. Um poema trágico estará suficientemente distante da experiência de cada leitor para não tornar presente o interesse próprio, tendencioso e sectário; e, contudo, (se fizermos a difícil elaboração histórica necessária para revelar em que medida compartilhamos ou não as perplexidades dos gregos*) ele pode ser considerado como uma extensão da experiência comum de todos os leitores. Pode, pois, promover a auto-investigação ao mesmo tempo que facilita também a discussão cooperativa. Em suma, tem todas as vantagens pelas quais recorremos a textos, aos "sábios", em primeiro lugar, além daquelas vantagens especiais com as quais contribui seu caráter poético.

A poesia trágica, assim, pode trazer a uma investigação sobre a fortuna e a bondade humana um conteúdo especial que poderia escapar-nos se nos restringíssemos aos textos filosó-

---

* A resposta a essa questão não pode ser dada de uma vez, mas apenas pode surgir da análise de casos particulares. Asseverarei simplesmente aqui minha crença em que Nietzsche estava correto ao pensar que uma cultura que luta com a difundida perda da fé religiosa judaico-cristã poderá apreender suas próprias intuições persistentes sobre o valor se se voltar para os gregos. Se não tentarmos vê-los através das lentes das crenças cristãs, poderemos não só vê-los de maneira mais verdadeira; mas também ver quão verdadeiros são para nós — isto é, para uma tradição histórica contínua de experiência ética humana que não foi nem substituída nem irreversivelmente alterada pela supremacia do ensinamento cristão (e kantiano). Os problemas da vida humana com os quais esse livro lida não se alteraram tanto ao longo dos séculos; e, se não nos sentirmos compelidos a representar as respostas gregas a eles como primitivas em contraste com alguma outra coisa, poderemos ver como os gregos exprimem bem intuições e respostas que os seres humanos sempre tiveram para esses problemas. Veremos melhor o elemento de continuidade, entretanto, se tivermos o cuidado de indicar os aspectos nos quais a história alterou a face do problema.

ficos convencionalmente admitidos; será melhor sua contribuição se for minuciosamente estudada em toda a sua complexidade poética. Esse conteúdo não é passível de separar-se de seu estilo poético. Tornar-se um poeta, do ponto de vista dos gregos, não era um ato eticamente neutro, e tampouco devemos vê-lo assim. Escolhas estilísticas – a seleção de certas métricas, certos padrões de imagem e vocabulário – são entendidas como estreitamente ligadas a uma concepção do bem. Nós, igualmente, devemos ter ciência dessas ligações. Na medida em que indagamos que concepção ética consideramos mais atrativa, deveríamos perguntar que maneira ou maneiras de escrita expressam mais apropriadamente nossa aspiração a sermos seres humanamente racionais.

E isso nos traz à nossa segunda linha de argumentação. Pois agora podemos começar a ver razões pelas quais as obras poéticas são indispensáveis a um projeto ético aristotélico, mesmo independentemente de nossas questões éticas específicas. A tradição filosófica anglo-americana tende a supor que o texto ético deve, no processo de investigação, dialogar apenas com o intelecto; não deve recorrer às emoções, aos sentimentos e reações sensoriais. Platão afirma explicitamente que o aprendizado ético deve proceder pela separação entre o intelecto e nossas outras partes meramente humanas; muitos outros escritores confirmam essa hipótese, compartilhando ou não a concepção ética intelectualista de Platão[23]. O diálogo que temos com uma obra de poesia trágica não é assim. Nossa atividade cognitiva, conforme exploramos a concepção ética incorporada no texto, envolve de modo central a resposta emocional. Descobrimos o que pensamos sobre esses eventos em parte percebendo como nos sentimos; a averiguação de nossa geografia emocional é uma parte importante de nossa busca pelo autoconhecimento. (E mesmo isso dispõe as questões de modo demasiado intelectualista: pois argumentaremos que a resposta emocional pode ser às vezes não somente um *meio* para o conhecimento prático, mas uma parte constitutiva do melhor tipo de reconhecimento ou conhecimento da própria situação prática da pessoa[24].)

Com freqüência, supõe-se que esse fato sobre a poesia trágica em particular, e sobre textos literários em geral, torna inadequado o uso desses textos no bojo de uma investigação ética séria. Mesmo Iris Murdoch, uma das poucas filósofas anglo-americanas contemporâneas, que é também uma distinta escritora literária, afirma que o estilo filosófico, o estilo que busca a verdade e o entendimento, e não o mero entretenimento, será puro de apelos não-intelectuais:

> Evidentemente, os filósofos variam e alguns são mais "literários" que outros, mas sou tentada a dizer que há um estilo filosófico ideal que tem uma clareza e uma rigidez especiais desprovidas de toda ambigüidade, um estilo cândido, austero e desinteressado. Um filósofo deve ser capaz de explicar exatamente o que quer dizer e evitar a retórica e o ornamento vão. Evidentemente, isso não precisa excluir o humor e interlúdios esporádicos; mas, quando o filósofo está, por assim dizer, na linha de frente em relação a seu problema, penso que ele fala com uma voz fria, clara e reconhecível.[25]

Murdoch parece supor que há um estilo filosófico de conteúdo neutro, conveniente para a justa investigação de todas as concepções alternativas. Supõe também que esse estilo é o estilo da razão clara e rígida, pura de apelos à emoção e aos sentidos. Essa idéia, dominante em nossa tradição filosófica, pode ser rasteada no mínimo até Locke, que escreve que os elementos retóricos e emotivos do estilo assemelham-se mais a uma mulher: deleitosos e mesmo encantadores quando mantidos em seu lugar, perigosos e corruptores se permitirmos que tomem o controle. Mas essas suposições simplesmente deixam de lado uma questão sobre a natureza da busca pela sabedoria: que partes da pessoa ela envolve e deve envolver, e como essas partes se inter-relacionam? Platão, o principal criador do estilo que Murdoch descreve, não pôs de lado essa questão. Ele acreditava que o estilo "claro", "rígido" expressava uma concepção ética definida, e que a justiça a uma concepção diferente requeria um estilo diferente. Se isso é verdade, uma investigação aristotélica não pode pretender ter sido justa a todas as alternativas, uma vez que seu próprio estilo, e sua escolha de estilo nos textos, expressa, em toda a sua extensão, uma concepção de investigação racional em que a emoção e a imaginação desempenham, na melhor das hipóteses, um papel ornamental e secundário. Se permitirmos que esses elementos de nossa personalidade desempenhem um papel no diálogo – e mais facilmente o faremos se examinarmos textos que recorrem a eles –, então será mais provável que tenhamos uma avaliação plena e equilibrada das alternativas éticas.

Encontramos aqui, como quando falamos do método, uma profunda dificuldade. Pois essa investigação é ela mesma uma peça de escrita e deve escolher como recorrer ao leitor e estabelecer com ele sua conversação. Uma vez que lemos textos que variam de estilo, devemos selecionar, nós mesmos, uma maneira de escrever sobre eles; essa escrita, assim como a escolha dos textos, exercerá uma importante influência sobre a natureza dessa conversação. É tentador permitir a nós mesmos que nos recolhamos a uma familiar discussão cética. Se devemos julgar entre concepções concorrentes de aprendizado e escrita, incorporadas em textos poéticos e filosóficos, precisamos de um critério, em nossa própria escrita, que nos permita fazer um juízo não tendencioso. Mas, com o intuito de saber que tipo de investigação, que tipo de escrita, proverá o critério de julgamento, devemos já ter decidido a questão em favor de uma ou outra concepção. Podemos investigar ou no estilo "filosófico" rígido ou em um modo de escrita que se aproxime mais da poesia e recorra a mais de uma "parte" da pessoa; ou podemos usar diferentes estilos em diferentes partes da investigação. Nenhuma maneira porém é neutra, e parece que qualquer escolha predisporá a investigação em seu próprio favor.

Obviamente, é fatal aceitar essa exigência de um ponto arquimediano e de uma arte da escrita pura, não interpretativa e translúcida. Um ponto como esse e uma arte como essa não estão disponíveis para nós, nem aqui nem com respeito a outras questões relacionadas. E, contudo, como no caso do método, o crítico faz uma exigência justa, na medida em que pede maior autoconsciência em nosso procedimento. Se pretendemos alcançar aqui a objetividade, deverá ser pela franqueza paciente sobre as possíveis fontes de tendenciosidade na investigação. Um número demasiado grande de investigações do valor filosófico do literário é logo descartado por trabalhar exclusivamente, e sem exame, em um estilo convencionalmente filosófico que indica fortemente que o investigador sabe de antemão o que é a racionalidade e como expressá-la ao escrever. A melhor maneira de abordar essa questão, que agora parece estar em meu poder como escritora, é procurar variar a maneira de escrever de modo que ela seja apropriada à concepção ética à qual responde em cada caso; tentar evidenciar em minha escrita toda a série de minhas respostas aos textos e provocar respostas semelhantes no leitor. Há limites para isso. Espero que a escrita como um todo exemplifique certas virtudes com as quais estou comprometida; e não tentei, ao pensar como escrever, dar tratamento igual aos opostos dessas virtudes, por exemplo, à mesquinhez e à retenção de memória precavida. Como no caso do método, alguns compromissos são demasiado profundos para serem vistos de uma perspectiva de neutralidade. A flexibilidade estilística do livro é limitada, também, pelo fato de que estou obviamente escrevendo crítica reflexiva sobre poesia, e não propriamente poesia (cf. Interlúdio 2). Minha escrita, pois, permanecerá sempre comprometida com as faculdades críticas, com a clareza e a estrita argumentação. Também tornará explícitas muitas relações que se mantêm implícitas nos poemas. Mas tento lidar com imagens trágicas (e platônicas) e situações dramáticas de tal modo que o leitor sinta, bem como pense, a sua força. Se, pois, eu por vezes escrever "poeticamente", é porque decidi que nenhuma outra maneira de escrita poderia nesse ponto ser tão justa às asserções do texto e à concepção investigada.

O leitor que deseje rastear essas questões de estilo ao longo do livro, há de encontrá-las discutidas em vários capítulos. Os Capítulos 2 e 3 comentam do início ao fim as contribuições feitas pela forma e estilo trágicos à investigação de nossos problemas. O Interlúdio 1 examina o débito positivo de Platão para com o drama trágico e suas razões para romper com esse estilo. O Capítulo 6 prossegue com essas reflexões, demonstrando como o *Banquete* vincula as concepções de seus participantes sobre o *éros* com suas concepções e escolhas estilísticas. O Capítulo 7 argumenta que no *Fedro* a mudança de posição ética de Platão é acompanhada por mudanças na teoria e na prática da escrita. Esse capítulo continua a discussão da crítica explícita de Platão aos poetas que se iniciou no Interlúdio 1, e demonstra como o *Fedro* responde a essas críticas. Finalmente, o Interlúdio 2, na seção sobre Aristóteles, retorna a essas questões, e demonstra como a crítica de Aristóteles às concepções éticas de Platão se vincula estreitamente a uma grande consideração pelo estilo trágico e pela ação trágica como fontes de aprendizado ético.

Podemos agora esboçar, de modo proléptico, alguns dos resultados concretos dessa justaposição dos textos filosóficos a alguns de seus predecessores literários. É possível fazê-lo mais vividamente se os situarmos em relação às conclusões de dois estudos novos. Em seu recente exame da história da filosofia grega[26], Bernard Williams conclui uma seção sobre o pensamento ético de Platão e Aristóteles com algumas observações sobre a fortuna e a auto-suficiência racional:

> Um sentido mais profundo da vulnerabilidade à fortuna é expresso alhures na literatura grega, sobretudo na tragédia. Ali, as repetidas referências à insegurança da felicidade obtêm sua força do fato de que os personagens são apresentados como providos de responsabilidades, ou orgulho, ou obsessões, ou necessidades, em uma escala que as deixa vulneráveis à desgraça na medida correspondente, e de que eles encontram essas desgraças em plena consciência. Há um sentido dessas significações, de que o que é grandioso é frágil e o que é necessário pode ser destrutivo, presente na literatura do século V e na anterior, que desapareceu da ética dos filósofos, e talvez inteiramente de suas mentes... A filosofia grega, em sua busca sustentada da auto-suficiência racional, de fato vira as costas aos tipos de experiência humana e necessidade humana dos quais a literatura grega oferece a expressão mais pura, senão a mais rica.
>
> Se há traços da experiência ética do mundo grego que não apenas podem fazer sentido para nós agora, mas que fazem mais sentido do que muitas das coisas que se acham mais próximas de nossas mãos, esses não serão todos encontrados em sua filosofia. Admitidos o alcance, o poder, a imaginação e a inventividade da fundação grega da filosofia ocidental, é ainda mais surpreendente que possamos levar a sério, como devemos, a observação de Nietzsche: "Entre as mais grandiosas características dos helenos está sua incapacidade de transformar o melhor em reflexão."[27]

As afirmações de Williams combinam com alguns dos argumentos que já forneci aqui para a inclusão de tragédias neste estudo. Mas, se ele estivesse certo, o estudo poderia terminar com aqueles três capítulos: pois os filósofos, atentos à busca da auto-suficiência de um modo que ele em outra parte denomina "bizarro", simplesmente não sentem a força dos problemas trágicos e a impulsão dos valores trágicos. Esses problemas e valores "desapareceram" inteiramente de sua obra.

A continuidade entre a tragédia grega e a filosofia grega quanto a essas questões é, entretanto, muito maior do que permitiu Williams. Por um lado, dentro da própria tragédia encontramos retratos impressionantes da ambição humana à auto-suficiência racional; chegamos a compreender as maneiras como os problemas de exposição motivam essa ambição. Por outro, a busca filosófica de Platão por uma vida boa e auto-suficiente é motivada por um senso agudo desses mesmos problemas. Longe de ter esquecido o que a tragédia descreve, ele vê tão claramente os problemas de exposição que apenas uma solução radical parece adequada à sua profundidade. Tampouco é ingênuo com respeito ao custo dessa solução. Argumentarei que em diálogos como *Protágoras* e o *Banquete* ele reconhece que a obtenção da auto-suficiência exigirá a desistência de grande parte da vida humana e sua beleza, como empiricamente sabemos. Argumentarei, também, que em obras posteriores Platão desenvolve uma profunda crítica da própria ambição à auto-suficiência; essa crítica continua a crítica da ambição humana encontrada na tragédia (cf. Cap. 7, esp. n. 36). Na Parte III, demonstrarei, então, como Aristóteles procura satisfazer algumas das pretensões de ambição sem uma perda trágica no valor especificamente humano. Ele expressa uma concepção de auto-suficiência apropriada a uma vida humana limitada e, com isso, uma visão do valor humano estreitamente relacionada a elementos do retrato que teremos descoberto nas tragédias. A conclusão deve ser que os gregos, conforme expressou Nietzsche, de fato transformaram seu melhor em reflexão – em toda a sua extensão e complexidade.

Em um outro estudo recente das idéias gregas sobre razão prática, a perspectiva parece se inverter. Em *Les Ruses de l'intelligence: la metis des Grecs*[28], Jean-Pierre Vernant e Marcel Detienne concordam com Williams em que a filosofia grega não fornece uma reflexão adequada da exposição do valor humano e da razão humana à fortuna; concordam com ele em que certas áreas muito importantes da vida humana estão completamente ausentes da mente dos filósofos, áreas essas que são mais bem caracterizadas em textos não-filosóficos. Mas aqui a semelhança termina. Pois, ao passo que Williams acredita que a tradição filosófica é obcecada com a busca pela auto-suficiência prática, Detienne e Vernant acreditam que esse é o objetivo obcecado da tradição extrafilosófica. Argumentam que há no pensamento grego duas concepções distintas e opostas de razão humana. Há a razão especulativa dos filósofos, que se preocupa com objetos estáveis e com a contemplação abstrata. Essa razão não precisa inquietar-se com exposição e controle, uma vez que seus objetos são desde o princípio invulneravelmente estáveis. Em verdade, elas não têm absolutamente nenhuma preocupação prática. (Eles nunca sugerem que as preocupações práticas proporcionaram a motivação original para a posição dos filósofos.) Por outro lado, há a razão prática de gerações de textos extrafilosóficos, um tipo de inteligência versátil e desembaraçada que se preocupa com objetos mutáveis e com um mundo de particulares concretos. A finalidade desse tipo de razão, que eles associam à palavra "*mêtis*" (assim como a palavras relacionadas, como "*dolos*" e "*tékhne*"), é subjugar e dominar, usando de estratagemas engenhosos, os objetos ardilosos do mundo exterior. As imagens mais usadas para esse objetivo são imagens de caça e captura em armadilha, pesca e uso de arapuca, jugo, laço. Essa reflexão sobre os objetivos da razão extrafilosófica se assemelha à reflexão de Williams sobre a finalidade dos filósofos: o que se busca é a auto-suficiência, a eliminação do poder da fortuna incontrolada. Detienne e Vernant realmente insistem no caráter ardiloso do domínio; as imagens sugerem que, mesmo alcançado, ele será sempre instável e de curta duração. Mas insistem que, para a tradição, o domínio é a finalidade singular que a razão mais valoriza e é algo inequivocamente ótimo.

Minha reflexão diferirá da deles sob dois aspectos. Primeiramente, argumentarei que a concepção platônica da vida da razão, incluindo sua ênfase em objetos estáveis e altamente abstratos, é ela mesma uma continuação direta de uma aspiração à auto-suficiência racional, que se alcança "capturando em armadilha" e "laçando" os traços não-confiáveis do mundo, repetidamente dramatizada em textos pré-platônicos. As imagens do próprio Platão para sua diligência filosófica revelam que ele mesmo via essa continuidade de objetivo. Mas ao mesmo tempo argumentarei que esse retrato contínuo da razão não é, na tradição grega, o único modelo pertinente da razão em sua relação com a fortuna. O que tanto a *mêtis* como a auto-suficiência platônica omitem é um retrato da excelência que nos é mostrado na tradicional imagem da *areté* como planta: um tipo de valor humano inseparável da vulnerabilidade, uma excelência que é em sua natureza relacionada ao exterior e ao social, uma racionalidade cuja natureza *não* se deve tentar capturar, agarrar, prender em armadilha e controlar, em cujos valores a abertura, a receptividade e o fascínio desempenham uma parte importante. Perceberemos, acredito, que em todos os estágios do desenvolvimento cronológico o retrato da razão como caçadora é oposto, criticado, reprimido pelas variantes desse outro retrato, que incitam em nós justamente o valor dessa exposição que a *mêtis* procura eliminar. (É esse, acredito, o traço característico que Williams encontra na tragédia: o reconhecimento não apenas do *fato* da exposição, mas também de seu *valor*.) Nesse retrato, a caça e a captura em armadilha não são meramente *difíceis*: são objetivos inadequados para uma vida humana (cf. Cap. 7, n. 36).

As listas não substituem o debate; todas essas associações ainda serão exploradas em nossos argumentos; mas uma lista pode nos ajudar a observar atentamente as imagens em contínuo desenvolvimento dessas duas concepções normativas da racionalidade prática humana[29]:

A	B
o agente como caçador, que captura em armadilhas, masculino	o agente como planta, criança, feminino (ou com elementos tanto femininos quanto masculinos)
o agente como puramente ativo	o agente como ativo e passivo/receptivo
objetivo: atividade ininterrupta, controle; eliminação do poder do exterior	objetivo: atividade e receptividade; controle limitado equilibrado pelo risco limitado; viver bem em um mundo em que o externo tem poder
a alma como rígida, impenetrável	a alma como flexível, porosa, embora dotada de uma estrutura definida
confiança depositada somente no imutável e inteiramente estável intelecto como pura luz do sol	confiança depositada no mutável e instável intelecto como água corrente, dado e recebido
boa vida solitária	boa vida ao lado de amigos, pessoas amadas e a comunidade

Se o leitor mantiver em mente algumas dessas oposições*, elas poderão ajudar a reunir o material das diferentes partes — evidenciando, entre outras coisas, como a imagem de Platão está plenamente enraizada em sua tradição cultural. Minha argumentação será, muito *grosso modo*, que a tragédia expressa ambas as normas, *A* e *B*, criticando *A* com referência ao valor especificamente humano contido apenas em *B*; que Platão, por considerar intoleráveis os riscos envolvidos em *B*, desenvolve uma notável versão de *A*, e em seguida ele mesmo a critica por carecer de alguns valores humanos importantes; que Aristóteles exprime e defende uma versão de *B*, argumentando que ela satisfaz nossas intuições práticas mais profundas sobre a relação apropriada com a fortuna para um ser que está situado entre besta e deus e que pode ver certos valores não disponíveis a nenhum deles[30].

---

* É importante perceber que *B* não é o pólo oposto de *A*: é a combinação equilibrada dos elementos salientados e cultivados em *A* com os elementos que *A* evita e de que se desvia.

PARTE I
TRAGÉDIA: FRAGILIDADE E AMBIÇÃO

Eles não entendem que é por ser discrepante consigo mesmo que tem coerência consigo mesmo: uma harmonia que se retesa para trás, como de um arco ou de uma de lira... Cumpre perceber que o conflito é comum a tudo, e justiça é disputa, e todas as coisas se sucedem de acordo com a disputa e a necessidade.

Heráclito, DK B51, 80

Aqui, avançamos contra um notável e característico fenômeno da investigação filosófica: a dificuldade – eu poderia dizer – não é de encontrar a solução, mas antes de reconhecer como solução o que parece ser apenas algo que lhe é preliminar. "Já dissemos tudo. – Não algo que se segue disso, não, mas *isso* mesmo é a solução!"
Isso se vincula, acredito, ao fato de esperarmos erroneamente uma explicação, ao passo que, se lhe conferimos a posição correta em nossas considerações, a solução da dificuldade é uma descrição. Se permanecemos nela, e não tentamos ir além dela.
A dificuldade aqui é: parar.

Wittgenstein, *Zettel* 314

2. Ésquilo e o conflito prático

A tragédia grega mostra pessoas boas sendo arruinadas em razão de coisas que simplesmente acontecem a elas, coisas que elas não controlam. Isso é certamente triste; mas é um fato comum da vida humana, e ninguém negaria que acontece. Tampouco ameaça ele qualquer de nossas crenças profundas sobre a bondade, uma vez que a bondade, evidentemente, pode persistir incólume a uma mudança na fortuna externa. A tragédia também mostra, entretanto, algo nada mais perturbador: mostra pessoas boas fazendo coisas más, coisas que, em outras situações, seriam repugnantes ao seu caráter e aos seus compromissos éticos; e fazem essas coisas em virtude de circunstâncias cuja origem não reside nelas. Alguns desses casos são mitigados pela presença de um constrangimento físico direto ou da ignorância desculpável. Nesses casos, podemos sentir-nos satisfeitos pelo fato de o agente não ter efetivamente *agido* mal – ou porque não *agiu* de maneira alguma, ou porque (como no caso de Édipo) o que ele *fez* intencionalmente não foi idêntico ao mal que ele inadvertidamente causou[1]. Mas as tragédias também nos mostram, e dão ênfase a, um outro tipo de caso mais difícil – que passou a ser denominado, como conseqüência, a situação de "conflito trágico". Nesses casos, vemos uma ação errada cometida, sem nenhuma compulsão física direta e em pleno conhecimento de sua natureza, por uma pessoa cujo caráter ou compromissos éticos a disporiam, do contrário, a rejeitar o ato. O constrangimento vem da presença de circunstâncias que impedem a satisfação adequada de duas pretensões éticas válidas. A tragédia tende, na totalidade, a levar tais situações muito a sério. Trata-as como casos reais de erro importantes para uma avaliação da vida ética do agente. A tragédia também parece considerar valiosa a ênfase nessas situações, explorando-as de muitas maneiras, indagando repetidamente o que é a bondade pessoal em tão alarmantes complicações.

Por essa postura, a tragédia grega, e em especial a tragédia de Ésquilo, tem sido reiteradamente atacada como moralmente primitiva. O ataque principia com o início da filosofia moral. Sócrates diz a Eutífron (ele mesmo enredado, poderíamos pensar, em um dilema como esse)[2] que as histórias que representam as colisões de pretensões de direito concorrentes são repugnantes à razão, uma vez que apresentam uma contradição: "Por esse argumento, meu caro Eutífron, o pio e o ímpio seriam uma única e mesma coisa" (*Eutífron* 8A). Tais histórias ilógicas não podem proporcionar modelos adequados à nossa exploração do que é a piedade. Na medida em que é um traço significativo da teologia grega tradicional o fato de permitir que esses conflitos ocorram e mesmo salientar a amplitude de sua ocorrência – pois será com freqüência difícil a um único ser humano honrar simultaneamente as pretensões de deuses tão diferentes como, por exemplo, Ártemis e Afrodite, ainda que cada ser humano seja obrigado a honrar todos os deuses[3] – Sócrates (cf. Cap. 4) está em verdade conduzindo um ataque aos antigos deuses em nome da razão, mesmo quando responde às acusações contra ele.

A objeção de Sócrates se tornou entrementes tão influente que convenceu muitos intérpretes da tragédia grega de encontrarem na descrição trágica do conflito prático um exemplo de pensamento primitivo, pré-racional. Um escritor americano recente sobre Ésquilo observa com desaprovação:

> Uma *díke* [pretensão de justiça ou direito] pode ser e muitas vezes é diretamente contestada por uma *díke* oposta, e em tais casos não é necessário que apenas uma delas seja uma *díke* verdadeira (ou "justa")... Essa coexistência bastante ilógica (para nossa maneira de pensar) de *dikai* válidas e opostas no interior de um processo geral de *díke* não deve ser identificada com nosso conceito moral de justiça... Se igualarmos *díke* e justiça moral, seremos indubitavelmente levados a tornar a primeira mais sistemática do que realmente é.[4]

Um distinto crítico alemão, Albin Lesky, vai ainda mais longe, encontrando na descrição esquiliana dessas situações de conflito dois tipos de inconsistência lógica:

> Se se fizer uma clara distinção lógica, evidentemente, há de se dizer: "Um homem que age sob necessidade não está agindo voluntariamente." Mas insistir na coerência lógica significaria que teríamos que rejeitar partes consideráveis das tragédias de Ésquilo... De fato, o obstáculo no caminho de toda tentativa de análise lógica vai muito mais além... A campanha contra Tróia não é uma punição justa infligida em nome do deus supremo, Zeus, que protege os direitos de hospitalidade? Assim, Agamêmnon age em nome do deus que deseja essa punição. E, contudo, o custo dessa punição é uma terrível culpa, a qual o rei tem de expiar com sua morte. Aqui, não há nenhuma coerência lógica.[5]

Tanto em sua descrição da relação entre constrangimento e escolha quanto em seu retrato do modo como as exigências conflitantes são vinculadas ao agente, sem deixar aberto nenhum caminho livre de culpa, considera-se que a tragédia esquiliana comete erros lógicos. Tanto Gagarin como Lesky (e eles não estão sós de maneira alguma) concordam, pois, que há uma séria confusão no pensamento de Ésquilo. Ambos parecem concordar que o pensamento moderno avançou além dessas confusões; que, em conseqüência, o pensamento de Ésquilo não nos seria útil na exploração de nossas crenças modernas sobre bondade de escolha e de nossa concepção (supostamente sistemática) da exigência ética.

Quero investigar essas alegações, perguntando por que e como algumas influentes concepções éticas modernas negaram a existência do conflito trágico e que influências teóricas levaram críticos modernos a depreciar as reflexões da tragédia. Inquirirei ao mesmo tempo sobre o "nós" de que Gagarin fala com segurança: isto é, se na vida cotidiana nós realmente *evitamos* esses conflitos, e se as reflexões da tragédia podem não corresponder melhor que algumas reflexões teóricas modernas a nosso senso da profundidade desse problema. Através de um estudo desse problema, começaremos a compreender como a ação trágica e o pensamento religioso tradicional subjacente a ela dispõem a relação entre a bondade humana e o mundo dos acontecimentos. Uma vez que meu objetivo é indagar sobre a relação entre o que a tragédia mostra e o que achamos intuitivamente aceitável, começarei por propor uma reflexão breve e esquemática sobre os fatores que normalmente consideramos relevantes à avaliação desses casos. Em seguida, descreverei várias soluções filosóficas importantes para o problema, cuja influência contribuiu imensamente para a compreensão dos críticos de que a não-solução trágica deve ser primitiva. Finalmente, examinarei em detalhe duas descrições esquilianas de conflito, e argumentarei que elas, de fato, expressam melhor nossas intuições práticas do que as soluções teóricas.

I

Estamos, pois, considerando situações em que uma pessoa deve escolher fazer (ter) uma coisa ou outra[6]. Em virtude do modo como o mundo arranjou as coisas, ela não pode fazer (ter) ambas. (Suspendemos, temporariamente, a questão de se, por um planejamento melhor, ela poderia ter evitado absolutamente o dilema. Essa questão será o tema de nosso capítulo seguinte.) Ela quer, entretanto, fazer (ter) ambas: ou, a despeito do que ela realmente quer, tem algum motivo para fazer (ter) ambas. Ambas as alternativas aspiram seriamente à sua atenção. Ela percebe que seja como for que escolher, lamentará não ter feito a outra coisa. Por vezes, a própria decisão pode ser difícil: suas preocupações parecem uniformemente equilibradas. Por vezes, pode ser-lhe claro qual é a *melhor* escolha, e ainda assim sentir dor pela frustração de outras preocupações significativas. Pois é extremamente importante insistir desde o início que o problema aqui não é somente de uma decisão difícil – que tais conflitos podem estar presentes, também, quando a própria decisão é perfeitamente óbvia. Aristóteles fala de um capitão que lança sua carga ao mar durante uma tempestade para salvar a sua própria vida e a de outros[7]. Esse homem vê muito bem *o que* ele deve fazer, uma vez que apreende as alternativas; seria louco mesmo se hesitasse muito tempo. Ainda assim, ele tinha também apego àquela carga. Continuará lamentando tê-la jogado ao oceano – que as coisas chegaram a tal ponto que ele teve de escolher o que nenhuma pessoa sã escolheria normalmente, jogar fora o que uma pessoa sã normalmente estimaria[8].

Temos, pois, um amplo espectro de casos em que há algo como um conflito de desejos (embora tenhamos insistido que podem surgir casos de interesse para nós mesmo quando o próprio agente não tem nenhum desejo ocorrente por uma das alternativas conflitantes): o agente quer (tem razão para buscar) x e quer (tem razão para buscar) y; mas não pode, em virtude das contingências da circunstância, buscar ambos. Pretendemos, em última instância, perguntar se entre esses casos há algum em que não apenas o contentamento, mas a própria bondade ética é afetada: se há por vezes não apenas a perda de algo desejado, mas efetiva transgressão culpável – e, portanto, ocasião não somente para o pesar, mas para uma emoção mais próxima do remorso.

Diversas distinções parecem ser *prima facie* (e serão reconhecidas nessas tragédias como) importantes para o tratamento dessa questão. Por vezes, aquilo a que se renuncia por necessidade é uma posse, uma recompensa, ou alguma outra coisa exterior ao agente; por vezes, é uma atividade em que o agente deseja (tem motivo para) se envolver. Por vezes, será apenas uma omissão ou uma falha em alcançar um dos projetos almejados; por vezes, o próprio curso escolhido implicará agir contra o outro projeto ou compromisso. Por vezes, o que é omitido é um "extra" ou luxo, periférico à concepção de valor do agente; por vezes, é mais central – ou uma parte componente de sua concepção de bem-viver ou um meio necessário a um componente. Por vezes, o que é omitido é mais periférico, e por vezes mais central, à *nossa* concepção de bem-viver (a concepção que se obtém da peça como um todo), que pode concordar ou não com a do agente cujas ações estão sendo avaliadas. Por vezes, aquilo a que se renuncia afeta adversamente apenas o próprio agente; por vezes, há perda ou dano para outras pessoas. Por vezes, aquilo a que se renuncia é algo com relação ao qual o agente não tem nenhum compromisso ou obrigação, implícitos ou explícitos; por vezes, existe tal compromisso. Por vezes, o caso pode ser fechado em si mesmo e afetar pouco para além de si mesmo; por vezes, a escolha de renunciar a y agora pode trazer consigo conseqüências de longo alcance para a vida do agente e/ou outras vidas afetadas. Finalmente, alguns desses casos podem ser reparáveis: o agente pode ter chances futuras de desfazer o que foi feito ou seguir o curso omitido; por vezes, é evidente que não haverá essa chance.

Essa lista não tem o intuito de ser formal ou completa; simplesmente chama nossa atenção para as distinções que fazemos com freqüência. Sentimos intuitivamente, segundo penso, que a segunda alternativa em cada um desses pares torna as questões mais sérias e, sendo os outros aspectos iguais, torna mais provável que a presença do conflito afete nossa avaliação ética do agente. Esses traços podem combinar-se de muitas maneiras diversas. Seria difícil, e provavelmente um descaminho, legislar, antes do caso concreto, quanto à combinação de traços suficiente para que um agente mereça culpa pelo que faz por coação das circunstâncias. Nenhuma pessoa razoável culparia seriamente o capitão de Aristóteles, que descarta alguns pertences substituíveis para salvar a própria vida e a de outros, mesmo se tivesse firmado o acordo de proteger esses pertences[9]. As coisas seriam diferentes se a única maneira de salvar o navio fosse lançar ao mar sua mulher, filho ou filha, pois essa perda, que envolve atividade nociva contra outrem, é algo irreparável e de conseqüências de longo alcance para o resto de sua vida; além disso, afeta diretamente o que é, ou deveria ser, central à sua concepção de bem-viver. Mas parece que seria realmente difícil, senão impossível, compor um conjunto firmemente estabelecido de regras ou condições que nos ajudasse a determinar com precisão, de antemão, dois grupos estritamente demarcados de casos, a saber, aqueles em que a culpa é, e aqueles em que não é, apropriadamente atribuída.

Até o momento, não afirmei nada sobre conflito "moral"; incluí os casos que normalmente levam tal rótulo nessa classificação mais ampla e menos sistemática. Isso está relacionado à desconfiança geral da distinção moral/não-moral que enunciei no Capítulo 1. E os motivos dessa desconfiança podem ser percebidos com particular clareza quando consideramos como a menção de "conflito moral" é por vezes utilizada para separar os casos nos quais estamos interessados. Em primeiro lugar, raramente é compreensível o que exatamente se pretende quando um conflito é denominado "moral" (cf. Cap. 1). Apresentaram-se tantas considerações diferentes da distinção moral/não-moral que a palavra, por si mesma, não é auto-explicativa. Se com isso se quer dizer que o caso se refere a valores relacionados ao exterior ou que envolve as mais sérias preocupações e compromissos do agente (ou nossos), a idéia pode ser mais bem explicitada se isso for dito diretamente. Essas distinções estão presentes em nosso esboço intuitivo, embora nenhuma pareça oferecer por si mesma uma explicação completa dos fatores de relevância ética. Se, entretanto, com isso se quer dizer que ele trata de compromissos que não pertencem ao reino da contingência natural e não podem ser afetados pelos "acidentes da natureza madrasta", isso fará da distinção um ponto de partida ruim para nós, uma vez que nosso propósito é precisamente investigar se há compromissos e preocupações importantes que não possam ser assim afetados. Compreendida dessa maneira, a distinção supõe nossa questão respondida.

Contudo, mesmo que resolvêssemos esse problema sobre o significado da distinção, haveria ainda uma dificuldade. O uso das duas categorias, "moral" e "não-moral", sugere a inúmeros escritores do tema que os casos a serem investigados recaem em duas categorias nitidamente demarcadas e opostas. Como conseqüência, eles estruturam sua discussão em torno dessa acentuada divisão. Nosso esboço intuitivo, ao contrário, sugere que na vida cotidiana encontramos, antes, um complexo espectro de casos, inter-relacionados e sobrepostos de modos não apreendidos por nenhuma taxionomia dicotômica. Se há oito traços, todos de possível relevância à descrição e avaliação de conflitos, poderíamos bem descobrir que um caso exibe (o segundo membro de) minha primeira, terceira, quinta e sexta oposições; um outro, (o segundo membro da) segunda, sétima e oitava; e assim por diante. Não queremos excluir ou obscurecer essa possibilidade. Queremos olhar e ver.

Bernard Williams, em excelente artigo estreitamente ligado ao seu interesse pela tragédia grega[10], fez um tipo diferente de argumentação sobre a importância da distinção moral/não-moral na seleção e descrição de conflitos práticos. Os conflitos "morais", argumenta ele, diferem de outros conflitos de desejos na medida em que sentimos que a exigência moral é uma exigência que não se pode evitar pela eliminação do desejo. Certas exigências impostas à nossa atenção prática são obrigatórias, não importa como nos sentimos ou que desejos efetivamente temos. É importante, afirma ele, sublinhar essa distinção, uma vez que afetará o que queremos dizer sobre os casos.

Esse é um ponto importante. Dei-me conta dele ao descrever o grupo de casos de modo a incluir tanto aqueles em que o agente efetivamente deseja os dois cursos conflitantes quanto aqueles em que, independentemente de seus desejos efetivos, tem algum motivo para persegui-los. Muitos de meus contrastes, ademais – relativos a uma concepção de bem-viver, ao prejuízo a outrem e ao compromisso antecedente –, expressam em cada caso algum aspecto da preocupação de Williams. Não está claro, pois, que *precisamos* da divisão dicotômica para explorar esse pontos. Com efeito, ela pode se mostrar bastante enganosa nos casos em que o próprio Williams tem interesse. Pois sua caracterização de exigências morais pode também descrever corretamente (e realmente descreve, para o próprio Williams, em escritos recentes) a força de outras preocupações práticas que raramente são classificadas como "morais"[11]. As exigências impostas por uma busca intelectual ou por uma relação emocional pessoal, por exemplo, podem também ser sentidas como obrigatórias, não obstante os desejos ocorrentes; e, ainda assim, o termo "moral" nos desencoraja a considerar esses casos como centrais. Parece, ademais, que na prática o que encontramos não é um contraste acentuado entre exigências absolutas e exigências que podem ser evitadas com facilidade, mas um *continuum* desordenado de exigências julgadas como providas de vários graus de força e inevitabilidade. Por essas razões, parece ser mais compreensível e preservar mais verdadeiramente o espírito do projeto do próprio Williams (explicitado em seu mais recente trabalho) trabalhar com uma rede de distinções mais concretas e informais, em lugar dessa dicotomia[12]. Se algo importante foi omitido, é possível esperar que uma descrição precisa dos casos o traga à luz. Entretanto, com o intuito de que essas conclusões tenham força para aqueles que dividem os casos do modo dicotômico usual, selecionarei na tragédia casos de conflitos que essas pessoas admitirão como casos centrais de conflito *moral*: casos que envolvam a efetivação de prejuízos irreparáveis a uma outra pessoa pela violação de um sério compromisso anterior que envolve valores maiores. Assim, se demonstrarmos a força da concepção trágica sobre esses casos, teremos demonstrado a fragilidade não apenas de uma parte da excelência que é periférica (na concepção convencional) à verdadeira bondade *moral*, mas antes, de uma parte da própria bondade moral (como normalmente concebida), conforme ela se expressa na ação e na escolha.

II

Passamos agora desse esboço intuitivo a algumas soluções filosóficas. Da época de *Eutífron* em diante, uma tradição predominante da filosofia moral concordou sobre um ponto central: esses casos de conflito revelam uma incoerência que é uma ofensa à lógica prática e deve ser eliminada[13]. Sócrates já faz o movimento crucial. As obrigações conflitantes no dilema de Eutífron (a obrigação de respeitar o pai e a obrigação de defender a vida humana)[14] são interpretadas como um caso de *desacordo* ético: um conflito de *crenças* éticas sobre o que é e o que não é apropriado. Mas, se duas crenças são conflitantes, a única coisa racional é tentar descobrir qual é a correta. No máximo, uma pode ser verdadeira; e a outra pode e deve ser descartada como falsa, deixando de ser, portanto, pertinente. Essa posição leva Sócrates, mais adiante no diálogo, a questionar um elemento central da teologia tradicional grega: a idéia de que os deuses impõem aos mortais exigências divergentes e mesmo conflitantes (7E-8E). Essa idéia, juntamente com a crença de que é seu dever honrar a *todos* os deuses, origina (ou explica), para um indivíduo grego típico, um senso de força compulsória e inevitabilidade das exigências conflitantes, mesmo em uma situação de conflito. Mas, ao ver de Sócrates, um tal retrato acarreta a conclusão inaceitável de que pelo menos alguns dos deuses têm crenças falsas e impõem pretensões não justificadas. Por conseguinte, ele encoraja Eutífron a rever a tradição considerando compulsórias apenas as exigências sobre as quais há unanimidade divina; ele expressa, ainda, sua própria dúvida sobre se há realmente discordância entre os deuses (8E).

Alguns filósofos, seguindo a orientação de Sócrates, afirmaram a mesma coisa a respeito de todos os conflitos de desejo e de valor: em todos os casos, há no máximo uma única resposta correta, e, uma vez feita a escolha, a candidata concorrente não tem mais pretensão alguma. Se o desejo persistir, o agente deverá ao menos enxergá-lo como completamente irracional. Alguns, assumindo que essa não é uma concepção plausível de todos esses conflitos, insistem que há um grupo especial de casos, normalmente denominados "conflitos morais" ou "conflitos de deveres", para o qual a assimilação do desacordo realmente se sustenta. Esses filósofos, numerosos e provindos de tradições amplamente diversas, tiveram uma influência direta sobre a crítica da tragédia grega. E, na medida em que exprimem uma concepção pela qual, em alguns momentos, uma pessoa comum da sua cultura poderia sentir-se profundamente atraída, também revelam a presença de influências mais indiretas. Podemos, pois, esperar obter um entendimento melhor de alguns obstáculos no caminho de uma avaliação contemporânea de Ésquilo sobre essa questão se examinarmos três exemplos representativos e famosos.

Em *L'Existentialisme est un humanisme*[15], Jean-Paul Sartre nos dá um exemplo surpreendente de conflito prático. Um jovem deve escolher entre seu compromisso patriótico com a Resistência Francesa e obrigação de cuidar de sua mãe idosa. Sartre nos diz que aprendemos com esse caso de "inconsistência" que os princípios éticos sistemáticos são em geral orientações inadequadas para a ação. O melhor curso seria descartar por inteiro o princípio e improvisar livremente nossas escolhas, com lucidez e sem pesar[16].

R. M. Hare, em *The Language of Morals*[17], concorda que o problema reside nos princípios inconsistentes, sobre os quais se considera, de novo, que colidem de uma maneira logicamente inaceitável. O agente deve, pois, modificá-los à luz da situação recalcitrante, de modo a obter um novo e consistente conjunto que abranja esse caso sem conflitos. Por exemplo, o preceito moral "Não mintas" é reformulado, à luz da experiência de guerra, como o princípio mais adequado "Não mintas, senão ao inimigo em tempos de guerra". A situação de conflito é acrescida à regra como uma exceção, limitando o escopo de sua aplicação[18].

Para Kant, seria errado até mesmo dizer que nossos princípios aqui são equivocados e precisam ser revistos. Pois, conforme argumenta, é parte da própria noção de uma regra ou princípio moral que não pode jamais estar em conflito com uma outra regra moral:

> Visto que... dever e obrigação são em geral conceitos que expressam a necessidade prática objetiva de certas ações e visto que duas regras mutuamente opostas não podem ser simultaneamente necessárias, então, se é um dever agir de acordo com uma delas, não apenas não é um dever, mas é contrário ao dever, agir de acordo com a outra. Segue-se, portanto, que um conflito de deveres e obrigações é inconcebível (*obligationes non colliduntur*). Pode, entretanto, muito bem acontecer que dois fundamentos de obrigação (*rationes obligandi*), dos quais um ou outro é inadequado para obrigar como um dever (*rationes obligandi non obligantes*), sejam associados em um sujeito e na regra que ele prescreve para si, e então um dos fundamentos não é um dever. Quando dois fundamentos desse tipo estão em conflito, a filosofia prática não diz que a obrigação mais forte vence (*fortior obligatio vincit*), mas que o fundamento mais forte que obriga a um dever permanece invicto (*fortior obligandi ratio vincit*).[19]

A exigência de que as regras práticas objetivas sejam consistentes em todas as situações, formando um sistema harmonioso tal como um sistema de crenças verdadeiras, sobrepuja, para Kant, nosso sentimento intuitivo (o qual ele reconhece) de que há um conflito genuíno de deveres. Parece que nossos deveres podem entrar em conflito. Contudo, isso não pode ocorrer, uma vez que os próprios conceitos de dever e de direito prático excluem a inconsistência. Devemos, portanto, encontrar um modo mais adequado de descrever o conflito aparente. Já que ao menos uma das exigências conflitantes pode ser um dever genuíno, devemos denominar a outra meramente um *fundamento* de dever (*Verpflichtungsgrund*). Quando o "fundamento" mais forte prevalece, vemos que ele foi sempre o nosso único dever nesse assunto; renunciamos ao "fundamento" conflitante como não obrigatório. Ele deixa o campo; já não tem força alguma. Dizer qualquer outra coisa seria, para Kant, enfraquecer o forte elo conceitual entre dever e necessidade prática, e entre ambos e a consistência lógica. Talvez o mais importante mesmo seria admitir que o que acontece contingentemente a um agente (pois por um simples acaso ele foi lançado a uma situação desse tipo) poderia forçá-lo a violar o dever. Para Kant, esse seria um pensamento intolerável[20].

A tudo isso, talvez uma resposta natural seja que não se trata de *sentir* como é estar nessa situação. Não se trata da resolução de um enigma, em que só é preciso encontrar a resposta certa. Se ocorre a idéia de resolver ou acabar com o problema, não é como a esperança da descoberta, mas como a idéia de uma ruptura radical: negação, insensibilidade deliberada, até mesmo loucura ou morte. Tais objeções intuitivas não foram ignoradas por esses filósofos, que de algum modo reconhecem, cada um deles, sua presença antes de serem eliminadas. (Sartre e Hare opõem deliberação comum a um tipo superior ou mais experiente de pensamento[21]. Kant diz à pessoa comum que seu próprio apego à consistência deve levá-la a rejeitar um dos princípios conflitantes.) Assim, um defensor da posição intuitiva não pode simplesmente afirmar que é assim que ele comumente vê as coisas. Ele deve fazer ainda duas coisas, pelo menos. Primeiro, deve explorar essa "posição intuitiva" em detalhes consideravelmente mais numerosos do que os que estão disponíveis em muitas discussões filosóficas do problema, descrevendo os casos com o máximo de precisão possível e demonstrando-nos o que neles origina o nosso senso intuitivo de sua força*. (Isso exigiria descrevê-los de tal modo que pudéssemos sentir, bem como apreender intelectualmente, essa força.) Segundo, e ainda mais importante, ele deve demonstrar que, e como, a descrição intuitiva dos casos se vincula aos outros elementos valiosos da vida ética humana – que nos arriscaríamos a abdicar de algo realmente importante se ajustássemos nossas intuições de acordo com uma dessas soluções filosóficas. Tentarei agora demonstrar que as obras "bastante ilógicas" de Ésquilo satisfazem ambas as exigências.

III

No início do *Agamêmnon* de Ésquilo[22], há um estranho e agourento presságio. O rei dos pássaros aparece ao rei dos navios. Duas águias, uma preta, outra de cauda branca, à plena vista do exército, devoram uma lebre prenhe com todos os seus filhotes por nascer (111-20). É difícil não vincular esse agouro com a chacina vindoura, levada a cabo por esse exército, de cidadãos inocentes de Tróia. É também difícil a uma platéia familiarizada com a história não vinculá-lo

---

* É interessante notar que essa crítica não é nem de perto tão amplamente aplicável agora (1984) como era quando essa seção foi inicialmente almejada (1973). O imenso desenvolvimento da "ética aplicada" e a crescente preocupação da maioria dos grandes escritores éticos (anglo-americanos) com os exemplos concretos e complexos são bem-vindos. Não acredito que esses exemplos eliminem a necessidade de voltar-se às obras de literatura (cf. os argumentos do Cap. 1). Conforme os exemplos se tornam progressivamente mais complexos, entretanto, podemos esperar encontrar não um contraste acentuado entre exemplo e texto literário, mas antes um *continuum*.

com o assassínio iminente da desamparada Ifigênia, que se provará necessário para a partida da expedição. Mas o agouro recebe do profeta Calchas uma interpretação estranhamente trivial[23]. Ele "entende os bélicos devoradores da lebre como os chefes comandantes" (123-4); e, ainda assim, prediz apenas que o exército, ao sitiar Tróia, massacrará muitos rebanhos de gado diante de suas muralhas. Ele encontra o paralelo apropriado para o massacre das águias a sangue-frio e irrefletido de uma lebre na matança de animais por seres humanos, e não na matança de seres humanos por outros humanos. Em um outro sentido ele está correto. Como uma águia mata uma lebre, assim um ser humano pode abater o gado: sem compunção e para satisfazer necessidades imediatas. Quando as vítimas são humanas, esperamos que estejam envolvidas deliberações e sentimentos de maior complexidade. O paralelo, pois, realmente faz sentido. No entanto, está claro que essa leitura do agouro não deve ser vista como suficiente. Nenhum agouro significativo prediz um jantar de carne. Calchas é evasivo. Se, no entanto, vinculamos seu paralelo humano/animal com as referências mais sinistras do agouro, de fato ele sugere outras reflexões pertinentes. Se considerarmos que o agouro aponta para os crimes de guerra dos gregos, isso nos trará à lembrança a maneira como as circunstâncias de guerra podem alterar e corroer as convenções normais do comportamento humano com relação a outros humanos, tornando-os, em sua indiferença aos massacrados, bestiais ou semelhantes a assassinos de bestas[24]. Se considerarmos que ele aponta para o assassinato de Ifigênia (pois é ela que é "interrompida de seu curso" antes do nascimento de filhos, ela que é a vítima particular do "rei dos navios"), seremos já introduzidos ao tema central da culpa que o Coro atribui a Agamêmnon: ele adota uma atitude inadequada com respeito a seu conflito, matando uma criança humana, sem mais agonia, ou mais revolta de sentimento, do que teria se ela fosse verdadeiramente um animal de uma espécie diferente:

> Contendo-a sem nenhuma honra especial, como se fosse a morte de uma besta onde abundam ovelhas em rebanhos bem-lanudos, sacrificou sua própria filha. (1415-7)

Quem enuncia é Cliptemnestra; mas ela ecoa aqui, como veremos, a resposta do próprio Coro aos trágicos eventos.

O sacrifício de Ifigênia é visto pelo Coro como necessário; mas também culpam Agamêmnon. Os críticos normalmente justificaram ou a necessidade ou a culpa, sentindo que elas devem ser incompatíveis. Alguns introduziram, em lugar disso, hipótese de uma motivação "superdeterminada" ou "dupla" que afirmam explicitamente exemplificar a desconsideração de Ésquilo pelo pensamento racional e lógico[25]. É, entretanto, possível chegar a um entendimento coerente de ambos os aspectos da situação se nos voltarmos mais precisamente à natureza e à gênese dessa necessidade, bem como àquilo que o Coro considera culpável na conduta de seu chefe. Em primeiro lugar, é evidente que a situação que obriga ao assassinato é resultado da interseção de duas exigências divinas e que nenhuma culpa pessoal do próprio Agamêmnon o levou a esse impasse trágico. A expedição foi ordenada por Zeus (55-62) para punir a violação de um crime contra a hospitalidade. O Coro diz isso com tanta segurança quanto diz qualquer coisa sobre tais eventos. No primeiro estásimo, afirmam a respeito dos troianos "Podem falar de um golpe de Zeus: isso, ao menos, pode-se distinguir". Agamêmnon está, pois, lutando por uma causa justa, e uma causa que não pode abandonar senão com a mais séria impiedade[26]. O assassínio é impingido por Ártemis, que, em sua cólera, usou a calmaria para paralisar a expedição. Calchas pressagia que o único remédio para essa situação é o sacrifício de Ifigênia[27]. A cólera da deusa, que outras versões da história afirmam ter sido causada por uma ofensa anterior de Agamêmnon, é deixada, aqui, sem explicação. Quer devamos ou não inferir que sua cólera seja causada por suas simpatias gerais pró-troianos ou por seu horror, como protetora dos jovens, ao iminente massacre de troianos inocentes, o motivo que Ésquilo tem para omitir uma ofensa pessoal é enfatizar a origem contingente e externa do terrível dilema de Agamêmnon que recai sobre ele enquanto executa piamente a ordem de Zeus[28]. (Posteriormente, os homens do Coro, cantando sobre seu vago pressentimento da morte de Agamêmnon, invocam a imagem de um homem que navegava seu navio em um curso direto e derrocou-se em rochas ocultas (1005-7).) Há uma culpa operando no fundo da situação: a culpa de Atreu, que é punida por Zeus em sua descendência. Mas esse fato não nos impede de perguntar precisamente *como* a culpa familiar se vincula a Agamêmnon. E quando o fazemos, cumpre que respondamos que Zeus vinculou-lhe essa culpa pondo Agamêmnon, um homem previamente sem culpa, numa situação em que não se abre para ele nenhum curso livre de culpa[29]. Tais situações podem ser repulsivas à lógica prática; são também familiares pela experiência de vida.

O profeta diz a Agamêmnon que, se ele não oferendar sua filha ao sacrifício, toda a expedição permanecerá paralisada pela calmaria. Os homens já passam fome (188-9), e os ventos que sopram do Estrímon "desgastam e corroem a flor dos argivos" (189-90). Se Agamêmnon não satisfizer a condição de Ártemis, todos, inclusive Ifigênia, morrerão. Estará, também, abandonando a expedição e, portanto, violando a ordem de Zeus. Será um *desertor* (*liponaus*[30], 212). É possível, ademais, dependendo de como entendermos as exigências de Ártemis, que seja um ato de desobediência contra ela. Podemos ver que uma escolha, a escolha de sacrificar Ifigênia, parece claramente preferível, tanto em razão das conseqüências, quanto em razão da impiedade envolvida na outra escolha. Com efeito, é difícil imaginar que Agamêmnon pudesse racionalmente ter escolhido de outra maneira. Mas ambas as condutas o enredam em culpa[31].

A Agamêmnon é permitido escolher: quer dizer, ele sabe o que está fazendo; não é nem ignorante da situação nem fisicamente coagido; nada o obriga a escolher um curso em lugar do outro. Mas ele está obrigado na medida em que suas alternativas não incluem opções muito desejáveis. Parece não haver aqui nenhuma incompatibilidade entre escolha e necessidade – a menos que se considere que a atribuição de escolha implique que o agente é livre para fazer absolutamente qualquer coisa. Ao contrário, a situação parece descrever de maneira bastante precisa um tipo de interação entre constrangimento externo e escolha pessoal que é encontrada, num ou noutro grau, em qualquer situação comum de escolha[32]. Pois uma escolha é sempre uma escolha entre alternativas possíveis; e é raro o agente para quem tudo é possível. A agonia especial dessa situação é que nenhuma das possibilidades é sequer inofensiva.

A primeira resposta de Agamêmnon é cólera e dor: "Os átridas bateram no chão com seus bastões, e não puderam conter suas lágrimas" (203-4.) Ele descreve então seu impasse, aparentemente com pleno reconhecimento de ambas as exigências concorrentes. Percebe que há malefício em qualquer escolha que faça:

> Opressiva perdição é a desobediência, mas opressivo, também, será entregar minha própria filha, o adorno de minha casa, poluindo as mãos de um pai com torrentes do sangue da donzela abatida junto ao altar. Qual dessas duas coisas é desprovida de males? Acaso devo tornar-me um desertor, descumprindo meu dever para com a coalizão? (206-13)

A exposição que Agamêmnon faz das alternativas nos mostra a sua percepção de que a *melhor* escolha na situação é o sacrifício: o futuro indicativo em "será entregar minha própria filha" (*ei teknon daïxó*) não tem paralelo com o fraco subjuntivo deliberativo em "Acaso devo tornar-me um desertor?" (*pós liponaus genómai*). Mas ele indica, também, que ambas as escolhas envolvem algum mal[33].

Até esse momento, a situação de Agamêmnon parece assemelhar-se à condição de Abraão na montanha: um homem bom e (até então) inocente deve ou matar uma criança inocente por obediência a uma ordem divina, ou incorrer na culpa mais opressiva de desobediência e impiedade[34]. Podemos, pois, esperar ver em seguida a delicada luta entre amor e pia obrigação que percebemos nas equívocas palavras de Abraão a Isaac, seguidas por um sacrifício executado com horror e relutância. Mas algo estranho acontece. O Coro já nos havia preparado para tal coisa ao introduzir sua narrativa: "Sem culpar nenhum profeta, soprou juntamente com os ventos da fortuna que se batiam contra ele" (186-8). A metáfora do vento audaz cunhada pelo Coro (a palavra *sympneó* é utilizada aqui, aparentemente, pela primeira vez em grego) expressa uma cooperação não natural de forças internas e externas. Sem atribuir culpa ao profeta ou à sua terrível mensagem, Agamêmnon começa agora a cooperar interiormente com a necessidade, ordenando seus sentimentos de maneira a se ajustarem à sua fortuna. A partir do momento em que toma sua decisão, a melhor que poderia ter tomado, transforma-se estranhamente em um colaborador, em uma vítima voluntária[35].

Uma vez que expôs as alternativas e anunciou sua decisão, poder-se-ia esperar que Agamêmnon dissesse algo como: "Esse horrível curso é o que a necessidade divina exige, muito embora eu embarque nele com dor e repugnância." O que ele efetivamente diz é muito diferente: "Pois é certo e sagrado (*thémis*) que eu deva desejar com paixão extraordinariamente apaixonada (*orgâi periorgôs epithymeîn*) o sacrifício que retém os ventos, o sangue da donzela[36]. Que tudo termine bem" (214-7). Percebemos dois pontos nessa estranha e apavorante elocução. Primeiro, sua postura com relação à própria decisão parece ter mudado ao ser tomada. Do reconhecimento de que uma opressiva perdição o aguarda nos dois casos, e de que ambas as alternativas envolvem malefícios, ele passou a um peculiar otimismo: se escolheu o *melhor* curso, tudo pode ainda terminar *bem*. Um ato que estávamos preparados para ver como a menor de duas ofensas e impiedades horrendas tornou-se agora para ele pio e certo, como se pela arte da tomada de decisão ele tivesse resolvido o conflito e se desvencilhado da outra "opressiva perdição". Ao mesmo tempo, percebemos que ele considera que o fato de sua decisão ser correta justifica não apenas a ação, mas também a paixão: se é correto obedecer ao deus, é correto *querer* obedecê-lo, ter um apetite (*epithymeîn*) para o crime, até mesmo ansiar por ele com paixão extraordinariamente fervorosa. Agamêmnon parece ter presumido, primeiro, que, se ele decidisse corretamente, a ação escolhida seria correta; e, segundo, que se uma ação é correta, é apropriado querê-la, até mesmo ser entusiástico com relação a ela. De "Qual dessas duas coisas é desprovida de males?" ele passou para "Que tudo termine bem". O repetido refrão do Coro é, "Canta a tristeza, tristeza, mas que prevaleça o bem" (139, 159). A conclusão de Agamêmnon, que de um ponto de vista parece lógica e mesmo racional, omite a tristeza e o embate, deixando apenas o bem. Se aceitarmos a equiparação do conflito prático ao desacordo e das exigências práticas às crenças, nós próprios deveremos percorrer com ele seu caminho: pois só uma exigência poderia ser legítima ou válida. Se a encontramos, ela é a verdadeira obrigação, e a outra cessa naturalmente de exercer qualquer pretensão sobre nossa atenção. E o que poderia estar errado com a amável verdade e dever?

"E quando ele deslizara o pescoço pela correia do jugo da necessidade", continua o Coro, "soprando seu pensamento em uma ímpia mudança de direção, a partir desse momento ele mudou de idéia, e passou a pensar o inteiramente intrépido. Pois os homens se tornam valentes pelo aconselhamento abjeto da vil loucura" (219-24). A inferência que Agamêmnon faz da necessidade do ato à sua retidão, e à retidão de sentimentos que o sustentem, é denominada equivalente a pôr no próprio pescoço a correia do jugo da necessidade[37], soprando os próprios pensamentos antes do vento. O Coro não culpa tanto o fato da ação, para o qual sente que os deuses atribuem uma responsabilidade primordial, não obstante seja realmente um crime grave; aqui eles rogam a Zeus, como que para compreender o significado de suas violentas intrusões na vida humana (160 ss.). O que eles imputam ao próprio Agamêmnon é a mudança de pensamento e paixão que acompanha o assassínio, pelo que claramente o consideram responsável[38]. "Ele ousou (*etla*) tornar-se o sacrificador de sua filha" (225) – não apenas *tornou-se*, mas suportou tornar-se. Ele o tolerou; não lutou contra isso. A descrição que fazem do seu comportamento na execução do sacrifício corrobora essa acusação. As preces, a juventude, os brados dela de "Pai", esse pai "que nada vale" (230), que a partir de então trata sua filha como uma vítima animal a ser abatida. Assim, o agouro da águia, conforme lido pelo profeta, é cumprido. Fiel a seu rei, ele o contou da maneira como o rei o entenderia. Após a prece usual, Agamêmnon ordena aos assistentes que ergam Ifigênia "tal como uma cabra" (232) no ar acima do altar. O único reconhecimento que faz de seu *status* humano é sua ordem de fechar sua boca, de modo que ela não profira imprecações de mau augúrio contra a casa (235-7). E mesmo essa ordem emprega linguagem animal: eles devem coibir sua voz "pela força e mudo poder da rédea" (238-9). Aparentemente, ele não vê o que o Coro vê:

> Ao se derramarem ao chão seus mantos cor de açafrão,
> ela feriu cada um dos sacrificadores com uma lamentável flecha que partia de seus olhos,
> sobressaindo-se como em uma pintura,
> querendo falar-lhes pelo nome –
> pois muitas vezes nos salões de seu pai, nas ricas festas oferecidas aos homens,
> ela cantara e, virginal, com voz pura,
> à terceira libação, honrara ternamente
> a peã da boa fortuna de seu terno pai. (239-45)

O deslocamento do relato das ordens de Agamêmnon à memória do próprio Coro traz consigo a única nota de compaixão humana nessa cena terrível. Jamais, na narração do Coro e na seqüência, ouvimos o rei proferir uma palavra de pesar ou dolorosa lembrança. Sem dúvida ele ratificaria o espúrio sumário de sua carreira proposto por Apolo na cena do julgamento nas *Eumênides*: "Ele fez boas barganhas, na maioria dos casos" (*Eum*. 631-2).

O distinto historiador da religião grega Walter Burkert propôs uma reflexão sobre as origens da tragédia grega que acrescentaria, se aceita, uma outra dimensão histórica e religiosa à nossa leitura dessa cena[39]. Embora eu de fato considere atraentes os argumentos de Burkert, em parte alguma confio em sua exatidão ao desenvolver minha interpretação da cena. Mas, justapô-los à minha interpretação se mostrará sugestivo.

A cerimônia do sacrifício animal, do qual a tragédia grega, segundo Burkert, deriva seu nome, expressava o temor e o medo sentidos por essa comunidade humana diante de suas próprias possibilidades assassinas. Representando ritualmente o assassinato de um animal, não de uma vítima humana, e cercando mesmo esse assassinato com uma cerimônia indicativa da inocência dos assassinos e de seu respeito pela vida, os sacrificadores, atores dessa "Comédia da Inocência" (*Unschuldskomödie*)[40], se distanciam, e ao mesmo tempo reconhecem, as possibilidades de massacre humano que residem na natureza humana. Ao expressar sua ambivalência e remorso mesmo quanto ao assassínio animal, humanizando o animal e demonstrando consideração por sua "vontade", os sacrificadores afastam de si a possibilidade pior: de matarem seres humanos, e os matarem sem piedade, tornando-se eles próprios bestiais. Suas ações rituais asseveram sua humanidade e simultaneamente o temor de deixarem de ser humanos. "O sacrifício humano... é uma possibilidade que, como horrível ameaça, repousa por detrás de todo sacrifício."[41] É o trabalho da tragédia, canção do sacrifício da cabra, prosseguir e aprofundar essa função de ritual trazendo à luz a ameaça oculta, exprimindo em ações, repetidamente, as possibilidades de bestialidade encobertas e afastadas pela sociedade humana.

Podemos ver (como a obra de Burkert sugere) que o sacrifício de Ifigênia se encaixa de modo preciso nesse padrão. A permanência de Agamêmnon em Áulis teve início com o impiedoso assassínio de um animal por outro, interpretado como um abate não-ritual (portanto desprovido de remorso) de um rebanho pelos humanos. Ele agora usa (ou abusa) do ritual do sacrifício animal para representar a própria possibilidade que esse ritual mantém cingida. (Muitas palavras na passagem são termos técnicos de sacrifícios rituais bem conhecidos para a platéia: o manto cor de açafrão era envergado por meninas jovens na Braurônia, onde uma cabra é sacrificada a Ártemis; *ataúrotos*, "não-tourada" (245) é um termo técnico ritual que designa virgindade; *protéleia* (227) é um sacrifício a Ártemis realizado pelas meninas atenienses antes de se casarem.) Em lugar da morte ritual de uma cabra "condescendente", vemos o assassínio de uma menina relutante, sua própria filha, a quem ele trata, a quem vê, como se fosse uma cabra "condescendente". Somos convidados a testemunhar a monstruosa tranqüilidade com que esses limites são rompidos e feitas tais substituições[42]. Testemunhamos, além disso, a maneira engenhosa como as normas de racionalidade e coerência são compelidas a entrar em serviço quando seu serviço trará segurança. Somos convidados a ver com que tamanha facilidade, com que tão destro truque de ilusionismo, os seres humanos substituem o humano pelo animal, o amado pelo estranho, sob pressões que fazem parte da vida em mundo em que a escolha é constrangida pela necessidade.

Etéocles, rei de Tebas, filho de Édipo, enfrenta um exército invasor liderado por seu irmão Polinice[43]. Tendo já selecionado seis outros vencedores de Tebas para combater seis dos sete vencedores inimigos nos portões, ele agora descobre que o sétimo oponente é esse mesmo irmão. A princípio ele chora, lamentando a maldição sobre sua família (653-5). Em seguida ele se ergue abruptamente, declarando que "não é adequado prantear ou afligir-se" (656), pois contra a injusta violência de seu irmão postará um vencedor apropriado, ele mesmo:

> Que outro seria mais justo (*endikóteros*) enviar? Líder contra líder, irmão contra irmão, antagonista contra antagonista, resistirei contra ele. Trazei-me minhas grevas o mais rápido possível, para cobrir-me das lanças e pedras. (673-6)

Esse raciocínio parece peculiar: a categoria de irmão não parece operar como as outras duas, no sentido de justificar a decisão de Etéocles. Afigura-se que algo lhe escapa, se ele não sente nenhuma atração na direção oposta, nenhuma tensão entre suas obrigações cívicas e militares e seus deveres como irmão[44]. As necessidades evidentes da cidade impulsionam contra uma exigência igualmente profunda. Lágrimas, e não a recusa das lágrimas, pareceria ser a melhor resposta. Suponhamos que de fato apenas um governante esteja equipado para encontrar um governante; suponhamos que a segurança da cidade realmente dependa dessa escolha, e que, por conseguinte, a decisão de Etéocles seja nobre. Digamos (o que a peça não deixa inteiramente claro) que ninguém o possa repreender por ter feito efetivamente a escolha errada entre as alternativas disponíveis[45]. Ainda assim, queremos dizer que há algo errado com essa negação absoluta do laço familiar. O Coro das mulheres tebanas, elas mesmas mães de famílias, sente essa estranheza, repreendendo seu rei não tanto por sua decisão — ou qualquer que seja a proporção, não apenas por sua decisão — mas muito mais pelas respostas e sentimentos com os quais ele lida com a ação escolhida. "Ó filho de Édipo, dos homens o mais caro", elas lhe imploram, "não te tornes semelhante em paixão (*orgén*) a uma pessoa que é chamada pelos piores nomes" (677-8). Ele demonstra os sentimentos de um criminoso, muito embora tenha raciocinado bem. Novamente elas lhe imploram: "Por que estás tão ávido, filho? Não deixes que alguma ilusão (*áta*) suplicante como uma lança, preenchendo teu espírito (*thýmoplethés*), te carregue para longe. Repele a autoridade dessa paixão má (*kakoû érotos*)" (686-8). Etéocles, tendo já passado, tal como Agamêmnon, do horror à confidência, agora responde com uma inferência do tipo de Agamêmnon: "Uma vez evidente que a situação é controlada por um deus, convém ir rapidamente" (689-90). A coação autoriza a avidez. Novamente as mulheres retorquem condenando seu entusiasmo: "É por demais voraz o desejo (*hímeros*) que te insta a executar um assassinato humano que dá amargos frutos, derramando sangue que não deve ser derramado" (692-4). A resposta de Etéocles admite que ele de fato sente um desejo apaixonado pelo fratricídio (observe o uso de *gár*); ele não o nega nem o lastima, simplesmente tenta explicar a origem do desejo[46].

Etéocles, assim como Agamêmnon, enfrenta uma situação em que não tem, aparentemente, nenhuma alternativa inocente. Ao contrário de Agamêmnon, ele pode ser em certa medida culpado pela gênese das circunstâncias coercitivas, embora seja claro que forças e coincidências para além de seu controle são as coisas que governam predominantemente[47]. Mais uma vez, ao contrário de Agamêmnon, ele pode ter ou não feito a melhor das escolhas disponíveis. Mas o que nós, com as mulheres do Coro, sentimos mais claramente é, como no caso de Agamêmnon, a perversidade das respostas imaginativas e emocionais do rei a esse sério dilema prático. Ele parece não sentir nenhuma reclamação oposta, nenhum impulso, nenhuma relutância. Segue adiante com avidez e até mesmo paixão. É em torno dessas deficiências de visão e resposta que se concentra a culpa atribuída pelo Coro: sua avidez, seu *éros* mau, seu desejo bestialmente esfaimado. Quer pretendessem ou não que ele fizesse outra escolha, elas são claras quanto ao fato de que ele simplificou demais as coisas. Ele falhou em ver e responder a seu conflito como o conflito que é; esse crime se acresce ao ônus já grave de sua ação.

Etéocles fez da sua dissociação, na imaginação e no sentimento, da família que o gerou, seu objetivo prático vitalício, vendo a si mesmo simplesmente como um cidadão e o timoneiro da cidade (1 ss.)[48]. Ele procura até mesmo acreditar em e propagar a ficção de que todos os tebanos cresceram de brotos plantados na terra, estendendo para a população inteira uma lenda contada por alguns dos primeiros habitantes. Fala de seus concidadãos em linguagem apropriada à vida e ao crescimento de plantas, compara seus corpos a brotos jovens e chama a terra de sua "mãe" e "ama" (12, 16 ss., 557). Mesmo às mulheres do Coro, que tão freqüentemente salientam sua preocupação com a segurança de suas famílias, se dirige como "Vós, brotos insofríveis" (191). Fica claro a partir das biografias posteriores dos vencedores que apenas alguns cidadãos viventes são mesmo descendentes dos "homens semeados" originais; e ao menos um deles é de uma geração distante, nascido de um pai biológico (cf. 412-4, 473-4). Ironicamente, é em relação ao único da raça dos "homens semeados" que pode de fato ser um descendente direto da Terra, sem parentes biológicos, que Etéocles invoca "a justiça da consangüinidade" (*dike homaímon*, 415). Essa justiça, alega ele, enviará o vencedor ao campo em defesa da cidade, "para repelir o rebento inimigo da mãe que o gerou" (416). Apenas com respeito a Melanipo, de fato, seria possível afirmar verdadeiramente que a justiça de consangüinidade ratifica sem problemas a participação na guerra civil. Mesmo assim, Etéocles se comporta como se todos os casos fossem desse mesmo tipo, chamando a todos os jovens, filhos da mãe terra, a todas as jovens, brotos. Se ele é capaz de resolver o problema do assassinato do irmão sem dor, é porque se recusou resolutamente a reconhecer a existência de famílias e sua importância na vida humana. A coerência no conflito é comprada pelo preço do auto-engano.

Não devemos pensar esse padrão de resposta como idiossincrático e meramente patológico. Em certo sentido, é a resposta de um bom governante e patriota. E, em certo sentido, seria a resposta de todo bom cidadão do sexo masculino dessa platéia de atenienses. Pois os atenienses do sexo masculino são criados no interior de uma mitologia de autoctonia que persistentemente, e paradoxalmente, suprime o papel biológico da mulher e, por conseguinte, da família na continuidade da cidade. A retórica política pública com freqüência denomina cidadãs as crianças da própria cidade, ou de sua terra. Diz-se que o primeiro pai de Atenas, Erictônio, nasceu diretamente da terra, e foi então criado por Atená, ela mesma nascida sem mãe biológica[49]. Essa mitologia é bastante proeminente no discurso cívico político e religioso para refletir e reforçar a supressão do familiar, ainda que em determinado sentido não se acreditasse nela literalmente, e embora em outros contextos a família recebesse um grau mais pleno de respeito. Vemos agora a utilidade cívica desse estratagema: ele ensina os cidadãos a considerar que, na eventualidade de contenda assoladora, sua única lealdade séria é realmente para com a cidade; sentir um conflito será não compreender suas próprias origens. Ésquilo parece estar refletindo, pois, sobre um estilo de pensamento, ou de escape do pensamento, que está longe de ser idiossincrático, mas é ao contrário muito fundamental a seu modo de vida. Ele está demonstrando como essas recusas ajudam os cidadãos a evitar o dilaceramento provocado pelas exigências conflitantes. E está sugerindo que o custo dessa simplicidade pode ser alto demais. Pois ela é acompanhada por uma falsa percepção da cidade e por respostas gravemente deficientes a elos não cívicos aos quais se deve profundo respeito. Ao vincular essas deficiências com os amaldiçoados pesadelos fratricidas de Etéocles, filho de Édipo (709-11), ele pode até mesmo estar sugerindo que deixar de cultivar as respostas não cívicas apropriadas é encorajar as paixões más que espreitam nos corações da maior parte dos membros de famílias. Ele também nos demonstra que é possível para a cidade cultivar o reconhecimento apropriado: pois o mensageiro que traz a notícia da morte de Etéocles se dirige ao Coro precisamente como "Filhas criadas por mães" (792). Agora que as ficções do rei se extinguiram, os profundos laços de família podem ser reconhecidos e o conflito família–cidade visto pelo que é.

O final da peça, se é autêntico[50], parece nos mostrar como o Coro reconhecerá o que Etéocles não reconheceu. Enquanto Creonte e Antígona divergem sobre o enterro de Polinice, o Coro se divide ao meio. Em um final sem paralelo nas tragédias que chegaram a nós, elas partem cindidas, e uma metade segue Creonte e o cadáver de Etéocles, enquanto a outra segue Antígona e o cadáver de Polinice. "Vamos enterrá-lo", diz a outra, "... pois é um luto comum à nossa linhagem familiar, e uma cidade tem maneiras diferentes, em momentos diferentes, de louvar a justiça" (1068-71). A cisão do que antes era único reconhece as pretensões de ambos os lados. Se pensarmos no Coro como composto de muitos indivíduos, o reconhecimento se afigura incompleto, já que o conflito é mais uma vez compreendido como uma forma de desacordo, e cada indivíduo reconhece apenas uma das exigências. Mas, se o pensarmos, tal como provavelmente o devemos pensar, como algo que substitui cada um de nós, tendo uma única imaginação, um único conjunto de sentimentos, então o que vemos é um "indivíduo" sensível representando a complexa reação ao dilema que Etéocles falhou em conferir. Essa leitura é corroborada pelos versos finais da segunda metade do coro, que insiste que a justiça, mesmo a justiça cívica, não é uma coisa simples.

IV

Vimos agora dois conflitos práticos. Cada um deles, em seus dois pólos, incorpora valores importantes na concepção de excelência humana que o Coro mantém em cada peça. Ao rever nossos oito pontos, podemos ver que também sob outros aspectos eles parecem fortes candidatos à designação de culpa ética séria. Em cada um dos casos, o conflito forçou uma ação que contraria valores seriamente sustentados pelos Coros e, em um dos casos, também pelo agente; em ambos os casos, a ação viola também uma obrigação anterior do agente, explícita ou implícita; em ambos os casos, há danos irreparáveis causados a outra pessoa, de tal modo que claramente trará conseqüências de longo alcance para o resto da vida do agente. Mas devemos agora voltar mais proximamente nosso olhar a duas observações particulares feitas pelos Coros ao examinar as respostas deficientes de seus reis. Primeiramente, ambos os Coros insistem na importância para a avaliação de nossa distinção entre crimes reparáveis e irreparáveis, e argumentam que algumas ofensas têm efeitos tão graves que seu cometimento, mesmo sob coação das circunstâncias, deve ser seguido de séria punição. O Coro de *Sete* enfatiza a distinção entre o assassinato comum na guerra, após o qual se pode realizar uma purificação ritual, e o crime muito mais sério de assassinar um membro insubstituível da própria família: "*Essa* conspurcação jamais envelhece" (680-2). O Coro de *Agamêmnon* fala da diferença entre uma perda meramente econômica e a perda de uma vida. O mercador que é obrigado a jogar sua carga ao mar escapa de afogar-se. "Sua casa inteira não se afunda", e ele terá uma chance de recuperar a riqueza perdida (1007-17). "Mas o sangue escuro de um homem uma vez derramado ao chão, quem, por encantamento, o pode evocar novamente?" (1018-21). Eles sentem, portanto, que seu rei precisa e deve ser punido. Mesmo crimes compelidos pela necessidade, quando dessa magnitude, clamam por um castigo. O desamparado Orestes, compelido pela ordem de um deus a matar sua mãe culpada, e bem mais apropriadamente relutante diante de seu ato terrível, deve também receber punição: a loucura do remorso e a perseguição das Fúrias de sua mãe. A ruína de Agamêmnon e as Fúrias de Orestes respondem a nossa exigência intuitiva de que mesmo o assassino coagido deve chegar a ver a si mesmo como assassino e sofrer, em pessoa, por seu feito. Essas intervenções divinas na vida humana não são arbitrárias ou caprichosas: elas determinam uma profunda resposta ética que seria inteligível na ausência do divino[51]. Mesmo que Orestes tivesse feito a melhor coisa possível nas circunstâncias, o que ele fez, e fez intencionalmente, com os olhos abertos, é tão ruim que ele não pode seguir vivendo sua vida como se não o tivesse feito. Podemos dizer que Orestes não está louco, mas inteiramente são, quando reconhece que as Fúrias o perseguem. O final da *Oréstia* (cf. também Cap. 13) nos demonstra que a cidade saudável não permite que a culpa dessas situações perdure indefinidamente. A cidade, sob a orientação de Atená, delineia procedimentos (que provavelmente têm a intenção de parecer bastante arbitrários) com o intuito de permitir a plena libertação de um ofensor que sofre tanto; diz-nos também que não mais se permitirá que a culpa sobrevenha sem limite ao longo das gerações. Mas Atená enfatiza ao mesmo tempo que o temor moral associado às Fúrias terá um lugar importante em sua cidade saudável: elas são corrigidas, mas lhes é concedido um lugar de honra. Pois há momentos, diz ela, em que o temor é algo bom e apropriado[52]. Essas situações de conflito prático se assemelham a esses momentos.

Os Coros dizem ainda outra coisa. Mesmo que afirmarmos que o agente escolheu e agiu sob coação das circunstâncias, e portanto a culpa que carrega por sua má ação pode ser diminuída, isso não encerra a questão do louvor e da culpa. Se há muita coisa que ele não pode evitar, há, entretanto, muito que ele aparentemente pode: suas respostas emocionais ao dilema, seus pensamentos sobre as exigências envolvidas. Eles parecem acreditar que uma pessoa boa, encontrando-se em uma tal situação, em primeiro lugar a verá como ela é. Se for de bom caráter, terá trazido à situação uma imaginação vivaz e um conjunto complexo de respostas que a possibilitará ver a situação de conflito como uma situação que a obriga a agir contra seu caráter. Não inibirá realmente tais pensamentos. Etéocles vem à situação com um conjunto artificialmente empobrecido de preocupações que o impedem de vê-la corretamente. Agamêmnon parece repudiar ou suprimir juízos inicialmente acurados[53]. Uma vez que a decisão é alcançada, o caso parece solúvel, a exigência concorrente "nada vale". Uma resposta apropriada, ao contrário, começaria com o reconhecimento de que esse não é simplesmente um caso espinhoso de descoberta da verdade; é um caso em que o agente terá de fazer algo errado.

Essa resposta continuaria com uma vívida imaginação de ambos os lados do dilema, numa tentativa conscienciosa de ver muitos traços relevantes do caso do modo mais verdadeiro e nítido possível. Pois mesmo que o agente encare o dilema com princípios gerais bons, o caso não se apresenta provido de rótulos escritos sobre si que indiquem seus traços salientes. Para distingui-los, ele precisa interpretá-lo; e visto que freqüentemente os traços relevantes só aparecem nitidamente através da memória e da projeção de um tipo mais complicado, ele terá de se utilizar tanto da imaginação como da percepção. Agamêmnon teria que ver (como ele começa a fazer) as opressivas conseqüências da desobediência a um deus e, mais importante, sua grave impiedade. Teria que pensar sobre piedade, sobre sua concepção de deus, sobre o que realmente significa para ele obedecer a um deus, sobre o que significa o fato de sua teologia reconhecer uma pluralidade de divindades que podem fazer exigências conflitantes. É isso que o Coro faz no hino a Zeus que interrompe sua narrativa (160-84). Eles perguntam, através da imaginação mitológica, como pode ser esse deus e o que ele pretende nos mostrar com sua violência. Por outro lado, Agamêmnon teria que permitir a si próprio *ver* realmente sua filha, ver não somente a cabra sacrificial que ele se permite ver, mas tudo o que o Coro vê: o arrastar dos mantos cor de açafrão, as orações, os clamores de "Pai", o olhar de acusação nos olhos silenciosos. Ele teria que se deixar lembrar, tal como eles se lembram, de sua voz doce, sua respeitosa e terna presença à mesa dele. Etéocles teria que imaginar, como faz, a condenação de uma cidade escravizada a um inimigo estranho; e teria que deixar a si mesmo ver, como parte disso, a tragédia de *famílias* acometidas pela guerra, tão vividamente retratada por toda parte pelo Coro, para seu aborrecimento e desgosto. Ele também teria que se permitir pensar no que significa ter crescido com seu irmão Polinice; ter compartilhado com ele não apenas nascimento, riqueza, poder, mas também a opressiva consciência do crime de um pai-irmão, a "semente semeada no sulco sagrado de sua mãe" (152-3), e, quando isso veio à tona, o peso da maldição de um pai-irmão. Talvez essa visão imaginativa verídica levasse a uma agonizante indecisão, ou talvez a própria decisão logo se tornasse evidente. A percepção correta de um conflito não acarreta necessariamente a indecisão, uma vez que pode haver tais conflitos mesmo onde as exigências concorrentes não são eqüitativamente equilibradas. A indecisão por si só não parece ser uma virtude, nem a resolução uma deficiência.

Finalmente, o agente bom também sentirá e exibirá os sentimentos apropriados a uma pessoa de bom caráter enredada numa tal situação. Ele não enxergará o fato da decisão como algo que autoriza sentimentos de autofelicitação, menos ainda sentimentos de desqualificado entusiasmo pelo ato escolhido. Ele demonstrará em seu comportamento emotivo, como também sentirá genuinamente, que esse ato é profundamente repulsivo a ele e a seu caráter. Embora deva, em alguma medida, *agir* como uma pessoa "que é chamada pelos piores nomes", ele se mostrará absolutamente dessemelhante a uma tal pessoa em "paixão", nas disposições emocionais que formam uma parte de seu caráter. E depois da ação ele se lembrará, lamentará e, onde possível, fará reparações. Sua emoção, ademais, não será simplesmente de pesar, que poderia ser sentida e expressa por um espectador não envolvido e não implica que ele mesmo agiu mal. Será uma emoção mais parecida com remorso, estreitamente vinculada ao reconhecimento do erro que ele, como agente, embora relutantemente, cometeu. (Em um caso jurídico do qual tenho conhecimento, o advogado de defesa permitiu a seu cliente expressar apenas *pesar* em uma carta a um espectador incomodado, e não fazer nenhuma apologia nem expressar nenhuma emoção que implicasse a admissão de algum tipo de ação defectiva. O argumento do Coro seria que o agente nesses casos deve ir além do que um bom advogado de defesa permitiria.)

Uma vez que percebemos a importância dos fatores emocionais na culpa atribuída pelo Coro, somos levados a lançar um novo olhar sobre uma passagem do *Agamêmnon* que aturdiu os intérpretes. Numa crítica audaz a seu rei que retornava, os anciãos parecem dizer explicitamente que sua condenação é dirigida às paixões, e paixões que eles vêem como "voluntárias", isto é, que satisfazem as condições para a atribuição razoável de louvor e culpa: "No momento em que estavas conduzindo adiante o exército em virtude de Helena – não esconderei de ti – eras desenhado sem harmonia em meus pensamentos, como alguém que não manejava bem o leme do senso, alimentando uma ousadia voluntária de têmpera (*thársos hekoúsion*) em nome dos homens que então morriam" (799-804). Ofereci uma tradução direta do grego dos manuscritos[54], que com freqüência é corrigida como ininteligível. A locução *thársos hekoúsion*, "ousadia voluntária de têmpera", surpreendeu muitos comentadores como algo impossível: pois seguramente, argumentam eles, apenas *ações*, não *paixões* podem ser *hekoúsion* ou *akoúsion*[55], suscetíveis ou não suscetíveis de louvor e culpa[56]. Por isso, ela tem sido eliminada por correção ou entendida como uma perífrase de condenação a Helena, essa "lasciva voluntária"[57]. (Nesse caso, o verbo *komízo* deve ser interpretado como "trazer de volta", uma tradução que envolve diversas dificuldades sérias[58].) As referências à culpa e aos homens que morrem remontam claramente, entretanto, aos eventos de Áulis. A maneira como Agamêmnon "não manejava bem o leme do senso" em sua descrição anterior desses eventos é uma maneira que a tradução direta de *thársos hekoúsion* capta muito bem: ele alimentou e encorajou uma monstruosa ousadia e intrepidez, ao realizar o sacrifício em nome de seus homens que morrem. Somente um preconceito contra a natureza voluntária das paixões, um preconceito profundamente enraizado nos tempos pós-kantianos, com forte apoio de Platão, mas desconhecido de Ésquilo e criticado por Aristóteles (cf. Caps. 9, 10), impediu a consideração séria de uma leitura que faria dessa observação posterior o sumário apropriado da narrativa de Áulis expressa anteriormente pelo Coro. Sem dúvida essa idéia permanecerá controversa; a discussão que faço sobre as outras cenas não depende dela. Mas é possível que demonstre ser um aspecto atraente dessa discussão o fato de ele prometer apresentar uma boa compreensão de uma passagem do texto original que nos confundiu.

Há dois outros pontos dessa reflexão do Coro que exigem comentário. Primeiro, os elementos culpáveis das respostas dos reis são descritos como manifestações exteriores. Isso é inevitável numa interação dramática: o Coro fala do que vê. Mas também nos faz perceber que para eles haveria uma grande diferença entre a contrafação bem-sucedida da emoção apropriada e uma resposta interior genuína. Agamêmnon é acusado de estimar sua ousadia, de mudar seus pensamentos; de Etéocles, afirma-se que se assemelha a uma pessoa má em paixão, não simplesmente em comportamento. Eles dirigem as acusações contra sua "ilusão que preenche o espírito", seu "desejo voraz" – embora necessariamente os infiram a partir do comportamento exterior. Tampouco, evidentemente, sua demanda por responsabilidade emocional e imaginativa seria satisfeita por contrafação, pelo mero comportamento irrepreensível. Suas palavras imediatamente anteriores à saudação culpável de Agamêmnon demonstram que estão muito conscientes da possibilidade de ocultar sentimentos, ou simular simpatia em um caso em que "a ferroada da dor não penetra no fígado"; mas eles se dissociam dos "muitos homens" que preferem parecer a ser, e denominam essa preferência uma transgressão da justiça. Consideram que a presença ou ausência de certos sentimentos e idéias revela algo significativo sobre o caráter com o qual estão lidando. Se a pessoa não tem, mas apenas simula, as respostas, quer por hipocrisia, quer pelo desejo sincero de fazer justiça à situação, esses homens e mulheres vão formar diferentes juízos, louvar e culpar de diferentes modos. Estão bem cientes de que na prática não é possível ter certeza quanto a essa distinção; não obstante, eles a acentuam.

Falávamos da situação de conflito como um teste de caráter. De fato, esses casos realmente nos dão novas informações sobre qual foi sempre o caráter do agente. (E assim, para retornar ao contexto teológico, a culpa da família se efetiva aqui através dos traços acessíveis da natureza do próprio agente.) Mas devemos agora acrescentar, com o Coro de *Agamêmnon*, que a experiência de conflito pode também ser um tempo de aprendizado e desenvolvimento. O significado profundo do proverbial *páthei máthos*, repetido imediatamente antes e imediatamente depois do assassínio de Ifigênia (177, 250), é que casos espinhosos como esses, se se permite realmente vê-los e experimentá-los, podem trazer progresso juntamente com sua tristeza, um progresso que vem de uma ampliação do autoconhecimento e do conhecimento do mundo. Um esforço honesto para fazer justiça a todos os aspectos de um caso espinhoso, vendo-o e sentindo-o em toda a sua multilateralidade conflitante, poderia enriquecer esforços deliberativos futuros. Através da experiência de escolha, Etéocles pode ter descoberto preocupações às quais previamente não se fez justiça; Agamêmnon pode ter chegado a um novo entendimento da piedade e do amor que ele deve à sua família. É, evidentemente, possível trabalhar no sentido de uma apreciação assim justa da complexidade das exigências que nos são impostas no curso da vida comum, sem conflito ou sofrimento trágico. Os trágicos, contudo, percebem que com freqüência o choque de um tal sofrimento é necessário para fazer-nos olhar e ver. Neoptólemo, no *Filoctete* de Sófocles, não sabe o que é respeitar a dor de outra pessoa até que com ele, também, ocorra chorar de dor. Quando, pela dor, aprende como seu plano ambicioso entra em conflito com sua afeição à veracidade e à justiça, ele deixa de ser denominado "criança" e toma para si a responsabilidade de decidir[59]. O Admeto de Eurípides não sabe, até perder Alceste, o que era ter uma esposa, em verdade o que é amar um outro ser humano singular. "Agora entendo", exclama em meio ao remorso e à auto-acusação. E, quando sua fortuna se torna reversível, "Agora mudarei para uma vida melhor do que antes" (1158).

Podemos dizer mais. Até o momento, falamos como se a experiência da dor fosse um meio para o conhecimento do eu somente pelo e no intelecto. Isto é, falamos como se considerássemos que *páthei máthos* significa "por meio do sofrimento (experiência) vem o entendimento (intelectual)". Um entendimento pleno e correto de nossa situação humana prática é, em princípio, disponível ao intelecto desamparado; essas pessoas requerem resposta passional apenas em razão de suas deficiências e de sua obliteração. Essa leitura, que de fato torna meramente instrumental o valor de toda a experiência da tragédia (tanto no drama como na vida), parece-me trivializar a alegação dos poetas contra os filósofos (antipoéticos) e enviesar o debate de maneira vantajosa para os últimos. Faríamos mais justiça à alegação esquiliana se considerássemos uma outra possibilidade. Nela veríamos a reação passional, o sofrimento, como uma peça, por si só, do reconhecimento ou percepção práticos, ao menos como um componente parcial do correto entendimento que o personagem tem de sua situação como ser humano. O clamor de Neoptólemo, as agonias sempre vigilantes do Coro, não são meios para uma apreensão de que se encontra apenas no intelecto; são peças de identificação e reconhecimento de realidades humanas difíceis. Há um tipo de conhecimento que opera pelo sofrimento, porque o sofrimento é o reconhecimento apropriado do modo como é, nesses casos, a vida humana. E em geral: apreender pelo intelecto um amor ou uma tragédia não é suficiente para se ter deles um conhecimento humano real. Agamêmnon *sabe que* Ifigênia é sua filha sempre, se com isso queremos dizer que ele tem as crenças corretas, pode responder de maneira verdadeira a muitas perguntas sobre ela etc. Mas, porque em suas emoções, em sua imaginação e em seu comportamento ele não reconhece o elo, desejamos aderir ao Coro quando afirma que seu estado é menos de conhecimento do que de ilusão. Ele não *sabe realmente* que ela é sua filha. Falta uma peça do entendimento verdadeiro (cf. também Cap. 10, Interlúdio 2). Alguns podem ser suficientemente bem-aventurados para ter esse entendimento, essas respostas e reconhecimentos acurados, sem situações trágicas extremas. Alguns, como nossos dois heróis, podem passar por situações trágicas em uma condição de ilusão e negação. Com algumas pessoas, pode mesmo ocorrer que a experiência dolorosa as faça rudes e as torne piores (cf. Cap. 13). Mas há também aqueles para quem a boa fortuna pode ser um infortúnio, e uma tragédia, boa sorte, no sentido de que, para efetuar um reconhecimento humano preciso, eles podem precisar da revelação e da surpresa da situação trágica. O reconhecimento aqui pode então favorecer o reconhecimento em outras áreas da vida. Pode ser isso o que o Coro quer dizer quando, na conclusão de seu hino a Zeus, fala de "uma graça que vem por violência dos deuses, ao se sentarem no terrível banco do timoneiro" (182-3).

É evidente, ainda, que esperamos que a exploração desses conflitos através das nossas próprias *páthe* como espectadores, nossas próprias respostas de temor e de piedade, nos forneça, e nos ajude a constituir justamente essa espécie de aprendizado. Os poetas nos oferecem não apenas um caminho alternativo para um tipo de conhecimento contemplativo ou platônico; seu desacordo com Platão é mais profundo. Eles pretendem nos oferecer ensejo para uma atividade de conhecimento que nem mesmo em princípio se poderia ter unicamente pelo intelecto. Se sua pretensão é plausível, então suas obras (ou as obras que se assemelham às suas) não são opcionais, mas indispensáveis numa investigação plena desses assuntos. (Analisaremos ainda a pretensão deles no Interlúdio 2.)

Começamos a ver, nesse momento, uma certa lógica no mundo ilógico de Ésquilo. Vimos, em particular, que um conflito contingente entre duas exigências éticas não precisa ser tomado por uma contradição lógica; e que a "incompatibilidade" entre liberdade e necessidade pode, de modo semelhante, ser vista como uma descrição correta da maneira como as circunstâncias naturais restringem as possibilidades de escolha. Nesses aspectos, as descrições de Ésquilo parecem residir muito próximas de nossa experiência intuitiva do dilema. Mas é possível que um traço dessas descrições continue a parecer alheio e estranho. Pode ainda ser difícil para nós compreender como seria razoável louvar ou culpar agente morais por coisas relativas a eles que não parecem estar sob o controle da razão e da vontade racional: coisas como habilidade de responder emocionalmente, desejo, paixão, imaginação. Vimos já a profundidade dessa dificuldade na medida em que afetou a interpretação da saudação do Coro. Já que esse é um tema central na concepção que Aristóteles tem do caráter e da ação, será examinado mais plenamente em um momento posterior[60]. Mas os exemplos trágicos nos ajudam nessa dificuldade. Suspeitamos que a pessoa que sente aqui uma dificuldade a sente porque supõe que as respostas emocionais não são sujeitas a nenhuma espécie de controle e não podem constituir parte da formação deliberada do caráter de um indivíduo. Mas os exemplos mostram Agamêmnon "fomentando", "espargindo", "transformando" seus estranhos sentimentos e respostas, Etéocles "incitando a si mesmo", talhando e formando seus sentimentos de maneira a acompanharem sua imagem estreita do que importa. Demonstram-nos, sobretudo, os homens e as mulheres desses Coros, fazendo-se olhar, perceber, responder e lembrar, cultivando a habilidade de responder pela análise da memória desses eventos, até "a dolorosa lembrança da dor, em lugar do sono, gotejando diante do coração" (*Ag.* 179-80)[61]. A presença do Coro diante dessa ação, e sua paciente elaboração, mesmo anos depois, da história dessa ação, lembra-nos que a resposta atenta a essas complexidades é uma tarefa que a racionalidade prática pode, e deve, se incumbir de realizar; e que essa tarefa da racionalidade exige mais do agente que o exercício da razão ou do intelecto, estreitamente concebido[62]. Vemos pensamento e sentimento operando juntos, de modo que é difícil distinguir um do outro: a dolorosa lembrança da dor, gotejando diante do coração. Vemos, ainda, o intercâmbio de iluminação e cultivo operando em uma via de mão dupla entre emoções e pensamentos: vemos sentimentos preparados pela memória e pela deliberação, aprendizado causado pelo *páthos*. (Simultaneamente nós mesmos, se formos bons espectadores, encontraremos essa interação complexa em nossas próprias respostas.) Quando percebemos a fecundidade ética dessas trocas, quando vemos a *racionalidade* das paixões na medida em que levam o pensamento ao entendimento humano e ajudam a constituir esse entendimento, podemos então sentir que o ônus da prova se transfere ao defensor da concepção segundo a qual somente o intelecto e a vontade são objetos apropriados de avaliação ética. Uma tal concepção pode começar a parecer empobrecida. As peças nos mostram a sabedoria prática e a responsabilidade ética de um ser mortal contingente em um mundo de acontecimento natural. Esse ser não é nem um puro intelecto nem uma pura vontade; tampouco deliberaria melhor neste mundo se o fosse.

V

Cumpre agora retornarmos aos filósofos que equiparam esses conflitos a desacordos, e perguntarmos que luz os casos trágicos lançaram sobre seus argumentos. Para Sartre, a moral desses casos espinhosos é que é inútil para um agente formar um sistema ordenado de princípios éticos e tentar viver de acordo com esse sistema. O que Agamêmnon vê é que os princípios de obediência ao deus e de obrigação familiar podem colidir irreconciliavelmente, de modo que um tenha de ser violado. Presume-se que essa experiência demonstra não haver absolutamente nenhum bem em viver por compromissos fundamentados em princípios; obrigar-se em geral a algo que não nos pode orientar em casos extremos é tola má-fé. Se Agamêmnon fosse um herói sartriano, ele se dissociaria plenamente, no momento do conflito, de ambos os princípios concorrentes, enxergando-se como inteiramente livre, desobrigado e insubstancial, afirmando sua liberdade radical em uma escolha que não comporta pesar.

Essa abordagem do dilema de Agamêmnon tem a virtude de a ver como uma séria crise em sua vida ética: mas ela neutraliza a crise por meios que parecem arbitrários e estranhos. O caso demonstrou-nos que dois compromissos de orientação da vida podem entrar em conflito em uma contingência particular; certamente não nos demonstrou que há alguma contradição lógica entre eles ou, mais precisamente, que oferecem má orientação na vasta maioria de situações deliberativas[63]. Não indagamos ainda até que ponto o risco de conflito presente em um conjunto de compromissos é suficiente para torná-los irracionais; mas certamente sentimos que não há nada irracional em um conjunto de compromissos que pode colidir em uma situação muito rara e estranha. Ademais, não é sequer claro que, nessa situação estranha, os compromissos de Agamêmnon realmente lhe ofereçam má orientação. A orientação que lhe oferecem é que ele deve se sentir obrigado a cada uma das duas ações contingencialmente incompatíveis; e que, portanto, se são contingencialmente incompatíveis, ele deve responder e pensar como um homem forçado a ir contra aquilo a que se sente obrigado. Mas na medida em que tanto esses pensamentos como esses sentimentos expressam e ainda fortalecem um caráter virtuoso e comprometido, tal orientação parece ser boa. Antes, o que é para nós difícil de apreender é o retrato sartriano de um agente sem caráter e sem princípios, improvisando sua liberdade. Todos os nossos juízos sobre o caráter apropriado de certos tipos de atividade emocional e imaginativa em nossos dois casos pressupunham a existência de um caráter e de compromissos de valor contínuos (do próprio agente ou, onde ele se mostra deficiente, do Coro), em relação aos quais se pode avaliar a ação e a resposta. A própria possibilidade de avaliação moral parece aqui estar vinculada à idéia de caráter contínuo. Não saberíamos o que dizer de um agente que se improvisasse de momento em momento e que jamais estivesse disposto a se identificar com quaisquer compromissos gerais. O Coro seguramente se retrairia diante de um Agamêmnon que audaciosamente afirmasse sua liberdade com relação a todo princípio e orgulhosamente alegasse o assassinato como um ato de liberdade. Isso não está longe do que Agamêmnon faz; e eles o chamam louco.

A proposta de Hare é mais moderada. Não precisamos jogar completamente fora os princípios que geram conflitos. Cumpre apenas que os revisemos de maneira que, ao fim e ao cabo, não produzam um conflito nesse caso particular. Admitindo classes relevantes de exceções na enunciação das regras, tornamo-las mais precisas e chegamos mais bem preparados a situações futuras. No caso de Agamêmnon, Hare reformularia o princípio "Não mates" ou "Não mates membros de tua família", de modo que afirmasse "Não mates membros de tua própria família, exceto quando constrangido por um deus". *Esse* deveria realmente ter sido sempre seu princípio. Mas percebemos que nossos dois casos não são iguais ao exemplo de Hare da mentira em tempos de guerra. Nesse caso, pode bem ser verdade que a exceção está implícita na regra e que nada de grande importância se altera com a modificação. Em nosso caso, percebemos que a regra era simplesmente "Não mates", e que essa regra, como a compreendemos, não admite tais exceções. Isso não significa que matar não seja sob nenhuma circunstância o melhor curso disponível; significa, sim, que mesmo tais assassinatos racionalmente justificáveis violam uma exigência moral e obrigam o ser humano a ter emoções e pensamentos apropriados a uma situação de violação. Quando modificamos a regra como sugere Hare, ocorre precisamente a mudança que observamos na própria deliberação de Agamêmnon: uma mudança do horror à complacência, do sentimento de que o errado tem que ser feito ao sentimento de que o certo foi descoberto. Essa transformação não é compatível com as profundas intuições da tragédia.

Finalmente, devemos retornar a Kant, cuja exigência de coerência entre os princípios da razão prática o levou a neutralizar o que sua própria concepção o levaria naturalmente a ver como um profundo conflito de obrigações práticas. A exigência de coerência não é certamente uma exigência mal concebida. Contudo, precisamos distinguir, o que Kant (tal como Sartre) não faz nessa passagem sobre o conflito de dever, uma incoerência lógica de um conflito contingente. Até que ponto os compromissos de um agente moral devem evitar o risco de conflito para que seja considerado racional é uma questão que permanece, como dissemos, em aberto. Mas os mais complexos conjuntos de compromissos arriscam-se ao conflito até certo grau, em algumas situações possíveis, sem se afigurarem internamente incoerentes ou irracionais. O risco de tais conflitos é um fato da vida prática que parece demandar reconhecimento e escrutínio. Kant, no entanto, não é capaz de concordar. Onde nada na vontade colide, os "acidentes da natureza madrasta" não devem perturbar as deliberações do agente racional. A harmonia interna e o auto-respeito da pessoa moralmente boa, o legislador autônomo de sua própria lei, não podem ser afetados por meros acontecimentos do mundo[64]. Mas pensemos agora seriamente em Etéocles e Agamêmnon como legisladores kantianos de seu mundo. O que aparentemente vemos é que a recalcitrância do mundo contingente a suas demandas legislativas *afetou* sua harmonia interna. Especificamente, ela os obrigou a fazer coisas vergonhosas, em violação a suas próprias leis, coisas que merecem punição de acordo precisamente com os padrões de seus próprios códigos legislativos. Poderíamos dizer a Kant que um agente que leva seus princípios suficientemente a sério não pode senão estarrecer-se pela necessidade de violá-los. Se a lei é realmente uma lei, então a transgressão é realmente uma transgressão – pelo menos se o agente age deliberadamente e com plena consciência do que faz – não importa se a situação foi ou não criada por ele próprio. Um dever de não matar é um dever em todas as circunstâncias. Por que deveria essa circunstância de conflito fazer com que ele deixe de ser um dever? Mas, se uma lei é infringida, tem de haver uma condenação e uma punição. É isso que significa levar uma lei a sério, levar a própria autonomia a sério. A concepção de Kant faz, ironicamente, justamente o que ele gostaria de evitar: confere ao mero acaso o poder de dispensar um agente da autoridade obrigatória da lei moral. É possível alegar que seguimos uma parte da motivação profunda subjacente à concepção que o próprio Kant tem do dever quando insistimos que o dever não desaparece pelas intervenções contingentes do mundo. O politeísmo grego, surpreendentemente, exprime um certo elemento da moralidade kantiana melhor do que qualquer credo monoteísta poderia fazer: a saber, ele insiste na autoridade suprema e obrigatória, na divindade, por assim dizer, de *cada* obrigação ética, em toda e qualquer circunstância, inclusive aquelas em que os próprios deuses colidem.

Ésquilo nos mostra, assim, menos uma "solução" ao "problema do conflito prático" do que a riqueza e a profundidade do próprio problema. (Essa realização está estreitamente ligada aos seus recursos poéticos, que colocam a cena vividamente diante de nós, evidenciam-nos o debate sobre ela, e suscitam em nós respostas importantes para sua avaliação.) Ele fez, pois, a primeira coisa que era preciso fazer para desafiar as soluções teóricas ao problema. Mas, se reconhecemos o que ele colocou diante de nós, cumpre reconhecermos, também, que as "soluções" não resolvem realmente o problema. Apenas os descrevem insuficiente ou erroneamente. Deixam de observar coisas que há aqui para se ver: a força da exigência perdedora, a exigência do bom caráter de remorso e reconhecimento. Suspeitamos que para avançar em direção a uma "solução" mais decisiva teríamos que omitir ou rever esses traços da descrição do problema. Ésquilo nos indicou que a única coisa remotamente semelhante a uma solução aqui é, de fato, descrever e ver o conflito claramente, e reconhecer que não há saída. O melhor que o agente pode fazer é aceitar seu sofrimento, a expressão natural de sua bondade de caráter, e não sufocar essa resposta com base em um desorientado otimismo. O melhor que nós (o Coro) podemos fazer por ele é respeitar a gravidade de seu impasse, respeitar as respostas que expressam sua bondade, e pensar sobre seu caso como algo que evidencia uma possibilidade para a vida humana em geral[65].

A segunda realização significativa da reflexão esquiliana se encontra no interior da primeira: na descrição desses casos, Ésquilo nos demonstrou o quão inteiramente, em verdade, a dor e o remorso que são parte do retrato intuitivo estão vinculados à bondade ética em outras áreas da vida; a uma seriedade com relação ao valor, uma constância no compromisso, e uma simpática sensibilidade que desejamos manter e desenvolver nos outros e em nós mesmos. Ele sugere que sem que o retrato intuitivo reconheça o poder trágico da circunstância sobre a bondade humana não podemos, de fato, manter outros traços valiosos de nossa bondade: sua integridade interna, sua contínua fidelidade a suas próprias leis, sua sensibilidade de visão. Se fôssemos tais que pudéssemos em uma crise nos dissociar de um compromisso porque ele colide com um outro, seríamos menos bons. A bondade mesma, pois, insiste em que não deve haver outra ou maior resolução revisionária. (Essa segunda realização, como a primeira, parece depender dos recursos do drama, com sua capacidade de nos demonstrar um padrão ampliado de caráter e escolha.)

Desse modo, esses poemas fazem com que retornemos às complexas "aparências" da escolha prática vivida e as preservemos. Esse seria, suspeitamos, um resultado provável de uma contribuição literária à ética. Mas dizer isso é subavaliar a complexidade dos poemas trágicos. Pois eles revelam não apenas a força da posição intuitiva, mas, ao mesmo tempo, o poder da motivação de escapar-se dessa posição com o intuito de evitar seu grave risco de culpa e remorso. O impulso de criar uma solução ao problema do conflito não é estranho à tragédia, não é meramente a criação de alguma seita profissional bizarra. Ele está presente dentro da tragédia como uma possibilidade humana: presente nas deliberações de Agamêmnon, nas estratégias de Etéocles. Como quaisquer obras que exploram verdadeiramente as "aparências" humanas, essas tragédias nos mostram, ao lado da "concepção trágica", a origem da negação dessa concepção. Essas duas concepções iluminam uma à outra. Não compreendemos plenamente a concepção trágica se não compreendemos por que ela foi considerada insuportavelmente dolorosa por certos seres racionais ambiciosos. Seria, pois, demasiado simples enxergar essas peças como obras que clamam pela rejeição de "soluções" teóricas a esse problema. Elas o são. Mas clamam também por uma investigação minuciosa da origem e da estrutura da teoria ética grega, como uma satisfação da necessidade humana de encontrar uma solução. Os dois lados dessa investigação são ainda estabelecidos na *Antígona* de Sófocles, peça que exerceu sobre muitos filósofos eminentes a tentação de ver nela o prenúncio de suas próprias soluções a problemas de conflito e contingência[66].

3. A *Antígona* de Sófocles: conflito, visão e simplificação

Agamêmnon e Etéocles se encontraram, não por culpa deles mesmos, em situações em que revolta, remorso e lembrança dolorosa pareciam, para a pessoa de bom caráter, não apenas inevitáveis, mas também apropriados. Esse fato, entretanto, é possível aceitar não obstante se insista ainda que é parte da sabedoria prática evitar ao máximo tais situações ao planejar uma vida. A de Agamêmnon foi uma catástrofe extrema e imprevisível. Se os seres humanos não podem se tornar inteiramente seguros contra um infortúnio tão raro, ao menos podem estruturar suas vidas e compromissos de modo que, no curso comum dos acontecimentos, sejam capazes de se manter afastados de conflitos sérios. Uma maneira óbvia de o fazer é simplificar a estrutura dos seus próprios compromissos de valor, recusando-se a se apegar a preocupações que freqüentemente, ou mesmo com pouca freqüência, criam exigências conflitantes. O ato de evitar o conflito prático nesse nível foi freqüentemente pensado como um critério de racionalidade para as pessoas – precisamente como se pensou com freqüência que uma condição de racionalidade para um sistema político é ordenar as coisas de modo que os esforços sinceros dessas pessoas se satisfaçam regularmente com sucesso. Essa concepção era conhecida na Atenas do século V[1]. É um tema predominante da tragédia: pois as experiências dolorosas relatadas em nosso último capítulo suscitam questões sobre sua própria eliminação. E tornou-se firmemente arraigado no pensamento moderno, estabelecido até mesmo por alguns dos que defendem uma "concepção trágica" de casos individuais de conflitos práticos[2]. Ele tingiu profundamente a crítica moderna da tragédia antiga[3]. Pois a alegação é de que a relação do ser humano com o valor no mundo não é, ou não deve ser, profundamente trágica: que é, ou deve ser, possível eliminar o risco da ocorrência trágica típica sem negligência culpável ou grave perda. A tragédia representaria, assim, um estágio primitivo ou incivilizado de vida e pensamento éticos.

Para investigar o tratamento que a tragédia confere a essa idéia precisamos, evidentemente, interpretar uma peça inteira, observando a maneira como ela examina um "curso de vida"[4] inteiro e uma história de avaliação. A *Antígona* de Sófocles parece ser uma escolha apropriada para esse projeto. Pois essa peça examina duas diferentes tentativas de fechar a perspectiva de conflito e tensão simplificando a estrutura dos compromissos e amores do agente. Indaga o que motiva essas tentativas; o que vem a ser delas numa crise trágica; e, finalmente, se a sabedoria prática deve ser encontrada nessa espécie de estratégia ou numa abordagem inteiramente diferente do mundo.

Antígona[5] é uma peça sobre a razão prática e as maneiras como a razão ordena ou vê o mundo. É incomumente repleta de termos que significam deliberação, raciocínio, conhecimento e visão[6]. Tem início com a pergunta, "Sabes?" (2), sobre uma crise prática, e com uma determinada afirmação sobre o modo correto de ver as exigências impostas pela crise. Termina com a asserção de que a sabedoria prática (*tò phroneîn*) é o elemento mais importante do bem viver (*eudaimonía*, 1348-9) humano. É também uma peça sobre ensinamento e aprendizado, sobre a mudança pessoal de visão do mundo, sobre a perda do domínio daquilo que se afigurava como verdade segura e o aprendizado de uma sabedoria mais etérea e fugidia. De uma afirmação confiante sobre o que, em um caso complicado, é conhecido, ela muda para "Não tenho idéia de onde devo olhar, a que caminho devo tender" e, finalmente, à sugestão de que uma sabedoria menos autoconfiante foi, de fato, aprendida (1353).

Cada um dos protagonistas tem uma visão do mundo da escolha que nos faz prever sérios conflitos práticos; cada um tem um padrão deliberativo simples e um conjunto de preocupações nitidamente ordenadas em razão desse padrão. Cada um, por conseguinte, aborda problemas de escolha com confiança e estabilidade incomuns; cada um parece incomumente seguro contra os danos da fortuna. E contudo, como se evidencia para nós, a visão de ambos é falha de alguma maneira. Ambos omitiram reconhecimentos, negaram pretensões, atribuíram às situações nomes que não são os mais importantes ou mais verdadeiros. Uma é muito mais correta no conteúdo real de sua decisão; mas ambos estreitaram suas vistas[7]. Cumpre perguntarmos sobre esse estreitamento e o modo como ele é criticado.

Não será suficiente perguntar apenas sobre as ambições e as deficiências dos dois protagonistas, não obstante seja esse, seguramente, um começo necessário. Pois, de acordo com uma famosa interpretação dessa peça, a de Hegel, a própria peça aponta além de suas deficiências para sugerir a base de uma síntese de seus valores opostos livre de conflitos. Eles resolvem tensões do modo errado; mas a peça nos demonstra como resolvê-los da maneira certa[8]. Devemos, portanto, avaliar também a alegação de Hegel à luz da peça como um todo – e, em particular, de sua lírica coral. Isso exigirá perguntarmos sobre o tratamento de Sófocles dessas questões de atividade e passividade, de fazer e ser feito, de ordenar e responder; em suma, desvendarmos sua complexa história das estranhas aventuras da razão prática diante do mundo.

Podemos encontrar uma dica sobre essas aventuras na palavra grega *deinón*. Não existe em inglês uma tradução única disponível para essa palavra. De modo geral, ela é usada para designar o que inspira admiração e fascínio. Mas em diferentes contextos pode ser usada para designar o brilhantismo ofuscante do intelecto humano, a monstruosidade de um mal, o terrível poder do destino. O que é *deinón* é de alguma maneira estranho, fora de lugar; sua estranheza e sua capacidade de inspirar admiração estão intimamente ligadas. (É etimologicamente relacionado a *déos*, "temor"; podemos compará-lo com o francês *formidable*.) *Deinón* freqüentemente implica uma desarmonia: algo que não se coaduna com o que o cerca, ou o que se espera, ou o que se deseja. Causa surpresa, para melhor ou para pior. Em razão de variarem tanto as conotações da palavra, ela pode ser utilizada por um personagem ostensivamente para louvar, embora estejamos autorizados a ver na observação um desvendamento irônico de algo horrível. "Há muitas coisas *deinón*; mas nenhuma delas é tão *deinón* quanto o ser humano." Esse início da ode do Coro sobre o ser humano é um louvor profundamente ambíguo, como veremos. Igualmente ambígua, entretanto, é sua conclusão aparentemente desesperadora de que "o poder do que simplesmente acontece é *deinón*" (952). O ser humano, que se afigura excitante e admirável, pode revelar-se ao mesmo tempo monstruoso em sua ambição de simplificar e controlar o mundo. A contingência, um objeto de terror e aversão, pode acabar sendo ao mesmo tempo admirável, componente daquilo que faz a vida humana bela e excitante. A palavra é, assim, bem adequada para ser central em um drama que investigará a relação entre beleza e desarmonia, entre valor e exposição, excelência e surpresa. Podemos ver a peça como uma investigação do *deinón* em toda a sua ilusiva multilateralidade.

I

Uma vez que estaremos perguntando sobre as concepções de deliberação presentes na *Antígona*, principiamos com um personagem que delibera, que não sabe o que fazer. Ela caminha sobre o palco, arrastando os pés, manifestando relutância e confusão no seu rosto e nos seus gestos simples:

> Senhor, não fingirei que vim aqui ofegante de pressa ávida, a passos ágeis e leves. Pois muitas vezes meu pensamento me fez parar e volver em meu caminho para seguir a direção oposta. Minha alma conversava sempre comigo, dizendo: "Tolo, por que vais para onde serás punido?" "Mísero, estás demorando-te? E, se Creonte souber disso por outra pessoa, como te escaparás da punição?" Com todos esses volteios em minha mente, gradualmente tomei meu caminho, lento e relutante. E assim uma estrada curta se tornou longa. Finalmente, contudo, a idéia de chegar até ti levei a melhor... Venho agarrado a uma esperança – que nada pode me acontecer que não seja a minha sina. (223-6)

Essa é uma imagem vívida da deliberação prática comum. A maioria dos membros da platéia reconheceriam aqui uma parte de suas próprias vidas cotidianas. Esse homem tem dificuldade em decidir entre duas alternativas desagradáveis. Sua alma oferece argumentos para ambos os lados da questão, e ele sente que não há como evitá-los. A dualidade de seu pensamento é expressa gestualmente no volver-se físico, conforme anda para trás e para a frente ao longo do caminho. Ele não tem nenhuma teoria da decisão, nenhuma explicação clara do seu processo de decisão. Tudo o que ele sabe é que, por fim, um curso "levou a melhor". Em seu persistente desconforto, seu único consolo é a idéia de que o que tiver de ser, será.

Sob muitos aspectos esse homem não está autorizado a ser um ser humano representativo. Ele é desprezivelmente covarde, cruelmente egoísta. Mas suas narrativas repletas de detalhes corriqueiros nos remetem a realidades físicas comuns – calor, sujeira, odores desagradáveis – sobre as quais os personagens heróicos silenciaram. E, de modo semelhante, sua confusão, seu senso de que as questões deliberativas têm dois lados – juntamente com sua crença na importância do que acontece – nos remetem ao desconforto pungentemente sentido da deliberação comum. Um espectador perceberia, ouvindo-o imediatamente depois de escutar Antígona e Creonte, que esses ingredientes comuns do pensamento prático cotidiano estiveram ausentes, assim como a poeira de verão e o fedor de corrupção, daquelas eloqüentes deliberações. Ambos os protagonistas afirmavam ter o conhecimento prático[9]. Em ambos os casos há um conhecimento cujas "verdades" lhes permitem, de maneira contínua, evitar os dolorosos volteios do guarda. Como, poderia alguém se perguntar, eles conseguiram se afastar tanto do comum, a tal ponto que as inquietações cotidianas do ser humano parecem pertencer somente à figura vil, cômica, de um camponês, não de um rei?

II

As primeiras palavras de Creonte anunciam a segurança da cidade após o grande perigo que ocorreu e apresentam (166) o Coro como um grupo de homens tradicionalmente fiéis ao regime e a suas preocupações "com o raciocínio leal e saudável" (169)[10]. Assim como o Coro (1347-8), assim como o profeta Tirésias, Creonte acredita e afirma que a coisa mais importante que um homem pode ter é sabedoria prática, ou excelência na deliberação (1050-1); a coisa mais nociva é a falta de sabedoria (1051). Esse louvor à lealdade cívica dos anciãos como saúde mental não é casual: para Creonte, mente saudável é a mente completamente devotada à segurança cívica e ao bem-estar cívico[11]. O ataque de Antígona aos valores cívicos é tomado como um sinal de incapacidade mental (732); a simpatia de Ismênia revela uma "falta de espírito" semelhante (492, 561-2, cf. 281). A Hemon, insiste-se que não "jogue fora sua razão" (648-9) adotando as crenças "doentias" de Antígona. (Em um momento crucial da ação, Tirésias voltará a linguagem de Creonte de saúde mental contra ela própria. Falando de deficiência em sabedoria prática, ele diz: "Mas tu mesmo estiveste pleno dessa doença" (1052 e cf. 1015).) E, se, ademais, examinamos as ocasiões em que Creonte alega *conhecer* algo sobre o mundo, parece que não há, para ele, nenhum conhecimento ou sabedoria prática além do simples conhecimento pela mente saudável da primazia do bem cívico[12].

No seu próprio entender, Creonte é verdadeiramente um homem de mente saudável. Ele herdou, e utiliza, inúmeros termos avaliativos diferentes: "bom" e "mau", "honroso" e "vergonhoso", "justo" e "injusto", "amigo" e "adversário", "pio" e "ímpio". Eles estão entre os rótulos mais comuns que seriam empregados por um agente na cultura ateniense do século V para demarcar o mundo da prática. E, para o membro comum da platéia dessa peça, esses rótulos captam traços *distintos* e *separados* do mundo ético. Uma mesma pessoa ou ação com freqüência possuirá mais de um atributo captado por essas palavras – visto que em muitos casos eles se combinam de forma harmoniosa. Mas podem estar presentes separadamente uns dos outros; e, mesmo quando co-presentes, são diferentes em sua natureza e nas respostas que requerem. Alguns amigos acabarão por se mostrar pessoas justas, ou pias; mas ser um amigo é algo diferente de ser justo, ou pio. Portanto, a expectativa comum seria que, em algumas circunstâncias imagináveis, os valores designados por esses rótulos façam exigências conflitantes. A amizade ou o amor pode requerer uma injustiça; o curso de ação justo pode conduzir à impiedade; a busca pela honra pode requerer uma injúria à amizade. Tampouco seria cada valor singular aceito como livre de conflitos; pois a justiça da cidade pode entrar em conflito, como esse Coro reconhecerá, com a justiça do mundo subterrâneo; e a piedade com respeito a um deus acarreta ofensas contra outro. Em geral, pois, *ver* claramente a natureza de cada um desses traços seria compreender a distinção de cada um com relação aos outros, suas possibilidades de combinação e oposição uns com os outros e, ainda, suas oposições no interior de si mesmos.

Para um espectador que tenha mais ou menos essa concepção das coisas, a situação de Creonte nessa peça suscitaria vividamente uma tal questão de conflito entre valores maiores[13]. Pois Polinice é um membro da família de Creonte com um grau de parentesco próximo. Creonte tem, pois, a obrigação religiosa mais profunda possível de enterrar o cadáver. Contudo, Polinice era um inimigo da cidade; não simplesmente um inimigo, mas um traidor. Cadáveres de inimigos devem ser devolvidos a seus parentes para um funeral honroso; aos traidores, não se tem toda essa consideração. Muito embora a lei aparentemente não impeça que os parentes de traidores organizem seu funeral fora da Ática, o enterro dentro do território ático era estritamente proibido; e a própria cidade se encarregava simplesmente de depositar além desses limites o cadáver não enterrado. Fazer mais do que isso, presumivelmente, subverteria valores cívicos por honrar a traição. Assim, como representante da cidade, Creonte deve cuidar para que não se honre o cadáver de Polinice – embora não se esperasse que ele chegasse ao extremo de proibir ou impedir um funeral a considerável distância da cidade. No entanto, como membro da família, essa mesma pessoa estaria sob uma obrigação irrevogável de promover ou organizar o enterro[14].

A platéia esperaria, assim, encontrar em Creonte uma tensão extremamente dolorosa entre esses dois papéis e exigências. O que, para sua surpresa, eles veriam, é uma completa ausência de tensão ou conflito, assegurada por uma reorganização "saudável" das avaliações. Pois, se examinamos o uso que Creonte faz dos termos éticos centrais, o que descobrimos é que ele os transfigurou, deturpou-os de seu uso comum, de modo a fazer com que se apliquem a coisas e pessoas simplesmente em virtude de sua ligação com o bem-estar da cidade, que Creonte estabeleceu como o único bem intrínseco. Ele se utiliza de todo o espectro do vocabulário ético tradicional – mas não da maneira tradicional. Essas palavras não mais nomeiam traços do mundo que são separados e potencialmente conflitantes com o bem geral da cidade; pois Creonte não reconhece nenhum desses bens separados. Através de sua estratégia agressivamente revisória, ele assegura a singularidade e a ausência de tensão. Procede como se pudesse dizer as coisas pelos nomes que lhe são mais apropriados, *ver* apenas os traços do mundo que seu "*éthos* singular" requer.

Desse modo, o bom e o mau, *agathón* e *kakón*, tornam-se para Creonte (de maneira não tradicional, dado seu forte vínculo com a excelência pessoal) somente as pessoas e coisas que são boas ou más *para* o bem-estar da cidade. O "pior" (*kakistos*) homem é aquele que, por interesse próprio, nega à cidade as suas capacidades (181). "Os maus" (*hoi kakoí*) são contrastados com "quem quer que seja bem-intencionado com respeito à cidade", como se houvesse opostos polares (108-9; cf. 212, 284, 288). Seu único exemplo de mulher má (*kaké*) é Antígona, cuja maldade é a maldade cívica. Mesmo entre os mortos, há os bons e os maus (cf. 209-10): e os "melhores" são aqueles que alegremente darão boas-vindas ao homem "que sob todos os aspectos fez o melhor com sua lança" — Etéocles, rei e vencedor da cidade. Dar um funeral ao inimigo da cidade seria, argumenta ele, dar partes iguais ao bom (*khrestoí*) e ao mau (*kakoí*) (520). Os deuses, insiste ele em outro momento, seguramente não fariam honras aos maus (*kakoús*, 288) – quer dizer, aos inimigos da cidade[15].

Honra e respeito, também, pertencem para Creonte apenas aos ajudantes da cidade, como tais, ao passo que a vergonha é associada exclusivamente com a renúncia à responsabilidade pública. O louvor inicial que faz ao Coro por seu contínuo respeito (*sébein*) é seguido por uma declaração explícita de sua política em questões de honra:

> Eis meu raciocínio – e nunca o mau (*kakoí*) obterá de mim mais honra (*timé*) do que o justo (*éndikon*); mas todos que forem bem-dispostos com respeito a esta cidade terão de mim honra (*timésetai*) igualmente na vida e na morte. (207-10)

O cuidado com que Creonte afirma sua política indica que ele sabe que está dizendo algo novo, algo que nem todos aceitariam de pronto. Posteriormente, aprendemos que a maioria dos cidadãos acredita que a honra é devida mesmo aos que desonram a cidade, se for na busca por algum outro fim honroso (730-3). O respeito de Creonte pelo bem cívico e seus instrumentos é visto por eles como algo que entra em conflito com outros deveres de respeito. "Posso estar cometendo um erro em respeitar meu posto de governante?", pergunta Creonte a seu filho (744). A resposta é: "Sim, pois não estás oferecendo respeito (*ou sebeis*) quando pisoteias as honras (*tímas*) dos deuses." Creonte, entretanto, investe contra essa concepção que tende a gerar conflito: "Pode ser a minha tarefa respeitar (*sébein*) o desordenado?" (730). Ele insiste que a desobediência de Antígona não é nem respeitosa nem tampouco digna de respeito, mas "vergonhosa" (510) e "um ímpio favor" (514).

Não nos surpreendemos, pois, quando descobrimos que a idéia de Creonte de justiça é igualmente circunscrita[16]. Não se permite que nenhuma exigência seja considerada uma exigência da justiça a menos que seja em nome da cidade, não se permite que nenhum agente seja denominado justo exceto em serviço da cidade. Em sua fala sobre respeito, "justo" (*éndikos*) foi usado de maneira permutável com "bem-disposto a essa cidade". Quando adverte sobre problemas para o regime, o profeta Tirésias é acusado de injustiça; a acusação de injustiça feita por Hemon contra seu pai é negada com um apelo ao valor do respeito pelo governante e seu poder (744)[17]. Creonte declara a seu filho, de fato, que o homem justo na cidade é o que zela pelo bem-estar do todo, e entende como governar e como ser governado (662-9). Essa fala de autojustificação se conclui com uma afirmação reveladora:

> E eu estaria seguro de que esse homem [o justo] governaria bem e seria um súdito de boa vontade, e na tempestade de lanças manteria sua posição onde estivesse postado, um bom e justo ajudante (*díkaion kagathón parastáten*). (671)

Aqui, "justo" e "bom" são atributos não do homem simplesmente, mas do homem *qua* ajudante da cidade. Não têm posição independente; sua função é simplesmente encomiar atributivamente, de alguma maneira vaga, a dedicação cívica do homem. Mas isso, como vimos, é o que Creonte sempre quer dizer com tais termos: "bom" é "bom no auxílio cívico", "justo", simplesmente "fazer justiça a sua obrigação cívica". Não é surpreendente que as distinções comuns entre as virtudes entrem em colapso em suas falas (em que *kakós* é oposto a *éndikos* em vez de *agathós*, e *éndikos* é substituído, por sua vez, por "bem-intencionado a essa cidade"). Há apenas um tipo de excelência humana digna de louvor: produtividade de bem-estar cívico. A função de todas as palavras de virtude é indicar sua presença. (A doutrina presente no *Protágoras* da unidade das virtudes é, conforme veremos, resultado de uma estratégia semelhante.)

Mas a parte mais impudente da revisão de Creonte do mundo prático não é sua redefinição do justo e do bom, ambos os quais têm já uma forte associação com os valores cívicos. É sua violenta alteração dos valores em torno dos quais a oposição à sua política se centrará: amor[18] e piedade. Creonte é membro de uma família. Tem, portanto, obrigações impreteríveis para com inúmeras relações ou *phíloi**. Um desses *phíloi* de família é um filho a quem esperaríamos que ele amasse. Ele vê Antígona violando uma ordenação cívica pelo bem de um irmão amado. Ele próprio tem deveres religiosos familiares para com o cadáver exposto. No entanto, está determinado a ocultar da visão deliberativa as exigências tanto do laço familiar como do afetivo, pelo menos na medida em que eles se chocam com o interesse cívico. Nessa peça sobre irmãos, sobre obrigação para com um irmão e oposição entre irmão e irmão, esse irmão de Jocasta, esse cunhado de seu próprio sobrinho, usa a palavra "irmão" pela primeira vez de uma maneira muito curiosa. Ele a usa, de fato, a respeito da estreita relação entre um decreto cívico e outro: "E agora proclamarei algo que é irmão ao que precedeu" (192). Creonte, assim como Etéocles – mas com muito maior persuasão e sutileza – está tentando substituir laços de sangue por elos de amizade cívica. Conflitos entre cidade e família não podem aflorar se a cidade *é* a família, se nossa única família *é* a cidade. (Platão não foi o primeiro a ver a importância dessa idéia para a teoria política.) Mas à luz dessa idéia, Polinice não mantém nenhuma relação particular com a família de Creonte, exceto a relação de inimizade. E "um inimigo (*ekhthrós*) nunca é uma pessoa amada (*phílos*), nem mesmo quando morre" (522). Quer sejam nossos laços pessoais laços de sangue ou de sentimento, ou ambos, eles devem ser reconhecidos para propósitos deliberativos apenas quando contribuem de algum modo para seu bem supremo: "Jamais declararei um inimigo dessa terra uma pessoa amada por mim (*phílon*)... E, quanto àquele que considera qualquer *phílos* mais importante que sua própria pátria, afirmo que está nenhures" (187, 182). *Phíloi*, para Creonte, são *feitos* (*poioúmetha*, 190) a serviço da cidade. Ele não reconhece elo algum que não tenha ele mesmo escolhido[19].

Essas recusas foram tão bem sucedidas na conformação da imaginação moral de Creonte que são até mesmo capazes de informar o que ele pensa sobre a atração sexual. Quando Creonte adverte seu filho a não deixar que sua paixão por Antígona o iluda de modo a formar uma afeição por uma mulher "má", não diz que se deva resistir ao prazer pelo bem cívico. O que ele diz é que, em um homem saudável, mesmo o prazer sexual somente será encontrado em associação com o bem cívico. Um homem que não "jogou fora seu juízo" considerará uma esposa não patriota "um gélido abraço em sua cama" (650-1). Não há razão alguma para supor que Creonte considere Antígona particularmente não erótica. O argumento de Creonte é que o homem que vê o mundo corretamente não *verá* isso, não se comoverá com isso. Quando se é saudável, não se permite a si mesmo prender-se por nada, nem por reação sexual, que possa ser fonte

---

* Sobre *phílos* e *philía*, cf. Cap. 11, p. 285 e Cap. 12, pp. 308 ss.

de conflito com o dever cívico. Isso, declara ele, é conhecimento prático (649). O homem de conhecimento é o homem que se recusa a reconhecer coisas que outros homens, mais fracos, vêem nitidamente[20]. Antes, ele sugerira que um bom cidadão vê uma esposa simplesmente como uma fértil produtora de cidadãos: se Hemon não pode se casar com Antígona, "há outros sulcos para seu arado" (569). A platéia reconheceria nessa imagem a linguagem do contrato de casamento ateniense: "Dou a ti minha filha para a lavra de filhos legítimos." A posição de Creonte se fundamenta em exigências familiares e legítimas, ignorando outras.

Finalmente, como poderíamos esperar, a imaginação de Creonte se apodera dos próprios deuses e os refaz à imagem de sua exigência de ordem. Para ele, eles têm, *precisam* ter, as mentes saudáveis dos homens de Estado conscienciosos:

> Dizes algo *intolerável* quando afirmas que os deuses tomam complacente previdência por esse cadáver. Seria possível que eles o tentassem sepultar por sua extraordinária honra como se tivesse feito algo bom, esse homem que veio para incendiar seus templos e santuários, sua própria terra, e para dissipar suas leis aos ventos? Ou vês os deuses honrarem os maus? Não pode ser. (280-90)

A idéia de que os deuses honraram Polinice deve, pensa Creonte, ser rejeitada – e rejeitada não apenas como falsa, mas como *intolerável*. Ela põe uma ênfase muito grande na racionalidade deliberativa. A exigência da mente de uma vida ordenada e de harmonia prescreve o que a religião pode e não pode ser, forçando o repúdio do relato claro do guarda[21]. O respeito por Zeus é logo invocado para apoiar uma promessa de capturar a parte culpada (304 ss.). O funeral do cadáver é um "ímpio favor" (514). Suspeitamos que a racionalidade ambiciosa de Creonte se encaminha para fazer de si mesma deus.

Creonte fez de si mesmo, pois, um mundo deliberativo em que a tragédia não pode entrar. Não podem surgir conflitos insolúveis, porque há apenas um único bem supremo, e todos os outros valores são funções desse bem. Se eu disser a Creonte: "Eis aqui um conflito: de um lado, as demandas por piedade e amor; de outro, as exigências da justiça cívica", ele replicará que me equivoquei na descrição do caso. O verdadeiro olho da alma saudável não *verá* o inimigo da cidade como uma pessoa amada, ou o seu cadáver exposto como uma impiedade. A aparente presença de um conflito contingente é um indício de que não nos esforçamos o suficiente por obter uma visão correta[22]. Duas das palavras preferidas por Creonte para descrever o mundo que vê são *orthós*, "reto", e *orthóo*, "retificar" (163, 167, 190, 403, 494; cf. também 636, 685, 706, 994.) Ele gosta que as coisas pareçam retas e não (como ele finalmente as verá) tortas (1345) ou sinuosas (1111); fixas e não fluidas (169); singulares e não plurais (cf. 705; comensuráveis e não incomensuráveis (387)[23]. Tornando todos os valores comensuráveis nos termos de uma moeda única – ele se preocupa com a imagem da cunhagem e do lucro em matérias éticas – Creonte adquire singularidade, retidão e uma aparente estabilidade[24].

O que há no mundo, no mundo não reconstruído, que faz com que Creonte queira realizar esse estranho projeto que inspira terror? Ele oferece de fato um argumento para sua posição, apoiando-o com uma afirmação de conhecimento prático:

> Eu jamais... faria de um inimigo desta terra meu amigo, sabendo (*gignóskon*) que é esta terra que nos preserva – e navegando sobre ela, na retidão de seu curso, fazemos nossos amigos. Com esse tipo de costumes engrandecerei a cidade. (188-91)

Creonte alude aqui a uma imagem já estabelecida na retórica política, que logo se tornou um lugar-comum do patriotismo ateniense[25]. A cidade é um navio; sem ela, os cidadãos nada poderiam fazer. Ela deve estar em boa forma para que a amizade prospere[26]. Isso é incontestável; os versos foram citados com aprovação por Demóstenes como um exemplo do que Ésquines (que aparentemente representou o papel de Creonte) teria dito também a si mesmo nos bastidores, se fosse um bom cidadão[27].

Mas mesmo que se aceite essa afirmação favorável à cidade, não nos foi dado nenhum bom motivo para supor que ela justificasse as abrangentes inovações éticas de Creonte. Pois um navio é uma ferramenta. É necessário para obter alguns bens; sua "saúde" é necessária para a vida e a saúde dos navegantes que nele estão. Mas, evidentemente, eles não estão no navio *apenas* para mantê-lo navegando em linha reta. Eles têm outros fins, para cuja busca o navio oferece uma estrutura, um transporte. Não esperaríamos que esses fins se definissem somente em termos da saúde do navio. Teógnis, um dos primeiros a utilizar a imagem, fala de uma tensão entre os fins individuais dos navegantes e o bem geral do navio (670-85). Alceu associa a utilidade da cidade-navio com a necessidade de conferir honra aos parentes mortos (6.13-4) – um fim que, claramente, é separável e em tensão potencial com a saúde do navio[28]. Conforme a imagem se desenvolve, o navegante de um navio se torna, de fato, paradigmático de algo que é separável – cujos fins e atividades se separam daqueles úteis e mesmo necessários de transporte[29]. Assim, o uso que Creonte faz dessa imagem como um argumento para uma concepção de valor com fim único não é somente um pouco estranha. Ele poderia da mesma maneira ter-nos dito que o fato de que não posso viver sem um coração demonstra que meus únicos amigos devem ser especialistas na saúde desse órgão singular, inteiramente dedicados a seu bem-estar. Quando afirma a necessidade da cidade como uma condição para outras buscas, ele não oferece, contudo, nenhuma razão para rejeitar a afirmação de que os bens não-cívicos (e mesmo os anticívicos) são bens intrínsecos. Usando a imagem do navio, ele poderia tentar justificar a punição de Antígona e sua própria recusa de enterrar o cadáver, como impiedades e erros necessários para a continuidade da vida, saúde e virtude de todos. Ele não poderia, com base nisso, justificar sua alegação de que não há nenhuma piedade e justiça para além das exigências do cívico. A estranha lacuna em seu raciocínio faz com que queiramos procurar um motivo mais profundo para suas redefinições éticas. E, de fato, a própria imagem do navio sugere esse motivo mais profundo.

A imagem nos diz que uma cidade, tal qual um navio, é uma ferramenta construída por seres humanos para a subjugação do acaso e da natureza. A cidade-navio, na tradição da imagem, é algo seguramente impermeável, uma barreira contra perigos externos iminentes. Ondas chocam-se contra seus flancos, correntezas abalam seu casco; claramente, cumpre que seus inteligentes fabricantes não deixem lacuna alguma, em sua urdidura, por onde penetre a selvajaria da natureza incontrolada[30]. Refletindo dessa maneira sobre a imagem, seria fácil concluir que a tarefa da cidade, como ferramenta salva-vidas, é a eliminação na vida humana do acaso descontrolado. Navios e cidades ocorrerão juntos na ode sobre o ser humano, como duas invenções dessa criatura *deinón*, "que tudo concebe", que submete o mundo a seus propósitos. Creonte, e o Coro em seu otimismo inicial, acreditam que a engenhosidade tecnológica humana pode superar qualquer contingência, exceto a própria morte. Mas a supressão da contingência requer mais que a tecnologia da natureza física: navios, arados, rédeas, armadilhas. Requer, além disso, uma tecnologia da natureza humana, uma tecnologia de razão prática. A contingência há muito causa dor e terror na vida humana, tanto mais quando causa um plano bem-traçado para gerar conflito. Creonte está convencido de que o ser humano não pode suportar isso. Sua escolha da imagem do navio aqui expressa seu senso de urgência do problema. Felizmente, não é necessário suportá-la. Os traços recalcitrantes do mundo podem ser dominados pela própria racionalidade ética prática por meio de uma reorganização construtiva dos vínculos práticos e da linguagem ética. Creonte efetiva engenhosamente esse ajuste usando a própria cidade como um padrão do bem.

O que seria preciso para fazer uma tal estratégia funcionar? Primeiramente, o bem final deve ser ele mesmo singular ou simples: cumpre que não contenha conflitos ou oposições em seu interior. Se as oposições entre exigências conflitantes estiverem presentes no interior do bem-estar da cidade, propriamente concebida, então a estratégia de Creonte não terá resolvido nada. Em segundo lugar, o fim deve genuinamente oferecer uma moeda comum à qual todos os interesses e valores efetivos do agente possam ser reduzidos. Cumpre não haver nada que ele veja ou ame que não possa ser considerado como uma função dela, *convertido* (para usar a imagem financeira de Creonte) em termos dela. O fim deve ser suficientemente multiforme para transformar-se em tudo o que é de valor, de tal modo que possa ser plausivelmente considerado como a única fonte desse valor. Contudo, deve ser uma única coisa em todos os inúmeros casos, sem gerar nenhum conflito interno. (O Sócrates do *Protágoras* sugerirá que as partes da virtude são como as partes do ouro: qualitativamente homogêneas, uma moeda singular comum de valor.)

A peça é sobre a falha de Creonte. Termina com seu abandono dessa estratégia e seu reconhecimento de um mundo deliberativo mais complicado. O Coro o comparará a um animal arrogante punido com golpes atrozes (1350-2) – esse homem cuja obsessão lingüística fora as imagens da domesticação, ruptura, punição (473 ss.; cf. 348-52). Seu plano se rompe, de fato, em ambas as áreas: seu fim supremo, propriamente concebido, não é tão simples quanto ele pensa; e falha em fazer justiça, finalmente, a todas as suas preocupações. Esses problemas começam a aparecer, para nós, mesmo na descrição inicial de sua posição.

Quando Creonte entra, fala primeiro dos negócios da cidade; em seguida, dirige-se às pessoas do Coro. As duas partes de sua asserção estão ligadas pelas partículas correlativas *men* e *de*; essa estrutura indica a presença de uma oposição ou, na hipótese mais fraca, subentende uma distinção, entre a cidade e esses cidadãos. Desde o início, pois, solicita-se que imaginemos se a cidade, corretamente concebida, tem um bem tão simples como supõe Creonte. Posteriormente, Hemon nos diz explicitamente que a cidade compreendida como um povo (*homóptolis leós*, 733) apóia Antígona – mesmo que ainda pareça plausível para Creonte julgar que as ações dela ameaçam a segurança pública. Uma cidade é um todo complexo, composto de indivíduos e famílias, com todas as preocupações discrepantes, confusas e às vezes conflitantes que os indivíduos e as famílias têm, incluindo suas práticas religiosas, sua preocupação com o funeral de um parente. Um plano que faz da cidade o supremo bem não pode negar tão facilmente o valor intrínseco dos bens religiosos a que o povo que a compõe atribui valor. Somente uma concepção empobrecida da cidade pode ter a simplicidade que Creonte exige.

Isso se faz evidência, também, na esfera do amor e da amizade: novamente, sua concepção simples não faz justiça à complexidade das preocupações da própria cidade. Na vida de Creonte, todos os relacionamentos são cívicos; atribui-se valor às pessoas apenas por sua produtividade de bem cívico. Assim, o laço entre esposo e esposa é simplesmente um meio de produzir novos cidadãos; a relação entre pai e filho é uma amizade cívica. Claramente, não é assim que a própria cidade vê esses relacionamentos. A proximidade dos laços sangüíneos é um fato fundamental da vida cívica, bem como o amor apaixonado de um indivíduo por outro. Ao "há outros sulcos para seu arado", de Creonte, Ismênia responde: "Não um amor como aquele que o ajustava a ela" (570). Creonte o repudia, como lhe cumpre, com o severo: "Odeio mulheres más para meus filhos." O Coro não o repudia: sua terceira ode louva o poder de *éros*.

Ademais, Creonte é incapaz de ver todo oponente da cidade como outra coisa que não um obstáculo a ser superado. Sua concepção da esposa como um mero sulco, da masculinidade cívica apropriada como o exercício do poder sobre uma matéria submissa (cf. 484-5)[31] tendia já a desumanizar a outra parte do relacionamento. Com a oposição, isso é ainda mais óbvio. O plano de Creonte não lhe permite respeitar um oponente humano em razão do valor da humanidade dessa pessoa. Ela contém apenas um valor singular, produtividade de bem cívico; na falta disso, ela está "nenhures". Em uma singular fusão de relacionamentos que normalmente se mantêm diferenciados, Creonte expressa sua postura com relação a Antígona:

> Entende que a razão excessivamente rígida tende a desabar. O ferro mais rijo, endurecido a fogo, é o tipo que mais freqüentemente verás rachado e quebrado. Sei que cavalos vivazes podem ser disciplinados com um pequeno freio; pois não é possível ter pensamentos orgulhosos quando se é escravo de seu próximo. (473-9)

Metalurgia, domesticação de cavalos, posse de escravos: tudo isso resulta quase no mesmo para Creonte. E todos são imagens apropriadas para a relação entre o masculino dominante e a *razão* de uma oponente inflexível. Pode ele realmente querer dizer essas imagens? Ele está falando a Antígona; confia na capacidade dela de entender a linguagem, mesmo de interpretar metáforas. Mas essa diferença implícita entre Antígona e o cavalo faz com que seja urgentíssimo para Creonte repudiar ativamente seu caráter especial. Um ser humano é um obstáculo mais difícil que um cavalo, ao qual um pequeno freio pode domar. Creonte precisa apagar essa dificuldade especial pela negação, para domar o humano como o humano domou outros obstáculos[32]. Na vida à qual ele aspira, haverá apenas objetos úteis, e nenhuma pessoa para retrucar (cf. 757)[33]. Isso não é uma cidade. Hemon, anteriormente, esboçou a conclusão correta: "Governarias bem na solidão, sobre um espaço deserto" (739).

Novamente aqui, pois, a concepção unilateral de Creonte o impediu de ter uma concepção adequada da cidade – que, na totalidade de suas relações, não parece ter um único bem. Tampouco consegue o próprio Creonte sustentar a concepção simples; ela não faz justiça nem mesmo ao restante de suas próprias preocupações. No final, é sua própria humanidade recalcitrante que ele não consegue subjugar. Sua educação é, diz-nos o Coro, domesticação; como no exemplo mesmo de Creonte, "golpes" devem ser usados para frear o orgulho do espírito. Diferentemente da domesticação de cavalos, entretanto, ela termina não em muda obediência, mas em entendimento (1353). Creonte é forçado, em particular, a reconhecer seu amor por seu filho e ver o valor separado desse amor. As primeiras palavras de Hemon a ele foram: "Pai, sou teu" (634); e seu nome significa "sangue" (conforme evidencia o trocadilho na passagem que fala de sua morte, 1175)[34]. Mas o pai cujo nome significa "governante" só adiante começa a sentir a força desse apelo, quando o profeta Tirésias o adverte: "Sabes bem que não completarás ainda muitas voltas do sol antes que tu mesmo em troca entregues alguém provindo de tuas próprias entranhas, um cadáver por cadáveres" (1064-5). Nesse momento, Creonte, que foi visto como *deinón*, alguém cujo poder inspira terror (243, 408, 690), e que viu a si mesmo como um ser desembaraçadamente controlador, encontra-se agora confrontado com algo para além de seu controle, que lhe causa terror:

> Eu mesmo o sei (*égnoka*) também, e estou abalado em minha razão (*phrénas*)[35]. Render-se é terrível (*deinón*). Mas resistir-lhe, infligindo meu espírito com a ruína, é também terrível (*deinón*). (1095-7)

Importa-lhe realmente que Hemon é seu, um filho de suas entranhas. À réplica do Coro de que aqui é preciso boa deliberação (*euboulía*), ele não responde com uma reafirmação da teoria masculina da mente saudável, mas com uma questão: "O que devo fazer, então?" (1099).

Começa a admitir que as leis da piedade familiar que ele ignorou podem ainda ter sua força: "Receio que o melhor seja aderir às convenções estabelecidas (*nómous*) por toda a vida" (1113-4).

Quando essa mudança se mostra ineficaz para impedir a morte de seu filho, Creonte, enlutado, retrata de modo mais radical sua antiga concepção da razão prática:

> Ó erros de minha razão irrazoável (*phrénón dysphrónon hamartémata*)
> inexoráveis, fatais
> Ó tu, que contemplas assassino e parente assassinado.
> Ó, quão pobres (*ánolba*) foram minhas deliberações.
> Ó filho, eras jovem, morreste jovem.
> Estás morto, partiste,
> por más deliberações minhas, não tuas. (1261-9)

O amor de Creonte por seu filho morto, um amor que não pode mais ser negado ou acomodado dentro da estrutura da teoria cívica do bem, o compele a rejeitar essa teoria. Seu remorso é especificamente direcionado, em especial, à estreiteza ou empobrecimento de suas deliberações. Sua moeda não foi uma cunhagem suficiente; era um padrão pobre porque deixava de fora coisas de genuíno valor. Essa falha é agora reconhecida como sua. O suicídio de sua esposa Eurídice (significativamente denominada "Ampla Justiça") confirma e intensifica o amargo aprendizado. "Essa culpa não pode recair sobre nenhum mortal de modo a absolver-me. Eu, *eu* te matei, infeliz que sou – *eu*, digo-o verdadeiramente" (1317-20). A antiga imagem do conhecimento prático não tinha lugar para isso; sua enfática afirmação da verdade nos demonstra que o pesar que sente não é simplesmente o pesar por uma falha, mas uma reorientação mais fundamental. "Parece que viste a justiça, embora tarde", julga o Coro (1270). O que ele vê, precisamente, é como "tudo em minhas mãos está torto" (1344-5), o timoneiro que uma vez (conforme ele o percebia) mantinha o navio da cidade "navegando em linha reta"[36].

III

Até o momento, falamos apenas de Creonte. E quase todos os intérpretes concordaram que a peça evidencia Creonte como moralmente falho, embora possam não concordar quanto à natureza particular dessa falha. A situação de Antígona é mais controversa. Hegel equiparou seu defeito ao de Creonte; alguns escritores mais recentes a expõem de maneira não-crítica como uma heroína irrepreensível. Sem adentrar um estudo exaustivo de seu papel na tragédia, eu gostaria de afirmar (com o apoio de um crescente número de críticos recentes)[37] que há pelo menos alguma justificativa para a equiparação hegeliana – embora a crítica deva ter um foco mais claro e específico do que tem nas breves observações de Hegel. Pretendo sugerir que Antígona, assim como Creonte, se empenhou numa simplificação irredutível do mundo do valor que efetivamente elimina obrigações conflitantes. Assim como Creonte, ela pode ser culpada por recusar a visão. Mas há, ainda, diferenças importantes entre o seu projeto e o de Creonte. Quando forem analisadas, ficará claro também que essa crítica de Antígona não é incompatível com o juízo segundo o qual ela é moralmente superior a Creonte.

> Ó, consangüínea, face irmã de Ismênia, sabes que não há mal algum deixado por Édipo que Zeus não consume para nós enquanto vivermos?... Aprendes alguma coisa? Ouviste algo? Ou te escapou a notícia de que os males que pertencem a inimigos avançam contra nossos amigos? (1-3, 9-10)

Alguém se dirige a uma pessoa com uma perífrase que é a um tempo íntima e impessoal. Nos termos mais enfáticos disponíveis, ela a caracteriza como um parente próximo da enunciadora. Contudo, sua atitude com relação àquela com quem fala é estranhamente remota. Antígona vê Ismênia simplesmente na forma de uma relação familiar estreita[38]. Como tal, ela impõe sobre a outra, com ansiosa insistência, o conhecimento da família: de que "entes amados" (*phíloi*) são penalizados como se fossem inimigos (*ekhthroí*). Parente amáveis devem "ver" a vergonha e a desonra dos "males que são teus e meus" (5-6).

Houve uma guerra. De um lado estava um exército liderado por Etéocles, irmão de Antígona e Ismênia. Do outro lado estava um exército invasor, constituído em parte por estrangeiros, mas liderado por um irmão tebano, Polinice. Essa heterogeneidade é negada, de diferentes maneiras, tanto por Creonte como por Antígona. A estratégia de Creonte é traçar, em pensamento, uma linha entre as forças de invasão e de defesa. O que recai de um lado dessa linha é um adversário, mau, injusto; o que recai do outro (se leal à causa da cidade) se torna, indiscriminadamente, amigo ou ente amado. Antígona, por outro lado, nega inteiramente a relevância dessa distinção. Ela traça, na imaginação, um pequeno círculo em torno dos membros de sua família: o que está dentro (com outras restrições que mencionaremos) é família, portanto ente amado e amigo; o que está fora é não-família, portanto, em conflito com a família, inimigo. Se se escutasse somente Antígona, não se saberia que ocorrera uma guerra ou que qualquer coisa chamada "cidade" estivera em algum momento em perigo[39]. Para ela, é uma simples injustiça que Polinice não deva ser tratado como amigo.

"Amigo" (*phílos*) e "inimigo" são, pois, unicamente funções de relacionamentos de família[40]. Quando Antígona diz: "É de minha natureza unir-me por amor (*sumphileîn*), não por ódio", ela está expressando não um vínculo geral ao amor, mas uma devoção à *philía* da família. É da natureza desses laços de *philía* impor exigências aos próprios compromissos e ações, não obstante os desejos da pessoa. Essa espécie de amor não é algo passível de decisão; os relacionamentos envolvidos podem ter pouco a ver com gosto ou afeto. Podemos dizer (para empregar uma terminologia emprestada de Kant) que Antígona, ao falar de amor, quer dizer amor "prático", não "patológico" (um amor que tem origem no afeto ou na inclinação). "Ele é meu próprio irmão", diz ela a Ismênia para explicar seu desafio ao decreto da cidade, "e também teu, ainda que não queiras. Certamente não se encontrará em mim sua traidora" (45-6). A própria relação é uma fonte de obrigação, não obstante os sentimentos envolvidos. Quando Antígona fala de Polinice como "meu queridíssimo (*philtátoi*) irmão" (80-1), mesmo quando proclama, "Jazerei com ele como um ente amado com um ente amado (*phíle... phílou méta*)" (73), não há nenhum sentido de proximidade, nenhuma memória pessoal, nenhuma particularidade que inspire sua fala[41]. Ismênia, a pessoa que deveria, historicamente, ser próxima a ela, é tratada desde o início com remota frieza; é até mesmo denominada inimiga (93) quando toma a posição errada em matéria de obrigação pia. É Ismênia que vemos prantear "lágrimas de amor de irmã", que age pelo compromisso de um sentimento de amor. "Que vida para mim é digna viver, privada de ti?" (548), pergunta ela com uma intensidade de sentimento que jamais anima a piedade de sua irmã. A Hemon, o homem que a ama e a deseja apaixonadamente, Antígona não dirige uma palavra sequer ao longo de toda a peça[42]. É Hemon, não Antígona, que o Coro vê inspirado por *éros* (781 ss.). Antígona está tão distante de *éros* quanto Creonte[43]. Para Antígona, os mortos são "aqueles a quem acima de tudo importa agradar" (89). "Tens para com os frígidos um cálido coração" (88), observa sua irmã, sem compreender essa paixão impessoal e unidirecionada.

O dever para com os mortos da família é a lei e a paixão supremas. E Antígona estrutura toda a sua vida e sua visão do mundo de acordo com esse sistema de deveres simples e encerrado em si mesmo. Mesmo, se alguma vez surgir um conflito dentro desse sistema, ela está pronta com uma fixa ordenação de prioridade que claramente prescreverá sua escolha. A estranha fala (891 ss.) em que ela classifica os deveres para com diferentes mortos da família, situando os deveres para com irmãos acima dos deveres para com esposo e filhos é, nesse sentido (se genuína), altamente reveladora: faz-nos suspeitar de que ela é capaz de uma simplificação de deveres estranhamente implacável, que corresponde não tanto a alguma lei religiosa conhecida como às exigências de sua própria imaginação prática[44].

Outros valores encontram lugar, confirmando essas suspeitas. Sua identificação única aos deveres para com os mortos (e somente a alguns deles) efetua uma estranha reorganização da piedade, bem como da honra e da justiça. Ela é verdadeiramente, em suas próprias palavras, *hósia panourgésasa*, aquela que fará qualquer coisa por amor ao pio[45]; e sua piedade assimila apenas uma parte da religião convencional[46]. Ela fala de sua sujeição a Zeus (950), mas se recusa a reconhecer o papel dele como guardião da cidade e arrimo de Etéocles. A própria expressão de sua devoção é suspeita: "Isso não foi Zeus quem decretou, no que me diz respeito" (*ou gár tí moi Zeús...*, 450). Ela se arvora em árbitro do que Zeus pode ou não ter decretado, precisamente como Creonte tomou a seu encargo dizer a quem os deuses poderiam ou não ter sepultado: nenhum outro personagem corrobora a sua tese de que Zeus sustenta como fim único os direitos dos mortos. Ela fala, ainda, da deusa *Díke*, Justiça; mas *Díke* para ela é, simplesmente, "a Justiça que vive junto com os deuses subterrâneos" (457). O Coro reconhece outra *Díke*[47]. Mais à frente, dirão a ela: "Tendo chegado até o limite extremo da audácia, lançaste duro golpe contra o elevado altar de *Díke*, ó filha" (852-5). A Justiça está cá em cima na cidade, bem como abaixo da terra. Não é tão simples quanto ela diz ser. Antígona, por conseguinte, é vista por eles não como uma pessoa convencionalmente piedosa, mas como alguém que improvisou sua piedade, tomando suas próprias decisões sobre o que honrar. Ela é "senhora de sua própria lei" (*autónomous*, 821); seu desafio é "paixão auto-inventada" (*autógnotos orgá*, 875). Por fim, eles dizem inequivocamente a ela que seu piedoso respeito é incompleto: "[Essa] ação reverente (*sébein*) é uma parte da piedade (*eusébeia tis*)" (872). A rígida adesão de Antígona a um conjunto singular e estreito de deveres causou-lhe uma má interpretação da natureza da piedade mesma, virtude no interior da qual um entendimento mais abrangente veria a possibilidade de conflito.

A estratégia de Creonte de simplificação o levou a enxergar os outros como material para sua agressiva exploração. A zelosa subserviência de Antígona aos mortos conduz a um resultado igualmente estranho, embora diferente (e certamente menos hediondo). Sua relação com os outros no mundo de cima é caracterizada por uma esquisita frieza. "Estás viva", diz ela à irmã, "mas minha vida (*psykhé*) está há muito morta, a fim de servir os mortos." A vida humana seguramente obediente requer, ou é, a aniquilação da vida[48]. A atitude de Creonte em relação aos outros assemelha-se à necrofilia: ele aspira possuir o inerte e submisso. A subserviência de Antígona ao dever é, finalmente, a ambição de ser um *nekrós*, um cadáver amado de cadáveres. (Sua aparente semelhança aos mártires em nossa própria tradição, que esperam uma vida plenamente ativa após a morte, não deve ocultar de nós a estranheza desse objetivo.) No mundo abaixo, não há riscos de falha ou erros.

Nem Creonte nem tampouco Antígona é, assim, um ser amável ou apaixonado em nada que se assemelhe ao sentido usual. Nenhum dos deuses, nenhum ser humano escapa do poder de *éros*, diz o Coro (787-90); mas esses dois seres estranhamente inumanos parecem, realmente, escapar. Creonte vê as pessoas amadas como funções do bem cívico, produtores substituíveis de cidadãos. Para Antígona, eles são ou mortos, servidores-colegas dos mortos, ou objetos de completa indiferença. Nenhum ser vivente é amado por suas qualidades pessoais, amado com o tipo de amor que Hemon sente e Ismênia louva. Ao alterar suas crenças sobre a natureza e o valor das pessoas, eles alteraram, ao que parece, ou reestruturaram, as próprias paixões humanas. Assim adquirem harmonia, mas com um custo. O Coro fala de *éros* como uma força tão importante e obrigatória quanto as antigas *thesmoí* ou leis de direito, uma força contra a qual rebelar-se é tão tolo quanto, aparentemente, culpável (781-801).

Antígona aprende também, tal como Creonte, ao ser forçada a reconhecer um problema que reside no cerne de sua preocupação única. Creonte viu que a própria cidade é pia e amável; que ele não poderia ser seu vencedor sem valorizar o que ela valoriza, em toda a sua complexidade. Antígona passa a ver que o préstimo aos mortos requer a cidade, que seus próprios desígnios religiosos não podem cumprir-se sem as instituições cívicas. Ao ser sua própria lei, ela não apenas ignorou uma parte da piedade, mas arriscou também o cumprimento dos próprios deveres pios aos quais ela tanto se apega. Apartada dos amigos, da possibilidade de ter filhos, ela não pode manter-se viva para prestar outros serviços aos mortos; tampouco pode garantir o tratamento pio de seu próprio cadáver. Em suas últimas falas, ela lamenta não tanto o fato da morte iminente como, reiteradamente, seu isolamento com respeito à continuidade da descendência, aos amigos e enlutados. Enfatiza o fato de que jamais se casará; permanecerá infecunda. Aqueronte será seu esposo, a tumba, sua câmara nupcial[49]. A menos que possa com êxito apelar aos cidadãos cujas necessidades como cidadãos recusara-se a considerar, morrerá sem ninguém para prantear sua morte[50] ou para substituí-la como guardiã de sua religião de família. Ela se volta, portanto, progressivamente, nessa cena final, aos cidadãos e deuses da cidade (839, 843 ss.), até que suas últimas palavras ecoem proximamente uma fala anterior proferida por Creonte (199 ss.) e combinem as preocupações dele com as suas:

> Ó cidade pátria nesta terra de Tebas. Ó deuses, progenitores de nossa raça. Sou levada embora, não me demoro mais. Vede, líderes de Tebas, a última de vossa linhagem real. Vede o que padeço, em mãos de quem, por respeitar a piedade. (937-43)

Temos, pois, dois mundos práticos estreitamente limitados, duas estratégias de fuga e simplificação. Em um, um valor humano singular tornou-se *o* fim último; no outro, um conjunto único de deveres ofuscou todos os outros. Mas podemos agora reconhecer que admiramos Antígona, contudo, de um modo tal que não admiramos Creonte. Afigura-se importante observar a base dessa diferença.

Primeiramente, no mundo da peça, parece claro que a escolha efetiva de Antígona é preferível à de Creonte. O desrespeito aos valores cívicos implicado no ato de providenciar um funeral pio ao cadáver de um inimigo é muito menos radical que a violação envolvida no ato de Creonte[51]. Antígona demonstra um entendimento mais profundo da comunidade e seus valores do que Creonte quando argumenta que a obrigação de enterrar os mortos é uma lei de costume, que não pode ser posta de lado pelo decreto de um governante particular. A crença de que nem todos os valores são relativos à utilidade, de que há certos direitos cuja negligência provar-se-á profundamente destrutiva à harmonia comunal e ao caráter individual, é uma parte da posição de Antígona intocada pela crítica implícita da peça ao caráter único de suas preocupações.

Ademais, a busca de Antígona pela virtude é somente dela. Não envolve ninguém mais e não a compromete a injuriar nenhuma outra pessoa. Governo deve ser governo *de* alguma coisa; as pias ações de Antígona se executam sozinhas, em razão de um comprometimento solitário. Ela pode estar estranhamente distante do mundo; mas não comete nenhuma violência contra ele.

Finalmente, e talvez o mais importante, Antígona permanece disposta a arriscar e a sacrificar seus fins de um modo impossível a Creonte, dada a singularidade da concepção dele de valor. Há uma complexidade na virtude de Antígona que permite genuíno sacrifício *no interior* da defesa da piedade. Ela morre sem nada abjurar, mas é ainda lacerada por um conflito. Sua virtude está, pois, preparada para admitir um conflito contingente, pelo menos no caso extremo em que seu exercício adequado exige a anulação das condições de seu exercício. Do interior de sua devoção única aos mortos, ela reconhece o poder dessas circunstâncias contingentes e se sujeita a elas, comparando-se a Níobe, que definhou pela neve e pela chuva da natureza (823 ss.)[52]. (Fora anteriormente comparada, em sua dor, a uma mãe pássaro chorando sobre um ninho vazio; ela se vincula, pois, embora agindo heroicamente, à abertura e à vulnerabilidade do feminino.) O Coro, aqui, procura brevemente consolá-la, com a idéia de que sua má fortuna realmente não importa, em vista de sua fama futura; ela denomina essa racionalização deles um escárnio de sua perda. Essa vulnerabilidade na virtude, essa capacidade de dar o devido reconhecimento ao mundo da natureza, pranteando as restrições que ele impõe à virtude, seguramente contribui para fazer dela o mais humanamente racional e o mais rico dos dois protagonistas: tanto ativa quanto receptiva, nem exploradora nem tampouco simples vítima.

IV

Tanto Creonte como Antígona são unilaterais, estreitos, na sua descrição do que tem importância. As preocupações de cada um nos evidenciam valores importantes que o outro se recusou a levar em conta. Sobre esse assunto, a leitura de Hegel, famosa e freqüentemente abusada, está correta. Hegel errou, talvez, em não acentuar o fato de que a escolha efetiva de Antígona é, nos termos da peça, nitidamente superior à de Creonte; mas a crítica geral que ele faz à sua negligência do cívico não é, como vimos, incompatível com esse reconhecimento[53]. Entretanto, Hegel situa a deficiência dos protagonistas somente nessa estreiteza e unilateralidade, não no objetivo (que ambos têm) de evitar conflitos. A eliminação do conflito é, para Hegel, um objetivo tão aceitável quanto plausível para uma concepção ética humana. Com a tragédia, aprendemos a não eliminá-lo do modo errado, através do apego exclusivo a um valor e da desconsideração dos outros. Mas aprendemos também, por implicação, a evitá-lo corretamente: efetuando uma síntese que fará justiça a ambas as exigências concorrentes. Hegel conclui: "É, em suma, a harmonia dessas esferas [a família e a cidade], e a ação concorde dentro dos limites de seu conteúdo realizado, que constitui a realidade consumada da vida moral... O verdadeiro curso do desenvolvimento dramático consiste na anulação das *contradições* vistas como tais, na reconciliação das forças da ação humana, que alternadamente se empenham em negar umas às outras em seu conflito."[54] Essa abordagem repercutiu recentemente em muitos intérpretes modernos, que argumentam que uma platéia ateniense entenderia essa peça como um desafio a efetivar uma harmonia livre de conflitos entre seus diversos compromissos, sem negligenciar nenhum deles[55].

Até certo ponto, essa parece ser uma idéia promissora. Certamente, será uma das orgulhosas reivindicações da Atenas de Péricles ter desenvolvido uma ordem cívica que incorpora e respeita as exigências das "leis não-escritas" da obrigação religiosa (cf. Tucídides 11.37). No entanto, uma coisa é dizer que o Estado respeitará em geral essas exigências, e outra bastante diversa é dizer, com Hegel, que a própria possibilidade de conflito ou tensão entre diferentes esferas de valor será eliminada por completo. A supressão dessa possibilidade requer, ao que parece, uma reforma muito mais radical do que a imaginada por Péricles. Além disso, temos já razão para pensá-la como uma reforma perigosa, que nos envolve em um risco de negligenciar parte da riqueza do mundo do valor e a separabilidade de cada exigência isolada dentro dele. De nosso estudo dos dois protagonistas, podemos inferir que para fazer justiça à natureza ou identidade de dois valores distintos é preciso fazer justiça à sua diferença; e para fazer justiça à sua diferença – tanto sua distinção qualitativa como sua separabilidade numérica – é preciso ver que há, pelo menos potencialmente, circunstâncias em que os dois colidirão[56]. Distinção exige definição *distinta de*, demarcação *contra*. Isso, por sua vez, acarreta a possibilidade de oposição e, para o agente comprometido com ambos, de conflito. Até o momento, contudo, essas são apenas suspeitas. Para explorá-las mais profundamente, cumpre nos voltarmos agora para os pensamentos e as respostas do Coro – e, por fim, aos de dois outros personagens da peça, Tirésias e Hemon.

A lírica coral da *Antígona* tem um grau incomum de densidade e compactação[57]. Cada verso tem uma estrutura interna e um conjunto interno de ressonâncias; cada um reflete sobre a ação precedente; cada um reflete sobre os versos precedentes. Sem demora, pois, percebemos que para interpretar plenamente qualquer imagem ou frase singular é preciso mapear uma teia complexa de conexões, uma vez que cada ponto sucessivo modifica e é modificado pela imagética ou diálogo que o precedeu. Mas, já que mencionamos que o ponto sucessivo modifica o precedente ou aprofunda nossa leitura dele, cumpre reconhecermos então que a teia de conexões a ser delineada é ainda muito mais complexa: pois as ressonâncias de um ponto singular serão tanto prospectivas como retrospectivas. Uma imagem de um verso deve ser lida não apenas com relação ao diálogo e aos versos que a precederam, mas, em última instância, à luz dos eventos e dos versos ainda por vir. Uma afirmação intrinsecamente otimista (ou, melhor – já que não queremos admitir que essas referências são simplesmente extrínsecas –, uma afirmação que, isoladamente considerada, pareceria otimista) pode ser revogada ou qualificada à luz de ocorrências posteriores das mesmas imagens ou palavras; é possível evidenciar-se que uma imagem aparentemente mais desolada tenha um lado mais esperançoso. O entendimento completo de uma ode é mais pleno e profundo que as intenções dos anciãos que se fazem aparentes à medida que eles a falam – como se as odes fossem seus sonhos e, como sonhos, contivessem muitas alusões sutis e compactas a características de seu mundo, bem mais, talvez, do que aquele que sonha lá situou deliberadamente, e mais do que ele poderia facilmente ou prontamente decifrar[58]. Assim, a leitura mais plena e completa exigiria o acompanhamento mais atento das conexões, conforme cada imagem e cada verso adquirem densidade adicional a partir de suas ressonâncias ao longo das outras passagens, e conforme a densidade interna de cada verso contribui para a verificação e o mapeamento dessas ressonâncias. Essa estrutura poderia ser confrontada com outros poemas líricos, tanto dentro quanto fora do drama. Ela mantém, ainda, uma relação surpreendentemente estreita com o estilo compacto, denso e misterioso do maior pensador da metade de século que precedeu essa peça, isto é, com o estilo de Heráclito[59].

Esses traços de estilo devem ser mencionados não apenas como diretrizes de interpretação, mas também como sinais de o que essa peça tem a dizer sobre a natureza do aprendizado e da reflexão no ser humano. Procedemos até o momento com base na suposição de que o estilo em que as questões de escolha humana são discutidas tende a não ser neutro: ela expressa já uma visão sobre o que é o entendimento e como a alma o adquire. Podemos, pois, perguntar, ao encetarmos a tarefa de decifração que esses versos líricos requerem, que concepção dessas questões parece ser expressa por seu estilo denso e enigmático; pois ele é, em aspectos importantes, diferente do modelo de aprendizado e crescimento psicológico que a filosofia platônica expressará e aprovará. Os versos nos evidenciam bem como engendram em nós um processo de reflexão e (auto) descobrimento que opera por meio de uma persistente atenção e de uma (re) interpretação das palavras, imagens e incidentes concretos. Não refletimos sobre um incidente classificando-o sob uma regra geral, equiparando seus traços aos termos de um procedimento científico elegante, mas sim sondando as profundezas do particular, encontrando imagens e conexões que nos permitirão vê-lo de modo mais verdadeiro, descrevê-lo de modo mais rico; combinando essa sondagem com o delineamento horizontal das conexões, de modo que todo vínculo horizontal contribua para a profundidade de nossa visão do particular, e cada nova profundidade crie novos vínculos horizontais. A alma platônica será conduzida, em sua singularidade e pureza, aos objetos éticos de natureza singular e sem misturas, em si e por si mesmos. A alma sofocleana está mais próxima da imagem de Heráclito de *psykhé*: uma aranha sentada no meio de sua teia, capaz de sentir e responder a qualquer puxão em qualquer parte de sua complicada estrutura[60]. Ela avança seu entendimento da vida e de si mesma não por um movimento platônico do particular para o universal, de um mundo percebido a um mundo mais simples e mais claro, mas pairando em pensamento e imaginação em torno das complexidades enigmáticas do particular visto (como nós, se somos bons leitores desse estilo, pairamos em torno dos detalhes do texto), sentada no meio de sua teia de conexões, respondendo ao puxão de cada fio separado. (Esse fato nos é evidenciado quando o Coro, vendo Antígona entrar, como uma prisioneira, diz, *es daimónion téras amphinoô tóde*, "olhando esse estranho presságio, penso em ambos os lados" (376).) A imagem do aprendizado expresso nesse estilo, assim como o retrato da leitura que ele requer, acentua a sensibilidade e a atenção para com a complexidade; desencoraja a busca pelo simples e, sobretudo, pelo redutor. Sugere-nos que o mundo da escolha prática, como o texto, se expressa, mas nunca se esgota pela leitura; essa leitura deve refletir, e não obscurecer tal fato, demonstrando que o particular (ou: o texto) permanece lá inesgotado, árbitro último da retidão de nossa visão; que a escolha correta (ou: boa interpretação) é, antes de tudo, uma questão de agudeza e flexibilidade de percepção, e não de conformidade a um conjunto de princípios simplificadores. (Tudo isso Aristóteles, retornando às concepções tradicionais de escolha, argumentará explicitamente.)

Finalmente, o Coro nos faz lembrar que a boa resposta a uma situação prática (ou: um texto) diante de nós envolve não apenas a apreciação intelectual, mas também, onde for apropriado, a reação emocional. Pois as "leituras" que eles fazem da situação não são elas mesmas friamente intelectuais. Como os anciãos de Agamêmnon, para quem a dolorosa lembrança da dor é uma vereda de aprendizado, esses anciãos se permitem não apenas "pensar em ambos os lados", mas também sentir profundamente. Eles se permitem formar laços com seu mundo que são as bases para o temor, o amor e a dor profundos. Imediatamente depois de falarem do poder de *éros* (781-801), "sentado ao lado das leis de direito", alinham-se com Hemon contra os protagonistas não-eróticos, anunciando: "E agora eu mesmo, ao ver isso, sou também conduzido para fora das leis de direito (*thesmoí*); já não mais posso conter a torrente de lágrimas, quando vejo aqui Antígona ir-se à sua câmara nupcial do sono eterno" (802-6). A visão e o choro apaixonado estão, para eles, intimamente ligados; um evoca naturalmente o outro. Uma percepção puramente intelectual desse evento que não fosse acompanhada pelo "ser conduzido" e pelo rio de lágrimas não seria, aparentemente, uma visão natural, plena ou boa. Para perceber plenamente os particulares, pode ser necessário amá-los. Isso nos sugere uma norma implícita, também, para nossa leitura ou interpretação. Se tentarmos impedir o rio de lágrimas, se tentarmos em demasia não ser conduzidos, poderemos não ser capazes de apreender tudo o que o texto oferece.

Até aqui, falamos desses versos líricos como se fossem textos para se ler. Não devemos esquecer que são, antes de tudo, elementos corais numa performance dramática. São representados por um grupo que trabalha junto em palavra, música e dança; e são assistidos por um grupo – por uma platéia que se reuniu em comunidade em um festival religioso, e cuja localização física ao redor da ação faz do reconhecimento da presença de concidadãos uma parte importante e inevitável do evento dramático. Esse fato aprofunda nosso retrato proléptico do contraste com Platão. Pois essas pessoas experimentam as complexidades da tragédia enquanto são e por serem um certo tipo de comunidade, não deixando que cada alma se isole de suas companheiras; assistindo ao que é comum ou compartilhado e conformando-se em um grupo que responde em comum, sem estender as mãos a uma altura solitária de contemplação da qual há uma queda impetuosa para retornar à vida política. Toda essa experiência ética acentua, pois, o valor fundamental da comunidade e da amizade; não nos convida ou mesmo permite que busquemos o bem à parte delas[61].

Afigura-se importante interpretar essas odes em um estilo que respeite todas essas sugestões. Tais interpretações falarão apenas de certas partes dos versos; e salientarão, no interior dessas partes, algumas conexões, algumas respostas emocionais de preferência a outras – aquelas, em particular, que favoreçam nossa investigação sobre síntese e simplificação. Mas visarão fazê-lo de modo apropriado ao material.

> Raio de sol,
> o mais belo brilho que jamais apareceu à Tebas de sete portas,
> apareceste, enfim,
> Ó olho do áureo dia,
> erguendo-se sobre os canais de Dirce
> voltando-se ao precipitado vôo, com pua de afiada penetração,
> o homem de alvo escudo, munido de todas as armas,
> o homem de Argos.
>
> Polinice o enviou à nossa terra,
> esporeado por uma disputa com argumentos de ambos os lados.
> Polinice, guinchando agudo,
> qual águia, voou para nossas terras,
> perfeitamente coberto por penas de neve branca,
> capacete adornado com cauda eqüina. (100-16)[62]

Entrando ao nascer do sol, o Coro apela aos raios emergentes do sol. Esse "olho do áureo dia" surge, ou é revelado (*ephánthes*), como antes, sobre as águas do rio. Sua luz os faz lembrar de sua presença testemunhal na vitória tebana, cujo resultado sangrento eles também vêem agora, fora da segurança de suas portas. O sol teria visto, reflete o Coro, o caráter anômalo da força inimiga onde jaz, misturada aos cavaleiros argivos, a águia tebana Polinice, "Grande Conflito", seu capacete adornado com cauda eqüina. Essa águia emplumada com cauda eqüina, sua duplicidade anômala que indica as complexidades que marcariam, conforme se poderia esperar, a conduta moral do Coro para com ele, jaz ainda ali sob o olho do sol, abandonado. Seu reconhecimento de que Polinice tinha dois aspectos e que as disputas que ecoam seu nome tinham argumentos de ambos os lados (*neikéon amphilógon*, 111) contrasta implicitamente com o seu (e o nosso) conhecimento de um simples édito que recusou a esse inimigo e traidor o tratamento devido a um parente e *phílos*. As complexas tensões do mundo revelado do dia anterior contrastam com as estratégias direcionadas a um único fim desse dia.

Os versos começam, pois, com um olho se abrindo como já se abrira antes, e olhando para uma cena que apresenta traços confusos. Articulam-se de dois modos, simples e complexo. O olho da natureza vê uma visão complexa e que engendra conflito. Creonte vê um mundo mais simples. A surpreendente imagem do olho aberto, empregada precisamente enquanto nós mesmos (no teatro, ao nascer do sol) estamos abrindo nossos olhos à situação que a luz que se propaga desvela diante de nós, é a primeira de muitas imagens de olhos e visão na peça. A sua investigação nos ajuda a entender a atitude do Coro que se revela com relação à percepção prática e aos projetos de harmonização.

O modo como Creonte fala da visão envolve implicitamente uma construção de realidade, uma recusa de seus elementos discordantes[63]. O que ele permite que se revele ou que se torne evidente para ele é apenas o que concorda com sua descrição simples do valor: o presente perigo da cidade (185, cf. 177), o cadáver exposto do traidor (206), a evidente culpa do desobediente (307, 655), a tolice de tal comportamento (562), a terrível eficácia da punição (581)[64]. Ele invoca "Zeus que sempre tudo vê" para defender sua visão simples (184). Os que se opõem, que vêem de maneira diferente, são em sua imaginação inteiramente desprovidos de visão, pessoas "que tramam na sombra, jamais corretamente" (494). Ou, se ainda ousam, como Antígona, aventurar-se à luz, logo serão ocultados da vista (774). Hemon diz-lhe que ele tem um *ómma deinón*, um olho estranho e terrível – já que ele vê apenas o que quer ver, ouve apenas o que quer ouvir. (Do mesmo modo Antígona, ainda que com menor ênfase, insiste em enxergar diante de si somente os males da família (6), a revelada força da lei dos mortos (457).) Creonte será, ao final, punido privando-se da *vista* do filho cujas necessidades e exigências sua visão menosprezou (763-6). O círculo do sol medirá sua perda (1065); chegará, com dor, a "enxergar" a morte dos membros de sua família (1264); e, por fim, a "ver a justiça, embora tarde" (1270).

Esse *deinón ómma* se encontra em implícita oposição, assim, ao olho do sol, que vê a força das duas exigências opostas – aparentemente irrevogáveis sem perdas, uma vez que Zeus apóia Tebas, e contudo a águia é a sua ave. Opõe-se também à visão do Coro. Pois eles invocaram o sol para ajudá-los em sua busca, pedindo para verem o que ele viu. Permitem-se esperar pela iluminação de um olho externo e não controlado humanamente. Sua atitude é a de permitir que as exigências mais importantes cheguem à visão diante deles, a partir do mundo, em lugar de decidir quais eles verão e quais não verão. O olho creôntico é ativo, reformador. E a imagem que Creonte tem de si mesmo por toda a peça é, igualmente, ativa e não passiva: o capitão do navio, forjando seu caminho; o domador de animais; o incansável trabalhador de metais, o masculino. Os homens do Coro, desde o início, vêem a si mesmos de maneira diferente. Seu clamor tem mais o caráter de uma espera do que de uma construção ou formação; solicita que algo seja aberto para eles sem insistir, de princípio, que seja o que mais lhes convém. Algo que vem com a madrugada, através do nevoeiro do rio, e é visto. Essa mesma sensibilidade de visão está novamente presente no momento posterior em que seus olhos ao mesmo tempo vêem e choram, interpretam e se afastam. Essa não é uma atitude hegeliana.

A posição da platéia numa performance trágica embutiu nela essa qualidade de espera aberta. A inteligência ativa perscrutadora torna-se associada à abertura, a uma disposição de surpreender-se e comover-se, em conjunto com outros.

Essa norma de visão sugere dúvidas não apenas quanto a Creonte, mas também, em verdade, quanto aos projetos de harmonização e sintetização em geral, na medida em que uma síntese envolve a modificação ativa de compromissos estabelecidos apoiados por Zeus e vistos pelo olho da natureza. Nossas suspeitas de que a visão do Coro não é hegeliana são reforçadas pela ode que se segue.

> Há muitas coisas *deinón* mas nenhuma delas é mais *deinón* que o ser humano. Essa coisa atravessa o mar cinzento na tempestade de inverno, abrindo caminho ao longo das fendas das vagas túrgidas. E a mais altiva das deusas, Terra, imortal e incansável, ela desgasta, revirando o solo com o produto dos cavalos, conforme vão e vêm os arados ano após ano.
>
> E a raça das aves frívolas, e as tribos de bestas selvagens, e a progênie das profundezas, habitante do mar, o homem astuto enreda nas malhas de sua rede trançada e conduz cativas. Ele domina com suas artes as bestas do ar aberto, caminhantes das colinas. O cavalo com sua crina felpuda ele doma, jungindo-o no pescoço, e o infatigável touro da montanha.
>
> A fala, também, e o pensamento (*phrónema*) veloz como o vento, e a têmpera (*orgás*) que constrói cidades, ensinou a si próprio; e como escapar das flechas da geada que tornam difícil alojar-se sob um céu claro, e das flechas da chuva. Tem um engenho para tudo; sem en-

genho não chega a nada no futuro. Apenas contra a morte não pode conseguir escape; mas criou escapes de moléstias indômitas.

Engenhosa além da esperança é a arte inventiva que ele possui. Leva-o ora ao mal, ora ao bem. Quando satisfaz as leis da terra e a justiça jurada dos deuses, é um homem de cidade imponente; sem cidade é a pessoa que vive com o que não é nobre em sua estouvada ousadia. Que nunca compartilhe de meu lar, que nunca pense como eu, aquele que faz essas coisas.[65] (332-75)

Nesse momento, os homens do Coro escutaram a otimista defesa de Creonte da supremacia da *pólis*. Escutaram também a história do guarda do estranho funeral. A palavra *deinón* ocorreu duas vezes no curso das experiências anteriores que preparam esses versos. Ambas as vezes ela é usada pelo guarda, que considera o funeral *deinón* (243) temível, incompreensível, e que também pensa como *deinón*, terrível, que Creonte deva estar tão orgulhoso de suas ímpias visões (323). Esses usos nos levam a esperar um otimismo não desqualificado. Tendo testemunhado tais eventos e ambições, os homens do Coro refletem que o ser humano é, de fato, uma coisa *deinón*: um ser maravilhoso e estranho não à vontade, ou em harmonia, com o mundo da natureza; um ser natural que despreza a natureza para fazer de si mesmo um lar, que então modifica sua própria natureza para fazer de si mesmo cidades. Nada é mais *deinón*, nem mesmo, o texto implica, os deuses. (Isso porque, presumivelmente, a vida deles é perfeita harmonia e controle. Não podem ser admirados da mesma maneira, já que não têm obstáculos a superar; tampouco podem ser temidos ou criticados da mesma maneira, já que não têm necessidade de se afastar de sua natureza ou tornar-se ímpios para se satisfazer.)

"Essa coisa", dizem eles, empregando o pronome neutro, distanciando-se da estranheza dessa criatura, tentando fornecer uma história impassível de sua natureza e de seu comportamento, "atravessa o mar cinzento...". À primeira leitura, é uma história de triunfante progresso. Ouvimos enumerada a impressionante relação de artifícios inventados por essa criatura para adquirir controle do contingente[66]. O navio e o arado, que aparecem antes e depois da ode como metáforas políticas, aparecem agora literalmente, como exemplos da inventividade humana. E essa notável engenhosidade não se limita ao controle sobre o exterior. Pois o ser humano criou a si mesmo como um ser social, e forma pensamentos, emoções, instituições, governa os aspectos antes ingovernáveis de sua própria vida interior. Parece verdadeiramente ter um engenho para tudo. Resta apenas a contingência última, a morte. Mas, observa o Coro, muitas doenças anteriormente pensadas como irremediáveis foram curadas pelos artifícios humanos. A morte foi rechaçada. Uma criatura tão engenhosa realmente não encontrará escape?

Eis o texto superficial da lírica. Mas dissemos que essas imagens devem ser seguidas para trás e para a frente ao longo da peça, até que apreendamos toda a sua teia de conexões e sugestões. Se o fizermos, aniquilaremos essa história feliz. Pois cada ponto mencionado, assim lido, aponta para algum problema no sentido do progresso humano. Mais especificamente, cada um revela algo sobre a variedade e a pluralidade dos valores humanos, lançando dúvida sobre as tentativas de criar harmonia através da síntese. A ode nos leva, pois, além de nossas críticas específicas dos protagonistas para uma crítica mais geral da ambição de eliminar o conflito.

Seres humanos constroem navios. Decidem viajar através dos mares e conseguem fazê-lo em segurança. Mas pensamos agora, também, no navio do Estado de Creonte, igualmente um artefato humano. Esse navio, tal qual um navio literal, pode ser destroçado por tempestades: os deuses abalaram Tebas "em uma grande tempestade marítima" (163). E adiante o Coro refletirá que "para aqueles cuja casa é abalada pelos deuses... assemelha-se a onda do mar quando os ventos trácios de aragem furiosa a conduzem precipitando-se sobre a escuridão do mar, e ela revolve a areia negra do leito, e os cabos açoitados pelo vento devolvem a concavidade" (584-93). Essas conexões nos fazem pensar, então, não somente na vulnerabilidade das empresas humanas aos acontecimentos externos, mas também (uma vez que o navio é a cidade creôntica) na maneira como os seres humanos são com tanta freqüência forçados a escolher entre o valor do progresso e o valor da piedade; entre a busca do bem-estar e da segurança e a devida atenção às obrigações religiosas. Somos levados a pensar, pois, no conflito moral central da peça e a vê-lo como não facilmente revogável pela arte ou mesmo pelo melhor legislador. Pois o melhor legislador será sempre, e legitimamente, comprometido com a segurança de seu povo; e, em algumas circunstâncias, esse compromisso irrevogável exigirá que ele embarque em um curso ímpio. Às vezes, há uma solução pericliana; às vezes, não.

A imagem seguinte reforça e amplia essa reflexão. A terra é uma fonte de alimento para nós; contudo, a escolha de lavrá-la parece envolver o ser humano em uma ofensa contra a "mais antiga das deusas". Novamente, o progresso entra em conflito com a piedade; nossa própria sobrevivência parece depender de uma violação. Somos levados a pensar de modo geral em como a decisão pelo progresso tecnológico pode tão freqüentemente nos envolver na violação de algum valor natural, tal como a integridade, a beleza; até mesmo as condições de nossa saúde e prosperidade futuras. Esses conflitos não seriam resolvidos por nenhuma concepção do Estado como ente harmonizador; mesmo um governante mais hegeliano do que Creonte sentiria um profundo conflito. Isso se torna ainda mais claro quando consideramos outra imagem tecnológica na peça. A fala de Creonte sobre a mineração trai uma determinação de controlar o objeto ao custo de sua integridade e beleza especial: a postura do minerador está em insolúvel tensão com a postura do colecionador e amante de pedras preciosas. Relembramos agora, ao lado disso, o uso que Creonte faz da aradura como uma imagem para a sexualidade cívica apropriadamente não-erótica. Aqui (mais genericamente, na fórmula aceita do casamento ateniense) vemos um perigoso fundamento de conflito que só se harmonizou e extinguiu com a desconsideração determinada da divindade de *éros*. As posturas necessárias para o casamento regular parecem exigir a negligência de um poder que, de acordo com o Coro, é coevo das normas éticas que coloca em perigo e tão obrigatório quanto elas[67]. Não é permitido ao bom esposo cívico responder à paixão "que descansa nas faces suaves de uma jovem", à loucura que "desvia os homens do dever". Assim, uma divindade se opõe a outra, Deméter não é a amiga de Afrodite, uma exigência legítima vive em tensão com outra. A cidade hegeliana será forçada a escolher entre casamento e *éros*; deve necessariamente escolher o primeiro. Deve, pois, negligenciar um deus, deixando de ser hegeliana. Ou, se (como Atenas) ela faz uma séria tentativa de honrar a todos os deuses, deve abrigar desconfortavelmente aqueles que não honram uns aos outros e se deleitam em defrontar os mortais com conflitos; caso em que, novamente, ela cessa de ser hegeliana.

A imagética de enredamento de ave ou domesticação de animal que se segue pode ser acompanhada ao longo da peça de maneira semelhante com resultados semelhantes. A fala é, na seqüência, louvada como uma grande invenção. Mas a fala, a reconformação do discurso ético, fora a ferramenta central da simplificação de Creonte (e de Antígona). No final da peça, Hemon, o amante sensível, renuncia inteiramente à fala para morrer "perscrutando com os olhos selvagens" de um animal, "sem replicar" (1232). Somos compelidos a perguntar que tipo de discurso ele não recusaria? Seria um discurso sintetizador hegeliano, negando e elevando-se acima das contradições? Ou seria mais provável que fosse um discurso em que as tensões internas estivessem presentes e reconhecidas? Talvez pudesse ser, pois, o complexo discurso dessa tragédia tomada como um todo.

Phrónema, louvado em seguida, é a palavra incomum de escolha que Creonte usa para a mente cuja saúde ele considera precisar de recusas simplificadoras (176, 207, 473; cf. 459). E a "têmpera que constrói cidades" (*astynómous orgás*) é verdadeiramente *orgé*: furor incontrolável, cólera violenta (280, 957, 766; cf. 875)[68]. Assim, o vocabulário esquisito da ode convida a considerar que é, precisamente, a cólera que constrói a cidade de Creonte: o furor violento de nossa vulnerabilidade diante do mundo é a motivação profunda para essas estratégias de segurança. O progresso começa a assemelhar-se muito com a vingança. Até mesmo a refinada tentativa hegeliana de construir uma cidade harmonizada pode ser apenas o estratagema mais sutil e engenhoso da vingança. Isso nos evidencia por que o *hypíipolis* e o *ápolis*, aquele de cidade imponente e aquele sem cidade, repousam, no pensamento e no fraseado da ode, adjacentes um ao outro: o furor pelo controle cívico tem como sua outra face a negligência ou a harmonização que anula a força especial de cada uma das preocupações isoladas que preenchem a cidade e lhe conferem sua substância[69].

Desse modo, a declaração dos triunfos humanos pela razão acaba por mostrar-se também um documento condensado das limitações, transgressões e conflitos da razão. Sugere que, quanto mais rico for o nosso sistema de valores, mais difícil será efetivar uma harmonia em seu interior. Quanto mais abertos somos à presença do valor, da divindade, no mundo, tanto mais certamente o conflito nos cercará. O preço da harmonização parece ser o empobrecimento, o preço da riqueza, a desarmonia. Afigura-se, realmente, como uma "lei de costume" (613) que "nada muito grandioso assoma na vida dos mortais sem desgraça" (613-4). É nesse ponto que os homens do Coro dizem, apropriadamente, "olhando esse estranho presságio, penso em ambos os lados".

As insinuações anti-hegelianas da Ode ao Homem são desenvolvidas e explicitadas na ode mais sombriamente pessimista da peça. Enquanto Antígona é conduzida ao seu túmulo rochoso, o Coro reflete sobre os modos como as esperanças otimistas são qualificadas e aniquiladas pela vida.

> Dânae também sofreu.
> Trocou a luz do céu
> pelo confinamento em uma câmara de bronze.
> Encerrada, foi jungida ao tálamo sepulcral.
> Contudo, também ela era de honrosa estirpe, Ó filha, filha.
> Nutria mesmo em seu ventre a semente de Zeus,
> semente que sobre ela caiu em uma chuva áurea.
> Mas o poder da sina de uma pessoa é terrível (*deiná*).
> Nem opulência nem desavença
> nem torres nem os escuros navios açoitados
> pelos mares podem escapar dela.
>
> Foi também jungido, ele –
> filho de Drias, de vivo furor,
> rei de Edônia – por sarcástica ira (*orgais*) encerrou-o Dioniso
> em cárcere rochoso.
> Assim a aterradora (*deinón*) e impetuosa força de sua loucura
> extinguiu-se gota a gota. Esse homem
> aprendeu a conhecer o deus
> a quem louco insultou com injúrias sarcásticas:
> pois tentara deter
> as mulheres inspiradas e o fogo sagrado.
> Enfurecera as Musas amantes das flautas.

> Junto às negras rochas gêmeas do mar duplo
> nas costas de Bósforo e no trácio beira-mar,
> Salmidesso, onde Ares, avizinhado da cidade,
> viu a amaldiçoada ferida
> que cegou ambos os filhos de Fineu,
> ferida infligida por sua selvagem esposa,
> trazendo a escuridão a orbes
> que buscavam a vindita,
> rasgadas por suas mãos sanguinárias,
> pelas pontas afiadas de sua lançadeira.
>
> Desfazendo-se em prantos, os míseros
> lastimavam seu mísero destino –
> esses filhos de mãe fatidicamente casada.
> Contudo, essa mãe remontava sua progênie
> à antiga linhagem das Erectides.
> Em remotas furnas cresceu, filha de Bóreas,
> em meio ao gosto paterno por companheiros,
> com eles cavalgando além das colinas escarpadas.
> Mas as Moiras imorredouras
> abatem-se também sobre ela, minha filha.[70] (944-87)

Passamos do ser humano vitorioso, viajando sobre as ondas, a seres humanos imobilizados em câmaras de pedra; da luz do sol, erguendo-se sobre Tebas, a um cubículo abafado como tumba; da exuberante luminosidade dos navios à esmagadora premência da Moira; de humanos que com orgulho subjugam animais a uma menina inocente, um homem culpado, dois meninos desamparados, uma filha do deus-vento, subjugados pela fortuna. A expansiva abertura das líricas iniciais transformou-se em uma atmosfera densa e asfixiante. Como Dânae, afigura-se que trocamos a luz dos céus por uma prisão sombria. O olho descerrado do Coro viu o poder do conflito e da coação; essa visão tornou-se agora tão insuportável que se aproxima de uma cegueira.

Três prisioneiros são descritos nos dois pares estróficos. Primeiro, o Coro fala da Dânae inteiramente inocente, aprisionada pelo próprio pai em virtude de ter-lhe um oráculo dito que sua filha o assassinaria. Sua boa fortuna de nascimento, a beleza que a fez amada de Zeus, sua inocência, são impotentes contra a obscuridade e a paralisia. Ela é subjugada; nenhuma arte humana lhe oferece meios de fuga. Em um mundo onde pais, buscando segurança e controle, aprisionam filhas e procuram impedir o nascimento de seus netos, a salvação teria que vir de uma fonte extra-humana. O Coro alude à história de que Zeus conseguiu engravidar Dânae apesar da salvaguarda de seu pai, visitando sua prisão sob a forma de uma chuva dourada. Quando seu pai deitou mãe e filho à deriva no mar, firmemente trancada em um tálamo de bronze, de novo subjugada, sabemos que novamente Zeus a resgatou. Sabemos que seu filho era Perseu, que Perseu transformou o pai dela em pedra com a cabeça de Górgona, assim devolvendo apropriadamente à fonte a dor de sua mãe, pedra por pedra, cólera implacável por cólera implacável. O Coro nos chama a considerar que a salvação requer uma chuva dourada, sandálias aladas, um espelho que torne um herói capaz de conquistar o terrível sem realmente o ver. Antígona, tal como todos os que possuem apenas coisas humanas em que confiar, será menos afortunada. E, mesmo no final feliz do mito, o livramento se sucede apenas através do poder da cólera e da vingança, através da transformação de um parente humano em pedra.

Em segundo lugar, o Coro pensa em uma figura mais imponente, o rei Licurgo, "de furor veloz", que se recusou a reconhecer a divindade de Dioniso. Por conseguinte, também ele foi atado à pedra e depreciado. Sua ira sarcástica foi subjugada pelas injúrias sarcásticas do deus. Esse homem, como Creonte (presente no palco durante a ode), e, podemos acrescentar, como Hegel, era aparentemente culpado de fé exagerada no progresso humano, de orgulho exagerado nos poderes de controle da razão e da ordem. Passou a conhecer ou reconhecer o deus de quem escarnecera. O preço, ou o agente, desse conhecimento foi a imobilidade.

Finalmente, o Coro fala do mais desolado dos casos. Eles nem mesmo relatam os principais traços da história, mas simplesmente aludem a eles, como se dizer mais fosse supérfluo, ou por demais doloroso. É a história de uma menina criada entre os ventos livres e velozes, filha do deus-vento; as únicas furnas explicitamente mencionadas são aquelas nas quais, enquanto menina, brincava. Com elas contrastamos a prisão em que, continuando a história, seu marido a trancafiou porque queria se casar com outra mulher. A única menção feita dessa história é o breve, "Mas as Moiras imorredouras abatem-se também sobre ela, minha filha", que compara seu impasse ao de Antígona. Concentram sua atenção, antes, sobre as crianças, cegadas por uma madrasta ciumenta porque procuravam com seus olhos a vingança (em nome de sua mãe). Somente Ares, deus da guerra, vê a ponta da lançadeira perfurar os órgãos inteligentes. Através de seus olhos essas crianças se manifestavam, acusavam, exigiam resposta e reparação. Exigiam que suas pretensões fossem *vistas*; essa exigência era intolerável à culpada.

Essa mulher (como Creonte) precisou tornar sua oposição inerte e inexpressiva porque a humanidade deles se impôs a ela como uma exigência demasiado incisiva. Se ela se permitisse responder àquele olhar, ter-se-ia dividido entre as exigências do eu e do marido e essas outras justas demandas. Isso ela não poderia suportar; a outra exigência tinha de ser forçosamente extinta, a resistência convertida em matéria não ameaçadora. Sua ira diante do modo como eles lhe impõem essa tensão a leva a empunhar a lançadeira, emblema da administração doméstica e própria da esposa, e extirpar essa exigência com sangue. As crianças são agora mantidas na escuridão, capazes somente de chorar sem ver. Seu pranto comovido ou sujeição não é acompanhado por nenhuma determinação ou busca ativa.

Essa lírica entrelaça friamente muitos dos temas que estivemos estudando. Ouvimos falar do poder dos acontecimentos externos e da violência da ira humana contra esse poder; ouvimos falar de estratagemas e negações; do esforço de tentar garantir a própria segurança mediante a imobilização do objeto ameaçador; de receptividade e visão aberta. As escolhas do ser humano parecem verdadeiramente poucas; o progresso hegeliano não se evidencia entre elas. Ou a transgressão, ou a postura da vítima; a ira daquele que simplifica ou uma abertura que se destrói. A visão do *ómma deinón*, ou o olho rasgado e ensangüentado de uma criança antes receptiva. O olho do Coro se abre à presença do conflito; poderia, portanto, deixar-se levar pelo poder do amor e comover-se às lágrimas. Agora, ele retrata o fim dessa abertura na imagem das crianças ensangüentadas que choram, cuja visão justa foi punida pela vida. Tampouco dão mais esperança ao vingador; pois também Licurgo é oprimido e punido no final. Todos os humanos terminam igualmente subjugados como animais, quer em razão de sua ira, quer em razão de sua inocência. Onde Hegel vê a esperança de uma harmonia, eles vêem, pois, apenas o terrível poder da contingência desimpedida. Se procuramos subjugá-la, violamos e somos subjugados; se a reconhecemos, nos desfazemos em prantos.

As escolhas não são sedutoras. E percebemos, ademais, ao pensarmos em Hegel, que elas nos confrontam com um outro conflito, de ordem superior, relacionado ao próprio conflito. Pois devemos escolher, ao que parece, entre a harmonização ou ordenação ativa e a sensibilidade aberta, entre sermos os criadores de um mundo de valor harmônico e livre de conflito e sermos receptivos à rica pluralidade de valores que existem no mundo da natureza e da história. Toda formação humana de um sistema valorativo parece envolver um equilíbrio desses dois valores, que foram explorados ao longo da peça. A lírica não nos dá segurança de que podemos dispor de uma síntese harmoniosa *dessas* exigências, que faça plenamente justiça a ambas. Pois nos demonstra que a harmonização ou ordenação ativa envolve a negação de alguma coisa; e a sensibilidade aberta que vemos aqui parece levar a um abandono passivo do objetivo humano de criar uma vida ordenada.

O otimismo de Hegel não se justificou pela teia de associações através da qual a lírica nos conduziu. Em verdade, bem podemos pensar neste ponto em um outro escritor que tem por tema a tragédia e que, como nós, objetou às esperançosas extrapolações de Hegel. Para Schopenhauer, um momento de aterradora compreensão como este a que agora chegamos é *o* conhecimento que a tragédia tem a oferecer: e o concomitante sentido de paralisia é a resposta apropriada a esta ou a qualquer tragédia:

> O propósito dessa suprema realização poética é a descrição do lado terrível da vida. A dor indescritível, a desventura e a miséria da humanidade, o triunfo da perversidade, o domínio zombeteiro do acaso e a queda irreparável dos bons e inocentes estão todos aqui presentes para nós; e aqui deve ser encontrada uma sugestão significativa quanto à natureza do mundo e da existência... Os motivos previamente tão poderosos perdem agora sua força, e em seu lugar o conhecimento completo da real natureza do mundo, agindo como um apaziguador da vontade, produz resignação, a desistência não meramente da vida, mas da totalidade da própria vontade-de-viver.[71]

Essa explicação soa agora mais proximamente da correta que a de Hegel, como um retrato de nossa experiência.

V

Mas a *Antígona* não termina de fato com essa visão paralisante. Aqui, no momento mais sombrio do drama, entra um cego, conduzido por uma criança que enxerga. Esse homem, embora cego, está andando, não imobilizado; essa criança, embora dependente, está ativa, não chorando passivamente. Nenhum deles está solitário em um mundo hostil; cada um está na companhia de um amigo em quem pode confiar. Dessa sociedade, dessa comunidade de resposta, advém a possibilidade de ação. O menino sustenta o corpo do ancião; o velho supre as deficiências do intelecto imaturo do menino. Desse modo, "dois vêem através de um" (989), à medida que percorrem uma "vereda comum" (988).

O ancião é um sacerdote de Apolo, deus associado à ordenação e à limitação. Ele é um homem de arte (*tekhné*), cuja cegueira lhe trouxe compreensão indisponível aos mais afortunados. Ele agora vem para ensinar (992), para dar conhecimento evidenciando os "sinais" de sua arte (998).

Sua preocupação, nos diz Tirésias, é, sobretudo, com a boa deliberação, o "melhor dos haveres" (1050). Ele urge com Creonte para que ele se cure de uma doença da razão que é "comum a todos os seres humanos" (1023-5, 1052). Essa doença é, presumivelmente, a fúria pelo controle, com suas concomitantes impiedades; vimos quão justamente ela pode ser afirmada como comum a todos. Mas como Tirésias propõe que se "cure" essa doença sem cair na armadilha oposta da imobilidade? Que cura, verdadeiramente, é possível conceber sem renunciar inteiramente à escolha e à ação?

Tirésias diz que a boa deliberação está ligada à sujeição (*eîke*, 1029), à renúncia da obstinação voluntária (1028), à flexibilidade (1027). Esse conselho evoca a fala de Hemon a seu pai em um momento anterior da peça[72]. Criticando o *ómma deinón* de Creonte e sua singularidade de *éthos*, de preocupação e compromisso (690, 705), sua insistência em que somente seu modo singular é o *correto* (706, cf. 685), Hemon insiste em uma política diferente. Para evitar o absoluto *vazio* da condição de Creonte (709) ele deve aprender a não *tensionar* demais (711). Hemon, como Tirésias, vincula essa não-tensão com a capacidade de aprender (710, 723) e com a idéia de sujeição (718). Ele dá dois exemplos extraídos da natureza. Junto às torrentes que fluem velozes, as árvores que se curvam ou cedem salvam seus ramos; aquelas que permanecem rígidas têm suas raízes arrancadas e se destroem (712-4). O timoneiro que ruma seu navio extenuando-o resolutamente ao vento, emborcará; aquele que cede aos ventos e correntes ruma em segurança (715-7). Tanto Hemon como Tirésias infundem, assim, uma ligação entre aprendizado e sujeição, entre sabedoria prática e flexibilidade dúctil. Qual é essa concepção de sabedoria prática, e como ela propõe lidar com os problemas daquele que se mantém, tal como Creonte, "no fio da navalha da fortuna" (996)?

Antes de mais nada, cumpre percebermos que Hemon e Tirésias não propõem o simples oposto da rigidez ativamente controladora de Creonte. Não lhe falam que seria melhor, por assim dizer, tornar-se completamente passivo e inerte, permitindo que tudo na natureza o afete e o carregue para um lado ou outro, sem tomar medidas para controlar ou moldar sua vida. Não aceitam, pois, a sugestão que encontramos no interior da ode a Dânae, de que as duas únicas alternativas são a violência de Creonte contra o externo ou a passividade impotente diante do externo. Uma planta tem uma natureza definida; ela é isso e não aquilo; ela requer, "aprecia", responde a isso e não àquilo. É vulnerável e dotada de necessidades; mas ela tem também seus próprios fins que lhe são apropriados e, para dizer de modo um tanto metafórico, seu senso próprio de valor. O navio, igualmente, é um meio de transporte definido, que leva a algum lugar pessoas em busca de certos objetivos e fins característicos. Ele não segue e não pode seguir com todas as correntes e todos os ventos que se lhe abatem; tem seu próprio caminho ordenado e seu próprio curso. Hemon não insistiu com Creonte, pois, em uma abnegação da atividade humana de escolher o bem e empenhar-se para realizar o bem. Ele até mesmo aceita de Creonte como apropriada a imagem do navio para a vida deliberativa humana: isto é, aceita o pensamento de que nossa busca pelo bem deve criar maneiras de nos manter a salvo das desgraças naturais. O que ele diz, isso é importante, é que, em busca de nossos fins humanos, permaneçamos abertos aos clamores e influxos do exterior, cultivemos antes a sensibilidade flexível que a fixidez rígida. Ele requer de Creonte (o que Aristóteles requererá de seus oponentes platônicos) uma sabedoria prática que se curve de maneira sensível à forma do mundo natural, acomodando-se e conferindo o devido reconhecimento a suas complexidades. (Aristóteles se utilizará da imagem de um arquiteto que mede uma coluna complexa com uma tira flexível de metal, contrastando essa elasticidade aos procedimentos rudimentares daquele que mede essa mesma coluna com uma régua[73].) Essa arte deliberativa combina adequadamente atividade e passividade, fidelidade à sua própria natureza e sensibilidade ao mundo[74].

Esses personagens sugerem, pois, como sugere a própria vida de Tirésias, que as desanimadoras alternativas da ode a Dânae eram simples demais: que a sensibilidade (às outras pessoas, ao mundo da natureza) pode trazer não a imobilidade, mas um tipo melhor e mais elástico de movimento. E não é simplesmente que essa maneira de proceder seja mais segura e prudente. Hemon e Tirésias dizem isso, sim. Mas indicam também (em especial Hemon, com seu uso de imagens da natureza) que essa maneira é igualmente mais rica e mais bela. Ser flexivelmente sensível ao mundo, em lugar de o ser rigidamente, é uma maneira de viver no mundo que permite um montante aceitável de segurança e estabilidade, permitindo ainda, ao mesmo tempo, o reconhecimento da riqueza de valor que há no mundo. A singularidade de *éthos* de

Creonte não é apenas tola; é, como vimos, feia e empobrecida. Tem início como um artifício civilizador, mas acaba por ser ferozmente incivilizada[75]. O conselho de Hemon é que o verdadeiro caminho para ser humanamente civilizado requer a preservação do mistério e do caráter especial do externo, a preservação, em nós mesmos, das paixões que nos conduzem a esses mistérios. Uma tal vida tem lugar para o amor; e também tem lugar, como a vida de Tirésias demonstra, para a comunidade e a cooperação genuínas. Somente a pessoa que equilibra dessa maneira a autoproteção e a sujeição pode ser um amante ou um amigo: pois a vítima completamente passiva não pode agir para ajudar outra, e o agente creôntico não pode ver a alteridade. "O fio de navalha da fortuna" requer desse modo o mais delicado equilíbrio entre ordem e desordem, controle e vulnerabilidade.

Como isso se refere ao nosso problema sobre conflito e à nossa percepção de um conflito de nível superior entre o valor da harmonia (libertação do conflito) e o valor da riqueza? Solicita-se que vejamos que uma vida livre de conflitos seria carente de valor e beleza diante de uma vida em que é possível que o conflito surja; que parte do valor de cada exigência concorrente deriva de uma separação e distinção especiais que seriam ofuscadas pela harmonização. Que, como formula Heráclito, justiça realmente *é* disputa: isto é, que as tensões que permitem que apareça esse tipo de disputa são também, ao mesmo tempo, parcialmente constitutivas dos próprios valores. Sem a possibilidade de disputa, toda ela se despedaçaria, não seria mais ela mesma. O coro sobre Dânae não compreendera quão plenamente o constrangimento e a escolha condicionam uma à outra e se imiscuem: como tudo o que é digno de se buscar é digno como é em parte pela maneira como se estende além de seus limites contra as outras coisas, portanto potencialmente em desacordo ou tensão com elas. Não se aprenderia com Hemon a maximizar a tensão ou conflito: pois a própria possibilidade de ação requer, como sugere sua imagem do navio, alguma projeção e estruturação, e portanto, muito provavelmente, algumas recusas ou negações. Se por exemplo, alguma vez pudéssemos ver com clareza o valor de cada pessoa única no mundo e nos comover com isso, jamais seríamos capazes, senão com intolerável dor e culpa, de agir de modo a beneficiar qualquer uma delas de preferência a qualquer outra – tal como o amor, ou a justiça, pode por vezes exigir. (Se eu enxergasse e valorizasse os filhos das outras pessoas assim como faço com a minha, minha filha jamais poderia receber de mim o amor, o tempo e o cuidado que ela deve ter, que é justo e certo que ela tenha.) Mas devemos em algum ponto pôr fim a essas cegueiras necessárias e mesmo justas, equilibrando de algum modo apropriado a sensibilidade aberta e a ordem.

O adepto de Tirésias conhece algum padrão para esse equilíbrio? Quanta simplificação é insulto creôntico, quanta sensibilidade é compatível com a sanidade e a justiça? A "arte" de Tirésias ensina Creonte, de fato, a seguir a convenção. "O melhor é observar as convenções (*nómous*)[76] estabelecidas até o fim da vida", conclui Creonte (1113-4). Ele sugere, pois, que as tradições de uma comunidade, erigidas e estabelecidas ao longo do tempo, oferecem uma boa orientação ao que, no mundo, deve-se reconhecer e sujeitar-se, ao que é importante e digno de atenção. As convenções preservam uma rica pluralidade de valores, e nos ensinam a reverência pelos deuses que, juntos, protegem essa pluralidade. As convenções preservam a separação especial e a importância de cada um dos deuses e das esferas da vida humana protegida por cada um. Não oferecem soluções em desnorteadoras situações trágicas – exceto a solução que consiste em ser fiel ou harmonioso ao senso próprio de valor pelo reconhecimento da tensão e da desarmonia. Elas demonstram, conforme diz Heráclito, como: "É estando em divergência consigo mesmo que se tem coerência consigo mesmo: uma harmonia que se retesa para trás, como um arco ou uma lira."

O Coro responde a esse louvor à convenção com uma apaixonada invocação de Dioniso[77], deus de cujo poder misterioso a razão de Licurgo escarneceu e zombou, deus negligenciado (ao lado de Éros) nas estratégias tanto de Creonte como de Antígona. Eles imaginam o deus iluminado ou visto por uma chama umbrosa que flameja à vista na escuridão (1126-7). Recordam, também, o lampejo de raio que trouxe a essa cidade, a Sêmele, a força criativa do divino *éros*, trazendo no mesmo preciso momento o perigo e a morte (1139). Dioniso, conseqüência dessa união ambígua, que assim vincula risco e valor, escuridão e luz, deve revelar-se, surgir, como vigia ou inspetor (1136, 1148-9). Assim como ele é visto pela luz escura, assim será uma luz na escuridão e um vigia para a cidade, que trará a cura (1140-2) conduzindo a cidade em danças noturnas. O testemunho do deus terá como objeto uma estrutura elástica e fluida que se move e extrai seu caráter da escuridão e do mistério; uma fala que é humanamente engenhosa, e ainda assim sensível à estranheza (*phthegmáton*, 1148, cf. 353), uma loucura (*mainómenai*, 1151) ordenada e reverente.

Que cura há nessa dança? Seguramente ela não leva à rígida saúde de Creonte. Essa cura não é a dominação – mas, simplesmente, o reconhecimento comum, no movimento e na música, do poder do estranho e do súbito; da combinação indissolúvel de êxtase e perigo, de luz e sombra no mundo.

Invocando Dioniso como "mestre-do-coro das estrelas flamejantes" (1147), o Coro nos faz lembrar que estamos assistindo e respondendo precisamente a uma dança coral como a de um festejo dionisíaco. Sugerem que o espetáculo dessa tragédia é ele mesmo um mistério ordenado, sujeitando-se ambiciosamente, remediando sem cura, cuja harmonia (conforme lhe respondemos em comum) não é simplicidade, mas a tensão de belezas distintas e separadas[78].

Conclusão da Parte I

Nossas discussões da tragédia até o momento partiram de nossa segunda questão, sobre a pluralidade dos valores e a possibilidade de conflito entre eles. Isso levou, por sua vez, a uma discussão de nossa primeira questão, sobre a vulnerabilidade de certos valores tomados singularmente, e também de nossa terceira, sobre o poder de ruptura das paixões. Pois se verifica que alguns valores singulares muito vulneráveis são também perigosos fundamentos de conflito e ensejos para sublevações passionais; e os estratagemas para eliminar o conflito também tornaram cada um deles mais estável por direito próprio do conflito. (Essas ligações entre os problemas serão ainda elaboradas nos capítulos que se seguem: especialmente Capítulo 4, pp. 102-3; Capítulo 5, §V; Capítulo 6, pp. 159 e 172-3; e Capítulo 7, p. 181.) Entretanto, pode afigurar-se mais simétrico e sistemático se, neste ponto, dedicássemos um capítulo inteiro à percepção que a tragédia tem da vulnerabilidade dos valores individuais, tais como amor, amizade e compromisso político. Não o faremos aqui, por duas razões. Primeiramente, o Capítulo 13 é precisamente uma leitura como essa de uma tragédia (euripidiana): questiona sobre a fragilidade de uma boa vida humana através de seu compromisso com o amor e com os valores sociais. Esse capítulo pode ser lido neste ponto, e não mais adiante, por todo leitor interessado em acompanhar as questões em seqüência cronológica. Seu argumento não depende do material vindouro. E ele desenvolve ainda diversos temas do Capítulo 3: a relação entre segurança e amor, entre a ambição à invulnerabilidade e a vingança; a importância dos olhos, da visão e da cegueira na exploração da fragilidade humana; as maneiras como uma pessoa boa é e não é semelhante a uma planta. Está situado ao final porque demonstra com nítida clareza em que medida Aristóteles "retorna" à concepção da boa vida humana incorporada nas tragédias.

Em segundo lugar, uma concepção de afeto vulnerável que é desenvolvida em inúmeras tragédias também encontra expressão dentro dos próprios diálogos platônicos – especialmente, como argumentarei, no *Banquete*. À medida que critica os valores trágicos, Platão permite que se defendam com eloquência. Uma vez que o Capítulo 6 desenvolve em detalhes essa concepção de amor, e já que o Capítulo 7 continua a desenvolvê-la, evidenciando os aspectos "abjuratórios" de sua crítica precedente, seria demasiado repetitivo acrescentar um capítulo sobre o amor neste ponto.

Por essas razões, voltaremos agora nossa atenção diretamente ao papel que os problemas da *týkhe* têm de motivar o nascimento da reflexão especificamente filosófica sobre o valor e a escolha humanos. Ouvimos Tirésias falar de *tekhné*, "arte" ou "ciência"; ouvimos também exemplos de artes mencionados na história lírica do progresso humano. Mas a *tekhné* de Tirésias determinou simplesmente que permaneçamos próximos às convenções estabelecidas. Não usou as técnicas das ciências em recente desenvolvimento para fazer progresso em nosso favor. Platão sentirá que esse conservadorismo é insuficiente; e verá no conceito de *tekhné*, propriamente desenvolvido, a ferramenta mais promissora para a salvação de vidas humanas. A *tekhné*, propriamente interpretada, salva precisamente por ir além da convenção.

Ao voltarmo-nos a Platão e ao Sócrates de Platão, poderemos pensar sobre a seguinte história. Diógenes Laércio relata que Sócrates uma vez assistiu a uma peça de Eurípides em que um personagem, falando sobre a excelência prática, proferiu esta fala: "É melhor deixar que essas coisas sigam como quiserem, sem direção." Ao ouvi-las, Sócrates "levantou-se e abandonou o teatro, dizendo que era absurdo… deixar a excelência perecer assim" (D. L. II. 33).

PARTE II

PLATÃO: BONDADE SEM FRAGILIDADE?

> Escondi-me
> Numa fonte em praça pública
> Onde repouso como o reflexo lunar
> Visto numa onda sob as folhas verdes, e sem tardar
> Aquelas torpes silhuetas e semblantes humanos
> Que asseverei terem forjado minha dor
> Passaram flutuando pelo ar, esmorecendo serenos
> Aos ventos que os dissipavam; e aqueles
> Por quem passavam pareciam formas brandas e ternas
> Após quedar-se sórdido disfarce, e tudo
> Apareceu mudado, e após breve surpresa
> E saudações de deleitoso espanto, todos
> Recobraram o sono.
>
> SHELLEY, *Prometeu libertado*, III.4

Introdução

Começamos agora nosso exame da radical, severa e bela proposta de Platão para uma vida humana auto-suficiente. O pensamento ético de Platão, argumentarei, prossegue com as reflexões sobre a *týkhe* que descobrimos na tragédia, respondendo às mesmas urgências, dando forma às mesmas ambições humanas. É mais audaz e unilateral em sua busca pelo progresso, mas não sem seu senso próprio do custo humano do progresso.

Ao acompanharmos nossas questões nas obras de Platão, deparamos com dois grandes problemas: desenvolvimento e diálogo. Platão é um filósofo corajosamente autocrítico; não apenas revisa posições anteriores, ele as sujeita à crítica no interior mesmo de seus próprios diálogos. Isso significa que pode ser perigoso fazer uma síntese de posições a partir de diferentes obras; e, não obstante, evidentemente isso pode ser com freqüência profícuo, até necessário. No Capítulo 5, defendo meu procedimento de reunir diversos diálogos do período "intermediário" ao trabalhar com as concepções de Platão sobre o valor verdadeiro. Ao final do Capítulo 4, esboço aquilo que vejo como as transformações mais importantes na abordagem de Platão dos nossos problemas entre o inicial *Protágoras* e as obras do período intermediário; acentuo a continuidade fundamental entre as duas abordagens. No Capítulo 7, argumento que Platão, no *Fedro*, critica sistematicamente a concepção do período intermediário por não responder plenamente ao papel positivo dos valores vulneráveis da boa vida. (Essa crítica é preparada pelo simpático retrato da vida que ele critica exposto no *Banquete* – Capítulo 6.)

Um segundo problema é, manifestamente, a forma diálogo. Platão se utiliza do diálogo para motivar uma visão, para fazer-nos sentir a força de um problema, para explicar as raízes e implicações práticas de uma solução (cf. Interlúdio 1). Uma estratégia característica para alcançar esses fins é mostrar-nos respostas alternativas ao mesmo problema e deixá-las "examinar" umas às outras à medida que o diálogo progride. Se ele tiver realizado bem essa tarefa, veremos claramente, ao final, tanto a natureza do problema como a natureza das escolhas diante de nós. Nem sempre vemos tão claramente que escolha "Platão" quer nos oferecer. Torna-se perigoso, nesse caso, falar das "concepções de Platão", a menos que com isso designemos simplesmente sua concepção do que são as alternativas abertas e qual abdicação a escolha de cada uma envolve – nenhuma concepção trivial em si mesma. Mas com freqüência desejamos ir além disso e falar de Platão como alguém que defende uma alternativa em lugar de outra. Seria um equívoco abandonar essa maneira de falar. Seus alunos, inclusive Aristóteles, não tinham nenhuma dúvida de que ele defendia determinadas concepções em obras como a *República* e o *Fédon*. Jamais hesitavam em atribuir a Platão, com base nesses diálogos, uma certa concepção da alma, da melhor vida individual e política. As obras são, não por coincidência, diálogos em que não há nenhuma oposição profunda contínua às posições desenvolvidas por Sócrates. Senti-me, portanto, mais livre nesses casos para tratar a forma diálogo como compatível com a atribuição de uma única linha de raciocínio a Platão. No *Fedro*, creio que possamos ainda falar com segurança sobre uma concepção de Platão que surge da obra autocrítica — embora aqui, como insisto, mito e história se unam ao argumento numa nova maneira de expressar essa concepção. Os casos mais difíceis são, acredito agora, o *Protágoras* e o *Banquete*, por razões semelhantes. Em minhas leituras dessas obras, salientei o modo como uma posição evidencia as limitações da outra, especialmente o modo como as deficiências da posição mais próxima à crença usual evidenciam a *necessidade* da posição mais radical tomada por Sócrates. Mas em ambos os casos, a vitória de Sócrates persiste como uma vitória ambígua e duvidosa, porque ele é visto como alguém que vai longe demais e abdica demais. Provavelmente não é por acaso que ambas essas vitórias duvidosas ocorram aparentemente no exato momento que precede uma mudança significativa no pensamento de Platão. Tendo descrito com grande clareza a perda que cada uma das posições de Sócrates acarreta, Platão está motivado a elaborar uma nova posição que confrontará melhor as complexidades do problema.

Para um leitor que também leve a sério a forma diálogo, há muitas maneiras de contestar as soluções a que chegamos. (Confronto mais explicitamente algumas dessas preocupações no Interlúdio 1.) Peço ao leitor que veja essas interpretações como tentativas plausíveis de tomar a sério o diálogo e ao mesmo tempo acompanhar apropriadamente os argumentos filosóficos. Espero que inspirem outras tentativas no mesmo espírito.

4 O *Protágoras*: uma ciência do raciocínio prático

> E vê: dei-lhes a numeração, soberana de todos os estratagemas.
> PROMETEU, em Ésquilo[?], *Prometeu acorrentado*

> Toda circunstância pela qual a condição de um indivíduo possa ser influenciada, sendo observada e inventariada, nada... [é] deixado ao acaso, capricho ou arbítrio desorientado, mas tudo é inspecionado e registrado em dimensão, número, peso e medida.
> JEREMY BENTHAM, *Pauper Management Improved*

> Eles não queriam olhar para o rosto nu da fortuna (*týkhe*), então voltaram-se à ciência (*tékhne*). Como resultado, libertaram-se de sua dependência da fortuna; mas não de sua dependência da ciência.
> TRATADO HIPOCRÁTICO, *Da ciência (Peri Tekhnés)*, final do século V a.C.

A *Antígona* falava de uma vida vivida "no fio de navalha da fortuna". Advertia contra as tentativas superambiciosas de eliminar a fortuna da vida humana, dispondo tanto suas falhas internas como sua relação problemática com a riqueza de valores reconhecida na crença usual. A conclusão parecia conservadora: os seres humanos devem antes ficar com as "convenções estabelecidas", apesar dos riscos que elas mantêm. Tanto a tragédia esquiliana como a sofocliana combinaram, desse modo, um senso aguçado de nossa exposição à fortuna com uma consciência de que alguns valores humanos genuínos são inseparáveis dessa condição. Esse reconhecimento deixa, ao que parece, pouco espaço para o progresso decisivo com relação aos nossos problemas.

O final do século V em Atenas, o período da juventude de Platão, foi um período de aguda ansiedade e também de confiança exuberante no poder humano. Se a vida humana parecia mais do que nunca exposta à *týkhe* em todas as suas formas, os atenienses estavam também mais do que nunca dominados pela idéia de que o progresso poderia trazer a eliminação da contingência sem controle da vida social[1]. Essa esperança encontrava expressão numa antítese e numa história: o contraste entre *týkhe*, fortuna*, e *tékhne*, arte ou ciência humana; e a história que o acompanhava, contada com freqüência, do progresso humano contra a contingência por meio da recepção ou descoberta das *tékhnai*[2]. O *Protágoras* de Platão, consolidado nesse tempo, conta essa história, critica uma interpretação ateniense conservadora dela e propõe um acréscimo filosófico: Sócrates argumenta que só se fará um progresso realmente decisivo na

---

* Sobre *týkhe*, ver também Cap. 1, p. 3. *Týkhe* não implica aleatoriedade ou ausência de conexões causais. Seu significado básico é "o que simplesmente acontece"; é o elemento da existência humana que os humanos não controlam.

vida social humana quando tivermos desenvolvido uma nova *tékhne*, que equipare a deliberação prática à contagem, ponderação e medição.

Em todo o decurso dos diálogos que estudaremos aqui, a elaboração de Platão das propostas éticas radicais é motivada por um senso agudo dos problemas causados na vida humana pela fortuna sem controle. A necessidade que os seres humanos têm da filosofia está, a seu ver, profundamente ligada à exposição deles à fortuna; a eliminação dessa exposição é uma tarefa primordial da arte filosófica tal como ele a concebe. Sua concepção dessa arte no *Protágoras* difere, de certo modo, da concepção constituída nos diálogos de seu período "intermediário"[3]. Mas esse senso da natureza e urgência dos problemas por trás da filosofia se mantém constante. Assim também a crença de que esses problemas só podem ser resolvidos por um novo tipo de especialista: aquele cujo conhecimento levará a deliberação prática além da confusão da prática usual, preenchendo uma aspiração à precisão e ao controle científicos já contidos na crença usual. É por isso que o *Protágoras*, que toma como tema explícito a esperança humana pela ciência e a relação entre ciência e crença usual, é um bom lugar para iniciarmos nossa investigação das relações de Platão com os problemas da *týkhe*, como os retrata a crença usual.

O diálogo encena uma competição entre duas figuras, cada qual alegando ser o arauto da *tékhne* política ou social que acrescentará um novo capítulo à história do progresso humano através das *tékhnai*. Devemos, portanto, nos preparar para apreciar a força de suas propostas contando a nós mesmos essa história, tal como a conheceria um leitor do diálogo[4].

Certa vez, há muito tempo, os seres humanos vagavam pela superfície da terra e não tinham nenhum meio de se proteger. Tudo o que acontecia era uma ameaça. A chuva encharcava-lhes a pele descoberta; a neve aguilhoava; o granizo açoitava. O calor seco do sol trazia a sede causticante e a febre a suas cabeças desprotegidas. Impotentes, amontoavam-se em cavernas debaixo do chão que a luz do sol não alcançava. Nenhuma habilidade de caça ou cultivo lhes dava uma fonte estável de alimento; nenhum animal domesticado arava ou transportava. Nenhuma arte do adivinho do tempo os preparava para o dia seguinte. Nenhuma ciência médica curava seus corpos vulneráveis. Tampouco podiam buscar ajuda nos seres humanos que lhes eram semelhantes, empreendendo projetos cooperativos, comunicando-se em linguagem compartilhada. A mudez e o ambiente inóspito os impediam de se unir. Isolados, silenciosos, nus, não podiam registrar o passado nem planejar o futuro; não podiam sequer confortar uns aos outros em sua miséria presente. "Qual formas em sonhos, confundiam tudo fortuitamente à medida que suas vidas prosseguiam." Mas essa coisa tão informe, sem estabilidade ou estrutura, mal podia ser chamada de vida.

Esses proto-humanos (pois sua existência é bem mais bestial do que humana) logo se extinguiriam, vítimas da fome, da superexposição, dos ataques de bestas mais fortes. Então, a benevolência de Prometeu (deus nomeado pela previsão e planejamento que suas dádivas tornaram possíveis) concedeu a essas criaturas, tão expostas à *týkhe*, a dádiva das *tékhnai*. Construção de casas, cultivo, jugo e domesticação, metalurgia, construção de navios, caça; profecia, adivinhação de sonhos, previsão do tempo, contagem e cálculo; fala e escrita articuladas; a prática da medicina; a arte de construir locais de moradia – com todas essas artes eles preservaram e aperfeiçoaram suas vidas. A existência humana se tornou mais segura, mais previsível; havia um certo controle sobre a contingência.

Contudo, ainda, nessas cidades de seres humanos (pois agora temos o direito de denominá-los assim), a *týkhe* não fora vencida. Muitas de suas buscas mais caras (especialmente suas buscas sociais) eram vulneráveis a acontecimentos sem controle. Tampouco havia uma harmonia estável entre os diversos compromissos e valores que caracterizavam uma vida humana comum. Ademais, os humanos normalmente se encontravam "paralisados", como que por um poder estranho, pela força de suas próprias paixões, que tanto distorcia sua visão do bem como bloqueava sua busca efetiva. De todas essas maneiras sua experiência os lançava em confusão, de modo que em suas ações e escolhas, tanto de coisas grandes como pequenas, sentiam-se em constante perigo. Essa vida não parecia digna de ser vivida por uma criatura tão artificiosa como o ser humano. Buscavam uma outra arte de salvação da vida.

Essa é uma história do crescimento gradual do controle humano sobre a contingência. Seus contornos gerais tornaram-se familiares a nós pela *Antígona*. Sócrates e Protágoras concorrerão para completar seu último capítulo. O diálogo nos apresenta uma visão dos problemas que essa ciência deve resolver e nos oferece duas concepções profundamente divergentes do que ela pode e deve ser. A proposta de Sócrates, em que a numeração e a medição são centrais, é motivada, argumentarei, pela incapacidade da "arte" protagórica de resolver problemas prementes com os quais ambos os pensadores estão preocupados. O diálogo como um todo é uma reflexão complexa sobre a relação das ciências com os problemas, da *tékhne* com a *týkhe*; sobre o modo como a ciência nos salva e nos transforma, nos ajuda a alcançar nossos fins e reformula os próprios fins. Podemos começar, pois, vendo como seus personagens e seu cenário dramático focalizam os problemas que devem ser resolvidos pela nova ciência. Em seguida (após algumas observações sobre a concepção de fundo de *tékhne*) abordaremos as propostas rivais.

I

Platão opta por ambientar esse diálogo precisamente no "limite". É um período de orgulho e prosperidade – aproximadamente dois anos antes de irromper a Guerra do Peloponeso, três anos antes da grande peste que devastou Atenas, tanto física como moralmente[5]. Enfermidades do corpo, enfermidades de caráter, a enfermidade da guerra – todas, sabemos, golpearão em breve, imprevistamente, essa inteligente cidade que tanto se orgulha da engenhosidade e da previsão. Uma vez que o leitor, com conhecimento distanciado do passado, está ciente de que um consenso moral vulnerável será logo desmantelado por pressões externas, pelo ímpeto de obrigações conflitantes, pela força dos desejos apetitivos, uma vez que ele sabe que entre os personagens do diálogo alguns logo estarão mortos e outros logo estarão matando, se sentirá impaciente com a falta de previsão segundo a qual as coisas em Atenas estão bem como estão. Procurará sinais de enfermidade sob o otimismo; procurará um médico pessimista e radical.

Nesse diálogo, Sócrates é jovem – 36 anos em 433, e relativamente pouco conhecido. Sua vitória sobre Protágoras pode ter sido seu primeiro "êxito" público. O retrato dramático de Platão demonstra que, também em outros aspectos, ele não é o Sócrates do *Banquete* (data dramática 416) ou mesmo da *República* (422)[6]. Um amigo o detém no caminho e pergunta de onde ele vem. Sem sequer esperar pela resposta, o amigo sabe: "É óbvio que vens de tua caçada [o termo se refere à perseguição feita com um bando de cães] à beleza de Alcibíades." (Como, imaginamos, isso é tão óbvio? Por que essa é sua preocupação constante? Ele se distrai de todas as outras buscas por essa caçada, como os personagens desdenhosamente descritos por Diotima no *Banquete*?[7]) Esse amigo – que não se assemelha muito aos amigos posteriores de Sócrates, mas aqui, entretanto, aceito como um amigo – agora troça dele, dizendo que o menino passou da flor da idade, já lhe crescem as barbas. "O que é que tem?", replica Sócrates, entrando no espírito da fofoca erótica. Afinal, Homero (cuja autoridade ele parece feliz em citar) diz que essa é de todas a idade mais deliciosa. O amigo, que parece ser um receptor regular das confidências eróticas de Sócrates, agora o pressiona: como está, pois, progredindo a sedução? (Pois aqui Sócrates é o necessitado *erastés* que busca, e Alcibíades, o belo *erómenos*, embora, como veremos no Capítulo 6, esses papéis fossem mais tarde invertidos.) Sócrates é otimista: Alcibíades é afável e solícito. Somos surpreendidos pelo grau da sensibilidade erótica de Sócrates à particularidade de um indivíduo fisicamente singular; um erotismo assim cotidiano figurará em sua fala no *Banquete* apenas como uma maneira inaceitável de viver que a filosofia nos ajuda a evitar. Sócrates diz ali que foi *persuadido* por Diotima a empreender a ascese, que prometia a libertação do amor escravo de indivíduos imprevisíveis; reconhece que ele era diferente antes dessa persuasão. Aqui, conseguimos vislumbrar um pouco dessa diferença.

Mas, nas observações seguintes de Sócrates, percebemos também evidências de que a ascese está em progresso. Esse desejo pela (suposta) sabedoria de Protágoras o fez, diz ele, esquecer-se completamente de Alcibíades, mesmo na sua presença física. E ele considera a beleza da sabedoria "mais bela" do que o encanto pessoal de Alcibíades. É importante que ele já esteja disposto a tratar essa beleza pessoal como comparável, aparentemente ao longo de uma única escala quantitativa, à beleza da filosofia ou do entendimento. Esse é um traço crucial tanto da ciência da medição presente no *Protágoras* quanto da ascese do *Banquete*, e um elemento marcante da continuidade entre eles. As observações de Sócrates são em parte irônicas, uma vez que a conversa com Protágoras já tivera lugar e que ele sabe que não tem nada a aprender com Protágoras. Mas não precisamos duvidar da sinceridade de suas afirmações sobre a beleza da sabedoria e sobre o seu compromisso de buscá-la. O jovem Sócrates, assim, está e não está persuadido por Diotima; entra e sai de foco. Mas os vestígios de seu amor pela individualidade de porções do mundo físico parecem estar cedendo cada vez mais aos juízos que fundamentarão a ciência.

Algo semelhante ocorre em *Charmide*[8], quase contemporâneo (do ponto de vista dramático). Em determinado momento, Sócrates, inflamado pela paixão à vista do corpo nu de Charmide, dentro de seu manto solto, perde todo o controle sobre si mesmo e seus juízos práticos, tornando-se como um leão perseguindo um corço (155D-E, cf. 154B). Contudo, tanto antes como depois desse momento, ele está propondo a idéia de que as belezas da alma e do corpo são semelhantes e comensuráveis, e que a alma tem bem maior importância. Essa idéia, como veremos, é um bom remédio para essas perdas de controle.

Tendo louvado a sabedoria, o Sócrates do *Protágoras* toma agora o assento antes ocupado por um menino escravo (no momento preciso em que sua paixão escrava por Alcibíades cede lugar ao seu amor à filosofia) e narra o restante da história (310A). É a história de uma competição por uma alma. Hipócrates, um jovem bem-nascido e ingênuo, veio à casa de Sócrates antes do alvorecer, ávido por inscrever-se sem demora como pupilo do sofista visitante Protágoras. Ele é, surpreendentemente, um homônimo do grande médico, principal praticante e teórico da nova ciência médica, cujas obras exaltam o progresso feito por essa *tékhne*. A relação dos nomes é significativamente enfatizada por Sócrates, que também traça um elaborado paralelo entre a ciência de Hipócrates e a suposta ciência do sofista (331B ss., 313C ss.). Após um breve questionamento, revela-se que Hipócrates vê sua relação com Protágoras como análoga à de paciente e médico. Ele e Sócrates concordam agora que há uma terapia da alma que é análoga à terapia que o médico impõe ao corpo: assim como se vai ao médico para curar-se fisicamente, assim também o fim próprio da filosofia (sofística) é a cura da alma. Sócrates adverte Hipócrates sobre a necessidade de circunspecção antes de entregar sua alma a um suposto especialista em cura. Uma vez que o tratamento mudará a alma para melhor ou pior, é importante fazer perguntas sobre o conhecimento do médico e a cura que ele promete.

Que enfermidades da alma reconhecem aqueles que buscam terapia? Pois, se pudermos ser claros com respeito à descrição que o diálogo faz dos problemas humanos, seremos mais capazes de avaliar as soluções concorrentes. (Cumpre utilizarmos, em certa medida, o conhecimento distanciado do passado, procurando na seqüência inicial exemplos de dificuldades que são mais tarde explicitamente reconhecidas.) Vemos aqui um grau elevado de confusão sobre os valores, sobre o que se deve e o que não se deve buscar. Sócrates e seu amigo discordam sobre o que é a beleza e quais belezas são importantes. O próprio Sócrates se confunde quanto a suas motivações eróticas e filosóficas. Hipócrates precipitou-se na busca da sabedoria, de que nada conhece, apenas porque ela soa atrativa. Ele não entende, tampouco, por que não veio antes contar a Sócrates sobre esse escravo fugitivo (310E): ele sabe que foi distraído por outra coisa, mas não parece em momento algum ter feito uma escolha deliberada de acordo com algum critério claro. Reconhecemos, pois, uma necessidade posterior acentuada por Sócrates (356C-E): a necessidade de um procedimento de escolha ordenado que nos preservará de sermos esbofeteados pelas "aparências" do momento. A deliberação usual parece confusa, não sistemática, e conseqüentemente carente de controle tanto sobre o presente como sobre o futuro.

Esse problema geral surge de diversos problemas mais específicos e está ligado a eles. Percebemos aqui, de fato, versões de todos os nossos três problemas da *týkhe*. Primeiramente, percebemos a vulnerabilidade dessas pessoas à fortuna através de seu apego a objetos e atividades vulneráveis. O caso de amor com Alcibíades pode ir bem ou mal; não está sob o controle de Sócrates. Na medida em que ele atribui importância a uma busca e a um objeto que não estão a seu alcance ou mesmo são prontamente manipuláveis, ele coloca sua própria vida à mercê da fortuna. Ele não sabe ou controla seu futuro. (Ele não pode ser, como é mais tarde (361D), o novo Prometeu.)

Vemos, também, que os valores buscados por essas pessoas são plurais. Elas não vêem nenhum meio claro de torná-los comensuráveis ou de evitar conflitos sérios entre eles. A caça a Alcibíades impele contra a busca pelo discurso filosófico; uma exigência concorrente faz Hipócrates perder de vista o problema do escravo fugitivo. Nenhuma moeda comum de valor lhes confere vantagem sobre esses conflitos, tornando-os menos áridos.

Vemos, finalmente, o poder que a paixão e a necessidade têm de descarrilar o planejamento prático. A busca de Sócrates por Alcibíades ofuscou com freqüência todas as suas outras buscas; o amigo é mais interessado em casos de amor do que em qualquer outra coisa; a personalidade erótica e desordenada de Alcibíades domina a cena. Hipócrates é também "vencido" e desviado de seus planos pela necessidade física: no seu caso, não por *éros*, mas pela necessidade do sono (310C8-D2). Necessidade erótica e necessidade de sono são dois traços da vida humana comum visivelmente ausentes do Sócrates "curado" do *Banquete*.

São esses os males. Afigura-se que a correta *tékhne* de escolha prática seria aquela que os pudesse curar.

II

Protágoras e Sócrates concordam que precisamos de uma *tékhne* que governe a escolha prática[9]. Diferem, de início, quanto à natureza da ciência exigida. A discussão se encerra com o consenso de todos os presentes de que somente uma *tékhne* prática do tipo defendido por Sócrates pode "salvar as vidas" dos seres humanos. Antes de podermos avaliar suas propostas, devemos entender sobre o que são as propostas. Qual é a noção comum da qual os dois engendram especificações rivais? Essa pergunta exige uma digressão histórica, mas necessária para o acompanhamento adequado de nossa principal linha de argumentação.

A palavra "*tékhne*" é traduzida de diversas maneiras: "artifício", "arte" e "ciência" são as mais freqüentes. Exemplos de *tékhnai* reconhecidas incluem coisas que poderiam ser denominadas por cada um desses três nomes. Há a construção de casas, a fabricação de sapatos e a tecelagem; a habilidade de montar a cavalo, a execução da flauta, a dança, a representação, a poesia; a medicina, a matemática, a meteorologia. A palavra grega é mais abrangente que qualquer um desses termos ingleses ["*craft*", "*art*", "*science*", respectivamente traduzidos acima]. É também muito estreitamente associada com a palavra "*epistéme*", comumente traduzida por "conhecimento", "entendimento"; ou "ciência", "corpo do conhecimento" (dependendo de referir-se ao conhecido ou à condição cognitiva daquele que conhece). Em verdade, a julgar pela minha própria obra e no consenso dos filólogos, não há, pelo menos na época de Platão, uma distinção sistemática ou geral entre *epistéme* e *tékhne*[10]. Mesmo em alguns dos escritos mais importantes de Aristóteles sobre esse tema, os dois termos são usados indistintamente[11]. Essa situação se mantém no *Protágoras*[12].

O melhor lugar para dar início à busca pela concepção usual de *tékhne* é a antítese *tékhne-týkhe*, que tanto a dispõe, como, por sua difusão, lhe dá forma[13]. Há indícios evidentes da antítese já em Homero; no tempo de Tucídides e do escritor hipocrático, é um lugar-comum. O contraste se dá entre viver à mercê da *týkhe* e viver uma vida mais segura ou mais controlada por (alguma) *tékhne*. *Tékhne* é estreitamente associada a juízo prático ou sabedoria (*sophia*, *gnómé*), a premeditação, planejamento e predição. Estar à mercê da *týkhe* onde há *tékhne* disponível é estupidez (ex. Demócrito B197); com efeito, Demócrito chega mesmo a dizer que toda a noção do poder da *týkhe* é apenas uma desculpa que as pessoas inventaram para encobrir sua própria falta de engenhosidade prática (B119).

Tékhne é, assim, uma aplicação deliberada da inteligência humana a alguma parte do mundo, produzindo algum controle sobre a *týkhe*; diz respeito à administração da necessidade e à predição e controle com relação às contingências futuras. A pessoa que vive pela *tékhne* trata cada nova experiência com presciência ou engenho. Possui uma espécie de apreensão sistemática, alguma maneira de ordenar a matéria, que a levará à nova situação bem preparado, livre da dependência cega do que acontece[14].

Para prosseguir na delimitação dos critérios para a *tékhne* no século V e início do IV, podemos nos voltar sobretudo aos tratados mais antigos do *corpus* hipocrático, especialmente os tratados *Da medicina nos tempos antigos* (*Perì Archaíes Ietrikês*, abreviado *Vet. Med.*), e *Da ciência* (*Peri Tékhnes*, ou *De Arte*) — ambos provavelmente datados de finais do século V. Pois aqui encontramos o que não encontramos em textos literários e filosóficos contemporâneos, a saber, uma *discussão* sistemática de que algum empreendimento humano, nesse caso a medicina, realmente merece o título de *tékhne*. Critérios que permanecem implícitos em outras partes são aqui explicitamente definidos. Uma lista semelhante de critérios surge, muito mais tarde, da reflexão de Aristóteles sobre a *tékhne* (especialmente a *tékhne* médica) na *Metafísica* I.1. Farei também referência a essa discussão, uma vez que, muito embora consideravelmente posterior em data ao *Protágoras*, seu objetivo é elaborar uma concepção contínua compartilhada, tarefa que Aristóteles realiza aqui com sua usual sensibilidade. Seus resultados concordam notavelmente bem com os textos médicos; podem expor o próprio conhecimento médico de Aristóteles. Encontramos, nessas fontes, quatro aspectos de *tékhne* acentuados acima de tudo: (1) universalidade; (2) possibilidade de ensino; (3) precisão; (4) preocupação com a explicação.

(1) *Universalidade*. "Uma *tékhne*", escreve Aristóteles, "passa a existir quando a partir de muitas noções obtidas pela experiência forma-se um juízo universal sobre um grupo de coisas similares" (981a5-7). Ele contrasta uma hipótese sobre o que ajudou nesse caso particular de doença com uma teoria geral sobre um grupo de casos julgados relativamente similares. Somente o último pode ser *tékhne*; e em virtude dessa universalidade pode oferecer previsões sobre casos futuros. As evidências do século V salientam esse mesmo traço. *Epidemias*, entre os primeiros textos hipocráticos, era estimulante precisamente porque reunia a experiência de vários casos similares em uma teoria unitária geral da doença capaz de fornecer aos médicos uma compreensão anterior do prognóstico para um novo caso. Os autores de *Da ciência* e *Da*

medicina nos tempos antigos respondem às acusações de que os pacientes são curados pela fortuna, não pela *tékhne*, apontando para uma ligação segura e geral entre um certo tipo de tratamento e um certo resultado: seus procedimentos, dizem eles, não são uma série de manobras *ad hoc*, mas "Um princípio e um curso projetado" (*Vet. Med.* 1.2; *De Arte* 4). Xenofonte, de maneira semelhante, louva a capacidade que uma pessoa dotada de *tékhne* tem de fazer uma união sistemática de elementos díspares[15].

(2) *Possibilidade de ensino*. A universalidade da *tékhne* engendra a possibilidade de ensino (Ar. *Metaf.* 981b7-8). Experiências desorganizadas podem apenas ser obtidas, à medida que o acaso as produz; mas a *tékhne* pode ser comunicada previamente à experiência, uma vez que agrupou muitas experiências e produziu uma reflexão. Os médicos hipocráticos afirmam algo semelhante. A razão por que alguns médicos são bons e outros são maus é que alguns estudaram algo que os outros não estudaram (*Vet. Med.* 1); cumpre que o médico afirme isso para sustentar a alegação de que a medicina é uma *tékhne*.

(3) *Precisão*. A *tékhne* traz precisão (*akribeia*) aonde antes havia imprecisão e incerteza. A noção de *akribeia* é extremamente importante no debate do século V sobre *tékhne*. Originalmente vinculada, aparentemente, à construção real, precisa, de algum objeto manufaturado[16], *akríbeia* passa a ser associada, nos debates médicos, tanto à regularidade ou constância do tipo que se apresenta na lei, quanto à fidelidade aos dados: a medicina é precisa, *akribés*, na medida em que suas regras se mantêm válidas, sem exceção, para todos os casos, não importa quantos ou quão variados sejam. A aquisição da *akríbeia* é com freqüência vinculada à noção de se ter uma *medida* ou um *padrão*. O carpinteiro obtém um encaixe preciso se medir corretamente; a medição o ajuda a tornar sua arte mais artificiosa[17]. O médico (na defensiva aqui, como poderíamos esperar) se desculpa pela falta de *akríbeia* em sua arte indicando que a medida a que ele deve, *faute de mieux*, referir-se é algo muito mais enganoso que o número ou o peso – isto é, as percepções do corpo de cada paciente (*Vet. Med.* 9; cf. também o posterior *Das mulheres estéreis*, que argumenta que o tratamento não pode ser uma questão de pesagem). Isso significa que o melhor que ele pode esperar é cometer apenas erros pequenos.

(4) *Preocupação com a explicação*. Finalmente, a *tékhne* traz consigo uma preocupação com a explicação: pergunta e responde os "porquês" de seus procedimentos (cf. *Vet. Med.* 20, Ar. *Metaf.* 981a28-30). O médico que aprendeu a *tékhne* médica difere de sua contraparte mais *ad hoc* não apenas em sua habilidade de prever o que acontecerá se um certo tratamento for aplicado, mas também em sua habilidade de explicar precisamente como e por que o tratamento funciona. A pessoa de mera experiência poderia dizer que, em várias ocasiões, comer muito queijo dá dor de estômago no paciente. Numa passagem adiante, encontramos um médico que diz: "Queijo é um alimento ruim, porque dá dor de estômago na pessoa que o come muito" (*Vet. Med.* 20). O autor de *Vet. Med.*, bem como Aristóteles, insiste que o conhecimento dessa segunda pessoa ainda não corresponderia à *tékhne*: "Ele deve dizer que tipo de dor é e por que ela surge, e que parte do ser humano é afetada de modo ruim." Em inúmeros exemplos esse autor salienta que o médico deve ser capaz de isolar o elemento *no* alimento ou tratamento que causa um bem ou mal, e explicar como (através de que tipo de interação causal com o corpo) o efeito ocorre. Essa habilidade, ele indica, está estreitamente ligada aos objetivos da previsão e do controle: pois sem essa informação "não será capaz de saber o que resultará [de um dado tratamento] ou como utilizá-lo corretamente".

Todos esses quatro aspectos têm ligação com o objetivo de dominar a contingência; todos são considerados aspectos necessários da *tékhne* devido à relação que mantêm com esse objetivo. Universalidade e explicação geram controle sobre o futuro em virtude de sua apreensão ordenada do passado; o ensino possibilita que o trabalho passado gere progresso futuro; a precisão gera exatidão consistente, a minimização da falha. Uma pessoa que diga (como muitas diziam no século V) que o raciocínio prático deve se tornar uma *tékhne* está, provavelmente, exigindo uma sistematização e uma unificação da prática que produzirá reflexões e algum tipo de apreensão ordenada; almejará princípios que possam ser ensinados e explicações de como os resultados desejados são produzidos. Almejará eliminar parte do acaso da vida social humana.

Uma razão pela qual é necessário delimitar esse pano de fundo é que houve recentemente uma tentativa de dar uma interpretação muito mais estreita à exigência de uma *tékhne* prática. Devemos agora confrontar essa questão, uma vez que ela influenciará decisivamente a interpretação do *Protágoras*. Em *Plato's Moral Theory*, Terence Irwin alegou que *tékhne*, como o inglês "*craft*" [artifício], inclui como parte de seu significado a noção de um fim ou produto externo, passível de ser identificado e especificado independentemente do artifício e suas atividades[18]. O que o artifício faz é fornecer meios instrumentais à realização desse fim passível de especificação independente. Toda afirmação de que a deliberação prática é, ou pode ser, uma *tékhne* – ou toda analogia entre deliberação ou virtude e qualquer das *tékhnai* reconhecidas, seja a ginástica, a execução da flauta, a medicina ou a fabricação de sapatos – reduz-se, na leitura de Irwin, à afirmação específica, e dúbia, de que há um bem humano que pode ser identificado e desejado independentemente da deliberação e das virtudes; de que a racionalidade prática é apenas a descoberta de meios instrumentais para esse fim externo[19].

É fácil perceber como essa questão é crucial para o leitor do *Protágoras*. Pois os dois personagens propõem e desejam ensinar uma *tékhne* prática; e a proposta de Sócrates, como veremos, se conforma às restrições de Irwin, ao passo que a de Protágoras não. O retrato de Irwin implica, pois, que Protágoras não está sugerindo nada que tenha sequer à primeira vista a presunção de ser *tékhne*; ele, e todos que o levem a sério, estarão apenas compreendendo mal o significado da palavra. Além do fato de que não desejamos que um interlocutor sério parta de um tolo equívoco verbal. É também curioso que nenhum dos outros personagens distintamente inteligentes, nem mesmo Pródico, enamorado dos pontos verbais requintados, o acusa desse erro. Tampouco trata-se de um debate genuíno, no entender de Irwin, o debate de Hipócrates em favor da alma: pois, supondo que o que se almeja é uma *tékhne* da razão prática, Sócrates vence com os pés nas costas. É como se Hipócrates fosse a uma loja de utensílios e, ao pedir o melhor aspirador de pó, fosse-lhe proposto escolher, por dois vendedores, entre um aspirador de pó e um ventilador elétrico. Seria filosoficamente mais interessante, e mais digno de Platão, se Sócrates e Protágoras estivessem designando dois candidatos rivais sérios, de maneira que cada um pudesse com certa força ser defendido como *tékhne*.

Ora, em verdade, a evidência sobre a concepção usual de *tékhne* não fornece apoio à tese de Irwin. Nenhum grande escrito acadêmico sobre o tema sequer cogitou uma tal teoria; historiadores intelectuais da estatura de Dodds, Edelstein e Guthrie concorrem no esboço de uma idéia diferente, aquela que procurei esmiuçar acima[20]. Não há, tampouco, um único autor antigo proeminente que fale de *tékhne* apenas em relação à produção artificiosa de um produto passível de ser especificado separadamente. Mesmo Xenofonte, que com tanta freqüência demonstra simpatia por uma concepção instrumentalista da deliberação, responde a uma questão sobre os fins da *tékhne* da administração doméstica insistindo que a atividade de administrar bem a casa é em si mesma o fim[21]. Aristóteles argumenta que há *algumas* artes em que a obra ou *érgon* é um produto externo às atividades dos artistas – por exemplo, a construção de casas; e *outras* em que as atividades são elas mesmas fins, por exemplo, a matemática, a execução da flauta, da lira[22]. As divisões helenísticas das *tékhnai* corroboram a mesma idéia.

Se agora considerarmos não afirmações sobre a *tékhne*, mas exemplos de *tékhnai* reconhecidas, com as crenças usuais a respeito delas, descobriremos que diversos tipos são bem representados. Há, primeiramente, as *tékhnai* claramente produtivas, tais como a fabricação de sapatos e a construção de casas, em que o produto pode verdadeiramente ser especificado (e desejado) à parte de todo o conhecimento das atividades do artesão. Mesmo aqui, entretanto, percebemos que o que faz a fabricação de sapatos *artificiosa* e *boa*, em vez de simplesmente adequada, não é algo passível de especificação externa e prévia: pois uma vez que a arte existe, suas próprias atividades – costura refinada, ornamentação elegante – tendem a se tornar fins em si mesmas. Os gregos reconheciam isso desde o tempo de Homero. Aquiles não valorizava seu escudo simplesmente porque servia bem às exigências que ele poderia ter antecipadamente relacionado. É um exemplo de *tékhne* elevada justamente porque o artesão fez muito mais do que a imaginação inculta de Aquiles poderia ter concebido ou requerido.

Em seguida, há as artes tais como a arte médica, em que existe um fim vago, a saúde, que o leigo pode especificar como desejável, e que, como produto, a atividade do clínico almeja. Mas, aqui, uma parte crucial do trabalho do clínico será obter uma especificação mais precisa do próprio fim. Se ele não tem nenhuma teoria do que é a saúde, será impossível para ele elaborar meios instrumentais à saúde. Quando um médico se orgulha de sua *tékhne*, ele inclui como fim tanto o seu trabalho como sua investigação de meios produtivos[23].

Por fim, há as artes que parecem ter fins puramente internos: a execução da flauta, a dança, a realização atlética. Aqui, não há produto algum: o que se valoriza é a atividade artificiosa em si mesma. E, contudo, em virtude do caráter disciplinado, preciso, passível de ensinar dessas práticas, a elas atribui-se sem hesitação o título de *tékhne*[24]. São formas de ordem imposta sobre séries contínuas de som e movimento anteriormente desordenadas e incompreendidas[25].

Há, assim, diversas variedades de *tékhne*, com diversas estruturas. Essa digressão, necessária para remover um obstáculo à leitura do *Protágoras* como um debate sério sobre as variedades da *tékhne* política, também nos preparou para compreender a força da proposta de Protágoras do fim-intrínseco. Mas agora, examinando toda a gama das artes do século V à luz de seu objetivo uno subjacente, a eliminação da *týkhe*, podemos fazer algumas observações que nos prepararão, também, para entender por que Sócrates a rejeita. Perguntemos quais artes são, por assim dizer, mais artificiosas: quais as que melhor concedem os bens de controle, previsão, apreensão precisa. Descobrimos agora que pode haver mais desideratos com respeito a esse objetivo que não estão presentes em todas as artes reconhecidas. Aqui, a força da idéia de Irwin começa a se tornar clara; ela não é adequada como uma reflexão sobre a concepção geral de *tékhne*, mas isola um traço importante que ajuda certas artes a fazer avanços surpreendentes na submissão da *týkhe*. Pois, se há algo *externo*, claro, passível de especificação prévia, que se considera como fim e resulta de uma arte, sua busca por procedimentos pode, afigurar-se, ser mais definida e precisa do que nas artes em que o fim consiste em agir de certas maneiras. Uma competição na fabricação de sapatos (abstraindo seu lado estético) pode ser adjudicada com precisão, porque a exterioridade do fim fornece uma medida clara do êxito das atividades. Uma competição na arte da execução da flauta é muito mais enganosa, uma vez que, em parte, o que está em jogo é o que consideraremos como fim. Podemos facilmente sentir, nesses casos, como se não houvesse nenhuma vitória decisiva sobre a *týkhe*, nenhum progresso claro. Então, novamente, parece ser mais fácil tratar a *singularidade* que a pluralidade de um fim; pois, se os fins são plurais, podemos precisar de outro critério ou medida para adjudicar entre eles. Finalmente, um fim que admita *medida quantitativa* parece gerar mais precisão do que um fim que não possa ser assim medido. (Voltaremos posteriormente a essa importante idéia.)

Se reunimos tudo isso, podemos dizer que é possível obter uma *tékhne bona fide* que será qualitativa, plural em seus fins, e em que as próprias atividades da arte constituam o fim; mas afigura-se improvável que uma tal *tékhne* gere a precisão e o controle que seriam gerados por uma arte dotada de um objetivo singular, quantitativamente mensurável e externo. Alguém que estivesse profundamente dominado pelos problemas da *týkhe* naturalmente preferiria uma *tékhne* desse tipo, que poderia prometer mais progresso decisivo para além dos juízos humanos não sistematizados. Onde e em que medida essa espécie de *tékhne* é possível e apropriada é algo que permanece, contudo, objeto de controvérsia[26]. É essa, devo agora argumentar, a forma do debate presente no *Protágoras*. Protágoras, conservador e humanista, almeja uma *tékhne* que se mantenha próxima à prática usual de deliberação, sistematizando-a apenas ligeiramente. Sócrates, mais profundamente dominado pela urgência dos problemas práticos humanos, considera-a insuficiente. Cumpre irmos além, sermos mais plenamente científicos, se queremos "salvar nossas vidas" — mesmo que a ciência torne diferentes essas vidas salvas.

	Fabricação de sapatos	Execução da flauta	Medicina	Agrimensura	Deliberação protagórica	Deliberação socrática
Fim singular	Sim	Não	?	Sim	Não	Sim
Fim externo (passível de especificação à parte das atividades da arte)	Sim	Não	Parcialmente (ver acima)	Sim	Não	Sim
Medida quantitativa	Parcialmente	Não	Não	Sim	Não	Sim

Esse quadro é oferecido sem mais comentários como uma introdução às duas seções seguintes deste capítulo.

III

Protágoras alega ensinar uma *tékhne* do raciocínio prático[27]. Para expor a natureza de sua arte, ele conta uma história do progresso humano[28]. Suas seções iniciais demonstram o poder que as *tékhnai* têm de salvar a vida das criaturas em geral; a última descreve o progresso feito (e ainda sendo feito) pelos seres humanos através de uma arte da deliberação e das excelências sociais. É possível pensarmos a princípio que somente a última seção nos dá uma compreensão do progresso oferecido pelo próprio sofista. Mas sua caracterização em um momento anterior da fala revela sua concepção da relação entre artes e fins, entre salvar a vida e viver a vida. Esse é um aspecto importante de seu ensinamento, que nos prepara para a natureza conservadora de sua proposta social e nos confere questões a formular, em seu nome, sobre a estratégia mais radical de Sócrates.

A história começa com a criação de criaturas mortais pelos deuses, criaturas vulneráveis à contingência. Formadas de uma mistura de terra e fogo, viviam no interior da terra até o momento designado para sua aparição à luz. Nesse ponto, os titãs Prometeu e Epimeteu são incumbidos da tarefa de distribuir "a cada gênero" poderes ou capacidades que habilitarão seus membros a sobreviverem e se reproduzirem. As distinções entre os gêneros aparecem, pois, como preexistentes à distribuição das artes e capacidades. Os deuses falam em gêneros, mesmo de concessão de poderes adequados a cada gênero; mas as espécies, meros amontoados de coisas materiais, não estão ainda em posse de nenhuma das capacidades e modos de agir distintivos que presentemente os constituem como as espécies que conhecemos. A esses sujeitos sem caráter, os deuses determinam os poderes que capacitarão o gênero a sobreviver, "cuidando com esses dispositivos que nenhuma espécie fosse destruída" (320E-321A). A estranheza dessa história – estranheza que, como sugeriremos abaixo, parece ser intencional – obriga a uma inspeção mais rigorosa.

A nós, pede-se que imaginemos um objeto não-caracterizado: um amontoado de terra e fogo denominado, digamos, "cavalo". Esse objeto é transformado na criatura veloz, animosa, dotada de casco e que se alimenta de aveia, por nós conhecida. Somos, então, convidados a acreditar que os cavalos poderiam ter sido de outra maneira, se os deuses tivessem tomado decisões diferentes. Poderiam, por exemplo, ter sido criaturas tímidas, que se alimentam de sementes e vivem em ninhos, capazes de voar pelo ar. A mesma coisa acontece com o membro particular da espécie: o mesmo Bucéfalo que admiramos pode ter vivido em um ninho e comido minhocas. Descobrimos, como se pretende que descubramos, que isso é incoerente. Uma criatura que não tivesse a capacidade de correr de uma certa maneira própria aos cavalos e de viver uma vida característica dos cavalos não seria um cavalo. Se tivesse as "artes"[29] de um pássaro, seria apenas um pássaro. Tampouco seria Bucéfalo a mesma criatura se sofresse uma mudança com respeito a essas características centrais. Poderia haver um Bucéfalo nas árvores; mas seria apenas homônimo, não idêntico, àquele sobre o qual cavalgava o pupilo de Aristóteles. Quando selecionamos Bucéfalo e o investigamos através do tempo e do espaço, nós o selecionamos sob um conceito de gênero, não como um simples amontoado; nossas práticas excluem implicitamente que ele tenha ou venha a ter as capacidades características dos pássaros. São centrais à nossa concepção de seu gênero as "artes", habilidades e modos de vida que são supostamente distribuídos *a* espécies já constituídas. Antes da distribuição, havia apenas um amontoado; depois dela, há um cavalo e o caráter próprio aos cavalos. Começamos, pois, a ver, e não conseguimos, conforme procuramos seguir diretamente a história de Protágoras, em que medida as "artes", amplamente interpretadas como as habilidades e modos de funcionar no mundo característicos da criatura, fazem das coisas vivas aquilo que são[30].

A incoerência e sua moral poderiam, evidentemente, ser inadvertidas; mas há sinais de que Protágoras está bem ciente das duas diferentes maneiras como sua consideração pode ser lida e está provocando deliberadamente essas reflexões. Pois agora deparamos com a seguinte frase: "Epimeteu, não sendo inteiramente sábio, não se deu conta de que havia usado todas as capacidades nas criaturas não-racionais; assim, por último, ficou com o gênero humano (*tò anthrópon génos*) bastante desprovido." Aqui, a estranheza é estrondosa e soa como um indicador deliberado. O que pode significar, imaginamos, usar todos os poderes nos *não-racionais*, de modo que não reste nada para o *ser humano*, quando sabemos (e será novamente dito) que o ser humano (ou aquilo que presentemente é) não é ainda um ser racional? A distinção entre racional e não-racional é pressuposta na própria história da dádiva de racionalidade. Protágoras nos deixa ver que não há nenhuma maneira coerente de falar sobre o ser humano, e contrastá-lo com o restante da natureza, sem mencionar as capacidades e modos de agir característicos que fazem dele a criatura que é. A racionalidade não é somente um instrumento dado a uma criatura já constituída com uma natureza e com fins naturais; é um elemento essencial da natureza dessa criatura, uma parte central da resposta à questão "O que é?" sobre essa criatura; e é constitutiva, não meramente instrumental, de quaisquer fins que essa criatura conceba.

Em cada um desses dois primeiros estágios, portanto, as "artes" eram dadas às criaturas pretensamente para "salvar" a vida dessas criaturas. O que aconteceu, em vez disso, foi que a arte *criou* uma forma de vida e criaturas que não existiam anteriormente. Cumpre agora inquirirmos sobre o *status* da "arte" mais central para esse diálogo, a arte social ou política. As "dádivas de Zeus" são uma *tékhne* que serve apenas a fins humanos previamente existentes, ou Protágoras as descreve como funções que concorrem para fazer de nós o que somos? Para responder, devemos continuar, como Hipócrates, a ouvir a história.

Temos agora seres que se parecem um pouco com seres humanos, vivendo uma vida que se parece um pouco com uma vida humana; eles têm casas, vestuário, cultivos e cerimônias religiosas. Têm ainda problemas com a sobrevivência. Aparentemente, eles de fato vivem em agrupamentos – pois usam a fala, se reproduzem e prestam cultos. Referências posteriores ao papel do "especialista" nessas *tékhnai* prometianas sugerem até mesmo alguma forma elementar de organização social, uma divisão do trabalho simples, baseada na arte. O que lhes falta é a lei, a educação cívica, a instituição da punição. Sobre suas vidas emocionais e interpessoais, nada nos é dito, exceto que ofendiam uns aos outros. Não sabemos que tipos de sentimentos e afetos, se é que existiam, ligavam uns aos outros. Podemos supor, como supõe Hume em uma história paralela, que o elo sexual deu origem a alguns vínculos; talvez também, novamente com Hume, que havia alguns elos de afeição, mesmo de obrigação reconhecida, entre pais e filhos.

Podemos agora sentir que temos uma grande fração, se não a fração toda, de nossa natureza e fins humanos característicos. Nesse ponto, há duas direções diferentes que nossa história imaginária das artes pode tomar. Podemos decidir que aquilo que até agora demos a essas pessoas é o suficiente para fazer delas seres humanos, de sua natureza e fins, natureza e fins humanos. Diríamos então que quaisquer outras artes que essas criaturas descubram para ajudá-las na guerra contra a contingência serão corretamente compreendidas como artes que servem a um fim externo preestabelecido: a manutenção e a proteção da vida caracteristicamente humana. A arte política é um instrumento a serviço de um fim já constituído. Tal é a reflexão de Hume sobre a origem e a função da justiça. A justiça figura como uma "virtude artificial" a serviço de fins separados dela; é natural apenas na medida em que é um meio necessário a fins humanos naturais, e é a natureza humana que deve ser engenhosa para projetar os meios necessários a esses fins[31]. Essa reflexão nos diz que podemos coerentemente imaginar uma vida realmente *humana* em que os seres humanos careçam de instituições políticas e de justiça. Uma vida como essa pode ser repleta de perigos e dificuldades, mas seria ainda passível de ser reconhecida como nossa. Conteria em si todos os nossos fins naturais. Trataríamos essas pessoas como membros de nossa comunidade; reconheceríamos nelas a natureza que compartilhamos. O ser humano não é por natureza uma criatura política[32].

Protágoras pode, por outro lado, oferecer uma reflexão sobre a justiça que a trataria como mais semelhante à racionalidade do que à fabricação de sapatos. Admitiria, então, que houve um tempo em que as criaturas que têm alguma semelhança com os seres humanos viviam sem instituições políticas; poderia até mesmo admitir que essas instituições originaram-se em algum ponto da história, em resposta a premências particulares. Mas insistiria que essas instituições e esses sentimentos associados moldaram tanto a vida das criaturas que as possuem que não podemos descrever sua *natureza* sem mencionar sua qualidade de membros dessas instituições e o vínculo que têm com elas. Tampouco podemos enumerar os fins últimos dessa criatura sem mencionar seu amor por sua cidade, sua afeição à justiça, seus sentimentos de reverência e obrigação para com os outros seres humanos. Nossa natureza é uma natureza política[33]. A reflexão de Protágoras sobre a justiça é desse segundo tipo. Sua história genética, longe de demonstrar como é fácil ver as várias *tékhnai* como instrumentais e assim separáveis da natureza humana, demonstra como é difícil descrever uma criatura passível de ser reconhecida como humana a menos que a dotemos não só de racionalidade, mas também de objetivos e vínculos políticos.

Uma concepção humana da "origem" da justiça a caracterizaria como um meio para a sobrevivência e o florescimento humanos, em que esses podem ser completamente caracterizados sem referência ao social. As dádivas de Zeus são, com efeito, introduzidas como meios à sobrevivência da humanidade. Diz-se que Zeus foi impelido pelo medo de que "nosso gênero (*génos*) fosse totalmente exterminado" (322C); isso implica que um gênero humano preexiste à dádiva da justiça. Mas é surpreendente que, tão logo as dádivas de Zeus são distribuídas, nem mesmo o fim aparentemente preestabelecido da sobrevivência humana se caracteriza de maneira tal que separe da cidade a sobrevivência. As dádivas de Zeus são agora denominadas "os princípios de organização das cidades, os laços de amizade" (322C); "as cidades não poderiam existir" se elas fossem distribuídas diferentemente (322D); o infrator é uma "peste da cidade" (322D5); se todos não tomarem parte nas excelências sociais, "não pode haver cidade alguma" (323A; cf. 324E1, 327A1, A4). Aquilo que pensávamos ser um fim externo começa agora a afigurar-se interno, como se as artes de Zeus tivessem transformado e agora ajudassem a constituir a natureza desse ser.

Novamente, um mestre humano, se pretendesse dar uma explicação honesta de seus *propósitos últimos* ao lidar com a justiça, deveria excluir da descrição do fim toda referência à virtude social e política, e falar apenas de qualquer prazer, sucesso, prosperidade e felicidade passíveis de especificar e desejar à parte da *pólis*. Mas o objetivo declarado de Protágoras é, através de sua *tékhne*, "fazer dos seres humanos bons cidadãos", ensinando-lhes a boa deliberação tanto sobre seus assuntos domésticos como sobre os negócios da cidade. Muito embora Hipócrates deseje se tornar renomado, Protágoras lhe promete, em lugar disso, que ele será "melhor" (*béltion*). Ele alega "sobrepujar a todos os outros em tornar as pessoas distintas e boas" – nunca (como era comum na época) exceler em ajudar as pessoas a realizarem fins separáveis dos da comunidade. Ele caracteriza "a excelência de um homem" (*andrós aretén*) como uma combinação de justiça, moderação e piedade – todas excelências cívicas e dádivas de Zeus[34].

O restante de sua fala preenche esse retrato não-humano da virtude social. A educação moral é caracterizada como algo que responde a uma necessidade que é parte de nossa natureza. Zeus nos conferiu uma tendência natural à justiça; mas ela precisa ser desenvolvida pela instrução comunal[35]. "Toda a vida humana necessita de ritmo (*eurythmías*) apropriado e ajustamento harmonioso" (326B5); o ajustamento não é natural, mas a necessidade dele é. Assim, a correção de crianças é comparada à retificação da madeira retorcida e curva (325D); a implicação é que a instrução moral promove o crescimento saudável e natural, investindo contra problemas que, se não tratados, arruinariam o pleno desenvolvimento natural da criança. Como a planta de Píndaro, a criança necessita de assistência externa para alcançar seus fins naturais. A instrução moral é a retificação da árvore, a excelência moral, sua retidão – uma excelência inteiramente intrínseca à nossa consideração do que é ser uma árvore saudável, normal. (Numa concepção humana, as excelências sociais seriam mais como sol e chuva: necessárias, mas externas, e substituíveis por outros meios, fossem esses encontrados.) De maneira semelhante, diz-se que a punição do ofensor mais velho o faz "melhor" (*béltion*) e mais saudável (comparar *aníaton*, "incurável", 325A). Essa saúde melhor consiste em uma relutância, resultante do aprendizado, a "cometer novamente injustiça". A excelência social é, pois, para nossa natureza psicológica, o que a saúde é para nossa natureza corporal – um bem intrínseco (não um meio), que todas as nossas outras buscas envolvem profundamente: "o que toda pessoa deve ter e com a qual deve fazer tudo o mais que quer aprender ou fazer" (325A)[36]. Os cidadãos hipotéticos de Protágoras afirmam sobre a pessoa que não constitui parte deles não que é estúpida, não que é uma ameaça pública, mas que não é um deles; "não deveria em absoluto estar entre seres humanos"[37].

A questão de Protágoras era, qual *tékhne* nós temos, ou podemos encontrar, que tem o poder de tornar os seres humanos bons na deliberação e no controle de suas vidas? Em resposta, ele nos contou uma história sobre o papel fundamental desempenhado pelas artes e aptidões na constituição dos modos de vida característicos das criaturas vivas. Sua história nos demonstrou, em particular, que a aptidão para a excelência social e para seu desenvolvimento apropriado é uma parte profunda de nossa natureza e modo de vida humanos. Mas onde, nisso tudo, está a ciência? Que especialidade Protágoras alega ensinar? Ele reconhece que há um problema *prima facie* em compatibilizar sua insistência em que todos os adultos são mestres com sua alegação de ser um especialista[38]. Mas ele insiste que não é preciso haver contradição, usando, apropriadamente, uma analogia com o aprendizado da língua (328A-B). Mesmo que todos os adultos falem como nativos de maneira competente e ensinem a língua a seus filhos, há ainda lugar para um especialista capaz de levar as pessoas "um pouco mais à frente do caminho" – presumivelmente tornando o enunciador mais explícita e reflexivamente ciente das estruturas de sua prática e das interconexões de seus diferentes elementos. Ainda assim, um mestre especialista de ética pode tornar o jovem já bem instruído mais ciente da natureza e das inter-relações de seus compromissos éticos. Parece justo considerar exatamente essa fala como uma contribuição a esse tipo de educação. A modesta alegação de Protágoras não é diferente da alegação que Aristóteles fará em seu próprio favor: e Aristóteles insistirá, igualmente, que essa espécie de ensino pode conduzir à melhoria da prática. Mas cumpre agora perguntarmos: *como*? Que progresso o ensino descritivo e histórico de Protágoras nos poderia ajudar a fazer com respeito aos problemas aos quais o diálogo já direcionou nossa atenção?

Podemos alegar em favor dessa fala que ela traz à tona para reflexão alguns traços importantes de nossas práticas de identificação de indivíduos e espécies; ao mesmo tempo, ela nos oferece um entendimento mais profundo do lugar do social e do político em nossa própria autoconcepção. Demonstra-nos explicitamente as artes e as práticas ordenadas com as quais, em nossas cidades, já salvamos nossas vidas da dor do conflito e da desordem das fraquezas passionais. Elevando a prática corrente a um novo nível de autoconsciência, promovendo uma consideração geral da natureza humana e da posição que nela ocupam as excelências sociais, Protágoras pode com justiça alegar que ensina uma *tékhne*, um entendimento ordenado de uma matéria que dispõe conexões, oferece explicações e tem um certo grau de universalidade e comunicabilidade. E, até certo ponto, uma tal *tékhne*, ou uma tal formulação explícita e geral da *tékhne* implícita na prática comum, pode seguramente nos ajudar em face dos dilemas práticos em função dos quais nos voltamos à arte.

Uma formulação mais clara de nossa autoconcepção humana nos oferece alguns padrões de escolha entre alternativas de valor concorrentes e confusas. Longe de ser relativista ou subjetivista, essa fala fornece, em sua reflexão geral sobre a natureza e as necessidades humanas, alguns pontos universalmente fixos com referência aos quais poderíamos avaliar concepções sociais concorrentes[39]. Demonstra-nos a relação entre uma concepção do ser humano que presumivelmente muitos dos ouvintes de Protágoras compartilham e certas práticas sociais concretas que podem ser mais sujeitas a debate; *se* os ouvintes concordarem sobre a visão de humanidade, poderão ser levados por seus argumentos a optar, por exemplo, por um esquema de punição e não por outro. Mas, se as divergências práticas forem tão pungentemente divisoras como de fato eram nesse período de crise da Grécia, será muito provável que surjam também no que concerne à concepção de humanidade; o progresso é limitado. Quando nos voltamos para os nossos problemas específicos da *týkhe*, vemos esses limites ainda com maior clareza.

(1) Protágoras admite que continuemos a reconhecer e valorizar atividades e objetos vulneráveis: amigos, famílias, a própria cidade. Em verdade, ele insiste veementemente na importância desses vínculos. (E veremos que não é pequena a contribuição para sua contínua vulnerabilidade do fato de ele não considerar comensuráveis os diferentes vínculos.) (2) Conflitos de valores se fazem possíveis, em primeiro lugar, pelo reconhecimento de uma pluralidade de valores distintos. Os pupilos de Protágoras verão com maior clareza como os diferentes fins humanos principais sustentam e em geral complementam uns aos outros. Um legislador protagórico pode, ademais, minimizar o conflito direto entre os principais componentes do sistema de valores da cidade – por exemplo, estruturando instituições cívicas e religiosas de modo a impedir confrontos entre as leis de costume do culto da família e os decretos do governo civil. Mas por negar a unidade das virtudes, sustentando contra Sócrates que elas são irredutivelmente heterogêneas em qualidade, ele mantém viva a possibilidade da tragédia. (3) Finalmente, a fala reconhece o poder das paixões como um perigo contínuo para a moralidade pública. Aqui, ele fala da necessidade de punição; mais adiante ele sustentará que será vergonhoso se as paixões puderem fazer com que as pessoas que conhecem a melhor ação escolham a pior (352C-D)[40]. O sistema de educação pública e familiar que ele defende contribuirá imensamente para treinar as paixões e infundir disposições virtuosas; mas não as tornará completamente inócuas, e nem Protágoras acha que o fará.

Poderíamos dizer, pois, que a *tékhne* de Protágoras segue o conselho de Tirésias. Ela deixa nossos problemas originais mais ou menos onde os encontramos, fazendo pequenos avanços em clareza e auto-entendimento, mas mantendo-se próxima das crenças e práticas correntes. Ele pode alegar que ensina uma *tékhne* que aumenta nosso controle sobre a *týkhe*; mas a internalidade e a pluralidade de seus fins, e a ausência de medida quantitativa, parecem deixar sua arte carente de precisão e, portanto, de potencial para um progresso decisivo.

Uma razão para o conservadorismo é a satisfação. Protágoras viveu o apogeu de sua vida no período culminante da cultura política ateniense. Ele nos parece ser ainda parte desse passado glorioso e relativamente feliz; ele salienta o fato de que é idoso o suficiente para ser pai de qualquer um ali presente. Não é dominado pelo senso de urgência quanto aos problemas morais que logo caracterizarão os escritos de pensadores mais jovens, tais como Eurípides, Tucídides, Aristófanes. O cenário, com suas alusões à peste, com suas metáforas de doenças, atua para fazer esse alegre conservadorismo parecer anacrônico, impróprio à seriedade dos problemas contemporâneos iminentes. Ouvimo-lo da maneira como poderíamos ouvir hoje um discurso em louvor da Grande Sociedade proferido no início da Guerra do Vietnã – com nossa visão distanciada do passado, e com o conhecimento de que as falhas de sabedoria prática cometidas na própria época corroeriam o consenso moral que o orador louvava. Suspeitamos que o jovem Hipócrates mesmo sem visão distanciada do passado se contentará menos com as coisas do que seu pretenso mentor, inclinado a procurar remédio mais forte. E, ainda, se ele está contente, o leitor não pode estar. Não surpreende que o diálogo compare a entrevista de Sócrates com esses sofistas à visita de um herói vivo aos espectros dos heróis mortos no subterrâneo. É uma geração morta, carente de entendimento da crise moral de seu próprio tempo. Sócrates se compara ao engenhoso Odisseu[41], inventor de estratagemas para a salvação de vidas; comparado a ele, seus rivais não têm engenho algum.

A história de Protágoras, entretanto, nos sugere uma razão mais séria para seu conservadorismo. Ele nos demonstrou quão plenamente a identidade e os modos de vida de uma espécie são formados pelas artes e habilidades que ela possui. Numa época de crise profunda, sentindo que a nossa própria sobrevivência está em jogo, podemos nos voltar para uma nova arte. Por vezes essa arte fará simplesmente o que pedimos que faça, fornecendo meios úteis e eficientes aos fins que já temos. Por vezes, contudo, como no caso das dádivas de Zeus, a arte transformará tão profundamente os modos de vida que sentiremos que ela criou um novo tipo de criatura. Se, pois, tencionamos a cura de nossas doenças éticas atuais por uma nova arte, cumpre imaginarmos, também, e com a máxima cautela, a vida que viveremos com essa nova arte e os objetivos e fins que a acompanham. Pois é possível que não desejemos uma solução radical, se ela trouxer consigo o custo de não mais sermos humanos. Dificilmente isso seria estimado como algo que salva *nossas* vidas.

IV

Há uma *tékhne* que tornou os seres humanos capazes de tomar coisas de gêneros bastante diferentes e compará-las com respeito a alguma propriedade na qual estão interessados. É uma *tékhne* precisa e ordenada; deu-lhes o poder de manipular objetos com exatidão muito maior do que a que estaria disponível através do exercício de suas faculdades desprovidas de assistência. É feita por seres humanos; afigura-se como uma extensão natural de atividades usuais, a serviço de interesses estabelecidos. Parece, assim, não envolver nenhuma promessa de transformar nossa natureza humana em algo diverso. Mas é capaz, aparentemente, de infindável progresso e refinamento. Essa arte é a arte ou ciência da pesagem, contagem e medição.

Já no *Eutífron*, Sócrates percebe seus atrativos como um modelo para a deliberação prática:

> SÓC. Que espécies de desacordos, meu bom homem, produzem inimizade e cólera? Vê dessa maneira. Se tu e eu discordássemos sobre qual de dois grupos de coisas era mais numeroso, esse desacordo nos faria inimigos e furiosos um com o outro? ou não os contaríamos e sem demora nos libertaríamos de nossas diferenças?
>
> EU. Por certo.
>
> SÓC. E, se discordássemos sobre o maior e o menor, não nos voltaríamos à medição e sem demora cessaríamos nosso desacordo?
>
> EU. É correto.
>
> SÓC. E voltando-nos à pesagem, suponho, alcançaríamos acordo quanto ao mais pesado e o mais leve?
>
> EU. Como não?
>
> SÓC. Mas o que é que, se discordássemos e nos mostrássemos incapazes de nos voltar a um critério, suscitaria inimizade e cólera de um para com o outro? Talvez não tenhas de pronto a resposta, mas vê se não concordas que é o justo e o injusto, o distinto e o vergonhoso, o bom e o mau. Não são essas as coisas que, quando sobre elas diferimos, e nos mostramos incapazes de nos voltar a um critério suficientemente decisivo, nos levam a tornar-nos inimigos um do outro, quando quer que aconteça – tanto tu e eu como todos os demais seres humanos? (7B-D)

Evidentemente, pois, uma ciência da medição deliberativa seria uma enorme vantagem na vida social humana. E essa é uma idéia para a qual, no tempo de Platão, a tradição da reflexão grega sobre a *tékhne* e o entendimento humano preparou o caminho. A relação entre numerar e conhecer, a habilidade de contar ou medir e a habilidade de apreender, compreender, ou controlar, percorre profundamente o pensamento grego sobre a cognição humana[42]. Já em Homero, o poeta associa o conhecer com a habilidade de enumerar: as Musas lhe dão seu conhecimento dos exércitos rivais concedendo um catálogo de seus números e divisões. Responder a uma questão do tipo "Quantos?" é demonstrar uma apreensão louvável daquilo a que a atenção se dirige. Encontramos em Homero contrastes entre o *andrôn arithmós*, o conjunto numerável de heróis cuja história pode portanto ser contada, e o *dêmos apeíron*, a massa dos indeterminados, cujas vidas não serão jamais apreendidas e inscritas de modo definido[43]. O numerável é o definido, o compreensível, por conseguinte também potencialmente passível de contar, controlar; o que não pode ser numerado permanece vago e ilimitado, escapando à apreensão humana.

Essas relações são antigas e disseminadas; mais recentemente, conferiu-se a elas um enorme estímulo pelo desenvolvimento notável das *tékhnai* da matemática e astronomia, que se tornaram paradigmas para a ciência em geral. *Prometeu acorrentado*, do século V, denominou a numeração "soberana de todos os estratagemas", expressando uma concepção popular de que o número é um elemento, ou mesmo o elemento principal da *tékhne*, ou ainda a *tékhne par excellence*. A epistemologia pitagórica do século V (da qual se sabe que Platão foi um sério estudioso) argumentava explicitamente que algo só era compreensível na medida em que fosse passível de ser contado ou numericamente expresso[44]. Um exame dos usos das palavras associadas à medida e comensurabilidade quantitativa no século V e início do IV demonstra que elas vinham carregadas de fortes associações cognitivas e éticas: o que pode ser medido ou comensurado pode ser compreendido, conhecido, é ordenado, bom; o que não tem medida é ilimitado, enganoso, caótico, ameaçador, mau[45]. A história de que Hipaso de Metaponto foi punido pelos deuses por revelar o segredo da incomensurabilidade matemática evidencia o temor com que os gregos educados desse tempo visualizavam essa aparente ausência de *arithmós* no âmago da mais clara de suas ciências[46]. (Nossos termos matemáticos "racional" e "irracional" são traduções, e fornecem maior evidência da maneira como essas coisas eram vistas.)

Dada essa situação, não é surpreendente que alguém que quisesse alegar ter desenvolvido uma *tékhne* racional em alguma área se sentisse obrigado a responder a questões sobre número e comensurabilidade. Platão reflete essa situação quando faz Eutífron, um interlocutor sem interesse especial em números, responder à caracterização que Sócrates faz das artes como inteiramente óbvia[47]. O autor de *Da medicina nos tempos antigos* reconheceu, como vimos, que a ausência de uma medida quantitativa em sua arte fadou-a à precisão deficiente e por conseguinte ao erro. Ainda assim, foi capaz de reclamar para ela o *status* de *tékhne*. Mas alguns anos depois afirmar-se-á com veemência que toda e qualquer *tékhne*, para ser uma *tékhne*, deve lidar com numeração e medição. A preocupação comum de toda *tékhne* e *epistéme*, qualquer que seja, na medida em que é *tékhne*, é "descobrir o um, o dois e o três – quero dizer, somar, o número e o cálculo. Ou não é assim com essas coisas, que toda *tékhne* e *epistéme* deve necessariamente participar delas?" O autor é, evidentemente, Platão; o texto é o sétimo livro da *República*[48]. É absurdo a Ésquilo, continua ali Sócrates, representar Palamedes alegando ter aperfeiçoado a arte de comandar um exército pela introdução do número; pois, seguramente, se a enumeração não estivesse lá, sequer haveria uma arte do comando. O *Epinome* (977D ss.) desenvolve uma posição semelhante com referência à antítese *tékhne-týkhe*: na medida em que há numeração e medição em uma prática, há controle preciso; onde falta a numeração, há imprecisão de conhecimento, por conseguinte conjecturas, e por conseguinte um elemento de *týkhe*[49].

Esse debate platônico é o desenvolvimento natural de uma longa tradição de reflexão sobre as artes e o progresso humano; é prenunciado em Homero, desenvolvido no *Prometeu acorrentado*; persegue o escritor hipocrático. As ligações pitagóricas de Platão proporcionam uma explicação adicional para sua ratificação dessa posição; ou, melhor, seu senso de urgência dos problemas da *týkhe* explica a atração, para ele, dos argumentos pitagóricos.

A idéia de que a deliberação é, ou poderia vir a ser, um tipo de medição não é ela mesma estranha às concepções usuais. É tão comum para um grego como para nós falar de pesar um curso contra um outro, medir as possibilidades. Mesmo os deuses homéricos, quando precisam tomar uma decisão, colocam as possibilidades concorrentes na balança, julgando por um único padrão. Creonte falou de comensurabilidade (387 – cf. n. 54). Aristófanes finaliza a disputa poética em *As rãs* com uma caricatura desse retrato popular de deliberação. Quando deseja decidir qual entre dois grandes poetas trágicos deve preferir e restituir à vida, a resposta natural de Dioniso é colocar seus versos (ou, antes, as coisas mencionadas nos versos) na balança, e ponderar seus temas e estilos imensamente diferentes por uma única medida. Ésquilo fala de coches, cadáveres, morte; Eurípides, de embarcações leves, discursos, persuasão. Ésquilo, portanto, pesa como vitorioso. Isso é ridículo. E, contudo, é uma extensão natural de uma idéia profundamente sustentada de racionalidade; o herói cômico, substituto do homem comum, busca se alinhar a ela. Se deliberar é tornar melhor, mais seguro, mais científico, é natural supor que a mudança deve caminhar nessa direção. (Aristófanes explicita o perigo desse retrato, bem como seu poder.)

Tal ciência ofereceria inúmeras vantagens importantes. Primeiramente, coisas diferentes em gênero se tornariam comensuráveis, uma vez que as diferenças qualitativas incompreensíveis são reduzidas a diferenças quantitativas. A ciência pressupõe acordo quanto a escala e unidades de medida; realizado isso, muitas outras coisas estabelecem-se em seus devidos lugares. A comensurabilidade traz consigo, também, aquela singularidade e externalidade do fim que prometia tornar os procedimentos de escolha claros e simples. Pois, se nos dispusermos a estimar, em cada situação, a quantidade de um valor singular e a maximizá-la, eliminaremos a incerteza quanto ao que deve ser considerado como boa atividade. Escolher o que fazer torna-se uma questão direta de selecionar o meio instrumental mais eficiente para a maximização, não a questão muito mais confusa de perguntar que ações são boas pelo fim delas mesmas. E a medição, sendo precisa, proporcionará também um veredicto definitivo sobre as alternativas instrumentais, através de um procedimento público claro que qualquer um pode empregar.

Apreendemos prontamente a importância da medição para a eliminação de sérios conflitos de valor. Pois, em lugar de escolhermos, sob pressão das circunstâncias, negligenciar um valor diferente com suas próprias exigências separadas, estaremos meramente renunciando a um montante menor da mesma coisa. Tal renúncia se afigura muito menos séria. E a comensurabilidade pode também ser importante para a eliminação de nossos outros problemas. Pois, se realmente víssemos todos os fins como quantidades diferentes de uma mesma coisa, tenderíamos a ter um sentimento diferente com relação a eles. Isso poderia modificar nossos vínculos com o vulnerável e nossas motivações para atos de desordem passional. Exploraremos essa possibilidade em breve.

Podemos iniciar nosso exame do projeto de Sócrates observando sua conclusão, em que ele nos diz o que alega ter demonstrado:

> Não vimos que o poder da aparência nos leva para o mau caminho e nos lança em confusão, de maneira que em nossas ações e em nossas escolhas entre coisas tanto grandes como pequenas constantemente aceitamos e rejeitamos as mesmas coisas, ao passo que uma *tékhne* da medição teria cancelado o efeito da aparência, e, revelando a verdade, teria feito com que a alma vivesse em paz e tranqüilidade ao lado da verdade, salvando assim nossas vidas? Diante dessas considerações, concordariam os seres humanos em que é a *tékhne* da medição que salva nossas vidas, ou alguma outra *tékhne*?
>
> Medição, concordou ele.[50] (356D-E)

Sócrates alega ter-nos habilitado a ver nossa necessidade profunda e premente de uma ciência ética da medição. Se compreendemos o custo de carecermos de uma tal ciência e os grandes benefícios de a termos, concordaremos, pensa ele, que é uma questão de máxima urgência fazer o que é preciso para colocá-la em atividade. Protágoras, antes defensor de uma pluralidade de valores, prova esse ponto com sua concordância. A discussão sobre se, de fato, nossos valores são comensuráveis em uma escala singular é, pois, substituída pela discussão que leva à conclusão de que eles *devem* ser. Subjacente à passagem, há a concordância implícita de que não podemos viver à mercê do que acontece, e de que o que desejamos ardentemente é paz e tranqüilidade. Se apenas a medição pode-nos levar da primeira situação à outra, essa é uma razão suficiente para "nos voltarmos a" tal *tékhne*, o que quer que ela envolva além disso. A medição é retratada como a resposta a uma demanda prática e a satisfação de um ideal de racionalidade pré-cientificamente compartilhado.

Superficialmente, essa concordância sobre a ciência segue uma concordância de que o prazer é o fim. Mas a adoção desse fim único é notoriamente precipitada e não discutida. Afirmo agora que somente a conclusão final de Sócrates revela a profunda motivação por trás dessa manobra. O *Protágoras* tem sido há muito considerado anômalo entre os diálogos iniciais e intermediários de Platão em virtude da aparente ratificação de Sócrates da tese segundo a qual o prazer é o único fim ou bem intrínseco[51]. Em nenhuma outra parte Sócrates parece ser um hedonista de fim único; e o *Górgias*, quase contemporâneo, é dedicado, em parte, à refutação de uma tese hedonista[52]. No entanto, nenhuma das várias tentativas de justificar o hedonismo obteve êxito. Quero sugerir que tanto a adoção da premissa hedonista (essencial ao argumento de Sócrates) quanto a indefinição que cerca essa estratégia podem ser mais bem compreendidas à luz do objetivo de Sócrates de encontrar o *tipo* certo de *tékhne* prática, que fará o que as artes de Protágoras não poderiam fazer. Só seremos salvos por algo que equipare a deliberação à pesagem e à medição; isso, por sua vez, requer uma unidade de medida, algum fim externo sobre o qual possamos todos concordar, e que possa tornar comensuráveis todas as alternativas. O prazer se insere no argumento como um candidato atraente para esse papel: Sócrates o adota, antes, por causa da ciência que ele promete, e não por sua própria plausibilidade intrínseca[53].

Isso começa a ficar claro quando comparamos o papel do hedonismo nesse diálogo com a maneira como ele figura no pensamento em finais do século IV. Eudóxio e Epicuro argumentam ambos em favor da atratividade intrínseca do prazer como fim ou bem, apontando para o comportamento natural de busca pelo prazer dos animais e das crianças. O *Protágoras* não mostra nenhum vestígio dessas preocupações; tampouco, em verdade, o fazem quaisquer dos textos do século V e início do IV. O que deveras encontramos expressa de maneira evidente, como já vimos na *Antígona*, é a preocupação de encontrar *um* padrão ou medida que tornem os valores comensuráveis, portanto sujeitos a um controle científico preciso. A necessidade de medição motiva a busca por uma medida aceitável[54]. O que precisamos para colocar em atividade uma ciência da medição é, pois, um fim singular (que difira apenas quantitativamente): passível de ser especificado antes da *tékhne* (externa); e presente em tudo o que seja valioso de maneira tal que possa ser plausivelmente sustentado como a fonte de seu valor. O peso, como o via Aristófanes, tem singularidade, externalidade e onipresença; mas falta-lhe apelo intuitivo na esfera ética. O prazer é muito mais atraente para ocupar esse lugar. É uma das poucas coisas valorizadas por nós que se verifica em quase tudo; é também algo a que poderíamos pensar possível reduzir todos os outros valores. Por essas razões, ele permaneceu tradicionalmente o candidato mais popular para o papel de única régua de medição de valor, sempre que alguém desejou com suficiente veemência encontrar uma.

Há razões textuais para acreditar que o prazer, no *Protágoras*, desempenha o papel de ocupante desse lugar. Primeiramente, o tema de todo o diálogo, como apresentado no início da fala de Protágoras, é a *tékhne* da boa deliberação. Nossa necessidade dessa *tékhne*, e os vários problemas que se interpõem no caminho de nosso êxito, foram apresentados antes da introdução do hedonismo e constituem seu pano de fundo. Em segundo lugar, as prolongadas discussões interpostas da unidade das virtudes revelam o intenso interesse de Sócrates em demonstrar que pode haver um padrão singular de escolha qualitativamente homogêneo. Ele encontra corretamente na pluralidade e aparente incomensurabilidade das virtudes um aspecto incômodo da chamada *tékhne* de Protágoras, aspecto esse que impede a solução de certos problemas prementes. Mas somente a introdução da ciência da medição, que requer e procede por meio da afirmação hedonista, mostra-nos como devemos enxergar a unidade que resolverá esses problemas. Podemos ver, ademais, que a introdução de Sócrates à noção de conhecimento prático científico, e sua negação tanto do conflito como da *akrasía*, de fato precedem a introdução do hedonismo: ao comentar o poema de Simônides, que bem pode ser uma reflexão sobre casos daquilo que denominamos conflito trágico (por certo, diz respeito a um caso em que as circunstâncias obrigam uma pessoa boa a fazer algo vergonhoso contra a sua vontade), Sócrates afirma que "agir mal não é senão ser desprovido de conhecimento (*epistéme*)" (345B) e que "todos os que fazem coisas más e vergonhosas o fazem involuntariamente (*ákontes*)" (345D-E). Mas seu único argumento para essa conclusão acaba por precisar do hedonismo (ou de alguma outra premissa similar) para seu êxito.

Finalmente, podemos derivar sustentação de um fato que causou problemas a todos os comentadores: a ausência de qualquer exploração fundamentada da natureza do prazer e de sua adequação como padrão de escolha. Problemas que afligem Platão não apenas no tardio *Filebo*, mas também no *Górgias* – a pluralidade de prazeres, a resistência dos sentimentos subjetivos à medição precisa – aqui sequer afloram. Quando Platão de fato se volta a essas difíceis questões, conclui que o hedonismo, como teoria do bem, é profundamente falho. Muitos comentadores tentaram, por conseguinte, explicar o hedonismo aqui meramente como uma afirmação *ad hominem* para ser usada contra Protágoras, ou como uma crença da "maioria", não ratificada seriamente por Sócrates. Mas essas sugestões são inadequadas para explicar seu papel no argumento. É apenas com o apoio da afirmação hedonista que Sócrates é capaz de chegar a conclusões que ele claramente afirma serem suas[55]. É difícil ver a tese como *ad hominem*: Protágoras, como defensor da pluralidade de fins, se mostra inicialmente bastante resistente à sugestão de Sócrates. Quanto à "maioria", ela e sua concepção da *akrasía* não são introduzidas senão muito depois de os interlocutores chegarem a um acordo com respeito ao hedonismo. Quando o hedonismo *é* introduzido, a concepção usual, que denomina "más algumas coisas aprazíveis e boas algumas coisas dolorosas" é, em verdade, *contrastada* com a concepção de Sócrates: "O que digo é, uma vez que as coisas são aprazíveis, não são nessa medida boas, se deixarmos de considerar suas outras conseqüências?" (351C)[56]. O resumo da discussão novamente afirma o hedonismo como a concepção do próprio Sócrates, vinculando-o ao projeto de salvação de vidas: "Uma vez que vimos que a preservação de nossas vidas depende de uma escolha correta de prazer e dor, seja mais ou menos, maior ou menor..." (357A). Nenhum dos interlocutores jamais duvida que essa posição é a do próprio Sócrates. À medida que o diálogo se aproxima de um encerramento, ele expressa nos mais fortes termos sua identificação com a figura de Prometeu, afirmando que vela pela totalidade de sua vida de um modo prometiano (361D). Mas somente a ciência, baseada no prazer, permitiu-lhe fazê-lo corretamente[57].

Encontramo-nos, pois, na posição peculiar em que somos incapazes de nos livrar do hedonismo como uma concepção do personagem Sócrates sem distorcermos o texto, mas incapazes, também, de ver por que se deveria permitir que uma tese assim controversa e aparentemente não-platônica, desprovida de defesa e mesmo de investigação, desempenhe papel tão crucial numa discussão maior que leva a importantes e conhecidas conclusões platônicas. Uma leitura do debate que considera o estabelecimento de uma ciência deliberativa da medida a preocupação fundamental de Sócrates oferece uma solução. Sabendo de um modo geral que tipo de fim precisamos para colocar a ciência em atividade, Sócrates, *pro tempore*, testa o prazer. Ao final do diálogo, ele admite que o conteúdo desse valor foi deixado sem especificação: "Ora, *qual tékhne*, e *qual epistéme*, investigaremos mais tarde. Mas é suficiente demonstrar que é *epistéme*" (357B-C). Se julgamos estranho que Sócrates possa se sentir tão seguro quanto à forma da ciência antes de estabelecer que há um candidato unitário e universal, como é exigido, para o fim, podemos começar a refletir que Sócrates talvez esteja menos interessado em nossas intuições correntes sobre fins do que em conceder-nos uma dádiva que salvará nossas vidas. Zeus não exigiu que a justiça fosse já uma preocupação humana central quando decidiu fazer do vínculo com a justiça uma peça-chave de sua *tékhne* salvadora.

Vale a pena fazer uma pausa nesse ponto para observar que o impulso em direção ao hedonismo e ao utilitarismo na filosofia moral do século XIX teve uma motivação muito semelhante. Tanto em Bentham como em Sidgwick[58], verificamos que o desgosto pela pluralidade e incomensurabilidade dos valores do senso comum provoca um ímpeto vigoroso para a seleção de um fim que, reconhecidamente, não se acredita ser, nos pronunciamentos intuitivos do senso comum, um bem supremo. Os argumentos de Bentham segundo os quais apenas uma tal ciência da medida eliminaria a contingência da vida social demonstram profundas afinidades platônicas e constituem um estudo de grande valor para todo estudante desse diálogo e do pensamento grego sobre a *tékhne* ética. A discussão de Sidgwick das razões para dirigir-se além do senso comum a um utilitarismo de padrão único é também de enorme interesse para nós, uma vez que revela com especial clareza que a motivação central para o hedonismo é uma necessidade de comensurabilidade que tem o intuito de lidar com confusos problemas deliberativos. A felicidade ou o prazer, admite Sidgwick, não é reconhecido pelo senso comum como o fim único da escolha[59]. Mas:

> Se, contudo, essa concepção for rejeitada, ainda restará considerar se podemos estruturar alguma outra reflexão coerente sobre o Bem Último. Se não devemos sistematizar as atividades humanas tomando como seu fim comum a Felicidade Universal, sobre que outros princípios as devemos sistematizar? Seria preciso observar que esses princípios devem não apenas nos capacitar a comparar entre eles os valores dos diferentes fins não-hedonistas que consideramos, mas também devem fornecer um padrão para comparar esses valores com o da Felicidade...[60]

É, continua ele, nossa "necessidade prática de determinar se deveríamos buscar a Verdade em lugar da Beleza", esse valor e não aquele, que nos leva ao hedonismo, apesar de sua relação problemática com o senso comum. Se objetarmos que não é apropriado nos afastarmos a tal ponto de nossas intuições, é possível replicar que é isso o que acontece sempre que nasce uma ciência:

> Mas cumpre ter em mente que o Utilitarismo não está preocupado em provar a coincidência absoluta de resultados dos métodos intuicional e utilitarista. Com efeito, se pudesse obter êxito em uma prova dessa dimensão, seu êxito seria quase fatal às suas pretensões práticas; pois a adoção do princípio utilitarista tornar-se-ia então uma questão de absoluta indiferença. Os utilitaristas são antes invocados para evidenciar uma transição natural da Moralidade do Senso Comum ao Utilitarismo, algo como a transição em ramos especiais da prática provinda do instinto instruído e das regras empíricas ao método técnico que incorpora e aplica as conclusões da ciência; de modo que o Utilitarismo pode ser apresentado como a forma cientificamente completa e sistematicamente reflexiva dessa regulação da conduta, que no decorrer de toda a história humana sempre tendeu substancialmente na mesma direção.[61]

Pretendo afirmar que o *Protágoras* explicita uma motivação similar para o hedonismo e um retrato similar da relação da ciência com as crenças usuais. A ciência ética tem uma continuidade com relação à crença usual no sentido de que satisfaz um ideal de racionalidade incorporado na crença usual: assim, há uma "transição natural" da crença usual à prática científica. Para efetivar essa transição, evidentemente, a escolha que a ciência faz de um fim deve conter também *alguma* continuidade com relação às crenças usuais sobre fins: é por essa razão que o hedonismo é plausível e Aristófanes absurdo. Mas se deve valer como uma ciência, e não como "uma questão de completa indiferença", cumpre ir além do usual. Reclamar disso seria tão retrógrado quanto reclamar que um médico hipocrático não administra os mesmos antigos remédios que nossos pais costumavam fazer.

Cumpre agora confrontarmos o raciocínio com que Sócrates intenta demonstrar-nos que o fenômeno comumente denominado *akrasía*, como descrito, não ocorre: o conhecimento científico do bem como um todo é suficiente para a escolha correta. Muito se escreveu sobre esse raciocínio, cuja estrutura parece agora mais bem compreendida[62]. Encerra três estágios: primeiro, uma descrição do problema; segundo, uma argumentação de que esse problema realmente não procede; terceiro, um diagnóstico alternativo do erro prático. O problema é familiar. *A* pode fazer ou *x* ou *y*[63]. *A* sabe que *x* é melhor (em geral), mas escolhe *y*, porque é dominado pelo prazer. (A primeira afirmação do problema acrescenta, como alternativas, dor, amor e temor – mas Sócrates, bem razoavelmente à luz do acordo hedonista, fala apenas de quantidade de prazer no que se segue. Isso é importante.) O conhecimento, pois, é "arrastado por toda parte como um escravo".

Protágoras e Sócrates concordaram explicitamente, desde o princípio, quanto a duas premissas cruciais:

> *H*: O prazer é idêntico ao bem.
> *H*1: *A* acredita que o prazer é idêntico ao bem.

Ora, na segunda e crucial fase do debate, Sócrates se utiliza dessas premissas, substituindo "bom" por "aprazível" para produzir uma absurdidade na descrição do que supostamente acontece: *A* sabe que *x* contém mais bem que *y*; *A* escolhe *y*, porque é dominado pelo (desejo do) bem em *y*. "Que ridículo contra-senso", observa agora Sócrates, "uma pessoa fazer o mal, sabendo que é mal [isto é, inferior], e que não deve fazê-lo, porque era dominada pelo bem."

De início, não vemos claramente o que é a absurdidade: pois não é isso, de certo modo, o que acontece? Esse outro bem aqui exerce um tipo especial de impulso que nos atrai a ele de modo que simplesmente negligenciamos nosso compromisso para com o bem que é melhor em geral. Mas obtemos mais informação quando o próprio Sócrates explica a absurdidade, demonstrando-nos o que ele quer dizer com "dominar". O bem em *y*, pergunta ele, *se equipara à* maldade envolvida na omissão de *x*? Não: pois isso contradiria a descrição do caso, de acordo com a qual há, e é sabido que há, *mais* bem em *x* que em *y*. Mas então, se *y* realmente oferece um *montante* menor de bem, um montante que não *se equipara ao* bem em *x*, então o que *A* está fazendo é escolhendo um pacote menor de prazeres e rejeitando um pacote maior. Mas quão absurdo é que *A* deva, em pleno conhecimento, rejeitar o pacote maior porque foi subjugado pelo menor montante no pacote menor. Torna-se algo como dizer: "*A*, sendo-lhe oferecida a escolha entre $50 e $200, escolheu os $50, embora soubesse que $200 era mais que $50, porque foi dominado pela quantidade dos $50." E isso parece deveras absurdo[64]. Em suma, afigura-se que as noções de *montante* e de homogeneidade qualitativa aqui operam para a produção do resultado absurdo. Em breve veremos como sua posição é central.

Como poderia ocorrer um equívoco tão absurdo? Sócrates consegue explicá-lo apenas como o resultado de um juízo equivocado sobre o tamanho dos pacotes. Precisamente como condições físicas adversas por vezes dão origem a crenças falsas sobre tamanho, fazendo com que coisas mais próximas pareçam maiores ou mais altas, assim os prazeres mais próximos, igualmente, podem nos impressionar parecendo-nos maiores ou mais importantes por conta de sua proximidade. A proximidade do prazer presente produz uma crença falsa sobre tamanho que temporariamente priva o agente de seu conhecimento anterior sobre os tamanhos reais envolvidos. É evidente que, tanto com o prazer como com o tamanho, uma ciência da medição seria suficiente para pôr fim aos nossos erros.

Nossa atenção deve agora atrair-se às premissas de Sócrates na segunda parte da argumentação, em que se produz a absurdidade. Pois, claramente, as afirmações hedonistas explícitas não bastam para levar Sócrates a suas conclusões. Ele está fazendo uso tácito de pelo menos duas outras premissas:

M: Sempre que A escolhe entre x e y, ele pesa e mede por um padrão quantitativo único de valor
C: A escolhe x em lugar de y se e somente se ele acredita que x é mais valioso que y.[65]

M nos dá o uso de um padrão quantitativo em cada caso particular. H nos dá a singularidade do padrão ao longo de todos os casos. C nos dá a relação segura entre as crenças que são o resultado da pesagem e as escolhas efetivas do agente. Em conjunto, elas produzem a conclusão que Sócrates deseja: se a escolha de A não é resultado de uma pesagem correta, e não é tomada sob coerção externa (excluída da descrição do caso), então é preciso que resulte de uma pesagem incorreta. Pois essa é a única razão por que alguém que poderia ter mais escolheria ter uma quantidade menor da mesma coisa.

Cada uma dessas premissas tem uma certa plausibilidade como uma explicação dos nossos procedimentos deliberativos *algumas* vezes. Contudo, qualquer um que aceite a descrição inicial do caso como a reflexão sobre um acontecimento humano efetivo deve discordar delas. Pois, em conjunto, elas obtêm o êxito de nos dizer que um problema que intuitivamente nos subjuga e aflige não existe. Supunha-se que a *akrasía* fosse um caso em que a racionalidade deliberativa usual falha. O que Sócrates fez não foi tanto provar que jamais pode haver tais falhas, quanto esclarecer a relação entre um certo retrato da racionalidade deliberativa e o problema da *akrasía*. Se acreditamos em um fim ou bem único, variando apenas em quantidade, e sempre deliberamos através da pesagem e da medição (quantitativa), *e* sempre escolhemos agir de acordo com nossas crenças sobre a maior quantidade total de bem, então a *akrasía* não ocorrerá. Assim, somos tentados a dizer: contanto que a racionalidade funcione, ela não falha. Para nos dizer *isso*, não precisamos do gênio de Sócrates.

Nesse ponto, muitos intérpretes descartam o debate inteiro. Percebendo que as premissas não são empiricamente aceitáveis como reflexões sobre o que fazemos todas as vezes (afinal, o fato de que elas não se sustentam foi justamente o que nossa crença usual na *akrasía* expressou), então, assim afirmam esses intérpretes, parece que Sócrates deveria antes observar melhor o modo como as pessoas efetivamente vivem e pensam. A conclusão de Sócrates, contudo, deveria fazer-nos suspeitar que há algo mais acontecendo aqui. O que ele nos disse, e Protágoras concordou, é que apenas uma ciência ética da medição salvará nossas vidas. Se aceitarmos o diagnóstico que ele faz de nossos problemas e de sua urgência, e concordarmos que queremos salvar nossas vidas, poderá-nos ocorrer que, na discussão de Sócrates, oferece-se a nós um anúncio, por assim dizer, de suas premissas. A discussão não depende da aceitabilidade intuitiva das premissas pelo senso comum. (Sócrates põe em relevo seu desdém pelas intuições confusas do ser humano comum.) Demonstra-nos uma ligação entre essas premissas e o desaparecimento de mais de um problema. Um agente que pense da maneira descrita pelas premissas não tem confusão quanto à escolha, não tem possibilidade de conflito contingente entre incomensuráveis, *e*, alega-se, não tem problema de *akrasía*. A coisa toda, premissas e tudo o mais, parece ser a *tékhne* socrática do raciocínio prático, a arte que salva vidas. A idéia mais assombrosa implicada no argumento é que a aceitação da singularidade e homogeneidade qualitativa dos valores efetivamente modifica as paixões, extinguindo as motivações que agora temos para certos tipos de comportamento irracional. A *akrasía* torna-se absurda – não uma tentação perigosa, mas algo que jamais aconteceria. Para ver como isso supostamente se dá, precisamos retornar à fala de Sócrates sobre os pacotes e montantes e analisar com mais profundidade a vida e as concepções de seu agente hipotético.

Um caso comum de *akrasía* assemelha-se ao que se segue. Fedra sabe que se comer uma rosca imediatamente antes de sair para correr ela terá uma cãibra, o que diminuirá a distância que pode completar. Ficará furiosa consigo mesma e não considerará sua saúde tão boa quanto seria se tivesse corrido mais e comido menos. Digamos, pois, que ela sabe que, consideradas todas as coisas, é melhor não comer a rosca agora, mas antes lançar-se diretamente à corrida. Porém ela está com muita fome, e as roscas lhe parecem tão atraentes, acomodadas sobre seu prato, quentes e amanteigadas. A atração que sobre ela exercem é bastante nítida e especial; elas não lhe parecem um pouco de exercício ou um pequeno pacote de saúde. Parecem-lhe exatamente uma rosca amanteigada. E, assim (governada pelo desejo que a rosca suscita), ela a come.

Comparemos o caso seguinte. O princípio racional de Fedra, por alguma razão, é comer o máximo de roscas. Em pé no meio da sala, ela vê sobre uma mesa, de um lado, um prato contendo duas roscas frescas, tostadas e amanteigadas. Do outro lado da sala, sobre uma mesa idêntica, está um prato contendo uma rosca tostada e amanteigada. As roscas são da mesma variedade, igualmente frescas, igualmente quentes, amanteigadas da mesma maneira. Ela pode pegar um prato ou o outro, mas (por alguma razão) não os dois. Ela sabe que, dado o princípio racional, deve comer as duas roscas. Contudo, dominada pelo desejo, ela come a rosca única. Ora, isso parece, deveras, extremamente peculiar, de uma maneira que nosso primeiro caso não parecia. Cumpre compreendermos que não há *nenhum* aspecto sob o qual o prato com uma única rosca difira do prato com duas roscas, exceto no número de roscas que contém. As roscas não são de modo algum qualitativamente diferentes. Tampouco é a arrumação das roscas sobre o prato ou do prato sobre a mesa de alguma forma esteticamente mais atraente. O prato com a única rosca não está sequer mais próximo, mas à mesma distância. O que poderia fazer da escolha de Fedra senão absurda, dado que ela realmente tem o princípio que afirmamos ter? Ponho-me a imaginar, à medida que procuro entender sua ação, que afinal é preciso haver *alguma* qualidade que distingue essa única rosca. Parecia tão graciosa, com a sua crosta ligeiramente tostada. Ou: era de Nova York, e as outras duas não. Ou: ela se lembra de ter comido roscas com o seu amante *nesta* mesa, e não naquela. Ou: ela é matemática e pensa que a única rosca no meio de seu prato exibe um arranjo geométrico mais aprazível. Ou: é tão divertido ver uma rosca acomodada sobre um elegante prato Lenox (estando as outras em um prato simples de cozinha): faz lembrar as contradições da existência. Poderíamos prosseguir nesse sentido. Mas tenho a intenção de excluir todas essas fontes de especialidade qualitativa na descrição do caso. Insisto na absoluta homogeneidade qualitativa: as alternativas lhe parecem diferir apenas em quantidade. E assim, creio, obtemos de fato os resultados que Sócrates almeja. É absurdo. Jamais aconteceria; os desejos motivadores jamais surgiriam; ninguém que realmente visse a escolha dessa maneira escolheria assim.

O que Sócrates nos faz ver, se sondarmos com bastante profundidade, é a ligação entre nosso problema da *akrasía* e o modo como ordinariamente vemos as coisas – o papel capacitador que nossa crença em uma pluralidade incomensurável de valores desempenha na configuração do problema. A *akrasía*, como a conhecemos e vivemos, parece depender da crença em que os bens são incomensuráveis e especiais: que essa rosca, essa pessoa, essa atividade, embora em certo sentido não tão boa em geral quanto sua rival, tem entretanto um *gênero* especial de bondade que nos impulsiona a ela, bondade que não poderíamos obter exatamente da mesma forma se formos na outra direção. Uma coisa é ser infiel, em virtude de um desejo apaixonado por um amante a quem se considera um indivíduo especial e distinto. Mas suponhamos que ele seja um clone de seu amante presente, que não difira qualitativamente em nenhum traço (e, suponhamos, nem mesmo na história – como ocorreria com os amantes na cidade ideal), e tudo, de alguma maneira, perde seu encanto[66].

É possível dizer, pois, retornando às premissas, que se realmente temos $H1$ e M, C sucede como conseqüência natural. C não é verdadeira como descrição empírica das atividades do desejo. No entanto, parece bastante plausível como descrição dos desejos dos agente que acreditam do fundo de suas almas na homogeneidade qualitativa de todas as suas alternativas. (Pois o nosso caso é, afinal, apenas o início mais raso; o que em última instância precisamos passar a imaginar é que Fedra vê *cada uma* de suas escolhas dessa maneira, *e* que em cada escolha é uma mesma medida de valor que ela reconhece. Não há absolutamente nenhuma heterogeneidade, mesmo entre os casos.) Esse reconhecimento da heterogeneidade, diz-nos o diálogo, é uma condição necessária para o desenvolvimento de motivações irracionais; na sua ausência, elas simplesmente não se desenvolverão; ou, uma vez desenvolvidas, definharão.

Em suma, alego que Sócrates nos oferece, à guisa de descrição empírica, uma proposta radical para a transformação de nossas vidas. Assim como as outras dádivas mencionadas por Protágoras, essa ciência da medição adentrará e reconfigurará a natureza e os vínculos do ser que a receber. Não mais nos surpreende o fato de ele pouco dizer acerca da aceitabilidade intuitiva de seu fim proposto: pois pode não ser algo passível de se avaliar apropriadamente do nosso ponto de vista usual. De nosso ponto de vista usual, as coisas realmente parecem plurais e incomensuráveis. Mas esse ponto de vista é doente. Queremos o ponto de vista da ciência, e sabemos que precisamos dele.

Agora compreendemos, também, por que o amor e o temor desaparecem quando entram as premissas: porque, se realmente aceitamos essas premissas, o amor e o temor, como os conhecemos, de fato desaparecem. Aqui está outro benefício da ciência: ela reestrutura nossos vínculos de modo que se tornam muito menos frágeis, mesmo tomados singularmente. O belo Alcibíades, insubstituível, é uma coisa arriscada de amar. Mas, se uma medida de H vai para outro amante, não é tarefa difícil adquirir outra medida similar. A comensurabilidade consumada origina um suprimento prontamente renovável de objetos similares (cf. Cap. 6). A ciência que eliminou a possibilidade do conflito contingente e pôs fim à *akrasia* o fez pela eliminação, ou negação, justamente desse caráter especial que caracteriza como separado e qualitativamente único, que é também uma fonte principal da exposição de cada vínculo singular à fortuna. A medição é ainda mais versátil do que pensávamos[67]. (Cf. também Cap. 5, §V, Cap. 6, pp. 159, 172-3.)

V

Esse diálogo é mais profundo do que qualquer obra de teoria moral utilitarista ou hedonista que proceda como se *estivesse* descrevendo diretamente as crenças e práticas usuais. Tais obras se mostram imediatamente vulneráveis à objeção do senso comum. Sócrates (como Sidgwick) nos demonstra o que motiva um movimento para além do usual. A objeção do senso comum não se opõe a esse argumento, pelo menos na forma em que o expus. Como ele pode, pois, ser avaliado?

O mito de Protágoras sugeriu que uma boa maneira de compreender a contribuição de uma arte nova, supostamente capaz de salvar vidas, é imaginar a vida das criaturas a quem foi dada, antes e depois de receberem a dádiva. Essa experiência de pensamento nos permite perguntar quem eram essas criaturas quando precisaram de uma arte, e se eram as mesmas criaturas depois que a arte salvou vidas. Isso pode nos ajudar a ver de quem, e de que tipo, são as vidas que a cura salvará. Uma vez que Sócrates seleciona aqui o motivo da salvação de vidas, ele nos convida a imaginar uma conclusão socrática à história protagórica, esmiuçando o vago final que esboçamos na abertura deste capítulo. Começaremos agora a responder a esse convite: muito embora uma resposta adequada devesse ser mais completa e próxima de uma narrativa do que esse breve esboço.

Os seres humanos viviam ainda em confusão em suas cidades. Não obstante as dádivas de Zeus, careciam de controle preciso sobre suas escolhas e ações. Sempre que discordavam sobre números, comprimentos ou pesos podiam recorrer às artes da contagem, medição ou pesagem para resolver suas altercações. Mas quando ficavam confusos acerca da justiça, nobreza ou bondade, não possuíam nenhuma arte para arbitrar sua disputa. Tornavam-se coléricos e violentos, insultavam e ofendiam uns aos outros. Mesmo quando podiam concordar, a confusão primitiva de seu sistema de valores com freqüência dava origem a vários conflitos: a piedade parecia prescrever um curso de ação, a coragem ou o amor, outro. Assim, essas infelizes criaturas estavam profundamente divididas; lamentando, gritariam, dizendo coisas como: "Qual desses não tem males?" E, golpeados pelas dores que se seguiam, coisas como: "Em lugar do sono, a penosa lembrança das lágrimas de dor diante do coração." Não tinham arte que pudesse curar essa dor. Ainda pior, mesmo quando realmente estabeleciam crenças sobre o curso correto de ação, mesmo quando havia disponível apenas um curso único e não conflituoso de ação, podiam ainda, em sua condição desordenada e desprovida de arte, ser governados pelo engodo de outros bens mais próximos, objetos de alguma paixão. Em seu desnorteamento, diziam que deviam ter sido "dominados" pelo prazer, temor, ou amor. Então, amedrontados e confusos, dilacerados pelo pesar e aturdidos pela incerteza, erravam por suas cidades sem entender suas ações passadas, sem capacidade de garantir seu futuro. Inventaram até mesmo uma forma de arte a que denominaram tragédia, em que exploravam sua dor. Por essas obras, pode-se concluir sem demora que eles consideravam que a vida não era digna de ser vivida nesse estado. "De tudo, o melhor é não nascer" – era esse o juízo de seu poeta e mestre mais eminente, Sófocles, após examinar essas dificuldades.

Ora, Apolo, deus da luz do sol e da ordem racional, deus da numeração e dos limites seguros entre uma coisa e outra, o deus reverenciado por Pitágoras, voltou seu olhar para baixo em direção a sua mísera situação. Ele não desejava que toda a espécie perecesse. Decidiu, pois, dar-lhes uma arte que poderia salvar suas vidas. Através de seu engenhoso mensageiro Sócrates, revelou-lhes sua dádiva maravilhosa: a arte ou ciência da medição deliberativa, juntamente com o fim ou bem singular e métrico, que é o prazer. Com essa arte, seriam capazes, em qualquer escolha, de calcular precisamente o montante de prazer de longo prazo a ser realizado por cada alternativa e então pesá-la contra alternativas rivais. Os partidários humanos dessa arte poderiam, pois, começar, cada um, a maximizar o prazer de longo prazo apreciado na totalidade da cidade.

Com a dádiva dessa arte salvadora, uma esplêndida mudança incidiu sobre as vidas dessas criaturas, antes tão desamparadas. Graças à arte, aquilo que parecia ser uma multiplicidade de valores incomensuráveis, era agora visto verdadeiramente como um só. A importância dessa nova ordenação para todos os seus modos de vida foi imensa. Foi como se a clareza da luz solar de Apolo tivesse dissipado todos os seus transtornos. Mesmo a face do mundo natural afigurava-se diferente: mais aberta, mais plana, claramente demarcada, não mais fonte de incomensuráveis ameaçadores. E a cidade adquiriu também, dessa maneira, uma nova ordem e beleza. Antes, haviam discordado e disputado; agora tinham apenas que operar através dos procedimentos publicamente estabelecidos da computação do prazer para chegar a uma resposta à qual todos os bons cidadãos facilmente confluiriam. Sendo observadas e inventariadas todas as circunstâncias pelas quais a condição de um indivíduo pode ser influenciada, nada era deixado ao acaso, ao capricho, ou ao arbítrio desorientado. Tudo era examinado e registrado em dimensão, número, peso e medida. Antes, mais uma vez, pensadores antiquados tais como Protágoras ensinaram que a justiça era um bem em si mesma; mesmo que entrasse em conflito com algum outro fim valorizado, não havia como evitar ou negar suas exigências. Agora, esses seres viam corretamente que as virtudes são uma só: justiça, coragem e piedade são simplesmente funções do prazer, e a ação virtuosa em cada caso é aquela que maximiza o prazer total. As crianças eram criadas com um ensinamento correto, científico, que desenvolvia sua capacidade interior de ver as coisas nos termos de uma única medida; punindo o reconhecimento de incomensuráveis, os mestres cívicos retificavam a árvore jovem à racionalidade adulta. Essas crianças passavam a ver, à medida que cresciam, que os "indivíduos" ao seu redor, pais e mestres, eram todos, de maneira indistinta, fontes e centros valiosos de prazer, inteiramente comparáveis uns com os outros[68]. Pareciam não almas separadas automotoras, mas partes de um único sistema; não qualitativamente especiais, mas indistinguíveis. Prazeres obtidos deles e prazeres conferidos a eles são todos, ainda, quantidades de prazer: o valor das pessoas é, precisamente, que elas dêem tanto prazer à cidade como um todo. Se esses cidadãos liam alguma vez aquelas tragédias, artefatos de uma raça anterior, os modos de vida retratados lhes pareciam estranhos. Aqui está um personagem, Hemon, inflamado pelo que denomina amor apaixonado, matando-se porque essa única mulher, Antígona, a quem ama, morreu. Isso é incompreensível. Por que ele pensa que ela não é precisamente substituível por nenhum outro objeto no mundo? Por que não entende que há outras fontes exatamente comparáveis e qualitativamente indistinguíveis de prazer a quem ele pode, em retribuição, dar um prazer comparável, aumentando assim a soma da cidade? Nessa peça, Creonte é o único personagem em quem se podem reconhecer: pois, sobre esse "amor" irracional do jovem, ele diz: "Há outros sulcos para seu arado."

E, à luz dessa mudança de crenças e por conseguinte de paixões, obtiveram um novo e maior benefício. O profundo e antiquado problema que era denominado *akrasía* já não é problema para essas pessoas, porque na ausência de valores incomensuráveis, e sem reconhecimento do caráter único das pessoas, as paixões que mais davam origem à *akrasía* – amor, ódio, cólera e temor – já não tinham a mesma natureza, ou a mesma força. Quando tudo é visto nos termos de um valor singular, é imensamente mais fácil controlar os próprios desejos por uma quantidade menor dele.

Assim, através da ciência, essas criaturas salvaram sua aprazível existência. E, se algum cidadão se mostra incapaz de realizar atos de medição, se insiste em inventar fontes separadas de valor ou objetos únicos de sentimento, se manifesta desejos outros que não o desejo racional por um bem singular, cumpre que seja rejeitado e enviado à morte como uma peste sobre a cidade. A cada ano na primavera eles celebram uma festa, na data da antiga festa de Dioniso, em que são apresentadas tragédias. É chamada a festa de Sócrates. As obras de arte que eles apresentam são os diálogos em prosa, claros e razoáveis, que tomaram o lugar do teatro trágico; celebram a corajosa busca de Sócrates pela arte salvadora de vidas.

Esse diálogo, como vemos, evidencia mais que uma competição por uma alma jovem. Evidencia-nos (ironicamente, uma vez que seu protagonista deseja efetivar a morte da tragédia) uma tragédia da razão humana prática. Pois nos explicita uma tensão aparentemente insolúvel entre nosso vínculo intuitivo a uma pluralidade de valores e nossa ambição de estarmos no controle de nosso planejamento através de uma *tékhne* deliberativa. A natureza de seus argumentos não é direta. Não procura simplesmente convencer-nos de que tal e qual é a concepção verdadeira ou correta da razão prática. Em lugar disso, dispõe diante de nós (de Hipócrates) a relação entre certas necessidades urgentes e um certo tipo de arte ou ciência, mostrando-nos ao mesmo tempo as mudanças e (de um certo ponto de vista) as perdas que essa arte acarretaria. Pensávamos que a ciência da medição fosse uma ciência que simplesmente proporcionasse meios instrumentais a um fim externo e concorde. Podemos agora ver que a profunda modificação de fins é ela mesma uma parte da arte – que a *tékhne* de Sócrates, como as artes de Zeus, cria novos valores e novas dependências. Supúnhamos, ingenuamente, que poderíamos prosseguir reconhecendo nossa rica pluralidade de valores e também ter a precisão e o controle oferecidos por uma ciência social quantitativa. (Algumas obras utilitaristas são ainda desse modo ingênuas, quase nunca perguntam como seria uma pessoa que realmente percebesse o mundo dessa maneira, e supõem em maior ou menor grau que ela seria exatamente como nós.) Platão nos diz com sua característica austeridade que não parece ser esse o caso. A ciência realmente muda o mundo. Se parte de nossa humanidade é nossa suscetibilidade a certos tipos de dor, então a tarefa de curar a dor pode envolver a aniquilação dessa humanidade.

De certo modo, o diálogo oferece a nós (a Hipócrates) uma escolha, definindo austeramente as alternativas, mas deixando-nos escolher entre elas. Ao final, não sabemos se Hipócrates escolherá progredir com Sócrates ou prosseguir desnorteado com Protágoras – ou se rejeitará filosoficamente a escolha, argumentando que as alternativas estão mal estruturadas, ou se rejeitará a escolha de maneira não-filosófica, voltando a seus pensamentos e modos costumeiros. O argumento não o coage. Simplesmente esclarece a natureza da situação. Ele vê com maior clareza o modo como o mundo vincula a cura com a doença, o progresso com o custo.

Mas o argumento também o obriga a perguntar: quem é ele para escolher? Todos os interlocutores concordam ao final, em rejeitar "O ser humano é a medida de todas as coisas", de Protágoras, em favor do socrático "Todas as coisas são *epistéme*" (361C). Protágoras, anteriormente, concordara em deixar a questão ser julgada pela racionalidade socrática (cf. 336A); e a racionalidade socrática insiste que as intuições da pessoa comum não são confiáveis. Sócrates nos lembra que em uma competição entre posições éticas alternativas é crucial selecionar um juiz apropriado. Se o juiz for inferior aos filósofos divergentes, evidentemente não será adequado; se for um igual, por que deveriam os rivais aceitar a *sua* palavra? Assim, evidentemente, cumpre que seja uma pessoa superior a ambos em conhecimento ou aplicação. Isso significa, para Hipócrates e para nós, que intuições e vínculos usuais não podem vencer a batalha. O diálogo pede que passemos a suspeitar de nossa própria avaliação protagórica e a procurar, em nós mesmos e em outro, uma maneira de ver, intelectualmente pura e precisa. O diálogo nos permite responder com o juízo humano usual, e em seguida nos lembra que alguns tipos de juízo lhe são superiores. As problemáticas questões suscitadas por esse movimento platônico não desaparecerão da vista.

* * *

Passamos agora dos diálogos "iniciais" aos "intermediários"[69]. O diagnóstico que Platão faz dos nossos problemas e seu interesse em desenvolver uma ciência para resolvê-los permanecem constantes. Mais uma vez, "Todas as coisas são *epistéme*", e as intuições do ser humano comum devem dar lugar ao juízo do especialista. Novamente, também, o conhecimento científico se ocupará de tornar qualitativamente homogêneos e indiferenciados os diversos particulares[70]. Essa homogeneidade solucionará inúmeros problemas de uma vez, transformando conflitos problemáticos, afastando nossas motivações para o excesso passional, e produzindo um suprimento prontamente renovável de coisas outrora vulneráveis.

Haverá, entretanto, algumas mudanças de ênfase. O *Protágoras* utilizava o prazer como aquilo que ocupa o lugar do fim único da ciência. Não faz nenhuma reflexão sobre o que ele é;

mas a forma da ciência parecia requerer que fosse um estado ou sentimento homogêneo[71]. Nos diálogos intermediários, Platão deixa claro que os fins últimos de uma boa vida não são sentimentos, mas atividades; as atividades são classificadas por seu valor intrínseco, não em termos dos estados que produzem. Tampouco, a seu ver, tem o prazer, em caso algum, a singularidade que o capacitaria a proporcionar uma moeda comum de valor em cujos termos as atividades pudessem ser comparadas. Quando os "prazeres" são classificados, trata-se agora de uma classificação de atividades quanto a seu valor[72]. Não se trata de um repúdio de coisa alguma explicitamente defendida no *Protágoras*; mas tem, deveras, sérias implicações para a estrutura da *tékhne* ética, que agora precisa encontrar uma maneira de classificar as atividades independentemente dos sentimentos que elas produzem. A busca por uma perspectiva apropriada de avaliação, por conseguinte, torna-se central.

Isso nos traz a uma outra diferença de foco. No *Protágoras*, Platão concentrou-se nos problemas sobre conflito e comensurabilidade. Nosso primeiro problema, a vulnerabilidade de buscas individuais, foi tratado apenas indiretamente, na medida em que a comensurabilidade alterava a natureza de nossos vínculos vulneráveis. Agora, a vulnerabilidade e a instabilidade das buscas humanas individuais serão um foco central da preocupação de Platão, já que seu juiz adequado classifica as atividades quanto a seu verdadeiro valor.

Um último ponto. O *Protágoras* sugere que a crença na comensurabilidade modifica todas as nossas motivações irracionais, a ponto de a *akrasía* não mais ocorrer. Argumenta, pois, que todos os nossos desejos irracionais são, pelo menos nessa medida, passíveis de instrução. A *República* modificará esse retrato, sugerindo que os apetites animais da alma são "desejos inqualificados" que persistem e impõem suas exigências à revelia da crença ou da instrução (cf. Cap. 5, p. 122 e n. 5, p. 137). Assim é, ao menos, com os apetites naturais por comida e bebida; na *República*, é provavelmente verdadeiro também para o desejo sexual, muito embora o *Banquete* dê a esse desejo um tratamento mais complexo, mostrando-o suscetível a certas mudanças na crença. Até certo ponto, tudo isso modificará a reflexão do *Protágoras* sobre como a *akrasía* pode ser eliminada; não a extinguirá por completo, uma vez que o número de pessoas que comem akrasticamente apenas o intuito de empanturrar-se de uma grande quantidade de comida é muito menor do que o número daqueles que são akrásticos em assuntos de comida: os desejos por novidade e luxo que produzem muita *akrasía* real são ainda presumivelmente passíveis de se modificarem pelo ensino. Mas a persistente natureza animal do apetite demanda uma instrução mais adequada à sua natureza do que o ensino racional: demanda, em verdade, controle e opressão políticos. Abordaremos essas questões nos Capítulos 5 e 6, e retornaremos a elas mais extensamente no Capítulo 7[73].

INTERLÚDIO I: O TEATRO ANTITRÁGICO DE PLATÃO

Precisamos agora fazer uma pausa para examinar esse escrito, perguntando em que voz ou vozes ele fala a uma alma inquiridora[1]. Pois já vimos que ocorrem reflexões sobre os nossos problemas em dois tipos muito diferentes de textos, um dos quais, como veremos aqui e no Capítulo 7, ataca o outro como prejudicial ao desenvolvimento da alma. Essas críticas platônicas da tragédia, e a própria prática literária de Platão, revelam uma aguda consciência da relação entre a escolha de um estilo e o conteúdo de uma concepção filosófica, entre uma concepção do que é a alma e uma concepção de como tratar dessa alma na escrita. Boa parte do nosso trabalho sobre esses temas será feito nos Capítulos 6 e 7, à medida que investigarmos dois diálogos em que questões de escrita e expressão da verdade são particularmente relevantes. Não podemos ter a esperança de suscitar aqui todas as questões mais interessantes sobre a forma diálogo desenvolvida por Platão em seu período intermediário, ou mesmo proporcionar uma reflexão completa sobre suas críticas à poesia trágica. Mas será útil fornecer um esboço de algumas das maneiras como sua escrita se define contra uma tradição literária de ensino ético; em particular, da maneira como ela, por um lado, reconhece uma dívida com a poesia trágica, e, por outro, se distancia dela[2].

Podemos iniciar observando que esse é um gênero novo de escrita[3]. Até mesmo Aristóteles se via perdido sobre como responder a ele; na *Poética*, ele classifica os diálogos como dramas em prosa, ao lado das mímicas urbanas realistas de Sófron e Xenarco[4]. Uma vez que vemos no diálogo a estruturação deliberada de um novo gênero literário – por um homem que, segundo sua reputação, passou sua juventude como aspirante a poeta trágico[5] –, podemos esperar aprender algo sobre as concepções de Platão relativas à escrita e ao ensino ético se estudarmos suas escolhas no contexto das possibilidades existentes; e, igualmente importante, no contexto da rejeição de Sócrates da palavra escrita. Mas, a fim de começarmos a ver o que suas escolhas descortinam, é preciso que abordemos o diálogo com os olhos de um contemporâneo de Platão, familiarizado com os paradigmas presentes da reflexão ética tanto na poesia como na prosa, mas não familiarizado com nossa longa tradição de escrita filosófica sobre temas éticos. Pois, com demasiada freqüência, quando perguntamos: "Por que Platão escreveu em diálogos?", perguntamo-nos por que os diálogos não são tratados filosóficos, como Mill, digamos, ou Sidgwick, ou mesmo Aristóteles – em lugar de nos perguntarmos por que não são dramas poéticos, como Sófocles ou Ésquilo. Só podemos recobrar o ímpeto filosófico de suas decisões como ele as planejou se as abordarmos do ponto de vista histórico, perguntando como seu projeto se define diferenciando-se daquilo que o cercava. Esse interlúdio terá êxito se ao menos acomodar o leitor em uma melhor posição para iniciar a busca dessas questões. Começaremos por situar brevemente o diálogo entre os modelos de reflexão ética proeminentes em seu tempo; faremos algumas observações sobre a rejeição socrática da escrita e a resposta implícita de Platão; finalmente, voltaremos nossa atenção a certos traços da investigação ética no *Protágoras*, contrastando esse diálogo sob diversos aspectos com a *Antígona*.

Antes da época de Platão, não havia diferença entre a discussão "filosófica" e "literária" dos problemas humanos práticos[6]. Toda a idéia de fazer distinção entre textos que empreendem uma busca séria pela verdade e um outro grupo de textos que existem primordialmente para o entretenimento seria estranha a essa cultura. Havia, na realidade, uma distinção marcante entre escritores em prosa e poetas, bem como outras distinções de gênero mais amplas dentro dessa divisão, mas nenhuma delas corresponde de modo algum a uma distinção entre escritores que considerassem a si mesmos (e fossem considerados) como pensadores éticos sérios e aqueles que não se considerassem assim e não o fossem. Para o leitor dessa cultura, era natural supor que textos de muitos tipos diferentes oferecessem instrução em sabedoria prática; é correto dizer, penso, que não havia escolha de gênero que sinalizasse ao leitor que o texto em questão não tinha nada sério a dizer sobre os assuntos humanos. Para ter uma boa idéia da situação, precisamos apenas observar como aqueles a quem hoje honramos com o título de "filósofo" concebiam a sua oposição. Xenófanes (ele mesmo um poeta) se considerava o competidor de Homero e Hesíodo: reprova esses poetas por atribuírem impropriamente vícios humanos aos deuses. Heráclito, denominando Hesíodo "o mestre da maioria dos homens" o acusa e a Homero de promover falsas concepções cosmológicas e éticas. Novamente, anuncia que Homero e o poeta lírico Arquíloco merecem ser açoitados publicamente por seu ensinamento impróprio sobre valor (DK B42). E numa fusão muito reveladora de gêneros que um leitor moderno normalmente manteria separados a uma grande distância, ele escreve: "Informação sobre muitas coisas não ensina o entendimento; se o fizesse, teria ensinado Hesíodo e Pitágoras, bem como Xenófanes e Hecateu" (B40). Em nossos termos, ele nomeou um poeta didático, um filósofo vidente e oral, um filósofo que escrevia em verso, e um escritor de tratados geográficos e etnográficos em prosa; o fato interessante é que todos são criticados em conjunto (por esse escritor aforístico) como homens que buscam o entendimento.

Se considerarmos agora o retrato que o próprio Platão faz da tradição contra a qual está trabalhando, percebemos que ele reconhece a influência, como fontes de ensinamento ético, de pelo menos seis tipos diferentes de textos: poesia épica, lírica, trágica e cômica; a prosa científica ou tratado histórico; e a oratória. Todos esses gêneros são mencionados, discutidos e/ou imitados por Platão em sua própria escrita; todos são levados a sério – pelo menos inicialmente e provisoriamente – como fontes possíveis de sabedoria prática. Dois fatos são especialmente importantes aqui. Um deles é que não havia, para todos os propósitos práticos, algo como uma tradição do tratado filosófico em prosa disponível como modelo para Platão. A tradição de prosa a que ele alude é a tradição da investigação científica e etnográfica que nos é exemplificada nos tratados do *corpus* hipocrático, em tratados perdidos de outras ciências, tais como matemática e astronomia, e na escrita histórica relacionada à família de Heródoto e Tucídides. Por certo, obras científicas poderiam encerrar discussões de temas éticos: o hipocrático *Dos ares, águas, lugares*, com sua reflexão sobre a relatividade dos traços de caráter ao clima, exerceu grande influência nos debates do século V sobre natureza e cultura. É óbvio que Heródoto, e especialmente Tucídides, são grandes pensadores sobre o valor e a excelência. Mas suas obras não derivam sua estrutura e seu plano das questões éticas; elas são discutidas no curso da realização de uma outra espécie de tarefa, a tarefa da investigação histórica. Parece muito provável que não houvesse disponível a Platão nada que se assemelhasse à *Ética nicomaquéia* de Aristóteles, isto é, uma obra em prosa que se proponha perguntar e responder a nossas mais importantes questões sobre a virtude e a boa vida. Nossa informação a esse respeito é incompleta, portanto cumpre sermos cautelosos; por exemplo, nossa falta de conhecimento sobre os escritos éticos de Demócrito é uma séria deficiência[7]. Mas podemos com segurança dizer que seu contexto era, nesse aspecto, imensamente diferente do nosso.

É também importante ter em mente que, no século V e no início do IV, os poetas eram aqueles a quem se considerava os mestres éticos mais importantes. Primeiramente, alguns dos maiores vultos a quem denominamos filósofos e incluímos em nossas histórias da filosofia grega eram eles mesmos poetas, e escreviam situando-se em uma tradição poética: Xenófanes, Parmênides e Empédocles são os exemplos mais eminentes; o primeiro e o último são vultos maiores da história da ética grega. Mas é igualmente importante lembrar que personalidades que normalmente classificamos e estudamos como poetas eram sem hesitação julgados por seus contemporâneos como filósofos, se com isso se quer dizer aqueles que buscam a sabedoria a respeito dos assuntos humanos importantes. Dramas trágicos e cômicos eram, em geral, avaliados por seu conteúdo ético, bem como por outros aspectos de sua construção. Em *As rãs*, de Aristófanes, personagens em busca de conselhos sobre a crise ética e política da cidade procuram Ésquilo e Eurípides no subterrâneo, argumentando que somente o retorno à vida de um desses grandes poetas trágicos pode salvar a cidade. Os interlocutores de Platão, quando buscam esclarecimento sobre virtude ou escolha, voltam-se naturalmente às palavras de Homero, Hesíodo, Simônides, Píndaro, dos poetas trágicos[8]; raramente, senão nunca, às palavras de alguém a quem relacionamos como filósofo. É óbvio, a partir dos diálogos apenas, que o ateniense bem-educado de fins do século V tem enorme confiança na sabedoria dessas personalidades; Polemarco, Cálicles, e Crítias, Protágoras e Pródico – gentis-homens e sofistas profissionais igualmente os reverenciavam. A filosofia platônica tinha que se definir, sobretudo, em oposição a esses textos, que incorporam uma tradição profundamente compartilhada de reflexão sobre a excelência, o louvor e a culpa. Não surpreende que os interlocutores da *República* concordem que os poemas épicos e dramáticos têm a mais forte pretensão *prima facie* de formar o centro de um novo *curriculum* da cidade[9].

Seria realmente uma tolice tentar afirmar algo sobre a voz ou *persona* moral do poeta em cada gênero poético, sobre o modo como a reflexão ética procede em cada um. Felizmente, isso é também desnecessário, uma vez que há uma ampla e proveitosa literatura sobre essas questões[10]. À medida que formos desenvolvendo nossa comparação com a poesia trágica, mencionaremos traços de outros gêneros que Platão implícita ou explicitamente rejeita. Mas o simples fato de termos nos lembrado dessas possibilidades abriu espaço para uma avaliação mais perspícua do projeto de Platão. Antes de nos voltarmos aos diálogos como escritos dramáticos, temos, contudo, que situar uma outra parte do contexto.

Esse Sócrates histórico não escreveu. Não escreveu (se confiarmos no relato de Platão) porque acreditava que o verdadeiro valor do filosofar repousa na interação sensível de mestre e aluno, conforme o mestre orienta o aluno através do questionamento (às vezes gentil, às vezes severo, dependendo do caráter e grau de resistência do aluno) a tornar-se mais ciente de suas próprias crenças e da relação que elas têm umas com as outras[11]. Os livros (diz Sócrates no *Fedro*[12]) não podem realizar essa atividade, pois não são "vivos" (275D). Podem, na melhor das hipóteses, lembrar-nos de como ela é. Na pior, embalam a alma no esquecimento do conteúdo, bem como da maneira do real filosofar, ensinando-a a confiar passivamente na palavra escrita (275A). Pior ainda, em alguns leitores, os livros podem induzir à falsa idéia de sabedoria, já que podem tomar equivocadamente a informação sobre muitas coisas pelo verdadeiro entendimento (275A-B). Os livros, ademais, carecem do caráter atencioso e sensível do verdadeiro ensino filosófico. Eles "revolvem-se" por todos os lados com um tipo de inércia inflexível (275E), dirigindo-se a pessoas muito diferentes, sempre da mesma maneira.

Poderíamos expressar esses dois pontos afirmando que, ao ver de Sócrates, os livros filosóficos estão para o filosofar como os manuais de tênis estão para o tênis. (Poderíamos explicitar a idéia com outros exemplos: pense nos guias de como educar os filhos, manuais de sexo, livros de instrução para navegação.) Não podem fazê-lo; e não substituem a atividade viva, embora possam ser, em algumas circunstâncias, registros mais ou menos úteis de alguns pontos, quando utilizados por pessoas que já têm um senso experimental do que é a atividade. Se, no entanto, se pretender tomá-los pela coisa real, passar a confiar neles em lugar de confiar nas próprias percepções e respostas – ou, ainda pior, orgulhar-se da própria perícia simplesmente por ter estudado inúmeros livros dessa espécie –, isso seria realmente um erro terrível. Esses livros, ademais, carecem da particularidade do tênis realmente bom. Dizem a mesma coisa a todos os leitores sem nenhuma consideração pelas características particulares do jogo de cada leitor ou pelo modo como o jogo variará em resposta a um adversário particular. De certa maneira, o livro filosófico está até mesmo em pior situação do que o manual de tênis. Pois os manuais de tênis não são nem coercitivos nem tampouco importantes por si sós. Não nos dizem que devemos jogar, apenas como podemos jogar se quisermos; e costumam oferecer conselhos em um tom de voz modesto. Os livros de um Empédocles ou um Parmênides, ao contrário, afirmam que devemos crer nisso e não naquilo, agir desse modo e não daquele; que esse é o caminho da verdade, e aquele o caminho do erro repugnante e vulgar. Despejam injúrias sobre a pessoa que não se conforma. Seu tom é enfatuado e autoritário. Mesmo Homero e os poetas líricos, ainda que bem menos estridentes, louvam inequivocamente tais feitos e não outros, esse tipo de pessoa e não aquele. A filosofia real, ao contrário, como Sócrates a via, é a busca compromissada de cada pessoa pela sabedoria, em que o que importa não é apenas a aceitação de certas conclusões, mas também o percurso de um certo caminho até elas; não apenas o conteúdo correto, mas o conteúdo adquirido como resultado do real entendimento e auto-entendimento. Os livros não são essa busca e não comunicam esse auto-entendimento.

Mas Platão decerto escreveu livros. Mais ainda, ele situou essas críticas à escrita no interior de uma obra escrita de seu próprio punho. Os diálogos nos fazem lembrar, repetidas vezes, que Platão viveu cercado por pessoas que tinham desdém pela atividade filosófica, pessoas que ou bem a depreciavam transformando-a em sofística ou erística[13], ou a ignoravam totalmente. Não é surpreendente que nessas circunstâncias, especialmente depois da morte de Sócrates nas mãos daqueles que temiam e odiavam o desafio da real filosofia, ele passasse a sentir a necessidade de paradigmas escritos do bom ensinamento filosófico. (De modo semelhante, em circunstâncias políticas desfavoráveis, a publicação de um manual de sexo ou de como educar os filhos poderia ser um ato esclarecido e que propiciasse a liberdade.) Algo que traga à memória a busca da verdadeira filosofia, mesmo que não seja senão isso, pode ainda ser de grande valor. No entanto, ao situar as críticas socráticas à escrita no interior de sua própria escrita, Platão nos convida a perguntar, à medida que lemos, até que ponto suas próprias inovações literárias conseguiram circunavegar as críticas. Perguntemos agora, mais concretamente, como os diálogos são escritos. Dois fatos óbvios sobre eles: (1) que são uma espécie de teatro, e (2) que são inteiramente diferentes de toda a escrita de teatro grega por nós conhecida. Acredita-se que Platão desistiu de uma carreira promissora como poeta trágico para escrevê-los; acadêmicos observaram que os diálogos evidenciam muitos traços de seu *métier* anterior[14]. Como ele expressa, então, um débito positivo para com esse paradigma cultural de ensino ético[15]; e por que ao mesmo tempo se afasta dele?

Os diálogos platônicos[16], assim como as obras de teatro trágico, mas diferentemente dos inúmeros paradigmas então existentes de discurso ético (por exemplo, os poemas didáticos de Hesíodo, Empédocles e Parmênides, muitas das obras de louvação do início da tradição lírica, os tratados em prosa dos cientistas naturais jônios e dos médicos hipocráticos, a oratória epidítica) contêm mais do que uma única voz[17]. O *Protágoras*, por exemplo, coloca diante de nós o caráter sensível da interação dialética, como a tragédia já nos mostrou com respeito à comunicação e ao debate moral. Vemos, antes, uma discussão ativa, em andamento, em lugar de uma lista de conclusões ou uma proclamação de verdades recebidas. Além disso, o diálogo estabelece, no fato de seu final aberto, uma relação igualmente dialética com o leitor, que é convidado a participar crítica e ativamente do intercâmbio, assim como um espectador de tragédia é convidado a refletir (com freqüência ao lado do coro) sobre o significado dos acontecimentos para seu próprio sistema de valores. Muito embora, em ambos os casos, nossas simpatias possam acabar se perfilando com uma posição (um personagem) e não com outra, embora às vezes uma posição possa se revelar como claramente superior, esse resultado não é imposto ao espectador/leitor por nenhuma declaração de autoridade feita por uma voz no interior do texto. Se há a vitória decisiva de um lado, ela é realizada pela própria atividade dramática e no interior desta, em sua relação com as crenças profundamente sustentadas do próprio espectador/leitor. Isso assinala uma grande diferença com relação a muitas obras importantes da filosofia grega mais antiga, em que é comum o orador/autor alegar ser um iniciado (Parmênides), um receptor da sabedoria dos deuses (Homero, Hesíodo), ou mesmo, ele próprio, um deus na terra (Empédocles). Assim como ao espectador de uma tragédia, a interação solicita ao leitor do diálogo que elabore tudo ativamente e que veja onde ele realmente se posiciona, quem é realmente digno de louvor e por quê. Onde há um debate explícito, ele é convidado pelo intercâmbio a avaliar por si mesmo o que está ocorrendo, assim como o espectador trágico avalia criticamente os argumentos de Creonte e Antígona. Os sofistas utilizavam-se do debate, evidentemente, mas com freqüência como uma arma ou uma droga: diziam que se tornaria mais forte um caso mais fraco, ou mesmo sujeitaria e subjugaria a alma[18]. Platão, tomando emprestadas a abertura e a multilateralidade crítica do bom teatro, utiliza-se do debate para evidenciar a ocorrência de uma comunicação genuína e para estabelecer essa comunicação com o leitor. Podemos, pois, afirmar com justiça que os diálogos, diferentemente dos outros livros criticados por Sócrates, despertam e avivam a alma, incitando-a à atividade racional, em lugar de a embalarem em entorpecida passividade. Devem isso ao seu parentesco com o teatro*.

Uma obra dramática, ademais, pode contribuir ao nosso entendimento de um tema ético *motivando* um debate ou uma investigação. Demonstrando-nos como e por que os personagens que não são filósofos profissionais participam do debate, demonstrando-nos que espécie de problemas inspira a atividade filosófica e que contribuição a filosofia faz para a sua resolução dos problemas, ela pode nos demonstrar, melhor do que uma obra provida de uma única voz, por que e quando nós próprios devemos nos ocupar com a reflexão ética. O *Protágoras* exemplificou bem essa função, uma vez que o cenário dramático nos mostrou por que Hipócrates deve se preocupar, e por que nós devemos nos preocupar, com os males da alma. (A *República*,

---

* Não é por acaso, entretanto, que tenha sido na Atenas do século V que esse tipo de teatro dialético pleno de debate obteve seu espaço. Esses aspectos da tragédia estão em plena continuidade com a natureza do discurso político ateniense, em que o debate público está em toda parte, e cada cidadão é encorajado a ser ou bem um participante, ou pelo menos um juiz ativamente crítico. (Ver, por exemplo, os debates em Tucídides, que, se não são registros de debates efetivos, certamente registram um tipo de atividade que ocorria com freqüência.) Essas práticas eram sujeitas a abusos e manipulação; mas, em sua melhor realização, tinham as características que Platão busca. Assim, o débito de Platão com o teatro trágico não é um débito com alguma invenção estética arbitrária – é ao mesmo tempo um débito com as instituições sociais de sua cultura. Da mesma maneira, seus repúdios à tragédia e à democracia ateniense são estreitamente vinculados (cf. Caps. 5, 6, e abaixo neste interlúdio, p. 118).

o *Banquete* e o *Fedro* prestam igual atenção a esse tema.) Por vezes, podemos acrescentar, Platão encena explicitamente esse tema da motivação no interior do próprio diálogo. Mais de uma vez, somos confrontados com uma cena em que alguém quer abandonar ou sair do debate, ou diz que não confia ou não se preocupa com debates. As maneiras de lidar com tal interlocutor e de motivá-lo nos demonstram diretamente por que devemos continuar realizando a difícil tarefa exigida para fazer o que estamos fazendo, lendo esse diálogo.

Podemos acrescentar que ao vincular as diferentes posições sobre um tema com pessoas concretamente caracterizadas, o diálogo, como uma tragédia, pode fazer muitas sugestões sutis sobre as relações entre crença e ação, entre uma posição intelectual e um modo de vida. (Tanto o *Banquete* como o *Fedro* nos fornecem excelentes exemplos disso.) Esse aspecto da forma diálogo nos incita como leitores a avaliar nossa própria relação individual com os temas e argumentos do diálogo. Desse modo, novamente, o diálogo parece ser menos "silencioso", bem como mais sensível às diferenças individuais do que os livros criticados por Sócrates. São livros que cada leitor pode ler pessoalmente na sua busca de auto-entendimento, explorando as motivações e crenças dos personagens juntamente com as suas próprias. Há neles conclusões e concepções de Platão; entretanto, não nos pedem que simplesmente as memorizemos, mas que as encontremos dentro de nós mesmos.

Finalmente, através de sua representação do processo dialético, o diálogo pode nos mostrar o desenvolvimento e a mudança moral acontecendo. Assim como um poema dramático (tal como a *Antígona*), ele pode nos mostrar as forças que levam à mudança ou ao acréscimo do autoconhecimento, e os frutos da mudança na vida prática. Ver exemplos de aprendizado é seguramente uma parte importante do aprendizado que *nós* obtemos de um texto escrito. É, contudo, uma parte do aprendizado que a inércia e a estrutura de uma voz única nos textos morais didáticos não-dramáticos nos recusam.

De todas essas maneiras, Platão aprendeu com seu *métier* original, colocando sua complexidade e sua busca, seu caráter exploratório, no lugar do nivelamento didático de boa parte da atividade filosófica do início de sua tradição. E à luz dessas observações, podemos agora perceber por que, afinal, o personagem de Sócrates é o verdadeiro protagonista do *Protágoras* e o verdadeiro modelo para nossa atividade como leitores e intérpretes, mesmo da fala de Protágoras. Pois o que Protágoras fez foi, como um orador epidítico prático, proferir uma longa fala; o que ele não poderia fazer, ou não poderia fazer bem, era participar de um intercâmbio sensível de concepções sobre seu conteúdo. Carecia tanto de dedicação como de humildade; e esses traços de seu caráter foram expostos como defeitos que o deixaram mal preparado para a atividade do auto-escrutínio. Em verdade, tudo o que afirmamos sobre o importante conteúdo de sua posição ele poderia ter dito em favor de si mesmo quando solicitado a defender sua posição contra o desafio socrático; mas não disse. Quando não pôde satisfazer sua vaidade pela exibição, ele desmoronou. Evidentemente, estava mais interessado na persuasão e no efeito do que na tarefa paciente e vagarosa de ordenar as coisas. Sua relação com seu público, assim como sua relação com suas próprias crenças, carecia de atenção, cuidado e reciprocidade dialética. Portanto, muito embora nós mesmos tenhamos obtido de sua fala muito conteúdo interessante, apenas o fizemos por lê-la socraticamente, perguntando o que combina com o quê, qual teria que ser o caso se tal coisa fosse de tal maneira. Mesmo a experiência final de pensamento que sua fala nos sugeriu não foi usada por ele, e deve muito ao exame socrático que fizemos de sua fala anterior. Nosso entendimento do diálogo como um todo, igualmente, precisou antes de artes socráticas, do que protagóricas: pois, se o todo é um ensinamento sobre o que exclui o quê, e qual é o custo de qual progresso, a percepção disso exigirá a clareza, a resistência e a flexibilidade do exame socrático, não a vaidade da exposição sofística.

Afirmamos que obras de drama trágico compartilham com os diálogos uma preocupação com o debate e a interação sensível. Podemos agora aprofundar a comparação observando que compartilham também um traço estrutural central, o *élenkhos* ou exame cruzado. Pois, na *Antígona*, como em muitos diálogos socráticos, começamos com a asserção confiante de uma posição geral, feita por um personagem demasiado otimista quanto à sua apreensão e controle dos problemas práticos. Essa asserção geral, assim como tantas outras definições do diálogo, acaba por não abranger todas as crenças mais concretas de Creonte sobre escolha e valor. A ação dramática consiste na "separação" de Creonte de suas crenças falsas e assoberbadas por meio de um doloroso aprendizado. Ao final, ele chega à verdade daquilo em que mais profundamente acredita; ou, ao menos, torna-se capaz de reconhecer sua própria perplexidade profunda. (O espectador deve ser envolvido em um processo semelhante de discriminação.) Mas essa superação das crenças mal discriminadas do interlocutor, essa arte elêntica "separadora", é uma virtude da investigação filosófica socrática à qual Platão atribui a mais alta importância, como podemos ver por seu explícito louvor, bem como por suas representações[19]. Mesmo quando o interlocutor não avança da perplexidade para a verdade, o *élenkhos* o separa, conforme afirma o *Sofista*, do crescimento tumoroso da falsa crença arrogante, preparando o caminho para o crescimento saudável[20]. Podemos agora ver que Platão empregou a estrutura de sua antiga profissão para imitar o *élenkhos* na escrita e para engendrá-lo no leitor através da escrita.

Os diálogos, contudo, não são tragédias. Na concepção de Platão (explicitamente demonstrada na *República* II-III e X e em *As leis*), nenhum poema trágico, como se sabia então, poderia ser um bom mestre de sabedoria ética. Se os diálogos são uma espécie de teatro e devem algo aos modelos trágicos, são também um teatro construído para suplantar a tragédia como o paradigma do ensino ético. Adiante, tanto neste capítulo como no Capítulo 7, falaremos mais sobre as críticas explícitas de Platão à tragédia. Agora, para começarmos a nos inteirar das profundas diferenças entre esses dois tipos de escrita dramática, abordemos o *Protágoras* com as expectativas com que os atenienses da época de Platão abordaram a tragédia; e vejamos como e em que essas expectativas são frustradas.

Primeiramente, percebemos o título: *Protágoras*[21]. A exemplo de muitas tragédias (e diferentemente de obras da maioria dos outros gêneros literários conhecidos[22]), essa obra recebe o nome de um dos seus personagens centrais. Mas, ao contrário do *Agamêmnon*, do *Édipo*, da *Antígona*, essa obra tem o nome de alguém comum e próximo a nós. Poucos leitores do público de Platão poderiam tê-lo conhecido pessoalmente; mas seria conhecido de todos como uma famosa personalidade cultural do passado recente. Por certo, ele está longe de ser um rei ou herói mítico. Há uma familiaridade, bem como uma singeleza e uma franqueza na escolha: ela nos adverte desde o início que estamos lidando com figuras muito semelhantes a nós mesmos. (Outros diálogos recebem o nome de personalidades que sequer eram famosas: *Eutífron*, *Críton*, *Lísias* etc.)

Ora, suponhamos que nós (como gregos do início do século IV) comecemos a ler. A obra tem início com um diálogo entre dois personagens; isso não é, em si mesmo, estranho à prática trágica. Mas em momento algum somos autorizados a pensar que estamos lendo uma tragédia. Pois a obra é em prosa, uma simples prosa ática coloquial que não somente é desprovida de métrica, como também é deliberadamente anti-retórica. Encontramos traços de estilo (hiatos freqüentes, a ausência de certos ritmos de prosa em voga) que a distinguem sem nenhuma ambigüidade das normas da oratória contemporânea. Tampouco, por outro lado, é algum estilo de prosa associado a investigações científicas: não encontramos a afetação das formas do dialeto jônico, padrão nessa literatura. Encontramos, deliberada e cuidadosamente registrada, a fala franca e sem ornamentos que podemos escutar na vida cotidiana, fala que não estamos acostumados a encontrar em nenhum tipo de texto escrito[23]:

> AMIGO Olá, Sócrates. O que estiveste fazendo? Ora, é óbvio. Estavas em tua caçada canina aos encantos de Alcibíades. Bem, quando o vi agora há pouco, ele era ainda um homem formoso. Mas mesmo assim um *homem*, Sócrates, cá entre nós. Começam a crescer-lhe as barbas.
>
> SÓC. O que é que tem? Não és um admirador de Homero? Ele diz que de todas a idade mais deliciosa é quando um jovem adquire suas primeiras barbas. De fato, justamente a idade que Alcibíades tem agora.
>
> AMIGO Bem, como está indo? Estiveste com ele ainda agora? Como ele reage a ti?
>
> SÓC. Favoravelmente, penso, hoje em especial. Estava solícito e disse muitas coisas em minha defesa. De fato, acabo de deixá-lo, como adivinhaste. Mas quero te contar algo muito estranho. Muito embora ele estivesse bem ali, não prestei muita atenção nele. E, por várias vezes, sequer o notei.

Essa fala é deliberadamente frugal e desprovida de adornos. Artificiosamente repudia a artificiosidade. O fato de fixar essa fala na página é por si só declarar sua diferença com relação aos poetas e retóricos, que dispõem dos recursos de ritmo e imagem de modo a influenciar os elementos não-intelectuais da alma. Essa fala é calculada para *não* nos entorpecer, comover ou persuadir. Insiste em conversar conosco calmamente.

À medida que prosseguimos a leitura, tornamo-nos gradualmente cientes de que o *Protágoras* não tem *ação* do tipo com que estamos acostumados no drama trágico (cf. Interlúdio 2). Um drama trágico, como escreve Aristóteles, é "a representação de uma ação séria, completa e de certa magnitude". Mesmo sem aceitar sua teoria da tragédia, podemos aceitar essa afirmação como uma descrição acurada. A *Antígona*, por exemplo, nos conta a história de uma ação complexa, do início ao fim. As implicações de sua situação e problemas iniciais são resolvidas em ações representadas, com todos os reveses da fortuna e reconhecimentos de erro que as interações de circunstâncias e personagens efetuam. No *Protágoras*, ouvimos menções de sérias interações humanas. Tanto no cenário dramático inicial como no curso da discussão há menção de dilemas humanos que poderiam ter-se convertido no material adequado para uma trama trágica. Mas a "ação" do diálogo não é uma resolução desses eventos: não é a história de Alcibíades, ou dos atos de Prometeu, ou mesmo do escravo fugitivo de Hipócrates. Ao final da seqüência introdutória, há uma guinada ao plano do intelecto, à medida que o conflito dramático da obra se torna uma competição sobre a *tékhne*. A experiência concreta e a resposta pessoal à experiência são substituídas pelo debate e questionamento genéricos, e pela busca da melhor consideração geral. Encontramos "revés" e "reconhecimento" tanto aqui como na tragédia: mas, novamente, no nível do juízo e da crença intelectual, não da conduta e da resposta pessoal. Sócrates e Protágoras "trocam de lugar" (ou dizem que o fazem), conforme Sócrates enuncia sua concepção de ensino moral e Protágoras passa a reconhecer que o aprendizado ético não pode proceder da maneira que descrevera. O que está presente na *Antígona* que *não* há aqui? Creonte, Antígona, a luta entre eles; fúria, *erós*, dor, piedade. Em suma, (1) personagens envolvidos numa ação que é da mais profunda importância para a totalidade de suas vidas, e (2) os elementos não-intelectuais da alma humana. O debate não é uma conseqüência de eventos trágicos nem uma resposta a eles: o debate e o discurso *são* o evento. A investigação *é* a ação. Hipócrates é levado de suas preocupações pessoais à busca de uma consideração adequada de juízo prático. Sócrates, Odisseu e Prometeu tornam-se o herói de um novo tipo de história, cuja ambição é ascender do nível da história ao plano da ciência. Ela consegue isso de dois modos: passando dos personagens particulares às considerações gerais, e passando das emoções e sentimentos ao intelecto. Pois é somente através desses dons intelectuais que Sócrates pode realizar, da forma como ele a vê, sua tarefa filantrópica prometiana.

Ao lado disso, encontramo-nos, conforme lemos o *Protágoras*, a responder de maneira bastante diversa do modo como responderíamos a uma tragédia. Ambas as obras exigem de nós um envolvimento e uma resposta ativos. Mas o diálogo envolve nossos juízos. Exige que sejamos intelectualmente ativos. Seu tom seco e abstrato desencoraja positivamente a incitação de emoções e sentimentos. Se nos persuade de alguma coisa, o faz puramente pelo apelo às nossas faculdades de raciocínio. Elementos dramáticos são usados para nos envolver inicialmente: uma vez envolvidos, é o intelecto que essa obra reivindica. Sentimos que seria altamente impróprio chorar, sentir temor ou piedade. O autocontrole do diálogo nos torna positivamente envergonhados dessas respostas. Há, evidentemente, diálogos platônicos em que algo humanamente comovente está ocorrendo: o *Críton* e o *Fédon* são casos óbvios. Nesses diálogos, a reação inicial de certos interlocutores é sentir dor ou piedade. Mas o diálogo ensina explicitamente que essas são respostas imaturas e vãs. Xantipa chora e é acompanhada para fora da sala (60A). Sócrates reprova Apolodoro por suas lágrimas efeminadas (117D); supõe-se que apliquemos sua reprimenda a nós mesmos. Fédon insiste repetidamente que não sente nenhuma piedade (58E, 59A); tampouco devemos nós sentir. Sócrates leva os interlocutores do particular ao geral, do emocional ao intelectual; a nós, igualmente, o diálogo leva nessa direção. A ação do *Fédon* não é a morte de Sócrates; é a busca compromissada da verdade sobre a alma. Nele, Sócrates nos demonstra como ascender da tragédia à investigação. Sir Richard Livingstone, ao editar uma versão inglesa do *Fédon*, imprimiu os argumentos em tipos menores "de modo que possam ou bem ser lidos ou omitidos"[24]. Isso é uma inversão exata das intenções de Platão.

Dir-se-á que há mitos ao final do *Górgias*, do *Fédon* e da *República*. (Há também as famosas alegorias do sol, da linha e da caverna na *República* VI-VII.) No Capítulo 7, argumentarei que o *uso* do mito e da imagem nessas obras iniciais/intermediárias é muito diferente de seu uso tanto emocionalmente comovente como filosoficamente central do *Fedro*. Esses mitos, diferentemente do mito do *Fedro*, não são essenciais ao debate filosófico; vêm depois dele e o reforçam. Tampouco são contados em linguagem comovente. Com efeito, se compararmos esses mitos não com tratados desprovidos de mitos, mas com o uso trágico do mito e da imagem, veremos que Platão está reconstruindo o mito de maneira bastante semelhante ao modo como reconstruiu a ação. Ele o emprega não para que por si mesmo entretenha, mas para manifestar verdades filosóficas gerais em cujo favor já argumentou; e o utiliza antes para abafar a paixão "louca" do que para suscitá-la. Seria, penso, uma reação bizarra e bastante imprópria ser levado por um desses mitos ao amor, à piedade, ou à dor, ou mesmo ao temor. Não nos sentimos com relação a Er como nos sentimos com relação a Antígona; em verdade, ele é incidental, ao passo que as verdades éticas gerais de sua história são centrais. Seu conto não faz com que nos enamoremos de particulares, tampouco desperta nossas almas irracionais[25].

A esta altura, temos uma compreensão geral do que Platão está fazendo com a tragédia. O que ainda não sabemos é por que ele está fazendo o que faz. Por que uma obra cujo objetivo é ensinar sabedoria prática deveria evitar o envolvimento das emoções e sentimentos? Por que deveria selecionar para si esse discurso parco e frugal, e essa esfera intelectualizada de atividade? Felizmente, as respostas a essas questões provêm do próprio Platão. O ponto primeiro e mais óbvio, uma vez que é o ponto salientado pelos próprios poetas e retóricos, é que a linguagem que apela ao sentido e à emoção *pode* desviar a razão de sua busca pela verdade. Esse ponto é vigorosamente acentuado por Sócrates no início da *Apologia*, quando critica a dicção de seus oponentes instruídos poeticamente:

> Não sei que efeito meus acusadores tiveram sobre vós, meus senhores, mas de minha parte, estou quase arrebatado por eles – seus argumentos foram muito persuasivos. Por outro lado, dificilmente uma palavra do que disseram era verdade... Fiquei especialmente aturdido... quando vos disseram que deveis ter cuidado para não deixar que eu vos engane – pois implica que sou um hábil orador. Penso que foi particularmente impudente da parte deles dizer-lhes isso sem corar, já que devem saber que logo serão efetivamente confutados, quando se tornar óbvio que não tenho a mínima habilidade como orador – a menos, evidentemente, que com hábil orador signifiquem aquele que fala a verdade... De mim ouvirão toda a verdade; não, posso assegurar-vos, meus senhores, em linguagem floreada como a deles, adornada com belas palavras e expressões. Não, o que ouvireis será um discurso direto nas primeiras palavras que me ocorrerem, seguro que estou da justiça de minha causa.
> (17A-C, trad. [para o inglês] Tredennick)

Aqui, como no *Protágoras*, Platão cria, de maneira muito deliberada, uma fala que dará a impressão de não ter sido deliberadamente forjada[26]. Ela não é desprovida de arte; mas sua arte é tal que pretende ir direto à parte da alma que diz a verdade. É simples, sem floreios, frugal, não emotiva ou persuasiva[27]. Sócrates nos diz por quê: ele foge ao discurso ornamentado em virtude de seu poder de enganar. Ele sugere veementemente que a única razão para permitir-se regozijar com esse discurso seria o desejo de enganar. Ele busca, em lugar disso, uma transparência e simplicidade de dicção, livre de todo disfarce.

Nesse contexto literário, em que Górgias e outros retóricos tinham a intenção explícita de entorpecer e cativar, podemos perceber o que motivaria essa escolha. Contudo, para justificá-la, Platão deve fazer mais do que demonstrar que o discurso poético pode enganar. Não precisa demonstrar que ele *deve* enganar. Mas deve ao menos seguir argumentando que essa espécie de discurso, associado ao crescimento da atividade das emoções, não tem um papel positivo importante a desempenhar no ensino da verdade ética. Pois, do contrário, seu oponente poético pode concordar com ele sobre os perigos da distorção, mas insistir que é preciso arriscar-se a esses perigos pela finalidade do bem que pode ser alcançado. Platão certamente não negligenciou esse ponto. Como veremos em breve, boa parte da discussão ética em seus diálogos intermediários é dedicada à defesa da idéia de que as respostas dos sentidos e da emoção têm um papel fortemente negativo e nenhum papel positivo redentor a desempenhar na vida moral e intelectual do ser humano, que se promove melhor o bom desenvolvimento humano "separando" dessas respostas a parte intelectual da alma. Desses argumentos parece seguir-se, primeiramente, que não *precisamos* de obras escritas que nos ensinem pelo apelo à emoção e ao sentimento; e que as obras mais valiosas serão as que apelam à parte intelectual isoladamente ou promovem sua separação das outras partes. Há, evidentemente, formas excelentes de instrução oral nesse processo de separação – em primeiríssimo lugar, o estudo da matemática (cf. Cap. 5). Mas um texto escrito tal como o diálogo pode contribuir de seu modo próprio para a liberação da alma envolvendo ativamente o intelecto, fazendo-o olhar além dos particulares de sua própria experiência em direção às considerações gerais, e ser crítico das respostas irracionais.

Podemos concordar com Platão que esses traços do texto escrito são de elevado valor e ainda insistir que a poesia trágica é uma diversão inócua. Mas, na *República* X, Platão acrescentará que nossa resposta emocional à poesia trágica verdadeiramente fortalece os elementos não intelectuais da alma, tornando-os uma fonte de grande distração e perturbação ao intelecto. Ela "água" nossas emoções, quando o que um texto deveria sobretudo fazer é secá-las (606D). Veremos no Capítulo 7 que quando Platão modifica sua visão sobre esse tema ele também altera, de maneira correspondente, sua concepção e sua prática de escrita.

O que encontramos nos diálogos do período intermediário, pois, é teatro; mas teatro purgado e purificado do apelo característico do teatro à forte emoção, um teatro cristalino e puro do intelecto. Afirmamos que o diálogo compartilha com a poesia trágica sua estrutura elêntica. Cumpre agora retornarmos a essa afirmação e qualificá-la. O *élenkhos* da tragédia opera sobretudo através das emoções e da imaginação sensível. Creonte não aprende ao ser derrotado em um debate, mas ao sentir a perda de um filho e lembrar de um amor que não vira ou sentira verdadeiramente durante a vida da pessoa amada. Enquanto permaneceu no nível do intelecto e do debate, Creonte se manteve autoconfiante, sem convencer-se de coisa alguma. Foi necessária a repentina arremetida da dor, o arrebatamento da perda para fazê-lo ver um aspecto do mundo ao qual não fizera justiça. A tragédia sugere até mesmo que os sentimentos de Creonte foram, por todo o tempo, mais profundamente racionais que seu intelecto; o sentimento submerso preservava um sistema equilibrado de valores, ao passo que o intelecto ambicioso errava na direção da unilateralidade e da negação. Uma coisa era *perguntar* a Creonte como ele descreveria suas concepções sobre a família; outra coisa era confrontá-lo com a morte de um filho. O *élenkhos* platônico tem profundas suspeitas quanto a isso. Ele ensina pelo apelo exclusivo ao intelecto; o aprendizado acontece quando o interlocutor se enreda em contradição lógica. Podemos, por certo, consultar suas memórias e intuições durante o debate; mas ele as aborda através e com a finalidade de uma questão intelectual. Nenhum evento dissonante, nenhuma experiência que desperta diretamente o sentimento, deve desempenhar um papel no aprendizado desses interlocutores. Os personagens do *Fédon* não aprendem sobre a alma observando seu amor por Sócrates; começam a aprender apenas quando são capazes de colocar seu amor de lado e voltar-se ao pensamento. É verdade que nos diálogos do período intermediário Platão reconhece que é preciso dar aos sentimentos uma instrução inicial antes que seja possível qualquer dialética socrática. Isso porque, como veremos nos Capítulos 5-7, ele agora julga que há na alma alguns desejos genuinamente irracionais que não são de maneira alguma suscetíveis ao ensino do bem; e ele desenvolve também um entendimento complexo do "intermédio", parte emocional da alma em sua relação com a instrução e a crença. Mas essa instrução é puramente negativa, com o propósito de colocar os apetites sob controle e impedir o nascimento de emoções impróprias, tais como o amor apaixonado e o medo da morte[28]. A ascese da alma em direção ao verdadeiro entendimento, se é que se utiliza de algum texto, seguramente evitará todos com um caráter irracional ou emotivo.

Há ainda um aspecto no qual os dois tipos de exame cruzado se distinguem. A investigação platônica emprega casos particulares como dados para uma consideração geral. Por si sós, sem uma apreensão da forma geral, os particulares não podem ser objetos de compreensão. Exige-se sempre de nós que procuremos o que é comum em todos os casos a que atribuímos um nome comum, negligenciando (ou, recusando-nos a ver?)[29] as diferenças. Quando apreendemos a forma singular, os juízos particulares com os quais começamos podem ser vistos simplesmente como um exemplo do geral. O *élenkhos* trágico não se apresenta como parte de uma busca contínua por *a* consideração correta de algo. Não poderíamos aprender com ela sem generalizar em alguma medida, aplicando o aprendizado de Creonte, *mutatis mutandis*, ao nosso próprio caso. Mas a força da tragédia se encontra normalmente, também, na advertência que nos faz dos perigos inerentes a todas as buscas por uma forma singular: ela nos mostra continuamente a riqueza irredutível do valor humano, a complexidade e a indeterminação da situação prática vivida. Nossa responsabilidade primeira é sempre antes para com o particular do que para com o geral; embora no aprendizado generalizemos em alguma medida, o teste de adequação dessas considerações continuará sendo sua adequação à nossa percepção experimentada dos casos diante de nós[30]. No *Banquete*, Platão indicará tanto seu amor como seu repúdio a essa posição vinculando-a ao personagem de Alcibíades (Cap. 6).

No teatro antitrágico de Platão, vemos a origem de um estilo filosófico distintivo, um estilo que se opõe ao meramente literário e expressa o compromisso de um filósofo com o intelecto como uma fonte de verdade. Ao escrever filosofia como drama, Platão clama a todos os leitores que se empenhem ativamente na busca pela verdade. Ao escrevê-la como drama antitrágico, adverte o leitor de que apenas alguns elementos dele são apropriados para essa busca. Esse, como podemos ver agora, é o significado real da tensão do *Protágoras* entre dialética e elitismo, entre sua aparência de que nos oferece uma escolha e seu anúncio de que apenas um ser superior deve escolher. Cada um de nós tem a escolha, de fato: mas será uma escolha apropriada somente se for feita pelo elemento mais elevado em nós, a saber, o intelecto. Começamos agora a compreender que o estilo de Platão não é neutro em conteúdo, como alguns estilos filosóficos são por vezes considerados; é estreitamente ligado a uma concepção definida de racionalidade humana.

Essas observações foram cruamente genéricas; consideram alguns traços apenas da prática de Platão como escritor. Não se ocuparam, por exemplo, com nenhuma das complexidades do discurso cômico e trágico no *Banquete*, diálogo em que o poder dos elementos além dos quais Sócrates insiste que ascendamos se fará sentir com uma força mais que propedêutica. E, como afirmei, não esclareceram o papel do mito, da imagem e da linguagem rítmica do *Fedro* – em que, como argumentarei, Platão critica sua própria concepção ética e a concepção associada de escrita (Cap. 7). Mas espero ter aberto aqui uma investigação da relação entre a forma de diálogo platônica e o conteúdo da ética platônica, concepção ética em que boa parte da nossa humanidade comum é antes fonte de confusão do que de sabedoria, e em que nossas vidas têm necessidade de transcendência por meio da atividade dialética do intelecto[31].

5. A *REPÚBLICA*: VALOR VERDADEIRO E O PONTO DE VISTA DA PERFEIÇÃO

> Divirto-me, disse, em ver que receias a maioria, no caso de pensarem que estás prescrevendo estudos inúteis. Não é em absoluto trivial, mas difícil, perceber que há na alma de cada um de nós um órgão ou instrumento que é purificado ou reavivado pelos estudos matemáticos, quando foi destruído e cegado por nossas buscas usuais, um órgão cuja preservação vale mais que a de dez mil olhos, pois somente através dele se enxerga a verdade. Os que compartilham dessa crença pensarão que tua proposta é insuperavelmente boa; os que jamais tiveram percepção alguma dessas coisas provavelmente pensarão que estás dizendo bobagens — pois não vêem nenhuma outra vantagem pela qual valha a pena falar nessas atividades.
>
> *República* 527D-E

A investida de Platão contra a bondade do usual se inicia com uma cena da vida diária ateniense. Sócrates (que ainda acredita que a filosofia pode ser praticada como um elemento da vida do cidadão democrático) se dirige de Atenas a Pireu. Com ele está Glauco, irmão mais velho de Platão. É provavelmente o ano de 421, durante a Paz de Nícias: um tempo de descanso e relativa estabilidade. Na época da composição, aproximadamente cinqüenta anos depois, a maioria dos personagens principais do diálogo já morreu, e poucos deles de maneira pacífica. Três (Polemarco, Nicerato e Sócrates) foram executados sob acusações políticas; os dois primeiros foram brutalmente assassinados por causa de suas fortunas por uma facção oligárquica liderada por membros da família de Platão. Assistimos a essas pacíficas interações, assim, com apreensão e um sentimento de violência iminente — violência alimentada, evidentemente, pelos desejos da parte apetitiva da alma[1].

Vão, Sócrates e Glauco, assistir à festa de Bêndis, uma deusa trácia recentemente importada. Sócrates se mostra a princípio curioso, depois admirado. Empregando repetidamente a linguagem do *parecer* e *afigurar-se*, ele faz um juízo de valor: tanto a procissão local como aquela enviada pelos visitantes trácios eram "belas" ou "esplêndidas" (*kalé*)* — ou assim lhe parecia. Mais tarde nessa mesma noite, ademais, deve haver uma corrida de archotes a cavalo, seguida por uma festa noite adentro. E isso, julga o irmão mais velho de Platão, Adeimanto, deve ser realmente "digno de ver" (*áxion theásasthai*, 328A).

Entre a procissão e a corrida de archotes, pois, esses democratas atenienses encontram um pequeno espaço para uma conversa filosófica. É nesse intervalo que toda a *República* tem lugar.

---

* Sobre o espectro de significado desse importante termo estético-ético, normalmente traduzido como "lindo", "nobre", "belo", ver Cap. 6, p. 156, em que sugiro que ele chega muito perto de introduzir uma concepção unificada de *valor* (tanto moral como estético). Para uma discussão dos termos gregos que se relacionam ao nosso "valor", ver Cap. 1, p. 6 e n. 12.

Todos os personagens, à exceção de Sócrates, parecem (ao menos inicialmente) considerar a filosofia uma diversão tal como tudo o mais, nem mais nem menos valiosa. No verdadeiro espírito democrático, atribuem igual valor a todos os seus interesses e prazeres – cada um deles, tal como o homem democrático descrito no Livro VIII, "entregando o governo de si mesmo a cada apetite que surge até que seja saciado, como se tivesse tirado na sorte essa posição, e então em seguida a outro, sem recusar nenhum mas fomentando-os igualmente a todos" (561B)[2]. Essa postura com respeito ao valor está claramente vinculada a uma falta de constância, bem como de auto-suficiência. Um quartel da guarda que seja mantido dessa maneira está à mercê de qualquer governante que por acaso se abeire. Uma alma mantida dessa maneira pode de uma hora para outra mudar seu curso em obediência a um novo desejo que dela se assenhore. E em virtude de seus desejos a levarem, com tanta freqüência, a observar coisas vulneráveis, pode de um momento para outro ser despojada daquilo que valoriza. Sabemos que os homens que aqui são amigos logo estarão se matando por poder e propriedade. De todos os mortos, somente Sócrates morre sem perder nada do que ama.

A cena em breve se desloca para a casa de Céfalo (homem cujo nome significa "cabeça"). A deficiência física desse ancião lhe trouxe, como ele nos diz, uma medida maior que a usual de concentração e estabilidade. Demasiado instável para caminhar facilmente pela cidade, seus desejos corporais turvados pelo passar dos anos, ele carece de muitas das distrações dos homens mais jovens; verifica que seu amor pelo debate aumentou de modo correspondente (328C-D). A maioria dos anciãos que conhece, diz Céfalo a Sócrates, lamentam o advento da velhice. Pensam que ela empobreceu suas vidas. Uma vez que atribuem valor aos apetites corporais e às atividades que os satisfazem, "anseiam pelos prazeres ausentes da juventude. Relembram os prazeres do sexo, da bebida e do banquete, e outros que os acompanham, e ficam furiosos, como se tivessem sido privados de coisas importantes – como se antes vivessem uma boa vida e agora sequer vivessem" (329A). A vulnerabilidade de seu bem-viver – mais uma vez percebemos – está diretamente ligada às suas idéias sobre valor. A mudança e os acontecimentos são problemas para eles porque se preocupam com o controle do acaso e das coisas mutáveis. Para Céfalo, por outro lado, a mudança para a velhice significa simplesmente o fim de um problema. Ele faz Sócrates lembrar do poeta Sófocles que, quando lhe perguntaram se ainda era capaz de fazer amor com uma mulher, respondeu: "Silêncio, ó ser humano. Estou extremamente feliz de ter-me escapado disso, como um escravo que fugiu de um amo desvairado e selvagem" (329B-C). Céfalo concorda: "Pois uma grande paz e liberdade com respeito a essas coisas advêm com a idade. Depois que a tensão dos apetites relaxa e cessa, é justamente como disse Sófocles, uma fuga de muitos amos desvairados" (329C).

A abertura da *República* nos confronta, pois, com uma questão sobre valor: O que verdadeiramente tem valor, é digno de se fazer e digno de se ver, na vida humana? Ela nos indica (algo que não deveria nesse momento surpreender) que a resposta a essa questão estará estreitamente ligada a nossas questões sobre risco e auto-suficiência. O cidadão democrático médio é inseguro ao máximo porque atribui valor, em sua concepção do bem viver, a atividades e matérias inseguras – que, de fato, quase certamente falharão, mais cedo ou mais tarde. Céfalo e Sófocles fazem melhor. Mas Céfalo ainda se atormenta por dinheiro e pelo medo da morte. E suspeitamos que atribuiu mais importância ao apetite do que ele mesmo sabe: pois mais tarde veremos que é possível, mesmo na mocidade, viver uma vida muito menos atormentada pelo apetite "desvairado" do que a dele, porque menos atenta a seus objetos[3]. Ao final do debate, Sócrates terá defendido como a melhor vida humana uma vida muito mais extrema em seu desligamento do que a de Céfalo: a vida do filósofo, cuja alma o *Fédon* descreve como aparentada às formas que contempla: pura, sólida, única, constante, inalterável. Uma vida, pois, de bondade sem fragilidade. Gostaríamos de entender seus argumentos em favor do valor superior dessa vida.

Ao fazermos a pergunta de Platão sobre valor, devemos fazer também, com ele, uma pergunta epistemológica: como, ou de que ponto de vista, são adequados os juízos alcançados sobre o valor dos componentes prospectivos de uma vida? Pois é óbvio pela abertura do diálogo que as pessoas comuns, quando perguntadas o que lhes *parece* ótimo, nomearão muitas atividades que a argumentação do filósofo ao final julgará sem valor e, em geral, como Sócrates observará posteriormente, a maioria das pessoas, se lhes for perguntado o que tem valor, louvarão o conteúdo de suas próprias vidas (581C-D). Mas Platão está convencido de que a maior parte dessas respostas é mal orientada: o "olho" de nossas almas humanas está "profundamente enterrado num tipo de lodo bárbaro" (533D) e não consegue ver claramente. De que posição, pois, esse olho vê bem? E qual a natureza dos obstáculos à sua verdadeira visão? Sófocles fez uma sugestão. Com seu imponente "ó ser humano" – palavras que Platão, de qualquer forma, com certeza escolhe deliberadamente – ele sugere que o problema reside em nossa natureza distintamente humana; a percepção correta viria de um ponto de vista mais do que humano, que pode olhar o humano a partir de fora. (A *República* IX falará de um "em cima real" da natureza.) Precisamos explorar, assim, não apenas a consideração do valor, mas também a consideração da verdadeira visão que a acompanha.

Podemos agora dar início a essa busca, mas de um modo complicado. Pois há um difícil problema interpretativo em nosso caminho. Cumpre delimitá-lo e esclarecer nossa relação com ele antes que possamos propriamente apreciar os argumentos de Platão.

I

A *República* argumenta que a melhor vida para um ser humano é a vida do filósofo, uma vida devotada ao aprendizado e à contemplação da verdade. A *República* também argumenta que a melhor vida é uma vida "governada" pela razão, em que a razão avalia, classifica e ordena buscas alternativas. Ambas essas afirmações sobre a teoria do bem presente na *República* são geralmente aceitas; o que os intérpretes não são tão prontamente capazes de determinar é como, e se, essas duas afirmações platônicas sobre o bem estão relacionadas. Afigura-se que a concepção de "governo" da razão enunciada no quarto livro do diálogo é uma concepção puramente formal que não faz nenhuma tentativa de especificar o conteúdo da vida que vem a ser planejada e ordenada pela razão. Tudo o que se exige ali é que o agente harmonize sua alma, ordene seu plano de vida, de acordo com alguma concepção ordenada do bem. A parte da alma que raciocina (*logistikón*) determina o que tem valor e quanto, "velando pelo bem da alma inteira"[4]. A diferença entre a parte que raciocina ou intelectual e os outros elementos motivacionais da pessoa será encontrada nessa capacidade de avaliação e seleção geral. Os apetites se esforçam meramente por alcançar os objetos sem concebê-los como bens gerais[5]. Mas não há razão, de acordo com a concepção formal de valoração racional presente no Livro IV, pela qual o conteúdo de um plano de vida não deva incluir atividades apetitivas como componentes intrinsecamente valiosos, selecionados e arranjados ao lado dos outros. Tampouco há razão para supor que a razão organizará a vida do agente em torno da atividade do raciocínio. Em verdade, parece bastante natural supor que a parte que raciocina, ao velar pelo bem da "alma inteira" de um ser humano complexo, conferirá valor intrínseco a atividades que satisfazem as persistentes necessidades apetitivas naturais[6]. Platão ainda não diz nada contra isso; supomos que qualquer conteúdo bem-ordenado deva satisfazer suas exigências.

E, contudo, ao chegarmos ao fim da *República*, muita coisa nos foi dita por Platão sobre conteúdo. Ele rejeitou, de fato, muitas das atividades humanas mais comuns, incluindo todas as atividades apetitivas, como carentes de valor verdadeiro ou intrínseco, e escolheu a vida do filósofo como a melhor vida. Em verdade, Sócrates assevera de maneira muito precisa que essa vida é 729 vezes melhor que a pior vida, a vida do tirano[7]. Esse movimento para além da reflexão puramente formal do livro IV é prognosticado pela enigmática afirmação de Sócrates, no Livro VI, de que a história anterior era insuficiente porque se encerrou com um acordo meramente humano e usou como medida de valor um ser humano, portanto imperfeito[8]. O *Protágoras* já nos demonstrou que tal medida não convém a Sócrates. Tal "indolência", afirma ele agora, é uma qualidade de espírito que nossa cidade e nossos filósofos devem rejeitar. De maneira semelhante, no *Fédon*, Sócrates defende como a melhor vida uma vida a que denomina uma prática para a morte: uma vida de contemplação filosófica na qual o filósofo se dissocia tanto quanto possível dos desejos e buscas do corpo humano, não lhes concedendo absolutamente nenhum valor positivo[9].

Intérpretes recentes concordam que os juízos últimos que Platão faz do valor da vida, nos diálogos intermediários, não podem ser adequadamente explicados unicamente com referência ao argumento formal da *República* IV. Platão tem claramente um interesse independente nos *componentes* da vida; a ordem geral é apenas necessária, e não suficiente, à espécie suprema de valor. Contudo, há, na literatura recente sobre essa questão, uma tendência a pensar nessas asserções sobre conteúdo como um embaraço para Platão, e a reconstruir seu raciocínio, na medida do possível, de modo que se fundamente apenas nas reflexões formais. Uma tal tentativa é empreendida por Gary Watson em seu artigo "Free agency", um retrato muito persuasivo da reflexão do Livro IV sobre a valoração racional, em que se afirma explicitamente que o valor intrínseco será, nessa reflexão, atribuído a atividades que satisfazem nossas necessidades apetitivas permanentes[10]. Contudo, Watson não oferece uma interpretação da *República* como um todo; está, portanto, livre para ignorar as questões adicionais suscitadas pelos livros posteriores. Em *Plato's Moral Theory*, entretanto, Terence Irwin oferece realmente uma leitura da totalidade da *República* que desenvolve uma posição semelhante à de Watson como reflexão sobre a obra inteira[11]. Em seu livro valioso e estimulante, Irwin argumenta que o interesse primeiro de Platão é em descrever uma concepção do bem como o ajuste harmonioso de inúmeros constituintes separados, cada um possuindo valor intrínseco. Na leitura de Irwin, esses fins intrínsecos serão os ideais particulares de cada agente humano descobertos pelos procedimentos deliberativos de reminiscência (interpretada aqui como um tipo de introspecção[12]) e autocrítica. Qualquer conteúdo de vida será aceitável ao Platão de Irwin, contanto que possa satisfazer, de modo ordenado, o sistema de desejos do próprio agente. No caso de certas vidas que Platão rejeita, a rejeição pode ser justificada com base na forma[13]. Mas Irwin admite que Platão de fato rejeita, exclusivamente com base no conteúdo, vidas cuja forma ordenada parece satisfatória. Irwin também admite que os procedimentos introspectivos pelos quais se chega a um conteúdo de vida em sua reflexão não são mencionados em parte alguma da própria *República*; em seu lugar, encontramos a afirmação de que apenas uma vida dedicada à contemplação da verdade – uma vida que nem todos podem ter, ou talvez sequer queiram ter – é uma vida plenamente dotada de valor. Contudo, na opinião de Irwin, isso não passa de um erro da parte de Platão. "É lastimável", escreve ele, "que Platão nos deixe lacunas a preencher aqui, em virtude de seu interesse na sabedoria contemplativa, e não prática." E ele atribui essa e outras "lacunas" à distância em que Platão se encontra dos nossos interesses filosóficos contemporâneos: "Ele não acentua as partes do problema que talvez desejemos que acentue; mas isso se dá porque sua visão do problema e do tipo certo de resposta não é a visão de alguns moralistas mais recentes."[14]

Voltamo-nos a Platão como um pensador cuja importância está estreitamente ligada à profundidade e severidade de seu desafio às crenças predominantes, tanto de seu tempo como do nosso; portanto, essa "distância", por si só, não nos alarma. Mas seria lastimável – e nos termos do próprio Platão – se o preconceito e o interesse vagos tivessem realmente, nessa conjuntura crucial, tomado o lugar do debate filosófico[15]. Ademais, é muito importante para nossas preocupações particulares determinar se os argumentos de Platão sustentam ou não esses juízos de conteúdo. Pois, se Irwin está correto, apenas uma de nossas preocupações centrais, a inter-relação harmoniosa de valores, é realmente referida nos argumentos de Platão; a fragilidade ou instabilidade de compromissos individuais não é para ele relevante – ou é relevante apenas para seu preconceito. Mas, se ele tem argumentos para sua escolha da vida do filósofo, eles provavelmente nos dirão por que uma boa vida deve excluir ou minimizar nossos vínculos mais frágeis e instáveis, e consagrar-se às ocupações intelectuais mais auto-suficientes. À medida que analisamos esses problemas, percebemos, como argumentarei neste capítulo, que o material sobre conteúdo não é periférico, mas antes bastante central à teoria do bem presente na *República*. Argumentarei que a "lacuna" que Irwin detecta no argumento da *República* é, em verdade, preenchida por uma complexa teoria do valor verdadeiro e da valoração objetiva que, longe de ser construída sobre preconceitos[16], é bem digna de nossa mais séria atenção. De fato, se não a consideramos, corremos o risco de despojar Platão de alguns de seus mais profundos e característicos argumentos, de importância central para nossa própria investigação. Ao final, arriscamo-nos a transformar a *República* em uma cômoda expressão do princípio liberal (mencionado no Livro VIII) segundo o qual deveria ser "permitido a cada pessoa estruturar uma organização para sua própria vida, aquela que lhe aprouver" (557B) – em lugar do que ela realmente é, um ataque profundo e perturbador a esse princípio como base para o genuíno bem-viver.

Muito embora a passagem da estrutura ao conteúdo na *República* se afigure abrupta e intricada, menos nos parecerá assim tão logo percebamos que Platão oferece uma argumentação para sustentá-la. Próximo ao fim do Livro IX, após descrever diversas vidas alternativas, Sócrates introduz uma "demonstração" em duas partes (580C-D)[17] para mostrar a Glauco que a vida do filósofo é a melhor vida humana (a mais *eúdaimon*)[18]. A complexa discussão que se segue estabelece uma divisão de gozos e atividades prazerosas, atividades realizadas com entusiasmo ou vivacidade, a qual está relacionada com a divisão tripartida da alma em elementos apetitivos, emocionais e intelectuais presente no Livro IV. (Embora as considerações do prazer pareçam inicialmente apartadas das considerações da bondade, é evidente conforme o debate progride que a classificação de "prazeres" é uma classificação não de sentimentos subjetivos com respeito às atividades, quanto à sua força ou intensidade, mas das próprias atividades, quanto a seu valor verdadeiro e desejabilidade objetiva. Assim, os prazeres "verdadeiros" são aquelas atividades escolhidas em harmonia com as crenças *verdadeiras* sobre valor ou dignidade, opostas àquelas de que os agentes extraem prazer porque acreditam falsamente que têm valor. Estas últimas podem dar e efetivamente dão origem a *sentimentos* muito intensos de prazer, como salienta Platão; mas não serão bem classificados como prazeres de acordo com o sistema de Platão[19].) Sócrates agora argumenta que as atividades associadas à "parte que raciocina" da alma, o aprendizado e a contemplação da verdade, são as melhores atividades de uma vida humana. Ele argumenta, em primeiro lugar, epistemologicamente: o critério correto de juízo é "experiência combinada com sabedoria e razão" (581C-583A). Somente o filósofo julga com o critério certo ou do ponto de vista apropriado; ele seleciona suas próprias atividades como as melhores. Em segundo lugar, Sócrates argumenta que as atividades do filósofo são superiores por razões intrínsecas: preocupadas, como são, "com o imutável e imortal, e com a verdade", têm um valor mais alto do que as ocupações associadas às duas outras partes (583A ss.).

Apesar de essas duas partes do debate estarem formalmente separadas, sua ligação é estreita: a epistemologia do juízo-de-valor garante a escolha desse conteúdo pelo valor verdadeiro, e os méritos intrínsecos do conteúdo nos dispõem a nos contentarmos com o ponto de vista que o aprovou. (Mais adiante perguntaremos sobre essa relação.) Considerações epistemológicas continuam a ter destaque na segunda parte do debate, em que os erros da pessoa comum sobre a classificação do valor são explicados pela observação de que sua experiência não a conduziu ao lugar de onde, exclusivamente, podem ser feitos juízos apropriados de valor. Diferentemente do filósofo, que caminhou ao "em cima real" da natureza, essa pessoa apenas oscilou entre o "embaixo" e o "meio" (584D ss.).

É nessa passagem que Platão nos evidencia, se em alguma parte o faz, as considerações que levariam uma alma "governada pela razão" no sentido formal a escolher certo conteúdo específico de vida, o da vida devotada à filosofia, em lugar de algum outro plano ordenado de vida. E aqui, se é que em algum lugar, ele nos mostra o ponto de vista a partir do qual as verdadeiras classificações são feitas. A passagem é densa e difícil; não é imediatamente evidente o modo como Platão passa de seu ideal formal à especificação de conteúdo através dessa classificação de atividades, ou como a própria classificação é composta[20]. Felizmente, contudo, a teoria do valor-da-atividade que é aqui discutida de maneira obscura, recebe um desenvolvimento mais pleno em outros diálogos relacionados, especialmente em *Fédon*, *Górgias* e *Filebo*. Se aduzirmos passagens relacionadas e as vincularmos com essa[21], apreciaremos melhor a força da posição de Platão.

No *Górgias*, Platão enfrenta um oponente que aceita a importância de ter um plano de vida racional, mas deseja especificar o conteúdo desse plano de uma maneira repulsiva ao filósofo: a melhor vida é uma vida organizada pela razão para o gozo máximo do prazer sensível. O homem "naturalmente nobre e justo", argumenta Cálicles, permitirá que seus apetites se tornem muito grandes, em verdade, tão grandes quanto possível. Mas, em virtude de sua "coragem e inteligência prática" superior, será também "suficiente para atender-lhes em sua maior grandeza e para satisfazer cada apetite com aquilo pelo que roga" (492A). Aqui está, pois, uma vida formalmente governada e ordenada pela razão. Mas a maioria de seus episódios serão episódios de atividade apetitiva: comer, beber, deleite sexual. A réplica de Sócrates deve, pois, dar-nos algum esclarecimento sobre a natureza de seu raciocínio em favor do valor superior do conteúdo da vida do filósofo.

Deve-se notar, primeiramente, que Cálicles não está em absoluto perturbado pelo amplo elemento de *necessidade* na vida que descreve, pela medida em que as escolhas da razão "atendem" (*hypereteîn*) às exigências do corpo[22]. Ele parece acreditar, de fato, que, simplesmente porque somos seres com tais e quais necessidades, há um certo valor positivo vinculado às ocupações que satisfazem essas necessidades. Exige apenas que a necessidade permaneça dentro dos limites do poder que a razão tem de obter satisfação e que a vida não seja em sua totalidade puro acaso, mas esteja sob a direção executiva da inteligência. Ademais, Cálicles parece vincular um valor positivo ao próprio fato de ter essas necessidades apetitivas: pois a afirmação de Sócrates de que os que não têm necessidade de nada vivem bem (são *eúdaimon*) o enche de desgosto. "Nesse caso", replica, "pedras e cadáveres estarão vivendo insuperavelmente bem" (492E). Assim, evidentemente, ele atribui valor intrínseco positivo não ao próprio estado de saciedade, que até mesmo um cadáver pode exemplificar, mas ao ter e ao aprazível saciar dos apetites humanos – e quanto maiores, aparentemente, melhores: "o máximo influxo" (494B)[23]. É o objetivo de Sócrates investir contra ambas as afirmações: a de que as atividades apetitivas têm valor por causa do modo como respondem às nossas necessidades, *e* a de que há valor positivo, para um ser humano, no próprio fato de ter necessidades apetitivas recorrentes.

A estratégia do raciocínio de Sócrates é encontrar alguns casos de uma atividade que traz satisfação de uma necessidade apetitiva, em relação aos quais Cálicles admitirá que a atividade em questão é vergonhosa ou ridícula, e a necessidade, algo que nenhuma pessoa desejaria ter. Cálicles é em seguida compelido a ver uma estreita semelhança entre esses casos e as atividades que ele mesmo favoreceu; e é instigado a reconhecer que, também em seu próprio caso, as atividades são desprovidas de valor intrínseco positivo, e quanto às necessidades, que seria racional desejar seu desaparecimento. Os dois exemplos apresentados no texto por Sócrates são o prazer de coçar uma comichão e o gozo sexual do homossexual passivo. Cálicles, em verdade, não é vencido pelo primeiro: tenta de modo tenaz alegar que coçar-se é um componente perfeitamente bom da vida ideal. Mas o segundo exemplo ofende tão profundamente seus preconceitos sociais e sexuais que ele é forçado a repensar toda a sua posição. "Não tens vergonha, Sócrates", diz ele, "de levar o debate a coisas desse tipo?"[24]

O raciocínio implícito de Sócrates parece ser como se segue. Coçar é uma necessidade, e o coçar-se uma atividade que responde a essa necessidade e mitiga. O coçar-se tem, portanto, o que poderíamos denominar valor *relativo-à-necessidade* ou *de saciedade*. Mas podemos facilmente ver, se apartarmos a atividade do contexto de saciedade, que não atribuímos nenhum valor intrínseco independente à atividade de coçar-se. Não é nada que um ser racional incluiria como componente de um plano para a boa vida[25]. Tem valor como, e somente como, a atividade que aquieta um certo tipo de sentimento físico problemático. Se jamais tivéssemos coceiras, não teríamos absolutamente nenhuma razão para nos coçarmos. Se uma pessoa considerasse o coçar-se uma coisa boa a se fazer e saísse por aí se coçando, tivesse ou não uma coceira, seria por nós considerada cômica ou perturbada.

Ao lado disso, é fácil perceber que almejamos, em geral, não ser atormentados com a coceira que dá origem ao desejo de nos coçarmos. Talvez porque a própria coceira seja tão excruciante; talvez, uma outra razão seja que a atividade que a alivia é tão indigna e tão embaraçosa. Em todo caso, não valorizamos o fato de ter essa necessidade ou dor; não preferimos a vida com mais e maiores coceiras à vida com menos e menores delas[26]. Pensaríamos que uma pessoa que suplicasse pelas maiores coceiras possíveis, contanto que sempre tivesse o poder de se coçar, é ou bem um maníaco, ou um palhaço.

O exemplo do homossexual passivo funciona de modo semelhante[27]. Conseguir seu prazer sexual dessa maneira é, para algumas pessoas, satisfazer uma necessidade. Mas as atividades envolvidas não são, *apenas* em virtude de seu valor relativo-à-necessidade, atividades intrinsecamente boas ou valiosas. Não realizam *eudaimonía*: uma vida que tenha esses episódios como componentes não é uma vida humana valiosa (494E). De fato (assumindo momentaneamente o ponto de vista de um grego da classe e com a experiência de Cálicles[28]), concordamos que essa é uma maneira de se comportar ridícula e repugnante. Cálicles riria de pessoas que fazem isso, ainda que soubesse que estavam satisfazendo uma necessidade. E ninguém, admite ele, escolheria fazê-lo se já não tivesse essa necessidade. A necessidade, ademais, é uma necessidade que Cálicles espera e roga jamais sentir. Deseja que nenhum filho ou amigo seu jamais venha a senti-la. Nesse caso, o desejo de não ter a necessidade não pode ser explicado pela dor incomum da própria necessidade; essa necessidade sexual não é, por si mesma, mais dolorosa que as necessidades sexuais que Cálicles valoriza e fomenta. Deseja-se que a necessidade seja afastada, presumivelmente, porque ela leva a atividades que são prévia e independentemente classificadas como ignominiosas. A vida que se compõe delas é "terrível, vergonhosa e vil" (494E). Cálicles deseja não ter a necessidade de fazer coisas vergonhosas e vis.

Os exemplos, pois, obrigam Cálicles a admitir que nenhuma atividade tem valor intrínseco positivo *meramente* porque preenche uma lacuna ou responde a uma necessidade. E algumas necessidades são elas mesmas detestáveis porque as atividades que instigam são independentemente julgadas como más, tolas ou emasculadas. Assim, não podemos estabelecer questões de conteúdo de vida voltando-nos *simplesmente* ao que satisfará as várias necessidades que por acaso temos de antemão, ou perguntando a pessoas que estão sob o domínio dessas necessidades o que elas pensam que querem. Devemos nos voltar independentemente às próprias atividades e perguntar se são nobres.

Contudo, Sócrates não introduz esses dois exemplos como casos isolados ou excepcionais. Ele os utiliza como casos particularmente claros que exibem características comuns a todos os casos de atividade apetitiva, ou, de modo mais geral, de atividade de satisfação-de-necessidade; e pretende atacar a tese de que todas essas atividades são partes componentes da boa vida. Os exemplos são introduzidos através de uma consideração geral da estrutura do elemento apetitivo da alma (493A3, B1); concorda-se que comer para satisfazer a fome e beber para satisfazer a sede são exemplos paradigmáticos do tipo de atividade em discussão (494B-C); e afirma-se que o caso homossexual é um "sumário" de todo esse grupo (494E3-4). Finalmente, ao concluir a discussão dos exemplos, Sócrates consegue que Cálicles admita explicitamente que "toda necessidade e apetite" tem uma estrutura igualmente relativa-à-dor (496D, cf. 497C7). Claramente, a idéia é que as buscas apetitivas valorizadas por Cálicles são todas realmente semelhantes a ter uma coceira e coçar-se: atraentes para alguém já afligido com um certo tipo de dor, mas sem nenhum valor em si mesmas. Se conseguirmos enxergar essas ocupações comuns de fora, não da perspectiva distorcida da necessidade sentida, mas objetivamente, considerá-las-emos, sugere ele, ridículas, sem valor, ou mesmo repugnantes, como agora consideramos as ocupações do homossexual ou daquele que se coça. Desejaremos, portanto, não ter essas necessidades, de modo que nossas vidas não precisem ser despendidas em tentativas repetidas, e de alguma maneira absurda, de as satisfazer. As histórias de Sócrates dos jarros fendidos e da "ave-torrente", contadas nessa mesma passagem, procuravam nos fazer ver a futilidade e esqualidez das buscas apetitivas. Todos nós, na medida em que vivemos uma vida apetitiva, somos tais como vasos cheios de furos, em vão vertendo em nós mesmos, repetidas vezes, uma satisfação que tão prontamente nos deserta. Ou, pior, somos como uma espécie de pássaro especialmente repugnante que excreta tão rápido quanto come, e está constantemente fazendo ambas as coisas[29]. Ordem racional geral não é suficiente: os constituintes de uma vida racional devem também ser intrinsecamente dignos de escolha.

Os argumentos de Sócrates nos deixam com inúmeras questões problemáticas. Não é evidente que Cálicles devesse tão rapidamente se impressionar pela tentativa de Sócrates de equiparar sua pessoa "naturalmente nobre" a tipos que ele mesmo despreza. Mesmo que haja *algumas* atividades que tenham valor relativo-à-necessidade sem ter nenhum valor intrínseco separado, não é evidente a razão por que deveríamos tomar a própria presença de valor relativo-à-necessidade como evidência da ausência de valor intrínseco. Sócrates claramente sugere isso de modo implícito – mas, claramente, seu raciocínio não o leva tão longe. Raramente há alusão e desenvolvimento de considerações que ajudariam a completar o raciocínio – considerações, por exemplo, sobre a instabilidade e a não-permanência de atividade apetitiva. Mas retornaremos a esses assuntos posteriormente, e agora nos voltaremos às evidências em favor de uma teoria similar do valor no interior da própria *República*.

No início do segundo livro da *República*, Glauco apresenta uma classificação tripartida de atividades com referência à espécie de valor ou dignidade que possuem. Não explora precisamente a mesma distinção que encontramos no *Górgias* e encontraremos novamente na discussão da *República* IX sobre deleites. Mas é uma distinção relacionada, e que Platão tende a apresentar juntamente com a que vimos; e, igualmente importante, encontraremos aqui diversos exemplos que desempenham um papel central nas teorias do valor da *República* IX e do *Filebo*. Há, diz-nos Glauco, três espécies de bens (*agathá*), ou coisas que escolheríamos ter. (Muito embora isso possa parecer a introdução de uma lista de posses, os itens de sua lista são todos, em verdade, atividades que julgamos boas e escolhemos realizar[30]. O "Escolheríamos ter" de Glauco sugere que o que está em questão não é o conteúdo de todas as buscas efetivas, mas apenas o conteúdo de escolhas racionais, ou escolhas feitas em certas condições. Isso nos convida a pensar sobre condições boas e más para a escolha, apontando adiante para as questões epistemológicas da *República* IX.) O primeiro grupo contém atividades que são escolhidas não por suas conseqüências, mas apenas pelo fim delas mesmas: "divertir-se e todos os prazeres inofensivos que não têm outras conseqüências além do regozijo que se encontra nelas" (357A). No segundo estão as atividades que escolhemos tanto pelo fim delas mesmas como pelo fim de conseqüências independentemente desejáveis: raciocinar, ver, o funcionamento saudável do corpo. No terceiro estão as coisas valiosas apenas por suas conseqüências independentemente desejáveis, e não dignas de escolha em si mesmas: exercitar-se, submeter-se a tratamento quando doente, ganhar dinheiro.

Aqui, novamente, vemos que certas ocupações em que nos empenhamos não têm nenhum valor intrínseco. Escolhemo-las racionalmente porque temos certas necessidades, dores ou interesses, e as ocupações são meios instrumentais eficientes para as conseqüências desejadas. Uma pessoa saudável que tomasse remédio de gosto ruim seria irracional. Mesmo o exercício físico, que responde a uma necessidade permanente de qualquer criatura provida de uma natureza corporal semelhante à nossa, é considerado algo que fazemos somente para alcançarmos um estado em que queremos de outra maneira estar; não possui nenhum mérito simplesmente como atividade. Todas essas atividades parecem valiosas em relação a um contexto contingente; retiremos o contexto, e as razões para escolhê-las desaparecerão. Em contraste com esses casos estão os componentes intrinsecamente valiosos de uma vida: o bom funcionamento da mente e do corpo que é a um tempo valioso e útil, os gozos inúteis, mas valiosos. (Os últimos, a julgar por exemplos de outras passagens, incluiriam certos prazeres estéticos e sensoriais.)

Essa distinção não é exatamente idêntica à distinção do *Górgias* entre valor meramente relativo-à-necessidade e não-relativo-à-necessidade. Poderiam existir ocupações empreendidas como meios instrumentais para um fim desejado que não fossem incitadas por nenhuma dor ou carência sentida. O exercício nem sempre é efetuado porque a má condição é sentida como dolorosa. E seria possível argumentar que nem toda ocupação que tem seu valor meramente, ou unicamente, em relação a alguma dor antecedente que ela suaviza é escolhida como *instrumento* para o estado resultante de alívio ou saciedade[31]. Mas os dois contrastes são muito estreitamente relacionados. Ambos contrastam o valor meramente relativo-ao-contexto com o valor que seria valor em quaisquer circunstâncias; e, mais importante, contrastam atividades relativas-à-deficiência com atividades que seriam valiosas mesmo que não tivéssemos absolutamente nenhuma deficiência. Seu lado "direito", o lado do valor intrínseco, não-relativo, é o mesmo nos dois casos, e Platão parece tratar os dois contrastes como intercambiáveis para os propósitos em que ele está interessado. Esse não é, penso, um problema particularmente grave para a sua argumentação. O que ainda continua sem resposta nessa classificação, entretanto, é a questão do *Górgias*: devemos supor que toda atividade cujo valor se deriva primordialmente de sua relação com nossas necessidades é apenas por essa razão *inteiramente* carente de valor intrínseco? A *República* II não faz claramente essa afirmação; com efeito, algumas atividades valiosas são também úteis, embora seu valor não *se derive da* utilidade. Mas a afirmação mais forte é explicitamente aventada em relação com um contraste semelhante entre instrumental/intrínseco ilustrado por exemplos similares, numa discussão inicial do *Górgias*. Ali, Sócrates e Polo concordam que, se alguém faz alguma coisa com o fim de alguma outra coisa, ele não quer verdadeiramente aquilo que faz, mas apenas aquilo pelo fim de que o faz; e que isso é verdade *sempre* que alguém quer alguma coisa de valor instrumental (467D-468A)[32]. Por que deveríamos pensar isso? Para um entendimento mais profundo dessas afirmações e suas conseqüências para o *status* da atividade apetitiva, cumpre agora retornarmos ao debate da *República* IX, pelo qual começamos, complementando-o com o material extraído do *Fédon*, e da classificação de gozos do *Filebo*.

O debate do Livro IX defende o conteúdo da vida do filósofo acima das alternativas disponíveis, desenvolvendo uma teoria do valor das atividades cujos elementos devem agora nos parecer familiares. Há, diz Sócrates, algumas atividades que as pessoas valorizam somente porque proporcionam alívio de uma dor ou carência antecedente. Atribui-se valor às atividades ou (1) porque parecem boas e aprazíveis por comparação com a dor que as precedia, ou (2) porque são meios para um estado final livre de dor que em si mesmo parece bom por comparação com a dor precedente; ou, às vezes, por ambas as razões (583C-584A). Mas, continua Sócrates, podemos ver que nem as atividades nem tampouco seus estados finais resultantes são intrinsecamente valiosos. Não são em absoluto "verdadeiramente aprazíveis": o juízo de que valem alguma coisa é inteiramente baseado em ilusão. Pois nenhuma criatura racional escolheria empenhar-se em tais atividades se não tivesse necessidade ou dor. Tampouco é o estado livre de dor em que culminam essas atividades mais valioso do que um estado neutro ou nulo (583C-D). Não tem em si mesmo nenhum valor positivo; com efeito, comparado com uma atividade intrinsecamente boa ou aprazível, esse estado se assemelha a um estado de deficiência, uma vez que é inativo. É altamente valorizado apenas pelos seres humanos que jamais experimentaram gozos reais intrinsecamente bons, por pessoas, como afirma Sócrates, que jamais viajaram ao "em cima" da natureza, mas apenas oscilaram entre o "embaixo" e o "meio". A visão que essas pessoas obtêm do bem é distorcida por causa das limitações de sua perspectiva. "Nenhuma dessas concepções é saudável com respeito à verdade sobre o prazer – há uma espécie de feitiço" (584A). A afirmação de Sócrates (se agora combinarmos essas observações com as hipóteses epistemológicas da parte inicial do argumento) é que um ser humano que teve o tipo certo de experiência, a saber, o filósofo, e que julga do ponto de vista apropriado ou usando o critério correto, estará em condições de detectar o erro da maioria e fazer as atribuições corretas de valor. Ainda carecemos de uma reflexão clara sobre qual é a perspectiva ou ponto de vista confiável, esse ponto de vista do "em cima real" da natureza. Mas a capacidade do filósofo de julgar corretamente parece ter menos a ver com a mera quantidade de experiência do que com o fato de a experiência o ter conduzido a um certo lugar: lugar em que a razão, livre de dor e limitação, pode permanecer sozinha, acima das restrições impostas ao pensamento pela vida meramente humana. (A referência de Sócrates a um "feitiço" nos traz à memória uma passagem semelhante do *Fédon*, em que se afirmava que as fontes mais poderosas de "feitiço" cognitivo são as necessidades e apetites do corpo (81B).)

Temos, pois, uma fusão de nossos dois contrastes familiares. Atividades intrinsecamente valiosas são agora apartadas tanto dos valores meramente relativos-à-necessidade como dos meramente instrumentais, ambos os quais são afirmados como carentes de valor intrínseco. (Sócrates acrescenta aqui um novo ponto, segundo o qual mesmo as conseqüências das atividades instrumentais em questão têm, na melhor das hipóteses, um valor meramente relativo-à-dor, e não um valor intrinsecamente positivo.) Ao último grupo mesclado, argumenta Sócrates agora, pertencem todas as nossas ocupações apetitivas usuais: comer, beber, praticar atividade sexual. Também, insiste ele, embora sem discussão adicional, as atividades associadas com a parte emocional da alma e o gozo de antecipar prazeres físicos futuros (386C, 584C9-11). No primeiro grupo, intrinsecamente valioso, temos os prazeres do olfato (584B), que são muito intensos, mas nem seguem uma dor antecedente, nem tampouco deixam dor atrás de si quando acabam[33]. Mas o exemplo central de gozo puro ou genuíno é a atividade intelectual do filósofo. (Não devemos nunca perder de vista a importância do raciocínio e da contemplação matemática para Platão como caso central dessas ocupações.) O louvor de Sócrates a essa atividade nos faz apreender os traços que são, a seu ver, constitutivos do valor intrínseco. Tanto aqui como na discussão relacionada dos bens da alma e do corpo, presente no *Fédon*[34], ele salienta três traços.

(1) *Pureza*: (a) *de atividade*. A atividade é escolhida por si mesma; não contém fusão necessária de dor, seja como fonte de motivação antecedente, seja como uma experiência concomitante, em contraste com a qual o prazer da atividade é sentido como prazer. Tem, portanto, seu valor por e em si mesma, sem manter relação necessária, sem "misturar-se com", alguma outra coisa (584C, 585A-B, 586B-C; cf. *Górg*. 496C-497D, *Féd*. 66D-E, 60A, 70D). (b) *De objetos*. Os objetos do intelecto são em si mesmos paradigmas particularmente claros e simples, não misturados com seus contrários, e existem por si mesmos (cf. *Féd*. 67B).

(2) *Estabilidade*: (a) *de atividade*. A atividade pode continuar do mesmo modo, sem cessação, redução ou variação. É, assim, muito diferente em estrutura do fluxo e refluxo de atividades-de-saciação, que exibem uma seqüência interna de mudanças e atendem à necessidade contingente (585C; cf. *Féd*. 79C-80B). (b) *De objetos*. Os objetos do intelecto são em si mesmos também maximamente estáveis, de fato (ao ver de Platão), eternos. Jamais variam ou passam a existir, mas estão sempre lá e sempre na mesma condição. Os objetos do não-filósofo, por outro lado, são as coisas mutáveis deste mundo, "nunca as mesmas, e mortais" (585C; cf. *Féd*. 79C, *et al*.).

(3) *Verdade*. A atividade do filósofo leva a uma apreensão da verdade real sobre o universo e a uma capacidade de oferecer reflexões plenamente adequadas, não meias-verdades ou conjecturas apenas (585C; cf. 533B-C). Esse último ponto é importante porque nos diz que a vida do filósofo é superior mesmo quando ele não está contemplando diretamente as formas, ou realizando o pensamento matemático ou científico, mas sim cumprindo seus deveres políticos. Pois mesmo então, ele "conhecerá cada uma das imagens, o que são e de quê, porque viu a verdade com referência às coisas belas, justas e boas" (520C).

A *República*, pois, desenvolve uma teoria do valor em que nenhum elemento singular predomina, mas na qual a pureza, a estabilidade e a verdade desempenham um papel na classificação de objetos, bem como de atividades que constituem as vidas. Sustenta a seleção desses sinais de valor alegando que os seres humanos que tiveram o tipo certo de experiência entre as alternativas disponíveis e que julgam do ponto de vista do "em cima real" escolherão uma vida que exemplifique esses valores, e não seus opostos. E argumenta, ademais, que as atividades que constituem a maior parte da vida da maioria das pessoas – comer, beber, fazer sexo – carecem desses sinais de valor, e possuem um valor meramente especioso em virtude do modo como aliviam a necessidade ou a aflição, e/ou do modo como levam a estados de alívio. Certos elementos dessa teoria do valor – por exemplo, a preocupação de Platão com a estabilidade e a pureza dos objetos – estão estreitamente associados à teoria particular da verdade e dos objetos de conhecimento presente na *República*. Outros, tais como a preocupação com a verdade *simpliciter* e com a estabilidade e a pureza de atividade, afiguram-se separáveis da concepção particular que Platão tem da verdade e podem até mesmo dispensar uma concepção realista. Nada disso parece depender de mero preconceito metafísico. Os componentes das vidas, argumenta Sócrates, devem ser examinados por esses sinais de valor. Se não os têm, não podem ser denominados *verdadeiros* gozos, ocupações verdadeiramente valiosas. A vida do filósofo é considerada superior não em razão de tendenciosidade, mas porque exemplifica valores que, argumenta Sócrates, todos os seres racionais com a experiência apropriada seguiriam.

Antes de buscarmos no *Filebo* as evidências de uma reflexão semelhante sobre o valor, temos duas questões estreitamente relacionadas sobre a reflexão de Platão. Afirmamos que as que contêm valor são as atividades que podem figurar como componentes de vidas; mas que têm esse valor tanto em virtude do que são internamente *qua* atividade, como também em virtude da natureza de seus objetos. Platão não nos diz claramente como esses dois conjuntos de critérios devem se relacionar: isto é, se poderíamos ter uma atividade "pura" dirigida a objetos "misturados" ou "impuros", uma atividade estável dirigida a objetos instáveis, e o que deveríamos dizer, se pudéssemos, sobre o valor dessas atividades. Esse é um problema, em verdade, que faz parte da interpretação do próprio critério de atividade estável. E ele nos leva à nossa segunda questão, que diz respeito ao entendimento correto desse critério. Pois, ao que parece, a estabilidade pode ser entendida de duas maneiras bastante diversas[35]. Na primeira interpretação, uma atividade é instável se envolve necessariamente uma seqüência interna de mudanças. Por causa de sua estrutura interna, não pode continuar do mesmo modo indefinidamente. Na segunda interpretação, uma atividade é instável uma vez que depende, para que ocorra, de circunstâncias contingentes do mundo que podem não se realizar. Essas duas interpretações fornecem duas diferentes explicações da instabilidade da atividade apetitiva. Por exemplo, na primeira, comer é instável porque sua estrutura interna impede sua continuação indefinida; na segunda, é instável porque depende da presença de comida, que pode não estar disponível. Se essas duas explicações forem entendidas como diferentes explicações do que *são* a estabilidade e a instabilidade, serão também, por extensão, não-equivalentes: pois, na primeira explicação, cheirar uma rosa será estável apesar da transitoriedade das rosas, ao passo que na segunda não será. Na segunda, a atividade não será considerada estável a menos que seus objetos sejam permanentes ou muito estáveis.

Platão está claramente interessado nessas duas causas de instabilidade. (Veremos no Capítulo 6 como ele as explora para o caso particular do desejo sexual.) Muito embora sua posição seja difícil de definir com precisão, acredito que ele as enxergaria antes como duas explicações complementares e compatíveis das *causas* de instabilidade, do que como duas explicações contrárias e incompatíveis do que *é* instabilidade. (Essa interpretação pode ser sustentada pelo *Féd*. 79D5-6, em que a atividade é instável "na medida em que" ou "porque" lida com objetos instáveis.) O ato de comer e a atividade sexual são instáveis por duas razões: por causa de sua estrutura interna e por causa da natureza de seus objetos. Cheirar uma rosa é estável internamente, mas seus objetos podem dar origem à instabilidade. De fato, contudo, a situação não é tão ruim nesse aspecto, já que as rosas podem em geral ser prontamente substituídas ou trocadas. A causa de uma atividade estável, portanto, depende, em algum grau, ou da permanência de seus objetos, ou da capacidade de substituí-los prontamente. Uma atividade que não tenha nenhuma das duas fontes de instabilidade estará em melhor situação do que uma outra que tenha a estrutura interna certa mas os objetos errados. Porém essa conclusão não torna a defesa de Platão da filosofia inteiramente dependente dessa reflexão particular sobre os objetos do intelecto. Podemos ver como a crença de que há na natureza uma verdade estável a ser conhecida, à parte das circunstâncias inconstantes da vida humana, emprestaria força a uma reflexão platônica sobre o valor da atividade. Podemos ver, também, como uma crença em objetos paradigmáticos eternos, não-dependentes-do-contexto tenderia a sustentar sua crença de que a atividade contemplativa é maximamente estável, invariável e independente do contexto. De fato, os sinais que separam o valor verdadeiro do aparente ostentam uma semelhança surpreendente e não-coincidente com os sinais que separam as formas, como objetos do conhecimento, de outros objetos menos adequados; o *Fédon* explora essa conexão[36]. Mas estabilidade, pureza e verdade podem ser alcançadas sem formas separadas. Até mesmo um biólogo aristotélico será capaz de insistir que o que ele estuda são as espécies estáveis que se duplicam da mesma maneira na natureza. E o *Banquete* vai nos mostrar que todo e qualquer cientista ou matemático, com ou sem objetos eternos, decerto estará em melhor situação do que o amante de indivíduos humanos únicos.

O *Filebo* apóia e amplia essa reflexão sobre o valor, fornecendo outras evidências para nossa leitura do empreendimento de Platão. A maior parte desse diálogo está explicitamente voltada para a avaliação crítica dos componentes prospectivos das vidas e para a construção de uma vida melhor a partir dos constituintes aceitáveis. De certo modo, a reflexão difere da teoria ética dos diálogos intermediários; mas muitos pontos importantes se mantêm constantes. Rapidamente se concorda que as ocupações apetitivas padrão – comer, beber, aquecer-se, e "outras incontáveis em número" – são meras atividades de "saciedade", escolhidas apenas a fim de aliviar uma carência antecedente (32A-B, 46C-D, cf. 54E ss.). Todas elas são comparadas, de modo revelador, à sensação de coceira e ao coçar-se (46A, D) e consideradas impuras por estarem inextricavelmente misturadas com a dor. Posteriormente, são incluídas na melhor vida somente na medida em que são condições absolutamente necessárias das ocupações intrinsecamente valiosas (62E; isso significa que os "prazeres violentos" são completamente omitidos – cf. 63D-E). Uma grande parte do diálogo é, pois, despendida no exame de alguns casos problemáticos, sobre os quais a *República* despendera pouco tempo: os prazeres associados às emoções e os prazeres da previsão. Sócrates procura equiparar mesmo esses prazeres psicológicos aparentemente "puros" às saciedades argumentando que todos são, de alguma maneira, relativos a uma deficiência contingente, cuja eliminação extinguiria toda a razão para os escolher: são todos realmente prazeres "misturados com a aflição" (50D). Se não fomos feridos, não temos nenhuma razão para os "prazeres" associados à cólera e à vingança; se não temos nenhuma carência, não temos nenhuma razão para os "prazeres" do amor. Se não temos nenhuma falsa crença sobre o futuro, não temos nenhuma razão para os falsos prazeres associados da previsão. (E, falsidade à parte, poderíamos, por esse raciocínio, excluir todos os prazeres da esperança: pois, onde não há nenhuma deficiência nem em poder nem em conhecimento, não há lugar, conceitualmente, para a esperança[37].)

Finalmente, Sócrates nos apresenta sua caracterização dos prazeres "verdadeiros" ou "puros", argumentando que diferem de tudo o que foi rejeitado. Primeiramente, ele descreve certos gozos estéticos puros – a contemplação de belas formas e tons, à parte de seu conteúdo representativo ou mimético. Essa contemplação, não consagrada por aflição antecedente, pode com justiça ser considerada valiosa ou boa "em virtude de si mesma" (*kath' hautò*), e não apenas "relativamente a algo" (*prós ti*). Odores são também incluídos, "na medida em que não têm na aflição uma parte necessária" (51E).

Voltando-se agora ao prazer da atividade intelectual, Sócrates insiste que tanto o aprendizado como o conhecimento têm valor intrínseco. Aventa razões em favor desse juízo que lembram a reflexão da *República* sobre os sinais do valor. (1) Eles são *puros*: não precedidos por nenhum sentimento de carência, acompanhados por uma sensação de prazer (51B). De maneira alguma são necessariamente misturados com a dor, pois sequer a perda de conhecimento traz qualquer aflição ao agente (52A-B). São, por conseguinte, comparados a amostras da mais pura e genuína cor branca. (2) Eles têm *ordem* e *harmonia* (*emmetría*), ao passo que as atividades intensamente aprazíveis dirigidas à saciedade exibem desordem e desarmonia (*ametría*) (52C).

Esse critério apreende ao menos parte do que a *República* queria dizer com estabilidade, a saber, a ausência de fluxo e refluxo interno; em 59C, a estabilidade é explicitamente arrolada, juntamente com a pureza (não-mistura) e a verdade, como um sinal de valor, e considerada vinculada de modo causal com a estabilidade dos objetos de uma atividade. (3) Eles mantêm muito melhor posição com respeito à *verdade* do que os prazeres físicos (52D). Muito embora as atividades intelectuais possam ser, e mais adiante são, ainda subdivididas e classificadas de acordo com graus de precisão (*akríbeia*), verdade e estabilidade[38], todas elas possuem claramente esses sinais de valor em alto grau, ao passo que nenhum dos prazeres relacionados com o corpo absolutamente os exibe.

É importante perceber que o *Filebo*, bem como a *República*, fala de pontos de vista bons e maus, altos e baixos de juízo-de-valor. A conquista do diálogo é convencer o jovem interlocutor de que ele deve rejeitar uma tendência da moda de apontar para o comportamento natural de animais não adestrados como critério do que é valioso em uma vida. Ele deveria depositar sua confiança no "testemunho" do intelecto, em lugar de a depositar no de nossa animalidade comum. Sócrates diz a um Protarco complacente, no final do diálogo, que ao prazer corporal não seria dado o primeiro lugar,

> Nem mesmo se todas as vacas e cavalos e todas as bestas do mundo falassem em favor disso através de sua busca do prazer. Muito embora a maioria das pessoas, confiando neles tal como os profetas confiam em suas aves, julguem que [esses] prazeres são os fatores mais poderosos na realização de uma boa vida para nós, e pensem que o comportamento sexual das bestas seja um testemunho mais impositivo que a paixão pelos argumentos que profetizam continuamente sob a inspiração da musa filosófica. (67B)[39]

II

No atual momento, podemos ver a teoria do valor de Platão em seus delineamentos gerais; vemos como ela defende a vida do filósofo em oposição a uma vida dedicada primordialmente às ocupações relativas-à-necessidade. Há certos sinais de valor que a atividade filosófica possui em um grau particularmente alto e que as atividades apetitivas absolutamente não possuem. Platão argumentou que as atividades que possuem essas características são aquelas que seriam selecionadas por um ser racional que julgue do ponto de vista racional apropriado. (Ele não nos diz se os sinais são condições conjuntamente necessárias de valor intrínseco, ou individualmente suficientes; mas penso que suas classificações de vidas emprestam apoio à primeira interpretação.) Tudo isso parece suficiente para minar a concepção "democrática" do gozo, de acordo com a qual os gozos têm igual pretexto para a inclusão como valores intrínsecos na melhor vida (561B).

Mas pouco foi dito até o momento sobre como as atividades valiosas se relacionam àquelas que se afirmam desprovidas de valor intrínseco. Sabemos que um filósofo deve comer e beber o suficiente para viver. Contudo, ainda não sabemos se ele deve comer e beber *apenas* o suficiente para viver, ou se há necessidade de um grau moderado, ou mesmo elevado, de deleite sensual para fomentar seu crescimento filosófico. Seguramente, não temos ainda nenhuma razão para pensar que sua vida será particularmente ascética.

Tanto a *República* como, em um grau ainda mais acentuado, o *Fédon* desposam realmente o ascetismo para o filósofo. O *Fédon*, atacando os "chamados prazeres" do corpo (60B, 64D), afirma que a pessoa boa enxergará essas atividades com desdém ativo, "exceto na medida em que for absolutamente compelida a compartilhá-las" (64E, cf. 54A, 67A, 83B). Não apenas não as "honra", ela positivamente as "desonra" (64D-E). Ela "permanece à parte do corpo tanto quanto pode" (65E). Surgem quatro razões para essa negação do corpo no que se segue. Primeiro, as necessidades do corpo tomam tempo. Quanto menos tempo despendemos com elas, mais tempo livre teremos para despender em ocupações intrinsecamente valiosas (66C-D). Segundo, as atividades corporais prejudicam não só a quantidade, mas também a qualidade do empenho intelectual. Elas o tornam menos contínuo, menos eficiente, menos regularmente capaz de atingir a verdade:

> [A alma] raciocina melhor, presumivelmente, quando nenhuma dessas coisas a incomoda, nem a audição, nem a visão, nem a dor, tampouco nenhum prazer, mas sempre que consegue ficar sozinha consigo mesma tanto quanto possível, desconsiderando o corpo, e sempre que, tendo a menor comunicação e contato possível com ele, empenha-se naquilo de que se trata de empenhar-se. (65C, cf. 66A, B, D, e *Rep.* 517E, em que os prazeres e dores corporais perturbam a "melhor parte" e a impedem de atingir a verdade em sonhos.)

Uma outra razão para desonrar e desconsiderar os sentimentos corporais é encontrada na concepção de que eles não são acurados ou claros, mesmo como indícios de necessidade física real. Se escutarmos o nosso corpo sempre que ele registrar uma carência, seremos iludidos a comer e beber muito mais do que precisamos estritamente para a continuidade da vida e da intelecção (65B, D, E; 66D, 67A)[40]. O apetite sexual é sentido como um impulso muito poderoso; com efeito, é evidente que Platão o vê como o mais poderoso entre os apetites. (A *República* fala dele como o "oficial superior" dos demais, e como um "tirano" na alma da pessoa que atende a ele – 572E, 573D, E, 574C, 575A.) Contudo, é claro que o verdadeiro filósofo do *Fédon* consegue dissociar-se dele completamente sem nenhum perigo. Finalmente – o que Sócrates denomina "o maior e o mais extremo de todos os males" (83C) –, os apetites, sempre que de qualquer modo os atendemos, fornecem-nos um incentivo constante e muito forte para fazer falsos juízos sobre o valor e a dignidade. Eles "enfeitiçam" a alma (81B), levando-a a considerar as atividades corporais mais importantes que a contemplação. Dessa forma, o apetite obriga a alma a ver tudo, por assim dizer, através das paredes de uma prisão que o próprio apetite construiu (82E); o resultado é que o cativo "será ele mesmo um colaborador entusiástico do seu aprisionamento" (82E-83A).

Platão defendeu agora um modo de vida que é não apenas filosófico, mas também ascético[41]. A teoria do valor nos deu uma preferência por uma vida dotada de um elevado conteúdo filosófico. Agora, a reflexão sobre as ocupações apetitivas e sua relação com o raciocínio nos leva à conclusão de que o filósofo deve se dissociar do corpo e de suas necessidades tanto quanto isso for compatível com a continuidade da vida, situando-se "em desacordo com ele em todos os pontos" (67E), "treinando para a morte" (isto é, para a separação da alma com relação ao corpo), admitindo até mesmo como instrumentalmente valiosas apenas aquelas ocupações que satisfaçam aquilo a que a *República* VIII e o *Filebo* se referem como desejos "necessários". Aqui, finalmente, alcançamos a posição do final da *República* IX, em que Sócrates expressa seu desdém pela atividade apetitiva, declarando que cada um de nós deveria ver a si mesmo como idêntico apenas à alma intelectual. No *Fédon*, vemos, de maneira semelhante, que Sócrates está confiante em que tudo o que *ele* é sobreviverá, incólume, à morte do corpo (115C-E) e seus desejos.

III

Precisamos agora analisar com mais cuidado de que maneira Platão chega à sua lista dos sinais de valor. Toda teoria do valor que tenha como conseqüência um plano de vida tão distante daquilo que um ser humano normalmente busca e valoriza tem de ser minuciosamente examinada. Como se joga fora tão grande parcela do valor usual? Que perspectiva ou ponto de vista é esse, do qual todo o nosso ato de comer e beber se afigura tão desprovido de valor quanto coçar uma comichão?

Uma coisa é muito clara: esse ponto de vista em nada se assemelha ao do ser humano comum. Pois, da perspectiva interna do ser humano comum, as ocupações apetitivas centrais *não* são, sob aspectos importantes, semelhantes à sensação de coceira e ao coçar-se. Se uma atividade não possuísse nenhum valor intrínseco para nós, seria racional aceitarmos qualquer substituto que conseguisse os mesmos resultados desejáveis. Utilizamos, de fato, cortadores de grama, máquinas de lavar, máquinas de escrever, evidenciando com isso que acreditamos que as atividades de cortar grama, lavar e escrever à mão têm apenas valor instrumental. Mas não é esse o caso do ato de comer. A maior parte de nós escolheria continuar a comer comida em lugar de tomar cápsulas alimentares, presumivelmente porque consideramos o ato de comer, em alguma medida e em algum grau, valioso em si mesmo, talvez pelo prazer do paladar, do odor, da textura e da sociabilidade envolvida. A maioria de nós também não busca a atividade sexual apenas como uma fonte de alívio de uma tensão dolorosa; ela se vincula a outras finalidade complexas, tais como amizade, auto-expressão e comunicação; há razões pelas quais a maioria de nós não assume a opção de nos tornarmos eunucos. A *República* subestima gravemente a complexidade de nossa natureza apetitiva quando ignora o lado estético da atividade apetitiva e as complexas ligações entre essa atividade e outros fins valiosos. O que achamos ridículo na atividade de coçar-se não é simplesmente sua relatividade-à-necessidade. A fonte de nossa condenação repousa em outro lugar. É uma indicação de doença corporal ou pouca higiene; é fútil, porque nunca alivia completamente a dor irritante, mas comumente a torna pior; e fornece uma distração constante e muito forte, desprovida de qualquer prazer positivo, com relação a outras atividades importantes da vida, tais como trabalhar e dormir. Além disso, a atividade carece de qualquer lado estético positivo; não podemos imaginar uma arte dela, ou conhecedores dela. É, por fim, socialmente inaceitável e embaraçosa. Comer não é assim; sexo não é assim. Desejamos realmente ser livres de coceiras até o fim de nossas vidas; mas quantos, mesmo abstraindo considerações de saúde, realmente desejam estar livres da necessidade de comer? Em verdade, tendemos a criticar pessoas que de fato enxergam as ocupações apetitivas apenas instrumentalmente, que comem apenas com a finalidade de acalmar uma fome, e a elogiar aqueles que são capazes de assumir tais atividades de maneira a dotá-las de valor intrínseco: o *gourmet*, o conhecedor de vinhos, a pessoa que consegue tratar um parceiro sexual como um fim em si mesmo, e não como simples meio para um estado desprovido de tensão.

Novamente, o exemplo que tanto impressiona Cálicles, o exemplo do homossexual passivo, parece igualmente injusto. A razão pela qual a atividade sexual dessa pessoa é vista pelos interlocutores como infeliz é, mesmo do ponto de vista deles, em grande medida uma razão social e cultural. A perspectiva interna de um cavalheiro grego faz uma pronunciada distinção entre seus próprios prazeres sexuais masculinos (tanto heterossexuais como homossexuais) e os dessa pessoa passiva. Supõe-se que a última esteja agindo sob algum tipo de compulsão bruta, em grande parte porque as associações sociais e políticas dessa atividade são muito fortemente negativas. Supomos que a maioria das pessoas deseje evitar o ridículo e a crítica; apiedamo-nos delas se têm necessidades sexuais irresistíveis que as colocam continuamente em desacordo com os seres humanos semelhantes. Por essas razões, um ateniense tem piedade do catamito. Mas isso não diz nada quanto à atividade sexual em geral. Do ponto de vista interno comum de um Cálicles, de fato – como Platão estava bem ciente – o filósofo ascético parecerá precisamente tão estranho e risível quanto o homossexual passivo. (Nas comédias de Aristófanes, as piadas à custa dos dois tipos são distribuídas mais ou menos igualmente.) Ademais, é possível que nós mesmos consideremos, como eu considero, objetáveis e irracionais as intuições de Cálicles sobre o exemplo; se o considerarmos, então, não estaremos dispostos a conceder esse argumento a Platão ainda que com respeito somente a esse único caso.

Assim, se vemos a teoria do valor de Platão como uma tentativa de exprimir algo semelhante ao ponto de vista humano comum relativo aos apetites, cumpre concluirmos que ele foi muito mal sucedido. Ele enodoou distinções que consideramos muito importantes, negou valor intrínseco ali onde concordamos encontrá-lo.

Contudo, é também evidente que não é isso, em verdade, o que Platão está tentando fazer. Ele admite prontamente que a maioria das pessoas *realmente* atribui valor intrínseco aos prazeres corporais e aos estados que são seus objetos. A abertura da *República* registra esse fato de maneira precisa. O que ele diz é que isso é uma ilusão, resultante da deficiência da perspectiva a partir da qual fazem seus juízos. É apenas do ponto de vista do "em cima real" da natureza, isto é, do ponto de vista do filósofo, que pode situar-se à parte das necessidades e limitações humanas, que se fará um juízo realmente apropriado sobre o valor das atividades. É esse ponto de vista que ele procura elucidar.

Sabemos, entretanto, a partir do *Fédon* e dos primeiros livros da *República*, que o filósofo, para sê-lo, precisa ser antes um asceta, dissociando-se das necessidades do corpo. É, pois, do ponto de vista daquele que não vê mais suas necessidades humanas características como partes genuínas de si próprio que Platão rejeita as atividades associadas como desprovidas de valor, selecionando outras como intrinsecamente boas. Um exemplo surpreendente desse ponto de vista apartado e extra-humano é encontrado na condenação de Sócrates da classe apetitiva no final do Livro IX, onde ele caracteriza suas atividades empregando palavras utilizadas em outros lugares na língua grega apenas quanto ao comportamento de animais subumanos:

> ... Tampouco jamais saborearam o prazer estável e puro, mas, como gado, olhando sempre para baixo e curvando-se em direção à terra e sobre suas mesas, pastam, ruminando e acasalando, e, com o objetivo de conseguir mais dessas coisas escoiceiam e chifram uns aos outros com cornos e armas de ferro, e matam uns aos outros devido à sua insaciabilidade. (586A-B)

Isso pode parecer grosseiramente injusto. Seguramente, pode-se querer argumentar, as ocupações de uma espécie devem ser avaliadas do interior dos modos de vida e das necessidades permanentes dessa sorte de criatura. Se alguém é tal que o membro típico de sua espécie lhe parece um membro de uma espécie diferente da sua, então, ele não é o tipo de juiz ético que queremos ou precisamos. O valor simplesmente *é* radicalmente antropocêntrico, e não deve ser considerado contrário a uma ocupação cujas razões para ser escolhida não são evidentes a uma criatura que é, ou se tornou, diferente em natureza daqueles para quem ela é um bem. A concepção começa a se tornar perigosamente circular: a atividade apetitiva é rejeitada de um ponto de vista que já se purificou do apetite.

Mas os exemplos de Platão demonstraram repetidamente até que ponto o sentimento e a necessidade podem iludir ou distrair os juízos da razão. A pessoa dotada de desejos sexuais perversos, por exemplo (uma vez que a maioria de nós concordará que existem tais casos, se não aquele que Platão seleciona), pode pensar que está se ocupando de uma atividade ótima ou valiosa; mas, da perspectiva do ser humano médio, essas ocupações parecem questionáveis. Não se pode, pensa Platão, superestimar a capacidade que o apetite tem de distorção e auto-justificação. O *Fédon* fala de "feitiçaria" e de nossa colaboração condescendente em um aprisionamento do qual as paredes do cativeiro são feitas pelo apetite; a *República* retrata o apetite como uma lama turva que obscurece a visão da alma, desde que tenha absolutamente qualquer contato com ela (533C-D, cf. Cap. 7). Uma vez que percebemos como o desejo é um obstáculo tão severo ao juízo verdadeiro, somos inexoravelmente levados, na maneira de ver de Platão, à conclusão de que os juízos realmente adequados só podem ser feitos se nos tornarmos inteiramente límpidos e livres da influência apetitiva. *Cada* prazer ou dor a que atendemos se assemelha a um rebite que prende a alma a uma fonte perigosa de ilusão e impureza (*Féd.* 83D). Platão supõe que nenhuma pessoa reflexiva deseje ser ludibriada e escravizada por seus apetites. Mesmo o personagem comum de Céfalo, na *República* I, falou com alívio de sua fuga das compulsões e das distorções de valor causadas pelo desejo sexual. As sinistras referências políticas do diálogo nos trazem à memória outras possibilidades de distorção de valores éticos centrais inspirada pelo apetite. A pessoa comum acredita que o juízo ético é obscurecido pelo usual. A única solução parece ser, pois, alcançarmos um ponto em que absolutamente não tenhamos necessidades humanas prementes e possamos, por conseguinte, avaliar friamente todas as alternativas de atividades, claramente, sem dor ou distração, "usando a pura razão por si e em si mesma" (*Féd.* 66A) – de modo que comer e fazer amor ao final realmente pareçam, ao olho de nossa alma, em nada mais interessantes do que a pastagem e a cópula do gado. Essa não seria uma solução, evidentemente, se o apetite e a emoção tivessem alguma contribuição *positiva* essencial a fazer ao entendimento e à boa vida. Assim – como o *Fedro* reconhecerá – é possível que tenhamos que nos envolver neles apesar de seus perigos. Mas Platão acredita que já argumentou (na *República* IV) em favor de uma reflexão sobre os apetites que exclui isso: os apetites são "desejos desqualificados", animalescos e não-seletivos, totalmente incapazes de responder aos juízos sobre o bem; as emoções, embora um pouco mais educáveis, tendem à violência perigosa se não contarem com contínua supervisão[42].

Percebemos, pois, que a percepção do interlocutor, e a nossa, dos obstáculos ao verdadeiro juízo tem raízes profundas na experiência humana; essa experiência, que não pressupõe em si mesma o ponto de vista de Platão, sustenta sua escolha como o melhor ponto de vista. Platão não espera convencer a todos; mas ele espera de fato que seus argumentos despertem o interesse dos adultos refletidos e autocríticos que não são eles mesmos filósofos ou matemáticos. É, afinal, seu irmão Glauco, soldado e cavalheiro, que na *República* VII manifesta enorme zelo pela matemática como uma forma de instrução que purificará a alma da influência confusa do usual. Na passagem que expus como epígrafe a este capítulo, Sócrates diz a ele que não se preocupe se as pessoas completamente irrefletidas consideram a matemática inútil: as pessoas de mais discernimento e percepção (não apenas ascetas e especialistas, evidentemente) reconhecerão os méritos de sua proposta. Se há aqui algum tipo de circularidade é, pois, um círculo muito mais rico e interessante do que o opositor consentiu. Platão não está apenas pregando para o convertido. E esse tipo de círculo, em que o conteúdo ético, o ponto de vista do juízo e uma percepção dos obstáculos ao juízo correto se mantêm unidos, sustentando e iluminando uns aos outros, é provável de se encontrar em qualquer teoria ética complexa. (No Capítulo 10 §V, discutiremos o análogo aristotélico.)

Podemos agora retornar ao obscuro momento de transição na *República* VI que preparou o caminho para um movimento além do retrato de conteúdo-neutro do bem. Sócrates afirmou ali (e o não-filósofo Glauco concordou) que nenhum ser imperfeito, *a fortiori* nenhum ser meramente humano, jamais é uma "boa medida" de coisa alguma. A "indolência" antropocêntrica não é uma boa base para uma teoria ética. Sócrates já substituíra, no *Protágoras*, "O ser humano é a medida de todas as coisas" pelo inflexível "O conhecimento [ou: ciência] é a medida de todas as coisas" (cf. Cap. 4, pp. 102, 106). Agora aprendemos sua concepção ponderada sobre aquilo a que chegam essas exigências: de agora em diante, apenas o "perfeito" (completo, desprovido de necessidade) será uma "boa medida" de valor para a cidade ideal: pois apenas do ponto de vista que não se desvia da perfeição pode-se divisar a verdade. Tendo concordado até aqui, os interlocutores se afastam de seu antigo retrato de conteúdo neutro da boa vida, que repousava sobre um consenso meramente humano, e se empenham em obter o ponto de vista puro da ausência de necessidade. O Livro IX é o resultado.

Essa distinção entre o valor relativo a um ser limitado e o valor intrínseco real (aqui tomado como coincidente com aquele que um ser racional perfeito, não-limitado, escolheria) é, podemos agora dizer, a forma mais geral e mais básica do contraste que estamos explorando. É suficiente para explicar as distinções-de-valor de nossas outras passagens, e pode também ser invocada para explicar juízos, tais como os juízos do *Filebo* do valor estático, que não poderiam ser explicados somente pela recorrência à instrumentalidade ou relatividade-à-*dor*. Façamos por um momento uma digressão para explorar essa passagem.

O *Filebo*, como vimos, rejeita toda pintura e escultura representativas, por exemplo, as formas de animais, e defende a beleza das formas e cores puras e simples. A idéia de Platão aqui parece ser que, na medida em que são os traços representativos de uma pintura ou escultura que atraem nossa atenção, estamos respondendo do ponto de vista de interesses e necessidades antropocêntricas. Imaginemos um deus perfeito, desencarnado, desprovido de necessidades contemplando a estátua de um atleta esculpida por Praxíteles. Pode acontecer que seus juízos de valor estético coincidam com os nossos; mas percebemos que isso seria uma mera coincidência, tão diferentes seriam os contextos do juízo nos dois casos. Deleitamo-nos com a bela descrição sensível da força e flexibilidade da forma humana, com o modo como o escultor captou nossa semelhança e ao mesmo tempo expressou o que consideramos maravilhoso, forte ou admirável em nós mesmos. O deus perfeito não veria nada de magnífico em ser esse um *tipo* particular de corpo. Seria mais provável que ele avaliasse a escultura como um contorno ou forma pura, julgando-a bem-sucedida na medida em que exibisse uma composição que fosse, em abstrato, aprazível ou deleitosa. Ele procuraria as qualidades puras da forma, da cor, da disposição, recusando-se a valorizar, como tais, quaisquer traços do objeto que o vinculassem a nosso interesse prático em nossa espécie e em nosso ambiente. Platão nos insta a ver, ao adotarmos, tanto quanto possível, o ponto de vista desse deus, que nosso interesse humano nos traços representativos da pintura e da escultura leva ao juízo impuro, e nos deixa cegos ao valor verdadeiro ou puro que elas oferecem. Do mesmo modo, na música, ele nos insta a nos purgarmos de nosso interesse no significado, na fala e na emoção humanos, e a admirar os "sons suaves e claros, que produzem um tom único e puro" (52D). O valor contingente, relativo-à-espécie não é valor intrínseco. A mesma idéia é assim manifestada pelo crítico formalista Hanslick: "O belo não é contingente quanto a ou carente de nenhuma matéria introduzida de fora, mas... consiste inteiramente de sons artisticamente combinados."[43]

O ponto de vista da perfeição, de Platão, não está disponível imediatamente a nenhuma criatura que o deseje assumir. É algo demorado e difícil aprendermos a nos desligar de nossas necessidades e interesses humanos, ou chegarmos a um ponto em que possamos fazer isso à vontade. Por conseguinte, se Platão está realmente comprometido com um modelo de avaliação racional que emprega esse ponto de vista, seria de esperar que ele nos fornecesse um modelo de educação para acompanhá-lo.

Essa expectativa se confirma. O *Fédon* descreve uma vida inteira que é uma "prática" para a separação da alma com relação ao corpo. E a *República* é, em mais da metade de sua extensão, um livro sobre educação, isto é, sobre as estratégias para "volver a alma" de seu modo humano natural de ver ao modo correto. Não tentarei aqui sequer oferecer uma reflexão sobre todos os estágios do desenvolvimento da alma tal como ali se descreve. Mas quero apontar brevemente um traço do tratamento que Platão dispensa à poesia na reflexão sobre a educação moral infantil que, até onde sei, recebeu muito pouca atenção, traço cuja importância podemos agora apreciar à luz de nossa interpretação.

Foi bem observado que em sua purgação da poesia nos Livros II-III, Platão exclui a representação de inúmeras emoções humanas tratadas com maior freqüência na arte poética: dor, amor passional, temor. O que não se observou tão bem é que essas emoções são excluídas por um debate que adota o ponto de vista da perfeição e indaga, desse ponto de vista, sobre seu valor. Para o verdadeiro herói, argumenta Sócrates, ou para o deus, não é apropriado afligir-se profundamente pela morte de um simples mortal: nenhum ser realmente altivo se importará seriamente com a perda de uma pequena porção do mundo perceptível. Portanto, uma vez que a nossa literatura deve fornecer um ideal moral para os homens mais fracos, não devemos incluir nela essas emoções, bem como outras não próprias ao deus (388B-E). Em uma passagem anterior, um apelo semelhante ao que convém ao deus é usado para excluir a literatura que retrata seus heróis elevados ou divinos dizendo falsidades. Sócrates indaga a seus interlocutores que *razões* um ser perfeito e sem necessidades poderia ter para dizer falsidades; concluindo que não há nenhuma, ele conclui também que as figuras que devem servir de modelo para nós não devem ser retratadas ocupando-se dessa atividade: "Deus é plenamente simples e verdadeiro em ato e palavra, não se transmuda nem tampouco engana os outros" (382E). Nesse apelo ao que convém ao deus, Sócrates tanto emprega um ponto de vista da perfeição para determinar um valor estético/moral, como erige para os jovens cidadãos, em discurso, uma representação desse ponto de vista como um ideal moral. Devemos imitar seres que são completamente desprovidos de necessidades e interesses meramente humanos, para cultivarmos nosso próprio potencial de racionalidade objetiva. Por conseguinte, nossa literatura deve retratar esses seres e suas deliberações[44].

IV

Argumentei que Platão vai além do acordo formal do Livro IV sobre a organização de planos de vida racional para oferecer uma teoria independente do valor que especifica o melhor conteúdo para uma vida racional. A teoria consiste, primeiramente, numa reflexão sobre os sinais do valor intrínseco e sobre a diferença entre valor intrínseco e valor meramente relativo-à-espécie; em segundo lugar, numa epistemologia do valor, que descreve para nós os procedimentos pelos quais é possível fazer juízos de valor genuinamente objetivos. A melhor vida será uma vida dedicada ao máximo às ocupações contemplativas, científicas e estéticas, em que todas as outras atividades têm, na melhor das hipóteses, um valor meramente instrumental[45]. É importante salientar, nesse ponto, que se supõe que as atividades escolhidas pelo filósofo são intrinsecamente valiosas não apenas porque o filósofo as escolhe. Suas ocupações são boas porque sua escolha responde ao valor real, não apenas porque ele julga da perspectiva apropriada. Se suas escolhas fossem constitutivas de valor em e por si mesmas, então ele próprio e suas escolhas começariam a parecer arbitrários[46]. Mas Platão acredita que esse ideal das condições de avaliação oferece o melhor caminho pelo qual os seres mortais podem obter acesso ao valor real que estaria lá, e seria valor, quer eles existissem, quer não.

De acordo com essa idéia, a vida política do filósofo pode ser considerada intrinsecamente valiosa em razão de que ela percebe e contempla a estabilidade e a harmonia da cidade; também, ao lado disso, em razão de que ela se ocupa de fazer juízos precisos e verdadeiros a respeito das realidades ilusórias do mundo empírico. Contudo, não é surpreendente que os filósofos precisem ser compelidos a empreendê-la, uma vez que ela possui os sinais do valor intrínseco em um grau menor do que sua vida contemplativa. A reflexão de Platão sobre o valor verdadeiro realmente permite, pois, o surgimento de um tipo de conflito de valor contingente sério, já que as demandas da contemplação filosófica impelem contra as exigências do governo. Nessa medida, seus compromissos com a singularidade e a unidade parecem menos francos do que os do *Protágoras*. No entanto, não devemos concluir que o intenso enfoque de Platão na estabilidade dos valores individuais o levou a ignorar problemas que surgem de sua inter-relação. Já falamos sobre a maneira como o Livro IV erigiu uma vida internamente harmoniosa governada pela razão. Ao longo da *República*, e especialmente no Livro V, há enorme ênfase na unidade interna e na harmonia livre-de-conflito que será efetivada para cada indivíduo pela educação da cidade. E, se consideramos mais uma vez a relação entre esses dois problemas, podemos ver por que isso tem de ocorrer. Um ser humano que se desapega de todos os vínculos com ocupações internamente instáveis, tais como o amor, a atividade sexual, a busca pelo poder, pelo dinheiro, livra-se automaticamente ao mesmo tempo de muitos dos motivos mais comuns de conflito de valor. Em parte, a harmonia superior da vida do filósofo resulta diretamente da redução do número de seus compromissos. A ocupação da matemática e a ocupação do amor não entrarão em conflito para um matemático que não se importe com o amor ou para o amante que não se importe com a matemática. Mas a escolha particular de conteúdo feita pelo filósofo ou matemático também contribui efetivamente para sua condição harmoniosa. Ele escolheu essas ocupações precisamente porque eram sempre disponíveis e não exigiam nenhuma condição especial para seu exercício. Ele pode pensar em teoremas em toda espécie de circunstâncias; eles estão sempre disponíveis para sua atividade, não importam suas circunstâncias políticas, não importam as atividades e os vínculos com outros seres humanos. Assim, com que freqüência ele será obrigado a fazer uma escolha dolorosa? A auto-suficiência das ocupações individuais leva, pois, a uma redução de conflitos.

Os poucos conflitos potenciais que restam nessa vida são solucionados por uma inventiva combinação de educação moral e engenharia política. No Livro V, Sócrates volta sua atenção à família e à propriedade privada, dois dos motivos mais comuns de conflito sério de valor. E anuncia sua radical e notória solução. A cidade não eliminará exatamente a propriedade ou a família: mas as distribuirá em comum entre todos os membros da cidade. Não há conflito cidade-família se, para cada cidadão jovem, a totalidade da cidade simplesmente *é* a família; se qualquer outro tipo de laço familiar é para ele desconhecido. Novamente, não há conflito entre o que é "meu" e o que é da cidade, se toda a propriedade é possuída em comum. Platão, diferentemente de Creonte, percebe que esses estratagemas radicais não podem simplesmente ser impostos a pessoas que foram criadas de outra maneira; ele sabe que a cidade existente não é uma unidade, mas uma pluralidade. Toda a experiência humana deve, portanto, ser transformada, começando pela experiência que o bebê tem do seio da mãe. Entregues a amas-de-leite intercambiáveis, impedidos de formar laços especiais ou íntimos com figuras maternas e paternas particulares, e mais tarde com parceiros sexuais particulares, esses cidadãos aprenderão em cada parte de sua experiência a tratar todos os cidadãos como "amigos semelhantes e amados", exemplares intercambiáveis dos mesmos valores[47]. O *Banquete* parece dar um passo além, demonstrando como a pessoa boa aprende a considerar o valor das pessoas como plenamente intercambiável em si mesmo com o valor das instituições e ciências. E esse movimento adiante oferece não exatamente uma solução ao dilema do filósofo-governante, mas ao menos um acentuado lenitivo: pois, se sua escolha entre a contemplação e o governo for apenas a escolha entre amar e contemplar duas fontes diferentes do mesmo valor, então a dor da escolha se afigurará muito menos aguda.

Essas estratégias escolhidas para minimizar o conflito intensificam, ao mesmo tempo, a estabilidade das ocupações singulares. Pois nenhuma outra espécie de vínculo familiar, por exemplo, seria tão estável, tão facilmente influenciada em toda sorte de circunstâncias, quanto essa difundida devoção a um enorme contigente de cidadãos, amados por sua virtude cívica em lugar de seus eus pessoais. Desse modo, Platão, mais uma vez, resolve em conjunto nossos dois problemas, com uma única solução.

Resta uma esfera de não-intercambialidade que não é possível eliminar. A ligação que cada ser tem com os sentimentos de seu próprio corpo não pode ser generalizada ou distribuída como as outras coisas anteriormente "próprias". Não importa o que o legislador faça, as sensações dessa porção carnal têm comigo uma ligação inteiramente diferente da ligação que tenho com aquela outra porção carnal ali. Platão reconhece isso como um problema profundo. Na passagem relacionada de *As leis*, ele afirma que os mestres dos jovens farão tudo o que estiver em seu poder para minar esse amor especial por algo irredutivelmente próprio:

> A noção do privado (*ídion*) terá sido, por todos os estratagemas possíveis, completamente erradicada de cada esfera da vida. Todo o possível terá sido projetado para tornar até mesmo o que é por natureza privado, tal como os olhos e as mãos, comum de alguma maneira, no sentido de que parecerá que vêem, ouvem e agem em comum. (739C-D)

A natureza bloqueia o êxito pleno do legislador. O melhor que ele pode fazer é nos ensinar repetidas vezes a desconsiderar esses sentimentos especiais, é nos lembrar que esse sentimento não faz realmente parte de nós, essa natureza não é a nossa real natureza. Que nossa única natureza é a de almas racionais, apenas contingentemente situadas nessa coisa. E agora vemos um outro motivo para esse seu ensinamento. Pois o corpo não é somente o maior obstáculo à vida estável e à verdadeira avaliação; é também a fonte mais perigosa de conflito e, por conseguinte, o maior obstáculo à justiça cívica imparcial e harmoniosa. (Cf. Cap. 6, pp. 159, 172-3; Cap. 7, p. 194; Cap. 12, p. 308).

V

Afirmei que o fato de não refletir fielmente a visão intuitiva que o ser humano comum tem de suas práticas e ocupações não é uma objeção forte a essa teoria do valor, uma vez que, de acordo com Platão, nenhuma pessoa comum, especialmente em uma democracia liberal, teve a educação que cultivaria suficientemente seu potencial para a racionalidade objetiva. Mas cabe ainda a Platão, evidentemente, mostrar a nós, comuns que somos, que esse ideal de valorização racional e esse ponto de vista da perfeição são objetivos que valem a pena ser alcançados por um ser humano. Cumpre que ele nos dê alguma razão para querermos atingir seu ideal, ou para pensarmos que já estamos de algum modo comprometidos com sua busca. Podemos objetar, em particular, que a perspectiva externa do olho-de-deus não é nem atraente, por exigir a detração de tantas coisas que valorizamos, nem tampouco importante, por não ser relevante para vivermos nossas vidas *humanas*. Talvez não esteja sequer disponível: o mundo e seu valor não podem ser encontrados e conhecidos no isolamento com relação às nossas interpretações e modos de ver humanos, moldados como são por nossos interesses, preocupações e modos de vida. Qualquer objetividade do valor digna de se tratar deve ser encontrada *no interior* do ponto de vista humano, e não através da tentativa, vã, de afastar-se dele.

Já não desenvolverei essas objeções neste ponto. Elas são complexas, e para entendê-las plenamente seria necessário, entre outras coisas, um exame detalhado das concepções éticas de Aristóteles – às quais nos voltaremos no Capítulo 8. Aqui, direi simplesmente que Platão de fato não ignorou essa espécie de objeção; e a motivação é uma questão à qual ele dedicou extensa consideração. Sua resposta tem o que poderíamos denominar um fio negativo e outro positivo, ambos estreitamente ligados. Do lado negativo, Platão acredita que pode demonstrar que grande parte do que se valoriza do ponto de vista humano interno sobre o mundo é, se refletirmos com seriedade, uma fonte de dor intolerável para um ser racional. A motivação suficiente para a ascese à perspectiva do filósofo já está presente para nós, no tumulto e desordem de nossas vidas empíricas. Uma tarefa central do filósofo será expor para nós de uma maneira infalivelmente clara os aspectos intoleráveis de nossas vidas, expondo ao mesmo tempo a ascese do filósofo como um remédio para esse tormento. Acredito (e argumentarei no Capítulo 6) que essa é a tarefa empreendida por Platão no *Banquete*; e podemos ver considerações semelhantes operando na *República* I, com seu agourento prenúncio da violência apetitiva, e na VIII, com seu retrato devastador das vidas instáveis daqueles que teriam constituído a maior parte dos ouvintes de Platão.

O fio ou aspecto positivo da resposta de Platão à questão da motivação é sugerido na *República* VI. Ao tratar da apreensão da verdade sobre o bem, uma verdade não-relativista que independe de todos os interesses humanos, Sócrates diz: "Ela é, com efeito, o que busca toda alma, e em virtude dela faz todas as coisas que faz, adivinhando obscuramente o que ela seja" (505E)[48]. Novamente, no *Filebo*, Sócrates insiste que consideremos "se há em nossas almas algum poder natural de amar a verdade e fazer tudo em virtude dela" (58D5-6, cf. "a paixão pelos argumentos", 67B). O raciocínio matemático e filosófico são formas de valor aos quais somos, únicos entre os seres mortais, atraídos, em virtude de algum tipo venturoso de dom inato (cf. *Epinome* 978B, *Fedro* 250A): nossa psicologia tem uma afinidade natural com o bem verdadeiro. Julgamos a matemática bela e excitante porque, por boa fortuna, convém-nos a beleza real.

Podemos tentar ver essa resposta positiva como apenas mais um modo de propor o ponto negativo: somos motivados a buscar o valor verdadeiro e estável porque não podemos viver com a dor e a instabilidade de nossas vidas empíricas. Esse foi o diagnóstico de Nietzsche da teoria do valor platônica. Em um fragmento intitulado "Psicologia da metafísica", ele escreve sobre as motivações subjacentes à defesa platônica do valor verdadeiro:

> É o sofrimento que inspira essas conclusões: fundamentalmente, são desejos de que esse mundo existisse... Imaginar outro mundo, mais valioso, é uma expressão do ódio por um mundo que faz sofrer: o *ressentiment* dos metafísicos é aqui criativo.[49]

Mas essa compreensão profunda e sem dúvida correta de uma parte da atração exercida pelos argumentos de Platão não faz justiça à sua complexidade. Mesmo para Nietzsche, isso não teria sido uma reflexão suficiente sobre o auto-entendimento do próprio Platão. Platão argumentou que a diferença entre valor verdadeiro e tudo o mais é precisamente que ele não é somente relativo-à-necessidade, que é algo que ainda teria razão para ser escolhido por um ser que não tivesse jamais experimentado o sofrimento ou a carência. Somos bastante afortunados em compartilhar com esses seres essa motivação positiva pura que é, em alguma medida, independente de nossa motivação negativa. Do interior de nossas vidas humanas, mesmo desconsiderando, momentaneamente, sua dor, temos um desejo natural profundo e positivo de alcançar algo mais perfeito do que o meramente humano. (É uma verdadeira sorte que tenhamos realmente esse desejo; pois, se não o tivéssemos, não teríamos um bem diferente, seríamos simplesmente excluídos do único bem que há[50].) Tudo isso, diria Platão, é efetivamente uma parte do ponto de vista humano, uma vez que o ser humano é por natureza um ser que busca transcender, por meio da razão, seus limites meramente humanos. O que Nietzsche omite é que o raciocínio matemático, científico e filosófico tem enorme beleza e atração para as almas humanas: e não apenas para a alma de um gênio matemático como o jovem Teeteto, mas para o cavalheiro Glauco; para Sócrates; para todos os alunos que adentraram a Academia, sobre cuja porta encontrava-se (segundo conta a história) a inscrição "Ninguém entrará aqui que não exerça a geometria"; para muitos de nós, acredita Platão, *se* pensarmos com suficiente afinco sobre o que realmente amamos. Aos epicuristas que enxergavam a ciência e a filosofia apenas como meios de amenizar a dor humana, o platônico Plutarco replicou apropriadamente que eles se esquecem do que Platão viu, o *júbilo* e o *prazer* do raciocínio puro:

> Eles lançam porta afora os prazeres da matemática. Contudo... os prazeres da geometria, da astronomia e da harmonia têm um chamariz intenso e múltiplo, de modo algum menos poderoso do que o feitiço de um amor; eles nos atraem a si usando teoremas como palavras mágicas... Nenhum homem ainda, ao ter relações com a mulher que ama, foi tão feliz a ponto de sair e sacrificar um boi; tampouco ninguém rogou morrer naquele exato instante se pudesse ter somente a sua porção de excelentes carnes e tortas. Mas Eudóxio rogou ser consumido em chamas como Féton se não pudesse manter-se próximo ao sol e determinar a forma, a dimensão e a composição dos planetas; e, quando Pitágoras descobriu seu teorema, ele sacrificou um boi, como relata Apolodoro.
> (*That Epicurus Makes a Pleasant Life Impossible* [Que Epicuro torna impossível uma vida aprazível], 1093D-1094B, trad. Einarson)[51]

A vida bem-aventurada, insiste Platão, é também bem-aventuradamente feliz. Não é melhor *porque* é feliz; seria melhor ainda que separada dessa felicidade. Mas como é esplêndido o fato de buscarmos o melhor com júbilo.

Se tudo isso é verdadeiro com relação a nós, Platão poderia agora argumentar, então pode ser não ele próprio, mas essas críticas de sua obra que deturpam o ponto de vista humano interno. O que o opositor imaginário faz, diria Platão, é simplificar e vulgarizar a psicologia moral humana omitindo um anseio que está em tensão com muitas das outras coisas que somos e fazemos. O que alguns dos intérpretes contemporâneos de Platão fazem, ao reconstruírem a teoria platônica, é indagar, de maneira semelhante, se é possível salvar algo aceitável ao humanismo democrático contemporâneo se rejeitarmos a antiquada discussão do valor dos livros posteriores. No entanto, ao fazê-lo, muito embora julguem, com efeito, o pensamento platônico mais palatável às pessoas que são, e foram, os ouvintes de Platão, eles ocultam a vigorosa defesa que Platão faz de uma concepção mais inquietante que, como ele está preparado para argumentar, não só é mais correta, como responde de maneira mais adequada aos nossos desejos mais profundos, desejos que felizmente nos vinculam ao bem verdadeiro. Se ele está certo quanto à complexidade de nossa natureza — e penso que há pelo menos uma boa possibilidade de ele estar certo — quando simplificamos e vulgarizamos os argumentos de Platão, estamos ao mesmo tempo evitando parte de nossa própria complexidade psicológica. Há inúmeros perigos nesse procedimento. Alguns deles são históricos: perdemos de vista algumas das concepções de Platão; deixamos de entender a força das críticas de Aristóteles a Platão, uma vez que Platão parecerá muito semelhante a Aristóteles[52]; deixamos, ao lado disso, de ver como e por que o *Fédon* comoveu e influenciou Kant tão profundamente. Igualmente profundos são os perigos filosóficos: ao reduzir a posição de Platão a uma posição mais familiar, perdemos a chance de investigar e analisar seriamente uma posição moral distinta que questiona fortemente a nossa. Mas, talvez, o perigo mais profundo em uma crítica que procure suavizar e humanizar Platão seja o fato de podermos ser encorajados, com sua ajuda, a deixar de ver e sentir o que ele viu e registrou efetivamente, a humanidade da negação e da insatisfação, a profundidade de nosso anseio humano por algo melhor do que o que somos. Platão diria que deixar de ver e sentir essas coisas seria deixar, de certo modo, de ser humano. E é surpreendente que Nietzsche, embora fosse antiplatônico, confirme aqui as intuições de Platão. Sua descrição do chamado "último homem" em *Zaratustra* vaticina para o futuro da moralidade humana na democracia burguesa européia a extinção da humanidade reconhecível, precisamente pela extinção do anseio platônico pela autotranscendência. "O tempo do mais desprezível dos homens está chegando", diz Zaratustra, "ele, que já não é capaz de desprezar a si mesmo." Como é de esperar, a audiência de Zaratustra, tal como alguns dos críticos contemporâneos de Platão, ignorou o fato de que sua fala é um louvor ao "grande anseio" e bradou: "Dá-nos esse último homem."[53]

* * *

Na *República*, Platão respondeu a questões sobre educação e motivação descrevendo uma cidade ideal em que se pudesse realizar a melhor educação possível para a racionalidade objetiva. Era crucial nessa cidade que a "conversão" da alma começasse "diretamente da infância" (519A), para que a alma do jovem cidadão fosse libertada dos "pesos plúmbeos" dos prazeres corporais que atraem seu olhar para baixo (519B). Platão também conclui, contudo, que essa é uma cidade que nunca virá a existir; e insiste que os indivíduos particulares almejem a vida da cidade sem esse contexto de sustentação (591E-592B). Em circunstâncias menos ideais, nas quais começamos com adultos que têm almas fortemente agrilhoadas, o processo educacional e motivacional deve ser tanto negativo quanto positivo: deve eliminar os pesos de chumbo ao passo que inspira a alma a olhar para o alto. Para recomendar sua reflexão sobre o verdadeiro valor não-relativo-à-dor a leitores democráticos (antigos ou modernos), o filósofo, ironicamente, precisará recorrer a seu sentimento de dor e restrição, permitindo que usem a dor dos pesos de chumbo como uma razão para escolherem se desfazer deles. Isso não torna a própria filosofia relativa-à-dor, pouco mais que uma convalescência: pois seria ainda valiosa de qualquer lugar do universo, e para qualquer alma racional, independentemente da dor. Mas *nós* devemos nos tornar cientes da *nossa* dor até que possamos ser conduzidos a um ponto em que estejamos prontos a exercer um modo de vida que implique desistir, ou revisar radicalmente, muito do que agora valorizamos.

Todos os nossos apetites são pesos de chumbo. Mas não podemos ter dúvida alguma sobre qual deles, para Platão, é o mais pesado. O desejo sexual, o "oficial superior" dos apetites e "tirano" da alma, é repetidas vezes eleito. O trabalho de nos liberar do ônus do anseio sexual e seus amores associados de pessoas individuais mutáveis será complicado e difícil. O filósofo terapeuta precisará aqui, sobretudo, operar com apelos negativos bem como positivos, para se opor à força de nosso interesse[54].

6. A fala de Alcibíades: uma leitura do *Banquete*

Ele tinha um escudo dourado feito para ele, ornado não com algum emblema ancestral, mas com a figura de Éros armado de um raio.

(Plutarco, *Alcibíades*, 16)

"Direi a verdade. Pensas que o permitirás?" (214E)

Ele era, para começar, belo. Era dotado de graça e esplendor físicos que cativavam a cidade inteira. Esses dotes não declinaram conforme ele crescia, mas floresciam a cada estágio com nova autoridade e força. Foi sempre muito ciente de seu corpo, vaidoso de sua influência. Falava de sua beleza como sua "espantosa boa fortuna" e "inesperado presente dos deuses" (217A). Mas esse não era o limite de suas dádivas naturais. Energia e poder intelectual fizeram dele um dos melhores comandantes e estrategistas que Atenas conhecera, um dos mais habilidosos oradores sempre a encantar seu povo. Em ambas as carreiras, sua genialidade era seu olho penetrante para a situação – o modo como podia discernir os traços marcantes do caso particular e selecionar de maneira audaz a ação apropriada. Quanto a todas essas dádivas, ele era igualmente vaidoso – ainda que também quase morbidamente interessado na crítica e na maledicência. Amava ser amado. Odiava ser observado, descortinado, descoberto. Seu coração, generoso e volátil, rapidamente comovia-se tanto com o amor quanto com a cólera, ao mesmo tempo mutável e tenaz. Era, então, um homem de grandes recursos que exigia muito do mundo, tanto em termos emocionais como intelectuais; e fazia o que os recursos e a coragem podiam para garantir sucesso.

O que mais? Ele odiava o som da flauta, e o sátiro Mársias que tocava flauta... Ele ria, contava anedotas – à custa dos inimigos, de amantes, de si mesmo. Certa vez arranjou que um litigante seu, um estrangeiro residente, ganhasse a licitação para o recebimento de impostos locais, para grande transtorno dos litigantes e quinteiros de impostos locais... Quando queria ganhar alguma coisa, não arriscava a sorte. Concorreu com sete coches em Olímpia e saiu com o primeiro, o segundo e o quarto prêmios. Certa vez, decepou o rabo de seu próprio cão, dizendo: "Estou bastante contente por estar toda a Atenas a tagarelar sobre isso. Impedirá que digam de mim qualquer coisa pior."... Financiava espetáculos extravagantes. As pessoas jamais se fartavam dele; ele era seu predileto, seu jovem "leão". Os que odiavam a desordem democrática o odiavam como a sua inspiração... Uma vez, ele convidou um filósofo para jantar e lhe disse a verdade sobre uma alma particular... Traiu duas cidades. Disse: "Amor pela cidade é o que não sinto quando sou injustiçado. Foi o que senti quando empreendi meus negócios políticos em segurança."... Uma noite, ele saiu para passear pelas ruas de Atenas e desfigurou as estátuas dos deuses, despedaçando genitais e rostos... O filósofo que ele amava parecia um Sileno, de nariz arrebitado, quando deitava na cama ao seu lado, distante e autocontido – tal como um daqueles Silenos de brinquedo que abrimos para ver dentro as estátuas brilhantes dos deuses[1]. Há todas essas coisas.

Sua história é, ao final, uma história de desperdício e perda, do fracasso da razão prática em dar forma à uma vida. Tanto o homem extraordinário como os estágios de seu curso serpeante eram lendários em Atenas; rogavam interpretação, cura. O *Banquete* se situa no meio dessa vida e confronta as questões que ela suscita para o nosso pensamento sobre o amor e a razão. Alcibíades é, evidentemente, um personagem principal no diálogo; muitos detalhes de sua vida são relatados explicitamente em sua fala. Mas há também sinais mais sutis. Um homem que morreu atingido por uma flecha falará das palavras de amor como flechas ou dardos que ferem a alma (219B). Um homem que influentemente denunciou a flauta como um instrumento indigno da dignidade de um homem livre descreverá a si mesmo como um escravo da encantadora execução da flauta de um certo sátiro (215B-D, 213C, 219C). Um homem que desfigurará estátuas sagradas compara a alma de Sócrates a um conjunto de estátuas de deuses e fala da injustiça de rasurar, ou desfigurar, as virtudes de Sócrates (213E, 215B, 216D, 217E, 222A). Um homem que profanará os mistérios põe em julgamento o iniciado da religião-mistério de *éros*. Essas conexões sugerem que devemos ler a obra sobre o pano de fundo das histórias já lendárias da vida, tentando recuperar para nós mesmos o fascínio ateniense por Alcibíades. Só assim apreenderemos o significado de muitas observações aparentemente casuais e, através delas, da totalidade.

É comum acusar-se Platão de que, no *Banquete*, ele ignora o valor do amor de uma pessoa única e inteira por uma outra pessoa assim inteira. Ao tratar a pessoa como uma base de propriedades valiosas e ao descrever o amor como dirigido a essas propriedades passíveis de repetição, e não à pessoa como um todo, ele omite algo que é fundamental à nossa experiência do amor. O professor Gregory Vlastos, um dos expositores mais eloquentes dessa concepção, escreve:

> Devemos amar as pessoas na medida em que, e só na medida em que, são boas e belas. Ora, uma vez que pouquíssimos seres humanos são obras-primas de excelência, e nem mesmos os melhores entre aqueles que temos a chance de amar são inteiramente livres de traços do feio, do vil, do lugar-comum, do ridículo, se nosso amor por eles deve ser apenas por sua virtude e beleza, o indivíduo, na singularidade e integridade de sua individualidade, jamais será o objeto do nosso amor. Parece-me ser essa a falha cardeal da teoria de Platão. Não proporciona o amor de pessoas em sua totalidade, mas apenas o amor dessa versão abstrata de pessoas que consiste no conjunto dessas melhores qualidades. Essa é a razão por que a afeição pessoal ocupa uma posição tão baixa na *scala amoris* de Platão... O momento de satisfação elevado e clímax – o topo da realização para o qual todos os amores inferiores devem ser "usados como degraus" – é o mais distante da afeição por seres humanos concretos.[2]

Tudo isso é um pouco misterioso. Gostaríamos de perguntar justamente a que vêm essa singularidade e individualidade. São meramente uma impressão subjetiva que temos porque ainda não apreendemos todas as propriedades? Ou a singularidade é talvez a ocorrência de certas propriedades, cada uma passível de repetição, em uma combinação até aqui não-exemplificada? Ou é algo mais ilusório e sombrio do que isso? Contudo, apesar de nossas questões, sentimos que Vlastos deve de algum modo estar certo. Ele está certamente apontando algo que dizemos e sentimos com respeito ao estado apaixonado, por mais inseguros que estejamos quanto ao significado dessa afirmação.

Mas há um problema em usar isso como uma crítica às percepções de Platão. Qual seja, que isso exige tratarmos como próprias de Platão apenas as concepções expressas na fala de Diotima conforme repetida por Sócrates, e o acusarmos de não estar ciente do restante do que ele escreveu. Pois na seqüência dessa fala encontra-se uma outra fala que alega expressar a verdade – uma fala que termina com as seguintes palavras:

> Seria possível encontrar muitas outras coisas maravilhosas para louvar em Sócrates. Mas essas mesmas virtudes se poderiam atribuir também a outra pessoa. A coisa realmente maravilhosa nele é que ele não é semelhante a nenhum ser humano, passado ou presente... Esse homem é tão estranho – ele próprio e também as suas falas – que poderias procurar, procurar e não encontrar ninguém sequer próximo a ele. (221C-D)

Mas é sobre isso, mais ou menos, que Vlastos está falando. Se um escritor descreve uma certa teoria do amor e então segue essa descrição com um contra-exemplo à teoria, uma história de paixão por um indivíduo único tão eloqüente como na literatura – uma história que diga que a teoria omite algo, é cega a algo – então é possível que talvez hesitemos antes de chamar o *autor* de cego[3]. É possível que queiramos ler a totalidade do que ele escreveu, e encontrar seu significado emergindo da ordenação de todas as suas partes. Acredito que um entendimento profundo do *Banquete* será aquele que o considerar não como uma obra que ignora o entendimento pré-filosófico de *éros*, mas como uma obra que é toda sobre esse entendimento, e também sobre por que ele deve ser purgado e transcendido, por que Diotima tem de vir mais uma vez para salvar Atenas de uma peste. (Talvez também sobre por que ela não pode nos salvar – ou, pelos menos, não pode *nos* salvar.)

O *Banquete* é uma obra sobre o amor erótico apaixonado – um fato que seria difícil de inferir de algumas das críticas escritas sobre ela. Sua única fala que alega dizer "a verdade" é uma história de paixão complexa, tanto sexual como intelectual, por um indivíduo particular. Há em seu cerne, com efeito, uma fala que desafia ou nega essas "verdades" em nome da verdadeira bondade. Mas dificilmente podemos esperar entender a motivação desse desafio, ou avaliar a sua força, sem primeiramente entender o retrato que Platão faz de nossos gregos reais e seus problemas. Precisamos estar dispostos a explorar com essa obra nossos próprios pensamentos e sentimentos sobre o apego erótico, e a perguntar se, feito isso, estaremos, como Sócrates, prontos para sermos "persuadidos" pela fala revisória de Diotima. É por isso que devemos voltar nossa atenção, como fariam os ouvintes de Platão, à vida e ao caráter de Alcibíades.

I

Esse diálogo consiste numa série de relatos elaboradamente embutidos um no outro. Como uma caixa chinesa, ele nos apresenta uma conversa de Apolodoro[4] com um amigo, que relata uma conversa sua anterior, em que ele relembra uma fala de Aristodemo, que relata (entre outras) uma fala de Sócrates, que relata uma fala de Diotima, que relata os segredos dos mistérios. Esse distanciamento, continuamente presente a nós nas construções de discurso indireto dos gregos, nos torna sempre cientes da fragilidade do nosso conhecimento do amor, nossa necessidade de tatear em busca do entendimento desse elemento central de nossas vidas através do ato de ouvir e contar histórias. Também nos lembra que os alunos de Sócrates, inspirados pelo amor pessoal, tendem a não seguir seus conselhos. Em lugar de ascenderem a uma consideração igual de todos os exemplares de valor, eles, como Alcibíades, permanecem amantes dos particulares da história pessoal. Desses dois modos, o diálogo como um todo é antes a fala de Alcibíades do que a de Sócrates – lembrando-nos que é como pessoas não-regeneradas que devemos aprender e julgar o valor do ensinamento socrático.

Os cenários das várias conversas são escolhidos com precisão para nos indicar os temas centrais do diálogo. Apolodoro, quando um amigo anônimo lhe pede que repita a história do festim, responde que acabara de ter oportunidade de fazer sua narração. Um conhecido seu, de nome Glauco, o parara há dois dias em um estado de grande excitação. Estivera procurando Apolodoro por toda a cidade para ouvir dele, do começo ao fim, a história sobre a festa na casa de Agaton em que Sócrates e Alcibíades eram convidados. Glauco estava extremamente ávido por ouvir como foram seus discursos sobre o amor, mas o amigo que o informara da festa, tendo ouvido a história de segunda mão, não pôde lhe dar um relato claro (172 A-B). Apolodoro, surpreso, respondera que deve ter sido, com efeito, um relato obscuro – pois essa festa, que Glauco parece pensar ser um acontecimento recente, teve lugar há anos. Não sabe Glauco que Agaton esteve fora da cidade por "inúmeros anos" e que ele, Apolodoro, foi um seguidor de Sócrates por apenas três? A festa teve lugar, de fato, lá "quando éramos meninos" (173 A5), o dia da primeira vitória de Agaton no festival trágico – para nós, no ano de 416 a.C.

Ora, à primeira vista, isso é muito estranho – tão estranho que parece que Platão está tramando alguma coisa. Um homem ocupado, ativo, aparentemente são, percorre toda a cidade para ouvir uma história sobre uma festa em que se fizeram alguns discursos sobre o amor. E ele nem mesmo sabe que essa festa ocorreu há mais de dez anos. (Agaton deixou Atenas em 408 ou 407.) Ele claramente não é um aficionado por literatura ou filosofia, pois, se fosse, estaria ciente dos fatos importantes sobre Agaton e Apolodoro. Ele é caracterizado como um homem de ação ocupado (173A)[5]. Talvez, então, devamos nos voltar à política para explicar a sua avidez.

R. G. Bury e outros comentadores exploraram o problema de datar mais precisamente a conversação[6]. Não pode ser, Bury argumenta de maneira persuasiva, depois da morte de Sócrates em 399, uma vez que Apolodoro fala de seu discipulado no tempo presente (172E5). Devem ser "inúmeros anos" depois da partida de Agaton, mas antes de sua morte (provavelmente também em 399), uma vez que ele é descrito como ainda "vivendo fora da cidade". Para compreender os "inúmeros anos", argumenta Bury, podemos também datá-los o mais tardiamente possível dentro desse período, portanto no ano 400.

Mas isso ignora a política e Alcibíades. Alcibíades foi assassinado em 404. Chamado de volta a Atenas em 407 pela democracia restaurada, ele perdeu então prestígio em virtude das perdas atenienses em Notium – das quais, entretanto, seus subordinados, não ele, receberam a culpa. Retirou-se para Quersoneso. Em 405, seu bom conselho referente à batalha de Egospotami foi desconsiderado pelos comandantes. Colérico e amargurado, ele partiu para a Ásia Menor, planejando oferecer seus serviços ao rei da Pérsia, Artaxerxes. Em 404, quando estava em uma pequena vila na Frígia, foi assassinado por um agente persa, provavelmente como resultado de uma conspiração entre o comandante espartano Lisandro e Crítias, o oligarca, tio de Platão.

O ano de 400 se torna assim uma data impossível para a desnorteada pergunta de Glauco. Nenhum homem de negócios teria ficado muito tempo sem saber da morte de Alcibíades. Tampouco poderia um leitor de 375[7] ter acreditado nisso como possível. (Pois devemos estar menos interessados nos fatos reais do que nas pressuposições e crenças históricas dos ouvintes de Platão.) Seria como supor que uma platéia dos dias de hoje pudesse acreditar que um drama que mencionasse John Kennedy como vivo pudesse ser ambientado em 1968. Alguns eventos são indelevelmente marcados na consciência de um povo; a morte de Alcibíades figura entre eles. Nos últimos meses de sua vida ele era, aonde quer que viajasse, objeto de atenção intensa, quase obsessiva[8]. Atenas estava à beira da capitulação militar por Esparta; internamente, foi dilacerada por anos de luta entre um partido oligárquico, agora simpático a Esparta, e os sentimentos democráticos tradicionais, ainda fortes nos corações da impotente maioria. Um governo oligárquico moderado liderado por Teramenes está à beira do colapso; os extremistas, os chamados "Trinta Tiranos", liderados por Crítias e outros ligados à família de Platão, prometem apagar da cidade todos os traços de instituições democráticas. As esperanças dos defensores da tradição e da liberdade estão destruídas. *As rãs*, de Aristófanes, produzida em 405, confirma o temor de que não apenas a liberdade política, mas também o discurso poético, esteja à beira da extinção. O Coro apela pela chance de falar sobre questões sérias, bem como cômicas, pedindo a proteção dos deuses para suas verdades (384-93)[9].

Em meio à ansiedade e ao pessimismo ateniense, há uma esperança: que Alcibíades, consentindo em retornar à cidade que o destratara, possa levar uma democracia restaurada à vitória e à segurança. Como Plutarco nos diz,

> Em desespero relembravam seus erros e desatinos passados, e consideraram que o maior de todos fora sua segunda investida contra Alcibíades... E, contudo... restava um pálido vislumbre de esperança de que a causa de Atenas jamais poderia ser em última instância perdida enquanto Alcibíades estivesse vivo. No passado, ele não se contentara em levar uma existência pacífica ou passiva no exílio, e agora, também, ...eles acreditavam que ele não lançaria um olhar indiferente e descuidado ao triunfo dos espartanos ou aos ultrajes dos Trinta Tiranos.[10]

Em *As rãs*, Alcibíades é um personagem central muito antes de ser mencionado pelo nome (1422). O teste fundamental para os dois poetas mortos no Hades, determinar aquele cujo conselho moral salvará a cidade em seu momento de infortúnio, é um teste concernente ao seu retorno. A cidade "anseia por ele, odeia-o e o quer de volta" (1425). O que ela deveria fazer? Eurípides, usando uma linguagem vinculada com a filosofia sofista e socrática, dá uma resposta de oligarca: pensai nele como um indivíduo egoísta e inútil e o odiai. Ésquilo, em linguagem poética obscura e nobre, insta à cidade que o aceite de volta[11]. Esse velho e valente democrata que lutou em Maratona, não o refinado companheiro de intelectuais supostamente antidemocráticos, prova dessa maneira que ele é o poeta que a alma de Dioniso, deus da poesia trágica e cômica, deseja (1468). Ele será trazido de volta dos mortos e, juntos, tragédia, comédia e Alcibíades salvarão Atenas da morte de sua liberdade; também, como eles o vêem, de Sócrates[12].

A avidez de Glauco começa agora a fazer sentido para nós. Suponhamos que seja 404, pouco antes do assassinato, no ponto mais alto desse frenesi sobre Alcibíades. (Isso ainda satisfaz a exigência de Bury de que desloquemos o cenário em muitos anos desde a partida de Agaton.) Agora suponhamos que circule um rumor, segundo o qual houve uma festa em que compareceram Sócrates e Alcibíades, e onde se fizeram discursos sobre o amor. Um homem político (ignorante dos fatos culturais que datam essa história) imediatamente se perguntaria se o líder rejeitado havia por fim concordado em retornar a Atenas, atraído, talvez, por seu famoso amor por Sócrates. Ele poderia bem ter largado seus negócios usuais diante de tais notícias, prenhes de possibilidades para ambos os partidos políticos, e percorrer toda a cidade atrás dessa história. Se fosse um democrata, estaria em estado de crescente esperança e alegria mal reprimida. Se fosse um oligarca, estaria nervoso e temeroso, irritado por terem falhado miseravelmente todas as tentativas de seu partido de observar cada movimento de Alcibíades. Qual desses é Glauco? Suas breves perguntas não nos dão nenhum sinal. Uma vez que Apolodoro, discípulo do Sócrates histórico, provavelmente se opõe, com ele, às medidas extremamente inconstitucionais dos Trinta[13], o silêncio de Glauco sobre suas preocupações mais profundas pode sugerir um vínculo com os oligarcas. Esse Glauco não é claramente identificado; mas os dois personagens platônicos conhecidos com esse nome são parentes próximos de Platão e ligados aos oligarcas[14]. Não é impossível que seja o irmão de Platão, o Glauco da *República*; em todo caso, ao menos o nome sugeriria a um leitor essas associações antidemocráticas.

Temos, parece, uma conversação ocorrida muito pouco antes do assassínio de Alcibíades, entre uma pessoa neutra ou simpática e alguém que pode estar ligado aos seus assassinos. Mas não é essa a conversação que o diálogo inicial efetivamente nos apresenta. O próprio diálogo acontece dois dias depois da conversa de Glauco relatada; e ocorre entre Apolodoro e um "amigo" anônimo. Não nos é dito por que deveria haver esse intervalo de dois dias, ou por que a conversa deveria agora ser repetida. Mas isso abre espaço para pensar. Essas complicações barrocas de discurso não são em si mesmas bonitas ou deleitosas, mesmo que pudéssemos acreditar que Platão inventa tais coisas visando apenas o gozo. Queremos um significado mais pleno. O "amigo", aparentemente, não está operando sob a ilusão de Glauco de que o rumor da conversa era recente; mesmo assim, quer ouvi-la de qualquer modo. Uma explicação suficiente para sua maior clareza, que daria conta também de seu desejo de ouvir a história novamente, seria a morte de Alcibíades na Frígia. São ainda conjecturas; mas, de qualquer forma, pretende-se por certo que atemos estreitamente o diálogo à morte, que pensemos em Alcibíades morto, ou moribundo, mesmo enquanto "ele" fala, e que percebemos o temor que o oligarca tem de um amor que reuniria Alcibíades e Atenas como um dos temores que levavam ao assassínio[15].

Mas isso nos deixa ainda uma questão: quando, nos termos desses acontecimentos, deu-se o banquete relatado, em que são feitos discursos sobre o amor? Aqui, de maneira ainda mais patente, Platão é preciso: janeiro de 416[16]. Agaton, o vitorioso, tinha menos de trinta anos. Alcibíades tinha trinta e quatro. Sócrates tinha cinqüenta e três. Pouco mais de um ano depois, as Hermas foram sacrilegamente mutiladas – incidente que se mostraria prejudicial à carreira militar e política de Alcibíades. Fosse ou não realmente culpado (ao final, mesmo o indiciamento oficial o acusava apenas de profanação dos Mistérios eleusinianos, não de violação das estátuas), continuava sendo verdade que o rumor e a crença popular, e o consenso geral dos escritores do século IV, atribuíam o incidente à sua liderança[17]. Não somente o próprio Platão, como associado dos oligarcas, muito provavelmente acreditava nisso, como também acreditaria a maior parte de sua platéia do século IV. Esse incidente foi considerado o caso mais flagrante do estouvamento e da desordem que reiteradamente traspassavam o gênio de Alcibíades. O diálogo nos mostrará esse estouvamento como o de um certo tipo de amante. As freqüentes referências a estátuas provavelmente não são acidentais. A atmosfera de escárnio-ameaça e de escárnio-violência que cerca a fala de Alcibíades vai mais fundo do que um jogo, uma vez que sabemos que é a fala de um homem que logo cometerá atos reais de violência. Quando Alcibíades expressa cólera, dor e frustração (por exemplo, 219C-E, 217E-218A); quando Sócrates fala de seu temor do ciúme violento de Alcibíades e até apela por ajuda, no caso de Alcibíades tentar "forçá-lo", inspirado por "loucura e paixão pelo amor" (213D5-6); quando Alcibíades diz: "Não há trégua entre mim e tu, mas conseguirei vingar-me de ti em um outro momento" (213D7-8), seguramente se espera que pensemos em um outro momento, e em um ataque supostamente feito aos genitais rochosos e à "maravilhosa cabeça" (cf. 213E2) de Hermes, deus da fortuna[18].

II

Podemos começar com o único entre os simposiastas que não louva a fala de Sócrates (212C4-5). Ao fim do diálogo, Sócrates tenta persuadir Agaton e Aristófanes de que, não obstante a superstição popular, uma mesma pessoa pode ser poeta nos gêneros trágico e cômico. É evidente, ademais, que a fala cômica de Aristófanes e a fala trágica (ou tragicômica) de Alcibíades contêm as objeções mais sérias suscitadas no *Banquete* contra o programa de Sócrates para a ascese do amor. Esses fatos sugerem que devemos estudar as duas falas juntas, perguntando se elas revelam uma reflexão comum sobre a natureza de *éros* e o seu valor, que ilumina tanto uma à outra como a alternativa socrática. Aristófanes jamais consegue nos dizer suas objeções à idéia da ascese, porque a entrada de Alcibíades interrompe a dialética. Mas talvez seja essa entrada, e a cena seguinte, que nos tornam conhecidas as reservas mais sérias do poeta cômico.

O poeta cômico fala mais tarde do que havia sido originalmente planejado. O plano ordenado do simpósio é interrompido por uma contingência corporal ridícula: um ataque de soluços. Ele faz Aristófanes (e nós) imaginar o modo como a boa ordem do corpo (*tò kósmion toû sómatos*, 189A3) cede lugar, como se fosse uma vítima disposta e desejosa (cf. *epithumîi*, 189A4), aos mais absurdos ruídos subumanos (189A4-5)[19]. Recuperado, ele apresenta uma história sobre o amor que se admira, ela própria, do poder que as contingências do corpo têm de interromper e submeter as aspirações da razão prática.

Fomos certa vez, diz-nos ele, seres físicos perfeitos e auto-suficientes. Tínhamos uma forma circular, "semelhante, em todas as direções", que os princípios da filosofia imaginavam ser a forma do deus[20]. Agora, punidos por nossa tentativa presunçosa de fazer de nós mesmos governantes de tudo, somos criaturas cortadas pela metade, separadas de nossa outra parte e feitas, por um ângulo de nossas cabeças, para olhar sempre para o lado frontal cortado e entalhado de nós mesmos que nos lembra de nossa carência (190D-E). E, olhando a perda contingente que nos separa dos desejos de nossa imaginação, ela própria ainda aparentemente intacta, tornamo-nos preocupados com o projeto de retornar à totalidade de nossas naturezas anteriores. Mas, para remediar um traço da fortuna, um outro deve acontecer: devemos cada um de nós encontrar a outra metade única da qual fomos separados. A única esperança de "cura" para nossa natureza humana (191D1) é unir-se no amor com esse outro alguém e, com efeito, fundir-se com ele, na medida do possível (192B-E). Éros é o nome desse desejo e dessa busca da totalidade (192E-193A).

A história é cômica porque, embora seja sobre nós e nossas mais profundas preocupações, ela se afasta ao mesmo tempo do deleite e da dor intrínsecos a essas preocupações, ao solicitar que assistamos a nós mesmos como assistimos a uma espécie distante de nós e de nossas necessidades. Pensamos, como humanos, que a forma humana é algo belo; a história nos faz considerar que, do ponto de vista do todo ou do deus, a forma circular pode ser formalmente mais bela e adequada. Uma forma entalhada, provida desses vincos desordenados de pele em torno do meio (191A), sua cabeça voltada em direção a essa imperfeição e expressando de maneira nova, nos seus olhares fitos a buscar (191A, 191D), seu senso de incompletude; seus membros genitais expostos e pendentes agora não mais semeando eficientemente, externamente, sementes na terra (191B-C), mas antes, situados no lado do "corte", servos do desejo tanto de reprodução como de cura – isso se assemelha à forma de algo que é objeto de uma anedota, ou uma punição. Do ponto de vista do desejo, novamente, a penetração de uma parte do corpo de alguém em alguma abertura do corpo da pessoa amada é um acontecimento excitante e belo. De fora, parece apenas peculiar, ou mesmo grotesco; certamente, parece ser desprovido de valor estético positivo. Nem mesmo é funcionalmente eficiente como meio de reprodução. Semear na terra era tanto mais controlado como mais seguramente fecundo.

Enquanto ouvimos o distante mito de Aristófanes desse tatear e apreender, somos convidados a pensar como é estranho, afinal, que os corpos tenham em si esses orifícios e essas projeções, estranho que a inserção de uma projeção em uma abertura deva ser pensada, por seres ambiciosos e inteligentes, como uma questão do mais profundo interesse. Tão estranho que devamos tomar como natural, e até mesmo como distinto, esse fato extraordinário de que nossos corpos separados realmente se encaixam dentro de outros corpos, que os corpos são macios e abertos, não redondos e polidamente lisos, como pedras. (Pedra, disse Cálicles, era a melhor corporificação de uma ambição elevada.) Finalmente, a partir de dentro, a desarmonia da natureza dessas criaturas, cuja razão ainda aspira à completude e ao controle, mas cujos corpos são tão dolorosamente necessitados, tão desviantes – a partir de dentro, isso se faria sentir como um tormento. De fora, não podemos evitar o riso. Querem ser deuses – e aqui estão eles, precipitando-se de um lado a outro ansiosamente, tentando enfiar um pedaço de si mesmos dentro de um orifício; ou, talvez ainda mais cômico, aguardando na esperança de que em algum de seus orifícios lhes seja enfiado algo[21].

E, contudo, estamos cientes de que somos essas criaturas. Se a história contada fosse sobre alguma raça completamente estrangeira, em que não pudéssemos ver a nós mesmos e nossos desejos, seria uma história natural. Se fosse contada a partir de dentro, seria, como dissemos, tragédia. A comédia vem na percepção repentina de nós mesmos a partir de uma outra perspectiva, a repentina volta de nossas cabeças e olhos para olhar os genitais e rostos humanos, nossas partes desarredondadas, desejosas e vulneráveis. É como aqueles momentos nas peças reais de Aristófanes, em que nos mostram algum comportamento absurdo ou mesmo abjeto e em seguida, de uma só vez, fazem-nos ver que é nosso*.

Parece que temos nessa história muito do que Vlastos queria extrair de uma reflexão sobre o amor. Os objetos das paixões dessas criaturas são pessoas em sua totalidade: não "complexos de qualidades desejáveis", mas seres inteiros, plenamente incorporados, com todas as suas idiossincrasias, falhas e até defeitos. O que as faz apaixonar-se é um incremento repentino de sentimentos de afinidade e intimidade, a perplexidade de encontrar em um suposto estranho uma parte profunda de nosso próprio ser. "Estão afetados de maneira extraordinária pelo sentimento amigável (*philía*) e intimidade (*oikeiótes*) e paixão (*éros*), e dificilmente se dispõem a separar-se um do outro mesmo por pouco tempo" (192B-C). É um amor do qual se diz que tanto está na alma e no corpo quanto é da alma e do corpo, e das aspirações da alma conforme expressas nos movimentos e gestos do corpo (cf. 192E7-D1).

Tampouco são substituíveis para essas pessoas os objetos de amor, como poderiam ser os depositários de bondade ou beleza abstratas. O indivíduo é amado não apenas como um todo, mas também como único e insubstituível. Para cada um há, aparentemente, uma "outra metade" exata (192B6, 191A6). Muito embora com a morte da metade cada um comece uma busca por substituição, não há evidências de que essa busca alcançará êxito. Não há nada semelhante a uma descrição geral de um "amante" adequado ou "ajustado", passível de satisfazer com certo número de candidatos, que pudesse servir como critério suficiente de adequação. É misterioso o que de fato faz de uma pessoa a metade perdida de outra, mais misterioso ainda como ela vem a saber disso. Mas lá eles o encontram, corpo e alma, diferente de qualquer outra pessoa no mundo. (Podemos ver como estamos próximos a uma concepção de *éros* expressa com freqüência na tragédia se relembrarmos um momento na *Antígona*, em que Creonte argumentava em favor do caráter substituível dos parceiros amorosos com uma crua metáfora da agricultura: há outros "sulcos" para o "arado" de Hemon. A Ismênia, a mais conservadora, responde: "Não outro amor como o que o adequava a ela."[22] Com sua ênfase compartilhada na *harmonia* especial (o "encaixe" do carpinteiro ou a "harmonia" do músico), a tragédia e Aristófanes parecem captar a singularidade, bem como a totalidade, que Vlastos considerou faltosa na concepção que Platão tem do *éros*.)

Mas o retrato também nos evidencia problemas. Antes de mais nada, o mito de Aristófanes dramatiza vivamente a absoluta contingência do amor, e nossa vulnerabilidade à contingência

---

* Um exemplo indicará a técnica. Em *As nuvens*, depois de algumas piadas típicas à custa dos homossexuais passivos, das quais a platéia vinha rindo com superioridade, o personagem escarnecido volta aquele que o escarnece em direção à platéia e lhe pergunta que espécie de pessoas, afinal, estão sentadas ali fora. A resposta é inequívoca: "pelos deuses, a imensa maioria é de viados". "Bem, o que dizes a isso?" "Admito derrota. Ó homossexuais, por deus, tirai meu manto, estou desertando para vosso lado." E ele sai, sem manto, presumivelmente para a platéia. Aristófanes, como Platão (cf. Caps. 5 e 7), usa esse exemplo para argumentar idéias complexas sobre passividade e receptividade, dependência do acaso, hedonismo, democracia.

devido ao amor. A própria necessidade que dá origem à busca erótica é uma carência não-natural, contingente – pelo menos é vista como tal do ponto de vista das ambições da razão humana. Aqui estão essas ridículas criaturas cortadas pela metade, tentando fazer com esses corpos o que lhes ocorria facilmente quando tinham uma natureza corporal diferente. O corpo é uma fonte de limitação e aflição. Com ele, não se sentem em harmonia, e desejariam ter tido um tipo diferente de corpo; ou talvez absolutamente nenhum.

Assim *éros*, tão necessário para a continuidade da vida e para a "cura" da aflição, alcança por absoluto acaso a criatura dividida, se é que a alcança. Sua outra metade está em algum lugar, mas é difícil ver que raciocínio ou planejamento ela pode executar para fazer essa metade aparecer. As criaturas "buscam" e "ficam juntas", mas seguramente não está em seu poder assegurar a união feliz. É difícil aceitar que algo tão essencial para o nosso bem como o amor seja ao mesmo tempo, em tão grande medida, uma questão de acaso. As criaturas evidentemente gostariam de acreditar, com um filósofo moderno otimista, que: "Se uma pessoa é desapontada no amor, é possível adotar um vigoroso plano de ação que comporte uma boa chance de a fazer conhecer uma outra pessoa de quem ela pelo menos goste tanto quanto."[23] O mito cômico põe isso em dúvida.

E não é simplesmente que uma parte particular do bem das criaturas parece resistir ao controle da razão prática. Pois esse componente, estando ausente ou desafortunadamente presente, causa à criatura a perda do controle racional sobre todo o restante de seu planejamento para a vida. Antes da invenção do intercurso sexual, as duas metades abraçavam-se insatisfeitas, até que ambas morressem de fome e de outras necessidades (191A-B). A possibilidade de intercurso, um novo "estratagema" provido pelo deus compassivo (191B), trouxe a procriação de crianças e uma suspensão temporária da tensão física: "A saciedade podia provir do intercurso, e eles podiam se aliviar, voltar ao seu trabalho e dedicar algum pensamento ao restante de suas vidas" (191C). Mas essa feliz possibilidade nos indica que a criatura continua sempre em poder dessas necessidades recorrentes, que a distraem do trabalho e do restante da vida, exceto quando a saciedade proporciona um pequeno intervalo de calma.

Sabe-se, ademais, que a satisfação adquirida dessa maneira é, mesmo quando temporária, incompleta. O alvo do desejo é ainda mais difícil. O que esses amantes realmente querem não é simplesmente um prazer físico momentâneo com sua subseqüente e breve suspensão da tensão corporal. Seu comportamento erótico expressa uma necessidade mais profunda, que provém da alma – uma necessidade "que a alma não pode descrever, mas pressagia e obscuramente sugere" (192D):

> Suponha que Hefesto com suas ferramentas fosse visitá-los quando deitassem juntos e diante deles parasse e perguntasse: "O que é, mortais, que esperais ganhar um com o outro?" Suponha, também, que, quando não pudessem responder, ele repetisse a questão nestes termos: "O objeto de vosso desejo é estardes sempre juntos tanto quanto possível, e jamais vos separardes um do outro dia e noite? Se é isso o que quereis, estou pronto para vos fundir e soldar juntos, de modo que, em lugar de dois, sejais um... Um destino como esse vos contentaria e satisfaria vossos anseios?" Sabemos que sua resposta seria: ninguém recusaria a oferta. (192D-E, trad. [para o inglês] de Hamilton)

Esse é um desejo pelo impossível. Por mais ardentemente e por maior que seja a freqüência com que esses amantes entrem no corpo um do outro, sempre continuarão sendo dois. Nenhuma quantidade de interpenetração causará a fusão da menor partícula de carne com a outra carne. Seu ato leva inexoravelmente de volta à separação e à inatividade, nunca a uma união mais duradoura ou mais consumada.

Mas a história dessa impossível união é um milagre muito mais simples do que aquele que precisaria ocorrer se eles devessem realmente se tornar um. Pois essas criaturas têm alma; e seu desejo de unidade é um desejo da alma, um desejo de desejos, projetos, aspirações. (Para que surja o problema dos amantes não é preciso que eles sejam, e que nós sejamos, dualistas. A *psykhé* de Aristófanes provavelmente não é uma substância incorpórea, mas os elementos "internos" de uma pessoa – desejos, crenças, imaginações – como quer que devam ser, em última instância, analisados e compreendidos. O contraste que ocorre é entre o "interno" e o "externo". O problema dos amantes surgirá para qualquer pessoa que duvide que os movimentos, gestos e falas externos de seus membros, tronco, rosto, genitais, expressem sempre de maneira plena e adequada a pessoa que eles sentem ser[24].) As ferramentas de Hefesto nada poderiam fazer para satisfazer seu desejo – a menos que suas almas, no intercurso, tivessem primeiro se fundido completamente com seus próprios corpos. O que isso significaria? Que cada um teria que enxergar seus movimentos corporais como plenamente expressivos e em harmonia com as necessidades e imaginações da alma ou do "espírito", de modo que o intercurso fosse ao mesmo tempo a interpenetração de imaginação com imaginação e de espírito com espírito. Hefesto só pode unir o que está envolvido no ato corporal de fazer amor e que se identifica com ele. Se a mente defende um lado, se pergunta, mesmo momentaneamente, "Isso sou eu?" ou "Tudo o que sou consiste nisso?" ou "Essa pessoa que se move dentro do meu corpo realmente sabe alguma coisa sobre *mim*?", então a união será, na melhor das hipóteses, uma união parcial. Haverá um ser um pouco destacado deixado do lado de fora, que resiste ao artífice e a esse mergulho, permanecendo solitário, orgulhoso de seus segredos. Para essas criaturas, é quase certo que será esse o caso. Não se ressentem do desalinho de seus corpos, essas superfícies falhas e imperfeitas? Não se orgulham da totalidade e beleza de suas naturezas? Então, como estarão dispostas a identificar suas almas orgulhosas com uma face cortada e entalhada, um conjunto de órgãos de estranho formato? Um milagre pressupõe um milagre maior: para conseguirmos ser o todo, primeiro temos que estar dispostos a ser a metade.

Suponhamos que, por um milagre, essas duas fusões tenham ocorrido. Cada um dos amantes torna a si próprio uno com seu corpo, e Hefesto então torna dois corpos dotados de alma em um. Envoltos nos braços um do outro, ali repousam, para o resto de suas vidas e em direção à morte, soldados em um, imóveis. (Suponhamos também que a lacuna entre interpenetração e fusão tenha sido realmente preenchida: eles podem "morrer em comum" (192E)[25] não apenas no sentido da simultaneidade da experiência, mas no sentido da unidade da experiência.) Aqui encontramos, inesperadamente, uma segunda comédia. Pois aquilo que pensavam mais querer em virtude de seu movimento apaixonado acaba por ser uma totalidade que poria um fim a todo movimento e a toda paixão. Uma esfera não teria intercurso com ninguém. Não comeria, não duvidaria nem beberia. Sequer se moveria, como sagazmente observou Xenófanes, nessa ou naquela direção, porque não teria uma razão; seria completa (B25; cf. Cap. 5). *Éros* é o desejo de ser alguém desprovido de quaisquer desejos contingentes que possam ocorrer. É um desejo de segunda ordem de que todos os desejos sejam suprimidos. Essa necessidade que nos faz pateticamente vulneráveis ao acaso é uma necessidade cujo resultado ideal é a existência de uma estátua de metal, um artefato. Não é por acaso que o mito fale de soldagem, e utilize as ferramentas do ferreiro em lugar dos instrumentos do médico. Uma vez que vemos o caráter auto-supressor desse *éros*, não nos é evidente em absoluto que nosso primeiro e entusiástico "sim" à proposta de Hefesto expresse nosso anseio mais profundo. (Quando Hefesto acorrentou Ares na cama com Afrodite, Ares ficou encolerizado, e todos os deuses riram dele; somente Hermes estava disposto a arriscar a imobilidade por amor[26].) Mas é possível que o nosso anseio mais profundo seja viver sempre sob o domínio de necessidades recorrentes, e jamais alcançar uma satisfação estável? Como Sócrates pergunta no *Górgias*, podemos escolher viver como jarras fendidas ou aves-torrentes? Gostaríamos de encontrar um modo de manter nossa identidade como seres que desejam e se movem, e ainda nos tornar auto-suficientes. Isso requer uma considerável inventividade.

Isso é só uma comédia, e é só um mito, sobre seres distantes. Não estamos certos de que seja realmente a nossa história – se vistos um por um, em detalhes, e de dentro, nossos amantes realmente se parecem assim. Mas restam-nos questões[27]. Temos a percepção de que pode haver problemas na terra da "singularidade e integridade", que a afeição pessoal pode não ter controle sobre o seu mundo. Voltamo-nos agora à fala que tenta reestruturar o mundo, tornando-o seguro para a razão prática.

III

Sócrates não considera a ascese do desejo na primeira pessoa, como uma teoria própria desenvolvida por meio da experiência e da reflexão. Em lugar disso, ele a introduz como uma reflexão de cujo valor ele foi *persuadido* por uma mulher, e de cujo valor ele tentará, por sua vez, persuadir outros (212B). Com efeito, quando a ouviu pela primeira vez, ele estava, segundo nos diz, em dúvida quanto à sua verdade (208B); ela, respondendo "como uma perfeita sofista", convenceu-o. O ensinamento de Diotima depende fundamentalmente das próprias crenças e intuições de Sócrates; assim como o próprio Sócrates quando examina um aluno, ela alega estar mostrando a ele o que ele mesmo realmente pensa (201E, 202C). Resta, porém, o fato de que foi preciso uma intervenção externa para convencê-lo de que para abraçar certas crenças era necessário abandonar outras. Sem isso, ele poderia ter continuado a viver com incompatíveis, sem perceber como colidem.

A mestra de Sócrates é uma sacerdotisa chamada Diotima. Uma vez que ela é uma ficção, somos levados a perguntar sobre seu nome e por que Platão deve tê-lo escolhido. O nome significa "honra de Zeus". Alcibíades tinha uma famosa concubina, uma cortesã cujo nome registrado pela história é Timandra. Esse nome significa "honra-do-homem". Aqui, pois, também Sócrates toma uma concubina: uma sacerdotisa em lugar de uma cortesã, uma mulher que prefere o intercurso da mente pura aos prazeres do corpo, que honra (ou é honrada por) o divino em lugar do meramente humano[28]. A fama e a autoridade fictícias de Diotima derivam, diz-nos Platão, de seus benefícios a Atenas no período da grande praga, quando ela teve êxito em adiar a catástrofe por dez anos (201D). Essa invenção é também significativa. Aqui, diz Platão, está uma pessoa capaz de trazer grandes benefícios à cidade, capaz mesmo de impedir uma moléstia perigosa, somente se nos convencermos a abandonar, sendo ela nossa guia, nossos caminhos centrados no humano e que o reverenciam. O retrato que Platão faz do guia externo indica que nossa salvação pode vir a nós de fora – isto é, ao custo de abandonar algumas crenças e relações que nós, como humanos, agora estimamos. (O *Protágoras* nos dá um sentido vívido de nossas "doenças".) No entanto, a apresentação do aprendizado de Sócrates como algo que opera através de suas próprias crenças anteriores nos diz que há uma necessidade de sermos salvos dessa maneira que está, mesmo agora, em nós, pronta para ser despertada (como foi pelo *Protágoras*) se pudermos ao menos alcançar uma visão mais clara da nossa situação.

As peças cruciais da persuasão constroem imperceptivelmente seu caminho em direção aos ensinamentos – tanto ao ensinamento de Diotima a Sócrates quanto ao ensinamento de Sócrates a nós. Descobrimos primeiramente que acreditamos (ou acreditamos em parte) que amamos indivíduos por suas propriedades passíveis de repetição, seguindo e (quase) nos persuadindo por uma argumentação que usa isso como uma premissa oculta. Nessa argumentação, cuja forma lógica é incomumente perspícua – é, por exemplo, de toda a obra platônica, a de mais fácil formalização, e cada etapa é, normalmente de maneira explícita, universalmente quantificada – Sócrates persuade Agaton de que *éros* não é belo (199E ss.). (Essa argumentação precede a introdução explícita de Diotima, mas é claramente fruto de seu ensinamento, e suas premissas são ainda exploradas na fala dela.) No cerne da argumentação há uma dificuldade. Temos as seguintes etapas:

1. Para todo y, se y ama, então há um x tal que y ama x. (De acordo, 199E6-7)
2. Para todo y e todo x, se y ama x, y deseja x. (De acordo, 200A2-4)
3. Para todo y e todo x, se y deseja x, então y carece de x. (De acordo, 200A5-7)[29]
4. Para todo y e todo x, se y tem x, então y não deseja x. (200E; de 3, por contraposição)[30]
5. Para todo y e todo x, se y tem x, y não ama x. (De 2, 4)
6. Para todo y e todo x, se y ama x, x é belo. (De acordo, 201A)
7. Para todo y e todo x, se y ama x, y carece de beleza. (201B)
8. Para todo y, se y carece de beleza, y não é belo. (201B6-7)
9. Para todo y, se y ama, y não é belo. (De 1, 7, 8)

O problema surge, para nós (embora não para Agaton), na etapa 7. Mesmo que admitamos as controversas afirmações de Sócrates sobre a lógica do querer e possuir, mesmo que admitamos, também, que todos os objetos de amor devem ser *kalón* (uma afirmação menos implausível se pensarmos no amplo alcance da palavra grega)*, não compreendemos como ele chegou à conclusão de que y carece de beleza. Pensamos que ele estava falando de pessoas. Tínhamos uma situação em que algum y – digamos Alcibíades – está apaixonado pelo belo Agaton. Ele quer possuir essa pessoa bela, mas está ciente de que não a possui. Se ele é suficientemente bem-afortunado para gozar no presente dos encantos de Agaton, ainda não pode contar de maneira plena e estável com a posse deles pelo resto de sua vida. Assim, há uma pessoa bela a quem ele ama tanto quanto dela carece. Isso não demonstra, entretanto, que ele mesmo careça de beleza, mesmo dadas as premissas anteriores da argumentação. É possível que ele seja bastante belo, pelo que todos sabemos. O que ele carece é do belo Agaton. A conclusão de Sócrates se seguiria somente se reinterpretarmos a etapa 6 – que, no texto grego, era literalmente a afirmação *"éros* é do belo". De nossa primeira interpretação, que o amor do amante é por alguém (algo) que tem a propriedade de ser belo, segue-se apenas que o amante carece daquela pessoa (coisa) bela particular. Mas suponhamos que reinterpretemos a etapa 6 de modo a afirmar:

6'. Para todo y e todo x: se y ama x, x é uma beleza.

– isto é, um exemplar de beleza, a beleza *de* alguma pessoa ou coisa. Disso se segue, ao menos, a conclusão de que há *um* exemplar de beleza que o amante não possui, a saber, o exemplar que ele ama. (Que esse é o entendimento correto da frase ambígua, sugere-se pela alegação

---

* Ao avaliar a relação desse diálogo com o *Protágoras*, devemos ter em mente que "*kalón*", que continuarei a traduzir como "belo", é aqui uma noção moral/estética tão ampla que talvez seja mais exato traduzi-la como "valioso" e o substantivo correspondente como "valor". 201C2 assevera que (todas) as coisas boas (*agathá*) são *kalá*; e a bicondicional é necessária para a validade da argumentação em 201C4-5. Pode, pois, efetivamente ser uma noção singular unificadora do valor em termos da qual devemos ver os valores especiais tais como justiça e sabedoria. É evidente, de qualquer forma, que se supõe que o *kalón* inclua tudo o que é importante para a experiência do amor apaixonado, incluindo o amor das instituições e ciências – tudo o que é louvável no mundo. Assim, uma crença em sua homogeneidade qualitativa nos leva muito longe em direção à completa eliminação das diferenças qualitativas pertinente do ponto de vista ético.

subseqüente de que "não pode haver amor pelo feio" (201A): pois, como Vlastos observa, toda pessoa inteira tem feiúras e falhas. Para evitar ser dirigido à feiúra, o amor deve dirigir-se a uma propriedade da pessoa, não ao todo. "O amor não é pela metade ou pelo todo de nada, a menos, meu amigo, que aconteça de a metade ou o todo serem bons" (205E1-3).

Mas ainda não percorremos todo o caminho até a conclusão de Platão. Até aqui, há uma beleza amada pelo amante: Alcibíades ama a beleza de Agaton. Daí segue-se apenas que Alcibíades carece *dessa* beleza – não que careça de *toda* a beleza. Ele pode ter algum outro tipo de beleza. Ou ele pode mesmo ter algum outro símbolo do mesmo tipo. A segunda possibilidade pode não ser pertinente: pode ser que as etapas precedentes partam da premissa psicológica de que eu não desejaria algo se possuísse, de maneira estável, algo que é qualitativamente a mesma coisa, ainda que seja um exemplar contavelmente diferente[31]. Mas a primeira parece importante: se Alcibíades é *kalón* na aparência física, não pode ele ainda amar e carecer da bela alma de Sócrates? O que vemos agora é que o raciocínio de Sócrates depende de um forte enunciado oculto: que toda beleza, *qua* beleza, é uniforme, do mesmo tipo. Todas as manifestações do *kalón* devem ser suficientemente semelhantes umas às outras, de modo que se carecemos de um tipo é natural concluir que carecemos de todas elas. A beleza de Alcibíades deve ser diferente da beleza de Sócrates não qualitativamente, mas apenas em termos de localização espaço-temporal contingente (e talvez também em *quantidade*).

E, de fato, essa afirmação sobre beleza e bondade está explicitamente enunciada no ensinamento de Diotima. Em sua consideração do desenvolvimento da alma em direção ao entendimento mais pleno do bem, a idéia de uniformidade desempenha um papel crucial. (A seção de sua fala é introduzida como uma revelação para o iniciado, que irá além do que Sócrates poderia entender por si mesmo (209E5-210A2).) O jovem amante que começa a ascese – sempre sob a direção de um guia "correto" (210A6-7) – começará amando um corpo singular ou, mais exatamente, a beleza de um corpo singular: "Então ele deve ver que a beleza em qualquer corpo tem uma relação familiar (*adelphón*) com a beleza em um outro corpo; e que, se ele deve buscar a beleza da forma, é uma grande falta de espírito não considerar que a beleza de todos os corpos é uma e a mesma" (210A5).

Primeiro, ele vê somente a beleza de um amado único. Deve, então, perceber uma semelhança familiar estreita entre essa beleza e outras. Em seguida – e esse é o passo crucial que distancia da concepção de Vlastos – ele *decide* que é prudente considerar essas belezas relacionadas como "uma e a mesma", isto é, como qualitativamente homogêneas. Ele vê, então, que "deve se propor como o amante de todos os corpos belos, e relaxar sua paixão excessivamente intensa por um corpo, menosprezando-o e considerando-o como algo de pequena importância" (210B). Assim, a etapa crucial é, estranhamente, uma etapa de decisão, que envolve considerações de "insensatez" e bom senso. Começamos a pensar que tipo de necessidade governa esse amante. De onde, por exemplo, provêm todos esses "deves"? Por que ele considera uma tolice não ver as coisas de uma maneira que parece, *prima facie*, ser falsa às nossas intuições comuns sobre o objeto de amor? O que nos leva a pensar que a verdade deve ser encontrada na negação dessas percepções? As referências à "paixão excessivamente intensa" e a um "relaxamento" suscitam a possibilidade de que essa estratégia seja adotada ao menos em parte por razões de saúde mental, porque um certo tipo de tensão se tornou muito arriscado ou difícil de suportar. Uma espécie de terapia altera o aspecto do mundo, tornando idêntico o que é relacionado, o insubstituível em substituível. Se se "deve" (por natureza) "buscar a beleza da forma", ser sexualmente atraído à beleza corporal, o mais sensato é fazê-lo de maneira que não envolva essa dispendiosa tensão. E é possível fazê-lo, se se estiver suficientemente determinado e se tiver a ajuda de um mestre habilidoso.

No próximo estágio, novamente, o amante toma uma decisão de considerar algo a mesma coisa e de ajustar os valores de acordo com isso: "Ele deve considerar que a beleza da alma é mais honrosa que a do corpo" (210B6-7). Esse juízo deve claramente ter sido precedido, como foi o último, pela percepção de um caráter relacionado e uma decisão prudente de tratar o que é relacionado como intimamente comparável. Novamente, há indícios de que ele está prestes a ver uma verdade que não vira anteriormente; mas, como antes, a motivação negativa que deriva de sua necessidade é pelo menos tão premente quanto a positiva que deriva da verdade. Assim, em cada estágio da ascese, o aspirante ao amor, auxiliado por seu mestre, vê relações entre uma beleza e outra, reconhece que essas belezas são comparáveis e intercambiáveis, diferindo apenas em quantidade. Ele sai com uma estima proporcionalmente diminuída, embora não plenamente extinta, por aqueles que ele anteriormente prezava. Sua visão é ampliada de modo a incluir a beleza ou o valor das leis, instituições, ciências. Ouvimos falar sobre comparações de *dimensão* entre um valor e outro (210B6, 210C5), de um "vasto montante" de valor (210D1). (Mais à frente, Sócrates atribuirá a Alcibíades o desejo de "fazer uma troca de *kalón* por *kalón*" (218E) – e, uma vez que o *kalón* de Sócrates é "inteiramente insuperável", Alcibíades se encontra sob a acusação de *pleonexía*, um desejo ganancioso por *mais*[32].) O mestre o leva e o faz ver (210C7), até que por fim ele seja capaz de conceber a totalidade da beleza como um vasto oceano, cujos componentes são, tais como gotículas, qualitativamente indistinguíveis:

> E olhando em direção ao vasto montante do belo, como um servo, que ama a beleza de um menino particular ou de um homem particular e ou de um conjunto de costumes, do qual é um escravo, ele continua a ser desprezível e insignificante. Mas, voltado ao vasto mar do belo e do que se contempla, ele dá à luz muitas falas e raciocínios belos e grandiosos em seu abundante amor da sabedoria. (210C7-D5)

A educação nos vira ao contrário, de maneira que não vemos o que costumávamos ver[33]. Também nos transforma em homens livres, em lugar de servos. Diotima vincula o amor dos particulares com tensão, excesso e servidão; o amor de um "mar" qualitativamente uniforme com saúde, liberdade e criatividade. A alegação em favor da mudança de percepção e crença envolvida na ascese não é apenas que as novas crenças são *verdadeiras*. De fato, questões de verdade parecem silenciadas; a lacuna entre "familiarmente-relacionado" e "um e o mesmo" indica que a ascese pode estar jogando sujo com a verdade, pelo menos da forma como os seres humanos a experimentam. (O que quer que meu irmão (*adelphós*) seja, certamente não é um e o mesmo com relação a mim.) Sua estratégia para o progresso não é nada menos radical do que a *tékhne* do *Protágoras*, à qual ela agora é atraída a uma surpreendente proximidade.

É uma concepção espantosa e poderosa. Tentemos apenas pensá-la seriamente: esse corpo dessa pessoa maravilhosa e amada é *exatamente* o mesmo em qualidade que a mente e a vida interior dessa pessoa. Ambos, por sua vez, são o mesmo em qualidade que o valor da democracia ateniense; da geometria pitagórica; da astronomia de Eudóxio. Como seria olhar para um corpo e ver nele exatamente o mesmo matiz e tom de bondade e beleza de uma prova matemática – *exatamente* o mesmo, diferindo apenas em quantidade e em posição, de modo que a escolha entre fazer amor com essa pessoa e contemplar essa prova se apresentasse como uma escolha entre ter n medidas de água e ter $n + 100$? Novamente, como seria ver na mente e na alma de Sócrates nada senão a (uma quantidade menor da) qualidade que também se vê em um bom sistema de leis, de modo que a escolha entre conversar com Sócrates e administrar essas leis fosse, da mesma maneira, uma questão de indiferença qualitativa? Como seria, finalmente, ver não apenas cada escolha singular, mas todas as escolhas (ou pelo menos todas as escolhas que envolvam amor e vínculo profundo) como igualmente não-variegadas? Essas propostas são tão audaciosas que se tornam bastante incompreensíveis do ponto de vista comum. Talvez possamos, embora com dificuldade, nos transportar, em imaginação, à postura pela qual vemos os corpos como qualitativamente intercambiáveis uns pelos outros – porque temos, ou podemos imaginar que temos, experiências significativas de promiscuidade ou de desejo sexual não-particularizado. Podemos até mesmo imaginar o caráter intercambiável das almas, com a ajuda de uma herança religiosa segundo a qual somos todos igualmente, e fundamentalmente, filhos de Deus. Podemos até mesmo tentar colocar ambos juntos, para obter um caráter absolutamente intercambiável das pessoas; e podemos ver como essa espécie de permutabilidade de fato subverteria as motivações para certos atos importunos e que causam desordem. (Pensemos na observação profunda de Epicteto de que, se Menelau tivesse sido capaz de pensar em Helena simplesmente como mais uma mulher, "perdida seria a *Ilíada*, bem como a *Odisséia*".) Mas o mar aberto do *kalón* está além de nós. Sentimos apenas que ver dessa maneira, se fosse possível, de fato mudaria o mundo, afastando-nos tanto dos vínculos vulneráveis como dos graves conflitos entre eles. Podemos compreender em que medida isso faria ruir a motivação para correr atrás de Alcibíades, para devotar-se a uma pessoa amada particular, e mesmo para amar uma cidade acima de todas as coisas. Tampouco colidiriam tais comprometimentos de modo doloroso, uma vez que todo *kalón* é uma só coisa (cf. Cap. 5, §V). O amante, vendo uma paisagem de valor plana e uniforme, sem nenhum promontório entalhado ou vale profundo, terá poucas motivações para mover-se ali, e não em qualquer outra paisagem. Uma vida contemplativa é uma escolha natural.

Em cada estágio, pois, a mestra persuade o aluno a abandonar sua estimada crença humana na insubstituibilidade em prol de sua necessidade íntima de saúde. Sócrates está entre os convencidos; e está agora tentando nos convencer de que nossa natureza humana não poderia encontrar melhor aliado ou colaborador (*synergós*) do que esse tipo de *éros* (212B). Um aliado vem de um outro país para me ajudar a vencer minhas batalhas. Se a ascese parece remota a partir da natureza humana, é porque, assim como a ciência do *Protágoras*, mas, de maneira mais explícita, ela é um artifício para o progresso que ultrapassa o meramente humano.

Um traço central da ascese é que o amante se escapa, gradualmente, de sua sujeição à fortuna. O amante aristofânico amava de um modo fortuito. Ele poderia, em primeiro lugar, jamais encontrar o outro certo; se encontrasse, o outro poderia não amá-lo, ou poderia morrer, ou deixá-lo. Ou ele poderia deixar de amar; ou partir; ou retirar-se; ou ser atormentado pelo ciúme. Com freqüência, suas paixões o distrairão de seus outros planos e do bem. Mesmo no melhor dos momentos, ele estaria tentando fazer algo tão impossível como fadado à própria derrota. O filósofo está livre de tudo isso. Seu amor contemplativo por toda a beleza não comporta risco de perda, rejeição, ou mesmo frustração. Discursos e pensamentos estão sempre em nosso poder em um grau que a relação emocional ou física com indivíduos amados não está. E, se um exemplar de beleza mundana se esmorece ou se mostra recalcitrante, ainda resta um mar sem limites: ele dificilmente sentirá a perda da gotícula.

Mas a revelação final ao amante iniciado o leva além dessa dependência mínima com relação ao mundo. Assim como outros avanços, esse surge como uma nova visão (210E2-3). Ele o vê "de uma só vez" (*exíiphnes*), como a culminação de todos os seus esforços:

> Antes de mais nada, é sempre, e não vem a ser nem tampouco finda, não cresce nem decai; portanto não é belo nesse aspecto mas feio naquele, nem belo em um momento e feio no outro, nem belo por comparação com isto, feio por comparação com aquilo, nem belo aqui, feio lá, como se fosse belo para alguns, e feio para outros... Ele o verá como sendo ele mesmo por si só e consigo, eterno e unitário, e verá todas as outras coisas belas como

coisas que participam dele de tal maneira que, quando as outras vêm a ser e são destruídas, ele jamais vem a ser algo mais ou menos, tampouco sofre passivamente qualquer coisa... É isso o que é, com efeito, abordar corretamente as matérias eróticas, ou ser conduzido a elas por outrem... É nesse momento, meu caro Sócrates, se algum momento há, que a vida é para um ser humano digna de viver – o momento em que ele contempla o belo em si. Se alguma vez o vires, não te parecerá valioso por comparação ao ouro e às vestes e aos belos meninos e aos jovens, cuja vista no presente te inflama tanto que tu, e muitos outros, a menos que pudesses ver teus amados meninos e estar continuamente com eles, estás preparado para abrir mão de comer e beber, e a passar todo o teu tempo a contemplá-los e a estar com eles. Como pensamos que seria... se alguém visse o belo em si – genuíno, puro, sem-mistura, não abarrotado de carne humana e cores e montes de outros refugos mortais, mas pudesse ver o próprio belo divino em sua unidade? Pensas que a vida seria miserável para um homem que olhasse lá fora e o contemplasse de maneira apropriada e estivesse com ele? Ou não entendes que somente ali, onde ele vê o belo com essa faculdade à qual ele é visível, ser-lhe-á possível dar à luz não a simulacros da excelência, uma vez que não é um simulacro o que ele apreende, mas à verdadeira excelência, uma vez que apreende a verdade? E uma vez que dá origem à verdadeira excelência e a nutre, tornar-se-á amado-de-deus e, se jamais pode um ser humano, imortal? (210E6-212A7)

Assim termina a fala de persuasão de Diotima. Citei-a longamente não apenas para indicar o caráter eficazmente retórico de seu discurso, que nos comove e emociona como a Sócrates, mas também para demonstrar, nela, outras evidências da motivação prática que está por trás da ascese. A atividade contemplativa final do amante observa os padrões de valor verdadeiro da *República* sob todos os aspectos. Seus objetos são "genuínos, puros, sem-mistura" (211E); ela própria não está, de modo algum, necessariamente misturada com a dor. É uma atividade estável, que dá expressão contínua ao nosso amor-da-verdade e nossa natureza criativa; e uma razão pela qual pode ser tão estável é que se dirige a um objeto invariante e imortal. Temos, ao final, um objeto de amor que está sempre disponível, que satisfará no mais alto grau nossa ânsia por "estar com" o amado o tempo todo. O "estar com" sexual (a palavra usada em 211D6, "*syneînai*", é também a palavra comum para intercurso) não pode ser estavelmente prolongado, tanto em razão de sua estrutura de necessidade e saciedade internamente "impura" como também por confiar na presença de um objeto que não cabe ao amante comandar. O intercurso intelectual ("*syneînai*" é empregado sobre a forma em 212A2) é livre desses defeitos. Ademais, como diz Diotima, essa atividade também nos leva à verdade, e não a meros simulacros. Mas as considerações da verdade são muito proximamente entrelaçadas, nessa fala como anteriormente, com apelos emocionais baseados na necessidade. A ascese é verdadeira; mas requer que sacrifiquemos "verdades" que conhecemos profundamente. Cumpre, assim, que ela motive a mudança de visão para nós a partir do lugar onde nos encontramos. Ela o faz lembrando-nos da profunda demanda de nossa natureza – uma demanda inteiramente familiar para nós a partir de nossas vidas empíricas – por amor auto-suficiente. A passagem da ascese aceita a caracterização que Aristófanes faz da miséria e do tumulto irracional da necessidade erótica pessoal, e concorda que *éros* interrompe nosso planejamento racional a um tal ponto que voluntariamente abriríamos mão de tudo o mais, mesmo da saúde, até mesmo da vida. Mas isso é intolerável. Tal vida não é "vivível"[34]; cumpre encontrarmos outra maneira. Em lugar da carne e de todos os refugos mortais, um objeto imortal deve, e portanto pode, ser encontrado. Em lugar do doloroso anseio por um corpo e espírito singular, uma bem-aventurada completude contemplativa. É, vemos, o velho e familiar *éros*, essa ânsia por um fim da ânsia, que nos motiva aqui a ascender a um mundo em que a atividade erótica, como a conhecemos, não existirá[35].

Como conclui Sócrates, somos levados a percorrer mais uma vez, em pensamento, o caminho dessa história (que, agora recordamos, nos está sendo contada por Aristodemo, um convertido e "amante" de Sócrates, conforme relatada por Apolodoro, outra pessoa anteriormente desgraçada a quem a filosofia fez feliz), e a olhar para a vida e para o comportamento de Sócrates como algo que exemplifica os benefícios da ascese. É surpreendente, em primeiro lugar, que as vidas de Sócrates e do narrador socrático pareçam notavelmente ordenadas e livres de distração. "Eu costumava precipitar-me de um lado a outro, aqui e ali, conforme as coisas se sucediam ao acaso", lembra-se Apolodoro, a certa distância (172C). E seu mestre igualmente parece nesse ponto de sua vida estar sempre notavelmente no controle de suas atividades, livre de paixões e distrações usuais. Ele é seguramente virtuoso – corajoso, justo, sóbrio – integralmente sem lapsos de fraqueza ou fadiga. E isso parece intimamente ligado à sua impermeabilidade aos acontecimentos do mundo. Ele pouco se importa com vestes, mesmo com beleza ou conforto. Ouviremos falar mais adiante sobre a sua notável resistência ao frio e às privações. Ele caminha com os pés descalços sobre o gelo, enfrenta as mais frias geadas sem nenhum casaco ou chapéu. Esse comportamento poderia ser interpretado como o de um homem arrogante inclinado ao exibicionismo; assim, somos informados, era interpretado pelos soldados (220B). Mas a interpretação correta parece ser que Sócrates se dissociou de tal maneira de seu corpo que genuinamente não sente dor física, ou não considera os sofrimentos físicos como coisas que genuinamente lhe acontecem. Ele é famoso por beber sem jamais embriagar-se, e sem as ressacas de que os outros reclamam (176A-B, 214A, 220A). Ele não sucumbe à tentação sexual mais imediata e intensa (219B-D). Pode ficar sem dormir e jamais sofrer de fadiga (220C-D, 223D). Não podemos explicar tudo isso pela suposição de que sua fisiologia é única. Somos convidados, antes, a procurar a explicação na distância psicológica que ele mantém do mundo e de seu corpo como um objeto no mundo. Ele realmente parece pensar em si mesmo como um ser cuja mente é distinta do corpo, cuja personalidade de maneira alguma se identifica com o corpo e com as aventuras do corpo. Dentro da concha engraçada, gorda, de nariz arrebitado, a alma, absorta em si mesma, busca a contemplação auto-suficiente. Nós o vemos, no início da caminhada para a festa, "voltando sua atenção para dentro de si mesmo" (174D, cf. 220C-D), de modo que se torna, em certo ponto, efetivamente esquecido do mundo. Ele fica para trás do grupo; eles o encontram muito tempo depois, parado no alpendre de um vizinho, literalmente surdo a todas as súplicas. Os sons que entram pelos ouvidos em pleno funcionamento nunca penetram a mente. Há um abismo. "Deixai-o só", adverte Aristodemo. "É um hábito seu. Por vezes ele pára e permanece onde quer que por acaso esteja."

Esses detalhes foram normalmente lidos como intrigantes trechos de biografia. Talvez sejam. Mas são também algo mais que isso. Demonstram a nós o que Diotima só poderia dizer abstratamente: que uma vida humana começa a adquirir forma uma vez que se faz a ascese. Sócrates é colocado diante de nós como exemplo de um homem no processo de se tornar auto-suficiente – colocado diante de nós, em nosso estado ainda não-regenerado, como um importuno ponto de interrogação e um desafio. É essa a vida que queremos para nós? É dessa maneira que queremos, ou precisamos, ver e ouvir? Não nos é permitido ter o pensamento aconchegante de que a pessoa transformada será exatamente como nós, apenas mais feliz. Sócrates é bizarro. Ele, de fato, "não é semelhante a nenhum ser humano". Sentimo-nos, conforme olhamos para ele, atemorizados e nauseados, timidamente nostálgicos de nós mesmos. Sentimos que devemos olhar de volta ao que somos no presente, nossos amores e nossos modos de ver, os problemas que eles causam para a razão prática. Precisamos ver a nós mesmos mais claramente antes que possamos dizer se gostaríamos de nos tornar esse outro tipo de ser, excelente e surdo.

IV

O vértice da ascese, diz-nos Diotima, é marcado por uma revelação: "De uma só vez (*exaíphnes*) ele verá uma beleza maravilhosa em sua natureza, em nome da qual fizera todos os seus esforços anteriores." Ora, conforme começamos nossa descida reflexiva ao interior de nós mesmos, nesse momento em que alguns dos simposiastas estão louvando Sócrates e Aristófanes está tentando nos lembrar novamente de sua concepção de nossa natureza (212C), vemos outro tipo de revelação e uma outra beleza. "E de uma só vez (*exaíphnes*), houve uma ruidosa batida na porta externa. Soou como uma festa embriagada; podia-se ouvir a voz da flautista... E um minuto depois ouviram a voz de Alcibíades no jardim, muito embriagado e gritando estrondosamente, perguntando onde estava Agaton e pedindo que o levassem a Agaton." A forma do belo surgiu mentalmente apenas, parecendo "não com um rosto ou mãos ou qualquer outra coisa que faça parte do corpo" (211 A); era "genuína, pura, sem mistura, não abarrotada de carne humana e cores e montes de outros refugos mortais" (211E). Alcibíades, o belo, a maravilha da natureza, se apresenta à nossa imaginação sensível, uma aparência que irrompe em cores e em toda a impureza misturada da carne mortal. Fazem com que ouçamos sua voz, vejamos vivamente seus movimentos, até mesmo sintamos o cheiro das violetas que se faziam rastear através de seus cabelos e sombreavam seus olhos (212E1-2), seu perfume imiscuído aos odores mais carregados de vinho e suor. A faculdade que apreende a forma é preeminentemente estável, firme, e exercida sob o nosso poder, não obstante os acontecimentos do mundo. As faculdades que vêem, ouvem e respondem a Alcibíades serão os sentimentos e percepções sensíveis do corpo, tão vulneráveis como inconstantes. Do rarefeito mundo contemplativo do filósofo auto-suficiente somos repentinamente, com um baque, reconduzidos ao mundo que habitamos e convidados (pelo paralelo "de uma só vez") a perceber essa visão, também, como uma revelação e um alvorecer[36]. Somos então levados a imaginar se há um tipo de entendimento em si mesmo vulnerável e dirigido a objetos vulneráveis – e, se houver, se a ascese o compreende, o transcende, ou simplesmente o ignora. (O filósofo pede para ser levado ao *agathón*, o Bem universal passível de repetição. Alcibíades pede para ser levado a Agaton, um menino particular não-muito-bom.)

Alcibíades assume esse tema logo na abertura de sua fala. "Tu aí", diz Sócrates, "o que pretendes fazer?" (Uma questão que reverbera de modo agourento para nós em vista de nosso maior conhecimento do que esse homem logo fará.) "Tens a intenção de fazer a mim um elogio zombeteiro? Ou o que farás?" A resposta é simples, embora difícil de entender. "Direi a verdade. Pensas que o permitirás?" (Por que alguém, especialmente um pupilo de Sócrates, deveria pensar que a filosofia pudesse ser resistente à verdade?) Quando, pouco depois, ele nos diz mais sobre sua afirmação da verdade, começamos a entender por que ele está na defensiva. "Senhores, devo incumbir-me de louvar Sócrates através de imagens. Ele pode pensar que é um louvor zombeteiro, mas a imagem será por amor à verdade, não pelo ridículo." Ao lhe pedirem que falasse sobre o Amor, Alcibíades escolheu falar sobre um amor particular; nenhuma definição ou explicação da natureza de coisa alguma, mas somente a história de uma paixão particular por um indivíduo contingente particular. Ao lhe pedirem para fazer um discurso, ele nos oferece a história de sua própria vida: o entendimento de *éros* ele adquiriu através de sua própria experiência. (As palavras de conclusão de sua fala são a máxima trágica *pathónta gnônai*, "entendimento através da experiência" ou "sofrimento" – cf. Cap. 2.) E, além do mais, essa história transmite sua verdade usando imagens ou analogias – uma prática poética muito deplorada pelo Sócrates da *República*, uma vez que as imagens carecem do poder de nos proporcionar reflexões ou explicações verdadeiras e gerais de essências (cf. Interlúdio I; Cap. 7 §III). Mas suas observações iniciais indicam que Alcibíades não é simplesmente ignorante dessas objeções filosóficas. Ele antevê críticas. Ele antevê, de fato, que o filósofo não *permitirá* suas verdades, ou não permitirá sua alegação de verdade. E afirma, em face desse perigo, que, entretanto, o que ele dirá será verdade – que a verdade pode ser e será dita exatamente assim.

O que poderia estar por trás dessa alegação? Talvez algo como o seguinte. Há algumas verdades sobre o amor que podem ser aprendidas somente através da experiência de uma paixão particular própria. Se se pede a alguém que ensine essas verdades, seu único recurso é recriar essa experiência para o ouvinte: contar uma história, apelar à sua imaginação e sentimentos pelo uso de vívida narrativa. Imagens são valiosas nessa tentativa de fazer o público compartilhar a experiência, sentir, do ponto de vista interno, *como* é ser aquilo. A comparação de Sócrates com a estátua de Sileno, por exemplo, faz com que o ouvinte apreenda esse homem que não lhe é intimamente conhecido e, pela comparação dele com algo que é parte da experiência cotidiana, torna disponível ao ouvinte um pouco do sentimento cômodo que é querer e de querer conhecê-lo. Examinaremos esse e outros casos semelhantes mais adiante; veremos também que Alcibíades, embriagado, enrolado em hera, se apresenta ao nosso entendimento como uma imagem que diz a verdade.

Percebemos agora que Alcibíades está se alinhando com a tradição que defende o papel dos textos poéticos e "literários" no aprendizado moral. Pode-se apreender melhor certas verdades sobre a experiência humana vivendo-as em sua particularidade. Mas não se pode alcançar essa particularidade unicamente pelo pensamento "por si só". Como Ésquilo ou Sófocles bem poderiam ter argumentado, ela precisa com freqüência ser apreendida por meio da atividade cognitiva da imaginação, das emoções, mesmo dos sentimentos apetitivos[37]: colocando-se o próprio indivíduo dentro de um problema e sentindo-o. Mas não podemos todos viver, em nossas próprias atividades manifestas, tudo o que devemos saber para vivermos bem. Aqui, a literatura, com suas histórias e imagens, entra como uma extensão de nossa experiência, encorajando-nos a desenvolver e entender nossas respostas cognitivas/emocionais[38].

Se essa é, com efeito, a concepção de Alcibíades, não é surpreendente que ele esteja na defensiva nessa companhia. Se os simposiastas têm alguma coisa em comum, é que eles parecem acreditar que *éros* pode e deve ser louvado em abstrato. Histórias particulares entram brevemente como exemplos de princípios gerais, mas nenhuma é descrita inteiramente ou concretamente, de maneira a recorrer à imaginação sensível. Pode-se dizer que o mito de Aristófanes ensina através de uma imagem da natureza humana; e seus dons poéticos são evidentes pela vivacidade com que ele descreve os movimentos e os sentimentos das criaturas míticas. Mas as criaturas continuam sendo exemplares anônimos; e seus amados, embora individuais, são caracterizados abstratamente. Temos dificuldades em nos vermos nelas, em ver nossos amores particulares nesse estranho encaixe-conjunto. Sócrates, entrementes, atacou até mesmo esse limitado apelo à experiência vivida em nome da sabedoria filosófica. Ninguém ama uma metade ou um inteiro, a menos que essa metade ou inteiro seja belo e bom. Sócrates afirma ter *epistéme* de questões eróticas (177D); e a *epistéme* socrática, diferentemente do *pathónta gnônai* de Alcibíades, é dedutiva, científica, voltada aos universais. (Quando Aristóteles quer defender o papel, na sabedoria prática, da intuição não-dedutiva de particulares através do sentimento e da experiência, ele o faz *contrastando* a apreensão intuitiva com a *epistéme* – *EN* 1142a23 ss.) A busca socrática por definições que incorporem a *epistéme* é, ao longo dos diálogos, a busca por uma consideração universal que abranja e explique todos os particulares. Responder a uma questão socrática "O que é X?" pela enumeração de exemplos particulares ou pela narração de histórias é não entender ou rejeitar sua demanda. Nos diálogos iniciais, os exemplos constituem materiais para a busca da *epistéme*, materiais que uma definição deve levar em conta; jamais podem por si sós incorporar a *epistéme*[39]. E aqui no *Banquete*, a postura de Sócrates com relação ao caso particular parece ser ainda mais áspera. Os exemplos são relevantes não como totalidades complexas, mas somente na medida em que exemplificam uma propriedade passível de repetição. E, com respeito às imagens, a revelação do belo pode para ele ser considerada verdade apenas porque *não* é uma imagem (sensorial) (212 A) e não se apresenta *através* de imagens. As imagens são contrastadas com a verdade tanto como objetos quanto como fontes de entendimento[40]. Somente com o entorpecimento da "vista do corpo", dos sentidos e da imaginação sensível, o intelecto, a "vista da mente", começa a florescer (219A).

A filosofia socrática, pois, não pode permitir que as verdades de Alcibíades se incluam como contribuições ao entendimento filosófico. Deve insistir que os aspectos não-passíveis-de-repetição e sensíveis do caso particular não têm relação alguma com a visão correta, e são mesmo um obstáculo para ela. E não é apenas contra a filosofia de Sócrates que Alcibíades deve defender sua afirmação de estar ensinando. É também contra a maior parte da tradição do discurso ético que teve início com Sócrates. Muito poucos filósofos morais, especialmente na tradição anglo-americana, acolheram de bom grado histórias, particulares e imagens em seus escritos sobre o valor. A maioria voltou um olhar de suspeita para esses elementos do discurso (cf. Cap. 1)[41]. Como resultado, contrastes entre o misturado e o puro, entre história e argumento, o literário e o filosófico são formulados agudamente em grande parte da profissão moderna da filosofia, como são nesse texto de Platão – mas de maneira culpável, porque irrefletida, e sem a afetuosa recriação por Platão do discurso da outra parte, sua disposição para colocar em questão os próprios contrastes.

O *Banquete* e Alcibíades caíram vítimas dessas suspeitas. Freqüentemente ignorados pelos filósofos de nossa tradição (ou estudados em excertos judiciosamente selecionados), todo esse diálogo foi descrito em sua edição mais recente como "a mais literária de todas as obras de Platão e que todos os estudantes dos clássicos tendem a querer ler, estejam ou não estudando a filosofia de Platão"[42]. O que significa que deixaremos Alcibíades dizer o que quiser em um outro departamento, uma vez que ele claramente não apreendeu o modo como age a filosofia. (E mesmo um escrito crítico sobre o *Banquete*, se responder às reivindicações estilísticas de Alcibíades em seu próprio estilo, tenderá a encontrar essa resistência. Será tratado como diversão literária, ou lhe pedirão que prove socraticamente que ele, também, é suficientemente puro para dizer a verdade.)

Mas colocar assim sobre Alcibíades o ônus da prova – forçá-lo a argumentar com Sócrates nos termos do próprio Sócrates ou a levar suas histórias de amor para outro lugar – é simplesmente uma recusa a escutá-lo ou a adentrar seu mundo. É uma recusa a investigar e a ser afetado, ali onde a estranheza demanda, sobretudo, questionamento e humilde exploração. É a resposta de Sócrates.

A história de Alcibíades é, de fato, só uma história de amor. Não é, entretanto, *uma* história de amor, mas a história de Sócrates, e do amor de Alcibíades por Sócrates. Alcibíades, solicitado a discorrer sobre *éros*, fala sobre uma pessoa[43]. Ele não pode descrever a paixão ou seu objeto em termos gerais, porque sua experiência do amor lhe aconteceu dessa maneira apenas uma vez, em relação a um indivíduo que é visto por ele como diferente de qualquer outra pessoa no mundo. Toda a fala é uma tentativa de comunicar essa singularidade. Ele poderia ter começado sua resposta enumerando as excelentes qualidades dessa figura improvável. Tudo isso poderia ser verdade, e contudo não teria sido suficiente para captar o tom particular e a intensidade do amor; poderia até enganar, pela implicação de que uma outra pessoa em que se verificassem as mesmas propriedades passíveis de repetição faria Alcibíades sentir o mesmo. Mas ele não sabe disso. Assim, Alcibíades conta algumas histórias de Sócrates; ele tateia em busca de imagens e associações para comunicar o sentimento interior da experiência. Menciona as virtudes de Sócrates no processo de descrição da totalidade de uma personalidade única. A fala, desorganizada e tumultuada, se move da imaginação à descrição, da resposta à história, e refaz esse caminho muitas e muitas vezes. É precisamente seu caráter tateante, algo caótico, que a torna tão comoventemente convincente como uma consideração – e uma expressão (cf. "mesmo agora" em 215D, 216A) – do amor.

Duas coisas nessa fala, sobretudo, nos surpreendem pela estranheza. Usando-as como chaves, talvez sejamos capazes de entender mais plenamente seu ensinamento e sua relação com o ensinamento socrático. A primeira é sua confusão com relação aos papéis sexuais. Alcibíades começa como o belo *erómenos*, mas parece terminar como o *erastés* ativo, ao passo que Sócrates, aparentemente o *erastés*, se torna o *erómenos* (222B). A segunda é o estranho hábito de encarnação de Alcibíades – a maneira como fala de sua alma, de sua razão, de seus sentimentos e desejos, como peças de carne que podem experimentar as mordidas, queimaduras e cortes que são o destino usual da carne.

O *erómenos*, no costume homossexual grego (conforme interpretado, por exemplo, no impositivo estudo de Sir Kenneth Dover)[44], é uma bela criatura sem necessidades próprias prementes. Está ciente de sua atratividade, mas ensimesmado em sua relação com os que o desejam. Sorrirá docemente ao amante admirador; demonstrará apreciação pela amizade, conselho e assistência do outro. Permitirá que o amante o cumprimente tocando, afetuosamente, seus genitais e seu rosto, enquanto olha, ele mesmo, reservadamente para o chão. E, como Dover demonstra a partir de um exaustivo estudo da pintura erótica grega, ele permitirá ocasionalmente até mesmo que o amante importuno satisfaça seus desejos através de relação intercrural. O menino pode abraçá-lo nesse ponto, ou indicar positivamente afeição de outra maneira. Mas duas coisas ele não permitirá, se julgarmos pelas evidências das obras de arte que chegaram a nós. Não permitirá que nenhum dos orifícios de seu corpo seja penetrado; somente devassos cabeludos fazem isso. E não permitirá a excitação de seu próprio desejo de penetrar o amante. Em toda a arte grega que sobreviveu, não há meninos com ereção. Dover conclui, com alguma incredulidade: "O pênis do *erastés* está por vezes ereto mesmo antes que qualquer contato corporal seja estabelecido, mas o do *erómenos* permanece flácido mesmo em circunstâncias nas quais se espera que o pênis de qualquer adolescente saudável responda voluntária ou involuntariamente."[45] A experiência interior de um *erómenos* seria caracterizada, podemos imaginar, por um sentimento de orgulhosa auto-suficiência. Embora objeto de importuna solicitação, ele mesmo não tem necessidade de nada além de si mesmo. Não está disposto a se deixar explorar pela curiosidade necessitada do outro, e tem, ele próprio, pouca curiosidade quanto ao outro. Ele é por vezes como um deus, ou a estátua de um deus. (O *Filebo* (53D) cita o par *erómenos/erastés* como um exemplo paradigmático do contraste entre o completo ou auto-suficiente (*autò kath' hautó*) e o incompleto ou necessitado – ilustrando seu louvor à contemplação filosófica com essa analogia sexual.)

Para Alcibíades, que passara grande parte de sua juventude como esse tipo de ser fechado e absorvido em si mesmo, a experiência do amor é sentida como uma súbita abertura e, ao mesmo tempo, um irresistível desejo de abrir. A presença de Sócrates o faz sentir, antes de mais nada, uma consciência apavorante e dolorosa de ser percebido. Ele quer, com uma parte de si mesmo, "resistir" (216), permanecer um *erómenos*. Seu impulso, a serviço desse fim, é fugir, esconder-se, bloquear seus ouvidos – orifícios que podem ser adentrados, queira ou não, por palavras penetrantes (216A-B). Mas ele sente, ao mesmo tempo, que nesse fato de o virem e lhe falarem, nessa música sedutora (216A) que se precipita para dentro de seu corpo na presença dessa pessoa, há algo que ele precisa profundamente não evitar: "Há algo que eu não sinto com mais ninguém senão Sócrates – algo que não pensaríeis haver em mim – e que é um senso de vergonha. Ele é a única pessoa que me faz sentir vergonha... Há momentos em que alegremente gostaria de vê-lo morto. Mas, se isso acontecesse, entendeis, eu me sentiria mais miserável do que nunca" (216A-C). A abertura do amante traz consigo (como já insistiu Fedro – 179 A) essa nua vulnerabilidade à crítica. No mundo fechado do *erómenos*, defeitos e tesouros, ambos, ocultam-se confortavelmente do escrutínio. Ser conhecido pelo amante pode, ao contrário, trazer a dor da vergonha, uma vez que o olho do amante revela as imperfeições de si mesmo. Por outro lado, essa dor, como ele turvamente a vê, pode levar a algum tipo de crescimento.

Assim Alcibíades é lançado em confusão quanto a esse papel. Ele sabe que é, como um objeto, desejável. "Eu era espantosamente vaidoso de minha beleza" (217A). Ele pensava em sua união com Sócrates como uma decisão de conceder um favor, ao passo que permanecia fundamentalmente impassível (217A). E não obstante ele agora quer e precisa da iluminação da atividade do outro.

Ao mesmo tempo, ele sente, e isso o torna ainda mais confuso, um profundo desejo de conhecer Sócrates – um desejo tão convencionalmente inapropriado como seu desejo de ser conhecido. Sua fala faz uso repetido e central da imagem de *abrir* o outro: uma imagem essencialmente sexual, e inseparável de seus objetivos e imaginações sexuais, mas que é também epistêmica, que tenciona nos comunicar seu desejo de "ouvir tudo o que ele sabia" (217A) e de conhecer tudo o que ele era. Nos antigos dias de sua vaidade, esse anseio parecia confundir-se com ambição pessoal (217A); mas, à medida que seu amor persiste e sua vaidade se enfraquece (comparar o tempo presente de 215D, 216A etc. com o tempo passado de 217A), o desejo de o conhecer e dizer a verdade sobre Sócrates não enfraquece. A fala expressa o entendimento que ele obteve, bem como sua contínua curiosidade.

Sócrates, diz-nos ele, é como um daqueles Silenos de brinquedo feitos por artesãos. Do lado de fora, parecem pouco notáveis, até engraçados. Mas o que nós somos movidos a fazer, o que não se pode resistir a fazer uma vez que se vê a fenda que percorre o meio, é abri-los. (Podem ser abertos porque têm essa fenda ou cicatriz, e não são completamente lisos.) Então, do lado de dentro, vê-se a beleza oculta, o elaborado entalhe de estátuas de deuses. Podemos imaginar que o efeito se assemelha ao da estupenda conta de rosário medieval nos claustros de Nova York. Do lado de fora, uma esfera decorada, nada de notável. Então, ao fender-se as duas metades, revela-se "o tesouro interior" (216E) – uma maravilhosa cena lavrada de animais, árvores e homens, tudo cinzelado com a mais delicada precisão. O que se pensava ser uma esfera deve conter seu próprio mundo: essa é a surpresa e a razão para a admiração.

Entre nossos primeiros e mais queridos brinquedos estão coisas que podem ser abertas para revelar algo em seu interior. Mesmo antes de sabermos falar, tentamos abrir coisas. Passamos horas sentados no chão em absorta atenção, rompendo nossas bolas esféricas de madeira ou plástico em suas duas metades, procurando a bola ou o sino, ou a família oculta. Usando esses brinquedos como imagens, Alcibíades nos faz lembrar que o ímpeto de abrir coisas, alcançar e explorar o interior escondido pelo exterior, é um dos nossos primeiros e mais fortes desejos, um desejo em que a necessidade sexual e a necessidade epistemológica são reunidas e, aparentemente, inseparáveis. Almejamos esquadrinhar e trazer à luz o que é escondido e secreto; e, quando vemos uma fenda, ela é, para nós, um sinal de que esse objetivo pode ser alcançado no objeto. Almejamos abrir o objeto fendido, tornar a beleza do outro menos redonda e mais exposta, explorar o mundo que imaginamos haver ali, chegando a conhecê-lo por meio de sentimentos, emoções, sensações, intelecto. Alcibíades vê seu objetivo sexual, a mais plena satisfação daquilo que demanda tanto a intimidade física como a conversação filosófica, como um tipo de objetivo epistêmico, o objetivo de adquirir um entendimento mais completo dessa porção complexa particular do mundo.

É bastante fácil ver paralelos estruturais entre o desejo sexual e o desejo de sabedoria. Ambos são dirigidos a objetos do mundo e almejam, de algum modo, a apreensão e a posse desses objetos. A apreensão satisfeita do objeto traz, em ambos os casos, saciedade e a cessação temporária do desejo: nenhuma esfera seduz, "nenhum deus busca a sabedoria" (204A). (A *contemplação* da verdade é, evidentemente, uma outra questão.) Ambos podem ser excitados pela beleza e pela bondade, e ambos procuram entender a natureza dessa bondade. Ambos reverenciam o objeto como uma entidade separada, completa em si mesma, e contudo almejam, ao mesmo tempo, incorporá-lo. Mas parece que Alcibíades quer asseverar algo mais controverso e anti-socrático do que esse paralelismo. Com suas afirmações de que uma história diz a verdade e que sua finalidade é abrir e conhecer, ele sugere que o conhecimento que o amante tem do outro particular, obtido por meio de uma intimidade tanto corporal como intelectual, é ele mesmo um *tipo* único e singularmente valioso de entendimento prático, que arriscamos perder se subirmos o primeiro degrau da escada socrática. (O *Fedro* desenvolverá essa sugestão, confirmando nossa leitura.)

O conhecimento socrático do bem, alcançado através do intelecto puro que opera à parte dos sentidos, produz verdades universais – e, na escolha prática, regras universais. Se apreendermos a forma, estaremos de posse de uma consideração geral da beleza, uma consideração que não apenas se sustenta como verdadeira quanto a todos os exemplares singulares de beleza, mas explica também por que eles são corretamente chamados de exemplares de beleza, e agrupados juntos[46]. Esse entendimento, uma vez alcançado, teria prioridade sobre nossas impressões vagas e misturadas de belezas particulares. Dir-nos-ia como ver.

O entendimento do amante, alcançado através da interação flexível de sentido, emoção e intelecto (dos quais qualquer um pode, uma vez bem instruído, realizar uma função cognitiva que explore e nos informe sobre o outro – cf. Cap. 7), produz verdades e juízos particulares. Insiste que esses juízos intuitivos particulares são anteriores a quaisquer regras universais que possamos empregar para nos orientar.[47] Um amante decide como responder a seu amante com base não em definições e prescrições gerais, mas com base em um senso intuitivo da pessoa e da situação que, embora orientado por teorias gerais, não se submete a elas. Isso não significa que seus juízos e respostas não sejam racionais. Com efeito, Alcibíades alegaria que uma adesão socrática à regra e uma recusa a ver e a sentir o particular como tal é o que é irracional. Ter visto que, e como, Sócrates é diferente de qualquer outra pessoa, responder a ele como tal e agir de acordo com isso, é a maneira racional de se comportar em relação a um outro indivíduo. O que não significa que esse amor negligencia os traços gerais passíveis de repetição em que Sócrates está interessado: pois Alcibíades vê as virtudes de Sócrates e se comove com elas. Mas seu conhecimento vê mais, e de maneira diferente; é uma resposta integrada à pessoa como uma totalidade única[48].

É tentador procurar entender o contraste entre esses dois tipos de conhecimento nos termos do contraste entre conhecimento propositivo e conhecimento por familiarização. Isso seria, a meu ver, um erro. Antes de mais nada, o próprio conhecimento socrático não é simplesmente conhecimento propositivo. Em virtude da constante ênfase de Sócrates na afirmação de que o homem dotado de *epistéme* é o homem capaz de oferecer explicações ou reflexões, a tradução "entendimento" é, em geral, mais apropriada[49]. Em segundo lugar, ambos os tipos de entendimento, não apenas o tipo socrático, estão preocupados com verdades. Alcibíades está afirmando ter não somente uma inefável familiaridade com Sócrates, mas a capacidade de dizer a verdade sobre Sócrates. Quer afirmar que através da intimidade de um amante ele pode gerar reflexões (histórias) que são mais profunda e precisamente verdadeiras – que captam mais do que é característico e, na prática, importante sobre Sócrates, que explicam mais sobre o que Sócrates faz e por quê – do que qualquer reflexão que poderia ser gerada por um amante-da-forma que negasse ele mesmo os recursos cognitivos dos sentidos e emoções.

Finalmente, há muito no entendimento do amante que não pode ser capturado por nenhum dos dois modelos de conhecimento, mas pode ser mais bem concebido como um tipo de "experiência prática". Pode-se dizer que o amante entende o amado quando, e somente quando, ele sabe como tratá-lo: como falar, olhar e mover-se em vários momentos e em várias circunstâncias; como dar e receber prazer; como lidar com a complexa rede de necessidades intelectuais, emocionais e corporais do amado. Esse entendimento requer familiaridade e produz a habilidade de dizer verdades; mas não parece ser redutível a nenhum dos dois.

Alcibíades sugere, pois, que há um tipo de entendimento prático que consiste na aguçada capacidade de resposta do intelecto, da imaginação e do sentimento aos particulares de uma situação. Dessa sabedoria, o entendimento que o amante tem do amado particular é um exemplo central e particularmente profundo – não apenas um caso entre outros, mas um caso em que o auto-entendimento resultante pode ser fundamental para o florescimento da sabedoria prática também em outras áreas da vida. O entendimento do amante tem obviamente muitos componentes independentes do sucesso de seus projetos especificamente sexuais. Alcibíades pode dizer a verdade sobre a estranheza única de Sócrates mesmo que seus objetivos sejam frustrados. E nem todo amante bem-sucedido teria tido sua compreensão intelectual e emocional. (De fato, nesse caso, a frustração da vaidade sexual é de considerável importância positiva.) Aristóteles insistirá que um tal conhecimento pessoal íntimo surge na relação entre pais e filhos (cf. Cap. 12). Mas a fala sugere também que, com a falta de intimidade física, uma certa *parte* do entendimento prático é perdida para Alcibíades. Há uma parte de Sócrates que permanece obscura para ele, uma dimensão de capacidade intuitiva de resposta a essa pessoa particular, uma aptidão de fala, movimento e gesto que ele não pode jamais desenvolver, um tipo de "dialética" que está faltando[50]. A sexualidade é uma metáfora para a intimidade pessoal; mas é também mais do que uma metáfora, como o *Fedro*, com seus vínculos entre "toque" e conhecimento, insistirá.

É, pois, nessa abertura a tal conhecimento que Alcibíades se revela como não propriamente *erómenos*. Para receber o outro, cumpre que ele não seja auto-suficiente, fechado contra o mundo. Ele deve pôr de lado a vaidade de sua beleza e se tornar, ele mesmo, a seus próprios olhos, um objeto no mundo: no mundo da atividade do outro, e no mundo mais amplo dos acontecimentos que influenciam sua conduta para com o outro. Um tal objeto conhecerá mais se tiver em si mesmo uma fenda.

Isso nos dá uma chave para nossa segunda incógnita: por que Alcibíades fala persistentemente de sua alma, de sua vida interior, como algo de carne e osso como o corpo visível. Alcibíades não tem uma concepção metafísica particular da pessoa; ele deixa claro que não sabe como deve se referir àquilo que está "dentro" do corpo de carne e osso. O que ele sabe é que essa sua parte interior está respondendo como uma coisa carnal. Diz que se sente como alguém que sofre de uma mordida de cobra – somente ele foi "mordido por algo mais doloroso, o modo mais doloroso como alguém pode ser mordido: fui mordido e ferido no coração ou na alma, ou como quer que se denomine, pelos discursos filosóficos de Sócrates" (217E-218A). E ele tenta, sem sucesso, tratar da mesma maneira o "como quer que se denomine" de Sócrates, atirando palavras como relâmpagos na esperança de que eles também o "perfurem" (219B). Tudo o que seja carne ou semelhante à carne é vulnerável. O que distingue o corpo é sua capacidade de ser perfurado e mordido, ser presa de serpentes, relâmpagos, amantes. Alcibíades, desprovido de uma concepção filosófica da mente, faz uma defesa extraordinária do "fisicalismo" para as almas dos amantes:

> Todo o corpo e somente ele é vulnerável aos acontecimentos do mundo.
> Sou interiormente mordido, perfurado.
> Por conseguinte, esse como-quer-que-se-denomine é corpóreo (ou muito semelhante ao corpo).

É um argumento que recorre à experiência subjetiva, em verdade, ao sofrimento subjetivo, para negar uma concepção "platônica" da alma como uma coisa que é a um só tempo o depositário da personalidade e algo imortal/invulnerável. O depositário da minha personalidade acaba de ser mordido por esses discursos, portanto sei que não é "puro", "não-afetado", "impassível". É óbvio que uma tal linha de argumentação não nos evidencia nada sobre as almas dos filósofos, para as quais a reflexão platônica pode, por tudo o que Alcibíades conhece, ser correta. (Isso nos mostra o que o *Fédon* não tornou explícito: que o retrato platônico da alma é mais um ideal ético do que um fato científico, algo a ser escolhido e adquirido.)

Tanto o objetivo epistêmico do amante como sua vulnerabilidade sentida são para nós apreendidos na imagem central da história de Alcibíades: o relâmpago. Imagens de revelação, aparecimento e esplendor foram vistas antes. Alcibíades aparece diante de nós "de uma só vez" (212C), precisamente como, para ele, Sócrates "está acostumado a aparecer de uma só vez" (*exaíphnes anaphaínesthai*, 213C), precisamente quando menos pensa que ele está lá, e faz lembrar a Alcibíades do esplendor interno de suas virtudes. Mas agora Alcibíades falou das palavras e gestos de amor como coisas arremessadas para o outro como relâmpagos. Essa imagem aglutina, com extraordinária densidade, suas concepções sobre ambição sexual, conhecimento e risco. Um relâmpago atinge de uma só vez, de maneira imprevisível, sem permitir normalmente nenhuma esperança de defesa ou controle. É a um só tempo um brilho que traz iluminação e uma força que tem o poder de ferir e matar. É, pode-se dizer, luz corporal. No céu do filósofo, a Forma do Bem, como um sol inteligível, confere inteligibilidade aos objetos do entendimento, ao passo que permanece, ele próprio, impassível e imutável[51]. Afeta a alma pura somente inspirando-a a realizar atos auto-suficientes de raciocínio puro. No mundo de Alcibíades, a iluminação do corpo e da mente do amado fulmina como uma luz comovente, dardejante, corporal, uma luz que realiza seu impacto pelo toque tanto quanto pela iluminação. (É semelhante ao que acontece com o sol em certas pinturas posteriores de Turner. Não mais uma condição pura, remota da vista, torna-se uma força que faz coisas no mundo a objetos como barcos, ondas, os olhos de um homem justo – todos os quais são vistos, na medida em que são assim iluminados, como tipos de coisas às quais os acontecimentos podem ocorrer. E a luz fulmina os olhos do observador, também, com um triunfante poder de causticar que refuta, repetidamente, sua crença em sua própria completude.) O amante tem uma luz como essa em si para dispor ou dar, e é isso que ele almeja receber mesmo que tenha matado a mãe de Dioniso. Se Sócrates tivesse portado um escudo, seu emblema seria o sol da *República*, imagem visível da forma inteligível, o sol a que ele orou, como nos diz Alcibíades, após uma noite de pensamento insone em Potidéia (220C-D). Alcibíades, ao dispor sobre seu escudo o raio do trovão, assinala a seu próprio modo o tipo de ser que ele alega ser, o tipo de entendimento que ele deseja.

Nossa leitura nos colocou agora em posição de passarmos da interpretação da imagem *usada* por Alcibíades à interpretação da imagem que Alcibíades *é*, como ele se apresenta diante de nós. Ele faz sua aparição "coroado com uma espessa coroa de hera e violetas" (212E1-2), fazendo da própria roupagem uma imagem que diz a verdade[52]. A coroa de violetas é, antes de mais nada, um sinal de Afrodite (cf. *H. Hom*. 5.18, Sólon 11.4). Isso dificilmente nos surpreende, exceto pelo estranho fato (sobre o qual adiante falaremos mais) de que essa figura agressivamente masculina veja a si mesmo como uma divindade feminina. É também, ademais, uma coroa usada pelas Musas. Conforme começa sua expressão da verdade através de imagens, Alcibíades se apresenta, então, como poeta, e um deus inspirador de poetas (Platão?).

Mas a coroa de violetas representa também uma outra coisa: a própria cidade de Atenas. Em um fragmento extraído de Píndaro (apenas um dos poemas que usam esse epíteto aparentemente bem conhecido) ela é referida:

> Ó reluzente e coroada de violetas e famosa nas canções,
> Baluarte de Hélade, gloriosa Atenas,
> Cidade afortunada.

A coroa de violetas é o sinal delicado e crescente do florescimento dessa estranha e frágil democracia, agora, na época de Alcibíades, em seu maior perigo. Coroando-se assim, Alcibíades parece indicar que sua própria atenção ao particular, a pessoas únicas em lugar de propriedades passíveis de repetição, intuições em lugar de regras, é o fruto da educação dessa cidade. Essa educação valoriza o original e o ousado, confia na habilidade de líderes talentosos de "improvisar o que é necessário" (Tucíd. I.138, cf. Cap. 10, §111) e, em vez de ordenar a subserviência humilde à lei, pede que os homens livres "escolham, em sua nobreza de caráter" (Tucíd. II.41), uma vida de virtude e préstimo. Colocando de lado as regras, como faz, ela depende da capacidade que cada homem tem de sabedoria prática e de entendimento do amante. O Péricles de Tucídides prescreve aos cidadãos que "olhem o poder da cidade dia a dia e se tornem seus amantes" (*erastàs autês*, II.43). *Éros*, não a lei ou o temor, orienta a ação. Mas essa confiança em *éros* coloca a democracia, tal como Alcibíades, em grande medida à mercê da sorte e das paixões irracionais[53]. A coroa de violetas é usada por um embriagado talentoso, que logo cometerá crimes imaginativos.

A hera é símbolo de Dioniso, deus do vinho, deus da inspiração irracional (cf. Cap. 3)[54]. (Hera representa a fertilidade corporal do amante inspirado, que é, e vê a si mesmo, como uma das coisas que crescem no mundo natural, mutável e verde.) Agaton apelou a Dioniso para julgar a altercação entre ele e Sócrates (175E); a chegada de Alcibíades responde à sua solicitação. Dioniso, masculino na forma, mas de conduta suavemente feminina, exemplifica as contradições sexuais das aspirações de Alcibíades. Incorpora, também, uma outra contradição aparente: é o deus patrono da poesia tanto trágica como cômica. Isso é apropriado, uma vez que a fala de Alcibíades é tanto trágica como cômica — trágica em sua descrição da frustração e em seu presságio da ruína, cômica no deliberado humor voltado a si mesmo do contador de histórias, que expõe sua vaidade e suas ilusões com deleite aristofânico. Já começa a ser evidente para nós por que Sócrates deve argumentar, ao final do diálogo, que a tragédia e a comédia podem ser obra de um único homem. A concepção aristofânica do amor se assemelha tanto à consideração trágica do *éros* como à concepção de Alcibíades em sua ênfase na natureza corporal e contingente da aspiração erótica humana, na vulnerabilidade da sabedoria prática ao mundo. (Sócrates acusou Aristófanes de ser "exclusivamente dedicado a Dioniso e Afrodite" (177E).) Tragédia e comédia estimam os mesmos valores, valorizam os mesmos perigos. Ambas, além disso, estão ligadas através de Dioniso às sortes frágeis da democracia ateniense; ambas estão em perigo na data dramática, mortas, juntamente com Alcibíades, logo depois[55].

Agora, entretanto, vemos uma outra dimensão ao *rapprochement*. Alcibíades é atraente, fascinante e, em última instância, trágico, em parte *porque* ele é também um poeta cômico de sua própria desgraça. Se tivesse narrado um conto melodramático de angústia e perda, despido da espirituosidade, da autoconsciência e do riso que caracterizam sua fala real, sua história seria menos trágica, porque teríamos menos razão para nos importarmos com ele. Uma percepção autocrítica das próprias fendas e orifícios, que surge naturalmente na poesia cômica, é uma parte importante do que valorizamos em Alcibíades e queremos salvar em nós mesmos. Assim, não parece acidental que Dioniso, deus da perda trágica, deva representar ambas.

Há ainda um outro traço de Dioniso para o qual a coroa de hera aponta: ele é o deus que morre. Ele se submete, a cada ano, a uma morte ritual e a um renascimento, um retrocesso e um ressurgimento, como a planta, como o próprio desejo. Entre os deuses, somente ele não é auto-suficiente, somente sobre ele pode o mundo agir. Ele é o deus que não teria nenhuma utilidade para ensinar aos jovens cidadãos o ponto de vista do "olho de deus". E, contudo, miraculosamente, a despeito de sua fragilidade, ele restaura a si mesmo e brota. Isso sugere que uma cidade instável, uma paixão instável, pode crescer e florescer de uma maneira verdadeiramente apropriada a um deus – pensamento que não tem lugar na teologia da cidade ideal.

V

Vemos agora um argumento positivo em favor de Alcibíades. Mas a fala é também, ao mesmo tempo, o indiciamento de Platão. Ele inventou uma sacerdotisa cujo trabalho é salvar as pessoas das pragas; sugeriu que o *éros* pessoal, não-regenerado, é essa praga. Quer agora descobrir em detalhes as razões dessa condenação. O que torna o *éros* intolerável? O que dá origem a essa esmagadora necessidade de superá-lo e livrar-se dele?

Há, cumpre dizer, problemas para Alcibíades. Primeiramente, há o problema do que acontece a ele e do que sua curiosidade verifica. Sua tentativa de conhecer o outro encontra um obstáculo na rocha da virtude socrática. Não é sem razão que Alcibíades compara as virtudes socráticas a estátuas dos deuses. Pois, como vimos, Sócrates, em sua ascese em direção à forma, tornou-se, ele mesmo, muito semelhante a uma forma – sólido, indivisível, imutável. Sua virtude, em busca de ciência e assimilação do próprio bem, desvia-se da relação sensível com bens terrenos particulares, que é o conhecimento de Alcibíades.

Não é apenas a dissociação de Sócrates de seu corpo. Não é apenas que ele dorme a noite inteira com o Alcibíades nu sem excitação. Há, ao lado desse distanciamento, uma impenetrabilidade mais profunda de espírito. Palavras lançadas "como raios" não têm efeito algum. Seria concebível que Sócrates tivesse se abstido das relações sexuais ao passo que permanecesse atento ao amante em sua particularidade. Ele poderia também ter mantido uma relação sexual com Alcibíades ainda que permanecesse interiormente afastado. Mas Sócrates se recusa de todas as maneiras a se afetar. Ele é uma rocha; e também transforma outros em rocha. Alcibíades é, para sua vista, apenas mais um dos belos, um fragmento da forma, uma coisa pura como uma jóia.

Assim, o primeiro problema para Alcibíades é que sua própria abertura é negada. É uma vítima da *hýbris*, perfurado, escarnecido, desonrado[56] (219C, 222B, D). Isso poderia ter levado Alcibíades à filosofia se ele tivesse sido capaz de fazer os prudentes juízos da similaridade que Diotima faz. Mas, uma vez que ele se mantém determinado a se importar com a individualidade de Sócrates, mantém-se injuriado pela negação de Sócrates. Essa é, evidentemente, só uma história, e a história de um problema único. É a história de um homem essencialmente vaidoso, um homem cujo amor da honra e da reputação é até mesmo por ele reconhecido como um obstáculo à bondade da vida. Não há, além disso, muitas rochas como Sócrates, seu *erómenos*. Mas, por outro lado, há muitas variedades de rochas. Se agora, por acaso, há capacidade de resposta de ambos os lados, é ainda possível haver mudança, estranhamento que traz dolorosa perda de conhecimento. Como até mesmo Diotima admite antes de propor o método de ascese que tentará remediar o problema, as almas, com seus pensamentos, sentimentos e desejos não são mais estáveis que os corpos. "Nossos entendimentos vêm à existência e se vão, e jamais somos os mesmos sequer em nossos entendimentos, mas cada entendimento singular sofre isso" (207E-208A). Mesmo que haja uma rara estabilidade no entendimento e na resposta, ainda haverá seguramente a morte para pôr fim ao conhecimento.

Assim, os acontecimentos contaminam o amante; e podemos começar a imaginar o quão contingentes são esses acontecimentos. Mas suponhamos, por um momento, que Alcibíades esteja envolvido em um amor mutuamente apaixonado, em que ambas as partes são amantes, cada um tentando explorar o mundo que a abertura do outro torna disponível. Queremos saber se Diotima tem razão em ver a natureza do *éros* pessoal como uma praga, ou se suas críticas funcionam apenas contra os casos infelizes, e falam somente àqueles que temem tais experiências ou são enredados nelas. Imaginemos, pois, Alcibíades feliz no amor. Ele é, então, no amor, verdadeiramente feliz ou bom? O diálogo nos faz meditar. Nenhuma sorte presente é garantia de sua própria estabilidade (cf. 200B-E). Por conseguinte, como o diálogo indica, temores, ciúmes e a ameaça de perda serão parte intrínseca até mesmo das melhores experiências de amor. A troca galhofeira de ameaças entre Sócrates e Alcibíades, a violência zombeteira que aponta para a iminente violência real não devem necessariamente ser lidas sobre o pano de fundo de sua desavença. Nos melhores momentos, essas emoções perigosas poderiam ser incitadas pelo temor da separação do outro. A atribuição de valor a um objeto externo instável traz instabilidade interna de atividade. Há uma forte possibilidade de Alcibíades *querer* que Sócrates seja uma estátua – uma coisa que pode ser conservada, transportada e, quando necessário, despedaçada. Há uma possibilidade de que esse tipo de amor intenso não tolere o movimento autônomo e deseje acabar com ele. O amante sentimentalizado das pinturas eróticas gregas cumprimenta o menino tocando-lhe afetivamente o rosto e os genitais, indicando nesse gesto terno respeito e admiração pela totalidade de sua pessoa[57]. O gesto de Alcibíades – o despedaçamento violento de faces e genitais sagradas – pode ser, conforme o diálogo sugere, uma expressão mais verdadeira de *éros* não-regenerado.

Há também a possibilidade igualmente problemática de que o que atraia seja precisamente o caráter rochoso do outro. A coisa redonda, remota, lampejante como uma forma, não-dividida, seduz com a promessa de riqueza secreta. Abrir algo que tem uma fenda não é nada. Mas a coisa perfeita – se alguma vez a pudéssemos abrir, então seríamos abençoados e de poder ilimitado. Alcibíades ama a beleza de pedra que encontra: apenas essa temperança é digna de seu orgulho, porque apenas ela o ilude astutamente. Assim, *éros*, ao alcançar o poder, alcança, ainda de uma outra maneira, sua própria imobilidade. Quando a luz de Sócrates "aparece de uma só vez" para Alcibíades, é o tipo de luz que, vertendo-se radiantemente em torno do corpo aspirante, pode lacrá-lo ou congelar nele, como um casaco de gelo. Essa é a sua beleza.

Ademais, esse amante feliz, ao amar um particular, ama uma base permanente de conflito. Pois vimos como a concepção de Sócrates de todo o valor como um "mar" homogêneo neutraliza a maioria dos conflitos problemáticos de valor, bem como elimina os motivos de ação akrástica. Nenhuma de suas escolhas é mais problemática do que a escolha entre n medidas de valor e $n+5$ medidas. Alcibíades (como Hemon), amando um objeto insubstituível e incomensurável – e amando ao mesmo tempo outras coisas distintas, como a honra e a excelência militar – pode confrontar-se, pelo mundo, com escolhas menos flexíveis (cf. Cap. 3, Cap. 4, Cap. 5 §V, Cap. 7, p. 194).

Tudo isso nos leva a questionar mais seriamente se o *éros* pessoal pode ter lugar, afinal, em uma vida que deve ser moldada e regida pela razão prática. Tentamos pensar em uma vida em que *éros* desempenharia sua parte juntamente com outros bens componentes – intelectuais, políticos, sociais. Mas a natureza da paixão erótica pessoal pode ser tal que seja sempre instável, tanto internamente como em relação à totalidade do planejamento do amante. Preenche uma parte da vida com atividade instável e vulnerável; isso, de acordo com a *República*, seria suficiente para desqualificá-la de bondade. E também ameaça, quando se lhe confere uma parte, sobrepujar o todo. Aristófanes afirmou que as necessidades eróticas de suas criaturas míticas as tornaram indiferentes à comida, à bebida e a "todas as outras ocupações". Vemos as ciumentas paixões de Alcibíades torná-lo indiferente à verdade e à bondade. A razão prática constrói um mundo de valor. Mas o amante, como amante, atribui enorme importância a um outro mundo exterior ao seu e autônomo com relação a ele. Não é evidente que a integridade de seu próprio mundo possa sobreviver a isso, que ele possa se manter em circunstâncias tais que se sinta de alguma maneira construtor de um mundo[58]. Sentir um comprometimento e um poder tão grandes provindos do que é exterior à sua razão prática pode parecer escravidão, ou loucura. Alcibíades se compara com alguém que foi dominado por algo e desprovido de seus sentidos (215C5, 215D5, 218B2-3). Sua alma é um tumulto (215E5). Ele está furioso consigo mesmo por sua condição escrava (215E6). "Eu não tinha nenhum recurso", conclui, "e seguia em escravidão a esse homem, escravidão como jamais houve igual" (219E; cf. 217A1-2). O passado é ainda efetivo (215D8, 217E6-7). Ser um escravo é estar desprovido de autonomia, incapaz de viver de acordo com os planos de sua própria razão, talvez incapaz até mesmo de formar um plano. Mas não fazer isso é não ser plenamente humano. Não é de espantar que, ao observarmos o homem que viverá, ao final, uma vida desordenada e atormentada, inconstante e que desperdiça sua excelente natureza, tenhamos a tentação de dizer, com Sócrates: "Estremeço em vista de sua loucura e paixão pelo amor" (213D6).

Começamos a entender agora a estratégia de Platão na construção desse confronto dramático. Através de Aristófanes, ele suscita certas dúvidas em nossa mente relativas aos projetos eróticos aos quais estamos mais vinculados. E, contudo, a fala de Aristófanes ainda louva *éros* como muito necessário, e necessário para o êxito da própria razão prática. Ele então nos mostra, através de Sócrates e Diotima, como, a despeito de nossas naturezas carentes e mortais, podemos transcender o meramente pessoal no *éros* e ascender, através do próprio desejo, ao bem. Mas não estamos ainda convencidos de que podemos aceitar essa visão de auto-suficiência e esse modelo de entendimento prático, uma vez que, com Vlastos, sentimos que omitem alguma coisa. O que eles omitem é agora comoventemente exposto diante de nós na pessoa e na história de Alcibíades. Percebemos, através dele, a profunda importância que a paixão única tem para os seres humanos comuns; vemos sua insubstituível contribuição ao entendimento. Mas a história traz um outro problema: demonstra-nos claramente que não podemos simplesmente acrescentar o amor de Alcibíades à ascese de Diotima; em verdade, que não podemos ter esse amor e o tipo de racionalidade estável que ela nos revelou. Sócrates falava a sério quando tratou de duas concepções mutuamente exclusivas.

E agora, de uma só vez, *exaíphnes*, lança-se sobre nós toda a luz do desígnio de Platão, sua cômica tragédia da escolha e da sabedoria prática. Vemos dois tipos de valor, dois tipos de conhecimento; e vemos que temos que escolher. Uma espécie de entendimento bloqueia a outra. A luz pura da forma eterna se ofusca, ou é ofuscada pelo relampejar bruxuleante do corpo aberto que se move instavelmente. Pensas, diz Platão, que podes ter esse amor e também a bondade, esse conhecimento da carne e pela carne e também o conhecimento do bem. Ora, diz Platão, não podes. Tens que te cegar a algo, desistir de alguma beleza. "A vista da razão começa a ver claramente quando a vista dos olhos começa a esmorecer" – seja pela idade, seja por estares aprendendo a ser bom.

Mas o que, então, é feito de nós ouvintes, quando somos confrontados com a iluminação dessa verdadeira tragédia e forçados a ver tudo? Somos, diz-nos Alcibíades, o júri (219C). E somos também os acusados. Conforme assistimos ao julgamento de Sócrates, pela jactância (*hyperephanías*, 219C5) desdenhosa da razão, que é ao mesmo tempo o julgamento de Alcibíades pela jactância desdenhosa do corpo, vemos o que nenhum deles é capaz de ver plenamente – a jactância de ambos. E vemos que é assim que devemos proceder se quisermos seguir qualquer um dos dois. Mas tanta luz pode se transformar em pedra. Aparentemente, para agirmos, é preciso que nos recusemos a ver algo. Posso escolher seguir Sócrates, ascendendo à visão do belo. Mas não posso subir o primeiro degrau da escada enquanto eu *vir* Alcibíades. Posso seguir Sócrates somente se, como Sócrates, estou *persuadido* da verdade da consideração de Diotima; e Alcibíades me rouba essa convicção. Faz-me sentir que, ao embarcar na ascese estou sacrificando uma beleza; então, já não posso ver a ascese como algo que compreende a totalidade da beleza. No minuto em que penso "sacrifício" e "negação", a ascese já não é o que parecia, tampouco sou, nela, auto-suficiente. Posso, por outro lado, seguir Alcibíades, fazendo de minha alma um corpo. Posso viver em *éros*, dedicada à sua violência e à sua luz súbita. Mas uma vez que ouvi Diotima, vejo a perda da luz que também esse curso acarreta – a perda de planejamento racional, a perda, poderíamos dizer, da oportunidade de criar um mundo. E, assim, se sou um ser racional, com a profunda necessidade que um ser racional tem de ordem e de entendimento, sinto que *devo* ser falsa com *éros*, em nome do mundo[59].

O *Banquete* nos parece agora um livro áspero e alarmante. Sua relação com a *República* e o *Fédon* é mais ambígua do que pensamos inicialmente. Pois argumenta realmente em favor daquela concepção de valor, mas demonstra-nos também, muito claramente, do quanto essa concepção exige que desistamos. Faz-nos confrontar severamente com uma escolha, e ao mesmo tempo nos faz ver tão claramente que não podemos escolher nada. Vemos como essa filosofia não é plenamente humana; mas temos pavor da humanidade e daquilo a que ela conduz. É a *nossa* tragédia: inunda-nos de luz e nos arrebata a ação. Conforme Sócrates e Alcibíades competem por nossas almas, tornamo-nos, como seu objeto Agaton, seres sem caráter, sem escolha. Agaton podia suportar suas lisonjas, porque não tinha alma alguma de que partir. Nós tínhamos alma, sim, e sentimos que estamos sendo transformados em estátuas.

Assim eles seguem seus caminhos – Sócrates, insone, rumo à cidade para um dia comum de dialética, Alcibíades rumo à desordem e à violência. A confusão do corpo oculta de nossa vista a alma de Alcibíades. Ele se torna de agora em diante um membro anônimo do bando dos farristas embriagados; não sabemos sequer quando ele parte. As ambições da alma ocultam o corpo de Sócrates de sua consciência. Precisamente como a bebida não o deixa embriagado, como o frio não o faz tremer e o corpo nu de Alcibíades não o excita, assim agora a falta de sono não o faz parar de filosofar. Ele cuida de sua vida com toda a equanimidade de uma rocha racional. Entrementes, os poetas cômicos e trágicos dormem juntos, encolhidos pela mão fria da filosofia (223D). *Aquelas* duas – filosofia e poesia – não podem viver juntas ou conhecer as verdades uma da outra, isso é certo. Não, a menos que a literatura desista de seus vínculos com o particular e o vulnerável e faça de si mesma um instrumento da persuasão de Diotima. Mas isso seria deixar para trás suas próprias verdades.

Entre uma e outra narração da história, ou talvez durante a segunda narração mesma – e, para nós (em nós?) durante o tempo que tomamos para ler e experimentar essa obra – Alcibíades morreu. Com ele morre a esperança de que *éros* e a filosofia pudessem viver juntos na cidade e assim salvá-la da desgraça. Talvez fosse essa a esperança de Apolodoro, a esperança de seus companheiros. Era também a nossa. Plutarco nos conta que na noite anterior à sua morte, Alcibíades sonhou que estava vestido em roupas de mulher. Uma cortesã segurava a sua cabeça e pintava seu rosto com maquiagem. Na alma desse homem orgulhosamente agressivo, há um sonho que expressa o desejo pela passividade genuína: o desejo de perder a necessidade de razão prática, de tornar-se um ser que pudesse viver inteiramente no fluxo do *éros* e assim evitar a tragédia. Mas, ao mesmo tempo, é um desejo de já não ser um ser erótico; pois aquilo que não procura alcançar a ordem o mundo não ama, e a auto-suficiência do objeto passivo é tão sem erotismo quanto a auto-suficiência do deus. Pode-se dizer que é um desejo de não viver no mundo. Depois que a flecha o matou, a cortesã Timandra, "Honra-o-Homem", enrolou seu corpo mordido e sua alma carnal em suas próprias roupas e o enterrou suntuosamente na terra.

Quando Alcibíades acabou de falar, eles puseram-se a rir às gargalhadas da franqueza de sua fala, porque parecia que ele ainda estivesse apaixonado por Sócrates (222C). Talvez ele tenha permanecido lá, com hera em seus cabelos, coroado de violetas[60].

7. "Essa história não é verdadeira": loucura, razão e retratação no *Fedro*

> Dizemos com efeito que o homem bom... será especialmente suficiente
> a si mesmo para bem viver, e sobretudo os outros homens terão menos
> necessidade de qualquer outra pessoa... Então, lamentará menos que todos,
> e suportará essas coisas com muita calma, quando algum acontecimento como
> esse sobrevier em seu caminho... Então, estaremos corretos se afastarmos dos
> homens distintos os lamentos e os transferirmos às mulheres – e a mulheres
> não muito boas.
>
> <div align="right">Platão, <i>República</i> 388A (c. 380-370 a.C.)</div>

> Lágrimas foram a sorte que as Parcas teceram
> no nascimento para Hécuba e as Troianas.
> Mas tu, Díon, construíras um monumento
> de ações nobres, quando os deuses lançaram
> tuas esperanças que fluíam límpidas ao chão.
> Jazes lá agora, na espaçosa terra
> de tua pátria, louvado pelos cidadãos. Díon,
> tu que deixaste meu coração louco de amor.[1]
>
> Platão (353 a.C.)

"Meu caro amigo Fedro", chama Sócrates. "Aonde vais? E de onde vens?" Assim tem início esse diálogo autocrítico e questionador. Sócrates acabara de avistar esse impressionante jovem, cujo nome significa "Reluzente", e que é claramente radiante de saúde, boa aparência e habilidade. (E, talvez, avistando-o, ele tenha sido golpeado como que por uma "torrente de beleza que entra pelos seus olhos". Talvez ele se sinta tão acalorado como inundado, pleno a um tempo de avidez e admiração[2].) Ele quer encetar uma conversa com Fedro. Segue-o. Fedro (que parece suficientemente distante para estar alegremente impassível) responde que vem de uma conversa com Lísias, filho de Céfalo. (Faz-nos lembrar da *República* I, com sua austera advertência contra a influência "louca" das paixões. A fala de Lísias a Fedro terá um caráter de continuidade com o conselho são do pai.) Ele está saindo da casa onde esteve conversando com Lísias para fazer uma caminhada saudável, além dos muros da cidade, conforme veremos, até um lugar de florescente beleza e sensualidade. É também um lugar perigoso: lugar em que uma jovem pura foi carregada pelo fervoroso deus vento, em que o louco deus Pan (filho de Hermes, deus da fortuna) tem seu santuário, em que o viajante arrisca-se a ser possuído pelo poder de *eros* na hora mais quente do dia. Da mesma maneira, alguns traços importantes do pensamento de Platão, bem como da escrita, parecem ter deixado a casa citadina da *República* e estar se movendo em direção a uma maior selvajaria, sensualidade e vulnerabilidade. Cumpre fazermos a respeito de Platão a pergunta de Sócrates: de onde vem ele aqui? E para onde vai?

Comecemos com certos fatos sobre a distância percorrida.

Na *República* e no *Fédon*, considerava-se que os apetites e as emoções, particularmente o sentimento e a emoção sexual, são guias inadequados para a ação humana. Somente o intelecto pode confiavelmente conduzir um ser humano em direção ao bom e ao valioso. Tampouco a concepção da melhor vida humana atribui ali qualquer valor intrínseco às atividades associadas a esses elementos. Em particular, as relações eróticas duradouras entre indivíduos não são partes constituintes dessa vida. No *Banquete*, que desenvolve ainda esse quadro, Platão nos oferece uma escolha inflexível: de um lado, a vida de Alcibíades, a pessoa "possuída" pela "loucura" do amor pessoal; de outro lado, uma vida em que a alma intelectual ascende à verdadeira compreensão e à contemplação estável pela negação da "má" influência da paixão pessoal. A loucura de Alcibíades é, supostamente, incompatível com a ordem e a estabilidade racional; sua visão é uma barreira à visão correta. A vida do filósofo alcança ordem, estabilidade e compreensão ao custo de negar a vista do corpo e o valor do amor individual. No *Fedro*, entretanto, afirma-se que a própria filosofia é uma espécie de loucura ou *manía*, de atividade possuída, não puramente intelectual, em que o intelecto é conduzido à compreensão pelo próprio amor pessoal e por uma complexa fermentação engendrada-pela-paixão da personalidade como um todo. Certas espécies de loucura não apenas não são incompatíveis com a compreensão e a estabilidade, são efetivamente necessárias para o tipo mais elevado de compreensão e o melhor tipo de estabilidade. Argumenta-se que as relações eróticas de longa duração entre indivíduos particulares (que vêem um ao outro como tal) são fundamentais ao desenvolvimento psicológico e um importante componente da melhor vida humana.

Na *República*, Sócrates faz uma aguda distinção entre poesia e filosofia. Ele ataca a poesia por "nutrir" as partes irracionais da alma através tanto de seu conteúdo moralmente duvidoso como pelo estilo excitante. Repudiando a afirmação do poeta de iluminar a verdade, ele contrasta a deficiência cognitiva da pessoa com a sabedoria do filósofo. No *Banquete*, vemos um estilo que pretende dizer a verdade através de histórias e pelo uso de imagens. Esse estilo (ligado tanto à poesia trágica quanto à cômica) é o estilo do louco erótico, e sua pretensão à verdade é rejeitada pelo filósofo juntamente com a pretensão de Alcibíades. No *Fedro*, a vida humana mais elevada é descrita como dedicada às atividades filosóficas ou às de honra-à-musa. A poesia inspirada pela "loucura" é defendida como um dom dos deuses e como um recurso educacional valioso; estilos não-loucos são condenados como conservadores, carentes de compreensão. O estilo do filosofar socrático agora funde argumento com poesia; Sócrates apresenta suas compreensões filosóficas mais profundas em linguagem poética, na forma de uma "analogia".

No *Fedro*, Sócrates cobre a cabeça de vergonha e profere um austero discurso em prosa (moldado sobre a fala escrita para Fedro por seu pretendente, o bem-sucedido orador Lísias) que ataca a paixão erótica como uma forma de loucura degradante, e caracteriza as paixões como meras ânsias de satisfação corporal, que não desempenham nenhum papel em nosso entendimento do bem. Em seguida, descobrindo a cabeça, ele se retrata, oferecendo (a um Fedro recentemente abalado pelo poder do sentimento) uma defesa dos benefícios da loucura. Essa retratação começa com uma citação poética. Sócrates recita a Palinódia de Estesícoro, que difamou Helena de Tróia e, tornado cego por seu insulto, compôs esses versos para recuperar a visão:

> Essa história não é verdadeira.
> Não embarcaste nos navios bem providos de bancos.
> Não vieste à cidadela de Tróia.

Quais são as ligações entre esses fatos sugestivos? Argumentarei que o *Fedro* expõe uma nova visão do papel do sentimento, da emoção e do amor particular na boa vida, e que essa mudança de visão é explorada no interior do próprio diálogo: Platão incorpora traços importantes de sua própria visão anterior nas duas primeiras falas, e então tanto se "retrata" como critica essas falas. A tudo isso é conferida uma imediação especial por ser ambientado no contexto da escolha erótica pessoal de Fedro. E a conclusão sobre as paixões provará ter implicações, também, para o entendimento de Platão do papel da poesia e das conexões entre poesia e filosofia.

Há, pois, semelhanças surpreendentes entre a doutrina da primeira fala de Sócrates (juntamente com a fala de Lísias que a inspira) e certas idéias seriamente defendidas por Sócrates nos diálogos do período intermediário. A retratação é uma retratação séria de algo que Platão endossou seriamente; a opinião predominante que considera as duas falas iniciais degradadas e repulsivas não conseguiu apreciar sua força. Elas se mostrarão merecedoras da atenção de um jovem aspirante com o talento e a beleza de Fedro. Mas uma razão pela qual elas foram consideradas com leviandade é que o próprio Sócrates expressa explicitamente sua vergonha e repulsa. Ele as profere sob uma espécie de compulsão e rapidamente se retrata, afirmando que o que elas diziam não era nem saudável nem verdadeiro (242C). O que, pois, no interior do próprio contexto, poderia convencer-nos a pensá-las como concorrentes sérias à devoção do próprio Sócrates?

Em primeiro lugar, o respeito pelo seu autor. Não acredito que Platão jamais critique um testa-de-ferro, ou que ele gastaria muito tempo para desbancar uma posição que considera por si só evidentemente desprovida de valor (ou, a propósito, com um interlocutor que é profundamente atraído a uma concepção por si só evidentemente desprovida de valor). Mas há também evidências mais concretas. As falas são criticadas acima de tudo por sua *ingenuidade* (*euétheia*, 242D7, E5). É algo estranho de dizer sobre uma concepção que se considera cínica, degradada e inteiramente desprovida de interesse. Em segundo lugar, e de modo mais elucidativo, Sócrates afirma que foi seu *daimónion*, seu sinal divino, que instigou a retratação. O *daimónion* é um indivíduo sério que intercede raras vezes para "deter" Sócrates quando ele está prestes a fazer algo errado (*Fedro* 242C, cf. *Apol.* 31D). Mesmo fazendo concessões à ironia socrática, não esperaríamos que ele interviesse se Sócrates estivesse apenas representando um papel, não genuinamente tentado sob aspecto algum a adotar a concepção errada. Uma outra indicação de seriedade é dada pelo fato de que Sócrates descreve sua primeira fala como inspirada por certas Musas. Não, seguramente, Pan, as ninfas e outros deuses de natureza selvagem que conduzem seu discurso posterior (cf. 279B-C, 262D, 263D-E), mas Musas da variedade "Liguriana" ou "de Voz Límpida". Podemos entendê-las como as musas do racionalismo claro e saudável às quais Fedro está agora atraído; podem também ser as musas dos diálogos intermediários. Como Hackforth aponta, a presença de Musas aqui "cria uma dificuldade real" para aqueles que se inclinam a descartar a primeira fala.

Finalmente, um traço estranho da primeira fala, que não pode ser prontamente explicado pela suposição de que ela se pretende meramente desprovida de qualquer valor, dá-nos uma dica sobre sua relação com a fala que se segue. Essa fala que denuncia *éros*, como a fala posterior de retratação, afirma-se ser a fala de um homem apaixonado por seu menino amado. Esse amante, contudo, finge aqui que não está apaixonado, e fala difamando *éros*, instando o seu amado a não se render aos incômodos de um amante (237B). Esse estranho tipo de ação secundária é explicado por Hackforth como um sinal de que o enunciador é motivado por uma preocupação real com o bem-estar do menino. "De fato, obtemos um vislumbre do *erastés* por excelência, o próprio Sócrates."[3] Essa sugestão promissora pode ser levada muito mais adiante se tomarmos mais a sério do que Hackforth toma o conteúdo da fala, como a expressão da concepção platônica real. Aqui, temos um amante que nos diz, aparentemente a sério, que *éros* é uma loucura e uma doença: todos a quem ele preza deveriam evitar seu domínio e buscar viver na razão com pessoas razoáveis. Não seria difícil enxergar os argumentos ascéticos dos diálogos intermediários como a fala de um tal amante, um amante convencido de que, para levar em direção ao bem tanto a si mesmo como os seus leitores, deve não apenas atacar as paixões, mas também fingir que ele próprio não é uma personalidade humanamente erótica. Ele pode até mesmo decidir adotar a *persona* de Sócrates, que era impérvio à bebida, ao frio, ao corpo nu de Alcibíades. De fato, falando através desse mesmo Sócrates, Platão nos disse na *República* X que uma pessoa apaixonada, se acredita que *éros* não é bom para si, ensaiará continuamente para si mesma os argumentos contra o *éros* como um "contra-encanto" ao seu feitiço. Ainda assim, continua Platão, um amante da poesia deveria ensaiar para si mesmo os argumentos contra essa forma de loucura – a menos e até que um defensor da poesia o convença "em prosa sem métrica, e mostre que ela não é apenas deleitosa, mas também benéfica ao governo ordenado e a toda a vida humana" (*Rep.* 607D-608B).

O *Fedro*, conforme argumentarei, é essa *apología* – tanto em favor de *éros* como (com qualificações) em favor da escrita poética – que segue de perto alguns dos mais poderosos contra-encantos que um filósofo e amante jamais compôs. Percebemos desde o início que Platão tem um profundo entendimento da motivação erótica e do poder dela. O *Fedro* seria, então, uma obra em que ele elabora uma concepção mais complexa dessas motivações e aceita algumas delas como boas; uma obra em que ele admite que foi cego a alguma coisa, concebeu as oposições de maneira demasiado rígida; onde ele busca, através da retratação e do argumento autocrítico, recuperar sua visão.

I

Esse é um diálogo sobre loucura, ou *manía*. As duas primeiras falas – a fala composta por Lísias e a primeira fala de Sócrates – denunciam-no, ao louvarem a posse racional de si, ou *sophrosýne*. A segunda fala de Sócrates argumenta que a *manía* não é, como foi dito, um "simples mal": em verdade, pode ser uma fonte dos bens mais elevados. Esse diálogo, ademais, é um diálogo cujos personagens ficam loucos. Sócrates, pela única vez em sua vida, deixa os abrigos urbanos a que está acostumado. Seguindo o belo Fedro, ele caminha até um prado verde além dos muros da cidade e se deita sobre a relva às margens de um riacho fluente. Ele descreve a si mesmo como "possuído" pela influência de Fedro e do lugar[4]. Fedro, igualmente, entrega-se à influência da beleza e é movido pelo fascínio (257C). De "enunciador" crítico e racionalista da primeira fala de Sócrates (244A) ele se torna o menino amável e entregue, para quem a segunda fala maníaca é enunciada (243E, cf. abaixo). Com o intuito de entender o que está se passando aqui, e como tudo se relaciona com as idéias anteriores de Platão, precisamos, pois, examinar a questão da loucura, perguntando onde e com que fundamentos ela foi muito simplesmente censurada, e como ela encontra seu caminho de volta à boa vida.

O que é loucura ou possessão? Coerentemente, nos diálogos pré-*Fedro*[5], Platão utilizou "*manía*" e palavras correlatas para designar o estado de alma em que os elementos não-intelectuais – apetites e emoções – estão no controle e conduzem ou orientam a parte intelectual. Coerentemente, como aqui, *manía* é contrastada com *sophrosýne*, o estado de alma em que o intelecto governa seguramente acima dos outros elementos. É vinculada particularmente com a dominação do apetite erótico[6]. A pessoa louca, então, é aquela que está sob o domínio de forças interiores que obscurecem ou transformam, ao menos por um momento, os cálculos e as avaliações do intelecto puro. As compreensões da *manía* não serão alcançadas pela medição, contagem e estimativas do *logistikón*[7], mas por processos não-discursivos não tão perfeitamente transparentes para a consciência do agente e possivelmente mais difíceis de controlar. Ele é levado à ação com base no sentimento e na resposta, antes pela receptividade complexa do que pela atividade intelectual pura. Mesmo depois do fato ele pode ser incapaz de produzir o tipo de reflexão explícita que classifica a ação sob princípios e definições gerais sistemáticas. Um exemplo de pessoa erótica louca seria Alcibíades (cf. 215C-E, 213D6, 218B2-3), cuja consideração de suas ações é uma história que concerne a particulares, apinhada de expressões e apelos ao sentimento e à emoção. O que o *Fedro* dirá, em verdade, é que foi demasiado simples e injusto usar Alcibíades como representante de todas as pessoas loucas: que um amante pode deliberar de uma maneira louca sem ser mau e desordenado na vida e na escolha.

Claramente, os diálogos pré-*Fedro* de fato atacam a *manía* como um "simples mal", um estado da pessoa que não pode levar à compreensão genuína e que, com maior freqüência, produz más ações[8]. *Manía* é denominada uma espécie de vício na *República* 400B2 (cf. *Mênon* 91C3, *Rep.* 382C8). Em inúmeras passagens, é ligada à excessiva satisfação do apetite, ou à libertinagem (*hýbris*, *Rep.* 400B2, 403; *Crát.* 404A4). É vinculada à ilusão, ao desatino e à "morte" da verdadeira opinião na *República* 539C6, 573A-B (cf. 382E2, *Tim.* 86B4, Ps-Pl *Def.* 416A22); à condição de escravidão na *Rep.* 329C, *Banq.* 215C-E. E essa não é uma questão meramente lingüística. Pois, inequivocamente, a concepção da *República* é que todo estado em que os elementos não-intelectuais dominam ou orientam será caracterizado, não importa como o denominemos, pelos defeitos da *manía*: a perda da verdadeira compreensão e uma tendência ao excesso. A passagem sobre o sonho no Livro IX nos informa, por exemplo, que, quando o *logistikón* é embalado no sono, os elementos "bestiais" tomam posse e tentam satisfazer seus "próprios instintos", "libertos e impunes de toda vergonha e bom senso" (571C). Os sonhos podem trazer a verdade *somente* se aquele que sonha puder inventar fazer deles apenas obra do *logistikón*. Antes de dormir, ele deve embalar as outras partes de modo que elas "não possam perturbar a melhor parte pelo prazer ou pela dor, mas ela possa sofrer isso na pureza isolada para examinar, tentar alcançar e apreender algumas das coisas desconhecidas dela, passadas, presentes ou futuras" (571D-572B; cf. *Féd.* 65A-D). Deve-se salientar que se alcança a verdadeira compreensão, aqui, quando se torna o intelecto ativo em sua pureza, impérvio à influência do exterior; formas de passividade ou receptividade, como os sentimentos de prazer e dor, são consideradas, tanto aqui quanto no *Fédon*, como algo que invariavelmente promove a distorção.

Essa negação de todo valor cognitivo aos elementos não-intelectuais não é surpreendente, dada a visão geral de Platão sobre a apetição e a emoção nas obras do período intermediário, como a expusemos no Capítulo 5. A *República*, conforme recordamos, argumentava que os apetites eram meramente forças brutas que tentavam alcançar, insaciavelmente e sem nenhuma seletividade, cada uma um objeto característico. Essas forças impossíveis de educar não podiam ser indícios do bem. As emoções, embora um pouco mais sensíveis à educação, requerem o controle contínuo do intelecto e são sempre potencialmente perigosas. Pode-se, portanto, alcançar melhor a compreensão genuína quando o intelecto se desvincula totalmente do restante da personalidade; ele deve manifestar-se, puro e límpido, por si só[9].

As primeiras duas falas do *Fedro* trabalham com a dicotomia da *República* e do *Banquete*: o menino precisa escolher, simplesmente, entre bom senso e loucura, entre o bom controle do intelecto e uma desordenada falta de controle. A fala de Lísias insta o menino fictício (e o enunciador insta o Fedro real)[10] a se entregar sexualmente não à pessoa que está apaixonada por ele, mas à pessoa que não está apaixonada por ele*. Sustenta esse conselho com uma ar-

---

* O grego denomina essas duas pessoas *ho erôn* e *ho mè erôn*, "a pessoa em uma condição de *éros*" e "a pessoa que não está em uma condição de *éros*". Hackforth traduz, "o amante" e "o não-amante"; essa tradução é certamente menos incômoda, mas (hoje, em qualquer medida) enganosa. É evidente que o que o *mè erôn* quer é ser *amante* do menino, no sentido sexual, sem estar *apaixonado* por ele. Usarei portanto as expressões mais breves apenas quando a idéia estiver absolutamente clara.

gumentação que contrasta o estado irracional da pessoa apaixonada com o *sophrosýne* da pessoa que não está apaixonada: pessoas apaixonadas, por estarem "doentes" mais do que no domínio de si mesmas (*sophroneîn*), raciocinam mal e não conseguem controlar a si próprias (231D). Lísias, a pessoa-que-não-está-apaixonada, ao contrário, está "não subvertido pelo amor, mas no controle de mim mesmo" (233C); ele age não sob compulsão passional, mas, afirma ele, voluntariamente (*hekón*, 231A) – como se, entre as partes da pessoa, apenas o *logistikón* fosse autor de ações genuinamente voluntárias, ao passo que os outros elementos fossem forças causais não-seletivas. A análise mais detalhada da pessoa levada a cabo na primeira fala de Sócrates, fala que se apresenta como uma reflexão sobre os princípios da boa deliberação (237B7), torna claro para nós que a concepção em questão é notavelmente semelhante à dos diálogos intermediários. Há, argumenta Sócrates, dois princípios governantes em um ser humano: "apetites inatos para o prazer" e "crença adquirida sobre o bem". O estado da pessoa em que a crença sobre o bem está no controle é denominado *sophrosýne**. O estado em que o apetite que nos atrai ao prazer está no controle é denominado, simplesmente, *hýbris* ou libertinagem (237D-238A). Sobre a *hýbris*, afirma-se que tem "muitos nomes: pois tem muitos membros e muitas partes" (238A). (Volta-nos à mente a "besta de muitas cabeças" da *República* IX.) Quando o apetite por comida está no controle, há a glutonaria; quando o apetite por bebida está no controle, embriaguez. *Éros* é finalmente definido como o estado em que o apetite irrazoável pelo gozo sensível da beleza corporal obteve controle sobre a verdadeira opinião. Como ocorre com a comida e a bebida, supõe-se simplesmente que esse é um estado integralmente mau. Por conseguinte, no restante da fala, a pessoa apaixonada é tratada como uma pessoa "doente", sob o domínio de um "princípio governante irracional (*anoétou*)" (241A8), "irracional por necessidade" (241B7). Do ex-amante, ao contrário, diz-se ter adquirido "racionalidade (*noûs*) e autodomínio (*sophrosýne*) em lugar de *éros* e *manía*" (241A). A clareza e verdadeira racionalidade requerem a morte da paixão. A pessoa sã sente apenas vergonha de suas ações anteriores inspiradas-por-*éros*.

Podemos ver que essa fala reproduz sucintamente quatro afirmações centrais da *República* a respeito da loucura e dos elementos não-intelectuais:

> (1) Os apetites, incluindo o apetite sexual, são forças animais cegas que tentam alcançar cada uma um objeto particular – ex. comida, bebida, sexo – sem incorporar nem tampouco responder ao juízo sobre o bem[11].
> (2) Os elementos não-intelectuais, quando no controle, tendem naturalmente ao excesso. (Todo estado governado por algum desses elemento merece o nome de *hýbris*.)
> (3) Os elementos não-intelectuais jamais podem, mesmo numa pessoa bem-instruída, realizar uma função cognitiva, orientando a pessoa em direção à compreensão e ao entendimento do bem. São "irracionais", invariavelmente fontes de perigo e distorção.
> (4) O *logistikón* é um elemento conducente necessário e suficiente para a apreensão da verdade e para a escolha certa. Funciona melhor quanto mais livre estiver da influência dos outros elementos. Em outras palavras, pureza e clareza intelectual são um pré-requisito fundamental da compreensão genuína; bem cultivados, são suficientes para essa compreensão.

---

* A linguagem da primeira fala de Sócrates a vincula estreitamente aos diálogos intermediários em muitos pontos. A definição de *sophrosýne* como o estado em que a razão governa seguramente sobre os outros elementos é a definição da *República* IV (431B, 442C-D). O estado desordenado é, em ambos os casos, chamado de um *stásis* ou guerra civil da alma, e é oposto a uma concórdia (442D1, 237E). A necessidade de conhecer "o ser de cada coisa" no início de uma investigação, perguntando quanto ao *eróseros* "que espécie de coisa é e que tipo de poder (*dýnamin*) tem", de modo que possamos "olhar para ele" ao fazer outras perguntas, é uma demanda platônica típica expressa em linguagem já familiar pela *República* e outros diálogos relacionados (cf. por exemplo *Rep.* 354B-C, 358B). A imagética do apetite que "governa" e "tiraniza" é comum na *República* I e IX.

Tanto Lísias como o enunciador da primeira fala de Sócrates dão ao menino um conselho moral. Exposto sucintamente, é o conselho de Diotima e da *República*: cultiva em ti o estado de autodomínio, *sophrosýne*. Desenvolve a clareza de teu intelecto exercitando o controle estrito sobre os elementos bestiais não-intelectuais. Forma apenas amizades não-loucas, e somente com pessoas em domínio de si mesmas, não-loucas. Ademais, a fala de Lísias aconselha explicitamente a entregar-se sexualmente à pessoa com domínio de si mesma; esse conselho não se faz explícito na fala de Sócrates. Teremos mais a dizer sobre esse assunto, que pode parecer contrariar nossa afirmação de que essa é uma concepção platônica anterior. Mas agora precisamos examinar mais profundamente o mundo dessas duas falas, e por duas razões. Primeiramente, porque têm sido em geral tratadas de maneira muito rasa, mesmo por pessoas que vêem com simpatia os argumentos dos diálogos intermediários. Hackforth, por exemplo, fala asperamente do "cálculo frio e precavido" do enunciador lisiano, seu esquecimento do "sentimento romântico"[12]. Isso faz posar sobre nós a responsabilidade de demonstrar que, intuitivamente e em seus próprios termos (não apenas em comparação com a *República*), essas falas oferecem conselhos que são plausíveis e atraentes. Em segundo lugar, porque seu diálogo é, afinal, a história de Fedro. Estamos tentando compreender esse desenvolvimento moral, que escolhas ele enfrenta em seus esforços por ser racional. As duas primeiras falas incorporam uma concepção moral à qual essa pessoa jovem e capaz é profundamente atraída. De fato, Sócrates nos diz explicitamente que devemos ver sua primeira fala como uma fala *do* ou *feita por* Fedro (244A); com isso, ele quer dizer, supomos, que ela expressa a concepção corrente de Fedro, o que ele diria agora se lhe pedissem que aconselhasse a si mesmo. Antes que possamos entender como e por que razão Fedro deixa sua concepção para trás, aceitando a retratação socrática, cumpre, pois, demonstrarmos melhor o poder da primeira concepção para um certo tipo de pessoa jovem e ambiciosa. Cumpre em outras palavras, perguntarmos a nós mesmos quem é Fedro[13].

Devemos imaginar uma cidade pequena, em que todos os cidadãos adultos mais capazes dedicam as suas carreiras à vida política e cultural da cidade. Esses cidadãos principais conhecem todos uns aos outros e devem continuar a se ver e a trabalhar uns com os outros ao longo de suas vidas adultas. Imaginamos agora um jovem talentoso e ambicioso começando uma carreira nesse ambiente. (Sócrates o denomina filho de Pítocles, portanto seu nome inteiro se torna "Reluzente, Filho de Homem de Fama Pítica"; essa patronímia de outro modo desconhecida, como outros nomes no contexto, é provavelmente uma ficção significativa, que indica uma ligação com o renome cívico[14].) Ele é tão atraente quanto talentoso. É sexualmente inclinado aos homens da geração mais velha seguinte, que são, quase todos, inclinados aos homens da geração dele. No limiar de uma carreira emocionante, cercado de possibilidades atraentes (cf. 237B3, em que se afirma que o menino tem "um número muito grande" de pretendentes a seus favores), ele deve agora decidir que espécies de relações pessoais quer cultivar. E deve considerar as implicações dessa escolha para seu futuro na cidade.

Muito embora eu deva continuar a descrever a situação usando o ambiente e os personagens escolhidos de Platão, penso que nos ajudará a entender a força do conselho de Lísias imaginarmos as escolhas análogas enfrentadas por uma jovem ao ingressar numa profissão dominada por homens, em que ela sabe que passará o resto de sua vida. Pois, em nossa cultura, é evidentemente (em termos de números) uma mulher assim que estará mais provavelmente na posição sexual de Fedro, mais ou menos cercada por "pretendentes" em potencial que são mais poderosos e mais estabelecidos do que ela. Essa mulher gostaria de ter uma vida pessoal plena; mas estaria seriamente preocupada, ao mesmo tempo, em proteger sua transparência e autonomia, sua chance de viver e trabalhar em termos razoáveis e não-ameaçadores com as pessoas com quem trabalha. Agora imaginemos que a profissão seja a cidade como um todo: todas as pessoas que ela conhece são, necessariamente, colegas. Não há outras escolhas. Se imaginarmos o que uma feminista preocupada diria a uma jovem como essa (ou o que ela diria para si mesma), estaremos a ponto de compreender o que há de sério em Lísias. Hackforth e outros críticos que falam em romance vivem num mundo em que o romance naturalmente termina na devoção da parte feminina menos estabelecida aos fins profissionais da parte masculina mais estabelecida. Isso faz com que não percebam a profundidade do dilema de Fedro.

As duas primeiras falas dizem a esse jovem que, em sua busca por posição política, social e intelectual, ele deve acima de tudo se proteger do tumulto emocional e da dominação emocional. Deve permanecer independente, transparente, senhor de si; livre internamente de conflito psicológico, externamente da influência de um amante "louco". Se ele tiver algum relacionamento sexual (e, como percebemos, a primeira fala de Sócrates omite esse conselho positivo), deve certamente evitar a pessoa que está apaixonada por ele. A loucura do amor é imprevisível e perigosa. A pessoa apaixonada não julga com clareza. Será ruim para a carreira de Fedro porque o aconselhará de modo distorcido em virtude de seu interesse próprio e anseio ciumento. Será tão indiscreta como possessiva, e impedirá o crescimento de outras amizades vantajosas. Pode mesmo desencorajar sutilmente o mais jovem de exceler, porque isso o manterá mais dependente. Arrebatado pela paixão, esse amante aflige-se tanto pela separação do jovem que não consegue ver corretamente nem nutrir afavelmente seu caráter e suas aspirações mais profundas. E, quando o caso terminar, haverá vergonha, pesar e mesmo hostilidade. Será difícil para ambos serem amigos ou verem um ao outro tranqüilamente no curso da vida cotidiana. Em suma, uma pessoa dominada pelo amor, amando com louca paixão e necessidade profunda, mostrar-se-á incapaz de afabilidade e amizade genuína. Não pode trazer nada senão risco e prejuízo para a pessoa que está envolvida com ela[15].

Do outro lado, temos a pessoa que não está apaixonada. (E cumpre lembrarmos que foi ele quem nos deu essa descrição da pessoa apaixonada.) Chamemo-lo Lísias, filho de Céfalo. (Não seria difícil imaginar Céfalo oferecendo a seu filho conselho semelhante.) Sabemos que Lísias é um homem bem-sucedido, estabelecido; um grande defensor das liberdades democráticas que logo se tornará famoso por sua corajosa oposição aos oligarcas; um orador renomado por sua clareza e simples lucidez[16]. Ele é urbano, crítico e charmoso. Prefere uma casa na cidade a caminhadas no campo. Vê a vida com muita clareza. Desagradam-no as falas pomposas. Desconfiado da emoção poderosa, em si mesmo e nos outros, ele é são, afável e decente. Oferece a Fedro uma amizade sensível bem controlada. Se Fedro decidir racionalmente envolver-se com ele, nenhum deles jamais verá o mundo de uma maneira diferente por causa disso. Nenhum deles "se tornará uma outra pessoa", efeito que Lísias teme e despreza. A relação será aprazível, repleta de boa vontade e benefício mútuo. E, o que é mais importante, possibilitará que ambos preservem a autonomia e a honestidade. E Lísias se orgulha profundamente de sua honestidade. (Afirma ver e julgar Fedro sem inveja, ciúmes, paixão ou interesse egoísta.) Vemos sua concepção de objetividade no estilo de prosa esparso e casto, expurgado de toda indulgência emocional, de todo apelo ao sentimento através de metáfora e ritmo. A mensagem desse estilo é que a racionalidade é algo preciso e cerebral, algo do *logistikón* apenas*. Com

---

* A permanente controvérsia sobre essa fala ter ou não sido realmente escrita pelo Lísias histórico comprova a perspicácia do retrato estilístico de Platão (cf. Hackforth *ad loc.*). É difícil obter de uma tradução a impressão apropriada de seu estilo, que era famoso pela simplicidade, clareza e por evitar o sentimento. J. F. Dobson escreve no artigo "Lysias" no *Oxford Classical Dictionary*: "Lísias, por seu excepcional domínio do idioma, transformou a língua falada da vida cotidiana em um meio literário sem igual por sua simplicidade e precisão... Ele evita palavras raras e poéticas, metáforas chamativas e expressões exageradas, com o resultado de que por vezes pode parecer

um homem assim, Fedro pode confiar que nenhuma mudança profunda ou frustração ocorrerá. Ele será capaz de vê-lo pelo resto de sua vida no mercado ou em reuniões, sem vergonha, ciúmes ou raiva. Nunca terá vontade de fugir.

Fedro parece, pois, confrontar-se com duas alternativas rigorosamente definidas: o afastamento benéfico de Lísias ou a paixão perigosa do amante louco. Que escolha fará ele? Ele próprio é um homem lúcido, um homem comprometido com o ideal de saúde e controle. Ele se exercita com zelo incomum e se preocupa com os detalhes de seu próprio regime corporal (227A). Não é de surpreender que um jovem como ele tema a pessoa apaixonada e pinte para si mesmo no pensamento e na fala um retrato devastador dessa espécie de loucura. Tampouco é de surpreender que uma pessoa jovem e vulnerável, preocupada com a fama e a autonomia, considere atraente a proposta de Lísias. Não precisamos perguntar como a maioria das feministas aconselharia um Fedro feminino; e sabemos que, dado um certo quadro da pessoa apaixonada, quadro que é muitas vezes verdadeiro, elas estariam certas. Como afirma Sócrates, amantes amam meninos – assim como lobos amam cordeiros (241A). Essa é uma boa razão para que os cordeiros se protejam tão bem quanto possível.

Pode parecer que isso nos distanciou muito do ideal ascético do *Fédon*. Pois aqui, muito embora haja um ataque relacionado ao *éros*, há também, pelo menos na fala de Lísias, recomendação de que se tenha um relacionamento sexual com a pessoa que não está apaixonada. É verdade que essa recomendação não é feita no *Fédon*. Mas a *República* exige sexo não-passional para fins de procriação. E o Livro VIII autoriza intercurso "até o ponto da saúde e do bem-estar" – o que, dadas as restrições extremas ligadas ao sexo para procriação, quase certamente permite algumas relações homossexuais confortáveis e não-passionais[17]. Em todo caso, a distância entre a abstinência e o sexo lisiano não é tão grande quanto pode parecer. O ponto crucial é que em nenhum dos casos a pessoa fica louca. Não há nenhuma excitação e efervescência profundas de todas as partes da personalidade em conjunto, como veremos retratadas na defesa da *manía*. Há, em vez disso, um acordo amigável de desfrutar, de maneira estritamente controlada, um prazer corporal. Lísias insiste que esse prazer jamais ameaça o autocontrole e a frieza de visão da pessoa. Manter relações sexuais nesse espírito pode ser, para algumas pessoas, precisamente uma excelente maneira de se distanciar de seu poder e obter controle

> que perde em força o que ganha em suavidade. Seu estilo correto e suas entonações desapaixonadas podem parecer monótonos a alguns leitores... Mesmo quando seus próprios sentimentos pessoais estão profundamente envolvidos, ele é sempre moderado." Tendo em mente esses fatos gerais, ouçamos alguns excertos do Lísias platônico (minha revisão a Hackforth):

> > Sabes como me situo, e disse a ti que penso ser para nossa vantagem que isso deva acontecer. Agora afirmo que eu não deveria ser recusado no que peço simplesmente porque não estou apaixonado por ti. Novamente, um homem apaixonado é obrigado a ser visto e ouvido por muitas pessoas, seguindo por toda parte seu menino e agindo obcecado por ele. Assim, sempre que são vistos conversando juntos, todos pensam ou que estiveram há pouco na cama ou que dentro em pouco irão para a cama. Com um casal que não está apaixonado, ninguém sequer pensa nisso quando são vistos juntos. Sabem que um homem tem que ter alguém com quem conversar por amizade e divertimento. E observa isto: um homem apaixonado normalmente quer desfrutar de teu corpo antes de conhecer teu caráter ou qualquer coisa sobre ti. Isso torna incerto se ele quererá ainda ser teu amigo quando seu desejo acabar... E agora penso que disse o suficiente. Se queres algo mais ou pensas que deixei alguma coisa de fora, diz-me.

> Esses trechos transmitem o sabor do estilo; a fala inteira é, em geral, muito bem vertida por Hackforth, embora aqui, como poderíamos esperar, suas escolhas soem mais datadas do que no restante do diálogo. A ênfase freqüente no "claro" e "necessário", o caráter definido e a contemporaneidade gerais da dicção, e o repetido uso de expressões como "novamente" (*éti dè*) e "e observa isto" (*kaì de kaì*) são marcas distintivas do estilo de Lísias.

intelectual. É provavelmente isso o que se quer dizer na *República* VIII com "até o ponto da saúde e do bem-estar"[18]. Precisamos apenas recordar o ideal cultural grego predominante do *erómenos* auto-suficiente (Cap. 6) para nos convencermos de que a vida sexual de Fedro com o pretendente lisiano, escolhida apenas por esse interesse na saúde e na auto-suficiência, seria, no que se refere à paixão, apropriadamente fechada e não-erótica[19]. A diferença entre essa concepção e a concepção ascética do *Fédon* é somente uma diferença de meios: se é mais fácil permanecer intelectualmente tranqüilo fazendo sexo dessa maneira não-erótica ou abstendo-se dele. A resposta a essa questão pode variar com o indivíduo, a cultura, o período da vida: a condenação da paixão se mantém constante.

Sabemos que Fedro não permanecerá por muito tempo devoto do argumento antierótico. Ele será logo, de fato, profundamente comovido por uma fala que ataca a condenação de Lísias da loucura do amante. E é bastante evidente que ao final ele não aceitará a oferta de Lísias. Assim, nosso retrato de Fedro não está completo. Cumpre acrescentarmos a ele a observação de que a pureza não-erótica, ainda que atraente de um certo modo, já não o satisfaz. Lembramos agora de sua atração pelo campo mais selvagem fora dos muros da cidade. É verdade que ele admira a clara pureza do riacho, tão adequado para a diversão das meninas jovens (229B). Mas ele também gosta de ficar descalço, molhar os pés; e ele muito sedutoramente menciona a Sócrates que se quiserem eles podem se deitar, em vez de sentar-se, na grama (229B1-2). Tudo isso indica respostas e tendências que estão ausentes na fala de seu pretendente inteiramente urbano. Ele justifica esse amor pelo campo mencionando as ordens de seu médico (227A); mas vemos o suficiente para suspeitar, ao menos, que ele anseia por loucura mesmo quando a repele, recitando e admirando os "contra-encantos" que a descrevem como um "simples mal". E na medida em que ele aceita as palavras de Sócrates cuidadosamente escolhidas em louvor à fala de Lísias – "lúcida", "econômica", "precisa e bem-construída" (243E) – ele parece já reconhecer que esse homem elegante e razoável carece do acesso, tanto em seu trabalho como em suas relações humanas, a fontes de energia criativa às quais o homem mais jovem obscuramente aspira. Pois quando Sócrates sugere galhofeiramente que Fedro está inspirado e tomado de admiração pela fala de Lísias, Fedro reconhece imediatamente que só pode ser uma piada (234D). Tais emoções (fundamentais, como ele logo admitirá, ao crescimento da alma) não são e não poderiam ser despertadas por essa pessoa não-louca, que começa a parecer conservadora e mesquinha.

Na hora mais brilhante e quente do dia[20], Sócrates termina sua fala contra o *éros*. Embora Fedro tente convencê-lo a ficar e discutir mais esse assunto, ele se dispõe a partir. Mas é nesse momento, enquanto atravessa o rio, que seu *daimónion* o faz parar, proibindo-o de partir até que tenha reparado sua fala, que foi tão ingênua como blasfema (242B-C). "Se o *éros* é um deus ou ser divino, como realmente é, ele não pode ser algo mau; mas esses dois discursos falaram dele como se fosse mau. Desse modo descumpriram o que deveriam no que concerne a *éros*" (242E). Percebemos que essa asserção está em contradição direta com a visão de Diotima, que fez muita questão de negar a divindade de *éros*[21]. Alguma coisa está acontecendo. Sócrates precisa se "purificar" (243A), renegando a concepção que tanto exortou a pureza[22]. É então que ele recita a Palinódia de Estesícoro, aplicando seu "Essa história não é verdadeira" à sua própria fala inicial e sugerindo que ele, como o poeta, precisa recuperar sua visão. A fala que se segue, como ele nos conta brevemente, encontra-o discursando em uma nova *persona*. Ao passo que a primeira fala foi a fala "de Fedro, um homem murrhinousiano", a segunda será a fala "de Estesícoro, filho de Eufemo, de Himera" (244A). Os nomes são significativos. Eufemo, "reverente na fala", vincula-se claramente com o tratamento respeitoso do *éros* na segunda fala, contra o qual a primeira fala blasfemou (242E-243B). As primeiras falas são agora denominadas calúnia (*kakegoría*, 243A6); essa, ao contrário, encontra Sócrates em um estado de "temor e vergonha diante da divindade de *éros*". E a fala piedosa é ao mesmo tempo obra de um poeta, "Estesícoro", e de um homem de Himera – de um lugar (sendo "*hímeros*" a palavra para passional, desejo – normalmente por um objeto presente) que pode bem ser chamado Cidade do Desejo ou Vila da Paixão[23]. Sócrates nos diz, pois (pelo uso de uma figura poética de linguagem) que a fala reverente será a fala de um poeta e de um amante necessitado, e, além disso, que ele é agora o amante. Ele indica que o objeto de seu amor não está longe.

Esse amante está falando, como a pessoa-não-apaixonada, a um menino; nesse caso, é o menino a quem ele ama. Sócrates, assumindo a *persona* do amante, precisa agora encontrar um destinatário adequadamente sensível. "Onde", pergunta ele, "está o menino a quem eu falava? Quero que ele ouça também esta fala, de modo que ele não fuja correndo, por não escutar, e se dê a uma pessoa que não está apaixonada" (243E). O menino que aceitar essa fala, sugere ele, será transformado. Ele pergunta se há um menino que esteja disposto a recebê-la. A resposta está, penso, entre os momentos mais assombrosos e esplêndidos da filosofia. Fedro, o menino brilhante, autoprotetor, o admirador do não-amante, responde, simplesmente "aqui está ele, bem próximo a teu lado, sempre que o quiseres".

Digo que esse momento de submissão é um momento da filosofia. Certamente não digo que é um momento da perfumaria literária que cerca a filosofia. Tampouco, claramente, di-lo Platão. Pois é o gênio da escrita filosófica de Platão que nos mostra aqui o entrelaçamento de pensamento com ação, da experiência do amor com a fala filosófica sobre o amor, da defesa filosófica da paixão com um reconhecimento pessoal da abertura e da receptividade. Se esses personagens podem suportar experimentar a paixão como fazem, é em parte porque ousam pensar e argumentar como fazem, porque a fala filosófica lhes mostra maneiras de olhar para o mundo. Se, por outro lado, falam filosoficamente como fazem, é, também, porque eles estão aqui deitados um ao lado do outro como estão, nesse gramado ao lado do rio, dispostos a ficar loucos; e essa loucura os conduz a uma nova concepção da verdade filosófica. Seria vão, e talvez também sem importância, tentar dizer se o que veio antes foi a experiência ou o pensamento, tão plenamente interpenetrados estão aqui, iluminando um ao outro. Suas vidas inteiras se tornam maneiras de buscar sabedoria; e parte de seu argumento em favor da nova concepção de loucura provém de suas vidas íntimas. Assim, mesmo no interior do diálogo e do ponto de vista de seus personagens, não se pode fazer a separação entre esse momento e o pensamento filosófico. No nível da autoria, ademais, Platão, que dispõe para nós essa fusão de vida e argumento, evidencia-nos com isso uma coisa séria que é certamente, para ele, uma parte profunda da verdade e, portanto, ela mesma uma parte de sua filosofia. E suponhamos, como sugerirei mais adiante, que essa fusão seja também uma parte da vida de Platão; suponhamos que ele escreveu aqui sobre paixão em virtude de uma experiência particular sua. Isso tornaria o *Fedro* menos filosófico? Seguramente não. Talvez mais filosófico, se o mais filosófico é aquilo que compõe uma parte mais profunda da busca compromissada de um pensador pela verdade e pelo valor, aquilo em favor de que suas escolhas, bem como suas palavras, constituem o argumento.

À medida que continuamos a considerar o desígnio mais amplo do diálogo, percebemos ainda um outro modo como ele revisa o mundo do *Banquete*. Estesícoro contara a história em que todos acreditavam, de acordo com a qual Helena foi seduzida por Páris e partiu adulteramente para Tróia, causando problemas para todos. Na Palinódia, ele se desculpa com Helena criando um mito para ela, uma história que diz que durante toda a guerra ela estava, em vez disso, vivendo pacífica e piedosamente no Egito. Podemos agora ver que o *Fedro* como um todo tem a forma dessa Palinódia. Desde há muito se observa que inúmeros indícios internos exigem que situemos a data dramática do diálogo entre 411 e 404[24]. Mas uma inscrição descoberta neste século agora nos evidencia que há nisso um problema. Phaidros Murrhinousious, esse mesmo Fedro, foi implicado, juntamente com Alcibíades, na mutilação das Hermas e profanação dos mistérios; ele foi obrigado a exilar-se da cidade entre os anos de 415 e 404[25]. É, assim, historicamente impossível que Fedro estivesse realmente em Atenas e durante esse período.

Podemos nos refugiar na alegação de que Platão não se importa com a coerência: o cenário é um *mélange* de contos de fadas impossível[26]. Mas, dada a notoriedade dos eventos e a precisão com que Platão data o diálogo, há uma outra possibilidade que merece ser aventada, pelo menos como conjectura. À luz da história, podemos ver o *Fedro* como a lenda do Egito do próprio Platão. Essa história não era verdadeira. Não foste conduzido à desordem e impiedade através de tuas paixões apetitivas, tua devoção à *manía*. Não tiveste que exilar-te. Todo o tempo, apesar das aparências, estiveste aqui em Atenas, vivendo uma vida boa e ordenada, *e* vivendo uma vida boa sem fechar-te à influência do *éros*. Em lugar de mutilar as estátuas sagradas de Hermes, estavas orando com reverência no santuário de Pan, seu filho (cf. *Crátilo* 407-408). *Éros* e sua loucura não são as causas simples de confusão e impiedade que sugerimos quando utilizamos a história de Alcibíades para representar a *manía* em geral. Reabrimos o caso. (Recordemos as metáforas judiciais ao final do *Banquete*.)

"Essa história não é verdadeira", evidentemente, no sentido histórico literal. Alcibíades e Fedro *foram* ambos forçados ao exílio. Provavelmente Estesícoro também continuasse a acreditar, como seus contemporâneos acreditavam, na verdade histórica literal da história recebida sobre a guerra de Tróia. Mas a lenda de Fedro de Platão e a lenda do Egito de Estesícoro atacam a moral profunda que foi extraída das histórias de Helena e Alcibíades. Dão a entender que, embora talvez literalmente falsas, suas histórias expressem, metaforicamente, uma verdade mais profunda sobre o *éros*: que ele pode ser um componente de uma vida ordenada e piedosa dedicada ao entendimento do bem.

II

Sócrates inicia agora sua segunda fala, com a cabeça descoberta. A loucura, declara ele, não é, como havíamos dito, um simples mal. As duas falas[27] haviam trabalhado com uma dicotomia simples entre *manía* e *sophrosýne*, tratando a primeira como uma coisa inteiramente má, a segunda como inteiramente boa (244A). Mas, de fato, nenhuma dessas pretensões é correta. Alguns tipos de loucura podem ser responsáveis pelo "maior dos bens para nós" (244A); e em algumas circunstâncias o autocontrole pode resultar em estreiteza de visão. Uma profetisa irracionalmente inspirada pode realizar muitos bens para o país, já outra, senhora de si, "pouco ou nada" (244B). A espécie inspirada de adivinhação é "mais perfeita e mais honrosa" do que a adivinhação "de homens razoáveis" (*tôn emphrónon*), que funciona "através do raciocínio discursivo" (*ek dianoías*)[28]. Do mesmo modo, o poeta verdadeiramente possuído e louco pode instruir a alma terna de uma pessoa jovem, fazendo-a juntar-se aos festins báquicos; sem essa loucura "ela é imperfeita, e ela e sua poesia, sendo a de alguém senhor de si (*sóphronountos*), são ofuscadas pela obra de pessoas que são loucas" (245A). Finalmente, Sócrates aplica essas observações ao caso do *éros*: o amigo ou amante (*phílos*)[29] "arrebatado" (*kekineménos*) deve ser preferido ao que é senhor de si (*sóphron*, 245B). O que se segue será, afirma-se, uma "demonstração" da verdade dessas asserções.

Há pouca dúvida de que existe aqui algo novo. Afirma-se que certos estados de loucura ou possessão são tão proveitosos como honrosos, mesmo fontes necessárias dos "maiores bens". A pessoa inteiramente autocontrolada, que subordina a emoção e o sentimento à *tékhne*, nem ajudará muito sua cidade através da profecia, nem alcançará honra e fama como mestre poético, nem será o melhor tipo de amante. O pensador ético não pode, ao que parece, permitir-se fazer divisões agudas e simplistas entre má loucura e boa *sophrosyné*, como fizeram as duas primeiras falas, como fizeram a *República* e o *Banquete*. Ele deve examinar os casos de maneira mais próxima, dividir engenhosamente e, em suas divisões, não "amputar uma parte à maneira de um mau açougueiro" (265E). Mas cumpre olharmos a "demonstração" que se segue para descobrirmos exatamente qual é o valor da loucura e quais elementos da concepção anterior são retratados. Três pontos se destacam.

Os elementos não-intelectuais são fontes necessárias de energia motivacional. A imagem da alma tripartida na consideração mítica de Sócrates compara a pessoa a um cocheiro de um carro com dois cavalos. Uma vez que o cocheiro é claramente o *logistikón* que planeja e calcula, somos convidados pela imagem a considerar que o intelecto por si só é uma força motora relativamente impotente. O *logistikón* de Platão não é, como a razão de Hume, um puro cálculo de meio e fim, sem nenhum papel na escolha de fins e objetivos; ao contrário, uma de suas principais funções parece ser a de classificar e avaliar[30]. Mas ainda somos premidos a ver que, assim como somos, precisamos do envolvimento cooperativo de nossos elementos não-intelectuais para chegarmos aonde nosso intelecto nos quer levar. O poder da totalidade é um *sýmphytos dýnamis*, um "poder naturalmente cultivado em conjunto" (246A). Se nos tornamos afaimados e reprimimos emoções e apetites, pode ser ao custo de enfraquecer a tal ponto a personalidade como um todo que ela será incapaz de agir de maneira decisiva. A idéia de "nutrir" o não-intelectual desempenha uma parte importante no mito de Patão. Mesmo os seres divinos têm cavalos; mesmo esses cavalos precisam de alimento (247E)[31]. E o "alimento da opinião" (*trophé doxasté*, 248B), embora não tão excelente quanto o alimento dos deuses, é o melhor que podemos obter para nossos cavalos, bem como algo necessário em nossa busca pelo entendimento e a boa vida. Aqui, Platão parece admitir que o plano ascético da *República*, que despoja a emoção e o sentido da nutrição provida pelos vínculos estreitos e contínuos, pela família, pela poesia dramática, pode resultar na mutilação da personalidade mesmo enquanto a purifica. O filósofo afaimado pode, em seu esforço por tornar-se um intelecto imperturbado, obstruir sua própria busca pelo bem[32].

Os elementos não-intelectuais têm um importante papel de orientação em nossa aspiração ao entendimento. O fato de que a boa saúde contínua do intelecto requer a alimentação das partes não-intelectuais não demonstraria que elas poderiam ou deveriam jamais dirigir ou orientar o intelecto. Mas o contraste de Platão entre loucura e *sophrosýne* é um contraste entre estados governados pela paixão e estados governados pelo intelecto. Ele está claramente afirmando que certos tipos de compreensões essenciais e elevadas vêm a nós somente através da *orientação* das paixões. A história contada por Sócrates do crescimento das asas da alma nos mostra o que repousa por trás dessa afirmação. Os elementos não-intelectuais têm uma natural e aguçada capacidade de sensibilizar-se com a beleza, especialmente quando esta se apresenta através do sentido da visão. A beleza é, entre as coisas valiosas do mundo, a "mais evidente" e a "mais amável" (250D-E). Nós "a apreendemos através do mais claro dos nossos sentidos na medida em que mais claramente ela lampeja" (D1-3); isso incita nossas emoções e apetites, motivando-nos a empreender sua busca. Os exemplos terrenos de justiça e sabedoria prática, uma vez que não "proporcionam uma imagem claramente visível" (D5), e assim não envolvem os apetites e emoções orientadores, são mais difíceis de discernir; podem ser alcançados apenas depois que uma educação inicial em beleza acelerou o intelecto (250B, D)[33]. Às vezes, a visão da beleza desperta somente um apetite bestial por intercurso, desconectado de um sentimento mais profundo (250E). Mas em pessoas de boa natureza e instrução, a resposta sensível e apetitiva está vinculada a, e desperta, emoções complicadas de temor, admiração e respeito, que desenvolvem e educam elas próprias a personalidade como um todo, tornando-a mais discriminativa e receptiva. O papel da emoção e do apetite como orientadores é motivacional: eles movem a pessoa inteira em direção ao bem. Mas é também cognitivo: pois dão *informação* à pessoa como um todo quanto ao que são a bondade e a beleza, explorando e selecionando, eles mesmos, os objetos belos. Têm em si mesmos, bem instruídos, um senso de valor. Avançamos em direção ao entendimento buscando e atendendo a nossas complexas respostas apetitivas/emocionais ao belo; ele não teria sido acessível ao intelecto por si só. O estado do amante que se apaixonou por alguém bom e belo é um estado de inspiração passional, em que todos os elementos da personalidade se encontram em um estado de extraordinária excitação. Sentido e emoção orientam em direção ao bem e aos indícios de sua presença:

> Mas quando alguém já introduzido ao mistério, e que muito percebeu da visão, mira um rosto ou forma corporal divina que expressa verdadeiramente a beleza, primeiro ocorre-lhe um estremecimento e uma medida daquela admiração que a visão inspirou, e então a reverência, como à vista de um deus: e, se assim não fosse julgado um homem muito louco, ofereceria um sacrifício a seu amado, como a uma imagem sagrada de divindade. Em seguida, ao passar o estremecimento, estranho suor e febre se apoderam dele: pois em razão de adentrá-lo através de seus olhos a torrente de beleza, advém-lhe uma tepidez, da qual a plumagem de sua alma se alimenta, e com essa tepidez as raízes das asas se derretem, que há muito haviam se enrijecido e fechado de modo que nada poderia crescer... Nesse meio-tempo, [a alma] pulsa com efervescência em toda parte e, assim como uma criança em período de dentição sente uma aflição e uma dor nas gengivas quando um dente acabou de atravessá-las, também a alma daquele cujas asas estão começando a crescer sente uma efervescência e uma irritação dolorida. Uma vez que fita a beleza do menino, ela admite uma torrente de partículas jorrando de lá – é por isso que falamos de uma "torrente de paixão" – com a qual é aquecida e alimentada; então, ela obtém o alívio de sua angústia, e se enche de alegria. Mas quando se separa dele e se torna ressecada, as aberturas daquelas saídas em que as asas estão brotando se secam igualmente e se fecham, de maneira que o germe da asa é barrado; e por trás de suas barras, juntamente com a torrente mencionada, ela palpita como um pulso febril, e punge em sua saída própria; e ali toda a alma enrolada em si mesma é aguilhoada e importunada à angústia; não obstante ela se lembra da beleza de seu amado, e novamente se regozija. Assim, entre alegria e angústia, é perturbada por estar em um caso tão estranho, perplexa e desvairada. Com a loucura sobre si, não pode nem dormir à noite nem manter-se desperta durante o dia, mas corre para lá e para cá, ansiando por ele em quem habita a beleza, se por acaso o puder mirar. Por fim, ela realmente o vê, e deixa a torrente verter sobre si, libertando as águas aprisionadas; obtém, então, refresco e alívio de suas aguilhoadas e sofrimentos, e nesse momento degusta um prazer incomparavelmente doce.
> (251A-E, trad. [para o inglês] de Hackforth)

Essa comovente e extraordinária descrição do amor passional é obviamente obra do poeta de Himera. Considera a mesma experiência descrita pelas duas falas anteriores em termos destacados e clínicos e a adentra, capturando através de imagens e da linguagem emotiva o sentimento de estar em um estado de *manía*[34]. Ao mesmo tempo, mostra-nos como a própria loucura criticada pelas duas outras falas pode ser uma parte importante, necessária inclusive, do desenvolvimento moral e filosófico. O estímulo da beleza desse menino particular (vista não como uma peça substituível do belo, mas como vinculada de maneira única à sua presença particular) se prova necessário para o crescimento das asas da alma; na ausência do menino, a personalidade se desseca, e todas as suas partes cessam, igualmente, de se desenvolver. A efervescência da alma é cognitiva: um indício seguro da presença da beleza e do progresso em direção ao verdadeiro entendimento. (Esse retrato se torna uma parte duradoura da psicologia moral de Platão; pois o segundo livros de *As leis* nos diz que o caráter dos cidadãos jovens será testado pondo-se o intelecto para dormir através da embriaguez. Observando as escolhas que fazem nessa condição "louca", veremos como suas almas são instruídas com respeito aos valores. É evidente que esse teste funciona somente dada uma crença no poder independente discriminador do sentido e da emoção; na psicologia da *República*, o sono embriagado do intelecto simplesmente liberta anseios bestiais e nada poderia demonstrar de valor moral.)

O retrato do desenvolvimento moral e cognitivo nos diálogos intermediários é de um afastamento progressivo do intelecto com relação às outras partes da personalidade. Quanto mais a pessoa se "prepare para a morte", isto é, permita que o intelecto parta por si só, livre de mistura e de influência, mais perto estará de alcançar o verdadeiro entendimento filosófico. O intelecto é, idealmente, algo puro e puramente ativo; não tem em si, em sua melhor configuração, nenhuma passividade ou receptividade. É "muito semelhante" à forma (*Féd*. 80B). Sua lucidez pura é comparável aos raios secos e límpidos do sol[35]. A alma em desenvolvimento do *Fedro* está num estado muito diferente. Complexa e impura, pulsando com "efervescência em toda parte", febril e em constante movimento, depende para seu crescimento justamente desses aspectos impuros de sua condição. Para mover-se em direção à beleza, essa alma deve, antes de mais nada, ser aberta e receptiva. A torrente de beleza que entra pelos olhos deve ser admitida pela alma inteira (251B, C). E um momento crucial de seu desenvolvimento é um momento não só de recepção, mas de passividade: as raízes das asas da alma são derretidas pelo calor da torrente que entra. O amante da ascese de Diotima era, como Creonte, um caçador, disposto a imobilizar a beleza de seu objeto (203D; cf. *Protág*. 309A), um mestre dos artifícios e estratagemas. Agora, a imagem da planta é usada para caracterizar a receptividade e o crescimento da alma inteira[36]. Todas as partes da alma aceitam e são afetadas; e interagem umas com as outras de tal modo que se torna impossível separá-las claramente. As asas que crescem pertencem à alma como um todo (232C; cf. 253C, 254C). A profunda resposta sensível ao esplendor de uma pessoa particular, as emoções de amor e admiração, as aspirações intelectuais que esse amor desperta – tudo isso flui em conjunto, de modo que a pessoa não sente nenhuma lacuna entre pensamento e paixão, mas, em lugar disso, uma unidade em fusão da personalidade inteira. Essa não é uma resposta sexual comum a um corpo belo; com efeito, o mito sugere que ela pode acontecer apenas uma vez na vida. Assim como as criaturas míticas de Aristófanes, esses amantes procuram (262E) por uma alma apropriada, e não há garantia de que essa procura seja recompensada. Mas, no caso raro de sucesso, temos uma resposta a um outro indivíduo tão profunda e completa, que envolve tão plenamente cada parte do eu, que lança dúvida sobre a idéia das partes separadas. O amante pode dizer que se sente totalmente cálido e úmido e iluminado de uma só vez, em toda parte. Em lugar de ser um raio seco de luz fitando a luz seca, ele recebe uma substância misteriosa que começa como luz, mas se transforma em fluido. (Sua fonte não é o céu límpido da *República*, mas, talvez, o "céu líquido" de Píndaro[37].) Recebendo a alma da outra pessoa, permitindo fundir suas partes rígidas ou impassíveis, ele sente a libertação repentina do líquido encerrado em seu interior, o que faz dele outra luz fluente, líquida. Na "fluência" do seu desejo, ele parece uma pessoa com olhos "torrenciais" (255D)[38]. Assim transformado, ele começa a ter acesso a compreensões não disponíveis no interior da vida seca do não-amante (cf. 239C8). Ele não as teria se tivesse permanecido "muito semelhante" à forma.

Essa reflexão consegue, por um lado, fazer-nos ver a sexualidade humana como algo muito mais complicado e profundo, muito mais ambicioso, do que sugeriram os diálogos intermediários; e, por outro lado, ver o intelecto como algo mais sexual do que eles admitiram, mais estreitamente ligado à receptividade e ao movimento. (Essas mudanças eram já prenunciadas na ascese do *Banquete*, que vinculava o apetite erótico com a beleza (cf. n. 11) e salientava a continuidade da motivação erótica à medida que o amante ascende em direção à contemplação. Mas a ênfase de Diotima na auto-suficiência e no valor superior do intelecto (cf. 212A1) deixava sua concepção, entretanto, bastante próxima da do *Fédon* e da *República*. Somente Alcibíades era capaz de falar da filosofia como uma forma de *manía* (218B2-3) – porque deixou de ver o que Sócrates queria que ela fosse.) O apetite erótico agora não é um anseio cego pela "satisfação" do intercurso; como vimos, ele é sensível à beleza e serve de guia até o lugar onde será encontrada a beleza. Mesmo as pessoas mais vis procuram objetos belos. E, em pessoas com aspirações mais complexas, o *éros* mira muito alto, buscando uma experiência sensível que levará a uma transformação misteriosa da alma inteira, incluindo o intelecto. Ademais, quando elas de fato se apaixonam, são impelidas por emoções de ternura e admiração; essas emoções lhes dão novas informações, tanto sobre elas mesmas como sobre a bondade da ação. Percebem que certas maneiras de agir com relação ao outro são boas quando e se condizem com a aprovação dessas emoções; rejeitam certas maneiras de agir quando percebem que não estão de acordo com a reverência sentida. Por exemplo, os amantes de Platão escolhem não ter relação sexual entre si, muito embora expressem seu amor regularmente em cuidados físicos que chegam perto disso (cf. 255B) – porque sentem que a estimulação sensível extrema envolvida na relação sexual é incompatível com a preservação da reverência e da admiração pelo outro como uma pessoa isolada. O apetite é refreado não pelo intelecto contemplativo, mas pelas demandas das paixões que ele despertou. A *República* insistira que a única testemunha moral confiável era o intelecto. O *Fedro* tem uma concepção mais complicada.

Por outro lado, a atividade intelectual surge aqui como algo com uma estrutura diferente da contemplação pura e estável da *República*. Conforme o filósofo se estende aqui em direção à reminiscência e à verdade, sua aspiração mental tem uma estrutura interna estreitamente aparentada aos anseios e satisfações sexuais do amante. A explicação do crescimento das asas utiliza metáforas inequivocamente sexuais para caracterizar a receptividade e o crescimento da alma em sua totalidade. O intelecto, não mais separado das outras partes, busca a verdade de um modo que não satisfaria as demandas de pureza e estabilidade presentes nos diálogos intermediários. A "pureza" é comprometida pelo contraste entre dor e satisfação, secura áspera e refrigério. A estabilidade é comprometida tanto pelo ritmo interno da atividade, que parece envolver uma seqüência de mudanças e não poderia ser imaginada continuando incessantemente da mesma maneira; como também pela natureza contingente e mutável do objeto, que deixa uma secura quando parte. Não é apenas o fato de que o objeto da atenção do intelecto seja uma pessoa; ainda pior, do ponto de vista do *Banquete*, é o fato de que essa pessoa é amada e valorizada de um modo único, ou pelo menos raro e profundamente pessoal. Esses amores não são facilmente transferíveis. Mesmo que no início possa ter havido mais de uma alma com o tipo de caráter apropriado capaz de responder às necessidades internas do amante (cf. 252E), é evidente que a história do relacionamento, seu aprofundamento ao longo do tempo, é uma das fontes de seu valor intelectual como uma fonte de conhecimento, autoconhecimento e progresso em direção à reminiscência. A ênfase sobre o caráter retira grande parte da qualidade substituível do amor; a ênfase sobre a história retira o restante. É também evidente que o valor desse amor é estreitamente vinculado ao fato de que essa pessoa única é valorizada, inteiramente, como um ser com sua própria alma automotora – não como algo a ser retido, preso em armadilha ou amarrado por alguma *tékhne* filosófica[39].

Quanto à Verdade, o intelecto ainda a atinge. Mas nem todas as suas verdades mais valiosas serão reflexões ou definições gerais do tipo requerido pelos diálogos intermediários. O aprendizado sobre a outra pessoa não é o menor dos aprendizados do amante. Cada um chega, afirma-se, através de respostas e interações complexas, a entender e a honrar a "divindade" da outra pessoa (252D); seu esforço é por conhecer o caráter do outro cada vez mais completamente. Isso leva, ademais, a um crescente auto-entendimento, à medida que eles "seguem o rastro no interior de si mesmos da natureza de seu próprio deus". Nesse estado de possessão (252E), o amante aprende os "hábitos e maneiras" da outra pessoa e, através deles, seus próprios (252E-253A). Se perguntarmos que espécie de entendimento é esse e quais verdades os amantes podem dizer, obtemos uma resposta complicada. Sem dúvida, saberão algumas verdades gerais sobre um certo tipo de caráter. Mas algumas de suas verdades podem ser bem mais particulares e mais próximas de histórias. E parte de seu conhecimento dos hábitos e maneiras pode revelar-se não tanto em falas quanto no entendimento intuitivo de como agir com relação à outra pessoa, como ensinar, como responder, como limitar-se. Mas Sócrates (como o Alcibíades do *Banquete*) insiste que, não obstante, isso é compreensão, compreensão crucial ao desenvolvimento moral e intelectual*. O amante deve gratidão ao amado por essa compreensão, a quem a gratidão o faz amar sempre mais. Outrora, "olhar para o amante" era oposto a olhar para a filosofia (239 A-B). Agora, a alma do amante é uma fonte central de compreensão e entendimento, tanto geral como concreto.

As paixões, e as ações inspiradas por elas, são componentes intrinsecamente valiosos da melhor vida humana. Até aqui, podemos acreditar que Platão revisou apenas sua concepção da motivação e da educação, não sua concepção da melhor vida. Uma vez que o intelecto foi levado pela paixão louca rumo às normas de beleza e justiça, podemos deixar de confiar na efervescência da loucura e contemplar claramente a verdade. Dizer que os bens mais elevados chegam-nos através da loucura certamente não é dizer que a loucura, ou as ações loucas, são intrinsecamente boas em si mesmas. Mas o *Fedro* confere às paixões, e ao estado de *manía*, muito mais do que um papel meramente instrumental.

Desde o início da retratação, isso é sugerido. As falas críticas de *éros*, afirma Sócrates, não seriam convincentes a um ouvinte que fosse "de caráter nobre e gentil, que estivesse ou que jamais estivera apaixonado por uma outra pessoa de caráter semelhante" (243C). Essa pessoa consideraria as falas como obra de "indivíduos criados entre marinheiros, que jamais testemunharam um caso de amor livre e generoso" (243E). Mesmo que pensemos que o desdém aristocrático de Platão pelas classes desprovidas de propriedade o levou a falar injustamente da marinha, podemos ver o que ele tem em mente. Para ele, o indivíduo "criado entre marinheiros" tende a assumir uma concepção meramente instrumental do amor. Ele o considerará como algo que acalma as necessidades e produz prazer positivo. O que ele não aprenderá com sua experiência nesse ambiente é que o amor pode ser uma parte estável e intrinsecamente valiosa de uma boa vida, uma vida digna de uma pessoa de caráter livre e generoso.

Os amantes do *Fedro*, diferentemente dos marinheiros exploradores que Platão imaginou, vivem suas vidas um com o outro, ligados um ao outro por sua paixão erótica e por seu respeito pelo caráter do outro, o seu interesse comum em ensinar e aprender (cf. esp. 252C-253E, 255A-F). Cada amante procura um parceiro semelhante em caráter e aspirações (252C ss.).

---

* O *Político* desenvolverá esse argumento proto-aristotélico. Argumentando em favor da prioridade dos juízos de uma pessoa de sabedoria prática sobre a lei vigente, o Estrangeiro (em linguagem muito próxima à da *Ética nicomaquéia*) alega que uma *tékhne* política não pode dar precedência às regras fixas, porque a variedade e o caráter temporalmente mutável dos seres humanos e de suas ações requerem um conhecimento mais particularizado e contextual (294A ss.). Há muito observou-se que isso derruba um elemento fundamental da epistemologia política da *República*.[40]

Tendo-se encontrado, tratam-se com respeito por suas escolhas individuais (252D-E), favorecendo o contínuo desenvolvimento um do outro em direção ao florescimento de suas aspirações mais profundas, "sem usar nenhuma malevolência invejosa ou hostilidade mesquinha" com relação ao outro (253B), mas beneficiando-o genuinamente pelo fim do outro mesmo. São ambos mutuamente ativos e mutuamente receptivos: de um, o outro, como um bacante, absorve o líquido transformador; e verte de volta, por sua vez, o líquido dentro da alma do amado (253A). Platão descreve sua ânsia e emoção apaixonada um pelo outro de um modo que nos comove (e a Fedro) por sua beleza, e indica fortemente que ele considera sua loucura bela e boa. É crucial que o amante seja "não alguém que afete uma pretensão de paixão, mas alguém que a está realmente experimentando" (255A). Todos os outros amigos e associados não têm nada a oferecer, diz-nos agora Sócrates, em comparação com esse inspirado amante, cuja capacidade de doar-se impele o amado à admiração. Nessa fala, *éros* não é apenas um *daímon*, mas um deus: algo de valor e beleza intrínsecos, não só uma estação no caminho do bem. A melhor vida humana envolve permanente devoção a um outro indivíduo. Essa vida envolve atividade intelectual compartilhada; mas envolve também contínua loucura e apetite e sentimento emocional compartilhados. Afirma-se que os melhores amantes se negam ao intercurso sexual. Mas isso, como dissemos, é porque eles sentem que no intercurso arriscam privar-se de outros elementos valiosos não-intelectuais de seu relacionamento: os sentimentos de ternura, respeito e admiração. Platão insiste que à medida que o tempo passar, eles continuarão a "aproximar-se e a tocar um ao outro, tanto nos ginásios como em outros lugares onde se encontrarem" (255B). A passagem continua com uma consideração de como, aparentemente durante esse contato físico habitual, eles recebem um do outro a "torrente de paixão" que nutre suas almas. A referência aqui ao amor de Zeus e Ganimedes (cf. abaixo) sublinha a natureza sexual dessas metáforas de crescimento espiritual. E são mais que metáforas, uma vez que a excitação sexual parece ser uma parte da experiência de crescimento que a possibilita. Os amantes são, assim, encorajados a toda exploração sensível da outra pessoa que cesse antes de um ato que vêem como potencialmente egoísta e/ou violento. Podemos ver que aqui os amantes de Platão permitiram a presença de um risco de mal que faz com que percam um outro valor profundo. Podemos sentir que a antiga suspeita platônica com relação ao corpo aqui se reafirma de um modo que está em desacordo com o restante do raciocínio de Platão. Mas a rejeição de Platão ao intercurso, seja ou não justificada, não é uma rejeição nem do sensível, que continuam a explorar, nem tampouco da sexualidade amplamente interpretada, que permeia a totalidade de sua loucura. E ela é instigada não pelas demandas do intelecto puro, mas do respeito e do amor.

O amante do *Banquete* também começava amando uma pessoa singular – ou a beleza dessa pessoa. Mas logo passava a uma apreciação mais geral da beleza, relaxando seu amor intenso por aquele único indivíduo. Os pares de amantes no *Fedro* jamais fazem isso[41]. Sua busca pelo entendimento e bondade é efetivada, ao longo da vida, no contexto de uma relação particular com um indivíduo cujo caráter distintivo é alimentado no interior dela. Em lugar de amarem um ao outro como exemplares de beleza e bondade, propriedades que seria concebível que eles perdessem sem deixar de ser eles mesmos, esses amantes amam o caráter, as lembranças e as aspirações um do outro – que são, como Aristóteles também dirá, o que cada pessoa é "em e por si mesma". Nada que os amantes aprendam sobre o bem e o belo jamais os faz denegrir ou evitar esse elo único ou caluniar qualquer coisa que lhe diga respeito. Não se movem do corpo para a alma, daí para as instituições, daí para as ciências. Atuam na ciência ou na política no contexto de um amor profundo por um ser humano particular de compromissos semelhantes. (Aqui não faz diferença se nos referimos ao tipo humano mais elevado como "aquele que filosofa sem embuste" ou "aquele que busca o amor de um menino juntamente com a filosofia" (249A); antes, isso teria feito uma grande diferença.) Eles apreendem o bom e o verdadeiro não pela transcendência da loucura erótica, mas no interior de uma vida passional.

É verdade que os amantes filosóficos compartilham uma visão obscura de uma outra vida, uma vida melhor do que qualquer outra vida humana disponível (cf. 250B5). É verdade que essa visão turva contém imagens de luminosidade e pureza, e que os deuses que estão nesses personagens parecem não ter o tumulto do sentimento erótico que caracteriza a aspiração humana. Mas a reminiscência e a ascese humanas só podem reaver para esses amantes humanos o que suas almas conheceram ou viram em algum ciclo anterior; e um exame cuidadoso do mito de Platão revela que a sabedoria divina plena nunca se encontra disponível para um ser humano. A vida da loucura do amante não é aqui defendida, pois, como a melhor vida para um deus ou para absolutamente qualquer ser vivente. É defendida como a melhor vida para um ser humano, um ser com limites e perspectivas cognitivas humanas. Mas, o que é mais surpreendente, Platão se mostra aqui (como em outras partes nos diálogos posteriores)[42] disposto a julgar questões sobre a melhor vida do ponto de vista dos interesses, necessidades e limites do ser em questão. A melhor vida para um ser humano é encontrada não pela abstração das peculiaridades de nossa natureza complexa, mas pela exploração dessa natureza e do modo de vida que ela constitui.

Diferentemente da vida da pessoa em ascese do *Banquete*, essa melhor vida humana é instável, sempre presa do conflito[43]. Os amantes têm que lutar continuamente contra as inclinações impróprias, despender esforços psíquicos para alcançar o que é apropriado. Diferentemente da pessoa em ascese, mais uma vez, eles se arriscam, na exclusividade de seu vínculo com um objeto mutável, à profunda dor da partida, da alteração ou – inevitavelmente – da morte. Essa vida, diferentemente da de Diotima, parece admitir também o conflito plenamente amadurecido de valores, uma vez que a devoção dos amantes um ao outro é tão particular que pode em algumas circunstâncias ir contra seus compromissos políticos ou sua busca pelo conhecimento (comparar Cap. 5, §V, Cap. 6, pp. 159, 172-3). Mas Platão parece acreditar que uma vida destituída da devoção passional que eles têm – quer ela fosse ou não provida dessa devoção em algum período anterior – carece de beleza e valor se comparada à deles. Sócrates conclui seu conselho com essas inequívocas palavras: "São tais e tantas, meu filho, as dádivas divinas que o amor de uma pessoa apaixonada te trará. Mas uma familiaridade com a pessoa não apaixonada, combinada a um mortal autocontrole, que dispensa parcimoniosamente seus mortais e avaros benefícios, e dá origem em tua alma amada a uma mesquinhez que é louvada pela maioria como uma virtude, torna-la-á desprovida de compreensão (*ánous*) e a fará girar ao redor e abaixo da terra por nove mil anos" (256E-257A). Essa condenação não se restringe à má pessoa-não-apaixonada: pois Lísias, como sabemos, é um homem honroso. Tampouco se restringe ao não-amante que jamais em sua vida amou apaixonadamente. *Todas* as vidas privadas de loucura e da influência permanente da loucura do outro são igualmente condenadas como insípidas e míseras, carentes da profundidade da compreensão. Outrora, no *Fédon*, as paixões eram garras que prendiam a alma à sua prisão corporal. Agora é Lísias que aparece como encarcerado, mantido perto e abaixo da terra por sua falta de paixão generosa.

Se retornarmos agora aos quatro pontos da acusação de Platão às paixões, perceberemos que ele se retratou ou qualificou seriamente todos eles.

(1) Os apetites são forças animais cegas que buscam alcançar seus objetos sem discriminação ou seletividade. Isso foi negado ao menos para o apetite erótico. Mesmo, em sua forma mais degenerada, o *éros* é sensível à beleza; e, em almas ambiciosas, ele envolve uma resposta com-

plexa e seletiva da alma inteira. Fedro e Sócrates não deixam de fazer a crítica de certos prazeres corporais (cf. 258E). Eles não negam que *alguns* apetites corporais se conformam ao antigo retrato. O que eles afirmam é que aquele retrato era demasiado simples e, em particular, que era uma blasfêmia contra o *éros*.

(2) Os apetites tendem naturalmente ao excesso quando não reprimidos. Platão parece ainda acreditar que o cavalo bravio precisa ser constantemente refreado; é denominado "companheiro da *hýbris*" (253E). Mas ele também parece acreditar que esse cavalo deve ser bem alimentado e que, propriamente controlado, pode desempenhar um papel bom e necessário na motivação da pessoa, até mesmo ensinando a pessoa sobre a beleza. O outro cavalo não tende absolutamente ao excesso; em verdade, ajuda a impedir o excesso.

(3) As paixões não podem operar cognitivamente. Aqui, como argumentamos, elas podem e o fazem. Não são invariavelmente fontes de distorção; com efeito, a informação que delas provém se mostra necessária para a melhor compreensão. Um desenvolvimento principal é a detalhada reflexão que Platão faz sobre o papel motivador e cognitivo de certas emoções e seu retrato da interação de sentido, emoção e juízo no *éros*, que a *República* tratou simplesmente como um apetite corporal.

(4) O elemento intelectual é tanto necessário como suficiente para a apreensão da verdade e para a escolha correta. Aqui, não é. Sozinho, "por si só", será condenado à vida mesquinha do mortal autocontrole. Mesmo suas próprias aspirações são mais bem promovidas por uma efervescência mais rica da personalidade como um todo, em que é difícil separar as contribuições de uma parte e das outras.

Podemos utilizar essas descobertas para abordar o que há muito tem sido um problema debatido na interpretação do *Fedro*: o que fazer com o fato de que esse diálogo utiliza uma concepção de pessoa diferente daquela presente no *Fédon* e na *República*. A *República* me diz que o que eu realmente sou é uma alma imortal, intelectual, só contingentemente associada a um corpo e ao apetite. Os conflitos que dão origem à discussão das "partes" da alma surgem da união da alma com o corpo; o elemento intelectual livre de conflito, o único imortal, é suficiente para preservar a identidade pessoal fora do corpo. O *Fédon*, fazendo uma descrição semelhante, insiste que eu me dissocie da minha natureza corporal e das paixões que a acompanham, e use a minha vida como uma prática para a separação. Sócrates está convencido de que tudo o que concorre para fazer dele Sócrates partirá do corpo na morte. A concepção de sua identidade como um filósofo ambicioso não dá lugar nem ao apetite nem à emoção[44].

No *Fedro*, como bem se sabe, todas as almas são tripartidas, mesmos as almas dos deuses imortais. A prova da imortalidade não depende de uma premissa de não-composição, como no *Fédon*, mas apenas da natureza automotora da alma. Mais uma vez, a alteração parece ser permanente: pois em *As leis* X, o automovimento é uma das características essenciais da alma como oposta ao corpo, e coisas como apetites, esperanças, temores e prazeres são todas classificadas como movimentos da alma[45]. Penso que não podemos encobrir esse problema dizendo que os deuses tripartidos são apenas parte do mito[46]. Seres humanos são também tripartidos, tanto antes como depois da encarnação; as almas dos diálogos intermediários não são. E a lista de movimentos da alma nos diálogos posteriores fornece a clara evidência de uma mudança. Ademais, o mito não é "só um mito"; é o ensinamento central de Platão.

Essa mudança não deveria nos surpreender agora. A imagem da alma é uma imagem daquilo que eu valorizo em mim, o que estou disposto a reconhecer como uma parte de minha identidade. O dualismo do *Fédon* não é anterior à teoria moral do diálogo. Ele o expressa. Nem Platão nem Aristóteles pensam em uma teoria da identidade pessoal como algo que concerne a um fato de valor neutro. Ela expressa nossos valores mais profundos. Uma maneira de exprimir meu repúdio das paixões é dizer que elas não são realmente eu, não aquilo que realmente, em minha verdadeira natureza, eu sou. (Eu poderia sobreviver após a morte e ser essencialmente eu mesmo sem elas.) O mito de Er presente na *República*, que desvenda minha alma como uma substância intelectual pura, não-composta, não obstante encrostada de cracas e outros refugos de minha existência terrena, é uma imagem de uma concepção sobre o valor que, como vimos no Capítulo 5, é cuidadosamente defendida nesse diálogo. Uma vez que o *Fedro* contesta esses argumentos, devemos esperar encontrar nele uma nova imagem da pessoa. Nesse aspecto, o agente do *Fedro* é tolerante. A visão radiante do mito de Er, um mito que tinha a intenção de nos salvar (*Rep*. 621B-C), é deixada de lado em favor da questão aberta de Sócrates: sou um ser mais complexo e enfunado do que Tifo, ou antes uma criatura mais mansa e simples? (230A)[47]. E, mais à frente, essa mesma questão é implicitamente rejeitada por ser ainda demasiado dominada pelas dicotomias inflexíveis da *República* e do *Banquete*: é possível ser complexo sem ser Tifo, ordenado sem ser simples, um amante do indivíduo sem ser Alcibíades.

A ação desse diálogo ilustra sua concepção do aprendizado[48]. Tem início, como vimos, quando um homem mais velho pára, comovido por um mais jovem; ele percebe uma afinidade entre o caráter do homem mais novo e o seu próprio (228A). Suas aspirações compartilhadas, como a proverbial cenoura atada diante do focinho de um animal faminto (230D), levam-no a se aventurar, na companhia de Fedro, além dos muros da cidade. Juntos eles se ocupam de seus interesses mais profundos, recebendo a influência desse lugar selvagem e sensível. Muito embora em certo sentido Sócrates seja o condutor e o mestre, o processo de educação que vemos – como aquele que ouvimos descrito – envolve, de ambos os lados, loucura e receptividade, à medida que Sócrates, saindo de seus abrigos habituais, é arrebatado pela influência de Fedro (234D, 238D, 231E), e Fedro deixa de lado a estrutura protetora de sua *sophrosýne* para aceitar a posição vulnerável de um amante[49]. Em ambos os lados encontramos emoções de fascínio e admiração, uma cuidadosa preocupação pelas necessidades e aspirações específicas do outro. Cada um descobre mais sobre seus próprios objetivos à medida que os vê refletidos em uma outra alma. (Pois não foi o pensamento de Fedro ao aceitar as propostas de Lísias que fez Sócrates desejar expressar um ideal mais complicado de racionalidade? Não foi a inspirada retratação poética de Sócrates que levou Fedro a expressar sua própria carência receptiva?) Nenhum deles impõe ao outro uma concepção já fixada. Cada um, respondendo com admiração à alma do outro, extrai de sua própria uma beleza mais profunda.

III

Esse é um diálogo sobre a construção de belas falas. A crítica que Sócrates faz à fala de Lísias é dirigida tanto a seu estilo como a seu conteúdo – e nos demonstra como eles estão integralmente entrelaçados. A educação de Fedro através da segunda fala é um desenvolvimento tanto de seus gostos estilísticos como de sua imaginação moral. E, como poderíamos esperar, o novo pensamento de Platão sobre a loucura afeta suas próprias escolhas estilísticas. Agora é o momento de reconhecer as implicações dessa obra sobre a loucura para a questão do estilo da filosofia e para o *status* da contínua disputa de Platão com os mestres morais literários ou poéticos.

Em inúmeros diálogos de seu período "inicial" e "intermediário" (cf. Interlúdio I)[50], Platão contrasta acentuadamente o poeta e o filósofo, rejeitando a pretensão do primeiro ao entendimento genuíno. Há, diz-nos ele, "uma antiga diferença" ou "oposição" entre poesia e filosofia (*Rep*. 607B). O poeta é coerentemente caracterizado, na *Apologia*, *Íon*, *Mênon* e no décimo livro da *República*, como uma pessoa que trabalha em um estado de inspiração ou arrebatamento irracional, e cujas criações são expressivas desse estado. Os poetas estão "em estado de frenético entusiasmo" (*enthousióntes, Apol., Mênon*); eles "celebram seus festejos báquicos" (*bakcheúousi, Íon*, "não estão em seu juízo" (*ouk émphrones, Íon*), estão "inspirados" (*épipnoi, Íon*), "inspirados-pelos-deuses" (*éntheoi, Íon*), "possuídos" (*katekhómenoi, Mênon, Íon*). Seu estado irracional é contrastado com o bom senso e o autocontrole do filósofo.

Não surge como uma surpresa, pois, a constatação de que os escritores poéticos são criticados pelos mesmos motivos em que se criticam outras pessoas loucas: estando possuídos e em um estado de efervescência psicológica, são incapazes de ter acesso à verdadeira compreensão. Como em outros casos, a loucura é considerada incompatível com o entendimento: embora possam por acaso atingir a verdade, os poetas "não sabem nada do que dizem" (*Apol. Mênon*).

Além disso, obras que expressam a loucura de um poeta encorajam a loucura em seu público. Diferentemente do filósofo, que se dirige apenas ao puro *logistikón* e promove sua separação, o poeta se dirige, e portanto nutre, os elementos passionais da alma. Ele considera que as emoções lhe oferecem as melhores oportunidades para fazer poesia interessante; disposições de sentimento intenso, principalmente fúria e amor, são especialmente comoventes para seu público (*Rep.* 604E-605A). Mas, demonstrando-as e comovendo o público, ele alimenta e fortalece suas paixões, pondo em risco seus esforços pelo controle racional (*Rep.* 386A-388E, 605B, 696A, D, 607A)[51].

Por essas duas razões particulares, pois, os diálogos intermediários rejeitam os poetas que eram tradicionalmente os mestres morais das almas jovens. Vimos no Capítulo 5 alguns dos argumentos de Platão em favor de um novo tipo de "literatura" que desenvolverá o potencial para a racionalidade objetiva. E no Interlúdio I começamos a ver o efeito do intelectualismo platônico sobre o discurso do próprio Platão, conforme ele cria um teatro purificado que, ao passo que preserva a habilidade da tragédia de envolver o espectador ativamente como um interlocutor, dirige sua asserção apenas ao intelecto. (O apelo misto do *Banquete* (cf. Cap. 6) pode ser denominado a exceção que prova a regra, uma vez que, ali, Platão se permite envolver as simpatias dos elementos não-intelectuais, mas como parte de um processo de demonstração da falha desastrosa desses elementos na condução ou realização de uma vida racional ordenada.) Podemos ver que os diálogos iniciais são realmente inspirados pelas Musas "ligurianas" de voz límpida que também inspiram as duas primeiras falas do *Fedro*, com seu estilo parco, raso, despido de emoção e de emotividade.

Podemos esperar, assim, que todo pensamento novo sobre psicologia moral seria considerado por um escritor tão sério e honesto quanto Platão como algo que tem implicações para sua própria concepção de seu ensinamento escrito. O *Fedro* nos lembra (cf. Interlúdio I) que toda escrita é meramente um "lembrete": a real atividade do ensino e do aprendizado prossegue não na página, mas na alma das pessoas[52]. Porém nossa concepção de como uma alma aprende, e com quais partes, seguramente afetará nossa concepção sobre como um texto escrito deve cumprir sua própria função limitada.

Desde o início do *Fedro*, suspeitamos que há alguma reavaliação ocorrendo. Fedro pergunta a Sócrates se ele acredita na verdade do mito de Bóreas (229C) – em que uma menina virginal, que estava brincando com seus acompanhantes no exato local em que Sócrates e Fedro agora conversam, foi arrebatada pelo passional deus-vento, que havia se apaixonado por ela. Sócrates, em resposta, fala asperamente de algumas "pessoas espertas" que duvidam da verdade dos mitos e, "usando uma ciência um tanto crua", criam engenhosamente explicações racionalizadoras para sua origem. (Nesse caso, ele conjectura, o racionalizador alegaria que o que aconteceu não foi uma sedução de Bóreas, o antropomórfico deus-vento, mas simplesmente uma rajada do vento que denominamos Bóreas, que levou a menina embora.) Apesar de Platão usar mitos de sua própria criação para sustentar seus argumentos filosóficos, ele esteve, evidentemente, na linha de frente do ataque às tradicionais histórias das duvidosas façanhas dos deuses. A *República* teria rejeitado instantaneamente a pretensão de verdade dessa história do *éros* como um deus; e ainda a teria denunciado por seu apelo às partes inferiores da alma. Contudo, aqui, Sócrates defende o mito passional como uma fonte de compreensão, em coerência com a nova noção de compreensão que ele está prestes a desenvolver; e o atacante racionalizador é repudiado como um "homem excessivamente esperto e diligente e não inteiramente afortunado" (229D4). É verdadeiramente divertido observar as estratégias inventadas pelos comentadores para ajustar essa passagem às concepções da *República*. Thomson, por exemplo, simplesmente anuncia que, afinal, a história é perfeitamente inofensiva[53]. Mas, evidentemente, essa história da virgem pura que se entrega à paixão imperiosa de um amante divino está longe de ser inofensiva, pelos padrões da *República* daquilo que é inofensivo. E é justamente esse material psicológico difícil e perigoso que o *Fedro* agora nos insta a explorar.

Nossa próxima surpresa literária vem com a crítica de Sócrates à prosa de Lísias — em que o orador é louvado por sua clareza e concisão, mas repreendido, entre outras coisas, pela falta de *interesse* em seu tema (235A). Novamente, lembramos que os poetas foram criticados precisamente porque escreviam em um estado de excitação passional. Agora, Platão parece reabrir a questão sobre a relação apropriada entre uma concepção e seu autor.

Mais significativo, por certo, é o papel desempenhado pela poesia na segunda fala de Sócrates. Afirma-se ser a fala "de" um poeta, Estesícoro, filho do Reverente de Vila da Paixão; e, dizendo isso, Sócrates assume um disfarce e conta uma mentira — coisas que não poderiam ter acontecido na literatura heróica da Cidade Ideal. (Todo o diálogo, cumpre lembrarmos, tem a forma de uma ficção sobre as ações e o caráter da "loucura" de Fedro.) O poeta louco e inspirado é classificado acima do poeta artesão autocontrolado, e honrado como uma pessoa cujas obras instruem e beneficiam a posteridade. Sócrates apresenta seu próprio ensinamento mais profundo sobre a alma na forma de uma "analogia" (246A), ensinando a verdade, tal como Alcibíades, através de imagens sensíveis; e ele considera essa habilidade de produzir uma analogia como algo suficiente para lhe dar o direito de denominar a si mesmo filósofo e mestre. Somente um deus, sugere ele, poderia fazer melhor (246A). Assim, não surpreende perceber que, quando Sócrates classifica as vidas na ordem de sua excelência, o primeiro lugar é ocupado por um estranho híbrido: "uma pessoa que será amante da sabedoria ou amante da beleza ou algum seguidor das Musas e um amante" (248D)[54]. No mundo da *República*, quando as vidas são classificadas, o filósofo se encontra sozinho no topo. Certamente, ele não compartilha sua posição com tipos báquicos sensabor como o poeta e o (menino-)amante (cf. 249A). Sua própria espécie de *éros* é acentuadamente distinta da deles: é "correta" justamente porque não tem nada a ver com "manía ou desejo sexual" (403A). Agora, filósofo, criador de imagens e seguidor das Musas, amante — são todos vistos como tipos possuídos, e a loucura vem no topo[55].

É improvável que essas mudanças levem a uma reabilitação dos poetas cuja obra Platão conhecia. A atividade filosófica ainda parece ser necessária para a espécie mais elevada de entendimento; é também necessária, como vimos, para a espécie mais elevada de amor. A disjunção "ou um amante da sabedoria, ou um amante da beleza ou algum seguidor das Musas" provavelmente não implica que qualquer um deles, tomado à parte dos outros, seria suficiente. A questão é que eles são tomados, como não poderiam ter sido antes, como compatíveis — talvez até mesmo, em suas realizações mais elevadas, como implicando um ao outro. (Não importa por qual desses nomes ele é chamado, porque se é um, é também outro.) A fala sobre a loucura já descartou o poeta não-inspirado; e, na lista de vidas, o *poietés* artesão comum, "fazedor" (de quem não se diz ser inspirado pelas Musas), vem em sexto lugar, em um degrau bem baixo da escadaria (248E). Mais à frente, dizem-nos que a Homero será consentido o título de filósofo somente se ele puder demonstrar seu entendimento respondendo a questões sobre seus escritos (278C), algo porém que, como mostrou a *Apologia*, os poetas reais são incapazes de fazer. (Isso provavelmente ocorreria até mesmo com a concepção de entendimento mais abrangente que parece estar presente no *Fedro*.)

Assim, a mudança não implica nenhuma suavização em direção ao poeta não-filosófico. O ponto realmente significativo, contudo, é que à filosofia é permitido ser uma atividade inspirada, maníaca, amante-das-Musas. E, nessa concepção, ela é mais intimamente relacionada com a poesia do que Platão até aqui nos levou a pensar. Ela pode, por exemplo, fazer uso de "artifícios" literários como narrativa mítica e metáfora no centro de seu ensinamento; e pode, como a poesia, conter material que expresse, e desperte, uma excitação passional. O restante do diálogo confirma essa estreita relação. Na conclusão da segunda fala de Sócrates (fala que Fedro louva como "mais bela" que a precedente), Fedro é chamado de "amante das Musas" (*philómouson ándra*). O mito dos cícadas, que se segue, diz-nos que a filosofia, ao lado da dança e do amor erótico, é uma das artes que fez sua aparição no mundo com o advento das Musas. Da vida filosófica, afirma-se que é uma vida dedicada a "Calíope e Urânia" – isto é, à Musa tradicionalmente associada à poesia, bem como à mãe da cosmologia (259B-C). (Percebemos que a poesia comum não é mencionada como uma arte genuinamente inspirada pelas Musas; isso é coerente com o baixo posicionamento anterior do mero *poietés*, e com a distinção entre essa pessoa e o *mousikós*, mais elevado: o poeta não serve genuinamente às Musas, a menos que seja tão inspirado como capaz de combinar sua arte com a filosofia.) A última parte do diálogo rompe com a condenação muito geral presente no *Górgias*, da retórica, descrevendo uma arte retórica "verdadeira" em que a posição central é dada ao conhecimento, através da experiência, da alma dos indivíduos (268A-B). E, no final do diálogo, a mensagem do filósofo a Homero lhe diz que Sócrates e Fedro ouviram as palavras que foram transmitidas da "fonte e retiro musical (*mouseîon*) das Ninfas". O que as ninfas lhes disseram, aparentemente, é que poesia é filosofia se corretamente combinada com respostas e reflexões.

O que vemos surgir, pois, não é tanto uma reabilitação da antiga poesia, mas um novo entendimento da filosofia que reinterpreta a distinção entre filosofia e poesia; não tanto uma aceitação da inocência de Homero quanto ao *lógoi*, mas uma proclamação de que a filosofia, como Sócrates, pode ter uma alma mais complexa do que se imaginou.

Mas não precisamos confiar somente nas observações metafilosóficas para sabermos disso. Pois o fato de Platão louvar o poeta inspirado afeta profundamente a forma de seu próprio discurso. A fala do poeta de Himera é ainda uma fala em prosa. E não emprega representação dramática interna na descrição dos amantes que são seus personagens. Contém até mesmo uma seção que está na forma de uma demonstração argumentativa formal (245C). Não há dúvida, porém, de que, mais do que qualquer outra fala platônica que até o momento encontramos, essa é claramente a fala de um filósofo-poeta inspirado. Faz uso de metáfora, personificação, linguagem matizada, rítmica, elaborada. Apela à imaginação e aos sentimentos tanto quanto ao intelecto. E, por denominar *tudo* isso uma "demonstração" do valor da loucura, obriga-nos a questionar a legitimidade de separar tão rigidamente essas partes e esses modos de escrita. Finalmente, devemos reconhecer que a totalidade do que lemos aqui é uma peça, uma representação dramática. Não é uma representação de pessoas idealmente boas ou perfeitas; pois ambos os personagens são autocríticos, e ambos estão em processo de crescimento e mudança. Mas esse tipo de representação é agora considerado como aquilo que a alma em desenvolvimento requer[56].

Esse diálogo pode ser nosso primeiro exemplo da poesia filosófica que Platão tem em mente. Ninguém mais jamais servirá às duas Musas adequadamente juntas, combinando o rigor do argumento especulativo com as respostas sensíveis aos particulares da experiência humana. Ele exige de nossa resposta audácia e liberdade com relação às idéias estabelecidas. Platão nos diz que não podemos jogar fora as imagens e o drama como decorações prazerosas, ou retirar seus argumentos do contexto "literário" para uma dissecação isolada. Podemos ainda menos abandonar os argumentos ou afrouxar as demandas de nossas faculdades críticas. A coisa toda é um discurso musical, que solicita de nós a participação plena de todas as partes de nossa alma.

IV

Falamos aqui repetidamente de mudança e retratação. Tanta mudança, se há, pede uma explicação. Sentimos vontade de perguntar, o que aconteceu com Platão? O que ocorreu para que um dos seres humanos mais intolerantes decidisse, em algum momento próximo a 365 a.C., que fora demasiado simples em sua condenação da loucura?

Essa é apenas uma das várias transformações aproximadamente contemporâneas no pensamento de Platão. Falamos já das mudanças em sua concepção da alma e do conhecimento prático. Mudanças relacionadas em seu pensamento político foram bastante discutidas. Admite-se geralmente, também, que seu pensamento sobre o entendimento, as formas, e a dialética passaram por um desenvolvimento durante esse período. O *Fedro* é, ao que parece, o primeiro diálogo de um conjunto que utiliza um novo retrato da dialética, conhecido como o Método de Divisão; uma das tarefas da segunda metade do diálogo é anunciar e defender esse método. Em meu ensaio anterior sobre o *Fedro*, salientei o relacionamento entre a recente concepção antropocêntrica da dialética, presente nesse e em outros diálogos posteriores, e a concepção antropocêntrica da boa vida defendida pela segunda fala de Sócrates. Rasteei essa concepção até os argumentos do *Parmênides*, segundo os quais o entendimento completamente "não-qualificado" não era disponível a um ser humano; argumentei que a mesma posição está presente no mito do *Fedro*.

Ainda acredito que todas essas relações são interessantes e importantes; terei mais a dizer sobre elas quando discutir o antropocentrismo de Aristóteles. Mas preferiria não as enfatizar aqui, por duas razões. Primeiramente, porque as complexas questões argumentativas fariam com que nos afastássemos muito do *Fedro*; exigiriam um exame cuidadoso do uso do método no *Sofista*, *Político* e *Filebo*, e das interações entre epistemologia e moralidade em todos esses diálogos. Preferiria empreender isso em outra ocasião. Mas, em segundo lugar, não acredito que a realização desse projeto ofereceria uma resposta plenamente satisfatória à questão que nos colocamos aqui. Suponhamos que Platão tenha realmente decidido que a concepção de entendimento enunciada nos diálogos intermediários não era, para os seres humano, viável. Dificilmente segue-se daí que ele se tornaria mais bem disposto quanto aos limites do entendimento meramente humano. Os novos desenvolvimentos explicariam quais são as limitações da investigação e por que Platão acredita que elas existem ali; não nos mostraria por que ele defende *alguma coisa* como boa e valiosa, em lugar de abrir espaço ao desespero cognitivo/moral. A epistemologia por si só não pode explicar a aceitação. E, se existem, as relações, como vimos no Capítulo 6, seguem o caminho oposto: um certo tipo de objeto para o entendimento é necessário para uma teoria sobre o que tem valor, qual vida é digna de se viver, quão imune à contingência essa vida deve ser.

Nós nos sentiríamos mais felizes, pois, se pudéssemos encontrar algo a dizer sobre as reavaliações de Platão que provieram de suas próprias intuições e experiências práticas. E, de fato, tal história nos é vigorosamente sinalizada pelo próprio Platão. Observou-se com freqüência que, ao discutir o amor desse casal filosófico (o par descrito na segunda fala de Sócrates), Platão faz, sob dois aspectos, uma associação do amado mais jovem com o nome do ser humano que ele próprio amou com a mais ardente paixão. Afirma-se do casal que são seguidores "de Zeus"; o nome de Zeus, como vemos claramente em seus casos oblíquos, tem a raiz *Di-*: o genitivo "de Zeus" é "*Díos*". A alma do homem mais jovem, ademais, é descrita em 252E como "*díon*" – "brilhante", ou "resplandecente" – palavra derivada da mesma raiz. Platão justapõe notavelmente as duas palavras nessa passagem, sinalizando-nos que ele deseja que pensemos nelas como etimologicamente ligadas: *hoi mèn dè oûn Diòs dìon tina eînai zetoûsi tèn psykhèn tòn hyph' hautôn erómenon*, "Aqueles que são seguidores de Zeus anseiam que a alma de seu amado seja brilhante (como Zeus)". Os intérpretes não hesitaram em ver em tudo isso uma referência a Díon de Siracusa – e, por extensão, a ver o amor descrito aqui como uma reflexão sobre a devoção apaixonada do próprio Platão a Díon[57]. Podemos agora, contudo, ir mais adiante: pois percebemos que o nome "*Phaîdros*" tem o mesmo significado do nome "*Díon*". Ambos significam "brilhante" ou "reluzente". Platão gosta de jogar com o significado dos nomes próprios; sabemo-lo pelas etimologias que ocupam a maior parte do Crátilo, de seu epigrama sobre o menino Aster ("Estrela")[58], e não menos pelo início da segunda fala de Sócrates no *Fedro*. Dada a ênfase conferida ao nome real de Díon no interior do diálogo, parece impossível que esse fato sobre "Fedro" pudesse ter escapado à atenção de Platão; parece praticamente certo que Platão nos está dizendo, desse modo, que Fedro em algum sentido representa Díon. Essa complexa intenção literária nos ajudaria a resolver dois problemas pendentes sobre a estrutura dramática do diálogo. Constituiu sempre um grande problema o fato de que na data em que o diálogo deve ter ocorrido, Fedro, embora retratado em geral como jovem, não é um mero menino. Ele estaria, de fato, próximo dos quarenta; e Sócrates está claramente em torno dos sessenta. (Um sinal da confusão é que Lísias, com aproximadamente trinta e cinco anos, é denominado *paidiká* (menino amado) de Fedro em 236B.) Isso não se ajusta exatamente à expectativa convencional quanto às idades do *erastés* e do *erómenos*; entretanto, ajusta-se precisamente às idades reais de Platão e Díon no momento mais plausível da composição, quando Díon deve ter entre trinta e cinco e quarenta anos, e Platão entre cinqüenta e cinco e sessenta anos. Essa, pois, parece ser a maneira de Platão nos dizer galhofeiramente que o "menino" a quem ele está falando nesse escrito é seu amado aluno, um personagem, como ele, tanto político como filosófico. (Gilbert Ryle e muitos outros críticos menos controversos já vincularam estreitamente o *Fedro* com o momento da segunda visita de Platão a Siracusa[59].) Isso também nos ajudaria a entender a "trama" do diálogo, que nos confunde ao final, em que Sócrates e Fedro, que pareciam exemplificar o *éros* filosófico descrito na fala de Sócrates, historicamente não voltaram e passaram a vida juntos. Mas, se os enxergarmos como representando Platão e Díon, estamos livres para deixar esse fato de lado e responder pensando em duas pessoas que tentaram passar a vida juntas e governar uma cidade filosófica. O que Platão estará então afirmando é que essa fala erótica, sua retratação das "blasfêmias" anteriores contra *éros*, são verdadeiramente ditas "*dià Phaîdron*", através de Fedro – isto é, através de Díon e sua influência. Esse diálogo tem o caráter de uma carta de amor, uma expressão de paixão, fascínio e gratidão. (Ryle argumenta a partir de outras evidências que ele o escreveu logo após deixar Siracusa, em sua viagem de volta a Atenas.) Evidentemente, isso não equivale a dizer algo assim tão simples, que o amor fez Platão mudar de idéia; pois sua experiência de amor também foi certamente moldada por seu pensamento em desenvolvimento. O diálogo explorou tais inter-relações com demasiada complexidade para permitir uma idéia assim tão simplificada; contudo, ele de fato demanda que reconheçamos a experiência como um fator de importância.

Sabemos que a relação entre Platão e Díon foi sob inúmeros aspectos semelhante à relação descrita na segunda fala de Sócrates. Foi construída sobre uma complexa paixão, respeito e benefício mútuos, uma devoção compartilhada por objetivos tanto políticos como filosóficos.

Mas temos uma evidência que a vincula ainda mais notavelmente à reabilitação da *manía* presente no *Fedro* e sua nova aceitação da bondade do arriscado e do mutável. Sobre a repentina morte de Díon nas mãos de seus inimigos (aproximadamente dez anos depois da composição do *Fedro*), Platão escreveu os versos elegíacos que aparecem aqui como nossa epígrafe. Esses versos, que contrastam a miséria sem alívio das mulheres de Tróia com a morte imprevista e prematura de Díon em meio à felicidade, faz menção a *éros*, *manía* e ao *thymós* – a parte "segunda" ou emocional da alma. (Na última linha lê-se, literalmente: "Ó Díon, tu que deixaste meu *thymós* louco (*ekménas*) de *éros*.") A intensa paixão expressa nesses versos foi percebida com freqüência; o que não se percebeu é que essa paixão, e sua expressão poética na forma do lamento convencional, transgride diretamente a proibição da *República* contra o lamento pela morte de indivíduos amados. Com efeito, transgridem todo o esquema moral da *República* e do *Banquete*: pois se se vissem as pessoas, e seu valor, da maneira recomendada por esses dois diálogos, não se teria, na morte de um indivíduo, motivo para a dor. Uma "gota" do bom e do belo a mais ou a menos – não deve nos afetar, se tivermos crenças corretas. Ademais, a atividade estável da pessoa boa não deve arriscar-se pela formação de vínculos particulares intensos que trariam o abalo dessa profunda tristeza. Portanto, a *República* bane tanto a tristeza como o lamento poético, deixando-os, no máximo, às "mulheres-não-muito-boas" (cf. Capítulo 5 §IV, Interlúdio 2).

Em seu epigrama, e por escrever um epigrama dessa espécie, Platão reconhece não ser um filósofo auto-suficiente, mas sim uma "mulher-não-muito-boa". Ele conseguiu esses versos, claramente, não da ascese do *Banquete*, mas "descendo", tal como Sócrates e Fedro (279B), à Gruta das Musas. O amor o tornou incompleto em sua aspiração. Ele reconhece que sente tristeza; que sentiu, antes disso, profunda paixão em seu *thymós*; que essa paixão o lançou em uma condição de *manía*. Mas ele parece não ter vergonha dessa paixão. É improvável que o Platão da *República* publicasse esse poema ainda que tivesse sido impelido a escrevê-lo. O *Fedro*, penso, diz-nos por que essa *manía* é agora algo que pode ser louvado e reconhecido, e como a experiência da *manía* modificou a visão do filósofo quanto ao bem da auto-suficiência.

O que aconteceu a Platão, somos convidados por esses indícios a conjeturar, foi que ele descobriu que a vida meramente humana era mais complicada, mas também mais rica ou melhor, do que ele imaginara. Obviamente, antes disso, ele tivera consciência do poder da paixão; o que ele não vira tão claramente era seu poder para a bondade. Ele nos diz que foi golpeado em todas as partes de sua alma pelo esplendor de uma outra pessoa inteira; golpeado, formou, e nesse diálogo retratou, uma relação estreita e exclusiva em que o fascínio, o respeito, a paixão e a cuidadosa preocupação fomentaram, em ambos, o crescimento da compreensão filosófica. Nesse amor entre uma pessoa mais velha estabelecida e uma pessoa mais jovem ambiciosa, ele encontrou acesso a elementos de sua própria personalidade como pensador e escritor que ele teria antes motejado como meramente feminil, talvez porque tivessem muito a ver com passividade. A complexa imagética da segunda fala de Sócrates – em que uma torrente de líquido que adentra o amante traz intenso prazer e a libertação de suas próprias "águas aprisionadas" – expressa metaforicamente um certo tipo de ponto de vista homossexual masculino com relação à experiência sexual. (É significativo que os aspectos dessa experiência que Platão escolhe enfatizar sejam aqueles que têm muito em comum com a experiência do feminino, freqüentemente motejado por sua passividade e emocionalidade.) Não seria fantasioso ver Platão como expressando, tanto na denúncia como no louvor da *República*, sua postura complexa com respeito aos aspectos passivos e receptivos de sua própria sexualidade, aspectos que, para um orgulhoso cavalheiro grego dessa época, poderiam não ser fáceis de aceitar. Lembramos que um exemplo central de todo o debate em prol da concepção de valor dos diálogos intermediários era o prazer sexual do homossexual passivo, e que esse era o único prazer que o interlocutor hedonista Cálicles concordava com Sócrates em considerar verdadeiramente repugnante. Agora ele aparece como uma metáfora da boa vida. Se duvidarmos que o exemplo do *Górgias* é aqui reconsiderado, temos apenas que considerar o papel desempenhado no *Fedro* por Ganimedes, menino amado de Zeus, arrebatado para ser copeiro dos deuses – a cujo nome a palavra inglesa "*catamite*" [catamito] deve sua origem. Sócrates nos diz que a palavra "*hímeros*" foi criada como o nome para o desejo passional pelo próprio Zeus quando foi amante de Ganimedes, depois da fluida torrente (*rheûma*) de paixão, que partiu (*iénai*) dele carregando partículas (*mére*) que foram recebidas por seu amado (251C, cf. 255B-C). Devemos perceber também que Ganimedes, feito copeiro, tornou-se ele mesmo, por sua vez, um vertedor de líquidos. O par central de amantes na fala de Sócrates não são apenas almas semelhantes a Zeus (252E, isto é, que têm *Díon psychón*); ambos são também Ganimedes em sua receptividade, vertendo e recebendo mutuamente. E Ganimedes é explicitamente relacionado a Fedro através de um outro jogo etimológico complexo: pois a palavra "*gános*", também, significa "lampejo brilhante", e afirma-se de Fedro que "lampeja brilhantemente" (*gánysthai*) com deleite enquanto lê (234D2-3), ao passo que Sócrates de Himera é passivo (*épathon*, 234B)[60].

O que Platão está dizendo, em todo esse jogo complicado, é que a vida verdadeiramente bem-aventurada envolve o cultivo apropriado tanto da atividade como da passividade, operando em harmonia e reciprocidade. Um horror da passividade é o que repousa além da condenação de sua cultura (e sua própria) da vida de Ganimedes; ele nos diz que esse ódio da abertura leva a uma vida pobre em valor e conhecimento. (E, ao apresentar essas compreensões em forma de jogo, ele também defende a riqueza do jogo dos amantes, fazendo-nos lembrar que essa receptividade se expressa em piadas, trocadilhos e risadas, bem como na busca compartilhada da sabedoria.)

Mas subestimaríamos seguramente a complexidade dessa obra, e desse jogo, se agora não reconhecêssemos também que Platão, que figura tanto no drama quanto Sócrates *erastés*, é também ao mesmo tempo Fedro, o aluno brilhante de Sócrates. Fedro, como afirmamos, tem aqui cronologicamente quarenta anos; é retratado como um homem muito mais jovem. Essa contradição nos convida a recordar que na data dramática do diálogo, quando Sócrates tinha de fato sessenta anos, o próprio Platão tinha em torno de dezessete, um menino reluzente movido e arrebatado por essa influência filosófica. (Talvez Lísias, amigo de seu irmão na *República*, fosse realmente aspirante a seu amante.) Fedro tem tanto quarenta como dezessete anos porque representa duas pessoas, assim como Sócrates representa Platão, mas também a si mesmo. Tudo o que sabemos de Sócrates fora desse diálogo comprova que ele jamais, de fato, ficou louco de *éros*. A paixão e o fascínio de seus alunos eram respondidos com um distanciamento friamente irônico. Ele era Sócrates para o apaixonado Alcibíades de Platão: permanecia reservado, pétreo, autocontido. E se o retrato de Alcibíades no *Banquete* é em algum sentido o autorretrato de Platão – uma denúncia de seu mestre pela vanglória da ironia e ao mesmo tempo de si mesmo pela confusão tumultuosa do amor –, podemos ver o *Fedro* como um desejo, *per impossibile*, pelo profundo e mútuo amor de mestre e aluno, um desejo de que Sócrates fosse um pouco mais louco, recebendo e ensinando a compreensão do *éros*. A dupla referência nos diz que Platão agora alega ser o Sócrates que Sócrates deveria ter sido, mas recusou-se a ser; que ele encontrou o que escapou a seu mestre, uma fusão de clareza e paixão[61].

A vida de *manía* não é a vida de contemplação estável. Platão nos mostra que seria mais seguro escolher a vida fechada, ascética do *Fédon* – ou, não tão diferente, a vida lisiana da sexualidade sem envolvimento e dor. A mesquinhez é em geral mais estável que a generosidade, o fechado mais seguro que o aberto, o simples mais harmonioso que o complexo. Mas ele reconhece que há nessa vida arriscada (cujo risco é ele mesmo feito para parecer antes esplêndido) fontes de alimentação para a alma de um ser humano complexo que não se encontram em nenhum outro tipo de vida filosófica. Ele rejeita a simplicidade de seu ideal anterior – e sua concepção associada de compreensão – em favor de uma concepção de criatividade e objetividade que se expressa na imagética da luz fluida e da água iluminada, do crescimento da planta, do movimento e instabilidade, da recepção e libertação.

Essa concepção do valor ético da paixão é ela própria uma realização instável na maior parte das vidas humanas, e Platão o indica. Pois situa a citação poética "Essa história não é verdadeira" de modo que ela possa igualmente, em qualquer ponto, voltar-se contra a *segunda* fala de Sócrates, ou contra a totalidade da ação do diálogo. (Uma vez que *não* é verdade que Fedro está levando uma vida boa e ordenada em Atenas. E Sócrates jamais falou de filosofia sobre a relva fora dos muros da cidade. E Helena foi para Tróia, não para o Egito. E Bóreas, antropomórfico apenas nas histórias, não fez amor com uma menina humana. E Lísias, que é senhor de si, encontrou duradoura fama na cidade, ao passo que Fedro, filho de Pítocles, que combinou filosofia com loucura, foi exilado e desprestigiado. E Platão e Díon de Siracusa não tiveram êxito em viver juntos suas vidas adultas, atadas por amor filosófico.) E, se o fim do diálogo nos lembrasse da discussão sobre o nome de Pan no *Crátilo* (407E-408B), descobriríamos essa lição etimológica: a Fala, diz Sócrates, "significa tudo (*tò pân*), meneia e vagueia continuamente, e tem dupla natureza, verdadeira e falsa". (Pois é verdadeiro e falso, talvez, que o amor seja compatível com a ordem, que a paixão possa ser paixão e ainda assim ser racional.) Mas aqui, para o presente, nessa ação dramática e nesse escrito misto, as compreensões se mantêm, publicadas e não negadas. Talvez isso seja tudo o que se pode pedir de um compromisso humano com uma concepção, ou com uma paixão.

Ao final do diálogo, Sócrates ora a Pan, o deus erótico louco, filho de Hermes, deus da fortuna, e aos outros deuses desse lugar selvagem, pedindo um interior belo e um exterior que será amado por esse interior (279B-C)[62]. A oração expressa tanto as descobertas do diálogo quanto seus riscos: de um lado, o papel positivo das divindades-guias associadas à paixão, não ao intelecto "puro"; de outro, a possibilidade permanente do conflito – pois uma oração pelo amor entre alma e corpo não é uma celebração de sua unidade. Mas na descoberta do diálogo de um amor mútuo de indivíduos baseado no caráter e na aspiração, Sócrates encontrou um poderoso recurso para a busca continuada dessas mesmas questões[63]. Ele agora pergunta a Fedro se "nós" precisamos de mais alguma coisa: "Pois em minha opinião a oração foi apropriada" (279C). E Fedro replica, por sua vez, com reconhecida necessidade e boa vontade. "Rogue o mesmo para mim também. As pessoas que se amam compartilham tudo."

"Vamos", diz Sócrates[64].

PARTE III

ARISTÓTELES: A FRAGILIDADE DA BOA VIDA HUMANA

Não cessaremos de explorar
E o fim de toda nossa exploração
Será chegar aonde começamos
E conhecer pela primeira vez o lugar.

T. S. Elliot, "Little Gidding"

As pessoas estão em desacordo com aquilo com que as pessoas mais continuamente se identificam – o discurso que ordena tudo –; e o que encontram todos os dias lhes parece estranho.

Muito embora o discurso seja comum (*xunou*) à maioria das pessoas, cada qual vive como se tivesse um entendimento privado.

A pessoa que fala com entendimento (*xyn nôói*) deve insistir no que é comum (*xunói*) a todos, como uma cidade insiste na sua lei.

Heráclito, DK 72, 2, 114

Introdução

Aristóteles desenvolve uma concepção da relação apropriada de um ser humano com a *týkhe* que retoma e esclarece melhor muitas intuições das tragédias. Sua reflexão filosófica sobre a boa vida humana é, como argumentarei, uma continuação apropriada e uma descrição explícita dessas intuições. Examinaremos suas críticas à revisão do quadro que Platão faz da boa vida humana e da concepção platônica de filosofia como uma radical salvação da vida.

A estrutura desta seção difere da estrutura da seção de Platão, tanto quanto a escrita filosófica de Aristóteles difere da de Platão. Isto é, passa de um problema a outro relacionado, e não de uma obra dramática complexa e de múltiplas vozes a outra. E procura mostrar as inter-relações de várias investigações aparentemente separadas no tratamento que ele dá aos nossos problemas. Isso parece adequado na medida em que lidamos com um filósofo que faz uso constante de referências cruzadas e que é conhecido por ter reorganizado suas conferências de várias maneiras diferentes, dependendo do propósito e da ocasião.

Dois capítulos podem, à primeira vista, parecer estranhos aos propósitos de uma investigação ética. O Capítulo 8 encerra uma discussão geral do método filosófico de Aristóteles, e se utiliza de material da ciência e da metafísica, bem como da ética. O Capítulo 9 oferece uma reflexão sobre a ação humana e sobre a explicação da ação, fundamentando-se em textos éticos, mas também em discussões gerais da explicação do movimento animal. Por que deveria uma reflexão sobre a concepção de Aristóteles da boa vida humana começar com essas questões?

Tomemos primeiro o Capítulo 8. Até o momento, a ambição da razão humana de submeter e dominar a *týkhe* através das artes ou ciências foi o tema central deste livro. Platão considerou que a tarefa da filosofia é tornar-se a *tékhne* de salvação da vida através da qual essa aspiração pudesse ser realizada — através da qual, pois, o ser humano poderia fazer progressos decisivos para além da condição humana comum. Aristóteles inicia suas críticas da realização de Platão na ética com uma crítica muito geral dessa concepção de filosofar. Não somente na ética, mas em todas as áreas, o filósofo deve manter uma relação equilibrada com as crenças e com o discurso dos seres humanos existentes. Estudar essa concepção de filosofia e os argumentos pelos quais Aristóteles a defende contra o platonismo parece, assim, de importância primordial para qualquer tentativa de compreender o aparente conservadorismo de suas conclusões éticas. Nos diálogos platônicos que estudei, o interesse na razão e em seu desenvolvimento raramente se afastou de um interesse em descrever e conceber uma vida humana valiosa. O discurso de Aristóteles sobre a razão filosófica nem sempre é tão diretamente vinculado a questões práticas (exceto na medida em que o exercício da ciência é uma parte muito importante do nosso modo de vida humano). Portanto, cumpre tratarmos, no estudo de sua concepção de razão filosófica, de um material que não é explicitamente ético, exceto nesse sentido. Isso estabelecerá um alicerce necessário para nos ocuparmos de nossas questões mais especificamente éticas.

As concepções éticas do período intermediário de Platão atribuem, além disso, valor supremo à efetivação do raciocínio matemático e científico; essas atividades são escolhidas em virtude de serem livres de dor, estáveis ao máximo e direcionadas à verdade. Parte da razão de sua estabilidade superior repousa na natureza de seus supostos objetos, que são eternamente o que são independentemente do que os seres humanos fazem ou dizem. Assim, ao avaliar a resposta de Aristóteles a esses argumentos éticos, será importante indagar qual é a sua concepção dessas mesmas ocupações; pois seus argumentos contra a concepção que Platão tem delas afetará seu entendimento da relação delas com outras atividades humanas mais mundanas.

Finalmente, a aceitação de uma concepção antropocêntrica da verdade ética aumenta a vulnerabilidade da confiança e da convicção ética em situações de sublevação. O Capítulo 10, sobre a deliberação aristotélica, e o Capítulo 13, sobre a tragédia, argumentarão que a crença de que as distinções fundamentais do mundo da prática são humanas, sustentadas por nada mais eterno ou estável que as coisas humanas, contribui para o senso de risco ético do agente. Para Aristóteles, esse antropocentrismo ético é um desdobramento especial de uma discussão geral que nega a vinculação, ou a possibilidade de vinculação, de compromissos relativos às nossas crenças a objetos inteiramente independentes e mais estáveis que o pensamento e a linguagem humanos. O estudo dessa visão geral, também sob esse aspecto, fornece um arcabouço essencial para um estudo do ético.

O Capítulo 9 também se move para além do ético estreitamente concebido, com o intuito de compreender a reação de Aristóteles a um elemento fundamental da investida de Platão contra a *týkhe*. Novamente, é preciso seguir esses argumentos relacionados para apreender a força de sua réplica ética. Toda investigação da relação de um ser humano com a *týkhe* e com o mundo do acontecimento natural deve, implícita ou explicitamente, oferecer alguma reflexão sobre o que significa ser um animal humano, um ser que tenta controlar a natureza, mas que recebe a influência e o efeito da natureza. Desde o início deste livro fomos várias vezes levados de volta à questão, até que ponto um ser humano se assemelha a uma planta (ou a um animal não-racional), até que ponto a um deus ou a uma forma sólida imutável? Até que ponto somos passivos diante do mundo, e qual a relação entre passividade ou receptividade e atividade em uma vida humana? Até que ponto a vulnerabilidade ou passividade é compatível com o valor e a bondade? Aristóteles acredita que sua tradição filosófica não lidou bem com essas questões porque não trouxe para o estudo delas uma reflexão adequada sobre o que é ser um animal automotor. Perdeu-se de vista a riqueza das crenças usuais sobre a ação pela influência de más teorias filosóficas da ação; assim, uma reflexão filosófica explicitamente corretiva precisará fazer com que retornemos a essa complexidade, dizendo-nos por que nossa passividade não é tal que nos afaste da avaliação ética, por que nossa animalidade não é incompatível com nossas aspirações à bondade. Assim, por conseguinte, em *De Anima* e *De Motu Animalium*, ele elabora uma concepção de ação e da relação causal do animal automotor com o mundo que deve conferir uma base melhor para a ética. O Capítulo 9 descreve esse projeto. Ao mesmo tempo, ele tratará de questões do pensamento de Aristóteles sobre a explicação científica que podem parecer bastante técnicas para o leitor não-especializado, que pode preferir ir diretamente à conclusão do capítulo (V), onde são descritas as implicações éticas do projeto explicativo.

Em seguida, voltamo-nos aos tratados éticos mais estreitamente interpretados: examinaremos, no Capítulo 10, a reflexão de Aristóteles sobre uma descrição não-científica do raciocínio e da avaliação prática; nos Capítulos 11 e 12, sua defesa da concepção segundo a qual a melhor vida humana é vulnerável à catástrofe, e seus argumentos em favor da inclusão nessa vida de algumas ocupações particularmente vulneráveis; no Interlúdio 2, as implicações dessas concepções para o papel da poesia e das emoções "trágicas" no aprendizado moral humano. Nesses capítulos, tratamos das inter-relações dos nossos três problemas originais da *týkhe*. O papel da paixão e do desejo "irracional" na boa vida é discutido nos Capítulos 9, 10 e 12 e no Interlúdio 2; a vulnerabilidade dos bens componentes individuais, no Capítulo 11 e especialmente no Capítulo 12; a pluralidade de valores e o problema do conflito de valores em partes dos Capítulos 10, 11 e 12 e (com referência à tragédia) no Interlúdio 2.

8. A SALVAÇÃO DAS APARÊNCIAS SEGUNDO ARISTÓTELES

No início do Livro VII da *Ética nicomaquéia*, imediatamente antes de sua discussão da *akrasía*, Aristóteles se detém para fazer algumas observações sobre seu método filosófico:

> Aqui, como em todos os outros casos, cumpre registrarmos as aparências (*phainómena*) e, solucionando primeiramente as incógnitas (*diaporésantas*), continuarmos assim a demonstrar, se possível, a verdade das crenças que sustentamos (*tà éndoxa*) sobre essas experiências na sua totalidade; ou, se isso não for possível, a maior parte das que foram devidamente comprovadas. Pois, se as dificuldades forem resolvidas e as crenças (*éndoxa*) forem preservadas, teremos demonstrado o suficiente. (1145b1 ss.)

Aristóteles nos diz que seu método, "aqui, como em todos os outros casos"[1], consiste em registrar o que ele denomina *phainómena*, e que traduziremos por "as aparências". O método filosófico apropriado é comprometido e limitado por elas. Se solucionarmos as dificuldades com as quais os *phainómena* nos confrontam e mantivermos intactos o maior número deles e os mais básicos, teremos chegado aonde a filosofia pode, ou deve, chegar.

Essa observação teórica é acompanhada de perto por uma aplicação do método. Aristóteles primeiro relata algumas de nossas crenças e dizeres mais comuns sobre a *akrasía*, concluindo seu sumário com as palavras: "Essas são, pois, as coisas que dizemos (*tà legómena*)" (1145b20). Em seguida, ele apresenta a concepção socrática de que ninguém age propositadamente errado: escolhemos o menor bem apenas como resultado da ignorância. Sobre essa teoria, afirma ele abruptamente: "Essa idéia está obviamente em desacordo com os *phainómena*." Ele se dispõe, então, a encontrar uma explicação do comportamento akrástico que se mantenha fiel às "aparências", de um modo que a explicação socrática rejeitada não faz[2].

Aqui está, pois, uma concepção filosófica ambiciosa e excitante, que nos pede, como vimos, para rever boa parte do que comumente dizemos e acreditamos. Que tipo de réplica Aristóteles faz a essa concepção quando a rejeita por estar em desacordo com os *phainómena* – com os quais, pelo contexto, ele parece designar nossas crenças e dizeres usuais? Que tipo de método filosófico é esse que se compromete e se circunscreve de maneira tão completa ao usual?

Indiquei pelo título deste capítulo que acredito que os *phainómena* de Aristóteles precisam ser salvos. Isso implica que eles estão em apuros, ou sob ataque. Acredito que isso seja verdadeiro em dois níveis bastante diversos. Em primeiro lugar, no nível do próprio texto, os *phainómena* correm o risco de se esvaecerem inteiramente. A palavra "*phainómena*" de Aristóteles recebe tantas e tão diferentes traduções que um leitor do inglês padrão, ao ler as passagens que discutirei, não teria nenhum indício de que elas possuem alguma coisa em comum. Ross, no trecho da *EN* VII, usa "fatos observados"[3]. Em outra parte, encontramos "dados da percepção", "fatos admitidos", "fatos", "observações" – quase tudo, *exceto* o literal "aparências", ou os termos freqüentemente equivalentes "o que acreditamos" ou "o que dizemos". Mesmo G. E. L. Owen, que tanto fez para resgatar a estrita ligação entre os *phainómena* e a linguagem ou a crença usual, somente o fez, como veremos, acusando Aristóteles de séria ambigüidade de uso[4]. Assim, para compreendermos o método de Aristóteles, devemos resgatar esses *phainómena* e ser mais precisos com relação a eles, pois são, como afirma Aristóteles na *Ética eudeméia*, os "testemunhos" e também os "paradigmas" que devemos empregar na investigação filosófica (1216b26)[5].

O segundo problema ao qual aludimos é o mais profundo. Como método filosófico, o método que anuncia o resgate das aparências como seu objetivo corria o risco, quando foi introduzido, e ainda corre, de ser bruscamente banido da filosofia. Pode estarrecer-nos por ser inevitavelmente raso, tedioso, pouco ambicioso. O que toda filosofia faz, aparentemente, é deixar as coisas como estão; quando o fizer, terá, como afirma Aristóteles, "demonstrado o suficiente". Suficiente, perguntaríamos, para quê? Para quem? Para Protágoras, que não sentiu a força premente dos problemas práticos? Para Sófocles? Para Platão?

Aristóteles estava bem ciente dessas questões. De fato, ele parece ter escolhido deliberadamente o termo "aparências", com o intuito de confrontá-las. Ao utilizar esse termo para seus "paradigmas" filosóficos, ele anuncia que está tomando uma posição quanto ao método e aos limites filosóficos muito incomum em sua tradição filosófica. "Aparências" ocorre, em termos padrões, na epistemologia grega pré-aristotélica, como um braço de uma polaridade, em cujo lado oposto se encontra "o real" ou "o verdadeiro". As aparências – com o que Platão e seus predecessores normalmente designam o mundo percebido, demarcado, interpretado pelos seres humanos e suas crenças – são tomadas como "testemunhos" insuficientes da verdade. A filosofia começa quando reconhecemos a possibilidade de que o modo como enxergamos pré-filosoficamente o mundo esteja radicalmente equivocado. Há uma natureza verdadeira lá fora que "gosta de se esconder" (Heráclito B123) sob nossas maneiras humanas de falar e acreditar. Revelar, descobrir, ir atrás, ir além – essas são algumas das imagens que norteiam os princípios da filosofia grega na busca filosófica da verdade. A própria palavra grega para verdade significa, etimologicamente "aquilo que é revelado", "aquilo que é trazido para fora do esconderijo"[6]. Parmênides, o mais audaz dos filósofos que Aristóteles acusará de violação das aparências básicas, diz-nos inequivocamente que a verdade deve ser encontrada somente em um lugar "distante dos caminhos trilhados dos seres humanos", depois de deixarmos "todas as cidades"[7]. Ele apresenta da seguinte maneira o contraste entre o verdadeiro e as aparências:

> Aprenderás o cerne inabalável da plena Verdade.
> Aprenderás, por outro lado, as opiniões dos mortais, que não são verdadeiramente confiáveis.

As opiniões de seres finitos e limitados não fornecem absolutamente nenhuma boa evidência para a verdade, muito menos fornecem a verdade com seus "testemunhos" e "paradigmas".

Platão herdou essa tradição e a desenvolveu, como vimos. É Platão que opõe da maneira mais explícita os *phainómena*, e os estados cognitivos relativos a eles, à verdade e ao entendimento genuíno[8]; é Platão que argumenta que os *paradeígmata* que precisamos para o entendimento dos temas mais importantes não devem absolutamente ser encontrados no mundo da crença e da percepção humana. Platão é, pois, o alvo central de Aristóteles quando afirma que os *phainómena* são nossos melhores e únicos *paradeígmata*. Recordamos a investida de Sócrates, na *República* VI, contra a adequação filosófica de um método que se situe dentro do ponto de vista humano. "Nada imperfeito é medida de coisa alguma, muito embora as pessoas por vezes pensem que é suficiente e que não há necessidade de prosseguir com a busca." "Assim fazem", diz Glauco, "por indolência." "Indolência, contudo", replica Sócrates, "é uma qualidade de que o guardião de uma cidade e das leis pode prescindir." Nada imperfeito, isto é, nenhum ser limitado, *a fortiori* nenhum ser humano ou acordo humano, jamais é uma boa medida de coisa alguma. A máxima antropocêntrica de Protágoras é uma receita de inadequação. A habilidade de sair das concepções e crenças humanas compartilhadas torna-se, aqui, bem como no poema de Parmênides, uma condição necessária para o acesso à verdade real sobre nossas vidas. O ponto de vista perfeito do olho-de-deus é o único confiável do qual é possível fazer juízos adequados e confiavelmente verdadeiros. (E isso porque os aspectos de nossa humanidade que nos separa desse deus, aspectos que permeiam a maior parte de nossas concepções e crenças cotidianas, foram rejeitados como deturpadores e impeditivos.) O fato de que Platão se empenha com afinco em mostrar o atrativo de seus argumentos a um interlocutor comum como Glauco, conferindo-lhes um enraizamento profundo na crença pré-filosófica, não modifica esse quadro. Pois a ascese de Glauco não é de maneira alguma um critério de sua verdade; é apenas um fato afortunado sobre Glauco. Se nem ele, e nem tampouco nenhuma outra pessoa comum, tivesse tido interesse na contemplação, ainda assim ela teria sido a atividade mais valiosa do mundo*.

Tampouco a afirmação de Platão dizia respeito somente à ética. Pois uma passagem adjacente critica os matemáticos por praticarem sua ciência a partir de hipóteses – de algo "disposto" por seres humanos. Eles jamais alcançam um ponto puro e não-hipotético inteiramente exterior a essas crenças humanas profundas[9], um ponto de partida eterno, estável e de modo algum relativo às condições e contextos da vida e da linguagem humana. Afirma-se que esses pontos de partida são o único fundamento adequado de toda ciência ou entendimento.

Quando Aristóteles declara que seu objetivo, na ciência e na metafísica, assim como na ética, é salvar as aparências e sua verdade, ele não está, pois, afirmando algo cômodo e aceitável. Vistas contra a tradição do filosofar eleático e platônico, essas observações têm, antes, um aspecto desafiador. Aristóteles está prometendo reabilitar a descreditada medida ou padrão do antropocentrismo trágico e protagórico**. Ele promete realizar sua obra filosófica em um lugar do qual Platão e Parmênides passaram toda a sua carreira excogitando uma saída. Ele insiste que encontrará sua verdade *no interior* daquilo que dizemos, vemos e acreditamos, e não "distante dos caminhos trilhados dos seres humanos" (nas palavras de Platão) "lá fora". Quando escreve que a pessoa que ordena essas aparências e mostra sua verdade "demonstrou o suficiente", ele está respondendo à concepção expressa na *República* VI, insistindo que não é a indolência, mas a boa filosofia, que nos faz operar dentro desses limites. Almejo chegar a uma consideração mais profunda e precisa do método de Aristóteles e de sua réplica a esses oponentes da antropocentricidade. Três questões (ou grupos de questões) serão importantes:

> (1) Quais são os *phainómena* de Aristóteles? Qual é a melhor tradução do termo "*phainómena*"? Como os *phainómena* se relacionam à observação? à linguagem?
> (2) Qual é, mais exatamente, o método filosófico descrito? Como o filósofo reúne e registra as aparências, e o que ele faz então com elas? Por quais razões ele pode descartar algumas delas, e o que acontece quando ele o faz?

---

* Devemos também lembrar que as atividades mais valiosas do mundo o são, para Platão, em parte porque transcendem, como fazem, a experiência comum, alcançando uma estabilidade superior ao se vincularem a objetos mais estáveis do que os objetos que experimentamos na vida diária.

** É importante aqui ter em mente que antropocentrismo não precisa implicar relativismo. O Protágoras de Platão, como argumentamos, não é um relativista (Cap. 4); e o mesmo pode bem ser verdadeiro com respeito à figura histórica. Estou sugerindo, assim, que Aristóteles promete retornar da busca por justificação externa a uma *internalidade* que, se está em desacordo com uma tradição especificamente *filosófica*, é profundamente enraizada na tradição grega.

(3) Por que nós devemos, ou nossos filósofos devem, ser comprometidos com as aparências? De onde elas extraem sua pretensão de verdade? O que Aristóteles pode dizer a um oponente que afirma que algumas de nossas crenças mais profundas e amplamente disseminadas são erradas?

I

"*Phainómena*" é um plural neutro do particípio presente de "*pháinesthai*", "aparecer". A tradução (*prima facie* improvável) de "*phainómena*" como "fatos observados" provém de uma longa tradição de interpretação da ciência de Aristóteles. A tradição atribui a Aristóteles um retrato baconiano do método científico/filosófico que ela acredita ser também a caracterização mais aceitável do procedimento do cientista. O cientista ou filósofo, em cada área, começa reunindo dados através da observação empírica precisa, evitando escrupulosamente qualquer tipo de interpretação ou teorização. Ele busca, então, uma teoria que explique os dados. Os *phainómena* de Aristóteles são seus dados da observação baconianos; a tentativa de salvá-los é a tentativa de encontrar uma teoria abrangente.

É imediatamente evidente que em muitos contextos não pode ser esse o significado de "*phainómena*". Em nossas passagens da *Ética*, por exemplo, a tradução de Ross claramente não se encaixa. A passagem prossegue diretamente substituindo a palavra "*phainómena*" pela palavra "*éndoxa*"; *éndoxa* são as concepções ou crenças usuais sobre um tema. Aquilo de que Aristóteles efetivamente procede ao recolhimento e ao registro são, de fato, nossas crenças usuais sobre *akrasía*, normalmente como se revelam nas coisas que dizemos. Não há nenhuma tentativa de descrever o comportamento incontinente do agente na linguagem livre de interpretação; em lugar disso, Aristóteles se volta para as maneiras como normalmente de fato interpretamos esse comportamento. E a síntese sobre os *phainómena* se conclui, como observamos, com as palavras: "Essas são, pois, as coisas que dizemos (*tà legómena*)" (1145b8-20). Novamente, a teoria de Sócrates colide não com fatos baconianos rígidos ou com alguma descrição neutra de teoria – como poderia? –, mas com o que comumente dizemos, com nossas interpretações compartilhadas.

Em seu artigo, que faz jus à fama que tem, G. E. L. Owen estabeleceu de maneira convincente que não somente nas obras éticas, mas também na *Física*, *De Caelo*, e outras obras científicas, os *phainómena* de Aristóteles devem ser compreendidos como as nossas crenças e interpretações, com freqüência tal como se revelam no uso lingüístico. Registrar os *phainómena* não é procurar o fato isento de crença, mas apontar nosso uso e a estrutura de pensamento e crença que esse uso revela. Por exemplo, as considerações presentes na *Física* sobre lugar e tempo começam não com uma tentativa de reunir os dados "rígidos", mas com observações sobre o que dizemos sobre esse tema, destinadas a nos conferir uma visão aguda de nossas concepções correntes. Mostrando-nos a importância de considerações conceituais e lingüísticas nas obras científicas, Owen percorreu um longo caminho para corrigir uma concepção anteriormente predominante, de acordo com a qual Aristóteles faz uma acentuada distinção entre "ciência" e "metafísica" ou *Weltanschauung* – uma concepção em que a *Física* sempre figurou como uma obra problemática, ou mesmo confusa.

Mas Owen, a meu ver, não levou suficientemente longe suas críticas do retrato baconiano. Ele ainda se agarra à idéia de que em certos contextos científicos as traduções baconianas são apropriadas, e de que a defesa que Aristóteles faz de um método relativo aos *phainómena* é, nesses casos, uma defesa do que Owen denomina explicitamente um "retrato baconiano". Sua crítica da concepção tradicional se limita a indicar que ela não é adequada a *todas* as evidências; em particular, que não é adequada nem mesmo a todas as evidências de todas as obras científicas. Mas Owen é, então, obrigado a concluir que Aristóteles usa o termo "*phainómena*" de modo ambíguo. Há dois sentidos distintos – e por conseguinte, cumpre acrescentarmos, dois métodos distintos. Num sentido, "*phainómena*" significa "dados observados" e é associado a um retrato baconiano da ciência natural. Em outro, significa "o que dizemos" ou "nossas crenças usuais", e é associado a um método que visa distinguir e organizar nossas descrições e interpretações do mundo[10].

O artigo de Owen é uma grande contribuição ao estudo de Aristóteles. Mas seu ponto de chegada incomumente conservador comete uma injustiça contra Aristóteles. Primeiramente, Owen nos força a acusar Aristóteles de equivocação com relação a seu método e a vários de seus termos centrais[11]. Esse seria um sério lapso, sem nenhuma nota de advertência, justamente na área em que a precisão e a atenção de Aristóteles são normalmente mais surpreendentes. Felizmente, contudo, não precisamos fazer-lhe tal acusação. Pois todo o problema surge apenas em razão de uma segunda dificuldade mais séria da consideração de Owen, cuja eliminação levará consigo também essa. Owen encontra ambigüidade porque acredita que, na biologia, Aristóteles está comprometido com o empirismo "baconiano". Não há, em verdade, nenhuma razão para creditar a Aristóteles algo semelhante ao retrato baconiano da ciência baseada na observação neutra de teoria. Ele não estava interessado, em seu discurso sobre a experiência ou como o mundo "aparece", em selecionar um grupo privilegiado de observações e denominá-las dados "não interpretados" ou "rígidos". Essa apuração de uma parte dos dados da experiência como "rígidos" ou "livres de teoria" era, de fato, desconhecida de qualquer cientista grego antigo. Em lugar da pronunciada distinção baconiana entre dados da percepção e crença comunal, encontramos em Aristóteles, bem como em seus predecessores, uma noção ampla e inclusiva de "experiência", ou do(s) modo(s) como um observador humano vê ou "considera" o mundo, empregando suas faculdades cognitivas (todas as quais Aristóteles denomina "*kritiká*", "ocupado em fazer distinções")[12].

Esse, sugiro, é o significado do discurso de Aristóteles sobre *phainómena*. É uma noção ampla, que convida (e recebe) outras subdivisões; mas não é ambígua e nem tampouco vazia. Se não insistimos em introduzir uma concepção científica anacrônica, os dois supostos sentidos e os dois métodos podem ser um só. Quando Aristóteles se senta na costa de Lesbos para tomar notas sobre moluscos, ele está fazendo algo que, se olharmos do seu ponto de vista, não se distancia tanto de sua atividade quando está a registrar o que dizemos sobre *akrasía*. Está descrevendo o mundo como ele *aparece* aos, como é experimentado por, observadores que são membros de nossa espécie[13]. Por certo, existem diferenças importantes entre as duas atividades; mas há também um vínculo importante, e é legítimo que ele o acentue. Fazemos uma pronunciada distinção entre "ciência" e "as humanidades". Aristóteles nos fará lembrar do caráter humano da boa ciência. Owen enfatiza corretamente que Aristóteles está compondo essas observações metodológicas à sombra de Parmênides, que repudiava conjuntamente, sem distinção, tanto as evidências da percepção dos sentidos, como os dados da linguagem e da crença compartilhadas; de tudo ele escarnece como mera "convenção" ou "hábito". Platão, também, repudia conjuntamente a percepção e a crença, como "atoladas" na "lama bárbara" do ponto de vista humano. Aristóteles, respondendo a eles, promete trabalhar no interior dos dados da experiência humana e defender um método inteiramente comprometido com eles, aceitando-os como seus limites.

II

Se o método de Aristóteles simplesmente falasse em termos vagos sobre preservar as percepções e crenças, não seria uma contribuição substancial à filosofia. Mas podemos extrair de suas observações teóricas e de sua prática uma rica reflexão sobre o procedimento e os limites filosóficos.

Primeiro, o filósofo deve "registrar" as aparências relevantes. Elas serão diferentes (e reunidas de maneira diferente) em cada área. Mas em todas as áreas devemos incluir tanto um estudo das crenças e dizeres usuais como um exame dos tratamentos filosóficos ou científicos anteriores do problema, as concepções "da maioria e dos sábios"[14]. Para julgar a partir do que Aristóteles vê como adequado a registrar, o "nós" que delimita a classe de aparências pertinentes é um grupo cujos membros compartilham uns com os outros não apenas a qualidade de membro da espécie, mas também alguns traços gerais de um modo de vida. A tradição científica que cercava Aristóteles era fascinada pela etnografia e por paralelos entre costumes animais e humanos. A prática de Aristóteles nega implicitamente a relevância de seu material mais remoto para qualquer investigação das concepções e valores humanos. Não encontramos menção alguma, nas partes relevantes da *Ética*, da *Política* e da *Física*, às maneiras como os animais instruem seus jovens ou concebem tempo e espaço. Tampouco encontramos registro das visões e concepções das estranhas comunidades primitivas tão profusamente descritas por Heródoto e seus seguidores. Os *phainómena* são extraídos da própria comunidade lingüística de Aristóteles e de inúmeras outras comunidades civilizadas que, conforme ele sabia, eram reconhecidamente providas de condições gerais de vida similares, ainda que com diferentes instituições particulares. (Em outros casos científicos, os dados serão extraídos de aspectos do mundo natural observados ou experimentados por pessoas de tais comunidades[15].) Aristóteles foi muitas vezes acusado de chauvinismo cultural por sua seletividade. Mas existem razões mais profundas e interessantes. Na *Política* I, ele nos diz por que omite de seu estudo político tanto os seres bestiais como os seres heróicos ou divinos. O ser humano, afirma ele (em uma passagem que estudaremos também no Capítulo 11), é a única criatura viva que tem experiência do bom e do mau, do justo e do injusto, e dos outros conceitos éticos dos quais seu estudo trata; por conseguinte, apenas o ser humano tem a capacidade de expressar essas concepções na fala[16]. Essa experiência única parece estar ligada ao fato de que somente os humanos entre todas as criaturas são tanto razoáveis – capazes de associação nas instituições que obtêm dessas concepções enunciadas – como carentes de auto-suficiência individual. Não são nem bestas nem deuses (1253a27-9). É provável, pois, que Aristóteles esteja seguindo uma tradição filosófica que se inicia nos escritos de Heráclito, de acordo com os quais a capacidade de usar o nome da justiça está baseada nas experiências de necessidade e escassez que um ser semelhante a um deus não compartilharia[17]. Parece seguir-se daí, se generalizarmos esse princípio, que os dados para uma investigação da nossa concepção de F só pode provir de pessoas cujos modos de vida são semelhantes aos nossos com respeito às condições que deram origem ao nosso uso do termo "F". Outros grupos e espécies não relacionadas assim conosco não poderiam ter "F" (ou um termo relacionado de modo suficientemente próximo ao nosso "F") em sua língua e, portanto, não precisamos perguntar-lhes o que pensam sobre ele. (Veremos mais à frente que essas observações são corroboradas por comentários gerais de Aristóteles sobre o discurso.)

O filósofo tem já reunidos todos os *phainómena* importantes. Sua próxima tarefa, argumenta Aristóteles, é explicitar as incógnitas ou dilemas com os quais eles nos confrontam. Os *phainómena* nos apresentam um conjunto confuso, freqüentemente com contradições diretas. Refletem nossos desacordos e ambivalências. O primeiro passo deve ser, portanto, trazer à tona as opiniões conflitantes e expô-las claramente, ordenando os argumentos pró e contra cada lado, demonstrando claramente como a adoção de uma certa posição sobre um tema afetaria nossas posições sobre outros. Sem essa tentativa séria de descrever as incógnitas, o filósofo tenderá a aceitar com demasiada precipitação uma solução que meramente disfarce ou evite o problema. "Não é possível resolver nada se não vemos como estamos limitados; mas as incógnitas do intelecto nos demonstram isso a respeito do problema. Pois na medida em que o intelecto se confunde, assim também sua experiência é semelhante à de alguém que está agrilhoado: não pode avançar em nenhuma direção" (*Metaf*. 995a29-33). Dito isso, Aristóteles prossegue dedicando todo o terceiro livro da *Metafísica* à exposição de suas mais sérias incógnitas sobre identidade e entendimento como preparação para a obra mais positiva dos livros posteriores. As obras científicas procedem do mesmo modo.

Se a filosofia simplesmente preservasse o *status quo*, pararia aqui. Algumas pessoas pensam isso, outras pensam aquilo. Existem boas razões para *p*, e outras boas razões para não-*p*. O cético grego parou de fato nesse ponto. O conflito de opinião, e o peso aparentemente igual de crenças opostas apresentadas nas incógnitas deixaram-no suspenso no meio, liberto de todo compromisso intelectual[18]. E julgou essa experiência de dissociação da crença tão deliciosamente aprazível que a buscou como o bem humano, projetando seus argumentos, daí em diante, de maneira a *produzir* esse "peso igual". Aristóteles não pára aqui. Sua imagem do cativeiro e da liberdade indica que *ele* julga a experiência do dilema tudo menos deliciosa. (Aqui, começamos a notar algumas das diferenças humanas profundas que podem separar uma posição metafilosófica de outra.) "Todos os seres humanos buscam por natureza o entendimento", escreve ele na abertura da *Metafísica*. Esse desejo natural profundo de levar à matéria da vida uma ordem perspícua não se satisfará, acredita ele, enquanto ainda houver contradição. Nosso compromisso intelectual mais profundo (como veremos) é como Princípio de Não-Contradição, a mais básica de todas as nossas crenças compartilhadas. O método de salvação-das-aparências requer, por conseguinte, que instemos por coerência.

Contudo, ao resolvermos nossas dificuldades, não estaremos livres, insiste Aristóteles, para seguir um raciocínio lógico aonde quer que ele nos leve. Devemos, ao final de nosso trabalho com as incógnitas, trazer nossa reflexão de volta aos *phainómena* e demonstrar que ela, de fato, os preserva como verdadeiros – ou, em algum grau, preserva o maior número deles e os mais básicos. Aristóteles critica repetidamente os filósofos e cientistas que observam a clareza e a coerência interna, mas ignoram esse retorno. No *De Caelo* (293a27), ele critica os homens que "procuram extrair convicção não dos *phainómena*, mas da argumentação"; o contexto revela que eles insistiam em uma pretensão teórica que, como a concepção de Sócrates de *akrasía*, está em sério desacordo com as crenças predominantes[19]. No Livro III, ele critica a teoria platônica segundo a qual os corpos físicos são gerados a partir de superfícies triangulares: "O que acontece a essas pessoas é que, numa discussão sobre os *phainómena*, afirmam o que não está em conformidade com os *phainómena*. A razão disso é que elas têm uma noção errada de princípios primeiros e querem ordenar tudo com algumas teorias definitivas e rígidas" (*Cael*. 306a5 ss.). Da mesma forma, em *Da geração e corrupção* (325a13 ss.), ele critica os eleáticos por não seguirem os *phainómena* – juízos baseados em nossa experiência – ao longo de toda a sua investigação. Eles foram "levados a exceder" a experiência, afirma ele, pela idéia de que "cumpre seguir a argumentação". O que esses pensadores fizeram, evidentemente, foi começar da maneira certa, com os *phainómena* – nesse caso, com a experiência perceptiva humana do mundo. Mas, então, ficaram fascinados pelo progresso interno de sua argumentação e confiaram nela, muito embora terminasse em um ponto incrivelmente distante das crenças humanas, e em desacordo com elas. Em lugar disso, pensa Aristóteles, eles deveriam ter enxergado a estranheza da conclusão como um sinal de que havia algo errado com a argumentação. Sobre a conclusão eleática – a negação de que as distinções e a pluralidade são traços genuínos do nosso mundo –, Aristóteles prossegue dizendo: "Embora essas opiniões pareçam seguir-se se observamos a argumentação, ainda assim acreditar nelas se afigura próximo do lunático, se consideramos a prática. Pois, de fato, nenhum lunático parece situar-se a tão grande distância que o faça supor que fogo e gelo são uma coisa só" (*GC* 325a18-22). A teoria deve manter-se comprometida com os modos como os seres humanos vivem, agem, vêem – com os *prágmata*, amplamente interpretados. Seguir o eleático é tentar acreditar em coisas que nem mesmo os membros anormais de nossa comunidade parecem acreditar, a julgarmos pelo que fazem. Nem mesmo os loucos armazenam manteiga na lareira, ou se aconchegam junto a um bloco de gelo para se aquecer.

Mas quais princípios e procedimentos podemos, então, empregar para decidirmos quais aparências manter e quais descartar, se instamos por coerência? Aqui, os procedimentos de Aristóteles variam, como poderíamos esperar, com a matéria e o problema, e é difícil afirmar qualquer coisa esclarecedora nesse nível de generalidade. Podemos, contudo, fazer algumas observações. Primeiramente, nada em que se acredite universalmente é inteiramente descartado. "Pois aquilo que a todos parece assim, assim dizemos que é" (*EN* 1172a36). Em uma parte anterior da *Ética*, Aristóteles cita com aprovação estes versos poéticos: "Nenhum relato é inteiramente desvanecido, o qual muitas pessoas..." (*EN* 1155b27-28)[20]. (Aqui, o contexto (relativo ao prazer) demonstra que isso não nos impede de qualificar a crença à luz de outras crenças.) Em segundo lugar, nada do que precisamos usar para argumentar ou investigar pode ser descartado. Voltaremos nossa atenção a esse ponto na seção seguinte.

Além disso, acredita Aristóteles, devemos nos perguntar se, na investigação que temos em mãos, compartilhamos alguma concepção do bom juiz, da pessoa ou das pessoas em quem confiaremos para arbitrar nossas disputas. Muito raramente a verdade é uma questão de voto majoritário (*Metaf*. 1009b2). Com freqüência, nossa idéia do juiz competente é mais amplamente compartilhada entre nós, e menos sujeita a discordância, do que nossa visão da matéria com respeito à qual esse juiz deve pronunciar um veredicto. Na ética, por exemplo, concordamos mais prontamente sobre as características do intelecto, temperamento, imaginação e experiência que um juiz competente deve ter do que sobre os juízos práticos particulares que esperamos que ele faça. O mesmo ocorre também em outras áreas. Na *Metafísica* IV, Aristóteles responde a pensadores que criam incógnitas sobre a percepção apontando que nossas práticas revelam um conjunto de padrões para arbitrar desacordos:

> É digno de estupefação criarem eles uma incógnita sobre se as magnitudes são de uma tal dimensão, e as cores de uma tal qualidade, conforme aparecem (*phaínethai*) àqueles a certa distância ou àqueles que estão próximos, e se são tais como aparecem ao saudável ou ao doente; ou se as coisas são pesadas conforme aparecem assim ao fraco ou ao forte; e se as coisas são verdadeiras se assim aparecem aos que dormem ou aos despertos. É óbvio que eles não pensam realmente que essas questões são objeto de dúvida. Ninguém, em grau algum, se imagina uma noite que está em Atenas, ao passo que está em Líbia, se vê [ao acordar] defronte ao Odeon[21]. Novamente, com relação ao futuro, como até mesmo Platão afirma, as opiniões do médico e do homem ignorante não têm igual autoridade com respeito a se alguém recobrará ou não a saúde.

Aristóteles solicita que olhemos para nossas práticas e observemos, nas diferentes áreas, em que espécie de juízes nós, de fato, confiamos. O juízo sobre em quem e quando confiar parece vir, como as aparências, de nós. Recorremos a médicos porque, de fato, confiamos em médicos. Essa confiança, insiste Aristóteles, não precisa ser justificada produzindo um outro juiz para certificar o juiz (1011a3 ss.); é suficientemente "justificada" pelos fatos do que fazemos. O especialista, e nossas razões para escolhê-lo, não estão por trás das nossas práticas; estão no interior delas. E, contudo, esses especialistas nos ajudam, de fato, a deslindar incógnitas[22].

A importância do especialista se evidencia claramente se examinarmos a reflexão de Aristóteles sobre nossas práticas lingüísticas básicas de introdução ao discurso e à definição. Na

Analítica posterior II.8, Aristóteles faz uma reflexão sobre a transição do uso inicial que faremos de um termo que designa um gênero natural à sua definição científica[23]. O termo que designa um gênero natural se incorpora ao nosso uso com base em alguma experiência ou experiências comunais (o pronome "nós" é sempre empregado). Por exemplo: "Estamos cientes do trovão como um ruído nas nuvens, do eclipse como uma privação de luz, e do ser humano como uma certa espécie de animal" (93a22-24). Nesse ponto, somos capazes de "indicar" (*semaínein*) seres humanos ou eclipses, de introduzi-los no discurso ou nos referirmos a eles; mas não temos ainda a definição científica que exponha a natureza das coisas desse gênero. É possível que tenhamos classificado nossa experiência ou atribuído termos que designam esses gêneros naturais de maneira muito grosseira — "às vezes incidentalmente, às vezes apreendendo algo da coisa em questão" (93a21-2). Somente passamos desse agrupamento tosco e dessa parca reflexão à definição plena quando temos alguma explicação ou teoria que exponha a natureza do fenômeno: no caso do trovão, afirma ele, quando temos uma teoria que nos diga que ele é a extinção do fogo nas nuvens, e como isso produz o som que ouvimos. O especialista, e não o leigo, descobre essa teoria. No caso da maioria das espécies de animais não temos ainda, acredita Aristóteles, uma teoria que satisfaça nossas exigências. Mas nossa crença amplamente compartilhada de que os seres naturais são "coisas que têm em si mesmas um princípio de mudança" (*Fís.* II.1) implica um compromisso de persistir, pelos resultados da investigação científica, nessas estruturas internas[24]. Quando surge um cientista com uma teoria que oferece uma explicação satisfatória do crescimento e do movimento de algum gênero de ser natural, temos o compromisso de enxergar essa teoria como algo que define e delimita (ao menos *pro tempore*) a natureza desse ser — mesmo que alguns indivíduos que anteriormente tendemos a incluir na extensão do termo tenham de ser excluídos. Nossa concordância com o compromisso da exploração científica se mostra mais fundamental do que nosso desacordo *prima facie* com o biólogo sobre a extensão do termo.

Podemos usar a reflexão de Aristóteles sobre a definição para avançarmos com relação aos nossos dois problemas anteriores. Em primeiro lugar, podemos ver agora mais claramente por que Aristóteles reúne seus *phainómena* apenas de comunidades semelhantes à nossa. A sugestão da passagem da *Política* se confirma por sua reflexão geral sobre o discurso. Alcançamos nossas evidências sobre *Fs* apenas de comunidades em que as condições relevantes da experiência são semelhantes àquelas que se obtêm em nossa própria comunidade, porque o próprio significado de "*F*" é dado por uma definição expressa nos termos das leis e condições de nossa comunidade efetiva. Nossa habilidade de introduzir *Fs* no discurso surge da experiência efetiva, e a natureza dos *Fs* é dada por uma reflexão científica que se alcança pela pesquisa no e do mundo de nossa experiência. Em alguns casos, por exemplo, no caso dos termos que designam gêneros naturais, a comunidade relevante pode ser toda a terra; no caso da linguagem ética e política, pode bem ser muito mais estreita.

Podemos agora começar também a dar uma resposta à acusação de que o método de Aristóteles evita o trabalho árduo envolvido na realização do verdadeiro progresso filosófico e científico. Aristóteles pode insistir que não há tensão — ou, pelo menos, uma tensão *simples* — entre o método das aparências e os objetivos do cientista. Isso porque nossas práticas e nossa linguagem incorporam uma confiança em tais especialistas, freqüentemente fazendo com que seus juízos sejam constitutivos da verdade. Esse método é uma tentativa de, a um só tempo, respeitar seriamente a linguagem humana e as maneiras comuns de acreditar e fazer justiça ao fato de que essas mesmas práticas revelam uma contínua demanda de entendimento científico. O método não deve ser tomado como algo que nos impeça de fazer o que de fato fazemos. É também crucial, entretanto, ver que o especialista não desempenha aqui nenhum papel mais profundo do que ele de fato desempenha. Ele é normativo para o nosso uso somente na medida em que de fato concordamos em aceitar sua autoridade. Aristóteles não demonstra nenhuma tendência de converter essas observações descritivas sobre o discurso em uma teoria prescritiva do discurso; não devemos, ao lê-lo, embutir mais estrutura do que há presente no texto, cujo principal objetivo é argumentar contra aqueles que criam incógnitas especiosas negando um traço efetivo de nossa prática.

Até o momento, falei muito pouco sobre como essa reflexão a respeito do método filosófico/científico de Aristóteles, erigida em grande medida a partir da *Metafísica* e dos tratados científicos específicos, deve associar-se à reflexão a respeito do entendimento científico desenvolvida na *Analítica posterior*. Duas questões prementes podem ser suscitadas neste ponto. A primeira concerne ao ideal da *Analítica* de uma ciência consumada como um sistema dedutivo hierárquico: como essa norma concorda com os objetivos e procedimentos de Aristóteles nas passagens sobre a salvação-das-aparências nas quais me baseei? Essa é claramente uma questão complexa, que mal pode ser aventada aqui. Mas podemos provisoriamente dizer que o método da salvação-das-aparências poderia ser plenamente compatível com a demanda da *Analítica* de que, nas ciências naturais (como opostas à ética), o especialista deve ao final ser capaz de validar sua alegação de entendimento conferindo demonstrações sistemáticas do tipo descrito. Os dois objetivos seriam compatíveis se o ideal dedutivo fosse visto como algo que surge, ele mesmo, das aparências, um compromisso que acreditamos empreender quando fazemos ciência. E é assim, de fato, que Aristóteles apresenta ali sua reflexão a respeito da *epistémé*: como uma enunciação daquilo que "nós" acreditamos que o entendimento científico deve ser e fazer. Ele parte de uma reflexão a respeito das condições sob as quais "nós" "pensamos que entendemos" algo (*Apo* 71b9), e prossegue demonstrando o que essa concepção compartilhada requer do cientista. De modo semelhante, a discussão da explicação, na *Física*, parte dos modos como "nós" perguntamos e respondemos "Por quê?" e critica cientistas anteriores por não prestarem atenção suficiente à variedade do nosso uso. A cada passo, Aristóteles está preocupado em evidenciar como sua norma surge das aparências e incorpora suas exigências[25]. Na ética, por outro lado, ele se esforça por argumentar que nossas crenças sobre a prática *não* se sujeitam à demanda por um sistema dedutivo[26]. Evidentemente, ele não está interessado em equiparar as aparências a um ideal teórico quando as próprias aparências não revelam um compromisso com um tal ideal.

Mas uma questão mais problemática se impõe quando ponderamos que os princípios primeiros da ciência na *Analítica* foram durante séculos considerados pelos comentadores, via tradição medieval, como verdades *a priori* apreendidas através de atos especiais de intuição intelectual, à parte de toda experiência. Seguramente, podemos objetar, a estrutura consumada de uma ciência aristotélica repousa neles, e não, em última instância, nas aparências. Ou, se as obras científicas de fato repousam nas aparências, elas se afastam, ao se situarem assim, do ideal anunciado pela *Analítica*.

O opositor e eu podemos concordar em inúmeros pontos quanto aos princípios mencionados na *Analítica*: que eles devem ser verdadeiros, não-demonstráveis, necessários, primordiais, tanto anteriores quanto mais passíveis de se conhecer do que a conclusão; que transmitem sua verdade à conclusão; e mesmo (como se verificará) que são *a priori*, de acordo com *certo* entendimento do *a priori*. Contudo, isso dá, é evidente, muita margem a divergências: pois uma aparência humana profunda e fundamental pode ser todas essas coisas, como demonstrarei; e afirmar isso sobre um princípio não nos compromete nem a atos especiais de intuição racional, nem tampouco à noção de que os princípios são verdadeiros fora de todos os sistemas conceituais, de toda linguagem. O opositor, segundo se evidencia, deriva esses elementos extras dessa famosa interpretação a partir de uma quantidade exígua de evidências, especialmente de algumas supostas evidências da *Analítica posterior* II.19. Felizmente (uma vez que não tenho espaço aqui para discutir o caso em detalhes), trabalhos recentes sobre *noûs* (intelecto) e *epistéme* (entendimento) na *Analítica* demonstraram de maneira convincente que o retrato feito pelo opositor é uma leitura equivocada do texto. Trabalhos de A. Kosman, L. Lesher e, mais recentemente, um excelente artigo de Myles Burnyeat, estabeleceram que o modelo de entendimento que surge desse e de outros textos relacionados não introduz nem intuição, nem verdade extra-experimental[27]. Ter *noûs*, ou compreensão, sobre os princípios primeiros é chegar a ver o papel fundamental que os princípios que estivemos usando por todo o tempo desempenham na estrutura de uma ciência. Não é preciso intuir os princípios primeiros – nós já os intuímos e utilizamos, no interior da nossa experiência, como afirma o texto de II.19. Conforme expõe Burnyeat: "O que [a crença do estudante] não é ainda é o entendimento e o tipo de [compreensão] que acompanha o entendimento. Para adquiri-lo no nível dos princípios primeiros, o que precisamos é de maior familiaridade, talvez mais prática dialética; em suma, habituação intelectual."[28] Passamos da massa confusa das aparências a uma ordenação perspícua, da apreensão que acompanha o uso à capacidade de produzir reflexões. Não há nenhuma razão para postular aqui dois métodos filosóficos, um que lide com as aparências, outro que repouse no *a priori*; a dialética e a filosofia primeira têm, como insiste Aristóteles na *Metafísica* IV.2 (cf. acima) exatamente a mesma matéria como tema. As aparências, pois, podem chegar ao nível mais profundo.

III

Mas, se a *Analítica* não ajuda o opositor, tampouco responde realmente nossas questões remanescentes sobre o *status* dos princípios primeiros aristotélicos. Qual é, pois, o significado da afirmação de que eles devem ser tanto "verdadeiros" como "não-demonstrados", e de onde extraímos nossa convicção de sua verdade, se são não-demonstrados? Se são encontrados na experiência e por meio dela, então torna-se ainda mais urgente investigar como fazem por merecer sua pretensão de verdade e de prioridade. A *Analítica* nos relata algumas das características dos princípios primeiros; também nos relata como, através da experiência, podemos adquirir compreensão de seu *status* fundamental. Mas não responde à nossa questão concernente ao *status*, uma vez que não enfrenta nenhum desafio de tipo cético[29]. Cumpre agora nos voltarmos, portanto, à *Metafísica* IV, em que veremos como Aristóteles defende sua pretensão contra a investida cética.

Na *Metafísica* IV.4, Aristóteles considera como devemos lidar com um oponente que desafia o Princípio de Não-Contradição (predicados contraditórios não se podem afirmar de um mesmo sujeito ao mesmo tempo). Ele denomina esse princípio "O ponto de partida (*arkhé*) mais seguro de todos". Como, então, devemos lidar com o oponente que nos desafia a justificar nossa investigação demonstrando a sua verdade? A resposta de Aristóteles é reveladora. "Eles pedem uma demonstração", afirma ele, "em virtude de *apaideusía*. Pois é *apaideusía* não reconhecer as coisas das quais se deve procurar uma demonstração, e aquelas de que não se deve." Ora, *apaideusía* não é estupidez, absurdidade, erro lógico, mesmo insensatez. É falta de *paideía*, a educação pela prática e preceito que inicia o jovem grego nos modos de sua comunidade; a palavra é normalmente traduzida por "aculturação" ou "educação moral". *Apaideusía* é, por exemplo, a condição dos Ciclopes (Eurípides, *Cicl.* 493), criaturas humanóides que vivem isoladas da comunidade humana. "Eles não têm assembléias que tomam decisões, tampouco convenções que os obrigam, mas habitam os cumes de montanhas elevadas... e não têm nenhuma preocupação uns com os outros" (Hom. *Od.* IX.112-15)[30]. Parece significativo que o oponente seja acusado desse defeito, em lugar de ignorância ou parvoíce. Não é tanto que ele seja estúpido; ele simplesmente não sabe como fazer as coisas (ou se recusa a fazê-las) da maneira como nós as fazemos. Ele carece daquilo que Burnyeat denominou "habituação intelectual" – a consciência sensível, produzida pela educação e pela experiência, do papel fundamental que esse princípio desempenha em todas as nossas práticas, em todo o nosso discurso. (Cf. *GC* 316a5: "A razão de sua deficiente habilidade de examinar aquilo com que todos concordamos é sua inexperiência (*apeiria*).") E, por alguma razão, ele escolheu dissociar-se até mesmo da *paideía* incompleta que caracteriza a pessoa do povo; pois está atacando um princípio que aquela pessoa *usa* como fundamental, seja ou não ciente disso.

Aristóteles propõe, em seguida, uma maneira de lidar com esse opositor. Primeiro, afirma ele, é preciso descobrir se essa pessoa nos dirá alguma coisa ou não. Se não disser nada, então poderemos deixar de nos preocupar com ela. "É cômico procurar algo para dizer a alguém que não dirá nada. Uma pessoa assim, na medida em que é dessa maneira, muito se assemelha a um vegetal" (1006a13-5). Mas, se ela *efetivamente* disser algo, algo definido, então poderemos prosseguir e demonstrar-lhe que, ao fazê-lo, ela está de fato acreditando e fazendo uso do próprio princípio que ataca. Pois, para dizer algo definido, ela tem que excluir outra coisa como incompatível: pelo menos, a contraditória do que ela afirmou[31].

Assim, se a pessoa não fala, deixa de ser um de nós, e não se exige de nós que a levemos em conta. Se ela efetivamente fala, podemos instá-la a voltar a atenção às suas práticas lingüísticas e àquilo sobre o que elas repousam. Ao fazê-lo, estaremos dando-lhe a *paideía* de que ela carece, um tipo de iniciação ao modo como fazemos as coisas. Por vezes, o oponente não quer escutar. "Alguns precisam de persuasão, outros precisam de violência", observa Aristóteles um pouco severamente no capítulo seguinte (1009a17-8). A filosofia, no nível dos princípios primeiros, parece ser uma questão de colocar a pessoa isolada nos eixos, de dissipar as ilusões que causam o colapso da comunicação. Às vezes, isso pode realizar-se gentilmente, às vezes apenas com violência; e, outras vezes, não é absolutamente possível.

Muitas coisas nos surpreendem nessa resposta ao desafiador cético. Primeiramente, não é o tipo de resposta que ele demanda. No século seguinte a Aristóteles, filósofos estóicos responderam a ataques céticos contra as crenças básicas argumentando que essas crenças repousam sobre um fundamento perceptivo absolutamente indubitável. A "impressão cataléptica" era uma impressão que certificava sua própria precisão; esse fundamento era, pensavam eles, seguro contra o cético[32]. Mas Aristóteles não aponta para esse tipo de fundamento do nosso conhecimento do mundo. Ele afirma que um princípio é verdadeiro e primordial; que estamos autorizados a asseverá-lo; que, de fato, não podemos estar errados com respeito a ele; que é o que toda pessoa pensante deve acreditar. Não afirma que esse princípio básico é verdadeiro à parte das "aparências" e dos sistemas conceituais humanos, verdadeiro sobre o modo como o mundo é *por trás* e *além* das categorias do nosso pensamento e discurso. Com efeito, no capítulo seguinte, ele se recusa até mesmo a voltar-se à popular questão contemporânea, qual espécie animada é o padrão da verdade? Tudo o que ele diz é que *nós* não podemos avaliar o princípio; mas tampouco, insiste ele, podemos demonstrá-lo da maneira exigida. Ele é, para nós, o ponto de partida de todo o discurso, e fugir dele seria deixar de pensar e de falar. Assim, de um modo muito importante, Aristóteles *não* responde ao desafio do oponente. Não lhe oferece a certeza exterior, platônica, que ele quer. E, se o oponente realmente optar por se isolar do discurso, nem mesmo a limitada "demonstração elêntica" terá êxito. Numa reflexão penetrante sobre essa passagem, o comentador grego Alexandre de Afrodisias, do século III d.C., escreve que tentar conversar com um oponente assim silencioso é "procurar comunicar algo através do discurso a alguém que não tem discurso, e através do discurso tentar estabelecer associação com alguém que é desprovido de associação" (272.36-273.1). Não podemos satisfazer a demanda, por parte do cético, de pureza externa; podemos pedir-lhe que aceite nossa associação. Mas, talvez, se ele é um cético inclinado a assegurar sua equanimidade contra os riscos que acompanham a comunidade e o envolvimento humano, ele o recusará. Não podemos, em nenhum sentido mais rígido, demonstrar-lhe que ele está *errado*. (É por isso que o passo crucial seguinte de Aristóteles, na *Metaf.* IV.5, é buscar um diagnóstico dos motivos do opositor, perguntando que crenças e objetivos podem levar uma pessoa inteligente a tomar essa posição, e como podemos curar o erro motivador em cada caso.)

Uma posição semelhante é implicada na passagem que examinamos anteriormente, em que Aristóteles rejeita o Uno eleático em razão de que nem mesmo um lunático acredita nele, se julgarmos por suas ações. Aqui, também, ele termina sem denominar errada a conclusão de Parmênides com relação ao mundo, uma vez que ela é apartada de qualquer contextualização. Tudo o que ele diz é que nenhum ser humano que se incumbe de agir no mundo humano – nenhum ser humano que não "se situe a tão grande distância" a ponto de não agir absolutamente *entre* nós – pode sustentar seriamente tal concepção. A ação, mesmo a ação bizarra e anormal, compromete-se com a existência de movimento e pluralidade. Aristóteles suscita esse mesmo ponto na *Metafísica* IV.4 e estende o debate sobre o discurso ao Princípio da Não-Contradição para abranger casos em que o oponente, ainda que silencioso com respeito às demandas verbais do debate, revela seu compromisso com o princípio através de suas práticas:

> É muito óbvio que ninguém está realmente nessa condição [de acreditar na negação do Princípio de Não-Contradição], nem aqueles que tecem a discussão, nem ninguém mais. Pois, por que ele vai a Mégara e não fica onde está, quando pensa que deve ir? Por que ele não sai imediatamente de manhã cedo e se joga em um poço, ou de um precipício, se por acaso houver um, mas, em lugar disso, o evita, como se não sustentasse efetivamente que não é bom e é bom cair de lá? É evidente, pois, que ele acredita preferível uma coisa e não preferível a outra. (1008b14-9)

Assim, o oponente só pode nos derrotar se deixar de agir humanamente em nosso mundo, bem como ao parar de falar. Tão logo ele aja de alguma maneira definida, está sendo responsável por alguns traços definidos do mundo tal como afeta um ser humano, a saber, ele mesmo. Ele está aceitando certas aparências, tanto as percepções quanto as crenças humanas usuais – ex., crenças sobre a maldade da morte prematura, sobre o perigo de morrer se saltar de um precipício, sobre o fato de que ele é um mortal, uma criatura corpórea com ossos que podem se quebrar e sangue que pode se derramar– como coisas que têm um significado em sua vida e em suas ações. Não está aceitando suas contraditórias como coisas que têm igual força. Está permitindo que a humanidade que ele compartilha conosco governe sua escolha[33]. Mas essa réplica aristotélica, mais uma vez, provém do interior das práticas humanas. Ela evidencia o custo de recusar o princípio: a imobilidade, bem como o silêncio, a perda absoluta da comunidade. Não procura fundamentar o princípio em nada mais firme do que isso. Mas isso é suficientemente firme; é verdadeiro, necessário, tão firme quanto qualquer coisa pode ser.

Aristóteles não afirma, entretanto, que não há *mais nada* com relação à não-contradição além da *paideía* ou das nossas práticas. Ele diria, penso, que não temos condições de julgar isso; que essa afirmação, assim como a negação cética do princípio, pede que nos situemos fora da linguagem e da vida, e está, portanto, fadada ao fracasso. Nenhuma argumentação exclui que algum deus pode ser capaz de dizer algo mais, ou algo diferente. Tudo o que podemos dizer, contudo, é que tudo o que fazemos, dizemos e pensamos repousa sobre esse princípio.

O princípio é, então, para Aristóteles, um princípio *a priori*?³⁴ Essa questão é freqüentemente suscitada, mas na maioria das vezes sem o cuidado suficiente de definir o tipo de princípio *a priori* envolvido. É certamente *a priori*, se um princípio *a priori* é um princípio básico ou inalterável, relativo a um certo corpo de conhecimento (o que foi por vezes denominado o "*a priori* contextual"). É *a priori* até mesmo em um sentido um pouco mais forte: é tão básico que não pode em absoluto ser significativamente defendido, explicado ou questionado a partir de dentro das aparências, o que equivale dizer, das vidas e práticas dos seres humanos, desde que os seres humanos sejam de alguma maneira semelhantes a nós. Mas não é um princípio *a priori* se esse é um princípio que pode ser conhecido como válido independentemente de toda experiência e de todos os modos de vida, de todos os sistemas conceituais. É essa a questão que não estamos em posição de perguntar ou responder. É isso que o cético gostaria que lhe fosse demonstrado, e é isso que não lhe oferecemos.

Não há nada que mais claramente ilustre esse ponto do que o contraste das noções aristotélica e platônica dos fundamentos "não-hipotéticos" de uma ciência. Para Platão, como dissemos, cada ciência deve partir de um princípio ou de princípios que sejam "não-hipotéticos" no sentido de poderem ser conhecidos como válidos "por si mesmos", de modo inteiramente independente de toda conceitualização e pensamento. Aristóteles também denomina seu "princípio mais seguro" um princípio "não-hipotético"; mas sua reflexão torna clara a diferença de sua posição: "Pois o que é necessário que qualquer um tenha para que entenda absolutamente qualquer coisa, isso não é uma hipótese" (1005b15-6). Uma hipótese é, a seu ver, de modo bastante literal, algo "registrado abaixo" de alguma outra coisa. Tudo o que devemos usar simplesmente para pensar não pode obviamente ser postulado ou "registrado" à vontade; portanto, temos justificativa para denominar "não-hipotético" esse princípio. Mas esse tipo kantiano de *status* não-hipotético é tudo o que Aristóteles se esforça por reivindicar para ele. Tentar dizer "mais" seria, a seu ver, dizer menos, ou talvez absolutamente nada. As verdades científicas são seguramente verdadeiras *do* ou *sobre* o mundo da natureza; não são (tanto quanto o eram para Kant) todas *sobre* seres humanos ou seus estados mentais. Mas o *status* das verdades básicas nas quais a ciência se baseia é um *status* de necessidade *de* discurso e pensamento. É essa necessidade, e somente ela, que elas podem transmitir a seus dependentes.

Um outro exemplo nos mostrará uma ligação entre as respostas de Aristóteles aos oponentes céticos e suas concepções sobre a linguagem. Na *Física* II, Aristóteles examina a afirmação de Parmênides de que a mudança e o movimento são meramente convencionais. Como na *Metafísica*, ele rejeita a demanda eleática de que ele demonstre essa aparência básica:

> Tentar mostrar que a natureza existe é cômico; pois é óbvio que há muitas dessas coisas [i.e., mutáveis]. E mostrar o óbvio através do obscuro é o que faz aquele que é incapaz de distinguir o que é auto-evidente do que não é. É possível estar nesse estado: um homem cego de nascença pode tentar dar uma prova a partir de premissas sobre as cores. Mas o discurso dessas pessoas será necessariamente de meras palavras, e elas não terão nenhum *noûs* sobre coisa alguma. (193a1 ss.)

Novamente, percebemos que há um sentido em que o desafiador permanece sem resposta. Aristóteles não afirma que o oponente está *errado* sobre a maneira como as coisas realmente são separadas das categorias do pensamento, nem que ele diz algo que pode ser decisivamente falseado se recorrermos a alguma evidência fundamental, mas que o que ele diz é cômico. Ele está tentando dizer o que *ele*, de qualquer forma, não está em posição de dizer. Precisamente como uma pessoa cega de nascença não está em posição de usar em um debate premissas sobre as cores, uma vez que não teve nenhuma experiência da cor, assim o Eleático não está em posição de usar premissas relativas ao Ser unitário, imutável do universo. A mudança e a pluralidade estão em tudo aquilo de que temos experiência; até Parmênides admite isso. Elas estão para ele entre os mais profundos fatos que formam os limites de nossa experiência comum do mundo. Mesmo seu herói-filósofo é consciente de si ao longo do poema como um ser natural mutável. Como, então, indaga Aristóteles, ele pode construir seu raciocínio?

Essas observações poderão ser mais bem compreendidas se retomarmos as concepções de Aristóteles sobre a indicação lingüística. O Eleático é "cômico" porque não é bem-sucedido em determinar ou indicar o Uno imutável, indivisível. Essa unidade está, no dizer do próprio Eleático, "distante dos caminhos trilhados dos seres humanos". Nem ele, nem ninguém mais em sua comunidade pode ter tido experiência dela[35]. Por conseguinte, diria Aristóteles, ele não a pode introduzir no discurso; o discurso, mesmo quando vago e impreciso, é limitado pela experiência do grupo. Portanto, muito embora o Eleático acredite que esteja dizendo algo audacioso e estranho, ele, em verdade, não está dizendo absolutamente nada. É por isso que podemos afirmar que o que ele diz são "meras palavras" desprovidas de entendimento.

E, com respeito ao platônico, que acusa de "indolente" todo filósofo que se recuse a tomar a "estrada mais longa" que se afasta das aparências em direção à apreensão da forma do Bem, Aristóteles afirma, em outra parte, que também esse oponente não "indica" ou se refere a suas estimadas entidades. Em uma passagem notável da *Analítica posterior*, ele observa como é insólito o fato de o platônico introduzir as formas monádicas e auto-subsistentes de propriedades que, como as cores, sempre ocorrem em nossa experiência como propriedades de uma substância ou de outra. Então, num rasgo irreprimível de malícia que nos explicita aspectos do temperamento de Aristóteles normalmente mascarados por uma sobriedade medida, ele exclama: "Então, adeus às Formas platônicas. Elas são *teretísmata*, e nada têm a ver com a nossa fala" (*Apo* 83a32-4). *Teretísmata* são sons desprovidos de sentido que fazemos quando cantamos para nós mesmos; podemos traduzi-los como "la-la-ri-la-las". A nova tradução de Jonathan Barnes os denomina "*noninoes*" ["parapapás"]. Contudo, além do fato de que essa sugestão de gosto musical matreiro torna a crítica demasiado cortês, também perdemos a ênfase na solidão e no isolamento transmitida pelos gregos. Devemos pensar não em uma sociedade madrigal, mas em um indivíduo completamente absorto em si mesmo dizendo para si algo que nenhuma outra pessoa, nem tampouco, em última instância, ele próprio pode entender. Quando o platônico fala d'O Bem ou O Branco, ele não está se referindo a nada, menos ainda comunicando alguma coisa a nós. Ele está apenas cantarolando numa esquina. Pois as formas são auto-subsistentes e monádicas, ao passo que, pela nossa experiência, as propriedades são dependentes das substâncias; as formas são não-relacionais, mesmo nos casos em que a propriedade (ex., igualdade, duplicidade) sempre surge, na nossa experiência, em um contexto relacional. (Na *Metafísica* I, Aristóteles afirma que os argumentos de Platão tentaram criar uma classe não-relativa de termos relativos, "sobre os quais *nós dizemos* que não há uma classe de por-si-sós" (990b16-7).)

Mas dizer "adeus" às formas não é afirmar que elas não existem inteiramente fora do mundo da nossa experiência e pensamento. Tampouco isso poderíamos dizer. Mesmo o contraste entre o mundo como é para nós e o mundo como é por trás ou à parte de nosso pensamento pode não ser um contraste que o defensor de uma verdade humana interna se permitiria fazer usando a linguagem humana. Aqui, podemos dizer que Aristóteles normalmente mantém sua internalidade de maneira mais coerente do que Kant, se recusando até mesmo, no mais das vezes, a expressar o que é que não podemos dizer. A razão aristotélica não é tão agrilhoada, apartada *de* algo que podemos, contudo, descrever ou apontar, como é comprometida *com* algo, com a linguagem ou o pensamento, e com os limites deles[36]. Aparências e verdade não são opostas, como Platão acreditava. Podemos ter verdade apenas *dentro* do círculo das aparências, porque somente ali podemos, de algum modo, nos comunicar, e mesmo nos referir.

Isso, portanto – se pudermos caracterizá-lo por nós mesmos empregando uma linguagem desconhecida ao próprio Aristóteles – é um tipo de realismo, não alguma espécie de idealismo, nem ceticismo. Não tem nenhuma tendência de nos confinar a representações internas, nem pedir que suspendamos ou qualifiquemos nossos juízos profundamente fundamentados. É plenamente hospitaleiro à verdade, à necessidade (propriamente compreendida), e a uma noção cabal e impetuosa de objetividade. Não é relativismo, uma vez que insiste que a verdade é a mesma para todos os seres pensantes, providos de linguagem. É um realismo, entretanto, que expressa muito cuidadosamente os limites dentro dos quais todo realismo deve viver. O tema do eterno ou do imortal tem seu lugar nesse realismo – mas, como Aristóteles deixa claro, somente porque esse tema é uma parte importante do nosso mundo. "É correto tomar parte persuadindo-se de que as antigas crenças profundamente presentes em nossa tradição nativa são verdadeiras, segundo as quais há algo imortal e divino" (*Cael*. 285a1-4; e cf. a preservação das "aparências" teístas de "todos os seres humanos" no *Cael*. 270b5 ss.). A crença na divindade e na eternidade dos corpos celestes tem peso na filosofia em virtude de sua profundidade para nós, porque sobreviveu a tantas mudanças de crença social e política de uma natureza mais superficial (*Metaf*. 1074a39 ss.). No entanto, justamente por isso, só estamos autorizados a afirmar a verdade "interna" de tais crenças[37]. Mesmo a existência de um motor imóvel é estabelecida como uma das conclusões de uma ciência física, cujos princípios não têm, nenhum deles, um *status* mais profundo que o Princípio de Não-Contradição, e cuja maioria é obviamente fundamentada com menos firmeza.

Optar por não participar de uma "aparência" básica nem sempre acarreta silêncio ou inação. As aparências advêm em diferentes níveis de profundidade: o que significa que o custo de dispensar uma delas variará conforme o caso, e deve ser individualmente examinado. Percebemos, por exemplo, que nenhuma das crenças mais centrais à ética e à política se mostram tão profundamente fundamentadas quanto as leis lógicas básicas. Negar a crença predominante em deuses levará a uma certa perda de comunidade: haverá um sentido muito real em que o teísta e o ateísta não habitam o mesmo mundo ou olham as mesmas estrelas. Mas o abismo não será totalmente intransponível. De maneira semelhante, optar por não participar de juízos éticos comuns muito básicos levará a um modo de vida que os humanos mais normais julgarão bestial ou inumano. Uma vida de extrema intemperança realmente traz consigo um problema de comunicação, pois "a pessoa que vive de acordo com seus impulsos não escutará um argumento que a dissuada" (*EN* 1179b26-7); e, na outra ponta do espectro, o asceta extremo também deixa de ser um de nós, "pois uma insensibilidade dessa espécie não é humana... e se houvesse alguém para quem nada é aprazível, ele estaria longe de ser um ser humano" (*EN* 1119a6-10). Mas o custo do ascetismo não é o mesmo custo de negar o Princípio de Não-Contradição; presumivelmente, é uma vida que pode ser vivida entre nós, muito embora o vivente deixe, sob aspectos significativos, de ser um de nós.

Ademais, ao passo que não é possível ao oponente do Princípio de Não-Contradição encontrar uma posição com a qual possa argumentar conosco, o oponente de uma aparência predominante, mas menos básica, pode sempre tentar nos mostrar (confiando no Princípio) que outras aparências mais básicas entram em conflito com essa e devem nos levar a abandoná-la. Por exemplo, um oponente feminista da concepção conservadora de Aristóteles sobre o papel social da mulher poderia tentar mostrar a Aristóteles que uma posição progressista efetivamente preserva certas crenças humanas profundas sobre a igual humanidade de outros seres humanos melhor do que a sua própria teoria política. Se Aristóteles concordasse quanto ao conflito, e concordasse que essas outras crenças são mais profundas (isto é, que o custo de as deixar de lado seria maior, ou tal que não estamos dispostos a pagar), então seria de esperar que ele mudasse a sua concepção. O método não faz novas descobertas, afastamentos radicais, ou acentuadas mudanças de posição impossíveis, seja na ciência ou na ética[38]. O que ele realmente faz é nos explicar de que maneira toda concepção radical ou nova deve recomendar-se à nossa atenção: demonstrando sua relação com nossa experiência vivida do mundo e fornecendo evidências de sua capacidade de organizar e expressar traços dessa experiência. Às vezes, pode não ficar claro durante um longo período de tempo se uma hipótese audaciosa – incluindo muitas de Platão e algumas do próprio Aristóteles – logrou alcançar esse retorno, se é a verdade humana, ou se são apenas palavras vazias. (Isso ocorre em parte porque com freqüência não fica claro quais aparências devemos considerar profundas e reguladoras e quais podemos voluntariamente deixar de lado.) É possível também que não fique claro que *forma* o próprio retorno deve assumir – isto é, se, em uma matéria particular, demandamos a apreensão hierárquica sistemática que acompanha a *epistéme*, ou se preferimos, ao invés, um tipo mais evasivo de percepção. No Capítulo 10, trataremos da afirmação de Aristóteles de que a sabedoria prática não é *epistéme*; e veremos como ele argumenta, no interior das aparências, em favor dessa conclusão. Em geral, o papel dos sinais que demarcam a *tékhne* platônica, tais como generalidade, precisão e comensurabilidade, no resultado final deve ser apropriado à matéria; e é das próprias aparências que se devem extrair os critérios apropriados. A metavisão, bem como o conteúdo da visão, provém de nossas demandas e de nossas práticas, e deve recomendar-se como o tipo de organização com a qual queremos viver.

IV

O platônico acusou o aristotélico de indolência filosófica. Cumpre agora respondermos a essa acusação em nome de Aristóteles dizendo a ele que esse tipo de trabalho árduo, que se empenha em alcançar uma posição vantajosa incondicional fora das aparências, é tão fútil como destrutivo: fútil, porque tal posição vantajosa não se encontra disponível, como tal, à investigação humana; destrutivo, porque a glória do objetivo prometido faz com que o trabalho humanamente possível pareça tedioso e desprezível. Poderíamos buscar o estudo de nós mesmos e de nosso mundo na ética, política, biologia, ciência física. Poderíamos investigar nossas concepções humanas de lugar e tempo, nossas práticas de explicação sobre mudança, de contagem, de individualização. O platônico nos encoraja a negligenciar esse trabalho quando nos dá a idéia de que a filosofia só é uma empresa que vale a pena se nos conduzir para fora da "caverna" e para cima em direção à luz do sol.

O platônico pode agora responder que a concepção aristotélica faz da filosofia uma atividade insípida e fastidiosa que não acrescenta nada distinto à vida humana comum. Parece destruir a filosofia ao destituí-la de sua pretensão de fazer progresso decisivo em nosso nome. Deixa de ser evidente a razão por que a realizamos, se não temos nenhuma perspectiva de ir "além dos caminhos trilhados dos seres humanos". Mas Aristóteles seguramente não aceitaria a acusação de que sua concepção faz da filosofia algo sem importância. Primeiramente, ele insistiria no bem causado pelo aspecto negativo e deflacionário do retorno às aparências, aspecto que ocupa uma grande parte de seus próprios escritos. No momento em que começamos a teorizar, colocamo-nos, como Aristóteles ilustra repetidamente, em agudo perigo de supersimplificação. Seus capítulos históricos e críticos demonstram a variedade desses perigos: reducionismo materialista na filosofia do espírito, mecanicismo na explicação científica, hedonismo do fim-dominante na ética, socratismo nos temas da linguagem e da definição. Ao fazer com que retornemos, em cada caso, às "aparências", ele nos faz lembrar que nossa linguagem e nossos modos de vida são mais ricos e mais complexos do que a maior parte daquilo que a filosofia reconhece. Na medida em que essas teorias supersimples foram, e são, poderosamente influentes na vida humana, o retorno que as bloqueia pode ter um poder correspondente.

Mas essa resposta não atinge um nível suficientemente profundo para apreender toda a força da posição aristotélica. Até aqui, parece que a salvação-das-aparências tem sentido somente porque uma certa tribo de estranhos profissionais, chamemo-los filósofos, decidiram um pouco arbitrariamente investir em severidade e simplicidade, ultrapassando e violentando os modos humanos comuns. Para a pessoa comum na ágora, não há necessidade de filosofia aristotélica, porque essa pessoa jamais foi cativada pelo outro tipo de filosofia. Se a filosofia é uma atividade profissional nitidamente demarcada, a salvação-das-aparências aparentemente só teria força dentro dessa profissão, e o restante de nós poderia empreender nossa ocupação, conhecendo o que conhecemos.

Claramente, não é essa a concepção de Aristóteles. A *Metafísica* tem início, como vimos, com a afirmação de que "todos os seres humanos buscam por natureza o entendimento". A discussão que se segue a essas famosas palavras traça o caminho de volta do desenvolvimento da filosofia até uma inclinação natural, da parte de todos os seres humanos, para ordenar e interpretar o mundo por si mesmos, fazendo distinções, esclarecendo, encontrando explicações para o que se afigura estranho ou assombroso. Outras criaturas vivem pelas impressões e impulsos do momento; os seres humanos procuram compreender e dominar o mundo sob alguns princípios gerais que revelarão uma ordem em sua multiplicidade. Nossos desejos naturais não serão satisfeitos enquanto algo aparentemente arbitrário nos escapar. A filosofia se desenvolve, de fato, como uma expressão desse ódio de estar perdido no mundo:

> É em razão do assombro que os seres humanos empreendem a filosofia, tanto agora como em suas origens... A pessoa que está perdida e em um estado de assombro pensa que não apreende alguma coisa; é por isso que o amante de histórias em certo sentido é um filósofo, pois as histórias são compostas de assombros. (*Metaf.* 982b12-9)

Nosso encontro com o mundo é, continua ele, muito semelhante ao que acontece quando assistimos a um teatro de fantoches representado por marionetes mecânicas, sem nenhum controle humano visível; nós nos assombramos, e procuramos uma explicação para o movimento aparentemente extraordinário. Há um *continuum* natural entre o assombro e a narração de histórias, entre a narração de histórias e a teorização: buscamos continuamente expandir a abrangência de nossa compreensão.

Mas, se apreender o mundo e torná-lo compreensível à razão é um desejo humano universal, então parece evidente que a supersimplificação e a redução serão perigos profundos e sempre presentes. Ao buscarmos fazer do mundo nosso lar, podemos facilmente nos tornar estranhos ao nosso lar à medida que o experimentamos. Em nossa ansiedade por controlar e apreender o incontrolado pela *tékhne*, podemos muito facilmente nos tornar distantes das vidas que originalmente desejamos controlar. As teorias que Aristóteles ataca por serem supersimples não são todas, nem mesmo a maior parte, obras de seitas profissionais estreitas; muitas delas provêm da tradição popular e exercem uma grande influência sobre a imaginação popular – mesmo as imaginações daqueles que, ao mesmo tempo, em sua vida e discurso cotidianos, revelam um compromisso com um mundo mais complicado. A filosofia responde a uma demanda humana, e a demanda é tal que somos facilmente levados, quando nos ocupamos dela, a nos alienarmos das crenças que fundamentam nossas vidas cotidianas. Aristóteles (como o Heráclito de nossa epígrafe)[39] acredita que a maioria de nós nos tornamos, pela influência do hedonismo, do materialismo, do mecanicismo ou de alguma outra representação simples, estranhos a algum aspecto da vida que vivemos, da linguagem que utilizamos. Precisamos da filosofia para nos mostrar o caminho de volta ao comum e para fazer dele um objeto de interesse e prazer, e não de desdém e evasão.

Às vezes, o retorno encontrou resistência; às vezes, a platéia de Aristóteles parece ter-se rebelado contra seu gosto pelo usual e o mundano, demandando em lugar disso as preocupações elevadas e ilustres às quais a tradição filosófica a acostumou. Em *Das partes dos animais* (I.5), ele se dirige a alguns estudantes que haviam evidentemente protestado contra o estudo de animais e sua forma e matéria, e solicitado algo mais sublime. Ele lhes diz que essa relutância é efetivamente um tipo de autodesprezo: pois eles próprios são, afinal, criaturas de carne e osso (*PA* 654a27-31). Que eles precisassem ser lembrados desse fato é um sinal da profundidade do platonismo; ou, antes, um sinal de que o platonismo apela a uma tendência já profunda em nós de vergonha das coisas confusas e obscuras das quais é feita a nossa humanidade. Poderíamos generalizar o raciocínio de Aristóteles afirmando que o oponente do retorno às aparências tende a ser uma pessoa que não está em paz com a sua condição humana; e que esse é um problema íntimo para essa pessoa, não um defeito do método. Alguns tipos de filosofia têm sua origem no que Aristóteles denomina aqui "asco infantil" (645a16); para desfazer os edifícios construídos pelo asco é preciso, por sua vez, um outro tipo de filosofia – de maneira muito semelhante a amigos que, tendo-se tornado estranhos ou inimigos, precisam de um mediador para efetivar uma reconciliação.

Aristóteles tem ainda uma outra resposta aos estudantes, que nos demonstra como esse objetivo terapêutico pode estar ligado a benefícios positivos. Ele afirma que experimentamos alegria ou contentamento sempre que descobrimos ordem ou estrutura em nosso mundo, por mais trivial que pareça ser a esfera de nossa investigação (*PA* 645a7-11). (Esse é, recordemos, um filósofo que dedicou anos de sua vida à descrição precisa de espécies marinhas anteriormente negligenciadas, fazendo uma contribuição à biologia que por séculos se manteve incomparável. É também um filósofo moral que fala respeitosamente da habilidade de contar uma boa piada no momento certo, e denomina as piadas "os movimentos do caráter" (*EN* 1128a11). Muitas estruturas animais pequenas lhe propiciavam deleite.) A filosofia, inspirada pelo assombro, nos conduz ao mundo e à sua descrição cada vez mais precisa. Ao fazê-lo, ela revela e torna explícita a ordem que há *nas* aparências: na visão que temos do nosso ambiente natural, em nossas crenças sobre o universo, em nossas vidas moral e política. Desse modo, ela não deixa simplesmente tudo como estava: ela persegue de uma maneira séria e meticulosa a demanda humana por ordem e entendimento. Na *Metafísica* IV.2, após insistir que o dialético e o filósofo "diferem sobre a mesma matéria", Aristóteles esboça uma distinção. "O dialético faz conjecturas sobre coisas a respeito das quais o filósofo busca entendimento" (*Metaf.* 1004b22-6). O filósofo se diferencia do dialético, bem como do homem comum, não tanto na matéria, ou mesmo no desejo. Difere primordialmente na meticulosidade e na dedicação com que impõe, em cada área, a demanda humana de ver ordem e fazer distinções. Empédocles alegava ser um deus. Parmênides e o Sócrates de Platão se comparam a iniciados em uma religião de mistério. O filósofo de Aristóteles, ao contrário, é o que poderíamos denominar o ser humano profissional. Ele é o tipo de pessoa que, na ética, nos fornece uma visão mais clara do alvo que sempre visamos (*EN* 1094a23-4); que, na lógica, descreve explicitamente os princípios que utilizamos para avaliar as inferências uns dos outros. Ele é menos distraído, mais sério, menos relutante que o restante de nós. Por essa razão, pode ajudar-nos a satisfazer, do modo apropriado, nossos desejos naturais.

Pode parecer que há uma tensão contínua entre os objetivos terapêutico e positivo do método dos *phainómena*. Pensou-se, por vezes, em nossa própria tradição filosófica, que a tarefa terapêutica só pode ser satisfatoriamente realizada pela supressão de toda ordem e estrutura; por conseguinte, é possível sugerir que Aristóteles, cuja obra obviamente nos apresenta bastante estrutura, não pode ser seriamente dedicado ao retorno humano de que ele fala. Pensemos, por exemplo, na imagem mais puramente negativa usada por Wittgenstein nesta conhecida passagem:

> De onde nossa investigação extrai sua importância, uma vez que parece apenas destruir tudo o que há de interessante, isto é, tudo o que é grandioso e importante? (Todas as construções, por assim dizer, deixando para trás somente pedaços de pedras e entulho.) O que estamos destruindo não são senão castelos de cartas e estamos limpando o solo da linguagem sobre o qual se erigiam. (*Philosophical Investigations*, I 118)

Esse parágrafo se inicia com a questão que desde o início estivemos dirigindo a Aristóteles. E pode-se pressumir que tanto Aristóteles como Wittgenstein concordariam quanto a uma parte da resposta. Muito da importância de suas maneiras de filosofar provém da destruição da ilusão filosófica, da cuidadosa exploração da linguagem que demonstra que as estruturas do platonismo são castelos de cartas. Mas a passagem é tal que jamais poderia ter sido escrita por Aristóteles. Pois a imagem de Wittgenstein do resultado (seja ou não um indício seguro de sua visão geral) é uma imagem puramente negativa. Deixa-nos desprovidos de qualquer coisa "interessante", apenas com pedaços de pedras e entulho e com uma limpeza geral a ser feita no solo. Aristóteles falaria de maneira diferente. Quando derrubamos os castelos de cartas, ainda nos sobra muita ordem e estrutura – a ordem que há *em* nossa linguagem e no mundo ao nosso redor tal como o vemos e o experimentamos. A ordem que há no sistema digestivo de um lagostim; a estrutura de uma piada bem contada; a beleza das ações e do caráter de um amigo íntimo. O que sobra incluiria casas; também incluiria laboratórios – estruturas utilizadas por seres humanos em seus esforços para conhecer o lugar onde vivem. Não conhecemos esse lugar apenas por vivermos nele e nos utilizarmos dele; isso é evidente pelos nossos inúmeros atos de simplificação, nossa predileção pelo falseamento da teoria. O lugar precisa ser claramente mapeado por pesquisadores sérios, de modo que não percamos nosso caminho nele ou para além dele. E esse trabalho é interessante, porque a vida humana é interessante, porque as piadas, as leis, as estrelas, as rochas, as inferências, os insetos, os poemas trágicos e épicos são interessantes e importantes.

A tarefa positiva de Aristóteles se vincula intimamente com a negativa. Ver claramente a ordem que há ali nos ajuda a superar o "asco infantil", de modo que ficaremos contentes por viver onde vivemos, "sem fazer cara azeda" (*PA* 645a24). Por outro lado, cuidaremos mais eficazmente dessa ordem se a promessa ilusória de uma ordem platônica gloriosa for explicitamente demolida. O obstáculo mais sério à boa filosofia não é a ignorância, mas a má filosofia, que cativa por sua agradável clareza:

> Há algumas pessoas que propõem argumentos que são tão estranhos à matéria em questão como vazios, e saem impunes, porque parece ser a marca de um filósofo não dizer nada à toa, mas usar argumentos ponderados. (Alguns argumentam assim por ignorância, alguns por desonestidade ambiciosa.) Mesmo homens com experiência e capacidade prática são ludibriados por essas pessoas, que não têm capacidade de pensamento organizado ou prático; isso lhes ocorre por *apaideusía*. (*EE* 1217a1-7)

O trabalho negativo aristotélico, pela eliminação da impostura, torna possível à pessoa prática começar a obter, e a apreciar, a *paideía* positiva que ela deseja.

Aristóteles conclui esse apelo aos estudantes de biologia contando uma história[40]. Alguns visitantes, diz-lhes ele, certa vez quiseram ser apresentados a Heráclito. Quando chegaram à sua casa, viram o grande homem sentado na cozinha, aquecendo-se ao pé do fogão. Hesitaram. (É presumível que esperassem encontrá-lo fora, contemplando os céus, ou perdido em reflexões – tudo menos essa atividade tão comum.) Ele lhes disse: "Entrai. Não temais. Aqui também há deuses" (*PA* 645a19-23).

A filosofia aristotélica, pois, tal qual (e como uma parte de) nossa natureza humana, existe em contínua oscilação entre a ordem demasiada e a desordem, a ambição e a resignação, o excesso e a deficiência, o super-homem e o meramente animal. O bom filósofo seria aquele que conseguisse humanamente, resguardando-se contra esses perigos, improvisar o meio. (E "esse é um trabalho, em cada área"[41].) Em sua obra perdida *Do bem*, afirma-se que Aristóteles escreveu: "Deves te lembrar de que és um ser humano: não apenas ao viver bem, mas também ao fazer filosofia."[42] A esse respeito o autor antigo que relata a frase observa: "Aristóteles deve ter sido um caráter muito equilibrado."[43]

9. ANIMAIS RACIONAIS E A EXPLICAÇÃO DA AÇÃO

> O que estamos fornecendo são realmente anotações sobre a história natural do homem: não curiosidades, senão, porém, observações sobre fatos dos quais ninguém duvidou, e que apenas passaram despercebidos porque estão sempre diante de nossos olhos.
> WITTGENSTEIN, *Remarks on the Foundations of Mathematics* I 141

Nossa questão central foi: até que ponto e de que maneira o mundo se impõe (e deve se impor) sobre nós à medida que tentamos viver de modo valioso? Até que ponto somos criaturas que, como plantas, dependemos passivamente do que está fora de nós no mundo da natureza? Até que ponto somos seres intelectuais puramente ativos como as almas dos diálogos intermediários de Platão? E qual é, para um ser humano, a melhor maneira de ser (a mais digna de louvor)? Uma das coisas que um tal questionamento exige é, claramente, uma reflexão sobre a ação humana. Precisamos examinar como nossos vários movimentos no mundo são causados para que sejamos capazes de dizer quais tipos de relações causais entre o mundo e o agente diminuem, ou eliminam, o caráter louvável de uma vida. O pensamento de Platão sobre a auto-suficiência ética fundamentou-se implicitamente numa representação da ação. Os diálogos intermediários nos apresentam uma idéia dupla. Por um lado, há o intelecto automotor, puramente ativo e auto-suficiente, gerador de atos valiosos; por outro, há os apetites corporais, que são eles próprios passivos e inteiramente não-seletivos, simplesmente impulsionados à existência pelo mundo e impulsionando, por sua vez, o agente, encarado aí como ser passivo. O *Fedro*, ao sugerir uma nova representação do valor, sugeriu, juntamente, uma nova representação da ação. Afirmava-se que a causalidade do intelecto envolvia sensibilidade e receptividade, bem como a atividade pura; a causalidade do desejo era tanto mais ativa (seletiva) como menos brutalmente constrangedora.

Aristóteles, como argumentarei, desenvolve e estende as sugestões do *Fedro* relativas tanto ao valor como à ação[1]. Ele argumentará em favor de uma representação das causas da ação que nos permita ver nossa carência diante do mundo não como inimiga, mas sim no próprio cerne, do nosso valor ético. Mas Aristóteles conduz esse projeto ético de seu próprio modo característico, olhando além da questão ética estreitamente compreendida, para desenvolver uma reflexão sobre o movimento e a ação no reino animal como um todo. Uma de suas reclamações contra seus colegas filósofos é o fato de isolarem demasiadamente o ser humano em seus estudos, deixando de vincular o estudo do humano com uma investigação abrangente do funcionamento dos seres vivos em geral. Isso leva, como veremos, a inúmeras falhas na preservação de aparências profundamente compartilhadas, relativas aos nossos vínculos com outras formas de vida. Não é de surpreender, pois, que ao pesquisarmos suas concepções sobre o tema da ação, precisemos consultar não apenas as porções relevantes dos tratados éticos, mas também os dois textos em que ele discute de uma maneira geral a explicação do movimento e da ação animais: o terceiro livro de *De Anima*, e uma obra inteiramente dedicada a essa questão, *De Motu Animalium*.

Há, claramente, uma estreita ligação entre uma reflexão sobre a ação e a avaliação ética das pessoas e das vidas. Esperamos que, ao decidir o que dizer sobre a ação, Aristóteles seja influenciado pelas implicações éticas de sua reflexão, a tendência que ela tem de sustentar ou enfraquecer nossas práticas de avaliação. Com efeito, ficaríamos surpresos se sua reflexão resultasse em que nenhum movimento animal humano é causado de tal maneira que satisfaça nossos critérios de atribuição de louvor e culpa. O desejo por uma conseqüência com a qual se possa viver compelirá – apropriadamente – suas seleções[2]. Mas, por outro lado, uma reflexão sobre a ação também é, acredita ele, comprometida com outras aparências; ela deve levar nossas crenças em outras áreas a se vincularem com a descoberta desse ponto de partida ético humano. Especificamente, devemos buscar uma adequação entre nosso entendimento da ação humana e nossas crenças sobre os movimentos das coisas vivas do universo como um todo. Não devemos descartar o humano, sob pena de afirmarmos sobre esse caso algo que não condiz com todo o nosso conjunto de crenças sobre o assunto.

Quando nos voltamos a *De Anima* e *De Motu* descobrimos, pois, algo que a nós é muito estranho, se estamos habituados às maneiras como Platão aborda o tema. Em lugar das comoventes reflexões de Platão sobre os dilemas éticos humanos, encontramos uma narrativa cujos principais personagens são peixes, pássaros e insetos, bem como seres humanos. Em lugar do que parece por si só evidentemente importante para nós, encontramos o que parece – e, nós sabemos, parecia aos alunos de Aristóteles – trivial e mesmo fastidioso. A investigação das ações humanas é conduzida como parte de uma investigação mais ampla dos movimentos dos animais. A ação humana é muito pouco destacada entre as outras; em vez disso, encontramos uma discussão amplamente genérica que percorre todo o reino animal. É essa generalidade que cabe a nós procurar entender para que apreendamos a distinta contribuição que essa reflexão faz à ética.

O *De Motu* se inicia com a afirmação de que precisamos considerar em geral a explicação (*aitía*) comum para movimentar-se com algum movimento, qualquer que seja (698a4-7)[3]. O projeto é restrito explicitamente aos movimentos dos animais, implicitamente ao seu movimento de um lugar a outro. Mas a matéria remanescente é ainda estranhamente geral e estranhamente heterogênea. Sob a rubrica do "comum", somos introduzidos a uma mistura de interesses que, do ponto de vista de uma orientação ética platônica, e mesmo do ponto de vista da crença usual, pode à primeira vista parecer anômala. Para expor sucintamente o problema, a *aitía* "comum" parece ao mesmo tempo demasiado comum e bastante incomum. Bastante incomum porque, em lugar de uma única explicação do movimento animal, o que aparentemente encontramos é a justaposição de duas explicações bastante diferentes: uma explicação que usa a linguagem psicológica da percepção, do pensamento e do desejo, e uma explicação que usa a linguagem fisiológica dos tendões, nervos e ossos. Essas duas explicações não têm nada obviamente em comum, e nem mesmo é evidente o modo como se relacionam. Demasiado "comum", porque o projeto de fornecer uma explicação geral de todos os tipos de movimento animal leva Aristóteles a conduzir juntas explicações que um cientista, poderíamos pensar, manteria separadas: a ação propositada de seres humanos, e os movimentos animais tais como o nado dos peixes, o vôo dos pássaros. Qualquer explicação que tente abranger tudo isso sem despender longo tempo delineando distinções relevantes pode acabar por ser tão "comum", que se mostra inteiramente desprovida de conteúdo. O próprio Aristóteles faz esta advertência: "É jocoso procurar uma explicação comum (*tòn koinòn lógon*),... que não será a explicação apropriada de coisa alguma no mundo, se não só se pesquisar de acordo com a espécie peculiar e indivisível, mas também se abandonar a busca por uma tal explicação."[4] Aristóteles foge às suas próprias censuras nesse caso (e no caso similar de *De Anima* III.9-11) e diz algo com conteúdo sério? Ou o *De Motu* pode ser essa coisa tão rara, uma obra jocosa de Aristóteles?[5]

Cumpre impormos, pois, as seguintes questões[6]:

(1) Qual é a força da afirmação de Aristóteles de que devemos oferecer uma *koinè aitía* para o movimento animal? E, mais concretamente, qual é a força da afirmação feita em *MA* 6, de que a explicação comum será tal que envolverá referência aos desejos e à faculdade cognitiva do animal? Que outros candidatos à explicação do movimento animal Aristóteles pretende excluir aqui, e sobre que fundamentos?

(2) O que, mais precisamente, é essa *koinè aitía*? Que tipo de explicação é e por que se supõe que seja uma boa explicação?

(3) Qual é a ligação entre essa explicação de desejo/cognição e a explicação fisiológica do movimento em *De Motu*, capítulos 7-9? Temos aqui respostas alternativas à mesma questão, ou respostas a diferentes questões?

(4) Que espécie de fundamento essa explicação fornece para nossas práticas de avaliação ética?

Para respondermos a essas questões, devemos fazer primeiro um trabalho mais histórico; pois a força da posição de Aristóteles pode ser mais bem apreendida como uma resposta a duas explicações filosóficas supersimples da ação, que procura preservar, ao contrário delas, a complexidade das crenças usuais sobre o tema. Procederemos à explicação de Aristóteles, conseqüentemente, do modo aristotélico, considerando as concepções da "maioria" e dos "sábios".

I

Examinemos as seguintes explicações do movimento animal:

A Ele investiu como um leão das montanhas, ávido
por carne, cujo orgulhoso coração incita a ousar
um ataque ao rebanho de um aprisco bem-guardado.
E, mesmo que lá encontrasse pastores
a vigiar as ovelhas com lanças e cães,
ele não pensaria em voltar, vazio,
sem atacar.

B CORO Para onde foi o pobre homem?
NEOPTÓLEMO Para mim é óbvio. Pela necessidade que tem de comida, arrasta-se por seu doloroso caminho, em algum lugar próximo daqui. Pois o caso é que ele leva essa espécie de vida, caçando com suas setas aladas, pobre-diabo. E ninguém se aproxima dele para tratar sua doença.

C Manter aquela vingança sobre seus inimigos era mais desejável do que qualquer benefício pessoal, e, estimando-a como a mais gloriosa das aventuras, alegremente decidiram aceitar o risco... Assim preferindo morrer resistindo a viver sujeitando-se, fugiam apenas da desonra, mas encontraram-se face a face com o perigo, e em um breve momento, no auge de sua glória, foram libertos, não do temor, mas da fortuna (*týkhe*).[7]

Cada uma das passagens (selecionadas mais ou menos ao acaso, já que centenas de outras poderiam ter sido usadas para expor os mesmos pontos) concede-nos não apenas uma descrição de algum movimento animal, mas também uma etiologia desse movimento. O enunciador responde não apenas à questão: "O que ele fez (eles fizeram)?", mas também à questão: "Por que ele fez (eles fizeram) isso?" Em A, o leão (a quem o herói humano Sarpédon está sendo comparado) ataca um aprisco de ovelhas. Ele evidentemente o faz *porque* tem uma necessidade muito urgente de comida e vê lá o que saciará essa fome. (Supõe-se que algo semelhante ocorre com Sarpédon: seu coração o incita a atacar porque ele precisa ou quer algo (atravessar o muro) e vê que atacar é uma maneira de consegui-lo.) Em B, o que Filoctete fez foi afastar-se de sua caverna. Neoptólemo não hesita em elaborar uma etiologia em termos dos desejos e crenças do homem sobre as possibilidades: ele deve precisar de comida, não tem ninguém para ajudá-lo, então (vê que) tem que sair e ele mesmo caçar, por mais penoso que seja. C, embora mais grandioso e aparentemente mais complicado, tem uma estrutura similar. O que os soldados fizeram foi manter a sua posição e lutar bravamente até a morte. Por que o fizeram? Péricles lhes atribui certos desejos – de glória pessoal, de vingança cívica, de evitar a desonra – e certas crenças (essa é a mais gloriosa das aventuras, a fuga traria desonra) que bastam, a seu ver, para explicar os movimentos dos soldados.

Os exemplos formam um espectro, desde a ação animal, passando pela ação humana animalesca, à ação humana racional virtuosa. Mas em todas vemos o esqueleto nu de uma mesma estrutura de explicação. Sejam quais forem os inúmeros aspectos sob os quais os casos são diferentes, eles se assemelham em quatro pontos marcantes.

(1) O movimento do(s) animal(is) em cada caso é explicado atribuindo-se ao(s) animal(is) certo complexo de desejos e crenças ou percepções: ele(s) queria(m) isso, e acreditava(m) (via[m]) que esse era o caminho ao objeto desejado. Humanos e outros animais se movem de um lugar a outro porque há coisas que querem e de que precisam, e coisas que vêem ou pensam que se vinculam ao modo como devem consegui-las. (Esse amplo consenso em encontrar uma estrutura comum é, de fato, aquilo sobre o que repousa o símile animal de Homero: pois essa passagem é tanto sobre Sarpédon como sobre o leão, e afirma-se que Sarpédon é "como" o leão com respeito às *razões* de sua ação.)

(2) Os fatores citados na explicação são intencionais: (a) os desejos e as crenças (percepções) são direcionados a um objetivo, e (b) a explicação caracteriza o objetivo como percebido do ponto de vista do animal.

(3) Os desejos e as crenças (percepções) parecem ter uma conexão tanto lógica como causal com o objetivo: lógica, porque não podemos explicar do que o desejo (crença) é sem mencionar o objetivo no qual se concentra; causal, porque são vistos como as coisas que fazem a ação acontecer. (O coração do leão *incita*, Filoctete segue seu caminho "em virtude de" ou "por causa de" sua necessidade de comida.)

(4) Se o aparelhamento fisiológico do animal é mencionado no contexto, não é introduzido em resposta à questão: "Por que (por conta de quê) ele se moveu?", mas, no máximo, em resposta à questão: "Como ele se moveu?", ou talvez: "Como (dado que tinha os desejos e crenças que mencionamos) ele foi *capaz* de se mover?" Vemos isso de maneira particularmente clara no exemplo do *Filoctete*, em que passagens posteriores discorrem sobre a dificuldade fisiológica envolvida em seu movimento e enfocam a questão: como, dada a incapacidade, ele consegue alcançar o que quer? Mas tentemos imaginar um símile de animal que diga: "Ele investiu como um leão das montanhas, que salta porque tem músculos fortes e nervos bem-desenvolvidos..."; ou uma resposta à pergunta do Coro que seja: "É evidente para mim que ele saiu porque sua espinha é bem aparelhada de tais e tais maneiras, e está ligada, por sua vez, a outras articulações..."; ou uma oração fúnebre que declare: "E assim é, porque seu treinamento de ginástica os equipara com músculos firmes, e porque esses músculos eram firmemente ancorados em seus ossos, eles não se enfraqueceram no furioso ataque." Em todos esses casos (que certa-

mente não serão encontrados no discurso pré-filosófico usual) saberíamos, uma vez recuperados da hilaridade inicial, que algo estava errado. Ostenta-se como uma *explicação* algo que, embora em si mesmo não desprovido de interesse, não é o tipo de coisa que estamos inclinados a considerar como uma explicação do movimento. Sentiríamos que não tínhamos ainda uma resposta aos nossos "Por quês"; penso que sentiríamos também que ainda não tomamos conhecimento das *causas* reais desse movimento, quais eram os fatores que realmente fizeram isso acontecer. Por outro lado, as explicações produzidas por nossos oradores de fato nos surpreendem como satisfatórias. Falando em cada caso a um grupo de pessoas mais ou menos comuns, esses enunciadores parecem saber o tipo de coisa que têm que dizer para satisfazer a demanda do ouvinte por uma explicação do que ocorreu. Suas explicações satisfazem não tanto por sua verdade (pois B e C, ao menos, são claramente conjeturais), mas por disporem da estrutura certa: esse é o tipo de explicação que, se verdadeira, *seria* suficiente como uma explicação do movimento[8].

Até aqui, tudo é vago e geral, como poderíamos esperar. Mas também podemos esperar que, decidido a trabalhar na explicação do movimento dos animais, um filósofo grego estabeleceria uma relação profícua com esses paradigmas de explicação, valendo-se deles e tentando elucidar sua estrutura comum. O que aconteceu com a filosofia do século V e início do IV foi algo inteiramente diferente. Aristóteles está extremamente ciente de uma herança filosófica complexa sobre o tema do movimento animal e sua explicação. Essa herança o confrontou com dois modelos predominantes de explicação, ambos os quais – como ele diz e nós veremos – rompem incisivamente com a tradição do discurso sobre o movimento exemplificada em nossas três passagens; e ambos os quais o fazem por representar erroneamente, de alguma maneira, a relação entre a seletividade ativa e a passividade no movimento animal. Um modelo, conferido pela influente tradição da ciência natural materialista, substituiu a explicação psicológica usual pela explicação fisiológica, de um modo que retratava o animal como uma espécie de fantoche, simplesmente comandado pelas forças causais da natureza e sem nada contribuir para seu movimento com sua própria seletividade ativa. O outro modelo (platônico), crítico desse reducionismo cientificista, recuperou algumas das categorias psicológicas usuais e a idéia de que as criaturas agem por razões – mas apenas com relação às ações racionais dos seres humanos, e ao custo de hiperintelectualizar a explicação delas. Se estudarmos, de modo um pouco sistemático, esse contexto duplo, estaremos em posição de entender por que era filosoficamente revolucionário e importante para Aristóteles pôr tanta ênfase em algo que, do ponto de vista de Sófocles e Tucídides, pareceria ser truísmos óbvios[9].

II

A tradição da ciência natural anterior a Aristóteles dedicou considerável atenção ao movimento animal e à sua explicação. Aristóteles relata que era a postura padrão sustentar que o automovimento de um lugar a outro é uma característica essencial do animal; sua etiologia deve, portanto, ocupar um lugar central em toda reflexão sobre a alma[10]. No entanto, para bem condizer com o restante de seu programa explicativo, esses cientistas ofereciam como a *aitía* do movimento animal uma reflexão que só fazia referência às interações de componentes básicos da fisiologia do animal, tanto uns com os outros como com o ambiente. Por exemplo, Diógenes de Apolônia afirmou que a alma de todos os animais era ar, que ar é o que o pensamento realmente é, e que o ar é aquilo que "dirige e governa" todas as coisas, inclusive os animais[11]. De acordo com Aristóteles, ele justificava sua afirmação de que a alma era ar apontando para a leveza do ar como uma propriedade que o torna particularmente adequado para produzir movimento[12]. Demócrito explicava o movimento pela hipótese de que a alma (supondo ser ela que produz o movimento) é composta de átomos esféricos, cuja forma lhes permite penetrar em toda parte, e com isso conferir movimento a outras coisas[13]. Nesses e em outros casos similares, satisfaz-se uma exigência de explicação do movimento animal não com referência a desejos, percepções e crenças, mas pela menção das propriedades de alguma entidade (ou entidades) fisiológica(s), em virtude das quais a entidade é capaz de conferir (causar) movimento. O animal é comandado por essa entidade, à medida que a própria entidade responde aos impulsos do ambiente.

Todas essas pessoas estão oferecendo uma explicação causal do movimento à qual reivindicam certa importância. O que não é tão claro é se elas estão preparadas para abolir inteiramente o arcabouço explicativo mais comum ou reduzir as explicações psicológicas a explicações fisiológicas. As passagens que citei jamais insistem explicitamente que a questão: "Por que esse animal se moveu de A a B?" *deve* ser respondida (pelo cientista) *apenas* em termos materialistas; nunca se afirma que a consideração fisiológica fornece a resposta *real* ou *genuína* à exigência de explicação. Contudo, podemos inferir, penso, que essa é ao menos a postura de Diógenes e dos atomistas. Diógenes, no fragmento B4, chega diretamente, a partir da premissa de que o ar é necessário para a vida e o pensamento nos animais, à conclusão de que o ar *é* vida e pensamento[14]. Esse padrão de raciocínio claramente funde a questão: "O que é?" com a questão: "Que condições são necessárias para que seja?", e, similarmente, a exigência de explicação de certos eventos com a exigência de uma consideração das condições materiais necessárias para esses eventos. Se é demonstrado que o movimento do ar é necessário para o pensar, o pensar é simplesmente movimento do ar. Essa maneira de argumentar é típica do cientificismo reducionista de todas as épocas, inclusive da neurobiologia contemporânea, que com freqüência infere das necessidades de certas funções cerebrais para certas atividades cognitivas que as atividades cognitivas simplesmente são essas funções cerebrais. Há uma permanente tentação de pensar que nossas categorias usuais são, como expõe Demócrito, somente "por convenção", e que atingimos o real ou a explicação realmente científica de algum fenômeno apenas quando alcançamos os componentes básicos da matéria[15]. Parece praticamente certo que a ciência do século V sucumbiu a essa tentação, tratando o animal antes como um amálgama de porções materiais que se impulsiona (como um todo) pela reação de algumas de suas porções a outros impulsos – do que como uma criatura que *faz* coisas intencionalmente, influenciando de modo ativo e seletivo seu próprio movimento.

Mas, fosse qual fosse a posição real desses pensadores, é evidente que Aristóteles considerou que eles estão oferecendo um substitutivo para as categorias do discurso usual, e não apenas um complemento. Ele fala freqüentemente de sua negligência para com outros tipos de explicação, de sua crença em que a explicação material era a única explicação que havia[16]. E, na passagem em que descreve a concepção de Demócrito do movimento animal, ele afirma algo revelador: "Em geral, parece que não é dessa maneira que a alma move o corpo, mas através de algum tipo de escolha e pensamento" (*DA* 406b24-25)[17]. Essa, evidentemente, será uma objeção a Demócrito apenas se ele for algum tipo de reducionista quanto à explicação da ação proposta. O mais importante para nossa consideração das motivações filosóficas de Aristóteles, contudo, é que Aristóteles claramente acredita que essa é uma objeção apropriada.

À primeira vista, essa pode parecer uma observação peculiar a se fazer contra o fisiologista. Pois não é como se essa pessoa tivesse simplesmente negligenciado a escolha e o pensamento. Com efeito, uma das preocupações dessa tradição é obviamente oferecer uma explicação do pensamento em termos fisiológicos. O que, pois, pode Aristóteles significar com seu "não dessa maneira, mas através da escolha e do pensamento"? É certo que ele não se explica nessa passagem. Mas sua observação de fato nos leva a perceber certos resultados peculiares do projeto do fisiologista. Primeiramente, a intencionalidade foi completamente eliminada da explicação científica. As explicações usuais do movimento faziam referência aos modos como o animal enfoca algum objeto externo e descreviam esse objeto como o animal o vê, pensa e deseja. A explicação do fisiologista usa o ponto de vista do observador neutro para caracterizar os estados fisiológicos do animal; ele os seleciona, ademais, de um modo que não envolve nenhuma referência essencial a um objetivo externo, exceto talvez como o estímulo que foi a causa do estado fisiológico. O modo como a percepção e o desejo são direcionados ao objeto, as maneiras de escolher e enfocar partes do mundo são abandonados. Isso leva a inúmeros outros resultados. Um deles é que perdemos distinções cruciais entre diferentes atividades animais internas. Os diferentes tipos de cognição – percepção, imaginação, pensamento – são todos convertidos em termos fisiológicos exatamente similares, como os movimentos de certos tipos de átomos; o mesmo ocorre com os diferentes tipos de desejo, que normalmente distinguimos falando de seus objetos e dos modos como se relacionam com seus objetos. Além disso, a percepção e o desejo são eles próprios muito proximamente equiparados. Por fim, a todos esses traços (anteriormente) intencionais do animal dá-se o mesmo tratamento, como coisas não-intencionais como a circulação sangüínea e a digestão. É difícil ver como poderia haver lugar em tal explicação para a riqueza que há em nossa fala usual, e é fácil ver que o atomista não se importa muito em preservar essa riqueza.

Além do mais – e isso nos leva ao cerne, penso, da crítica enigmática de Aristóteles –, a explicação não-intencional do movimento, ao obliterar essas distinções internas, também oblitera certas distinções entre tipos de movimentos que são muito importantes para nossas práticas. Em razão de que o objeto externo entra apenas como causa de certas mudanças, e não também como o objeto de estados e atividades intencionais, não nos resta nenhuma maneira de distinguir a resposta fisiológica mecânica do organismo a um estímulo corporal (movimentos reflexos, por exemplo, ou o processo contínuo de digestão) da atividade que geralmente caracterizamos em termos intencionais e avaliamos de maneira conforme. (É revelador que Diógenes utilize o ir dormir como um exemplo que se equipara exatamente ao movimento de um lugar a outro)[18]. Perdemos, em outras palavras, a distinção entre o movimento que tem um "porquê" em termos das crenças e desejos da criatura e o movimento para o qual não há um "porquê", mas apenas fatores explicativos causais que não funcionam como razões. Mas isso é, de fato, abolir toda a idéia da ação escolhida como normalmente a compreendemos – e, com efeito, toda a idéia, também, de ação intencional não-escolhida. Por mais que Demócrito utilize as palavras "escolha" e "pensamento", ele aboliu as distinções cruciais à concepção que temos delas. Seu programa certamente levaria ao colapso de nossa distinção usual entre explicação causal *simpliciter* e a atribuição de razões, bem como ao colapso das instituições e práticas legais e morais que repousam sobre essa distinção. A educação moral, por exemplo, passaria a afigurar-se simplesmente como um tipo de tratamento médico ou condicionamento. O animal é *apenas* uma planta, passivo diante das forças causais do mundo. Aristóteles parece correto ao apontar para as conseqüências radicais da atitude aparentemente inócua do cientista[19].

O modelo fisiológico foi influente, mesmo entre os que, em seu discurso, continuaram a reconhecer um padrão mais complicado de distinções. Platão nos diz que "a maioria, tateando no escuro", agarrou-se a essas teorias científicas como as explicações reais do movimento[20]. Uma vez que alguns dos resultados mais espantosos do programa fisiológico encontravam-se na área da ação humana racional, não é de surpreender que as primeiras objeções feitas a ele enfocassem antes esse assunto, em lugar da questão mais ampla da intencionalidade em geral. A breve observação de Aristóteles que acabamos de discutir dá continuidade a uma tradição de crítica que teve início com uma famosa passagem do *Fédon* de Platão. Ali, Sócrates repreende o cientista natural por fornecer uma explicação da disposição e interações de seus nervos e ossos como resposta à sua solicitação de uma *aitía* ou explicação de por que ele está sentado na prisão. Ele objeta, claramente, não à menção desses fatos, que admite serem verdadeiros e mesmo importantes, mas à afirmação do cientista de que esses fatos *explicam* sua ação, ou respondem a um "porquê" (*dià tí*) sobre ele. "Denominar esses atos uma *aitía* é muito fora de propósito." A real explicação, insiste ele, é aquela que faça referência à deliberação e à escolha racional – em suma, diz ele, ao intelecto (*noûs*, 99A). Esse é o fator explicativo real (*aítion*), e os ossos e nervos entram, apropriadamente, somente como condições necessárias para a operação desse fator: "aquilo sem o que o *aítion* não seria um *aítion*" (94A4-5, 99B2-4)[21]. Pois seria verdadeiro afirmar que sem essas partes corporais assim dispostas Sócrates não seria capaz de fazer o que parece melhor[22].

A crítica de Platão não é trivial. Vimos já como é difícil lembrar que isolar a condição corporal de uma atividade não necessariamente corresponde a isolar a própria atividade. Mas cumpre agora observarmos cuidadosamente o modo como sua interessante crítica é feita. Platão nos oferece aqui, aparentemente, uma escolha entre dois padrões de explicação: explicação pela fisiologia e explicação pela razão e pelo intelecto. Tendo rejeitado a primeira, parece que nos decidimos pela última. E afirma-se que apenas as ações adequadas à última, com o que ele quer dizer ações racionais entendidas como produtos da atividade intelectual, é que são explicadas de modo inadequado pela primeira. Nada se afirma de uma maneira ou de outra sobre outros tipos de ação intencional; nada se afirma sobre o insucesso do modelo fisiológico em fazer justiça à intencionalidade da percepção e do desejo*. Platão não diz aqui explicitamente que uma explicação fisiológica causal *seria* suficiente no caso do movimento intencional não-racional do animal. (Muito embora eu não lide aqui com as complexidades da reflexão sobre a explicação presente no *Timeu*, creio que ela demonstre que ele de fato acredita nisso.) Mas, por traçar a marcante distinção onde ele a traça, e por não mencionar que pode haver outras distinções e outras faculdades do animal ao menos tão pertinentes quanto o intelecto à nossa decisão a favor ou contra o modelo fisiológico, Platão encoraja uma leitura intelectualista de sua objeção[23].

Uma tal concepção intelectualista teria inúmeras conseqüências importantes. Primeiro, confrontar-nos-ia com uma distinção muito acentuada entre seres humanos e outros animais. Os movimentos dos últimos seriam equiparados aos movimentos de entidades desprovidas de sensibilidade e desejo, e tratados como reações a um impulso do ambiente. Segundo, compeliria a uma aguda divisão entre as ações humanas que são motivadas pelo intelecto ou por escolha racional, e outros movimentos tais como os movimentos do sistema digestivo e os reflexos. Perderíamos essa distinção porque teríamos perdido a distinção entre um objeto intencional externo e uma coisa externa que funciona como uma causa sem ser um objeto. Essa reordenação de nossas distinções usuais teria, como a do fisiologista, sérias conseqüências. Levaria a mudanças em nosso tratamento dos animais, e de nossa própria animalidade[24]. Teria conseqüências, também, para nossa instrução moral, em que a rígida divisão entre juízo intelectual e reação bruta levaria em direção de uma divisão entre o ensino para o intelecto e a manipulação ou condicionamento para todo o restante.

---

* A *República* complica esse quadro, evidentemente, ao introduzir a parte intermediária da alma, cuja relação com a razão é mais complexa (cf. Cap. 5). As críticas de Aristóteles, talvez, não respondam suficientemente a esse desenvolvimento; mas a reflexão de Platão sobre a parte intermediária é obscura, e ela não é invocada de maneira consistente.

E, de fato, estamos agora cientes de que o Platão do *Fédon* e da *República* está disposto, e mesmo ávido, a pagar esse preço. Vimos, em contextos éticos como ele de fato trata os desejos realmente como reações bestiais não-seletivas que comandam a criatura; o modo como, ao passo que nega ao intelecto qualquer participação na passividade, ele incisivamente opõe sua atividade pura à passividade do desejo. Vimos que ele de fato extrai desse quadro suas conseqüências radicais para a educação. Tudo isso confirma o juízo de Aristóteles de que uma reflexão sobre a ação terá implicações importantes para a ética, especialmente no que diz respeito a questões de nossa vulnerabilidade e passividade. E prepara-nos para receber a afirmação de Aristóteles de que toda ação animal é causada pelo desejo como uma afirmação que pode ter algum conteúdo sério.

III

Quando Aristóteles chega à cena filosófica, ele se confronta, pois, de um lado, com um modelo de explicação cuja *aitía* é tão "comum" que equipara todas as ações intencionais tanto umas com as outras como com outros casos de resposta a um estímulo físico externo; de outro lado, com um modelo que não é "comum" o suficiente para fazer justiça às nossas crenças sobre o que compartilhamos com "os outros animais", e sobre o que vincula diferentes elementos de nosso comportamento. Com um olho nas aparências incorporadas em nossos exemplos literários, poderíamos resumir a situação dizendo que até o momento presente carecemos de uma noção geral do desejo ou da busca por um objeto – uma vez que é esse o traço com respeito ao qual o movimento de todos os nossos três animais diferem de uma resposta puramente mecânica a um impulso do ambiente. As "aparências" contêm implicitamente uma concepção assim geral, como o estudo dos símiles animais demonstraria. Mas, por vezes, a ausência de um único termo unificador na linguagem teórica pode levar à desconsideração de uma tal noção geral implícita; às vezes, para recuperar e proteger o que sempre esteve implícito nas aparências, um filósofo precisará intervir e criar um termo artificioso. Esse termo pode nos capacitar a reconhecer os traços salientes de nossa concepção anterior e a defendê-la contra rivais filosóficos superficialmente atraentes[25].

Para satisfazer essa necessidade, Aristóteles seleciona (ou, muito provavelmente, inventa) uma palavra bastante apropriada para indicar o traço comum compartilhado por todos os casos de movimento animal direcionado a um objetivo: a palavra "*órexis*". Muito se escreveu sobre o significado e a origem de outros acréscimos aristotélicos à linguagem filosófica. Mas o grau em que essa palavra é algo de sua própria criação não foi ainda amplamente reconhecido. A palavra "*órexis*" ocorre, na Grécia pré-aristotélica, em apenas um suposto lugar: nos dúbios fragmentos éticos de Demócrito[26]. (Acredito que isso constitua outra evidência em favor de uma redação pós-aristotélica.) A palavra está absolutamente ausente do *corpus* platônico (à exceção do espúrio e tardio *Definitiones*) e em geral de todos os autores de prosa e poesia. Do mesmo modo estão ausentes "*orektón*" e "*orektikón*" (o objeto da *órexis* e o elemento orético). O verbo "*orégesthai*" de fato ocorre, evidentemente. Mas mesmo em Platão (em que é muito raro, ocorrendo cinco vezes n'*As leis* e apenas sete vezes em outros lugares[27]), parece manter seu sentido original de "buscar alcançar", "procurar apreender". Ao mesmo tempo, não há nenhuma outra palavra que realize a função para a qual Aristóteles utiliza "*orégesthai*", a função de introduzir uma noção geral do querer ou desejar. "*Epithymía*" e "*epithymeîn*" (ambos os quais ocorrem regularmente nos autores dos séculos V e IV) são estreitamente vinculados aos apetites corporais; "*boúlesthai*" e "*boúlesis*" (mais uma vez, ambos regularmente presentes desde finais do século V, embora o último não seja extremamente comum) parecem mais estreitamente vinculados ao bom julgamento e ao raciocínio[28]. Vale a pena, pois, examinar mais de perto a palavra genérica de escolha em Aristóteles: sua seleção parece ainda mais notável por ser, aparentemente, inovadora. Pode lançar alguma luz sobre seu projeto explicativo "comum".

O verbo ativo "*orégo*"[29], consistentemente, de Homero em diante, parece significar "esticar" ou "estender-se"; é transitivo, e o contexto é geralmente o de estender a mão a alguém ou entregar um objeto a alguém. As formas médio-passivas têm o sentido estreitamente relacionado de "buscar alcançar", "esticar(-se) em direção a", "procurar apreender", bem como de "visar", "atingir". Em certo ponto da utilização ática da palavra (de fato observei isso como claramente verdadeiro apenas em certos autores, como Eurípides e Tucídides), ela é transferida para o reino psicológico interior e é usada de maneira tal que podemos traduzi-la por "aspirar", "ansiar"[30]. Mas não há razão alguma que nos impeça de traduzi-la da maneira original e pensá-la como uma transferência metafórica do reino exterior para o interior. Por exemplo, em Tucídides, "*oregómenoi toû prôtos hékastos gígnesthai*" e "*toû pleónos orégonto*" podem ser traduzidos por "cada um estendendo-se (ou: esforçando-se) para se tornar primeiro", e "estavam procurando apreender mais". A mesma associação próxima com idéias de alcançar, atingir ou apreender (interior ou psicologicamente) pode ser observada em Platão. Em geral, é possível dizermos duas coisas sobre essa palavra: (1) Implica fortemente direcionamento a um objeto. (O verbo só ocorre com algum tipo de objeto[31].) Conota, pois, o reino interior, não um estado vago de anseio ou de sofrer influência, mas um enfoque em alguma coisa, um direcionamento para alguma coisa. (2) É mais ativa do que passiva: é um ir atrás, esforçar-se por obter (seja corporal ou psíquico), como oposto a ser sujeitado, ou a um vago estado de carência. Ou antes, indica como o querer, que pode ser tomado como uma simples forma de passividade, é ao mesmo tempo ativo: em lugar de ser influenciado de maneira pura e passiva, temos uma sensibilidade complexa que recebe do mundo e, por sua vez, leva seu foco para fora de si, em direção ao mundo. Encontrar uma tradução inglesa que traga à tona essas nuanças é difícil. O uso alemão moderno de "*die Strebung*" e "*das Streben*" parece bastante adequado. O termo inglês "*inclination*" [inclinação] tem o direcionamento correto, mas (comparar o uso que Kant faz de "*Neigung*") conota demasiadamente passividade e ser influenciado. "Necessidade" e "querer" são demasiado sugestivos de uma lacuna vazia ou de uma falta; carecem tanto do direcionamento ao objeto como da atividade envolvida na palavra grega. "Desejo" é mais apropriado; pelo menos, é claramente vinculado ao objeto. Mas é uma palavra tão hiperutilizada, e portanto fraca e indistinta, que é muito difícil vê-la como provida de algum conteúdo ou conotação definida. Claramente não é esse o caso da nova escolha de Aristóteles. De qualquer modo, uma vez que recuperamos um sentido da novidade e estranheza filosófica dessa palavra, podemos começar a ver, também, qual conteúdo pode haver para as afirmações de Aristóteles de que *boúlesis*, *thymós* e *epithymía* são todos formas de *órexis* e que alguma *órexis* está envolvida em todo movimento animal. Ele está dizendo, aparentemente, que são formas do estender-se ativo e interior, direcionado ao objeto; e que esse tipo de estender-se é comum aos movimentos tanto dos humanos como de outros animais.

Essas asserções são primeiramente apresentadas em *De Anima* III.9, em que Aristóteles se volta ao tema da explicação do movimento animal. Ele observa que, tão logo abordamos esse tópico, há uma dificuldade premente quanto às "partes da alma" que devemos reconhecer. Outros, afirma ele, usaram como base para suas explicações do movimento ou bem uma divisão bipartida entre o racional e o irracional, ou uma divisão tripartida entre as partes relativas ao cálculo, ao espírito e ao apetite. (Tendo centrado nos fisiologistas no Livro I, ele agora parece preocupar-se com variedades do platonismo.) Aristóteles faz várias objeções a essas como divisões explicativas básicas da alma para esse propósito; mas a que mais imediatamente nos interessa é aquela segundo a qual essas divisões deixam de explicitar a unidade do *orektikón*, um elemento do animal que não é simplesmente idêntico a nenhuma de suas outras "partes". "E, com efeito, é fora de propósito reparti-la – pois vontade (*boúlesis*) vem a estar na parte racional, e apetite (*epithymía*) e emoção (*thymós*) na irracional. E, se a alma é tripartida, haverá *órexis* em todas as partes." No capítulo seguinte, ele repete suas críticas das divisões platônicas em partes, insistindo que elas não indicam o que é singular e o que é comum entre *epithymía*, *thymós* e *boúlesis*: pois *órexis*, insiste ele, é uma coisa singular. Ademais, ao indicar que a parte racional é uma origem suficiente do movimento, elas não reconhecem que em todo movimento, incluindo o movimento de acordo com o intelecto, algum tipo de *órexis* está envolvido. "O intelecto não confere movimento sem *órexis*, pois *boúlesis* é um tipo de *órexis*, e, quando a criatura se move de acordo com o raciocínio, também se move de acordo com a *boúlesis*."[32]

Qual é o conteúdo da asserção segundo a qual a *órexis* está envolvida em toda ação? É mais do que um jogo verbal, visto que a concepção platônica da razão não faz dela uma faculdade contemplativa inerte, como a razão de Hume? A contribuição da inovação de Aristóteles parece ser precisamente o fato de que ela realmente nos possibilita a ver e enfocar o que é comum a todos os casos de movimento animal, ao passo que a estrutura platônica não nos possibilita isso. Aristóteles, ao escolher essa palavra particular, está afirmando que o elemento singular ou comum que Platão deixa de reconhecer é esse elemento do buscar alcançar algo no mundo, procurar apreender algum objeto com o intuito de tomá-lo para si. Tanto os humanos como os outros animais, em suas ações racionais e não-racionais, têm em comum o fato de se esticarem, por assim dizer, em direção a porções do mundo que eles então alcançam ou de que se apropriam. Tomemos, de um lado, a pedra, de outro, o motor imóvel. Nenhum dos dois se move ou age. O que explica essa diferença entre eles e todos os animais? Não há nada que eles busquem alcançar – são completos como são. Os animais, por outro lado, não são auto-suficientes, mas sim o tipo de seres que vão atrás de coisas que vêem e imaginam – e não de qualquer coisa, mas apenas daquelas para as quais eles, tendo uma necessidade, internamente tendem. O movimento é visto como intrinsecamente ligado a uma falta de auto-suficiência ou completude, e ao movimento interior em direção ao mundo do qual as criaturas carentes são felizmente dotadas. Esses são pontos sobre os animais (tanto humanos como os outros) que o platônico faria bem em ponderar[33].

A invenção da *órexis* realiza diretamente diversos propósitos. Primeiro, faz com que enfoquemos a intencionalidade do movimento animal: tanto (a) seu direcionamento ao objeto, como (b) sua sensibilidade não ao mundo *simpliciter*, mas à visão que o próprio animal tem dele[34]. Em segundo lugar, desmistifica a ação racional ao solicitar que a vejamos como similar a outros movimentos animais. Como eles, ela é um movimento seletivo, e como eles ela vai atrás de objetos que são vistos como relacionados de certa maneira com as necessidades do animal. Os animais se afiguram menos bestiais, os humanos mais animais.

Isso nos dá uma compreensão geral do que Aristóteles pretende. Mas agora cumpre examinarmos em detalhes o sistema de explicação que ele próprio deseja defender.

IV

Assim como os capítulos de *De Anima*[35], o *De Motu* tem início (isto é, dá início a essa parte de sua discussão, no Capítulo 6)[36] perguntando pela *arkhé*, a origem ou ponto de partida, do movimento animal. Em seguida, rapidamente afirma que todos os animais movem coisas e são movidos *pelo fim de* alguma coisa. O contexto deixa claro que o que está em questão é a explicação do movimento proposto em direção a um objeto intencional, e não a explicação teleológica mais geral dos processos orgânicos tais como crescimento e nutrição. Neste ponto, o *De Motu*, mais esquemático, começa a proporcionar uma maior clareza. Aristóteles lista cinco itens aos quais denomina "motores do animal": raciocínio, *phantasía*, escolha, vontade (*boúlesis*) e apetite (*epithymía*)[37]. Esses, continua ele, podem ser subordinados a dois tópicos: cognição (*nóesis*)[38] e desejo (*órexis*). Ele justifica isso (tornando ao mesmo tempo a sua lista mais completa) argumentando que *phantasía* e *aísthesis* "ocupam o mesmo lugar" como intelecto, preenchem a mesma janela em um sistema explicativo, no sentido de que todos eles se referem ao delineamento de distinções (são *kritiká*[39]), ao passo que *boúlesis*, *thymós* e *epithymía* são todos formas de *órexis*. Temos agora o que *De Anima* não proporciona claramente: (de maneira geral) dois "motores" do animal, ambos os quais desempenharão um papel vital em nossas explicações.

Toda a idéia expressa pelos Capítulos 6 e 7 do *De Motu* parece ser a seguinte. Muitos objetos do mundo são apresentados ao animal por suas faculdades cognitivas. Entre eles, alguns serão objetos de algum tipo de *órexis*, outros não. Entre os objetos da *órexis*, por sua vez, alguns se verificarão como disponíveis ou "possíveis": o animal ou bem os verá, ou calculará uma maneira de obtê-los. A resposta completa à questão do Capítulo 7, "Como ocorre que a cognição é por vezes acompanhada pela ação e por vezes não?", envolve uma referência não apenas à *órexis* da criatura, mas também a alguma atividade cognitiva que fornecerá a "premissa" "do possível". As faculdades cognitivas realizam, pois, um duplo papel. Elas apresentam o objetivo à consciência do animal inicialmente, e também realizam a tarefa que leva o animal da *órexis* pelo objetivo à ação direcionada a um objeto específico disponível no mundo. Em muitos casos, essas duas operações não serão distintas: a *órexis* do animal pode ser despertada à atividade apenas pela visão da própria coisa da qual ele, então, vai atrás. Mas em um grande número de casos (incluindo muitos casos não-humanos, como o exemplo da "bebida"), elas serão[40]. O resultado final é que a *órexis*, como um "motor", é absolutamente central; mas não faz nada sozinha, sem a ajuda da percepção ou do pensamento. Os animais agem de acordo com o desejo, mas dentro dos limites impostos pelo mundo da natureza, como eles o vêem. O "bom" e o "possível" devem vir juntos para que resulte o movimento.

Que tipo de explicação do movimento animal é dado por esse sistema? Aristóteles denomina "motores" os fatores cognitivos e oréticos; ele emprega o verbo ativo "conferir movimento" tanto para a atividade do objeto de desejo como para a maneira como a alma faz com que o animal se mova (*kineî*, 700b33, 700b10). Ele diz que os animais se movem "por" ou "em virtude de" desejo e escolha (dativo, 701a4-5). Na ausência de um impedimento, o pensamento (mais a *órexis*) e o movimento são "quase simultâneos" (702a16). Ele resume a situação afirmando que a cognição "prepara" a *órexis*, e a *órexis* as *páthe* (702a17-9); e tudo isso acontece "simultaneamente" e "rapidamente" pelo modo como ação e paixão são naturalmente relativas uma à outra[41]. Todas essas observações certamente nos levam a supor que aqui, bem como em *De Anima* III.10 (onde *órexis* é "aquilo que confere movimento (*tò kinoûn*)"), os elementos psicológicos são vistos como causas eficientes, como fornecendo uma explicação do tipo "a partir de que provém a origem do movimento". É bastante difícil esmiuçar isso mais completamente. A noção de fundo parece ser a noção geral de algo que age de tal modo que faz alguma outra coisa acontecer. Essa é certamente a sugestão contida em verbos ativos como "*kineî*" e "*paraskeuázei*", bem como nos dativos e na preposição "*diá*"[42]. Afigura-se, pois, como se o elemento orético e o elemento cognitivo fossem, em cada caso, individualmente necessários e (na ausência de um impedimento)[43] causas ativas conjuntamente suficientes do movimento.

Mas já afirmei que as ligações entre *órexis*, cognição e movimento são lógicas e conceituais. Essas ligações conceituais parecem ser de dois tipos. Primeiro, no nível do desejo ou percepção particular, cada um é identificado, e individualizado com relação a outras coisas similares, por referência ao objetivo ou objeto em vista. Não podemos oferecer uma explicação da *órexis* que leva a uma ação sem mencionar o objeto para o qual ela é uma *órexis*. Em segundo lugar, no nível geral, Aristóteles atribui a posse da *órexis* e da *phantasía* (isto é, o elemento interpretativo, seletivo da percepção, em virtude do qual as coisas do mundo "aparecem" (*phaínethai*) para a criatura *como* um certo tipo de coisa)* a uma criatura apenas por ser uma criatura que se move, como parte do esclarecimento da noção do que significa ser uma criatura movente. A noção geral de *órexis*, se estamos corretos até o momento, é a noção de algo que se passa internamente, um inclinar-se em direção a ou estender-se para, tal que em certas circunstâncias (em combinação com o tipo certo de percepção ou pensamento) a ação resultará natural e prontamente. Tanto aqui quanto na passagem comparável da *Metafísica* IX, Aristóteles insiste que o movimento *resultará*, a menos que haja algum impedimento, se o animal realmente quiser algo de um modo decisivo (*kýrios orégetai*)[44]. Essa parece ser, ao menos em parte, uma observação sobre o que *significa* ter uma *órexis* por alguma coisa, sobre as condições sob as quais somos logicamente autorizados a dizer de um animal que ele tem uma *órexis* por algo. Se o movimento não se seguir, e não pudermos apresentar nenhum impedimento para explicar a falta, tenderemos mais a retirar nossa atribuição de *órexis* do que a considerá-lo como um contra-exemplo a uma tese empírica sobre as causas da ação.

Em meu livro anterior sobre o *De Motu*, discorri mais sobre essas ligações conceituais. Acredito agora, entretanto, que eu estava equivocada em considerar o fato de Aristóteles asseverar tanto uma ligação lógica como uma ligação causal um problema sério para sua reflexão[45]. Sugeri que desejo e cognição, em razão de seu estreito vínculo conceitual com a ação, não poderiam ser coisas genuínas independentes em uma explicação causal dessa ação. Tenha Aristóteles percebido isso ou não (assim eu afirmava), teríamos que procurar alguma outra descrição, mais provavelmente uma explicação fisiológica, sob a qual desejos e crenças pudessem ser causas genuínas. De fato, especulei que Aristóteles pudesse efetivamente estar procurando uma tal especificação fisiológica independente na segunda metade do Capítulo 7.

Contudo, realmente não é possível evitar o fato de que o *De Motu* assevera que *órexeis* e atividades cognitivas, caracterizadas como tais e não de alguma outra maneira, são causas do movimento. Isso é bastante evidente a partir das passagens mencionadas acima. Apresentarei abaixo uma reflexão diferente da segunda parte do Capítulo 7, e argumentarei que a idéia fisiológica não apenas não fornece, como, dada a concepção geral que Aristóteles tem da explicação, não poderia fornecer uma explicação causal de uma ação. O que quero dizer aqui é que é também bastante evidente que isso não constitui um problema filosófico para Aristóteles, que vê as questões filosóficas mais claramente do que seus oponentes reducionistas antigos e contemporâneos[46]. Suponhamos que Aristóteles realmente sustente (o que parece verdadeiro) que nossas concepções gerais de querer, perceber e mover em direção a um objeto sejam logicamente inter-relacionadas: isto é, que qualquer boa idéia sobre nossa concepção de um fará referência de algum modo aos outros. Suponhamos que ele também sustente, como faz e parece verdadeiro, que a explicação de cada *órexis* particular e de cada *phantasía* ou *aísthesis* ou *nóesis* particular envolverá alguma referência essencial a um objeto do mundo ao qual essa atividade é direcionada, caracterizando-a sob alguma descrição intencional. No entanto, nada disso deve impedir que a *órexis* tenha o tipo particular de independência lógica com relação ao objetivo necessária para que ela desempenhe seu papel como causa motriz. Pois a *ocorrência* do desejo é obviamente (como Aristóteles afirma, e como parece verdadeiro) inteiramente independente da consecução ou *realização* do objetivo na ação. Aristóteles salienta essa independência de várias maneiras. (1) Ele diz que o desejo deve ser combinado da maneira correta

---

* A tradução padrão de "*phantasía*" é "imaginação". Em meu *Aristotle's De Motu*, Ensaio 5, argumento (com base em um estudo de todos os seus usos, especialmente ligados à ação) que ela é inadequada, e que a melhor explicação requer que ela seja vinculada estreitamente ao verbo "*phaínesthai*", "aparecer", da maneira como indiquei aqui.

com a percepção para que o movimento se siga. (2) Ele insiste que as faculdades cognitivas devem alcançar um caminho possível e disponível ao objetivo, ou do contrário o movimento não se seguirá. (3) Ele deixa claro que o desejo deve ser não apenas um entre outros, mas *o* desejo pelo qual o agente está agindo no momento, o desejo "impositivo" – como quer que o entendamos. (4) Ele aponta que mesmo quando tudo isso é verdadeiro pode haver algum impedimento, e nesse caso o movimento não se seguirá.

Com efeito, longe de serem incompatíveis, os vínculos lógico e conceitual são, em seu papel explicativo, estreitamente relacionados. É justamente porque um desejo tem a estreita relação conceitual que tem com o movimento e a ação que ele tem a relação *causal* que tem com a ação. É por causa do que essa *órexis* é, uma *órexis* pelo objeto *O*, e porque o que a criatura vê diante de si é esse mesmo *O*, que o movimento em direção a *O* pode ser causado do modo como é pela *órexis* e pela visão. Suponhamos que um cão vá atrás de um pedaço de carne. É relevante para a explicação *causal* de seu movimento que sua *órexis* seja por carne (ou por essa carne), e que o que ele veja também diante de si, ele o veja *como carne*. Se visse apenas um objeto redondo, ou se sua *órexis* fosse simplesmente por exercício, as ligações explicativas causais desapareceriam. É apenas porque o objetivo "vingança contra os inimigos de Atenas" figurava como uma parte do conteúdo da *órexis* e das crenças dos soldados atenienses que essas coisas puderam se combinar como fizeram para causar sua ação em direção a esse objetivo. Eles poderiam, por várias razões, não ter agido, embora tendo esse mesmo desejo e crença: nesse sentido, o desejo e a crença são independentes do movimento direcionado ao objetivo. Mas sua estreita relação conceitual parece muito pertinente a seu papel causal explicativo. É isso, penso, o que Aristóteles quer dizer quando insiste que os objetos do desejo causam movimento precisamente *por* serem vistos como o tipo de coisa que é desejada, e quando ele insiste que as "premissas" que são "produtoras" de ação devem mencionar o objetivo tanto como desejado quanto como disponível[47].

Tudo isso depende obviamente do que pretendemos dizer sobre o papel da descrição fisiológica. Aristóteles, de acordo com minha concepção anterior, acredita que há, para cada pequena ocorrência de cada um dos fatores causais psicológicos, alguma realização fisiológica que pode concebivelmente ser apreendida na descrição de um cientista. Ainda acredito que há alguma verdade nisso. Para a percepção explicitamente, e para o desejo e a *phantasía* implicitamente, Aristóteles parece acreditar que essa atividade é sempre *realizada em* ou *constituída por* uma ou outra matéria. Por vezes, ele chega a afirmar que as atividades perceptivas "são" certas mudanças qualitativas no corpo – embora seja provável, dada sua adesão a um princípio semelhante à Lei de Leibniz, que esse "é" não indique identidade, mas sim a relação mais fraca de constituição ou realização[48]. De qualquer forma, não há evidências sólidas de que as correlações envolvidas teriam regularidade e precisão suficientes para que o cientista desenvolva alguma teoria geral interessante e útil[49]. Reconheci isso, mas logo prossegui dizendo que teríamos uma explicação causal genuína só quando os fatores fisiológicos fossem, pelo menos no caso particular, isolados.

Agora, isso me parece insatisfatório em vários aspectos. Primeiramente, como acabamos de ver, o "só quando" não é garantido: temos já uma explicação causal perfeitamente boa, no nível psicológico. Em segundo lugar, se as "duas descrições" não são "relacionadas de nenhuma maneira constante ou previsível", como eu disse, então a conseqüência parece ser que jamais teremos uma *explicação* causal genuína: pois explicações, para Aristóteles, devem ser gerais para conferir entendimento[50]. Em terceiro lugar, não está claro para mim sobre que fundamento poderíamos jamais afirmar com confiança de alguma condição fisiológica que ela é a realização corporal dessa *órexis* ou dessa *phantasía*. No máximo, poderíamos dizer que ela era *necessária* para a ocorrência da *órexis*; e mesmo para dizer isso teríamos que estar em posição de generalizar para além do caso particular. Dizer isso, entretanto, é permanecer muito aquém do que precisamos dizer para que o estado físico seja de alguma forma explicativo; por exemplo, poderia parecer que as atividades do coração, sendo necessárias para toda *órexis*, constituíssem por essa razão toda *órexis*. Mas finalmente, e mais importante, o traço fisiológico, *só porque* carece do vínculo conceitual tanto geral como particular com a ação resultante, vínculos que a *órexis* realmente possui, parece carecer do tipo de *relevância* ou *conexão* que exigimos de uma causa quando afirmamos: "Foi essa coisa que fez com que aquilo acontecesse." Em outras palavras, e para usar a terminologia de Aristóteles, poderia não ser *causa própria* da ação. Tomemos o exemplo de Policlito, o escultor, na *Física* II.3 de Aristóteles. Queremos dizer que não foi simplesmente nenhum atributo de Policlito o que causou, efetuou, preparou a estátua. Foi a habilidade de esculpir (juntamente, como a *Metafísica* IX deixa claro, com os desejos pertinentes). Pois é *isso* em Policlito que tem ligação conceitual apropriada com a escultura, muito embora sem dúvida em todos os pontos ele tivesse muitas outras propriedades, e em todos os pontos seu corpo tivesse certa condição fisiológica. Há uma ligação (*oikeiótes*) íntima com o fator único que falta a todos os outros, que parecem, portanto, ser apenas incidentemente conectados com a ação (*Fís.* 195b3-4; cf. *Cat.* 2b6 ss.). Esse fator, pois, parece responder apropriadamente ao nosso "por quê", e os outros não.

É uma questão delicada saber como esclarecer isso melhor. Aristóteles, na passagem da *Física*, diz pouco mais que poderia nos ajudar: apenas que "o homem constrói *porque* (*hóti*) ele é um construtor", e que o construtor constrói "de acordo com (*katá*) a arte de construir. Conexão e causalidade eficiente estão estreitamente vinculadas; mas dificilmente sabemos se cumpre dizermos que o fator A é propriamente a causa em virtude de sua conexão com o objetivo, ou que sua importância advém do fato de que ele, e nada mais, opera como a causa; ou talvez ambos. Ademais, não fica clara a maneira exata como essa noção mesma de causa eficiente deve ser destrinchada. Podemos tentar uma análise contrafatual: desejo D e crença C são as causas da ação A e as condições fisiológicas F não são, porque poderíamos sempre ter F ocorrendo sem A; mas D e C não poderiam ocorrer sem A, a menos que houvesse algum impedimento. Parte do que Aristóteles fala sobre impedimentos no *De Motu* sugere isso; e há fortes evidências corroborantes na *Metafísica* IX em favor de vincular dessa maneira a causa com a necessidade. Contudo, para ir adiante aqui seria preciso explorar todas as questões nodosas e difíceis que cercam o tratamento de Aristóteles da causa e da necessidade, questões que não têm possibilidade de ser expostas e resolvidas de modo adequado neste contexto[51]. Devemos, portanto, simplesmente deixar que permaneça indefinido o que mais exatamente devemos fazer com essa noção do causar. O ponto central é que, como quer que isso deva ser interpretado, os traços fisiológicos são causas do movimento do animal tanto quanto o fato de Policlito ter rins é a causa de ele esculpir a estátua.

O lugar apropriado para uma descrição fisiológica parece, de fato, ser aquele que o *Fédon* afirmou. Ele fornece uma reflexão sobre certas condições necessárias para a operação de fatores causais. A idéia dos nervos e ossos deve ser incluída não como uma resposta à questão *dià tí* ("*Por que* o cão foi atrás da carne?"), mas como resposta a uma questão um pouco diferente: "*Como* ele foi capaz de ir atrás da carne?" Em outras palavras, em virtude de que aparelhamento ou organização os desejos e as atividades cognitivas tiveram o poder de colocar em movimento essa criatura corporal complexa?[52] Essa divisão de questões não precisa pressupor ou implicar nenhuma forma de dualismo: não precisa implicar que *órexeis* são tipos estranhos de substâncias não-físicas, ou que as atividades do animal não são em todos os casos concretos realizadas em uma ou outra matéria adequada. Ela simplesmente reconhece que os desejos e cognições, não os estados fisiológicos, são as causas próprias da ação, aquilo que há de próprio em sua explicação causal, portanto aquilo de que realmente é possível dizer que confere movimento ou faz as coisas acontecerem.

E é esse, com efeito, exatamente o modo como o *De Motu* e o *De Anima* (com sua adiantada referência ao *De Motu*) dividiram a questão[53]. O *De Anima* diz precisamente isso: que a resposta à questão: "O que confere movimento?" é "desejo" – desejo é o fator causal, a resposta à nossa exigência de explicação causal. "Mas, quanto ao aparelhamento em virtude do qual o desejo confere movimento, esse é alguma coisa corporal" – e segue-se uma referência à consideração de ossos e juntas no *De Motu*. Dificilmente poderíamos requerer uma articulação mais clara do quadro do *Fédon* (sem a ênfase demasiada que o *Fédon* dá ao intelecto); mas essa exposição do problema em *De Anima* seria de pouca ajuda para nós sem o *De Motu* para cumprir essa promessa. O *De Motu*, também, deixa muito claro para nós que duas questões diferentes estão em vista. O Capítulo 10 distingue claramente "a explicação que confere a *aitía* para o movimento" da especificação do aparelhamento corporal que é necessário para que a *órexis* funcione[54]. E a transição para a discussão da fisiologia no Capítulo 7, embora enunciada com menos clareza, contém indícios de que é uma resposta ao "como" sobre o movimento (701b7). A questão, como é possível que o movimento se siga tão rapidamente, segue-se da conclusão da explicação da "origem" do movimento, que respondeu ao nosso "por quê" (cf. *dia* em 701a33 ss.); demonstra como o animal é bem aparelhado para o movimento na ordenação de seus traços fisiológicos. Há, certamente, obscuridades; e, às vezes, a linguagem de Aristóteles é condensada e ambígua de tal maneira que não nos satisfaz[55]. Mas o quadro geral que aflora parece ser um quadro razoável. Podemos concluir que o *De Motu* fornece uma reflexão fundamentalmente adequada e bastante rica sobre os problemas causais e conceituais envolvidos na explicação do movimento animal.

V

O *De Motu* nos ofereceu uma reflexão sobre o que denomina, tal como nas obras éticas, movimento *hekoúsios* ou "voluntário". Essa reflexão enfoca, de maneira mais clara e manifesta do que as obras éticas antropocêntricas, aquilo que ali também é evidentemente uma questão de interesse central: isolar e caracterizar um grupo de movimentos sobre os quais, diferentemente de inúmeros outros movimentos do animal – diferentemente, por exemplo, dos movimentos automáticos do sistema digestivo e dos reflexos de partes certamente corporais[56] –, pode-se dizer que são aqueles cuja explicação é o próprio animal, aqueles que são feitos "pela própria criatura", não por alguma força externa que usa a criatura como seu instrumento. Essa noção vaga do *hekoúsion*, uma noção que as obras éticas afirmam ser de considerável importância para nossas posturas práticas e nossas práticas propriamente ditas – louvamos e culpamos quando e somente quando a própria criatura é a origem (*arkhé*) do movimento ou ação – foi agora mais bem esclarecida. Os movimentos *hekoúsioi* dos animais são justamente os movimentos causados por suas próprias *órexeis* e atividades cognitivas, seu próprio estender-se em direção a objetos e suas próprias visões desses objetos. Essa consideração do *hekoúsion* parece ser o que determina e explica a atribuição reiterada e coerente que Aristóteles faz dele a outros animais e às crianças humanas, tanto quanto aos seres humanos adultos: embora essas criaturas menos desenvolvidas careçam de deliberação, escolha e princípios gerais (cf. mais abaixo), elas de fato têm em comum com os seres humanos adultos o fato de que sua própria visão do mundo e suas próprias *órexeis*, e não suas necessidades físicas, são as causas de suas ações.

Muito embora essa consideração positiva do *hekoúsion* não pareça ao primeiro golpe de vista idêntica às considerações das obras éticas, que caracterizam o *hekoúsion* negativamente enumerando as circunstâncias que fazem uma ação *akoúsios*, "involuntária" ou não apropriada para avaliação ética, podemos ver após uma segunda inspeção que as duas considerações são equivalentes em abrangência e de fato propõem, embora com ênfases diferentes, os mesmos critérios[57]. A consideração do *De Motu* é o desenvolvimento apropriado da noção presente nas obras éticas de que o agente é a "origem" (*arkhé*) e "explicação" (*aítion* – cf. n. 21) da ação. De acordo com o *De Motu*, uma ação A é *hekoúsios* se e somente se for causada pela *órexis* por A e por estados cognitivos relacionados a A do próprio animal. Bastaria, claramente, excluir um grupo de ações *akoúsioi* a que as obras éticas dão proeminência, ações realizadas sob constrangimento físico externo. Seria também suficiente excetuar o outro grupo principal de ações *akoúsioi*, a saber, as ações feitas por ignorância? Em princípio pensamos que não. Édipo mata um velho na encruzilhada. Evidentemente, como descrito, esse assassinato é *hekoúsios* pelos critérios do *De Motu*, causado por seu próprio desejo furioso de eliminar esse problemático obstáculo e por sua crença em que golpear o homem com um pedaço de pau era uma boa maneira de efetivar esse resultado[58]. Há o tipo certo de ligação conceitual entre os conteúdos do desejo, crença e ação resultante. Mas a ação de Édipo foi um parricídio; e, como tal, parece um caso paradigmático de ação feita por ignorância desculpável, e portanto *akoúsios*. Assim, temos uma aparente lacuna de abrangência entre os critérios do *De Motu* e da *EN*.

Quando examinamos melhor a questão, entretanto, vemos que, descrita como parricídio, essa ação é *akoúsios* também pelos critérios do *De Motu*. Não há *órexis* por parricídio ou crença relacionada ao parricídio que a possam explicar. Parricídio não é o objeto intencional de nenhuma das atividades oréticas ou cognitivas de Édipo, pelo que sabemos. A *EN* apresenta esse ponto de maneira um pouco tortuosa, dizendo que o homem agiu "por" ignorância, como se a ignorância fosse a causa da ação. O problema para o qual esse critério aponta é mais claramente percebido à luz do modo como o *De Motu* expõe as coisas: os desejos e as crenças do agente não são direcionados a essa ação de maneira a explicá-la[59]. Temos, pois, não uma ação única, *hekoúsion* de acordo com o *De Motu* e *akoúsion* de acordo com a *EN*. Temos, em vez disso, duas ações, um homicídio e um parricídio, a primeira sendo *hekoúsion* por ambas as considerações, a segunda *akoúsion* por ambas as considerações. A suposta lacuna foi eliminada.

Falamos de avaliação ética e legal. Isso nos leva à questão com a qual começamos: o que essa consideração da ação, interpretada com um olho em todas as "aparências" relativas aos movimentos dos animais, implica para os problemas éticos em que estamos interessados? A combinação de vulnerabilidade e atividade envolvida na *órexis* aristotélica fornece uma base boa ou ruim para nossas práticas de "louvar os que merecem louvor e semear a culpa aos malfeitores"? Podemos enfocar a questão examinando uma objeção recente à consideração do *De Motu*/*De Anima*, que tem uma evidente ligação com o que Platão teria dito, tivera ele a oportunidade de fazer uma crítica a essa consideração. A objeção é que, ao conferir essa consideração "comum" ao *hekoúsion* e com isso admitir nessa classe muitas ações de animais e crianças, Aristóteles não conseguiu fornecer uma base adequada para uma reflexão sobre a responsabilidade ética. Terence Irwin é quem faz a objeção[60]; ele desenvolveu essa discussão longa e eloqüentemente. As conclusões de seu interessantíssimo estudo são as seguintes: (1) Aristóteles tem uma "teoria simples" da responsabilidade (que Irwin encontra na *EN* e que é semelhante ao que encontramos no *De Motu*), segundo a qual uma ação é responsável se e somente se é causada pelas próprias crenças e desejos da criatura, que funcionam como razões. Essa concepção permite que as ações das crianças e animais sejam ponderadas como responsáveis. (2) Mas Aristóteles também tem uma "teoria complexa" da responsabilidade (encontrada em outras partes das obras éticas) que estabelece condições mais rígidas: uma ação é responsável se e somente se é a ação voluntária de uma criatura capaz de deliberação efetiva, ou *proaíresis*[61]. (Grande parte do artigo de Irwin é dedicada a uma fecunda exploração dessa noção, e não tentarei sintetizar esses resultados aqui.) A "teoria complexa", entretanto, implica que as ações de crianças e animais não são responsáveis. Irwin acredita que a teoria complexa é superior à teoria simples, por proporcionar uma base mais adequada para nossas posturas e práticas éticas.

Penso que Irwin e eu podemos concordar, mais ou menos, sobre o que Aristóteles realmente afirma. Isto é, podemos concordar que há no texto de Aristóteles uma distinção entre movimentos *hekoúsioi* e outros movimentos que não é, nem em abrangência, nem em importância, a mesma distinção, também presente no texto, entre atos praticados por agentes capazes de *proaíresis* e atos praticados por agentes não capazes de *proaíresis*. Podemos concordar que Aristóteles liga essas duas distinções de uma maneira ou de outra à atribuição de louvor e culpa. Podemos também concordar que as duas distinções têm diferentes resultados para a classificação de muitas ações. Em particular, concordamos que os textos claramente negam deliberação e escolha a animais e crianças, mas atribuem-lhes consistentemente ação *hekoúsios*[62].

Mas aqui, acredito, nossas idéias divergirão. Irwin acredita que as duas distinções são tentativas alternativas de apreender uma única noção, a noção de responsabilidade moral; que há aqui apenas uma distinção eticamente interessante e que Aristóteles deveria ter empregado apenas um único contraste, escolhendo entre esses dois modos de oferecer uma explicação dela. Irwin claramente acredita que Aristóteles deveria ter optado pela "teoria complexa", com o resultado de que as ações animais e infantis seriam classificadas simplesmente como atos não-responsáveis. Ele nos diz que a "teoria simples" é "perigosa"[63] por estender o voluntário (interpretado como responsável) a crianças e animais; essa abrangência *parece* razoável apenas porque a definição do *hekoúsion* na *EN* deixa, por descuido, de excluí-la. O propósito de uma distinção como essa, argumenta Irwin, é justificar nossas práticas e posturas éticas; mas não se pode encontrar nenhuma justificativa para tratar os animais e as crianças como agentes responsáveis.

Ora, Irwin está claramente ciente de que para Aristóteles louvor e culpa ocorrem em muitas variedades. Ele apresenta e salienta a evidência de que Aristóteles acredita ser impróprio falar de vida florescente (*eudaimonía*) ou de excelência de caráter ao louvar uma criatura a quem falta a capacidade de deliberação e escolha, portanto, ao lidar com um animal ou uma criança. Como ambos, Irwin e eu, podemos concordar, Aristóteles em parte alguma hesita em dizer que os tipos mais sérios de avaliações éticas que fazemos, aqueles que têm a ver com julgamentos de caráter e da bondade geral da vida, são feitos de maneira apropriada apenas com relação a adultos que formaram um caráter e escolheram um modo de vida, que são capazes de *proaíresis*, isto é, deliberação sobre seus fins últimos ou valores. E, contudo, Aristóteles evidentemente também afirma que louvor e culpa de algum tipo, e algumas posturas éticas mais fracas, são apropriadas na medida em que a ação satisfaça certas condições mais fracas. Esse é o cerne da questão: pois, ao ver de Irwin, nada que carecesse de plena *proaíresis* adulta jamais *poderia* justificar nenhuma dessas posturas e práticas. Se de fato dedicamos louvor a uma criança ou animal, pensa ele, não pode haver nada mais do que a disposição de uma espécie de força causal direcionada a manipular o comportamento; e isso tem muito pouco a ver com o real louvor[64].

A concepção ética de Irwin é admirável e séria. E, muito embora seja claramente kantiana na origem, corresponde a grande parte da reflexão de Platão sobre a ação, como a esboçamos. Pois Platão, também, pensa claramente que há apenas duas escolhas: necessidade bestial de um lado, e de outro a causalidade puramente impassível e automotora da razão. As avaliações éticas sérias requerem a capacidade de causalidade intelectual; a maneira mais rápida de falar de um ser humano como fora do terreno da avaliação ética é dizer que essa pessoa faz as coisas à maneira de um animal. E para tais pessoas a manipulação externa é o único tipo de instrução que há. Ser passivo à causalidade natural é ser um objeto não-seletivo, sem nenhuma participação ativa na escolha do bem.

O que agora pretendo argumentar é que a explicação "comum" de Aristóteles oferece uma alternativa ética séria a essa concepção séria, uma alternativa que não podemos ver ou apreciar adequadamente se pedimos que Aristóteles opte pela concepção séria. Dar a Irwin uma resposta com respeito a Aristóteles nos ajudará a apreciar a resposta do próprio Aristóteles a Platão. Aristóteles pode concordar com Irwin (como acredito) que certos padrões muito elevados devem ser satisfeitos para justificar nossos juízos éticos mais sérios sobre as pessoas. E, no entanto, compativelmente, ele pode continuar a insistir (como evidentemente faz) na relevância ética da distinção diferente que estivemos explorando. As duas distinções parecem ser apresentadas não (o que Irwin supõe) como explicações antagônicas de uma única noção, mas como explicações de duas noções relacionadas que têm papéis complementares a desempenhar em sua teoria ética. Começam a aparecer algumas razões para manter ambas as distinções se ponderamos como deve prosseguir uma explicação do desenvolvimento e da instrução moral.

Ao ver de Irwin, em algum ponto do desenvolvimento da criança ocorre uma mudança repentina e misteriosa. De objeto de um processo de condicionamento comportamental ao qual ela pouco ou nada contribui ativamente, a criança passa a ser um adulto capaz de *proaíresis*, isto é, capaz de deliberação sobre valores, capaz de alterar e criticar seus próprios desejos. Não se oferece a nós nenhuma explicação daquilo que, na criança, torna possível esse desenvolvimento, ou, de fato, de como um educador pode ajudar a efetivá-lo. Para Aristóteles, centralmente preocupado, como é, com a educação, e acreditando, como acredita, que o principal trabalho da política é educar as crianças de modo que elas se tornem capazes de levar uma vida boa de acordo com sua própria escolha, esse resultado seria muito infeliz. Mas, por conservar sua "teoria simples" juntamente com sua "teoria complexa", ele pode apresentar uma resposta plausível e interessante a essas questões. A "explicação comum" (uma expressão que prefiro à "teoria simples" de Irwin, por inúmeras razões óbvias) nos diz que começamos o processo educacional não com uma criatura que está simplesmente ali para ser influenciada e manipulada de maneira causal, mas com uma criatura que responde seletivamente ao seu mundo através da cognição e da *órexis*, e cujos movimentos são explicados por sua própria visão das coisas, por seu próprio esforço para alcançar as coisas como ela as vê. A "explicação comum" do *hekoúsion* não tem a intenção de ser rival da explicação da escolha deliberada: é a explicação da base animal para certas posturas e práticas éticas que são centrais no desenvolvimento de uma criatura animal em direção à escolha deliberada. Por estarmos lidando com uma criatura seletiva que interpreta, procura alcançar e age de acordo – por haver desde o princípio uma distinção entre movimentos animais que são apenas externamente causados e movimentos causados pelo próprio ponto de vista da criatura – podemos embarcar em um programa de habituação e instrução que não é simplesmente um tipo de manipulação comportamental desprovido de espírito. Louvor e culpa são desde o início não apenas impulsos, mas modos apropriados de comunicação a uma criatura inteligente que age de acordo com sua própria concepção do bem. São tentativas de persuadir essa criatura a modificar, ativamente, sua concepção do bem, a esforçar-se para alcançar objetos mais apropriados. Se não acolhermos a concepção tão pessimista de Irwin sobre os animais e as crianças, não precisaremos desdenhar o *hekoúsion* "simples": ele é a base necessária para desenvolvimentos posteriores complicados. E, se pensarmos no que realmente acontece quando se educa uma criança, a insistência de Aristóteles na centralidade da intencionalidade e atenção seletiva se afigura muito mais empiricamente correta do que o quadro comportamentalista de Irwin. Ela nos oferece uma explicação atraente da base animal natural para o desenvolvimento do caráter moral[65].

Nas obras éticas, Aristóteles dá um passo além. Podemos dizer não apenas que um estudo de nossas crenças sobre a *órexis* revela sua intencionalidade e seletividade; podemos dizer também que as práticas de educação e exortação em que nos empenhamos seriam ininteligíveis se a *órexis* fosse, como Platão (e Irwin) afirmam, puramente desprovida de espírito:

> O digestivo não participa da razão de maneira alguma, mas o apetitivo e em geral o desiderativo (*orektikón*) participam dela de uma certa maneira, na medida em que são atentos e obedientes a ela... Que o irracional é persuadido de alguma maneira pela razão é indicado pela prática do aconselhar e por toda reprovação e exortação. E, se devemos dizer que também esse elemento dispõe de razão, cumpre dizermos que há dois modos de dispor de razão: uma é tê-la estritamente e internamente para si mesma, a outra é ter algo que se assemelha àquilo que escuta um pai ou mãe. (*EN* 1102b29-1103a3; cf. *EE* 1219b27 ss.)

A existência e a eficácia de certas práticas éticas demonstra que os apetites não podem ser tão simples e bestiais quanto alegou Platão, meros impulsos que respondem a outros impulsos, tais como os movimentos do sistema digestivo. Damos conselhos, recomendações e instrução a pessoas no que respeita a atividades apetitivas tanto quanto as que envolvem o puro intelecto. Instruímos crianças a desenvolverem desejos apropriados a tipos apropriados de gratificação, não através da bruta supressão de seu impulso em direção a essas atividades, mas solicitando-lhes pelo discurso e pela interação motivacional que modifiquem suas escolhas. Assim, deve haver um tipo de razoabilidade para próprias forças apetitivas — algo como escutar atentamente e de maneira sensível uma recomendação paterna ou materna. A seletividade intencional dos apetites nos demonstra como ela pode ser agregada como apoio positivo na busca pelo bem. Podemos dizer que é a concepção de Platão/Irwin que deixa de justificar e dar sentido às práticas éticas em que efetivamente nos empenhamos; ao passo que a de Aristóteles parece adequar-se a elas.

O que agora poderíamos fazer com mais delonga é demonstrar como uma explicação não-comportamentalista da habituação, que salienta as relações-ao-objeto e a atenção seletiva, poderia traçar o desenvolvimento gradual da criança do simples *hekoúsion* à *proaíresis* complexa. A *Política* fornece grande parte do material para tal explicação. Enfocaremos brevemente a tarefa de caracterizar a natureza e a estrutura da deliberação aristotélica; assim, não exibiremos em detalhes o retrato do desenvolvimento[66]. O ponto geral, entretanto, está claro: que as concepções éticas complexas de Aristóteles não precisam ser percebidas como em desacordo com sua explicação do movimento animal "voluntário" no *De Motu*, porque faz parte de sua concepção ética a idéia de que nossa natureza animal compartilhada é o fundamento de nosso desenvolvimento ético. É nossa natureza ser animal, o tipo de animal que é racional. Se não dermos uma explicação depreciativa do animal ou uma explicação exagerada do racional, estaremos em posição de ver o quão bem adequada está a primeira para contribuir com o florescimento da outra.

Isso, tal como grande parte da argumentação aristotélica situada no interior das aparências, pode parecer insuficiente. Para Platão, seguramente, essa descrição de práticas que *de fato* repousam sobre uma distinção entre causalidade intencional e mecânica não colabora muito para responder à questão importante, qual seja, se essas práticas são realmente *justificadas* por essa distinção. (E essa seria, certamente, a questão que se imporia contra Aristóteles também pela concepção kantiana de Irwin.) O simples fato de *acreditarmos* que a distinção justifica as práticas não demonstra que elas realmente *são* justificadas por tão pouco. E Platão está preparado para argumentar que elas não são. Como o bom juiz, a pessoa não iludida pelo desejo humano, pode ver, um elemento causal puramente ativo, inteiramente "livre de mistura e de influência", é necessário para fazer nossas vidas dignas de serem vividas, mais do que bestiais.

Aristóteles terá muitas respostas a esse desafio. Primeiramente, ele já pôs em dúvida a distinção entre o que todos acreditamos e o que realmente é. Não temos acesso a nenhuma verdade além das mais profundas e difundidas aparências. Então, se sua explicação teve êxito em expressar corretamente essas aparências, ela terá a mais forte pretensão de verdade. No sentido mais forte de justificação disponível dentro do método aristotélico, essas práticas foram agora justificadas pela explicação de Aristóteles do movimento: isto é, demonstrou-se que elas estão internamente em ordem, que são adequadas às outras coisas que acreditamos, fazemos e dizemos.

Ademais, nem sequer está claro de que posição vantajosa o platônico pode expressar seu desafio. Suspendendo, como ele nos solicita a fazer, distinções e crenças que são tão fundamentais à conduta diária de nossas vidas, ele precisa conseguir, contudo, motivar o desafio e torná-lo inteligível no interior da experiência humana. Ao colocar questões, cumpre que não explore tacitamente as próprias práticas e crenças que ele questiona; deve, pois, colocar-se fora de todos os compromissos e juízos pertinentes e relativos à animalidade, causalidade, movimento. Mas, por outro lado, ele deve falar de uma posição que não "se situe a tão grande distância" a ponto de não o reconhecermos como um de nós ou não nos importarmos com o que ele diz.

Mesmo supondo que ele realmente encontre um lugar apropriado a partir do qual se dirija a nós, e supondo que seja um lugar em que o reconheçamos como um de nós, há ainda, além disso, uma profunda dificuldade quanto ao elemento livre de mistura e de influência ao qual ele alude. Se esse elemento não nos é familiar a partir de nossa experiência, se toda a nossa *experiência* de causalidade e movimento é de um tipo impuro, que mistura passividade e atividade, então o discurso de Platão sobre o *noûs* pode cair vítima da mesma crítica que Aristóteles dirigiu contra seu discurso sobre as formas (ver Cap. 8 acima): que é insuficientemente enraizado na experiência até mesmo para ser um discurso coerente.

Mas, uma vez que nossa experiência de nossa própria ação é uma questão altamente variada e variável, e uma vez que não é improvável que algumas pessoas da platéia de Aristóteles endossem a descrição platônica de uma cisão entre o *noûs* e a necessidade bruta como uma descrição correta da experiência, Aristóteles não pode simplesmente confiar nesse tipo de debate. E implícita em sua explicação da *órexis* há uma outra linha de defesa. Se pensarmos em sua explicação com relação ao *Fedro*, podemos sugerir que o *noûs* sólido e impassível do *Fédon* não é nem necessário nem suficiente para a verdadeira compreensão e para a escolha correta. Não é necessário porque a compreensão pode ser alcançada, como o *Fedro* demonstra e como Aristóteles também demonstrará (cf. Cap. 10) através de uma interação sensível com o externo; não é suficiente porque esse elemento carece do tipo de abertura e receptividade que parece ser o requisito para o melhor e mais elevado tipo de compreensão. Se o elemento for livre de influência como Aristóteles explicitamente nos faz lembrar, haverá inteligência, e até mesmo sabedoria contemplativa, mas não, por exemplo, gentileza, ou coragem, ou amor – elementos da pessoa dignos de louvor sem os quais uma vida humana não seria uma vida boa (*EE* 1220a11-3). Longe de ser uma maneira de assegurar nossos valores e o nosso merecimento, a estratégia de Platão efetivamente nos priva de muitas maneiras de nos movimentar, agir e ser que são dignas de louvor, limitando os modos pelos quais podemos ser bons. (Investigaremos essa resposta em mais detalhes no Capítulo 10.)

Em suma, Aristóteles estará pronto para argumentar que uma enunciação correta e devidamente sutil das aparências no que se refere à ação eliminará a motivação para a estratégia de Platão, demonstrando que o que queremos assegurar pode ser não só assegurado, mas melhor e mais plenamente assegurado, em sua explicação da ação e de suas causas.

Como conclusão, podemos agora retornar às aparências das quais partimos, e perguntar como a explicação aristotélica as preservou. Permitamos, pois, que Péricles conclua sua oração fúnebre do seguinte modo:

> Devei vós mesmos perceber o poder de Atenas, e alimentar dela vossos olhos dia a dia, até que o amor dela encha vossos corações. E então, quando toda a sua grandeza vos invadir, devei refletir que foi pela coragem e conhecimento das necessidades práticas e por um senso de vergonha na ação que os homens foram capazes de ganhar tudo isso... E, ao julgar que a boa vida humana é a vida livre, e a vida livre é a vida corajosa, não declineis dos perigos da guerra. Pois é assim que os animais se movem adiante para o movimento e a ação: a causa imediata do movimento é o desejo, e ele vem a ser ou através da percepção ou através da imaginação e do pensamento. E, com as criaturas que se estendem para a ação, é às vezes através do apetite e da emoção, e às vezes através da vontade racional que elas criam ou agem.[67]

O que pensaríamos do autor de tal conclusão? E quais motivos consideraríamos que teria ao concluir assim? Pensaríamos nele, imagino, como uma pessoa determinada a esvaziar as pretensões do intelecto: ou, antes, de qualquer concepção da ação humana e da racionalidade humana que apartasse o ser humano de sua qualidade de membro de um mundo da natureza mais amplo. Isso é algo implícito nas primeiras sentenças da conclusão de Péricles, com sua ênfase no papel da percepção e do amor na motivação de uma ação; mas a última sentença (enxertada), que torna explícito o papel desses, ajuda a impedir certos tipos de equívoco de leitura. Pensaríamos nessa pessoa como alguém ansioso por salientar, por outro lado, a riqueza e a complexidade da ação animal no mundo da natureza, recusando-se a se render a quaisquer pressões científicas para vê-la como algo mecânico e desprovido de espírito. A ação humana e o ser humano são situados diretamente no interior da natureza; o ser humano é considerado como uma criatura de amor e desejo, mesmo em sua ação racional. Mas o desejo não é algo inteiramente bestial: envolve o enfoque seletivo sobre os objetos do mundo e um conjunto igualmente seletivo de respostas a esse enfoque. Finalmente, o enunciador seria uma pessoa ávida (como em geral são tanto Tucídides como Aristóteles) por acentuar a falta de auto-suficiência que caracteriza todas as vidas animais, incluindo a nossa. Nem objetos inertes nem deuses perfeitos, nem simplesmente impulsionados pelo exterior, nem espontaneamente auto-motores, nós nos estendemos, sendo incompletos, para alcançar as coisas do mundo. É assim que nossos movimentos são causados[68].

10. Deliberação não-científica

> Eu só tinha uma vaga consciência de estar no rasto de uma lei, uma lei que se ajustaria, que me surpreenderia por reger os delicados fenômenos – delicados, ainda que tão distintos – com que minha imaginação se descobria a jogar. Parte do deleite que eles proporcionavam se dava, ouso dizer, por eu os exagerar – agrupando-os em um mistério maior (e com isso em uma "lei" maior) do que os fatos, observados, poderiam justificar; mas essa é a falha comum dos espíritos que têm na visão da vida uma obsessão.
>
> Por certo eu não deveria nunca mais, de imediato, ter plena coerência, muito embora não se tratasse realmente de que eu não tivesse três vezes o método dela. O que me faltava, tão fatalmente, era seu tom.
>
> Henry James, *A fonte sagrada*, Capítulos 1, 14

Aristóteles faz duas afirmações antiplatônicas sobre a deliberação prática. Primeiro, que ela não é e não pode ser científica*: "Que a sabedoria prática não seja entendimento científico (*epistéme*), é óbvio" (*EN* 1142a23-4)[1]. Segundo, que o critério apropriado de escolha correta recai sobre um ser inteiramente humano, a pessoa de sabedoria prática. Essa pessoa não procura assumir uma posição fora das condições da vida humana, mas baseia seu juízo em uma longa e ampla experiência dessas condições. Esses dois traços da concepção de Aristóteles estão, evidentemente, ligados: pois a razão pela qual a boa deliberação não é científica é que não é assim que esse bom juiz exemplar age quando delibera; e a razão por que esse juiz é normativo para a escolha correta é que seus procedimentos e métodos, e não os de um juiz mais "científico", parecem os mais adequados à matéria em questão. Ambos os traços se ligam, também, à defesa de Aristóteles de uma concepção antiplatônica da boa vida humana. A decisão de que a sabedoria prática não é uma *tékhne* ou *epistéme*[2] e que o melhor juiz é aquele que não se utiliza de uma *tékhne* confirma e é confirmada pela idéia de que a melhor vida é mais vulnerável à *týkhe* não-governada, mais aberta e com menos ambição de controle, do que Platão afir-

---

* Quando falo de "ciência" neste capítulo, não ignoro o fato de que se esse *status* era atribuído a algumas *tékhnai* mesmo sem medição – comparar minha reflexão sobre o Protágoras no Cap. 4. O próprio Aristóteles reconhece a existência de artes "estocásticas" – por exemplo, a medicina, a navegação – que são similares à (sua reflexão sobre a) ética, no que diz respeito à preocupação com o particular. Mas, quando ele nega que a ética possa ser uma *epistéme*, acredito que ele não esteja pensando nesses exemplos, mas, antes, na *epistéme* ética de Platão, bem como em sua própria noção técnica (similar) de *epistéme* como um sistema dedutivo inteiramente preocupado com universais. Sua reflexão sobre a ética, sendo uma ordenação sistemática das aparências, tem tanta pretensão ao *status* de *tékhne* quanto a proposta de Protágoras; o que ele quer dizer é que não é *tékhne* ou *epistéme* no sentido exigido pela *República* ou pela *Analítica posterior*.

mou ser*. (Vamos nos ocupar dessas aparentes circularidades na reflexão de Aristóteles ao fim deste capítulo.) Antes de passarmos à investigação concreta das concepções de Aristóteles sobre a *týkhe* e a boa vida, precisamos, pois, observar estritamente sua concepção não-científica dos procedimentos pelos quais bons juízos de valor são alcançados. Para que compreendamos com que fundamentos ele se recusa a "salvar" nossas vidas de certas incursões da *týkhe*, devemos compreender sua recusa da aspiração platônica de transformar a ética em uma *tékhne*.

Este capítulo será, assim, a contrapartida aristotélica dos Capítulos 4 e 5, e demonstrará como uma epistemologia do valor e uma reflexão sobre a vulnerabilidade das coisas valiosas caminham de mãos dadas. Indagará quem é a pessoa de sabedoria prática e como ela delibera, como a aspiração platônica à universalidade, à precisão e ao controle estável é recebida e criticada na concepção mais "maleável" e flexível de Aristóteles da percepção sensível. Começaremos com um exame da afirmação de Aristóteles de que a deliberação prática deve ser antropocêntrica, preocupando-se com o bem humano, e não com o bem *simpliciter*. Em seguida, voltaremos nossa atenção ao ataque de Aristóteles à noção de que os principais valores humanos são comensuráveis por um único padrão. Ofereceremos, então, uma reflexão sobre a interação entre regra universal e percepção particular na deliberação aristotélica. Finalmente, examinaremos o papel da resposta passional na boa deliberação, demonstrando que a pessoa de sabedoria prática tanto valoriza como se permite ser guiada por esses traços (pretensamente) não confiáveis de sua constituição humana. Isso nos fornecerá os materiais para compor, por fim, um retrato do tipo de deliberação que Aristóteles julga mais apropriado e relevante para nossas vidas humanas.

I

A aspiração platônica a um ponto de vista externo do "olho-de-deus" já foi criticada em nossa reflexão sobre o método das aparências (Cap. 8). Aristóteles defendeu sua idéia de que a verdade interior, verdade *nas* aparências, é tudo com o que temos de lidar; tudo o que pretenda ser mais é efetivamente menos, ou nada. O ponto de vista da perfeição, que pretende avaliar todas as vidas neutra e friamente de uma perspectiva exterior a qualquer vida particular, encontra-se já acoimado de falha de referência: pois, ao afastar-se de toda experiência mundana, parece afastar-se ao mesmo tempo das bases para o discurso sobre o mundo. Nossa questão sobre a boa vida deve, como toda e qualquer questão, ser indagada e respondida no interior das aparências.

Mas a ética é também antropocêntrica em um sentido mais forte. Quando perguntamos sobre movimento, ou tempo ou lugar, começamos e terminamos no interior da experiência deles: dizemos apenas o que, através da experiência, se incorporou ao discurso do nosso grupo. No entanto, podemos ainda aspirar a alcançar uma reflexão unificada sobre movimento, tempo ou lugar para o universo inteiro dentro do qual vivemos e temos nossa experiência. A *Física* não oferece uma reflexão sobre o tempo humano, uma outra reflexão sobre o tempo para o marisco, e outra ainda sobre o tempo para as esferas celestes[3]. Os animais se movem de maneiras diferentes; mas há também uma reflexão geral plenamente abrangente do movimento no universo, que tem um conteúdo sério. Quanto ao bem, as coisas são diferentes. Seria em princípio viável a Aristóteles empreender uma reflexão unificada d'A Boa Vida para todos os

---

* Com "Platão" quero dizer aqui os diálogos do "período intermediário" e não o *Fedro* (ou *As leis*, ou *Político*). O escrito de Aristóteles sobre a *týkhe* é uma resposta a essas obras e a essas concepções; ele demonstra pouca preocupação com os diálogos posteriores de Platão, possivelmente, como sugerimos, porque muitas de suas críticas os precedem, e eles são compostos em resposta a essas críticas. Sobre a relação de Aristóteles com os argumentos do *Fedro*, ver este capítulo, §IV e Capítulo 12, pp. 321-3.

seres do universo, classificando-os e ordenando-os independentemente da espécie. Ele é suficientemente familiarizado com projetos dessa ordem – sobretudo com as tentativas platônicas de descobrir e expressar uma noção da bondade totalmente independente do contexto, transformando-a na matéria de uma única ciência ou *epistéme*. Mas ele dedica um espaço considerável à crítica desse projeto – crítica que é ainda mais notável por ser, como ele reconhece, pessoalmente difícil:

> Essa investigação é uma tarefa penosa, uma vez que foram homens caros a nós que introduziram as Formas. Mas pareceria melhor e, em verdade, necessário, erradicar até mesmo o que nos é próprio com a finalidade de preservar a verdade – tanto como um princípio geral, como em virtude de sermos filósofos. Pois, quando as pessoas tanto quanto a verdade nos são caras, é adequado colocar em primeiro lugar a verdade. (*EN* 1096a12-7)

Aristóteles argumenta, primeiramente, que nossa noção da verdade carece da unidade requerida para o estabelecimento de uma única ciência, uma vez que "bom" se aplica a coisas pertencentes a diferentes categorias lógicas[4]. Em cada caso, sua presença recomenda a coisa em questão; mas não temos razão para pensar que ele destaca uma única natureza comum a todas as coisas díspares. Esse é um debate interessante e profundo. Entretanto, já não vamos prossegui-lo aqui, uma vez que as coisas em que temos maior interesse – *vidas* humanas e outras animadas – são, pode-se presumir, logicamente homogêneas; poderiam, pois, dar origem a uma ciência platônica mesmo que esse debate fosse aceito. O que é de maior interesse para nós, assim, é que Aristóteles afirma enfaticamente que a bondade das *vidas* é, e deve ser, uma matéria relativa à espécie. "O bem não é único para todos os animais, mas diferente em cada caso", escreve ele na *Ética nicomaquéia* IV, contrastando o valor prático, nesse aspecto, com o estudo teórico da natureza (1141a31-2). Por conseguinte, todas as três obras éticas declaram que sua matéria é o bem *humano*, ou a boa vida para um ser humano. "Devemos falar sobre o bem, e sobre o que é bom, não *simpliciter*, mas para nós. Não, portanto, sobre o bem divino, pois há um outro discurso e uma outra investigação que se ocupa dele" (*MM* 1182b3-5). A discussão da boa vida na *Ética nicomaquéia* tem início com uma reflexão sobre o funcionamento específico e característico do ser humano e, de fato, restringe sua busca pelo *bem* que funciona para nós a uma busca pela realização excelente dessas funções características[5]. Mas por que deve ser assim?

Antes de mais nada, Aristóteles enfatiza reiteradamente que o objetivo de seu discurso ético não é teórico, mas prático. Segue-se daí que não há motivo para falar da boa vida em uma investigação ética se essa vida não puder ser praticamente alcançada por seres dotados das nossas capacidades[6]. A vida de um ser divino pode ser muito mais admirável; mas o estudo dessa vida, na medida em que repousa além de nossas capacidades, não é pertinente aos objetivos práticos da ética[7].

Assim, também a vida que escolhemos deve ser uma vida possível para nós em um sentido diferente e mais forte. Deve ser uma vida que, conforme deliberamos, possamos escolher por nós mesmos como realmente uma vida para *nós*, na qual haverá o suficiente daquilo que faz de nós os seres que somos, para que seja possível dizer que *nós* sobrevivemos nessa vida. Portanto, deve ser, no mínimo, uma vida que um ser *humano* possa viver, não uma vida que deixe de incluir algo sem o que não haveria, segundo consideramos, nenhuma vida caracteristicamente humana. Começamos um tratado ético pela observação do funcionamento característico dos humanos – tanto seus elementos compartilhados como diferenciados – porque almejamos uma vida que inclua o que quer que faça de nós, nós mesmos[8]. Por exemplo, podemos tentar defender um hedonismo estúpido, "escolhendo a vida dos mudos animais de pasto" (*EN* 1095b19-20);

essa vida nos seria possível no primeiro sentido. No entanto, se formos levados a perceber a importância central da razão prática em nossa concepção do funcionamento humano característico, perceberemos, pensa Aristóteles, que nenhuma vida desprovida desse elemento seria, para nós, uma escolha aceitável. (Veremos no Capítulo 12 o papel que esse tipo de ponderação desempenha em argumentos sobre política e amizade.) O início do "debate sobre a função humana" faz uma proveitosa analogia aos ofícios, cujo ponto central é o que se segue. O entendimento da *boa* fabricação de sapatos ou execução da lira deve ter início com um entendimento do que *são* essas funções. Não se poderia verificar, logicamente, que a função do bom sapateiro fosse tocar a lira: o bom funcionamento para o praticante de qualquer ofício deve ficar dentro dos limites do que essa atividade, em sua natureza, *é*. Do mesmo modo, não se poderia verificar, logicamente, que a melhor vida para um ser humano fosse o bem viver de uma vida característica das formigas; essa vida conteria certos traços que a vida humana não contém, e lhe faltariam certos traços que julgamos essenciais à vida propriamente humana. Esse tipo de reflexão nos leva à conclusão de que uma busca pela boa vida para qualquer ser *O* deve começar com uma reflexão sobre os ingredientes essenciais de uma vida própria de *O* e de uma atividade própria de *O* — aqueles traços sem os quais não seríamos absolutamente propensos a julgar uma vida como própria de *O*. E, se os traços essenciais das vidas não são os mesmos entre as espécies, como se afigura evidente a Aristóteles, então a busca pela boa vida deve antes ser uma busca relativa à espécie, e não uma busca geral. Não posso escolher para *mim* a boa vida de uma formiga, de um leão, de um deus.

Há uma outra consideração estreitamente vinculada ao debate. É possível que as coisas boas e valiosas não o sejam em relação a todos os modos e condições de vida imagináveis. O bem de alguns valores genuínos pode ser relativo ao contexto e nem por isso, absolutamente, menos bom. Platão, como vimos no Capítulo 5, é comprometido com a idéia de que o que é *verdadeiramente* e intrinsecamente valioso o é sempre e de uma perspectiva totalmente apartada do contexto particular; se um valor é apenas relativo à espécie ou ao contexto, isso o desqualifica como valor intrínseco verdadeiro. Mas Aristóteles, como veremos em detalhes no Capítulo 11, questiona essa noção. Já em seu ataque à singularidade do Bem platônico, ele observa que "não é absolutamente mais bem por ser eterno, exatamente como a coisa de longa duração não é mais branca que a transitória" (1096b3-4). Da mesma maneira, verifica-se que o que é bom apenas relativamente às condições contingentes de um certo modo de vida pode não ser menos genuinamente bom em virtude dessa "limitação"; pode-se até mesmo verificar (cf. Cap. 11, §VI) que não há valor ético que não seja nesse sentido relativo ao contexto[9]. Aristóteles insiste que essa questão não pode ser estabelecida de antemão, mas deve ser descoberta através de um profundo entendimento dos traços compartilhados e não-compartilhados da vida humana.

II

Uma ética antropocêntrica poderia ainda ser científica. As exigências de generalidade e comensurabilidade da *tékhne* platônica poderiam, ao menos de modo defensável, ser satisfeitas em uma reflexão sobre o valor que buscasse a vida melhor e mais valiosa para o tipo de ser que nós somos. O *Protágoras* assistiu à argumentação de Sócrates de que uma *tékhne* em que todos os valores fossem comensuráveis segundo uma única escala quantitativa seria ainda uma maneira de salvar as vidas dos *seres humanos*. Diotima alegou que a ascese em direção a um entendimento geral da beleza, que nega distinções qualitativas em favor da medição quantitativa, o caráter único do individual em favor de uma apreensão do geral, seria a única maneira de tornar a vida "suportável *para um ser humano*". Vimos que, em ambos os casos, *questões* de identidade eram realmente suscitadas pelo progresso proposto; mas não era óbvio por si mesmo que a resposta a essas questões excluísse a vida platônica como uma vida para nós. Aristóteles rejeita esses dois traços significativos do sistema científico de Platão para a ética. Ele argumenta que os valores constitutivos de uma boa vida humana são plurais e incomensuráveis; e que uma percepção de casos particulares tem precedência, no juízo ético, sobre regras e considerações gerais. Cumpre agora nos voltarmos à natureza desses argumentos. Pois podemos ver que para responder à proposta platônica de progresso Aristóteles tem que fazer mais (mesmo nos termos de seu próprio método) do que dizer que é assim que presentemente fazemos as coisas. Deve também mostrar a importância e a profundidade dos aspectos de nossa prática presente aos quais renunciaríamos se aceitássemos a proposta platônica.

A comensurabilidade havia se tornado para muitos, na época de Aristóteles, o certificado do verdadeiramente científico[10]. Aristóteles deixa propositadamente de defender uma arte da medição para a ética[11]. Primeiro, é uma preocupação central das obras éticas avaliar o candidato mais plausível e atraente para o padrão único, a saber, o prazer. Há muitas dificuldades que cercam a interpretação das duas explicações de Aristóteles do prazer[12]. O que podemos afirmar com segurança é que ambas negam, de maneira concorde, que o prazer seja uma coisa única gerada de maneira qualitativamente homogênea pelos inúmeros tipos diferentes de atividade. Para *EN* VII, meus prazeres *são* justamente as atividades que faço de certo modo: as ativações desimpedidas de meu estado natural[13]. Os prazeres são, pois, precisamente tão distintos uns dos outros e tão incomensuráveis quanto os diferentes tipos de atividade excelente. Para *EN* X, o prazer sobrevém à atividade à qual se vincula, tal como o viço às faces de uma pessoa jovem, completando-a ou aperfeiçoando-a[14]. Não é algo que possa ser arrancado da atividade à qual se vincula e procurado por si só, assim como as faces viçosas não podem ser genuinamente cultivadas como tais à parte da saúde e da boa forma física às quais pertencem.

Os prazeres, ademais, "diferem em tipo" como diferem as atividades associadas (1173b28 ss.). Alguns são dignos de escolha e outros não, alguns são melhores e alguns piores. Além disso, alguns são aprazíveis apenas para pessoas corrompidas, ao passo que alguns são aprazíveis para pessoas boas (1173b20 ss.). Tal como Platão (do período intermediário), Aristóteles encontra, pois, na variedade qualitativa e na relatividade ao observador do prazer boas razões para não fundamentar uma ciência ética sobre o prazer como um fim único.

Mas o prazer não carece das exigências das ciências somente por sua falta de singularidade: falta-lhe também abrangência. Pois, insiste Aristóteles: "Há muitas coisas que buscaríamos avidamente, ainda que não trouxessem prazer algum, tais como ver, lembrar, conhecer, ter as excelências. E, mesmo que o prazer se siga delas por necessidade, não faz diferença; pois as *escolheríamos* mesmo que nenhum prazer derivasse delas" (*EN* 1174a4-8). O prazer, mesmo que firmemente ligado à atividade excelente como uma conseqüência necessária, não é o fim pelo qual agimos. Escolhemos a ação apenas pelo fim dela mesma; e a deliberação imaginativa pode nos informar que o faríamos mesmo que essa ligação com o prazer fosse rompida. Isso não é simplesmente uma experiência de pensamento contrafatual: pois, em outro lugar, Aristóteles insistirá que uma pessoa boa escolherá por vezes sacrificar a própria vida, e portanto toda a possibilidade de prazer presente e futuro, pelo fim de agir bem ou ajudar um amigo (1117b10 ss., cf. Cap. 11, p. 269)[15]. E, em geral, a pessoa boa escolhe agir bem mesmo que o mundo impeça a realização dessa atividade e o seu prazer concomitante (Cap. 11, p. 269). A ciência protagórica, assim, representa mal a natureza do nosso compromisso com as excelências. E Aristóteles apresenta argumentos fortes em favor da preservação de nossos compromissos atuais. Eles protegem a possibilidade contínua do sacrifício pessoal, do benefício desinteressado a outros, da busca comprometida e não-instrumental de cada valor. Na medida em que pensarmos que esses compromissos são uma parte valiosa de nossas vidas uns com os outros, seremos relutantes em eliminar nossos desacordos e conflitos angustiantes optando por essa espécie de arte salva-vidas.

O argumento contra o hedonismo é um forte argumento contra a própria ciência da medição, uma vez que nenhum outro candidato para a medida era seriamente aventado[16]. Mas é também evidente que a oposição de Aristóteles a esse tipo de *tékhne* é bastante geral. Um de seus argumentos no ataque ao Bem platônico insiste que "as definições de honra, sabedoria prática e prazer são separadas e diferentes *qua* bens" (1096b23-4). Presume-se que esse fato origine a conclusão de que não pode haver uma única noção comum do bem que perpasse essas coisas. E na *Política* ele repudia explicitamente toda concepção que torne comensuráveis todos os bens. Nessa importante passagem, ele descrevera uma teoria sobre a base da teoria política segundo a qual toda e qualquer diferença entre pessoas é pertinente para a distribuição política. Se A é o mesmo que B em todos os outros aspectos, mas excede B em altura, A tem *eo ipso* direito a uma fração maior de bens políticos que B; se A excede B em altura e B excede A na execução da flauta, teremos que decidir qual deles excede mais. E assim por diante. A primeira objeção de Aristóteles a esse sistema é específica: ela reconhece como pertinentes para as pretensões políticas muitos traços que nada têm a ver com a boa atividade política. Mas sua segunda objeção é bastante geral. O sistema é defeituoso porque envolve o tratamento de todos os bens como comensuráveis em relação uns com os outros: altura e habilidade musical são medidas em oposição a prosperidade e liberdade. "Mas, uma vez que isso é impossível, é óbvio que na política é razoável que os homens não baseiem suas pretensões em toda e qualquer desigualdade" (1283a9-11).

Nesse ponto, o proponente de uma *tékhne* política pode objetar que Aristóteles está simplesmente descrevendo o *status quo*. Mas o fato de nem sempre observar a prática corrente não é uma objeção forçosa a uma *tékhne* proposta. Se hoje é impossível medir liberdade em oposição a altura, habilidade musical em oposição a prosperidade, a própria ciência pode nos demonstrar como fazê-lo amanhã[17]. Que razões os juízes de Aristóteles nos dão para acreditar que nenhuma *tékhne* poderia nos levar, de uma maneira aceitável, além de onde estamos no presente momento?

Aqui cumpre retornarmos à observação de Aristóteles sobre diferença de definição, e a interpretarmos à luz de suas reais considerações dos diferentes fins intrínsecos da vida humana. As obras éticas apresentam uma concepção da melhor vida humana como aquela que inclua inúmeros componentes diferentes, sendo cada um definido separadamente dos outros e valorizado pelo fim de si mesmo[18]. Parte da própria consideração da excelência de caráter, de fato, é a estipulação de que as belas ações sejam escolhidas em cada caso pelo fim delas mesmas, não simplesmente pelo fim de alguma recompensa ou conseqüência ulterior (1105a32). Cada excelência é definida separadamente, como algo que tem valor em si mesma. Ademais, Aristóteles afirma explicitamente que há muitas coisas na vida que escolhemos pelo fim delas mesmas: "Escolheríamos cada uma delas mesmo que nada resultasse" (1097b3-4, cf. 1096b16-9). Mas valorizar cada um desses diferentes pontos, cada um considerado separadamente, por aquilo que ele é em si mesmo, parece acarretar o reconhecimento de seu caráter distinto e separado de todos os outros. Aquele que estuda a *EN* terá, e/ou adquirirá, um bom entendimento do que são a coragem, a justiça, a amizade, a generosidade e muitos outros valores; entenderá como, em nossas crenças e práticas, eles diferem uns dos outros e não são permutáveis entre si. Estará, então, em posição de ver que a efetivação da comensurabilidade dos valores é a aniquilação de todos eles tais como presentemente são, criando algum novo valor que não é idêntico a nenhum deles. A questão será, então, se esse mundo provido de um único valor contém a possibilidade de ter a riqueza e a abrangência do mundo presente. Um mundo em que prosperidade, coragem, dimensão, nascimento, justiça são todos situados em uma mesma escala e ponderados juntos, tornados em sua natureza funções de uma única coisa, acabará por ser um mundo desprovido de todas essas coisas, tais como agora as entendemos. E esse, por sua vez, tende aparentemente a ser um mundo empobrecido: pois valorizamos essas coisas em seu caráter separado o bastante para não querermos negociá-las todas como parte do pagamento.

Há ainda um problema a resolver para essa interpretação. É que Aristóteles afirma explicitamente que deliberação e escolha não se ocupam de fins, mas dos *meios* para o fim[19]. Contudo, argumentará, se é assim, então as coisas das quais a escolha se ocupa, inclusive os valores importantes que entram na composição de uma boa vida humana, devem, sobretudo, ser vistas como meios (comparáveis) para algo além delas mesmas (digamos, felicidade ou satisfação); o fim será alguma coisa separada singular que elas produzem, em maior ou menor grau[20]. Isso parece trazer de volta a idéia de comensurabilidade: pois entre os meios produtores do fim *E*, o agente racional selecionaria os que geram *mais* de *E*; e para indagar sobre isso é necessária a medição.

Felizmente, não há aqui um problema insuperável que nos impeça de prosseguir. Pois o texto de Aristóteles (como inúmeros críticos até o momento apontaram) não diz que deliberamos apenas sobre *meios* para fins[21]. Aristóteles realmente escreve: "Deliberamos não sobre fins, mas sobre o que tende para o fim" – ou, "o que *concerne* ao fim". Essa expressão mais solta não sugere que somente os meios instrumentais estão em questão. Com efeito, é ampla o suficiente para acomodar a deliberação sobre o que se deve *reputar como* o fim, quais são as partes constituintes do fim – um tipo de deliberação que Aristóteles claramente reconhece em outra parte[22]. O argumento de Aristóteles é simplesmente que, para qualquer deliberação dada, deve haver algo *sobre* o que ela seja, que em si mesmo não está em questão naquela deliberação particular. Mas no interior dessa deliberação, posso solicitar tanto os meios àquele fim, como uma maior *especificação* do fim[23]. Evidentemente, essa demanda de uma maior *especificação* do fim ou fins não precisa envolver nenhuma noção de comensurabilidade. Partindo, por exemplo, da valorizada finalidade do amor e da amizade, posso prosseguir solicitando uma maior especificação do que são, mais precisamente, amor e amizade – requerendo, também, uma enumeração dos diferentes tipos de amor – sem implicar de maneira alguma que vejo essas diferentes relações como comensuráveis numa única escala quantitativa, seja com respeito umas às outras, seja com respeito a outros grandes valores. E, se indago, sobre a justiça e sobre o amor, se ambos são partes constituintes da *eudaimonía*, a melhor vida para um ser humano, minha questão seguramente não implica que devemos exibi-los sob um único padrão, considerando-os produtores de algum outro valor. Como Aristóteles nos faz lembrar, algo pode ser um fim em si mesmo e ao mesmo tempo ser um componente valorizado de um fim maior ou mais abrangente. Questionar se alguma coisa deve ou não ser considerada como parte da *eudaimonía* é precisamente questionar se algo é um componente valioso da melhor vida humana. Uma vez que é consenso que a melhor vida deve abranger tudo o que é verdadeiramente valioso pelo fim de si mesmo (tudo aquilo sem o que a vida seria incompleta e carente de valor)[24], então isso equivale a questionar se essa coisa tem valor intrínseco, se é digna de escolha pelo fim dela mesma. Mas Aristóteles argumentou que escolhê-la pelo *fim de si mesma* (pelo fim do que ela é em si mesma) não apenas não requer vê-la como qualitativamente comensurável com outras coisas valiosas, como é efetivamente incompatível com essa concepção. Vê-la dessa maneira seria não ter a apreciação apropriada do caráter distinto de *sua* natureza[25]. Sua concepção dos fins parece, pois, ser a enunciação teórica explícita da posição sobre pluralidade e riqueza que encontramos na *Antígona* – e, de modo mais geral, no politeísmo grego. Mais uma vez, ele "salva" as aparências da sua cultura.

III

A investida de Aristóteles contra o objetivo científico da comensurabilidade apoiou-se na idéia de apresentar uma reflexão ou definição de cada um dos valores em questão. Presumimos que, como todas as definições aristotélicas, tais reflexões sejam universais na forma e não mencionem casos particulares, exceto na medida em que eles exemplificam um conceito ou regra universal. Isso nos leva a imaginar se Aristóteles está negando uma parte do projeto científico com o intuito apenas de enfatizar e afirmar uma outra parte igualmente importante, a demanda pela universalidade. Cumpre relembrarmos o que motiva essa demanda e como sua satisfação afetaria nossa relação com a *týkhe*.

O cientista percebe que na atividade cotidiana de deliberação somos confundidos e afligidos pela particularidade complexa dos casos que se nos apresentam, sempre renovados, à decisão. Cada nova situação pode nos surpreender como diversa de qualquer outra em certos aspectos; cada coisa valiosa pode parecer qualitativamente individual, diversa de qualquer outra. Esse modo de ver as coisas tem ao menos duas conseqüências infelizes. Primeira, carecemos de *entendimento* abrangente da esfera prática: não podemos organizá-la por nós mesmos, explicar de forma perspícua seus traços significativos, nos transporta a uma nova situação preparados para encontrar traços que já apreendemos[26]. Estamos, cognitivamente, à mercê de cada novo evento, e cada um se apresenta a nós como um mistério. Isso limita severamente nossas tentativas de planejar uma boa vida e de executar esses planos. Uma vez que o mundo da prática *realmente* faz sentido para nós, que nós o compreendemos, isso ocorre porque o encontramos exemplificando certos traços passíveis de se repetirem, e portanto gerais: dizemos: "Este é um caso que demanda *coragem*", "Isto é uma *injustiça*", esculpindo a "matéria" indeterminada do novo por meio da seleção de coisas que já vimos e apreendemos antes. Orientamo-nos cognitivamente agindo no sentido de um entendimento dessas coisas; entrementes, orientamo-nos moralmente conferindo a nós mesmos, ou obtendo de outrem, preceitos ou regras nos termos dessas coisas passíveis de repetição, e configurando nossos desejos de acordo com elas. O cientista (platônico) gostaria de propor que impomos essa demanda por universalidade o máximo que podemos, procurando alcançar um sistema de regras práticas que nos preparará antes do fato para as exigências da nova situação, bem como procurando fazer-nos ver a nova situação nos termos desse sistema, meramente como um caso que recai sob sua autoridade. Assim, jamais seremos pegos de surpresa.

A segunda conseqüência infeliz da particularidade ética é a vulnerabilidade à perda. Vimos repetidas vezes como a idéia de que uma coisa valiosa é qualitativamente similar e substituível por muitas outras nos ajuda a evitar a vulnerabilidade. Se enxergamos uma pessoa amada (uma instituição, uma busca) como singularmente valiosa e passamos a enxergá-la apenas como participante de algum valor geral, essa mudança traz consigo, como diz Diotima, um relaxamento e um alívio das tensões presentes no planejamento de uma vida. Se o mundo faz algo a alguma coisa que amamos, há um pronto suprimento de outras coisas igualmente valiosas. O projeto científico de Platão insiste que, também por essa razão, devemos impor e ampliar a demanda pela generalidade do valor.

Aristóteles oferece definições gerais das excelências. Ele também define excelência em geral com referência à noção de um *lógos*, uma regra ou consideração: "Excelência é um estado de caráter (*héxis*) concernente à escolha, que repousa em um meio, um meio relativo a nós, que é determinado por um *lógos*, aquele pelo qual uma pessoa de sabedoria prática o determinaria" (*EN* 1106b36-7a2). Assim, a pessoa cujas escolhas são paradigmas para as nossas é retratada como alguém que se utiliza de uma regra ou consideração; e em outra parte, também, Aristóteles fala do papel na sabedoria prática do *orthos lógos*, a "regra certa" ou "consideração correta"²⁷. Por outro lado, ele insiste que a sabedoria prática não é *epistéme*, não é um entendimento científico dedutivo concernente a universais²⁸. Defende esse juízo apontando que ele concerne a particulares últimos (*tà kath' hékasta*), que não estão no domínio da *epistéme*, mas são apreendidos pela compreensão através da experiência (1142a11 ss.)²⁹. Assim, muito embora haja alguma razão *prima facie* para pensar que ele simpatiza com essa parte do projeto científico, é também claro que há limites à sua simpatia. Cumpre perguntarmos, pois, quais são e quais não são as regras e considerações gerais aristotélicas, e como a pessoa de sabedoria prática as utiliza.

Podemos começar observando duas funções distintas que as regras podem ter na deliberação e na justificação ética*. Uma possibilidade³⁰ é que as regras e princípios universais sejam diretrizes ou regras práticas aproximativas: sumários de decisões particulares, úteis para propósitos de economia e auxiliares na identificação dos traços significativos do caso particular. Ao decidirmos trabalhar com esses princípios, estaríamos reconhecendo que as escolhas dessa espécie foram, em casos concretos no passado, julgadas apropriadas por pessoas a quem reverenciamos como pessoas de sabedoria prática – e apropriadas, presumivelmente não apenas porque seguem a regra, mas em virtude de seu caráter intrínseco ou em razão de outros benefícios aos quais elas contribuem. Os princípios são sumários descritivos perspícuos de bons juízos, válidos apenas na medida em que descrevem corretamente esses juízos. São normativos somente enquanto transmitem de forma econômica a força normativa das boas decisões concretas da pessoa sábia e porque desejamos por várias razões ser orientados pelas escolhas dessa pessoa. Observamos que a própria simplicidade ou economia deles será, nessa concepção, um atributo de dois gumes: pois, embora possa auxiliar o princípio a desempenhar certas funções pedagógicas e direcionadoras, tenderá também a torná-lo menos correto como sumário de escolhas numerosas e complexas.

Outra possibilidade é que as regras universais sejam elas mesmas as autoridades últimas em comparação com as quais deve ser avaliada a correção de decisões particulares. Tal como o aspirante a filósofo platônico escrutina o particular para ver os traços universais que ele exemplifica, e o considera eticamente importante apenas na medida em que recai sob a forma geral, assim o aspirante a pessoa de sabedoria prática procurará situar o novo caso sob uma regra, reputando seus traços concretos como significativos do ponto de vista ético apenas na medida em que são exemplos do universal. O idiossincrático não pode ser pertinente³¹. O princípio universal, ademais, é normativo em razão de si mesmo (ou por causa de sua relação com princípios superiores), não em virtude de sua relação com juízos particulares.

A segunda representação das regras promete uma ciência ou *tékhne* do raciocínio prático, ao passo que a primeira realmente não, ou não no mesmo grau³². A primeira permite que os traços contingentes do caso presente sejam, em última instância, impositivos sobre o princípio; mantém-nos, assim, em um sentido significativo, à mercê da *týkhe*. Um traço novo, inesperado, ou mesmo idiossincrático pode nos levar a rever a regra: pois a regra, para ser correta, deve descrever corretamente os casos. Há espaço, pois, para a surpresa, espaço tanto para a insegurança cognitiva como para a vulnerabilidade humana que a concepção científica platônica está

---

* Acrescento "justificação" porque a pessoa de sabedoria prática poderia acreditar que uma regra ou sistema de regras fosse impositivo na justificação de escolhas concretas sem acreditar que se deve usar explicitamente a regra em cada caso de deliberação. Em ambas as concepções de regras, algumas escolhas serão feitas como questões de rotina ou hábito, sem deliberação consciente. A questão importante, então, é, a que padrão a pessoa sábia apontaria para justificar essa escolha como a escolha correta? Aristóteles claramente acredita que a pessoa boa decide algumas coisas de uma vez, sem perpassar explicitamente cada deliberação; entretanto, a consideração correta de sua ação pode fazer referência a princípios que não foram explicitamente "ditos" (cf. esp. *De Motu*, Cap. 7).

procurando evitar. As propriedades particulares significativas de uma pessoa amada particular podem ter valor ético quando não são previstas por um princípio – mesmo quando *não pudessem* em razão de sua própria natureza ser assimiladas em uma formulação geral. Assim, devemos sempre estar na espreita daquilo que há diante de nós no mundo: não podemos repousar seguros no pensamento de que o que estamos por ver e responder é algo que já vimos antes. E devemos também estar preparados para a perda – pois o valioso não necessariamente se mantém junto de nós somente por estar exemplificado em um princípio universal que continua a ser exemplificado em outro lugar.

Assim, o discurso sobre regras de Aristóteles e seu compromisso com a apresentação de definições gerais das excelências não são necessariamente incompatíveis com sua asserção de que o raciocínio ético não é e não pode ser uma *epistéme* ou *tékhne*. Pois sua concepção do ponto central, da natureza e da autoridade das regras pode ser a primeira concepção, não-técnica. Podemos agora indicar algumas das evidências textuais de que é essa, de fato, a sua concepção.

Primeiro, Aristóteles afirma duas coisas sobre o critério último de correção na escolha ética que se expressam fortemente em favor da representação não-científica. Ele diz que o padrão de excelência é determinado com referência às decisões da pessoa de sabedoria prática: o que é apropriado em cada caso é o que esse juiz selecionaria. E ele diz que o "juízo" ou "discriminação" em assuntos éticos repousa ou está "em" algo que ele denomina percepção (*aísthesis*), uma faculdade de discriminação que se ocupa de apreender os particulares concretos, em lugar dos universais[33]. O contexto de sua alegação torna claro que ele deseja expressar graves reservas com respeito aos princípios universais como árbitros de correção ética:

> A pessoa que diverge apenas sutilmente do correto não é digna de culpa, se erra para mais ou para menos; mas culpamos a pessoa que diverge *mais*, porque isso é evidente. Mas dizer em que medida e quanto alguém é digno de culpa não é fácil de determinar por um princípio (*tôi lógoi aphorísai*)[34]: tampouco é esse o caso, de fato, com qualquer outra coisa perceptível. Pois coisas desse tipo estão entre os particulares concretos, e a discriminação[35] reside na percepção. (1109b18-23)

Os princípios, pois, não assimilam os finos detalhes do particular concreto, que é a matéria da escolha ética. Eles devem ser apreendidos em confronto com a própria situação, por uma faculdade que é adequada para confrontá-la como uma totalidade complexa. As regras gerais são aqui criticadas tanto por sua falta de concretude, como por sua falta de flexibilidade. A "percepção" pode responder à nuança e ao fino sombreado, adaptando seu juízo à matéria presente de um modo tal que os princípios estabelecidos de antemão não são capazes.

Essas duas críticas são repetidas vezes impostas por Aristóteles com o intuito de demonstrar que as asserções universais são posteriores em valor ético às descrições concretas, assim como as regras universais aos juízos particulares. "Entre as asserções (*lógoi*) sobre a conduta", escreve ele em uma passagem próxima, "aquelas que são universais (*kathólou*) são mais gerais (*koinóteroi*), mas as particulares são mais verdadeiras – pois a ação concerne aos particulares (*tà kath' hékasta*), e as asserções devem harmonizar-se com eles" (1107a9-32). As regras são impositivas apenas na medida em que são corretas; mas são corretas na medida em que não erram com respeito ao particulares. E não é possível que uma formulação universal que tenha o intuito de abranger muitos particulares diferentes alcance um alto grau de correção.[36] Portanto, em sua discussão da justiça, Aristóteles insiste que o juízo sábio do agente deve tanto corrigir como complementar as formulações universais da lei:

> Toda lei é universal; mas sobre algumas coisas não é possível que uma asserção universal seja correta. Assim, nessas matérias em que é necessário falar universalmente, mas não é

possível fazê-lo corretamente, a lei toma o caso habitual, muito embora não ignore a possibilidade de errar o alvo... Quando, pois, a lei fala universalmente, e aparece alguma coisa que o universal não abrange, então é correto, uma vez que o legislador foi falho ou equivocado ao falar de maneira simples, corrigir sua omissão, dizendo o que ele mesmo teria dito se estivesse presente e o que teria legislado se soubesse. (*EN* 1137b13 ss.)

A lei é considerada aqui como um sumário de decisões sábias. É, por conseguinte, apropriado complementá-la com novas decisões sábias tomadas na situação presente; e é também apropriado corrigi-la nos pontos em que não resume corretamente o que um bom juiz faria. O bom juízo, mais uma vez, proporciona tanto uma concretude superior como uma superior sensibilidade ou flexibilidade.

Essa exigência de flexibilidade, tão importante para o nosso entendimento da concepção aristotélica não-científica da escolha, é descrita, pois, em uma vívida metáfora[37]. Aristóteles nos diz que uma pessoa que tenta tomar todas as decisões recorrendo a algum princípio geral antecedente sustentado como firme e inflexível para a ocasião é como um arquiteto que procura usar uma régua reta sobre as curvas intricadas de uma coluna canelada. O bom arquiteto, ao contrário, medirá, como fazem os construtores de Lesbos, com uma tira flexível de metal que "se inclina arqueada para ajustar-se à forma da rocha e não é fixa" (1137b30-2). A boa deliberação, tal como essa regra, se acomoda ao que encontra, de maneira sensível e com respeito pela complexidade. Não assume que a forma da regra governa as aparências; permite que as aparências governem a si mesmas e sejam normativas para a correção da regra.

Pode-se objetar que, nesse ponto, Aristóteles faz referência apenas ao caráter defectivo dos sistemas reais de regras, e não diz nada contra a idéia de que uma *tékhne* ética poderia vir a existir se as regras fossem suficientemente precisas ou complicadas, e assimilassem de maneira bem afinada as complexidades de muitos tipos diferentes de situações experimentadas. Mas isso, em verdade, não apreende a plena força de sua crítica do universal. Ele aponta em outro lugar três traços da "matéria da prática" que demonstram por que as escolhas práticas não podem, mesmo em princípio, ser adequada e completamente assimiladas em um sistema de regras universais. Esses três traços são: mutabilidade, indeterminação, particularidade. Aristóteles não distingue esses três traços muito claramente, portanto cumpre que apresentemos as passagens em que são mencionados e então procedamos por nós mesmos à sua distinção.

Nessa mesma seção da *EN* V, Aristóteles nos diz que as matérias práticas são em sua própria natureza indeterminadas ou indefinidas (*aórista*) – não apenas insuficientemente definidas até o momento (1137b29). A consideração dos assuntos éticos é imprecisa, nos diz ele, não porque não é tão boa quanto pode ser uma consideração geral desses assuntos, mas pelo modo como esses assuntos são: "O erro não está na lei ou no legislador, mas na natureza da coisa, uma vez que a matéria dos assuntos éticos é assim desde o início" (1137b17-9). No Livro II, ao discutir o papel das definições e considerações universais na ética e preparar-se para oferecer sua própria definição das excelências, ele escreve:

> Concordemos desde o princípio que toda asserção (*lógos*) concernente às matérias da prática deve afirmar-se em delineamentos gerais, e não com precisão, de acordo com o que afirmamos no início, que se deve demandar asserções de um modo apropriado às matérias que temos em mãos. E as matérias da prática e as matérias do que é vantajoso jamais permanecem fixas, assim como ocorre com assuntos de saúde. Se a definição universal é assim, a definição concernente aos particulares é ainda mais carente de precisão. Pois esses casos não recaem sob nenhuma ciência (*tékhne*), nem sob nenhum preceito, devendo os próprios agentes em cada caso observar o que se ajusta à ocasião, como é o caso, também, na medicina e na navegação. (1103b34-1104a10)

Aristóteles argumenta aqui que a consideração universal *deve* ser observada somente como um delineamento, não como a palavra precisa e final. (Embora algumas traduções escrevam, de maneira mais branda, "tem de" ou "precisa", não há dúvida de que *oféllei* tem força de obrigação.) Não se trata apenas de a ética não ter ainda obtido a precisão das ciências naturais; ela não deveria sequer *procurar* essa precisão. Como aplicadas a casos particulares, que são a matéria da ação, as considerações e definições precisas gerais são lamentavelmente carentes, por necessidade, do tipo de adequação à ocasião que a boa prática exigiria.

Três diferentes razões para essa deficiência são sugeridas nessa breve passagem. Primeiro, há a *mutabilidade* ou falta de fixidez de tudo o que diz respeito à prática. Um sistema de regras estabelecido de antemão só pode abarcar o que foi visto antes — assim como o tratado médico pode apenas fornecer o padrão reconhecido de uma doença. Mas o mundo da mudança confronta os agentes com configurações sempre novas, que os surpreende por ultrapassar o que já viram. Mesmo a justiça natural para os seres humanos é "toda mutável", isto é, historicamente enraizada, não sustentada por nada mais duradouro que o contínuo mundo da prática social humana (*EN* 1134b18-33). E, como ele corretamente afirma, se isso é verdadeiro para uma concepção geral de justiça, tanto mais verdadeiro será para exigências concretas de justiça vinculadas-ao-contexto, cujo formato tenderá a mudar com as mudanças econômicas e sociais. Um clínico cujo único recurso fosse, ao se confrontar com um novo conjunto de sintomas, voltar-se ao texto de Hipócrates, seguramente proveria um tratamento lamentavelmente inadequado; um piloto que conduzisse seu navio conforme a regra em uma tempestade de direção ou intensidade imprevistas seria, muito simplesmente, incompetente em sua tarefa. Ainda assim, a pessoa de sabedoria prática deve estar preparada para deparar com o novo com sensibilidade e imaginação, cultivando o tipo de flexibilidade e perceptividade que a permitirá (assim como Tucídides expressa adequadamente um ideal ateniense compartilhado) "improvisar o que é preciso" (cf. Cap. 6, §IV)[38]. Em diversos contextos importantes, Aristóteles fala da sabedoria prática como envolvida numa tarefa de *stokházesthai* o correto[39]. Essa palavra, que originalmente significa "visar um alvo", passa a ser empregada para designar um tipo de uso conjetural improvisador da razão. Para Aristóteles, "a pessoa que sem qualificação delibera bem é aquela que visa (*stokhastikós*) de acordo com a razão o melhor para um ser humano na esfera daquilo que há de fazer" (1141b13-4); ele associa essa norma com o lembrete de que a sabedoria prática concerne a particulares, e não a universais (1141b14-6)*.

Aristóteles fala da *indefinição* ou *indeterminação* de tudo o que diz respeito à prática. (Ele o menciona explicitamente apenas na passagem da *EN* V; mas em ambas as passagens ele argumenta que uma *tékhne* prática é impossível por causa da natureza da "matéria da prática"; e em *EN* V ele nos diz que a indeterminação (*tò aóriston*) é uma das características dessa "matéria" em virtude da qual ela ocorre.) É bastante difícil compreender o que significa essa asserção — mas parece que tem algo a ver com a variedade dos contextos práticos e da relatividade-à-situação da escolha apropriada. Há um exemplo revelador dado em outro lugar. Não há uma definição (*horismós*) de como contar bem uma anedota, escreve Aristóteles, mas isso é *aóristos*, indeterminado ou indefinível, já que consiste em grande medida em agradar ao ouvinte particular, e "coisas diferentes são repugnantes e aprazíveis a diferentes pessoas" (1128a25 ss.). Extrapolando esse caso, a escolha excelente não pode ser assimilada em regras universais porque consiste em adequar a escolha de uma pessoa às exigências complexas de uma situação concreta,

---

* Percebemos aqui que Aristóteles nega que a ética seja *epistéme* no sentido platônico ou no sentido da *Analítica posterior*, ao indicar suas similaridades com as artes estocásticas que seriam também denominadas *tékhne* em sentido mais amplo, de modo que seriam até certo grau gerais e passíveis de ensino. As divisões helenísticas das *tékhnai* considerarão as *tékhnai stokhastikai* como uma classe separada, contrastando-as com outras *tékhnai*.

levando em conta todos os seus traços contextuais. Uma regra, tal como um manual de humor, seria insuficiente e, ao mesmo tempo, excessiva: insuficiente, porque a maior parte do que realmente importa está na resposta ao concreto, que seria suprimido; excessiva, porque a regra implicaria que ela mesma fosse normativa para a resposta (como um manual de anedota solicitaria que se adaptasse a espirituosidade à fórmula que ele encerra) – e assim faria muitas imposições à flexibilidade da boa prática. A tira de metal flexível do arquiteto é denominada uma régua *aóristos*, presumivelmente porque, ao contrário desses preceitos, varia sua própria forma de acordo com a forma daquilo que tem diante de si. Assim, ao passo que ao falar da mutabilidade da prática Aristóteles salientara a mudança ao longo do tempo e a importância da surpresa, ao falar do *aóriston* ele salienta a complexidade e a variedade contextual. Ambos os traços parecem demandar sensibilidade e flexibilidade transigente, uma precisão no tom e uma certeza no toque que não poderiam ser adequadamente assimiladas em nenhuma descrição geral.

Finalmente, Aristóteles sugere que o caso ético concreto pode simplesmente conter alguns elementos fundamentalmente particulares e não-passíveis-de-repetição. Afirma que esses casos não recaem sob nenhuma *tékhne* ou preceito, o que implica que em sua própria natureza eles não são, ou não são simplesmente, passíveis de repetição. Essa é em parte uma função da complexidade e variedade já mencionadas: a ocorrência de propriedades que, tomadas singularmente, são passíveis de repetição em uma infindável variedade de combinações faz da totalidade complexa da situação um particular não-passível-de-repetição. Mas Aristóteles também considera, ao tratar da escolha correta, a relevância ética dos componentes particulares da situação não-passíveis-de-repetição. A dieta moderada para o lutador Milo não é a mesma dieta moderada para Aristóteles, porque as dimensões, o peso, as necessidades e a ocupação concretos (e presumivelmente únicos) de Milo são todos relevantes para determinar o que é apropriado para ele. O bom amigo cuidará, da mesma maneira, das necessidades e preocupações particulares de seu amigo, beneficiando-o pelo fim do que ele é em e por si mesmo, não pelo fim de algum bem geral. Grande parte desse "em e por si mesmo" consistirá, como veremos (Cap. 12), em feições de caráter passíveis de se repetir; mas é consentido aos traços de amor e amizade provindos de história compartilhada ou relação familiar, que não são nem mesmo em princípio passíveis de repetição, ostentar sério peso ético. "A sabedoria prática não concerne apenas a universais; ela deve também reconhecer particulares, pois é prática, e a prática concerne a particulares" (1141b4-16).

De todos esses modos, as regras, vistas como normativas de acordo com a segunda concepção, não têm em sua própria natureza competência para enfrentar o desafio da escolha prática. Vistas de acordo com a primeira concepção, entretanto, elas têm uma utilidade diversa, embora limitada[40]. São diretrizes para o desenvolvimento moral: pois as pessoas que ainda não dispõem de sabedoria e intuição práticas precisam seguir regras que sintetizem os juízos sábios dos outros. E, mesmo em se tratando de adultos virtuosos, elas têm uma função. Elas nos proporcionam uma orientação de caráter experimental em nossa abordagem do particular, ajudando-nos a discernir seus traços significativos (cf. abaixo). Quando não há *tempo* para formular uma decisão plenamente concreta, examinando todos os traços do caso presente, é melhor seguir uma boa regra resumida do que fazer uma escolha concreta precipitada e inadequada. Ademais, as regras conferem constância e estabilidade em situações nas quais a tendenciosidade e a paixão poderiam distorcer o juízo. (Esse é a tese principal de Aristóteles para preferir o governo das leis ao governo por decreto.) As regras são necessidades porque nem sempre somos bons juízes; se realmente operássemos eticamente tão bem quanto deveríamos, não teríamos a mesma necessidade delas.

Por fim, como Aristóteles acentua na *Política* II, uma ética antropocêntrica precisará em certo sentido fiar-se em suas regras estabelecidas de maneira mais (e não menos) firme do que uma concepção platônica. Pois, se não há lei divina ou *epistéme* eterna fundada-na-forma que sustente o juízo ético – se, como ele alega, a justiça humana é algo historicamente fundado que existe apenas no mundo humano, e se, por conseqüência, "a lei não tem poder algum que obrigue à obediência a não ser o do hábito" (1268b28 ss.), as freqüentes mudanças na lei podem contribuir para um clima de desarraigamento moral. Essa não é uma afirmação relativista – pois Aristóteles pode acreditar de modo compatível com isso, como claramente acredita, que há um melhor modo único de vida humana. Ele simplesmente nos adverte que, ao batalharmos por melhores leis, em ponto algum substituiremos o meramente humano por algo mais rígido e impositivo que o humano, algo com um "poder" extra-humano "que obrigue à obediência". E, se assim é, sabendo que os humanos dão atenção apenas à autoridade humana que dispõe de melhores condições de estabilidade ou mudança lenta, não devemos alterar rapidamente nossas regras, ainda que para melhorá-las.

A sabedoria prática, pois, utiliza-se das regras apenas como sumários e orientações; cumpre que ela própria seja flexível, pronta para surpresas, preparada para ver, engenhosa na improvisação. Sendo assim, Aristóteles acentua que o pré-requisito crucial para a sabedoria prática é uma longa experiência de vida que produz uma capacidade de entender e apreender os traços significativos, o significado prático, dos particulares concretos. Esse tipo de compreensão é inteiramente diferente de um conhecimento científico dedutivo, e é, como ele novamente nos relembra, mais aparentada à percepção sensível[41]:

> É óbvio que a sabedoria prática não é entendimento (*epistéme*) científico dedutivo. Pois ela se ocupa do imediato e particular, como foi dito – pois assim é a matéria da ação. É o análogo da compreensão teórica (*noûs*): pois o *noûs* se ocupa dos princípios imediatamente simples, para os quais não há justificação externa[42]; e a sabedoria prática se ocupa do imediato e do particular, dos quais não há entendimento científico, mas um tipo de percepção – quero dizer, não a percepção sensível usual dos objetos próprios de cada sentido, mas o tipo de percepção pela qual apreendemos que uma certa figura é composta de certa maneira a partir de triângulos. (1142a23)

A intuição prática se assemelha à percepção no sentido de que é não-inferencial, não-dedutiva; ela é, centralmente, a habilidade de reconhecer, admitir, responder a e discernir certos traços significativos de uma situação complexa. E assim como o *noûs* teórico provém apenas de longa experiência com princípios primeiros e de um senso, adquirido gradualmente na e pela experiência, do papel fundamental desempenhado por esses princípios no discurso e na explicação, assim também a percepção prática, a que Aristóteles também chama *noûs*, é obtida apenas através de um longo processo de vida e de escolha que desenvolve a engenhosidade e a sensibilidade do agente:

> ... Pessoas jovens podem se tornar matemáticas e geômetras, sábias em coisas dessa sorte; mas não parecem tornar-se pessoas de sabedoria prática. A razão é que a sabedoria prática se ocupa do particular, que só se torna apreensível através da experiência, mas uma pessoa jovem não tem experiência. Pois é necessária uma quantidade de tempo para a experiência. (1142a12-6)

E novamente:

> Atribuímos às mesmas pessoas possuírem juízo, terem alcançado a idade da compreensão intuitiva e serem pessoas de entendimento e sabedoria prática. Pois todas essas

habilidades concernem ao imediato e ao particular,... e todos os assuntos práticos concernem ao particular e ao imediato. Pois a pessoa de sabedoria prática deve reconhecê-los, e o entendimento e o juízo concernem também a assuntos práticos, isto é, a coisas imediatas. E a compreensão (*noûs*) intuitiva concerne às coisas imediatas nos dois sentidos... [Segue-se um desenvolvimento do paralelo entre a intuição de princípios primeiros e a intuição de coisas imediatas particulares.]... É por isso que devemos observar as afirmações não-demonstradas das pessoas experientes e mais idosas, ou pessoas de sabedoria prática, tanto quanto as demonstrações. Pois, uma vez que a experiência lhes deu um olho, eles vêem corretamente. (1143a25-b14)[43]

Para que a experiência contribui, se é o idiossincrático e o novo que a experiência deve ver? Cumpre aqui insistirmos que a sabedoria prática aristotélica não é um tipo de percepção situacional desenraizada que rejeita toda orientação provinda dos compromissos e valores correntes[44]. A pessoa de sabedoria prática é uma pessoa de bom caráter, quer dizer, uma pessoa que internalizou através da instrução infantil certos valores éticos e uma certa concepção da boa vida humana como a busca mais ou menos harmônica desses valores. Ela se ocupará da amizade, justiça, coragem, moderação, generosidade; seus desejos serão formados de acordo com essas preocupações; e ela derivará dessa concepção de valor internalizada muitas diretrizes permanentes para a ação, indícios do que procurar em uma situação particular. Se não existissem essas diretrizes e essa sensação de que se está obrigado por um caráter, se o "olho da alma" visse cada situação como simplesmente nova e não-passível-de-repetição, as percepções da sabedoria prática começariam a parecer arbitrárias e vazias. Aristóteles insiste que o caráter e os compromissos de valor de pessoa são aquilo que uma pessoa *é* em e por si mesma[45]; a continuidade pessoal exige ao menos um elevado grau de continuidade da natureza geral desses compromissos. Essa base contínua, internalizada e incorporada no sistema de desejos do agente, explica em grande parte o que ele pode ver e verá na nova situação: uma ocasião para a coragem, para a doação generosa, para a justiça. Insistimos que a experiência geral acumulada não *obriga* a sabedoria prática real. A concepção não está imune à revisão mesmo no mais alto nível; e essa revisão pode provir das percepções incorporadas na nova experiência. Insistimos também que a concepção geral não abrange tudo o que tem relevância – pois alguns traços importantes são não-passíveis-de-repetição. É oportuno dizer, ainda, que o caso particular seria imperceptível e ininteligível sem o poder orientador e classificador do universal. (Sequer amamos indivíduos particulares do modo aristotélico sem amar, centralmente, compromissos e valores passíveis de se repetir que suas vidas exemplificam.) Tampouco tem o juízo particular o tipo de enraizamento e enfoque necessários para a bondade de caráter sem um cerne de compromisso com uma concepção geral – muito embora seja uma concepção em contínuo desenvolvimento, pronta para surpresas, e não rígida. Há, de fato, uma iluminação de mão dupla entre particular e universal. Ainda que, da maneira como o descrevemos, o particular tenha prioridade, eles são parceiros de compromisso e compartilham entre si as honras cedidas à flexibilidade e sensibilidade do bom juiz.

IV

O projeto de construir uma *tékhne* de escolha prática compreendia como uma de suas aspirações centrais a eliminação – ou ao menos a redução – da força perturbadora das paixões. Tornar nossas vidas salvas da *týkhe* era torná-las salvas, também, dessas fontes internas de perigo não-controlado. A comensurabilidade e a universalidade contribuíam ambas para a busca dessa aspiração: pois tornar comensuráveis os objetos do desejo é suprimir, imediatamente, uma fonte de nossa intensidade passional com respeito a eles; e vê-los como casos de um universal e não como particulares insubstituíveis é transformar emoções como amor, ódio, dor de modo que seu poder de causar danos seja minimizado. Assim, a investida de Aristóteles contra essas duas normas indiretamente reabre o espaço em que as emoções atuam e têm sua força. Mas o interesse de Aristóteles pelas paixões é mais profundo do que essa suave permissividade. Longe de vê-las como obstáculos ao bom raciocínio, faz da passividade e da resposta passional apropriada uma parte importante e necessária da boa deliberação. Uma vez que seus argumentos são paralelos, em seus delineamentos gerais, aos argumentos apresentados na segunda fala socrática do *Fedro*, será proveitoso discuti-los em uma ordem que corresponda à nossa discussão dessa fala no Capítulo 7.

Primeiramente, como vimos e veremos ainda no Capítulo 12, os apetites e paixões têm um papel motivacional essencial a desempenhar na excelência humana – tanto na condução inicial de uma criança à excelência quanto na motivação do adulto à ação contínua em conformidade com a excelência. Aristóteles concorda com o *Fedro* que um modelo de racionalidade que suprimisse ou negligenciasse esses elementos faria a alma sofrer a falta do alimento essencial para o bem viver[46]. Ademais, como vimos no Capítulo 9, Aristóteles dedica uma considerável atenção ao desenvolvimento de uma concepção dos apetites e das emoções de acordo com a qual eles sejam seletivos, sensíveis à instrução e, por conseguinte, capazes de desempenhar um papel construtivo na motivação moral, impelindo a pessoa a objetos mais apropriados em conformidade com a sua concepção, em constante desenvolvimento, do que é apropriado[47]. Não se trata apenas de que não podemos passar sem eles: trata-se de que eles estão bem aparelhados (quando propriamente desenvolvidos) para nos fazer bem. A sensibilidade que as emoções aristotélicas têm para com a crença em desenvolvimento é clara e evidente; no Interlúdio 2 veremos como as emoções são realmente individualizadas com referência às suas crenças constitutivas. Mas nem mesmo os apetites são, como a *República* sugeriu, tão desprovidos de espírito como as operações automáticas do sistema digestivo, meros impulsos automáticos em direção ao mundo que só podem ser orientados pela bruta supressão. São elementos intencionais sensíveis, capazes de um desenvolvimento ético flexível.

No entanto, assim como o *Fedro*, Aristóteles concede ao "irracional" mais do que um papel meramente motivacional. Muito embora não fale de "loucura", ele realmente reconhece e cultiva estados em que as emoções ou apetites, bem instruídos, conduzem ou orientam a razão na situação de escolha. A percepção intuitiva que o vimos louvar como a essência da sabedoria prática não é uma habilidade exclusiva do intelecto isolado. A escolha (*proaíresis*) é descrita como uma habilidade que está no limite entre o intelectual e o passional, participando de ambas as naturezas: pode ser descrita tanto como deliberação desiderativa quanto como desejo deliberativo[48]. Da mesma maneira, a sabedoria prática funciona em estreita ligação com as paixões corretamente dispostas; ela é necessariamente interdependente da excelência de caráter que é, por sua vez, uma disposição concernente à paixão apropriada, bem como à ação apropriada[49]. A pessoa provida de experiência, ao confrontar-se com uma nova situação, não procura enfrentá-la com o intelecto "por si só". Enfrenta-a, antes, com desejos instruídos pela deliberação e deliberações informadas pelo desejo, e responde a ela apropriadamente tanto em paixão como em ato. Com freqüência, a percepção dos traços significativos será alcançada de um modo fundamentado centralmente no poder discriminador da paixão. Em *De Anima*, Aristóteles nos diz que, freqüentemente, nossa própria visão ou mesmo imaginação de uma situação encerra, como se estivessem "marcados" ou "determinados" nela, elementos que correspondem a nossos desejos. O aprazível e o doloroso, aquilo a ser procurado e aquilo a ser evitado, são destacados para nós na própria maneira como as coisas se apresentam ao desejo[50]; e podemos dizer que é realmente o próprio desejo que faz esse destaque, evidenciando-nos o tipo de situação com que estamos lidando. Não apreendemos intelectualmente que há algo aqui que corresponde ao desejo; reconhecemos isso com o próprio desejo. Não seríamos capazes de perceber esses traços eticamente relevantes sem a reação passional.

As considerações de Aristóteles do chamado "silogismo prático"[51], igualmente, atribuem aos desejos um poder classificador ou discriminador: entre as muitas coisas apresentadas ao agente pelo pensamento e pela percepção, o desejo selecionará algumas e não outras para serem fundamentos da ação. Por vezes, esse papel selecionador é desempenhado por um desejo ou "querer" racional; mas as formas apetitivas do desejo, também, "falam", informando toda criatura de suas necessidades e respondendo diretamente à presença do que satisfará essas necessidades. Os desejos emocionais desempenham um papel informativo ou cognitivo igualmente importante, como veremos no Interlúdio 2. Aristóteles não se estende, como faz o *Fedro*, na função cognitiva especial do senso de beleza. Sua preocupação é mais abrangente. Nenhum dos apetites, nem mesmo o apetite por comida, ao qual Platão parece manter ao longo de toda a sua vida um desdém nunca mitigado, é desprovido, se propriamente instruído, de sua função cognitiva. Um caráter bem formado é uma unidade de pensamento e desejo, em que a escolha fundiu a tal ponto esses dois elementos, de modo que o desejo atende ao pensamento e o pensamento responde ao desejo, que ambos podem conduzir e sua condução será uma e a mesma.

Mas Aristóteles, novamente como o *Fedro*, não restringe o papel dos elementos não-intelectuais da deliberação ao papel instrumental de nos demonstrar como agir bem. Ele arremata seu quadro não-científico da deliberação atribuindo-lhes valor intrínseco na boa escolha. Podemos ver isso de várias maneiras. A escolha virtuosa apropriada exige, para que seja virtuosa, a combinação da seleção correta com a resposta passional correta. Sem a "paixão" certa, a mesmíssima escolha e a ação deixarão de ser virtuosas. A paixão é um componente do caráter virtuoso e da bondade da escolha, é o que a torna mais que meramente autocontrolada. Se pratico atos generosos, mas apenas com esforço, pressão e relutância constantes, não estou verdadeiramente agindo de modo generoso; não sou digno do mesmo encômio que a pessoa que aprecia sua generosidade e pratica a ação de todo coração. Se beneficio outros mas não os amo, careço de excelência prática diante da pessoa que faz e sente coisas boas. É porque as paixões são inteligentes e educáveis que podem ser assim avaliadas: ter um conflito interno sério entre razão e paixão é estar em uma condição de imaturidade ética, carente de mais instrução[52].

Ademais, a própria atividade apetitiva tem agora pleno valor intrínseco na melhor vida humana. As deliberações da pessoa de sabedoria prática fazem da "moderação" (*sophrosýne*) uma das excelências centrais; suas atividades são dignas de escolha pelo fim delas mesmas. A moderação é a escolha apropriada com respeito ao prazer e à dor corporal. E Aristóteles deixa muito claro que não é compatível com a sabedoria prática procurar minimizar os apetites ou dissociar-se indevidamente de suas exigências. "Pois esse tipo de ser sem sentimento não é humano... Se houvesse alguém para quem nada é aprazível e uma coisa não se distinguisse da outra, estaria longe de ser um ser humano" (1119a6-10). Aqui, Aristóteles vai até mesmo além do *Fedro* ao insistir – não somente para um caso isolado, mas de modo bastante generalizado – que se deve atribuir aos elementos apetitivos de nossa natureza, que tanto nos conduzem a um mundo de objetos instáveis como são em si mesmos difíceis de controlar[53], valor intrínseco no plano da melhor vida humana. Os atos apropriados de comer, beber e realizar atividade sexual têm valor intrínseco, não a despeito, mas por causa da maneira como satisfazem necessidades contingentes; e ser carente não é algo mau, mas uma coisa apropriada para um ser humano. Um ser sem fome, sede e necessidade sexual não seria recebido em nossa sociedade, não seria absolutamente considerado um de nós.

Finalmente, cumpre insistirmos, como já sugerimos, que a "percepção", que é a manifestação mais valiosa de nossa racionalidade prática e um fim em si mesma, não é meramente motivada e instruída pelos desejos. A percepção *é* uma resposta complexa da personalidade inteira, uma apreensão apropriada dos traços da situação em que a ação deve basear-se, um *reconhecimento* do particular. Como tal, ela tem em si mesma elementos não-intelectuais. Ter a percepção correta da morte de uma pessoa amada (cf. §VI) não é simplesmente registrar esse fato com o intelecto ou o juízo. Se uma pessoa observasse o fato, mas fosse destituída de resposta passional, seríamos inclinados a dizer que ela não *viu, absorveu, reconheceu* realmente o que aconteceu; que não apreendeu a situação pelo que ela era. (Cf. §VI abaixo e Interlúdio 2.)

V

Assim, Aristóteles atacou a concepção de razão prática como *tékhne* (ou seu desenvolvimento platônico) em várias frentes. Insistiu no antropocentrismo, negou a comensurabilidade dos valores, demonstrou ambos os limites (bem como a contribuição positiva) do geral, situou as "partes irracionais" supostamente ingovernáveis no cerne da deliberação racional. Desenvolveu ainda uma concepção de raciocínio prático que vimos prenunciada na *Antígona*, em que a receptividade e a habilidade de ceder flexivelmente à "matéria" do particular contingente eram combinadas com a reverência a uma pluralidade de valores, ao caráter estável e às convenções compartilhadas cuja internalização, através da educação moral, constitui o caráter. Ele pode alegar ter uma *tékhne* da razão prática apenas no sentido e no grau em que é possível a Protágoras fazer essa alegação: pois a sabedoria prática aristotélica é, até certo ponto, geral e, ao mesmo tempo (por meio da educação moral infantil, e também por meio de materiais de reflexão tais como a *Ética nicomaquéia*), passível de ensino. E essa arte ampliará, em certo sentido, nosso controle sobre a *týkhe* não-controlada: pois Aristóteles nos lembra que nós, como arqueiros, teremos maior probabilidade de atingir nosso alvo se tentarmos através da reflexão obter dele uma visão mais clara. Mas adverte contra a tentativa de levar muito adiante um objetivo como esse: pois ele demonstra que cada uma das estratégias utilizadas para tornar a sabedoria prática *mais* científica e *mais* sob controle do que isso leva a um visível empobrecimento do mundo da prática. A comensurabilidade nos priva da natureza distinta de cada um dos valores que estimamos. Ao darmos prioridade ao geral, perdemos o valor ético da surpresa, contextualidade e particularidade. A abstração das paixões com relação ao intelecto prático faz com que percamos não apenas seu poder motivacional e informativo, mas também seu valor humano intrínseco. Com efeito, uma criatura que deliberasse com toda a superioridade de uma aguda inteligência científica mas não se permitisse responder ao seu ambiente através das paixões perderia grande parte do que é relevante para a prática, bem como seria excluída como desumana de grande parte do valor de nossas vidas. Como o narrador de James em nossa epígrafe, ela poderia ser muito mais forte em método, mas lhe faltaria a delicada sensibilidade de "tom", que é a marca da verdadeira sabedoria prática.

Detienne e Vernant[54], cuja reflexão sobre a inteligência prática seguimos, ao passarmos dos poetas trágicos aos filósofos (cf. Cap. 1, Cap. 7 n. 36), oferecem uma explicação da sabedoria prática aristotélica que, por contraste, esclarecerá a nossa. Eles concordam conosco que a concepção de inteligência prática de Aristóteles constitui um tipo de retorno, partindo de uma concepção platônica da verdade, às idéias pré-filosóficas; concordam que uma das áreas primeiras em que se realiza um retorno é a crítica da generalidade platônica em nome de uma ênfase na apreensão de particulares contingentes. Concordam em acentuar a importância da flexibilidade e da atenção à mudança, tanto na inteligência prática pré-platônica como na aristotélica. Enfatizam corretamente a importância da improvisação na concepção aristotélica, bem como na anterior. Mas assim como sua explicação do rompimento de Platão com a tradição parece ignorar uma profunda continuidade entre o interesse da tradição em *atar* e *prender em armadi-*

lha e a aspiração platônica à auto-suficiência racional, assim também sua explicação de Aristóteles parece ignorar a medida em que o rompimento de Aristóteles com Platão é uma rejeição dessa aspiração. A tradição pré-aristotélica, argumentamos, não é dedicada de maneira singular e obstinada ao ideal do controle e da imobilização: é profundamente crítica desse objetivo. A *Antígona*, por exemplo, expressou a idéia de que o tipo certo de relação que se deve ter com os particulares contingentes do mundo é aquela em que a ambição se combina com o fascínio e a abertura. Aristóteles, argumentamos, retorna a *essa* tradição, em toda a sua complexidade, defendendo uma postura para com os particulares contingentes que renuncia à aspiração platônica ao controle e à atividade imaculada.

Como na concepção de Platão da deliberação pelo "olho de deus", assim também nessa concepção humana mais imersa e vulnerável nós temos, ao que parece, um problema de circularidade[55]. O ponto de vista da pessoa de sabedoria prática é critério da escolha correta. Na concepção de Aristóteles, diferentemente de Platão, esse ponto de vista não é apenas heurístico com relação a um valor que seria valioso sem essa pessoa e suas escolhas; ele é definitivo do valor, e esse valor não seria valor não fosse sua relação com essa pessoa humana. Isso faz a circularidade ainda mais iminente. Pois, se essa pessoa é o nosso padrão e se os seus juízos e procedimentos serão normativos para os nossos, como caracterizarmos essa pessoa e seus procedimentos de uma maneira tal que já não faça referência ao bom conteúdo de suas escolhas? Seguramente, parte do que torna essa pessoa aceitável para nós como um padrão é que ela escolhe os valores que estamos dispostos a considerar apropriados. Ela é escolhida não a partir de um ponto arquimediano, mas do interior das aparências; porém as aparências contêm, também, uma concepção da ação correta que certamente atua de algum modo nessa seleção. Assim, que razão há para dizer que essa pessoa é o padrão de adequação? Assim como, no caso platônico, apenas alguém previamente convencido do papel negativo do apetite no juízo e, portanto, previamente simpático a uma concepção normativa crítica do apetite, aceitaria o deus como um padrão de juízo, também aqui, somente alguém comprometido com a relevância moral dos particulares contingentes, com o valor das paixões e a incomensurabilidade dos valores tenderá a aprovar esse tipo particular de juiz como guia. Devemos considerar esse um problema fatal para o padrão não-científico de Aristóteles?

Não há uma saída desse círculo disponível para nós. Em um artigo antigo sobre esse mesmo problema, John Rawls propôs um modo de caracterizar as habilidades e procedimentos de um juiz ético competente que seria não-circular, fazendo referência não aos compromissos éticos do juiz, e sim a habilidades de valor neutro, como a imaginação, a empatia, o conhecimento fatual[56]. A concepção de Aristóteles da *phrónesis* não pode aproveitar-se dessa estratégia, por duas razões. Primeiro, no contexto de seu debate com o platonismo, torna-se muito claro que muitas das habilidades intelectuais que ele estima *não* são de valor neutro. Enfatizar imaginação, empatia, perceptividade e sensibilidade é já inclinar o resultado em uma direção antiplatônica. A vista do corpo, como diz Diotima, simplesmente não pode ver as mesmas coisas que se vêem pela vista do puro intelecto desencarnado; tampouco podem seus objetos puros e puramente valiosos ser vistos pelos olhos de Alcibíades. Segundo, Aristóteles não acreditaria que uma enumeração de habilidades intelectuais seja uma caracterização suficiente dos procedimentos e da natureza da pessoa de sabedoria prática. Para selecioná-la de maneira adequada (mesmo para caracterizar toda a extensão de seu aparelho cognitivo), precisamos fazer referência ao caráter, aos desejos bem-instruídos e à sensibilidade de seu desejo. Isso, evidentemente, nos enreda muito mais profundamente no círculo do qual estamos tentando escapar.

Podemos, entretanto, indicar que o raciocínio de Aristóteles, assim como o de Platão, parte de um senso intuitivo do que são os obstáculos à escolha correta, explicação que reivindica para si com veemência, segundo pareceria, um profundo enraizamento nas aparências. Ele almeja, ao oferecer uma explicação desses obstáculos fundamentada na experiência amplamente compartilhada, tornar o círculo em algum grau mais complexo. Se respondemos como Aristóteles espera à figura do mau arquiteto ou do mau médico, e concordamos, ao responder, que há uma figura análoga de um mau juiz ético, então temos razões em certa medida independentes de uma caracterização positiva da pessoa de sabedoria prática para aprovar a sua escolha como nosso juiz. Isto é, temos razões para suspeitar que as estratégias do platonismo do período intermediário são em si mesmas impedimentos à visão correta dos assuntos humanos. Ademais, na medida em que a escolha de um juiz feita por Aristóteles provém dos métodos e procedimentos gerais descritos no nosso Capítulo 8, Aristóteles, novamente, amplia o círculo: pois sua defesa desse método, embora um confirmado seguidor de Platão ainda afirmasse conter um elemento de circularidade[57], leva outras áreas das aparências, por exemplo, uma concepção de conhecimento e referência, a se vincularem com as questões concretas que confrontarão o filósofo em cada área. Esse método escolhe esse juiz; mas o método é escolhido em parte como resultado de argumentos independentes sobre a linguagem.

A circularidade por si mesma não deve nos desanimar. Um elemento de circularidade tende provavelmente a estar presente em toda teoria moral complexa (cf. Cap. 5 §IV). Mas, ao final, nosso sentimento com respeito ao círculo, se é pequeno e pernicioso, ou amplo e interessante, dependerá de nossa percepção de ter Aristóteles feito realmente bem ou não o que seu método prescreve: operar através das complexidades de nossas crenças concernentes a escolha, descrevendo corretamente os conflitos e contradições que apresentam, e produzir a ordenação que salvará aquilo que mais profundamente consideramos digno de salvação. Se o *Banquete* afirma que o envolvimento do puro intelecto com objetos não-contingentes é um paradigma da escolha prática e que o filósofo ascendente é capaz de ver e responder a tudo o que existe de belo e valioso no mundo, Aristóteles deve responder demonstrando que esse juiz é cego a algo genuinamente valioso, e cego em virtude do modo como julga. É esse o desafio ao qual dirigiu seus esforços; e, se obtive êxito, a circularidade pode ser vista com equanimidade e interesse.

VI

Acusar-se-á a concepção não-científica de Aristóteles de não servir para muita coisa. Ao recusar tão firmemente o progresso oferecido pela comensurabilidade, universalidade e intelectualismo, ela não deixou para si própria nenhuma *teoría* elaborada da deliberação, nenhuma consideração sistemática do bom procedimento deliberativo. Aristóteles aceitaria de bom grado essa acusação: "Toda consideração de assuntos práticos *deve* ser vazada em linhas gerais, e não com precisão." Seus escritos nos fornecem um esboço, que deve ser preenchido pelo caráter e pela experiência. Mas ainda parece importante evidenciar a natureza da percepção aristotélica em mais detalhes do que fizemos até agora, demonstrando que conteúdo *há* na idéia de que a escolha reside em uma percepção que responde flexivelmente à situação que se tem em mãos. Se o que Aristóteles está tentando extinguir é precisamente uma consideração teórica geral, então estaria no espírito de sua argumentação, a fim de um maior esclarecimento, a exemplos complexos, sejam da vida ou de textos literários. Como Alcibíades, ele parece defender a idéia de que narrativas concretas mostram a verdade. Poderíamos exemplificar a percepção aristotélica usando textos de muitos tipos diferentes. Tenho em mente, sobretudo, os romances de Henry James[58]. Mas com o intuito de evitar o anacronismo, concluiremos, antes, com um exemplo da tragédia euripidiana, seguida de um comentário.

HÉCUBA   Aqueus! Toda a vossa força está em vossas lanças, não
no espírito. O que receastes, que vos induziu ao assassínio tão selvagem
desta criança? Que Tróia, desmoronada, pudesse erguer-se
mais uma vez dos destroços? Vossa força nada significou, afinal.
Quando ditosa era a lança de Heitor, e inumeráveis
mãos fortes havia para ajudá-lo, fomos ainda destruídos.
Agora, que a cidade está em ruínas e os frígios arrasados,
esse bebê vos aterroriza? Desprezo o temor
que é puro terror de um espírito desprovido de razão.

Ó filho querido, como foi desgraçada a tua morte. Poderias
ter tombado lutando por tua cidade, ao menos tivesses te tornado homem
feito, gozado as núpcias e o poder real semelhante ao de um deus,
e morrido feliz, se há nisso alguma felicidade.
Mas não. Alcançaste a idade de ver e aprender, filho meu,
embora teu espírito não fosse velho o suficiente para tirar vantagem
da fortuna. Com que perversidade, pobre menino, as muralhas de teus ancestrais,
obra de Apolo, esmagaram tua cabeça enternecida,
que as mãos de tua mãe cuidavam e anelavam as madeixas,
e a face que ela beijava, cujo brilho agora dá lugar ao sangue
que resplandece através dos ossos dilacerados – horrível demais para prosseguir.

Ó pequeninas mãos, doces imagens do que foi Heitor,
jazeis agora quebradas nos pulsos diante de meus pés;
e boca amada cujas palavras foram uma vez tão confiantes,
estás morta; e tudo não passava de falsidade, quando recostavas sobre
meu leito, e dizias: "Mãe, cortarei quando morreres
meus cabelos longos em tua memória, e junto a teu sepulcro
trarei meus companheiros de minha idade para cantar tua despedida."
Não aconteceu assim; agora sou eu, uma velha sem lar, sem filhos,
quem deve enterrar teu pobre corpo, tão jovem.
Ai! Infeliz toda a ternura, meus zelosos desvelos,
todos os teus sonos findos. Que dirá o poeta,
que palavras inscreverá em tua lápide?
*Aqui jaz uma criancinha que os argivos mataram, porque
a temiam.* Serão essas? O epitáfio do opróbrio grego.
Não receberás a herança de teu pai, senão
pelo que te servirá agora como esquife: o escudo brônzeo.

Ó escudo, que guardou a forma forte do braço de Heitor:
o mais valente dos homens, que uma vez te usou, está morto.
Como é doce a marca de seu corpo em tua alça,
e no verdadeiro círculo que perfaz tua borda a mancha de suor
onde, exausto de tantos combates, Heitor repousava
o queixo sobre ti, e uma gota escorria de sua fronte!

> Agora, ao trabalho; trazei do que restou mantos
> para envolver o trágico morto. Não nos permitem os deuses que
> o façamos com decoro. Mas que receba o que lhe pudermos dar.
>
> Tolo é o mortal que, ao prosperar, pense que sua vida
> tenha sólido alicerce; uma vez que o curso de ação da nossa
> fortuna é o ébrio caminho que o louco toma,
> e nenhuma pessoa jamais é feliz por todo o tempo.
> (EURÍPIDES, *As troianas* 1158-1207)[59]

Afigura-se excêntrico selecionar essa fala como um exemplo de deliberação e escolha, uma vez que parece não haver espaço para Hécuba escolher. O que ela pode fazer? Ela é uma escrava, perdeu essa última esperança de restauração de sua cidade e família. Selecionamos esse caso relativamente inativo com o intuito de indicar que a resposta apropriada, na fala, na paixão e na ação circunscrita, pode ser um ato tão virtuoso quanto um grande feito heróico. Restringir a área de movimento nem sempre elimina a oportunidade de uma percepção excelente[60]. O que Hécuba confronta é a morte de seu neto. O que ela escolhe é enlutar-se por ele; denunciar os gregos, enlutar-se por Heitor; ordenar o funeral adequado da criança, a despeito da evidente negligência dos deuses com respeito a esses assuntos humanos. Embora restritas, essas ainda são escolhas que expressam caráter e exemplificam percepção prática. (*EN* I destaca que há indícios importantes de bom caráter na adversidade: cf. Cap. 11.)

A pessoa de sabedoria prática habita o mundo humano, e não procura elevar-se acima dele. O contraste entre o humano e o divino permeia a fala de Hécuba. Ela mesma fala a partir do centro da vida humana, sem fazer absolutamente nenhuma tentativa de se distanciar de seus valores e vínculos meramente humanos. De fato, um de seus maiores propósitos é indicar que o ponto de vista do deus desprovido de necessidades não traz consigo suficiente preocupação com coisas humanas muito importantes. A perspectiva do deus – como em outra passagem da peça – aparenta ser, do ponto de vista desses acontecimentos trágicos, demasiado distante e fria, desprovida do contexto de preocupações *e* necessidades que tornariam possível uma resposta apropriada.

Como uma pessoa de sabedoria prática, Hécuba traz à situação concreta de escolha uma pluralidade díspar de vínculos e compromissos, muitos dos quais foram alimentados pela instrução moral infantil, bem antes da maturidade intelectual. Ela traz também suas reflexões *prima facie* sobre aquilo que, para ela, se considerará uma boa vida para um ser humano. Ela traz o amor por seu filho, por seu neto; seu amor por Tróia; seu vínculo com os deveres religiosos e os deveres para com a família; uma concepção da coragem apropriada, tanto na batalha como na política; uma concepção da razoabilidade apropriada. Ela traz sua idéia de que uma boa vida para um ser humano envolve crescer em uma família e em uma cidade, e servir tanto ao bem da cidade quanto ao das pessoas amadas que nela se encontram; que ela envolve seguir o curso da vida realizando essas atividades excelentes e recebendo, ao fim da vida, um funeral piedoso; de que é melhor, entretanto, morrer prematuramente por esses valores do que fazer concessões covardemente. A instrução sobre esses valores certamente a tornou bem informada de seu "alvo", de maneira que, nessa nova situação, ela sabe o que procurar; a intencionalidade de seus desejos tem um foco. Como resultado, ela tem competência para ordenar a situação que se apresenta diante dela, separando sem hesitação os traços de relevância ética.

Cada um dos traços da situação é visto por Hécuba como uma coisa distinta com sua própria natureza separada, que gera suas próprias exigências separadas. Ela não oferece definições dos valores que louva; isso, porém, não significa que não conceba implicitamente cada um deles como dotado de uma natureza distintiva. Ela tem uma idéia muito boa do que é a piedade, do que são a coragem e a covardia; e é evidente, pelo que diz sobre ele, que ela os toma como coisas distintas e incomensuráveis. Não há o mais leve sinal de uma escala de medição, ou de qualquer outro artifício redutivo.

A deliberação de Hécuba parte de uma concepção anterior; mas não demonstra a *aplicação* inflexível de um esquema geral preestabelecido a esse novo caso. Não temos a impressão de que Hécuba está instituindo um arsenal de regras e concepções gerais e utilizando-as simplesmente para governar as indeterminações do novo, imprimindo sobre ele a ordem daquelas. Antes de mais nada, impressiona-nos o quanto Hécuba é passiva ou receptiva diante da situação. Ela está simplesmente oprimida pela resposta àquilo que vê, ao corpo mutilado e ao escudo marcado de suor. Sua atividade de discriminação não é, por assim dizer, anterior à sua resposta; ela está na sua resposta e é constituída por ela. Ela não percebe intelectualmente que essa é a morte de um neto com quem tem um vínculo, e só *então* responde com dor. A resposta de dor e horror opressivos à vista daqueles ossos quebrados, daquelas mãos, dos cabelos anelados brilhando em torno da face ensangüentada, é que *é* sua percepção da morte de uma pessoa amada. E poderíamos dizer que é nessa resposta flexível que encontramos parte do valor mais elevado de sua deliberação. Se tentarmos imaginar um pensador platônico abordando essa mesma situação exclusivamente com a atividade do intelecto, se procurarmos imaginar de que espécies de percepções e reconhecimentos seria capaz um juiz assim desprovido de paixão, que tipo de discurso empregaria, então começaremos a ter um senso do valor cognitivo dos amores e desejos dela, como traços que lhe indicam o caminho e ajudam-na a constituir uma percepção prática apropriada do que ela perdeu e do que os gregos fizeram.

Percebemos, também, que essas respostas nos surpreendem por serem humanamente valiosas e constitutivas de sua bondade, mesmo *separadas* de seu valor motivacional e informativo. Ainda que, sem a orientação do sentimento, ela tivesse sido capaz de *ver* as mesmas coisas na situação, sentiríamos que uma crítica fria ao comando argivo, sem sua extrema cólera e dor profunda, evidenciaria uma resposta deficiente, e mesmo inumana. Nós a consideraríamos excessivamente estranha se ela reconhecesse a morte de seu neto com frios olhos intelectuais; teríamos dificuldade em tratá-la como uma de nós. Não a louvaríamos pela excelente percepção prática.

Mas não é apenas em sua passividade que Hécuba ultrapassa as regras. Sua *atividade* deliberativa faz da situação que a confronta muito mais do que uma ocasião para aplicá-las. Os traços pertencentes à sua concepção geral prévia são descobertos pela e na resposta ao particular, e são importantes primordialmente na medida em que iluminam, para ela, os traços significativos desse particular. Não se trata de uma regra geral sobre netos que obriga seu luto e tem sobre ele autoridade. Antes, seu longo compromisso com esse relacionamento particular (sem dúvida instruído por regras em algum estágio de formação, mas tornando-se, em sua fluência posterior, o amor particular por esse menino) a prepara para responder a essa tragédia como ela responde, com seu luto. Não se trata de consultar algum código impositivo com o intuito de denunciar os aqueus por covardia. Antes, o código de comportamento a prepara para perceber diante de si uma situação concreta em que a ação covarde é manifesta. A concepção de fundo contribui para uma preparação e um valioso esclarecimento; mas o ato de ver está no particular, e não é legislado de antemão. Ele tem o poder de enriquecer ou mudar a concepção geral. Temos aqui aquilo que esperaríamos encontrar na maioria dos bons exemplos de deliberação aristotélica: um movimento flexível do particular para o geral, e vice-versa. Ela denuncia os aqueus, e então passa a uma reflexão geral sobre a covardia que, sem dúvida, é parte de sua instrução prévia, mas que recebeu agora informação dessa nova experiência. A partir daí, ela se volta a um luto pela criança que passa, ele próprio, da reflexão sobre a forma geral de uma boa vida humana ao luto mais vivamente concreto sobre as partes do corpo em que cada uma evoca lembranças particulares. Sentimos que o caráter apropriado de sua resposta é inseparável de seu caráter concreto. Ela poderia ter omitido as reflexões gerais sem dar a impressão de deficiência. Mas, se lamentasse de maneira puramente abstrata, sem essa vivacidade de detalhes, nós a teríamos avaliado diferentemente: provavelmente, nós a teríamos julgado deficiente em amor. Se denunciasse os aqueus enumerando preceitos gerais, a teríamos criticado por um estranho e inumano distanciamento.

Esse discurso sobre a mútua informação entre o particular e o geral, entretanto, não faz plena justiça à importância do que efetivamente acontece durante essa cena. A experiência do particular não apenas proporciona a Hécuba mais informações sobre o que sempre foi sua concepção da boa vida, evidenciando-lhe mais sobre seus valores constituintes; ela pode levar também a uma modificação ou revisão da concepção geral. O primeiro acontece, evidentemente: pois ela passa a ver de maneira mais vívida do que jamais vira a importância de seu neto; a conexão entre esse laço e o futuro da cidade; a incompatibilidade entre a verdadeira coragem e o assassínio de uma pessoa amada; e assim por diante. Ela aprende mais sobre suas preocupações tomadas separadamente; também aprende mais sobre como elas se situam umas com relação às outras. Mas isso não é tudo: ela é levada, em pelo menos um caso, a revisar sua concepção. Pois a situação concreta lhe revela uma indiferença e uma insensibilidade por parte dos deuses que não figurava em sua concepção anterior de piedade. Ao longo da peça, ela vem questionando e investigando o que se refere ao divino. Agora, acusa os deuses abertamente de ações perniciosas, com propositada obstrução às aspirações morais dos humanos. Um traço de sua concepção *prima facie* do bem é agora rejeitado porque a natureza de sua oposição percebida a outros elementos faz com que ele seja não simplesmente conflitante com esses, mas indigno, em si mesmo, de respeito sério. A situação é uma fonte de iluminação; a iluminação torna-se a fonte de uma nova consideração geral do bem humano. Nesse sentido e nessa medida, o particular é anterior. Ela improvisa o que é necessário.

Essa deliberação é por si só frágil, facilmente influenciada e dominada por acontecimentos externos. Em sua abertura à paixão e à surpresa, ela se arrisca a ser controlada pela situação extrema — pois a paixão apropriada, nesse caso, pode facilmente se tornar um surto de afeto cego que entorpece o espírito, ofuscando a deliberação e mesmo o discurso coerente. O simples ato de ouvir as paixões abre a possibilidade de riscos de distorção e desvios. (A abordagem da pessoa platônica, recusando o fascínio e a surpresa, elimina também esses riscos profundos.) A deliberação aristotélica, ademais, é bem adequada à elevada avaliação dos componentes frágeis da vida humana. Pois, ao se permitir usar a percepção como seu padrão, em lugar da conformidade à regra, Hécuba se abre ao valor e ao fascínio especial por uma cidade particular, por uma criança particular; por conseguinte, à dor profunda que ela expressa aqui. Pouca dor haveria sem a visão vívida particular das mãos pequeninas, da face terna e pueril, da mancha de suor de Heitor sobre seu escudo. Ao permitir a si própria ver e se importar com essas coisas, usando as paixões como guias, ela se ata à possibilidade de perda.

Não é nem um pouco surpreendente, então, que a heroína que delibera de acordo com esse modelo conclua que a fortuna é loucamente instável e que a felicidade humana é algo raro e difícil de alcançar de modo pleno. Tendemos a sentir, entretanto, que não teria sido uma solução para seu problema voltar-se a seu mundo deliberativo com o olhar demorado e calculado do cientista da medição do *Protágoras*, ou com o olho transcendente, sobre-humano do deus da *República*. Pois não são esses os olhos que uma situação assim tão humana requer[61].

11. A VULNERABILIDADE DA BOA VIDA HUMANA: ATIVIDADE E DESGRAÇA

"Entretanto, é evidente que a *eudaimonía** se mantém carente de coisas boas provindas do exterior, como dissemos: pois é impossível ou difícil fazer coisas boas sem recursos" (*EN* 1099a31-3). Preenchemos agora o requisito para um estudo dessa afirmação. Vimos como toda investigação filosófica aristotélica é conduzida dentro do mundo da experiência e da crença humana, confinada dentro dos limites desse mundo. Vimos Aristóteles defender uma concepção de ação apropriada a um ser animal carente, vulnerável a influências de seu mundo; ele argumentou que a concepção da ação humana como algo que combina desse modo atividade e passividade é plenamente compatível com nossos mais sérios tipos de avaliação ética. Vimo-lo, finalmente, exprimir e defender uma concepção de deliberação prática "não-científica" em que a "passividade" e a sensibilidade apropriadas desempenham um papel muito importante, e em que a pedra de toque da correção é a percepção refinada que uma pessoa boa tem das contingências de uma situação particular. Situado tudo isso, cumpre agora perguntarmos o que Aristóteles conclui, em última instância, sobre nossas questões centrais. Até que ponto o bem viver humano, a *eudaimonía*, é vulnerável? Quais eventos externos a podem interromper ou desviar, e como (e até que ponto) ela deve tentar fazer-se segura? Aristóteles claramente considera premente e delicada essa questão. Pois as aparências atribuem à fortuna uma importância ética considerável. "A maioria das pessoas supõe que a vida *eudaímon* é uma vida afortunada, ou não desprovida de boa fortuna; e, sem dúvida, supõe-no corretamente. Pois sem os bens exteriores, que estão sob o controle da fortuna, não é possível ser *eudaímon*" (*MM* 1206b30-5)[1]. Por outro lado, concepções de racionalidade prática profundamente compartilhadas fazem da fortuna o inimigo natural dos esforços humanos por planejamento e controle: "Onde há mais compreensão (*noûs*) e razão (*lógos*), há menos fortuna; e onde há mais fortuna, há menos compreensão" (*EE* 1207a4-6)[2]. Como devemos lidar com essa tensão em nosso entendimento do que uma boa vida humana, vivida de acordo com a razão prática, deve ser?

Nossa estratégia será examinar, primeiramente, a concepção geral de Aristóteles quanto à dependência que a boa vida humana tem das circunstâncias e recursos, o grau e a natureza de sua vulnerabilidade em condições de privação ou calamidade. Examinaremos, ao mesmo tempo, seu argumento em favor da idéia de que a boa vida para um ser humano requer não apenas um bom estado de caráter, mas igualmente a atividade efetiva. Em uma seção subseqüente deste capítulo consideraremos se a boa condição do caráter é, nessa concepção, em si mesma vulnerável à erosão por eventos não-controlados. Finalmente, examinaremos sua tese de que o próprio ser e o valor de certas virtudes humanas são inseparáveis, e parcialmente constituídos, das condições de risco, deficiência ou impedimento. Em seguida, em nosso próximo capítulo, voltaremos nosso olhar a duas áreas específicas em que o bem-viver se torna particular-

---

* Sobre *eudaimonía*, que não se traduzirá, ver Cap. 1, p. 5.

mente dependente de exterioridades que não se encontram sob o controle do agente – em que as exterioridades não são relacionadas apenas instrumentalmente à boa atividade, mas entram por si mesmas na especificação do que é a boa atividade. Tudo isso nos dará condições de apreciar a importância que Aristóteles confere à poesia trágica como fonte de aprendizado moral e de extrair algumas conclusões sobre a relação entre o filosofar aristotélico e a tragédia.

I

Inquirimos, pois, sobre o poder que a sorte ou fortuna* tem de influenciar a bondade e a excelência de uma vida humana[3]. Aristóteles aborda essa questão, assim como muitas outras, descrevendo duas posições extremas. Algumas pessoas, nos diz ele, acreditam que viver bem é precisamente a mesma coisa que ter uma vida afortunada (*EN* 1099b7-8). O bem-viver é uma dádiva dos deuses que não tem nenhuma ligação confiável com o esforço, o aprendizado ou a bondade do caráter estável (*EN* 1099b9 ss.). Em outras palavras, ao observarem o grande poder da fortuna nos assuntos humanos, foram levadas a dizer que ela é *o* único fator causal decisivo na obtenção de um certo tipo de vida. Nada mais é levado em conta nessa vida. *Eudaimonía*, como seu nome sugere, é apenas ter um bom *daímon*, ou espírito guardião (exterior). Assim, elas "confiam o que há de mais grandioso e melhor à fortuna" (1099b24).

Do outro lado estão os que sustentam que a fortuna não tem absolutamente nenhum poder de influenciar a bondade de uma vida humana. Os fatores causais relevantes para o bem-viver, para a *eudaimonía*, estão todos, alegam eles, no interior da firme compreensão do agente; acontecimentos externos não-controlados não podem aumentar, tampouco diminuir significativamente o bem-viver. Vale notar que essas pessoas, como Aristóteles as descreve, são filósofos determinados a estabelecer uma tese, ainda que ela custe a negação de algumas aparências predominantes e óbvias. Aristóteles nos faz cientes de dois caminhos pelos quais tais oponentes chegaram às suas negações da fortuna. Um caminho (associado ao platonismo)[4] envolve o estreitamento da especificação da boa vida, reconhecendo como intrinsecamente valiosas somente as atividades que são estáveis ao máximo e invulneráveis ao acaso (cf. 1098b24-5). Aristóteles lida com essa estratégia indiretamente, defendendo, uma por uma, as exigências de valores mais vulneráveis; examinaremos alguns desses argumentos no Capítulo 12. A estratégia de seu outro grupo de oponentes[5] é negar que a *atividade* efetiva conforme à excelência seja uma parte do bem-viver: se se está em uma condição ou estado virtuoso, isso é, então, suficiente para a *eudaimonía*. Significa, por exemplo, que uma pessoa virtuosa que seja escravizada, aprisionada, ou mesmo torturada viverá uma vida tão boa e digna de louvor quanto uma pessoa cuja atividade seja desimpedida.

Aristóteles almeja expor essas concepções extremas para que possamos nos perguntar o que motivaria uma pessoa a adotar alguma delas. Isso nos ajudaria a alcançar uma posição que faça justiça às preocupações motivadoras em cada caso, evitando simultaneamente seus excessos e negações. Esse procedimento pode ser lido como um tipo de conservadorismo simplório, uma pilotagem mecânica de um curso seguro intermediário entre dois extremos perigosos. Cuidadosamente examinado, ele não é simplesmente um curso intermediário, nem tampouco mecanicamente conduzido. A estratégia é levar a sério cada concepção extrema, como parte genuína das aparências – quer dizer, como motivada por algo que deve realmente ser preservado e levado em conta. Como Aristóteles observa sobre essas e outras concepções uni-

---

* Aqui, como anteriormente, não há nenhuma sugestão de que estamos lidando com eventos fortuitos e não motivados. Para Aristóteles, dizer que um evento acontece pela *týkhe* não apenas não é incompatível com uma explicação causal concomitante, mas mesmo a exige (ver *Fís*. II.4-6). Assim como em outra parte, estamos aqui inquirindo sobre eventos que influenciam a vida do agente de um modo não submetido a seu controle.

laterais: "Algumas dessas coisas foram ditas por muitas pessoas durante muito tempo, outras por algumas poucas pessoas distintas; é razoável supor que nenhuma delas esteja totalmente equivocada, mas cada uma tenha acertado em alguma coisa, ou mesmo em várias coisas" (*EN* 1098b28-30). Ele estuda as principais considerações de um problema legado pela tradição porque supõe que nenhuma concepção poderia ter alcançado a aceitação geral se não respondesse a preocupações éticas reais de um modo digno de séria observação. Agora ele deve demonstrar como cada posição extrema, embora seriamente fundamentada, é também deficiente em virtude do modo como obriga à rejeição de outras crenças profundas.

II

A primeira concepção extrema sobre a fortuna[6] recebe uma consideração menos extensa que a segunda; mas a maneira como Aristóteles a descarta é de considerável interesse. Afirma ele que é um enigma saber se se obtém a boa vida por algum tipo de esforço, ou se ela acontece apenas por sorte. Ele menciona uma crença difundida que acompanha a primeira concepção: "O bem será comum a muitos: pois é capaz de pertencer, por algum tipo de aprendizado ou cuidado, a todos os que não são mutilados com respeito à excelência" (1099b18-19). Em seguida, diz algo muito revelador sobre essa crença: se é *melhor* que essa concepção da *eudaimonía*, em lugar da concepção centrada na fortuna, seja verdadeira, "então é razoável que as coisas sejam assim". Pois "confiar à fortuna o que há de mais grandioso e melhor daria uma impressão demasiado falsa" (1099b20-5). Em outras palavras, a rejeição da concepção da supremacia da fortuna é o resultado não de uma investigação empírica neutra, mas de uma deliberação em que o que desejamos encontrar, aquilo com que sentimos que podemos conviver, participa intensamente da ponderação das alternativas realizada pela sabedoria prática. Dada a escolha entre duas concepções, perguntamo-nos, entre outras coisas, qual delas faria nossa vida valer a pena. A concepção centrada na fortuna é rejeitada não porque foi considerada em desacordo com o fato científico sobre o modo como as coisas são no universo, descoberto por algum procedimento de valor neutro, mas porque daria uma impressão falsa, isto é, está em total desacordo com nossas outras crenças, e especialmente com nossas crenças avaliativas sobre qual tipo de vida seria digno de viver[7]. Pois só acreditamos que a vida humana é digna de viver se uma boa vida puder ser assegurada pelo esforço e se o tipo pertinente de esforço se encontrar entre as capacidades da maioria das pessoas. (Ficará claro que não insistimos que esse esforço seja sempre suficiente para o bem-viver; mas, em geral, ele deve desempenhar o papel mais importante.)[8]

Esse ponto é ainda desenvolvido em uma passagem da *Ética eudeméia*, que trata do suicídio. Depois de falar sobre os que se matam por causa de alguma catástrofe casual, Aristóteles pergunta quais *são*, afinal, as coisas que fazem a vida digna de ser vivida. Em geral, conclui ele, se agruparmos todas as coisas que uma pessoa faz e sofre em virtude da fortuna, e não voluntariamente, nenhuma de suas combinações, ainda que prolongada por um prazo indefinido, bastaria para fazer com que uma pessoa escolhesse viver, em lugar de não viver (1215b27-31). A vida se faz digna de ser vivida para um ser humano apenas pela ação voluntária; não simplesmente a ação voluntária de baixo nível de uma criança (1215b22-4), mas sim a ação formada, no seu todo, pela excelência adulta e seus esforços. Assim, se os teóricos da fortuna estiverem certos em negar a esses esforços qualquer papel importante no bem-viver, estaremos todos vivendo vidas que todos nós, incluindo o próprio teórico da fortuna, provavelmente julgaríamos não dignas de ser vividas. Tal concepção, com efeito, "dá uma impressão demasiado falsa" – não só porque colide com uma crença amplamente sustentada, mas porque colide com uma crença tão profunda e básica que a sustentamos como uma condição de nossa contínua disposição de permanecer na existência.

Esse é um exemplo revelador do método operante de Aristóteles, tanto por nos mostrar como uma tese ética é criticada com base em aparências mais profundas, quanto por nos mostrar como aquilo que queremos e consideramos bom se insere em uma investigação ética em um nível fundamental. Ele nos mostra como Aristóteles enxerga as questões centrais deste livro: não como matérias de fatos neutros e passíveis de ser descobertos, mas como matérias cuja resposta é do mais profundo interesse para nós, e para cujo estabelecimento estamos, por conseguinte, autorizados a trazer como sustentação esses interesses e desejos. Evidentemente, Aristóteles não está dizendo que ao construir uma concepção de *eudaimonía* somos livres para dizer absolutamente qualquer coisa que nos agrade; em verdade, ele é muito mais cuidadoso do que Platão em não divergir da "matéria" vivida de nossa vida cotidiana com a finalidade de pintar um quadro mais elegante ou belo. O que ele está afirmando é que nossas crenças e experiências mais fundamentais sobre o que é digno de valor restringem o que podemos conhecer sobre o mundo e sobre nós mesmos. Nossa experiência de escolha e nossas crenças sobre seu valor tornam improvável, senão impossível, descobrirmos algum dia que não escolhemos ou que a escolha importa pouco neste mundo – assim como no Capítulo 9 vimos que nossas crenças profundas sobre a ação voluntária tornavam altamente improvável descobrirmos algum dia que não existe tal ação. Certas coisas são tão profundas que tanto seu questionamento como sua defesa requerem que deixemos muita coisa em suspenso, roubam-nos todo ponto de apoio. Se existirem crenças éticas que abordem dessa maneira o *status* do Princípio de Não-Contradição, serão essas crenças concernentes à *eudaimonía*, à ação voluntária e à escolha. Pois essas são crenças que utilizamos sempre que agimos; sempre que nos envolvemos na investigação ética (pois, se tudo cabe à fortuna, uma investigação como essa não tem sentido); sempre que argumentamos sobre uma decisão prática; sempre que deliberamos e escolhemos (pois envolvemo-nos nessas práticas com base na suposição de que elas fazem alguma diferença à nossa *eudaimonía*). Negá-las – especialmente no âmago de uma investigação ética – se aproxima do tipo de posição auto-refutadora pela qual Aristóteles condena o oponente do Princípio de Não-Contradição[9]. Uma tal posição realmente dá uma impressão demasiado falsa.

III

Afirmamos, entretanto, que Aristóteles está determinado a compreender a força e a séria contribuição da proposta do teórico da fortuna. Isto é, ele almeja investigar e de algum modo preservar como verdadeira a idéia de que a fortuna é uma influência séria na boa vida, que a boa vida é vulnerável e pode ser rompida pela catástrofe. "Pois muitos reveses e muitos tipos de fortuna se sucedem no curso de uma vida", observa ele brevemente após suas críticas ao teórico da fortuna (1100a5-6). Essa é, presumivelmente, a crença profundamente compartilhada que aquele oponente exagerou e impôs excessivamente. Cumpre agora examinarmos como ele a exprime e defende, à medida que critica, por sua vez, os oponentes dela.

Os oponentes da fortuna afirmam que a boa vida humana é completamente invulnerável à *týkhe*. Aquilo que nós próprios controlamos é em todos os casos suficiente para assegurar isso. Aristóteles simpatiza claramente com sua motivação geral e deseja preservar muitas das mesmas crenças. Ele e os oponentes se encontram em solo comum quando insistem que a boa vida deve ser disponível pelo esforço à pessoa que não foi eticamente "mutilada" (1099b18-9, cf. 1096b34), e quando demandam uma vida que seja "própria daquele que a tem e difícil de ser arrebatada" (1095b25-6), "estável e de maneira alguma facilmente sujeita a mudança" (1100b2-3). Mas adquire-se a plena invulnerabilidade, argumenta Aristóteles, por um preço demasiado alto: imaginando (como faz o seguidor de Platão) uma vida privada de valores importantes; ou violentando (como faz o teórico da boa condição) nossas crenças sobre a atividade e seu valor[10].

Trataremos do oponente platônico no Capítulo 12. Voltaremos agora nossa atenção ao oponente da boa-condição e à elaboração de Aristóteles, contra esse oponente, de uma concepção sobre o valor e a vulnerabilidade da atividade excelente.

O teórico da boa condição argumenta que a *eudaimonía* é invulnerável porque consiste simplesmente em ter um bom estado ou condição ética[11] e porque essa condição é por si mesma estável mesmo sob as mais terríveis circunstâncias. Para se contrapor a tal oponente, Aristóteles pode, pois, adotar mais de uma estratégia. Ele pode argumentar que estados de caráter *são* vulneráveis a circunstâncias externas. Ou pode argumentar que bons estados não são por si sós suficientes para o bem-viver. Se tomar o segundo curso, ele deve, ademais, argumentar que o outro elemento que deve ser acrescentado aos bons estados não é em si mesmo invulnerável. O raciocínio de Aristóteles, como veremos, é uma combinação complexa dessas duas linhas de ataque. Começaremos por segui-lo à medida que desenvolve a segunda linha, estabelecendo, primeiramente, que a *eudaimonía* requer para sua realização a atividade efetiva e, em segundo lugar, que a boa atividade humana pode ser interrompida ou decisivamente impedida por várias formas de fortuna. Há, pois, uma lacuna entre ser bom e viver bem. A investigação dessa lacuna por fim levará Aristóteles também à primeira linha – uma vez que se verificará que a interferência de algumas formas de fortuna acaba por afetar a própria condição virtuosa.

Concordamos, afirma Aristóteles, que nosso fim é a *eudaimonía*; mas não concordamos em quase nada que lhe concerne, exceto o nome (1095a17 ss.). Uma outra concordância, no entanto, surge próximo ao início da *Ética nicomaquéia*: refere-se à ligação de *eudaimonía* com atividade. "Tanto a maioria como os refinados... acreditam que o bem-viver e o bem-agir são o mesmo que *eudaimonía*" (1095a19-20). Mais adiante ele repete, "Dissemos que a *eudaimonía* é o bem-viver e o bem-agir." Na *Ética eudeméia*, ele apresenta uma "crença sustentada por todos nós", a crença de que "agir bem e viver bem são a mesma coisa que *eudaimoneîn*: ambos são formas de uso e atividade" (1219a40-b2). Assim, podemos ver desde o início que o oponente para quem a boa vida consiste em um estado ou condição não-ativa, afastando-a inteiramente de sua realização em atividade, está indo contra crenças nossas que são tão amplamente compartilhadas quanto todas as outras suscitadas em algum momento por Aristóteles nas obras éticas. Isso parece colocar sua tese em questão desde o princípio.

Mas Aristóteles deve demonstrar também a profundidade e importância dessas crenças; pois mostrar que elas são *amplamente* sustentadas não é tudo o que exige o método das aparências. Portanto, em lugar de contentar-se com esse argumento geral, ele examina as conseqüências da tese da boa-condição para tipos concretos de casos, demonstrando que a tese tem resultados intuitivamente inaceitáveis. Podemos tomar, primeiramente, o caso mais extremo, e por conseguinte mais claro, e em seguida passar para casos que oferecem maior potencial de controvérsia.

O caso teste mais claro e pleno para a concepção da boa condição seria aquele em que houvesse uma boa condição virtuosa, mas *nenhuma* atividade de nenhuma espécie que emergisse dessa condição. Temos um caso assim se imaginarmos uma pessoa com um caráter bem-formado que, ao se tornar adulta (pois, para imaginar essa pessoa virtuosa, devemos, na opinião de Aristóteles, imaginá-la ativa durante o processo de formação), vai dormir e dorme durante toda a sua vida adulta, sem fazer nenhuma coisa sequer. Poderíamos tornar o caso contemporâneo e plausível se considerássemos um caso de coma irreversível – embora, para se equiparar ao de Aristóteles, tivesse que ser um caso em que a estrutura interna da bondade não fosse sob nenhum aspecto permanentemente eliminada ou enfraquecida: a excelência de caráter deve permanecer constante. Ora, nossa questão é: pode-se dizer que essa pessoa está vivendo uma boa vida? Pode ela ser apropriadamente louvada e felicitada? De acordo com o teórico da boa condição, sim: pois o estado excelente é o único objeto apropriado dessas posturas éticas.

Aristóteles objeta (tanto na *EN* como na *EE*) que isso simplesmente não está em harmonia com nossas práticas e com nossas crenças. Simplesmente não pensamos que um estado ou uma condição que nunca *faz* nada é suficiente para viver bem. Parece incompleta, frustrada, isolada de sua satisfação. Com efeito, tendemos a pensar que ter essa condição faz uma diferença real muito pequena, se nunca se é ativo a partir dela: dormir ao longo da vida é como ser um vegetal, de maneira alguma um ser humano (*EE* 1216a3-5, cf. *EN* 1176a34-5). Assim como não pensamos que um feto, que vive uma existência puramente vegetativa, sem consciência, vive uma vida humana plena (*EE* 1216a6-8), não estaremos dispostos a louvar e felicitar a vida desse adulto incorrigivelmente inativo. A *EN* conclui: "Ninguém diria que uma pessoa que vive assim está vivendo bem, a menos que estivesse defendendo uma posição teórica a qualquer custo" (1096a1-2). O caso nos mostra, conclui a passagem paralela na *EN* X, que a *eudaimonía* não pode ser simplesmente uma *héxis*, uma condição ou estado (1176a33-5).

Mais à frente em *EN* I, Aristóteles retorna ao mesmo ponto, insistindo que, embora "seja possível que um estado esteja presente e não realize nada de bom, como ocorre com o adormecido e em alguns casos também com os despertos", uma tal pessoa não receberá, entretanto, as posturas éticas de louvor e felicitação que associamos ao juízo de que alguém está vivendo uma boa vida (1098b33-99a2). Ele usa uma analogia atlética: em uma corrida, aplaudimos, como corredores, apenas os que efetivamente competem, não os que podem ser considerados em geral os mais fortes e em melhor forma. Do mesmo modo que não diremos que um não-corredor bem condicionado corre bem, também não louvaremos o adormecido virtuoso por viver virtuosamente (1099a3-7). É importante perceber que Aristóteles não alega aqui que a boa vida é um tipo de competição, ou que somente o sucesso é louvado. Seu argumento é que a dotação e a condição não são suficientes para o louvor: a pessoa tem que *fazer* alguma coisa, demonstrar como pode ser ativa. Assim como nossas avaliações das pessoas como corredoras dependem de haver uma corrida efetiva (embora também dependam, evidentemente, da nossa crença de que essa boa corrida foi causada por sua boa condição, não por alguma força externa), nossas avaliações éticas são igualmente baseadas no esforço e atividade efetivos, bem como na presença de um caráter estável que é a causa da atividade. O caráter por si só não é suficiente. Ademais, a própria consideração que o oponente faz do caso pode ser incoerente: pois não sabemos o que significa dizer de alguém que se encontra em coma irreversível, que uma condição virtuosa é preservada. No mínimo, há uma dificuldade epistemológica insuperável; mas pode haver mais do que isso – pode haver também uma dificuldade lógica, dada a forte ligação conceitual de *héxis* com um padrão de atividade. Aristóteles aponta para esse problema quando afirma que "o bom e o mau não são de modo algum distintos no sono... pois o sono é o ócio desse elemento da alma em virtude do qual se diz que ela é ótima ou vil" (1102b5-8). Não é claro, pois, que seja sequer apropriado dizer dessa pessoa totalmente não-ativa que ela tenha um caráter virtuoso[12].

Podemos resumir o argumento geral contra o teórico da boa condição da seguinte maneira. A boa condição de um caráter virtuoso, como o bom condicionamento atlético, é uma espécie de preparação para a atividade; encontra sua satisfação e florescimento natural na atividade. Privar a pessoa dessa expressão natural da condição *é* gerar uma diferença na qualidade da vida da pessoa. É tornar a condição infrutífera ou despropositada, isolada. Assim como um corredor que obtivesse uma boa condição e fosse então impedido de correr nos despertaria mais piedade do que louvor, assim também lamentamos a pessoa virtuosa em situações de impedimento. Atividade, *enérgeia*, é o afloramento dessa boa condição de seu estado de encobrimento ou mera potencialidade; é seu florescimento ou frutificação. Sem ela, a boa condição é seriamente incompleta. Como um ator que sempre espera nos bastidores e jamais obtém uma chance de aparecer no palco, ela não está realizando sua tarefa e, em conseqüência, só de um modo obscuro é ela mesma[13].

O oponente poderia admitir que a *total* cessação de consciência e da atividade é uma diminuição ou cessação do bem-viver, e contudo tentar ainda salvar parte de sua posição, fazendo uma distinção entre atividade externa, mundana, e saúde interior plena, ou saúde de condição, que inclui pensamento e consciência. Portanto, ele poderia dizer que, na medida em que o funcionamento cognitivo e a consciência ética prosseguem na pessoa boa, não importa em absoluto que seu corpo seja inteiramente impedido de efetivar projetos tais como a imaginação moral os forma[14]. Contanto que seja capaz de conformar intenções virtuosas e de ter bons pensamentos, está então vivendo bem – mesmo que esteja preso, escravizado ou torturado. Aristóteles precisa argumentar em resposta que o funcionamento disponível a uma pessoa em tais circunstâncias não é suficiente para agir bem e viver bem. Ele o faz em uma passagem da *EN* VII:

> Nenhuma atividade (*enérgeia*) é completa se é impedida; mas a *eudaimonía* é algo completo. Então, a pessoa *eudaímon* necessita dos bens do corpo, dos bens exteriores e dos bens da fortuna, ainda, para que não se impeçam suas atividades. Os que alegam que a pessoa que está sendo torturada sobre a roda, ou a pessoa que sofreu grandes reveses da fortuna, é *eudaímon*, contanto que seja boa, não estão dizendo nada – seja essa sua intenção ou não. (1153b16-21)[15].

Mais uma vez, o oponente especificou o que é a *eudaimonía* de um modo que a torna por definição imune a mudanças externas de circunstância; reveses externos impedem a ação, não o estado virtuoso, e o estado virtuoso (incluindo, presumivelmente, algum tipo de vida interior desperta) é suficiente para viver bem. Mais uma vez, Aristóteles insiste que esse fazer realmente importa. Ser excelente em caráter não é, contudo, agir de acordo com a excelência. Mas a ação conforme à excelência requer certas condições externas: do corpo, do contexto social, de recursos. A pessoa na roda não pode agir de maneira justa, generosa, moderada; não pode ajudar seus amigos ou participar da política. Como, então, é possível dizer que ela vive bem? O caso do oponente aqui é intuitivamente mais fascinante do que era o exemplo do adormecido, porque permitimos que a pessoa acorde, restabelecendo ao menos aquela consciência de bondade interna que pode afigurar-se uma parte necessária da própria bondade. Mas Aristóteles argumenta que, mesmo que tenhamos um quadro mais rico da bondade de caráter, a bondade totalmente impedida ou isolada não é suficiente para justificar nosso mais sério louvor e felicitação.

Aristóteles sugere também um outro argumento. Uma vez que o caso do oponente é inicialmente plausível, ele o é porque imaginamos que a pessoa torturada leva algum tipo de vida interior complexa. Podemos imaginá-la, por exemplo, como alguém que imagina, forma intenções, tem os sentimentos e respostas apropriados, e até mesmo que reflete filosoficamente ou prova verdades da matemática. Se reunirmos tudo isso sob "ser bom" em oposição a "agir", então ser bom parece mais próximo daquilo que pode nos satisfazer do que no caso do adormecido, em que "ser bom" era algo completamente inerte e inativo. Mas agora percebemos que "ser bom" parece um tipo de ser ativo – e, como qualquer ser ativo, parece ele mesmo vulnerável ao impedimento. O discurso de Aristóteles sobre a atividade impedida nos faz inquirir se a atividade interior da pessoa torturada não pode ser ela própria impedida pela dor e pela privação. Idéias, emoções e reações, o pensamento especulativo e científico, não são impérvios às circunstâncias: podem não alcançar, como os projetos do mundo exterior, a completude ou a perfeição. A tortura pode prejudicá-los[16]. Em suma: a distinção "interior/exterior" não é igual à distinção "estado/atividade". Se o oponente faz da última a distinção significativa, atribuindo todo valor ao estado, isso lhe proporcionará, talvez, algo realmente imune à fortuna; mas tornará o ser humano pouco mais que um vegetal. Se fizer da primeira a distinção saliente, atribuindo todo valor às atividades interiores, terá então algo mais rico e interessante – mas algo que é, afinal, simplesmente por ser ativo, aberto ao acaso e à frustração.

Aristóteles não estabelece, nessas discussões, critérios precisos para que algo seja atividade, em lugar de condição ou *héxis*. Seu objetivo primeiro é mostrar-nos que tudo o que seja satisfação ou atividade é também, portanto, vulnerável: somente a *héxis*, que espera em emboscada, pode escapar de ser perturbada. Isso não é absolutamente incompatível com a idéia de que algumas atividades ou *enérgeiai*, no sentido amplo, são muito mais vulneráveis e propensas ao impedimento que outras. Em particular, podemos pensar, nesse aspecto, na distinção da *Metafísica* Livro IX da ampla classe das *enérgeiai* em duas subclasses – a classe dos *kíneseis*, "movimentos", e a (estreita) classe das *enérgeiai*. *Enérgeiai* (no sentido estrito) são atividades completas a qualquer momento: elas "têm sua forma em si mesmas". Sempre que é verdadeiro dizer "Estou *E*-ando", é também verdadeiro dizer (usando o tempo perfeito grego), "*E*-ei", ou "Estou no estado de ter *E*-ado". Por exemplo, sempre que é verdadeiro dizer, "Estou vendo", é também verdadeiro dizer: "Eu vi." *Kíneseis*, ao contrário, são movimentos que prosseguem em direção a uma completude externa ao longo do tempo: podem ser interrompidos em seu curso, não têm completude ou forma em si mesmos. Assim, quando é verdadeiro dizer, "Estou construindo uma casa", *não* é ao mesmo tempo verdadeiro dizer: "Construí uma casa." O processo e sua completude não só não têm implicação recíproca, como são mutuamente excludentes: apenas quando a construção chega ao fim a casa está completamente construída[17].

Essa distinção tem uma óbvia relevância para a questão do impedimento. Pois *kíneseis* permitem a interrupção e obstrução ao longo de seu caminho de uma maneira que as *enérgeiai*, no sentido estrito, não permitem. No entanto, atribuí a Aristóteles a opinião de que tudo o que seja suficientemente florescente ou ativo para se considerar como *enérgeia* de ambos os tipos é vulnerável ao impedimento. Isso é compatível com a consideração de Aristóteles da completude formal das *enérgeiai* (estreitas)? Acredito que sim. Pois, embora um *tipo* de impedimento não ameace as *enérgeiai* – qual seja, o tipo que as interromperia antes que alcançassem seu *télos* ou completude formal –, elas parecem, entretanto, vulneráveis ao impedimento com respeito à qualidade da atividade. O fato de que o ato de ver é "completo" em um momento é compatível com a verdade evidente de que algumas pessoas vêem melhor que outras; e alguns casos de má visão podem certamente resultar de impedimentos externos. O mesmo poderia claramente ser verdadeiro quanto à contemplação intelectual da pessoa na roda. (Em *EN* VII, Aristóteles define o prazer como a atividade desimpedida, *enérgeia*, da *héxis* natural, implicando que a doença e outros reveses podem paralisar e impedir muitos tipos de atividade natural[18].) Podemos pensar as atividades como rios: um modo pelo qual podem ser contidos é serem represados e impedidos de atingir seu destino. Outra maneira seria encherem-se de lama, de modo que seu canal se tornasse apertado e barrento, seu fluxo mais lento, a pureza de suas águas maculada. É a opinião de Aristóteles, acredito, que tudo o que seja *enérgeia* no sentido amplo, e não mera *héxis* oculta e inativa, é suscetível ao impedimento pelo menos da segunda maneira. E, ademais, há o fato óbvio e importante de que, na ausência de certas condições externas necessárias, nenhuma *enérgeia* pode absolutamente ter início: não há visão se não há luz (se uma pessoa foi cegada), não há rio se as fontes se secaram[19]. Isso tudo parece suficiente para dar a Aristóteles razão para afirmar que, não importa quais *enérgeiai* sejam as portadoras de valor em uma vida humana, a fortuna tem o poder de as obstruir.

IV

Ora, no entanto, cumpre que Aristóteles descreva em mais detalhes os modos como a boa atividade é vulnerável às circunstâncias; e ele deve, em particular, perguntar em que grau se deve julgar que as calamidades temporárias ou parciais diminuem a *eudaimonía*. Pois, embora a consideração de casos extremos baste para refutar as concepções do tipo mais extremo de oponente da boa condição, eles não chegam a confrontar os problemas que a maioria de nós tende a enfrentar no curso de nossas vidas. Os problemas práticos mais comuns são também, com freqüência, mais sutis e mais controversos.

Antes de abordarmos o tratamento de Aristóteles do revés "trágico" e do caso de Príamo, precisamos indicar que há quatro maneiras bastante diversas pelas quais as circunstâncias incontroladas podem, nesses casos, interferir na atividade excelente. Podem (1) privá-la de meios instrumentais ou recurso. Esse recurso, por sua vez, pode ser ou (a) absolutamente necessário para a atividade excelente, de modo que sua ausência bloqueie inteiramente a atividade; ou (b) sua ausência pode simplesmente restringir ou impedir a realização da atividade. (2) As circunstâncias podem bloquear a atividade privando-a não meramente de um instrumento externo, mas do próprio objeto ou receptor da atividade. (A morte de um amigo bloqueia a amizade dessa maneira mais íntima.) Aqui, novamente, a atividade pode ser ou (a) completamente bloqueada, se a perda é permanente e completa; ou (b) impedida, se a perda é temporária e/ou parcial. Vamos nos concentrar aqui em (1a) e (1b), e reservar a perda de um objeto para o capítulo seguinte. Mas Aristóteles não delineia explicitamente essas distinções, e seus exemplos são extraídos de todos os grupos.

"É impossível ou não é fácil fazer coisas ótimas sem recursos", afirma Aristóteles na passagem com a qual demos início a este capítulo, ao abrir sua discussão sobre o poder da fortuna. Ele prossegue enumerando vários tipos de "recursos" necessários:

> Pois muitas coisas são feitas através de *phíloi**, riqueza e capacidade política, como ferramentas. E a privação de algumas coisas corrompe a bem-aventurança (*tò makárion*): por exemplo, bom nascimento, bons filhos, boa aparência. Pois ninguém viverá inteiramente bem (será *eudaimonikós*) se tiver uma aparência inteiramente repulsiva, ou for mal nascido, ou solitário e sem filhos; ainda menos, talvez, se tiver filhos ou *phíloi* terrivelmente maus, ou morrerem os que eram bons. (1099a33-b6)

Algumas dessas são privações de meios instrumentais para a atividade; algumas (os casos de amigos e filhos) envolvem a perda tanto de meios instrumentais para outras atividades (pois os amigos são também "ferramentas"), quanto de um objeto para uma espécie de atividade excelente, em si mesma. Em alguns casos, podemos imaginar que a ausência dos meios instrumentais ou do objeto bloqueará inteiramente a atividade excelente. Escravidão perpétua, doenças crônicas graves, pobreza extrema, a morte de todas as pessoas amadas – qualquer um desses casos poderia tornar impossível exercer uma ou mais excelências. (Até mesmo a extrema feiúra física, como Aristóteles afirma explicitamente em outro lugar[20], pode bloquear inteiramente a formação de amizades profundas.) Em outros casos, imaginamos que a boa atividade, embora não inteiramente bloqueada, será significativamente impedida ou reduzida. A pessoa em posição social desvantajosa pode carecer das oportunidades para a boa atividade política que são disponíveis para os bem-situados; a morte de um filho pode restringir a qualidade ou espírito de muitos tipos de atividade; a enfermidade pode fazer o mesmo. Essas não são des-

---

* Neste e no próximo capítulo, *phílos* e *philía* (usualmente traduzidos como "amigo" e "amizade") permanecerão em geral não traduzidos; esses temas serão discutidos no Cap. 12. Brevemente: *philía* é extensamente mais ampla que amizade – encerra relações familiares, a relação entre marido e mulher, e relações eróticas, bem como o que denominaríamos "amizade". É também, com freqüência, afetivamente mais forte: é uma exigência da *philía* que os parceiros sejam ligados por um sentimento afetuoso; e, como vemos, *philía* inclui os mais fortes e mais íntimos de nossos elos afetivos. Podemos dizer que duas pessoas são "só amigas"; isso não poderia ser dito com *philía*.

graças raras, nem parece que Aristóteles as percebe dessa maneira. São parte normal do curso de muitas vidas humanas. A lista de Aristóteles faz com que comecemos a notar em que medida a vida média é cercada por perigos de impedimento. A atividade irrestrita começa a se afigurar algo raro ou afortunado.

Feitas essas observações gerais sobre o poder que a circunstância tem de interromper a boa atividade, Aristóteles está pronto para testar nossas intuições com relação a um caso particular:

> Pois muitos reveses e todas as espécies de fortuna surgem no curso de uma vida; e é possível que a pessoa que antes prosseguia especialmente bem depare com grandes calamidades na velhice, como nas histórias contadas sobre Príamo na guerra de Tróia. Mas, quando uma pessoa tem tais infortúnios e termina em uma condição desditosa, ninguém diz que ela está vivendo bem (*oudeìs eudaimonízei*). (1100a5-10)

A história de Príamo é aqui um bom caso teste para a teoria ética de Aristóteles. Pois tem início com uma pessoa que havia, presumivelmente, desenvolvido e mantido um caráter firmemente virtuoso ao longo da vida, agira bem e de acordo com a excelência – mas foi então privada pela guerra da família, dos filhos, dos amigos, de poder, de recursos, da liberdade. Em seu lastimável estado final, a capacidade de Príamo de agir bem é deveras reduzida; pois ele não pode, dadas as restrições que recaem sobre ele, exercer muitas das excelências humanas pelas quais era antes conhecido. Compadecemo-nos profundamente de Príamo, e sentimos que ele perdeu algo de grande importância ao perder sua esfera de atividade, algo que é mais profundo que o mero sentimento contentado. Por outro lado, é possível que mesmo um teórico ético que rejeite os extremos da concepção da boa-condição deseje sustentar aqui que a calamidade não prejudica a qualidade da vida de Príamo, uma vez que ele dispôs consistentemente o bom caráter em ação durante o curso de uma longa vida. O desafio de Aristóteles é esboçar uma resposta que faça justiça a essas intuições concorrentes.

Sua estratégia aqui, como em outra parte, é bifurcada. Contra o oponente da fortuna, ele insistirá na real importância da fortuna, explorando nossa crença de que é possível ser desalojado do bem-viver. Ao mesmo tempo, ele nos mostra que, dada uma concepção de bem-viver que valoriza excelências estáveis de caráter e a atividade em conformidade com elas, essas quedas drásticas serão raras. Fazer das excelências e de suas atividades – em lugar, digamos, da honra ou do sucesso – as portadoras primeiras de valor (ou melhor, admitir que realmente acreditamos que elas *são* as portadoras primeiras de valor, pois Aristóteles afirma que os que pensam de outro modo mudarão se pensarem bem sobre todo o escopo de suas crenças) nos ajuda a evitar que sejamos e vejamos a nós próprios como meras vítimas da fortuna.

As observações de Aristóteles sobre Príamo e casos relacionados vão contra uma tradição bem-estabelecida na filosofia moral, tanto antiga como moderna, segundo a qual a bondade moral, aquilo que é um objeto apropriado de louvor e culpa ética, não pode ser prejudicada ou afetada por circunstâncias externas. Para Platão, a pessoa boa não poderia ser prejudicada pelo mundo: sua vida não é menos boa ou digna de louvor em virtude de circunstâncias adversas[21]. Para o teórico da boa condição, o mesmo é evidentemente verdadeiro, embora por razões sutilmente diferentes. Para Kant, cuja influência sobre os comentadores modernos de Aristóteles e suas platéias é tal que, novamente aqui, não é possível superestimar, a *felicidade* pode aumentar-se ou diminuir-se pela sorte; mas aquilo que merece verdadeiramente o louvor ou culpa ética, o verdadeiro valor moral, não pode[22]. Essa concepção kantiana influenciou tanto a tradição da teoria ética subseqüente que passou a afigurar-se, para muitos, como o sinete do pensamento verdadeiramente moral. Não surpreende, pois, que os intérpretes que estão sob a influência de uma ou mais dessas tradições e ansiosos por fazer Aristóteles parecer moralmente respeitável tenham lido a passagem sobre Príamo de um modo estranho, de maneira que ela não mais afirma aquilo que seria demasiado escandaloso, a saber, que a excelência da vida ética, não apenas o sentimento feliz, pode ser aumentada ou diminuída por reveses do acaso. A concepção interpretativa que absolve Aristóteles dessa doutrina imoral é a seguinte. Aristóteles está, nessas passagens, traçando uma distinção entre duas de suas noções éticas centrais: entre *eudaimonía* e *makariótes*, viver bem e ser bem-aventurado ou feliz. A primeira consiste na atividade conforme à excelência; a segunda é o mesmo, acrescido dos favores da fortuna. De acordo com essa idéia, que foi apresentada por comentadores influenciados por Kant, tais como Sir David Ross e H. H. Joachim[23], as dádivas e reveses da fortuna jamais podem diminuir a *eudaimonía*, isto é, aquilo pelo que Príamo pode ser louvado ou culpado; mas porque podem diminuir o gozo de sua boa atividade, realmente diminuem o contentamento e o bom sentimento. Essa leitura se baseia em uma frase da passagem sobre Príamo que diz: "Se as coisas são assim, a pessoa *eudaímon* jamais se tornará desventurada; tampouco, entretanto, será *makários*, se encontrar a sorte de Príamo" (1101a6-7). Investigaremos posteriormente essa frase em seu contexto e perguntaremos se ela está realmente fazendo a distinção desejada pelo intérprete.

É uma distinção famosa; e sua proximidade da distinção kantiana entre valor moral e felicidade nos faz suspeitar dela imediatamente como leitura de Aristóteles, em especial dada a força antikantiana das observações de Aristóteles sobre a pessoa na roda. Tampouco conferenos segurança para considerar que a primeira observação de Aristóteles sobre o caso de Príamo seja: "Sobre alguém que tem aquela fortuna e morre em uma condição desditosa, ninguém diz que esteja vivendo bem (ninguém o *eudaimonízei*)" (1100a9-10). Desde o início, o que se nega a Príamo não é apenas contentamento, mas a própria *eudaimonía*. Mas talvez essa seja uma crença irrefletida da maioria que Aristóteles irá criticar. Precisamos, portanto, examinar melhor para ver se o texto como um todo sustenta a distinção dos intérpretes.

De fato, não. Aristóteles não faz nenhuma distinção significativa, nessas passagens, entre *eudaimonía* e *makariótes*; e ele claramente alega que ambas podem ser prejudicadas ou interrompidas por certos tipos de fortuna, embora não por todos os tipos que alguns de seus contemporâneos supunham.

As evidências textuais podem ser expostas sucintamente: em primeiro lugar, as passagens que asseveram que a *eudaimonía* é vulnerável à catástrofe; em segundo lugar, as passagens que indicam que Aristóteles trata aqui "*eudaímon*" e "*makárion*" como intercambiáveis; elas nos permitem então utilizar suas observações sobre o *makárion* para a nossa representação da *eudaimonía*.

(1) Como já vimos, a passagem sobre a pessoa na roda extraída de *EN* VII = *EE* VI claramente assevera que são necessárias circunstâncias externas para a *eudaimonía*; o mesmo é obviamente verdadeiro sobre a passagem da *Magna Moralis* II.8 que citamos no início deste capítulo. A *Ética eudeméia* VIII.2 argumenta longamente que "a sabedoria prática não é a única coisa que torna o bem agir conforme à excelência (*eupragían kat' aretèn*, os *definiens* da *eudaimonía*), mas dizemos que o afortunado, também, faz bem (*eû práttein*), o que implica que a boa fortuna é uma causa da boa atividade assim como o conhecimento" (1246b37-42a2). Os livros sobre a amizade argumentarão que *phíloi*, como "bens exteriores", são necessários para a plena *eudaimonía* (cf. Cap. 12, e esp. 1169b2 ss.). No entanto, não precisamos olhar tão longe. Pois as próprias passagens em discussão na *EN* I afirmam a mesma idéia. Ninguém denomina Príamo *eudaímon* (1100a7-8). Porque é difícil ou impossível *fazer coisas ótimas* (*tà kalá práttein*) sem recursos, é óbvio que a *eudaimonía* se mantém carente de bens exteriores (1099a29-31). E, na conclusão da passagem sobre Príamo, Aristóteles sintetiza: "O que, pois, nos impede de dizer que uma pessoa é *eudaímon* se e somente se essa pessoa é ativa conforme à excelência completa e é suficientemente aparelhada com os bens exteriores, não por algum período de tempo

casual, mas durante toda a vida?" (1101a14-5). Aqui, a presença de bens exteriores "suficientes" é introduzida, em uma passagem tão formalmente definidora quanto qualquer outra da *EN*, como uma condição isolada necessária para a própria *eudaimonía*.

(2) Se prestarmos atenção agora às passagens em que "*makárion*" e "*eudaímon*" ocorrem juntos, percebemos que essas passagens confirmam e não corrompem esse quadro geral. Pois as palavras são, de fato, tratadas como intercambiáveis. Isso geralmente se verifica nas obras éticas. Para tomar apenas um único exemplo importante alheio ao nosso contexto presente: na *EN* IX.9, Aristóteles relata um debate sobre o valor da *philía*:

> Há um debate sobre se o *eudaímón* precisa ou não de *phíloi*. Pois dizem que pessoas *makárioi* e auto-suficientes não têm necessidade de *phíloi*, uma vez que já têm todas as coisas boas... Mas parece excêntrico propiciar ao *eudaímon* todas as coisas boas e deixar os *phíloi* de fora, eles que afiguram ser o maior de todos os bens exteriores... E por certo é excêntrico fazer do *makários* um solitário: pois ninguém escolheria ter todas as coisas boas do mundo absolutamente sozinho. Pois o ser humano é uma criatura política e naturalmente disposta a viver em conjunto. E isso se verifica também com respeito ao *eudaímon*... Por conseguinte, o *eudaímón* precisa de *phíloi*. (1169b3-10, 16-9, 22; para uma discussão detalhada do argumento da passagem, ver Cap. 12)

Ninguém poderia razoavelmente duvidar que as duas palavras estão sendo aqui usadas sem nenhuma distinção significativa, mais ou menos como variantes estilísticas. Isso ocorre tanto na paráfrase da posição do oponente, como nas observações próprias de Aristóteles. Tampouco poderia alguém duvidar que o bem externo da *philía* é aqui necessário para a *eudaimonía*, não somente para *makariotes*.

O mesmo se verifica de fato para o nosso contexto presente, como podemos ver ao reexaminar sua passagem inicial, parte da qual já citamos anteriormente:

> Entretanto, a *eudaimonía* precisa evidentemente também de bens exteriores, como dissemos. Pois muitas coisas são feitas através de *phíloi*, riqueza e capacidade política, como ferramentas. E a privação de algumas coisas corrompe a condição de ser *makárion*; por exemplo, bom nascimento, bons filhos, boa aparência. Pois ninguém será inteiramente *eudaimonikós* se tiver uma aparência inteiramente repulsiva, ou for mal nascido, ou solitário e sem filhos; ainda menos, talvez, se tiver filhos ou *phíloi* terrivelmente maus, ou morrerem os que eram bons. Como dissemos, pois, ela parece requerer, em acréscimo, esse tipo de clima afortunado. É por isso que alguns identificaram *eudaimonía* com boa fortuna, e outros com a excelência. (1099a33-b8)

Essa passagem demonstra com muita clareza que Aristóteles não traça nenhuma distinção importante entre *makariotés* e *eudaimonía*, e que ele está plenamente preparado para afirmar que a própria *eudaimonía* é interrompida pela ausência de certos bens exteriores. A passagem inteira diz respeito à necessidade que a *eudaimonía* tem de bens exteriores. (O sujeito da primeira sentença citada não é explícito em grego, mas deve ser preenchido pela sentença anterior, cuja última palavra é "*eudaimonía*"; não há outro sujeito candidato.) O argumento geral está agora mais bem explicado (*NB* "para") por uma passagem que trata da corrupção do *makárion*; essa, por sua vez, é mais bem explicada (outro "para") por uma passagem que mais uma vez fala em termos de *eudaimonía*. O "ela" da conclusão final claramente se refere a *eudaimonía*: é ela que requer um clima afortunado, como a frase final da nossa citação deixa claro. A ausência de certas condições necessárias para o bem-viver prejudica o próprio bem-viver, presumivelmente por impedir a realização de ações excelentes nas quais consiste o bem-viver. Até aqui, "*makárion*" e "*eudaímon*" não se distinguem.

Agora devemos analisar minuciosamente o contexto da passagem que forma a base da interpretação oposta, a passagem em que Aristóteles profere seu veredicto sobre o caso de Príamo. Ele pergunta quão seguros são nossos juízos de *eudaimonía* durante o curso da vida de uma pessoa, dada a vulnerabilidade do bem-viver humano aos reveses da fortuna. Em seguida, reafirma mais uma vez sua posição segundo a qual o bem-viver humano "precisa, em acréscimo" (*prosdeîtai*, 1100b8), dos bens exteriores da fortuna. Mas, prossegue ele, isso não deixa a *eudaimonía* inteiramente à mercê da fortuna, nem torna o *eudaímon* "um camaleão, repousando sobre uma base degenerada" (1100b6-7). Pois esses bens não são os fatores mais importantes no bem-viver: "o bom e o mau não residem neles" (8)[24]. Não são os componentes efetivos do bem-viver: "são as atividades conformes à excelência, ou seus opostos, as responsáveis pela[25] *eudaimonía*, ou seu oposto" (1100b8-10). Tal atividade, embora vulnerável até certo ponto, é a coisa mais estável e duradoura na vida humana, uma das coisas mais difíceis de deixar escapar, esquecer ou deixar-se arrebatar (1100b12ss.). A pessoa que está vivendo e agindo bem (Aristóteles primeiro denomina essa pessoa *makários*, depois troca, na frase seguinte, por *eudaímon* – 16, 18) prosseguirá assim ao longo de toda a sua vida. "Pois sempre e mais do que tudo fará e considerará as coisas de acordo com a excelência; e suportará a fortuna da maneira mais nobre e sempre harmoniosamente, se for realmente boa e 'honesta sem culpa'" (1100b19-22).

Até aqui, está tudo completamente claro. Agora começam as complexidades, à medida que Aristóteles se põe a inquirir de que maneira essa vida boa estável, baseada no caráter constante e que consiste na atividade conforme às excelências de caráter e intelecto, *é* vulnerável. Pequenos golpes de boa ou má fortuna, diz-nos ele agora, não produzirão uma "mudança decisiva de vida" (*rhopè tês zoês*, 22-5). Mas contingências grandes e numerosas podem, se forem boas, tornar a vida mais *makárion*, porque as oportunidades que elas propiciam serão usadas nobremente e bem; por outro lado, infortúnios de dimensões correspondentes "suprimirão e poluirão o (a condição de ser) *makárion* – pois trazem dor e obstruem o caminho de muitas atividades" (1100b23-30). Até aqui, pois, apenas a palavra "*makárion*" foi utilizada, no contexto imediato, com respeito àquilo que pode ser ampliado pela grande boa fortuna e diminuído pelo grande infortúnio. No entanto, ao lado de nossas outras evidências, as razões dadas aqui, que têm todas a ver com a maneira como a fortuna aumenta ou impede a *atividade* excelente, nos mostram que o *makárion* não pode ser meramente o prazer ou sentimento de contentamento que sobrevém. Aristóteles está sustentando, como em outra parte, que algumas das atividades componentes em que consiste o bem-viver podem ser ampliadas ou bloqueadas por acontecimentos externos. É provável que devamos pensar aqui tanto nos efeitos instrumentais como nos efeitos mais diretos da fortuna. Uma herança proporciona, instrumentalmente, escopo para ações ótimas e generosas; uma doença repentina impede o bem-agir em todas as áreas ao roubar energia da pessoa. Reveses políticos e a morte de pessoas amadas eliminam mais diretamente outros tipos de boa atividade, ao eliminar seus objetos; inversamente, o nascimento de um filho ou a aquisição de direitos políticos adultos faz uma contribuição direta à ação excelente por conferir-lhe um objeto.

Tudo isso parece se tratar da própria *eudaimonía* e de seus constituintes, não de algum bem que sobrevém. Aristóteles o explicita brevemente:

> A pessoa *eudaímon* não é variável e facilmente modificada. Pois não se deixará desalojar facilmente de sua *eudaimonía* por algum infortúnio que lhe atravesse o caminho, mas apenas por grandes e numerosos infortúnios; e com eles não se tornará novamente *eudaímon*, se algum dia isso acontecer, em um curto tempo mas em um longo e completo período de tempo, se, nesse período, ela conseguir coisas grandiosas e ótimas. (1101a8-14)

(Segue-se ali a passagem definitiva que já discutimos na p. 287.) Aristóteles afirma aqui muito claramente que os infortúnios de um tipo severo, prolongados por um período de tempo, prejudicam o próprio bem-viver. Ele emprega "*eudaímon*" onde acima havia empregado "*makárion*", sem fazer nenhuma distinção. (Algumas linhas à frente, em 1101a19-20, ele parafraseia sua definição concludente, substituindo agora "*makárion*" por "*eudaímon*".) Tais interrupções são raras, afirma ele, já que a excelência humana, uma vez desenvolvida, é algo estável; mas, se forem suficientemente grandes, profundas ou freqüentes, as catástrofes "poluirão" a boa atividade, e por conseguinte a boa vida, de maneira tão grave que somente o tempo e muita boa fortuna trarão a *eudaimonía* de volta, se é que algo a trará.

Aristóteles insere um critério importante na seção intermediária. Uma vez que essa passagem inclui a frase pela qual começamos nossa crítica da interpretação kantiana, devemos agora estudar seu contexto por inteiro:

> Se as atividades são o que há de principal na vida, como dissemos, ninguém que seja *makários* jamais se tornará abjetamente desditoso (*áthlios*). Pois jamais se envolverá em ações odiosas e vis. Pensamos que a pessoa realmente boa e razoável suportará sua sorte com dignidade e sempre fará o melhor possível diante das circunstâncias, assim como o bom general fará o uso mais guerreiro do exército que tem e o bom sapateiro fará o melhor sapato que puder com os couros que lhe forem dados – e assim por diante para todos os outros artesãos. Se isso é correto, então a pessoa *eudaímon* nunca se tornaria abjetamente desditosa; entretanto, não será ainda *makários*, se encontrar a sorte de Príamo. Tampouco, com efeito, é variável e facilmente modificada, pois não se deixará desalojar facilmente de sua *eudaimonía*... etc. (1100b33-1101a10)

Agora que podemos examinar a passagem inteira, da qual vimos alguns trechos em separado, podemos entender o julgamento final de Aristóteles a respeito de Príamo. Ele concede de fato que essa má fortuna extrema *poderia* afastar uma pessoa boa da plena *eudaimonía*. Mas nos relembra que uma pessoa de bom caráter e sabedoria prática com freqüência será capaz de resistir a esse prejuízo e encontrar uma maneira de agir nobremente mesmo em circunstâncias adversas. Como um general que faz o melhor que pode com as tropas que tem, ou como o sapateiro que faz os melhores sapatos que pode com os materiais disponíveis, assim também a pessoa sábia e virtuosa utilizará os "materiais" da vida tão bem quanto possível, encontrando para a excelência alguma expressão na ação. Com efeito, parte da "arte" da sabedoria prática aristotélica, como vimos no Capítulo 10, parece consistir em ter uma sensibilidade aguçada aos limites de seu "material" e conceber o que é melhor dadas as possibilidades, em lugar de apontar para um conjunto inflexível de normas. A excelência prática aristotélica está preparada para as contingências do mundo e não é facilmente reduzida por elas. Mas nada disso bastará para prevenir a perda da *eudaimonía* em um caso muito extremo como o Príamo.

Finalmente, Aristóteles sente que é importante frisar que a pessoa de caráter bom e estável não agirá diametralmente contra o caráter apenas em virtude do contínuo infortúnio; a estabilidade de caráter se colocará entre ele e a ação realmente *má*. Mas apenas a má ação torna uma pessoa verdadeiramente *áthlios*, se as ações são o que há de principal na vida. Se a *eudaimonía* fosse constituída de riqueza ou poder, uma pessoa poderia passar do topo ao lugar mais fundo, da condição mais digna de louvor à condição mais merecedora de escárnio, como resultado da fortuna. A atividade conforme à excelência pode ser oprimida ou bloqueada; mas a pessoa a quem isso acontece não desce, apenas por conta disso, ao mais baixo grau na escala de avaliação ética. Ainda que não desejemos admitir que a boa pessoa na roda esteja vivendo uma vida florescente e plenamente digna de louvor, podemos reconhecer também que sua vida não é má, desprezível, ou digna de culpa.

Em suma, uma concepção aristotélica de *eudaimonía*, que baseia a atividade excelente na bondade estável de caráter, torna a boa vida toleravelmente estável diante do mundo. Mas essa estabilidade não é ilimitada. Há uma lacuna real entre ser bom e viver bem; um acontecimento não-controlado pode introduzir-se nessa lacuna, impedindo que o bom estado de caráter encontre sua realização adequada na ação. Já mencionamos quatro tipos de situações de impedimento: ou o bloqueio completo ou a restrição da atividade pela privação de um recurso instrumental; bloqueio ou restrição pela ausência de um objeto para a atividade. Em virtude do nosso interesse em vincular esses assuntos éticos à estima de Aristóteles pela tragédia, devemos, contudo, acrescentar agora mais duas situações a essa lista – situações implicitamente reconhecidas por essa consideração geral e explicitamente reconhecidas por Aristóteles na *EN* III e em outros lugares. Relembrando nossas discussões nos Capítulos 2 e 9, podemos denominá-las a situação de Édipo e a situação de Agamêmnon.

Édipo tem um bom caráter; mas fez uma coisa terrível que impediu (presumivelmente) sua *eudaimonía*. A "lacuna" criada pela fortuna em seu caso não era, de nenhuma maneira simples, uma lacuna entre bom caráter e atividade: pois ele agiu realmente, e não estava impedido em nenhum sentido literal. Havia, entretanto, uma lacuna, criada pelas circunstâncias de desculpável ignorância, entre o ato que pretendia ou praticou voluntariamente – matar um idoso na encruzilhada – e o mau ato que ele involuntariamente praticou, o parricídio que o desalojou, se tanto, da *eudaimonía*. Quero agora sugerir que podemos ver essa lacuna como uma variação da lacuna entre ser bom e viver-bem. Pois o ato pretendido era a expressão natural daquilo que Édipo *era* em caráter. A fortuna das circunstâncias fez com que a descrição intencional não fosse, do ponto de vista moral, a descrição mais significativa do que aconteceu; com efeito, em algumas interpretações das concepções de Aristóteles sobre a individuação das ações, aquele ato não foi efetivamente realizado, apenas o outro foi[26]. Assim, nesse sentido, as circunstâncias obstaram e impediram que Édipo ativasse seu caráter de maneira isenta de culpa e apropriada, introduzindo-se, por assim dizer, entre a intenção e o ato, e fazendo com que o ato pretendido tenha, na melhor das hipóteses, uma existência sombria.

O caso de Agamêmnon é mais complexo: pois nele, como vimos, cada uma das alternativas conflitantes é, de certo modo, expressão natural de sua bondade de caráter; contudo, cada uma tem uma outra face aflitiva. O serviço piedoso a Zeus é inseparável do assassinato de sua filha; a proteção dessa filha teria sido inseparável da impiedade e da crueldade para com seus soldados em sofrimento. Diferentemente de Édipo, Agamêmnon escolhe e pretende a ação sob ambas as suas descrições, boa e má: nenhuma ignorância o desculpa[27]. No entanto, também em seu caso, poderíamos dizer que o mundo, fazendo surgir esse trágico conflito, criou para ele uma lacuna entre seu bom caráter e sua expressão natural irrestrita na ação. Pois é um impedimento à sua atividade piedosa que a piedade deva ser nesse caso inseparável do assassinato; a qualidade de seu ato, a expressão natural de seu caráter, é embaciada pelo horror do crime que é dele inextricável. As críticas de Aristóteles ao teórico da boa condição e suas observações sobre a atividade impedida podem, pois, acomodar esses dois outros tipos de caso, tão centrais para a apreciação da tragédia.

Afigura-se, ademais, que o texto de Aristóteles realmente reconhece a existência de conflitos semelhantes ao de Agamêmnon. Sua observação de que a fortuna não pode levar uma pessoa boa a praticar realmente más ações pode lançar dúvida sobre isso. E, na *Magna Moralia*, ele insiste que as excelências, diferentemente dos vícios, em geral se reforçam mutuamente, e não dão origem a nenhum conflito[28]. (Por exemplo, a justiça política se ajusta bem à moderação e à coragem, as buscas teóricas à moderação. A pessoa viciosa não encontrará essa harmonia: pois apetites imoderados chocam-se contra a injustiça astuciosa, a covardia contra a busca excessiva pelo poder, e assim por diante.) Mas nos livros sobre a *philía*, ele admite que as obrigações para com um *philos* podem ser conflitantes com as obrigações legítimas para com um outro, de modo que é impossível satisfazer a ambas[29]. E, na *EN* III.1, Aristóteles reconhece que em certos casos de constrangimento circunstancial a pessoa boa pode agir de uma maneira deficiente ou mesmo "vergonhosa", fazendo coisas que jamais faria, a não ser pela situação de conflito. Agirá tão bem quanto puder; e, contudo, estará fazendo algo mau, algo que não teria escolhido. As chamadas "ações misturadas" são esses casos. Os exemplos de Aristóteles são, primeiro, uma pessoa que joga algo ao mar em uma tempestade; discutimos esse caso no Cap. 2. Segundo, e mais central para nós, é um caso em que um tirano ordena ao agente que faça algo vergonhoso, ameaçando matá-lo e a toda a sua família se não o fizer. Aqui temos um caso em que o infortúnio de fato forçará o agente sensato a fazer o que é vergonhoso e vil. Mas Aristóteles argumenta que a ação vil não é inteiramente do agente. É dele no sentido de que é escolhida no momento em que é feita e de que a origem do movimento está nele: suas crenças e desejos a explicam. Mas nossa avaliação leva em conta o elemento da coerção: o fato de que a ação, tomada por si só, não é uma ação que ele teria voluntariamente praticado (1110a18 ss.). Não é a ação de um caráter vergonhoso ou vil. Por vezes, acrescenta ele, admiramos e louvamos os que enfrentam bem tais conflitos, fazendo uma escolha difícil em função de um fim valioso (1110a20-2); Aristóteles não simpatiza com os que, na política ou em assuntos privados, recuassem tanto diante da culpa e da ação inaceitável que fossem incapazes de tomar uma decisão necessária para o melhor. Mas, em outros casos, simplesmente suspendemos o louvor e a culpa, e compadecemo-nos do agente por ter que aturar um conflito "que exerce excessiva pressão sobre a natureza humana e a que ninguém seria capaz de resistir" (1110a24-6). Seria essa, suspeitamos, a resposta a um caso como o de Agamêmnon – se Agamêmnon tivesse, nele, se comportado mais como um bom caráter, com maior senso da tensão e da coerção que o compeliam a ir contra o que ele sensatamente escolheria[30].

Aristóteles acrescenta a essas observações sobre o conflito um outro comentário. Qual seja, que certas excelências valorizadas, particularmente a coragem, o compromisso político e o amor dos amigos, conduzirão o bom agente, com muito maior freqüência do que o agente imperfeito, a situações em que as exigências do caráter serão conflitantes com a preservação da própria vida – por conseguinte, com a contínua possibilidade de qualquer atividade excelente. Esse é um tipo especial de conflito de valor. O bom agente aristotélico o verá como uma escolha em que se renuncia a algo de real valor – embora não, reconhecidamente, um conflito em que a má ação é forçosa. Em sua discussão dos sacrifícios pelo bem da amizade ou do amor, Aristóteles acentua o fato de que a pessoa de excelência pensará pouco em conforto, segurança ou dinheiro comparados à chance de fazer algo nobre; contudo, ele prossegue dizendo que o amor, os amigos ou o país exigirão por vezes um sacrifício mais intimamente ligado ao bem-viver: um sacrifício da oportunidade de agir bem, ou mesmo da própria vida (1169a18-b2).

O teórico da boa condição, e outros defensores da idéia de que a boa vida não pode ser diminuída por tais colisões do acaso podem tentar afirmar que não há aqui nenhuma perda real – pois a bondade da pessoa está intacta, e a nobreza de sua escolha garante que não sofrerá nenhuma redução da *eudaimonía*. Aristóteles, como é de esperar, não concorda. A perda da atividade e da vida, ele argumenta em outro lugar, é até mesmo uma perda maior para a pessoa excelente do que para a pessoa vil. Quanto mais excelente ela é, mais rica em valor é a sua vida – e, portanto, mais dolorosa a escolha de arriscar perdê-la:

> Quanto mais a pessoa corajosa tenha toda a excelência e quanto mais *eudaímon* for, mais dolorosa lhe será a perspectiva da morte. Pois uma tal pessoa, acima das outras, tem um va-

lor digno de viver, e será ciente de que está sendo privada dos maiores bens. Isso é algo doloroso. Mas será, no entanto, corajosa, e talvez ainda mais por escolher o que é ótimo na guerra de preferência a essas outras coisas. De fato, não temos atividade aprazível no caso de todas as excelências – exceto na medida em que alcançam seu fim. (1117b10-6)

A excelência, nesse caso e em outros semelhantes, diminui a auto-suficiência e aumenta a vulnerabilidade: confere algo de elevado valor e impõe que em certas situações da fortuna estejamos prontos a renunciar a ele. Mas que a excelência traga risco e dor não é surpresa, afirma Aristóteles – a menos que sejamos dominados pela falsa noção de que a excelência está necessariamente vinculada a um gozo. Há prazer quando a atividade nobre alcança seu fim; mas, se o mundo impedir sua realização, a pessoa boa ainda escolherá agir nobremente (cf. também Cap. 10, p. 257).

V

Até aqui, a resposta de Aristóteles ao teórico da boa condição tratou apenas de atividades impedidas. Não tratou de prejuízos causados pelo acaso à boa condição ou ao estado do próprio caráter. Mas, evidentemente, Aristóteles acredita que nossas circunstâncias mundanas influenciam, para melhor ou para pior, o próprio caráter adulto bom, não apenas a expressão dele. É óbvio que o mundo, a seu ver, influencia decisivamente a formação do caráter das crianças[31]; a idéia em favor da vulnerabilidade adulta não é tão óbvia, mas pode ainda ser convincentemente explicitada. Podemos esboçar essa idéia indicando quatro evidências: (1) a própria passagem sobre Príamo; (2) evidências a respeito da *philía* e do contexto político; (3) a discussão da *Retórica* da relação entre caráter e tempo e/ou experiência de vida; (4) a consideração dos chamados "bens da fortuna" tanto na *Retórica* como na *EN*.

A pessoa boa, disse Aristóteles, não poderia ser facilmente desalojada da *eudaimonía*, mas somente por "grandes e numerosos infortúnios". Uma vez assim desalojada, entretanto, "não se tornará novamente *eudaímon*, se algum dia isso acontecer, em um curto tempo, mas em um longo e completo período de tempo, se, nesse período, ela conseguir coisas grandiosas e ótimas". Cumpre agora nos voltarmos com mais minúcias à natureza do prejuízo que desaloja a boa pessoa. Pois os infortúnios podem "poluir" a boa atividade de duas maneiras: interrompendo a expressão de boas disposições na ação, ou afetando as próprias fontes internas da ação. A primeira possibilidade predomina no contexto; mas a última também parece importante para a explicação dessa passagem particular. Um impedimento puramente externo à boa ação poderia ser *imediatamente* retificado pela restauração da boa fortuna. Uma pessoa que foi escravizada durante a guerra pode ser libertada em um instante. Uma pessoa doente pode com a mesma rapidez ser curada. Uma pessoa sem filhos pode repentinamente conceber ou gerar uma criança. O que precisa de tempo e de uma boa fortuna contínua para se curar é a corrupção de desejo, expectativa e pensamento que pode ser infligida pelo infortúnio esmagador e prolongado. A repetida utilização que Aristóteles faz de palavras que sugerem deterioração e poluição[32], e sua asserção de que os prejuízos da fortuna somente são revertidos, se jamais o são, após um longo período de tempo, sugerem que ele tem em mente também essa espécie de prejuízo mais profundo e interno. Um longo tempo é necessário para que o escravo recupere o senso de dignidade e auto-estima de uma pessoa livre, para que o inválido crônico aprenda novamente os desejos e projetos característicos da pessoa saudável, para que alguém que perdeu uma pessoa amada forme novos e fecundos vínculos.

Essa possibilidade se faz mais concreta nos livros que tratam da *philía*. Pois ali Aristóteles nos mostra que o amor é um bem vulnerável, bem como lhe atribui um importante papel no desenvolvimento e na manutenção do bom caráter adulto. O mesmo se pode afirmar de suas discussões sobre a função de um contexto político como suporte. Já que discutiremos esses argumentos em detalhes em nosso próximo capítulo, podemos agora nos voltar ao material pouco conhecido e altamente interessante da *Retórica*[33].

Na *Retórica* II.12-4, Aristóteles faz uma série de observações sobre a relação entre caráter e tempo de vida; elas nos evidenciam claramente em que medida a experiência de revés e infortúnio pode ferir o próprio caráter. As pessoas jovens, diz-nos ele, têm certas virtudes de caráter das quais os idosos, freqüentemente, já não são capazes. Elas são de uma simplicidade nobre: são *euétheis*, abertas ou ingênuas, em lugar de *kakoétheis*, traiçoeiras ou perniciosas, "porque ainda não viram muita perversidade" (1389a17-8)[34]. São capazes de confiança porque não foram ainda muitas vezes ludibriadas (1389a18-9). São corajosas porque são capazes de elevada esperança, que possibilita a segurança (1389a26-7). São capazes da virtude aristotélica central da *megalopsykhía*, grandeza de alma, "porque ainda não foram humilhadas pela vida, mas não têm experiência das necessidades" (1389a31-2). (A *EN*, também, enfatiza a importância da boa fortuna para essa "coroa de virtudes" – 1124a20 ss.) Não têm preocupação excessiva com dinheiro, porque têm pouca experiência da carência (1389a14-5). Formam amizades facilmente, porque extraem prazer da companhia de outros e não calculam tudo com um olho na vantagem (a35-b2). Inclinam-se facilmente à piedade, uma vez que têm uma boa opinião dos outros e acreditam muito facilmente que eles estão sofrendo injustamente (b8-9, cf. Interlúdio 2). Têm gosto pelo riso, porquanto têm a excelência social da *eutrapelía*, graça ou espirituosidade espontânea (b10-1). Têm certas tendências ao excesso também, diz-nos Aristóteles, que são o fruto de sua inexperiência e do ardor de sua paixão. Mas o que mais nos interessa, nesse notável conjunto de observações, é que elas são capazes de certas coisas boas e elevadas em virtude apenas da falta de certas experiências más.

Percebemos mais claramente o que significa essa asserção quando nos voltamos à consideração do caráter dos idosos, cujas deficiências resultam justamente dessa experiência de vida que os jovens confiantes e esperançosos ainda não tiveram. Essa passagem pouco conhecida, mas muito importante, merece ser extensamente citada:

> Porque viveram muitos anos e foram muitas vezes enganados, e cometeram muitos erros, e porque sua experiência é a de que as coisas em sua maioria vão mal, não insistem em nada com segurança, mas sempre com menos vigor do que seria apropriado. Eles *pensam*, mas nunca *sabem*; têm opiniões sobre os dois lados de uma questão e estão sempre acrescentando "talvez" e "provavelmente"; falam tudo assim, e nada de maneira inequívoca. E são perniciosos (*kakoétheis*): pois é pernicioso interpretar tudo sob a pior luz. Ademais, são excessivamente desconfiados porque carecem de confiança (*apistía*), e falta-lhes confiança em virtude de sua experiência. E não amam nem tampouco odeiam intensamente por essas razões, mas, como no provérbio de Biante, amam como se fossem amanhã odiar, e odeiam como se fossem amanhã amar. E são pequenos de alma (*mikrópsykhoi*) porque foram humilhados pela vida: pois não desejam nada grandioso ou excelente, mas apenas o que é proporcional à vida. E são mesquinhos. Pois a propriedade é uma das coisas necessárias; e, em sua e pela sua experiência, sabem como é difícil obter e como é fácil perder. E são covardes e temem tudo de antemão – pois têm, nesse aspecto, o caráter oposto ao dos jovens. Pois são frígidos, e os jovens são cálidos; assim, a idade prepara o caminho para a covardia, já que o temor, também, é um tipo de frieza... E têm mais amor-próprio do que é apropriado; pois esse é também um tipo de pequenez de alma. E vivem para a vantagem e não para algo nobre, mais do que é apropriado, porque têm amor-próprio. Pois o vantajoso é bom para si, o nobre é bom *simpliciter*... E os idosos, também, sentem piedade, mas não pela mesma razão que os jovens: pois os jovens a sentem pelo amor da humanidade, os velhos por fraqueza – pois pensam que todo o sofrimento os espera, e isso inspira piedade. Por essa razão, são dados a lamúrias, e não têm graça, nem tampouco o gosto pelo riso. (1389b13-1390a24)

Essas observações notáveis nos mostram claramente em que medida Aristóteles está inclinado a reconhecer que as circunstâncias da vida podem impedir o próprio caráter, tornando até mesmo as virtudes adquiridas difíceis de manter. Estão em risco especialmente as virtudes que requerem antes abertura ou ingenuidade do que capacidade de se autodefender, antes confiança em outras pessoas e no mundo do que desconfiança autoprotetora. E a concepção de Aristóteles parece ser a de que são poucas as virtudes que requerem esse elemento. Amor e amizade requerem confiança na pessoa amada; generosidade é incompatível com a suspeita contínua de que o mundo está prestes a tomar-lhe os bens necessários; grandeza de alma requer esperança e expectativa elevada; mesmo a coragem requer a segurança de que algum bem pode provir da ação ótima. (No Capítulo 13, veremos a importância dessa idéia para a relação de Aristóteles com a tragédia euripidiana.) As virtudes requerem uma postura aberta com relação ao mundo e suas possibilidades: como a *Antígona* também sugeriu, um caráter de alma maleável e receptivo que não é compatível com uma ênfase excessiva na autoproteção. Essa abertura é tanto em si mesma vulnerável, como uma fonte de vulnerabilidade para a *eudaimonía* da pessoa: pois a pessoa confiante é mais facilmente traída que a pessoa encerrada em si mesma, e é a experiência da traição que corrói lentamente as bases das virtudes. A virtude contém, desse modo (em um mundo em que a experiência da maioria das pessoas é que "as coisas vão mal"), as sementes de sua própria desgraça.

Esse é um tratado para oradores que se dirigirão a um grupo heterogêneo de pessoas comuns; por conseguinte, almeja dizer o que importa para tipo médio normal, e não salienta as habilidades da pessoa de caráter superior*. Podemos assumir, com *EN* I, que tal pessoa não seria corrompida por algumas experiências más e que, em um amplo escopo de circunstâncias, ela seria capaz de agir bem com os "materiais" disponíveis, preservando intacto o caráter. E, contudo, essa passagem nos diz claramente que o próprio caráter pode ser afetado; os mecanismos de seu declínio estão, obviamente, presentes tanto na vida boa quanto na medíocre. (A maioria das circunstâncias mencionadas são comuns; algumas parecem até mesmo naturais e inevitáveis.) Com efeito, podemos dizer que os bons correm de certo modo maior risco que os maus: pois é a pessoa *euéthes* boa que confia em coisas incertas e portanto se arrisca à dor do desengano. Veremos no retrato que Eurípides faz de Hécuba tanto a dificuldade de envergar o caráter de uma pessoa realmente boa, como o horrível espetáculo de um tal declínio, uma vez que a confiança já não está ao alcance das mãos.

Seguem-se na *Retórica* três breves capítulos relativos aos "bens da fortuna" e sua contribuição ao caráter[35]. Esses capítulos esmiuçam essa idéia geral da vulnerabilidade da virtude, acrescentando o perturbador pensamento de que o sucesso pode ser tão corrosivo quanto o infortúnio. Aristóteles considera, por sua vez, três tipos de vantagens que podem advir a uma pessoa pela fortuna: bom nascimento, riqueza e poder. Ele pergunta sobre cada um: que efeito tem sobre o caráter? Em breve resumo, sua conclusão é que o bom nascimento conduz à ambição e ao desdém; a riqueza à insolência, à arrogância e a uma postura mercenária com respeito ao valor; o poder a um grupo um pouco melhor de traços – à seriedade e a um senso sóbrio de responsabilidade – mas também a alguns dos mesmos vícios a que a riqueza conduz. Afirma que todos os tipos de boa fortuna conduzem a uma virtude: ao amor do divino, a quem os afortunados atribuem a origem de sua boa fortuna (1391b4). As situações opostas de infortúnio conduzem a estados opostos de caráter de modos tais que se pode facilmente imaginar (1391b5-7).

---

* É possível objetar, também, que essas seções da *Retórica* tratam dos *éndoxa*, crenças habituais predominantes ainda não examinadas minuciosamente. Mas Aristóteles está dizendo ao orador o que torna em parte semelhantes as pessoas jovens e as idosas, para que ele saiba como melhor persuadi-las. O êxito de seu ensinamento aqui depende de estar certo quanto ao modo como os caracteres são de fato, não apenas quanto ao modo como são *vistos*.

A posição de Aristóteles aqui não é que essas fortunas são condições suficientes para os estados de caráter designados, ou que todos os receptores dessa fortuna desenvolverão esses traços. (Com efeito, na *EN*, ele salienta que a pessoa boa lidará com a boa fortuna de maneira muito mais apropriada do que a pessoa má ou medíocre: 1124a30 ss.) Ele fala da fortuna como uma causa subsidiária, como algo que "impulsiona para" esses traços de caráter 'juntamente com" outras causas (*synteínousin*, 1391a31). A afirmação de que a boa fortuna "tem" os tipos de caráter descritos (*ékhei tà éthe*, 1391a30-1) provavelmente não deve ser lida de maneira mais determinante. A fortuna é um fator causal que tem um efeito real. Os ricos "são afetados de algum modo (*páskhontés ti*) pela posse da riqueza" (1390b33-4); e é até mesmo "plausível que sejam afetados desse modo" (1391a7). Essas forças causais são, pois, do tipo ao qual uma pessoa de caráter impassivelmente firme pode resistir em circunstâncias relativamente equilibradas; mas são forças reais, e uma reflexão ética deve reconhecer seu poder.

Podemos agora sintetizar a argumentação de Aristóteles contra o oponente da fortuna. Antes de tudo, ele argumentou que a boa condição de uma pessoa virtuosa não é, por si só, suficiente para a plena bondade do viver. Nossas crenças mais profundas sobre o valor, quando esquadrinhadas, demonstram-nos que precisamos de mais. Precisamos que a boa condição encontre sua realização ou plena expressão na atividade, e essa atividade leva o agente ao mundo, de modo tal que ele se torna vulnerável a reveses. Toda concepção de bem-viver que consideremos suficientemente rica para ser digna de escolha contém esse elemento de risco. A vulnerabilidade da pessoa boa não é ilimitada. Pois freqüentemente, mesmo em circunstâncias reduzidas, a sensibilidade flexível de sua sabedoria prática lhe mostrará um meio de agir bem. Mas a vulnerabilidade é real: e, se a privação e a diminuição são severas ou prolongadas o suficiente, essa pessoa pode ser "desalojada" da própria *eudaimonía*. O argumento final de Aristóteles contra o oponente da boa condição é que, ainda assim, a condição virtuosa não é, em si mesma, algo rígido e invulnerável. Sua postura maleável e aberta com relação ao mundo lhe confere a fragilidade, bem como a beleza, de uma planta.

VI

Até este momento, falamos da vulnerabilidade necessária da *eudaimonía* humana, dadas as contingências mundanas da vida especificamente humana. Podemos ver como é estreita a ligação entre risco e riqueza de valor: pois as mesmíssimas escolhas avaliativas que realçam a qualidade e a completude de uma vida humana – a escolha de valorizar atividades em lugar da agudeza intelectual apenas – expõem o agente a certos riscos de desgraça. Nossa investigação dos valores sociais no capítulo seguinte evidenciará ainda com mais clareza esse tipo de ligação. Mas, até aqui, não é evidente que não se poderia imaginar essas mesmas virtudes e essa mesma *eudaimonía* transformando-se em uma vida livre de riscos. As condições de risco parecem estar acidentalmente, e não essencialmente, ligadas à estrutura da própria virtude, por mais permanentes e inevitáveis que sejam essas contingências. Sabemos, pelo Capítulo 10, que a busca pela boa vida deve ser uma busca por uma boa vida humana – que a noção de um Bem abstraído da natureza e das condições de um certo modo de ser é vazia. No entanto, não sabemos ainda de que maneira os elementos especificamente carentes e arriscados de nossa "condição humana" configurarão ou constituirão as virtudes que compõem nossa *eudaimonía*.

É, contudo, a opinião de Aristóteles que certos valores humanos centrais só são disponíveis e valiosos dentro de um contexto de risco e limitação material. Uma vida divina ou ilimitada não poderia conter em si esses mesmos valores, essas coisas boas. No primeiro livro da *Política* (1253a8 ss.), ele nos diz que certas noções éticas centrais – incluindo o vantajoso e o desvantajoso, o justo e o injusto, o bom e o mau – são noções que pertencem, entre os animais, somente ao ser humano, e que a *pólis* é a associação de seres vivos que têm essas concepções. Ele prossegue então assinalando que a besta e o deus são ambos, de seus diferentes modos, criaturas não-políticas, pois lhes falta compartilhar da associação que extrai sua forma das concepções éticas – o primeiro em virtude de sua selvajaria e falta de capacidade racional, o segundo em razão de sua solitária auto-suficiência (1253a27 ss.). É, pois, fortemente sugerido que um ser solitário auto-suficiente não tomará parte, tal como o fazem os seres humanos, no entendimento e na comunicação de certos valores éticos básicos. E podemos ver por que isso deve ocorrer: pois a noção de vantagem parece ter uma estreita ligação conceitual com a necessidade; e a noção de justiça, como Aristóteles a compreende, é uma noção de distribuição eqüitativa de recursos limitados e finitos. Tanto o significado desses valores como seu valor ou bondade parecem depender, ser relativos ao nosso contexto humano de limitação[36]. Esse ponto é reafirmado na *EN* VII, em que as excelências, cujas atividades foram sustentadas como fins em si mesmas para um ser humano, são negadas tanto às bestas, como aos deuses (1145a25 ss.).

Aristóteles retorna a esse ponto no Livro X da *EN*, tornando mais explícita sua asserção sobre os seres divinos ou ilimitados[37]. Se realmente imaginarmos a vida de um ser sem carências e divino, afirma ele ali, verificaremos que a maioria dos valores humanos éticos centrais não será valiosa e nem mesmo compreensível em tal vida.

> Atribuiremos a eles ações justas? Ou não é evidentemente ridículo imaginá-los fazendo contratos, restituindo depósitos e coisas afins? Ou ações corajosas, suportando coisas temíveis e correndo riscos apenas porque isso é nobre? Ou ações generosas? A quem fariam dádivas? Será para eles inadequado ter dinheiro ou qualquer coisa desse tipo. Ou ações moderadas – o que seriam? Não é vulgar esse louvor, uma vez que eles não têm apetites vis? (1178b10-6)

É certo que esses valores humanos centrais – que são, no conjunto dos escritos éticos de Aristóteles, tratados como fins em si mesmos, importantes componentes da *eudaimonía* humana[38] – não podem ser encontrados em uma vida sem falta, risco, necessidade e limitação. Sua natureza *e* sua bondade são constituídas pela natureza frágil da vida humana. (Veremos brevemente que o mesmo se pode afirmar do valor da amizade e da atividade política.) O que consideramos valioso depende essencialmente do que necessitamos e de quais são nossas limitações. A bondade e a beleza do valor humano não podem ser compreendidas ou vistas separadas desse contexto. E o argumento não é meramente epistemológico: as pessoas e ações que ora denominamos justas e generosas simplesmente não *seriam* valiosas em um contexto animal ou divino.

Platão reconhecera que isso se verificava com respeito à grande maioria dos valores humanos: eles não eram *kath' hautò*, em si e por si mesmos, mas *prós ti*, relativos a algo, especificamente, às condições da vida meramente humana. Ele argumentara que os valores verdadeiros ou superiores seriam os poucos que *não* fossem dependentes do contexto ou relativos-à-necessidade. Ele equiparou o verdadeiramente valioso com aquilo que um ser perfeito sem carências e limites teria ainda razão para buscar. Mas Aristóteles aponta que a perspectiva de um ser ilimitado não é necessariamente uma perspectiva ilimitada: pois, desse ponto de vista, muitos valores não podem ser vistos. Platão sugeriu que existe no universo um ponto de vista puro e transparente, a partir do qual toda a verdade do valor no universo é evidente. Aristóteles (na *maior parte* do que escreveu sobre a virtude – ver Apêndice) replica que esse não parece ser o caso. A falta de limite é em si mesma um limite. É possível que não exista nenhuma natureza singular para a qual todo o valor genuíno se revele. Como escreveu Heráclito: "Os imortais são mortais, os mortais, imortais, vivos com respeito à morte uns dos outros, mortos com respeito à vida uns dos outros."[39] A imortalidade isola o deus da intensidade da coragem mortal, da beleza da ação justa ou generosa. Os deuses da tradição, lembramos, consideram um obstáculo a sua própria falta de limite: eles anseiam pelos amores e aspirações mais arriscados dos mortais. Ainda que não sejam capazes de assumir a perspectiva mortal ou de entender essas vidas a partir de seu interior, são atraídos à virtude do ser limitado, o vivaz e tenso esplendor da excelência humana dirigida, contra a oposição, a um difícil desígnio. Aristóteles volta a algumas das mais profundas "aparências" de sua cultura quando insiste que o bem só se faz aparente denro dos limites do que uma criatura é, e que a necessidade pode ser constitutiva da beleza[40].

12. A VULNERABILIDADE DA BOA VIDA HUMANA: BENS RELACIONAIS

Cada uma das excelências humanas precisa de recursos externos e condições necessárias. Cada uma também precisa, mais intimamente, de objetos externos que receberão a atividade excelente[1]. Generosidade envolve dar aos outros, que devem estar lá para receber; moderação envolve a relação apropriada, na ação, com objetos (comida, bebida, parceiros sexuais), que podem não estar presentes, seja em absoluto, seja da maneira apropriada. Mesmo a contemplação intelectual precisa da presença de objetos adequados ao pensamento. Mas essa condição, como Platão viu, raramente, ou jamais, deixaria de satisfazer-se em virtude de contingências circunstanciais. Pois uma coisa pode ser objeto do pensamento quer esteja ou não fisicamente presente[2]; contanto que exista um universo, haverá muitas coisas a contemplar por toda parte; e, finalmente, como Aristóteles acrescenta, o pensamento pode ser seu próprio objeto[3].

Podemos ver, pois, que muito embora todas as atividades humanas e, por conseguinte, todos os candidatos à inclusão em um plano para a boa vida humana sejam de algum modo relacionais, alguns são muito mais auto-suficientes do que outros. Aristóteles, bem como Platão, julga que a atividade contemplativa é, entre as atividades que nos são disponíveis, a mais estável e individualmente auto-suficiente (*EN* 1177a25-1177b1, 1178a23-5)[4]. Ainda que rejeite os extremos da concepção da boa condição, ele pode, assim como Platão, tentar escorar a auto-suficiência da boa vida fazendo dessas atividades mais seguras seus componentes primários ou mesmo únicos[5].

Há, contudo, outros valores humanos importantes que repousam na extremidade oposta do espectro da auto-suficiência: acima de todas, as boas atividades associadas à cidadania e ao vínculo político, e aquelas envolvidas no amor e na amizade pessoal. Pois elas exigem um contexto humano particular, e contêm em sua natureza as relações com ele, que é altamente vulnerável e pode facilmente não estar presente. O amor requer uma outra pessoa amorosa. E "a pessoa justa precisa daqueles em relação a quem e com quem agirá justamente" (1177a30-1). (O termo "aqueles" deve encerrar a relação política apropriada ao agente: eles devem ser concidadãos, não co-escravos.) Ademais, o amor e a amizade, e a parte da excelência política que é uma espécie de amizade ou de amor[6] (se não for, com efeito, a totalidade da excelência política) são em sua natureza *relações*, e não estados virtuosos (*héxeis*)-mais-atividades. As excelências centrais de caráter residem, por assim dizer, *na* pessoa; são estados *da* pessoa. A atividade no mundo é sua perfeição ou conclusão; mas, se a atividade se extingue, há ainda algo estavelmente presente ali, um núcleo subjacente de bom caráter cuja expressão natural está na atividade excelente. Esse núcleo não é invulnerável; mas é relativamente estável, mesmo na ausência de atividade. Amor e amizade, ao contrário, são por sua própria natureza relacionamentos contingentes entre elementos separados do mundo. Cada um repousa sobre outros traços da pessoa, como generosidade, justiça e amabilidade, mantendo com eles ligações complexas; mas não há nenhum traço de ser amoroso ou ser amigável que está para o amor como ser corajoso está para a ação corajosa, a saber, na qualidade de principal motor e, ausentes quaisquer impedimentos, de condição suficiente. Afirmá-lo seria, ao ver de Aristóteles, representar erroneamente a importância da mutualidade e da consciência mútua no amor humano. O amor não é simplesmente um estado amoroso de caráter acrescido de um contexto adequado para sua ativação. A natureza e a atividade específicas do objeto estão profundamente incorporadas naquilo que faz dele o que ele é. Atividade, sentimento e consciência mútuos constituem uma parte tão profunda do que são o amor e a amizade, que Aristóteles reluta em dizer que resta algo digno do nome de amor ou amizade quando as atividades compartilhadas e as formas de comunicação que os expressam são removidas. A outra pessoa entra não apenas como um objeto que recebe a boa atividade, mas como uma parte intrínseca do próprio amor. Mas, se assim é (e vamos continuar seguindo essa asserção abaixo), então os componentes da boa vida serão minimamente auto-suficientes. E serão vulneráveis de uma maneira especialmente profunda e perigosa. Pois a fortuna provinda do mundo será necessária não apenas para sua expressão adequada, mas para sua própria existência. E um revés da fortuna não impedirá simplesmente sua expressão; golpeará diretamente a sua raiz. Esse caráter especial explica por que, tanto nas obras éticas como na *Retórica*, Aristóteles, ao enumerar reveses ou eventos dignos de piedade e temor, deita ênfase particular sobre as desgraças vinculadas à *philía*.

Esses "bens relacionais" têm outra característica distintiva: parecem ser dispensáveis. Muitas das outras excelências humanas são identificadas pela concentração na esfera da atividade em que os seres humanos necessariamente e de maneira mais ou menos inevitável fazem escolhas: a atividade excelente é então definida como atividade apropriada no interior dessa esfera necessária. A moderação, por exemplo, é atividade apropriada com respeito ao prazer e à dor corporal, especialmente no que concerne a comida, bebida e sexo. A coragem é atividade apropriada com relação a situações de risco. Perguntar: "A moderação deve ser incluída na boa vida humana?" não é, não pode ser, perguntar se a esfera da escolha em que a moderação figura deve ser incluída. Tal questão só poderia significar: "O comportamento apropriado, em lugar do não-apropriado, nessa esfera deve ser cultivado?" (Poderíamos, com certeza, prosseguir a partir dessa questão e perguntar se a moderação deve ser valorizada como um fim *em si mesma*, ou apenas como um meio para outros fins.) Com a amizade, o amor e a política, nossas opções e questões são mais copiosas. Pois os seres humanos[7] aparentemente podem viver, e vivem, sem essas relações. Aristóteles reconhece como uma parte proeminente da tradição filosófica a opinião de que a busca pela auto-suficiência requer que cultivemos uma vida solitária, que não confie tampouco atribua valor a essas coisas frágeis.

Aristóteles rejeita essa opinião, argumentando que tanto as relações sociais/políticas quanto a *philía* são partes essenciais e valiosas da boa vida humana. Com efeito, ele anuncia com bastante clareza, no início da *Ética nicomaquéia*, que o tipo de auto-suficiência que caracteriza a melhor vida humana é uma auto-suficiência comunal, e não solitária. "O bem completo (*téleion*) parece ser auto-suficiente (*aútarkes*). Mas com auto-suficiente queremos dizer não uma vida para o indivíduo apenas, que leva uma vida solitária, mas para pais, bem como para filhos e esposa, e em geral *phíloi* e concidadãos, uma vez que o ser humano é por natureza político"* (1097b7-11). Essa observação obscura, que parece estipular sem argumentos que uma

---

* Traduzirei *politikón* como "político" [*political*]; mas é importante observar que aquela é tanto mais concreta quanto mais abrangente que a palavra inglesa [e portuguesa]. Mais concreta, porque se refere sobretudo à nossa aptidão ou adequação à vida em uma cidade ou *pólis* – não em outras formas ou níveis de organização política. Mais abrangente, porque compreende toda vida da *pólis*, incluindo relações sociais informais, e não se limita à esfera das leis e instituições. Nesse aspecto, "social" seria mais apropriado, mas careceria, ainda mais do que "político", do caráter concreto da palavra grega.

vida solitária é insuficiente para a *eudaimonía*, corresponde, em verdade, a uma complexa série de argumentos que defendem essa posição. Podemos com propriedade concluir nosso estudo das concepções de Aristóteles sobre "bens exteriores" examinando esses argumentos. A estratégia deles, como poderíamos esperar, é complexa. Contra o defensor da auto-suficiência solitária, Aristóteles argumenta que esses relacionamentos vulneráveis e suas atividades associadas têm tanto valor instrumental como meios necessários, quanto valor intrínseco como partes componentes da melhor vida humana. No entanto, argumenta ele, isso não coloca a melhor vida intoleravelmente à mercê da fortuna. Pois é possível realizar cada um desses valores, propriamente compreendidos, no interior de uma vida que não é intoleravelmente instável, que possui um tipo apropriadamente humano de auto-suficiência.

I

Entre os bens humanos estimados, a qualidade de membro e a boa atividade em uma comunidade política são excepcionalmente vulneráveis ao revés do acaso. Sequer é preciso mencioná-lo. As tragédias sobre as quais Aristóteles e sua platéia foram educados, e sobre as quais ele deseja educar os jovens cidadãos, centram-se em temas de derrota na guerra, escravidão e perda do exercício político e da liberdade política. Os tempos de Aristóteles eram tempos de alarmante instabilidade política. Sua própria vida foi um exemplo dessas incertezas. Forçado a deixar Atenas duas vezes sob pressão política, impedido por sua condição de residente estrangeiro de possuir propriedade ou desempenhar um papel ativo nos assuntos cívicos, políticos e religiosos, vinculado por uma relação problemática e acidentada com a corte macedônica, cuja ameaça às liberdades democráticas ele provavelmente deplorava, ele sabia muito bem que atribuir valor à cidade e ao próprio papel no interior dela era importar-se com algo altamente instável[8]. Nesses tempos incertos, outros filósofos estavam começando a insistir em um afastamento da participação ativa na política. A vida de Pírron (*c*. 365-275) – ou as histórias dessa vida – exemplificou para os céticos posteriores um estado livre de inquietação, que se obtinha através da recusa ao compromisso com as fontes da inquietação[9]. Pírron supostamente ilustrou o estado apropriado do ser humano em meio a sublevações pela alusão a um porco que se encontra no convés de um navio agitado pela tempestade: sem se importar com o bem-estar do navio e de seus passageiros, ele continuou a comer contente em seu cocho[10]. Epicuro (341-270) logo começaria a ensinar uma vida de desinteresse contemplativo, em que o filósofo mantém uma distância tanto psíquica como física do tumulto cívico. Suas estátuas, erigidas em lugares públicos, dariam ao futuro aluno a mensagem de que a dignidade e a calma divina poderiam ser dele – ou dela[11] – pelo refúgio à sociedade extrapolítica do jardim[12]. Aristóteles, conhecendo a fragilidade do político, e ciente das defesas filosóficas da boa vida solitária[13], se recusa a tomar esse caminho.

Antes de mais nada, como ele reiteradamente salienta, a qualidade de membro e a boa atividade em uma comunidade política têm um papel instrumental necessário no desenvolvimento do bom caráter em geral. A habituação, consumada tanto no seio da família como no contexto de um programa de educação pública, é o fator mais decisivo no processo de transformação da pessoa em um bom indivíduo: "Não faz pouca diferença se se cresce nesses ou naqueles hábitos de infância, mas uma diferença muito grande; ou, antes, faz toda a diferença" (*EN* 1103b23-4). O ensino e a instrução, argumenta ele na *Ética nicomaquéia* X.9, não são de nenhum proveito, a menos que a alma do ouvinte tenha sido de antemão preparada pelo bom exercício para amar as coisas certas – precisamente como a terra deve ser preparada de antemão para que possa receber a semente (1179b23-6)[14]. Mas essa preparação só pode ocorrer através de algum sistema de educação organizado; e, nesse mesmo capítulo, Aristóteles argumenta que a instrução que uma criança recebe no seio da família imediata não é suficiente. "Conseguir a correta orientação para a excelência desde a infância é difícil para alguém que não é criado sob tais leis" (1179b31-2), pois apenas as leis podem fornecer o elemento de compulsão que é necessário para conter o hedonismo natural e a falta de disciplina de um ser humano jovem (1179b34 ss.). "O comando paterno não possui nem o forçoso nem o necessário; tampouco o possui, decerto, nenhum comando provindo de uma única pessoa, a menos que essa pessoa seja um rei ou algo semelhante. Mas a lei tem um poder de compelir, sendo uma regra (*lógos*) fundada em uma espécie de sabedoria prática e compreensão" (1180a19-22).

Aristóteles apresenta mais três argumentos em favor da importância de completar a educação privada com um sistema cívico. Primeiro, somente o planejamento cívico promete a consistência e a uniformidade altamente importantes para a regulação da vida cotidiana. Enquanto cada conjunto de pais pode instilar uma concepção diferente do bem, um sistema comum assegurará que as pessoas que precisam lidar umas com as outras ao longo de toda a vida compartilharão valores e fins. "Uma vez que o fim de uma cidade é único, é óbvio que também a educação deve ser uma e a mesma para todos, e que sua direção deve ser em comum e não privada, do modo como ocorre hoje em dia, em que cada pessoa se responsabiliza privadamente por seus próprios filhos, através de uma educação privada, ensinando o que lhe parece melhor" (*Política* 1337a21-5). Em segundo lugar, um sistema público tem melhor chance de apreender *corretamente* as coisas sobre o valor humano, já que será formulado por um legislador, que é uma pessoa reflexiva de sabedoria prática e que considerou seriamente, esperemos, todas as alternativas (*EN* 1180a18-22, 29)[15]. Não se pode esperar tanto de uma mãe ou pai médio (que possui, entretanto, outras habilidades complementares, em particular o conhecimento detalhado do caráter da criança particular, o que faz de seu envolvimento pessoal uma parte igualmente necessária do processo educacional: 1180b7 ss., cf. abaixo). Finalmente, assumindo que a excelência social é uma parte valiosa da vida humana, esse fato será mais bem ensinado pela educação de um sistema comum e não privado: "Não é bom que cada cidadão se considere dependente apenas de si mesmo: todos devem acreditar-se pertencentes à cidade – pois cada um é uma parte da cidade" (*Pol.* 1337a27-9). Entre esses argumentos, o terceiro e provavelmente o primeiro dependem da prévia aceitação dos outros argumentos de Aristóteles em favor do valor humano do político: pois, se não se lhe atribuísse esse valor, poderíamos escolher uma vida em que não teríamos de lidar socialmente uns com os outros e, por conseguinte, não requisesse uma concepção uniforme do bem; e, novamente, se ele não fosse valioso, seria antes um mal do que um bem ensinar às crianças que ele é. Mas Aristóteles evidencia que nossa aceitação desse valor origina outras razões para valorizá-lo: somente ele pode promover da melhor maneira sua própria continuidade.

Valorizar um sistema público de educação é valorizar algo que é tão vulnerável como difícil de realizar. Os argumentos de Aristóteles contra o costume predominante na *Política* VIII tornam claro que qualquer coisa que se aproxima de uma prática geral adequada é rara. E mesmo que seja possível tornar-se bom em circunstâncias menos ideais, a instabilidade cultural de um tipo familiar em sua época com freqüência levará a prática abaixo do limiar da aceitabilidade. Ademais, mesmo em uma cultura boa e estável, em virtude da necessidade econômica haverá sempre aqueles que, vivendo como trabalhadores manuais, serão privados pelas exigências de seus trabalhos diários da educação, que é requisito para a plena excelência humana. "Se alguém vive a vida de um artesão ou servente contratado, não é possível praticar as coisas que pertencem à excelência" (*Pol.* 1278a20-1; cf. 1329a39-41). Mesmo a vida de um agricultor não é compatível com a plena excelência, "pois o ócio é necessário tanto para o devir da excelência como para as atividades políticas" (1329a1-2). Mas artesãos, serventes contratados e agricultores serão sempre necessários para a sobrevivência e a prosperidade. A conclusão que devemos extrair desses fatos é que mesmo em uma boa cidade a melhor vida humana não pode ser acessível a todos, uma vez que ela requer condições que não podem em tempo algum ser distribuídas a todos[16]. Aristóteles, observando esses difíceis fatos, não conclui que essas condições sociais não podem, afinal, ser condições necessárias genuínas para a excelência. Conclui, em vez disso, que, ainda que a excelência *devesse* ser disponível, como afirmara, a todos os que não são naturalmente incapazes de alcançá-la, não é assim que o mundo é para todas as pessoas. Alguma injustiça é necessária pelas exigências da própria vida social sob as condições econômicas contingentes existentes. Colocar as coisas dessa maneira é, em sua opinião, melhor do que definir o bem em termos do possível: primeiro, porque fornece um incentivo ao legislador para trabalhar contra essas limitações tanto quanto possível; segundo, porque objetivar apenas o que é, para todos, "proporcional à vida", é objetivar uma meta inferior e empobrecida.

Suponhamos agora que temos uma pessoa que foi bem educada sob boas leis. Seu caráter é bem desenvolvido, ela tem, em geral, bons vínculos. Qual a importância da participação na comunidade política para a continuação da excelência? Aqui, novamente, Aristóteles confere à *pólis* e às nossas atividades nela e para ela um papel importante. Antes de mais nada, o crescimento moral não chega a um fim abrupto quando uma pessoa jovem alcança uma certa idade cronológica, ou mesmo um certo estágio elevado de desenvolvimento. Em suas discussões tanto da política como da *philía*, Aristóteles descreve o crescimento como um processo contínuo que requer um contínuo suporte provindo do exterior. Isso é ainda mais urgentemente verdadeiro para adultos que permanecem moralmente imaturos; mas parece ser em alguma medida verdadeiro até mesmo para os melhores. "Não é provavelmente suficiente que as pessoas tenham um cultivo e uma atenção corretos quando são jovens, mas mesmo quando adultos precisam praticar essas coisas e prosseguir na formação de hábitos. E para isso precisaríamos de leis – e em geral para todo o curso da vida" (*EN* 1180a1-4). O bom caráter, uma vez bem iniciado, é algo relativamente estável; mas vimos que os reveses podem corrompê-lo. Os livros sobre *philía* o corroborarão em seu discurso sobre as mudanças de caráter, boas e más, levadas a cabo pela influência de associados.

Essas são maneiras pelas quais a atividade cívica e a presença de boas circunstâncias políticas mostram ser meios necessários para o desenvolvimento e a manutenção do bom caráter. Podemos agora acrescentar que mesmo que concedamos ao agente um caráter adulto bom e estável, condições políticas favoráveis são meios necessários para que ele *aja* bem de acordo com a excelência. Um escravo, por melhor que seja seu caráter, é privado de escolha — de algo, portanto, essencial para o bem-viver. Um escravo é um ser humano que não vive de acordo com sua própria escolha (*Pol.* 1317b3, 13; 1280a32-4). "Muito embora seja um ser humano, é de outra pessoa, não de si mesmo" (1254a14-5). Por essas razões, Aristóteles nega que os escravos possam compartilhar da *eudaimonía*, que requer que as atividades excelentes sejam escolhidas pela razão prática do próprio agente, e escolhidas pelo fim de si mesmas (1280a33)[17]. Tampouco podem compartilhar a espécie mais elevada de *philía*, que é baseada no respeito mútuo pela escolha e pelo caráter[18]. Por isso, Aristóteles argumenta que nenhuma pessoa que tenha a capacidade natural para a razão prática deve ser mantida em escravidão (1252a32, 1255a25). Embora ele reconheça que existam algumas criaturas mais ou menos humanas que podem ser denominadas "escravos naturais", e podem ser apropriadamente mantidas em escravidão porque "não têm absolutamente a faculdade deliberativa" (1260a12, 1254b20), no entanto, com efeito, ele condena como injusta a maior parte da prática real de escravidão em sua cultura, uma vez que ela de fato consistia em manter em cativeiro pessoas perfeitamente razoáveis e providas de razão que simplesmente foram por acaso capturadas na guerra*.

Até mesmo impedimentos sociais menos extremos podem diminuir a *eudaimonía*. As observações de Aristóteles sobre o trabalho manual e o ócio implicam provavelmente que um adulto bem instruído que é repentinamente lançado nessa vida monótona e degradante não apenas sofrerá um prejuízo da boa atividade (como é óbvio), mas também arriscará, com o passar do tempo, sofrer um prejuízo decisivo do próprio caráter. Durante algum tempo, essa pessoa pode "fazer o melhor com" essas condições, da maneira como sugere a *Ética nicomaquéia* I (cf. Cap. 11). Nesse caso, o prejuízo da atividade não precisa desalojar a pessoa da *eudaimonía*, levando a cabo uma "mudança decisiva de vida". Mas, se as restrições forem suficientemente severas e prolongadas, impedir-se-á a *eudaimonía*: seja somente pelo prejuízo da atividade, seja através do aviltamento da própria excelência.

Todos esses são modos pelos quais a plena participação em uma *pólis* com bom funcionamento é uma condição necessária para o desenvolvimento e o exercício das outras excelências do indivíduo. Contudo, devemos acrescentar que Aristóteles acredita que a participação política do cidadão é em si mesma um bem ou fim intrínseco, sem o qual uma vida humana, ainda que florescente com respeito a outras excelências, será incompleta. Em certa medida, vemos isso na ênfase que ele atribui à justiça e à eqüidade em sua consideração das excelências de caráter. Essas excelências têm claramente importância central; e, como com todas as excelências, suas atividades devem ser escolhidas "pelo fim de si mesmas", não de maneira meramente instrumental. A maioria dos exemplos de Aristóteles dessas atividades é de natureza política. Mas a vida privada fornece ao menos algum escopo para o exercício dessas virtudes; e podemos facilmente imaginar que um não-cidadão, por exemplo, um residente estrangeiro como o próprio Aristóteles, poderia viver uma vida humana perfeitamente plena e boa, contanto que suas escolhas privadas não fossem indevidamente restringidas. A autonomia privada e a excelência de vida do próprio Aristóteles parecem ter sido pouco prejudicadas por não poder participar como cidadão da vida pública ateniense.

Aristóteles não concorda com essa idéia. Ele aparentemente não julga necessário para a vida adulta boa e plena ter efetivamente um posto político: pois afirma na *Magna Moralia* que a pessoa boa com freqüência cederá sua oportunidade de obter um posto a outrem que pode fazer melhor uso dele (1212a34 ss.). Mas ele claramente imagina esse homem como alguém que tem uma *pretensão* ao posto: ele *cede* ativamente sua pretensão ao outro. (Seu nome está na loteria, embora possa desistir do prêmio quando seu nome é sorteado.) É evidente que Aristóteles realmente acredita que se privar da *chance* de obter um posto é uma diminuição do bem-viver. Ele fala de um estrangeiro residente (usando uma citação de Homero) como um "estrangeiro sem honra (*timé*)", alguém que perambula em sua própria terra, pela razão de que "não tem parte no posto (*timé*) político" (*Pol.* 1278a34-8)[19]. Cumpre lembrarmos nesse ponto que a *pólis* grega era tanto mais difusa como mais imediata que um regime democrático moderno. Seus valores organizavam e permeavam a totalidade da vida de seus cidadãos, inclusive sua educação moral; e seria possível afirmar-se verdadeiramente que o cidadão médio individual tinha de fato uma parte real na formação e controle desses valores. Privar-se dessa chance é, pois, não privar-se de algo periférico ao bem-viver, mas alienar-se dos fundamentos e bases para o bem-viver. E isso é, conclui Aristóteles razoavelmente, carecer de um valor intrínseco.

---

* Não é muito provável que Aristóteles *acredite* que a maioria dos escravos seja capaz de razão prática e, por conseguinte, injustamente escravizada. Ele estabelece critérios muito estritos para a manutenção de escravos, critérios que *de fato* implicam que a maior parte da prática grega seja injusta. Mas é possível que sua aplicação de seus próprios critérios seja desfigurada por preconceito e xenofobia.

Ele, então, dispõe-se a planejar uma cidade em que a cidadania será disponível a todos os que não sejam desprovidos das habilidades naturais essenciais ao bem-viver, e em que todos os cidadãos terão, como indivíduos singulares, um papel ativo na formação das instituições que os governam[20].

A defesa de Aristóteles do valor intrínseco do político também aparece em um outro contexto. Qual seja, em sua expressão da afirmação de que ser político é uma parte da natureza humana. Vale examinar essas famosas passagens, perguntando exatamente o que elas estabelecem e através de que espécie de argumento. Pois por vezes se pensou que Aristóteles se afasta do escrutínio das crenças humanas compartilhadas sobre o valor ético e fundamenta uma consideração normativa do valor ético sobre um alicerce composto por fatos científicos de valor neutro concernentes à nossa natureza como humanos[21]. Se assim fosse, seria necessária uma revisão de nossa consideração dos procedimentos éticos de Aristóteles; desse modo, vale esclarecer com precisão o modo como um apelo à nossa natureza realmente opera no contexto de um argumento ético.

A força e o objetivo dos argumentos da *Política* e da *EN* que recorrem à natureza política do ser humano são a defesa do valor intrínseco do político contra um oponente que lhe concedeu valor apenas instrumental. O oponente afirma que uma vida solitária ou apolítica é inteiramente suficiente para a *eudaimonía* humana se não se tem nenhuma *necessidade* das coisas boas que o político fornece. Aristóteles replica que o político é em si mesmo uma das coisas boas, algo sem o que a vida humana seria incompleta. A afirmação de que o político é parte de nossa *natureza* parece equivaler à afirmação de que uma vida desprovida dele carece de um bem importante, é seriamente frustrada ou incompleta. É um traço conspícuo do estilo dessas passagens o fato de recorrerem à crença compartilhada de maneira tão explícita e enfática quanto qualquer outra presente no *corpus*: "parece", "afigura-se", "dizem" são repetidamente empregados, o que lança dúvida sobre a idéia de estarmos recorrendo a um especialista neutro ou desinteressado. Em segundo lugar, os traços da crença usual a que se recorre são em larga medida éticos e avaliativos em seu conteúdo. São crenças sobre o que é valioso, o que é digno de louvor, o que é depauperado.

Duas passagens da *EN* defendem a naturalidade da associação interpessoal em oposição à afirmação de que o solitário auto-suficiente é plenamente *eudaímon*. Dessas, a primeira fala apenas da naturalidade da *philía* (1155a16-23). A segunda fala da naturalidade do *politikón*, mas no contexto da defesa da importância da *philía* pessoal. Portanto, faremos seu exame detalhado mais à frente. Mas podemos examinar agora a frase em que a afirmação política é apresentada:

> E, seguramente, é excêntrico fazer do *makários* um solitário: pois ninguém escolheria ter todas as coisas boas do mundo absolutamente sozinho. Pois o ser humano é uma criatura política e naturalmente disposta à vida em comum. (1169b16-9)

Evidentemente, Aristóteles não recorre aqui a um reino separado dos fatos naturais, mas a nossos juízos de valor mais profundos: a vida solitária é insuficiente para a *eudaimonía* porque não consideraríamos essa vida digna de escolha ou suficiente para nós. A concepção solitária da *eudaimonía* está em desacordo com as escolhas que fazemos e com as crenças que compartilhamos. Se se pretende que a *eudaimonía* inclua cada valor sem o qual se julgaria a vida incompleta, ela deve incluir o político como um fim em si mesmo. A frase sobre nossa *natureza* política nos indica, ademais, que as escolhas e interesses políticos repousam tão profundamente em nós, que são parte do que *somos*. A vida solitária não seria apenas um pouco menos perfeita; careceria também de algo tão fundamental, que dificilmente a poderíamos chamar de vida humana em qualquer sentido. O apelo à natureza sublinha, assim, a profundidade e a importância do elemento em questão. Sem ele, não somos sequer nós mesmos. Escolher uma vida sem ele é afastar-se tanto de nós mesmos que dificilmente poderíamos dizer que *nós* ainda prosseguimos em tal vida. Descobrir sobre nossa natureza parece ser exatamente o mesmo que descobrir os elementos que acreditamos ser os mais importantes e indispensáveis de nossas vidas[22].

O apelo à natureza política do ser humano na *Política* I parece dizer a mesma coisa. Novamente, a afirmação de que a *pólis* existe por natureza presta-se para defender o valor intrínseco desse componente da vida humana. Aristóteles afirma o princípio geral de que se X é parte da natureza da criatura C, então nenhuma consideração dos fins da vida de C seria completa sem a menção de X, e nenhuma consideração da espécie de auto-suficiência apropriada a C poderia omitir X (1252b31-1253a1). A tese de que o político é uma parte de nossa natureza excluiria, pois (como na *EN*), a idéia de que a vida solitária pode ser suficiente para a *eudaimonía*, contanto que essa vida não tenha outras necessidades instrumentais. Em seguida, Aristóteles aventa algumas razões para pensar que ser *politikón* é uma parte de nossa natureza:

> ... É evidente que... o ser humano é por natureza um animal político, e que a pessoa que é sem-cidade devido à natureza (*ápolis dià phýsin*) e não devido à fortuna é uma criatura ou inferior ou melhor que um ser humano: tal como a pessoa denunciada por Homero como "sem clã, sem constumes, sem coração" – pois essa pessoa é em sua natureza mesma (*háma phýsei*) desse tipo e um amante da guerra, sendo "sem par" tal como uma peça de um jogo de dados. (1253a17)

Pouco antes disso, Aristóteles fizera referência aos Ciclopes de Homero, cuja diferença específica com relação a nós se constitui somente por sua falta de interesse social e político (1252b20-4; cf. *EN* 1180a28-9). Fez com que sua platéia lembrasse, assim, da profundidade de uma tradição de pensamento sobre o ser humano, de acordo com a qual um ser antropomórfico que carecesse de interesses sociais não seria classificado como humano[23]. Em seguida ele dá um passo além, considerando o verso homérico que de fato se refere a um ser que qualquer cientista moderno classificaria, tecnicamente, como um membro da espécie *Homo sapiens* – não, pois, a uma criatura mítica como os Ciclopes – e lembra a sua platéia o modo como seu maior sábio Nestor (e seu poeta de maior autoridade, Homero) denuncia esse ser e o relega a uma posição distante de inferioridade. Se é realmente sua *natureza* ser solitário e amar a guerra pelo fim dela mesma, não apenas como meio, então, diz Aristóteles, ele está ou abaixo ou acima de nossa espécie, mas não pertence a ela. Se encontrássemos tal ser associal não por acidente ou frustração, mas em suas inclinações naturais, não o consideraríamos um de nós, não daríamos a ele o tratamento que damos a nossos semelhantes humanos. E, se tudo isso se verifica, então parece provável que agir politicamente é um fim em si mesmo para os seres humanos e um componente da *eudaimonía* humana. Privados disso, levamos uma vida que não é conveniente para nós; e somos frustrados e apartados de uma parte do que somos. Tudo isso se extrai, claramente, de crenças usuais profundas e predominantes, as crenças que são refletidas e mais bem exploradas em nossos mitos e histórias mais estimados[24].

Na *EN* V (1129b26 ss.), Aristóteles dá um passo além. Ao investigar a natureza da justiça, *dikaiosýne*, ele nos diz que em certo sentido ela é a "mais impositiva" das excelências e é o mesmo que a própria "excelência completa", na medida em que toda excelência tem um aspecto relacionado-ao-outro ou social. *Qua* relacionada ao outro, toda excelência merece o nome de justiça. Aristóteles parece assim asseverar que com interesses apenas solitários, sem a excelência que consiste em ter uma consideração apropriada pelo bem de outros, um ser humano carecerá não apenas de um importante fim humano, carecerá de todas as excelências – pois cada uma é, como ele afirma, uma coisa "em relação aos outros" (pròs héteron), bem como "em relação a si mesmo" (pròs hautón). Aristóteles emprega aqui a terminologia platônica de um modo deliberadamente antiplatônico: ali onde Platão insistira que nenhum valor verdadeiro é algo relacional (pròs héteron), Aristóteles agora insiste que toda verdadeira excelência de caráter tem uma natureza relacional: sem fazer dos interesses políticos e relacionados a outros fins em si mesmos, careceremos não somente de justiça, mas também da verdadeira coragem, da verdadeira moderação, da generosidade, grandeza de alma, convivialidade verdadeiras, e assim por diante. Pois uma criatura cuja concepção do bem último fizesse menção somente a seu próprio bem não seria capaz de possuir nenhuma dessas coisas em sentido verdadeiro (como a discussão da *Retórica* sobre confiança e excelência já havia indicado). A idéia parece ser a seguinte. A verdadeira coragem (como oposta à mera impetuosidade) requer um interesse apropriado, o que quer dizer mais do que meramente instrumental, pelo bem-estar do próprio país e dos concidadãos; a verdadeira moderação (como oposta à busca astuciosa pelo prazer) requer o respeito adequado (e ele é não-instrumental) pelas normas vigentes de interação convivial e sexual; a verdadeira generosidade, um interesse não-astucioso pelo bem do receptor; e assim por diante. Em cada caso, não se pode escolher essas atividades excelentes como fins em si mesmos (como a definição de excelência requer), sem escolher também o bem dos outros como um fim. Privados desse fim, pois, carecemos não de uma parte, mas da totalidade do nosso bem.

Assim, Aristóteles argumentou que uma investigação das "aparências" revela que a atividade social e relacionada ao outro possui valor tanto instrumental como intrínseco para os seres humanos. Ele não enxerga a evidente instabilidade e caráter de risco desses valores no mundo como uma razão para os excluir por decreto da melhor vida humana, ou para concluir, contra as evidências das crenças intuitivas e das histórias poéticas, que a pessoa que os perde não perdeu nada de muito valor. Em lugar disso, vê esses fatos sobre política e sociedade como fatos que conferem uma razão para que as pessoas competentes e sérias voltem sua atenção à legislação e ao planejamento político. Em lugar de reduzir nossas demandas sobre o mundo de maneira que sejam mais consistentemente satisfeitas, devemos, acredita ele, aumentar nossas atividades no e com relação ao mundo de maneira que ele satisfaça mais regularmente nossas elevadas demandas. Em vez de decretar de antemão que as únicas coisas importantes são aquelas que já estão sob o controle humano, procuramos aumentar nosso controle humano sobre as coisas importantes. Esse seria o modo apropriado de um ser humano buscar a auto-suficiência[25].

Devemos observar, entretanto, que o interesse de Aristóteles pela estabilidade na vida política é temperado por sua preocupação com outros valores sociais, como a autonomia da escolha individual e a vitalidade cívica. Entre as concepções disponíveis da *pólis*, ele não opta por alguma que procuraria maximizar a estabilidade e a unidade transferindo toda a incumbência das escolhas a uma única pessoa ou a um pequeno grupo. Contra os esforços platônicos de eliminar o conflito e a instabilidade através da minimização do envolvimento legislativo das vontades separadas, Aristóteles defende uma concepção da cidade como uma "pluralidade", uma associação de cidadãos "livres e iguais" que governam e são governados em turnos[26]. Ele defende essa concepção em virtude da justiça, apontando o papel fundamental desempenhado pela escolha de caráter separado e pessoal em toda boa vida humana; e também assevera que tal associação possuirá uma vitalidade e riqueza superior, uma vez que os seres humanos são mais profundamente motivados a cuidar das coisas e a preocupar-se com elas pelo pensamento de que o objeto de cuidado é, de algum modo importante, *seu* (*Pol.* 1262b22 ss., 1261b16 ss.). Finalmente, ele não instiga as cidades a cultivarem a estabilidade à custa de um compromisso com a excelência, evitando diligências nobres ou grandes projetos pelo risco que acarretam. Sua evidente admiração pelas políticas da Atenas de Péricles revela uma preferência pela diligência ambiciosa sobre a segurança conservadora. Como na esfera privada, em que ele defende a nobreza do auto-sacrifício por um fim excelente, assim também, na pública, está disposto a colocar a realização acima da segurança.

Sob um outro aspecto, a cidade de Aristóteles se recusa a eliminar o risco. Até o momento, falamos aqui de sua defesa da fragilidade dos componentes individuais da boa vida. Devemos agora acrescentar que em sua boa cidade, a possibilidade de conflito contingente de valores é preservada como uma condição da riqueza e vigor da própria vida cívica. Platão tentou eliminar o risco de conflito entre família e cidade fazendo da cidade a única família. Aristóteles defende a importância dos laços íntimos do amor familiar, como veremos de maneira breve, argumentando que os laços interpessoais em uma cidade que não tivesse essa possibilidade de conflito seriam simplesmente "aguados" (1263b15 ss.). Platão procurou eliminar, como bases de conflito, tanto a propriedade privada como a exclusividade de relações sexuais (cf. Cap. 5 § V, pp. 139-41). Aristóteles, novamente aqui, argumenta que fazer isso é privar a vida cívica de fontes de motivação e interesse que não poderiam ser encontradas de outro modo. Platão, afirma ele com sagacidade, tentou tornar a cidade uma unidade do modo como um corpo orgânico singular é uma unidade: com um bem único, uma única concepção de "si mesma", um único prazer e dor (1261a16 ss.). Aristóteles argumenta longamente que esse tipo de unidade livre de conflito não é o tipo de unidade apropriado à *pólis*, uma vez que destrói a independência pessoal, um ingrediente essencial da bondade humana social. Uma cidade é por natureza uma pluralidade de partes independentes (1261a18-22). Unificá-la da maneira platônica é eliminar as bases da justiça política e da *philía*, dois de seus bens centrais. Pois não há justiça entre os elementos de uma única totalidade orgânica. A idéia de justiça como distribuição pressupõe a independência das partes e de seus interesses (cf. *MM* 1194b5-23, *EN* 1134b1ss.). Por conseguinte, mesmo que fosse possível eliminar as bases de conflito, fazendo com que todos os cidadãos digam "meu" e "não-meu" como um único corpo, não deveríamos fazê-lo: significaria a destruição dos valores próprios à cidade (1261b25-6, 31-2, 1332a36-7).

Encontramos, pois, no pensamento de Aristóteles sobre a cidade civilizada, uma idéia com que deparamos primeiro na *Antígona*: a idéia de que o valor de certos componentes da boa vida humana é inseparável de um risco de oposição, portanto de conflito. Tê-los da maneira adequada é tê-los plurais e separados (cf. Cap. 10 §II); tê-los assim é correr o risco de disputa. Mas unificar e harmonizar, pondo fim às bases de conflito, é pôr fim também ao valor. A singularidade da simplificação de Creonte ou mesmo da síntese de Hegel – ainda que obtenha êxito – empobrece o mundo.

II

Phíloi, afirma Aristóteles, são "dos bens exteriores os maiores" (*EN* 1169b10). Ao tema da *philía* ele dedica um quinto de cada uma de suas duas grandes obras éticas – mais espaço do que é dedicado a qualquer outro tema singular[27]. Precisamos dar início ao nosso estudo desse bem externo com duas questões lingüísticas. Indicamos (cf. Cap. 11, p. 285) que não seguiremos a prática usual de traduzir *philía* como "amizade", *phílos* como "amigo". Cumpre agora apresentarmos de maneira mais completa as razões disso. A primeira razão é de amplitude: *philía* inclui muitas relações que não seriam classificadas como amizades. O amor de mãe e filho é um caso paradigmático de *philía*; todas as relações familiares estreitas, incluindo a relação de marido e mulher, são assim caracterizadas. Ademais, nossa "amizade" pode sugerir uma relação que, comparada a algumas outras relações, é fraca em termos de afeto, como na expressão "só amigos". Aristóteles lida com relações de variados graus de intimidade e profundidade; algumas delas podem ser fracas em termos de afeto. Mas *philía* inclui as mais fortes relações afetivas formadas pelos seres humanos; inclui, além disso, relações que têm um componente sexual ardente. Por ambas essas razões, a palavra inglesa *love* [amor] parece mais apropriadamente abrangente. Assim, onde traduzirmos, falaremos de amor. No entanto, devemos observar desde o início que a escolha de Aristóteles de uma palavra central revela algo sobre o que ele valoriza em relacionamentos humanos. Pois a ênfase da *philía* é menos no anseio apaixonado do que no benefício desinteressado, no compartilhar e na mutualidade; menos na loucura do que em uma espécie rara de equilíbrio e harmonia.

Há um segundo problema de tradução mais complicado. Em inglês [bem como em português], os parceiros de uma relação de amor são lingüisticamente divididos em ativo e passivo: temos "amante" ou "a pessoa que ama", e temos "o amado"[28]. O termo grego *phílos* não faz a distinção ativo/passivo. E a mutualidade será de fato uma parte importante da concepção de Aristóteles de *philía* e do *phílos*. (Nesse sentido, o termo inglês *friend* [amigo] é melhor.) Portanto, usarei com freqüência a transliteração, com o intuito de preservar a unidade dos elementos ativo e passivo.

O amor é, por sua própria natureza, uma relação com algo separado e exterior[29]. Essa exterioridade, que Aristóteles vê como essencial aos benefícios e ao valor do amor, é também, manifestamente, uma fonte de grande vulnerabilidade. E, contudo, é a essa parte da vida humana arriscada e dependente-do-externo que Aristóteles dedica a mais fundamentada atenção, mais do que a qualquer outra das excelências humanas. Ele dedica ao amor, além disso, não apenas espaço, mas enorme ênfase. Ele insiste que a *philía* é "muitíssimo necessária à vida" (*EN* 1155a4). E não apenas necessária como também intrinsecamente boa e excelente – pois "louvamos os que amam seus *phíloi*, e ter muitos *phíloi* parece ser uma das coisas intrinsecamente excelentes. Com efeito, pensamos que as mesmíssimas pessoas são boas pessoas e bons *phíloi*" (1155a28-32). Cumpre caracterizarmos a relação que é a matéria dessas asserções amplas, e então examinarmos cada uma das asserções em mais detalhes.

Nem todo caso em que uma pessoa gosta ou mesmo ama intensamente alguma coisa ou alguém é, insiste Aristóteles, um caso genuíno de *philía*. Por exemplo, o amante de vinho pode amar realmente o vinho; mas não é um *phílos* do vinho, por duas razões: "Não há o retorno do amor, não há o desejo do bem para o outro pelo fim dele mesmo. Pois é seguramente ridículo desejar o bem para o vinho – ou, se se deseja, o que se quer é que ele seja preservado para que o possa ter. Mas dizem que o *phílos* deve desejar o bem para o outro pelo fim dele mesmo" (1155b27-31). Encontramos nessa passagem duas exigências para a *philía*. A primeira é a mutualidade: *philía* é uma relação, não uma rua de mão única; seus benefícios são inseparáveis do compartilhar e do retorno do benefício e da afeição. A segunda é a independência: o objeto de *philía* deve ser visto como um ser com um bem separado, não apenas uma posse ou extensão do *phílos*; e o verdadeiro *phílos* desejará bem ao outro pelo fim desse bem separado. O *connoisseur* ama o vinho como sua própria posse, como parte de seu bem. *Phíloi*, ao contrário, devem ser separados e independentes; cumpre que sejam e vejam um ao outro como centros separados de escolha e ação. Em outro lugar, Aristóteles nos diz que por essas razões não há *philía* genuína entre senhor e escravo: o escravo é como "alguma coisa do" senhor, uma extensão do bem próprio do senhor. Ele não é considerado como uma base separada de escolha, cuja *eudaimonía* a relação deve promover como sua tarefa.

Philía requer, pois, afeição mútua; requer independência e um respeito mútuo pela independência; requer o desejo mútuo do bem para o outro pelo fim de si mesmo e, como a definição da *Retórica* nos evidencia, benefício mútuo na ação, na medida em que for possível (*Ret.* 1380b35-1381a1)[30]. Aristóteles completa seu esboço geral da *philía* acrescentando que deve haver consciência mútua desses bons sentimentos e bons desejos: *philía* deve distinguir-se do tipo de admiração mútua que poderia existir entre duas pessoas que não têm absolutamente nenhum conhecimento uma da outra[31]. Essas pessoas conhecem uma à outra, sentem emoção uma pela outra, querem bem e agem bem uma em relação à outra, e sabem que essas relações de pensamento, emoção e ação se mantêm entre elas (1155b28-1156a5).

Muitos tipos diferentes de amor satisfazem, ainda que não muito bem, essas condições[32]. Pois as pessoas envolvidas podem desejar o bem umas às outras em razão de várias especificações ou concepções diferentes umas das outras. Cada uma delas pode, por exemplo, pensar na outra simplesmente, ou primordialmente, como alguém cuja companhia é agradável ou divertida; nesse caso, não adquiririam interesses outros ou mais profundos no caráter ou aspirações umas das outras. Ou podem pensar umas nas outras como úteis para seus outros projetos (como pode ser o caso de sócios de negócios), e ainda não terem, novamente, conhecimento mútuo ou vínculo mais profundo. Tais relações não serão meramente exploradoras: pois lembramos que, se não for mútuo o desejo genuíno pelo bem da outra pessoa como fim em si mesmo, a relação não merecerá absolutamente o título de *philía**. Pode haver benefício mútuo genuinamente desinteressado em casos em que a base do vínculo é rasa e parcial. Sócios de negócios podem presentear ou entreter um ao outro; jovens amantes, conhecendo apenas o caráter aprazível um do outro, podem ainda genuinamente contribuir, sem traço de egoísmo, ao bem um do outro. Mas então, diz Aristóteles, a relação será apenas incidentalmente vinculada às finalidades e aspirações centrais de cada membro. Carecerá de profundidade, uma vez que não se dirige ao que essa outra pessoa é "em si mesma", aos objetivos, valores e características com os quais ela primordialmente se identifica. Será também instável, uma vez que a sua base é tal que a pessoa poderia facilmente deixar de ter, muito embora permanecesse em sentidos mais profundos inalterada (cf. *EN* 1157a8 ss.). Sócios de negócios com freqüência se importam um com o outro não somente como meios para o lucro; mas retire-se o contexto do lucro, e a amizade, a menos que tenha sido aprofundada em um outro tipo, vacilará. Amantes que conhecem um do outro apenas os traços superficiais do que há de aprazível serão, de maneira similar, facilmente arruinados por uma mudança na aparência ou por circunstâncias que coloquem um peso sobre o gozo.

O caso de amor central e melhor entre pessoas é o do amor baseado no caráter e na concepção do bem. Nele, cada parceiro ama o outro pelo que o outro mais profundamente é em si mesmo (*kath' hautó*), pelas disposições e padrões de pensamento e sentimento que são tão intrínsecos ao que ele é em si mesmo, que uma modificação neles suscitaria questões de identidade e permanência[33]. E, evidentemente, tal relação será mais rica em bondade se as características que são a sua base forem elas próprias boas. Tal relação, Aristóteles deixa claro, envolverá forte sentimento. Em muitos casos, também envolverá prazer e vantagem mútuos. Mas, uma vez que sua base é mais profunda do que esses traços transitórios e incidentais, po-

---

* Aqui é importante distinguir três coisas: a *base* ou *fundamento* da relação (a coisa "pela (*diá*) qual" amam); seu *objeto*; e seu *objetivo* ou *fim*. Prazer, vantagem e bom caráter são três bases diferentes ou fundamentos originais de *philía*; não são o objetivo ou fim último (intencional) da relação. Em outras palavras, as duas pessoas são amigas "por" eles ou "com base" neles, mas o objetivo que tentam alcançar na ação será ainda algum tipo de benefício mútuo. Amizades por prazer ou vantagem, embora não perfeitas, são de uma maneira importante distintas das relações exploradoras, em que as partes visam cada uma a seu próprio prazer, não em absoluto o bem do outro. O *objeto* da relação em todos os casos é a outra pessoa; mas a pessoa será concebida e conhecida de um modo limitado pela base: como alguém cuja companhia é agradável, como uma pessoa bem-posicionada para transações úteis, como uma pessoa de bom caráter. Assim, os dois tipos inferiores visam ao benefício do outro apenas sob uma descrição parca e superficial do outro.

demos esperar que seja estável, duradoura, e tenha uma conexão íntima com os planos que cada pessoa tem de viver bem.

Aristóteles descreveu e louvou, até o momento, uma relação cuja existência mesma foi posta em dúvida pelo *Banquete* de Platão. Pois ali (mais explicitamente nas falas de Sócrates, mas em certa medida também nas dos outros) sustentava-se o desejo de possuir e controlar como parte intrínseca de todo amor, tanto pessoal como filosófico. Ciúmes e o temor da perda eram, por conseguinte, endêmicos até mesmo aos melhores amores; só poderiam ser controlados se se direcionasse o amor a objetos mais estáveis e menos voluntariosos do que as pessoas. Aristóteles nos faz lembrar de que há uma espécie de amor humano que fomenta o bem individual do outro e realmente se importa com ele, que deseja o movimento contínuo independente, em lugar da imobilidade, de seu objeto. (Esse tipo de amor, ao vincular atividade e passividade, aspiração e receptividade às ações do outro, afigura-se próximo do amor descrito no *Fedro* – embora careça, como observaremos mais à frente, da ênfase desse diálogo na paixão má.) É o amor de alguém que está contente em viver em um mundo em que outros seres se movem – que deseja continuar sendo parte de um mundo assim complexo, sem controlar a totalidade, mas agindo sobre e sofrendo a ação de suas peças que se movem separadamente. Na existência dessas peças moventes exteriores, esse amor descobre muito do valor e da riqueza da vida. Não aspira a ser o único movimento que existe.

Tampouco aspira o amante aristotélico à condição de pedra, de liberdade com relação ao afeto. Ele não é erótico no sentido dado ao termo pelo *Banquete*; pois ele não deseja não desejar, e não estar no mundo dos acontecimentos. Seu desejo é permanecer movendo-se e desejando no mundo, e continuar a receber a atividade desejosa do outro. É uma relação que expressa, na estrutura de seus desejos, um amor pelo mundo da mudança e do movimento, pela própria *oréxis*, e portanto pelos elementos carentes e não auto-suficientes da nossa condição[34]. Como Aristóteles comoventemente nos faz lembrar, um *phílos* não deseja que nem ele próprio nem seu *phílos* se transforme em um deus desprovido de necessidades (1159a5 ss., 1166a19 ss.). Em primeiro lugar, se apenas um se transformasse, isso imporia uma distância demasiado grande entre eles. Em segundo lugar, e mais importante, a transformação faria do *phílos* um tipo diferente de criatura. "Se se disse bem que o *phílos* deseja ao *phílos* boas coisas pelo fim dele mesmo, ele teria que permanecer a espécie de ser que ele é; assim, é como ser humano que ele lhe desejará os maiores bens" (1159a8-12). Não assemelhar-se a um deus, ser carente, orético, é visto como parte necessária daquilo que é ser você mesmo e um *phílos*. A *philía*, ao amar a totalidade de outra pessoa pelo fim da própria pessoa, ama a humanidade e a mutabilidade tanto quanto a excelência. O *éros* platônico busca a totalidade; a *philía* abraça a metade.

O melhor *phílos* busca realmente traços de caráter passíveis de se repetir no objeto. Mas essa busca é, em diversos aspectos, diferente da busca prescrita por Diotima. Em primeiro lugar, ele procura muitos traços que não fariam parte de uma vida divina ou perfeita: sobretudo, talvez, virtudes que, como a justiça e a generosidade, são especificamente e somente humanas, e vinculam-se estreitamente à nossa condição de carência. Ele sabe que desejar anular a necessidade humana seria também desejar anular essas virtudes. Em segundo lugar, ele vê e contempla esses traços passíveis de repetição de maneira diferente: não como peças de algo homogêneo que se manifesta em muitos lugares do universo, mas como traços que formam o cerne essencial do que é essa pessoa concreta. Ele observa virtudes e aspirações porque essas são as coisas mais profundas que concorrem para fazer de um outro indivíduo o indivíduo que ele é. Ele procura não porções isoláveis de uma forma, mas a combinação de traços e aspirações que perfazem a totalidade do caráter de uma pessoa. E faz isso porque seu desejo é não ficar no superficial, mas conhecer aquela pessoa cada vez mais a fundo. Finalmente, como veremos de maneira breve, ele se importa também com feições da pessoa que não parecem ser passíveis de repetição: o prazer de compartilhar a companhia da pessoa; e, sobretudo, o caráter especial de sua história compartilhada de prazer e de atividade mútuos. Aristóteles, então, nos faz lembrar que o amor profundo, para ser profundo, deve abraçar caráter e valor; que a individualidade real de outra pessoa não é algo simplesmente inefável e indescritível; entre seus componentes mais importantes estão as excelências que podem ser compartilhadas por outros. Aristóteles salienta esses elementos compartilhados, pois, não com o intuito de passar ao largo da individualidade no amor, mas sim para oferecer uma reflexão mais rica do que vem a ser essa individualidade.

A essas exigências para o melhor tipo de amor, Aristóteles acrescenta mais uma. Para amar um ao outro da melhor maneira, da maneira mais relevante para uma boa vida humana em geral, esses *phíloi* devem "viver juntos", compartilhando atividades tanto intelectuais como sociais, compartilhando o gozo e o mútuo reconhecimento do gozo, o que advém quando passam o tempo com uma pessoa que consideram maravilhosa e encantadora. É essa, diz ele, "a coisa mais escolhida" entre *phíloi*:

> Pois o amor é um compartilhar... E o que quer que cada um deles tome como o viver, ou aquilo por cujo fim escolhem viver, nisso eles desejam viver com seu *phílos*. Essa é a razão por que alguns bebem juntos, alguns jogam dados juntos, alguns se exercitam e vão à caça juntos, ou fazem filosofia juntos – cada um passa o tempo naquilo que ama particularmente na vida. Pois querem viver com seus *phíloi*, e fazem essas coisas e compartilham-nas com aqueles com quem querem viver. (*EN* 1171b32-1172a8)

O que Aristóteles quer dizer com "viver juntos"? Pouco se escreveu sobre essa exigência, tão crucial ao nosso entendimento da vulnerabilidade desse amor. Por vezes, supõe-se que Aristóteles está falando de "amizade" tal como a conhecemos em nossa sociedade que se move tão rapidamente – em que, com freqüência, pouco se exige além de visitas, socializações e discussões regulares. Parte da razão dessa leitura reside em que os mais elevados *phíloi* de Aristóteles são, ambos, imaginados (pelo próprio Aristóteles) como dois homens, sendo que cada um tem esposa e filhos (os quais, em virtude de supostas desigualdades, não podem ser seus *phíloi* no sentido mais elevado); e cada um deles claramente *vive*, no sentido literal, *com* esses *phíloi* de ordem inferior. Contudo, devemos observar que Aristóteles fala enfaticamente dos melhores *phíloi* "passando seus dias juntos" (*synémereúein*, 1158a9, 1171a5), "atravessando o tempo juntos" (*syndiágein*, 1157b22); ele fala da importância da experiência integral do caráter e hábitos (*synétheia*) do outro, desenvolvida pela associação (*homilía*) regular e familiar. Também insiste que é o tipo de associação diária que será difícil de manter se a pessoa não for considerada aprazível e atraente (1157b22-3). Em uma passagem importante, contrasta os *phíloi* com associados mais casuais: "As que recebem um ao outro mas não vivem juntos são mais como pessoas que desejam o bem do que como *phíloi*. Pois não há nada tão característico do amor quanto o viver junto" (1157b17-9).

Esse contraste só é inteligível se entendermos que Aristóteles quer dizer com "viver juntos" algo mais do que visitas sociais regulares: se não a residência na mesma casa, então pelo menos uma associação regular, mesmo diária no trabalho e na conversação. Isso incluiria particularmente a associação na atividade política normalmente intensa da *pólis*. Se não fossem suas opiniões a respeito da inferioridade feminina, Aristóteles teria muito provavelmente preferido estender também esse compartilhar à esfera doméstica: assim, uma *philía* ainda mais perfeita seria um bom casamento, em que se poderia acomodar o pleno escopo das aspirações e interesses que compõem uma vida humana. As relações descritas por Aristóteles podem incluir ou não um envolvimento sexual. Aristóteles fala pouco sobre essa questão; e, diferentemente de Platão, ele não parece acreditar que o desejo ou a excitação sexual intensa desempenha um papel essencial nos valores e benefícios do amor. Mas ele insiste que esse amor inclui e deve incluir o prazer extraído da presença física do outro, seja qual for o modo como se aprecia ou valoriza essa presença[35]. O ideal é um compartilhar irrestrito e máximo de *todas* as atividades que as pessoas julgarem pertinentes à sua boa vida humana. Elas deveriam, pois, incluir todas as atividades de acordo com as reconhecidas excelências de caráter; e isso incluiria comer, beber e escolher prazeres sexuais do modo apropriado; a distribuição apropriada de dinheiro; dar festas (*megaloprépeia*) do modo apropriado; contar piadas (*eutrapelía*) do modo apropriado – bem como refletir, legislar e lidar com o perigo da maneira apropriada. Uma das características do pensamento de Aristóteles é ver no cotidiano e no aparentemente trivial um cenário para a expressão da excelência humana; assim, humanos que amam outros por sua excelência desejarão compartilhar mesmo no âmbito modesto e mundano. Afigura-se, pois, que a melhor maneira de viver com um *phílos* é a que permite compartilhar todas essas atividades.

Tudo isso torna amplamente evidente que o melhor tipo de amor entre pessoas é altamente vulnerável a acontecimentos do mundo. Com efeito, perguntamo-nos com que freqüência o mundo já permitiu alguma vez que uma intimidade tão completa florescesse. Vale fazer uma pausa para enumerar as fontes dessa vulnerabilidade. Primeiramente, vem a sorte de encontrar, antes de mais nada, uma pessoa amada para valorizar. Na medida em que os amores mais gratificantes ocorrem entre duas pessoas de caráter e aspirações semelhantes que também consideram um ao outro física, social e moralmente atraente e que são capazes de viver no mesmo lugar por um extenso período de tempo, essa não é uma questão menor. Aristóteles aponta calmamente que pessoas fisicamente feias terão dificuldades nesse ponto[36]. Tampouco ele pensa que bons caracteres são facilmente encontrados. "É provável", escreve ele, "que tais relacionamentos [entre duas pessoas de bom caráter] sejam raros: pois pessoas desse tipo são poucas" (1156b24-5).

Em seguida, os dois devem considerar-se capazes de confiar um no outro. Isto é, devem ser capazes de receber as expressões de amor um do outro sem suspeitas, ciúmes ou temerosa autoproteção. A suspeita de hipocrisia e falsidade arruína o amor (*Ret.* 1381b28-9); e "ninguém ama a pessoa a quem teme" (1381b33) – presumivelmente porque a *philía* requer um tipo de abertura e receptividade que é incompatível com o temor. Aristóteles reiteradamente acentua essa exigência de confiança como essencial para a verdadeira *philía*. Ele salienta que é preciso tempo e experiência por parte da outra pessoa (*EN* 1156b29, *EE* 1237b12); e também é necessária a presença de bons caracteres em ambos os lados – pois o mau caráter geralmente não inspira segurança (*MM* 1208b29). Podemos acrescentar, no espírito da discussão da *Retórica* sobre o jovem e o velho, que a *philía* parece exigir, ademais, circunstâncias de vida em geral afortunadas, o que não é universalmente disponível. Pois uma pessoa repetidamente traída ou desapontada terá medo e suspeitará de tudo. Circunstâncias pelas quais a pessoa não deve ser culpada podem, pois, inibir ou corromper a abertura de resposta que é básica para essa valiosa relação[37]. Veremos novamente no capítulo seguinte a importância desse fato como uma fonte de vulnerabilidade da *philía*.

Assim, a base do amor, e a confiança nessa base, deve permanecer constante, ou o amor será arruinado. Essa é uma esperança razoável no amor baseada no conhecimento do caráter – o que não ocorreria em um tipo mais superficial de amor. Mas mesmo o caráter adulto não é inteiramente fixo e imutável, como Aristóteles reconhece quando fala das mudanças positivas e negativas, de discórdias, disputas e repreensões – tudo isso no bojo da reflexão sobre o amor-do-caráter. Ele fala de desilusões, da dolorosa descoberta de que os dois cometeram sérios equívocos ao interpretar os motivos e intenções um do outro (1162b5 ss., 1165a36 ss.). Ele trata do perigo de que a semelhança de aspiração possa levar à competitividade e à rivalidade, corroendo a base do amor (*Ret*. 1381b15). Mesmo que tudo vá bem internamente, continua ele, duas das pessoas que amamos podem entrar em disputa *uma com a outra*, obrigando-nos a fazer escolhas dolorosas (1171a4-6). Finalmente, há limites estabelecidos pela contingência ao número de pessoas que podemos amar adequadamente e à quantidade de tempo e cuidado que podemos esbanjar com cada uma. Dada nossa finitude humana, nossa brevidade de tempo, os amores competem uns com os outros. "É óbvio que não é possível viver com um certo número de pessoas e dividir-se em partes", conclui Aristóteles com simplicidade característica (1171a2-3)[38].

É quase certo que mesmo um vínculo contínuo estável seja afetado pela fortuna de uma ou de outra maneira. Há, diz-nos ele, ausências necessárias que, de início, "extinguem não o amor *simpliciter*, mas sua atividade" (1157b10-1). Esse impedimento a uma atividade valorizada pode já reduzir a *eudaimonía*. Ademais, "se a ausência é de longa duração, ela parece levar a cabo o esquecimento do próprio amor". O amor aristotélico não é como a paixão romântica obcecada; pois se funda sobre os elementos duradouros da pessoa. Tem, contudo, um forte elemento afetivo, que é central à sua continuidade, e concentra-se no objetivo de viver e agir junto ao longo de uma história compartilhada. Por ambas as razões, diferentemente de um "amor prático" kantiano, que se funda sobre o senso de dever, pode interromper-se em virtude de afastamentos.

Mesmo que duas pessoas que amam uma à outra consigam viver toda a sua vida juntas, os prejuízos da velhice, que não podem ser evitados nem mesmo previstos com precisão, acontecendo a ambos ao mesmo tempo ou em momentos diversos, causam uma perda na sensibilidade e no gozo que pode levar à dissolução ou ao menos à diminuição do amor. Vimos em que medida a acumulação de experiências mundanas pode, em pessoas idosas, enfraquecer a confiança que constitui a base necessária da *philía*, e enfraquecer, também, as virtudes que constituem o cerne da concepção de seu objeto. Agora podemos acrescentar que, mesmo quando isso não ocorre, a idade prejudica a relação. Aristóteles insistiu em distinguir *philía* do relacionamento menos íntimo do desejo mútuo pelo bem do outro e da ajuda mútua: a primeira, por requerer que se viva junto, requer também reciprocidade no prazer. Ele agora propõe essa diferença como uma razão para acreditar que as pessoas idosas, muito embora possam ainda desejar o bem uma da outra, não tenderão a formar ou manter a relação mais estreita de amor. "Pois sua capacidade de gozo é pequena, e ninguém quer passar seus dias com alguém que é maçante ou ao lado de quem é desagradável estar" (1157b14-6). Posteriormente, ele reitera essa idéia. "Entre as pessoas idosas e as pessoas de disposição austera, o amor não acontece com freqüência, uma vez que são mal-humoradas e pouco prazer tomam na sociedade... Pois as pessoas não chegam a amar aqueles cuja companhia não apreciam...Tais pessoas podem ser bem-dispostas uma à outra, pois desejam uma à outra coisas boas e ajudam uma à outra em tempos de necessidade. Mas não tendem a amar uma à outra, uma vez que não passam seus dias juntas e não extraem prazer uma da outra" (1158a1 ss.)[39]. A insistência de Aristóteles na importância do elemento não-racional e "patológico" no amor íntimo (tanto por mantê-lo em curso como por constituir, ele mesmo, uma parte de seu valor) o leva à conclusão de que essa relação, que é da mais alta importância e valor ético, pode ser corroída por mudanças corporais que não podemos controlar. Podemos todos esperar a perda de um elevado valor, se vivermos o suficiente.

E mesmo que o amor sobreviva às mudanças da vida, sempre há a morte, que geralmente chega a alguns antes do que a outros, reduzindo a bondade da vida do sobrevivente. "Ninguém viverá inteiramente bem (ser *eudaimonikós*)", afirmara Aristóteles na *EN* I, "se for... a um tempo solitário e sem filhos; menos ainda, talvez, se tiver filhos ou *phíloi* terrivelmente maus, ou morrerem os que eram bons" (1099b2-4, cf. *Ret*. 1386a9-11). Tal perda, infere ele agora, pode ser tão profunda a ponto de fazer com que a vida não pareça mais digna de viver, ainda que se tenha todos os outros bens (1155a5-6). Um kantiano ou um platônico (do período intermediário) concordaria com isso como um fato psicológico infeliz a respeito de muitas pessoas. Aristóteles o propõe como uma reação racional e apropriada, que responde corretamente ao valor da afeição pessoal em uma boa vida humana. Consideramos uma virtude das pessoas, observa ele, se elas amam igualmente seus *phíloi* presentes e ausentes, vivos e mortos (*Ret*. 1381b24-6). A dor se torna, pois, uma parte natural da melhor vida humana[40].

Ao atribuirmos valor à *philía* em uma concepção da boa vida fazemo-nos mais vulneráveis à perda. E podemos acrescentar um outro ponto: também fazemos de nós mesmos, através de nossos vínculos, suscetíveis às perdas que não são, propriamente falando, nossas. Uma pessoa sem vínculos fortes tem somente a sua própria saúde, virtude e êxito com que se preocupar. Uma pessoa que ama outra se afligirá e se sujeitará à ansiedade pelo dobro de acontecimentos, e passará a ser duplamente suscetível à fortuna, "deleitando-se junto pelas coisas boas e afligindo-se junto pelas coisas dolorosas, por nenhuma outra razão senão por causa do próprio *phílos*" (*Ret*. 1381a4-6). "Dizer que a fortuna dos descendentes e *phíloi* não têm nenhum impacto parece ser excessiva falta de amor (*áphilon*) e contrário ao que pensamos" (*EN* 1101a22).

O platônico do período intermediário (e o kantiano moderno) poderia replicar a isso dizendo que a relação descrita e louvada por Aristóteles não pode, pois, ser uma parte central de uma vida moralmente boa, e não pode, por conseguinte, ser uma fonte de elevado valor e excelência na vida. Qualquer relação em que a resposta emocional e física figure de maneira tão proeminente, qualquer relação que atente tão completamente às características e histórias únicas de pessoas singulares, sobretudo qualquer relação na qual e em virtude da qual estamos tão inteiramente à mercê da "natureza madrasta", não pode ser o tipo de amor sobre o qual desejamos construir a boa vida humana. A distinção kantiana entre amor patológico e prático[41] tem a intenção de desenvolver uma concepção de relações pessoais em que o bem moral reinará supremo: de demonstrar a nós um amor entre pessoas que seja ainda passível de reconhecer como *amor* e, contudo, seja livre dos elementos que fazem o amor aristotélico tão frágil. Aristóteles está, claramente, ciente das tentativas de Platão e de outros de substituir o amor profundamente pessoal por uma relação governada mais pela vontade e pela razão, ou por uma busca solitária da bondade. Se não podemos esperar encontrar em seus textos respostas a todas as questões de Kant, ao menos podemos esperar dele algumas respostas às questões já suscitadas por seus próprios contemporâneos: Qual *é* o valor de uma relação estreita e íntima entre seres humanos particulares? Por que devemos cultivar essas relações e dar-lhes um lugar em nossa concepção de *eudaimonía*? Que valor humano é esse que apenas essa espécie frágil de amor pode fornecer?

Novamente, podemos dividir aqui os argumentos de Aristóteles em duas categorias: os que defendem o benefício instrumental da *philía* e os que defendem seu valor intrínseco. Tomemos primeiramente os argumentos instrumentais. Antes de mais nada, o amor pessoal estreito desempenha um papel instrumental central no desenvolvimento do bom caráter e da aspiração apropriada. Já tratamos da importância de um contexto político estimulante; mas podemos agora acrescentar que Aristóteles acredita que esse contexto é ineficaz do ponto de vista da motivação sem os laços mais estreitos de amor que vinculam os membros de uma família uns aos outros. As duas fontes mais fortes de motivação humana, afirma ele no Livro II da *Política*, em crítica a Platão, são a idéia de que alguma coisa é propriamente sua e a idéia de que é a única que você tem (1262b22 ss., cf. *EN* 1180a3 ss.). A intensidade do interesse que vincula pais e filhos no esforço da educação moral não pode simplesmente ser substituída por um sistema comunal, embora deva operar, como dissemos, no interior de tal sistema: pois é o pensamento de que é *nosso próprio* filho, não o de outra pessoa, juntamente com o pensamento de que somos únicos e insubstituíveis para essa criança e essa criança para nós, que mais incisivamente impele os pais a se empenharem e cuidarem da educação do filho, e o filho a se empenhar e cuidar dos pais[42]. O amor, ademais, facilita a difícil tarefa do educador: pois a gratidão e a afeição realçam a obrigatoriedade da ordem materna e paterna. "Assim como nas cidades os costumes e maneiras têm força, têm-na também nos lares os argumentos e hábitos maternos e paternos, e mais ainda em razão da relação aparentada e da beneficência. Pois há de antemão presente um contexto de grato amor e uma abertura natural à persuasão". (*EN* 1180b3-7). Eliminados a intimidade e o sentimento de amor, resta-nos por toda parte, conclui Aristóteles, apenas uma espécie "aguada" de interesse, sem o poder de moldar ou transformar uma alma. A intimidade da *philía* será tão dissipada em um sistema político que elimine a família nuclear, que dificilmente se perceberá seu aroma, e a mistura resultante não terá o caráter próprio desse aroma (*Pol.* 1262b15 ss.).

A *EN* X.9 acrescenta a essas considerações um outro argumento. A instrução paterna e materna tem uma capacidade superior de responder à individualidade da criança, alcançando desse modo uma "precisão" superior (1180b7 ss.): "Dessa maneira, cada uma terá maior probabilidade de receber o que é benéfico." Essa precisão se afigura inseparável não apenas da proximidade, mas também do envolvimento afetivo: pois é seguramente através do sentimento de amor que a mãe ou o pai é capaz de descobrir o que é apropriado para a criança particular, não através de um escrutínio científico desinteressado.

Essa importância do único e insubstituivelmente próximo também figura no amor adulto. Aristóteles insiste que as pessoas que amam o caráter uma da outra têm uma forte influência sobre o desenvolvimento moral uma da outra, de diversas maneiras:

> O amor de pessoas vis é nocivo: pois, sendo instáveis, compartilham atividades vis, e tornam-se más pela equiparação de uma à outra. Mas o amor de pessoas boas é bom e aumenta com sua associação. E elas parecem se tornar melhores por sua atividade e pela correção de uma à outra. Pois moldam uma sobre a outra seus gostos e valores – dos quais extraímos a expressão proverbial "a excelência leva à excelência". (*EN* 1172a8-14)

Essa densa passagem sugere pelo menos três mecanismos de influência mútua; e é importante observar que todos eles dependem do caráter afetivo da relação. O mecanismo primeiro e mais direto é o de conselho e correção. O argumento de Aristóteles aqui é que o conselho daqueles que amamos proximamente tem um poder especial para o bem ou para o mal; esse poder tem claramente um vínculo estreito com o prazer da associação, seus sentimentos compartilhados de interesse e afeição.

O segundo mecanismo é a influência niveladora ou de equiparação da atividade compartilhada: se a pessoa amada ama ou valoriza uma certa busca, estaremos inclinados a tentar passar o tempo a compartilhá-la. Isso é bom se a busca for boa, e mau se ela for má. Novamente, esse mecanismo, assim descrito, opera apenas em um amor pessoal afetuoso, não em uma relação kantiana baseada no dever: pois o mecanismo requer a proximidade única do "viver junto" e os sentimentos motivadores que lhe são associados. O argumento de Aristóteles é que das muitas buscas valiosas e não tão valiosas do mundo, com freqüência recairemos em algumas delas e lhes dedicaremos nosso tempo e interesse apenas porque uma pessoa que amamos gosta de realizá-las e se preocupa com elas. Uma vez que amamos essa pessoa e queremos compartilhar com ela seu tempo e atividade, temos uma forte motivação para cultivarmos nossos gostos e habilidades nessa direção. Assim, se fazemos boas seleções de pessoas a quem amar, nossas próprias vidas serão enriquecidas; se amamos pessoas empobrecidas, serão empobrecidas.

O terceiro e último mecanismo é o de emulação e imitação. As fortes emoções de respeito e estima que são parte da *philía* aristotélica geram um desejo de ser mais *semelhante* à outra pessoa. Esse princípio funciona de maneira poderosa na sociedade, em que modelos públicos compartilhados de excelência desempenham um importante papel motivador. Mas Aristóteles acredita claramente que a intimidade da *philía* pessoal, com seus sentimentos fortes e sua história de vida compartilhada, tem um poder motivacional pela emulação que não poderia ser substituído por um modelo social mais geral. Sua idéia é similar àquela apresentada por Fedro na primeira fala do *Banquete*, quando ele argumentou que um exército composto de pares de amantes ultrapassaria todos os outros em excelência por causa da força da emulação e aspiração que pode ser gerada pela presença de uma pessoa amada de maneira única.

Outros contextos contribuem com muitos mais argumentos em favor do valor instrumental da *philía*. Associações de *philía* pessoal, observa Aristóteles, fornecem um recurso poderoso para qualquer coisa que se deseje fazer. Um amigo amado, diferentemente de um estranho, é alguém a quem podemos recorrer em busca de ajuda na adversidade, de cuidado na velhice, de assistência em qualquer projeto (1155a9 ss.). Assim também, o compartilhar torna toda atividade valorizada mais agradável e, por conseguinte, mais contínua. Os seres humanos não são facilmente capazes de sustentar interesse e envolvimento na solidão: "com outros e para outros é mais fácil" (1170a5-7). Aristóteles parece ter em mente aqui o acréscimo de prazer e o deleitamento constante que provêm do trabalho conjunto "com outros", lado a lado; ele está pensando também na maneira como um tipo de conversação, um compartilhar das partes do trabalho, faz dele um trabalho "para outros", em que a mutualidade e o prazer da relação pessoal se inserem profundamente no próprio trabalho. O primeiro seria o tipo de encorajamento que se extrai simplesmente, digamos, de escrever filosofia no mesmo departamento de um colega filósofo que é também um amigo pessoal; o segundo seria o encorajamento mais profundo do discurso e da colaboração filosófica com tal amigo[43].

Aristóteles menciona mais um benefício do amor entre amigos, que claramente não se poderia derivar sem a proximidade do "viver junto". Qual seja, o aumento no autoconhecimento e na autopercepção que provém de ver e responder intuitivamente a uma pessoa de quem se gosta. A *Magna Moralia*, que oferece a versão mais clara dessa parte da argumentação de Aristóteles[44], afirma o seguinte:

> Ora, se alguém, olhando seu *phílos*, visse o que ele é e de que tipo de caráter, o *phílos* – se imaginarmos uma *philía* da espécie mais intensa – se lhe afiguraria como um segundo de si, como no ditado; "Esse é meu segundo Héracles." Uma vez, pois, que uma das coisas mais difíceis é, como alguns dos sábios também disseram, conhecer a si mesmo, e também uma das coisas mais apraziveis (pois conhecer a si mesmo é aprazível) – ademais, não podemos estudar a nós mesmos a partir de nós mesmos, como é claro pelas reprovações que dirigimos contra os outros sem nos darmos conta de que fazemos, nós mesmos, as mesmas coisas – e isso acontece em virtude de tendenciosidade ou paixão, que em muitos de nós obscurece a precisão dos juízos; assim, como quando nós próprios desejamos ver nosso rosto, vemo-lo olhando-nos em um espelho, assim, também, quando desejarmos conhecer a nós mesmos, havemos de nos conhecer olhando o *phílos*. Pois o *phílos*, com o dizemos, é um outro de si. Se, pois, é aprazível conhecer a si mesmo, e, se não é possível conhecer-se sem ter outra pessoa como *phílos*, a pessoa auto-suficiente precisará da *philía* para conhecer-se. (1213a10-26)

A argumentação de Aristóteles parte de um fato da psicologia humana: é difícil para cada um de nós ver nossa própria vida com clareza e sem tendenciosidade, avaliando seus padrões de ação e comprometimento. Com freqüência, falta-nos a consciência de nossas próprias falhas, porque somos cegados pela parcialidade e pelo envolvimento em nossos próprios sentimentos e interesses. É, portanto, valioso estudar o padrão do bom caráter incorporado em outra boa vida: "É mais fácil para nós olharmos para uma outra pessoa do que para nós mesmos" (*EN* 1169b33-4). Esse olhar refletido em modelos de bondade acentua o entendimento de nosso próprio caráter e de nossas próprias aspirações, melhorando a autocrítica e aguçando o juízo. Para tanto, o modelo em questão deve ser uma pessoa semelhante a nós mesmos em caráter e aspiração, alguém que possamos identificar para nós mesmos como "um outro de si", para os propósitos desse escrutínio[45].

Mas qual o significado da afirmação de Aristóteles de que esse modelo de pessoa deve ser um *phílos*? Isto é, uma pessoa a quem aquele que busca o conhecimento se vincula pela vida compartilhada, e por laços afetivos, bem como cognitivos? Para responder a essa questão, devemos nos lembrar novamente do que é o conhecimento ético aristotélico e o tipo de experiência que ele requer. Esse conhecimento, como dissemos, consiste, sobretudo, na percepção intuitiva de particulares concretos. Universais nunca são mais do que indicadores e sumários dessas percepções concretas; e "a decisão repousa na percepção". A percepção, ademais, é ao mesmo tempo cognitiva e afetiva: consiste na habilidade de selecionar os traços eticamente significativos da matéria particular que se tem em mãos; e freqüentemente esse reconhecimento é realizado por e em uma resposta emocional apropriada, tanto quanto através do juízo intelectual. Aristóteles enfatiza repetidamente que a percepção correta não pode ser aprendida por preceito, mas somente por experiência própria. Se pensarmos agora o que seria entender uma outra pessoa desse modo aristotélico, começaremos a ver que esse entendimento não poderia absolutamente ser adquirido através de uma descrição geral, pela leitura de um encômio ou retrato de caráter, tampouco, decerto, por nenhuma relação distante ou descomprometida. Requer a experiência da atividade compartilhada e o cultivo, ao longo do tempo e através da confiança que advém somente com o tempo, de uma afinidade íntima com essa pessoa em sentimento, pensamento e ação. Essa afinidade não é e não poderia ser puramente intelectual. Se imaginarmos um conhecimento unicamente intelectual de outra pessoa, vemos que não lhe seria possível encerrar tudo o que se apresenta à intimidade da *philía*. O conhecimento da *philía* é orientado pelo prazer descoberto na companhia daquela pessoa, pelos sentimentos de cuidado e ternura erigidos através da associação e sua história compartilhada. Com freqüência, o sentimento orienta a atenção e revela à visão o que sem ele teria permanecido oculto. Apenas com essa capacidade de perceber e responder às nuanças do caráter e das maneiras da outra pessoa surgirá a *visão* do caráter que está no cerne desse conhecimento. Esse é o conhecimento das pessoas exemplificado na fala de Alcibíades e louvado no *Fedro*. Afigura-se agora bastante razoável que Aristóteles insista que ele só pode existir, do modo mais perfeito, na intimidade do amor mútuo duradouro; seus benefícios não poderiam ser proporcionados por uma associação mais remota ou "diluída".

Aristóteles fala muito mais sobre o valor instrumental do que sobre o valor intrínseco do amor. Pois os argumentos instrumentais podem convencer mesmo alguém que, sem eles, estava inclinado a banir a *philía* da boa vida – ao passo que é difícil recomendar um valor intrínseco a alguém que já não responde às suas exigências. Ele afirma, simplesmente, que de fato *amamos* aqueles que amamos em razão deles mesmos, não apenas em razão de algum outro benefício para nós próprios. (Não seria *philía*, mas alguma outra coisa, se *fosse* inteiramente instrumental.) Ele diz que consideramos a *philía* não simplesmente como "muitíssimo necessária à vida" (1155a4), mas também como algo belo e valioso por si mesmo: "Não é apenas necessária, mas também excelente, pois amamos aqueles que amam seus *phíloi*, e ter muitos *phíloi* parece ser uma das coisas excelentes; e, ademais, pensamos que as mesmíssimas pessoas são boas pessoas e bons *phíloi*" (1155a29-31). De fato, "Sem *phíloi* ninguém escolheria viver, mesmo que tivesse todos os outros bens" (1155a5). A *Ética eudeméia*, de maneira semelhante, observa que: "Consideramos o *phílos* um dos maiores bens, e a falta de *philía* e a solidão algo muito terrível (*deinótaton*), porque todo o nosso curso de vida e nossa associação voluntária é com *phíloi*" (1234b32 ss.).

Mais à frente na discussão da *Ética nicomaquéia*, Aristóteles se volta explicitamente a um oponente que assevera que o valor da *philía* é meramente instrumental: a pessoa que vive bem em outros aspectos não tem necessidade de *phíloi*. Mais uma vez, a resposta de Aristóteles insiste que os benefícios da *philía* são também intrínsecos.

> Há um debate sobre se a pessoa *eudaímon* precisa ou não de *phíloi*. Pois dizem que as pessoas *makárioi* e auto-suficientes não têm necessidade de *phíloi*, uma vez que já têm todas as coisas boas. Se, pois, são auto-suficientes, não precisam de mais nada; mas o *phílos*, sendo outro de si, proporciona o que não se pode proporcionar por si só. Daí o dito, "Quando o *daímon* é propício, que necessidade há de *phíloi*?" Mas parece excêntrico propiciar ao *eudaímon* todas as coisas boas e deixar os *phíloi* de fora, eles que afiguram ser o maior de todos os bens exteriores... E por certo é excêntrico fazer da pessoa *makários* um solitário; pois ninguém escolheria ter todas as coisas boas do mundo absolutamente sozinho. Pois o ser humano é uma criatura política e naturalmente disposta a viver em conjunto. E isso se verifica também com respeito ao *eudaímon*... Por conseguinte, o *eudaímon* precisa de *phíloi*. (1169b3 ss.)[46]

Aristóteles diz que o oponente tem um argumento forte *somente* se pensarmos os *phíloi* como meros meios para outros bens solitários, e a vida solitária que tem esses bens como uma vida completa. Mas, em verdade, não pensamos assim. Pensamos que uma vida sem eles, mesmo com todos os outros bens, é tão seriamente incompleta que não é digna de ser vivida. Assim, conforme o acordo original, estabelecido no Livro I, segundo o qual a auto-suficiência da *eudaimonía* deve ser tal que a vida descrita seja por si só "digna de escolha e desprovida de qualquer carência" (1097b14-5), *phíloi* e *philía* serão *partes* da *eudaimonía* humana e componentes, não apenas instrumentos, de sua auto-suficiência.

Aqui, finalmente, temos a argumentação prometida na *EN* I, quando Aristóteles misteriosamente insistiu que a auto-suficiência que buscávamos era comunal, e não solitária, aparentemente reservando para um outro momento a exploração dessa asserção. Que espécie de argumentação é essa? Em verdade, que espécie de argumentação foi apresentada em todas essas passagens em favor do valor intrínseco da *philía*? É notável que nesse caso, assim como no caso político (e, com efeito, os dois argumentos são muito estreitamente vinculados, como a última citação demonstra), Aristóteles se refira ao longo de toda a argumentação a crenças usuais predominantes. "Pensamos", "louvamos", "ninguém escolheria" – essas expressões nos lembram que estamos lidando com o registro de *phainómena* profunda e amplamente compartilhados, não com algum tipo de argumentação "mais rígida" ou mais externa[47]. E os *phainómena* relatados não são um tipo de fato de valor neutro sobre a vida humana; não são uma argumentação demolidora contra o oponente. Pois talvez ele possa replicar demonstrando que a concepção solitária de auto-suficiência repousa em e responde a crenças até mesmo mais profundas e difundidas. Talvez ele possa mostrar, como tenta Platão, que do ponto de vista dessas outras crenças, as crenças relatadas sobre *philía* são primitivas ou equivocadas. (De fato, Aristóteles pergunta mais à frente nessa passagem sobre as origens da posição do oponente, e sobre as crenças profundas que antes de mais nada a motivaram (1169b22 ss.).) Mas a argumentação faz o oponente se lembrar da profundidade e poder das crenças que sua concepção de *eudaimonía* deixa de lado: assim, coloca sobre ele o ônus de demonstrar por que e com que finalidade se deve abandonar essas crenças.

E realiza ainda algo mais concreto. Pois, ao recorrer a uma concepção da nossa *natureza*, ele situa mais precisamente a profundidade dessas crenças. Ele as evidencia como crenças que constituem tão firmemente uma parte da concepção de nós mesmos que afetarão nossa avaliação de questões de identidade e permanência. O oponente pediu que escolhêssemos uma vida solitária; apontamos que isso vai contra nossa natureza, o que implica que nenhum ser idêntico a nós sobreviveria nessa vida. Desejar o bem para si próprio ou para outro, insistiu Aristóteles, implica desejar uma vida em que esse tipo de pessoa ainda existirá: não uma vida que, por mais admirável ou divina, não poderia ser vivida por alguém idêntico a mim (*EN* 1159a, 1166a, cf. acima, p. 305). Ao perguntar se essa vida solitária pode ser o objeto de nosso mais elevado desejo, a primeira coisa a perguntar é se ela pode absolutamente ser objeto do meu desejo. Se é minha natureza ser um ser social, o solitário feliz não será idêntico a mim; assim, desejar uma vida desprovida do valor da *philía*, é desejar não uma "salvação" protagórica da própria vida, mas uma transformação (socrática) em uma vida diferente.

Esse argumento sobre natureza ou identidade não se separa daquele sobre a dignidade ou valor intrínseco. (Nossas leituras do *Protágoras* e do *Fedro* já nos prepararam para percebê-lo.) Ele é introduzido e defendido por observações sobre o que pensamos e o que acreditamos profundamente com respeito a questões de valor. É apenas uma outra maneira de apresentar a idéia de que uma vida sem *philía* é radicalmente carente de valores humanos essenciais. Nem todas as razões para a não-sobrevivência serão razões de valor, evidentemente; mas aqui estamos estipulando que um ser que tem ao menos uma pretensão *prima facie* de ser idêntico a mim sobrevive, e estamos perguntando se a vida desse ser encerra o suficiente daquilo que considero essencial a mim para que eu *seja* realmente eu. Como no caso político, essa questão não é e não pode ser respondida por uma descoberta científica independente. É uma parte profunda do próprio debate avaliativo. Não há nenhum fato neutro com respeito à questão de saber se o pretenso sobrevivente é ou não é eu mesmo; só podemos respondê-la se nos voltarmos aos nossos compromissos e valores. O oponente poderia replicar insistindo que o *eudaímon* solitário vive uma vida plenamente humana – que eu poderia imaginar-me como eu mesmo, continuando nessa vida. Mas o que o desafio de Aristóteles requer, tanto aqui como na *Política*, é que ele passe então a descrever essa vida de uma maneira coerente e não-evasiva, mostrando-nos como ela pode satisfazer nossas demandas. Aristóteles nos lembrou, na *Política*, dos mitos e histórias que expressam nosso compromisso com a idéia de que os solitários racionais antropomórficos não são propriamente humanos; ao discutir a *philía*, ele nos lembrou como "é possível perceber também nas viagens o quão estreitamente vinculado (*oikeîon*) todo ser humano é com todos os outros, e quão estimado" (1155 a21-2), sugerindo que mesmo os estrangeiros distantes compartilham de nosso compromisso com esse valor. O oponente teria agora (como no *Protágoras*) que replicar com sua própria história, demonstrando como poderíamos, de fato, ver a nós mesmos em uma vida solitária.

Esse debate em favor de um valor intrínseco, como todo debate no interior das aparências, pode parecer acabar sem aquilo que o oponente exige. Pois é crucial à exposição de Platão do valor intrínseco que o valor centrado na espécie não seja suficiente para o valor intrínseco real. Para que uma busca tenha valor real, ela deve ser vista como tendo-o do ponto de vista de uma criatura absolutamente desprovida de necessidades. Somos verdadeiramente afortunados por sermos capazes, através de paciente trabalho, de assumir a perspectiva dessas criaturas, tornando-a nossa. Mas o fato de podermos torná-la nossa não faz parte daquilo que torna o valor valioso. *A fortiori*, o fato de que a pessoa de sabedoria prática (um ser que *não* tenha realizado esse paciente trabalho platônico, mas tenha decidido viver uma vida complexa em meio ao valor humano) não possa enxergar a si mesma em uma vida solitária não deve ser considerado contra a asserção de que essa é a melhor vida. A um tal oponente, parecerá que o debate de Aristóteles acaba antes do verdadeiro bem real, estabelecendo apenas um valor centrado na espécie através da utilização de uma medida demasiado humana. Mas o método das aparências nos lembra que uma boa parte desse discurso sobre o bem real ou verdadeiro é apenas discurso. O fato de ter esse ar de que ultrapassa o que dizemos sobre a bondade humana não garante que o faça; é possível que seja tão debilmente enraizado na experiência que estabelece os limites do discurso, que será "mero palavrório, sem nenhum entendimento de coisa alguma". O emprego de um padrão antropocêntrico de juízo e de um juiz humanamente experiente foi defendido como necessário para conferir aos resultados da investigação ética o tipo correto de conexão conosco e com nossas vidas. E, mesmo que o oponente respondesse a esse desafio geral, a discussão da bondade que relatamos nos Capítulos 10 e 11 refutou que nada há de único, O Bem Verdadeiro (ou O Valioso), em relação ao qual se possa classificar e ordenar toda a bondade e valor em todas as espécies. O bem de um deus não é homogêneo ao nosso bem, acima dele e normativo para ele; é simplesmente um tipo diferente de bem, para um ser diferente em um contexto diferente. O nosso não é inferior ou menor na mesma escala; é apenas o nosso, com um tom e uma qualidade especiais que não estariam presentes em outra parte. Amar as pessoas das maneiras e com a ênfase que fazemos afigura-se uma parte essencial desse tom e dessa qualidade.

Aristóteles defendeu, pois, a inclusão, na nossa concepção da boa vida, de uma relação que é altamente vulnerável ao revés. Contudo, ele foi algumas vezes acusado de que sua concepção do que é o amor não o torna *suficientemente* vulnerável[48]. Primeiro, que a relação descrita é estreita e insular: que, ao concentrar-se no amor de pessoas *semelhantes* em caráter, ela remove o elemento de risco e surpresa que pode ser um elevado valor em um encontro com uma outra alma. Em segundo lugar, que a ênfase de Aristóteles na estabilidade superior do amor do caráter com respeito a outras relações torna sua consideração do amor "bizarra em sua determinação de reconciliar a necessidade de amizade com o objetivo da auto-suficiência"[49]. À primeira acusação, podemos responder solicitando que o questionador considere exemplos de amor pessoal baseado em uma concepção do valor humano profundamente compartilhada, e pergunte a si mesmo se um amor como esse tenderia a ser destituído de descobertas. Poderíamos pedir-lhe que imagine o deleite e a surpresa de descobrir, em um corpo e uma alma separados dele, suas próprias aspirações: a alegria de perceber que você e essa outra pessoa habitam o mesmo mundo de valor, em um mundo mais amplo em que a maioria das pessoas são estranhas às mais elevadas esperanças umas das outras. Aristóteles insiste, plausivelmente, que é nesse amor que as melhores e mais profundas descobertas sobre si mesmo e sobre o outro podem ser feitas. Os amantes retratados no *Fedro* de Platão demonstram-nos que um tal amor não precisa ser desprovido de surpresa, paixão, exploração ou risco. Somos tentados a dizer que os benefícios muito jactantes da diversidade só podem ser benefícios reais no amor se essa diversidade estiver enraizada numa semelhança: que se aprende com, e se aprende a amar, um estrangeiro, um membro de outra raça ou sexo ou religião, uma pessoa distante em idade e temperamento, com base ao menos em algumas percepções, valores, aspirações humanas compartilhadas, e seu mútuo reconhecimento. É sobre essa base que o aprendizado pode significar alguma coisa, ser alguma coisa para nós. Do contrário, nossa curiosidade levará não à percepção amável, mas à etnografia ou à história natural.

À segunda acusação devemos conceder que Aristóteles realmente acentua a estabilidade superior de um amor baseado no caráter. E, também sob outros aspectos, ele insiste que a pessoa em busca de amor não atraia a desgraça – formando demasiadas relações estreitas, por exemplo, de modo que seja forçada a "dividir-se", ou escolhendo amar alguém extremamente distante de si em idade, de modo que a relação seja mais fustigada do que o necessário pelas mudanças do tempo. Mas não há nada muito "bizarro" nesse reconhecimento de que realmente buscamos estabilidade e constância em nossas vidas com outra pessoa, que os próprios ricos benefícios do amor exigem um tipo de confiança e uma acumulação de história compartilhada que sem elas não poderiam ser encontradas. Quando consideramos todas as exigências do viver-junto aristotélico e as exigências que isso impõe, as vulnerabilidades que cria, não podemos pensar que Aristóteles requestou a auto-suficiência a ponto de negligenciar a riqueza de valor. Com efeito, tendemos mais a nos amedrontar e alarmar pelo risco que essa pessoa corre ao valorizar um objetivo tão difícil e improvável. Quantas pessoas realmente conseguem viver assim durante toda a vida, compartilhando o profundo amor e a atividade excelente? Quantas que vivem juntas *vivem* realmente juntas, "compartilhando fala e razão"? (Pois, "é isso que significa para os seres humanos viver juntos, não apenas pastar no mesmo lugar como gado" (*EN* 1170b11-4).) É, de fato, uma extraordinária demanda a fazer ao mundo; aqueles que a fazem tendem a ser infelizes. Mas, uma vez que o objetivo do aristotélico não é tanto a felicidade no sentido do contentamento quanto a plenitude de vida e a riqueza de valor, não é solução omitir um valor em virtude da felicidade, reduzir as demandas ao mundo com o intuito de obter mais respostas aprazíveis do mundo. O aristotélico simplesmente assume o mundo e vê o que se pode fazer com ele.

Essa relexão sobre o valor do amor desenvolve muitos dos argumentos que encontramos no *Fedro* (inclusive sua conexão entre valor e identidade pessoal), no entanto, com algumas diferenças cruciais. A primeira diferença é aditiva: com sua reflexão sobre os benefícios de "viver juntos" e da motivação especial à bondade que provém da idéia de que algo é seu de maneira única, Aristóteles foi além do *Fedro* na explicação de por que um laço vitalício estreito é tão importante, por que o amor não pode ser transferido sem perda de valor a outros caracteres similares. Tanto o *Fedro* como a *EN* nos dizem que o amor tem seu mais elevado valor quando o objeto de amor é uma pessoa boa provida de caráter e aspirações similares; ambos estipulam que os dois devem, quando possível, compartilhar a atividade de toda a vida que também inclui prazer e deleite na associação. Aristóteles acrescentou agora uma consideração mais detalhada da importância dessa intimidade.

Porém, a segunda grande diferença é subtrativa. A sexualidade e a atração sexual não desempenham um papel crucial na reflexão de Aristóteles sobre o amor. Tampouco fala dos benefícios da *manía*, da transformação poderosamente erótica de pensamento e visão que desempenha um papel central na vida dos amantes do *Fedro*. Todos os elementos da alma de um amante aristotélico serão ativos e sensíveis, como sempre são na pessoa aristotélica de sabedoria prática; e Aristóteles de fato insiste que o amor requer obter prazer da presença física da outra pessoa. Mas o prazer e a compreensão especificamente eróticos dos amantes platônicos são mencionados apenas como um caso especialmente intenso e exclusivo de *philía* (1171a11); nem mesmo está claro se a referência é aprovadora[50]. O ritmo da *philía* em seus melhores ou mais elevados casos parece ser mais estável e menos violento que o do *éros* platônico; não encontramos o elemento de repentina iluminação e perigosa abertura que é central aos amantes do *Fedro*. Procurei enfatizar, como acredito apropriado, os elementos da *philía* aristotélica que fazem dela *amor*, pessoal real, algo mais vulnerável, mais enraizado no tempo e na mudança, que o "amor prático" kantiano. Contudo, esse é o momento de admitir que não encontramos aqui, ou, ao menos, que não encontramos enfatizada, a estrutura de tensão e relaxamento, desejo e repleção, que é tão importante na concepção que o *Fedro* manifesta sobre a verdadeira compreensão. Aristóteles nada afirma sobre esse tipo de *éros*; mas indica, com seu silêncio, que não o considera de central importância. Afigura-se inteiramente errado acusar Aristóteles de ter uma personalidade moral complacente, insensível aos bens que provêm do risco a eles vinculado. O que podemos dizer, pois, do fato de evitar o *éros*?

Cumpre, antes de mais nada, retomar alguns fatos históricos e culturais. Aristóteles é um homem heterossexual em uma cultura em que as mulheres são mais ou menos incultas, privadas do desenvolvimento necessário para que se tornassem parceiras valiosas em qualquer atividade compartilhada vinculada à maior parte dos grandes valores humanos. Ele é, ademais, um pensador político que impôs grande ênfase sobre a família e o ambiente doméstico como necessários ao desenvolvimento de toda excelência humana, qualquer que seja. Seria, pois, difícil para ele imaginar uma estrutura de vida que mantivesse os benefícios da família ao mesmo tempo que tornasse disponível para as mulheres uma igual medida de educação e de oportunidade de atividade excelente. Platão negara o valor ético do ambiente doméstico; estava, pois, livre para conceder às mulheres uma posição intelectual mais igual. Aristóteles tem sérios argumentos contra essa perda de intimidade; suas possibilidades são, portanto, mais restritas. Uma vez que esse é um dos grandes problemas não resolvidos do nosso próprio modo de vida, podemos talvez entender como teria sido difícil para um grego do século IV imaginar alguma maneira de contorná-lo. Mas, se as mulheres permaneciam confinadas ao âmbito doméstico, não poderiam se tornar *phíloi* no sentido mais elevado; e o homem aspirante deveria buscar um tal *phíloi* no âmbito de seu próprio sexo. Nesse ponto, se ele mesmo era inclinado à heterossexualidade, bem poderia julgar que a sexualidade e a aspiração devem vir separadas, que a aspiração deve ser buscada em um domínio diferente, no contexto de diferentes relações. Poderíamos dizer, pois, que encontramos em Aristóteles um acordo parcial profundo com o *Fedro* quanto à importância de um amor pessoal íntimo que combine forte sentimento e aspiração compartilhada, associado com um conjunto diferente de crenças sobre o lugar onde essas relações devem ser buscadas e sobre a probabilidade de essas relações serem de natureza sexual. Essas crenças refletem diferenças entre os dois filósofos quanto à experiência pessoal de sexualidade em seu cenário social, bem como diferenças na crença política normativa sobre a importância da família.

Não é essa exatamente a espécie de defesa estreita do *status quo* de que o método aristotélico das aparências foi tão freqüentemente caluniado? Somos a um só tempo tentados a dizer que a atenção paciente de Aristóteles ao real impediu o salto audaz de imaginação que seria necessário para conceber uma estrutura social em que o potencial das mulheres para a excelência pudesse ser plenamente realizado. O platonismo, por ser menos respeitoso às crenças efetivas, é mais livre para empreender tais saltos.

Argumentamos, entretanto, que é uma injustiça para com o método das aparências afirmar que ele torna impossíveis as conclusões audazes ou radicais. O Capítulo 8 sugeriu que o método pode de fato fazer uso de crenças profundas sobre a importância de escolha para criticar as instituições sociais reais com relação às mulheres. Que Aristóteles não o faça diz menos sobre as possibilidades de sua abordagem do que sobre suas próprias deficiências como coletor de aparências. E, se examinarmos o caso que temos diante de nós, veremos, acredito, que não é o método que está em falta, mas muito mais a aplicação que Aristóteles faz dele. Pois há pelo menos duas áreas relevantes para esse problema em que o escrutínio que Aristóteles faz das crenças é deploravelmente deficiente. Sua investigação do potencial das mulheres para a excelência é notavelmente rude e precipitada. Ele é capaz de ignorar o problema do desenvolvimento de suas capacidades e é capaz de negar-lhes uma parte da *philía* mais elevada como resultado de cruas asserções sobre sua incapacidade de escolha moral plena e adulta[51], que não demonstram nenhum sinal de sensibilidade ou atenção minuciosa. Se ele tivesse dedicado à psicologia das mulheres, ou mesmo à sua fisiologia (sobre a qual ele comete muitos erros jocosos e facilmente corrigíveis), uma só fração do sustentado cuidado que dedicou às vidas e corpos dos moluscos, o método teria sido mais bem satisfeito.

Em seguida, encontramos também em seus escritos uma falta quase integral de atenção às relações eróticas que Platão defendia. O erotismo da homossexualidade masculina (e feminina) é, aparentemente, de tão pequeno interesse para ele, que ele sequer julga adequado incluir essas práticas e crenças na revisão de opiniões sobre a *philía*[52]. Essa esquivança é extremamente estranha, dada a proeminência da homossexualidade em sua cultura e na tradição filosófica da escrita sobre a bondade humana. E isso não é apenas uma injustiça para com seu próprio método. É também uma falha na *philía*. Pois o amor manifesto de Aristóteles por Platão e seus anos de atividade compartilhada com ele deveriam tê-lo feito olhar para a vida de seu amigo como uma fonte de informação concernente à boa vida. Mas, se tivesse olhado, teria percebido a importância ética naquela vida da combinação de sensualidade e paixão "louca" com respeito, admiração e excelente filosofar. E, então, se não optasse ele mesmo por essa vida em virtude da consciência de sua diferença em inclinação sexual, poderia ao menos tê-la registrado entre as aparências e concedido a ela o que lhe é devido como uma maneira humana de almejar o bem.

Que nada disso aconteceu, mesmo nesse homem judicioso e honesto que tinha, em geral, idéias tão admiráveis sobre a autocorreção e o auto-exame, que dava ênfase à sensibilidade à percepção particular, mostra-nos o imenso poder da convenção sexual e do preconceito sexual na formação de uma visão de mundo. Era a única área da vida em que ele estava tão profundamente imerso que não pôde contrabalançar a tendenciosidade e o preconceito, não pôde sequer seguir seu próprio método, na direção de se tornar uma pessoa dotada de sabedoria prática. O método aristotélico não defende obstinadamente o *status quo*. Solicita o cultivo da imaginação e da sensibilidade com respeito a todas as alternativas humanas. O erro de Aristóteles ao aplicar seu próprio método nesses casos faz com que nós, como defensores do método, desejemos impor ênfase ainda maior sobre esses elementos da sabedoria prática do que o próprio Aristóteles impôs, e defender vigorosamente o papel da leitura, e da própria *philía*, no auxílio dessas percepções.

Aristóteles tentou, pois, dispondo diante de nós as nossas várias crenças, mostrar-nos que elas contêm uma concepção do bem-viver humano que o torna relativamente estável, mas ainda vulnerável, em sua busca por riqueza de valor, a muitos tipos de acidentes. Buscamos e valorizamos tanto a estabilidade como a riqueza de valor que nos expõe ao risco. Em certo sentido, valorizamos o próprio risco, como parcialmente constitutivo de algumas espécies de valor. Em nossas deliberações, devemos equilibrar essas asserções concorrentes. Esse equilíbrio jamais será uma harmonia livre de tensão. Na melhor das hipóteses, subsiste um foco carregado de tensão, uma "harmonia que se retesa para trás, como de um arco ou de uma lira" heraclitiana; e seus juízos particulares têm com freqüência o aspecto de um comprometimento incômodo. Reconhecemos a enorme perda de valor que proviria da adoção de uma concepção da boa vida centrada na condição interna; assim, decidimos ficar com a idéia mais arriscada de que a boa vida requer atividade e que mesmo a boa condição, nessa vida, não é inteiramente imune a prejuízos. Mas não queremos dizer, tampouco, que *toda* privação de atividade é uma perda de bondade; pois isso nos deixaria demasiado, intoleravelmente, expostos à perda. Encontramos, pois, um equilíbrio incômodo; e jamais é inteiramente claro que o risco não ameaça demais, ou que algum valor genuíno não nos escapa. Assim, novamente, queremos que a boa vida inclua, para a plenitude de valor, alguns componentes relacionais particularmente vulneráveis ao acaso; no entanto, por não querermos ficar insuportavelmente à mercê da fortuna, optamos por uma concepção de cada um deles que lhes assegura um grau relativamente elevado de estabilidade. Novamente (muito embora tenhamos, de fato, argumentos independentes em favor da bondade dessas concepções), nunca podemos ter certeza de que não tornamos a vida humana vulnerável demais, ou que, ao buscar a estabilidade, não omitimos alguma coisa. Aristóteles nos evidencia através dessas complexas manobras o ato delicado de equilibrar em que consiste a boa deliberação humana: delicado, e jamais concluído, se o agente estiver determinado, enquanto viver, a manter em jogo todos os valores humanos reconhecidos. Para alguns, esse retrato da deliberação parecerá mundano, confuso e deselegante. Aristóteles responderia (falando, como ficaria feliz em admitir, do ponto de vista inteiramente antropocêntrico da pessoa de sabedoria prática) que fazemos bem em não almejar uma concepção mais elegante, ou mais simples, do que a vida humana. A pessoa que eleva a simplicidade a um valor supremo se assemelha ao arquiteto que utiliza uma régua em uma coluna canelada[53]: seus cálculos não erigirão uma construção sólida, e terá deixado de fora grande parte da beleza e do valor do que há diante dele[54].

Apêndice à Parte III: Humano e divino

> Alguns filósofos (ou como os quiseres chamar) sofrem daquilo que pode ser denominado "perda de problemas". Assim, tudo lhes parece bastante simples, parece não mais existir nenhum problema profundo, o mundo se torna amplo e plano, e perde toda a profundidade, e o que eles escrevem torna-se incomensuravelmente raso e trivial...
>
> ...*quia plus loquitur inquisitio quam inventio*... (Agostinho).
>
> WITTGENSTEIN, *Zettel*, 456-7

Até este ponto, apresentamos um retrato de Aristóteles que o situa em forte contraste com os diálogos intermediários de Platão. Esse é um Aristóteles possível de encontrar ao longo de quase todo o *corpus*, falando com voz coerente e reconhecível. No entanto, salientamos ao longo deste livro a profundidade e a complexidade desses problemas éticos, a probabilidade de que todo pensador sagaz não sinta apenas sua profundidade, mas também a força de ambas as posições, platônica e aristotélica. Salientamos, além disso, o compromisso fundamental de Aristóteles de investigar as principais considerações de um problema apresentado a ele por sua tradição filosófica, avaliando-as de maneira simpática e respondendo à sua profundidade. Parece apropriado, portanto, fazer aqui uma pausa e avaliar a evidência de que o próprio Aristóteles foi atraído para o intelectualismo de Platão na ética. Não podemos de modo algum fornecer uma explicação plena de todas as passagens em questão ou tratar de todos os argumentos que foram aventados de todos os lados dessas questões. Isso por si só daria um livro. Mas seremos mais justos com nossa questão, e com Aristóteles, se delimitarmos sistematicamente as principais linhas do tema e esboçarmos uma posição com relação a ele. Trataremos primeiro de algumas evidências que se encontram fora das obras éticas, e então nos voltaremos aos problemas notórios da *EN* X.6-8.

Primeiramente, pois, há inúmeras passagens dispersas no *corpus* que, tais como *EN* X.7, não prescrevem uma vida platônica quase divina centrada no intelecto como a melhor para os seres humanos; mas uma vez que classificam as vidas disponíveis no universo em termos de valor ou bondade, situando no topo a vida divina, estão em desacordo com o antropocentrismo geral do método ético de Aristóteles (cf. Cap. 10). (1) Em *De Caelo* II.12, Aristóteles classifica as vidas do cosmos, demonstrando como a posição dos seres nessa hierarquia cósmica explica os tipos de movimentos que realizam. O melhor ser (o motor imóvel) "tem o bem sem ação"; os segundos melhores (os corpos celestes) o obtêm através de um movimento simples e único (movimento circular); e assim por diante, tornando-se o movimento mais complexo e variável quanto mais distante a criatura estiver do bem verdadeiro. (2) Em *Das partes dos animais* I.5, Aristóteles novamente admite, muito embora defendendo o estudo dos animais, que os corpos celestes são formas de vida mais elevadas ou superiores e, portanto, mais dignos do amor dos estudantes da natureza. (3) Em *EN* VI, ao falar da virtude da *sophía*, a sabedoria contemplativa, Aristóteles a classifica como mais elevada que a sabedoria prática, defendendo essa classificação através de um apelo à classificação das vidas ou dos seres: "É estranho se alguém pensar que a excelência política e a sabedoria prática são as melhores coisas, se o ser humano não é o melhor ser do universo" (1141a20-2). (Traduzo literalmente as conjunções [*if*], com o intuito de enfatizar a ambigüidade da frase. Ross traduz o segundo "se" ["*if*"] como "uma vez que" ["*since*"]: isso é possível, mas de maneira alguma necessário.) Aristóteles prossegue a ponto de contrastar desfavoravelmente a relatividade ao contexto da sabedoria prática com a falta de relatividade-ao-contexto da *sophía*. (4) Os louvores ao intelecto e sua divindade na *Metafísica* XII e em *De Anima* III.5 são seguramente parte do mesmo quadro. O tratamento do motor imóvel como objeto de amor e veneração implica seguramente um juízo comparativo sobre o valor das vidas. (Ao contrário, o uso do motor imóvel na *Física* VIII, como princípio primeiro necessário da explicação física, não parece implicar essa classificação.) (5) Na *Política* I, a descrição do "governo despótico" da alma sobre o corpo e seu "governo político e majestoso" sobre (estranhamente) a *órexis* parece compor parte do mesmo quadro platônico. Por certo, é difícil reconciliá-la com a reflexão hilomórfica sobre a alma e o corpo em *De Anima*, com a reflexão sobre *órexis* em *De Anima*, *De Motu* e *EN*, e com a reflexão da *EN* sobre a relação entre intelecto e desejo corporal.

Essas passagens (e outras afins) não implicam necessariamente uma concepção do bem *humano* incompatível com a que esboçamos, em que a atividade intelectual é um entre muitos bens intrínsecos. Pois é possível sustentar de modo consistente que há muitos bens intrínsecos sem os quais a vida é menos completa, e que, portanto, pelos critérios da *EN* I, serão partes da, e não apenas meios para, *eudaimonía*, e ao mesmo tempo sustentar que alguns desses bens são mais elevados do que outros. Essa é claramente a posição da *EN* VI, onde, em um único e mesmo capítulo, Aristóteles afirma que a *sophía* é uma *parte* da *eudaimonía* (cf. abaixo) e também que é de algum modo a melhor parte. Ela é, por assim dizer, a maior e mais brilhante jóia de uma coroa repleta de jóias valiosas, em que cada jóia tem valor intrínseco em si mesma, e a totalidade da composição (feita pela sabedoria prática) também acrescenta valor ao que é próprio de cada uma. As passagens *estão*, entretanto, claramente em desacordo com os inúmeros argumentos de todas as obras éticas, no sentido de que a ética e a política devem restringir-se à questão: "O que é o bem para um ser humano?", recusando-se a empreender uma reflexão geral sobre o bem que abranja tudo, ou produzir uma classificação universal das vidas em termos da sua bondade (cf. Cap. 10). A posição dessas passagens parece, pois, compatível com a posição do *Fedro*: a reflexão sobre a melhor vida para um ser humano dá espaço para outras áreas de valor intrínseco; e, contudo, essa vida pode ser desfavoravelmente comparada com uma outra vida exemplificada em algum lugar do universo. A mim não é inteiramente claro que essa seja uma posição coerente. Uma vez que se admite haver alguns critérios gerais independentes da espécie para classificar as vidas, então torna-se muito natural concluir que uma vida que maximize esses elementos ou atividades mais elevados será também melhor para qualquer ser que seja capaz dela. Uma vez que se permite a perspectiva externa, parece difícil ver por que ela não deveria afetar a avaliação das várias vidas acessíveis aos membros de cada espécie que possam ser avaliadas a partir dessa perspectiva.

Não é de surpreender, pois, que esse passo além em direção ao platonismo seja de fato dado por Aristóteles em outro lugar. Acredito que seja dado somente uma vez, numa passagem que não se ajusta ao seu contexto e que está em franca contradição com diversas posições e argumentos importantes da *EN* considerada como um todo. Tampouco, porém, pode ser rejeitada:

e o melhor que podemos fazer é evidenciar seus argumentos e mostrar claramente como e onde estão em contradição com a empresa geral da *EN*. Há uma ampla e proveitosa literatura sobre esse problema[1]. Portanto, delimitarei brevemente os assuntos que me parecem os mais importantes.

Assim, em *EN* X.6-8, Aristóteles defende a idéia de que a *eudaimonía* é idêntica à atividade da melhor parte de um ser humano, a saber, o intelecto teórico. Sustenta que essa atividade ultrapassa todas as outras em continuidade (1177a21-2), pureza (26), estabilidade (26), bem como auto-suficiência, no sentido de que é possível contemplar sem depender da satisfação contingente de condições externas necessárias (1177a27-1177b1). Sustenta explicitamente que a contemplação é a única atividade digna de amor ou escolha pelo fim de si mesma (1177b1-4). Uma vez que o intelecto divino é a melhor parte de nós, somos incitados a nos identificar com esse elemento e escolher para nós a vida desse único elemento. "Não devemos seguir os que nos incitam, sendo humanos, a raciocinar e escolher humanamente e, sendo mortais, de modo mortal; mas na medida em que isso é possível, devemos nos imortalizar e fazer de tudo para viver de acordo com a melhor parte de nós" (1177b31-4). Sustenta que uma vida de acordo com "o restante da excelência" é a segunda melhor. (Nenhuma dessas duas vidas, presumivelmente, é a vida defendida até esse ponto da *EN*, já que essa vida haverá de incluir componentes tanto contemplativos como não-contemplativos.)

Será óbvio para o leitor deste livro que essa passagem tem fortes afinidades com o platonismo dos diálogos intermediários, e que está estranhamente em descompasso com a concepção de valor que vínhamos encontrando nas obras éticas. Podemos agora sintetizar as razões mais importantes para julgar que existe aqui incompatibilidade, não apenas diferença de ênfase. (1) Na *EE* e na *MM*, Aristóteles argumenta explicitamente que a *eudaimonía* é um composto de diversas partes e que as atividades de acordo com as excelências de caráter são "partes" ou componentes da *eudaimonía*, juntamente com a *philía* e a atividade contemplativa. (2) Essa afirmação é sublinhada na *EN* VI (*EE* IV): *sophía* é uma "parte da excelência como um todo" e, como tal, contribui para a *eudaimonía* através de suas atividades (1144a3 ss.). O ponto aqui sublinhado é que a *sophía* não é meramente um meio produtivo para a *eudaimonía*, mas parte efetiva dela; porém Aristóteles também deixa claro que é uma parte, e não o todo. (3) Nos outros livros da *EN*, afirma-se explicitamente que as atividades de acordo com as excelências de caráter são valiosas ou dignas de escolha pelo fim de si mesmas. Com efeito, é parte da definição de atividade excelente que seja escolhida pelo fim de si mesma (1105a31-2). Sustenta-se também que a *philía* é um bem intrínseco (cf. Cap. 12). E, o que é mais surpreendente, mesmo *EN* X.6 cita a atividade de acordo com a excelência de caráter como um exemplo de algo que é bom e digno de escolha em e por si mesmo (1176b7-9). O Livro IX (cf. Cap. 12) exclui expressamente uma *eudaimonía* solitária por ser algo que carece de um importante valor intrínseco; a conclusão é que, desprovida de *philía*, ela realmente não é em absoluto *eudaimonía*, já que não é completa. O Livro I já tornara claro que a *eudaimonía* deve incluir tudo o que tem valor intrínseco (1097b14 ss.). Assim, toda evidência de que alguma outra coisa tem valor intrínseco não apenas colide diretamente com a asserção de X.7, de que apenas a contemplação o tem, colide também indiretamente com as afirmações que ali identificam *eudaimonía* exclusivamente com a contemplação. (4) Nada há no Livro I que implique que a *eudaimonía* seja uma atividade única; o critério de suficiência, como dissemos, implica que ela será um composto, a menos que haja somente uma coisa com valor intrínseco. A asserção em I.5, de que "o bem para um ser humano é a atividade da alma de acordo com a excelência, e se as excelências são mais do que uma, de acordo com a melhor e mais completa" não anula isso: pois, dado o que já se afirmou sobre a "completude", será necessária a inclusão de tudo o que tem valor intrínseco; e ela é claramente compatível com a constatação de que há muitas dessas coisas. O Livro X, ao contrário, salienta a idéia de que o que queremos é a única melhor atividade, a atividade da única melhor parte. (5) A asserção inicial do critério de auto-suficiência (*autárkeia*) no Livro I está em estranho descompasso com a afirmação de X, de que contemplação é *autarkéstaton*: pois Aristóteles afirmara ali imediatamente antes que não estamos à procura de uma auto-suficiência solitária, mas de uma vida que seja auto-suficiente em conjunto com amigos, família e comunidade (cf. Cap. 12). A vida de X.7, assim como a vida solitária atacada em IX.12, não satisfaria o critério assim exposto. (6) A leitura apropriada do argumento da "função humana" em I.5 é compatível com uma conclusão não-intelectualista. Pois o que ele afirma, se propriamente compreendido, é que a *eudaimonía* é a boa atividade *de acordo com*, *conformada pela*, obra da razão, em que os elementos compartilhados não são excluídos, mas incluídos de modo infundido e organizado pela razão prática². No restante da obra, especialmente no Livro VI, Aristóteles nos mostra como a razão prática dá forma e ordenação a uma vida que inclui elementos tanto contemplativos como éticos. (7) O Livro X defendeu a seleção da contemplação afirmando que todos nós devemos nos identificar com nosso intelecto teórico; material semelhante em IX falava, em vez disso, da razão prática (1166a16-7). (8) O Livro IX indica por duas vezes que é realmente incoerente aspirar à boa vida do deus: pois isso envolve desejar uma vida que não pode ser vivida por um ser do mesmo tipo que nós somos, portanto não por alguém idêntico a nós. A aspiração ao bem, tanto para nós quanto para outros, deve permanecer dentro dos limites de nossa identidade como espécie (1159a10-1, 1166a18-23). A insistência ao longo da *EN*, em que nossa matéria não é a boa vida *simpliciter*, mas a boa vida humana (cf. Cap. 10), propõe a mesma idéia.

A essas considerações podemos acrescentar mais uma que, no meu entender, não foi suficientemente sublinhada. Qual seja, que o texto da *EN* X parece ser estranhamente composto, o que dá origem à suspeita de que os Capítulos 6-8 não sejam originalmente partes da mesma totalidade. O Capítulo 9, que dá início à transição de Aristóteles da ética para a política através de uma discussão da educação moral, começa com uma síntese do que precedeu. Essa síntese não faz menção aos capítulos sobre a contemplação, mas fornece um resumo ordenado da *EN* até X.5, mencionando excelências, *philía* e prazer; discutidas todas essas coisas, diz o resumo, podemos pensar que finalizamos nossa tarefa; mas, em verdade, devemos prosseguir e considerar a aplicação prática do que foi feito. (A única referência possível a X.6-8 é em *toúton* "essas coisas" de 1179a33; mas seria, em verdade, uma fraca alusão ao clímax da obra como um todo.) O início de X.6 é também peculiar: "Agora que falamos sobre excelências, *philía* e prazer, resta oferecer um esboço de *eudaimonía*." Mas um "esboço" de *eudaimonía* é o que I.7 já alegou oferecer; e de acordo com as concepções de I-IX, tratamos da *eudaimonía* durante todo o texto, e com isso preenchemos o esboço discursando em detalhe sobre seus componentes.

O que devemos fazer com tudo isso? Não há nenhuma razão forte para acreditarmos que esses capítulos não foram compostos por Aristóteles — embora as questões de autenticidade sejam difíceis de resolver e não haja tampouco nenhuma razão para excluir a falsificação. O que podemos afirmar com segurança é que esses capítulos não se ajustam ao argumento da *EN*; decerto, que representam uma linha de pensamento ético contra a qual Aristóteles investe vigorosamente em outros lugares. Podemos também asseverar, quase com a mesma segurança, que eles não se ajustam bem ao seu contexto, e foram provavelmente compostos separadamente, talvez no contexto de um projeto diferente. Não podemos excluir a possibilidade de o próprio Aristóteles tê-los inserido aqui, ao preparar palestras para um curso; mas os choques são mais numerosos e estrondosos do que em outros casos paralelos, e parece ser uma explicação mais provável que tenham sido inseridos em sua posição presente por outra pessoa (um fenômeno que não é incomum no *corpus*).

No entanto, as passagens discutidas anteriormente fornecem de fato evidências, a partir de uma ampla variedade de contextos autênticos, de que alguma espécie de platonismo ético exerceu influência sobre a imaginação de Aristóteles em um ou mais períodos de sua carreira. Devemos, então, perceber o fragmento X.6-8 como uma exposição séria dos elementos de uma posição à qual Aristóteles é de certo modo profundamente atraído, embora a rejeite no grosso de sua escrita ética e política madura. Certamente, isso não é decepcionante. Aristóteles é com freqüência bastante breve e indiferente para com as posições platônicas. Afigura-se muito mais digno dele, e de seu método, que ele sentisse seriamente a força dessa posição e tentasse expor os argumentos em favor dela. Talvez possamos dizer que, como qualquer pessoa que tenha se devotado seriamente à vida acadêmica ou contemplativa, Aristóteles se pergunte se, realizadas de maneira plena e apropriada, suas demandas não sejam tais que ofusquem todas as outras buscas. Muito embora ele expresse na maior parte a concepção de uma vida complexamente dedicada à política, ao amor e à reflexão, ele sente também (seja em diferentes períodos ou em diferentes disposições em um mesmo período) que a reflexão realmente ótima não pode se situar ao lado de nenhuma outra coisa; não podemos obter uma fusão harmoniosa do humano e do divino. Por conseguinte, ele expõe a concepção platônica, sem procurar harmonizá-la com a outra concepção, colocando-as, porém, lado a lado, assim como o *Banquete* se coloca ao lado do *Fedro*. Em certo sentido, há uma decisão em favor da concepção mista; mas a outra concepção permanece, não plenamente descartada, manifestando sua pretensão de possibilidade.

Essa me parece ser uma maneira digna de um grande filósofo pensar sobre essas difíceis questões; e, portanto, digna de Aristóteles[3].

Interlúdio 2: A fortuna e as emoções trágicas

Aristóteles tem uma elevada consideração pela tragédia. Tanto na própria *Poética*, como na discussão na *Política* acerca da educação de cidadãos jovens, ele lhe confere um lugar de honra, atribuindo-lhe valor tanto motivacional como cognitivo[1]. Nossas discussões de suas concepções éticas nos puseram em contato com diversos traços de seu pensamento que ajudam a explicar isso. O antropocentrismo geral de sua ética e sua rejeição do ponto de vista platônico do "olho de deus" externo (Cap. 8) o leva a voltar-se, em vista do aperfeiçoamento moral, não a representações de seres divinos não-limitados (cf. Cap. 5), mas a casos de boa atividade *humana*. O valor que ele atribui às emoções e sentimentos, tanto como partes de um caráter virtuoso quanto como fontes de informação sobre as ações corretas (Caps. 9, 10), naturalmente o leva a ouvir de um modo diferente os textos que Platão banira em virtude de sua representação e apelo às emoções. Por conseguinte, também, uma vez que, em nossa aspiração à apreensão da verdade ética, a percepção de particulares concretos é, para Aristóteles, anterior em autoridade às regras e definições gerais que sintetizam esses particulares, já que uma consideração detalhada de um caso particular complexo tem em si mais verdade ética do que uma fórmula geral (Cap. 10), será natural para ele supor que as histórias concretas e complexas que constituem o material do drama trágico possam desempenhar um papel valioso na redefinição de nossas percepções do "material" complexo da vida humana.

De todas essas maneiras, a escrita ética de Aristóteles desenvolve mais as linhas de pensamento que levaram à (parcial) reabilitação de Platão da poesia (Cap. 7). Cada um desses pontos merece elaboração. Mas aqui, antes de concluir este livro com um retorno à tragédia, pretendo enfocar dois pontos específicos da reflexão de Aristóteles sobre a tragédia. Esses pontos podem ser esclarecidos vinculando-os às concepções sobre a importância ética da fortuna, que delimitamos nos Capítulos 11 e 12. São eles: a relação entre ação trágica e personagem trágico, e a natureza e o valor das emoções trágicas.

Podemos começar com uma famosa e controversa passagem da *Poética*, que aponta na direção das questões éticas por nós discutidas, bem como é por elas elucidada. Há diversos modos promissores de resolver esses intrincados problemas textuais; traduzo a versão que considero mais defensável, e que parece trazer à tona da maneira mais adequada a seqüência do pensamento de Aristóteles[2]:

> O elemento mais importante é a ordenação dos eventos. Pois a tragédia é uma representação não de seres humanos, mas da ação e de um curso de vida[3]. E a *eudaimonía* e o seu oposto consistem na ação, e o fim é um certo tipo de ação, não uma característica (*poiótes*). De acordo com seu caráter (*tà éthe*), as pessoas têm tais e tais características (*poioí tines*). Mas é de acordo com suas ações que vivem bem (são *eudaímones*) ou o contrário. (1450a15-20)

Aristóteles defende aqui a importância central da ação trágica, ao asseverar que uma obra que meramente dispusesse personagens de um certo tipo, sem mostrá-los em ação, seria deficiente nos valores próprios à tragédia. Defende sua asserção indicando que a ação tem uma conexão íntima com a *eudaimonía* humana, que o meramente *ser* um certo tipo de pessoa, por si só, não tem. Uma obra que simplesmente dispusesse as características dos personagens envolvidos, sem mostrá-los envolvidos em algum tipo de atividade significativa, deixaria de nos mostrar, por conseguinte, algo sobre a *eudaimonía* que nos é evidenciado nas tramas das grandes tragédias. O que é esse algo?

Enxergar o sentido dessas observações sobre *eudaimonía* numa discussão da ação trágica tem sido difícil para os intérpretes. D. W. Lucas, por exemplo, as extirpa como irrelevantes ao problema presente:

> As concepções particulares de Aristóteles sobre o fim da ação não são muito relevantes para a importância da ação no drama, mas são o tipo de coisa que um comentador pode ser tentado a explicar. O desejo de felicidade bem poderia ser a causa que levou ao desencadeamento da ação que foi o tema da peça, mas essa ação permanece na mesma medida uma ação quer se considere a felicidade que é o seu fim como uma ação ou como um estado.[4]

John Jones[5] é mais simpático às observações de Aristóteles; mas considera-as de uma maneira estranha e, em última instância, não esclarecedora. A observação indica, afirma ele, que Aristóteles, diferentemente dos pensadores modernos, tem uma preferência por personagens exuberantes e extrovertidos que só são plenamente eles mesmos quando estão *agindo*, não apenas *refletindo*. Ainda que isso estivesse correto como uma descrição das preferências éticas de Aristóteles, o que não é verdade, afigurar-se-ia duvidoso que pudesse ser esse o sentido da observação em questão. Pois aqui, o contraste de Aristóteles não é entre um tipo de caráter e outro, mas entre um estado de caráter, de qualquer espécie, e a atividade, de qualquer espécie – inclusive, presumivelmente, a atividade contemplativa. Seu argumento é que nenhum estado de caráter é por si mesmo suficiente para a *eudaimonía*.

Antes que possamos avaliar essas críticas e desenvolver nossa própria reflexão sobre a passagem, seria melhor termos claro o que Aristóteles está e o que não está dizendo. Ele não está expressando indiferença ao elemento do caráter no drama: com efeito, ele prossegue afirmando que o retrato da ação revela ao mesmo tempo o caráter (1450a21-2) – precisamente como, nas obras éticas, ele repetidamente insiste que nossas melhores evidências de caráter são as escolhas efetivas que uma pessoa faz[6]. Tampouco parece afirmar uma preferência por obras com muita ação em lugar de obras com personagens bem desenvolvidos. Ele diz que é possível haver uma tragédia sem pleno desenvolvimento de caráter; mas isso evidentemente não é o que ele mesmo prefere. O que ele realmente diz é que a trama e a ação têm importância central e que sem elas não poderia haver uma tragédia. A tragédia não pode simplesmente representar tipos de caráter, cumpre que mostre seus personagens em ação. O contraste implícito, pois, não é um contraste entre drama ativo e um drama mais reflexivo; é um contraste entre drama trágico e um outro gênero literário conhecido de Aristóteles, o retrato de personagem. *Personagens*, do pupilo de Aristóteles, Teofrasto, por exemplo, representa pessoas de um certo tipo sem mostrá-las envolvidas em ação. A *República* de Platão propõe discursos que descrevem e louvam a bondade das pessoas boas. A tragédia, ao contrário, "inclui o caráter juntamente com" a representação da ação: vemos os caracteres ao vê-los escolhendo e fazendo.

As observações de Aristóteles, argumentarei agora, não são irrelevantes nem tampouco obscuras. Como resultado de nosso trabalho nos últimos dois capítulos, estamos em posição de ver nelas um argumento sério sobre a conexão entre nossos valores éticos (nossa concepção de *eudaimonía*) e nossos valores poéticos, nossa avaliação sobre se a tragédia é ou não importante e o que a faz importante. Sua idéia, como veremos, é que o valor de uma ação trágica é um valor prático: demonstra-nos certas coisas sobre a vida humana. E será valioso aprender essas coisas apenas com respeito a uma certa concepção de *eudaimonía*, a saber, uma concepção de acordo com a qual ter um bom caráter ou estar em uma boa condição não é suficiente para a plenitude do bem-viver.

Podemos enfocar a questão assinalando que as sentenças intrincadas fazem uma asserção sobre o bem humano que foi negada por inúmeros contemporâneos de Aristóteles. No Capítulo 11, observamos a argumentação de Aristóteles contra um oponente que *realmente* sustentava que ser uma pessoa de um certo tipo (estar em uma certa boa condição) era suficiente para viver bem. A concepção correlata de Platão identificava *eudaimonía* com as atividades mais invulneráveis da alma racional. Aristóteles retorquiu a ambos esses oponentes indicando diversas maneiras pelas quais poderia incidir sobre uma pessoa boa a falta da plena *eudaimonía* em virtude de eventos que não estão sob o controle da pessoa. Primeiramente, a pessoa poderia ser impedida de agir bem – durante toda a sua vida, ou durante uma parte dela. Aristóteles demonstrava um especial interesse em reveses que levam ao impedimento de uma atividade durante parte de uma vida que anteriormente ia bem; seu exemplo central era o caso de Príamo. Nesse caso, a *eudaimonía* de uma pessoa de bom caráter é reduzida mediante a frustração da boa atividade; e Aristóteles sugere que, no caso extremo, a frustração pode até mesmo corroer ou perverter a bondade do próprio caráter. Vimos, em seguida, que sua concepção sobre o impedimento poderia ser ampliada de modo a acomodar dois outros casos dos quais a tragédia se ocupa de modo principal: denominamo-los o caso de Édipo e o caso de Agamêmnon. No caso de Édipo, o mundo cria um impedimento à atividade inocente ou justa que ele intencionalmente levou a cabo, fazendo dessa uma situação em que, sem seu conhecimento e sem nenhuma falha sua, a descrição real ou mais eticamente pertinente de sua ação faz dela uma ação horrenda, e não inocente[7]. Há, como no caso de Príamo, uma lacuna entre ser bom e viver bem. Somente aqui se acrescenta a complicação de que existe também na cena uma ação que é a expressão natural das intenções do personagem de bom caráter; e à medida que testemunhamos a lacuna, ela é uma lacuna entre o caráter assim expresso e a ação que é efetivamente realizada (sob sua descrição mais verdadeira ou mais pertinente). No caso de Agamêmnon, novamente, há uma lacuna entre o que parece ser um personagem de caráter anteriormente bom e a plenitude da boa atividade. O impedimento aqui é produzido por uma situação de conflito, que impossibilita uma resposta inocente, tornando inevitável que as escolhas que naturalmente expressam seu compromisso com a piedade ou o amor filial coincidam com atos (intencionais) de assassinato ou impiedade. O mundo faz dessa uma situação em que sobre uma pessoa que era boa, que "navegava em linha reta", incida a falta de *eudaimonía* – em verdade, nesse caso, incida a incumbência de uma má ação que julgamos horrível, ainda que ao mesmo tempo nos apiedemos. Finalmente, no Capítulo 12, vimos Aristóteles argumentar que através de importantes valores relacionais de atividade política e amor pessoal, nossa aspiração de viver bem se torna especialmente vulnerável a acontecimentos não controlados. Pois nesses casos, o mundo não proporciona ao agente simplesmente os meios instrumentais para uma atividade que pode ser identificada e especificada à parte do externo; proporciona uma parte constituinte da própria atividade boa. Não há ação amorosa sem alguém para recebê-la e retribuí-la; não há como ser um bom cidadão sem uma cidade que aceite sua pretensão de ser membro. Nesses casos, *héxis* e *práxis*, caráter e atividade, estão ligadas tão intimamente que sequer seria possível representar estados de caráter apropriados sem representar a ação e a comunicação – e, portanto, a vulnerabilidade. Isso significa que a interferência do mundo não deixa seguramente intacto nenhum núcleo auto-suficiente da pessoa. Ela atinge diretamente a raiz da própria bondade.

A observação da *Poética* é, pois, um sumário de algumas importantes concepções éticas aristotélicas sobre os modos como a bondade de caráter ou alma pode mostrar-se insuficiente para a plena *eudaimonía*. O que podemos perceber agora é que essas concepções são, com efeito, altamente relevantes à valoração da tragédia e da ação trágica. Consideremos o oponente de Aristóteles da boa condição. Essa pessoa afirma que a *ação*, dependente como é para a sua realização de acontecimentos do mundo, é estritamente irrelevante para a *eudaimonía* do agente – por conseguinte, presumivelmente, para todas as questões sérias sobre louvor e culpa, sobre quão valiosa é a vida que ele está levando. Um pensador como esse teria que dizer que, se almejamos textos que nos mostrem o que é supremamente valioso na vida humana (e toda a teoria literária antiga supõe que é isso que estamos procurando quando nos voltamos à tragédia), tais textos não precisarão explicitar seus bons caracteres envolvidos em nenhuma ação efetiva. Precisarão apenas explicitá-los como sendo de um certo tipo. Explicitar isso é explicitar tudo o que há de importância prática séria. E os textos que indicassem haver qualquer outra coisa importante seriam enganosos.

Consideremos, agora, o oponente primordial de Aristóteles na *Poética*, Platão. A defesa nos diálogos intermediários de Platão de um certo tipo de auto-suficiência racional vincula-se intimamente com seu repúdio da ação poética como fonte de compreensão prática, com sua restrição da tarefa poética à construção de louvores à bondade de caráter das pessoas boas. Pois, se a boa pessoa é, como insiste a *República* III (388), inteiramente auto-suficiente[8], isto é, desprovida de toda necessidade que provenha de fora para completar o valor e a bondade de sua vida (cf. Cap. 7 §IV, Cap. 5 §IV), então, antes de mais nada, a ação trágica se torna *irrelevante* à nossa busca pelo bem-viver humano. Se a bondade interna de caráter ou alma, ou a realização das atividades contemplativas inteiramente auto-suficientes, é suficiente para a plena bondade da vida, então um louvor dessa bondade, dessas atividades, mostrará à platéia tudo o que há de eticamente importante em uma pessoa boa*. E, em segundo lugar, muitos dos padrões mais comuns de ação trágica serão eticamente inadequados e corruptores: pois essas tramas, ao disporem suas figuras heróicas, atribuem a eventos do acaso, por exemplo, a morte de uma pessoa amada ou um revés da fortuna, uma importância em face da *eudaimonía* humana que eles, de fato, não possuem. Platão nos declara em termos nada incertos que os poetas "falam equivocadamente sobre os seres humanos em questões da maior importância" quando mostram as vidas de pessoas boas e justas sendo seriamente afetadas por circunstâncias adversas (*República* 392A-B). Os poetas deveriam ser proibidos de dizer esse tipo de coisa e obrigados a dizer o contrário.

As grandes tramas trágicas exploram a lacuna entre nossa bondade e nosso bem-viver, entre o que somos (nosso caráter, intenções, aspirações, valores) e quão humanamente bem conseguimos viver. Mostram reveses ocorrendo a pessoas de bom caráter, mas não divinas ou invulneráveis, e exploram os inúmeros aspectos sob os quais é insuficiente, para a *eudaimonía*, ser de certo caráter humano bom. (No caso extremo, alguns desses aspectos podem incluir prejuízos ou corrupção ao próprio caráter originalmente bom. Em tais casos, entretanto, é importante que a mudança provenha não de deliberada perversidade, mas da pressão de circunstâncias externas sobre as quais não se tem controle. Assim, o prejuízo exporá ainda a lacuna entre ser bom em intenções e valores deliberadamente formados, e conseguir viver uma vida plena-

---

* Para trazer à tona o contraste com Platão (diferentemente do oponente da boa condição), precisamos de fato supor que a demanda de Aristóteles por uma *ação* no drama não seria satisfeita pela realização das atividades teóricas mais auto-suficientes, tais como a contemplação das verdades da matemática – exceto, talvez, na medida que elas interajam (como fazem para Aristóteles) com condições mundanas contingentes. Até esse ponto, Jones tem um argumento; mas os agentes voltados para dentro de si mesmos e reflexivos não são de maneira alguma excluídos. E não conheço nenhum drama que represente *simplesmente* o raciocínio matemático como sua ação central.

mente boa.) Se pensarmos que não existe tal lacuna ou que ela é trivial, naturalmente julgaremos que a tragédia ou bem é falsa, ou trivial; e não almejaremos conferir-lhe um lugar de honra em um sistema de educação pública. A crença de Aristóteles em que a lacuna é tão real quanto importante lança luz sobre sua asserção antiplatônica de que a ação trágica é importante, bem como uma fonte de genuíno aprendizado.

Há muitas áreas em que poderíamos utilizar essas intuições para impelir adiante a interpretação da *Poética*. Elas podem fornecer a base para uma reflexão eticamente mais sensível das noções de Aristóteles de *peripéteia* e *anagnórisis*, revés e reconhecimento, ao demonstrarnos por que essas noções são de tão central importância na apreciação de Aristóteles das tragédias, e ajudar-nos a classificar as diferentes variedades de revés de um modo eticamente perspícuo. Podem também ser utilizadas para ampliar nosso entendimento da *hamartía* trágica, ou o ato de comenter um erro. Pois apesar das milhares de páginas escritas sobre essa noção, precisamos ainda de uma explicação que responda plenamente aos modos como, para Aristóteles, o erro prático pode vir de outras causas que não o vício de caráter e ser ainda relevante para o valor de uma vida. A tragédia trata de pessoas boas que chegam à dor "não por defeito de caráter e perversidade, mas por alguma *hamartía*" (1453a9-10). *Hamartía* e *hamártema** são incisivamente distinguidas de falha ou defeito de caráter, tanto aqui como em outras partes (*EN* v.8, 1137b11 ss., cf. *Ret.* 1374b6 ss.). São também distinguidas de *atýkhema*, ou o infortúnio que tem uma origem puramente arbitrária e externa. (Um exemplo provável desse último é o caso apresentado por Aristóteles em que alguém é morto por uma estátua que lhe cai por acaso sobre a cabeça.) Chegar à dor pela *hamartía* é, pois, incidir, na ação, em alguma espécie de erro que seja inteligível sob o aspecto causal, não simplesmente fortuito, realizado, em algum sentido, por si mesmo; e, contudo, não como produto de uma arraigada disposição deficiente de caráter. Uma investigação posterior indica que *hamartía* pode incluir atos de culpáveis e não-culpáveis de cometer um erro: a ignorância inocente de Édipo, o ato intencional, mas altamente coagido, de Agamêmnon, os desvios passionais de pessoas akrásticas inspiradas por *éros* ou pela fúria a agir contra o caráter estabelecido. Pode até mesmo incluir, presumivelmente, os erros mais deliberados que resultam de um afastamento momentâneo ou temporário do caráter – por exemplo, as simplificações de Creonte (que posteriormente se arrepende de seus equívocos, evidenciando que eles não expressavam realmente seu arraigado caráter essencial – cf. abaixo, pp. 339-40), as mentiras de Neoptólemo (que afirma explicitamente que se afastou de sua permanente *phýsis* ou caráter). Em suma, a noção de *hamartía* abrange uma variedade de maneiras como as coisas saem errado sem que resultem de uma maldade arraigada; e, assim, é um conceito bem adequado ao discurso sobre a lacuna entre ser bom e viver bem. Pois o que percebemos em cada um desses casos em que um bom caráter não é efetivo na ação é um elemento de constrangimento ou *týkhetýkhe*: circunstancial em alguns casos; operando através do sistema de crenças do agente em outros; em outros, ainda, através da *týkhetýkhe* interior das paixões sem controle. Seguir essas indicações em mais detalhes, com referências a todos os textos relevantes, seria uma importante tarefa de elucidação[9].

Mas neste momento, em lugar disso, pretendo seguir em detalhes a ligação entre as concepções éticas de Aristóteles sobre a lacuna e suas concepções do papel das duas emoções trágicas, piedade e temor. Aristóteles, assim como Platão, acredita que as emoções são individualizadas

---

* As tentativas de encontrar uma distinção sistemática significativa entre essas duas palavras não obtiveram êxito. A analogia, se é que ela existe com *phantasía/phantasma* indica que *harmatía* seria a atividade, o ato de cometer um erro, e *hamartéma*, o erro que é cometido. Mas o par semelhante *atykhía/atykhéma* não parece encerrar uma distinção sistemática.

não simplesmente pelo modo como são sentidas, mas, o que é mais importante, pelos tipos de juízos ou crenças que são internas a cada uma delas[10]. Uma emoção aristotélica típica é definida como a combinação de um sentimento de prazer ou dor com um tipo particular de crença sobre o mundo. A fúria, por exemplo, é a combinação de um sentimento doloroso com a crença de ter sofrido uma injustiça[11]. O sentimento e a crença não estão apenas incidentalmente ligados: a crença é o fundamento do sentimento. Se o agente a descobrisse falsa, o sentimento não persistiria; ou, se persistisse, não seria mais como um componente daquela emoção. Se descubro que um menosprezo imaginado em verdade não ocorreu, posso esperar que meus dolorosos sentimentos de fúria se desvaneçam; se permanecer alguma irritação, hei de considerá-la como *irritação* ou como um resíduo de excitação irracional, não como *fúria*. É parte dessa mesma concepção a idéia de que as emoções devem ser avaliadas como racionais ou irracionais, "verdadeiras" ou "falsas", dependendo da natureza das crenças que as fundamentam. Se minha fúria se baseia numa crença falsa, adotada com precipitação, de que cometeram uma injustiça contra mim, ela pode ser criticada tanto como irracional quanto como "falsa"[12]. O que agora pretendo fazer é provar que a estrutura de crença interna, tanto a da piedade quanto a do temor, depende inexoravelmente de certas concepções sobre a importância da fortuna na vida humana que seriam aceitas por Aristóteles e pela maioria das pessoas comuns, mas rejeitadas por seus adversários filosóficos, inclusive por Platão.

A piedade, afirma-nos Aristóteles na *Retórica*, é uma emoção dolorosa direcionada à dor ou sofrimento de uma outra pessoa (1385b13 ss.). Ela requer, pois, a crença de que a outra pessoa está realmente sofrendo e, além disso, que esse sofrimento não é trivial, mas algo de importância real. (Ele acentua que deve ter "dimensão" (*mégethos*, 1386a6-7).) Em seguida, ele divide esses sofrimentos em dois grupos: coisas dolorosas e injuriosas, e prejuízos substanciais causados pela fortuna. Exemplos representativos do primeiro incluem: morte, ofensa corporal, maus-tratos corporais, idade avançada, enfermidade, falta de comida. Exemplos do segundo incluem: falta de *phíloi*; ter poucos *phíloi*; estar separado de seus *phíloi*; fealdade, fraqueza, ser aleijado, ver desapontadas suas boas expectativas, ver as coisas boas chegarem demasiado tarde, não acontecer-lhe coisas boas ou, quando acontecerem, ser incapaz de desfrutá-las (1386a7-13). Não é inteiramente clara a razão da divisão em dois grupos, uma vez que os primeiros são causados pela *týkhe* na mesma medida em que o são os segundos, e os segundos encerram exemplos de lesão física que parecem pertencer aos primeiros. Provavelmente, ela não tem a intenção de constituir uma distinção teórica importante. De qualquer modo, ambos os grupos recaem na noção abrangente de ofensas causadas pela fortuna com as quais estamos até o presente momento trabalhando neste livro – muito embora o segundo grupo contenha os exemplos que nos têm sido de maior interesse. Na *EN*, exemplos extraídos de ambos os grupos foram trazidos em conjunto à discussão da *týkhe* e dos bens exteriores. Podemos ver que há uma estreita ligação entre as ocasiões listadas para a piedade e as reflexões de Aristóteles sobre nossa vulnerabilidade ao exterior nas obras éticas; esses acontecimentos se destacam entre os modos como pode incidir sobre uma pessoa boa a falta da *eudaimonía* plena.

Aristóteles acrescenta uma outra condição para a piedade, que ele repete e salienta na *Poética*. A piedade, como resposta, difere da censura ou culpa moral: requer a crença de que a pessoa não mereceu o sofrimento (*Po*. 1453a3-5, *Ret*. 1385a13 ss.). Ele assevera, corretamente, segundo penso, que quando julgamos que o sofrimento é provocado pelas más escolhas do próprio agente (logicamente), não nos apiedamos: a estrutura dessa emoção requer a crença oposta. Na *Retórica*, ele faz a interessante observação de que a pessoa que é demasiado pessimista com relação à natureza humana absolutamente não sentirá piedade – pois acreditará que todos merecem as coisas ruins que lhes acontecem (comentário prenhe de implicações para a questão da tragédia cristã). Uma história dramática de um revés *merecido* dessa natureza, diz-nos ele na *Poética*, será benevolente e edificante (*philánthropon*), mas não trágica (1453a1 ss.).

Finalmente, ele aponta que a piedade está estreitamente ligada à crença de que nós mesmos somos vulneráveis de maneiras semelhantes. Se acreditamos que estamos em situação tão má que nada que pudesse acontecer a nós tornaria as coisas piores, é provável que não sejamos capazes de piedade por outros, porque estaremos olhando a má condição deles a partir da extremidade mais baixa, do ponto de vista de alguém cujos sofrimentos são completos. Por outro lado, se nos julgamos auto-suficientes em face da *eudaimonía*, seguros em nossa posse da boa vida, supomos que não é sequer possível acontecer a nós o que acontece a outros. Isso nos coloca em um estado de impudente assertividade (*hubristiké diathesis*), em que o sofrimento alheio não nos desperta piedade (1385b19-24, 31-2). A piedade, pois, requer evidentemente o sentimento de solidariedade, o juízo de que nossas possibilidades são semelhantes às do objeto sofredor.

É evidente que essa emoção trágica central depende de algumas crenças controversas sobre a situação da bondade humana no mundo: de que a fortuna é realmente poderosa, de que é possível que uma pessoa boa sofra lesões graves e não merecidas, de que essa possibilidade se estende aos seres humanos em geral. Os oponentes filosóficos de Aristóteles, entretanto, insistem que se o caráter de uma pessoa é bom, a pessoa não pode ser ferida de nenhum modo grave. Portanto, não há, conceitualmente, lugar para a piedade dentro de sua concepção. Ela deve ser considerada como uma emoção inteiramente irracional e inútil, baseada em falsas crenças, que cumpre rejeitar. Devemos racionalmente escolher entre a reação de censura, se julgamos que o que aconteceu foi responsabilidade do agente, e a de serenidade ou repúdio em relação ao que aconteceu, se julgamos que é responsabilidade do mundo. Por conseguinte, Platão repudia, de fato, a piedade nos termos mais veementes. No *Fédon*, que é um caso claro de antitragédia platônica, enfatiza-se repetidamente o fato de que o impasse de Sócrates não é uma ocasião para piedade (cf. Int. 1). As coisas más são triviais, porque estão acontecendo apenas a seu corpo; sua alma é segura e auto-suficiente. Por conseguinte, o fim do diálogo substitui a piedade trágica por um louvor à bondade desse bom homem. Na *República* X, a piedade é novamente selecionada por especial abuso, em relação com o ataque à tragédia. A poesia trágica, diz Sócrates, fere a racionalidade prática, em virtude de que "após alimentar com abundância a emoção da piedade ali, não é fácil refreá-la em nossas próprias experiências" (606B)[13].

Contudo, se devemos acreditar, com Aristóteles, que ser bom não é suficiente para a *eudaimonía*, para viver bem e de maneira louvável, então a piedade será uma resposta humana importante e valiosa. Graças à piedade, reconhecemos e admitimos a importância do que se infligiu a um outro ser humano semelhante a nós, sem que tenha cometido falta alguma. Apiedamo-nos de Filoctete, abandonado sem amigos e com dor em uma ilha deserta. Apiedamo-nos de Édipo, porque a ação apropriada a que seu caráter o levou não era o crime terrível que, por ignorância, cometeu. Apiedamo-nos de Agamêmnon, porque as circunstâncias o forçaram a matar a própria filha, algo profundamente repulsivo a seus próprios compromissos éticos, bem como aos nossos. Apiedamo-nos de Hécuba, porque as circunstâncias a privaram de todas as relações humanas que conferiram sentido e valor à sua vida. Pela observação de nossas respostas de piedade, podemos esperar aprender algo mais sobre nossa própria concepção implícita do que importa na vida humana, sobre a vulnerabilidade de nossos próprios compromissos mais profundos.

Podemos afirmar algo semelhante sobre o temor. A estrutura de crença do temor é intimamente vinculada com a da piedade. Aristóteles salienta repetidas vezes que aquilo de que nos apiedamos quando acontece a um outro, temos que possa acontecer conosco (*Po.* 1453a4-5, *Ret.* 1386a22-8). E, uma vez que a piedade já requer, a seu ver, a percepção da própria vulnerabilidade, a própria similaridade com relação ao sofredor, então a piedade e o temor quase sempre ocorrerão juntos. O temor é definido como uma emoção dolorosa vinculada à expectativa de mal ou dor futuros (1382a21 ss.). Aristóteles acrescenta que o temor implica que essas coisas más são grandes ou graves (1382a28-30), e que não está em nosso poder impedi-las. Assim, observa ele, não tememos em geral nos tornar injustos ou morosos, presumivelmente porque acreditamos que essa espécie de mudança normalmente cabe a nós controlar. O temor é vinculado sobretudo com o nosso sentimento de passividade diante dos eventos do mundo — com "a expectativa de sofrer passivamente (*peísesthai*) algum afeto destrutivo" (*phthartikòn páthos*, 1382b30-2); assim, os que acreditam que nada podem sofrer passivamente não terão temores (1382b32-3).

Para os oponentes filosóficos de Aristóteles, haverá pouco a temer. O teórico da boa condição não precisa tremer diante do poder da natureza, pois a única coisa que possui séria importância está em seu interior, o mais segura possível. A *República*, por razões semelhantes, despende longo tempo criticando e rejeitando obras literárias que inspiram temor. O reiterado argumento de Platão é que as crenças corretas sobre o que é e o que não é importante na vida humana eliminam nossas razões para temer. (Podemos ver que o mesmo seria verdadeiro para Kant.) Quando assistirmos à ruína de um herói trágico no espírito desses filósofos, não sentiremos nenhum temor por nós mesmos. Pois, ou bem nosso caráter e o caráter do herói trágico são bons, caso em que suas dificuldades não nos oferecem, realmente, nada a temer; ou ambos os caracteres precisam ser mais bem trabalhados, caso em que nos convém começar a aperfeiçoar o nosso; ou o caráter do herói não é, afinal, semelhante ao nosso, caso em que sob nenhum aspecto nos emocionaríamos profundamente com sua ruína. Em parte alguma há a sensação de vulnerabilidade e passividade que dá origem ao verdadeiro temor. Contudo, no universo ético de Aristóteles, *há* coisas sérias a temer, coisas importantes para a própria *eudaimonía*. Se, como insiste Aristóteles, reconhecermos os personagens trágicos como semelhantes a nós em sua bondade geral e possibilidades humanas, e a tragédia como algo que demonstra "o tipo de coisa que pode acontecer" a uma pessoa aspirante na vida humana em geral, reconheceremos sua tragédia, com e em nosso temor, como uma possibilidade para nós mesmos. E tal resposta será ela mesma um aprendizado no que diz respeito à nossa situação humana e a nossos valores.

Aristóteles acentua, pois, que é central à nossa resposta à tragédia uma espécie de identificação com a figura ou figuras sofredoras retratadas. Cumpre que sejam, claramente, pessoas boas, ou não nos apiedaremos delas. Mas a importância da identificação impõe condições sobre os modos como podem ser boas. Antes de tudo, devem ser boas de uma maneira representativa, e não idiossincrática. Podemos vincular sua exigência de semelhança entre nós mesmos e o herói com a sua classificação da poesia acima da história como fonte de sabedoria. A história, aponta ele, diz-nos o que de fato aconteceu; a poesia, "o tipo de coisa que pode acontecer" (1451b4-5). A história nos conta "o particular, tal como o que Alcibíades fez ou sofreu"; a poesia, "o geral, o tipo de coisa que acontece a certos tipos de pessoas" (1451b8-11). O que ele quer dizer aqui, acredito, é que com freqüência os eventos narrados pela história são tão idiossincráticos a ponto de impedir a identificação. Em virtude de Alcibíades ser uma figura tão única e incomum, não enxergamos o que acontece a ele como algo que demonstra uma possibilidade para nós mesmos. (A diferença entre a narração histórica concernente a Alcibíades e o uso que Platão faz de Alcibíades como um personagem (representativo) corresponderia à distinção de Aristóteles entre história e poesia.)* Da mesma forma, o herói trágico não é idios-

---

* Esse aviltamento da história nos surpreende como algo estranho, dado que os grandes historiadores gregos, especialmente Tucídides, são obviamente filosóficos no sentido aristotélico. Não é evidente, entretanto, que Aristóteles seja familiarizado com a obra de Tucídides. Se pensamos que é Xenofonte o historiador que ele tem em mente, as observações tornam-se mais inteligíveis.

sincrático. É visto por nós como um certo tipo de pessoa boa, aproximadamente semelhante a nós mesmos; por essa razão, experimentamos tanto a piedade como o temor diante de sua ruína.

Assim, novamente, se pretendemos ver o herói como semelhante, ele não pode ser *tão* perfeitamente bom. Aristóteles salienta que o personagem trágico, embora deva verdadeiramente ser bom e embora deva arruinar-se não por maldade de caráter, ainda assim não deve ser "alguém que excede [perfeito]¹⁴ em excelência e justiça" (1453a8 ss.)¹⁵. Deve ser "melhor e não pior", e mesmo "melhor do que nós" (1453b16-7, 1454b8-9); mas não deve ser perfeito. Há muitos argumentos que Aristóteles poderia estar demonstrando aqui. Primeiramente, poderia estar excluindo o retrato do tipo de pessoa invulneravelmente segura mencionado nos capítulos da *Retórica* sobre piedade – pois, com um herói dessa espécie, nenhuma trama trágica faria sentido; e, se nos identificarmos com as possibilidades de uma tal pessoa, nem a piedade, tampouco o temor serão possíveis. Parece provável, entretanto, que Aristóteles não acredite que *há* pessoas realmente invulneráveis; e a pessoa que *acredita* ser invulnerável não seria uma pessoa especialmente boa, como sugere fortemente a menção da *hýbris* na *Retórica*. Portanto, é improvável que seu "boa, mas não perfeitamente boa" tenha a intenção de excluir essa pessoa. Em segundo lugar, com "que excede em excelência", ele poderia estar excluindo um grau de perfeição com respeito à sabedoria prática e à excelência intelectual que tornaria impossíveis erros tais como o ignorante equívoco de Édipo. Essa idéia é promissora, e sem dúvida parcialmente correta; no entanto, não explica a presença da "justiça". Acredito, portanto, que ele esteja demonstrando um terceiro argumento, mais geral. Qual seja, que as imperfeições em um herói intensificam nossa identificação. Há um tipo de excelência tão além de nossa apreensão que enxergamos aquele que a possui como alguém que está acima e além de nossa espécie, não entre nós. Esse tipo de excelência é discutido no início da *Ética nicomaquéia* VII sob o nome de excelência "heróica" ou "divina", ou "a excelência que está acima de nós" (1145a19-20). É exemplificada por uma citação de Homero que nos diz que um certo herói é "não como o filho de um homem mortal, mas como o filho de um deus". Aristóteles está mesmo inclinado a dizer de uma figura tão divina que ela é "mais honrosa que a excelência humana" – ou seja, ela não é absolutamente o tipo de ser a quem faz sentido atribuir as virtudes comuns, sua bondade está em uma categoria inteiramente diferente da nossa. Penso que o argumento de Aristóteles na *Poética* é que, se a tragédia nos mostrar heróis assim divinos, desprovidos das limitações da paciência, visão, reflexão e coragem que caracterizam até o melhor dos sujeitos humanos, o senso de similaridade crucial à resposta trágica não se desenvolverá. O herói trágico não deve decair por perversidade; mas o fato de não ser perfeitamente bom é importante para nossa piedade e temor. Desse modo, a limitação da têmpera de Édipo não é a *causa* de seu declínio; mas é uma coisa que faz de Édipo um personagem com o qual podemos nos identificar. Não é uma "falha trágica"; mas é instrumento à resposta trágica. Assim, com efeito, são a autopiedade de Filoctete, a auto-ignorância de Creonte e sua equivocada ambição, a inexorável negação de Antígona com respeito ao cívico, a audácia excessiva de Agamêmnon. Assim, sobretudo, podem ser as tentativas de tantos personagens trágicos bons de negar sua própria vulnerabilidade a acontecimentos casuais, esses escapes de sua própria condição que nós, na maior parte do tempo, compartilhamos com eles. A asserção de Aristóteles é que nenhum desses defeitos é suficiente para fazer da pessoa uma pessoa perversa em seu caráter essencial: mesmo Creonte preserva, abaixo de sua ambição (culpável), um conjunto de valores e vínculos ricos e basicamente equilibrados, e esse fato é extremamente importante na determinação de nossa resposta a ele. Ele pode alegar, com certa justiça, ser vítima de sua ignorância de si mesmo, não alguém que comete maus atos (cf. *oukh hekón*, 1340). Essas pessoas não decaem *pela* perversidade, mas por algo mais próximo a um erro ou equívoco, culpável ou não. No entanto, a presença de imperfeições (algumas, talvez, envolvidas de algum modo no declínio, e algumas não) significa que as veremos e reconheceremos como semelhantes a nós em espécie, embora boas e, talvez, melhores.

Percebemos, pois, que para Aristóteles a visão de coisas dignas de piedade e temor, *e* nossas próprias respostas de piedade e temor, podem servir para nos demonstrar algo importante sobre o bem humano. Para o platônico ou teórico da boa condição, não podem. Para Aristóteles, piedade e temor serão fontes de iluminação ou esclarecimento, conforme o agente, respondendo e observando suas respostas, desenvolve um auto-entendimento mais rico acerca dos vínculos e valores que sustentam as respostas. Para os oponentes de Aristóteles, piedade e temor não podem ser senão fontes de ilusão e ofuscamento.

Leon Golden observou em seus excelentes artigos sobre a *Poética* que cada elemento da definição da tragédia presente na *Poética* retoma e sintetiza os resultados de uma discussão anterior na obra[16]. Aristóteles anuncia explicitamente que esse é o seu plano, prefaciando a definição com este comentário: "Falemos da tragédia, extraindo do que foi dito a definição de sua natureza que veio a existir" (1449b22-4). É evidente como cada elemento da definição oferecida satisfaz esse objetivo – com uma única exceção. A famosa afirmativa de que a função da tragédia é "por meio da piedade e do temor realizar a *kátharsis* de experiências dessa espécie" não parece resultar de nada que tenha vindo antes. Isto é, não se interpretarmos *kátharsis* de algum dos dois modos mais comuns, ou como purificação moral, ou como purgação medicinal. Será uma forte vantagem *prima facie* para uma interpretação da *kátharsis* se pudermos demonstrar que ela, diferentemente das outras, oferece o desejado vínculo retrospectivo. Aristóteles argumentou no Capítulo 4 que nosso interesse na *mímesis* é um interesse cognitivo, um interesse em aprender (1448b13): os seres humanos têm prazer em ver representações "porque acontece que enquanto as contemplam eles aprendem, e extraem conclusões sobre o que cada coisa é, por exemplo, que tal coisa é assim" (1448b15-7; cf. *Ret.* 1371b5 ss.). (Se essa consideração de nosso aprendizado soar demasiado rasa para sustentar qualquer consideração sofisticada do prazer trágico, deve-se lembrar que Aristóteles está aqui falando de maneira muito geral sobre o deleite humano, em todas as idades, em obras de arte de muitos tipos. Algumas conclusões podem ser muito simples: "Isso é um cavalo." Outras serão muito mais complexas: "Essa é uma ação covarde"; "Esse é um caso em que a privação das pessoas amadas despojou alguém da *eudaimonía*".) Golden ressalta que, se nos voltarmos ao vocabulário epistemológico de Platão (algo que é razoável observar ao interpretarmos esse texto conscientemente antiplatônico), constataremos, de fato, que *kátharsis* e palavras relacionadas, especialmente nos diálogos intermediários, têm uma forte ligação com o aprendizado: ou seja, ocorrem em associação com o estado racional desimpedido ou "aclarado" da alma quando se liberta das influências perturbadoras dos sentidos e da emoção. O intelecto alcança a "purificação" – ou, melhor, "clarificação", uma vez que a palavra tem obviamente uma força cognitiva – somente quando sobrevém "por si próprio".

Podemos, contudo, extrair mais do que Golden extraiu desse argumento se nos voltarmos brevemente à história como um todo da *kátharsis* e das palavras relacionadas (*kathaíro, katharós* etc.). Esses fatos podem ser acessados de maneira direta e fácil; entretanto, cumpre que sejam explicitados, uma vez que têm sido esquecidos com demasiada freqüência nas discussões desse tema. Quando examinamos todo o espectro de uso e o desenvolvimento dessa família de palavras, torna-se bastante evidente que o significado primeiro, permanente e central é, de modo aproximado, o de "aclaração" ou "clarificação", isto é, de remoção de algum obstáculo (pó, ou nódoa, ou obscuridade, ou mistura) que torna a coisa em questão menos *clara* do que em seu estado próprio. Em textos pré-platônicos, essas palavras são com freqüência usadas com respeito à água clara e limpa, livre de lama ou algas; a um espaço livre de objetos; a grãos joeirados, e portanto livres de joio; à parte de um exército que não está funcionalmente inapta ou impedida; e de modo significativo e freqüente, à fala não desfigurada por alguma obscuridade ou ambigüidade (por exemplo, Aristóf., *As vespas* 631, 1046, ?Eur., *Reso* 35). O uso médico para designar purgação é uma aplicação especial desse sentido geral: a purgação liberta o corpo de impedimentos e obstáculos externos, aclarando-o. E a associação com a purificação espiritual e a pureza ritual parece ser um outro desenvolvimento especializado, dado o forte vínculo entre essa pureza e a liberdade física com relação a manchas ou sujeiras.

Se retornamos agora à utilização de Platão, percebemos que ele preserva esse quadro geral. O sentido central é de liberdade com relação a misturas, clareza, ausência de impedimento. No caso da alma e sua cognição, a aplicação do grupo de palavras é mediada pelas metáforas predominantes da lama e da luz limpa: o olho da alma pode afundar-se na lama (*Rep.* 533D1, *Féd.* 69C), ou pode ver de maneira limpa e clara. A cognição *katharós* é o que temos quando a alma não é impedida por obstáculos corporais (esp. *Rep.* 508C, *Féd.* 69C). *Kátharsis* é o aclaramento da visão da alma pela remoção desses obstáculos: assim, o *katharón* torna-se associado ao verdadeiro ou ao verdadeiramente passível de se conhecer, o ser que alcançou a *kátharsis* com o saber verdadeiro ou correto (esp. *Féd.* 65 ss., 110 ss.). Encontramos, assim, até mesmo expressões como *katharôs apodeíxai*, significando "demonstrar claramente" (*Crát.* 426B).

Podemos agora acrescentar que, ao tempo de Aristóteles e por um breve intervalo subseqüente – seja por influência platônica ou por um desenvolvimento independente das aplicações da fala – esse uso epistemológico de *kátharsis* e *katharoós* se torna cômodo e natural, e nem mesmo requer um contexto ou metáfora. Xenofonte fala de um *katharòs noûs*, significando aquele que conhece clara e verdadeiramente (*Cir.* 8.7.30). Epicuro fala de seu epítome escrito para Pítocles como uma *kátharsis physikôn problematón*, uma "clarificação dos difíceis problemas da filosofia natural" (D.L. X.86; cf. Filod. *Lib.* p. 220 O; *kathaíro* significa "explicar" nos fragmentos do *Perì Phýseos*). A *Analítica primeira* de Aristóteles fala de uma necessidade de "examinar e indicar cada uma dessas coisas com clareza (*katharós*)" (50a40); não é preciso dizer que esses usos nada têm a ver nem com purificação, tampouco com purgação. E, sobretudo na teoria retórica, a família de palavras torna-se imiscuída, indicando a qualidade desejada de clareza e liberdade com relação à obscuridade na dicção (por exemplo, Isóc. 5.4, Ar. *Ret.* 1356b26, 1414a13); na Retórica Helenística, é um termo técnico (para um exemplo apenas, ver Menandro, *Ret.* 340.24). Em nada desse desenvolvimento a palavra-processo *kátharsis* se separa semanticamente da família; designa simplesmente o processo que origina um resultado *katharós*, a remoção de obstáculos cuja ausência dá esse resultado.

Podemos dizer, pois, sem hesitação, que sempre "aclaração" e "clarificação" serão os significados apropriados e centrais para *kátharsis*, mesmo em contextos médicos e rituais. No contexto da retórica e da poesia, especialmente numa obra escrita em reação às críticas platônicas ao valor cognitivo da retórica e da poesia, teríamos razão suficiente não apenas para traduzir assim a palavra, mas também para pensar a "aclaração" em questão como psicológica, epistemológica e cognitiva, e não como literalmente física. (A forte oposição geral de Aristóteles ao reducionismo psicológico nos dá aqui muito apoio.)[17] Podemos agora acrescentar que para um platônico do período intermediário seria profundamente escandaloso ler sobre clarificação cognitiva produzida por influência da piedade e do temor: primeiro, porque a alma platônica alcança a clareza somente quando nenhuma emoção a perturba; segundo, porque essas emoções são especialmente irracionais. Aristóteles aprecia proferir tais escândalos. Argumentei que, a seu ver, a tragédia contribui para o auto-entendimento humano precisamente através de sua exploração do que é digno de piedade e temor. Ela leva a cabo essa tarefa exploratória levando-nos a responder com essas próprias emoções. Pois essas respostas emocionais são elas mesmas reconhecimentos ou admissões das condições mundanas sobre nossas aspirações à bondade. A opinião de Golden sobre a clarificação é que ela é uma questão puramente intelectual[18]. Essa idéia (que requer que se traduza a expressão de Aristóteles "por meio da piedade e do temor" pela perífrase "por meio da representação de eventos dignos de piedade e temor") é desnecessariamente platônica. *Kátharsis* não *significa* "clarificação intelectual". Significa "clarificação" – e acontece que, segundo Platão, toda clarificação é uma questão intelectual. Podemos atribuir a Aristóteles uma concepção mais generosa das maneiras pelas quais chegamos a conhecer a nós mesmos. Antes de tudo, a clarificação, para ele, pode certamente acontecer *por meio* de reações emocionais, como diz a definição. Justamente como, no interior da *Antígona*, o aprendizado de Creonte veio por meio da dor que ele sentiu pela morte do filho, assim também, à medida que assistimos a um personagem trágico, com freqüência não é o intelecto, mas sim a própria reação emocional que nos leva a entender quais são nossos valores. As emoções podem por vezes desencaminhar e distorcer o juízo; Aristóteles está ciente disso. Mas podem também, como ocorreu no caso de Creonte, dar-nos acesso a um nível mais verdadeiro e profundo de nós mesmos, a valores e compromissos que estiveram ocultos sob a ambição ou racionalização defensiva.

No entanto, mesmo essa é, até o momento, um caminho demasiado platônico a se percorrer: pois dá a entender que a emoção é valiosa apenas como um meio instrumental para levar a um estado puramente intelectual. Sabemos, entretanto, que para Aristóteles as respostas apropriadas são partes intrinsecamente valiosas do bom caráter e podem, tal como as boas respostas intelectuais, ajudar a constituir a "percepção" refinada que é o melhor tipo de juízo humano. Poderíamos dizer, assim, que piedade e temor não são somente ferramentas de uma clarificação que se dá apenas no intelecto e é apenas dele; responder dessas maneiras é por si só valioso, e é uma clarificação que diz respeito a quem somos. É um reconhecimento de valores práticos, e portanto de nós mesmos, não menos importante que os reconhecimentos e percepções do intelecto. Piedade e temor são em si mesmos elementos de uma percepção prática apropriada de nossa situação. Aristóteles difere de Platão não apenas quanto aos mecanismos de clarificação, mas também quanto ao que *é*, na pessoa boa, a clarificação[19].

Situadas essas observações, podemos tentar sintetizar nossos resultados dizendo, em nome de Aristóteles, que a função de uma tragédia é realizar, por meio da piedade e do temor, uma clarificação (ou iluminação) relativa a experiências do tipo que inspira piedade e temor. Mas isso é, por uma surpreendente boa sorte, exatamente o que Aristóteles já disse.

Podemos representar o que se passou utilizando como imagem o final de uma tragédia. O *Filoctete* de Sófocles, ao se despedir de sua ilha natal, diz-nos que o bom termo, que produziu sua *eudaimonía*, foi determinado por três coisas: o "formidável destino", o "juízo dos amigos", e "o *daímon* que tudo vence, que trouxe essas coisas à realização". A significativa ordenação desses argumentos nos sugere que o juízo prático desses personagens é, tal qual Lemnos, uma ilha: algo firme em si mesmo, mas circundado pelas forças da fortuna e do acontecimento natural, que ora lançam possibilidades, ora impedimentos[20]. Os oponentes de Aristóteles, os platônicos e os teóricos da boa condição, não poderiam aceitar essa imagem da vida moral humana. Teriam que representar a ilha como um vasto continente, as águas circundantes como rasas e inócuas. E mesmo a própria ilha teria de ter um caráter diverso: pois o "juízo dos amigos" é ele próprio uma coisa ética demasiado falível. Teria que ser substituído pela bondade da pessoa boa solitária. Nossa investigação das concepções de Aristóteles sobre a bondade e a fortuna poderia ser sintetizada apontando que ele, diferentemente de seus oponentes, pode aceitar essa imagem como verdadeira. É por isso que ele pode aceitar a tragédia.

Todo leitor que tiver seguido até aqui as reflexões deste livro acerca da filosofia e de seu estilo terá, neste ponto, uma questão perturbadora. Qual é o estilo próprio de Aristóteles, e que visão de mundo ele expressa? Argumentei que as concepções éticas de Aristóteles o tornam hospitaleiro à tragédia e ao estilo dela como fontes de iluminação; já argumentei que a adoção de uma posição ética relacionada fez com que Platão, no *Fedro*, modificasse seu próprio estilo filosófico de maneira a incluir elementos emotivos e retóricos associados à poesia. Aristóteles, evidentemente, não faz isso. Ele abraça obras poéticas sem alterar em aspecto algum seu próprio estilo, que para a maioria dos leitores parece parco e impassível ao extremo. Isso lança dúvida sobre nossa leitura de seus argumentos éticos, estigmatizando-o, afinal, como um pensador insensível ao valor dos bens vulneráveis? Ou, o que talvez seja ainda mais perturbador, isso condena Aristóteles a uma espécie de superficialidade estilística que criticamos com avidez ao longo deste livro: isto é, retrata-o como defensor da idéia de que existe um estilo filosófico neutro pelo qual todos os que têm pretensão à verdade ética podem ser igualmente e imparcialmente avaliados?

Quase não temos o direito de impor essas questões, já que sabemos muito pouco sobre o *status* dessas obras como textos escritos. As obras de Aristóteles externamente publicadas, incluindo inúmeros diálogos, eram famosas na Antiguidade por seu estilo copioso, deleitoso e fluente. Cícero fala de um "rio dourado"; um escritor posterior, de um discurso "transbordante de erotismo controlado"[21]. Essas obras, que nos teriam mostrado como Aristóteles inter-relacionava o "filosófico" e o "literário", estão para sempre fora de alcance; apenas escassos fragmentos sobreviveram. As obras que lemos são, muito provavelmente, textos de conferências escritas para serem proferidas a uma audiência de estudantes sérios e especializados. A organização e a edição foram feitas por mãos posteriores; e é provável que mesmo o conteúdo interno dos próprios capítulos seja, em muitas partes, apenas um esboço da conferência proferida, que seria recheada, como todas as anotações de conferências, com exemplos, piadas, material dramático — em suma, com o análogo oral de alguns dos elementos "literários" de que sentimos falta. Qualquer pessoa que dê cursos expositivos com base em um texto escrito sabe como esse texto pode ser distante do tipo de escrita que se escolheria cultivar em uma obra deliberadamente composta e finalizada; e até mesmo do estilo oral da conferência proferida.

E mesmo quanto ao estilo dessas anotações de conferências há uma grande divergência. Muitos estudantes, e muitos leitores mais experientes, consideram-no austero, proibitivo, até insulso. Filósofos eminentes concluíram que o escritor de um estilo tão frugal e tedioso não poderia ter sentido de maneira tão pungente quanto Platão a força de nossos problemas éticos mais profundos[22]. De minha parte, encontro nesse estilo uma corajosa orientação direta e reta em face da "matéria do prático"; um comedimento sereno que expressa a determinação de reconhecer essas dificuldades, deixar que permaneçam lá, e não se desesperar pela vida humana em virtude delas. Em meu presente escrito interpretativo, procurei transmitir essa resposta.

No entanto, se por um momento decidimos realmente considerar com seriedade essas obras como escritos com estilo deliberado, temos, ainda que respondamos a seu estilo como eu respondo, algumas questões difíceis a enfrentar. O *Fedro* de Platão e o pensamento ético de Aristóteles concordam que a busca da sabedoria prática é favorecida por obras que contém elementos poéticos e se dirigem à "parte" emocional da alma. Ambos também concordam, implicitamente, que a busca da sabedoria exige um outro tipo de estilo mais reflexivo e explicativo, que procure o entendimento solicitando calmamente uma consideração de nossos compromissos éticos e suas inter-relações. Mas aqui termina a semelhança. Pois a opção de Platão é combinar esses dois estilos em um todo sutilmente entrelaçado. Sua prosa se move diretamente do parco e formalmente explicativo ao lírico e emotivo, e novamente retorna, rompendo distinções tradicionais de gênero. A opção de Aristóteles é recomendar e venerar as obras de poetas reais, e restringir sua própria escrita à função reflexiva e explicativa. Os dois estilos são mantidos separados, muito embora recorram e honrem um ao outro. Qual o significado dessa diferença?[23]

Podemos dizer que seja, em primeiro lugar, menos uma diferença filosófica do que uma diferença de personalidade e talento. Pois aquele que realmente honra a pretensão da grande literatura de explorar a verdade não procurará de maneira leviana *produzir* literatura. Saberá que os elementos eticamente valiosos de uma obra dessa espécie são inseparáveis do gênio poético que a produziu; que uma obra literária medíocre não será capaz de transmitir o aprendizado trágico. Platão era um artista literário de gênio, cujos talentos o capacitaram a acolher a tarefa poética em seu próprio estilo. Aristóteles não era um artista assim; ou, se era, não temos ciência disso. Aristóteles estaria, pois, antes demonstrando seu respeito, e não sua desconsideração, pelo literário ao restringir sua própria prosa a um estilo mais convencional e ao voltar-se, com o intuito do aprendizado poético, aos dramas de Sófocles e Eurípides.

É possível, entretanto, que haja aqui um argumento mais profundo. Pois Platão, apesar de sua reabilitação parcial da arte poética, carece de respeito pelos poetas reais. Ele efetivará por si mesmo parte do trabalho deles: o que ele não faz, nem mesmo no *Fedro*, é recomendar suas obras reais como fontes de compreensão. O *Fedro* incorpora verdadeiramente elementos poéticos: mas mantém uma vigilância estrita sobre eles, jamais permitindo que se afastem muito das explanações filosóficas. Poemas, argumenta, não podem ser fontes de compreensão se não se envolverem na dialética, respondendo a questões sobre si mesmos. O bom estudante de Platão não leria a escrita poética, pois, senão em estreita conjunção com os outros elementos, mais analíticos, da prosa filosófica de Platão. Aristóteles, ao permitir que essas obras existam à parte como fontes de compreensão autônomas, mostra-se mais, não menos sensível que Platão à idéia de que elas dizem a verdade às almas humanas.

Isso não implica de maneira alguma que Aristóteles negue a importância da interpretação e da explicação. Um compromisso com a explicação é fundamental em toda a sua obra filosófica. Se ele respeita o valor cognitivo autônomo da poesia trágica, pensa, também, que o entendimento mais elevado ou abrangente de seu conteúdo ético, o entendimento que ele denomina "entendimento do porquê"[24], requer uma reflexão filosófica que tornará mais perspícuos os traços significativos de nossa experiência ética, que fala ao nosso sentimento de admiração e perplexidade, e empenha-se em responder aos nossos "por quês". Sua prosa paciente e lúcida é uma excelente expressão desse compromisso. Podemos pensar as obras éticas como obras de interpretação, ordenações das "aparências" encontradas na vida comum e na poesia trágica. Elas não substituem a tragédia: pois só a tragédia pode nos fornecer iluminação na piedade e no temor e graças a eles. Mas suprem uma parte essencial do aprendizado trágico, parte que Aristóteles possivelmente temesse perder se unisse crítica e loucura, explicação e paixão.

Podemos neste ponto nos lembrar de uma conclusão de nosso Capítulo 8: que uma vez que a filosofia existe, respondendo e alimentando ainda a demanda humana natural por uma ordem na confusão, as simplificações da má filosofia não podem ser respondidas por um simples retorno ao *status quo* prévio. O apelo poderoso do sistema e do raciocínio filosófico não pode ser anulado pela simples apresentação de um poema ou história; não pode, pelo menos, para pessoas em que a filosofa imprimiu profundamente sua marca. O tradicional e o usual exigem para sua defesa o retorno paciente da filosofia de salvação das aparências. Depois de Platão, a tragédia precisa de Aristóteles.

Podemos agora acrescentar que esses fatos são também evidentes em nosso próprio estilo. Um poema trágico, tanto quanto as complexas "aparências" registradas por Aristóteles, precisa de cuidadosa interpretação. Nossa própria tentativa de procurar compreensão nesses poemas e de defendê-los contra objeções kantianas e platônicas exigiu que propuséssemos explicações sobre eles que evidenciaram muita coisa que anteriormente se ocultava ou tendia a escapar à percepção. O estilo de nossos capítulos sobre a tragédia procurou ser sensível aos traços poéticos dos textos; ele demonstrou, assim, uma sensibilidade à linguagem metafórica e emotiva que não se encontra normalmente presente na recente escrita filosófica anglo-americana. Mas esses capítulos estavam ainda muito longe de ser poemas por direito próprio. Divergimos, com efeito, de Aristóteles, na medida em que indicamos que os objetivos da interpretação serão por vezes mais bem satisfeitos por uma espécie de escrita "misturada" mais próxima do *Fedro*, que incorpora certos elementos literários. Pois, para dispor a função das emoções trágicas devemos, evidentemente, permitirmo-nos responder, como espectadores ou como leitores, ao que é digno de piedade e temor na peça diante de nós, reconhecendo em nossa escrita e em nossa leitura as emoções que é sua função convocar. (Se tivéssemos a obra publicada de Aristóteles, talvez descobríssemos que ele mesmo fez escolhas similares.) Mas nosso estilo expressa, também, um compromisso aristotélico com a explicação, com a leitura de uma obra poética voltada a questionar o que ela está fazendo e por quê*. Parece apropriado finalizar este livro com mais um exemplo dessa atividade misturada, que poderíamos denominar crítica filosófica[25].

---

* O contraste entre poesia e filosofia nesse aspecto não deve, entretanto, ser estendido em demasia. Evidentemente, textos filosóficos também permanecem carentes de interpretação e explicação; e tais interpretações podem também trazer à tona muita coisa não explícita ou obscura no original.

Epílogo: Tragédia

Vejo agora que nada há de certo na mortalidade senão a mortalidade.
Bem, sem mais palavras – há de vingar-se na fé.
              AMBITIOSO, *in* Tourneur, *Tragédia do vingador*

Ora, o cão – o animal sobre o qual, como exemplo, decidimos basear nosso argumento – exerce a escolha do apropriado e evita o nocivo, no sentido de que caça por comida e se esquiva de um chicote erguido. Ademais, possui uma arte que fornece o que é congenial, a saber, a caça. Nem é tampouco desprovido de virtude; pois, certamente, se a justiça consiste em dar a cada um o que lhe é devido, o cão, que acolhe e guarda seus amigos e benfeitores, mas rechaça os estranhos e malfeitores, não pode carecer de justiça.
         SEXTO EMPÍRICO, *Esboços do Pirronismo*, 1.66-7
              (trad. [para o inglês] de Bury)

Eu gozava de perfeita saúde do corpo e tranqüilidade de espírito; não sentia a perfídia ou inconstância de um amigo, nem as injúrias de um inimigo secreto ou declarado... Não queria cercas contra a fraude ou a opressão.
        JONATHAN SWIFT, *As viagens de Gulliver*, Parte IV, Cap. 10

13. A TRAIÇÃO DA CONVENÇÃO: UMA LEITURA DA *HÉCUBA* DE EURÍPIDES

Vemos uma criança se aproximando, flutuando acima do chão como se fosse carregada pelo vento[1]. Uma criança regiamente vestida, com a face reluzente de simples dignidade. Talvez seja um jovem deus; ou alguma criança humana divinizada por sua beleza ou por sua vivacidade. "Aqui estou", inicia a criança, com uma voz que parece expressar confiança e abertura. A visão incomum de uma criança em um palco trágico, na abertura de uma peça, evoca em nós, por sua vez, uma retidão simples de resposta. Pensamos, brevemente, sobre potencialidade e esperança; sobre os princípios do caráter nobre; sobre a ligação entre caráter nobre e essa confiança infantil. Sentimos, talvez, nesse momento, nosso amor por nossos próprios filhos. Então, ouvimos: "Aqui estou. De volta do esconderijo dos mortos e dos portais das trevas. Polidoro, filho de Hécuba e Príamo." Estamos assistindo, pois, não a uma criança, mas a uma criança morta[2]. Ao fantasma de uma criança. A uma sombra sem esperança, suas possibilidades tolhidas. E há mais. Essa criança, como logo nos diz, foi brutalmente assassinada pelo melhor amigo de seus pais, a quem eles a haviam confiado para que a mantivesse segura durante o período de guerra. Morta por seu dinheiro, ela foi lançada, insepulta, às vagas que rebentam na costa trácia.

Eurípides escolheu começar essa peça de uma maneira muito incomum. Nenhuma outra tragédia grega remanescente tem um prólogo falado nem por um fantasma nem por uma criança; a combinação não ocorre em parte alguma de nenhuma das peças existentes. Assim, ele evoca em nós, deliberadamente, surpreendentemente, ainda que de maneira breve, as esperanças e profundos sentimentos que vinculamos à vida e ao crescimento de uma criança – só para escandalizar-nos com a notícia de que essa é uma criança cujo futuro não existe. Desde o início, essa é uma investida contra nossos mais ternos pensamentos sobre a segurança humana e sobre a beneficência humana.

Pouco mais à frente em sua fala, essa criança nos leva mais adiante às questões centrais da peça com uma reveladora descrição de sua vida na casa do assassino Poliméstor:

> Enquanto os marcos de fronteira deste país mantinham-se eretos e as torres da terra troiana permaneciam intactas, enquanto afortunadas eram as lanças de meu irmão Heitor – até esse dia vivi com o trácio, o amigo-hóspede de meus pais. Cresci como um jovem broto sob seu cultivo. (16-20)

Uma criança jovem, sugere ele (numa imagem que nos é bem conhecida), é como uma planta jovem: seu próprio crescimento à maturidade e ao bom caráter depende da provisão de nutrição vinda de fora. Porta na boca de uma criança assassinada, essa imagem nos faz lembrar de que nossas possibilidades de bondade dependem da boa-fé de outros, que nem sempre são fidedignos. E, mesmo quando uma planta chega à maturidade e floresce, ela ainda não é, afinal, em nada mais sólida ou rija do que uma planta. Mesmo as plantas saudáveis podem ser arruinadas de fora por tempestades, doenças, traições.

Assim, Eurípides faz com que comecemos a pensar sobre as preocupações centrais dessa peça perturbadora: a natureza do bom caráter, o seu vínculo com a confiante simplicidade de uma criança; sua vulnerabilidade a doenças quando a confiança é violada. Essa peça encerra uma fala famosa sobre a incorruptibilidade do caráter nobre baseado no cultivo e nas convenções compartilhadas. É a fala de uma mãe orgulhosa. E, na personagem de sua filha Polixena, a peça nos mostra uma evidência profundamente comovente da asserção de Hécuba, a calma e inabalável bondade de uma criança bem-criada que ora adentra a idade adulta, uma bondade cuja generosidade induz à reverência até mesmo o mais brutal. Mas, antes do final da peça, testemunhamos a transformação de dois de seus personagens centrais, ambos personagens adultos respeitados, em bestas. Uma dessas bestas é Hécuba: a mãe que faz a asserção a refuta por si mesma.

Contemos brevemente a história. Tróia desmoronou. Hécuba, sua antiga rainha, agora uma escrava dos gregos, chega à costa da Trácia com seus captores e outras escravas suas companheiras. A despeito de sua tristeza e da destruição de sua cidade, sua perda de poder, a morte de seu marido e da maioria de seus filhos, ela se consola pelo pensamento de que restam seus dois filhos mais jovens: Polixena, que viaja com ela como escrava, e Polidoro, seu caçula, que fora confiado aos cuidados do rei trácio local, um homem que está "em primeiro dentre as pessoas que amo na classificação dos amigos-hóspedes". No primeiro episódio da peça, Polixena lhe é arrebatada. Odisseu aparece, exigindo que ela seja entregue ao exército grego como um sacrifício humano para apaziguar o fantasma colérico de Aquiles, que aparecera exigindo uma noiva no mundo subterrâneo. Os apelos de Hécuba não conseguiram comovê-lo. A própria Polixena responde com notável dignidade e coragem. Ela parte disposta a encontrar a morte, dizendo que a morte é melhor para uma pessoa livre e nobre do que a vida de escrava. Sua esplêndida conduta durante a execução fora de cena, descrita por um arauto, comove tanto os soldados gregos que eles resolvem conceder-lhe um funeral honroso. Hécuba declara que sua dor é mitigada ao conhecer a firmeza do nobre caráter de sua filha. Isso leva a uma asserção mais geral sobre a estabilidade do bom caráter na adversidade.

Em seguida, entra uma servente, carregando o cadáver mutilado de Polidoro. Hécuba, a princípio, o toma pelo corpo de Polixena. Quando reconhece seu filho, imediatamente adivinha a perfídia de Poliméstor e fica abalada. Decide dedicar-se dali em diante à vingança. Não conseguindo obter a ajuda de Agamêmnon, o comandante grego, ela forja um plano privado. Convidando Poliméstor e seus dois filhos ao alojamento das mulheres no acampamento, pretensamente para dar-lhes informações sobre um tesouro escondido, ela assassina os filhos e arranca os olhos de Poliméstor. Ele rasteja de quatro pés no palco, caçando sua inimiga. Os cadáveres de seus filhos são trazidos, mas ele os negligencia em busca de vingança. Encontrando Hécuba finalmente, ele profetiza que ela terminará seus dias na forma de um cão de olhos ígneos; e que quando ela morrer assim transformada, o promontório Cinossema, "Memorial da cadela", receberá o nome dela e servirá como um marco para os navegantes. Agamêmnon, considerando repugnante a cólera desses inimigos, e temendo a profecia de Poliméstor sobre sua própria morte, faz com que Poliméstor seja amordaçado e levado a uma ilha deserta. Hécuba vai enterrar seus dois filhos, e depois segue para seu fim previsto.

Essa alarmante história da metamorfose desperta e explora alguns de nossos mais profundos temores sobre a fragilidade da natureza humana, e especialmente do caráter, que parece ser a parte mais firme da natureza humana. A história de sua recepção é confusa. Por muitos séculos, ela ocupou um lugar bastante elevado dentro do *corpus* trágico. Ovídio a reformula nas

Metamorfoses. Nos tempos bizantinos, era um texto escolar central. Dante lhe confere uma posição de importância no *Inferno*, utilizando-a para mostrar a degeneração de caráter resultante de eventos casuais[3]. Mas por volta do século XIX e de lá para cá, ela é geralmente considerada como uma das mais fracas entre as tragédias existentes. Sua violência e seu espetáculo de declínio são considerados cruamente impressionantes e repugnantes[4]. A fala de Hécuba sobre a criação é freqüentemente extraída e estudada como parte da história do pensamento ético grego; a peça que aniquila essa fala é evitada[5]. Não surpreende o fato de que essa metamorfose na opinião crítica coincida, quanto à época, com a predominância de uma filosofia moral que fala da incorruptibilidade da boa vontade, que distingue incisivamente a esfera dos acontecimentos contingentes do domínio da personalidade moral, ela mesma puramente segura contra os "acidentes da natureza madastra"[6]. Pois, nos termos dessa concepção (ou, podemos agora dizer, nos termos das concepções platônica e da "boa condição" sobre o valor e o prejuízo), essa peça conta mentiras perigosas[7]. Confrontá-la, pois, há de nos ensinar mais sobre essas concepções, tanto antigas como modernas: a saber, que possibilidade elas enxergam como tão repugnante que deve ser excluída antecipadamente, por definição. Também testará nossa leitura de Aristóteles: pois ao nos demonstrar a pior possibilidade de prejuízo à bondade que se abre no universo ético aristotélico, ela nos mostrará a medida e a profundidade do retorno de Aristóteles às aparências de sua tradição cultural. Seremos, pois, forçados a nos perguntar se realmente pensamos que vivemos, e se realmente desejamos viver, nesse mundo aristotélico*.

I

De início, Hécuba está meramente infeliz. Sem cidade, enviuvada, escravizada, ela experimenta uma perda ainda mais cruel quando Polixena lhe é arrebatada. Mas ela mesma, em face desses eventos arbitrários, permanece leal e amável. Além disso, o exemplo da nobreza de Polixena a convence de que, em geral, o bom caráter humano é algo estável e firme, capaz de sobreviver incólume à catástrofe. O arauto lhe conta o comportamento moderado, corajoso e generoso de sua filha antes e durante a execução. Ela responde com uma mistura de dor e orgulho:

> ... E, contudo, a dor não é excessiva, uma vez que ouvi que foste nobre (*gennaîos*). Não é notável (*deinón*) que um solo ruim, recebendo oportunidade dos deuses, renda uma boa colheita, e um solo bom, se não lhe dão o que precisa, renda uma colheita ruim; mas entre os seres humanos o pernicioso não é senão mau, e o nobre não é senão nobre, e não é corrompido (*diéphtheir'*) em sua natureza pela contingência, mas permanece bom até o fim?... A boa criação oferece instrução em nobreza. Uma vez que alguém a aprende bem, conhece também o vergonhoso, aprendendo-o pelo compasso da excelência.

Polidoro comparara o desenvolvimento de um ser humano ao crescimento de uma planta. Hécuba aceita e rejeita a um só tempo a comparação. Um ser humano de fato tem, tal como uma planta, a necessidade de nutrição provinda do exterior. Essa nutrição é um fator crucial para que ele se torne nobre. Mas uma vez que o bom caráter é formado pela instrução, o ser humano deixa de se assemelhar a uma planta. O produto adulto é algo muito mais firme, algo que manterá sua natureza ou caráter, e será conforme a ele, independentemente das circunstâncias. Uma boa

---

* Essa leitura da *Hécuba*, evidentemente, não se fundamenta em Aristóteles. Ela poderia se situar em um ponto anterior do livro. Interpretaremos a peça à luz de seu próprio contexto histórico. Mas a justaposição dessa leitura à nossa discussão de Aristóteles nos ajudará a avaliar a postura de Aristóteles com relação aos eventos trágicos; e também a entender por que ele seleciona Eurípides como "o mais trágico de todos", e portanto o mais adequado para a função educacional que ele atribui à tragédia.

pessoa estará firmemente disposta a escolher ações nobres e a evitar as vergonhosas. Não importa o que acontecer no mundo, esse caráter se escapará do aviltamento e da corrupção[8].

Essa fala será crucial para o nosso estudo do declínio de Hécuba: pois ainda que apresente uma defesa da estabilidade do bom caráter na adversidade, ela revela traços da concepção de Hécuba da excelência que ajudarão a explicar sua instabilidade posterior. Em primeiro lugar, a natureza social e relacional de seus compromissos centrais de valor, sua dependência de coisas frágeis; em segundo lugar, sua antropocentricidade: sua crença de que os compromissos éticos são coisas humanas, não sustentados por nada mais sólido ou mais estável. O segundo argumento já está implícito em seu contraste, aqui, entre o que acontece na natureza e o que acontece "entre seres humanos". Os padrões éticos existem, ao que parece, totalmente no interior do mundo humano. Isso fica ainda mais claro adiante, quando Hécuba nega explicitamente que os elos morais são assegurados por algo mais estável do que os nossos acordos:

> Os deuses são fortes, e forte é a convenção (*nómos*)* que governa sobre eles. Pois é por *nómos* que reconhecemos os deuses e vivemos nossas vidas, fazendo nossas distinções entre injustiça e justiça. Se o *nómos* é destruído [ou: corrompido]... não há nada mais que se lhe assemelhe** na vida humana. (799-805)

Acordos (ou práticas) humanos profundos relativos ao valor são a autoridade última para as normas morais. Se a "convenção" é extirpada, não há nenhum tribunal superior ao qual possamos apelar. Até mesmo os deuses existem somente no interior desse mundo humano[9].

Em ambas essas falas, vemos, também, evidências claras de nosso primeiro argumento: a importância, dentro dessa concepção antropocêntrica, dos valores relacionais. Na primeira fala, afirma-se que os valores são concedidos através da criação em uma comunidade; a segunda fala nos diz explicitamente que um dos valores centrais concedidos por essa criação é um valor social, a justiça. Veremos brevemente que um outro valor social, a amizade ou amor, é igualmente enraizado de maneira profunda na concepção que Hécuba tem do bem.

Podemos começar a ver muitos pontos de semelhança entre a concepção de Hécuba e a de Aristóteles. Ambos insistem na importância de bens relacionais; ambos enfatizam o papel da comunidade no ensino de valores; ambos negam que exista, por trás das práticas humanas, algum tribunal superior ao qual possamos recorrer. Isso não deve surpreender, uma vez que a concepção de Hécuba, embora difusamente sustentada na cultura do século V, será uma parte predominante das "aparências" com as quais a teoria ética de Aristóteles está comprometida. Mais concretamente, sua fala tem uma boa parcela em comum com as concepções expressas pelo Protágoras de Platão, que explicitamente alega exprimir uma concepção amplamente sustentada e cuja posição já comparamos com a de Aristóteles. No entanto, para avançarmos mais, precisamos fundar nossa leitura das asserções de Hécuba em uma apreensão mais sólida da força de suas distinções em sua própria época, e perguntarmos qual é, exatamente, a relação de suas falas com o famoso debate contemporâneo sobre o *nómos* e o *status* do valor ético.

* Arrowsmith traduz *nómos* aqui por "alguma ordem absoluta, moral". (Ele me diz que agora concorda com a minha tradução.) Há, contudo, fortes razões para considerá-lo um *nómos* humano, e não eterno. A frase seguinte, introduzida com "por" (*gar*), deve fornecer a razão para acreditar que o *nómos* está sobre os deuses. Mas essa frase se refere a práticas humanas de acordo com as quais acreditamos na existência de deuses e *fazemos* (não: *consideramos*) distinções éticas básicas. Cf. também 866, em que a expressão *nomón graphaì*, "escritos de *nómoi*", novamente nos lembra de que estamos falando de um artefato humano.
** *Oudén... íson*, "nada... igual", transmite, de fato, um duplo sentido: (a) nada igual ou semelhante ao *nómos*; e também (b) nada justo ou imparcial. O segundo significado, menos óbvio, revela em que medida toda a justiça ou eqüidade social resiste ou decai com o *nómos*.

Se fizermos uma breve digressão para explorar essas conexões, teremos um pano de fundo mais rico a partir do qual poderemos explorar o restante da peça.

Muito antes de Platão, uma tradição bem-difundida do pensamento ético grego asseverava que os acordos e práticas éticas são baseados em padrões eternamente fixos na natureza das coisas. Com freqüência (embora nem sempre), é isso o que se quer dizer com a afirmação de que os valores éticos existem "por natureza": eles estão ali, independentemente de nós e de nossos modos de vida. Essa idéia do *status* extra-humano do valor (normalmente associada a uma idéia das origens extra-humanas) forneceu uma justificação para a solidez e inviolabilidade que as pessoas desejavam associar às exigências éticas mais profundas[10]. Tal idéia implicava, entre outras coisas, que essas exigências jamais poderiam ser deixadas de lado ou anuladas pela ação humana. Também queria dizer que nossa relação ética mais fundamental não é com entidades instáveis tais como as pessoas e a cidade, mas com algo mais firme que qualquer um de nós. Se os humanos violam uma lei de hospitalidade, podem contar com a contínua preocupação de Zeus Xênio; se os humanos pouco se importam com juramentos, Zeus Horquios jamais se desvia ou altera. Tudo isso dá ao universo ético um sentido de profunda estrutura e segurança; confere estabilidade às vidas humanas que nele se encontram*. Vimos, por certo, como Platão se vale dessa tradição e a desenvolve; e como Aristóteles critica a tradição como um todo. Mas, se desejamos pensar na tradição tal como confrontou Hécuba, faríamos bem em pensar na segurança moral dos idosos no *Édipo* de Sófocles, que são capazes de cantar:

> ... leis providas de uma base altiva, nascidas nos céus etéreos. Seu único pai é o Olimpo, não lhes deu à luz nenhuma natureza mortal de seres humanos, tampouco o esquecimento lhes embalará o sono. Há nelas um grande deus; ele não envelhece. (865-72)

De outro lado, temos uma tendência no pensamento tradicional sobre ética (que coexiste, desde o início, com a primeira, embora potencialmente em tensão com ela) que fala do valor ético como algo crescente, fluente e mutável, que existe no interior da comunidade humana e de suas longas tradições de louvor e culpa[11]. Essa maneira de pensar encontra expressão substancial no discurso do final do século V sobre o *nómos*; mas é, em verdade, muito mais antiga, como indicou nossa discussão da imagem de Píndaro e de seu contexto ético (cf. Cap. 1 n. 3). A imagem da planta dessa tradição repercute tanto em Polidoro como em Hécuba; ela, ademais, emprega como palavra central por excelência o termo "*gennaîos*", estreitamente vinculado a essa imagética pela idéia do crescimento verdadeiro e apropriado. Essa imagética implica tanto a antropocentricidade (enraizada no mundo da mudança e da história), como a importância central do social; também revela a carência da pessoa boa por sua dependência do social[12]. Esses traços do discurso da planta são, em princípio, separáveis. Seria possível caracterizar o indivíduo como carente e frágil, ao mesmo tempo que se acredita que existem normas imutáveis; com efeito, essa situação prevaleceu durante grande parte do período arcaico. Seria possível também retratar o indivíduo como sólido como uma rocha, apesar da natureza humana do valor. Mas, no primeiro caso, a existência de padrões imutáveis limita a vulnerabi-

---

* Devemos, contudo, nos lembrar aqui de um fato agora familiar em virtude de nossos capítulos segundo e terceiro: que os deuses gregos são capazes de mudança, de ação dupla ou contraditória, de desacordo e de uma justiça que pode parecer bastante injusta pelos padrões mortais. Zeus preside e projeta o rompimento de juramentos, assim como sua santidade (ex. *Ilíada* IV.68 ss.) – assim como Ártemis tanto protege como destrói animais jovens (Cap. 2). Dessa forma, quando um mortal conta com um deus, há, juntamente com a segurança básica, um elemento de incerteza e vulnerabilidade que torna essa postura ética mais próxima à da tradição da "planta" do que podem sugerir alguns textos tomados isoladamente.

lidade do indivíduo: se uma exigência humana é violada, uma lei divina efetivará, no longo prazo, uma retificação do equilíbrio. Já o segundo tipo de separação é difícil de sustentar, como Hécuba descobrirá: pois, se não há nada exterior a que recorrer, nenhuma estrutura incorruptível estabelecida, esse fato tenderá a afetar a estabilidade do indivíduo tanto na atividade como na bondade interna[13]. Como Aristóteles expressa essa idéia: uma vez que "a lei não tem poder algum que obrigue à obediência senão o do hábito", mudanças forçosas nesses hábitos podem levar a uma clima de desarraigamento e sublevação (*Pol*. 1268b22 ss., cf. Cap. 10, pp. 265-6).

Nos anos imediatamente precedentes à escrita dessa peça, essas questões sobre a origem e o *status* do valor ético eram tema de intensa controvérsia. Perturbados pela percepção das diferenças éticas ocasionada pelas viagens e pelo trabalho etnográfico comparativo[14], muitos "contemporâneos" de Hécuba perguntavam se de fato as práticas éticas não tinham origem meramente humana (trazidas à existência meramente por *nómos*)[15], e, se tinham, se isso implicava que elas eram superficiais, arbitrárias e mesmo substituíveis à vontade[16]*. Mais uma vez, assim como antes, a concepção antropocêntrica se vinculava à ênfase nas excelências sociais e relacionais, aquelas que evidentemente passaram a existir com a cidade. Um louvor do *nómos* é quase sempre um louvor desses valores[17]. A etimologia da nossa "convenção" implica o relacional; mesmo assim, o grego "*nómos*" está etimologicamente ligado a idéias de distribuição, aquinhoamento e delimitação, por conseguinte, de acordo interpessoal[18]. (Alguns pensadores viam essa ligação como lógica: as excelências relacionais, mais do que as outras, só têm sentido dentro do contexto da vida humana, com suas necessidades e limitações[19].)

No debate sobre o *nómos* e seu valor, as falas de Hécuba assumem uma posição interessante e construtiva. Ela claramente sustenta que nossos valores éticos (entre os quais se destacam os valores sociais) existem "por *nómos*" no sentido de que são apenas humanos; mas esse fato não nos autoriza, ela parece argumentar, a fazer pouco-caso deles. Tampouco se afigura que possamos substituí-los ou alterá-los à vontade. Somos criados dentro dessas distinções; elas estruturam tudo o que fazemos; não podemos tão facilmente nos afastar do mundo que elas constituem[20]. E, finalmente, uma vez que fomos criados nelas, elas estão em nós: elas formam a estrutura interna de nossa "natureza", tornando-nos psicologicamente estáveis contra todos os eventos que o mundo possa imaginar. A virtude humana é incorruptível, de longe mais estável que uma planta.

Mas a admissão de Hécuba de que nossos valores centrais são simplesmente humanos e, no interior do mundo humano, sociais, deixa-a ainda em uma posição vulnerável. Perguntamo-nos se a fragilidade interna de uma planta pode realmente ser separada dos outros traços da imagem da planta. Ela deu lugar de honra a valores que dependem de um contexto mutável para seu exercício. O agente que ela descreve só poderá ser mais firme que uma planta se seu ambiente social for mais seguro que o mundo da natureza; pode ser que não seja assim. Ademais, o processo de desenvolvimento moral, como ela o descreve, parece pressupor, tanto da parte dos pais

---

* Não podemos recapitular aqui os detalhes da controvérsia do século V. Resumindo, porém: os pensadores se dividiam quanto à questão de se as normas e práticas éticas são artefatos humanos. Essa questão, por sua vez, deu origem a algumas outras: se são contingentes e humanas, isso implica que são meramente arbitrárias e/ou substituíveis à vontade? A asserção de que as normas éticas existem por *nómos* em geral não implica diretamente o relativismo sobre o valor, embora alguns pensadores gregos considerem que sim; apenas torna a relatividade dos valores uma opção viva. (Protágoras, por exemplo, parece fazer da espécie humana sua medida ética sem abraçar nenhuma forma societária mais estreita de relativismo.) Finalmente, uma vez que um pensador tenha adotado uma posição sobre essas questões acerca do *status* de nossas normas éticas, ele deve prosseguir e afirmar se, assim situadas, são coisas boas a seguir, ou se não seria preferível algum tipo de retorno delas a um padrão de natureza, para algumas pessoas ou para todas. (Para mais detalhes e referências, ver notas.)

como da parte da criança, uma confiança insuspeita na autoridade e na eficácia do *nómos*[21]. Pois uma criança não aprenderá as distinções presentes nos *nómoi* de sua sociedade se os pais ou a criança estiverem sempre a duvidar se, de fato, essa é a língua ética que falamos, ou a perguntar ceticamente se esses argumentos estão, de fato, em vigor. Tampouco podem os pais amáveis encorajar uma criança a querer o que os *nómoi* recomendam a menos que ela mesma acredite em sua efetividade. Tudo isso sugere que nossas práticas éticas, e a própria bondade adulta, podem ser mais vulneráveis, em tempos de sublevação geral, do que Hécuba reconheceu.

Essas questões tornam-se ainda mais acentuadas pela combinação que Hécuba faz de uma concepção relacionada ao externo com a antropocentricidade ética. Pois, se as distinções morais são acordos nas maneiras de viver e falar, se a moralidade é um sistema de práticas humanas, então há uma possibilidade distinta de que as circunstâncias ou atos humanos sejam capazes de transformar ou corromper o próprio *nómos*. As exigências de Zeus poderiam ser violadas; o próprio Zeus permanecia vigilante, imaculado, um objeto adequado da confiança humana. Se em muitas coisas não se pode confiar, há algo que é perfeitamente confiável; a confiança que parece ser uma parte necessária de uma boa vida ética tem para onde ir. Mas o próprio *nómos* humano de Hécuba pode, admite ela, sofrer "destruição" ou "corrupção". Se uma parte age contra o entendimento comum, o próprio acordo que tornou firme a convenção é enfraquecido; nenhuma natureza basicamente sólida como uma rocha o escora. Se você e eu concordamos em denominar injustos certos atos, e de repente você muda o uso do termo moral, nenhuma lei eterna o persuadirá a me autuar ou absolver contra você. Se prometo cuidar de seu filho e o assassino, essa promessa não repousa imaculada em algum reino sagrado, testemunhando contra mim. Ela está violada; nada a substitui.

Em geral, fatos inquietantes como esses escaparão à vista, uma vez que a parte ofendida pode recorrer a acordos culturais e leis estabelecidas para levar o ofensor à justiça. Somente um acordo singular é violado; e o *nómos* no sentido mais profundo virá ao socorro. Esses acordos profundamente compartilhados, entretanto, podem eles mesmos se alterar e se degenerar. Se a falha individual ocorre em uma época em que o tecido social de uso não é íntegro, então veremos muito claramente o que significa admitir que o *nómos* está no mundo e não "lá fora". Não há, simplesmente, para onde se voltar. O fundamento sofreu corrupção. E então, acrescenta Hécuba, não há substituto. "Não há nada semelhante na vida humana."

Essas ansiedades oprimiam toda a audiência nesse período. Eurípides poderia esperar canalizar e trabalhar com nossas reflexões já ativas precisamente sobre esse tema. A peça foi produzida em 425 ou 424[22]. Em 424, a guerra civil de três anos em Corcira chegou à sua conclusão hedionda e violenta. Tucídides nos diz que esse conflito atraiu atenção em virtude de suas evidências horríficas de degradação moral no momento de tensão; serviu como um sinal da fragilidade do *nómos*, das possibilidades presentes em nossa natureza de traição, negligência, vingança[23]:

> ...Muitas foram as calamidades que sobrevieram às cidades gregas por essa contenda civil... As avaliações verbais costumeiras dos fatos foram substituídas por novas quando se faziam as apreciações éticas: uma ousadia irrazoável se chamava de coragem e lealdade ao partido, uma prudente detença, de covardia especiosa; moderação e autocontrole passavam a ser reconhecidos apenas como o manto da timidez, ter um entendimento do todo, como total falta de disposição para agir... Se um homem conspirava e tinha êxito, era inteligente; se suspeitava de uma conspiração, era ainda mais esperto; e aquele que cuidava para que nenhuma conspiração ou suspeita fosse necessária era um subversor de seu partido... A boa-fé entre os membros de um partido era assegurada não tanto pela sanção do *nómos* divino, como pela parceria no crime; e, com respeito às ofertas justas dos oponentes, eram recebidas apenas com uma ação preventiva do partido mais forte, não com nobre candura (*gennaio-*

> *téti*). Os homens pensavam mais em desforrar-se de uma ofensa do que em não ter nenhuma ofensa de que se desforrar.
>
> Assim, todo tipo de má prática se arraigou na Grécia, alimentada por essas guerras civis. A sinceridade (*to euéthes*), que é a parte mais pródiga do caráter nobre (*to gennaion*), foi silenciada às gargalhadas; desvaneceu-se. A oposição desconfiada do espírito venceu a batalha e destruiu toda a confiança. Para reconciliá-las, nenhum discurso era forte o suficiente, nenhum juramento suficientemente temível. Todos eles igualmente, quando obtinham a supremacia, calculando que não deviam esperar a segurança, tornavam-se mais atentos à autoproteção do que eram capazes de confiança[24].

Confrontamo-nos aqui com a total desintegração de uma comunidade moral, o resvalamento e a corrupção de toda uma língua moral. A comunidade ética muda seu caráter. Ela funciona como funcionam os agentes dentro dela; nenhuma lei externa intervém para deter ou corrigir esse processo orgânico de mudança. (O *nómos* divino é mencionado apenas como aquilo que não é observado ou em que não mais se acredita.) Pior de tudo, mesmo os agentes anteriormente bons são aniquilados quando a traição e a violação se arraigam. Nada os protege.

Muito se pode afirmar sobre o destino dos bons personagens em tais períodos. Em primeiro lugar, são tratados de maneira diferente – são objeto de escárnio e abuso. Assim, também, perdem, a partir de fora, a habilidade de exercer virtudes inerentemente relacionais. Mas é na área da fé e da confiança que a lição de Corcira ameaça Hécuba da maneira mais evidente. Tucídides salienta que o caráter virtuoso repousa sobre um fundamento de confiança em condições que existem fora do eu. A "maior parte" do caráter nobre é *to euéthes*, que pode ser traduzido por "sinceridade", "abertura", "simplicidade", e que é aqui contrastado com a suspeita e a incapacidade de confiar[25]. A pessoa nobre não é constantemente repleta de suspeitas, cética. Acolhe as ações dos outros com generosidade, não com "ação preventiva", convicta de que as convenções estão em vigor, as estruturas do mundo em seu devido lugar. A confiança, entretanto, pode ser destruída a partir de fora, pelas ações de outros. Em certas condições externamente causadas, toda pessoa normal, razoável, há de se tornar cética e repleta de suspeitas; essa "sinceridade" será "silenciada às gargalhadas". Mas junto com esse abandono da sinceridade vem uma perda de bondade. Se os discursos e juramentos não mais parecem confiáveis, se questiono tudo e procuro a traição por trás de toda expressão de amor, simplesmente já não sou uma pessoa nobre; talvez já nem seja absolutamente uma pessoa. Esse, como veremos, é o interesse central de Eurípides no destino de Hécuba.

Cumpre retornarmos agora a Polixena, o exemplo que a peça oferece de nobreza incorrupta. À medida que nos voltamos a ela, vemos que o que nela nos comove à reverência é precisamente essa sinceridade ou generosa confiança tucididiana[26]. Eis uma mulher, vemos imediatamente, a quem se ensinou a ter um elevado senso de seu próprio valor pessoal e dos outros. Ela espera firmemente ser tratada de acordo com seu valor, e assume, sem reflexão suspeitosa, que assim tratará os outros. Ela não teme que as convenções mais profundas em que foi criada se desvaneçam. Ela diz a Odisseu que compreende sua relutância em recebê-la na postura de uma suplicante; respeitará essa relutância recusando-se a fazer a demanda. Em toda essa longa fala, ela se apóia sobre o fato de que esse grego astuto respeitará as exigências religiosas da convenção do suplicante, já que encetou essa relação. "Fui criada em nobres esperanças" (351), diz-nos ela; vemos por toda parte a nobreza de sua esperança, em suas respostas insuspeitas. Talvez, de tudo o mais comovente seja sua disposição final de modéstia virginal. Ao cair morta, relata o arauto incrédulo, mesmo no momento derradeiro ela se preocupou em arranjar suas saias de maneira que seu corpo não fosse revelado de forma imodesta. Isso demonstra, evidentemente, uma presença de espírito extraordinária. Mas é ainda mais surpreendente por sua manifestação de confiança. Ao morrer, ela não pensa em duvidar de que um grupo de soldados gregos respeitará, após a sua morte, a castidade da sua saia. Se ela agir bem, seu ato vigorará e será recebido. Com efeito, como ela mesma nos diz, ela "não é acostumada ao gosto das coisas más" (375). Apropriadamente, é chamada por um nome que pode significar tanto "aquele que dá" como "aquele que recebe" "muita hospitalidade".

O esplendor simples dessa menina é, como sugeriu a consideração de Tucídides da nobreza, amplamente constituído por essa confiante abertura com respeito às convenções que estruturam sua vida. Eurípides a apresenta não como uma *ingenuidade* infantil, mas como um compromisso maduro com os valores sociais, baseado na confiança que esses valores requerem. Mas, se percebermos o que eles requerem, também começaremos a ver o que Polixena indistintamente adivinha: que sua nobreza pode estar em perigo nesse mundo. Ao seu honrado inimigo, ela conclui candidamente: "Envio adiante essa luz provinda de olhos livres e generosos entregando meu corpo ao Hades" (367-8). Os olhos, para ela, são o lugar da confiança, tanto dada como recebida[27]. Sua luz aberta expressa a confiança dela no *nómos*; e o que ela confia no mundo do *nómos* é a expressão, através dos olhos de outros, de amizade, honestidade, compaixão. Pelo contato do olhar, esses personagens se reúnem em um universo moral compartilhado e o reconhecem. No entanto, como Polixena vagamente sente, e como em breve se mostrará a Hécuba, os olhos podem simular uma confiança que não existe, fingir lágrimas, assumir um aspecto falsamente honesto. A viagem auto-afirmada de Polixena ao Hades, cujo nome significa "o lugar sem visão", pode mostrar-se necessária para preservar o aspecto generoso e livre de seu espírito de uma cegueira ainda mais horrível. Vagamente ciente de um perigo, ela roga: "Ajuda-me a planejar minha morte antes que eu encontre coisas vergonhosas que não mereço." Diferentemente de sua mãe, ela acha o momento certo[28].

II

Muitos comentadores condenaram essa peça por sua falta de unidade, acusando que a história de Polixena e a história de Poliméstor são episódios separados reunidos, no máximo, como capítulos da vida de sofrimentos da heroína[29]. Espero que, neste momento, já esteja claro que é possível encontrar uma ligação mais profunda. Se nos concentrarmos na questão do bom caráter e sua estabilidade, veremos que o primeiro episódio propõe uma visão sobre esse problema que o segundo episódio nos dará razão para questionar. Ao mesmo tempo, ele nos revela, na pessoa de Polixena, traços de nobreza em virtude dos quais não é possível que ela seja tão estável quanto Hécuba pensa, traços cuja violenta eliminação será a fonte da degeneração de Hécuba na segunda metade da peça.

Hécuba é capaz de se manter firme na adversidade. Entre suas virtudes excelentes estão a preocupação cívica e a lealdade, a generosidade para com os necessitados e os suplicantes, a moderação, a justiça e uma preocupação resoluta e amável com seus filhos. E nem mesmo a morte da filha, com sua arbitrária crueldade, a faz titubear nessas virtudes. Contudo, o conhecimento do assassinato de Polidoro provoca um revés espantoso por ser tão abrupto. O clima de guerra, juntamente com suas outras perdas anteriores, certamente ajudam a explicar por que ela se mostra tão vulnerável a esse choque. Mas somos convidados a examinar de perto o significado particular dessa relação e desse crime, para compreender por que eles têm esse poder singular.

Poliméstor é um *xénos*, ou amigo-hóspede, de Hécuba e Príamo. Essa relação recebe enorme ênfase na peça: é mencionada quinze vezes[30]. É também uma pessoa amada, ou *phílos*[31]. De modo preciso, ele ocupava, segundo ela nos diz, "o primeiro lugar entre as pessoas que amo na classificação dos amigos-hóspedes". A relação de *xenía* é a relação convencional mais profunda e sagrada pela qual um habitante desse mundo pode se colocar diante de outro. O ato de dar e receber hospitalidade impõe obrigações de cuidado e proteção cuja inviolabilidade é fundamental para todas as relações interpessoais, toda moralidade. Mesmo quando *xenoi* se encontram no campo de batalha, se se reconhecerem como tais, suspenderão as hostilidades[32]. Poliméstor e Hécuba são vinculados, pois, pelo laço mais obrigatório que existe por *nómos*, o laço que mais fundamentalmente indica a abertura de um humano para com outro, sua disposição de se juntar ao outro em um mundo moral comum. E eles combinam essa obrigação profunda com afeição pessoal. Em sua cena posterior de amizade simulada, vemos, através de sua aterradora paródia mútua de afeição, a profundidade da simpatia que uma vez os uniu. Ele era tanto *xénos* como amigo; ele era a pessoa a quem ela e Príamo consideraram adequado confiar, em segredo, seu filho, cujo nome significa "aquele que dá muitas coisas", aquele que dá esperança a seu futuro e ao futuro de sua cidade. Ele era, acima de todos os outros, aquele a quem dirigiam seus olhares livres e generosos. Esse elo é um caso melhor ou mais forte de amor ou amizade, nos termos da peça, do que seria um elo erótico: pois esses laços são *convencionalmente* não confiáveis ou instáveis, casos mais fracos ou piores de prometimento[33]. Se a relação carece de parte da ênfase nas buscas compartilhadas e no contínuo viver-junto que caracteriza a *philía* aristotélica, ela ainda desempenha um papel igualmente profundo nesse mundo, é igualmente baseada na confiança e é igualmente fundamental a toda a moralidade interpessoal.

O crime de Poliméstor de assassinato de uma criança é especialmente horrível, é em si mesmo um "caso pior" de crime, sob vários aspectos. Primeiro, pensamos no fato de que essa criança não recebera plenamente a criação que era encargo de Poliméstor; não teve, por conseguinte, a chance de levar uma vida humana ativamente boa. Ademais, sabemos como Hécuba apostou sua esperança para si mesma e para sua cidade nesse último menino remanescente; e essa esperança, conhecida por Poliméstor, deveria ter imposto uma obrigação especialmente forte de proteger e defender. Ele se incumbiu explicitamente dessa obrigação, sobre e acima das obrigações usuais impostas pela *xenía*. Mas, talvez, o pior de tudo para nós seja pensarmos na simplicidade indefesa da criança. A história do crescimento de Polidoro "como uma planta jovem" nos fornece uma visão da infância feliz e inocente repentinamente interrompida. "Cresci bem pela sua criação. Pobre de mim." A abertura impõe suas próprias obrigações. A virtude de Polixena evocou respeito e cuidado até mesmo de um grupo de soldados descritos como especialmente insubordinados. Seus olhos e suas mãos mantiveram a confiança que ela demandou com sua modesta queda: eles disputam para cobri-la, envolvendo seu corpo com folhas, adornando-a com mantos. Desonrar uma criança inocente é completamente diferente de conspirar contra um conspirador. O horror disso é sintetizado no sonho de Hécuba do jovem cervo sendo dilacerado por um lobo que (humanamente) o arrebata "sem piedade" (90-1). Pois, o que é pior, Poliméstor cometeu seu pior crime sem cautela, sem uma forte necessidade e sem culpa ou cuidado, sem dedicar nenhuma preocupação nem mesmo com o enterro do cadáver de sua vítima[34].

Temos todo o material da decadência de Hécuba. Por um lado, ela mesma é um caso muito forte de bom caráter adulto e firme: se ela pode ser corrompida, cria-se a convicção de que existe essa possibilidade para a excelência adulta em geral. Por outro lado, apresentam-se-nos circunstâncias incomumente extremas: em uma época de sublevação social geral, seu amigo mais profundo e em quem mais confiava cometeu, sem cautela, o pior dos crimes. Extremas, essas circunstâncias de fato são; mas não são de maneira alguma implausíveis, idiossincráticas, ou mesmo – especialmente em tempos de guerra – raras.

Qual é, pois, para Hécuba, a experiência desse momento em que ela finalmente reconhece que o cadáver sem face, lacerado diante dela é o seu Polidoro?[35] É um espetáculo cuja violenta intimidade de seu horror mal podemos começar a entender. A servente que recuperou o corpo sabe que ela traz um conhecimento que será dilacerante; pois, e seria estranho se assim não o fizesse, ela observa que não é fácil evitar falar *de maneira blasfema* quando se está na presença de tal infortúnio. Essa notícia é, na mente dessa mulher simples, uma blasfêmia contra tudo. Ela a representa para nós como um objeto tangível horrendo, algo que Hécuba deve *tocar* ou *apreender* e tomar para si; e, quando o fizer, não estará "mais vendo a luz" (668). Ele a envolverá, roubará a luz de seus olhos. Mas, finalmente, a mulher o traz. "Olha", profere relutante. "Olha o corpo nu dessa pessoa morta. Olha e vê se não te parece um assombro além de toda expectativa" (679-81).

"Vejo, deveras. Vejo meu filho morto, Polidoro. O trácio o estava protegendo para mim" (681-2). Nesse instante de reconhecimento, Hécuba compreendeu tudo. A mulher pergunta a ela: "Conhecias a ruína de teu filho, mulher infeliz?" (688). Sua resposta, quase falhando a linguagem, é: "Inacreditáveis, inacreditáveis, novas, novas, são as coisas que vejo" (689)[36]. O que ela vê é que a confiança mais profunda não era digna de confiança. O que há de mais firme é, pode ser, deixado de lado sem cautela. E nesse descuido ela lê outro conhecimento: que os *nómoi* que estruturavam seu mundo nunca foram, para essa outra parte amada, *nómoi* obrigatórios. Ele jamais os viu realmente ou respondeu a eles. "Onde está a obrigatória afirmação da amizade de hóspede (*díka xenón*)?", brada ela. "Ó, maldito, como cortaste sua carne em pedaços, como cortaste os membros desta criança com uma espada e não tiveste piedade" (718-20). O que esse fato lhe demonstra é que nada está acima da perversão. Se esse caso melhor e mais profundo de valor humano social mostrou-se *ápiston*, "inacreditável", então nada jamais merece inteiramente minha confiança.

É um deslocamento, uma dilaceração do mundo. Nem mesmo a linguagem e suas distinções podem apreendê-lo. "Indizível, inominável, além do assombroso" (714), brada ela. "Ímpio. Intolerável." Fazemos distinções, afirmara Hécuba, recortamos o mundo, por *nómos*. A língua se baseia nesses *nómoi* e os incorpora. O corte dessa criança parece agora, para Hécuba, revelar a falta de fundamento, a superficialidade desses recortes. Faz um corte abaixo deles. Mais adiante, quando Agamêmnon pergunta: "Que mulher jamais foi tão infortunada?", Hécuba responde: "Nenhuma, a não ser que designes a própria Fortuna (*Týkhe*)" (786)[37]. Essa resposta nos surpreende pela estranheza, se consideramos que ela está pensando na *Týkhe* como uma deusa dotada de autoridade e que controla a fortuna dos mortais. Mas não deve ser essa a leitura. O que ela expressa, acredito, é um sentimento de completa desordem, falta de estrutura. *Týkhe*, fortuna ou ausência de controle humano racional, é contrastada implicitamente com a ordem racional e inteligível do *nómos*. O que ela quer dizer é que ninguém está em maior desordem, mais deslocado que ela, a menos que se pense no próprio Descontrole ou na própria Desordem.

No entanto, agora começamos a ver o que está ainda mais "além da expectativa": que esse desordenador conhecimento da possibilidade da traição, que vem de fora para essa mulher, é ele mesmo uma corrupção dela e um veneno contra seu caráter[38]. A nobreza de Polixena repousava em uma confiança que não questiona, de coração generoso. O amor de Hécuba por seu amigo também já foi assim. Agora, ao confrontar-se com a falha do *nómos*, ela parece ter apenas duas escolhas. Pode ficar cega a esses eventos, encontrando uma maneira de distanciar o conhecimento ou restringi-lo. (Tomando esse rumo da auto-ilusão, Agamêmnon posteriormente declara que as violações dos *nómoi* profundos são fáceis somente para os bárbaros; os gregos, é claro, comportam-se diferentemente.) Ou pode aceitar o conhecimento, tocá-lo, apreendê-lo como algo verdadeiro para o *nómos*, para os laços sociais em geral. Mas, assim, parece impossível nessas circunstâncias dilaceradoras fugir da corrosão dessa abertura sobre a qual repousa o bom caráter. Ela não pode escapar de ser apanhada em questionamento e suspeita, "mais atenta à autoproteção do que capaz de confiança". Ou cega-se a si mesma, e nesse caso é tola e corrupta, ou permite a si mesma ver, e nesse caso torna-se contaminada. Uma vez que esse "assombroso" a toca, afigura-se que ela deve tomar um ou outro caminho.

E, de agora em diante, o *nómos* da confiança, e a confiança de Hécuba no *nómos*, serão substituídos por algo novo provindo desses novos eventos:

> Ó, filho, filho
> agora começo meu lamento,
> a selvagem melodia (*nómos*) recém-aprendida
> com o espírito da vingança. (684-7)

A canção de vingança de Hécuba é uma "melodia" (*nómos*) recém-aprendida: é também uma nova convenção (*nómos*) e um novo modo de ordenar o mundo. A raiz do significado que vincula esse dois sentidos é de uma ordenação, distribuição ou limitação[39]: a melodia é uma ordenação do *continuum* do som; a lei ou convenção, uma ordenação da vida social. Com o trocadilho intraduzível, Eurípides indica o que o restante da peça explorará: que a destruição da convenção efetua não apenas uma desestruturação, mas também uma reestruturação: que o vazio deixado pela descoberta de Hécuba será preenchido por uma nova confiança e uma nova lei.

III

A vingança, para Hécuba, é o *nómos* que preenche o lugar deixado pelo colapso do antigo. Não sabemos que essa é a única substituição possível; mas é, claramente, a sua substituição. "Situarei tudo em boa ordem", diz ela a Agamêmnon, ao inaugurar seu plano. Com respeito à convenção, ela afirmara: "Se o *nómos* é destruído, não há nada mais que se lhe assemelhe entre os seres humanos." E de fato essa nova canção, substituindo o *nómos*, prova algo diverso. Assim como o *nómos*, ela é um modo de colocar o mundo em ordem, tornando as coisas habituais. No entanto, diferentemente do *nómos*, não exigirá uma confiança em nada além dos pensamentos e planos do vingador. O antigo *nómos* era uma rede de laços que vinculavam uma pessoa a outra. O novo mostrará ser uma canção solitária, para a qual não será necessária a confiança em coisas humanas indignas de confiança.

Esse rápido movimento da derrocada da confiança para o valor do espírito de vingança solitário, que busca o poder – encorajada, embora claramente não inaugurada, pela covarde recusa de auxílio por parte de Agamêmnon – tem lugar porque o desamparo do completo deslocamento é intolerável, e porque o retorno aos modos antigos parece agora igualmente intolerável. Ela não pode viver e planejar sentindo-se tal como o próprio descontrole; tampouco (sente ela) pode uma pessoa de bom senso em sua posição abraçar novamente a antiga confiança ilusória. A vingança atrai porque oferece estrutura e plano sem vulnerabilidade. (Vemos uma mudança semelhante nos Corcíreos de Tucídides que, desesperançados da boa-fé, se comprazem na vingança astuta que lhes dá poder sobre um inimigo indefeso.)

Cumpre agora examinarmos em mais detalhes a ligação, na vingança de Hécuba, entre esse objetivo de auto-suficiência e fechamento e as formas particulares de seu plano de vingança. Como um projeto de trazer a ordem, percebemos que o plano de vingança de Hécuba tem dois aspectos distintos: o retaliativo e o mimético. Antes de mais nada, ela procura corrigir o desequilíbrio em seu mundo levando o aviltamento de volta à sua origem, causando ao aviltador a mesma dor e horror que ele causou a ela. O assassino do filho deve sofrer o assassínio do filho; a pessoa que abusou da *xenía* deve sofrer um abuso igualmente medonho da *xenía*; a pessoa que a mutilou deve ser mutilada. Esse aspecto de retaliação é evidenciado com mais clareza no papel desempenhado no plano pelas convenções de hospitalidade. Poliméstor é atacado enquanto é entretido de todas as formas costumeiras; cada elemento da trama para assegurar o controle sobre sua pessoa e seus filhos envolve uma utilização falsa de algum traço do antigo *nómos*.

Mas há um outro aspecto igualmente importante na lógica desse plano. Qual seja, sua implícita pretensão de imitar e revelar o mundo como sempre foi, por trás das atraentes armadilhas do *nómos*. Abusa-se da *xenía* porque a *xenía* foi por todo o tempo falsa. O que parecia mais digno de confiança provou-se indigno de confiança aqui porque o mais digno de confiança sempre *foi* indigno de confiança. Crianças podem ser assassinadas aqui sem piedade porque sempre foi assim: nenhum *nómos* jamais vigorou diante de uma criança para protegê-la. A língua sofre abuso porque as convenções que obrigam a dizer a verdade nunca se mantiveram firmes, e a mera persuasão, sem respeito pela veracidade, sempre foi "a tirana dos seres humanos".

Essa estrutura dupla surge com maior clareza quando examinamos o papel dos olhos e da visão no plano de Hécuba. Vimos que para essas pessoas os olhos são o local mais íntimo de ligação entre um ser humano e outro, o local em que um ser humano expressa com maior clareza sua confiança em outro ser humano e no mundo da convenção que os une[40]. A "luz dos olhos livres e generosos" era o que Polixena estimava e preservou em virtude de sua morte prematura. O plano de vingança de Hécuba é, fundamentalmente, um plano para cegar Poliméstor. No momento do conhecimento, seu desejo mais profundo não é matá-lo; não é mutilar seus membros, suas orelhas, seus órgãos sexuais. É, especificamente, um desejo de mutilar sua visão.

Vemos muito claramente o que isso significa para ela quando Poliméstor entra, inconsciente de sua descoberta. O que somos levados imediatamente a perceber nele é que se trata de um homem que dá muita importância aos olhos e suas habilidades. Ele os utiliza para expressar, com olhares diretos, uma confiabilidade forçosa e, com lágrimas, uma simpática sensibilidade. É muito significativo para a experiência da platéia aqui que esse homem, quando entra, pareça tudo, menos pernicioso ou indigno de confiança. Ele deve ser direto, ponderado, "aquele que dá muitos conselhos", como sugere seu nome. Cumpre que ele seja em todos os sentidos um "homem de confiança", com todo poder e fascínio, juntamente com a corrupção oculta, que seu nome sugere. Um bom homem de confiança é digno desse sentimento. Ele diz: "Ó, amada Hécuba, choro, ao contemplar tua cidade e tua filha que acaba de morrer. Ai de mim. Nada é digno de confiança, a boa reputação não o é, nem a prosperidade" (953-5). A única coisa que o perturba aqui é, como ele observa, o fato de ela não o olhar nos olhos, não estabelecendo a antiga relação direta. Sobre esses olhares ele medra; em sua ausência ele começa a se sentir incomodado. Assim, sem resposta, ele lança sobre ela seu olhar de confiança, chorando falsas lágrimas por um cadáver que ele fez e, de maneira descuidada, nem mesmo reconhece. (Pois confunde o corpo de sua vítima com o corpo de Polixena, sem sequer perceber a diferença entre o masculino e o feminino, entre um cadáver recém-morto e um cadáver lacerado pelos peixes.)

Por um lado, a cegueira é claramente retaliativa. Ele abusou dos olhares dos olhos dela, portanto, em troca os seus serão profanados. Ele extinguiu, com seu ato, a luz dos olhos dela, tornando-a alguém que "não mais vê a luz"; então, também ele deve bradar (como faz mais adiante): "Fui cegado. Foi-se a luz dos meus olhos" (1035). Mas, por outro lado, vemos que Hécuba está simplesmente trazendo à luz o que sempre houve entre eles. Ela o cega porque cego é o que ele sempre foi. Ele jamais realmente selou uma promessa com um olhar de verdade, nunca chorou verdadeiramente, jamais *viu* o menino dela. Nada jamais foi digno de confiança: nem sua boa reputação, nem sua prosperidade. A lógica da vingança corrige o mundo, acima de tudo ao fazê-lo revelar a natureza oculta de seus crimes anteriores.

Podemos dizer o mesmo sobre o modo como Hécuba, nessa cena esplêndida e terrível, recusa-lhe o olhar de seus olhos. Enquanto Poliméstor chora suas falsas lágrimas, assistimos Hécuba, que se voltou de costas para ele em direção a nós. Percebemos a mistura de desgosto e exultação visceral com a qual ela deve ouvir esse homem se condenando tão completamente. Todo esse tempo, mesmo quando ele começa a se perguntar o que está errado, ela se recusa a "olhar diretamente de frente" (965) para ele. Ela diz: "Não consigo olhar-te com pupilas diretas (*orthaîs kórais*). Não penses que há um mau sentimento para contigo, Poliméstor. Ademais, o *nómos* é a razão." Em seguida, quase como um segundo pensamento, ela acrescenta, "– o *nómos* de que as mulheres não devem olhar diretamente para os homens" (974-5). Isso não é convincente, e ele sabe; eles estão obviamente acostumados com um *nómos* diferente. Quais são, pois, suas verdadeiras razões?

Tomamos a recusa de Hécuba, primeiramente, como uma negação retaliativa: abusaste de minhas ofertas de amor, portanto, em troca abusarei das suas. Mas isso não a explica, uma vez que um falso olhar seria um abuso mais proporcional do que não olhar. Vemos então, além disso, que ela está também representando o amor deles como ele sempre foi realmente. Jamais houve reciprocidade ou vínculo genuíno. Olhá-lo "com pupilas diretas" significa, para ela, deixar sua imagem brilhar, refletida, nos olhos dele. A palavra para pupila, "*kóre*", é também a palavra grega para menina, ou mulher, numa transferência metafórica. A idéia popular por trás dessa transferência é, evidentemente, que a pupila é o local onde a imagem de quem olha é refletida nos olhos da pessoa vista. É uma imagem da realidade da conexão entre você e mim, do conhecimento e sua mutualidade. Passo a ser *em você*, faço com que eu apareça dentro dos seus olhos[41]. (A intenção de Eurípides de jogar com essa duplicidade se manifesta com clareza mais à frente, quando Poliméstor usa a palavra em ambos os sentidos em estreita proximidade, ao contar a história de sua cegueira.) Hécuba não deixará sua imagem brilhar nos olhos dele, não apenas para punir, mas porque sua imagem nunca esteve naqueles olhos. Ela torna as pupilas dele vazias de imagens antes mesmo de cegá-lo, porque é assim que ele sempre enxergou.

Contudo, nem mesmo essa explicação é suficiente; pois ignora o fato de que sua recusa é mais uma recusa a *ver* do que a *ser vista*. Ele ainda olha para ela; o que ela se recusa a fazer é, ela própria, agir, olhar. Se pensarmos nisso, veremos que o que ignoramos até agora é o sentimento profundo de amizade que Hécuba tem por esse homem. Precisamos compreender que ele era aquele a quem ela mais amava e em quem mais confiava. Quando ele olhava com esses olhares e ela os retribuía, ela estava ciente, habitualmente, de uma rara intimidade, tanto que ela o denominava o "primeiro" e estava disposta a dar-lhe seu futuro. Nos olhos dele, ela via sua própria imagem; essa imagem era uma imagem de si mesma olhando para ele, olhando para sua própria imagem naqueles olhos. Ela não era simplesmente Hécuba, mas Hécuba em Poliméstor, fitando, novamente, Poliméstor com Hécuba ali contida. Tudo isso, supunha ela, era verdadeiro da parte dele. Ela via até mesmo sua própria identidade, portanto, como algo relacional; ela era, como ser social, uma criação da visão dele e de seu cuidado.

Quando agora ele entra e diz o que diz, ela sente realmente uma cólera furiosa; quer realmente rasgar os olhos dele. Mas é inconcebível que não sinta, ao mesmo tempo, o antigo e costumeiro impulso de confiança e segurança, o desejo amável de vê-lo e de ver-se nele. O que precisamos perceber é que Poliméstor não aparece de maneira transformada; ele não está a rapinar como um lobo. A coisa mais horrível da traição é que a pessoa parece realmente a mesma. Ele é idêntico à pessoa que ela amava. Ela não pode evitar sua comoção; mas sabe que não pode comover-se. Se ela olhar uma única vez para aqueles olhos que se abrem para incluí-la, então sua esperança de segurança se acabará. Ela é o *relatum* dele, a criatura dos olhos dele. Ela é, acima de tudo, o que ele vê quando a vê. Dada a natureza da visão dele, isso a tornaria nada.

Se, pois, ela se recusa a olhá-lo, é, de fato, o *nómos* que é a razão: o antigo *nómos* do amor deles. É o poder a que ela deve resistir para ter *seu* poder e seu novo *nómos*. "Não penses que há um mau sentimento para contigo, Poliméstor", diz-lhe ela. Ela sabe, como nós percebemos, que ela está dizendo-lhe a verdade, como também mentindo.

E o que devemos fazer com a razão que ela efetivamente lhe fornece, que as mulheres não devem olhar os homens nos olhos? O que, de maneira mais geral, devemos fazer com o fato de que essa peça de vingança tem como figura central uma mulher, e acentua o fato de que estamos testemunhando a transformação de um ser humano em uma fêmea animal, uma cadela?[42] As mulheres, nessa e em outras peças de Eurípides, são as criaturas que, por sua posição social, permanecem mais vulneráveis ao acaso. O famoso interesse de Eurípides pelas mulheres[43] é um interesse por essa condição de exposição, essa impotência diante das afrontas da guerra, da morte, da traição. São as mulheres que são estupradas e escravizadas em tempos de guerra, ao passo que seus homens têm pelo menos a chance de morrer bravamente. São as mulheres que têm seus corpos, como Eurípides salienta repetida e descritivamente, vistos como parte dos espólios de guerra, que devem ser possuídos tal como se possui um boi ou um trípode. Se estamos olhando para uma situação em que o bom caráter é corrompido por circunstâncias extremas, fazemos bem em olhar para seres humanos que, por um lado, podem crescer tão bons como quaisquer outros – e isso Eurípides parece realmente pensar, e com freqüência acentua – mas que, por outro lado, são expostos mais claramente do que os outros aos extremos da fortuna. Através da realidade social não incomum da vida de uma mulher (pois, quando as mulheres não são rainhas, essa adversidade sequer exige extremidade) chegamos a ver uma possibilidade para toda vida humana.

Sem renunciar à sua pretensão, e à pretensão de todas as mulheres, de serem os melhores casos de excelência humana, Hécuba salienta o grau em que as desigualdades cotidianas de poder expõem as mulheres a um nível mais alto de risco. E quando ela diz que as mulheres não *devem* olhar os homens nos olhos, podemos ler isso, ainda, à luz de seu novo *nómos*, como uma afirmação de que às mulheres *cumpre* ser vingadoras, e não confiar em nenhum olho. As duas leituras estão obviamente ligadas: pois, se as mulheres são submetidas a um grau incomum de exploração e abuso, podem ter uma necessidade incomum de, ou inclinação à, vingança e bestialidade canina. Anteriormente, Agamêmnon expressou dúvida quando à capacidade das mulheres de planejar por si mesmas e executar seus planos. A réplica de Hécuba cita casos de conluios femininos bem-sucedidos. Ambos são crimes de vindita: "As mulheres não capturaram os filhos de Egisto, e tornaram Lemnos destituída de homens? Deixa que assim também ocorra aqui."[44]

Assim Hécuba reconstitui o mundo na imagem da possibilidade da não-relação, possibilidade cujo conhecimento destruiu sua confiança. É um mundo de esplêndida segurança e esplêndido isolamento. É completamente encerrado em si mesmo, não olha diretamente para ninguém, não arrisca a luz de nenhum olho. É sepulto, privado, escuro. Ela persuade Poliméstor a vir escutar "uma mensagem privada minha" (978) sobre a fortuna em ouro que repousa enterrada embaixo de "uma rocha negra que se eleva sobre a terra" (1010). Inúmeras imagens do obscuro e do recôndito habitam agora a sua imaginação. Ela leva seu antigo amigo aos "alojamentos privados" (1016) das escravas, um local que é "digno de confiança e destituído de homens" (1017). Nesse lugar encoberto, as mulheres o entretêm, removem sua capa. Uma vez que está indefeso, elas o seguram, atacam e assassinam seus filhos, e então perfuram, esses *kórai* com os alfinetes de seus broches, seus próprios "*kórai* vis", transformando-os em poças de sangue. Cada mulher que os perfura oculta com seu ato a luz de sua imagem naqueles olhos[45]. Isso deixa o mundo, em certo sentido, como ele sempre foi, uma vez que Poliméstor nunca viu ou amou. Mas, ao mesmo tempo, torna Hécuba diferente, uma vez que ela, sim, amou. Quando ela perfura sua imagem em outro, ela destrói algo profundo de si mesma, a saber, seu elo com o outro ou com a alteridade. Ela se torna tão secreta e desconectada quanto Poliméstor sempre foi. Tornando o mundo dele semelhante ao mundo de "uma besta montesa de quatro patas", sem claras imagens de outros, Hécuba transforma sua própria imagem em uma poça de sangue. Mas, então, quando fita a obra de suas próprias mãos, seus próprios olhos tendem a assumir um brilho enodoado, vermelho-sangue. E, de fato, afirma-se à frente sobre seus olhos que eles brilham com os "olhares ígneos" (*pyrsà dérgmata*) de um cão, que é também uma besta de quatro patas.

O cão não é, para os gregos, em sentido algum um animal elevado ou quase-humano. Diferentemente do leão e da águia, ocupa um lugar muito baixo na escala da nobreza animal. Suas características significativas são a sagacidade ao rastear uma presa, a tenacidade ao desviar-se de seus inimigos, e a proteção a rosnadas de seu território próprio. Acima de tudo, ele é desprezado e temido como o animal que devora a carne dos cadáveres humanos, indiferente à mais sagrada lei da sociedade humana. Não há nenhum elo de confiança ou solidariedade que o detenha: Príamo sabe bem que, se ele cair, seu cadáver "será despedaçado / em meus próprios umbrais pelos cães / que treinei como guardas, alimentados em minha própria mesa. / Lamberão meu sangue com corações vorazes..." (*Il.* XXII.66-70, trad. [para o inglês] de Fitzgerald). Assim, esse animal representa, para os gregos, a plena ausência de preocupação com o *nómos*, uma completa inacessibilidade a valores sociais ou relacionais. Chamar alguém de "cão" ou "olhos de cão" é, a partir da *Ilíada*, proferir um insulto muito sério, que deita ênfase particular sobre o egoísmo e a falta de consideração pela comunidade por parte da pessoa insultada[46]. Quando Aquiles deseja insultar Agamêmnon por seu comportamento egoísta, ele o chama de "olhos de cão" (I.225) e leva isso adiante com a acusação de que ele é um *demobóros basileús*, um rei que se alimenta da carne de seu próprio povo (I.231). Quando Helena quer insultar a si mesma por ter causado, desatentamente, indizível dor aos outros, ela o faz chamando a si mesma de "cadela" (VI.344). Séculos depois, as associações ainda ocorrem: Sexto Empírico oferece uma *reductio* de uma concepção ética importante demonstrando que até mesmo um cachorro poderia satisfazer suas exigências com relação à justiça e a excelência social (*PH* I.66-7, citado como epígrafe). Quando, pois, ouvimos falar da transformação de uma mulher em cão, não devemos pensar na bestialidade em termos vagos ou indefinidos. Devemos pensar na ausência de consideração pela comunidade e pela relação, e na forma específica de animalidade que ela acarreta.

No *nómos* da vingança, as virtudes tradicionais de caráter ainda existem, mas cada uma de uma forma alterada. Todas, em primeiro lugar, se tornam meios para os fins pessoais de poder e segurança. Nenhuma prudência, nenhum pensamento de justiça, nenhuma piedade a detém, uma vez que ela adentra os aposentos privados. Mesmo seu amor por sua única filha sobrevivente, a louca profetiza Cassandra, é utilizado como uma ferramenta para seu plano. Cassandra é agora a concubina do comandante grego Agamêmnon. Em vez de procurar mitigar, por amor, o relutante sofrimento da moça (que, como Poliméstor vaticina, trará mais tarde a sua morte), Hécuba procura usar a relação, em lugar disso, para seus próprios fins, tentando através dela obter influência sobre Agamêmnon para que ele a ajude em sua vingança. Naquilo em que até mesmo os que simpatizam com Hécuba encontram o ponto baixo de seu raciocínio moral[47], ela lhe roga auxílio usando o corpo de sua filha como pretexto:

> Minha filha sacerdotisa deita-se ao teu lado, aquela chamada Cassandra. O que darás por essas noites de prazer, senhor? Que gratidão terá minha filha, por seus deliciosos abraços no leito? Que gratidão receberei dela, por minha vez? (825-30)

O amor de mãe, anteriormente o esteio central do pensamento e do caráter dessa mulher, foi transformado na passagem para a vingança. Agora, como tudo o mais, assume uma relação puramente instrumental com o seu bem, que não pode incluir como parte componente o bem de qualquer outra pessoa. A vingança se sobrepõe a todo o mundo do valor, fazendo de seu fim o único fim.

Vemos, também, como cada virtude transforma sutilmente sua natureza quando já não é fundada na confiança e na associação. Polixena nos mostrou uma coragem fundada na confiança na nobreza de seu país e de seus modos de vida compartilhados; uma modéstia fundada na confiança na decência dos outros; uma justiça fundada na crença na bondade das deliberações dos outros. No novo sistema de Hécuba, já não fundado em compromissos comunais, servindo apenas a um objetivo solitário, a coragem se torna uma espécie de ousadia impudente que brada: "Rasga! Não poupes nada!" (1044). Prudência ou moderação se torna uma astúcia solitária que não tem nenhum respeito por nenhuma decência e não confia no respeito de nenhum homem pela sua. A justiça se torna um instrumento de punição pessoal e segurança pessoal; nesse sentido, até um cão *pode* ser justo, como Sexto habilmente demonstrou. A sabedoria é simplesmente o engenhoso conluio que "colocará tudo em boa ordem". Aristóteles afirmou que a justiça, amplamente interpretada, é como a inteireza da excelência – significando com isso que toda virtude tem um aspecto comunal e interessado no outro que não pode separar-se dela sem destruir seu caráter de virtude (cf. acima, pp. 306-7). A transformação de Hécuba evidencia-nos a profunda verdade disso quando nos mostra as virtudes absolutamente despidas de comunalidade. Há ainda algo que podemos reconhecer como o casco do caráter, mas escapa-nos a nobreza que deveria ser tão imutável.

Também a linguagem se modifica. O vingador, desprovido de confiança, não pode se fiar no "uso comum" das palavras. Como Tucídides também viu, ele deve reconhecer que as palavras podem sofrer uma mudança em sua relação com as ações e os objetos, se os agentes decidirem que isso favorece seu interesse. Isso significa que as palavras se tornarão não elos de confiança, mas instrumentos de fins; a comunicação é substituída pela retórica persuasiva, e a fala se torna uma questão de obter vantagem da suscetibilidade da outra parte. Hécuba agora exclama furiosamente que sua educação em discurso convencional foi um desperdício de esforços:

> Por que cargas-d'água nós mortais tanto nos esforçamos por aprender toda espécie de coisas, como é de costume? Por que desperdiçamos o nosso tempo, enquanto a Persuasão, única tirana dos seres humanos, não é o objeto de nossa avidez? Por que não pagamos qualquer preço para nos tornarmos capazes de persuadir os outros, e assim conseguirmos o que queremos? (814-9)

Se a linguagem é humana e de costume, não é digna de confiança. Mas, assim, a maneira engenhosa de usar a linguagem é como uma força persuasiva no jogo da vingança. Em um momento tenebroso, ela deseja que todo o seu corpo se transmude em formas de retórica persuasiva: "Vozes em meus braços, minhas mãos, meus cabelos, nos passos de meus pés, todas bradando juntas... 'Ó senhor, Ó grande luz da Hélade, deixa-me persuadir-te, provê de mãos vingadoras esta velha mulher'" (836-43)[48]. Como o corpo de Cassandra, seu próprio corpo é agora uma mera ferramenta de seu novo plano. Sua bestialidade canina é cada vez mais evidente, a não ser pelo fato de que nenhuma cadela não-humana poderia utilizar tão bem o raciocínio.

Na *Oréstia*, Ésquilo nos mostrou a criação da cidade e das virtudes políticas como um processo que envolve de maneira central a substituição das estruturas de vingança pelas estruturas de confiança e amizade cívicas. As Eríneas começam a última peça da trilogia como criaturas bestiais, mais especificamente criaturas que se assemelham a cães, que farejam sua presa com olhos gotejantes, excitados pelo odor de sangue[49]. Ao final, paramentadas com vestimentas humanas, presente dos cidadãos de Atenas, encontram-se diante de nós transformadas em mulheres humanas. À medida que olham para os homens de Atenas e proferem uma bênção à terra e seu povo, cessam de rosnar, rastejar e farejar sangue. Deixam-se ficar eretas, "partem de acordo com o *nómos*" (*Eum.* 1033), demonstram que "pensaram como encontrar o caminho da boa fala" (987-8). O momento crucial de transição é um momento de recepção e confiança: elas colocam de lado sua suspeita e deixam-se persuadir (794, cf. 885), aceitando a promessa de Atená (804) e sua oferta de um lugar na cidade. Com as palavras: "Recebo de Palas uma morada na comunidade (*synoikía*)" (916), elas se submetem à "honra sagrada da persuasão" (885) e se tornam criaturas políticas tais como os cidadãos que protegerão. (Nesse ponto, apropriadamente, Atená se compara, em sua função de cuidar e alimentar, a um jardineiro que ama suas plantas (911).) As Eríneas como cães cuidavam apenas de suas presas e com aversão vingativa; essas Eumênides (assim renomeadas por suas intenções amáveis)[50] juntam-se a Atená em seu amor pelos olhos da Persuasão (970) que dissipou sua fúria e as trouxe ao interior da comunidade.

Eurípides inverte aqui esse processo, aludindo, à medida que prossegue, a muitas das imagens mais famosas da peça. Ali, deusas caninas da vingança se tornam mulheres com intenções amáveis; aqui, uma mulher com intenções amáveis se torna um cão com olhos ígneos, sedento de sangue. Ali, a Persuasão fornece uma base para a aceitação e a confiança cívica; aqui, a Persuasão se torna uma "tirana" dentro do jogo solitário da vingança. Ali, a fala cria elos de solidariedade; aqui, livre da restrição social, serve aos fins de cada vingador. Ali, cães insensíveis se tornam os amigos receptivos daqueles que são como plantas; aqui, a excelência dos que são como plantas se transforma em bestialidade invulnerável. Ali, as vestimentas presenteadas selaram um laço de confiança e hospitalidade; aqui, as mulheres, removendo as vestimentas de um hóspede que pretendiam mutilar, desguarneceram-se de toda confiança. Eurípides nos mostra que nossa autocriação como seres políticos não é irreversível. O político, existindo por e no *nómos*, também pode deixar de nos suster. O ser humano, como um ser social, vive suspenso entre besta e deus, definido contra ambas essas criaturas auto-suficientes por sua natureza aberta e vulnerável, pelo caráter relacional de suas preocupações mais básicas. Mas, se ser humano é antes uma questão do caráter de sua confiança e compromisso, do que uma questão imutável do fato natural (se, como sugere a tradição, os Ciclopes eram não-humanos justamente *porque* não observavam o *nómos* e a hospitalidade, *por causa* de sua *paideúsia*, tal como afirmam tanto Eurípides quanto Aristóteles)[51], então o ser humano é também o ser que pode mais facilmente deixar de ser ele mesmo – ao mover-se (platonicamente) para cima em direção à auto-suficiência do divino, ou ao escorregar para baixo em direção à auto-suficiência do canino. E a diferença entre os dois movimentos não é inteiramente óbvia, uma vez que ambos envolvem um fechamento similar de importantes coisas humanas. Podemos nos tornar cães ou deuses, existindo sem confiança – por vezes através de uma vida inteira de contemplação solitária, e por vezes através de uma série de acidentes, sem sequer desejar a transformação.

Hécuba argumentara que o *nómos*, embora humano e contingente, é estável, e que através do *nómos* os humanos podem fazer-se estáveis. Os eventos dessa peça nos mostram que a aniquilação da convenção pelo ato de outro pode destruir a pessoa estável que o recebe. Pode, simplesmente, produzir a bestialidade, a perda absoluta do caráter relacional humano e da linguagem humana. A bestialidade, na cena final, nos é evidenciada com mais clareza na pessoa de Poliméstor que, depois de cego, entra meio desnudo andando de quatro, "uma besta montesa" (1058) feroz atrás do sangue de suas ofensoras. Essa cena, que parodia as dignidades do fim do *Édipo* de Sófocles (um protagonista cegado com um alfinete de broche, lamentando a perda da luz)[52], tem a intenção de escandalizar e revoltar. A visão desse ex-humano gritando por sua inimiga "para que possa agarrá-la com as mãos e rasgá-la em pedaços, dilacerar sua carne em retalhos sangrentos" (1125-6), a alusão até mesmo a desejos canibalescos (1071-2) – tudo isso tem a intenção de ser, tal como é, insuportavelmente torpe. Mas ainda mais torpe que a degradação desse criminoso é a igual fúria de sua perseguidora. Seu fim serve para sublinhar com mais horror a dimensão do crime dela. Ele se faz besta pelo ato dela, como ela pelo dele. Ela se tornará, porque foi e é, o que ele profetiza. A sinceridade, que é a parte maior do bom caráter, foi silenciada às gargalhadas; desvaneceu-se. A morte do *nómos* não deixa atrás de si nada que a ele se assemelhe para a vida humana. Nenhum deles poderia suportar ser humano, com a exposição ao risco que essa condição exige. A bestialidade canina aparece como uma dádiva bem-vinda, um alívio. Eles a abraçam. Se *nós* a consideramos torpe, somos obrigados a perguntar que vida humana poderia ser mais feliz[53].

Nietzsche, cuja discussão sobre a vingança é a mais sustentada e notável que conheço na tradição filosófica, percebeu, em sua perpétua reflexão sobre a cultura grega[54], muitos dos traços de vingança que essa peça explora: sua habilidade de fazer ou estruturar o mundo, revalorizando todos os valores; sua conexão com o desejo que o ferido tem de segurança e poder; sua capacidade de disfarçar-se de amor ou justiça. Mas Nietzsche fala da vingança como um projeto de um povo degradado e despojado; ele não nos mostra casos em que um caráter nobre é conduzido a ela. Com efeito, ele fala como se a vingança sempre fosse apenas o reflexo do vil ou fraco. Essa peça nos mostra que a pessoa de caráter nobre é, se alguém o é, mais vulnerável a essa corrosão do que a pessoa vil, porque é a pessoa nobre, não a vil, que sem suspeitas alicerçou um mundo sobre a fé e o cuidado dos outros. Foi a própria força de Hécuba, nos termos das virtudes tradicionais, o que mais contribuiu para derrubá-la. Foi seu amor por esse amigo, sua fé nas promessas, sua justiça insuspeita. Agora, no rastro do ato desse amigo, ela deve fazer sua vingança não contra alguma fraqueza pessoal ou sectária (como no caso dos cristãos de Nietzsche), mas contra a vida humana mesma e as próprias condições da virtude no mundo.

IV

Cumpre agora fazermos uma pausa para perguntar o que Aristóteles faria com tudo isso: primeiro, se são essas as possibilidades de degeneração que sua concepção ética de fato permite que existam e, segundo, o que ele afirma explicitamente sobre a existência dessas possibilidades. Uma vez que Aristóteles fundamenta a excelência humana na natureza social do ser humano; uma vez que acentua que toda excelência tem um aspecto relativo ao outro; uma vez que sustenta que o amor pessoal e a associação política não são apenas componentes importantes da boa vida humana, mas também necessários para o contínuo florescimento do bom caráter em geral; e uma vez que menciona explicitamente que a confiança é necessária para colher os benefícios dessas associações – ele não pode de maneira coerente fechar a possibilidade desses eventos, muito embora possa insistir em sua raridade. Ademais, há explícito reconhecimento desses perigos em seu texto: mais claramente na *Retórica*, mas também nas próprias obras éticas. A semelhança entre essa consideração euripidiana do papel central da confiança nas virtudes e a discussão da *Retórica* das virtudes da juventude e da velhice é particularmente surpreendente. Eurípides, Aristóteles e Tucídides concordam em que a abertura é uma condição essencial do bom caráter e que uma suspeita desconfiada, passível de ocorrer a um agente não por uma falha moral, mas somente pela experiência de coisas más na vida, pode ser um veneno que corrói todas as excelências, transformando-as em formas de defesa vingativa. Essa concordância é um sinal da fidelidade com que Aristóteles escava as tradições de sua cultura, preservando o que é mais profundo. Finalmente, tanto a reflexão de Aristóteles sobre as aparências como suas observações sobre as origens da força obrigatória do *nómos* (*Pol.* II.8, cf. acima pp. 265-6) asseveram explicitamente as concepções sobre a fragilidade da convenção em que a consideração de Eurípides do declínio de Hécuba se baseia.

É possível que a discussão de Aristóteles do caso de Príamo na *Ética nicomaquéia* I pareça dizer algo diferente, ao situar um patamar mais elevado do que a *Hécuba* sob a degeneração da pessoa boa. Pois, muito embora Aristóteles admita ali, como argumentamos, que o próprio caráter pode ser corrompido em alguma medida por esses eventos, ele ainda insiste que a pessoa boa jamais será levada a fazer o que é verdadeiramente "odioso e vil". Ela descerá, mas não alcançará o fundo. É difícil dizer se as ações de Hécuba aqui são viciosas no sentido do vício que Aristóteles nega a Príamo. Há circunstâncias atenuantes tão extraordinárias que piedade e horror realmente parecem respostas mais apropriadas do que a culpa. Suas ações não expressam uma disposição prévia ao vício; com efeito, de um modo horrendo, podem até mesmo ser vistas como exemplos do "fazer o melhor com o que se tem em mãos" aristotélico, no sentido de que demonstram como é cada virtude quando seu tecido social, seu aspecto de *dikaiosýne*, não está mais disponível. Seguramente, é importante que vejamos as ações de Hécuba como justificáveis em certo sentido, no mínimo atenuadas, pelas circunstâncias, não simplesmente como algo que demonstra um caráter assassino[55]. (Agamêmnon decide que ela tem razão.) Mas não fica claro se as asserções explícitas de Aristóteles na passagem sobre Príamo coincidem com nossos juízos sobre a visão que essa peça tem do declínio.

Podemos concluir, não obstante, que a maior parte do material de Aristóteles explícito sobre o tema combina notavelmente com a nossa leitura, e que a visão geral da excelência desenvolvida na *EN* deixa abertas as mesmas áreas de risco e vulnerabilidade. Estamos, portanto, fortemente autorizados a explorar essa peça como uma fonte de conhecimento prático aristotélico.

V

Afirmei que essa tragédia nos mostra um caso de caráter sólido e demonstra que, sob certas circunstâncias, nem mesmo esse consegue escapar do aviltamento. Também nos mostra que mesmo o bom caráter que não sofreu nenhum mal ou traição efetivos vive sempre com o risco desses eventos: pois mudar faz parte da natureza das estruturas políticas, e é da natureza da amizade pessoal que o traidor não se diferencie do homem digno de confiança – às vezes, até para si mesmo. Nesse sentido, nada do que é humano jamais é *digno* da minha confiança: não há absolutamente nenhuma garantia, exceto a vingança e a morte. A afirmação de Agamêmnon de que esse risco pertence apenas aos bárbaros (1247-8)[56] deve ser vista como uma maneira de evitar conhecer as possibilidades para todos os seres humanos dispostas por esses eventos trágicos. O risco de bestialidade não está longe de Agamêmnon, que em breve será capturado e enredado por sua esposa, precisamente como ele capturou sua filha. Incapaz de suportar a profecia desse fim, faz com que Poliméstor seja silenciado, dizendo: "Não o arrastareis para longe, homens?... Não calareis sua boca?... Não o arrancareis o mais depressa e o jogareis em alguma ilha deserta, já que fala assim, com tanta insolência?" (1282-6). Mas, como diz Poliméstor. "Cala minha boca. Já falei" (1284). A ameaça manifesta nesses vingadores reside exposta na própria estrutura dessa concepção de excelência, uma vez que seus compromissos mais profundos com o valor os levam a um mundo de objetos tão instáveis como não-controlados.

Somos, então, reconduzidos aos filhos. Polidoro morre demasiado jovem, antes de ter a chance de se tornar bom e agir bem. Hécuba morre velha demais, sob o domínio da vingança. Apenas Polixena, pela boa fortuna, encontra um momento entre o crescimento e o desengano e morre como um caráter nobre. Nas tragédias de Eurípides, parece com freqüência que os bons morrem jovens. Contudo, isso não é resultado de especial malevolência divina. É porque, se não tivessem morrido jovens, não teriam, com todas as probabilidades, permanecido bons. Continuar vivendo é fazer contato de alguma maneira e em algum momento com a possibilidade de traição; continuar vivendo em um período de crise como aqueles aos quais Eurípides é repetidamente atraído é, muito provavelmente, fazer contato com a própria traição. Mas o encontro com a traição traz um risco de aviltamento: o risco de não mais olhar para o mundo com os olhares livres e generosos da criança; de deixar, do modo euripidiano, de ser bom.

Essas reflexões nos evidenciam, mais uma vez, o grande atrativo de bloquear esses riscos. Dentro das concepções aristotélicas ou trágicas, eles não podem ser bloqueados. Mas se fôssemos capazes de viver uma vida inteira dentro da concepção platônica de que as coisas melhores e mais valiosas na vida são todas invulneráveis, efetivamente conseguiríamos vingança, nós próprios, contra nossa situação mundana. Colocaríamos o mundo em boa ordem se o cerrássemos contra certos riscos, fechando-nos a certos acontecimentos. E esse mundo poderia permanecer relativamente rico em valor, uma vez que ainda conteria a beleza da vida contemplativa de Platão. Se isso é vingança, poderia surpreender-nos o fato de que esse é um tipo de vingança muito atraente e fecundo: conseguimos efetivamente o melhor de nossa humanidade e reservamos para nós mesmos os júbilos da atividade divina.

O que essa peça nos demonstra, contudo, uma vez que explora as possibilidades de um ideal semelhante ao de Aristóteles – o que o próprio Aristóteles nos mostrou, assim como a *Antígona*, a fala de Protágoras, o *Banquete* e o *Fedro* de Platão – é que há, de fato, uma perda de valor sempre que os riscos envolvidos na virtude especificamente humana são obstados. Há uma beleza na disposição de amar alguém em face da instabilidade e da mundaneidade do amor que não está presente em um amor completamente digno de confiança. Há uma certa qualidade valiosa na virtude social que se perde quando a virtude social é afastada do domínio dos acontecimentos não-controlados. E, em geral, cada uma das principais virtudes aristotélicas parece inseparável de um risco de prejuízo. Não há coragem sem o risco de morte ou mal grave; não há amor verdadeiro à cidade que diga (com Alcibíades): "Amor à cidade é o que eu não sinto quando sou injustiçado"; não há compromisso verdadeiro com a justiça que isente seus próprios privilégios de escrutínio. Essa disposição de abraçar algo que *está* no mundo e sujeito a seus riscos é, de fato, a virtude da criança euripidiana, cujo amor é endereçado ao próprio mundo, incluindo seus perigos. Os olhares generosos dessa criança se dirigem diretamente ao mundo, com amor e abertura; não focam o seguro e o eterno, nem os requerem como condições do seu amor. É essa qualidade de afirmação amável que tanto Aristóteles como Eurípides (ao lado das partes de Platão que falam como Protágoras e os interlocutores do *Fedro*) desejam sustentar diante de nós, de seus diferentes modos, como uma maneira adulta de ser excelente. Eles insistiriam que os valores mais estáveis da vida intelectual são mais bem cultivados e fornecidos em uma vida que inclui esses compromissos mais arriscados; e que, mesmo que esse cultivo não fosse em todos os casos estritamente necessário, ainda assim toda a vida que se dedicasse inteiramente a atividades seguras seria pobre para um ser humano. A *Hécuba* não esconde de nós o perigo sedutor de romantizar o próprio risco: pois expõe os riscos especiais e desiguais da vida social de uma mulher como riscos injustos, de modo algum constitutivos de qualquer virtude importante. No entanto, solicita-nos a considerar que nem toda devoção ao incerto é romantismo tolo; ou, antes, que algo que possa ser chamado de romantismo tolo, quer dizer, a busca ousada e vulnerável pelo valor transitório, pode efetivamente ser um ingrediente essencial na melhor vida para o ser humano, como nossa melhor reflexão, a que chegamos através do melhor método que conhecemos, a apresenta. Há certos riscos – incluindo, aqui, o risco de tornar-se incapaz de arriscar – que não obstamos senão com uma perda de valor humano, suspensos como estamos entre besta e deus, com uma espécie de beleza que a nenhum deles há disponível.

A peça nos deixa, em seu desfecho, com a imagem do promontório Cinossema, "A Lápide da Cadela", que pretende ser "um sinal (*tékmar*) aos navegantes". A palavra "*tékmar*" nos indica que Cinossema não é apenas um marco comum, mas um marco solene, talvez até mesmo um penhor ou garantia solene. Assim, também, as possibilidades dessa peça residem na natureza: como marcos dos limites do discurso social e como advertências contra a catástrofe – mas também como penhores ou fiadores de uma excelência especificamente humana. Se aquela rocha não permanecesse, não permaneceríamos como humanamente fazemos. Se não pudéssemos nos transformar em cães, não mais seríamos humanos. E uma questão que vincula tragédia e filosofia nessa cultura, como todas essas obras viram de suas diferentes maneiras, é se, e como, deve-se permitir que essa rocha em forma de cão permaneça em nosso mundo. Se queremos uma concepção ética que ponha fim a esses problemas, ou se desejamos ser deixados onde começamos, como personagens de uma tragédia. Se queremos uma arte do pensamento, bem como da escrita, que engendre e incorpore fixidez e estabilidade, ou uma arte que encoraje nossas almas a se manterem frágeis e comparáveis à planta, espaços de luz resplandecente e água fluida.

Essas alternativas não esgotam tudo, seja para o julgamento ético, seja para o discurso ou a escrita. Pois o aristotélico argumentará que a flexibilidade da planta, longe de estar em desacordo com a estabilidade, proporciona o melhor tipo de estabilidade para uma vida humana. E a visão que Hécuba tem da língua nos mostrou que há, por outro lado, um tipo falso de flexibilidade ou desenraizamento do juízo ético que surge precisamente das tentativas do vingador de fixar ou impedir os riscos envolvidos no planejamento de uma vida. De modo semelhante, a lassidão de um certo tipo de retórica persuasiva, falada ou escrita, expressa uma recusa da verdadeira sensibilidade. A concepção aristotélica não repudia, pois, toda espécie de fixidez e estabilidade; tampouco advoga toda e qualquer forma de abertura e maleabilidade. Ela insiste na fidelidade de manter compromissos, tanto individuais como sociais, como a base para a verdadeira percepção flexível. A escrita aristotélica, de maneira semelhante, deve empenhar-se por obter um equilíbrio entre estrutura e nuança delicada, sem negligenciar nenhuma das duas.

Descobrimos que realmente vivemos no mundo descrito por Aristóteles; que compartilhamos, ao mesmo tempo, um profundo desejo por um mundo mais puro ou mais simples. Mas o debate aristotélico, que continua e refina as intuições da tragédia, lembra-nos de que não adquirimos pureza ou simplicidade sem uma perda de riqueza e plenitude da vida – uma perda, segundo se alega, de valor intrínseco. Nossa própria investigação aristotélica não pode pretender ter respondido definitivamente a nossas questões iniciais em favor de uma concepção ética aristotélica, uma vez que, como dissemos no princípio, ela representa apenas uma parte preliminar do trabalho que seria eventualmente necessário para uma plena investigação desse tipo. E, mesmo contra Platão, o debate aristotélico pode não parecer diretamente conclusivo, uma vez que alcança seus resultados através de procedimentos que o platônico consideraria indignos de confiança. Mas as alternativas e os argumentos a favor e contra eles surgiram dessas obras com uma vivacidade e uma força que deve ajudar-nos em nosso futuro trabalho sobre os problemas. A *Hécuba* nos deixa com uma imagem apropriada para esse trabalho ulterior. Em lugar da idéia da salvação através das novas artes, em lugar dos estratagemas do caçador e do júbilo solitário do filósofo divino, ficamos com uma nova (mas também muito antiga)[57] imagem da deliberação e da escrita. Vemos um grupo de navegantes, viajando sem segurança. Eles consultam um ao outro e encontram sua posição por essa rocha, que lança (sob o fluido céu) suas sombras sobre o mar[58].

NOTAS

1. Fortuna e ética

1. Píndaro, *Neméias* VIII.40-2; as citações seguintes são das linhas 39 e 42-4. "Videira" resulta de uma correção de Bury, ora amplamente, mas não universalmente, aceita; o texto não-corrigido enunciaria "como uma árvore se lança em crescimento". Essa questão não faz diferença alguma para a minha argumentação. Sobre *areté*, "excelência", ver abaixo, p. 5.

2. As convenções do gênero epinício receberam intenso estudo na obra, agora clássica, do falecido Elroy Bundy (*Studia Pindarica* (Berkeley, 1962)), que transformou a crítica de Píndaro demonstrando em que medida a convenção compartilhada, e não o fato autobiográfico idiossincrático, conforma a auto-apresentação do poeta e outros aspectos de sua prática. Sobre esses desenvolvimentos na crítica, ver H. Lloyd-Jones, "Modern Interpretation of Pindar", *JHS* 93 (1973) 109-37. Para uma introdução perspicaz ao poeta e à crítica sobre ele, ver H. Lloyd-Jones, "Pindar", Lecture on a Master Mind, *PBA* (1982) 139-63. Dois estudos recentes da tradição do epinício e do lugar de Píndaro em seu interior são M. R. Lefkowitz, *The Victory Ode* (Park Ridge, NJ, 1976) e K. Crotty, *Song and Action* (Baltimore, 1982).

3. A imagem da planta é profundamente tradicional: ver, por exemplo, o *Hino homérico a Deméter* 237-41, *Ilíada* XVIII.54-60, 437-41, do crescimento do herói. Outras ocorrências posteriores serão discutidas nos Caps. 3, 4, 6, 7 e 13. Para uma discussão muito interessante sobre a relação entre a imagem da planta e a lamentação, que sustenta nossa idéia de que a imagem da planta expressa uma figura de excelência especificamente mortal e vulnerável, ver G. Nagy, *The Best of the Achaeans* (Baltimore, 1979) 181 ss. Nagy oferece uma reflexão perceptiva do desenvolvimento, na tradição poética inicial, de uma figura da excelência humana indisponível na condição de um ser auto-suficiente e desprovido de necessidade, e oposta a ela. (Discuti obra anterior de Nagy sobre esse tema em meu "*Psuché* em Heráclito, II", *Phronesis* 17 (1972) 153-70, onde atribuo a Heráclito uma oposição entre a excelência auto-suficiente dos deuses e a excelência necessitada dos humanos vulneráveis.) Para outros materiais relacionados com as concepções tradicionais da "situação humana" na poesia grega inicial, ver J. Redfield, *Nature and Culture in the Iliad* (Chicago, 1975), especialmente 60-6, 85-8. O uso mais pejorativo que Aristóteles faz da imagem da planta será discutido adiante, Caps. 8 e 11. Ver também Platão, *Timeu* 90A, que insiste que não somos plantas terrenas, mas celestes. Um material platônico e aristotélico relevante é discutido em E. N. Lee, "Hoist with his own petard", in Lee, *Exegesis*. Para outro uso da imagem da planta no poema, ver *éblasten* linha 12 (a criança "germina"), *phyteutheis* linha 28 (a riqueza pode ser "plantada e zelada" com a ajuda de um deus).

4. Parece ser essa a implicação do verbo *masteúei* aqui: comparar Ésquilo, *Agamêmnon* 1093-4, e o comentário de E. Fraenkel, *Aeschylus: Agamemnon* (Oxford, 1950) *ad. loc.* A palavra parece significar, em geral, "procurar", "ir no encalço de", "perseguir o rastro de". Na passagem de Ésquilo, Cliptemnestra é explicitamente comparada a um cão de caça farejando o rastro de sangue; a sentença subseqüente *masteuei d' hôn aneurései phónon* é traduzida por Fraenkel como "ela está no rastro do assassino...";outros oferecem versões similares. É um pouco difícil, dada a relativa raridade da palavra, saber se a presença isolada da palavra implica a idéia de caça ou rastreamento. Podemos ao menos

inferir da passagem de Ésquilo que ela parecia ser considerada particularmente apropriada para o tipo de busca ávida e intensa que um cão de caça realiza. A frase *en ómmasi thésthai pistón*, que se segue ao verbo, é difícil e muito ambígua. Literalmente, pode ser vertida por "colocar para si o que é fidedigno nos olhos". Essa, por sua vez, pode ser tomada em pelo menos quatro sentidos: (1) depositar a confiança (situar o que é fidedigno para si) nos olhos de alguém (do amigo); (2) colocar algo ou alguém fidedigno (a saber, o amigo) diante dos próprios olhos; (3) tornar visível (colocar diante dos olhos) algo seguro ou fidedigno (a saber, talvez, o poema?); (4) estabelecer um vínculo ou compromisso fidedigno diante dos olhos do povo. Em suma – não podemos determinar se os olhos em questão são os da pessoa, do amigo ou do grupo; e também não sabemos se *tó pistón* é o amigo, o poema, um compromisso específico, ou aquilo que é fidedigno em abstrato. Escolhi e traduzi pela leitura (1), também favorecida e bem defendida por Farnell (*The Works of Pindar* (Londres 1932)); cada uma das outras versões teve defensores influentes. Não estou ávida por extrair de maneira arbitrária o caráter ambíguo de uma frase cuja ambigüidade é em certa medida indubitavelmente intencional. Mas parece-me que (1) e (2) são em alguns aspectos mais adequadas ao contexto que (3) e (4). A passagem inteira, antes e depois, diz respeito à amizade pessoal, ao elo de confiança e confidência que vincula um amigo a outro. Cumpre que o sentido amplo seja, em geral: "Temos toda sorte de necessidades dos amigos queridos, especialmente na dificuldade (ou diligência). Mas precisamos ser capazes de confiar neles também nos tempos de alegria (ou a compartilhar com eles nossa alegria na vitória, como com alguém em quem confiamos). Não posso fazê-lo no momento presente, uma vez que Megas está morto e não posso trazê-lo de volta. Meu desejo de compartilhar essa alegria com ele é inútil e vão. Mas posso ao menos escrever este poema..." Tanto (1) como (2) ajustam-se a esse sentido geral; (1) parece ligeiramente mais fácil, porque *en ómmasi* significa mais facilmente "no interior" do que "diante" dos olhos; mas, como há alguns precedentes para o segundo, não podemos decidir com firmeza. (O comentador compara *Ion* 732 de Eurípides, *es ómmat' eúnou photòs emblépein glyký*, "olhar a doçura nos olhos de uma pessoa bem-disposta", evidenciando que ele entende a passagem no sentido (1).) (3) (ao menos da maneira como foi-me informalmente enunciada pelo professor Lloyd-Jones), cujas linhas fazem já referência ao poema como uma expressão de amizade, não me parece funcionar bem, uma vez que não esperamos que o poeta afirme frustradas as suas esperanças pela morte de Megas. Se a esperança *en ómmasi thésthai pistón* é frustrada, não pode ser a esperança de escrever o poema. O poema é apresentado não como a satisfação dessa esperança – isso, penso, é bastante importante para a visão de Píndaro sobre a magnitude e importância ética da perda da amizade –, mas como um substituto ou consolo, após o término da amizade e sua troca da confiança pela morte. Quanto a (4), não me é de todo claro quais compromissos seus defensores têm em mente; tampouco vi paralelos convincentes para *thésthai pistón* nesse sentido. Uma última razão para preferir (1) reside na idéia que ele transmite, de que os olhos são o assento da confiança entre um amigo e outro. Essa idéia grega profundamente enraizada e difundida, que será ainda exemplificada e discutida nos Caps. 3 e 13, é uma idéia mais apropriada para a alusão de Píndaro nesse contexto; ela enriquece o significado do poema.

5. Eurípides, *As troianas* 820 ss. Ganimedes reaparecerá, como exemplo de excelência especificamente humana e vulnerável, no *Fedro* de Platão – cf. Cap. 7.
6. *Odisséia* v.214-20.
7. Platão, *Fedro* 80B.
8. Para mais discussão da noção de *týkhe* no pensamento pré-platônico, e da antítese entre *týkhe* e *tekhné* racional, ver Cap. 4 e referências.
9. Como, por exemplo, na influente obra de A. W. H. Adkins, especialmente *Merit*, que se inicia com a asserção (p. 2) de que "Somos todos kantianos agora", e utiliza-se de suposições kantianas por toda parte, tanto na exegese como na avaliação. Critiquei a metodologia de Adkins em Nussbaum, "Consequences" 25-53. Para outras críticas valiosas, ver Lloyd-Jones, *JZ*; A. A. Long, "Morals and values in Homer", *JHS* 90 (1970) 121-39; K. J. Dover, "The portrayal of moral evaluation in Greek poetry", *JHS* 103 (1983) 35-48.

10. Dois artigos recentes que, de diferentes maneiras, desafiam as concepções kantianas sobre a fortuna são B. A. O. Williams, "Moral luck", *PASS* 50 (1976), reeditado *in* Williams, *ML* 20-39, e Thomas Nagel, "Moral luck", *PASS* 50 (1976), reeditado *in Mortal Questions* (Cambridge, 1979), 24-38. As concepções de Williams sobre o pensamento ético grego dessas questões são discutidas neste capítulo, pp. 16-8, e no Cap. 2, p. 24.

11. *Rep.* 612A.

12. Sobre *kalón*, ver adiante no Cap. 6, p. 155.

13. Essa terminologia é empregada por Williams, *ML*. Embora eu venha utilizando as expressões "contingência externa" e "interna" há longo tempo e as considere naturais, é provável que as tenha ouvido pela primeira vez em um seminário de Williams em Harvard em 1973.

14. Sobre loucura (*manía*) e a concepção de Platão de seu papel na boa vida, ver Cap. 7.

15. Não estendi a investigação de maneira a incluir o período helenístico, no qual problemas de autosuficiência e imunidade à fortuna são extremamente proeminentes, e em que a questão ou questões relacionadas do livre-arbítrio assumem uma forma mais parecida com sua familiar forma moderna. Primeiramente, os textos anteriores, diferentemente da maior parte do material helenístico, são preservados como escritos inteiros; isso nos permite suscitar questões associadas sobre a relação entre conteúdo e estilo que não poderíamos facilmente suscitar se utilizássemos fontes fragmentárias. Em segundo lugar, é um traço surpreendente de grande parte da escrita ética helenística que a imunidade individual à fortuna seja subentendida como um fim ético valioso, até mesmo como *o* fim. Isso significa que o tipo de debate em que estou aqui mais interessada – o debate sobre o valor da auto-suficiência (tanto individual quanto comunal) como um fim e sobre sua relação com outros fins considerados valiosos – é menos freqüente. Pretendo, entretanto, discutir o material helenístico nas Martin Classical Lectures no Oberlin College, 1986.

16. Foi mais recentemente defendida e utilizada, com referência a Aristóteles, tanto por Sidgwick (*Methods of Ethics* (7.ª ed. Londres, 1907), ver especialmente Prefácio à 6.ª edição) e J. Rawls (*A Theory of Justice* (Cambridge, MA, 1971) 46-53). As concepções de Sidgwick sobre a relação entre teoria ética e crença usual, que parecem relevantemente diferentes das de Aristóteles, são discutidas no Cap. 4.

17. *EN* 1095a3 ss., 1095b3 ss.

18. Ver, para um exemplo interessante, I. Murdoch, em "Philosophy and literature: dialogue with Iris Murdoch", *in Men of Ideas*, org. B. Magee (Nova York, 1978): "Esses dois ramos de pensamento têm objetivos tão diferentes e tão diferentes estilos, e penso que se poderia mantê-los separados um do outro."

19. Ver Interlúdio 1; também Caps. 6 e 7, Interlúdio 2; para outro escrito meu relacionado, ver Nussbaum, "Crystals", em uma edição de *NLH* dedicada à investigação da relação entre literatura e filosofia moral; e Nussbaum, "Fictions" (com a súmula de uma conferência sobre estilo realizada em Harvard, março de 1982).

20. Alguns estudos da "moralidade popular" partem da suposição de que ela pode ser diretamente usada como evidência para a crença usual. Desses escritores, o mais metodologicamente ingênuo é Adkins, que trata versos singulares de uma obra dramática como evidência para a crença usual, completamente isolados do contexto dramático. L. Pearson (*Popular Ethics in Ancient Greece* (Stanford, 1962)) ao menos acredita vantajoso examinar a ação inteira do drama, perguntando como as posições expressas por seus personagens relacionam-se umas com as outras. Um uso mais cauteloso da evidência trágica se encontra em Dover, *GPM*. Lloyd-Jones, *JZ*, contém uma excelente crítica de escritores que não analisam a complexa estrutura literária de uma obra quando perguntam que concepção ou concepções morais ela expressa; e também muitos exemplos de leituras de textos que desse modo não violentam sua integridade interna. Um resultado de seu procedimento (que será aqui sustentado por nosso estudo da tragédia e de Aristóteles) é demonstrar que há muito mais continuidade e constância no pensamento ético grego do que os procedimentos de Adkins são capazes de trazer à tona.

21. Um estudo ótimo e esclarecedor da maneira como a tragédia grega, sobre o pano de fundo do ritual, resolve os problemas ligados à vulnerabilidade humana à mortalidade é W. Burkert, "Greek tragedy and sacrificial ritual", *GRBS* 7 (1966) 87-121; discutiremos alguns dos detalhes de sua posição no Cap. 2. A frase final do artigo resume a posição de Burkert concernente ao significado da conexão do pano de fundo com o sacrifício ritual: "A existência humana cara a cara com a morte – é esse o âmago da *tragoidía*" (121).

22. Embora nem mesmo isso fosse assim se um confronto adequado com esses elementos em nossa natureza exigisse, como argumenta Burkert, a representação diante de nós de uma estrutura ritual-dramática elaborada.

23. Sobre Platão, ver Caps. 5-7 e Interlúdio 1; também Nussbaum, "Fictions".

24. Ver Caps. 2, 3 e 10, e Interlúdio 2. Sobre a ligação entre essa afirmação e a concepção de Aristóteles da *kátharsis*, ver Interlúdio 2.

25. Murdoch, "Philosophy and literature" 265; Locke, *An Essay Concerning Human Understanding*, org. P. H. Nidditch (Oxford, 1975) L 3 Cap. 10. Sobre ambas as passagens, ver Nussbaum, "Fictions".

26. Bernard Williams, "Philosophy", *in* The Legacy of Greece: A New Appraisal, org. M. I. Finley (Oxford 1981) 202-55. Agora, entretanto, o leitor deve fazer uma comparação com seu importante *Ethics and the Limits of Philosophy* (Cambridge, MA, 1985), que oferece uma reflexão fascinante e simpática da ética filosófica grega que modifica algumas das concepções das quais discordo aqui.

27. Williams, "Philosophy" 253.

28. Paris 1974. As concepções de Detienne e Vernant são ainda discutidas no Cap. 7 n. 36 e no Cap. 10.

29. Para uma conexão entre essas imagens que não será discutida abaixo, ver Platão, *As leis* 789E, sobre a natureza "líquida" da criança.

30. Por valiosas sugestões para a revisão deste capítulo, sou grata a Sissela Bok, E. D. Hirsch Jr., Barry Mazur, Hilary Putnam, Charles Segal, Nancy Sherman e Harvey Yunis.

2. Ésquilo e o conflito prático

1. Sobre esse caso e os problemas que suscita para uma reflexão da ação, ver Cap. 9.

2. Ver outras discussões de seu caso, p. 25.

3. Cf. também Cap. 3. As implicações morais desse traço da religião grega são notavelmente discutidas por Lloyd-Jones, *JZ* 160. Ele conclui: "Segue-se que é com freqüência difícil determinar se um desejo particular é errado, proposição que é sugerida à maioria dos seres humanos por uma ou outra experiência da vida, mas à qual o monoteísmo dogmático nem sempre dá ouvidos." (Argumentarei aqui que a dificuldade vai além de uma dificuldade de decidir o que é melhor, e influencia casos em que a decisão propriamente não está em dúvida.) Talvez não devêssemos sugerir que a concepção grega do conflito moral *resulta* dessas crenças teológicas; antes, a teologia e a concepção moral coerentemente expressam, juntas, uma certa resposta característica ao problema da escolha humana. Comparar a incisiva asserção do problema em J.- P. Vernant, "Tensions e ambiguités dans la tragédie", *in* Vernant e Vidal-Naquet, *MT* 33.

Já que falarei neste capítulo e no próximo dos conflitos gerados por obrigações que são religiosas na origem, é importante indicar que, na religião olímpica grega, a relação entre a esfera da religião e a esfera moral/prática não é igual à que existe na tradição judaico-cristã. As duas esferas são, no caso grego, muito mais difíceis de distinguir. Embora eu não possa de modo algum adentrar isso plenamente, posso indicar que a religião olímpica carece da idéia de que a autoridade divina é algo intrinsecamente inescrutável, com respeito ao qual a atitude apropriada é a fé irracional e a recusa da avaliação racional. Religião é sobretudo um sistema de práticas, contínua a outras práticas sociais convencionais, e ordenada de modo a acentuar a importância das áreas da moral e da vida social que são consideradas como as mais importantes. É tal a continuidade com o pensamento sobre o valor em outras áreas que se considera perfeitamente razoável discutir as razões que os deuses têm para valorizar o que valorizam. Os deuses são seres antropomórficos que agem por razões; é apropriado e não ímpio buscar apreender essas razões. Uma fé judaico-cristã no desconhecido e racionalmente incompreensível tem pouco espaço em qualquer aspecto da religião olímpica. Podemos também observar que para todas as áreas da vida humana a que os seres humanos atribuem profunda importância há uma divindade que a protege; com freqüência, será incerto (como não seria na tradição judaico-cristã) se o apoio divino acrescenta alguma coisa mais ao senso humano de profunda exigência ética, ou se ele simplesmente sublinha a importância, a permanência e a natureza comprometedora dessa exigência. (Assim, a ausência de um reconhecimento mais que passageiro das divindades olímpicas em Aristóteles modifica muito pouco a forma do retrato ético apresentado.) Podemos dizer, pois, que a forma das instituições religiosas gregas está em harmonia com as crenças éticas intuitivas dos gregos; elas formam e instruem umas às outras. Ver, entretanto, Cap. 13, pp. 352-6.

4. M. Gagarin, *Aeschylean Drama* (Berkeley, 1976) 13. Observações semelhantes são feitas por Vernant em "Le moment historique de la tragédie", in *MT* 13-7, e em "Tensions et ambiguités" 31. Embora Vernant descreva, em outro lugar, de maneira vívida e não condescendente a concepção trágica de que exigências válidas podem colidir (acima n. 3), aqui ele parece fundir três diferentes alegações: (1) que exigências da *díke* podem ser conflitantes; (2) que as exigências da *díke* podem ser ambíguas; (3) que as exigências da *díke* estão em processo de mudança, e podem transformar-se em seu contrário. A mim parece que seus argumentos sustentam apenas (1).

5. A. Lesky, "Decision and responsibility in the tragedy of Aeschylus", *JHS* 86 (1966) 78-85, a pp. 82-3. Concepções semelhantes são expressas, entre outras, por John Jones, Denys Page e John Peradotto – para referências completas ver n. 22 abaixo.

6. Para uma discussão filosófica contemporânea dessas questões, ver: I. Berlin, *Concepts and Categories* (Nova York, 1978) *passim*; P. Foot, "Moral realism and moral dilemma", *JP* 80 (1983) 379-98; B. van Fraassen, "Values and the heart's command", *JP* 70 (1973) 15-9; R. M. Hare, *The Language of Morals* (Oxford, 1952) esp. pp. 50 ss., e *Moral Thinking* (Oxford, 1981) esp. pp. 25-64; J. Hintikka, "Deontic logic and its philosophical morals", *Models for Modalities* (Dordrecht, 1969) 184-214; E. J. Lemmon, "Moral dilemmas", *PR* 71 (1962) 139-58; R. B. Marcus, "Moral dilemmas and consistency", *JP* 77 (1980) 121-35; T. Nagel, "War and massacre" *PPA* 1 (1972) reeditado *in Mortal Questions* (Cambridge, 1979) 53-74; W. D. Ross, *The Right and the Good* (Oxford, 1930); J. Searle, "*Prima facie* obligations", *in Philosophical Subjects: Essays Presented to P. F. Strawson* (Oxford, 1980) 238-59; M. Walzer, "Political action: the problem of dirty hands", *PPA* 2 (1973) 160-80; Bernard Williams, "Ethical consistency", *PASS* 39 (1965) reedit. *in Problems of the Self* (Cambridge, 1973), 166-86, e "Conflicts of values", *in ML* 71-82. Discutirei ainda alguns pontos de Williams abaixo. Os *artigos* de Marcus e Searle, publicados somente depois que este capítulo já estava esboçado e fora lido publicamente, não influenciaram o desenvolvimento de minhas idéias; discutirei as críticas de Searle da idéia de obrigação *prima facie* na n. 20 abaixo. O Cap. 3 critica aquilo que constitui a conclusão da discussão de Marcus: que a possibilidade de conflitos irreconciliáveis é um sinal de irracionalidade em uma concepção moral ou política e nos dá uma razão para revisá-la.

7. *EN* III.1, 1110a4 ss. Aristóteles está aqui tentando distinguir esses casos de casos de ação diretamente involuntária, *akoúsion*, em virtude de compulsão física ou ignorância desculpável. Nesses casos, acentua ele, a origem da ação está no agente e ele está plenamente ciente do que faz. Seu outro caso é o de um tirano que demanda do agente uma ação vergonhosa, ameaçando sua família de morte se ele não obedecer. Ver ainda a discussão desses exemplos no Cap. 11.

8. Aristóteles expressa esse contraste dizendo que, nas circunstâncias, a ação é voluntária, mas em si mesma (*haplôs*) não é – pois a pessoa jamais teria escolhido tal ação senão pela presença do constrangimento situacional.

9. A concepção do próprio Aristóteles sobre a avaliação é a seguinte: em alguns desses casos atribuiremos culpa; em alguns nos apiedaremos, ou condenaremos de maneira reduzida; ainda em outros casos, podemos até mesmo louvar o agente por suportar "algo abjeto e doloroso em retribuição a

objetos grandiosos e nobres obtidos". Ele afirma, com efeito, que há algumas ações que nenhuma circunstância deve ser capaz de forçar o agente a desempenhar: por exemplo, o matricídio. Mas, descrevendo o caso como um caso em que há uma alternativa inocente (o agente poderia escolher morrer, sem ferir ninguém mais, em lugar de cometer a má ação), Aristóteles evita alguns dos problemas mais difíceis que serão suscitados por nossos casos. Ver Cap. 11, entretanto, para o argumento de que sua concepção ética é hospitaleira para com o retrato trágico do conflito.

10. "Ethical consistency", ver n. 6 acima.

11. Em *ML* 20-39, Williams questiona seriamente a idéia de que as exigências morais são as únicas às quais o agente pode, e deve, vincular o mais sério valor prático. Se é assim, cumpre imaginarmos, então, de que caracterização da moral ele se utiliza ali; a partir dos exemplos, parece ser uma caracterização por tema: exigências morais são aquelas que envolvem benefício e prejuízo para outras pessoas.

12. Uma vantagem, para Williams, de separar conflitos de "deveres" de outros casos relacionados é que isso lhe permite focar a atenção no suposto problema de sua estrutura lógica. A análise lógica desses casos coloca problemas, particularmente se desejamos que a análise aponte para a natureza real do conflito. (Searle, "*Prima facie* obligations", mostra como é fácil para os filósofos preservar uma certa imagem de lógica deôntica pela negação da natureza real dos casos.) Ao olhar para esses casos em que sentimos que o agente deve fazer *a* e deve fazer *b*, mas não pode fazer ambos, parece que temos, argumenta Williams, duas alternativas para que evitemos que isso se aproxime da contradição lógica direta: (1) Podemos negar que *dever* implique *poder*; (2) Podemos negar que de "devo fazer *a*" e "devo fazer *b*" se siga que "devo fazer *a* e *b*": em outras palavras, "dever" não é "acumulativo". Williams defende a segunda alternativa; a primeira é escolhida por Lemmon, "Moral dilemmas".

Em *Ethics and the Limits of Philosophy* (1985), Williams abandona explicitamente a distinção moral/não-moral como base para a investigação ética, argumentando que o moral (entendido como centrado em noções de dever e obrigação) deve ser visto como uma subclasse desviada e equivocada do ético, o qual ele trata como uma categoria ampla, inclusiva e não rigidamente demarcada. Argumenta que a questão grega, "Como se deve viver?" é o ponto de partida mais promissor para a investigação ética, e que a boa perseguição dessa questão não leva a uma separação rígida entre as exigências morais e outras preocupações que surgem em resposta a essa questão, tampouco a uma classificação dessas exigências acima de outras preocupações. Sou grata a Williams por me permitir ler e referir a essa importante discussão, que satisfaz as críticas que fiz aqui.

13. O artigo de Searle (*op. cit*) demonstra o poder dessa idéia na lógica deôntica contemporânea, argumentando que as estratégias para eliminar o conflito aqui repousam sobre uma base intuitiva fragilmente descrita e algumas sérias confusões conceituais. Ele evidencia que, uma vez que essas confusões são removidas, não resta obstáculo algum para uma formalização perfeitamente consistente da situação de conflito. Ver n. 20 abaixo.

14. Não é claro, em verdade, que haveria um acordo geral quanto ao fato de Eutífron ter uma obrigação de processar seu pai pela morte do servente; mas a situação realmente parece demandar um processo, e uma das sérias lacunas do direito grego com respeito ao homicídio é que não há disposição alguma para o caso em que o falecido é estrangeiro e, portanto, não tem parentes presentes que assumam a função. Eutífron poderia apropriadamente sentir que, se alguém devia processar, a obrigação recaía naturalmente sobre ele como o cidadão mais proximamente associado aos interesses do falecido.

15. J.-P. Sartre, "*L'Existentialisme est un humanisme*" (Paris, 1946). A concepção presente em *L'Être et le Néant* pode ser mais complexa; mas a mesma concepção simples é novamente encontrada em *Les Mouches*.

16. O ponto é que, mesmo que as obrigações de patriotismo e o dever de cuidar de sua mãe tenham coexistido harmoniosamente até então, seu conflito contingente neste momento deve mostrar ao agente que sempre foram más orientações. Sobre essa idéia, ver adiante neste cap. pp. 40-1.

17. Hare, *Language of Morals*, 50 ss.
18. Em seu novo *Moral Thinking*, Hare tem uma posição mais complicada. Ele contrasta a percepção intuitiva do conflito moral com um tipo "superior" de pensamento crítico que elimina o conflito; o primeiro, ele associa com um pensador a quem denomina "o proletário", o segundo, com uma figura mais exemplar a quem denomina "o arcanjo". Ele admite, então, como seria ampla a revisão necessária da maneira comum de pensar para fazer com que o conflito desapareça.
19. I. Kant, *Introdução à metafísica dos costumes* (1797) Akad. p. 223. Na maior parte, sigo a tradução de J. Ladd, em *The Metaphysical Elements of Justice* (Indianapolis 1965). Mas na última frase, adoto a versão proposta por A. Donagan, em "Consistency in rationalist moral systems", *JP* 81 (1984) 291-309, à p. 294. Donagan indica que o alemão faz uma distinção entre meramente vencer ("die Oberhand behält") e dominar o campo ("behält den Platz"): sendo o ponto central que, ao ver de Kant, o "fundamento" perdedor não é meramente derrotado, ele deixa inteiramente de estar em cena, abandona o campo.
20. Alguns filósofos, seguindo o caminho de W. D. Ross (*The Right and the Good*, 19 ss.), modificam o retrato kantiano inserindo uma distinção entre deveres *prima facie* e deveres absolutos. Como Kant, Ross insiste que os deveres conflitantes não podem ser ambos deveres obrigatórios genuínos; um, ao menos, é meramente um dever *prima facie* que, quando o dever real é descoberto, deixa de obrigar. Mas, diferentemente de Kant, Ross insiste que o dever perdedor pode ainda trazer consigo uma obrigação de fazer reparações e talvez até mesmo a necessidade de sentir "não efetivamente vergonha ou arrependimento, mas certamente compunção". Searle indica corretamente que a noção de dever *prima facie*, em Ross e em seus seguidores, exerceu uma má influência sobre a descrição e avaliação de casos. Uma noção técnica não-comum, ela serviu para fundir diversas distinções comuns que se devem manter claramente apartadas:

    (1) A distinção entre obrigação meramente aparente e obrigação real ou genuína
    (2) A distinção entre uma obrigação de grau inferior e uma obrigação de grau superior
    (3) A distinção entre o que se deve fazer consideradas todas as coisas e o que se tem uma obrigação de fazer.

    Somente a primeira distinção realmente acarreta que a alternativa perdedora perde todas as suas pretensões à obediência. Mas essa distinção não apreende o que está acontecendo em muitas situações de conflito. A segunda distinção é mais promissora, demonstrando-nos como a segunda obrigação pode perder e ainda manifestar seu poder de exigência; mas parece ser falso que em todas as situações de conflito uma das obrigações será de um grau ou tipo inferior. Apenas a terceira distinção, argumenta Searle, nos permite descrever os casos nos quais uma obrigação é claramente aquela que deve ser satisfeita consideradas todas as coisas, e contudo ambas são sérias obrigações de grau elevado que continuam a exigir nossa conformidade. Nossos casos de conflito trágico sustentarão sua crítica, pois mostram duas obrigações de grau elevado reais e extremamente sérias conflitantes numa situação na qual um curso é definitivamente aquele que deve ser seguido consideradas todas as coisas; no entanto, não há tentação em supor que isso torne a outra obrigação irreal ou não-séria.
21. Isso é particularmente claro em *Les Mouches* e em *Moral Thinking*, de Hare (ver n. 18 acima).
22. A literatura sobre o *Agamêmnon* é demasiado vasta para que eu almeje algo próximo da completude de referência. As obras que mais centralmente consultei, e às quais referirei abaixo, são: J. D. Denniston e D. Page, orgs., *Aeschylus, Agamemnon* (Oxford, 1957); E. R. Dodds, "Morals and politics in the *Oresteia*", *PCPS* 186 NS 6 (1960) 19 ss.; K. J. Dover, "Some neglected aspects of Agamemnon's dilemma", *JHS* 93 (1973) 58-69; M. Edwards, "Agamemnon's decision: freedom and folly in Aeschylus", *California Studies in Classical Antiquity* 10 (1977) 17-38; E. Fraenkel, org., *Aeschylus, Agamemnon*, 3 vols. (Oxford, 1950); Gagarin, *Aeschylean Drama*; N. G. L. Hammond, "Personal freedom and its limitations in the *Oresteia*", *JHS* 85 (1965) 42-55; J. Jones, *On Aristotle and Greek Tragedy* (Londres, 1962); R. Kuhns, *The House, the City, and the Judge: the Growth of Moral Awareness in the Oresteia* (India-

napolis, 1962); A. Lebeck, *The Oresteia* (Cambridge, MA, 1971); A. Lesky, "Decision and responsibility"; Lloyd-Jones, "Guilt" 187-99, e *JZ*; Colin MacLeod, "Politics and the *Oresteia*", *JHS* 102 (1982) 124-44; J. J. Peradotto, "The omen of the eagles and the *éthos* of Agamemnon", *Phoenix* 23 (1968) 237-63; W. Whallon, "Why is Artemis angry", *AJP* 82 (1961) 78-88.

23. Sobre o caráter estranho dessa interpretação, ver também Lloyd-Jones, "Guilt" 189, Fraenkel, *Agamemnon*, Peradotto, "The omen". Lloyd-Jones, considerando a explicação de Calchas, como é comumente reputada, ou seja, "inacreditável", argumenta que o significado de "os abundantes rebanhos do povo" deve ser por nós compreendido como "os abundantes rebanhos que *são* o povo". Embora eu me contente em ver essa como *uma* leitura da linguagem ambígua, se mantivermos também em vista a tradução mais natural, obteremos também, eu argumentaria, um entendimento mais rico do crime de Agamêmnon.

24. Ver as sagazes observações sobre essa passagem, e sobre o motivo de sacrifício nessa peça em geral, em W. Burkert, "Greek tragedy and sacrificial ritual", *GRBS* 7 (1966) 87-121, em 112 ss.

25. Denniston e Page, *Agamemnon* (xxvii-xxviii) salientam corretamente a necessidade de obediência a Zeus e o fato de que nenhuma culpa anterior de Agamêmnon o levou a estar na situação trágica. Mas são por essa razão impelidos a exonerar inteiramente Agamêmnon. E. Fraenkel (Vol. II *ad loc.*) acentua o elemento de escolha, mas em seguida corrompe o retrato justificando a evidência de coação. Dodds, "Morals and politics" 27-8, enfatiza a evidência clara de que o ato de Agamêmnon é um crime. Lesky, "Decision and responsibility", afirma que a ação é determinada por necessidade divina, bem como escolhida por Agamêmnon; acredita ser esse um padrão primitivo de explicação e não procura torná-lo razoável. Ele assume, ademais, que a necessidade e a culpa se vinculam aos mesmos aspectos da situação de Agamêmnon. Lloyd-Jones, "Guilt", parece estar praticamente sozinho ao insistir, corretamente, que tanto a necessidade quanto a culpa estão presentes: Zeus forçou Agamêmnon a escolher entre dois crimes (191).

26. Ver Denniston e Page, *Agamemnon* 214 ss., Lloyd-Jones, "Guilt" 188-91.

27. Sobre a interpretação de Calchas, comparar Dover, "Some neglected aspects" 61 ss., Peradotto, "The omen" 247-8, Fraenkel, *Agamemnon ad. loc*. Sobre o papel de Ártemis como protetora dos jovens, ver Peradotto, "The omen" 242-5, A. Henrichs, "Human sacrifice in Greek religion: three case studies", in *Le Sacrifice dans l'antiquité*, Fondation Hardt *Entretiens* 27 (1981) 195-235.

28. A omissão das razões da cólera de Ártemis, e as diferenças entre essa e outras versões conhecidas da história, são discutidas por Fraenkel, *Agamemnon II*, 99, Lloyd-Jones, "Guilt" 189, Peradotto, "The omen" 242, Hammond, "Personal freedom" 48, Whallon, "Why?". A alegação de Fraenkel de que a supressão dessas conhecidas histórias de uma ofensa pessoal de Agamêmnon contra a deusa realça "o elemento de escolha voluntária" não é convincente. Antes, ela isenta Agamêmnon de culpa com respeito à gênese de seu impasse, e nos impele a ver que a necessidade de escolher cometer um crime recai sobre ele provinda do exterior. Quanto às verdadeiras razões da cólera, Lloyd-Jones alega suas simpatias gerais pró-troianos; outros, as futuras ofensas contra os inocentes de Tróia. A sugestão de Page de que é simplesmente a morte da lebre que a enfurece não é convincente na medida em que funde o agouro com a coisa simbolizada (ver Lloyd-Jones, "Guilt" 189). Ver também o recente "Artemis and Iphigeneia", de Lloyd-Jones, *JHS* 103 (1983) 87-102, um estudo perspicaz da dupla natureza de Ártemis como ao mesmo tempo protetora e destruidora de coisas jovens.

29. Ver Lloyd-Jones, "Guilt" 191-2. Diversos críticos do artigo de Lloyd-Jones não compreenderam esse ponto. Hammond, por exemplo, diz que Lloyd-Jones fez de Agamêmnon um mero "fantoche", sem "nenhuma liberdade de escolha ou ação" (*op. cit*. 44). Evidentemente, não é esse o caso.

30. Sobre as conotações fortemente pejorativas dessa palavra, ver Fraenkel, que compara a *lipotaxis*, um termo corrente para desertor.

31. Aqui, estou de acordo com Lloyd-Jones, "Guilt" 191, Whallon, "Why?" 51, Hammond, "Personal freedom" 47; a observação final de Fraenkel em *Agamemnon* III, 276 parece expressar uma concepção semelhante; Lesky, "Decision and responsibility", funde persistentemente a questão "Havia uma

escolha *melhor* disponível?" com a questão "Havia uma escolha livre de culpa disponível?" – de modo bastante semelhante ao que o próprio Agamêmnon faz posteriormente. Dover, "Some neglected aspects" de maneira similar, sugere que a dificuldade diz respeito à incerteza, não aos limites de conhecimento. Ver também a admirável discussão de problemas relacionados em P. M. Smith, *On the Hymn to Zeus in Aeschylus' Agamemnon*, American Classical Studies 5 (Ann Arbor 1980).

32. Comparar Hammond, *op. cit.* 47, 55. É essa a interação de escolha e necessidade que se articula na estrutura do silogismo prático aristotélico – cf. Cap. 10, e Nussbaum, *De Motu* Ensaio 4.

33. Sobre as duas questões, ver Denniston e Page *ad loc.*, Hammond, *op. cit.* Hammond fornece uma boa reflexão sobre o discurso, argumentando que demonstra uma profunda apreensão do problema da guerra e do comando.

34. Sobre esse paralelo, ver Henrichs, "Human sacrifice" 206.

35. Essa mudança é observada também por Hammond, "Personal freedom" 47.

36. Traduzo o texto do MSS, convincentemente defendido por Fraenkel, cujo senso da linguagem esquiliana é, aqui como em toda parte, incomparável. Ele considera que a defesa mais convincente da locução reside em sua excelência como um exemplo da expressão poética de Ésquilo. Concordo. As objeções à locução não têm base sólida. Alguns críticos a chamam de "tautologia"; mas Fraenkel corretamente afirma que a repetição (literalmente: "na paixão mais apaixonada") confere ênfase ao caráter não-natural do desejo de Agamêmnon. Ele introduz inúmeros exemplos da intensificação produzida pela justaposição de duas palavras relacionadas, tanto em Ésquilo como em outros autores afins. Embora nenhum seja precisamente paralelo a esse no aspecto de que contém dois elementos adverbiais (sendo um o substantivo empregado de modo adverbial), não é este o ponto (conforme Denniston e Page): ninguém jamais alegou que a locução é efetivamente contrária à gramática. Os paralelos bastam para demonstrar que a intensificação por meio do redobramento é um traço da prática poética antiga em geral, e um artifício característico de Ésquilo em particular. Tentativas de emendas são bem criticadas por Fraenkel. Alguns estudiosos substituem *audâi* ("ele diz"), uma variante marginal em um MS e em Triclínio, por *orgai*, e assim introduzem Calchas como o sujeito, tornando toda a fala um relato do que o profeta diz. Isso é altamente improvável; Calchas não é em parte alguma mencionado no contexto, tampouco disse algo assim. A emenda *orgai periorgói sph' epithumein thémis* (preferida por Denniston e Page) permite que sejam os soldados, e não Agamêmnon, que façam o desejo: "é correto que eles devam desejar…" Essa solução concorda bem com sua interpretação, segundo a qual Agamêmnon é simplesmente uma vítima inocente da necessidade. Mas há ampla evidência no contexto de que Agamêmnon toma a coação situacional como algo que autoriza a realização ávida e mesmo empedernida do sacrifício; ao passo que não há nenhuma outra referência a uma queixa por parte dos soldados. *Sph'* pode também traduzir-se como singular e considerar-se como referente a Ártemis. Essa tentativa é veementemente (e apropriadamente) rejeitada por Fraenkel, que percebe que ela surge apenas como resultado da malograda tentativa de Casaubon de emendar *thémis* a *Ártemis*. Podemos acrescentar que seria demasiado estranho que um mortal em tal situação dissesse, é *thémis* para um deus desejar isso e aquilo. Uma vez que se sabe que um deus ordenou, pode-se certamente perguntar se a ordem é justa; não é evidente que se possa perguntar se ela está de acordo com *thémis*; se isso é verdade com relação à ordem, é ainda mais verdadeiro com respeito aos desejos que acompanham ou motivam a ordem. Mas a única maior defesa da leitura tradicional é que há ali, excelente e apropriadamente difícil (muito embora em aspecto algum contrário à gramática ou à métrica), um ótimo exemplo da poesia e do pensamento esquiliano.

37. Sobre a força do transitivo *edu*, ver Peradotto, "The omen" 253, que argumenta corretamente que tem de significar "vestir", e não pode sustentar um significado mais fraco como "incidir". Dover, "Some neglected aspects", procura argumentar que *dýnai* pode ser empregado para o movimento tanto deliberado quanto involuntário; o suposto paralelo de *Ag.* 1011 não é proveitoso, já que ali *dýnai* é intransitivo.

38. Lesky, "Decision and responsibility" (82), considera isso simplesmente ininteligível: pois a culpa seguramente não pode concernir à "esfera irracional apenas, que nada tem a ver com a vontade que

emerge de considerações racionais". Esse é um exemplo tão claro quanto toda má influência de Kant sobre o entendimento da tragédia grega. Comparar Dover, *op. cit.* 66: "Eles reagem assim porque cortar a garganta de uma menina como se ela fosse uma ovelha constitui um evento lastimável e repulsivo; seja necessário ou desnecessário, ordenado por um deus ou produto da perversidade e malícia humanas."

39. Burkert, "Greek tragedy" (cf. também seu *Homo Necans* (Berlim, 1972)).

40. Esse nome é apropriado por Burkert de Karl Meuli, "Griechische Opferbräuche", *in Phyllobolia, Festschrift P. von der Mühll* (Basel, 1960). Meuli salienta, assim como Burkert, a maneira como o ato ritual do sacrificador expressa (nas palavras de Burkert) "um respeito humano profundamente enraizado pela vida como tal, que impede o homem de destruir absolutamente outros seres de modo autocrático" (106).

41. Burkert, "Greek tragedy" 111.

42. Sobre essas substituições (e outros casos relacionados), ver Burkert, "Greek tragedy" 112-3 e n. 58; também Freud, *Totem and Taboo* (1912-13), trad. J. Strachey (NovaYork, 1950), sobre os impulsos psicológicos subjacentes ao sacrifício.

43. Sobre esses aspectos de *Sete*, e especialmente seu final, ver: S. G. Bernardete, "Two notes on Aeschylus' *Septem*", *Wiener Studien* 1 (1967) 29 ss., 2 (1968) 5-17; R. D. Dawe, "The end of the *Seven Against Thebes*", *CQ* NS 17 (1967) 16-28; H. Erbse, "Zur Exodos der *Sieben*", *Serta Turyniana* (Urbana 1974) 169-98; E. Fraenkel, "Schluss des *Sieben gegen Theben*", *Mus Helv* 21 (1964) 58-64; H. Lloyd-Jones, "The end of the *Seven Against Thebes*" *CQ* NS 9 (1959) 80-115; A. A. Long, "Pro and contra fratricide: Aeschylus' *Septem* 653-719", em volume em honra de T. B. L. Webster, org. J. H. Betts (Bristol, a sair); C. Orwin, "Feminine justice: the end of the *Seven Against Thebes*", *CP* 75 (1980) 187-96; A. J. Podlecki, "The character of Eteocles in Aeschylus' *Septem*", *TAPA* 95 (1964); F. Solmsen, "The Erinys in Aischylos' *Septem*", *TAPA* 68 (1937) 197-221; R. P. Winnington-Ingram, "*Septem Contra Thebas*", *YCS* 25 (1977) 1-45; F. Zeitlin, *Under the Sign of the Shield: Semiotics and Aeschylus' Seven Agaisnt Thebes* (Roma 1982).

44. Ver também Orwin, *op. cit.* 188; Bernardete, *op. cit.* O artigo de Long oferece uma análise sutil e minuciosa dos argumentos e reações de Etéocles na fala como um todo.

45. De fato, isso não é claramente estabelecido no interior da peça, uma vez que não temos nenhuma evidência independente de que Etéocles seja o único vencedor capaz de ter salvado a cidade.

46. Lesky, "Decision and responsibility" 83, observa esse ponto e acentua também o paralelo com a resposta de Agamêmnon; ver também Solmsen, "The Erinys". Long, "Pro and contra", salienta a resposta de Etéocles: o próprio desejo é condenado nas operações da "obscura maldição" de seu pai, a qual "repousa em meus secos olhos descerrados" (695-6). O Coro, entretanto, não aceita isso como algo que exonera o próprio Etéocles da responsabilidade pelo desejo. Pois elas imediatamente retorquem: "Mas, ainda assim, não te incites a *ti*" (697). Long retrata Etéocles como admiravelmente lúcido com respeito a todos os aspectos infelizes de seu trágico impasse; eu apontaria esse uso da causalidade divina como suposta desculpa como um sinal de que ele não está plenamente lúcido.

47. Isso permanece obscuro, uma vez que jamais é inteiramente claro quem cuja pretensão ao governo deve ser visto como justo. A presença de Dike no escudo de Polinice não parece ser a "teofania" decisiva, como alega Orwin, "Feminine justice" (191-3), seguindo Bernardete, "Two notes", (10). Long, *op. cit.*, enfatiza corretamente os argumentos em que Etéocles refuta essa afirmação (linhas 667-71).

48. Cf. Orwin, *op. cit.* 190 ss.; e para uma reflexão um pouco diferente sobre a misoginia de Etéocles, ver Zeitlin, *Under the Sign*.

49. Uma excelente análise dessa mitologia e de sua função cívica é oferecida em N. Loraux, *Les Enfants d'Athéna: idées athéniennes sur la citoyenneté et la divison des sexes* (Paris 1981). Para a atitude de Creonte com relação à mulher, ver Cap. 3; e sobre a utilização de Platão da mitologia da autoctonia e da negação da família, ver Cap. 5.

50. Para o debate, ver os artigos mencionados acima na n. 43. Os problemas filológicos não são decisivos, e a decisão repousa em nossa avaliação do conteúdo: tem a unidade temática requerida com o que precedeu? Orwin, "Feminine justice", argumenta persuasivamente que sim, se nos mantivermos por todo o tempo suficientemente atentos às questões sobre o caráter de Etéocles e sua concepção da justiça.

51. Esse ponto foi apropriadamente acentuado por diversos escritores recentes sobre Ésquilo, especialmente por Lloyd-Jones, "Guilt", *JZ*. Ver também n. 3.

52. *Eum.* 517-25.

53. Não tomei posição sobre a questão mais ampla do caráter de Agamêmnon. Peradotto, "The omen", por exemplo, argumenta que sua resposta é inteligível apenas como resultado de um *éthos* antecedentemente mau e assassino. Acredito que o caráter acurado inicial de sua resposta depõe contra isso; sua transformação pode ser inspirada pelo horror da situação que o confronta, a qual ele não pode suportar senão negando sua existência.

54. Com Fraenkel, mudei *thrásos*, que não segue a métrica, para *thársos*. Mas Fraenkel demonstrou convincentemente que a distinção entre os dois é secundária e provavelmente não existia ao tempo de Ésquilo. Não parece haver obstáculo algum para entender *thársos* em um sentido derrogativo (11, 364).

55. Sobre *hekoúsion* e *akoúsion*, ver ainda o Cap. 9; e para usos relacionados, ver ?Ésq *Prom.* 19, 266, 671, 771, 854; cf. também Sóf. *Éd. Col.* 827, 935, 965, 985-7.

56. Para essa objeção, ver Fraenkel, Denniston e Page *ad. loc.* Uma outra linha de objeção ao texto envolve a asserção de que *komízo* deve significar "restituir" e de que a oração inteira deve ser traduzida como "restituindo a confiança aos homens que morrem". G. Hermann, *Euripidis Opera* (Leipzig, 1.ª ed. 1800; 2.ª ed. 1831) objetou que *komízo* não pode, como *phéro*, ser empregado para significar restituir algo com o resultado de que a coisa restituída seja colocada *na* pessoa; antes deve significar que a coisa é posta *pela* pessoa. A isso podemos com justiça objetar que as paixões em Ésquilo são freqüentemente descritas como algo que assume sua posição ao lado da pessoa (ex., *Ag.* 13, 14, 976, 982-3). Se rejeitarmos essa objeção e mantivermos *thársos...komízon*, mas ainda objetarmos a *hekoúsion*, poderemos então aceitar *ek thýsion* de Ahrens, "a partir de sacrifícios". Mas esse expediente parece desnecessário.

57. E. G. Weil: "feminae audaciam voluntariam, h.e. feminam perfidam, virorum morte recuperare conans". Ou Verrall, "que tu por uma lasciva voluntária despenderias as vidas dos homens". (Cf. Peradotto, "The omen" 225, Hammond, "Personal freedom" 46.)

58. Ela oferece uma estranha leitura de *andrási thnéiskousi*: o contexto, que tem tudo a ver com Áulis, torna natural pensar antes nos homens que estavam morrendo *lá*, e não no custo futuro da guerra em vidas humanas. Além disso, o dativo da desvantagem é severo. Em terceiro lugar, os particípios passados *nómon* e *komízon* devem ser lidos como paralelos; mas é em Áulis que Agamêmnon não está manejando o leme do senso; e é apenas no futuro que ele restituirá Helena a um tal custo. Finalmente, a perífrase parece de difícil compreensão – pois é muito mais difícil ver como uma *pessoa* poderia ser "voluntária" do que ver como poderiam ser voluntárias as paixões dessa pessoa. Quanto a *komízo* no sentido de "proteger", "alimentar", "estimar", esse é um significado muito comum em Homero, e aparece alhures em Ésq., ex., *Coéf.* 262, possivelmente 344. (Cf. Estéfano, *Tesauro*, 1778D-1779A.)

59. Ver Nussbaum, "Consequences".

60. Cf. Caps. 9, 10.

61. Sobre o cultivo dos sentimentos apropriados, ver outras observações no Interlúdio 1 e Caps. 7, 9 e 10, com referências. Sobre esse e outros assuntos discutidos na seção, ver I. Murdoch, *The Sovereignty of Good* (Londres, 1970).

62. Ver H. Putnam, "Literature, science, and reflexion", *in Meaning and the Moral Sciences* (Londres, 1979) 83-96.

63. Estou absolutamente de acordo, nesse ponto, com Foot (n. 6 acima), que argumenta que a existência e a irrevogabilidade desses dilemas de maneira alguma tendem a minar o realismo moral. Veremos nos Caps. 8-12 como uma certa forma de realismo pode de fato ser erigida em torno do reconhecimento de uma irredutível pluralidade de valores e, por conseguinte, em torno da possibilidade permanente de conflito.

64. Kant de fato teria um modo de neutralizar esse conflito particular: pois ordens supostamente divinas para cometer atos imorais não são obrigatórias (*A religião nos limites da simples razão* IV.4). Isso, no entanto, não afeta de modo algum o ponto geral; pois ele não pode se desembaraçar de todos os conflitos dessa maneira; contudo, ele tem um compromisso antecedente de reconhecer no máximo uma exigência como obrigatória. Podemos mesmo argumentar que, recusando a Deus o reconhecimento de situações humanas de conflito, ele adota uma concepção de divindade que é menos rica que a concepção grega justamente do mesmo modo como sua concepção moral é menos rica que a deles. Um outro comentário sobre as dimensões religiosas desses conflitos: Donagan observa (p. 298) que São Gregório, o Grande, reconheceu a existência de dilemas morais genuínos, mas os atribuiu à obra do demônio, que poderia enrascar seres humanos em situações nas quais eram forçados a violar algum mandamento divino. A diferença entre essa concepção e a concepção grega é que o papel causal desempenhado pelo demônio em uma é desempenhado na outra pelo mundo; e, além disso, como veremos no Cap. 3, os gregos vinculavam a contínua possibilidade desses conflitos com coisas boas e mesmo divinas, tais como riqueza de vida e reconhecimento da diversidade de valor que há ali para ser vista.

65. Semelhante a essa parece ser a idéia sobre o dilema moral expressa por Wittgenstein em uma conversa de 1947 com Rush Rhees, relatada em "Wittgenstein's lecture on ethics", *PR* 74 (1965) 3-26. Após insistir que para falar sobre o problema é necessário descrever o caso em detalhes, de modo que possamos realmente imaginar e sentir a que ele vem (aqui ele faz algumas observações depreciativas sobre manuais de ética), Wittgenstein passa a trabalhar em um caso amostra de dilema muito semelhante aos nossos em estrutura. Depois de descrever a escolha trágica enfrentada pelo agente, em que não há nenhuma saída livre de culpa e sentimos que só podemos dizer "Deus o ajude", Wittgenstein surpreende Rhees ao observar: "Quero dizer que essa é a solução para um problema ético." Ele indica, então, nosso ponto: que a descrição perspícua do caso, o reconhecimento inabalável dos valores que contém e da maneira como, para o agente, não há saída, é tudo o que há aqui como solução; soluções chamadas filosóficas só obtêm êxito em sua má descrição do problema.

66. Li rascunhos desse capítulo em Bradeis University, Vassar College, Universidade de Massachusetts em Boston, Universidade de Maryland, Universidade de Pittsburgh, e Stanford University. Sou grata aos presentes, bem como a A. Lowell Edmunds, A. A. Long e Nick Pappas, por seus proveitosos comentários.

3. A *Antígona* de Sófocles: conflito, visão e simplificação

1. Decidi discutir o surgimento dessa concepção discutindo um exemplo em profundidade. Mas é geralmente aceito que as estratégias que atribuo a Creonte o vinculam a certos aspectos do racionalismo sofístico – ver n. 10 abaixo. Discuto uma concepção estreitamente relacionada em "Consequences" 25-53; sobre as ligações entre essa peça e os sofistas, ver P. Rose, "Sophocles' *Philoctetes* and the teachings of the Sophists" *HSCP* 80 (1976) 49-105. Relevante material de fundo pode ainda ser encontrado em M. O'Brien, *The Socratic Paradoxes and the Greek Mind* (Chapel Hill, 1967), e em Guthrie, *History* III. O Cap. 4 encerra uma discussão completa de alguns dos aspectos dessas questões, na medida em que proporcionam um pano de fundo para a idéia que Platão tem de *tekhné* – e muitas referências mais.

2. Naturalmente, pensadores que tomam uma concepção "antitrágica" do caso individual (cf. Cap. 2) sustentarão a concepção relacionada sobre o quadro mais amplo. Mas alguns defensores da concepção trágica para casos individuais ratificaram a eliminação do conflito como um fim, ou mesmo um critério, da racionalidade política. Consideremos, por exemplo, R. B. Marcus, "Moral dilemmas

and consistency", *JP* 77 (1980) 121-35, e M. Gibson, "Rationality", *PPA* 6 (1977) 193-225. Muito embora essas concepções provavelmente nada devam a Hegel, são nitidamente hegelianas em espírito. A concepção oposta é mais vividamente defendida, em recente escrito filosófico, por Sir Isaiah Berlin (ver *Concepts and Categories* (Nova York, 1978) *passim*), e Bernard Williams (ver referências no Cap. 2).

3. Para seu efeito sobre a crítica de Ésquilo, ver Cap. 2; para suas influências na discussão da *Antígona*, ver n. 7 e 8 abaixo.

4. Comparar a afirmação de Aristóteles de que a tragédia apresenta um *biós*, um curso ou padrão inteiro de vida e escolha – ver Interlúdio 2 para referências e discussão.

5. A literatura sobre a *Antígona* é vasta; não procurei fazer nada próximo a uma cobertura completa. As principais obras que consultei são: S. Benardete, "A reading of Sophocles' *Antigone*", *Interpretation* 4 (1975) 148-96, 5 (1975) 1-55, 148-84; R. F. Goheen, *The Imagery of Sophocles' Antigone* (Princeton, 1951); R. Bultmann, "Polis und Hades in der *Antigone* des Sophokles", *in* H. Diller, org., *Sophokles* (Darmstadt, 1967) 311-24; R. C. Jebb, *Sophocles: the Antigone* (Cambridge, 1900); J. C. Kamerbeek, *Sophocles' Antigone* (Leiden, 1945); Bernard Knox, *The Heroic Temper: Studies in Sophoclean Tragedy* (Berkeley, 1964); I. M. Linforth, "Antigone and Creon", *University of California Publications in Classical Philology* 15 (1961) 183-260; Lloyd-Jones, *JZ*; G. Müller, *Sophokles, Antigone* (Heidelberg, 1967); G. Perrotta, *Sofocle* (Messina-Florença, 1935); G. Ronnet, *Sophocle: poète tragique* (Paris, 1969); M. Santirocco, "Justice in Sophocles' *Antigone*", *Phil Lit* 4 (1980) 180-98; W. Schmid, "Probleme aus der sophokleischen Antigone", *Philologus* 62 (1903) 1-34; C. Segal, "Sophocles' praise of man and the conflicts of the *Antigone*", *Arion* 3 (1964) 46-66, reedit. *in* T. Woodard, org., *Sophocles: A Collection of Critical Essays* (Englewood Cliffs, NJ, 1966) 62-85; C. Segal, *Tragedy and Civilization: an Interpretation of Sophocles* (Cambridge, MA, 1981); J. P. Vernant, "Le moment historique de la tragédie", "Tensions et ambiguités dans la tragédie grecque", *in* Vernant e Vidal-Naquet, *MT* 13-17, 21-40; J. P. Vernant, "Greek Tragedy: Problems and Interpretation", *in* E. Donato e R. Macksey, orgs., *The Languages of Criticism and the Sciences of Man* (Baltimore, 1970) 273-89; C. Whitman, *Sophocles: a Study of Heroic Humanism* (Cambridge, MA, 1951); R. P. Winnington-Ingram, *Sophocles: an Interpretation* (Cambridge, 1980). Exceto onde se indica algo diverso, estou utilizando o Oxford Classical Text de A. C. Pearson (Oxford, 1924).

6. Onze palavras vinculadas à deliberação prática, que ocorrem em um total de 180 vezes nas sete peças de Sófocles, ocorrem em um total de 50 vezes na *Antígona*. (As palavras em questão são: *boulé, boúleuma, bouleúo, eúboulos, euboulía, dysboulía, phrónema, phroneîn, phrén, dysphron, dýsnous*; minha contagem se baseia no *Lexicon Sophocleum*, de Ellendt, e não inclui os fragmentos.) A palavra *phrónema* ocorre seis vezes na *Antígona* e em nenhuma outra peça; *dysboulía* e *euboulía* ocorrem duas vezes cada na *Antígona* e em nenhum outro lugar; das 58 ocorrências de *phrén*, 17 são na *Antígona*.

7. Devemos evitar desde o início uma confusão entre a avaliação da decisão e a avaliação das deliberações que levaram à decisão. É perfeitamente possível que uma pessoa chegue à melhor decisão em geral através de um processo deliberativo que negligencia certas exigências válidas; a decisão ainda será, então, correta – mas não pelas razões certas e, por assim dizer, quase por acidente. A concepção de conflito criticada no Cap. 2 influenciou muitos críticos a sustentar que, se a *decisão* de Antígona é melhor, ela não pode ser criticada por negligenciar as exigências conflitantes da cidade: tudo o que devemos perguntar é quem está certo. Assim fazem Jebb, Bultmann, "Polis", Perrotta, *Sofocle*; Perrotta mantém que, se a decisão de Antígona é no geral correta, a culpa que o Coro lhe atribui tem que ser "senza logica e senza coerenza" (85). A distinção relevante é bem apreendida por Knox, *Heroic Temper* (114-6), Segal, *Tragedy* (170), Benardete, "A reading" (*passim*, esp. 1.1, 2.4, 4.1), Vernant, "Tensions et ambiguités" (ver n. 8 abaixo), Linforth, "Antigone and Creon" (191, 257-8), Santirocco, "Justice" (*passim*), Winnington-Ingram, *Sophocles* (128).

8. Essa idéia é ratificada por vários críticos que vêem as exigências conflitantes como tão válidas quanto ineliminávies, pelos termos da peça. Assim, por exemplo, Linforth, "Antigone and Creon" 257, afirma: "Para todos os atenienses, a peça oferece uma poderosa advertência para que nela se perce-

ba que as leis que eles colocam em ação não estão em conflito com as leis dos deuses." Cf. também Santirocco, "Justice" 182, 194. As observações finais de Segal podem sugerir uma concepção semelhante: "Através de sua canção coral, a *pólis* chega à autoconsciência das tensões entre as quais existe. Incorporando essas tensões na arte, ela pode confrontá-las e trabalhar em direção à sua mediação, ainda que a mediação não seja permitida aos heróis trágicos no interior do próprio espetáculo. A peça em seus contextos sociais e rituais adquire para a sociedade aquilo que recusa aos atores no interior de sua ficção. Seu contexto afirma o que seu conteúdo nega" (*Tragedy* 205). Não está, contudo, inteiramente claro para mim em que medida Segal e eu realmente discordamos aqui; dependeria do que está implicado, mais precisamente, em "mediação", e como isso está relacionado ao quadro da sabedoria prática que desenvolverei abaixo.

A posição de Vernant é mais uma vez (ver Cap. 2 n. 3-4) complexa. Muito embora proporcione uma caracterização bastante vívida da natureza irreconciliável da tensão retratada pela tragédia (cf. esp. "Tensions et ambiguités" 30-1, 35), ele tende a sugerir três outras coisas que não parecem decorrer dessa observação: primeira, que a concepção trágica de justiça é por conseguinte *ambígua*; segunda, que ela está continuamente *movendo-se em torno de si*, transformando-se no seu contrário (cf. "Le moment historique" 15); terceira, que esses conflitos desapareceriam com o desenvolvimento de uma concepção *clara* da vontade e da distinção entre ação voluntária e involuntária ("Greek tragedy" 288). A primeira e a segunda são críticas que Platão certamente fará contra a concepção trágica; entretanto, parece importante para *nós* não pensar no conflito contingente de duas exigências válidas como uma confusão ou ambigüidade na concepção de justiça, um problema a ser resolvido pelo esclarecimento intelectual (cf. Cap. 2). À terceira (em que sua posição é surpreendentemente similar à de Lesky – cf. Cap, 2, n. 5) só se pode indicar que essas situações parecem surgir a cada dia, e que o conceito de vontade – a menos que o combinemos com um conjunto particular de concepções controversas sobre consistência – nada faz para que elas se dissipem.

9. Para Creonte, ver n. 12 abaixo; para Antígona, linhas 2, 18, 448.
10. Para discussão geral dessa fala e seu pano de fundo cultural, suas relações com o racionalismo sofista, ver esp. Schmid, "Probleme", Knox, *Heroic Temper* 84, Winnington-Ingram, *Sophocles* 123, Goheen, *Imagery* 152 e n. 28.
11. Para uma excelente discussão da imagem de saúde e doença que a peça apresenta, ver Goheen, *op. cit.* 41-4.
12. Em 176-7, Creonte nos diz: "É impossível obter um entendimento (*ekmatheîn*) integral da alma, do raciocínio e do juízo de qualquer homem, até que ele se mostre na experiência do governo ou da lei" (176-7). Por conseguinte, ele alega conhecimento de outras pessoas apenas em conexão com sua relação com a segurança cívica (cf. 293-4). Alega conhecer somente três verdades gerais, todas estreitamente conectadas à primazia do bem cívico: a facilidade com que um rígido oponente pode ser subjugado (477-8), o desagrado de se viver com uma mulher cujo espírito não se centra na cidade (649-51), e o papel fundamental da própria cidade na preservação das vidas e bens humanos (188 ss.).
13. Cf. Linforth, "Antigone and Creon" 191.
14. Essas questões recebem plena e elucidativa discussão especialmente em Perrotta, *Sofocle* 60-1, Linforth, "Antigone and Creon" 191 ss., 255 ss.; ver também Winnington-Ingram, *Sophocles* 120, Segal, *Tragedy* §11. As evidências antigas são reunidas em D. A. Hester. "Sophocles the unphilosophical: a study in the *Antigone*", *Mnemosyne* 4.ª fascículo 24 (1971) 54-5, Apêndice C. A extraordinária importância da obrigação de enterrar é concedida por todos os intérpretes; ver também H. Bolkestein, *Wohltätigkeit und Armenpflege* (Utrecht 1939) 69-71, que reconstrói a *araí bouzýgioi*, a famosa lista de deveres tradicionais, sobre a qual se sustenta ter sido proporcionada pelo fundador da civilização, o primeiro que pôs bois à frente do arado. Essa lista inclui, argumenta Bolkestein, a injunção: "Não permitas que um cadáver permaneça desenterrado", *átaphon sóma mè periorân*. Em Ésquines (cf. Benardete "A reading" 4.3, n. 11), é evidente que mesmo um filho que foi vendido à prostituição por seu pai tem ainda uma obrigação legal e moral de enterrá-lo.

Por outro lado, é importante perceber em que medida um traidor constituía uma exceção à regra geral. Críticos de Creonte aludem com freqüência aos costumes concernentes à devolução do cadáver de um *inimigo*, e não reconhecem a enorme diferença entre um mero inimigo e um traidor sob a lei ateniense (assim faz, estranhamente, Jebb, xx ss.). Winnington-Ingram, referindo-se a O. Taplin, CR 26 (1976) 119 e W. R. Connor, *The New Politicians of Fifth-Century Athens* (Princeton 1971) 51, argumenta que a ação de Creonte seria perfeitamente aceitável, se não demonstrasse uma negligência ao *status* de Polinice como seu próprio parente. Linforth, "Antigone and Creon" e Perrotta, *Sofocle*, fazem uma cuidadosa distinção entre inimigo e traidor, referindo-se a Tucíd. I.138 (em que não se permite que Temístocles tenha um funeral em Ática), Xen. *Helênicas* I.7.22, Eur. *Fenic.* 1629. Perrotta aponta que os traidores atenienses, embora não se lhes fosse permitido um funeral dentro do território ático, eram freqüentemente enterrados por seus parentes em Mégara. Mesmo o mais severo tratamento mencionado, o de jogar o cadáver em uma cova ou *bárathron*, ainda não permite que o cadáver seja devorado por cães.

Podemos concluir que Creonte está de acordo com o costume e é justificado (ignorando momentaneamente seu laço familiar) na medida em que demonstra desonra ao cadáver e lhe proíbe funeral dentro ou nos arredores da cidade; está em desacordo com o costume em sua tentativa de obstruir *todos* os esforços no sentido do enterro (embora as questões estejam aqui anuviadas, já que a tentativa que ele obstrui envolvia funeral nos arredores da cidade e seria assim ilegal sob a lei ateniense). Está, evidentemente, em desacordo com o costume em sua completa negligência, como parente, de seus próprios deveres familiares.

15. Cf. também 299, 313, 731.
16. Sobre a concepção que Creonte tem da justiça, ver Segal, *Tragedy* 169-70, Santirocco, "Justice" 185-6, Bultmann, "Polis" 312.
17. Em uma passagem espantosa, "justamente" é até mesmo empregado para designar a obediência submissa de cidadãos ao poder cívico: "Não estão conservando seus pescoços justamente sob o jugo e obedecendo à minha autoridade" (291-2).
18. Com isso pretendo incluir tanto *éros* ou paixão (primordialmente sexual) como *philía*, que inclui laços de família (com ou sem o sentimento de afeição) e o amor dos amigos (cf. Cap. 12). É significativo lembrar que nos termos da peça (assim como no contexto histórico) *philía* impõe obrigações válidas mesmo na ausência do sentimento de afeição.
19. Sobre a estranheza da concepção de Creonte sobre *philía*, ver Schmid, "Probleme", Knox, *Heroic Temper* 80, 87, Segal, *Tragedy* 188, Winnington-Ingram, *Sophocles* 123, 129, 98 ss., 148, Benardete, "A reading" 12.6. O decreto "irmão" é salientado por Segal, *Tragedy* 188 e Knox, *Heroic Temper* 87; a confecção de *phíloi*, por Winnington-Ingram, *op. cit.* 123, Knox, *op. cit.* 87, Benardete, *op. cit.* 12.6.
20. Sobre a negação de Creonte de *éros*, ver Schmid, "Probleme" 10 ss., Vernant, "Tensions" 34-5, Segal, *Tragedy* 166, 198, Winnington-Ingram, *Sophocles* 97 ss.
21. Comparar o *Eutífron*, sobre o qual cf. Cap. 2, pp. 21, 25. Sobre a concepção religiosa de Creonte, ver Schmid, *op. cit.* 7 ss., Segal, *op. cit.* 174-5, 164, Linforth, "Antigone and Creon" 80, 101, Knox, *Heroic Temper* 216, Benardete, "A reading" 19.3, e especialmente Vernant, "Tensions" 34: "Des deux attitudes religieuses que l'*Antigone* met en conflit, aucune ne saurait en elle-même être la bonne sans faire à l'autre sa place, sans reconnaître cela même qui la borne et la conteste."

   Deve-se observar uma vez mais (cf. Cap. 2, p. 28 e n. 29) que nada disso necessita que negligenciemos a importância da maldição sobre a casa, acentuada por Lloyd-Jones, *JZ*, Perrotta, *Sofocle*, bem como Segal, *Tragedy* (190). Pois, como Lloyd-Jones corretamente argumenta, "Guilt" (cf. Cap. 2, n. 29), a maldição se resolve através de ações humanamente acessíveis. Segal faz a interessante observação (166) de que uma das falhas de Creonte é sua negligência do passado: "a vida se centra sobre um presente estático gnomicamente abrangente ou sobre um futuro racionalmente calculável em termos de ganho (*kérdos*)".
22. Sobre olhos e visão, cf. este Cap. pp. 60-2, e 66-7, 68; cf. também Caps. 7, 13.

23. Cf. Segal, *Tragedy* 179 e n. 85 p. 447.
24. Cf. Segal, *Tragedy* 145, 166, Goheen, *Imagery* 14-9. Para o uso que Creonte faz da imagem do dinheiro, ver linhas 175-7, 220-2, 295-303, 310-12, 322, 325-6, 1033-9, 1045-7, 1055, 1061, 1063. Cf. Goheen, *op. cit.* 14-9.
25. Para o uso da imagem anterior à data dessa peça (441 a.C.), ver Alceu 6, Teógnis 670-85, Ésq. *Septem* 1 ss., 62, 109, 192, 780, 1068; *Eum.* 16. Para usos subseqüentes, ver por exemplo Aristóf. *Paz* 699, Platão, *Rep.* 389D, 488A-89A, *Eutif.* 291D, *Pol.* 302A ss., 299B, *As leis* 641A, 758A-B, 831D, 945C. Há muitos outros. Ver discussão em Jebb e Kamerbeek *ad loc.*, Goheen, *op. cit.* 44-51, P. Shorey, "Note on Plato *Republic* 488D", *CR* 20 (1906) 247-8, e comentário de Tucker sobre *Septem* de Ésq. O acadêmico observa sobre de *As vespas*, de Aristóf., 29 que a imagem é um lugar-comum poético.
26. Para o argumento geral, compare Tucíd. II.60 (cf. *orthoumenon*), Demócrito frag. 252.
27. *De Falsa Legatione* 246-50. É importante notar que Ésquines foi aparentemente o *tritagonistés*; isso implica que a concepção de que Creonte é o "herói" da tragédia não era sustentada pela prática performática antiga.
28. Do mesmo modo também Tucíd. II.60, em que os fins da "cidade como um todo" (*pólin xýmpasan*) são implicitamente contrastados com os fins individuais dos cidadãos privados (*kath' hékaston tôn politôn*). A reflexão de Demóstenes sobre como Ésquines opôs *to kath' heauton* ao bem do todo evidencia as possibilidades de conflito que sempre estiveram latentes na imagem.
29. Cf. Ar. *De An.* 413a9, em que perguntar se a alma é a realidade do corpo do modo como o navegante o é de um navio é, aparentemente, fazer uma pergunta sobre separabilidade; comparar também 406a6, em que o navegante no navio é usado como um exemplo de algo que é transportado como em uma condução.
30. A idéia de *sózein*, de salvar vidas, e a idéia de excluir perigos externos, estão presentes na imagem desde o início. Ver a boa discussão em Jebb *ad loc.*, e a passagem citada na n. 25.
31. Sobre o masculino e o feminino na peça, ver esp. Segal, *Tragedy* §X.
32. Creonte está provavelmente equiparando Polinice a um animal em 201-2; em 775-6, ele fala de deixar *forragem* para Antígona. Sobre suas equiparações do humano ao animal, ver Segal, *Tragedy* §11, e Goheen, *Imagery* 26 ss., que indica que Creonte está quase sozinho na peça em seu uso das imagens animais para coisas humanas.
33. Cf. também a comparação implícita que Creonte faz de Hemon a um animal doméstico: *Paidós me saínei phthóggos*: "A voz de meu filho me saúda com seu lisonjeiro ladrar" (1214). Ver os comentários perceptivos de Goheen sobre essa linha, 34-5. (Observe que essa linha, embora posteriormente citada na peça, é um relato de um momento anterior às mudanças em Creonte que descreveremos abaixo.)
34. Em 1175, o Mensageiro diz: "Hemon está morto; sangrou (*haimássetai*) com suas próprias mãos." Cf. também 794; e Knox, *Heroic Temper* 88 e n. 54, Santirocco, "Justice" 184.
35. Para *phrénes* em Sófocles como vinculado primordialmente ao juízo e à razão prática, ver Ellendt, *Lexicon Sophocleum*, s. v. Para alguns exemplos apenas, ver *Ajax* 445, *Filoc.* 1113, 1281, *Éd. T.* 528; esta peça 298, 492, 603, 792, esp. 1015.
36. Sobre a reversão da imagem da domesticação de animal nesta passagem, ver Goheen, *Imagery* 31-2, Segal, *Tragedy* 159. Sobre Eurídice, ver Santirocco, "Justice" 194.
37. Cf. n. 7 acima.
38. Cf. Benardete, "A reading" 1.1, Knox, *Heroic Temper* 79. A enfática palavra *autádelphon*, "própria irmã", é novamente usada duas vezes na peça, ambas as vezes sobre Polinice: uma vez por Antígona (502-4), uma vez por Hemon, relatando o argumento dela (694-9).
39. Cf. Benardete, "A reading" 2.4.
40. Ver linhas 10, 11, 73, 99, 847, 882, 893, 898-9. Cf. Benardete, *op. cit.* 8.6, 9.5, Segal, *Tragedy* 189, Winnington-Ingram, *Sophocles* 129 ss., Knox, *Heroic Temper* 79-80.

41. Vários acadêmicos disseram que Antígona é motivada por um profundo amor pessoal por Polinice: por exemplo, Santirocco, "Justice" 188, Knox, *Heroic Temper* 107 ss., Winnington-Ingram, *op. cit.* 130. Contrastar os argumentos negativos efetivos de Perrotta, *Sofocle* 112-4, Lloyd-Jones, *JZ* 116, Linforth, "Antigone and Creon" 250. Perrotta observa corretamente que ela ama Polinice não *qua* Polinice, mas *qua* recaindo sob um dever de família. Ela é exclusivamente inspirada por sua paixão pelos deveres da religião de família, e não tem nenhuma ternura por indivíduos: "Questa terribile eroina non e la donna d'amore che molti hanno voluto vedere in lei." A suas observações abstratas e frias de luto podemos contrastar, por exemplo, o agonizante luto de Hécuba (em *As troianas*, de Eurípides, cf. Cap. 10, pp. 273 ss.) sobre o cadáver de seu neto, em que cada parte do corpo amado evoca uma nova memória de compartilhada afeição. Há muitos casos similares.

42. Cf. Perrotta, *op. cit.* 112. Devemos atribuir "Ó queridíssimo Hemon, como te desonra o teu pai" a Ismênia, assim como em todos os manuscritos. Pearson e outros editores o atribuíram a Antígona, em função do desejo deles de ver Antígona dizer algo afetuoso sobre Hemon. Mas *phíltate*, "queridíssimo", não é incomumente forte no interior de uma relação próxima de família, e é perfeitamente apropriado à afetuosa Ismênia; não precisa, de fato, sequer expressar afeição estreita. A resposta de Creonte, segundo a qual o fato de a enunciadora repisar continuamente o casamento o "irrita", é apropriada à sua relação com Ismênia (que é, em todo caso, quem estava "repisando" o casamento), mas é demasiado branda para expressar seu profundo ódio e cólera contra Antígona. Ver os argumentos de Linforth, *op. cit.* 209, Benardete *ad loc.*

43. Sobre a recusa de Antígona a *éros*, ver Vernant, "Tensions" 34-5, Benardete, "A reading" 8.6; comparar Segal, *Tragedy* §VIII. Vernant corretamente escreve, "Mais les deux divinités [Éros e Dioniso] se retournent aussi contre Antigone, enfermée dans as *philía* familiale, vouée volontairement à Hades, car jusque dans leur lien avec la mort, Dionysos et Eros expriment les puissances de vie et de renouveau. Antigone n'a pas su entendre l'appel à se détacher des 'siens' et de la *philía* familiale pour s'ouvrir à l'autre, accueillir Eros, et dans l'union avec un étranger, transmettre à son tour la vie."

44. Essa fala é notoriamente controversa. Seguramente, teria sido estigmatizada como espúria se Aristóteles não a tivesse citado como genuína na *Retórica*; isso a situa em uma data tão antiga que, se espúria, só poderia ser a interpolação de um ator. E é difícil imaginar um ator conferindo a si mesmo uma fala tão estranhamente legalista e não-emocional em um momento de clímax na ação dramática. É, pois (apesar dos desejos expressos por Goethe) quase certamente genuína; e é muito difícil explicar como uma efusão confusa e incoerente de amor apaixonado – embora de fato se tenha tentado essa abordagem (ex. por Winnington-Ingram, *Sophocles* 145 ss., Knox, *Heroic Temper* 144 ss.). A melhor explicação para essa ordenação de prioridade de deveres friamente determinada é que Antígona não é de maneira alguma incitada por amor pessoal, mas por uma inflexível determinação de ter um conjunto fixo de exigências ordenadas que prescreverão suas ações sem engendrar conflito; sua recusa do erótico (cf. n. 43 acima) é, pois, suficiente para explicar sua escolha do irmão. Para um exame da controvérsia sobre a autenticidade e sobre a relação da passagem com Heródoto III.119, ver Hester, "Sophocles the unphilosophical" 55-80, Jebb, Apêndice, 258-63, Müller, *Sophokles, Antigone* 198 ss., 106 ss., Knox, *op. cit.* 103-6, Winnington-Ingram, *op. cit.* 145 ss. Ver também D. Page, *Actors' Interpolations in Greek Tragedy* (Oxford, 1934).

45. Ver Benardete, "A reading" 9.3.

46. Ver Knox, *Heroic Temper* 94 ss., Segal, *Tragedy* §VIII. Winnington-Ingram denomina o modo como ela nega o ódio dos irmãos um pelo outro após a morte uma "ordem heróica", "um supremo esforço de impor a vontade heróica sobre um mundo recalcitrante" (*Sophocles* 132).

47. Sobre a concepção de Antígona de *díke* e sua inovação, ver R. Hirzel, *Themis, Dike, und Verwandtes* (Leipzig, 1907) 147 ss.; também Santirocco, "Justice" 186, Segal, *op. cit.* 170.

48. Segal, *op. cit.* proporciona uma excelente discussão desse aspecto de Antígona em várias passagens – esp. 156 ss., §VIII, §IV, 196.

49. Ver esp. 810-6, 867, 876-80, 891, 916-8.

50. Cf. 842-9, 876-7, 881-2.
51. Cf. acima pp. 25-6 e n. 14.
52. A importância desse vínculo com o complacente mundo da natureza é percebida por Segal, *Tragedy* 154 ss., que compara 423-5, 433.
53. Cf. A. C. Bradley, "Hegel's Theory of Tragedy", *Oxford Lectures on Poetry* (Londres, 1950) 69-95, reeditado in *Hegel on Tragedy*, org. A. e H. Paolucci (Nova York, 1975) 367 ss.
54. G. W. F. Hegel, *The Philosophy of Fine Art*, tr. P. B. Osmaston (Londres 1920) Vol. IV, reeditado in *Hegel on Tragedy* (acima n. 53) pp. 68, 71.
55. Cf. acima n. 8.
56. Para um desenvolvimento relacionado dessa mesma idéia, ver Nussbaum, "Crystals".
57. O que direi sobre os versos líricos está estreitamente relacionado a observações de Goheen, Linforth e Segal. Um estudo relacionado com o qual aprendi é A. Lebeck, *The Oresteia* (Cambridge, MA, 1971).
58. Essa comparação esclarecedora foi pela primeira vez feita por Nietzsche em *The Birth of Tragedy* (1872), trad. W. Kaufmann (Nova York, 1976). (Deve-se lembrar que os sonhos antigos são considerados prospectivos, bem como retrospectivos.)
59. Os termos "densidade" e "ressonância" são discutidos e mais desenvolvidos na excelente análise do estilo de Heráclito que compõe parte de *The Art and Thought of Heraclitus*, de C. Kahn (Cambridge 1979), esp. pp. 87-95.
60. Frag. DK B67a. Ver a interpretação desse fragmento e a defesa de sua autenticidade em meu "*Psuché* in Heraclitus, I", *Phronesis* 17 (1972) 1-17.
61. Cf. Cap. 12 e Interlúdio 2.
62. Sobre os Párodos ver especialmente Linforth, "Antigone and Creon" 188, Benardete, "A reading" 11.4, Winnington-Ingram, *Sophocles* 112 ss., Segal, *Tragedy* §XIV. Sobre o texto, ver H. Lloyd-Jones, "Notes on Sophocles' *Antigone*" CQ NS 7 (1957) 12-27; ele defende o *oxutorói* de MMS em 108 e interpreta o freio metaforicamente, como o freio da necessidade, ou Zeus.
63. Essa idéia é ainda desenvolvida no Cap. 6, em que examinamos a alegação de Diotima de que a "vista do sangue" e a "vista da alma" são mutuamente exclusivas; no Cap. 13, em que discutimos conexões entre visão e *philía*; e no Cap. 10, em que examinamos a afirmação de Aristóteles de que "a decisão repousa na percepção". Sobre associações simbólicas de olhos e visão na cultura grega e em culturas relacionadas, ver W. Deonna, *Le Symbolisme de l'oeil* (Paris, 1965); para outras referências antigas, Cap. 13 n. 27.
64. Cf. também 215, 314, 325, 406, 562, 581.
65. Minha leitura dessa ode tem considerável débito a Segal, "Sophocles' praise", que contribuiu à formação inicial desses pensamentos – embora eu deva enfatizar aspectos um pouco diferentes da auto-aniquilação da ode. Mais recentemente, favoreci-me da discussão de seu conjunto de imagens que permeia a discussão mais longa de Segal, e também me vali da sensível reflexão de Goheen. Ver também Ronnet, *Sophocle* 151 ss., Linforth, "Antigone and Creon" 196-9, Benardete *ad loc*.
66. Sobre o progresso através das artes ou *tékhnai*, e sobre outras histórias relacionadas da descoberta das artes, ver Cap. 4.
67. A ode sobre *éros* é bem discutida por Winnington-Ingram, *Sophocles* 92-8; cf. também Benardete, "A reading" 44.6, Santirocco, "Justice" 191, Linforth, "Antigone and Creon" 221.
68. Contrastar *orgas eumeneis* dos deuses em 1260, quando Creonte realiza o funeral.
69. Sobre cólera e vingança, ver ainda Cap. 13.
70. Ver Winnington-Ingram, *Sophocles* 98-109, Linforth, *op. cit.*, 231-3, Goheen, *Imagery* 64-74, e especialmente Segal, *Tragedy* 182 ss., que observa que é possível ver a furna como algo que simboliza o tipo

de mistério solitário que Creonte recusou. Sobre a segunda antístrofe, ver Lloyd-Jones, *CQ* NS 7 (1957) 24-7.

71. A. Schopenhauer, *The World as Will and Representation*, trad. E. J. Payne (Nova York 1969) Vol. I, pp. 252-3.

72. Cf. Segal, *Tragedy* 154 ss.

73. Cf. Cap. 10.

74. Comparar Segal, *Tragedy* 201.

75. Cf. Segal, *op. cit passim.*

76. Cf. Cap. 13 sobre *nómos* (com referências).

77. Sobre essa ode, ver especialmente Segal, *Tragedy*, 202 ss., a cujas inúmeras observações sou grata; também Linforth, "Antigone and Creon" 238, Santirocco, "Justice" 192.

78. Por meu trabalho neste capítulo, sou grata a inúmeras gerações de estudantes e assistentes de ensino: especialmente a Janet Hook, Nick Papas, Gail Rickert e Nancy Sherman. Agradeço também a Stanley Cavell, com quem lecionei esse material, e a Barry Mazur, que pela primeira vez ouviu algumas das idéias que se transformaram na seção final. Sou igualmente grata a Mary Whitlock Blundell e a Lowell Edmunds por seus comentários.

4. O *Protágoras*: uma ciência do raciocínio prático

1. Para reflexões gerais relevantes sobre a vida social de Atenas nesse período, ver G. Grote, *A History of Greece*, vol. VII (Londres, 1888); W. K. C. Guthrie, *The Sophists* (= *History* III, Parte I) (Cambridge, 1971); G. Kerferd, *The Sophistic Movement* (Cambridge, 1981); ver também o estimulante *L'Invention d'Athènes*, de N. Loraux (Paris, 1981). Sobre progresso, ver L. Edelstein, *The Idea of Progress in Classical Antiquity* (Baltimore, 1967), com muitas referências à literatura sobre textos particulares; Dodds, *ACP* 1-25.

2. Sobre a antítese *tékhne-týkhe*, ver especialmente A. L. Edmunds, *Chance and Intelligence in Thucydides* (Cambridge, MA, 1975). Sobre *tékhne* e noções relacionadas, o exame mais abrangente das evidências está em R. Schaerer, *Epistéme et Tékhne: études sur les notions de connaissance et d'art d'Homere à Platon* (Lausanne, 1930); um excelente estudo relacionado é D. Kurz, *Akribeia: Das Ideal der Exaktheit bei den Griechen bis Aristoteles* (Göppingen, 1970); ver também L. Camerer, *Praktische Klugheit bei Herodot: Untersuchungen zu den Begriffen Mechane, Techne, Sophie* (Tübingen, 1965) e M. Isnardi Parente, *Tékhne* (Florença, 1966), que cobre o período Platão-Epicuro. Dois estudos relacionados de considerável interesse sobre a inteligência científica e prática são: M. Detienne e J.-P. Vernant, *Les Ruses de l'intelligence: la Mètis des grecs* (Paris, 1974) e G. E. R Lloyd, *Magic, Reason, and Experience* (Cambridge, 1981); ver também *Les Origines de la pensée grecque*, de Vernant (Paris, 1981), e seus textos mais breves, "Le travail et la pensée technique" e "Remarques sur les formes et les limites de la pensée technique chez les Grecs", in *Mythe et pensée chez les Grecs*, II (Paris, 1965) 5-15, 44-64. Para estudos gerais da *týkhe*, ver A. A. Buriks, *Peri Tuches: De ontwikkeling van het begrip tyche tot aan de Romeinse tijd, hoofdzakelijk in de philosophie* (Leiden, 1955); H. Meuss, *Tuche bei den attischen Tragikern* (Hirschberg, 1899); H. Strohm, *Tyche: zur Schicksalsauffassung bei Pindar und den frühgriechischen Dichtern* (Stuttgart, 1944). Ver também Lloyd-Jones, *JZ*, esp. 142, 162.

3. Para uma reflexão sobre os elementos mais importantes de continuidade e descontinuidade, ver Interlúdio 2.

4. Minha versão da história é, em grande parte, extraída da fala de Prometeu em *Prometeu acorrentado* (cuja controversa autoria não faz diferença alguma às nossas reflexões aqui). Ver Edelstein, *Idea of Progress* e Guthrie, *History* (acima, n. 1) para uma consideração completa de outros textos relacionados. A idéia outrora difundida de que a antropologia relatada em Diodoro Sículo (60-30 a.C.) deriva de Demócrito (ver, por exemplo, T. Cole, *Democritus and the Sources of Greek Anthropology* (New Haven, 1967)) é rejeitada por Dodds, que argumenta que ela deriva de uma doxografia muito posterior. Para outras versões influentes da história, ver Sólon 13 (Oeste) 43 ss.; Górgias, *Apo-*

logia de Palamedes; e evidentemente o coro sobre o ser humano na *Antígona* – cf. Cap. 3. O argumento de *PV* não inclui o domínio das paixões internas.

5. Sobre o problema da data dramática, ver A. E. Taylor, *Plato* (Londres, 1926) 236, Guthrie, *History*, IV 214, C. C. W. Taylor, *Plato: Protagoras* (Oxford, 1976) 64, todos os quais concordam com a data de aproximadamente 433. A referência em 327D a uma peça produzida em 420 é um anacronismo. Quanto à data de composição, considerou-se por vezes que esse diálogo se encontra entre os mais antigos; mas uma maioria de acadêmicos recentes argumentou que é uma obra de transição, posterior aos diálogos aporéticos mais breves e anterior ao *Mênon* e ao *Górgias*.

6. Vale observar que os quatro diálogos que consideraremos nesta seção formam uma seqüência cronológica em datas dramáticas, bem como em datas de composição. Isso não se sustenta em geral como verdadeiro; mas pode ser significativo o fato de que os diálogos que selecionei por sua continuidade temática (todos lidam de alguma maneira com a relação entre a perícia filosófica e nossos problemas de *týkhe*, todos se referem de modo central à "loucura" e ao controle sobre as paixões, todos tratam da comensurabilidade ou harmonia de diferentes valores) ilustrem também um desenvolvimento dramático do caráter de Sócrates, de sua relação com essas questões. O significado do retrato dramático variante é discutido em cada um dos quatro capítulos da Parte II, e mais extensamente nos Caps. 6 e 7. Observamos também que em três dos quatro diálogos Alcibíades desempenha um papel central (para a relação entre Fedro e Alcibíades, cf. Cap. 7, pp. 186-7); na *República*, a alma tirânica desempenha um papel similar.

7. Sobre a metáfora da caça como expressão de uma imagem difundida da inteligência prática contrapondo-se à contingência, ver Detienne e Vernant, *Les Ruses*; cf. Cap. 1, em que critico sua acentuada oposição entre o "caçador" e o filósofo e examino alguns aspectos relacionados da imagética de Platão. Nesse diálogo, a continuidade entre o *éros* usual e a ascese filosófica é energicamente acentuada, à medida que Sócrates caçador de Alcibíades se torna Sócrates, o astuto novo Odisseu, salvando vidas através da arte filosófica. Para uma discussão relacionada sobre a caça como imagem ética, ver Nussbaum, "Consequences" 25-53. Sobre Sócrates como *erastés*, posteriormente *erómenos*, ver Cap. 6; sobre essa relação erótica em geral, ver Dover, *GH*.

8. O *Charmide* é provavelmente próximo também em data de composição, advindo entre os últimos do grupo dos diálogos "aporéticos" iniciais. Para uma discussão mais completa da história da analogia entre filosofia e medicina, ver Nussbaum, "Therapeutic arguments: Epicurus and Aristotle", *in The Norms of Nature*, org. M. Schofield e G. Striker (Cambridge, 1985) 31-74.

9. Para a afirmação de Protágoras, ver 316D, e esp. 318E-319A.

10. Ver, por exemplo, Isnardi Parente, *Tékhne* I, Schaerer, *Epistéme passim* (que observa, entretanto, que "*epistéme*" é usado com mais freqüência que "*tékhne*" para designar a condição cognitiva do agente). Dodds conclui que o conceito de *tékhne*, no final do século V, é o conceito da "aplicação sistemática da inteligência a qualquer campo da atividade humana" (11); cf. Guthrie, *History* III, Parte 1, 115 n. 3: "Ela [*tékhne*] inclui cada ramo da atividade humana ou divina, ou inteligência aplicada, como oposta à obra intocada da natureza." Esses resultados informais são confirmados e complementados pela rigorosa e extensa análise lingüística de todo o campo semântico dos verbos gregos *epistasthai*, *gignóskein*, *eidenai*, e seus substantivos relacionados, *epistéme*, *tékhne* e *gnósis* em J. Lyons, *Structural Semantics: an Analysis of Part of the Vocabulary of Plato* (Oxford, 1963). Lyons demonstra que a *tékhne* e os nomes das *tékhnai* específicas funcionam semanticamente como o objeto direto mais comum do verbo *epístasthai*; ele observa que "*epistéme* e *tékhne* são muito freqüentemente, se não sempre, sinônimos nos contextos em que ocorrem em coligação com adjetivos da classe At", quer dizer, com adjetivos –*iké* que nomeiam alguma arte ou ciência (187). Ele demonstra como essa classe é produtiva, com que facilidade um escritor grego poderia, assim, dar o nome *tékhne* a qualquer tipo de saber organizado, qualquer coisa que possa ser objeto de *epístasthai*. Seus exemplos demonstram a amplitude e a heterogeneidade dessa classe. Ele observa deveras que *epistéme* é mais amplo que *tékhne* sob um aspecto: pode por vezes ser usado indiferenciadamente em lugar de *gnósis*, onde *tékhne* não pode. O raciocínio de Lyons a respeito de *gignóskein* e *gnósis* é que eles cobrem a área do con-

vívio e da familiaridade pessoais, área em que não encontramos o verbo *epístasthai*. Assim, a questão é que *tékhne* sempre convém onde há *epístasthai*; não convém à área da familiaridade pessoal, área em que o substantivo *epistéme* pode entrar. Muito embora a análise de Lyons lide apenas com o *corpus* platônico, parece-me provável que seus resultados nesse aspecto descrevam também o uso de *tékhne* e *epistéme* no final do século V e em outros escritores contemporâneos a Platão.

11. A passagem da *Metaf.* I à qual nos voltaremos é um caso em que isso fica especialmente evidente. Em uma passagem (*EN* 1140b2 ss.), Aristóteles distingue explicitamente *epistéme* e *tékhne*, associando inteiramente a última com arte produtiva. (Cf. também 1112b7.) A mesma distinção é feita em *Magna Moralia* 1197a33, que pode não ser genuíno; essa passagem, contudo, diz explicitamente que em algumas das artes que veremos denominadas por Platão *tékhnai*, por exemplo, a execução da lira, a própria atividade é o fim. As distinções verbais de Aristóteles não são mantidas de maneira dogmática ou mesmo consistente nessa área: a distinção entre *práxis* e *poíesis* é um exemplo claro disso. Tampouco é incomum para ele usar uma palavra tanto no sentido amplo como no sentido estreito – tanto para o gênero como para uma de suas subespécies: ele o faz explicitamente com "*phrónesis*" e "*dikaiosýne*", implicitamente, como eu argumento, com "*aísthesis*" (cf. Nussbaum, *De Motu* Ensaio 5). É claramente impossível fazer com que o sentido estreito de *tékhne* em *EN* se conforme ao restante do uso que ele faz do termo, sobretudo na *Metafísica* I; o fato de ser esse livro dedicado às concepções de predecessores ajuda a explicar por que o uso que ele faz aqui permanece próximo do uso tradicional.

12. Cf. esp. 356D ss., em que há repetidos deslocamentos verbais para trás e para a frente entre os dois, de modo que é com freqüência difícil dizer a que substantivo se refere o adjetivo "*metretiké*". Em uma passagem anterior, Protágoras se refere à sua *tékhne* e a uma *máthema*, aparentemente de modo indiferenciado (316D, 318E, 319A).

13. Para o contexto, cf. esp. Schaerer, *Epistéme*, Edmunds, *Chance* (com refs.).

14. Para a antítese no epitáfio de Hipócrates, ver G. Pfohl, org., *Greek Poems on Stone* I (Epitáfios) (Leiden 1967) 144 (= Antol. palat. VII.135); cf. Edmunds, *op. cit.* 2 e n. 3. A datação dos vários tratados hipocráticos é controversa. Concentro-me naqueles que são geralmente datados do século V. G. E. R. Lloyd questionou essa idéia convencional para *Vet. Med.*: ver seu "Who is attacked in *On Ancient Medicine*?", *Phronesis* 8 (1963) 108-26; mas ele não lhe atribui data posterior a Platão.

15. Xen. *Mem.* III.10; para outros exemplos, ver Schaerer, *op. cit.*, Kurz, *Akribeia*. O *Górgias* nega o título de *tékhne* a tudo o que não possa conferir um *lógos* geral a seus procedimentos; sua distinção entre *empeiria* (experiência, uma aptidão empírica) e *tékhne* corresponde estreitamente à distinção da *Metaf.* I. A questão de como fazemos a transição de um acúmulo de experiência para uma consideração geral constituía um problema central da teoria médica grega. *Sobre a experiência médica*, de Galeno, relata um debate que emprega uma forma do paradoxo de Sorites: se n observações médicas não são suficientes para *tékhne*, seguramente $n + 1$ não serão suficientes; uma observação evidentemente não é suficiente. Dessas premissas, podemos demonstrar que nenhum número, por maior que seja, será suficiente, e portanto a medicina, assim fundamentada, não pode ser uma *tékhne*. O médico empírico replica de um modo interessante: aponta para o êxito de sua prática e de suas generalizações empiricamente fundadas na cura de doenças. A idéia parece ser que, se funciona bem contra a *týkhe*, é suficientemente *tékhne*.

16. Sobre algumas passagens iniciais, ver Schaerer, *Epistéme* 2 ss.; parece-me, contudo, que ele faz algumas inferências injustificadas a partir delas. As seções relacionadas da discussão de Kurz (*op. cit.*) da *akríbeia* são proveitosas.

17. Cf. também Eur. *El.* 367 ss., em que a ausência de *akríbeia* no juízo humano é associada à ausência de um padrão seguro de juízo; e essa, por sua vez, é remetida a sublevações internas causadas por elementos da natureza humana.

18. Irwin, *PMT passim*, esp. III.9-11. A seção III.9 encerra uma boa discussão de algumas das associações platônicas entre artifício e conhecimento, e entre ambos e a capacidade de fazer reflexões. A afir-

mação crucial sobre a *tékhne* é feita às pp. 73-4: toda pessoa de *tékhne* "produz um produto que pode ser identificado sem referência a seus movimentos particulares". Aqui, cumpre que Irwin esteja tratando antes da concepção usual do que de algum uso socrático divergente, uma vez que ele usa essa reflexão como base para interpretar a força das analogias às *tékhnai* nos diálogos, mesmo quando Sócrates não emprega a palavra "*tékhne*". O que ele pretende salientar é que toda a analogia a um artifício evocará na mente do leitor uma certa imagem.

19. É muito importante que Irwin esteja correto sobre o que está implicado na palavra *tékhne* e pela presença de exemplos de *tékhne*. São poucas suas evidências explícitas de uma concepção instrumental da excelência nos diálogos iniciais: uma premissa de um argumento no *Lísias*, diálogo de caráter altamente aporético; e em seguida, como veremos, a evidência da segunda metade do *Protágoras* – que, contudo, não fornece, por si só, nenhuma evidência para uma leitura instrumental de outros diálogos iniciais. Objeções substanciais a essa leitura foram apresentadas por G. Vlastos, tanto em uma senha sobre Irwin, *PMT* no *Times Literary Supplement* ("The virtuous and the happy", *TLS* 24 fev. 1978, pp. 230-1) como em "Hapiness and virtue in Socrates' moral theory", *PCPS* 210, NS 30 (1984) 181-213.

20. Ver n. 10 acima e refs. na n. 2.

21. Xen. *Econ.* I; cf. Schaerer, *Epistéme* sobre o uso que Xenofonte faz de "*tékhne*" e "*epistéme*".

22. *EE* 1219a12 ss., *MM* 1211b28, 1197a9-11 (sobre os quais ver n. 11 acima). Para a concepção helenística, ver esp. Cícero, *Fin.* III.24; e Striker, "Antipater", in *The Norms*.

23. Em *EE* 1219a12 ss., Aristóteles contrasta a ciência médica com a ciência matemática: na primeira, há um fim, a saúde, que não é idêntico à atividade de curar; na última, a atividade de *theoría* é um fim em si mesma. Mas na *Metaf*. VII.7, ele afirma claramente que a atividade do médico envolve efetivar mais especificações das "partes" ou elementos do próprio fim.

24. A predominância desses exemplos em Platão causa problemas para Irwin. Ele nunca contesta o fato de eles serem, para Platão, casos centrais de *tékhne*. E fornece uma estranha solução: aquele que toca flauta "produz ainda um produto que pode ser identificado sem referência a seus movimentos particulares. Quando podemos reconhecer um som melodioso na música... podemos decidir se certos movimentos são uma boa execução da flauta...; um som melodioso não é um bom produto *porque* é resultado de boa produção, mas a produção é boa por causa do produto" (73-4). Esse parece ser um estratagema desesperado; mesmo que essa posição tenha sido ocasionalmente defendida na estética, parece francamente falsa. (Horowitz é um grande artista porque é eficiente na satisfação de condições instrumentais para a produção de um "som melodioso" que poderíamos desejar e valorizar tanto se fosse feito por uma máquina? Poderíamos caracterizar adequadamente os fins da execução do piano sem mencionar mãos, dedos, pés, imaginação, e o piano?) Ademais, uma tal posição não tem absolutamente paralelo nesse período histórico: Aristóteles considera inteiramente indiscutível e auto-evidente que nas artes musicais as atividades do executor são fins em si mesmas. Irwin não faz nenhuma tentativa de argumentar que sua concepção poderia ter sido sustentada por um pensador grego nesse período; tampouco a defende como plausível para o nosso tempo.

25. Esse elemento da música e outras *tékhnai* são explorados no *Filebo*.

26. Taylor, *Plato: Protagoras* (83) atribui a Protágoras a afirmação de que uma arte que *não* é produtiva, i. e., em que os fins da arte se dispõem ao debate no interior da arte, não pode evitar que se desmorone em subjetivismo. Embora eu não acredite, como acredita Taylor, que precisamos atribuir essa afirmação a Protágoras, e embora pareça falsa, ela ilustra o tipo de preocupação que motiva o impulso em direção a uma *tékhne* de fim externo, tanto na filosofia moral moderna como na antiga.

27. Pode-se encontrar uma discussão da fala de Protágoras em: A. W. H. Adkins, "*Arete, Techne*, democracy and Sophists: *Protagoras* 316B-328D", *JHS* 93 (1973) 3-12; A. T. Cole, "The relativism of Protagoras", *YCS* 22 (1972) 19-46; Dodds, *ACP* 1-25; Guthrie, *History* III, 63-8, 255 ss.; E. Havelock, *The Liberal Temper in Greek Politics* (Londres, 1957) 407-9; F. Heinimann, *Nomos und Phusis* (Basiléia, 1945) 115-6; G. B. Kerferd, "Plato's account of the relativism of Protagoras", *Durham University*

Journal 42, NS 11 (1949-50) 20-6, e "Protagoras' doctrine of justice and virtue in the *Protagoras* of Plato", *JHS* 73 (1953) 42-5; A. Levi, "The ethical and social thought of Protagoras", *Mind* 49 (1940) 284-302; D. Loenen, *Protagoras and the Greek Community* (Amsterdam, 1940); S. Moser e G. Kustas, "A comment on the 'relativism' of Protagoras", *Phoenix* (1966) 111-5; A. E. Taylor, *Plato*, 241-7; C. C. W. Taylor, *Plato: Protagoras, ad loc.*; G. Vlastos, org., *Plato's Protagoras* (Indianápolis, 1956). Grande parte da literatura se concentra no suposto relativismo de Protágoras (cf. n. 39 abaixo) e nas evidências aqui presentes de concepções do Protágoras histórico; nenhum dos textos enfoca diretamente a questão que mais me ocupará.

28. Protágoras divide sua fala entre a "história" (*mýthos*) e o "argumento" ou "reflexão" (*lógos*); mas de modo algum torna-se claro como ele compreende essa divisão. O *lógos* se inicia apenas em 324D – e, contudo, a seção imediatamente precedente (323A–324D) parece pertencer, estilisticamente, antes ao que se segue do que à história precedente. Kerferd, "Protagoras' doctrine" conclui que 323A ss. é um resumo do *mýthos*. Podemos também suspeitar que Protágoras não tem uma compreensão firme ou cuidadosa das categorias de seu próprio discurso.

    Era de costume, em certo período, ler essa fala como derivada de "De como as coisas eram no princípio", do Protágoras histórico. É até mesmo impresso em Diels-Kranz, embora sob a seção "Imitação". Tratarei a fala aqui simplesmente como a fala de um personagem platônico; embora não devamos ignorar a possibilidade de Platão estar-nos demonstrando como as questões do diálogo emergem das correntes intelectuais de seu próprio tempo.

29. Uso aspas porque essas habilidades, evidentemente, não são *tékhnai* no sentido especificado acima; tampouco são assim denominadas por Protágoras. Têm em comum com a *tékhne* o fato de serem recursos com os quais uma criatura viva se torna capaz de trilhar seu caminho no mundo, defendendo-se contra seus perigos.

30. Não é necessário mencionar que a questão "O que é?" é uma, se não a, questão central dos princípios da tradição da ciência natural grega. Perguntada sobre uma coisa mutável, essa questão é normalmente expressa como uma questão sobre sua *phýsis*: qual é a natureza essencial da coisa, como se revela em seu modo característico de vida e crescimento? Cf. E. Benveniste, *Noms d'agent et noms d'action en indo-européen* (Paris, 1948) 78; D. Holwerda, *Commentatio de vocis quae'est j'usiz vi atque usu* (Groningen, 1955); Heinimann, *Nomos und Phusis*, esp. 89 ss.; C. Kahn, *Anaximander and the Origins of Greek Cosmology* (Nova York, 1960) 200-3. Aristóteles nos diz que a questão "O que é?" (à qual ele mesmo dá uma resposta que acentua as capacidades de funcionar de certas maneiras características) é *a* questão que tem sido "um tema perpétuo de investigação e perplexidade" para toda a sua tradição (*Metaf.* VII 1028b2 ss.). Assim, não é surpreendente – embora tenha sido raramente observado – que Protágoras deva basear-se em e iluminar essa tradição de especulação. Sobre a importância dos gêneros e dos termos-de-gênero ao responder à questão "O que é?", ver D. Wiggins, *Sameness and Substance* (Oxford, 1980), esp. Caps. 2 e 3 – com referências à concepção aristotélica e seus antecedentes.

31. D. Hume, *Tratado da natureza humana*, L. III, Pt. II, Seções 1-2.

32. Ademais, parece seguir-se da reflexão humiana que só temos razões para ser justos e obedientes à lei quando somos convencidos de que é vantajoso, em termos de fins outros, mais fundamentais, que o sejamos. Essa reflexão parece incapaz de oferecer qualquer razão por que eu não deva agir injustamente em meu próprio interesse em um caso particular em que (a) é de minha vantagem ser injusto, (b) estou convencido de que não serei descoberto e punido, e (c) tenho bons motivos para acreditar que minha ação injusta não debilitará a prática geralmente útil da justiça.

33. Para a crítica de Aristóteles a uma tal reflexão sobre os fins humanos, ver Cap. 12. Surgirão inúmeras semelhanças entre Protágoras e Aristóteles no que se segue: o antropocentrismo geral quanto à ética; a idéia de que a excelência social é uma combinação da sociabilidade natural compartilhada e da educação social; a idéia de que *philía* é um importante valor cívico, que mantém as cidades unidas; a idéia de que todos os adultos de uma cidade são em certo sentido professores de excelência, mas que há ainda lugar para um professor que promova nossa consciência reflexiva de nossas

práticas; a idéia de que ser um certo tipo de criatura é ter certas capacidades funcionais. Algumas dessas semelhanças foram com freqüência observadas: ver, por exemplo, Guthrie, *History* III, 67; Loenen, *Protagoras* 103-26 com referências.

34. Adkins, "*Arete, Tékhne*" acusa Protágoras de se equivocar, por falar de *areté* às vezes como "excelência cooperativa" e às vezes como habilidade competitiva individual. Sua análise de 318 e 328 não me convence de que há incoerência aqui. Se há, é Adkins quem se equivoca: tendo argumentado que "*tékhne*" tem nesse período um alcance extremamente amplo, ele então lê posteriormente as analogias de *tékhne* como sugerindo, por si mesmas, que o que está em questão é a habilidade de tipo competitivo.

35. Isso concorda com a concepção expressa pelo Protágoras histórico (DK B3): "Ensinar requer natureza e prática." Que essa é uma maneira de reconciliar a reflexão de Protágoras sobre as dádivas de Zeus com sua alegação de que a excelência pode ser ensinada é algo sobre o que há amplo acordo: ver, por exemplo, Guthrie, *History* III, 67; Loenen, *Protagoras*; e a boa reflexão em Levi, "Ethical and social thought" 294; cf. Heinimann, *Nomos und Phusis* 115-16. As objeções de Kerferd ("Protagoras' doctrine") a essa posição não se afiguram convincentes: em particular, ele parece ignorar 328B8, C1. Podemos conceder-lhe, contudo, que Protágoras não expressa com clareza o que tenciona dizer.

36. Esses "deves" são expressos, é verdade, em parte com vistas à sobrevivência da cidade; mas isso não é suficiente para fazer dessa questão uma questão humana. A sobrevivência não é um fim exterior no sentido humiano; mesmo aqui, a *cidade* é a entidade cuja sobrevivência é desejada.

37. Da mesma maneira, o viajante estabelecido entre selvagens apolíticos não sente, segundo P., *medo* (como sentiria entre humanos semelhantes menos retraídos), e sim *solidão* e *saudade do lar*, próprio de alguém que não vê em torno de si seres de seu próprio gênero. Não é inteiramente claro, em ambos os casos, se as pessoas descritas carecem do *senso* (inato) de justiça, ou somente de seu desenvolvimento efetivo. Mesmo no segundo caso, elas podem ser tão irremediavelmente "retorcidas" e "sinuosas" a ponto de não ser possível reconhecê-las.

38. Alguns críticos salientam a dificuldade que Protágoras enfrenta como um especialista autoproclamado tentando ganhar pupilos em uma cultura democrática; ver Kerferd, "Protagoras' doctrine"; J. S. Morrison, "The place of Protagoras in Athenian public life", *CQ* 35 (1941) 1-16; Adkins, "*Arete, Techne*" chega ao ponto de sugerir que a fala inteira é uma *captatio benevolentiae*, com "alguma coisa para todos", portanto plena de ambigüidade e inconsistência. Mas a posição parece perfeitamente consistente; Aristóteles também combinará a reverência pela aculturação cívica com uma defesa da utilidade do especialista. O problema é suscitado para todos os que alegam ensinar ética em uma sociedade democrática; a existência deste livro é evidência de que acredito haver alguma solução não-incoerente para ele.

39. A equiparação dessa fala ao relativismo ou subjetivismo se deu de três maneiras: (1) por uma equiparação injustificada desse diálogo à doutrina "protagórica" do *Teeteto*; (2) tomando equivocadamente a defesa de Protágoras da lei por uma defesa de cada sistema particular de leis (ao passo que a fala implica obviamente que um sistema de leis poderia ser criticado por deixar de realizar a função geral de lei); (3) pela suposição (ver n. 26 acima) de que toda *tékhne* em que compete debater os fins últimos deve ser irremediavelmente relativista. São a favor de uma leitura relativista, por exemplo, Vlastos, Cole, A. E. Taylor; são contra Loenen, Kerferd, Levi, Moser e Kustas. (Os últimos dois *papers* são especialmente substanciosos em suas críticas à leitura relativista.)

40. Nesse ponto, Protágoras, de modo um pouco passivo, junta-se a Sócrates no ataque à "maioria"; mas sua própria concepção anterior de educação concedia um lugar central à conformação correta das paixões (356A-B), e sua explicação do erro residual, embora esboçada, parece invocar a instrução incompleta desses elementos – já que é a eles, mais que ao intelecto, que a punição como ensinamento se dirige.

41. Cf. 315B, em que uma citação homérica vincula Sócrates a Odisseu, Hípias à sombra de Héracles; 315C, em que Pródico é, similarmente, comparado a Tântalo. É improvável que as comparações

indiquem semelhanças particulares de caráter ou realização – pois Pródico é retratado como uma pessoa dignificada e moralmente preocupada; o ponto central é que há aqui apenas um homem audaz, engenhoso, vivo, entre os mortos desprovidos de arte e engenho. Sobre algumas implicações dessa comparação para a concepção de Sócrates da *tékhne* e da continuidade entre a *tékhne* filosófica e a artificiosidade usual, ver também Cap. 7 n. 36. Sobre a concepção popular da inteligência engenhosa que é aqui habilmente utilizada, ver Detienne e Vernant, *Les Ruses*, discutido no Cap. 1 e Cap. 7 n. 36.

42. Sobre isso, ver Nussbaum, "Eleatic conventionalism and Philolaus on the conditions of thought", *HSCP* 83 (1979) 63-108, esp. 89-91, com referências tanto textuais como secundárias. Entre os valiosos estudos do pensamento grego antigo sobre *arithmós* e sua importância estão O. Becker, *Zwei Untersuchungen zur antiken Logik, Klassisch-Philologische Studien* 17 (1957) 20 ss.; J. Stenzel, *Zahl und Gestalt* (Leipzig, 1933) 25 ss.; J. Annas, *Aristotle's Metaphysics M and N* (Oxford, 1976).

43. *Ilíada* II.448, XXIV.776; para outros textos, ver Nussbaum, "Eleatic conventionalism" 90-1.

44. Cf. Nussbaum, "Eleatic conventionalism" sobre a interpretação da epistemologia de Filolau. Comparar Ar. *Metaf*. 1052b20, *Ret*. 1408b27, *Metaf*. 1053a18. Para uma excelente discussão da medição quantitativa na ciência grega, ver G. E. R. Lloyd, "Measurement and Mystification", *The Revolutions of Wisdom*, 215-84. Lloyd critica a conhecida afirmação de Koyré de que a ciência grega não tinha interesse no quantitativo examinando uma por uma as diferentes ciências e demonstrando a enorme variedade de posições e práticas sobre esse tema. Havia, claramente, uma difundida consciência da importância da medição quantitativa, ainda que essa consciência não fosse uniforme.

45. Ver, por exemplo, *amétretos* na *Od*. XIX.512, XXIII.249, etc.; Eur. *El*. 236, 433; *ametría* e *ámetros*, Demóc. DK B70, C3; *sýmmetron* como "apropriado", "adequado", Ésq. *Eum*. 532, Isóc. 4.83 etc.; *symmetría* como "proporção devida" em Demóc. B191, cf. Pitág. DK D4, Crít. B6. Em Platão, essas utilizações eticamente carregadas são extremamente comuns: cf. por exemplo *Górg*. 525A, *Tim*. 86C, 87D; *Rep*. 486D; *Sof*. 228C; *As leis* 690E, 820C, 918B. Sobre o *Filebo*, ver Cap. 5. A importância central de "*metrios*" como termo ético não requer exemplificação.

46. Ver K. von Fritz, "The discovery of incommensurability by Hippasus of Metapontum", in D. Furley e R. E. Allen, orgs., *Studies in Presocratic Philosophy* (Londres, 1970) 382-442; T. Heath, *A History of Greek Mathematics* (Oxford, 1921) 1, 154 ss. Essas histórias provavelmente não indicam preocupações reais da parte de matemáticos praticantes, que continuaram laboriosamente o seu trabalho. São, no entanto, boas evidências das concepções populares de cognição.

47. O sentimento é próximo daquele que é expresso na apologia que Górgias faz de Palamedes (30): "Quem foi que tornou a vida humana engenhosa a partir da ausência de engenhosidade, e ordenada a partir da desordem... descobrindo..., e medidas e pesos, adjudicações engenhosas de nossa conduta...?

48. 522B ss.; as palavras "*tékhne*" e "*epistéme*" são usadas sem diferenciação.

49. 987C ss. Mesmo que essa não seja uma obra genuína de Platão (como creio que é), ela desenvolve uma posição possível de ser reconhecida como platônica. Aqui, novamente, o autor se desloca de um lado a outro entre *tékhne* e *epistéme* sem distinção, de modo que não é possível dizer a que substantivo os adjetivos em *–iké* se referem. Cf. também *As leis* 819-20, em que a falta de conhecimento do comensurável e do incomensurável é denominada "uma condição não humana, mas mais apropriada a certas criaturas mais próximas dos suínos", concernente a que o Estrangeiro se declara "envergonhado não apenas em meu nome mas também em nome de todos os gregos" (819D). Cumpre observar, no entanto, que o problema maior, de acordo com o Estrangeiro, é que as pessoas acreditam que as coisas são comensuráveis quando em verdade *não* são. Isso, juntamente com o fato de que ele reconhece vergonha em seu próprio nome, pode indicar uma crítica posterior à ciência singular da medição, acompanhando as mudanças no pensamento de Platão que discutiremos no Cap. 7. Ver Nussbaum, "Plato on commensurability and desire", *PASS* 58 (1984), 55-80, e em *Love's Knowledge*, 106-24.

50. Abaixo, esse ponto é explicitamente aplicado à questão da medição pelo prazer como a moeda do valor ético.

51. A literatura sobre esse tema é ampla. Boa parte dela se ocupa com questões sobre a relação entre esse diálogo e outros diálogos iniciais, e entre ambos e as concepções do Sócrates histórico. Não tomarei a exame aqui nenhuma dessas questões amplas; no momento presente, considerarei esse diálogo como uma obra de Platão encerrada em si mesma, contínua em seus problemas e preocupações com outras obras de Platão. As reflexões sobre o hedonismo no diálogo que julguei mais impressionantes são as que o tratam como uma posição seriamente sustentada do personagem de Sócrates, uma parte essencial tanto desse argumento imediato como da totalidade da discussão da unidade das virtudes. Taylor, *Plato: Protagoras* e Irwin, *PMT* demonstram de maneira convincente que a discussão da unidade das virtudes se conclui apenas em 356, com a proposta em favor da ciência da medição; ambos proporcionam excelentes discussões da arte da medição, salientando a importância da precisão e da objetividade superiores que ela oferece. Cf. também I. M. Crombie, *An Examination of Plato's Doctrines*, esp. 1, 232-45, que fornece um excelente sumário dos temas, e R. Hackforth, "Hedonism in Plato's *Protagoras*", *CQ* 22 (1928) 39-42. Entre os que negam que Sócrates sustenta seriamente a premissa hedonista, alguns afirmam que o hedonismo em sua forma usual absolutamente não está, em verdade, presente no diálogo, e alguns argumentam que essa é uma posição *ad hominem*. Versões da primeira posição são encontradas em Vlastos, *Plato's Protagoras* xi ss. (que acentua a seriedade com que Sócrates sustenta a premissa, mas argumenta que ela não corresponde ao hedonismo usual), W. K. C. Guthrie, *Plato, Protagoras and Meno* (Londres 1956) 22, A. E. Taylor, *Plato* 260; há versões da última em J. P. Sullivan, "The hedonism in Plato's *Protagoras*", *Phronesis* 6 (1967) 10-28; D. J. Zeyl, "Socrates and hedonism: *Protagoras* 351B-358D", *Phronesis* 25 (1980) 250-69, com bibliografia completa. Ver também Gosling e Taylor, *The Greeks on Pleasure* (Oxford, 1982) 45-68. A disputa é em parte motivada pela crença de que o hedonismo é uma posição moral inferior. Assim, Guthrie: "A doutrina... é realmente consistente com uma moralidade tão elevada como aquela a que a maioria das pessoas aspiraria... É dificilmente o hedonismo em qualquer sentido aceito." Essa é uma visão estreita; é também surpreendente que alguém formado em uma cultura impregnada pela influência da tradição utilitarista britânica a afirme.

52. O complicado debate de Irwin (*PMT*) torna o *Protágoras* a culminação natural de todo o grupo de diálogos iniciais, o *Górgias* a transição para o grupo intermediário. Muito embora eu divirja de seu uso da analogia do artifício e de alguns aspectos de sua interpretação de outros diálogos, posso concordar com ele em que esse diálogo nos mostra um resultado lógico de preocupações penetrantes sobre deliberação e conhecimento. Vlastos é igualmente radical quando afirma que "o hedonismo não acompanha o temperamento ou método geral da ética socrática" (*Platos's Protagoras* xl-xli).

53. Assim, minha posição é similar às de Crombie, *An Examination*, e Hackforth, "Hedonism", ambos os quais consideram que Platão está "testando" o hedonismo em função de certas preocupações de fundo com o conhecimento prático. Zeyl, "Socrates and hedonism", embora descreva sua posição como "anti-hedonista" e alegue que a escolha do prazer como fim é *ad hominem*, se aproxima da minha posição quando aponta que para estabelecer sua conclusão Sócrates precisa não do hedonismo como tal, mas de alguma premissa que assegure a singularidade e a comensurabilidade (260).

54. Creonte fala de comensurabilidade (387) – embora sem nenhuma consideração quantitativa precisa do fim em questão: cf. Cap. 3. Cf. também o Filotetes de Sófocles, em que a ansiosa demanda do Coro para que se lhes demonstrasse uma *tékhne* prática os leva a simpatizar em última instância com a concepção conseqüencialista de Odisseu, que julga certas as ações na medida em que contribuem para um bem final singular (ver Cap. 3 e Nussbaum, "Consequences"). Essa é claramente, nos termos da peça, uma concepção progressista moderna, associada à artificiosidade e engenhosidade odisseiana. Ela desafia uma concepção tradicional que é semelhante à de Protágoras em sua ênfase na ação como um valor em si mesmo e na importância de uma pluralidade de fins intrínsecos. A peça comprova o interesse contemporâneo em uma ciência ética revisionista; o conservadorismo de Neoptólemo, como aqui o de Protágoras, é atacado como retrógrado.

55. Vlastos, *Plato's Protagoras* acrescenta um importante ponto metodológico; não é característico de Sócrates argumentar para uma importante conclusão sua utilizando uma premissa que ele mesmo vê como não confiável (xl, n. 50).

56. Isso poderia também ser traduzido como "o que quero dizer" – muito embora eu julgue essa tradução menos plausível, especialmente quando a frase é repetida em 351E1-2. Portanto, o "digo" não estabelece a questão por si só; mas o *egó* de C4 é muito enfático, e parece falar contra uma leitura *ad hominem*.

57. Cf. também 360A. Zeyl, "Socrates and hedonism" argumenta em favor de sua leitura *ad hominem* apontando que é possível ver Sócrates como desempenhando um papel *ad hominem* do início ao fim. Uma vez que envolve a atribuição a ele de asserções não-sinceras sobre inúmeras questões importantes, ela parece suscitar mais problemas de interpretação do que aqueles que resolve (cf. acima n. 55).

58. Para a preocupação de Bentham com a eliminação da contingência e as conexões entre essa e seu obsessivo interesse em número e medida, ver C. Bahmueller, *The National Charity Company* (Califórnia, 1981), que contém muitas citações fascinantes do inédito MSS. Para a epígrafe desse capítulo, ver p. 72. Para a discussão das concepções de Sidgwick sobre a relação entre a moralidade utilitarista e o senso comum, ver J. B. Schneewind, *Sidgwick and Victorian Morality* (Oxford, 1977).

59. *Methods of Ethics*, 7.ª ed. (Londres, 1907) 401. Sidgwick escreve que um argumento que derive do senso comum uma reflexão utilitarista sobre o bem último "obviamente não pode ser completamente irrefutável, uma vez que... inúmeras pessoas cultas habitualmente julgam de fato que o conhecimento, a arte, etc. – para não falar da Virtude – são fins independentemente do prazer que deles se deriva". Cf. também a seção "Hedonism as a method of choice" em *A Theory of Justice*, de J. Rawls (Cambridge, MA, 1971) 554-60.

60. Sidgwick, *op. cit.* 406; cf. 478-9.

61. Sidgwick, *op. cit.* 425. A interpretação de Crombie (*An Examination*) do *Protágoras* acentua um ponto semelhante: a tese de Sócrates "implica que as categorias morais são cruas e provisórias e que devemos substituí-las por juízos de relativo aprazimento". Zeyl, "Socrates and hedonism" faz observações valiosas sobre a maneira como o hedonismo socrático é uma extensão natural da posição do interlocutor.

62. Sobre o argumento, ver especialmente Irwin, *PMT* Cap. 4, a cuja reflexão sou grata; ver também Zeyl, *op. cit.*, C. C. W. Taylor, *Plato: Protagoras*. Uma reflexão um pouco diferente encontra-se em G. Santas, "Plato's *Protagoras* and explanations of weakness", *PR* 75 (1966) 3-33, reedit. *in* Vlastos, *Socrates*.

63. Essa condição é mencionada em 352D7. D. Davidson argumentou que, a rigor, precisamos mencionar somente que o agente *acredita* que ambos os cursos estão abertos ("How is weakness of will possible?", *in Moral Concepts*, org. J. Feinberg (Oxford, 1969) 93-113). Mas isso parece insuficiente para excluir casos de compulsão psicológica, os quais Platão pode ter em mente aqui. Para uma interessante reflexão sobre a dificuldade de Platão em distinguir *akrasía* de compulsão, ver G. Watson, "Skepticism about weakness of will", *PR* 86 (1977) 316-39.

64. Cf. também Zeyl, "Socrates and hedonism" 260.

65. Cf. 358D, em que esse princípio é asseverado. Minha formulação aqui é grata a Irwin, *PMT*.

66. Para mais discussões sobre esse tema, ver Nussbaum, "Plato on commensurability and desire", *PASS* 58 (1984). Uma relação semelhante entre incomensurabilidade e fraqueza é desenvolvida em D. Wiggins, "Weakness of will, commensurability and the objects of deliberation and desire", *in PAS* 79 (1978-9) 251-77, reedit. *in* Rorty, *Essays* 241-65. Li esse artigo em 1975, antes de começar a trabalhar neste manuscrito, e descobri sua relação com a minha idéia em 1982, enquanto realizava essa revisão mais recente. Assim, minha impressão de que fiz uma descoberta independente dessa idéia provavelmente deve ser modificada.

67. Para mais discussões dessas conexões, ver Caps. 5, 6, 11.

68. As crianças aprenderiam essas coisas mais prontamente se, como as crianças da Cidade Ideal, fossem criadas não por pais, mas por funcionários públicos (alternáveis), e se, ao lado disso, vivessem em uma sociedade que ordenasse o pleno comunismo de propriedade e colocasse de lado a exclusividade de relações sexuais. Platão vê corretamente que mudanças psicológicas assim profundas não podem ser efetivadas através de conferências; requerem uma minuciosa reestruturação da experiência humana. Ver Nussbaum, "Plato on commensurability" para mais discussões sobre esses pontos. Ignoro aqui a possibilidade ali suscitada de que a crença veemente na comensurabilidade despojaria as pessoas da base lógica/metafísica para a individuação dos objetos.

69. Sobre questões de cronologia, ver Cap. 4 n. 5, Cap. 5 n. 21, Cap. 7 n. 5.

70. Ver a boa discussão em Crombie, *An Examination* 1, 243; ele argumenta que a *República* e o *Fédon* são um desenvolvimento natural da proposta do *Protágoras* de uma ciência da medição. Embora eu pense que ele não consigna ênfase suficiente às críticas posteriores que Platão faz à singularidade e à externalidade do prazer, seguramente ele está correto em enfatizar essa continuidade.

71. Essas questões são muito bem discutidas em C. C. W. Taylor, *Plato: Protagoras*, 195-200 e em Irwin, *PMT* 108-9. Ver também a boa discussão geral de variedades do hedonismo em J. C. B. Gosling, *Pleasure and Desire* (Oxford, 1969) esp. Cap. 3.

72. Ver Cap. 5, esp. n. 19; e *Filebo* 12D-E.

73. Neste capítulo, sou grata às questões e críticas de inúmeros grupos de alunos; não tenho a intenção de desprezar os outros ao selecionar Robin Avery, Jonh Carriero, Arnold Davidson e Nancy Sherman. Agradeço, igualmente, a Stanley Cavell, com quem lecionei e com freqüência discuti esse material. A Geoffrey Lloyd agradeço não apenas seus comentários, mas também permitir, nos últimos estágios de revisão, que eu lesse e me referisse a seu "Measurement and mystification" (cf. n. 44), um estudo fundamental cuja abrangência e riqueza não podem ser indicadas em breves referências.

Interlúdio I. O teatro antitrágico de Platão

1. Discuti ainda essas questões, contrastando as concepções de Platão sobre a escrita com a defesa de Proust do ensino da narrativa, em Nussbaum, "Fictions".

2. Esses temas não foram discutidos com muita freqüência por filósofos anglo-americanos nos últimos anos; os trabalhos mais recentes sobre eles provêm ou bem dos classicistas que não se afiliam proximamente à filosofia, ou de filósofos que trabalham em outras tradições. Por exemplo, J. Derrida, "La pharmacie de Platon", *Tel Quel* 32, 33 (1968), reedit. *in La Dissémination* (Paris, 1972); R. Schaerer, *La Question Platonicienne* (Neuchâtel, 1938, 2.ª ed. 1969); H. Gundert, *Der platonische Dialog* (Heidelberg, 1968); H. G. Gadamer, *Platons dialektische Ethik* (Hamburgo, 1968); W. Wieland, *Platon und die Formen des Wissens* (Göttingen, 1982) 13-94; V. Goldschmidt, *Les dialogues de Platon* (Paris, 1947); Guthrie, *History* IV; H. Kuhn, "The true tragedy: on the relationship between Greek tragedy and Plato", *HSCP* 52 (1941) 1-40 e 53 (1942) 37-88. Uma exceção à tradição "analítica" é J. Hartland-Swann, "Plato as poet: a critical interpretation", *Philosophy* 26 (1951) 3-18, 131-41. É muito proveitoso o artigo de A. A. Krentz, "Dramatic form and philosophical content in Plato's dialogues", *Phil Lit* 7 (1983). Escritores sobre Platão influenciados pela obra de Leo Strauss dão atenção a questões da forma diálogo, mas com freqüência de um modo idiossincrático que importa princípios de leitura estranhos ao texto platônico. As reflexões gerais mais proveitosas sobre o diálogo a partir desse contexto são as de C. Griswold, "Style and philosophy: the case of Plato's dialogues", *The Monist* 63 (1980) 530-46, e D. Hyland, "Why Plato wrote dialogues", *Philosophy and Rhetoric* I (1968).

3. Estritamente falando, havia provavelmente alguns poucos exemplos pré-platônicos de escrita dialógica. Diógenes Laércio (3.48) menciona um registro que concerne a Zenão de Eléia; isso não é confiável, e os diálogos de Zenão, se é que existiram, não teriam tratado de assuntos éticos. Tanto Diógenes como Ateneu (505B) mencionam um Alexameno de Teos ou Estíria. Diógenes cita como

sua autoridade o *Sobre os poetas*, de Aristóteles (perdido); Ateneu (citando dois historiadores) denomina Alexameno o fundador do gênero diálogo. Mas é muito improvável que essa figura que, salvo essas referências, é completamente desconhecida e não mencionada tivesse qualquer influência substancial sobre Platão; tampouco é provável que sua obra tratasse de temas similares. Quanto aos escritos socráticos de Xenofonte, sua carreira se justapõe em tal medida à de Platão (e suas produções são geralmente tão inferiores no estilo assim como no conteúdo filosófico) que não devemos considerá-lo como uma influência formadora; ele pode, evidentemente, ter influenciado Platão como rival. Mas, afinal, podemos concordar com o juízo final de Diógenes: "Minha visão é que, uma vez que foi Platão quem desenvolveu essa forma de maneira definitiva (*akribósas tò eîdos*), ele merece receber o primeiro prêmio por inventá-la, assim como o merece por fazê-la bem."

4. Ar. *Poética* 1447b9-11; cf. também *Sobre os poetas*, frag. 4 Ross (segundo o qual Aristóteles afirma que os escritos de Platão ocupam um piso intermediário entre as obras poéticas e em prosa). É uma infelicidade que quase nada se conheça sobre as mímicas em questão. Provavelmente, eram até mesmo mais breves e esboçadas do que os mais breves diálogos platônicos; e não eram similarmente sérios em sua preocupação com a busca por um argumento. Eram "realistas" no sentido de que mostravam cenas da vida contemporânea, não no sentido de que pretendiam ser transcrições de conversas reais – ponto em que equivocadamente insistem Burnet e outros para sustentar a tese improvável de que Platão transcreve conversas reais mantidas pelo Sócrates histórico.

5. Para uma discussão crítica da tradição biográfica concernente a Platão, ver A. Riginos, *Platonica* (Leiden, 1976); cf. também I. Düring, *Aristotle in the Ancient Biographical Tradition* (Göteborg, 1957). Sobre os sinais na obra de Platão de sua carreira anterior, ver D. Tarrant, "Plato as dramatist", *JHS* 75 (1955) 82-9. Riginos é cético com respeito a essa história, mas, mesmo que ela não seja literalmente verdadeira, expressa verdadeiramente uma tensão que é evidente na escrita de Platão, e descreve corretamente as habilidades mescladas de Platão.

6. A discussão sobre esses temas na literatura anglo-americana recente sobre a filosofia grega é insignificante, uma vez que a própria tradição assume como verdadeira uma divisão acentuada entre os modos filosófico e não-filosófico de escrever sobre ética (e entre as obras filosóficas e não-filosóficas dos filósofos). Assim, a maioria dos livros sobre a filosofia pré-socrática, ainda que incluam materiais sobre ética, incluem Heráclito, Xenófanes e Demócrito, mas não os poetas e historiadores; e esses escritores incluídos são normalmente estudados sem muita atenção às dimensões literárias de sua obra. Uma exceção impressionante é *The Art and Thought of Heraclitus*, de C. H. Kahn (Cambridge, 1979). Os poetas são geralmente tratados, em tais obras, apenas como evidência para um contexto de "moralidade popular" subjacente à especulação filosófica (ver outras observações e referências no Cap. 1). Duas excelentes exceções, que salientaram a continuidade entre os tratamentos "literário" e "filosófico" de problemas fundamentais, são: Dodds, *GI*, e Lloyd-Jones, *JZ*. Os historiadores intelectuais continentais permaneceram sensíveis às estreitas inter-relações entre poesia e filosofia moral: por exemplo, J.-P. Vernant, *Les Origines de la pensée grecque* (Paris, 1981), M. Detienne, *Les Maîtres de vérité en Grèce ancienne* (Paris, 1967); ver também G. Nagy, *The Best of the Achaeans* (Baltimore, 1979).

7. Sobre o problema que a avaliação dos fragmentos éticos transmitidos sob o nome de Demócrito envolve, ver Z. Stewart, "Democritus and the Cynics", *HSCP* 63 (1958) 179-91. Mesmo que sejam autênticos, não parecem formar um argumento contínuo. Os escritos de Anaxágoras e Anaxímenes, mesmo que estivessem disponíveis para Platão, provavelmente não se ocupavam da ética. Os aforismos de Heráclito eram muito possivelmente conhecidos por Platão; mas, preocupado como é em explicar e evitar a ambigüidade, provavelmente não os considerou adequados.

8. Sobre a importância dos poetas trágicos na educação, ver esp. *As rãs* 1063-6, em que "Ésquilo" diz: "Meninos pequenos têm um professor que lhes diz o que fazer; os jovens têm os poetas. Devemos de todas as maneiras dizer-lhes o que é certo." Sobre a relação entre essa tradição e a prática educacional socrática, ver também Nussbaum, "Aristophanes".

9. Não tenho aqui a intenção de negligenciar a enorme influência dos sofistas e retóricos nesse período: é igualmente importante avaliar as escolhas estilísticas de Platão junto ao pano de fundo do es-

plêndido e especioso uso que aqueles fazem do argumento, do uso que eles fazem dos recursos da linguagem para enfeitiçar e atuar sobre o ouvinte. (*Helena*, de Górgias, por exemplo, descreve *lógos* como um "grande poder" que atua como uma droga para extrair certas respostas emocionais do ouvinte (14).)

10. Referências a escritos sobre poetas trágicos podem ser encontradas nos capítulos dedicados a cada um, a alguma literatura pertinente sobre Píndaro no Cap. 1. Sobre a tradição homérica de louvor e culpa, ver Lloyd-Jones, *JZ*; J. Redfield, *Nature and Culture in the Iliad* (Chicago, 1975); Nagy, *The Best*; Adkins, *Merit*. A reflexão simplista de Adkins é bem criticada por Lloyd-Jones e por A. A. Long, "Morals and values in Homer", *JHS* 90 (1970) 121-39.

11. Sobre *elenchos*, ver Nussbaum, "Aristophanes", com referências. A melhor reflexão sobre *elenchos* que conheço é um manuscrito inédito de Gregory Vlastos; mas cf. também R. Robinson, *Plato's Earlier Dialectic* (Oxford, 1953). Há importantes descrições do efeito de Sócrates sobre o interlocutor em *Mênon* 84A-C e *Sofista* 229E-230E.

12. Sobre a crítica da escrita, ver também Cap. 7, com referência à ampla literatura moderna. Cf. esp. Hyland, "Why Plato wrote", Burger, *Plato's Phaedrus*, Wieland, *Platon und die Formen*, Derrida, "La pharmacie".

13. Erística é o argumento controverso que almeja apenas a vitória *ad hominem*, não a verdade: ver G. E. L. Owen, "Dialectic and eristic in the treatment of the forms", *in Aristotle on Dialectic: the Topics*, org. G. E. L. Owen (Oxford, 1968) 103-25.

14. Cf. acima n. 5.

15. Uma maneira de entender essa relação é desenvolvida em R. Patterson, "The Platonic art of comedy and tragedy", *Phil Lit* 6 (1982) 76-93; ver Caps. 6 e 7 para outras referências.

16. A consideração que se segue tem o intuito de aplicar-se sobretudo aos diálogos "iniciais" e "intermediários", isto é, a todos os diálogos até a *República*, inclusive, mas não ao *Banquete* e ao *Fedro* (sobre esses, ver abaixo).

17. Evidentemente, há um forte elemento dramático na poesia de Homero e Hesíodo; mas para Platão, na *República*, a distinção entre uma forma em que o poeta, falando em sua própria voz, também relata falas, e uma forma em que o compositor não aparece em parte alguma da obra, é fundamental; ainda que em alguns de seus diálogos Sócrates relate todas as falas, todas essas são, contudo, no sentido da *República*, de uma ponta à outra, representações dramáticas.

18. Cf. n. 9 acima.

19. Cf. esp. *Sofista* 299E-230E; também, *Mênon* 84A-C, *Apologia* 30E.

20. 230B-D.

21. Embora não seja seguro confiar nos títulos de obras antigas como escolha do autor (no caso de Aristóteles, todos os títulos são obra de gerações posteriores), a tradição dos títulos platônicos remonta suficientemente ao passado e é com certeza suficientemente estabelecida para que provavelmente possamos confiar nela.

22. A única exceção em que posso pensar é a *Lisístrata* de Aristófanes, em que o nome da personagem principal é também semanticamente significativo (significa "Aquela que dispersa o Exército"); e pode haver também uma referência intencional a uma figura histórica contemporânea – ver D. M. Lewis, "Who was Lysistrata?", *Annual of the British School of Athens* (1955) 1-12, e K. J. Dover, *Aristophanic Comedy* (Londres, 1972) 152 n.3.

23. Evidentemente, não sabemos muito sobre como os diálogos foram primeiramente apresentados ao público; a idéia de Ryle das leituras públicas (*Plato's Progress* (Cambridge, 1966), cf. Cap. 7) não encontrou muitos que a sustentassem na forma como ele a argumenta. Mas é possível que tenha ocorrido alguma forma de performance pública oral. Ainda assim, o caráter comum do diálogo teria sido bastante impressionante; se o diálogo do drama euripidiano é tão impiedosamente parodiado

por Aristófanes em virtude de sua frugalidade e caráter cotidiano (*Os arcanianos*, *Tesmofórias*, *As rãs*), tão mais surpreendente deve ter sido essa fala.

24. R. W. Livingstone, org., *Portrait of Socrates* (Oxford, 1938) viii; ver D. D. Raphael, "Can literature be moral philosophy?", *NLH* 15 (1983) 1-12. Sobre a oposição socrática/platônica à lamentação, ver Cap. 7, Interlúdio 2; sobre os modos de ver as pessoas individuais que são próprios à tragédia e à investigação, ver Cap. 6.

25. Ver o excelente artigo de C. Segal, "'The myth was saved': reflection on Homer and the mythology of Plato's *Republic*", *Hermes* 106 (1978) 315-36.

26. Evidentemente, isso não é negar que se empregou consideravelmente a arte em sua construção. Para uma reflexão sobre a relação da *Apologia* com a retórica sofista (com referências a outros), ver K. Seeskin, "Is the *Apology* of Socrates a parody?", *Phil Lit* 6 (1982) 94-105.

27. Sobre essas emoções, e a relação da tragédia com elas, ver também Interlúdio 2.

28. Sobre as emoções e seu valor, ver Caps. 5 e 7. Sobre *éros* em particular, Cap. 6

29. Ver a reflexão sobre a ascese do amor no Cap. 6.

30. Comparar a discussão de Hemon no Cap. 3, e a reflexão sobre a deliberação aristotélica e *nous* no Cap. 10 e no Interlúdio 2; também, de minha autoria, "Practical syllogisms and practical science", *in* Nussbaum, *De Motu* Ensaio 4.

31. Uma versão de parte desse material foi lida em uma conferência sobre Teoria do Teatro na Universidade de Michigan em 1980: gostaria de agradecer aos presentes, e especialmente a Jeffrey Henderson, seus proveitosos comentários. Devo também agradecimentos aos membros de meu Pró-Seminário de Filosofia e Literatura em Harvard naquele mesmo ano, especialmente a Daniel Brudney e John Carriero, e a Arnold Davidson, que leu e discutiu comigo um rascunho desse material.

5. A *República*: valor verdadeiro e o ponto de vista da perfeição

1. Sobre o contexto histórico, ver Lísias, Oração 12; Guthrie, *History* IV, 437-9; F. E. Sparshott, "Plato and Thrasymachus", *University of Toronto Quarterly* (1957) 54-61. Os problemas de determinação da data dramática são bem discutidos por Guthrie. Cf. também Dodds, *GI* 208-16.

2. Cf. também 561C-D, em que Sócrates descreve a vida baseada em tais avaliações igualitárias: "Não passa ele ... sua vida dessa maneira, a cada dia cedendo ao apetite do dia, ora se embriagando e se abandonando aos prazeres da flauta, ora bebendo apenas água e em regime; ora se exercitando, ora se entregando à vontade e negligenciando tudo, ora dando a impressão de fazer filosofia? E com freqüência entra na política, lança-se de súbito a ela, diz e faz o que lhe der na cabeça... E não há nenhuma ordem e nenhuma compulsão em sua existência, mas ele a denomina uma vida aprazível, livre e feliz, e se aferra a ela até o fim." Ver a discussão dessa passagem em meu "Shame, separateness, and political unity", *in* Rorty, *Essays* 395-435.

3. Uma vez que os apetites são agora vistos como não diretamente responsivos ao ensinamento e ao juízo, a instrução que efetiva essa liberação com relação à "loucura" deve incluir a habituação bem como o ensino; ver n. 5 abaixo, Interlúdio 2 e Cap. 7.

4. *Rep.* 441E. Para uma consideração do argumento precedente e da distinção entre motivação e valoração que ele desenvolve, ver G. Watson, "Free agency", *JP* 72 (1975) 205-20; há uma reflexão relacionada em Irwin, *PMT*. Sobre a tradução de "*logistikón*", ver Cap. 7, n. 5.

5. Esse é o ponto suscitado na discussão bastante obscura de desejos "qualificados" e "não-qualificados" na *Rep.* 438-9: o objeto da sede não é a *boa* bebida, mas simplesmente a bebida. Sobre esse argumento, ver Irwin, *PMT* 123-4, 191-5, e T. Penner, "Thought and desire in Plato", *in* Valstos, *Plato* II, 96-118. Sobre a terceira parte da alma, em que Platão situa as emoções, ver Cap. 7 e Irwin, *PMT* 193-5. Em parte alguma Platão fornece uma argumentação sistemática sobre as diferenças entre essa parte e a parte apetitiva; mas seu ponto central parece ser que os membros da terceira parte têm uma relação íntima com as crenças sobre seus objetos (e, por conseguinte, potencialmente

com o ensino) que os apetites não têm. A cólera envolve a crença de que fui injustiçado; a dor envolve a crença de que sofri uma perda importante; fome e sede não têm essa estrutura cognitiva complexa e não podem, portanto, ser modificadas do mesmo modo.

6. Cf. Watson, "Free agency" 212: "...o valor situado sobre certas atividades depende de serem a satisfação de desejos que emergem e persistem independentemente do que valorizamos... Aqui, uma parte essencial do *conteúdo* de nossa avaliação é que a atividade em questão seja motivada por certos apetites. Essas atividades podem ter valor para nós somente na medida em que são motivadas por apetites, ainda que ter esses apetites não seja *ipso facto* valorizar seus objetos." Cf. também Richard Kraut, "Reason and justice in Plato's *Republic*", in Lee, *Exegesis* 207-24, sobre os dois tipos de "governo" racional na *República*.

7. *República* 587E; não alego entender o significado da ênfase no cálculo numérico aqui. O tirano é ainda discutido em Nussbaum, "Shame, separateness".

8. *Rep*. 504A-D. Essa passagem, e a crítica que Aristóteles lhe dirige, são ainda discutidas no Cap. 8.

9. *Féd*. 64A ss. As semelhanças – e algumas diferenças – entre a *República* e o *Fédon* quanto a essas questões serão ainda discutidas abaixo.

10. Watson, "Free agency", cf. n. 4; ele não se compromete claramente, entretanto, com nenhuma consideração particular do bem. Anseia apenas salientar que a motivação e a valoração podem sobrepor-se desse modo, e na maior parte das vezes o farão.

11. Irwin, *PMT*; sobre esses aspectos de sua concepção, ver também a resenha de M. F. Burnyeat, *NYRB* 26 (1979) 56-60.

12. Sobre esse ponto, ver a resenha de Burnyeat, e as demais discussões em uma correspondência trocada entre Burnyeat e Thomas Nagel, *NYRB*. Burnyeat claramente tem razão ao afirmar que a "QR" (quase-reminiscência) de Irwin é sob vários aspectos crucialmente diferente da concepção de reminiscência do próprio Platão, e que a tentativa de apartar reminiscência de seus compromissos metafísicos alterou de modo importante o caráter da teoria ética apresentada.

13. O argumento de Irwin é neste ponto mais complicado que o de Watson. Não é suficiente, a seu ver, que o agente tenha um plano ordenado; e ele reconhece (*PMT* 226 ss.) que uma reflexão tão simples sobre o governo racional não bastaria para excluir nenhum dos tipos defectivos de Platão. O que é necessário para além disso, argumenta, é que os fins ordenados sejam escolhidos de acordo com certos procedimentos deliberativos: as pessoas "desviadas" são excluídas porque "embora sua parte racional decida quais serão os fins de primeira ordem, obtêm os fins de primeira ordem não pela deliberação sobre o bem geral, mas pela emoção ou apetite" (232). Ora, Irwin admite, entretanto, que essa exigência adicional (que é, de qualquer maneira, encontrada em Platão através de uma controversa fusão de doutrinas altamente modificadas do *Fédon* com uma leitura de partes do discurso de Diotima no *Banquete*) evidentemente por si só não bastará para conduzir Platão às conclusões que ele quer. "Infelizmente e injustificavelmente, Platão não tem nenhuma resposta direta ou detalhada a essas questões" (233). O máximo que podemos concluir é, pois, que "a posição geral [de Platão] não se demonstrou desprovida de valor" (248).

14. Irwin, *PMT* 247, 248.

15. Sobre diversas reflexões platônicas concernentes à relação entre argumento e interesse, ver: o final do Cap. 4; Interlúdio I; o final deste capítulo; e especialmente Caps. 6 e 7.

16. Cf. também Irwin, *PMT* 246, em que a base dessa concepção é denominada "metafísica sombria".

17. A estrutura do final do Livro IX é complexa; para várias considerações dele, ver: J. Annas, *An Introduction to Plato's Republic* (Oxford, 1981) *ad loc.*; I. M. Crombie, *An Examination of Plato's Doctrines* (Londres, 1962) 1, 136 ss.; R. C. Cross e A. D. Woozley, *Plato's Republic: a Philosophical Commentary* (Londres, 1964) 263 ss.; N. R. Murphy, *The Interpretation of Plato's Republic* (Oxford, 1951) 92 ss.; N. P. White, *A Companion to Plato's Republic* (Indianápolis, 1979) *ad loc*. Essa representa, é claro, apenas uma fração da imensa literatura, que não procuro citar por completo; outras referências podem

ser encontradas nesses autores, particularmente em White e em Guthrie, *History* IV. Ver também J. C. B. Gosling e C. C. W. Taylor, *The Greeks on Pleasure* (Oxford, 1982) 97-128, esp. 128.

18. Sobre o significado de "*eudaímon*" e "*eudaimonía*", ver Cap. 1, p. 6.

19. Vale detalhar algumas considerações textuais que sustentam minha leitura: (1) esse argumento é uma "demonstração" que tem o intuito de estabelecer uma conclusão sobre a melhor vida (a mais *eúdaimon*). Em 588A, Sócrates extrai explicitamente, de suas conclusões sobre o prazer, outras conclusões sobre a "forma adequada" (*euskhémosýne*), nobreza ou fineza (*kállos*), e excelência (*areté*); mas, se a classificação tivesse sido em termos de intensidade de sentimento aprazível, é óbvio que nenhuma conclusão como essa se seguiria. Platão insiste repetidamente na intensidade sentida dos piores prazeres (ex. *Rep.* 560B, 573A-576C, 586B, *Filb.* 63D); o *Filebo* os denomina "os maiores e mais intensos" (63D); a descrição da vida do homem tirânico na *Rep.* IX nos confere um retrato similar de seu poder. (2) A lógica das palavras gregas de prazer, amplamente estudadas nos últimos anos, torna muito fácil para um autor falar de "*hédesthai*" (apreciar) e "*hedoné*" (prazer) indiferenciadamente: assim, falar de meus "prazeres" é, com freqüência, não falar absolutamente de sentimentos, mas das coisas que aprecio fazer, as atividades das quais me ocupo com alegria. Portanto, uma lista dos meus "prazeres" tenderia mais a ser uma lista não de sensações, mas de ocupações, por exemplo, comer, fazer geometria, assistir a Eurípides. Ver esp. G. E. L. Owen, "Aristotelian pleasures", *PAS* 72 (1971-2) 135-52; sobre material relacionado no *Filebo*, ver B. A. O Williams, "Pleasure and belief", *PASS* 33 (1959). Platão, nessa passagem, fala por vezes de "apreciar", mais freqüentemente de "o prazer de *A-r*", em que *A-r* é o nome de uma atividade. 581D1, onde "o prazer de ganhar" é substituído, simplesmente, por "ganhar", indica-nos que o modo correto de entender todas essas expressões (ao menos, a interpretação mais natural do grego) é "o prazer que consiste em *A-r*", não "o prazer que é gerado por (derivado de) *A-r*". O *Filebo* mostra Sócrates distinguindo explicitamente os dois e optando pelo primeiro, em um contexto no qual componentes de vidas são classificados. (3) A passagem considera todas as principais atividades que são candidatas prospectivas para inclusão na boa vida – ou seja, tudo a que *alguém* se entrega com alacridade. Concorda-se já de princípio que toda ocupação tem seus defensores intensamente ardentes, que exclusivamente da intensidade de seu entusiasmo nenhuma decisão seria alcançável (581C-D). Cumpre prosseguirmos à outra questão, com respeito a quais objetos de escolha entusiástica *vale* ser entusiástico – ou, à questão estreitamente relacionada, quem é o elogiador ou entusiasta correto ou "impositivo" (*kýrios epainétes*, 583A4; sobre valor, cf. 581D1, 6). A passagem prossegue à divisão das atividades como prazeres *verdadeiros* e *falsos*: em que denominar *falso* um prazer não significa que ele não seja realmente apreciado, mas que é apreciado apenas relativamente a alguma deficiência contingente, não do ponto de vista do juízo correto. 586B nos mostra que os prazeres falsos dão origem a sentimentos muito intensos de prazer naqueles que carecem do conhecimento da verdade (cf. (1) acima). *Filebo* 37A-B assevera claramente o ponto: assim como chamar *falsa* uma crença não implica que não seja realmente *acreditada*, assim também chamar falso um prazer não implica que não seja realmente desfrutado. Ao longo da passagem da *Rep.* IX, são proeminentes as considerações da *verdade real*, ou *natural*, e da *saúde* (ex. 584D, E; cf. 561C). (4) Não há indício de que os prazeres sejam comparados por um único padrão de intensidade quantitativa de sentimento. 586B, 581C-D, e outras passagens manifestam-se veementemente contra essa maneira de ler a competição de Sócrates; e não há sugestão no diálogo de uma concepção do prazer que a sustentaria.

Podemos concluir, penso, que aqui, bem como no *Filebo* 37 ss., Sócrates está voltado à classificação das atividades escolhidas com entusiasmo. A ênfase no entusiasmo contribui apenas como o ponto de que todas as vidas consideradas são vidas que *alguém* realmente *gosta* e *louva*. (Isso não é insignificante – cf. p. 143 abaixo.) Com respeito à distinção em 581E, é provavelmente melhor entender Sócrates como afirmando que agora consideraremos todo e qualquer candidato proposto para a vida *eúdaimon*, perguntando *não* qual é mais proficiente (*agatóon*), não qual é mais integramente respeitável (*kalón*), mas, simplesmente, qual é o que mais vale encetar *überhaupt*. "*Agathón*" foi associado, em parte anterior do diálogo, a recompensas; "*kalón*" é estreitamente vinculado nas mentes de alguns interlocutores com uma noção de honradez e respeitabilidade (mais claramente no intercâmbio com Polo no *Górgias*); teremos respondido à questão original de Glauco somente se pudermos defender a vida que escolhemos *à parte de* honradez e recompensas, demonstrando que o tirano perde não em vista de um padrão que ele mesmo rejeitaria, mas em vista de um padrão perdedor que nós compartilhamos com ele. Essa é a tarefa mais enganosa e exigente, mas é a única cuja realização auspiciosa seria a resposta às exigências de Glauco e a conclusão adequada do principal argumento da *República*. No interior da literatura sobre essa difícil passagem, o que mais me ajudou nessas questões foi *An Examination* 140-2, de Crombie; ver também White, *A Companion* 229-30, 233, 256; Murphy, *The Interpretation* 212-7.

20. Alguns comentadores descartam bruscamente esses argumentos: ver, por exemplo, Cross e Woozley, *Plato's Republic*, Cap. 11; uma estimativa mais justa de seu valor é encontrada nos comentários de Annas e White, e nas considerações mais breves de Crombie, *op. cit.* e Murphy, *op. cit*; ver também Gosling e Taylor, *The Greeks*, esp. "A note on 'truth'", p. 128.

21. Neste capítulo, diferentemente dos outros três capítulos sobre Platão, permito-me extrair materiais conjuntos de mais de um diálogo. Faço-o tendo alcançado a conclusão de que isso não prejudica o argumento interno da *República* tal como o entendo, e é necessário, de fato, para esclarecer esse argumento. Acredito que há aqui uma diferença metodológica fundamental entre meu método e o de Irwin. Utilizo referências cruzadas não com o intuito de preencher o que considero uma omissão ou lacuna censurável, mas apenas com o intuito de ampliar ou esclarecer o que encontrei presente no próprio texto da *República*. É evidente que as distinções-de-valor que discutirei não estão presentes somente na *República*, mas são expostas por Sócrates como uma parte central de seu argumento. Nada semelhante a isso pode ser afirmado com respeito à teoria da reminiscência, ou sobre a reflexão no *Banquete* sobre a ascese do desejo. Em verdade, essas duas importações parecem incompatíveis uma com a outra, uma vez que a negação da imortalidade individual é central ao argumento do *Banquete*, ao passo que no *Fédon* o material da reminiscência é parte de um argumento que estabelece a imortalidade individual da alma. Não acredito que o fato de recorrer a outros diálogos dê origem a esse tipo de problema.

Quanto a questões de cronologia: assumo que há uma concordância geral de que o *Fédon* e a *República* provêm do mesmo período da obra de Platão: são muito próximos sob vários aspectos, e são com freqüência utilizados para lançar luz um sobre o outro. Considera-se geralmente que o *Górgias* seja uma obra anterior; muitos acadêmicos o situariam em um período de transição entre os diálogos "socráticos" iniciais e os diálogos "intermediários". Uma das realizações importantes do livro de Irwin (*PMT*), juntamente com seu comentário em seu Clarendon Plato Series sobre o *Górgias* (1979), é ter estabelecido de maneira convincente a estreita relação entre o *Górgias* e a *República* quanto à estrutura da alma e à natureza do desejo irracional. O mais provável parece ser que o *Górgias* suscita questões e esboça argumentos que a *República* com freqüência desenvolve em extensão muito mais considerável. Concorda-se em geral que o *Filebo* seja um diálogo posterior – em parte com fundamentos estilísticos, e em parte porque emprega o "Método de divisão", um método dialético também presente no *Fedro*, no *Político* e no *Sofista*. E, contudo, em alguns respeitos (ex., seu extenso tratamento dos prazeres da previsão e das emoções), parece estar preenchendo um programa crítico inaugurado na *República* IX. Recentemente, R. A. H. Waterfield fez uma tentativa de desafiar a cena ortodoxa, sugerindo uma data do período intermediário ("The place of the *Philebus* in Plato's dialogues", *Phronesis* 25 (1980) 270-305). Muito embora eu não considere todos os seus argumentos convincentes, ele realmente obtém êxito, penso, em demonstrar que o alicerce sobre o qual repousa a ortodoxia é mais fraco do que normalmente percebemos. Meu próprio procedimento neste capítulo não pressupõe nada relativo à solução precisa desse problema, muito embora o Cap. 7 faça da pergunta sobre a relação cronológica entre o *Filebo* e o *Fedro* uma questão de óbvia relevância. Aqui, alego apenas que há certo material no *Filebo* que nos ajuda a compreender e esmiuçar as distinções presentes na *República*. Em verdade, acredito que o *uso* que por fim se faz dessas distinções é significativamente diferente nos dois casos. (E não excluo a idéia há muito aventada por G. E. L. Owen, de acordo com a qual o *Filebo* é uma colcha de retalhos provindos de peças anteriores e posteriores, agrupadas apressadamente para uma ocasião histórica particular.)

22. Observe a freqüência de palavras relacionadas com saciedade (*apopimplánai*, *plérosis*, *ekporízesthai*) nessa seção do diálogo.

23. Esse ponto quantitativo não é estritamente relevante para o argumento geral de Cálicles: ele poderia defender o valor superior desses prazeres como episódios da boa vida sem alegar que *mais* deles é sempre *melhor*. Devemos notar que a questão a que Cálicles está respondendo é "pôs biótéon", "como se deve viver?" Assim, a fala sobre *eudaimonía* é naturalmente interpretada como uma fala sobre o *bem-viver*, não sobre *sentir-se contente* (cf. Cap. 1, p. 5): Cálicles está fazendo uma asserção sobre o conteúdo da boa vida humana. De fato, ele deixa de falar sobre "viver bem" e passa a falar sobre "viver aprazivelmente" somente em 494, com o intuito de pôr a consciência em relevo, em objeção à idéia de que é possível atribuir o bem-viver a uma pedra. O hedonismo, que é alvo do argumento posterior de Sócrates, não pode com justiça ser imputado a Cálicles nessa seção anterior. Para uma discussão penetrante do caráter de Cálicles e do modo como o argumento explora uma tensão em suas concepções éticas, ver C. Kahn, "Drama and dialectic in Plato's *Gorgias*", *OSAP* (1983), 75-121.

24. Nesse ponto, Sócrates se volta ao exame da tese hedonista que atribui a Cálicles; uma vez que essa tese não parece ser idêntica à sua tese original, não mais seguiremos aqui com esse argumento. (Ver Irwin, *Plato: Gorgias ad loc.*)

25. Observemos que coçar-se é considerado como se fosse um componente proeminente de uma vida, não um episódio isolado: o paralelo com o ato de comer é salientado. Para mais discussões sobre essa passagem, ver Irwin, *Gorgias, ad loc.* e E. R. Dodds, *Plato: Gorgias* (Oxford, 1959) *ad loc.*

26. Novamente, o ponto quantitativo aqui não é estritamente relevante.

27. Devemos notar que esse exemplo, que se presume ser o caso mais extremo de um prazer não-valioso relativo-à-necessidade e que põe um fim ao argumento (em 496E ele é denominado o *kephálaion*, "sumário" ou "ponto concludente", do que o precedeu), é um exemplo em que Platão demonstra um ardente interesse, e que utiliza como emblemático de uma passividade ou vulnerabilidade mais geral em mais de um diálogo – cf. Caps. 6, 7. Alguns desenvolvimentos importantes em sua concepção ética são revelados em suas inconstantes posturas com relação a esse caso (ver Cap. 7). Gostaria de não deixar nenhuma dúvida aqui de que me dissocio dos preconceitos sociais demonstrados no tratamento que os interlocutores dão ao exemplo.

28. Sobre essas concepções, ver Dover, *GH*, e J. J. Henderson, *The Maculate Muse* (New Haven, 1975) 209-15. A investigação de Henderson do humor corporal na comédia grega proporciona uma fonte rica de outros materiais sobre a postura grega com relação aos prazeres "relativos-à-necessidade". Ele argumenta que a maior parte do humor escatológico na Comédia Antiga, por exemplo, repousa em nossa percepção da vileza e da tolice de agir de um tal modo que se afigure valioso apenas porque traz alívio de uma tensão dolorosa. Sobre piadas de iminente defecação, Henderson escreve: "Nenhum espectador pode sentir nada senão alegre superioridade com respeito à condição de um tal personagem, cujo crescente desespero serve meramente para degradá-lo ainda mais e assim aumentar nosso gozo." É o objetivo de Platão fazer-nos ver todas as nossas atividades meramente corporais do ponto de vista desse espectador cômico. (Cf. a seção sobre a fala de Aristófanes no Cap. 6.) Sobre esse exemplo, ver em particular os insultos com relação a esse tema dirigidos à própria platéia cômica em *As nuvens* de Aristófanes, peça cujas críticas do corpo merecem, conforme argumentei, sérias comparações com as de Platão (Nussbaum, "Aristophanes").

29. *Górgias* 493A. Sobre a ave-torrente, ver Irwin e Dodds *ad loc.*

30. A saúde pode parecer uma exceção – mas acredito que isso deva ser entendido como uma maneira abreviada de se referir ao funcionamento ou florescimento saudável do organismo, o que Aristóteles denomina "a atividade desimpedida da disposição natural".

31. Um exemplo de uma tal ocupação seria a atividade conforme à justiça, compreendida na fala de Protágoras tal como a interpretei no Cap. 4.

32. Platão emprega aqui "*boúlesthai*" aparentemente para contrastar anseios verdadeiros com desejos ocorrentes: se alguém faz alguma coisa como resultado de erro ou falsa crença, não faz o que *boú-*

letai, isto é, presumivelmente, o que desejaria se não estivesse nessa condição deficiente. O contraste entre o mero desejar e *boúlesthai* é, claramente, estreitamente relacionado com nosso contraste entre valor relativo-à-deficiência e valor verdadeiro: atividades verdadeiramente valiosas são os objetos de *boúlesis*.

33. Na *República*, diferentemente do *Filebo*, Platão não enfatiza explicitamente esse ponto sobre os prazeres intelectuais. Ele fala da ignorância como uma vacuidade da alma (585B), sem salientar o ponto do *Filebo* de que se trata de uma vacuidade não-dolorosa; afirma-se, contudo, que a atividade intelectual é um preenchimento "verdadeiro", em contraste com os atos de comer e beber, no sentido de que é um preenchimento com o verdadeiro e o estável (585C); a analogia de Platão da cor (584E-585A) acentua que, diferentemente das saciedades corporais, esses não são aprazíveis *somente* em contraste com alguma necessidade ou dor precedente.

34. *Fédon* 64C ss.

35. Sou muito grata a John Ackrill pelos proveitosos comentários sobre essa questão.

36. Sobre essas propriedades das formas, ver especialmente G. Santas, "The form of the good in Plato's Republic", *Philosophical Inquiry* 2 (1980) 374-403; ver também White, *A Companion* 229-30.

37. Sobre a relatividade-ao-contexto das emoções, ver White, *op. cit.* 256. A conexão entre esperança (*elpís*) e deficiência humana é um tema tradicional da reflexão grega sobre a condição humana. Cf. por exemplo *Prometeu acorrentado* 248-50, em que Prometeu alega ter substituído a presciência da morte por "esperanças cegas"; cf. também Hes. *Erga* 96-8. Uma discussão muito interessante dessas questões se encontra em J.-P. Vernant, "À la table des hommes", *in* Detienne e Vernant, orgs., *La Cuisine du sacrifice en pays grec* (Paris, 1979) 37-132. Vernant conclui: "Pour qui est immortel, comme les dieux, nul besoin *d'Elpis*. Pas d'*Elpis* non plus pour qui, comme les bêtes, ignore qu'il est mortel" (132). A esperança e seus prazeres são uma marca característica desse único ser racional limitado. (Por uma excelente discussão relacionada da esperança na tradição cristã, sou grata à tese para o título de Ph.D. em Harvard de A. Davidson (1982), *Religion and the Fanaticism of Reason*, e a discussões com ele.) Essas considerações devem nos ajudar a ver por que a *República* exclui todos os prazeres da esperança e da previsão, não apenas aqueles associados a falsas crenças. Um ser perfeito poderia, evidentemente, prever; mas não haveria o mesmo *prazer* nisso que há para um ser humano, na medida em que pode em qualquer momento conseguir sem esforço tudo quanto queira.

38. Nessa seção posterior, Platão deixa de classificar "prazeres" e passa a classificar atividades *simpliciter*. Não tenho a pretensão de compreender essa mudança, uma vez que os "prazeres" anteriormente classificados eram, em todo caso, atividades, e o diálogo havia desde o princípio negado que o prazer seja algo singular gerado por todas as espécies diferentes de atividades. Já que a unidade interna do argumento do *Filebo* é notoriamente problemática, e uma vez que os principais acadêmicos supuseram até mesmo que fosse uma colcha de retalhos, espero que minha utilização seletiva de seu material seja escusada. (Ver n. 21 acima. A imagem da "colcha de retalhos" foi veementemente defendida pelo finado G. E. L. Owen, em material inédito.) A vida "misturada" construída a partir dos elementos assim analisados não é a vida ascética do *Fédon*; mas sua relação com a psicologia moral do *Fedro*, *As leis* e *Político* é obscura; talvez, inconsistente. Em 53B-C, Sócrates mais uma vez declara que os prazeres não podem ser classificados por um padrão quantitativo. Na seção seguinte do argumento, em 53E, é válido observar que a auto-suficiência emerge como um sinal separado de valor.

39. Esse tipo de argumento provavelmente remonta ao Eudóxio; observemos que esse é o tipo de argumento em favor do hedonismo que contrastei no Cap. 4 com o argumento de Sócrates no *Protágoras*.

40. Para isso, combino a denúncia de que os sentidos têm uma percepção imprecisa e obscura da saúde e da força com a afirmação de que seguir as percepções do corpo compele as pessoas a encetar muitas atividades nocivas e desnecessárias.

41. A *República* é menos claramente ascética, já que salienta a necessidade de nutrir o corpo até alcançar a saúde e o bem-estar (558D ss.) e, aparentemente, permite até mesmo uma quantidade saudável

de atividade sexual (559C). (Sobre isso, ver White, *A Companion* 219). Uma razão para essa diferença é que a *República* (como as primeiras duas falas do *Fedro* – cf. Cap. 7) é mais ciente do que o *Fédon* da distração com relação ao trabalho causada pela inanidade e pela necessidade (571E). Mas outra razão provém claramente da necessidade política da cidade. Sua demanda pela reprodução de uma classe guardiã requer que se dedique algum tempo à atividade sexual. Aqui, o filósofo-governante se volta contra a dificuldade segundo a qual a função sexual se tornará um problema para um ser humano que tenha a atitude platônica apropriada com relação a esse funcionamento. Para seu pleno êxito, a cidade ideal precisa do estado de coisas descrito de maneira comovente por Agostinho (*A cidade de Deus* XIV) como a situação do Éden, em que cada parte do corpo funciona por obediência direta à vontade racional.

42. Ver acima, n. 5; para críticas desse retrato, ver Cap. 7. A imagem que o Livro IX apresenta do apetite como "besta de muitas cabeças" e da emoção como leão defende novamente esse argumento.

43. E. Hanslick, *The Beautiful in Music* (7.ª ed., Leipzig, 1885), trad. G. Gohen (Indianápolis, 1957) 47; também 7 ss. O significado de *melos* na passagem do *Filebo* é obscuro. Pode também significar "tom" – embora seja de suspeitar que Platão deseje também omitir o movimento temporal.

44. Esse apelo ao que convém ao deus teve provavelmente sua origem nos argumentos de Xenófanes em favor de uma teologia desantropomorfizada: ver especialmente DK B11-16, 26-8; e ver as outras observações sobre as alusões xenofaneanas em Platão no Cap. 6.

45. Já é tempo de começar a sintetizar minhas diferenças com relação a Irwin, *PMT*. O ponto central é que em sua reflexão as vidas são excluídas apenas por motivos formais e procedimentais; na minha, a estrutura *interna* e a natureza dos componentes são também, e de modo central, levadas em conta. Para ele, ordem e estabilidade são características importantes do plano como um todo, mas não de cada componente individual; para mim, cada fim componente deve possuir os sinais de valor. É evidente que, usando nossas duas reflexões tão diferentes sobre o argumento de Platão, cada um de nós pode levar Platão a muitas de suas conclusões efetivas. Mas eu alegaria agora duas vantagens para a minha versão: (1) É o argumento que Platão efetivamente oferece para suas conclusões na *República* e no *Fédon*. Irwin entende a si mesmo como alguém que reconstrói um argumento para preencher o que ele acredita ser a ausência de um argumento sério. (Um sinal dessa diferença: Irwin conclui (p. 237) que o desejo que o filósofo tem de contemplação "não será racional por ser um desejo *de* raciocínio teórico, mas por ser um desejo que emerge *a partir do* raciocínio prático". Porém o texto de Platão fala clara e reiteradamente do valor intrínseco do raciocínio teórico, e defende a escolha dele apontando suas características e as características de seus objetos. (2) Como Irwin enfatiza, seu argumento reconstruído não sustenta a escolha de Platão pela vida contemplativa em lugar de outras vidas disponíveis; Irwin fala de um "interesse na sabedoria contemplativa, em lugar da prática" que leva Platão a apresentar aqui o que Irwin considera um argumento defeituoso e "imperdoável". Minha interpretação sustenta as reais conclusões de Platão.)

46. O argumento é semelhante àquele apresentado por Sócrates contra a definição de Eutífron de piedade: se o pio é definido simplesmente como aquele a quem os deuses amam, e não há nada na natureza do pio que possa explicar seu amor, então eles se assemelham a autoridades arbitrárias.

47. Aristóteles criticará veementemente esse estratagema – ver Cap. 12. Platão faz uma exceção conspícua à sua política universal de generalizar o amor: para evitar o incesto, os cidadãos selecionam uma geração inteira como pais.

48. O contexto torna muito claro que nada no reino da mera opinião humana satisfará esse desejo e completará essa investigação (505D).

49. *The Will to Power*, trad. W. Kaufmann e R. J. Hollingdale (Nova York, 1967) 519; cf. 576. Contrastar a reflexão sobre valor do próprio Nietzsche, que o torna relativo à "preservação e acentuação do poder de uma certa espécie de animal" (567). A idéia de Nietzsche não é apenas que os valores intrínsecos podem, e devem, ser encontrados no interior e através da perspectiva antropocêntrica. É também que as próprias coisas que o metafísico negativo procura mais ansiosamente eliminar –

mudança, risco, transição – são elas mesmas parcialmente constitutivas dos mais elevados valores humanos. (Cf. 576 e *Thus Spoke Zarathustra*, trad. W. Kaufmann (Nova York, 1954) 1, prólogo.)

50. Essa frase pode sugerir que minha concepção não é afinal tão distante da de Irwin, uma vez que também ele fala de descobrir nossos desejos ou necessidades mais profundas. Acredito que as concepções são, entretanto, crucialmente distintas. Para Irwin, o fato de que a atividade *x* responde aos desejos mais profundos de um agente *A* (quando esses são alcançados através de um procedimento de deliberação racional sobre o bem geral para *A*) é suficiente para tornar *x* verdadeiramente valiosa para *A*. Os procedimentos introspectivos não são apenas artifícios heurísticos; são eles mesmos critérios de valor. Na minha interpretação, isso não ocorre. Necessidades ou desejos entram apenas em conexão com a motivação e a educação, não como respostas a uma pergunta sobre o que o valor *é*. É um fato venturoso sobre os seres humanos que muitos deles são construídos de tal forma que podem ser motivados a buscar o valor verdadeiro. Isso, como conta o mito do *Fedro*, não ocorre com nenhum outro animal; a teoria da reminiscência, interpretada com todo o seu compromisso metafísico, nos mostra como isso poderia ocorrer conosco. Mas sua relação com o aparato motivacional humano não é parte daquilo que *faz* valiosa a atividade intelectual. Se os humanos jamais tivessem existido, ela seria ainda valiosa; e, se existirem humanos para quem as asserções motivacionais de Platão não são verdadeiras, Platão não concluirá (como cumpre que Irwin conclua) que eles têm um bem diferente; ele concluirá que eles estão simplesmente excluídos do único bem que há. Além disso, mesmo a motivação que temos para perseguir esse bem é, como argumentei, de caráter diferente de nossas outras motivações práticas: pois há um desejo positivo de atividade intelectual que (como o *Filebo* insiste) não é sentido como dor ou aflição. Na reflexão de Platão, ele não poderia ser verdadeiramente valioso se fôssemos motivados a persegui-lo apenas por uma carência ou aflição sentidas; e essa distinção absolutamente não figura na reflexão de Irwin sobre as necessidades mais profundas.

51. A linguagem de Plutarco pode sugerir aqui que ele está comparando os prazeres por sua intensidade sentida empregando uma única escala quantitativa. Ao utilizar essa passagem, não desejo endossar nenhuma maneira de ler Platão semelhante a essa. Tampouco o deseja Plutarco, quase certamente, como outras passagens do tratado demonstrariam.

52. Isso é ainda mais verdadeiro com relação a Irwin, uma vez que o Aristóteles de Irwin tem uma concepção muito mais próxima à que ele atribui a Platão do que o Aristóteles da maioria dos intérpretes. Ver seu "Reason and responsibility in Aristotle", *in* Rorty, *Essays* 117-56. Discuto sua interpretação no Cap. 9.

53. *Thus Spoke Zarathustra* I, "Zarathustra's Prologue" (trad. Kaufmann).

54. Este capítulo se beneficiou, mais que nenhum outro da Pt. II, das críticas e discussões de outros. Foram lidas versões (em ordem cronológica) em: Dartmouth College, Universidade de Yale, Universidade da Califórnia em Berkeley, Universidade de Boston, Universidade de Oxford, Johns Hopkins University, Brown University, MIT, Universidade da Pensilvânia, Wellesley College (Seminário de verão NEH), Universidade da Virgínia, Universidade de Maryland e Emory University. Agradeço a Ruth Anna Putnam, que comentou publicamente o ensaio na Universidade de Boston. Entre os vários membros dessas e de outras platéias cujos comentários e críticas me ajudaram, sou particularmente consciente de responder a pontos suscitados por: John Ackrill, Myles Burnyeat, Joshua Cohen, Michael Ferejohn, Charles Kahn, Thomas Ricketts, James Ross, Barry Stroud, Judith Jarvis Thomson e Susan Wolf.

6. A fala de Alcibíades: uma leitura do *Banquete*

1. Essas histórias, embora provavelmente não verdadeiras de todo, são representativas das lendas populares sobre Alcibíades que constituem o pano de fundo do diálogo. Todas as fontes estão em geral de acordo quanto ao seu caráter e os principais fatos de sua vida. De Tucídides provém o relato sobre sua carreira, sobre os espetáculos que ele dava, sobre as habilidades militares e políticas,

bem como a história de Olímpia (VI.15) e as observações sobre o amor do país (VI.92.4). De Plutarco provêm as histórias sobre a flauta (2), do residente estrangeiro (5) e do cão (9). Uma outra fonte importante é Xenofonte, *Hellenica* I. Para análise das evidências, ver A. W. Gomme, K. J. Dover e A. Andrewes, *A Historical Commentary on Thucydides* IV (Oxford, 1970), especialmente 49 ss., 264 ss., 242 ss.

2. G. Vlastos, "The individual as object of love in Plato's dialogues", *in* Vlastos, *PS* 1-34. Irwin, *PMT* critica alguns aspectos da interpretação de Vlastos, mas concorda com ele em suas críticas de Platão.

3. Em *La Théorie platonicienne de l'amour* (Paris, 1933), L. Robin argumenta que todo elemento de verdade nas falas precedentes é assimilado e desenvolvido na fala de Diotima, de modo que uma análise dessa fala é por si só suficiente para nosso entendimento da concepção do diálogo sobre o amor. Ele não trata sequer da fala de Alcibíades, referindo-se à de Diotima como "ce dernier discours". Os intérpretes que insistem que o diálogo deve ser lido como um todo, dando a devida atenção à contribuição filosófica de cada fala, incluem S. Rosen, *Plato's Symposium* (New Haven, 1968); T. Gould, *Platonic Love* (Londres, 1963); e G. K. Plochmann, "Supporting themes in the *Symposium*", in J. Anton e G. Kustas, orgs., *Essays in Ancient Greek Philosophy* (Albany 1972) 328-44. As espirituosas observações introdutórias de Plochmann sobre filosofia e literatura abrem o caminho de uma maneira proveitosa. (Ver também V. Goldschmidt, *Les Dialogues de Platon* (Paris, 1947, 2.ª ed. 1963) 222-35.) Infelizmente, K. J. Dover prefacia seu breve comentário (Cambridge, 1980) com a "hipótese de trabalho" segundo a qual não há nenhum argumento convincente em *nenhuma* parte do diálogo, que é do início ao fim uma peça literária e de advocacia forense (viii). Um intérprete recente que confere o peso devido à fala de Alcibíades e suas críticas de Sócrates é M. Gagarin, "Socrates' hubris and Alcebiades' failures", *Phoenix* 31 (1977) 22-37.

4. Sobre Apolodoro, cf. também, *Féd.* 59A, 117D; *Apol.* 34A.

5. Rosen o chama estranhamente de "homem de negócios", contrastando-o com o desocupado Polimarco; isso certamente excluiria identificação com qualquer um dos Glaucos conhecidos (cf. abaixo n. 14). É muito difícil saber qual classe ateniense efetiva Rosen tem em mente. Evidentemente, um cavalheiro ateniense "desocupado" é precisamente a pessoa que mais tenderia a estar "correndo de um lado a outro", ocupando-se de negócios políticos; e o desdém do homem político ateniense pelas atividades filosóficas e pela abstração do filósofo com relação à política é um tema platônico recorrente. Não precisamos supor que Glauco seja um artesão ou um negociante para entender por que ele pensa que a filosofia é menos importante do que a política.

6. R. G. Bury, *The Symposium of Plato* (Cambridge, 1932, reedit. em 1966) lxvi; cf. também Guthrie, *History* IV, 366.

7. A data da composição é controversa. Há hoje uma concordância amplamente difundida de que o diálogo seja anterior ao *Fedro* e aproximadamente contemporâneo à *República* e ao *Fédon*. K. J. Dover argumenta convincentemente em favor de um término posterior a 385 (com base em uma alusão historicamente anacrônica em 183A1-3: "The date of Plato's *Symposium*", *Phronesis* 10 (1965) 2-20); sua tentativa de argumentar em favor de um término anterior de 378 parece menos convincente. Em qualquer caso, há indícios de que ele deve ser estreitamente vinculado à *República*, que foi muito provavelmente escrito durante a década de 380-370. Ver Cap. 5 n. 21 e Cap. 7 n. 5.

8. Cf. Plutarco 38; Aristóf. *As rãs* 1422 ss. Tucídides se refere obliquamente à ausência de Alcibíades como uma causa principal das dificuldades atenienses: II.65.12; para essa interpretação, cf. Dover in Gomme, Dover e Andrewes, *Historical Commentary* IV, 244.

9. Há um estudo persuasivo do retrato que *As rãs* faz da conexão entre a morte da tragédia e o fim da comédia em C. Segal, "The character of Dionysus and the unity of the *Frogs*", *HSCP* 65 (1961) 207-30. Ainda que tenha havido grandes mudanças políticas entre 405 e 404, a ameaça da extinção das liberdades literárias certamente está no ar em 405.

10. Plutarco 38; cf. Isócrates XVI.21.

11. O restante do conselho político de Ésquilo também é democrático: ele insiste na política pericliana de confiar na marinha enquanto permite que o inimigo invada (1463-5).

12. Cf. *As rãs* 1491-5.
13. Na *Apologia*, Sócrates se apresenta como um oponente das medidas inconstitucionais extremas dos Trinta. Há aqui, pois, um problema relativo à determinação da relação entre Platão e esse personagem de Sócrates, e entre o personagem e o Sócrates histórico. Essa pode ser mais uma razão pela qual a fala que prescreve a eliminação da desordem e a rejeição de Alcibíades é colocada na boca de um personagem que não se identifica com Sócrates, embora o instrua.
14. O Glauco da *República* é (meio-)irmão mais velho de Platão; o outro Glauco (cf. *Charmide* 154) é o pai de Charmide, e portanto irmão da mãe de Platão. Uma vez que esse personagem é ao menos razoavelmente jovem, não pode ser pai de Charmide (conforme Bury, *The Symposium*, que favorece essa identificação, sem discuti-la). A identificação com o Glauco da *República* é refutada por Guthrie (History IV, 366 n. 2), que favorece uma figura desconhecida além desse texto, e por Bury, muito embora tenha também defensores distintos (ver referências em Bury). A dificuldade primordial, além do fato de não ser denominado filho de Arístion é, novamente, a idade. Se o "nós" de Apolodoro, de "quando éramos meninos" (173A), é tomado como incluindo Glauco, não pode ser o homem que lutou com distinção em 424. Mas Apolodoro pode querer dizer igualmente "quando as pessoas da minha geração eram meninos". Para um outro caso platônico de personagens homônimos, observar os dois Adeimantos no *Protágoras*.
15. Agora surgirá a questão, por que esses eventos devem ser mencionados de maneira tão indireta? Seguramente, se Platão quisesse que pensássemos na morte de Alcibíades, ele o teria dito muito abertamente. Isso, contudo, não é evidente: comparar a referência velada a esses eventos em Tucíd. II.65.12, referência que Dover defende contra as acusações de obscuridade apontando que Tucídides poderia supor que seus leitores estivessem tão agudamente cientes dos eventos e de sua datação que uma alusão muito sutil seria mais que suficiente, e a explicitação seria desairosa. É fácil construir paralelos contemporâneos.
16. Cf. Ateneu V.217a.
17. A tradição posterior (que começa ao menos com Demóstenes) na maioria dos casos considera Alcibíades culpado tanto da mutilação do Hermes como da profanação dos Mistérios. Tucídides é mais cauto com relação ao Hermes (cf. VI.53, VI.61), afirmando apenas que *se pensava* estar ele implicado no ataque (VI.28.2). A acusação oficial parece ter sido baseada nas acusações relativas apenas aos Mistérios. (Ver Dover *in* Gomme, Dover e Andrewes, *Historical Commentary* IV, 264-88.) Mas Platão escreveu em um momento em que ambos os crimes eram atribuídos a Alcibíades; é possível supor que toda a sua platéia acreditasse nas acusações.
18. *Biazesthai* "força", era um termo comum para a agressão sexual violenta: cf. LSJ s.v., e especialmente Aristóf. *Pl.* 1052. A ligação de Hermes com a fortuna é um tema central no *Crátilo*, em que Crátilo argumenta que, se o jovem Hermógenes não é afortunado, não tem direito a esse nome.
19. Os soluços foram extensivamente discutidos. Ver (com outras referências) Plochmann, "Supporting themes", *passim*, Guthrie, *History* IV, 382 n. 2 e Rosen, *Plato's Symposium* 90 ss., esp. 120.
20. Xenófanes (DK B23-6) imagina um deus "não semelhante na forma aos homens mortais". Aristóteles com freqüência cita o círculo como a forma mais perfeita e a mais adequada ao divino. Também são importantes aqui os argumentos do *Filebo* 51B-C, sobre os quais cf. Cap. 5. J. S. Morrison, "The shape of the earth in Plato's *Phaedo*", *Phronesis* 4 (1959) 101-19, afirma que as criaturas têm a forma de rodas, não (como muitos comentadores supõem) de esferas. Isso não faz diferença para o meu raciocínio. Sobre a fala de Aristófanes em geral, ver K. J. Dover, "Aristophanes' speech in Plato's *Symposium*", *JHS* 86 (1966) 41-50.
21. Contrastar as extraordinárias observações de Milton sobre a vida sexual dos anjos, que "obstáculos não encontram nenhum / De membrana, junta ou membro" (*Paraíso perdido*, VIII.620 ss.). (Sou grata a John Hollander por trazer essa passagem à minha atenção.)
22. Sóf. *Antígona* 568-70: cf. Cap. 3. Epicteto comenta de maneira perspicaz sobre a profundidade dessa concepção nas histórias em que a literatura grega é baseada, dizendo que se Menelau fora capaz

de pensar em Helena simplesmente como mais uma mulher, e má como mulher, então "perdida seria a *Ilíada*, bem como a *Odisséia*" (*Dissert*. I.28.13). Parece, portanto, supérfluo multiplicar os exemplos.

23. R. B. Brandt, "The morality and racionality of suicide", *in* J. Rachels, org., *Moral Problems* (N. Y., 1975) 363-87.

24. Mesmo em 207E, o contraste entre *psykhé* e *sôma* não é o contraste entre o material e o imaterial – ou, pelo menos, não como esse contraste é normalmente esboçado por Platão em outros diálogos do período intermediário. *Psykhé* inclui hábitos, caráter, opiniões, apetites, prazeres, dores, temores, entendimentos.

25. Para possíveis associações sexuais de "morrer" e palavras correlatas em grego, ver, por exemplo, Heráclito DK B15, 77, 117, talvez 85; e o final elaboradamente metafórico de *Os arcanianos* de Aristófanes.

26. Cf. *Odisséia* VIII.266 ss. Ver K. Dorter, "The significance of the speeches in Plato's *Symposium*", *Philosophy and Rhetoric* 2 (1969) 215-34.

27. Rose, *Plato's Symposium* 8 observa que Aristófanes é o único entre os que falam que não está envolvido em uma relação erótica com uma outra pessoa presente.

28. "Timandra" significa mais provavelmente "honra o homem", ao passo que "Diotima" significa simplesmente "honra-de-Zeus" e teria muito provavelmente sido interpretado por Platão como dotado de uma ambigüidade entre "aquela que dá honra a Zeus" e "aquela que recebe honra de Zeus". É claramente possível que Timandra tenha sido inventada por Plutarco (que conhecia o *Banquete*) para corresponder a Diotima, em lugar da relação inversa. Embora não possamos descartar isso, o que podemos dizer é que nesse caso o nome inventado de Platão ainda será significativo, ainda que de uma maneira mais abstrata; e Plutarco terá demonstrado ser um intérprete sagaz. W. Kranz, "Diotima", *Die Antike* 2 (1926) 313-27, argumenta que Diotima é uma personagem histórica real: mas somente com base em que todos os outros personagens do diálogo são. Uma vez que ela não é uma personagem no mesmo sentido, esse é um argumento fraco. Sua descrição da revelação dela a Sócrates como inspirada pela afeição maternal de um tipo altamente particularizado (ele nos lembra de que uma vez que as sacerdotisas podiam se casar, não há razão por que ela não pudesse ter cumprido "das Schicksal der Frau"!) me parece extravagante e sentimental. (A maior parte do artigo, contudo, é uma discussão muito interessante do uso que Hölderlin faz do *Banquete*.)

29. Há aqui um passo extra, em que eles concordam que a implicação se sustenta necessariamente (200B2-3).

30. *Endeés estin*, "carece", "em necessidade de", é, do início ao fim, usado de maneira intercambiável com *ouk ékhei*, "não tem". Omito aqui a interessante digressão em que Sócrates admite que um agente pode desejar algo que ele de fato tem agora, mas argumenta que o que ele realmente deseja em tais casos é algo que ele não tem agora, a saber, a posse futura contínua do objeto.

31. Não é absolutamente claro o que Platão diria do conhecido problema aristotélico da individuação das coisas nas categorias de não-substância.

32. Duas passagens são menos claramente quantitativas: "mais honroso" em 210B7, e "ouro por bronze" em 219A1. Mas ambas são compatíveis com uma leitura quantitativa (ouro *vale mais* em uma única escala financeira; e justamente o que está em debate é se as diferenças de honradez são qualitativas ou apenas quantitativas). Portanto, nenhuma passagem se interpõe contra a evidência preponderante em favor de uma única escala quantitativa. Ver meu "Plato on commensurability and desire", *PASS* 58 (1984) 55-80.

33. *Rep*. 521C ss., cf. Cap. 5.

34. *Biotós* significa "vivível", "digno de viver". É encontrado com maior freqüência no negativo, muitas vezes relacionado com a pronta aceitação da morte, ou mesmo com o suicídio. A tradução de Joyce, "e se, meu caro Sócrates, a vida do homem é sempre digna de viver", é correta. A de W. Hamilton,

"a região em que a vida do homem deve ser despendida", é deficiente; carece da força e da natureza do argumento.

35. T. H. Irwin, *PMT* e J. M. E. Moravcsik ("Reason and Eros in the Ascent Passage of the *Symposium*", in Anton e Kustas, *Essays* 285-302) também salientam o papel da necessidade e da insatisfação no movimento do agente de um nível a outro. Nenhum dos dois discute a natureza precisa das necessidades práticas propulsoras ou aponta o papel capacitador dos questionáveis juízos de similaridade qualitativa. Mas a discussão muito interessante de Moravcsik do papel da aspiração e do descontentamento na ascese parece plenamente compatível com a minha observação (como o autor já me assegurou). Uma outra discussão valiosa, centrada na natureza da criatividade erótica na ascese, é L. A. Kosman, "Platonic love" *in* W. H. Werkmeister, org., *Facets of Plato's Philosophy* (Assen, 1976, *Phronesis* Suplemento II) 53-69.

36. Rosen, *Plato's Symposium* também observa a repetição de "*exaíphnes*" (pp. 288, 325), embora não desenvolva essa idéia. Cf. também Robin, *Théoril* 183, que faz uma comparação com a *República* 515C, 516E. R. Hornsby, "Significant action in the *Symposium*", *CJ* 52 (1956-7) 37-40, faz a interessante observação de que entre a partida da flautista e a entrada de Alcibíades não há nenhuma descrição de movimento corporal de um lugar a outro – o jantar ocorre em um estado de repouso, "como se a porção anterior da festa tivesse adquirido uma condição similar à da Idéia de Beleza".

37. Ver Cap. 7.

38. Evidentemente, isso requer que de uma outra maneira as histórias sobre particulares sejam antes gerais do que particulares: que elas sejam não excêntricas ou idiossincráticas, mas representativas (como afirma Aristóteles, "o tipo de coisa que pode acontecer"). Ver Cap. 1 e Cap. 13. Para maior desenvolvimento de algumas dessas questões, ver Nussbaum, "Crystals".

39. Cf. Interlúdio I e suas referências. Muito embora P. Geach pareça equivocado ao dizer que Sócrates rejeita inteiramente uma lista de exemplos como contribuição ao discurso ("Plato's *Euthyphro*", *The Monist* 50 (1966) 369-82), Sócrates claramente acredita que a investigação só faz um real progresso quando nos elevamos acima deles. Cf. L. Wittgenstein, *The Blue and Brown Books* (Oxford, 1958) 19-20, 26-7.

40. Comparar com a rejeição do *Fédon* do testemunho dos sentidos – cf. Cap. 5.

41. Esp. J. Locke, *An Essay Concerning Human Understanding* (1690), org. P. H. Nidditch (Oxford, 1975) L. 3, Cap. 10, discutido na página 14 e na n. 25.

42. Edição de Dover, sinopse da contracapa. A Clarendon Plato Series, que se incumbiu de apresentar novos comentários sobre as obras platônicas "de interesse aos filósofos do presente" não tinha originalmente planos de incluir nem o *Banquete* e nem o *Fedro*. Em agosto de 1982 o *Fedro* foi acrescentado; estou nesse momento trabalhando na tradução e no comentário.

43. Guthrie afirma que Alcibíades *está* satisfazendo a demanda de Sócrates, uma vez que "Éros se fez visível em Sócrates" (*History* IV, 395). Espero que nesse momento esteja claro por que não acho que essa seja uma explicação adequada do que estava acontecendo.

44. Dover, *GH* esp. II.C.5. Ver também as resenhas de B. Knox, *New York Review of Books* 25 (1979) 5-8 e H. Lloyd-Jones, *New Statesman* (6 outubro 1978) e *Classical Survivals* (1982) 97 ss.

45. Dover, *GH* 96. Dover não pode justificar sua suposição de que essas figuras dispõem *fatos* culturais invariáveis; o que é mais importante é que eles claramente retratam *normas* culturais.

46. Cf. *Eutífron* 11A-B.

47. Para algumas observações interessantes sobre o "conhecimento do amante" e sua relação com o analítico, ver L. Trilling, "The Princess Casamassima", *in* The Liberal Imagination (NY, 1950) 86 ss.

48. Ver Cap. 10 e meu "Practical syllogisms and practical science", *in* Nussbaum, *De Motu* Ensaio 4, e Wiggins, "Deliberation".

49. Cf. J. M. E. Moravcsik, "Understanding and knowledge in Plato's dialogues", *Neue Hefte für Philosophie* (1979) e M. F. Burnyeat, "Aristotle on understanding Knowledge", *in Aristotle on Science: the "Posterior Analytics"*, org. E. Berti (Pádua, 1981).

50. Para os usos de "*dialegesthai*" sobre relações sexuais, ver referências em J. J. Henderson, *The Maculate Muse* (New Haven, 1975) 155.

51. *República* 507A ss.

52. Alcibíades mais tarde remove as guirlandas que estavam presas à coroa e as coloca sobre as cabeças de Agaton e Sócrates. Mas o texto grego indica que as guirlandas eram itens separados (cf. 212E2), e parece que a coroa de hera e violeta é usada do início ao fim do discurso. Nesse ponto, a tradução de Joyce é correta e a de Hamilton enganosa.

53. Ver A. L. Edmunds, *Chance and Intelligence in Thucydides* (Cambridge, MA 1975). Sobre improvisação, ver mais no Cap. 10.

54. Cf. Rosen, *Plato's Symposium* 287; Gould, *Platonic Love* 39-41; J. Anton, "Some Dionysian references in the Platonic dialogues", *CJ* 58 (1962-3) 49-55.

55. As observações sobre os poetas trágicos e cômicos são tema de uma extensa literatura, cuja maior parte defende a idéia de que é o próprio Sócrates (e, portanto, também Platão) que une comédia e tragédia. Duas interessantes defesas recentes dessa concepção estão em D. Clay, "The tragic and comic poet of the *Symposium*", *Arion* NS 2 (1975) 238-61 e R. Patterson, "The Platonic art of comedy and tragedy", a sair em *Phil Lit*. Cf. também H. Bacon, "Socrates crowned", *Virginia Quarterly Review* 35 (1959) 415-30. Penso que aqui é importante distinguir Sócrates de Platão: Sócrates se opõe tanto à tragédia como à comédia, ao passo que Platão dá expressão aqui tanto à concepção socrática como à concepção que se lhe opõe. Cf. também Anton, *op. cit.* 51-2, que argumenta que Platão e *não* Sócrates é o poeta trágico/cômico.

56. *Hýbris*, ironicamente, é também um termo legal e popular para a agressão sexual; ver LSJ sv.; Henderson, *Maculate Muse* 154; e Gagarin, "Socrates and Alcebiades".

57. Ver a discussão e as ilustrações em Dover, *GH* 94-5, e gravuras. Essa "configuração mais característica de cortejo homossexual" (Dover, *GH* 94) foi anteriormente descrita no importante artigo de Sir John Beazley, "Some Attic vases in the Cyprus Museum", *PBA* 33 (1947) 195-244.

58. Comparar com Rosen, *Plato's Symposium* 300.

59. Comparar com a leitura de Otelo em *The Claim of Reason: Wittgenstein, Skepticism, Morality, and Tragedy*, de S. Cavell (Nova York, 1979).

60. Gostaria de agradecer aqui a todos os que me ajudaram com seus generosos comentários em muitos estágios: especialmente Myles Burnyeat, John Carriero, Stanley Cavell, Arnold Davidson, John Hollander, Julius Moravcsik, Nick Pappas, Gregory Vlastos e Susan Wolf.

7. "Essa história não é verdadeira": loucura, razão e retratação no *Fedro*

1. O epigrama é relatado em Diógenes Laércio III.30 = Antol. palat. vii.99. Sua autenticidade é defendida em detalhes por C. M. Bowra, "Plato's epigram on Dion's death", *AJP* 59 (1938) 394-404; cf. também W. Wilamowitz, *Platon* I (Berlim, 1940) 644, que oferece uma excelente tradução poética alemã. O único argumento seriamente aventado contra a autenticidade é que uma emoção assim profunda não é apropriada a um homem de 70 anos (A. E. Taylor, *Plato* (Londres, 1926) 544). Esse me parece um argumento muito fraco (cf. também n. 5).

2. Cf. 251A-E e este cap. pp. 189-91.

3. R. Hackforth, *Plato's Phaedrus* (Indianapolis, 1953) 37.

4. O lugar é descrito e pode ser localizado com precisão – ver R. E. Wycherley, "The scene of Plato's *Phaedrus*", *Phoenix* 17 (1963) 88-98 e D. Clay, "Socrates' prayer to Pan", *in Arktouros: Hellenic Studies Presented to Bernard M.W. Knox* (Berlim/Nova York, 1979) 345-53. O local comoveu profundamente muitos visitantes. (Clay cita algumas linhas de Seféris sobre o rio Ilisso que transmite um sentido de repentina compreensão, ao mesmo tempo emocional e intelectual, muito no espírito do diálogo.) F. M. Cornford (*Principium Sapiential* (Cambridge, 1952) 66-7) afirma plausivelmente que

devemos sentir a estranheza de ver Sócrates "arrancado dos arredores que ele jamais deixou. Dentro dos limites de sua arte dramática, Platão não poderia ter indicado mais claramente que esse Sócrates poético e inspirado não era conhecido de seus companheiros habituais".

5. Sobre as questões cronológicas, ver também Cap. 5, n. 21. Há agora uma concordância geral de que o *Fedro* é posterior tanto à *República* quanto ao *Banquete* na data de composição e próximo ao *Teeteto*, que pode ser datado em não muito depois de 369 (uma vez que ele comemora a morte de Teeteto na batalha de Corinto nesse ano). As questões são resumidas (com muitas referências adicionais) por L. Robin, *La Théorie platonicienne de l'amour* (Paris, 1933) 63-109 e Hackforth, *Plato's Phaedrus* 3-7; cf. também Guthrie, *History* IV, 396-7 – que, entretanto, por nenhuma razão muito forte o situa imediatamente antes da *República*. Outro conjunto de argumentos para uma datação posterior é estilométrico: vários critérios usados independentemente convergem, situando-o de maneira consistente imediatamente antes, mas próximo do grupo *Sofista*, *Político*, *Filebo*, *As leis* (alguns incluem o *Timeu* – mas a obra de L. Brandwood sugere razões para dúvidas nesse caso). Mas esses critérios, embora aparentemente impressionantes em sua unanimidade, não podem ser usados isoladamente, sobretudo quando lidamos com um diálogo em que Platão está jogando com inúmeros estilos diferentes. São também sugestivas, mas afinal não-confiáveis, as considerações históricas apresentadas por G. Ryle, *Plato's Progress* ((Cambridge, 1966) – ver abaixo n. 59) que sustenta uma data pós-*Teeteto*. Considerações doutrinais são mais probatórias, embora difíceis de serem por nós aqui usadas sem suspeita de circularidade. Mais notável entre os assuntos que não estão no cerne do nosso projeto é que o método de divisão, aparentemente introduzido aqui, é encontrado apenas em um grupo de diálogos sobre os quais há a concordância, fundada em outras bases, de serem de uma data posterior: *Sofista*, *Político*, *Filebo*. E mesmo que Guthrie estivesse certo ao dizer que esse método não é inteiramente novo, o que *é* novo é o fato de afirmar em todos esses diálogos que esse método é *o* método da dialética e *a* ocupação do filósofo; assim, ele substitui (e é incompatível com) o método hipotético do *Fédon* e da *República*. (Cf. J. L. Ackrill, "In defense of Platonic division", in Ryle, org. O. Wood e G. Pitcher (Garden City, 1970) 373-92.) Um outro debate impressionante é sobre a concepção da alma: é possível demonstrar que a teoria do *Fedro* tem muito mais afinidades com *As leis* do que com o *Fédon*, a *República* e o *Timeu*. Cf. este cap. pp. 195-6. Os argumentos em favor da incompatibilidade entre o *Fedro* e *Fédon / Rep. / Tim.* são plena e habilmente estabelecidos por E. Groag, "Zur Lehre von Wesen der Seele in Platons Phaedros und im X. Buche der Republik", *Wiener Studien* 37 (1915) 189-22; infelizmente, a hipótese norteadora de Groag, de que o *Timeu* representa a concepção última e mais madura de Platão sobre a alma, fá-lo tomar seus próprios argumentos para provar que o *Fedro* precede todo esse grupo de diálogos; ele ignora as questões suscitadas por uma comparação com *As leis* (sobre a qual ver Robin, *La Théorie*). Os principais argumentos que foram aventados em favor de uma datação anterior do *Fedro* são: (1) sua linguagem poética comovente, aparentemente incompatível com a condenação do poeta na *República*; e (2) a surpreendente descrição da paixão sensível, que (supostamente) não poderia ter sido escrita por um homem em torno dos cinqüenta anos (para referências, ver Robin, Guthrie, Hackforth). O primeiro ponto é bem apreendido; mas sustenta somente um juízo de incompatibilidade, não de prioridade (cf. abaixo, §III). O segundo é simplesmente tolo. Parece seguro datar o diálogo em torno de 365, pouco antes ou pouco depois do *Teeteto*. (Ver nn. 58 e 59 sobre a conexão com a segunda visita de Platão a Siracusa.)

6. As observações seguintes são baseadas em um estudo completo da "*manía*" e de palavras correlatas no *corpus*: cf. L. Brandwood, *A Concordance to Plato* (Leeds, 1976). Para a conexão com *éros*, cf. esp. *Rep.* 329C, 403; *Banq.* 213D, 215C-D, *Crát.* 404A; sobre a oposição a *sophrosuné*, ver esp. *Protág.* 323B5, *Rep.* 573A-B. Sobre a loucura em Platão e seus antecedentes, ver também Dodds, *GI* Caps. 2 (64-101) e 7 (207-35).

7. Essa palavra, que parece significar "que calcula", "que mede", "intelectual", é freqüentemente traduzida por "razão" e "racional". Tento aqui evitar essa prática com o intuito de evitar implicações normativas (sobre o que é racionalidade prática) que não estão presentes no texto de Platão.

8. A situação no *Banquete* é evidentemente mais complexa em virtude da variedade de interlocutores, cf. Cap. 6.

9. Sobre todos esses pontos, ver Cap. 5 e referências.

10. Assumirei, no que se segue, aquilo com o que mais ou menos todos os comentadores concordam: que Lísias está usando sua fala para seduzir Fedro, e que ele se identifica com o "não-amante", e Fedro com o menino a quem se dirige.

11. Deve-se, contudo, observar que a primeira fala de Sócrates vincula o apetite erótico com a beleza, antecipando assim a concepção manifesta em sua segunda fala. Isso também ocorria em sua fala no *Banquete*, e indica uma continuidade entre o *Banquete* e o *Fedro*. T. Gillespie argumentou em um artigo inédito que esse e outros pontos de continuidade deveriam levar-nos à conclusão de que o *Banquete* foi escrito depois da *República* e é, pelo menos em alguns aspectos, uma obra de transição, mesmo considerando a fala de Sócrates. Comparar com a *República* 508E, que menciona apenas o ato sexual (*aphrodisia*) em relação com *éros*, e 586A-B, que usa a linguagem animal do ato sexual humano. O *Filebo* presumivelmente posterior ao *Fedro* (ver Cap. 5, n. 21) classifica o *éros* não com os desejos de satisfação corporal, mas com emoções complexas, tais como fúria, tristeza, rancor e inveja, que dependem para sua identidade da natureza das crenças às quais são associadas. Confrontar o uso diferente do verbo *éran* na *Rep.* 403A, *Féd.* 68A.

12. Hackforth, *Plato's Phaedrus* 31.

13. Parte do problema que pretendo trabalhar nesta seção ocorreu-me primeiramente como resultado de conversas com Alexander George, a quem sou grata por ter escrito um artigo muito interessante que critica um rascunho anterior deste capítulo. Nossas concepções ainda são diferentes, mas espero que este responda a algumas de suas questões.

14. É possível que o Puth- de Puthokles seja a raiz aorista do verbo *pynthánomai*, "buscar obter", "inquirir sobre". O nome então significaria "filho daquele que busca obter a fama". Mas nossa escolha um pouco mais provável, "de fama pítica", isto é, que tem fama pela vitória nos Jogos Píticos, tem uma conotação similar: em ambos os casos, a patronímia enfatiza a proeminência e o renome cívico.

15. Tudo isso parafraseia argumentos das duas primeiras falas; não vejo necessidade de listar as referências das passagens, uma vez que são óbvias.

16. Lísias conta a história de sua própria vida durante esses anos na oração 12 (*Contra Eratosthenes*). Sobre sua carreira em geral, ver K. J. Dover, *Lysias and the Corpus Lysiacum* (Berkeley, 1968). Sobre o uso que Platão faz de Lísias e sua família como personagens, ver também F. E. Sparshott, "Plato and Thrasymachus", *University of Toronto Quarterly* 1957, 54-61.

17. Cf. Cap. 5, n. 41.

18. Lucrécio (IV.1063 ss.) defende a promiscuidade como uma boa maneira de evitar a loucura do amor. As evidências referentes às concepções de Epicuro sobre essa questão são complicadas e difíceis de interpretar. Alguns fragmentos sugerem que ele insta à abstenção integral do sexo; mas o tom de algumas de suas cartas remanescentes a membros de sua comunidade sugere uma sexualidade despreocupada e não passional. Sua condenação do amor é, em todo caso, veemente e inequívoca.

19. Para um paralelo contemporâneo, ver as observações de Simone de Beauvoir sobre o autocontrole das mulheres jovens na América (*The Second Sex*, trad. H. M. Parshley (NY, 1974) 436).

20. Ver a boa discussão das superstições que cercam a hora do meio-dia em D. Clay, "Socrates' prayer". M. Detienne faz do sistema total de crença grega com respeito à ligação entre calor do verão e os perigos da sexualidade desenfreada uma estimulante discussão em *Les Jardins d'Adonis* (Paris, 1972), com uma excelente introdução de J.-P. Vernant. Cumpre notarmos que no *Fedro* o sol desempenha o papel de uma força natural causal ativa e motora, uma parte do mundo humano (contrastar Cap. 6, e cf. este cap. pp. 190-1).

21. Ver *Banq*. 198B-204C.

22. Sobre as ligações entre o uso platônico de *kathaíro* e palavras correlatas e a discussão de Aristóteles da tragédia, ver Interlúdio 2.

23. "*Póthos*" é usado ao propósito do anseio por um objeto ausente, e "*hímeros*" pode ser implicitamente contrastado com ele. "*Hímeros*" não é usado a propósito da aspiração puramente intelectual, mas implica a presença de forte sentimento emocional ou apetitivo.

    Os dois nomes restantes merecem pelo menos algum comentário. "Estesícoro" tem ele próprio uma etimologia: "aquele que encena a performance do coro". A escolha de Sócrates dos nomes dos poetas tem a característica adicional de vincular reverência a *éros* explicitamente com um novo respeito pela música e pela poesia. "Murrhinousios" é o nome demótico real de Fedro, como sabemos por uma inscrição; assim, nesse caso, como em outros casos em que lidamos com um nome histórico real, precisamos ser cautelosos. Mas Platão faz repetidos trocadilhos com o significado de nomes reais, tanto nesse diálogo como em outros lugares (especialmente no *Crátilo*). Os jogos que ele faz nessa seção, juntamente com os trocadilhos etimológicos que conectam Fedro com Ganimedes (cf. este cap. p. 203) nos impelem a registrar, ao menos, os seguintes fatos. Mirra foi uma senhora infame pela sedução incestuosa de seu pai (cf. Ovídio, *Metam.* X); como punição, ela foi transformada em uma árvore de mirra (*myrrhís* grega), que (ou por causa dessa história ou anteriormente) tem associações rituais acentuadas na cultura ática como um afrodisíaco (para um exemplo, ver Aristóf. *Pássaros* 160-1). Mirra era também a mãe de Adônis, cuja sexualidade o leva à dor. A árvore de murta (na Ática *myrrhíne*) também tem acentuadas associações sexuais: um nome coloquial para a extremidade do *membrum virile* é to *murrhinon*, "o ramo de murta" (Aristóf. *Cav.* 964). Pelo menos em uma data posterior, *myrrhís* se tornou um nome para a genitália feminina. A brincadeira etimológica de Platão é tão evidente nesse diálogo, e tão explicitamente sexual no exemplo de Ganimedes, que poderíamos ver essa insistência no nome demótico (não mencionada em nenhum outro lugar dos diálogos), e a expressão bastante incomum "um homem murrhinousiano", como um lembrete de que Fedro, embora tenha tentado negar, é realmente uma pessoa marcadamente erótica. Se as associações duais masculino/feminino de fato existem nesse período, podem bem ser uma prefiguração de toda a imagética do andrógino ativo/passivo da segunda fala e das referências a Ganimedes.

    A história de Mirra e Adônis, e suas associações culturais/religiosas, é explorada em Detienne, *Les Jardins*, esp. 117-38 – embora os argumentos de Detienne não sejam com freqüência bastante cuidadosos quanto aos diferentes períodos de que as evidências são extraídas.

24. Ver Hackforth, *Plato's Phaedrus* 8, Guthrie, *History* IV, 297. Lísias retornou de Túrio a Atenas em 412-411; Polemarco, seu irmão, que foi executado em 404, é mencionado como ainda vivo.

25. Cf. K. J. Dover, "The date of Plato's *Symposium*", *Phronesis* 10 (1965) 7, n. 15. As inscrições relevantes são *SEG* XIII.13, 188, 17, 110; cf. B. D. Merritt, "Greek inscriptions (14-27)", *Hesperia* 8 (1939) 69 ss., J. Hatzfeld, "Du nouveau sur Phèdre" *REA* 41 (1939) 311 ss. Dover aponta que Hackforth devia conhecer essa informação.

26. Cf. L. Robin, *Platon: Phèdre* (Paris, 1939), que chama a cena "en dehors de toute histoire".

27. Sócrates vincula a fala de Lísias e sua própria primeira fala muito estreitamente; observar as formas duais em 242E-243A.

28. Sobre essa concepção da profecia e de seu contexto religioso, ver Dodds, *GI* Cap. 2, e Guthrie, *History* IV, 417 e n. 2, que argumenta que o *Fedro* assinala uma importante mudança nas teorias de Platão.

29. Deve-se observar que "*phílos*" e "*phília*", palavras de amor não proeminentes nos diálogos intermediários, adquirem aqui nova importância, no sentido da concordância com a ênfase aristotélica que o diálogo atribui à mutualidade e à vinculação com o caráter (ver Cap. 13). O diálogo começa com "*Ô phíle Phaîdros*"; seu meio é assinalado por "*Ô phíle Éros*" (257A); sua oração final começa com "*Ô phíle Pán*"; e sua penúltima linha encerra o provérbio "*koinà tà tôn phílon*" (cf. este cap. p. 204). Ver Clay, "Socrates' prayer".

30. Ver Cap. 5, com referências.

31. Ver a boa discussão de Groag, "Zur Lehre" 208-9. Guthrie, *History* IV, 422 ss., parece errado ao descartar esse raciocínio.

32. Aristóteles faz uma crítica relacionada do estado ideal de Platão na *Política* II: ao extinguir a família, ele enfraquece e torna "aguados" todos os elos humanos – cf. Cap. 12. No mito dos cícadas que se segue à sua segunda fala, Sócrates enfatiza o perigo de que a descoberta de uma arte – inclusive a "arte" da filosofia – possa fazer o artista esquecer da comida e da bebida necessária, até mesmo a ponto de morrer (259B-C).

33. Esses argumentos recebem esclarecedora discussão, com referência a esse diálogo, em *The Sovereignty of Good*, de I. Murdoch (Londres, 1970) 59-60, 84-6; infelizmente, seu mais recente *The Fire and the Sun* (Oxford, 1977), livro dedicado às concepções de Platão sobre a arte e a beleza, não parece acrescentar muito a essas observações; ver minha resenha em *Phil Lit* 2 (1977-8).

34. A. Lebeck oferece uma excelente discussão da imagética dessa passagem (incluindo a importante imagética do crescimento da planta) em "The central myth of Plato's *Phaedrus*", *Greek, Roman and Byzantine Studies* 13 (1972) 267-90. O fato de os dois artigos mais esclarecedores que descobri no curso de minha mais recente revisão terem sido escritos ambos por pessoas que morreram antes de completar 35 anos torna especialmente pungentes seus comentários sobre a frágil natureza, semelhante à planta, da aspiração intelectual. Gostaria de registrar aqui meu sentimento de perda.

35. Embora isso não seja em parte alguma afirmado explicitamente, pode-se inferir da transitividade da similaridade; cf. minhas observações no Cap. 6 sobre a oração de Sócrates ao sol na Potidéia.

36. Cf. Lebeck, "Central myth" 251-2. Sobre o significado da imagética de caça e captura em armadilha, cf. Detienne e Vernant, *Mètis*, sobre o qual cf. Cap. 1, pp. 16-8. Platão volta à mitologia da inteligência prática artificiosa no *Sofista*, em que descreve a luta entre os materialistas e os "Amantes da Forma" como uma Gigantomachia (batalha entre Titãs e Olímpicos), em que cada um dos lados luta para controlar o universo negando ser de uma parte dele. Os amantes da forma, provavelmente platônicos, representam os Olímpicos da história tradicional, que combatem a força física bruta dos gigantes usando os estratagemas de *mêtis* e *tékhne*. Nesse caso, seu engenhoso artifício é "obrigar certas formas inteligíveis e incorpóreas a serem seres verdadeiros" e "ao decompor os corpos dos oponentes e a verdade à medida que os descrevem em pequenas partes, chamam esse processo de movimento de transformação, não de essência" (246B-C). O projeto de fazer com que as formas incorpóreas sejam seres verdadeiros envolve um violento ataque ao ser, ou à sua parte que é mutável, frágil, tangível. O Estrangeiro critica os estratagemas de ambos os lados, por forçarem o ser a ser mais estreito do que ele é, aparentemente por motivos de poder e controle. Os materialistas negam o que não podem manipular, os amantes da forma seguem uma linha mais sagaz, vendo que o corpo pode ser decomposto em partes e que um outro tipo de ser verdadeiro poderia se esconder dos olhos do inimigo, bem como de sua apreensão. Criticando esses repúdios, o Estrangeiro propõe mais à frente um novo critério de ser verdadeiro: o poder de afetar algo ou de ser afetado "ainda que no menor grau, pelo agente mais insignificante, mesmo que uma só vez" (247E). Essa mudança tem implicações, claramente, para o *status* de indivíduos mortais únicos e complexos, compostos de alma e corpo. É importante, entretanto, que o compromisso dos amantes da forma com a inteligência e o debate deixa-os abertos à persuasão do Estrangeiro de um modo que os materialistas, desdenhando o debate, não são. Podemos dizer que o amor da verdade presente na *República* leva diretamente à retratação do *Fedro*.

37. Platão rejeita aqui o famoso dito de Heráclito segundo o qual a melhor e mais sábia alma é um feixe seco de luz e, com isso, a condenação associada da "umidade" da paixão. Ver a excelente discussão de Heráclito B118 em C. H. Kahn, *The Art and Thought of Heraclitus* (Cambridge, 1979) 245-54, que demonstra que "essa concepção é profundamente enraizada tanto na linguagem da poesia grega inicial como nas teorias da filosofia pré-socrática" (247).

38. Cf. Lebeck, "Central myth" 255.

39. Comparar a imagética de captura em armadilha do *Banquete* – cf. 203D e n. 36 acima. Sobre o caráter particular e a singularidade, e a aspiração de controlá-los, ver Cap. 4; cf. também Vernant e Detienne, *Mètis*, *passim*. Discuti mais extensamente algumas dessas questões em Nussbaum, "Crystals".

40. Ver G. E. L. Owen, 'The Place of the *Timaeus* in Plato's Dialogues' in *Studies in Plato's Metaphysics*, org. R. E. Allen (Londres, 1965) 329-36. Essa não é a única evidência de Owen para uma rejeição, no *Político*, dos princípios fundamentais da concepção da *Rep.-Tim*.

41. Esse ponto é reconhecido por T. Gould, *Platonic Love* (Londres, 1963) 120. Ver também Vlastos, "Sex in Platonic love", Apêndice II a "The individual object of love in Plato", *in* Vlastos, *PS* 38-44.

42. Cf. meu ensaio anterior sobre esse diálogo em *Plato on Beauty, Wisdom, and the Arts*, org. J. M. E. Moravcsik e P. Temko, APQ Library of Philosophy (Totowa, N.J. 1982) 79-124. As questões são bem discutidas no artigo de Groag, que eu não conhecia quando publiquei minha discussão anterior. Discordo dele, entretanto, como se verá, com respeito a alguns pontos importantes. O ensaio inclui uma discussão de paralelos relevantes do *Parmênides* e do *Filebo*, e uma discussão geral do antropocentrismo do Método de Divisão.

43. Cf. Groag, "Zur Lehre" 209, que argumenta bem que essa continua sendo uma possibilidade permanente mesmo para a melhor das almas humanas.

44. No *Fédon*, a alma parece ser idêntica ao elemento intelectual. Desejos e apetites são partes do corpo. Somente o não-composto é estável e duradouro (78C). Muito embora a *República* IV fale de uma alma tripartida, que inclui desejos e emoções como partes da alma, a *Rep*. IX indica que as três partes são um "composto" artificial que apenas contingentemente são mantidas juntas pelo "envelope" corporal; na realidade, a parte realmente humana é apenas um elemento, o intelectual (58D ss.); assim, não é claro que todas as três serão igualmente partes da alma como distinta do corpo. A *Rep*. X, ao negar a imortalidade ao composto (611B), parece indicar que a totalidade da alma, interpretada como um composto, não é imortal. A "alma em sua natureza mais verdadeira", a alma imortal, pode ser apenas o "pequeno ser humano" do Livro IX, isto é, o elemento intelectual. Essas obscuridades são esclarecidas se nos voltarmos ao *Timeu*, que nos diz explicitamente que a "forma mortal da alma" – isto é, tudo o que não é intelecto – é "construída" para o intelecto no momento da encarnação (69C). Esse retrato, coerente com tudo o que é afirmado na *República*, traz os dois diálogos muito próximos ao *Fédon*; as diferenças restantes são triviais e verbais. Sobre todos esses pontos, ver W. K. C. Guthrie, "Plato's views on the nature of the soul", *in* Vlastos, *Plato II*, 230-43, e Guthrie, *History* IV, 422 ss. Muito embora Guthrie argumente de maneira convincente em favor da similitude essencial da *Rep.-Tim.-Féd*. com respeito a essa questão, ele não é convincente quando descarta o conflito entre todos esses e o *Fedro*, cf. Groag, *op. cit*. Esses pontos são reconhecidos por I. M. Crombie, *An Examination of Plato's Doctrines* I (Londres, 1962) 371 ss., que, contudo, afirma muito rapidamente que as diferenças de fato não fazem muita diferença.

45. Cf. esp. *As leis* X.896C-D.

46. Cf. Guthrie, "Plato's views". As semelhanças com os diálogos posteriores são bem discutidas em Robin, *La Théorie*, *loc. cit*.

47. Sobre questões de autoconhecimento no diálogo, ver C. Griswold, "Self-knowledge and the '*idea*' of the soul in Plato's *Phaedrus*", *Revue de Métaphysique et de Morale* 26 (1981) 472-94. Lebeck, "Central myth" 281 aponta que Sócrates, que afirma ter como lazer apenas a auto-investigação, diz ainda que tem como lazer a conversa com Fedro (229B, 228A); isso indica que ele vê sua conversa como uma contribuição ao seu auto-entendimento.

48. Ver também Lebeck, *op. cit*., 280-3.

49. Como observa Lebeck, *op. cit*., a descrição de Sócrates de seu próprio arrebatamento em 234D5 tem paralelos verbais precisos com sua reflexão posterior sobre a experiência dos amantes: *sunebakcheusa* 234D5 || 253A6-7; *ekplagênai* D1-2 || 250A6; *épathon* D2 || 250A7. Notemos que os paralelos salientam os aspectos receptivos da experiência. A nova ênfase na reciprocidade é prefigurada na "igual" chalaça que Fedro dirige a Sócrates e na metáfora da luta em 236B.

50. Sobre cronologia, ver acima n. 5 e Cap. 5 n. 21. As críticas da poesia no Livro X foram muitas vezes estudadas – mais recentemente na coletânea, org. Moravcsik e Temko, *Plato on Beauty, Wisdom, and the Arts*, em que apareceu pela primeira vez uma versão anterior deste capítulo. Os argumen-

tos da *República* X são tratados nos *papers* ali presentes de Annas, Moravcsik, Nehamas, Urmson e Woodruff; ver esses também para mais referências. (Sou grata a todas essas pessoas por suas questões e discussão na conferência original.) A crítica do Livro X aos poetas foi vinculada a peculiaridades do tratamento que esse livro confere à teoria das formas por C. Griswold em um artigo engenhoso e estimulante, "The Ideas and the criticism of poetry in Plato's *Republic*, Book 10", *JHP* 19 (1981) 135-50.

51. Um outro problema com a representação de certas emoções é, acredita Platão, que são integramente baseadas em falsa crença (cf. este cap., p. 201 sobre a tristeza, Cap. 5 sobre tristeza e amor, Cap. 6 sobre amor). Os personagens que virem corretamente o mundo não as sentirão de maneira alguma; assim, um drama pleno de personagens bons não as incluiria. Discuti esses temas e outros relacionados (juntamente com uma reflexão sobre a crítica de Proust a Platão) em Nussbaum, "Fictions". Sobre tudo isso, ver Interlúdio 2.

52. Cf. Interlúdio I e referências. A relação do *Fedro* com suas próprias observações sobre a escrita é discutida por muitos escritores, incluindo C. Griswold, "Style and philosophy: the case of Plato's dialogues", *The Monist* 63 (1980) 530-56. Ver também R. Burger, *Plato's Phaedrus* (Birmingham, 1980); H. Sinaiko, *Love, Knowledge, and Discourse* (Chicago, 1965); J. Derrida, "La pharmacie de Platon", *Tel Quel* 32, 33 (1968), reedit. *in La Dissémination* (Paris, 1972) 69-197.

53. W. H. Thomson, comentário (1868), *ad loc*. Na margem da cópia que eu estava lendo na biblioteca da Faculdade de Clássicos na Universidade de Cambridge, alguém anotou a lápis: "Estupro é inofensivo?"

54. O *mousikós* pode ser um poeta ou um compositor de música; normalmente, essas duas ocupações seriam associadas. "*Mousiké*" é o termo genérico que Platão usa para a educação poético-musical recebida pelos cidadãos jovens (cf. *Rep*. II-III *passim*; 521B, 522A-B). Corresponde, como instrução para a alma, a *gymnastiké* como instrução para o corpo. É improvável, contudo, que devamos entender aqui "*mousikós*" em um sentido mais geral de "culto", "instruído", e portanto considerar como *mousikós* qualquer um que tenha recebido uma instrução inicial decente. A relação apropriada entre o filósofo e as Musas é explicitamente desenvolvida e salientada no restante do diálogo (cf. este cap., pp. 193-200), em que aparece que o *mousikos* genuíno não seria simplesmente qualquer pessoa bem-educada, mas somente aquela cuja vida é dedicada à nova forma de arte filosófica, que serve a Calíope e Urânia juntas. O contraste entre o mero *poietés* (que é certamente bem-instruído no sentido comum) e o *mousikós* parece depender desse ponto. No *Fédon* (60E), o sonho de Sócrates de que ele está sendo ordenado a praticar e a fazer *mousiké* jamais lhe sugere sequer que está sendo ordenado a praticar ser (como ele evidentemente, com seus concidadãos, é) uma pessoa normalmente instruída e culta. Sugere-lhe apenas duas possibilidades: que ele deveria continuar fazendo filosofia (que, de início, ele considera como a "grande *mousiké*"); e, quando essa interpretação é rejeitada como insuficiente, que ele deveria tornar-se um poeta e colocar as histórias em linguagem poética (61B). O que o *Fedro* agora demonstra é que as duas interpretações, cada uma apropriadamente entendida, recaem juntas: praticar filosofia bem é, com efeito, a forma mais elevada de *mousiké*; mas sua prática apropriada envolve o uso de mitos, analogias e fala poética.

55. Comparar *Rep*. IX, 581E ss., e *Féd*. 64C ss. Jamais é sugerido, nos diálogos intermediários, que a poesia não é senão um estágio muito inicial da educação do futuro filósofo, a ser descartado em favor do método hipotético da dialética e suas deduções puras, não-sensíveis (cf. a crítica dos matemáticos por seu uso de analogias sensíveis). O *Fédon*, como a *Rep*. X, expressa inquietação quanto a essa recusa do poeta. Sócrates (n. 54 acima) se preocupa com o fato de que afinal ele deveria praticar a *mousiké* que ele rejeitou. Sua referência a uma necessidade de satisfazer uma demanda religiosa por purificação através de um retorno à poesia (*aphosioúmenos*, 60) repercute, provavelmente de maneira deliberada, na cena da retratação no *Fedro*, assim como a observação de que a satisfação da ordem do sonho exige que se faça *mythoi*, não apenas *lógoi* (60D-61C). Mas parece provável que a poesia "louca" do *Fedro* seja uma resposta mais satisfatória ao sonho do que o projeto de Sócrates no *Fédon* de colocar as fábulas de Esopo em verso.

56. Ver o último e belo parágrafo de Lebeck ("Central myth") (e também, acredito, sua última obra publicada).
57. Ver Hackforth, *Plato's Phaedrus* 99 n. 2; Wilamowitz, *Platon* 1, 537 considera a alusão como estabelecida sem nenhuma dúvida razoável.
58. Esse epigrama altamente complexo joga tanto com o fato de que o nome do menino significa "Estrela", como também com o fato de que a estrela da manhã e da noite são uma e a mesma, mas têm nomes diferentes; e tudo isso em duas linhas. (Aqueles que gostam de dizer que Platão era demasiado ingênuo para pensar na distinção entre sentido e referência deveriam considerar essas linhas.)
59. Sobre a influência de Díon, ver Guthrie, *History* IV, 20; sobre a ligação entre o *Fedro* e a segunda visita a Siracusa, ver Ryle, *Plato's Progress*, Robin, *Phèdre* e Hackforth, *Plato's Phaedrus*. O raciocínio de Ryle tem como base a suposição de que o diálogo contém referências a construções e balizas que só poderiam ser vistas em Olímpia; sabemos que Platão parou em Olímpia em sua viagem de volta a Siracusa. Ryle argumenta que o *Fedro* foi escrito para uma apresentação pública naquela ocasião, e que foi de fato o jovem Aristóteles que representou o papel de Fedro. Não considero isso tudo convincente; e não tenho condições de avaliar as provas arqueológicas, comparando-as com a recente obra sobre o cenário ateniense (cf. n. 4). Mas não parece haver nenhuma razão para negar uma ligação estreita com a segunda visita; e podemos ver a mão de Aristóteles nas visões mudadas do diálogo, quer o pensemos ou não como um ator. Não estou certa quanto à relação cronológica com o *Teeteto*; mas devemos ter cuidado ao supor precipitadamente que a obra posterior foi escrita *imediatamente* após a morte de Teeteto. Se Platão queria escrever uma obra que comemoraria a carreira desse grande matemático de uma maneira verdadeiramente adequada, ela deve ter-lhe tomado algum tempo.
60. Cf. Lebeck, "Central myth" 278-9, 281; e cf. n. 49.
61. Sou grata a Harvey Yunis pela discussão sobre esse ponto e por me autorizar a ler um *paper* que ele escreveu sobre minha interpretação do *Banquete*, que se assemelhava surpreendentemente a algumas de minhas conclusões a respeito do *Fedro*, das quais ele não tinha conhecimento.
62. A oração foi discutida em Clay, "Socrates' prayer", e em T. G. Rosenmeyer, "Plato's prayer to Pan", *Hermes* 90 (1962) 34-44, ambos os quais salientam o vínculo com a etimologia de *Crátilo* e com sua afirmação de que Pan é o filho de Hermes. Ambos vêem a oração como sendo (pelo menos em parte) sobre a natureza das falas.
63. Isso inclui, evidentemente, a questão da verdade das falas – e, assim, esse diálogo aponta para o *Sofista*, que provavelmente o segue imediatamente na seqüência de composição.
64. Este capítulo, como o Cap. 5, foi lido em muitos lugares e se beneficiou das sugestões de muitas pessoas. Sou, antes de mais nada, agradecida à seriedade e ao espírito crítico dos estudantes de pós-graduação de meus cursos de Platão em 1980 e 1982, especialmente Alexander George, Miriam Solomon e Douglas Winblad em 1980, Elizabeth Anderson e Thomas Gillespie em 1982 – todos os quais escreveram *papers* impressionantes sobre esse diálogo; sou grata a Alexander George por comentários críticos escritos sobre dois outros rascunhos. Também aprendi muito com o público: na conferência sobre Platão em Bodega Bay (cf. n. 50), na Universidade do Texas em Austin, Vassar College, Universidade da Califórnia em Berkeley, Universidade da Carolina do Norte em Chapel Hill, King's College (Londres), St John's College, Annapolis, Maryland, Mount Holyoke College, Bryn Mawr College e a Divisão para Abordagens Filosóficas da Literatura nos encontros da Associação de Língua Moderna, 1982. Sou especialmente agradecida pelas proveitosas questões e esclarecedor diálogo a: Richard Bernstein, Eva Brann, Myles Burnyeat, Stanley Cavell, Arnold Davidson, Ray Gaita, Maud Gleason, Charles Griswold, Charles Kahn, Barry C. Mazur, Julius Moravcsik, Michael Nagler, Hilary Putnam, Gail Ann Rickert, Thomas Rosenmeyer, Peter M. Smith, Peter Winch, Paul Woodruff e Harvey Yunis. A Richard Sorabji e Gregory Vlastos devo agradecimentos especiais por suas detalhadas críticas escritas de um rascunho anterior.

8. A salvação das aparências segundo Aristóteles

1. Sigo a tradução de W. D. Ross de *epì tôn àllon*. Muito embora a palavra "todos" não esteja explicitamente presente, concordo com Ross que essa é a força do não-qualificado *tôn állon*; ele seguramente não pode significar "em alguns outros casos". *APr* 46a17-22 torna explícito o papel crucial dos *phainómena* (termo utilizado ali de maneira equivalente a *empeiria*, "experiência") para fornecer o ponto de partida para "toda e qualquer arte (*tékhne*) e entendimento (*epistéme*)". Sobre *éndoxa*, cf. *Tóp.* 100b21.

2. Ver a explicação de um debate relacionado no Cap. 4, p. 101. Este capítulo argumentará que a réplica de Aristóteles não é a reação conservadora que imaginamos ali.

3. W. D. Ross, trad. *Ethica Nicomachea*, *The Works of Aristotle* (Oxford, 1915) IX.

4. Owen, "*Tithenai*" 83-103; reeditado in Barnes, *Articles* I, e in J. M. E. Moravcsik, org., *Aristotle* (Garden City, NY, 1967).

5. "E sobre todas essas coisas devemos tentar buscar convicção através do argumento, usando as aparências como nossos testemunhos e padrões (*paradeígmasi*). Pois é melhor ver todos os seres humanos como de acordo (*phaínesthai synomologoûntas*) com o que diremos, mas, se não, que de certa maneira todos deveriam estar de acordo. E estarão se forem levados a mudar seus fundamentos; pois cada pessoa tem alguma coisa de sua com que contribuir para a verdade, e é a partir dessas coisas que devemos dar uma espécie de prova sobre elas" (*EE* 1216a26-32).

6. Ver H. Boeder, "Der frühgriechische Wortgebrauch von *Logos* und *Alétheia*", *Archiv für Begriffsgeschichte* 4 (1959) 82-112; T. Krischer, "*Etymos* und *aléthés*", *Philologus* 109 (1965) 161-71.

7. Sobre a investida de Parmênides contra a "convenção" e uma resposta antiga, ver meu "Eleatic conventionalism and Philolaus on the conditions of thought", *HSCP* 83 (1979) 63-108.

8. Para algumas passagens representativas apenas, ver *Rep.* 476A, 598B, 602D; "*phainómena*" é substituído significativamente por "*nomina*", "crenças convencionais", em *Rep.* 479D.

9. Para um contraste entre as noções aristotélica e platônica de "não-hipotético", ver este cap., p. 223.

10. Owen, "*Tithenai*"; Qwen considera e rejeita, com base nas evidências, a idéia de que devemos distinguir sentidos de "*phainómena*" de uma maneira que corresponda à distinção entre "*phaínesthai*" com o infinitivo e com a partícula (n. 4).

11. Owen, *op. cit.*, alega (86-7) até mesmo que "Essa ambigüidade nos *phainómena*... traz consigo uma distinção correspondente no uso de várias expressões vinculadas". Verifica-se que elas incluem "*aporíai*" ("incógnitas") e "*epagogé*" (normalmente traduzido por "indução"), dois termos centrais na epistemologia de Aristóteles cuja ambigüidade, nessa idéia, também permanece oculta ou despercebida para ele. Isso torna o custo da interpretação ainda mais claro. Owen de fato acrescenta (89-90) que os diferentes usos ou sentidos têm muito em comum; ele sugere até mesmo que um vínculo comum é que ambos envolvem uma confiança na experiência. Mas a conclusão que extrai disso é que é um erro exigir qualquer explicação mais geral do que são os *phainómena* e de qual papel desempenham. Sugiro que podemos oferecer tal explicação geral unívoca, e que ela sob aspecto algum requererá que desconsideremos a observação plenamente correta de Owen, segundo a qual "a função pode variar com o conteúdo e o estilo da investigação".

12. Para mais discussões sobre a natureza seletiva da percepção aristotélica, ver "The role of *phantasía* in Aristotle's explanation of action", Nussbaum, *De Motu* Ensaio 5, 221-69.

13. Com freqüência se observou com alarme que a *Historia Animalium*, livro de dados de Aristóteles, menciona crenças e histórias lado a lado com os registros de trabalho de campo. Propriamente compreendido, isso não deveria nos alarmar. Cf. também *Cael.* 303a22-3, em que Aristóteles critica uma concepção em virtude de que ela "põe de lado muitas crenças comuns (*éndoxa*) e muitas aparências perceptivas (*phainómena katà tèn aísthesin*)" – aparentemente duas subdivisões dos *phainómena*, amplamente interpretados.

14. Cf. *Tóp.* 100b21, 104a8-12.
15. Há ainda uma diferença na maneira como a ética é antropocêntrica e o modo como as ciências repousam sobre a experiência humana: para essa diferença, ver Cap. 10.
16. O propósito principal desse contexto imediato é contrastar seres humanos com outros animais; afirma-se que o ser humano é o único *zôion* com entendimento das distinções éticas. No entanto, seres divinos são por vezes reconhecidos como *zôa* na terminologia aristotélica; por certo, eles são *émpsykha*, criaturas viventes; e a passagem subseqüente contrasta explicitamente seres humanos com criaturas tanto bestiais como divinas.
17. Heráclito B35: "Eles não conheceriam o nome da justiça se essas coisas [– de acordo com Clemente – experiências de injustiça] não existissem."
18. Há uma valiosa discussão desse e de outros pontos concernentes à relação de Aristóteles com o ceticismo helênico em A. A. Long, "Aristotle and the history of Greek skepticism", *in* D. J. O'Meara, org., *Studies in Aristotle* (Washington, D.C., 1981) 79-106.
19. Comparar *Cael.* 270b5, em que argumentos e *phainómena* são vistos como sustentáculos uns dos outros. *Tóp.* 104a8 ss. insiste que as concepções dos "sábios" serão acolhidas apenas na medida em que não contradigam "as opiniões da maioria das pessoas". Presumivelmente, isso não impediria o cientista de tentar demonstrar que uma teoria que aparentemente viola as aparências de fato realmente "salvou" as aparências básicas melhor do que qualquer outra (cf. este cap., p. 226).
20. O fato de que ambas as passagens ocorrem em contextos éticos pode ser significativo. Na ciência, há a tendência de sermos compelidos a revisar radicalmente algumas crenças pré-teóricas; e, contudo, mesmo aqui, Aristóteles insistiria que a teoria deve retornar e responder a nossas experiências originais. Cf. também *EE* 1216b26-35.
21. O contexto como um todo indica que o problema aqui provavelmente não é a questão cartesiana de distinguir estados-de-sonhos do real, mas antes a questão de se uma pessoa acordada considera que suas experiências (anteriores) com sonhos têm o mesmo peso de sua experiência quando acordado.
22. O método aristotélico não está preparado para a situação em que há uma discordância profundamente arraigada com respeito a quem é o especialista e quais os procedimentos que justificam a especialidade. Por exemplo, a medicina grega pouco depois da época de Aristóteles passava por uma situação em que três escolas concorrentes, cada uma com idéias bastante diversas sobre a importância relativa da teoria geral e da evidência observada, competiam pela lealdade do público; aqui, não há uma resposta pronta à demanda de Aristóteles pela adjudicação de aparências concorrentes. Mas, em um caso como esse, o aristotélico tem ainda um outro movimento a fazer. Ele pode produzir uma especificação do fim da ciência que será aceitável a todas as partes, e então solicitar que consideremos como cada um dos especialistas concorrentes satisfaz o valor em questão. Nesse caso, ele poderia tentar caracterizar a saúde de um modo aceitável a todas as escolas concorrentes, bem como ao leigo – seria necessariamente uma caracterização da saúde mais tênue e geral do que as que vigoram no interior de cada uma das diferentes escolas – e então pedir que o futuro paciente confie no especialista que parecesse ter a relação mais oportuna àquele objetivo.
23. Alguns pontos relacionados recebem uma interessante discussão em R. Bolton, "Essentialism and semantic theory in Aristotle", *PR* 85 (1976) 514-55; a interpretação de Bolton dessa passagem é criticada de maneira convincente por T. H. Irwin, em "Aristotle's concept of signification", *in* M. Schofield e M. Nussbaum, orgs., *Language and Logos* (Cambridge, 1982) Cap. 12. A passagem é discutida em conexão com a interpretação de Putnam/Kripke do significado dos termos que designam gêneros naturais por D. Wiggins, *Sameness and Substance* (Oxford, 1980) Cap. 3.
24. Sobre esse ponto, ver Wiggins, *op. cit.*, Cap. 3.
25. É, contudo, um outro problema, evidentemente, relacionar essa norma com a prática dos tratados científicos de Aristóteles, em que muito raramente estão presentes deduções desse tipo. Essa discrepância pode indicar apenas que Aristóteles não acredita que está pronto para alegar plena *epistéme*; por outro lado, é plausível, como argumento em Nussbaum, *De Motu*, Ensaio 2, que as evi-

dências descobertas no trabalho científico específico levaram Aristóteles a fazer algumas revisões em suas normas metodológicas, especialmente com respeito à autonomia das ciências.

26. Sobre as diferenças entre ciência e ética, ver ainda neste cap. pp. 225, e Cap. 10.

27. A. Kosman, "Explanation and understanding in Aristotle's *Posterior Analytics*", in Lee, *Exegesis* 374-92; J. Lesher, "The role of *nous* in Aristotle's *Posterior Analytics*", *Phronesis* 18 (1973) 44-68; M. F. Burnyeat, "Aristotle on understanding knowledge", in E. Berti, org., *Aristotle on Science: the "Posterior Analytics"* (Pádua, 1981). A interpretação padrão é defendida por T. H., Irwin , "Aristotle's discovery of metaphysics", *RM* 31 (1977) 210-29; a posição de Irwin foi habilmente criticada em um *paper* inédito de Thomas Upton, lido para a Divisão Ocidental da Associação Filosófica Americana, em abril de 1983. Ver também a proveitosa explicação relacionada da *epagogé* aristotélica em T. Engberg-Pederson, "More on Aristotelian epagoge", *Phronesis* 24 (1979) 301-19.

28. Burnyeat, *op. cit.*

29. Burnyeat, *op. cit.*, argumenta isso de maneira convincente; isso forma parte de sua argumentação em favor de que *epistémé* é entendimento, e não conhecimento.

30. *Apaídeusia* é diretamente associada a *paideía* (como sua privação) tanto em passagens pré-aristotélicas, como em outras aristotélicas. Normalmente designa a ausência de algum tipo de consciência social e interpessoal; às vezes, a palavra pode ser substituída por palavras que querem dizer "simples" ou "ingênuo"; mas, às vezes, associada a palavras que significam "grosseiro" ou "rude", denota uma recusa mais ativa do costume. Demócrito, naquela que pode ser a mais antiga atestação da palavra, diz que as pessoas que dormem excessivamente durante o dia dão mostras ou de doenças corporais, "ou de tormento, ou ociosidade, ou *apaídeusia* da alma" (B212); aqui, *apaídeusia* é presumivelmente algum tipo de recusa do uso social comum. Em Tucídides (III.42), Diódoto cita *apaídeusia* como uma causa de deliberação demasiadamente precipitada; é o estado de caráter que leva a evitar o pensamento moral cuidadoso. Em Platão, *apaídeusia* é mais freqüentemente associada a falhas de caráter moral, especialmente à presença de apetites não-instruídos; mas a palavra é também usada em conexão com outras faltas de acordo (ex. *Górg.* 523E), com a deficiência em instrução cívica (ex. *Alc.* I, 123D7), com uma postura infantilmente temerosa com relação à morte (*Féd.* 90E-91A). Talvez, mais interessante para nossos propósitos seja o contraste, no *Teeteto*, entre o verdadeiro filósofo e a pessoa que carece de autoconsciência e de apreensão reflexiva das concepções de valor de sua comunidade. Essa pessoa, acusada de *apaídeusia* em 175A, parecerá, quando sujeita ao questionamento elêntico, risível em sua combinação de jactância e confusão – não a outros *apaídeutoi* (175D), "pois eles não percebem, mas a todos os que foram criados da maneira oposta à dos escravos". Ser *apaídeutos* é, pois, associado ao ser subdesenvolvido, bruto, semelhante aos escravos e desprovido de um sentido otimamente afinado das coisas importantes. Vale a pena citar a descrição final de Sócrates dessa pessoa, em virtude da luz que lança sobre aquilo que alego ser a natureza antropocêntrica e comunal do argumento de Aristóteles. O *apaídeutos*, embora possa ser esperto sob outros aspectos, é alguém que "não sabe como entoar habilmente uma canção, à maneira de um homem nascido livre, ou como modular a harmonia do discurso e cantar corretamente os louvores às vidas dos deuses e dos homens que vivem bem" (175E-176A). O mesmo poderia dizer-se do oponente de Aristóteles.

O uso do próprio Aristóteles corrobora a idéia de que *apaídeusia* é a carência de algum tipo de experiência ou aculturação humana. Por exemplo: a pessoa recém-enriquecida é denominada "*apaídeutos*" em virtude de sua deficiente experiência pessoal (*Ret.* 1391a17); para um jovem, fazer generalizações sobre assuntos com respeito aos quais ele não tem experiência pessoal é algo "simples e *apaídeutos*", algo feito por "rústicos" (*Ret.* 1395a6); na *EN*, os *apaídeutoi* são as pessoas que riem de anedotas cruas e sujas no teatro, ao passo que das pessoas dotadas de *paideía* diz-se que preferem sugestões sutis (1128a20 ss.); a tendência que alguns escritores de discursos têm de alegar em favor de sua habilidade o *status* da *tékhne* política é explicada da seguinte maneira: "Às vezes isso acontece por *apaídeusia*, às vezes por jactância, às vezes por outras falhas humanas" (*Ret.* 1356a29; cf. *EE* 1217a8, a ser discutido posteriormente); cf. também *PA* 636a1 ss. Na *Metaf.* 1005b3, Aristóteles de fato fala de *apaídeusia* lógica: *apaídeusia tôn analytikôn*. Mas isso não tende de maneira alguma a enfraquecer nossa afirmação de que *apaídeusia* significa "falta de instrução pela experiência", "falta de aculturação". Como observamos, parece que *nous* ou entendimento se adquire, quanto aos princípios básicos, precisamente através da experiência e da habituação. Em verdade, poderíamos dizer que essa interpretação do *noûs* é ainda sustentada pelo uso de Aristóteles, em conexão com isso, de uma palavra que em todos os demais lugares se refere ao conhecimento experimental, e não *a priori*.

31. Em verdade, Aristóteles afirma que pode lidar com o oponente mesmo que ele diga somente uma única palavra, contanto que lhe atribua algum sentido definido; o argumento é complexo, e exigiria uma análise detalhada para demonstrar se tem êxito nessa empresa. Limito-me, portanto, a uma asserção mais cautelosa do que deve ser demonstrado.

32. Cf. J. Annas, "Truth and knowledge", in M. Schofield *et al.*, orgs., *Doubt and Dogmatism* (Oxford 1980) 84-104. Long, "Aristotle and the history", equipara a resposta de Aristóteles à dos estóicos, afirmando (equivocadamente, a meu ver) que ele tem a intenção de fornecer a certeza exigida desenvolvendo uma teoria fundamentalista do conhecimento baseada na percepção. (Long me disse em correspondência que ele não mais sustenta isso.) Irwin ("Aristotle's discovery") aventa muito brevemente uma explicação da demonstração elêntica que parece ser de algum modo mais próxima da que aqui se desenvolve, embora eu acredite que existiriam diferenças importantes; e Irwin a vincula de maneiras bastante diversas a outros traços do método científico de Aristóteles.

33. Cf. M. Burnyeat, "Can the skeptic live his skepticism?", in Schofield *et al.*, *Doubt and Dogmatism* 20-53. Aristóteles precisaria dizer mais para que sua resposta tivesse êxito contra o ceticismo grego posterior: e isso por duas razões. Primeiramente, o cético grego não se apresenta como alguém que busca uma justificação externa para as crenças. Ele está buscando libertar-se da perturbação; e deseja alcançar essa feliz condição suspendendo a crença. A força igual de crenças opostas adquire, para ele, esse efeito. Ele jamais se move para além do "círculo" da crença; mas, permitindo que as crenças opostas derrubem uma à outra, ele adquire segurança no interior desse círculo; ele está nele, e não por ele. Desse modo, ele parece ser diferente da maioria dos céticos modernos; e também do oponente que Aristóteles tem em vista. Em segundo lugar, o argumento de Aristóteles da ação foi previsto no ceticismo grego posterior, e fez-se uma resposta: *podemos* agir sem crença, porque (como animais) procedemos conforme o modo como as coisas aparecem, sem nos comprometermos de modo algum com a *verdade* das aparências. Em outras palavras, podemos dizer: há algo entre o vegetal e o humano típico, a saber, o animal. Aristóteles poderia, penso, replicar com sucesso ao cético, com relação a ambos esses pontos, demonstrando que uma vida sem crença é insuficiente para sustentar as práticas de busca e argumentação do próprio cético (ver Burnyeat, *op. cit.*). Que ele não o faça é explicado pela natureza de sua oposição (anterior e menos desenvolvida).

34. Uma valorosa discussão das diferentes variedades do *a priori*, e uma defesa de uma posição estreitamente relacionada à de Aristóteles, encontra-se em H. Putnam, "There is at least one a priori truth", *Erkenntnis* 13 (1978) 153-70.

35. O exemplo efetivo de Aristóteles não é inteiramente apropriado, uma vez que o cego seria, presumivelmente, capaz de se referir às cores porque as palavras para as cores são parte de sua linguagem, ainda que adentre a linguagem com base na experiência de outros, e não na sua própria.

36. Na *Metaf.* 1040b34-1041a3, Aristóteles pode estar concedendo ao cético a possibilidade de haver algo "lá fora" a que nossa linguagem não tem acesso. Ele conclui seu ataque às formas separadas de Platão com a seguinte qualificação: "E, contudo, mesmo que não tivéssemos visto as estrelas, penso, entretanto, que teriam existido substâncias eternas sobre e acima daquelas das quais estaríamos cientes." Estamos cientes de nós mesmos como finitos, de nosso entendimento como limitado. Assim, no interior das aparências reside a idéia de que as aparências são imperfeitas. Portanto, desse modo, não podemos nos desfazer totalmente da possibilidade de que *haja* algumas entidades lá fora que não figuram em nossa experiência. Mas Aristóteles insiste com firmeza que isso não torna a concepção platônica *verdadeira*, ou bem-sucedida a referência platônica. O que está fora de nossos limites não pode adentrar nosso discurso.

37. Sobre alguns desses pontos, ver Nussbaum, *De Motu*, Ensaio 2, esp. 133-8. A idéia de um "realismo interno" foi desenvolvida de maneira muito sagaz, na literatura filosófica recente, na obra de H. Putnam: especialmente em *Reason, Truth, and History* (Cambridge, 1981).
38. Devemos nos lembrar de que a resposta final de Aristóteles ao problema da *akrasía* não é simplesmente uma lista de truísmos populares, mas uma reflexão complexa e controversa da qual se *argumenta* ser a melhor maneira de preservar as aparências mais importantes sobre a matéria.
39. Cf. também B2: "Muito embora o discurso seja compartilhado, a maioria das pessoas vive como se tivesse um entendimento privado." Uma posição similar à de Aristóteles concernente à conexão da linguagem com a experiência-da-espécie é sugerida em B35 e 102.
40. Discuto essa passagem em Nussbaum, *De Motu*, Ensaio 1, 98-9, e em "Aristotle", *in Ancient Writers*, org. T. J. Luce (Nova York, 1982) 377-8; mas afigura-se de grande valia mencionar novamente.
41. *EN* 1109a24-6: embora o contexto seja ético, a observação é explicitamente estendida à dificuldade de averiguar o "meio" em todas as investigações.
42. *On the Good*, frag. I Ross, extraído de *Vita Aristotelis Marciana*, p. 433, 10-5 (Rose).
43. Gostaria de agradecer às platéias das Universidade de Stanford, Universidade de Massachusetts em Amherst, Universidade de Winscunsin e Universidade de Vermont as discussões que contribuíram para as revisões deste capítulo. Sou também grata às muitas pessoas que generosamente me ajudaram com comentários sobre as versões iniciais: especialmente Julia Annas, Myles Burnyeat, John Carriero, Roderick Firth, Randall Havas, Geoffrey Lloyd, Julius Moravcsik, Edward Minar, Hilary Putnam, Israel Scheffer, Malcolm Schofield, Gregory Vlastos e David Wiggins. Minha gratidão ao finado G. E. L. Owen é fundamental. Com respeito à delicada e difícil empresa filosófica que aqui descrevi, Aristóteles certa vez observou: "Fazê-la bem é algo raro, louvado e nobre." Vemos isso na obra de Gwill Owen. Dediquei este capítulo a ele quando *Language and Logos* lhe foi apresentado na ocasião de seu sexagésimo aniversário. Menos de dois meses depois ele morreu de um ataque cardíaco. Durante nossa última conversa filosófica, um mês antes de sua morte, discutimos este capítulo e ele fez sugestões pelas quais sou grata. Gostaria de dedicar este capítulo à sua memória.

9. Animais racionais e a explicação da ação

1. Este capítulo está estreitamente relacionado com meu *artigo* "The 'common explanation' of animal movement", publicado na Minuta do Nono Symposium Aristotelicum, org. P. Moraux (Berlim 1983). Difere desse *artigo* sob vários aspectos: (1) o *artigo* publicado contém discussões mais longas da explicação presente no *De Motu* dos movimentos "involuntários" e "não-voluntários" no Cap. 11; e das questões envolvidas na individuação de ações voluntárias e involuntárias. (2) O *artigo* publicado era parte de um Simpósio dedicado à questão da autenticidade de obras aristotélicas dúbias; continha, portanto, uma breve discussão da situação corrente da opinião sobre a autenticidade do *De Motu*. (3) Este capítulo contém uma discussão mais longa das implicações éticas da explicação da ação.
2. Cf. Cap. 11 para comentários sobre essa questão.
3. Ver também, Nussbaum, *De Motu*. Acredito agora que seria melhor traduzir "*aitía*" aqui como "explicação" em lugar de "razão", pelo motivo óbvio que as *aitíai* que conferem razões são apenas uma espécie de *aitía*. Todo o problema da tradução de *aitía* e *aítion* foi bem discutido por M. Frede, "The original notion of cause", *in Doubt and Dogmatism*, org. M. Schofield *et. al.* (Oxford, 1980) 217-49. Em discussão no Simpósio, M. Burnyeat apontou que a questão inicial do *De Motu* pode ter duas interpretações diferentes. Poderia ser, tal como ali, uma solicitação de uma reflexão geral que explique qualquer ocorrência particular de movimento animal, não importa de que tipo; ou poderia ser uma solicitação de uma reflexão sobre por que, simplesmente, os animais são criaturas moventes, qual é o sentido do automovimento na vida de um animal. Penso que é evidente que os Caps. 6-10 do *De Motu*, dos quais nos ocuparemos aqui, enfocam a primeira questão; isso é particularmente evidente pelo início do Cap. 7. Uma vez que o automovimento é, para Aristóteles, um atributo es-

sencial da maioria das espécies animais, e tem sido eternamente assim, a segunda questão não pode ser uma solicitação de uma explicação causal eficiente de como essa capacidade veio a ser no animal; se é uma questão legítima, deve ser interpretada como uma solicitação de uma explicação funcional do modo como o movimento se ajusta a outros aspectos da vida característica do animal. (Comparar a explicação funcional da percepção em *De Anima* III.12.) Assim interpretada, sua resposta teria muito em comum com a resposta à primeira questão: mencionaríamos a necessidade que o animal tem de objetos que se encontram a certa distância, sua percepção desses objetos através dos sentidos que operam a certa distância etc.

4. *DA* II.3, 414b25-8. A tradução é controversa, mas acredito que é possível demonstrá-la como a melhor.

5. Anthony Kenny, em seu ensaio sobre o estilo das obras debatidas discutido no Simpósio (acima n. 1, no volume de Minuta, observa somente uma peculiaridade estatística da linguagem do *De Motu*: *alla*, "mas", ocorre muito raramente, o que é incomum. Isso me confere um outro modo de colocar minha questão sobre o procedimento de Aristóteles: por que ele escolhe escrever aqui de maneira a dizer "mas" (traçar contrastes) tão raramente? (Esse tipo de questão nos faz começar a perceber quão poucas palavras usadas por um pensador são verdadeiramente neutras de conteúdo.)

6. Costumava ser possível evitar essas questões negando a autenticidade do *De Motu*. Sobre esse debate, ver Nussbaum, *De Motu* 3-12. A autenticidade do tratado é agora geralmente aceita; com efeito, era a ausência de alguém que desejasse impugná-lo que me deu a oportunidade de tratar no Simpósio sobre esse tema filosófico e não sobre o tema da autenticidade. E mesmo que alguém pretendesse reabrir o debate, surgem as mesmas dificuldades, também, para o intérprete de *De Anima* III.9-11. A discussão do *De Anima* se refere ao material relacionado no *De Motu* em 433b21-30; ver a discussão em meu livro, p. 9, com referências cruzadas e bibliografia.

7. Homero, *Ilíada* XII.299-306 (trad. Nussbaum); Sófocles, *Filoctete* 161-8 (trad. Nussbaum); Tucíd. II.42.3-4 (trad. Crawley, com a adoção de uma sugestão de A. L. Edmunds, *Chance and Intelligence in Thucydides* (Cambridge, MA, 1975) 217-35).

8. Vale também notar que em cada caso a explicação tem, ao menos implicitamente, a estrutura que (no Ensaio 4 de meu livro) denominei "anankástico": apresenta o objetivo desejado e cita crenças não apenas sobre o que *pode* ser feito para realizá-lo, mas sobre o que (dadas as possibilidades) *deve* ser feito para realizá-lo. A determinação do leão é explicada pelo fato de que a falha aqui significaria "voltar vazio". A dolorosa jornada de Filoctete é (dada a ausência de humanos para ajudar) o único meio disponível para satisfazer a fome. A deliberação dos soldados chega à conclusão de que permanecer e lutar é o que *deve* ser feito para que o objetivo (vingança), que já preferiram a um outro objetivo (segurança), seja alcançado. Sobre a conexão entre paradigmas usuais de explicação e uma boa reflexão filosófica sobre a explicação, ver H. P. Grice, "Method in philosophical psychology", *PAPA* 48 (1974-5) 23-53. Esse importante *artigo* é de interesse para muitas das questões que discutirei aqui.

9. Esse material é apresentado em forma ligeiramente mais completa em meu *artigo* do Simpósio (acima n. 1).

10. *De Anima* 403b26-7, 403b29 ss., 405b11, 31 ss., 413a22-5, 413b12-13, 432a15 ss.

11. Diógenes, DK 64 B4, 5; cf. também Arquelau, DK 60A1, 4, cf. A17.

12. *DA* 405b21-5; cf. também, sobre as concepções de Heráclito, 405a5-7, 405b25-9.

13. *DA* 405a8-13, 406b15-22, 403b31-404a16.

14. Diógenes DK 64 B4; cf. também B5, A19, 20, 29.

15. Cf. Demócrito DK 68 B9; afirma-se que Diógenes tem a mesma concepção em 64A27. Em seus fragmentos éticos (se, de fato, são dele – cf. n. 26 abaixo), Demócrito realmente emprega a linguagem usual de crença e desejo. Mas, se seu pensamento ético é consistente com seu atomismo e seu convencionalismo sobre as aparências, ele teria que dizer que a explicação subjacente real do movimento é a que se refere às interações dos átomos esféricos.

16. Por exemplo, *PA* 640b5 ss., *Metaf.* 983b6 ss.; cf. *Fís.* 193a9 ss., 198a21 ss.; *DA* 403a29 ss., *Metaf.* 1035a7-9.

17. G. E. R. Lloyd me indicou que Aristóteles pode ter sido ciente de uma forma mais sutil e não-reducionista de materialismo na obra de escritores hipocráticos; se assim fosse, poderia então parecer estranho o fato de suas objeções ao materialismo não levarem em conta essas posições. Posso concordar com Lloyd que Aristóteles demonstra conhecimento de bem poucos textos hipocráticos; isso foi cuidadosamente e, em sua maior parte, congenialmente argumentado em F. Poschenrieder, *Die naturwissenschaftlichen Schriften des Aristoteles in ihrem Verhältnis zu der hippocratischen Sammlung* (Bamberg, 1887). Mas as conexões demonstradas estão todas em contextos anatômicos e fisiológicos, não em contextos concernentes à explicação da ação ou movimento direcionado ao objetivo. Não parecem ser passagens que demonstram a postura dos autores hipocráticos com respeito ao projeto de fornecer uma explicação material da percepção, do pensamento e do desejo. Portanto, eu não estaria disposta a inferir que Aristóteles estava ciente do pensamento deles sobre essas questões; assim, parece-me que podemos ainda considerá-lo como alguém que oferece uma explicação justa das posições filosóficas mais proeminentes sobre o movimento animal por ele conhecidas.

18. Diógenes DK 64A29.

19. Grice, "Method", fornece uma ilustração gráfica das conseqüências radicais para a prática de uma eliminação materialista dos conceitos-de-ação usuais:

> Permitam-me que eu ilustre com uma pequena fábula. O neurofisiologista muito eminente e muito dedicado fala à sua esposa. "Minha (por ao menos mais algum tempo) querida", diz ele, "por longo tempo pensei em mim mesmo como um intérprete arguto e bem-informado de tuas ações e comportamento. Penso que fui capaz de identificar quase todos os pensamentos que te fizeram sorrir, quase todos os desejos que te moveram a agir. Minhas pesquisas, entretanto, fizeram tanto progresso que já não precisarei entender-te dessa maneira. Em lugar disso, estarei em posição, com o auxílio de instrumentos que atarei a ti, de designar a cada movimento corporal que fizeres ao agir uma condição anterior específica de teu córtex. Já não precisarei preocupar-me com teus assim-chamados pensamentos e sentimentos. Enquanto isso, talvez jantes comigo esta noite. Confio que não resistirás se eu trouxer um aparato para me ajudar a determinar, tão rapidamente quanto possível, as idiossincrasias fisiológicas que prevalecem em teu sistema."
>
> Tenho um sentimento de que a dama deve recusar o convite proferido. (p. 52, n. 4)

Grice utiliza essa "fábula" para argumentar que uma teoria fisiológica que mantém as noções usuais de crença e desejo "contém os materiais para justificar sua própria consolidação" (52). Se eu estiver correta, esse é um pensamento bastante aristotélico.

20. Platão, *Féd.* 99B2-3.

21. Frede, "Original notion", apontou que o *aítion* é com freqüência aquilo de que a *aitía* é a explicação. Essa passagem nem sempre mantém essa distinção com clareza. (Por exemplo, é difícil distinguir a função de "*aitía*" em 99A4 da função de "*aítion*" em B3-4.) Mas, em geral, Frede apresenta uma maneira proveitosa de entender a motivação original para manter essas duas palavras em uso.

22. Efetivamente não é claro que Sócrates conceda tanto ao materialista. Primeiro, dada a concepção da alma que ele vem desenvolvendo, não é realmente verdadeiro que o juízo correto e a ação virtuosa requeiram uma certa disposição de partes corporais (cf. esp. 115C6 ss.) Em segundo lugar, mesmo sem uma concepção dualista da alma, pode-se ainda desejar distinguir entre a afirmação de que *alguma* matéria adequada deve estar presente para que essas funções tenham lugar, e a afirmação de que *esses* materiais particulares têm que estar lá. Não é inteiramente claro qual delas Sócrates realmente concede ao materialista aqui, mas a última tese seria uma concessão maior do que aquela que até mesmo Aristóteles estaria disposto a fazer, acredito.

23. Quanto à avaliação das mudanças que essa concepção sofre no *Fedro*, seria também importante esclarecer o *status* da explicação fisiológica em *As leis* X, em que muitas coisas que não têm ligação

com o intelecto são incluídas como "movimentos da alma" e não se dá ao intelecto um *status* separado como ocorre nas obras do período intermediário..

24. Cf. *EN* 1111b1-3. É evidente que no *Fédon* e na *República* o "ser humano real", a única parte cuja imortalidade é estabelecida, é a alma intelectual – cf. Caps. 5, 7.

25. Cf. Cap. 8. Sobre *"phantasía"* como um caso similar, ver Ensaio 5 de Nussbaum, *De Motu*.

26. Demócrito DK 68 B27, 219, 284. Para um argumento forte em favor de uma redação pós-aristotélica, ver Z. Stewart, "Democritus and the Cynics", *HSCP* 63 (1958) 179-91.

27. Platão, *As leis* 629C3, 661A1, 714A4, 757C7, 807C6; *Protág.* 326A3; *Rep.* 439B1, 485D4, 572A2; *Féd.* 65C9, 75A2, B1. (Esse uso transitivo ocorre em *Féd.* 117B2.)

28. Um bom exemplo disso é Platão, *Charmide* 16D-E, em que *boúlesis* é dirigido ao bom, *epithumia* ao aprazível.

29. Cf. LSJ s.v.; Examinei cuidadosamente cada uso da palavra em Homero, Ésquilo, Sófocles, Eurípides, Aristófanes, Heródoto, Tucídides e Platão. Há uma discussão interessante da etimologia da palavra e sua conexão com um importante grupo de palavras indo-européias em E. Benveniste, *Le Vocabulaire des institutions indo-européennes* II (Paris, 1969); para nossos propósitos, a mais interessante de suas conclusões é que o conteúdo semântico original da palavra tem a ver com ir adiante ou alcançar à frente em uma linha direta (como oposto ao oblíquo, ou por algum caminho indireto).

30. Cf. por exemplo, Tucíd. II.61.1, III.42.6, IV.17.4, IV.21.2; Eur. *HF* 16, *Hel.* 1238, *Íon* 842, *Or.* 328; Platão, *Rep.* 439B1, 485D4, 572A2 (sobre a qual J. Adam, org. *The Republic of Plato* (Cambridge, 1902, reedit. em 1969) escreve, *"Óregesthai* expressa o voltar-se instintivo e inconsciente da alma em direção à fonte de seu ser").

31. Em Empédocles DK B129.4 nenhum objeto particular é expresso; mas "a verdade" ou "conhecimento" está seguramente implícito.

32. *DA* 433a21-3, b1-4. Sobre essas três palavras-de-desejo em Aristóteles, ver Nussbaum, *De Motu*, comentário sobre o Cap. 6. *Boúlesis* parece ser o desejo por um objeto especificado como o resultado de algum tipo de deliberação.

33. Cf. Cap. 5. As plantas – os outros membros não-auto-suficientes do universo de Aristóteles – não são caracterizadas como oréticas. Mas isso é presumivelmente porque para Aristóteles a noção de *órexis* está conceitualmente ligada não apenas a necessidade ou carência, mas também à consciência dessa carência. A consciência do prazer e da dor é uma condição suficiente da atribuição de *órexis* em *DA* III.11, 434a2-3; suspeitamos que ela seja também uma condição necessária. Sentir uma carência, querer, perceber objetos no mundo, movimentar-se de um lugar a outro – todas essas características do animal são tão estreitamente ligadas umas às outras, tanto causal como funcionalmente e, como se afigura, conceitual e logicamente, que Aristóteles acredita que a própria presença de uma delas não pode (exceto no caso dos "animais estacionários" que têm apenas tato) ser entendida ou caracterizada sem atribuir à criatura também as outras.

34. Sobre a atividade e a seletividade da *phantasía* e sua importância para a explicação de Aristóteles da ação, ver o Ensaio 5 de meu livro. D. Todd, em sua resenha do livro para *Phoenix* 34 (1980) 350-5, faz o trabalho adicional de demonstrar que a *aísthesis* aristotélica é ativa e seletiva. Não estou certa da razão pela qual ele acredita que essa evidência fala contra minha leitura da *phantasía*, uma vez que enfrento alguns problemas para interpretar as observações de Aristóteles de que *aísthesis* e *phantasía* são "uma em número", argumentando que *phantasía* é uma função ou aspecto da faculdade de *aísthesis*.

35. Como indico mais longamente no *artigo* do Simpósio (acima n. 1), há inúmeras deficiências na explicação de *De Anima*. (1) Aristóteles às vezes sugere que alguma *órexis* está envolvida em todo movimento, mas às vezes fala como se houvesse ações produzidas pela razão que sobrepuja a *órexis*. (2) Nenhuma tentativa real é feita para descrever o modo como a cognição e o desejo devem interagir para produzir a ação. (3) Nada nos é dito sobre a relação entre a explicação do desejo/cognição

e a explicação fisiológica. (4) Não nos é dito *quais* movimentos do animal são explicados com referência ao desejo e à cognição: questões suscitadas na *Física* VIII continuam sem resposta. Cf. *Fís.* 253a7-19, 259b1-16. Tanto W. D. Ross, *Aristotle's Physics* (Oxford, 1936) *ad loc.*, como D. Furley, "Self movers", *in Aristotle's on Mind and the Senses*, org. G. E. R. Lloyd e G. E. L. Owen (Cambridge, 1978) 165-80 lêem essas passagens como implicando uma concepção mecânica de todo movimento animal, ao menos no momento em que essas passagens foram compostas. No Ensaio 2 do meu livro argumentei que Aristóteles não deixa claro aqui qual será sua concepção última do movimento local; ele diz apenas que, de qualquer modo, não se trata de automovimento completamente espontâneo. Isso é inteiramente compatível com o material do *DA* e *MA*, que enfatiza o papel motor do objeto externo de desejo. Não é necessário entender as alegações mais fortes sobre a influência ambiental como algo que se pretende aplicar a todos os casos de movimento: os exemplos citados são todos casos que Aristóteles continuará, em *MA* II, a tratar como "não *hekousioi*".

36. Para problemas textuais nessa lista, ver meu comentário *ad loc.*, e também meu "The text of Aristotle's *De Motu Animalium*", *HSCP* 80 (1976) 143-4. J. Barnes argumenta em favor de imprimir a lista completa dos "motores" (encontrada em uma subfamília manuscrita) em sua resenha em *CR* NS 30 1980, 222-6. Concordo com Barnes que a lista completa é por fim necessária para o argumento; mas uma vez que os outros membros da família *b* concordam com a família *a* em terem a lista mais curta, é melhor supor que a lista mais curta é a original, e que um escriba fez as adições, ao perceber que eram necessárias para o argumento.

37. Para uma discussão muito mais detalhada de cada sentença do texto e de passagens paralelas, ver meu comentário do *De Motu*.

38. Sobre o uso de "*nóesis*" aqui, ver meu comentário sobre 700b17 e 701a7, com referências.

39. Sobre o sentido de "*kritikón*", ver meu comentário sobre 700b20-1, com referências; o paralelo mais importante é *DA* 432a15 ss., que usa a palavra como um termo genérico para pensamento e percepção, ou antes para a função discriminatória comum que esses realizam.

40. Sobre essas duas funções de cognição, ver meu comentário sobre 701a7.

41. Sobre a dificuldade de determinar se *páthe* aqui são psicológicas ou fisiológicas, ver meu Ensaio 3 e comentário *ad loc.*

42. Cf. Frede, "Original notion". É interessante notar que Aristóteles usa o fortemente causal *dia* + acusativo em 701a37-b1, sobre o papel dos desejos na produção da ação; por outro lado, em 701a36 ele usa *dia* + genitivo (que com freqüência introduz uma ocasião ou condição que não é uma causa) sobre a relação entre percepção e desejo. Isso pode sugerir que a percepção é a *ocasião* para a ativação do desejo (que é possivelmente contínuo). Mas os exemplos de Bonitz de genitivo e acusativo equivalentes com *dia* advertem contra uma ênfase muito incisiva nessa distinção (*Index Aristotelicus*, Berlim, 1870, s.v.).

43. Infelizmente, Aristóteles não nos diz que espécies de impedimentos ele tem em mente – ver Nussbaum, *De Motu* Ensaio 4, 191-3, para uma ponderação sobre isso. R. Sorabji, em *Necessity, Cause, and Blame* (Londres, 1980) 239-40, suscitou a importante questão de se essa expressão pretende incluir a possibilidade de desejos rivais.

44. Parece provável que a força de "*kyríos*" seja indicar a vitória desse desejo sobre todos os seus rivais. Aristóteles estaria então dizendo que quando um desejo decisivamente venceu, e outras condições são satisfeitas, então a ação torna-se necessária. Entretanto, Aristóteles, nesse caso, estaria oferecendo aqui não uma explicação geral das ações causadas pelas forças racionais, mas apenas uma explicação de um subgrupo especial em que desejos rivais são elimináveis. Não é isso que o texto sugere.

45. Cf. Nussbaum, *De Motu* 87-8, 188.

46. Sobre a suposta incompatibilidade entre conexão lógica e causal, ver, por exemplo, A. Melden, *Free Action* (Londres, 1961) 53; G. H. von Wright argumentou algumas vezes em favor de uma idéia semelhante (ver referências e discussão em Nussbaum, *De Motu* Ensaio 4). Para uma crítica forçosa da idéia da incompatibilidade, ver J. L. Mackie, *The Cement of the Universe* (Oxford, 1974) 287 ss.

Depois que comecei a trabalhar nessas autocríticas de minha posição anterior, descobri que algumas delas foram também aventadas por W. F. R. Hardie em seu Apêndice à segunda edição de *Aristotle's Ethical Theory* (Oxford, 1981).

47. Sobre as "premissas", ver Nussbaum, *De Motu* Ensaio 4. Há uma desafiadora discussão desse ensaio na resenha de M. F. Burnyeat, *AGP* 63 (1981) 184-9.

48. Para referências e discussão, ver Nussbaum, *De Motu* Ensaio 3, esp. 146 ss.; modifiquei, contudo, a concepção expressa ali, como será evidente. Para minha concepção atual, ver minha resenha de E. Hartman, *Substance, Body, and Soul*, in *JP* 77 (1980), e meu "Aristotle", in *Ancient Writers*, org. T. J. Luce (NovaYork, 1982) 377-416. Sobre constituição e identidade, com referência a Aristóteles, ver D. Wiggins, *Sameness and Substance* (Oxford, 1980).

49. Há algumas evidências de que Aristóteles tinha um interesse em tais teorias: ver minha explicação do papel do *pneûma* no Ensaio 3; mas estabelecer que o *pneûma* é o único tipo de matéria adequada para associar-se com os movimentos da *órexis* é não dizer muito com conteúdo empírico, especialmente na medida em que o *pneûma* é ele próprio um componente introduzido por seu valor explicativo, não descoberto por observação.

50. Cf. Cap. 8 sobre *epistéme*, com referências.

51. Richard Sorabji (acima n. 43) deu um tratamento impressionante a essas questões, argumentando que a ação humana, na concepção de Aristóteles, é causada, mas não necessária. Ele admite que o *De Motu* fornece fortes evidências em favor de uma estreita conexão entre causa e necessidade, mas argumenta que esse tratado estende imprudentemente a muitos casos uma explicação que não é a apropriada a todos eles. Acredito que o *De Motu* ofereça uma "explicação comum" por desígnio, e não por imprudência; a *Metafísica* IX proporciona evidências corroborantes a partir de um conjunto diferente (explicitamente humano) de casos. Tampouco estou convencida, como está Sorabji, de que a ação humana não poderia ser eticamente avaliável se fosse necessária. Contudo, para argumentar contra sua idéia seria preciso tratar cada uma das passagens sobre as quais ela se constrói; e isso não pode ser empreendido aqui.

52. Cf. Sorabji, *Necessity* 241-2.

53. Comparar minhas observações sobre a necessidade hipotética no Ensaio I de meu livro. Ver também J. Cooper, "Hypothetical necessity", a sair.

54. *MA* 703a4-6; cf. meu comentário ao *De Motu ad loc.*, e Ensaio 3. Ainda acredito no argumento sobre as motivações para a introdução do *pneûma*, mas eu seria agora mais cuidadosa para evitar a implicação de que Aristóteles pretenda duas explicações paralelas, podendo cada uma ser suficiente, isoladamente, para explicar o movimento.

55. A passagem mais enigmática é 702a17-20, que sugere, contra o significado evidente dos Caps. 6-7, que há uma única explicação causal que envolve algum tipo de movimento do psicológico para o fisiológico. E, certamente, Aristóteles não elabora em parte alguma a relação entre as duas partes de sua explicação de maneira que responderia decisivamente a todas as nossas questões. Procuro responder a algumas delas no Ensaio 3 – mas, cf. n. 54 acima. Geoffrey Lloyd chamou minha atenção a muitas outras passagens em que Aristóteles funde os dois tipos de explicação de uma maneira confusa: *PA* 650b27, 651a3, 667a20, 675b25, 676b23, 692a22 ss.

56. *De Motu* Cap. 11 introduz uma distinção entre todos os movimentos discutidos até o presente – agora denominados *hekoúsioi* ou "voluntários" – e dois outros tipos de movimentos não-constrangidos ou naturais. Exemplos dos primeiros deles, os assim chamados *akoúsioi*, "involuntários" são reflexos de certas partes corporais; exemplos do segundo tipo, denominados *oukh hekoúsioi*, "não voluntários", são movimentos sistemáticos tais como ir dormir, andar e a respiração: precisamente os movimentos que na *Física* VIII (n. 35 acima) haviam sido tratados como suficientemente explicados pela ação do ambiente sobre o animal. Sobre os movimentos reflexos, ele afirma que o pensamento ou *phantasía* que o próprio animal tem do objeto realmente entra na explicação do que acontece; mas há a carência de alguma *órexis* que realize a ação. No segundo grupo de casos, ele assevera

que nem a *órexis* nem a *phantasía* é *kurios* sobre, "no controle de", qualquer um deles; a explicação a ser dada é simplesmente uma que se refira à necessidade fisiológica.

57. Na *EN*, uma ação será *akoúsios* se ou (1) sua origem ou *arkhé* não está no agente (ou seja, é externa ao agente), ou (2) é feita por ignorância desculpável. Na *EE*, muito embora Aristóteles busque inicialmente um critério positivo do *hekoúsion* em termos da relação da ação com o desejo, a escolha ou o pensamento, ele termina oferecendo uma explicação similar à da *EN* em sua mistura de critérios positivos e negativos; uma ação é *hekousios* se e somente se for feita "pela própria criatura", e não por ignorância. Cf. A. Kenny, *Aristotle's Theory of the Will* (Londres, 1979) Parte I.

58. Sobre Édipo, ver a discussão explícita em *MM* 1195a15 ss.

59. Isso nos ajuda, também, a entender a ênfase da *EN* no remorso *ex post facto* como critério necessário do *akoúsion* por ignorância: o remorso é o que realmente demonstra que os desejos do agente não eram tais que tenham causado a ação. Mas o *De Motu* nos ajuda, igualmente, a ver um problema relativo à insistência no remorso. Pois Édipo bem poderia ter desejado a morte do pai, até mesmo a ponto de exultar-se com ela, sem ser culpado de assassinato. A presença de um motivo não é suficiente para condenar o criminoso, por mais difícil que seja alcançar as conexões causais reais em um caso particular.

    Sobre a dificuldade de saber como individualizar e contar as ações em questão, ver J. L. Ackrill, "Aristotle on action", *Mind* 87 (1978) 595-601, reedit. *in* Rorty, *Essays* 93-103.

60. T. H. Irwin, "Reason and responsibility in Aristotle", *in* Rorty, *Essays* 117-56.

61. Irwin, *op. cit.*, exclui o tipo de capacidade que as crianças têm de eventualmente desenvolver escolha e deliberação.

62. O *hekoúsion* se vincula com louvor e culpa em (por exemplo) *EN* 1135a19, 1109b30, *EE* 1223a11. Sobre a *proaíresis*, afirma-se ser "muito intimamente conectada com" o caráter, e ser o fundamento para nossos juízos de caráter em *EN* 1111b5-6, 1112a1-2. Em *EN* 1112a14-5, Aristóteles alega que o *hekoúsion* é mais amplo em abrangência do que o *proairetón*, e oferece como evidência o fato de que o *hekoúsion* pertence às crianças e animais, ao passo que o *proairetón* não. O *hekoúsion* é novamente atribuído às crianças e animais em 1111a24-6; aos animais nega-se *proaíresis* em *MM* 1189a1-4, *EE* 1225b26-8. Para algumas outras passagens que distinguem adultos humanos de outros animais e/ou crianças humanas, ver *EN* 1099b32-1100a5, 1147b3, *Metafís.* 980b25-8, *DA* 434a5-9.

63. Irwin, "Reason and responsibility", 124.

64. Irwin, *op. cit.*, esp. 134.

65. A explicação de Aristóteles também nos permite considerar a ação akrática como uma espécie de imaturidade moral e culpá-la de maneira diferente do modo como culpamos a ação viciosa; ao passo que a explicação de Irwin parece equiparar ambas.

66. Ver N. Sherman, *The Fabric of Character: Aristotle's Theory of Virtue* (Oxford, 1989), para uma boa explicação de grande parte do material relevante.

67. Isso é, evidentemente, um entrelaçamento de Tucíd. II.43 (trad. Crawley) com *De Motu* 701a33-701b1.

68. Gostaria de agradecer especialmente aos participantes do Nono Symposium Aristotelicum em Berlim os seus comentários esclarecedores: e, especialmente, a Jacques Brunschwig, Myles Burnyeat, Anthony Kenny, G. E. R. Lloyd, G. E. L. Owen, D. Rees, R. Sorabji e M. Woods. Por proveitosos comentários em uma data posterior, sou grata aos membros de meu seminário em Harvard no outono de 1982, aos participantes do Colóquio da Universidade de Boston para a Filosofia da Ciência, Universidade de Connecticut, Brown University e Johns Hopkins University: especialmente a Peter Achinstein, Margery Grene, Hilary Putnam, Davis Sachs, Ernest Sosa e Steven Strange.

10. Deliberação não-científica

1. Parte do material deste capítulo vincula-se estreitamente com meu "Practical syllogisms and practical science", Ensaio 4 de Nussbaum, *De Motu*; ver também meu "Aristotle", *in* T. J. Luce, org., *An-*

cient Writers (Nova York, 1982) 377-416, esp. 397-404. Um estudo da razão prática aristotélica ao qual sou grata do início ao fim é D. Wiggins, "Deliberation". Muitos desses argumentos são ainda desenvolvidos em "The discernment of perception", *in* J. Cleary, org., *Proceedings of the Boston Area Colloquium* (Nova York, 1985) 151-201, e *in Love's Knowledge*, 54-105.

2. Sobre o uso normalmente indiferenciado que Aristóteles faz de "*tékhne*" e "*epistéme*", e sobre a distinção que ele raramente faz entre elas, ver Cap. 4. n. 11.
3. Há também uma única *medida* de tempo selecionada, nos movimentos dos corpos celestes; embora aqui não seja óbvio que não poderíamos ter medidas diferentes para diferentes propósitos.
4. Sobre esse debate, ver J. L. Ackrill, "Aristotle on 'Good' and the Categories", *in Islamic Philosophy and the Classical Tradition: Essays Presented to Richard Walzer*, org. S. M. Stern, *et al.* (Oxford, 1972), reedit. *in* Barnes, *Articles* II, 17-24. Também H. Flashar, "The critique of Plato's ideas in Aristotle's Ethics", trad. *in* Barnes, *Articles* II, 1-16; L. A. Kosman, "Predicating the good", *Phronesis* 13 (1968) 171-4. Sobre o problema geral da possibilidade de haver uma única ciência do bem ou do ser, e as posturas mutáveis de Aristóteles com respeito a essa questão, ver G. E. L. Owen, "Logic and metaphysics in some earlier works of Aristotle", *in Aristotle and Plato in the Mid-Fourth Century*, org. I. Düring e G. E. L. Owen (Göteborg, 1960), reedit. *in* Barnes, *Articles* III.
5. Há controvérsia sobre se, nessa passagem, Aristóteles nos convida a enfocar *todas* as funções características da criatura em questão, ou apenas as que não são compartilhadas. Argumento em detalhes em favor da primeira interpretação (com bibliografia) em "Aristotle on human nature and the foundations of ethics", a sair.
6. Cf. *EN* 1095a16, 1096b32-5, *MM* 1182b3 ss., 1183a7, 33-5, *EE* 1217a30-40.
7. Essa é a posição de Aristóteles ao longo de *MM* e *EE*, e também nos Livros I-IX da *EN*. Sobre as dificuldades de reconciliar *EN* X.6-8 com todo o restante, ver o Apêndice à Pt. III. Sobre a autenticidade e o valor de *MM*, ver Cap. 11, n. 1.
8. Essa interpretação é defendida longamente, com paralelos históricos e bibliografia, em meu "Aristotle on human nature". Ver também Cap. 12, em que examino o uso que Aristóteles faz desse tipo de argumentação no caso específico de excelência social, afirmando que as considerações envolvidas o trazem a uma relação próxima com a posição de Protágoras discutida no Cap. 4.
9. Ver também Cap. 5, sobre as objeções à investida de Platão contra a relatividade ao contexto.
10. Ver Cap. 4, para evidências históricas e bibliografia. Para a complexidade do debate sobre esse assunto nas diferentes ciências, ver G. E. R. Lloyd, "Measurement and mystification", a sair.
11. Comparar a boa discussão da evidência em D. Wiggins, "Weakness of will, commensurability, and the objects of deliberation and desire", *in* Rorty, *Essays* 241-65, esp. 255-6.
12. Há uma extensa literatura sobre essa difícil questão. Para apenas uma parte dela, ver: A. J. Festugière, *Aristote: le plaisir* (Paris 1946); G. Lieberg, *Die Lehre von der Lust in den Ethiken des Aristoteles* (Munique, 1958); F. Ricken, *Der Lustbegriff in der Nikomachischen Ethik* (Göttingen, 1976), G. E. L. Owen, "Aristotelian pleasures", *PAS* 72 (1971-2) 135-52, reedit. *in* Barnes, *Articles* II; J. C. B. Gosling, "more Aristotelian pleasures", *PAS* 74(1973-4) 15-34; mais recentemente, J. C. B. Gosling e C. C. W. Taylor, *The Greeks on Pleasure* (Oxford, 1982) 204-24. Gosling e Taylor argumentam em favor de uma interpretação diferente do Livro X: o prazer é apenas a plena realização ou perfeição da própria *enérgeia*. Não podemos debatê-la aqui; mas isso não afeta as questões éticas que nos concernem.
13. *EN* 1153b9-12.
14. *EN* X.4, 1174b23 ss.
15. Sobre essa passagem e outros materiais relacionados, ver Cap. 11.
16. Um exame minucioso do uso que Aristóteles faz da noção de *symphéron*, "útil" ou "vantajoso", demonstra claramente que ele não tem nenhuma tendência a fazer dela uma medida única.
17. Cf. Cap. 4, especialmente a discussão de Sidgwick às pp. 112-3.

18. Novamente, *EN* X cria um problema para essa interpretação – cf. Apêndice à Pt. III, e Cap. 11 n. 37; mas o corpo da *EN*, especialmente as discussões das excelências e da *philia* (cf. Cap. 12), tem claramente o quadro inclusivo.

19. Entre as passagens em que Aristóteles supostamente diz isso estão: *EN* 1111b26, 1112b11-12, 1113a14-15, 1113b3-4; *EE* 1226a7, 1226b10, 1227a12.

20. Ver, por exemplo, H. A. Prichard, "The meaning of *agathon* in the ethics of Aristotle", *Philosophy* 27 (1935), reedit. *in* J. M. E. Moravcsik, org., *Aristotle* (Garden City, 1967); e a réplica assoladora de J. L. Austin, "*Agathon* e *eudaimonia* in the ethics of Aristotle", *in* Moravcsik, *op. cit.* e *in* Austin, *Philosophical Papers* (Oxford, 1970), 1-31.

21. Essa idéia foi primeiramente apresentada, na literatura moderna, por Wiggins, em "Deliberation" (que circulou em cópia datilografada desde 1962). É ainda argumentada por J. Cooper, *Reason and Human Good in Aristotle* (Cambridge, MA 1975). Discuto a concepção de Wiggins em Nussbaum, *De Motu* Ensaio 4 (cujo rascunho é também discutido por Wiggins na versão publicada de seu *paper*).

22. Ver, por exemplo, *Metaf.* 1032b27, *Pol.* 1325b16, 1338b2-4, *EN* 1144a3 ss.

23. Sobre a especificação do fim, ver Wiggins, "Deliberation", especialmente sua consideração de 1112b11 ss.; e "Aristotle" e *De Motu* Ensaio 4, ambos de minha autoria.

24. *EN* 1097b14 ss. Ver a excelente consideração dessa passagem em J. L. Ackrill, "Aristotle on *eudaimonia*" *PBA* 60 (1974) 339-59, reedit. *in* Rorty, *Essays*, 15-33. Cf. também *MM* 1184a15ss.

25. Isso, contudo, não impede todas as tentativas de ajustar e harmonizar os fins; freqüentemente, a determinação do que é apropriado com respeito à matéria de uma das virtudes envolverá a consideração da relação dessa ação com outras preocupações do sujeito e das demandas que recaem sobre ele.

26. Sobre o entendimento aristotélico e sua conexão com considerações gerais, ver Cap. 8, com referências e bibliografia.

27. Cf. 1103b32-3, 1119a20, 1114b29, 1138a10, 1138b25, 34, 1144b23-8, 1147b3, 31, 1151a12, 21.

28. Ver meu Ensaio 4 e, sobre *epistéme*, Cap. 8.

29. Para a idéia de que a ação concerne aos particulares imediatos, ver 1109b23, 1110b6, 1126b4, 1142a22, 1143a29, 32, b4, 1147a3, 26, b5.

30. Minha discussão aqui segue proximamente o Ensaio 4, pp. 210 ss., embora haja muitas mudanças e correções.

31. Cf. Cap. 6.

32. Novamente, comparar a reflexão sobre *tékhne* no Cap. 4; a concepção de Aristóteles é comparada à de Protágoras, conforme interpretada naquele capítulo.

33. Para a relação entre particulares e *aísthesis*, ver 1113a1, 1109b23, 1126b4, 1147a26.

34. É muito difícil traduzir "*lógos*" nesses contextos; com freqüência eu o traduzi por "asserção" [*statement*], mas em outros casos, como aqui, ele deve se referir ao princípio ético que seria formulado em uma asserção geral. É uma desventura que a língua inglesa obrigue a uma escolha entre a entidade lingüística e seu conteúdo expresso.

35. "*Krîsis*", "*krínesthai*", e outras palavras relacionadas, freqüentemente traduzidas por "juízo" e "juiz", em verdade não precisam ter essa implicação. Implicam apenas a realização de discriminações e seleções. Ver Nussbaum, *De Motu* 334, com referência a um *paper* não publicado de J. M. Cooper.

36. A importância da harmonia entre asserções gerais e *kath' hékasta* é acentuada por Aristóteles também nas ciências: por exemplo, *MA* 698a11, *HA* 491a7-14, *GC* 316a5-14, *GA* 757b35 ss., 760b28 ss., 788b19 ss., *DC* 306a5 ss. Na ética, entretanto, a natureza da "matéria do prático" (cf. este cap., p. 261) torna o problema muito mais agudo, e a asserção geral potencialmente muito mais enganosa.

37. Ver a excelente discussão dessa passagem em Wiggins, "Deliberation".

38. *Autoschediazein ta deonta*, Tucíd. I.138 (sobre Temístocles).
39. Sobre *stochazesthai*, cf. também 1109a30, 1106b15, 28, 1109a23; e ver a discussão dessa palavra em Detienne e Vernant, *Mètis* 38, 297-300.
40. Ver também Ensaio 4, pp. 212-3.
41. Ver a excelente discussão de Wiggins dessa passagem em "Deliberation". Sigo aqui em certa medida sua tradução-paráfrase.
42. Sobre *noûs*, cf. Cap. 8, com referências e bibliografia.
43. Novamente, ver a discussão de Wiggins em "Deliberation".
44. Ver a troca de idéias entre mim e Hilary Putnam sobre essa questão, em *NLH* 15 (1983).
45. Ver Cap. 12, com referências.
46. Ver Cap. 12, e Cap. 7 n. 32.
47. Sobre os mecanismos desse processo de desenvolvimento, ver N. Sherman, *Aristotle's Theory of Moral Education*, Dissertação para obtenção de título de Ph.D, Harvard, 1982.
48. *EN* 1113a9, 1139a23, b4-5, *MA* 700b23 (que afirma que *proaíresis* é *koinòn dianoías kaì oréxeos*, "participante tanto da razão como do desejo").
49. *EN* 1106b16 ss. Sobre esse e outros assuntos relacionados, ver L. A. Kosman, "Being properly affected", *in* Rorty, *Essays* 103-16.
50. *DA* 431b2 ss. Por valiosas discussões dessa passagem, sou grata à conversa com Christine Korsgaard e a um manuscrito inédito de sua autoria sobre a percepção aristotélica.
51. Ver meu Ensaio 4 para uma reflexão completa sobre essas passagens e para uma discussão sobre o que está e o que não está envolvido no vocabulário silogístico.
52. Sobre esse ponto, ver especialmente M. F. Burnyeat, "Aristotle on learning to be good", *in* Rorty, *Essays* 69-92.
53. Cf. por exemplo *EN* 1109b7-12.
54. Detienne e Vernant, *Mètis* 295 ss.
55. Cf. Cap. 5, pp. 136-8.
56. J. Rawls, "Outline of a decision procedure for ethics", *PR* 60 (1951) 177-97.
57. No sentido de que a concepção de linguagem e referência que a sustenta é ela mesma selecionada no interior das aparências, como resultado dos procedimentos aristotélicos.
58. Desenvolvo a conexão entre James e Aristóteles em Nussbaum, "Crystals". Henry Richardson, em um *paper* inédito, desenvolveu um exemplo extraído de *Os embaixadores* para ilustrar a natureza da percepção aristotélica.
59. Trad. [para o inglês] de R. Lattimore, *in Greek Tragedies*, org. D. Greene e R. Lattimore (Chicago, 1956).
60. Por vezes, entretanto, será demasiado severa para permitir uma ação conforme à excelência: ver a discussão desse assunto no Cap. 11.
61. Em minha obra sobre essas questões, sou grata sobretudo a David Wiggins, com quem as discuto há anos. E também devo muito a conversas com Larry Blum, Christine Korsgaard, Hilary Putnam, Henry Richardson e Nancy Sherman.

11. A vulnerabilidade da boa vida humana: atividade e desgraça

1. Ao discutir esses assuntos, com freqüência farei uso da *Magna Moralia*, que acredito ser uma obra autêntica de Aristóteles. Contudo, minha argumentação não terá esse material como base. A autenticidade da obra é defendida por F. Dirlmeier em seu comentário, *Aristoteles – Magna Moralia* (Berlim, 1958), bem como por J. M. Cooper, "The *Magna Moralia* and Aristotle's moral philosophy", *AJP*

94 (1973) 327-49; Cooper argumenta que o estilo não é próprio de Aristóteles, mas que a obra é uma transcrição acurada de algumas das primeiras conferências de Aristóteles sobre temas morais. Para a opinião oposta, ver D. J. Allan, "*Magna Moralia* and *Nicomachean Ethics*", *JHS* 77 (1957) 7-11; C. J. Rowe, "A reply to John Cooper on the *Magna Moralia*", *AJP* 96 (1975) 160-72.

2. Muito embora a maior parte da minha discussão aqui se concentre na *Ética nicomaquéia*, uma vez que essa encerra o mais extenso tratamento dos assuntos, complementarei minha discussão com material extraído da *Ética eudeméia*, sempre que não houver nenhum problema sério de incompatibilidade de posição. Sobre a cronologia do pensamento ético de Aristóteles, ver, de A. Kenny, o controverso *The Aristotelian Ethics* (Oxford, 1978), e *Aristotle's Theory of the Will* (Londres, 1979); ver também o ótimo exame do primeiro por J. M. Cooper, *Noûs* 15: 1(1981) 381-92; e cf. também C. J. Rowe, *The Eudemian and Nicomachean Ethics* (Cambridge, 1971).

3. A ligação entre *eudaimonía* e o louvável é refutada pelos que pensam a *eudaimonia* como um estado psicológico de prazer ou contentamento; mas uma vez que vemos que ela *consiste na* atividade excelente, podemos entender por que Aristóteles acentua assim a ligação. Ver Cap. 10 n. 20.

4. Não tenho a intenção de afirmar que Platão é o único oponente de Aristóteles nas passagens em que ele ataca essa estratégia; mas nossa reflexão sobre as concepções de Platão do período intermediário deve ter tornado claro que ele realmente argumenta dessa maneira. É importante notar uma diferença saliente entre Platão e o personagem a quem denominei o "teórico da boa condição": Platão sempre insiste que os portadores de valor são atividades, não estados; ele busca a auto-suficiência não negando a necessidade de atividade, mas selecionando as atividades que são maximamente invulneráveis.

5. Não é claro quem são esses oponentes. Eles ostentam uma semelhança óbvia com os pensadores estóicos que seguiram Aristóteles. Como no caso do ceticismo helênico, cujos antecedentes parecem estar notavelmente presentes nas críticas de Aristóteles (ver Cap. 8 e o artigo de Long lá referido), assim também vemos aqui evidências de que uma conhecida opinião helênica estava presente, de alguma forma, nesse período anterior.

6. Essa idéia é defendida por certos escritores poéticos: especialmente por certos personagens em dramas de Eurípides (ver, por exemplo, o final da fala de Hécuba em *As troianas*, discutido no Cap. 10). Ver também Cap. 4 n. 2 para obras que discutem outros exemplos dessa concepção.

7. Para um paralelo contemporâneo, ver Robert Nozick, *Philosophical Explanations* (Cambridge, MA 1981) 1-3.

8. Aristóteles concluirá que as coisas sob nosso controle são *kýrios* sobre a *eudaimonía*, "impositivas" ou "encarregadas". Sobre essa importante palavra e sua função, ver Cap. 9 nn. 44, 56. A partir daqui (e cf. p. 289 e n. 25), ela parece significar "o elemento causal mais importante em".

9. Para mais discussões das concepções gregas antigas de auto-refutação – especialmente de casos em que a própria prática de envolver-se em argumentos refuta a idéia em favor da qual se argumenta, ver G. E. L. Owen, "Plato and Parmenides on the timeless present", *The Monist* 50 (1966) 317-40, reedit. *in* A. P. D. Mourelatos, org., *The Presocratics* (Garden City, NY, 1974); M. F. Burnyeat, "Can the skeptic live his skepticism?", *in* M. Schofield *et al.*, org., *Doubt and Dogmatism* (Oxford, 1980) 20-53, e "Protagoras and self-refutation in Plato's *Theaetetus*", *PR* 85 (1976) 172-95, "Protagoras and self-refutation in later Greek philosophy", *PR* 85 (1976) 44-69.

10. Estou fazendo com que o raciocíno de Aristóteles pareça mais sistemático do que realmente é: de fato, os dois grupos de oponentes são considerados separadamente em diferentes livros da *EN*; contudo, parece não haver razão alguma para não juntá-los desse modo.

11. O termo de Aristóteles (presumivelmente também o do oponente) é *héxis*, freqüentemente traduzido por "disposição". Utilizo "estado" ou "condição" para indicar que ele tem a intenção de ser algo com realidade psicológica, que pode existir em uma pessoa quer esteja ou não ocorrendo uma ação. Denominá-lo uma disposição faria a posição do oponente parecer até mesmo mais paradoxal do

que é; por outro lado, como veremos, Aristóteles acredita que os critérios para a atribuição de uma *héxis* não são presentes no caso de uma pessoa totalmente inativa.

12. Não é inteiramente claro se Aristóteles está afirmando (1) que a *héxis* pode ainda estar intacta, mas que temos um problema epistemológico insuperável para dizermos se está ou não; (2) que a noção de *héxis* é *logicamente* conectada com atividade, de modo que não faz sentido atribuí-la separada da presença da atividade; (3) que *héxis* e ação são interdependentes em termos *causais*, de modo que uma pessoa inativa tenderia a perder sua *héxis*. Ele certamente acredita tanto em (1) como em (3); e (3) não é, para ele, incompatível como (2), como vimos no Cap. 9. Mas sabemos que ele não acredita que uma *héxis* desaparece no minuto em que não haja nenhuma atividade efetiva sendo realizada; ela é uma condição estável (ou relativamente estável) da pessoa. Assim, seja qual for a conexão lógica entre *héxis* e atividade, não pode ser uma conexão tão forte.

13. Ver a excelente reflexão sobre essas questões em L. A. Kosman, "Substance, being, and *Energeia*", *OSAP* 2 (1984) 121-49.

14. Nesse ponto, o teórico da boa condição chega muito perto do platônico: pois, se o que essa pessoa denomina "ser" inclui esse tipo de funcionamento mental, será *energeia*, como os argumentos de Platão a entendem.

15. Muito embora eu tenha utilizado "dele ou dela" ["his or her"] em minha discussão própria, parece inadequado traduzir Aristóteles dessa maneira. [A autora se refere ao trecho da citação em que se lê "*suas* atividades". Em inglês, "*person*" (pessoa) é substantivo neutro, mas requer o pronome possessivo masculino ou feminino. Em sua tradução do grego, a autora optou pelo masculino "*his*", ao passo que utiliza sempre em sua discussão "*his or her*". Em português, como "pessoa" é substantivo feminino, cabe apenas o pronome feminino, ou, no caso, o possessivo que é feminino com referência ao objeto, não ao sujeito. Ver nota da tradutora no Cap. 1, pp. 3-4 (N. da T.)]

16. A atividade contemplativa é, evidentemente, menos vulnerável ao revés pelo exterior do que outras atividades; mas, ao ver de Aristóteles, ela também tem algumas condições externas necessárias – cf. Cap. 12.

17. Sobre essa distinção, ver Kosman, "Substance, being"; J. L. Ackrill, "Aristotle's distinction between *energeia* and *kinesis*", in *New Essays on Plato and Aristotle*, org. R. Bambrough (Londres, 1965) 121-41; T. Penner, "Verbs and the identity of actions", in *Ryle*, org. G. Pitcher e O. Wood (Nova York, 1970) 393-453. É importante notar que Aristóteles também emprega "*energeia*" como um termo genérico para abranger ambas as espécies.

18. Cf. Cap. 10 n. 12.

19. Comparar *Metaf.* 1091b15 ss., 1022b22 ss.

20. Ver as observações sobre velhice e *philía* no Cap. 12.

21. *Rep.* 388A-B (cf. Cap. 7), *Apol.* 41C-D, etc.; cf. Cap. 5. Novamente aqui, precisamos indicar que Platão difere do teórico da boa condição na medida em que exige a atividade efetiva para a *eudaimonía*; ele insistirá, entretanto, que a atividade contemplativa é inteiramente auto-suficiente, e não requer nenhuma condição mundana especial para sua obtenção além da própria vida.

22. Cf., por exemplo, *Groundwork of the Metaphysics of Morals* (Berlim, 1785), trad. H. J. Paton (Nova York, 1960), Akad. p. 394, cf. Int. 2 n. 13.

23. H. H. Joachim, *The Nicomachean Ethics* (Oxford, 1951) ad loc.; W. D. Ross, *The Works of Aristotle* (Londres, 1923) 192.

24. Para a utilização de Aristóteles de *en* ("em") no sentido de "dependente em termos causais de", ver esp. *Fís.* 210b21-2; também *Metaf.* 1023a8-11, 23-5; *EN* 1109b23; e ver minha discussão em Nussbaum, *De Motu* Ensaio 3, p. 153.

25. A palavra utilizada é *kýrios* – ver n. 8.

26. Sobre as dificuldades de interpretação desse assunto, ver Cap. 9, pp. 246-7, com referências.

27. Cf. Cap. 2.
28. Esse parece ser o argumento da difícil passagem em 1199b36 ss.; mas 1188b15 ss. realmente permite a compulsão circunstancial que fará com que uma pessoa renuncie a alguma coisa de importância.
29. Cf. esp. *EN* IX.2; e também as observações sobre o número de amigos e as disputas entre os amigos de uma pessoa – cf. Cap. 12.
30. Para observações relacionadas sobre conflito, cf. Nussbaum, *De Motu* Ensaio 4.
31. Sobre desenvolvimento e suas condições externas, cf. Caps. 9, 12.
32. Comparar o uso dessas palavras por Eurípides e Tucídides – cf. Cap. 13; Aristóteles pode estar empregando uma metáfora tradicional.
33. Para a *Retórica*, a única edição a utilizar é a de R. Kassel (Berlim, 1976); ver minha resenha em *AGP* 63 (1981) 346-50.
34. Sobre *to euéthes* e sua tradicional associação com a excelência, cf. Cap. 13.
35. Há um material relacionado nas próprias obras éticas: esp. *EN* 1124a20 ss., sobre a contribuição dos bens da fortuna a *megalopsykhía*; cf. também *MM* 1200a12 ss.
36. Sobre a passagem da *Política*, cf. também Cap. 8. Argumentos relacionados sobre a relatividade ao contexto do valor são encontrados tanto em Xenófanes como em Heráclito; ver meu "*Psuché* in Heraclitus, II", *Phronesis* 17 (1972) 153ss.
37. Há uma dificuldade quanto à utilização dessa passagem, porque provém da problemática passagem da *EN* X cuja incompatibilidade com o restante da *EN* discuto no Apêndice à Parte III. Aristóteles procede ali ao desenvolvimento de uma concepção não-antropocêntrica e bastante platônica da boa vida, concepção essa que identifica a *eudaimonía* à contemplação intelectual e relega as virtudes morais a segundo plano, em parte por conta de sua ausência na vida divina do intelecto. Argumento no Apêndice que essa passagem não é em sentido algum a culminação do argumento da *EN*, mas é positivamente incompatível com ele sob inúmeros aspectos importantes. Incluo a passagem aqui somente porque as observações sobre a relatividade ao contexto das virtudes são elaborações consistentes das idéias de Aristóteles das virtudes ou excelências presentes em outros lugares (na *Política*, nas outras obras éticas e na própria *EN*); elas sintetizam de maneira explícita e forçosa as idéias sobre a conexão das excelências éticas com um contexto de limitação material que podem ser encontradas nas discussões das excelências específicas; e a *EN* VII, como vimos, também nega explicitamente a *areté* ética a seres divinos. Ao longo de toda a *EN*, exceto nesses três capítulos (X.6-8), ele defende atividades de acordo com essas excelências, assim compreendidas, como fins valiosos em si mesmas. Nesse contexto, é somente o que ocorre depois da passagem citada – quando esses valores são adversamente contrastados à contemplação com base em sua relatividade ao contexto – que apresenta um problema para uma interpretação geral consistente da *EN*. Podemos, portanto, valer-nos delas cautelosamente ao traçarmos um retrato da *natureza* da virtude ética que Aristóteles preserva consistentemente mesmo quando modifica sua consideração da *classificação* da excelência ética diante de outros bens. Vale salientar que, nesse sentido, mesmo a *EN* X não é platônica: Platão, tendo decidido preferir atividades que são não-relativas ao contexto (cf. Cap. 5), defende um retrato da justiça e de outras excelências tradicionais que as faz também assim, amarrando-as estreitamente à atividade contemplativa. Aristóteles não se pode convencer, mesmo em seu momento mais platônico, de que exista uma concepção significativa do ético além das práticas e limites da vida humana.
38. Para mais discussões desse tema, ver Apêndice à Parte III, com referências.
39. Heráclito frag. DK B62; ver Nussbaum, "*Psuché* in Heraclitus, II" (acima, n. 36).
40. Esse capítulo foi apresentado como a primeira das Eunice Belgum Lectures no St Olaf College (ver Agradecimentos); combinado ao material do Interlúdio 2, foi também lido no Instituto de Estudos Clássicos, Londres; nos Colóquios de Filosofia da Educação, Universidade de Harvard; na Brown

University, Connecticut College, Smith College, Swarthmore College, e em conferências sobre teoria da literatura grega na Universidade do Estado da Flórida e Vassar College. Gostaria de agradecer aos presentes, e especialmente a Myles Burnyeat, Aryeh Kosman, Ruth Padel e Charles Segal, os seus profícuos comentários.

12. A vulnerabilidade da boa vida humana: bens relacionais

1. Cf. *EN* 1177a27 ss., em que se afirma que isso é verdadeiro para todas as excelências de caráter.
2. A reflexão de Aristóteles sobre *phantasía* enfatiza essa possibilidade – cf. *DA* III.3, e Ensaio 5 em Nussbaum, *De Motu*.
3. *Metafísica* XII.7; não está absolutamente claro, contudo, o que seria precisamente "pensamento do pensamento", e se esse pensamento tem ou não objetos para seu conteúdo.
4. Nessas passagens, Aristóteles parece usar "*aútarkes*" do modo platônico que excluiu em 1097b7-11 (cf. este cap., pp. 300-1). Esse é apenas um dos inúmeros problemas envolvidos na reconciliação de X.6-8 com o restante da *EN*.
5. Sobre os sinais de um tal projeto em X.6-8, ver Cap. 11 n. 37.
6. O importante tópico da *philía* cívica (que, ao ver de Aristóteles, "mantém as cidades juntas" ainda mais do que a justiça – 1155a22-7) recebeu poucos comentários na literatura. O melhor tratamento geral é J. Hook, *Friendship and Politics in Aristotle's Ethical and Political Thought*, Tese de B. A. *summa cum laude*, Harvard 1977.
7. Como veremos adiante, Aristóteles suscitará a questão protagórica de saber se esses seres são de fato humanos.
8. Sobre a saída de Aristóteles de Atenas, ver I. Düring, *Aristoteles* (Heidelberg, 1966); G. E. L. Owen, "Philosophical inventive", *OSAP* I (1983) 1ss. Para discussão de algumas das passagens da *Política* vinculadas à sua relação com a corte macedônica, ver meu "Shame, separateness, and political unity", *in* Rorty, *Essays* 395-435. Sobre o *status* de Aristóteles como *métoikos*, ver Düring, *Aristoteles* 213 ss., 232-6, 459 ss., e D. Whitehead, "Aristotle the metic", *PCPS* 21 (1975) 94-9 e *The Ideology of the Athenian Metic*, *PCPS* Supl. Vol. 4 (1977). Whitehead e Düring argumentam de maneira persuasiva que não há boas evidências de que Aristóteles gozava de privilégios especiais, como por vezes eram concedidos aos *métoikoi* (a Céfalos, por exemplo, permitiu-se possuir propriedade); assim, ele não podia participar da assembléia, ocupar postos, servir em um júri, possuir terras ou construir uma casa; ele tinha que inscrever-se e pagar um tributo, e ser supervisionado de perto por um cidadão *prostátes*. A despeito da evidência da *Pol.* 1278a (ver este cap., p. 304, Whitehead argumenta a partir da *EE* 1233a28-30 que a atitude de Aristóteles com relação a essa condição era "fleumática". A passagem, entretanto, diz apenas que uma não-participação nos assuntos cívicos que seria censurada em um cidadão dificilmente pode ser censurada no caso do métoico; a mim, isso não parece demonstrar resignação.
9. Ver Diógenes Laércio IX. O caráter convencional e lendário desses relatos é discutido em M. Frede, "Des Skeptikers Meinugen", *Neue Hefte für Philosophie* 15/16 (1979) 102-29.
10. D. L. IX.68.
11. Epicuro foi o primeiro filósofo conhecido a lecionar para mulheres; sua escola era notória pela admissão de mulheres e escravos; e algumas mulheres ocupavam posições de elevado respeito. [Uma vez que aqui o pronome feminino é colocado entre travessões e pela importância evidente da referência às mulheres, abrimos uma exceção à utilização exclusiva do pronome masculino como neutro. Ver nota da tradutora no Cap. 1, pp. 3-4. (N. da T.)]
12. Ver B. Frischer, *The Sculpted Word* (Berkeley, 1982). Na medida em que fazem nosso encontro com a filosofia salvadora depender de circunstâncias não plenamente situadas sob nosso controle, esses oponentes admitem uma parte do argumento de Aristóteles sobre a fortuna do desenvolvimento.
13. Isso se torna especialmente claro na *EN* IX – cf. este cap., pp. 305, 318-21.

14. Sobre essa passagem, e sobre a habituação aristotélica em geral, ver: M. F. Burnyeat, "Aristotle on learning to be good", in Rorty, Essays 69-92; N. Sherman, Aristotle's Theory of Moral Education, dissertação para obtenção de título de Ph.D, Harvard 1982; e Nussbaum, "Aristophanes".

15. 1180a18 e 29 referem-se à correção superior desse sistema; 1180a21-2, à sua origem na sabedoria prática (phrónesis) e na compreensão (noûs).

16. Sobre os artesãos, ver Nussbaum, "Shame, separateness". Meu argumento de que essa é a visão de Aristóteles de sua situação depende da combinação de sua consideração deles com suas observações gerais sobre a importância da proaíresis para o bem-viver, a obrigação da polis de assegurá-la a todos os que não são naturalmente desprovidos.

17. Ver a discussão mais extensa dessas passagens e questões em Nussbaum, "Shame, separateness".

18. Ver Nussbaum, "Shame, separateness" n. 54; as passagens mais significativas são EN 1161a34, EE 1242a28, Pol. 1255a12.

19. Sobre as questões suscitadas aqui, ver Nussbaum, "Shame, separateness" 419; cf. n. 8 acima.

20. Ver MM 1194b5-23, Pol. 1255b20, 1261a39, 1277b7, 1279a20, 1288a12, 1274a22 ss., 1275b18, 1276b38 ss., 1277b7 ss., 1317b2-3, 1332b32 ss., EN 1134b15. Pol. 1328a18, entretanto, afirma que os méticos são economicamente necessários para a cidade.

21. Para discussão de várias versões dessa concepção, e crítica, ver meu "Aristotle on human nature and the foundations of ethics", a sair.

22. Sobre a relação entre as crenças sobre natureza essencial e as crenças sobre valor, ver Caps. 4, 6, 7; meu "Aristotle on human nature" discute material relacionado extraído do Filebo.

23. Sobre os Ciclopes e sua importância para uma tradição de pensamento sobre essa questão, ver Cap. 8; também Geoffrey Kirk, Myth: its Meaning and Functions in Ancient and Other Cultures (Cambridge, 1970), e especialmente P. Vidal-Naquet, "Valeurs religieuses et mythiques de la terre et du sacrifice dans l'Odyssée", in Le Chasseur noir (Paris, 1981) 39-68.

24. O argumento é discutido mais longamente em meu "Aristotle on human nature"; o argumento que o segue, concernente ao papel da língua em nossos modos de vida, parece-me dizer a mesma coisa – ele é discutido em detalhes no mesmo paper.

25. Uma parte dessa investigação é conduzida através do estudo comparativo da estabilidade e da autossuficiência de diferentes tipos de comunidades políticas, na Política e nas várias politeîai que foram o resultado de um projeto conjunto de pesquisa do Liceu.

26. Cf. acima n. 20.

27. Sobre a concepção de Aristóteles da philía, ver esp. J. M. Cooper, "Aristotle on friendship", in Rorty, Essays 301-40; também W. F. R. Hardie, Aristotle's Ethical Theory (Oxford, 1981, 2.ª ed.).

28. Sobre questões de tradução, ver também Cooper, "Aristotle" n. 4. Cooper é contrário à tradução de phileîn como "amar", embora utilize "amor" e "amizade" para philía – pela razão de que haverá confusão quando se vier a traduzir erân e stérgein. Para eran ele recomenda "estar apaixonado" ["be in love"] – comparar nossa prática no Cap. 7 – e, para stérgein, "amar". Para phileîn ele escolhe "gostar". Este parece, entretanto, afetivamente muito fraco; e não parece haver uma boa razão para preocupar-se com a confusão com stérgein, que é, de qualquer modo, uma palavra bastante rara em Aristóteles. Se "amor" é usado para philía, só pode causar confusão a recusa de se usar "amar" para o verbo.

29. Cf, entretanto, 1166a1 ss. sobre o amor-próprio. É proveitoso o tratamento dado a essa e outras questões relacionadas por J. Annas, "Plato and Aristotle on friendship and altruism", Mind 86 (1977) 532-54.

30. A definição da Retórica: "Phileîn é desejar para alguém o que pensa ser bom, em razão da própria pessoa, e não em razão de si mesmo e, na medida em que seja capaz, empreender a ação em direção a essas coisas."

31. Naturalmente imaginamos o que acontece no caso de parentes consangüíneos que não são pessoalmente conhecidos; mas isso deveria ser suficientemente raro na pólis grega para não ser comentado em uma reflexão como essa.
32. A discussão de Cooper ("Aristotle") é especialmente persuasiva nesses pontos, e sou-lhe grata.
33. Não é claro se Aristóteles realmente quer conceder ao caráter o *status* de uma propriedade essencial; suas discussões da mudança de caráter certamente permitem alguma mudança sem a mudança de identidade, e ele jamais discute mudanças repentinas e arrebatadoras. Em outro lugar, ele certamente insiste que as únicas características essenciais são os que um ser compartilha com todos os outros membros de sua espécie.
34. Cf. Cap. 9 sobre *órexis* e a falta de auto-suficiência.
35. Cf. *Ret.* 1381a29 ss.
36. *EN* 1099b3-4, *Ret.* 1381b1.
37. Cf. também *EN* 1157a20 ss., em que Aristóteles discute a conexão entre a confiança e a resistência da *philía* aos danos da difamação.
38. Cf. 1158a10-11, e 1171a8-13, onde Aristóteles observa que a intensidade da *philía* (*to sphódra*) é rebaixada quando se têm muitos *phíloi*. Note-se que a intensidade é um elemento importante na *philía*.
39. Cf. *Ret.* 1381a30 ss.
40. Sobre dor cf. Cap. 7, e Interlúdio 2 sobre emoções relacionadas.
41. Cf. I. Kant, *Critique of Practical Reason* (Berlim, 1788), trad. Lewis White Beck (Indianapolis 1956), Akad. pp. 83 ss.; I. Kant, *The Doctrine of Virtue* (Parte III de *The Metaphysics of Morals*, Berlim, 1797), trad. M. J. Gregor (Filadélfia, 1969), Akad. pp. 500-1, 447 ss.
42. Cf. Sherman, *Aristotle's Theory*.
43. Ver a boa consideração de Cooper desse argumento ("Aristotle").
44. Ver a defesa de Cooper da importância dessa passagem e sua convincente interpretação, à qual sou grata. Entretanto, ele não acentua, como eu, o papel cognitivo do elo afetivo.
45. Novamente aqui (cf. n. 33 acima) percebemos que nem todo membro da própria espécie será considerado para esses propósitos como "outro de si", ainda que seja possível supor que, de acordo com os critérios da *Metafísica* e das obras biológicas, quaisquer dois membros normais da espécie compartilhariam todas as características essenciais.
46. Sobre a equivalência de *eudaimonía* e *makariótes*, ver Cap. 11, que discute essa passagem.
47. Ver meu "Aristotle on human nature".
48. Ambas as acusações que se seguem foram feitas por Bernard Williams em "Philosophy", *The Legacy of Greece*, org. M. I. Finley (Oxford, 1981) 202-55 – cf. Cap. 1.
49. Williams, *op. cit.*, 254.
50. A palavra *hyperbolé* é utilizada; essa é a palavra habitual para o excesso ético nos livros sobre as virtudes. Cf. também *EN* 1157a6-10, em que a relação entre *erastés* e *erómenos* é tratada simplesmente como um exemplo de amor-por-prazer.
51. *Pol.* 1260a13, onde ele observa de maneira obscura que as mulheres têm a faculdade deliberativa, mas ela é *ákuros*, "carente de autoridade". É provável que ele queira dizer "carente de autoridade sobre seus elementos irracionais"; contudo, alguns acadêmicos argumentaram que significa "carente de autoridade sobre os homens em seu cenário social" – caso em que o argumento contra a concessão de direitos políticos às mulheres se torna difícil de entender. G. E. R. Lloyd, em seu excelente estudo dessas questões (*Science and Speculation* (Cambridge, 1983) 128-64) demonstrou em que medida Aristóteles, em seu trabalho sobre as mulheres, está realmente ressoando e sustentando a difundida ideologia de sua cultura. Seu estudo torna evidente, entretanto, que havia à sua vol-

ta outras "aparências" conflitantes, provindas tanto da medicina como do comentário social, que poderiam ter sido proficuamente exploradas e trazidas à luz ao tratar da questão. A ideologia cultural quase-unânime da inferioridade feminina poderia levar o método das aparências a se inclinar *prima facie* nessa direção; mas há outros casos (cf. Cap. 8) em que crenças igualmente predominantes são criticadas através de um paciente escrutínio, que em parte alguma da obra de Aristóteles se evidencia sobre *essa* questão. No que concerne à fisiologia, é ainda mais óbvio que as aparências necessárias para corrigir seus erros estavam bem ao alcance: pois ele poderia ter contado os dentes de umas poucas mulheres, para ver se de fato elas os têm em menor número; poderia ter testado sua asserção segundo a qual, ao olhar em um espelho, uma mulher menstruada faz com que ele fique vermelho; e assim por diante.

52. Como vimos, ele realmente menciona de modo breve o par *erastés/erómenos* (acima n. 50); mas sem nenhuma tentativa de conferir uma consideração cautelosa da relação mencionada.
53. *EN* 1137b29 ss., sobre a qual ver a detalhada discussão no Cap. 10.
54. Este capítulo foi a segunda Eunice Belgum Lecture no St Olaf College. Pela discussão das questões, sou também grata a Nancy Sherman e Henry Richardson.

Apêndice à Parte III. Humano e divino

1. Ver especialmente J. M. Cooper, *Reason and Human Good in Aristotle* (Cambridge, MA, 1975); J. L. Ackrill, "Aristotle on *eudaimonía*", *PBA* 60 (1974) 339-59. Reedit. *in* Rorty, *Essays* 15-34; e David Keyt, "Intellectualism in Aristotle", edição especial da *Paideia* sobre Aristóteles, 1980, org. G. C. Simmons.
2. Os argumentos sobre esse tópico são traçados em detalhes em meu "Aristotle on human nature and the foundations of ethics", a sair. Alguns são contextuais, alguns filológicos (o significado de expressões tais como *–ikè zoé*); em conjunto, são decisivos em favor de uma interpretação inclusiva da função humana.
3. Sou grata a Myles Burnyeat, cujas críticas me impeliram a acrescentar este Apêndice, e a Nancy Sherman e Miriam Woodruff pela proveitosa discussão das questões da *EN* X.6-8.

Interlúdio 2. A fortuna e as emoções trágicas

1. Sobre alguns desses pontos concernentes à *Poética* de Aristóteles, há ainda uma discussão em meu "Aristotle", *in Ancient Writers: Greece and Rome*, org. T. J. Luce (Nova York, 1982) 377-416, com bibliografia completa. Sobre o papel da poesia nas concepções de Aristóteles sobre educação, ver N. Sherman, *Aristotle on Moral Education*, dissertação para obtenção de Ph.D., Harvard, 1982. A melhor reflexão sobre a "imitação" poética de que tenho conhecimento, que estabelece as concepções de Aristóteles junto ao pano de fundo do discurso grego sobre a *mímesis* de uma maneira inteligente e fascinante, é *Mimesis and Art*, de G. Sörbom (Uppsala, 1966).
2. O texto que traduzo é: ἡ γὰρ τραγῳδία μίμησίς ἐστιν οὐκ ἀνθρώπων ἀλλὰ πράξεως καὶ βίου τκαὶ ἡ εὐδαιμονία καὶ τὸ ἐναντίον ἐν πράξει ἐστίν, καὶ τὸ τέλος πρᾶξίς τις ἐστίν, οὐ ποιότης εἰσὶν δὲ κατὰ μὲν τὰ ἤθηποιοί τινες, κατὰ δὲ τὰς πράξεις εὐδαίμονες ἢ τοὐναντίον. Os pontos seguintes requerem comentários.

    (1) Preferi o *praxeos* do Ricardiano ao *praxeon* da maioria dos outros manuscritos; no entanto, nada em minha interpretação se apóia nisso.

    (2) Onde nos manuscritos lê-se *eudaimonía* (ou: *-as*) *kaì he kakodaimonía*, escrevi *kaì tò enantíon*. Existe há muito uma reclamação contra essa passagem, segundo a qual *kakodaimonía* não é uma palavra aristotélica (ver, por exemplo, Else, Lucas, *ad loc.*): nem essa, tampouco *kakodaímon* é encontrada em nenhuma outra parte do *corpus*. O que não foi mencionado é que a prática de Aristóteles, na ausência dessa palavra, é indicar o oposto de *eudaimonía* dizendo simplesmente "o oposto" – ex. *EN* 1100b9-11, e imediatamente

após essa passagem, *Poética* 1450a19-20. Ora, esse é justamente o tipo de coisa que tem uma grande probabilidade de produzir uma maquiagem na tradição aristotélica de manuscritos, em que os manuscritos são intensamente anotados e usados como textos escolares. Poderia facilmente, pois, ter sido incorporada ao texto, substituindo a locução original de Aristóteles. Sugiro, assim, que escrever *to enantíon* remove a palavra passível de objeção, bem como explica plausivelmente sua presença. Uma possibilidade alternativa é que seja tudo uma maquiagem: a sentença deve ser lida simplesmente, *kaì he eudaimonía en praxei estin.*

(3) Na maioria dos manuscritos, lê-se: *bíou kaì eudaimonías kaì he kakodaimonía.* O Ricardianno – e, aparentemente, as versões árabes – apresentam *bíou kaì eudaimonía* – que deve provavelmente ser preferido por convir melhor à sintaxe de *kakodaimonía* (ou o que quer que originalmente ocupava seu lugar). Alguns editores supuseram uma lacuna. Uma solução popular desse tipo foi proposta por Vahlen: *eudaimonías <kaì kakodaimonías • he dè eudaimonía> kaì he kakodaimonía*, etc. Essa solução é aceita por Bywater e inúmeros outros. Considero-a uma proposta atraente; e eu poderia com satisfação aceitá-la de maneira consistente com minha interpretação. Parece, contudo, desnecessária.

A seqüência do raciocínio de Aristóteles é: a trama é o mais importante – pois o que a tragédia é uma representação da ação e da vida, não apenas de estados de caráter; a razão por que todo o curso de uma vida exige trama e não somente descrição de caráter para sua representação adequada é encontrada na consideração de que a *eudaimonía* não consiste em uma característica, mas em *práxis*. O texto do Ricardiano requer, pois, apenas mais uma mínima modificação: a adição do artigo antes de *eudaimonía.*

Não me incomoda, como a Else, o fato de que a segunda metade da última das sentenças em discussão (*kaì tò télos... poiótes*) parece dizer o mesmo que a primeira. Essas repetições não são incomuns; e esta, em verdade, esclarece a primeira metade, tanto por introduzir o contraste com *poiótes*, como por substituir "está na [isto é, consiste na] ação" pela menos ambígua "é um tipo de ação": Aristóteles demonstra que "está na" significava "consiste na", não "é de modo causal dependente de" (como por vezes ocorre em outras partes).

3. *Bíos* em Aristóteles sempre significa um modo ou maneira total de vida. Ver J. M. Cooper, *Reason and Human Good in Aristotle* (Cambridge, MA, 1975) 159-61, e meu "Aristotle on human nature and the foundations of ethics", a sair. Ver também G. Else, *Aristotle's Poetics: the Argument* (Cambridge, MA, 1967) 256-7.

4. D. W. Lucas, *Aristotle's Poetics* (Oxford, 1968) 102. Alguns outros dos que excluem a passagem como irrelevante são R. Kassel (Oxford Classical Text) e Else, *op. cit.* 253-5. Else comenta: "A superioridade das atividades sobre os estados – ex., a virtude – é um lugar-comum na filosofia de Aristóteles e tão amplamente atestado que quase não precisamos documentá-la. A questão é como essa superioridade é explorada para seu propósito imediato aqui, que é provar a supremacia da trama, isto é, da ação poética."

5. J. Jones, *On Aristotle and Greek Tragedy* (Londres, 1962) 30.

6. *EN* 1111b4-6; cf. *EE* 1228a3 *ek tês proairéseos krínomen poîos tis.*

7. Sobre esse caso e os problemas que suscita para as concepções de Aristóteles sobre a ação, ver Cap. 9.

8. Sobre essa passagem, ver Cap. 7.

9. Sobre *hamartía*, ver especialmente T. C. W. Stinton, "*Hamartia* in Aristotle and Greek Tragedy" *CQ* NS 25 (1975) 221-54; também J. M. Bremer, *Hamartia* (Amsterdam, 1969); R. D. Dawe, "Some reflections on *atē* and *hamartia*", *HSCP* 72 (1967) 89-123; E. R. Dodds, "On misunderstanding the *Oedipus Rex*", *GR* 13 (1966) 37-49, reedit. in Dodds, *ACP* 64-77; P. W. Harsh, "*Hamartia* again", *TAPA* 76 (1945) 47-58. Discuto esses temas ainda em "Aristotle" (acima n. 1) pp. 407-8.

10. Para a concepção de Platão sobre as emoções, ver Caps. 5 e 7 com referências e bibliografia. Para discussão relacionada de Aristóteles, ver Sherman, *Aristotle*, e S. Leighton, "Aristotle and the emotions", *Phronesis* 27 (1982).

11. *Ret*. 1378a31. Aristóteles efetivamente complica ainda as questões acrescentando uma referência a *órexis* como vingança.

12. Sobre a transferência do "falso" da crença fundante à emoção ou sentimento, comparar a consideração do falso prazer no *Filebo* de Platão, 37Ass., e sobre este, ver B. A. O. Williams, "Pleasure and belief", *PASS* 33 (1959).

13. Algo semelhante parece verificar-se também com Kant — comparar a *Fundamentação da metafísica dos costumes*, Akad. p. 394 com *Doutrina da virtude* §34. Mas a variedade de termos utilizados em seu texto para piedade e posturas relacionadas torna impossível uma comparação detalhada em uma discussão breve.

14. "Excelente" ["outstanding"] é aqui uma tradução muito fraca para *diaphéron*; a força correta é apreendida na tradução de Golden (Englewood Cliffs, NJ, 1968).

15. Em, 1452b35, Aristóteles afirma que a tragédia não deve mostrar *epieikeis andres* decaindo da boa fortuna para o infortúnio. Isso é estranho, uma vez que *epieikés* é normalmente mais ou menos sinônimo de *spoudaîos*. Lucas *ad loc*. examina a literatura sobre o problema. As alternativas para a leitura da passagem de maneira que seja consistente com as que a seguem parecem ser: (1) considerar que *epieikés* aqui não tem seu sentido usual, mas, em lugar, o sentido "*que excede* em justiça" (isto é, próximo de *diaphéron*); (2) argumentar que o que Aristóteles objeta aqui não é a queda do homem bom *per se*, mas sua queda *inexplicada*. *Hamartía*, posteriormente introduzida, forneceria a explicação necessária. Uma vez que nenhuma indicação no texto sustenta a última leitura, e uma vez que 1453a7, *ho metaxy toúton loipós*, parece sustentar a primeira, devemos provavelmente escolhê-la, acusando Aristóteles de inconsistência em vocabulário.

16. L. Golden, "Catharsis", *TAPA* 93 (1962) 51-60; e "Mimesis and catharsis", *CP* 64 (1969) 45-53.

17. Sobre o grupo de palavras, ver LSJ s.v., Chantraine, *Dict. Etym.*, s.v., Brandwood, *Lex. Plat*. s.v. (Considerei o estudo da função das palavras no *Fédon*, esp. 65 ss., e no mito, de especial interesse); sobre a situação helênica, a edição de Menander Rétor por D. A. Russel e N. Wilson (Oxford, 1981). Para referências a outras interpretações de *kátharsis*, e outras discussões críticas, ver meu "Aristotle" (acima n. 1); a defesa clássica da concepção da purgação é encontrada em J. Bernays, *Grundzüge der verlorenen Abhandlung des Aristoteles überWirkung derTragödie* (Breslau, 1875, reedit. *in* Hildesheim, 1970). A teoria dos humores em questão não aparece em nenhuma obra genuína de Aristóteles, mas apenas na espúria e tardia *Problemata*. A obra genuína de Aristóteles sobre os processos psicológicos declara sua oposição ao reducionismo psicológico em termos nada incertos. (Ver Nussbaum, *De Motu* Ensaios 1 e 3; Cap. 9 acima; também Nussbaum, "Aristotelian dualism: a reply to Howard Robinson", *OSAP* 2 (1984) 198-207.) Aristóteles sem dúvida se oporia fortemente à conclusão de Lucas de que a função psicológica da tragédia poderia ser substituída por uma dose de remédio, se os clínicos gregos não tivessem "carecido de confiança em seu poder de controlar a bile negra".

Há um paralelo inglês próximo na história da palavra "defecar" ["*defecate*"] e seus relativos. Aqui, igualmente, mesmo um estudo superficial evidenciará que o significado primeiro e permanente é de "aclaração" e "clarificação"; tem com freqüência uma aplicação epistemológica (cf. *Oxford English Dictionary* s.v.). Sua aplicação específica à evacuação de fezes é relativamente tardia e (até muito recentemente), apenas uma aplicação do significado geral. Diríamos que ler *kátharsis* como purgação médica em todas as partes seria tão inadequado quanto ler todo o uso de "defecar" e "defecação" [*defecation*] nos escritores dos séculos XVIII e XIX como tendo o significado de "evacuar as fezes" e interpretar todo pensador que tenha uma consideração teórica de algo denominado "defecação" como falando sobre esse tipo particular de aclaração ou evacuação. Consideremos em que se transformariam os seguintes, sob um tal princípio de interpretação:

1649 Jer. Taylor, "uma defecação [*defecation*] de suas faculdades e uma oportunidade de oração"
1751 Johnson, *Rambler* n.º 177, "defecar [*to defecate*] e aclarar meu espírito"
1862 Goulburn, *Pers. Relig.*, "defecar [*to defecate*] os refugos de meu espírito"
1866 Lowell, "uma crescente tendência de restringir a linguagem... e defecá-la [*to defecate it*] de toda a emoção"
1867 F. Hall, *Hindu Philos.*, "seu juízo se torna a cada dia mais defecado [*defecated*]"
1870 W. M. Rossetti, "defecar [*to defecate*] a vida de sua miséria"

Se um de nossos alunos fizesse o movimento interpretativo em questão, apontaríamos pacientemente que a palavra *significa* simplesmente "clarificação", e que a aplicação às fezes é um caso especial desse significado, que se descobre somente onde o contexto imediato fornece evidências claras de que é *esse* tipo de clarificação, e não outro, que está em questão. (Sou muito grata a E. D. Hirsch por trazer à minha atenção esse paralelo.)

18. Golden informou-me oralmente que modificou essa parte de sua teoria. Golden não discute a passagem 1341b32 ss. da *Pol.*, que por vezes foi utilizada para sustentar a concepção da purgação; tampouco eu o farei em muitos detalhes. A discussão da educação musical na *Pol.* VIII está em desacordo em inúmeros pontos importantes com a posterior doutrina madura da *Poética*; e essa passagem encaminha o leitor explicitamente à obra posterior (como a uma obra ainda não escrita) para uma discussão plena e mais clara. As breves observações são, com efeito, obscuras. *Kátharsis* é vinculada de algumas maneiras a tratamento médico; mas é também vinculada à educação. E a comparação da instrução filosófica com tratamento médico já era comum, demasiado freqüente para conotar por si mesma alguma coisa precisa. (Sobre isso, ver meu "Therapeutic arguments: Epicurus and Aristotle", in *The Norms of Nature*, org. M. Schofield e G. Striker (Cambridge, 1985).) Não há obstáculos à tradução "clarificação", tampouco há razões para supor que nesse momento Aristóteles tivesse alguma visão muito precisa do que era, nesse caso, clarificação.

19. Para discussões relacionadas, ver Nussbaum, "Fictions".

20. Ver Nussbaum, "Consequences" 25-53.

21. Cíc. *Acad.* II. 119; David, o Armênio é o autor da segunda descrição (*Aphrodítes ennómou gémon*). Para outros encômios antigos do estilo de Aristóteles, ver G. Grote, *Aristotle* (Londres, 1872) I.43. Exemplos notáveis (na maioria observados por Grote) são Cíc. *Tóp.* I.3 (*incredibili copia, tum suavitate*), *De Or.* I.49, *Brutus* 121, *Fin.* I.14, *De Nat. Deor.* II.37; Dionísio Halic. *De Vet. Scr. Censura* (*to hédu kai polumathes*), Quintiliano, *Inst. Or.* X.1 (*eloquendi suavitas*).

22. Bernard Williams, por exemplo, com freqüência expressou esse ponto de vista a mim em conversas.

23. Para mais discussões dessas duas alternativas, ver Nussbaum, "Crystals"; ver também os comentários de R. Wollheim, H. Putnam e C. Diamond na mesma edição (1983) de *NLH*.

24. Sobre esse movimento, ver M. F. Burnyeat, "Aristotle on learning to be good", in Rorty, *Essays* 69-92.

25. Um rascunho dessa seção foi proferido no Instituto de Estudos Clássicos de Londres; em Brown University; em uma conferência sobre a Teoria Literária de Aristóteles na Universidade do Estado da Flórida; como uma Eunice Belgum Memorial Lecture no St Olaf College; e no Connecticut College, Vassar College, Swarthmore College e Smith College. Gostaria de agradecer aos presentes os comentários, especialmente a Julia Annas, Myles Burnyeat, Leon Golden, E. D. Hirsch Jr, Eugene Kaelin, Ruth Padel, Charles Segal e Richard Sorabji.

13. A traição da convenção: uma leitura da *Hécuba* de Eurípides

1. Utilizei a edição Teubner de S. G. Daitz (Leipzig, 1973) e a Oxford Classical Text de Gilbert Murray (Oxford, 1902). As discussões críticas da peça que consultei incluem: Ernst L. Abrahamson, "Euripides' tragedy of Hecuba", *TAPA* 83 (1952) 120-9; A. W. H. Adkins, "Basic Greek values in Euripides' *Hecuba* and *Hercules Furens*", *CQ* NS 16 (1966) 193-219; W. Arrowsmith, introdução à tra-

dução em *Greek Tragedies* VI, org. D. Greene e R. Lattimore (Nova York, 1958) 84-9; D. J. Conacher, *Euripidean Drama* (Toronto, 1967) 146-65; S. G. Daitz, "Concepts of freedom and slavery in Euripides' *Hecuba*", *Hermes* 99 (1971) 217-26; G. M. A. Grube, *The Drama of Euripides* (Londres, 1941) 93-7, 214-28; F. Heinimann, *Nómos and Phusis* (Basiléia, 1945) 121-2; G. M. Kirkwood, "Hecuba and *nómos*" *TAPA* 78 (1947) 61-8; H. D. F. Kitto, *Greek Tragedy* (Londres, 1939) 216-23; A. Lesky, "Psychologie bei Euripides", in Fondation Hardt, *Entretiens sur l'Antiquité Classique* VI (Genebra, 1958) 123-50, esp. 151-86; L. Matthaei, *Studies in Greek Tragedy* (Cambridge, 1918) 118-57; G. Méautis, *Mythes inconnus de la Grèce antique* (Paris, 1944) 95-130; G. Norwood, *Greek Tragedy* (Londres, 1929) 215-9; L. Pearson, *Popular Ethics in Ancient Greece* (Stanford, 1962) 144 ss.; M. Pohlenz, *Die Griechische Tragödie* (Göttingen, 1954) 277-84; K. Reckford, "Concepts of demoralization in Euripides' *Hecuba*", a sair; F. Solmsen, *Intellectual Experiments of the Greek Enlightenment* (Princeton, 1975); W. Zürcher, *Die Darstellung des Menschen im Drama des Euripides* (Basiléia, 1974) 73-84. Tenho considerável admiração pela tradução de William Arrowsmith da peça. Apresento aqui a minha própria tradução mais austera em virtude de uma maior literalidade, bem como porque em algumas passagens-chave as traduções de Arrowsmith não me parecem captar a ênfase ética precisa do texto. (Ex. 799 ss., sobre a qual Arrowsmith me informa em conversa que agora sustentaria uma versão semelhante à minha.)

2. É evidente que a sombra, diferentemente do cadáver mutilado de que ela nos fala, mantém a aparência da criança viva, sem deterioração ou ferida. Essa entrada aérea, privilégio em geral reservado a divindades, não nos faria pensar, inicialmente, em um humano morto. (Polidoro explica sua suspensão pelo fato de que a ausência de funeral obriga a sombra a pairar sem destino, levada pelo vento, na cena de sua morte.) Sobre a entrada aérea, ver O. Taplin, *Greek Tragedy in Action* (Berkeley, 1978) 12, 186 n. 20; W. Barrett, *Euripides: Hippolytus* (Oxford, 1964) linha 1283.

3. Cf. *Inferno* XXX.16-8:

> Ecuba trista, misera e cattiva
> poscia che vide Polissena morta
> e del suo Polidoro in su la riva
> del mar si fu la dolorosa accorta,
> forsenatta latrò sì come cane;
> tanto il dolor le fé la mente torta.

> Hécuba triste, desgraçada, cativa, depois que viu Polixena morta
> e reconheceu com angústia seu Polidoro na praia,
> enlouqueceu, ladrou como um cão; tanto a dor retorceu sua mente.

É significativo que as traduções inglesas modernas, salvo uma, abrandem a força de "fé la mente torta", traduzindo-a por alguma expressão mais inócua, como "apertou seu coração". (A exceção é a nova versão de Allan Mandelbaum.)

4. Influente, e característico, é o Prefácio de Herman à sua edição de 1831 (Berlim). (Consegui localizar apenas sua primeira edição (Leipzig, 1806), que não contém o prefácio, porquanto cito essas observações a partir do artigo de Matthaei.) Os eventos dessa peça, escreve ele, não são "tragica", são "nihil aliud quam detestabilia". Só inspirariam emoções trágicas no mais vil dos espectadores: "Non movent misericordiam nisi infimae plebis, tum maxime solitae et horrore et dolore perfundi cum oculis adspiciat atrocia." Matthaei também observa que a *Hécuba* é uma das três tragédias que Racine não anotou nas margens de sua edição. Para uma rejeição do século XX, ver, por exemplo, Norwood: "Toda a composição em seu tom e método está muito abaixo da melhor obra de Eurípides... Esse *páthos* não tem sutileza... Não alcançamos a tragédia genuína e tocamos apenas o melodrama." Após um exame de tais recusas, Ernst Abrahamson, escrevendo em 1952, faz um impressionante julgamento histórico: "É possível que as horríveis experiências das duas últimas décadas fossem necessárias para abrir novamente os nossos olhos ao significado dessa grande e poderosa tragédia. Vimos em nosso próprio tempo homens e mulheres inumeráveis arrancados de seus lares de-

vastados e em chamas, lançados em cativeiro e sujeitos à crueldade mais atroz e infame; vimo-los, tão logo mudou sua sorte, traídos por aqueles a quem chamavam amigos, e levados aos limites da abjeção e do desespero." Grube afirmou algo semelhante em 1941 (*Drama* 214).

5. Entre três recentes coletâneas de escritos sobre o drama de Eurípides, nenhum deles inclui um ensaio dedicado a *Hécuba*: E. Segal, org., *Euripides* (Englewood Cliffs, NJ, 1968); E. Schwinge, org., *Euripides*, da série *Wege der Forschung* (Darmstadt, 1968) – que, contudo, traz reeditado o artigo de Lesky que contém uma breve discussão dessa peça; *Euripide*, em *Entretiens* VI da Fondation Hardt (Genebra, 1960) (fonte original do artigo de Lesky). A peça é ignorada de maneira semelhante pela recente coletânea *Greek Tragedy*, org. T. F. Gould e C. J. Herington, *YCS* 25 (1977), cuja maior parte é dedicada a Eurípides. Igualmente sem discussão da peça são os influentes livros sobre Eurípides de A. P. Burnett (*Catastrophe Survived: Euripides' Plays of Mixed Reversal* (Oxford, 1971)), e de Cedric Whitman (*Euripides and the Full Circle of Myth* (Cambridge, MA, 1974)). Em obras gerais sobre tragédia ou literatura grega, a peça é normalmente tratada de maneira muito breve. Entre as fontes mencionadas na n. 1, os mais fortes defensores da importância da peça incluem Arrowsmith, Matthaei, Abrahamson e Reckford.

6. Não parece, pois, acidente que Herman esteja na primeira geração de acadêmicos para quem Kant foi uma grande influência; evidentemente, devemos lembrar também que Kant estava sob muitos aspectos articulando uma concepção ética já predominante.

7. Cf. Cap. 1 e Interlúdio 2. Podemos agora acrescentar às nossas observações sobre o kantianismo na interpretação da literatura grega a observação de que a crença kantiana de Adkins, segundo a qual as circunstâncias que se encontram além do controle do agente não podem conduzir a um prejuízo *ético*, desempenha um papel regulador em sua decisão sobre o que um texto grego pode ou não significar: ver esp. seu Apêndice sobre o fragmento de Escopas de Simônides, *Merit* 357-8.

8. Muito embora o termo de Hécuba para caráter seja "*phýsis*", que às vezes é relacionado à idéia de natureza hereditária, Hécuba deixa claro que ela está pensando primordialmente na "natureza" que é formada pelo hábito e pelo ensino. "*Phýsis*" era ainda a única palavra geral disponível para essa noção, e é assim utilizada em outros textos contemporâneos – cf. por exemplo o *Filoctete* de Sófocles, 78, 88, 874, 902. Sua posição parece, pois, próxima da fala de Protágoras: cf. Cap. 4. Sobre "*phýsis*" e "*gennaîos*" (termo de Hécuba para "nobre", que implica fidelidade a um caráter ou natureza estável), ver Nussbaum, "Consequences" 25-53; para maior bibliografia sobre "*phýsis*", ver Cap. 4, n. 30, na qual ver esp. Heinimann, *Nomos und Phusis* (Basiléia, 1954, reedit. em 1965) 89-109. A palavra "*charaktér*", cujo significado original é "marco distinto" ou "selo", tem sua primeira aparição conhecida nessa peça, em conexão com a nobreza de Polixena (379). Cf. Reckford, "Concepts".

9. Cf. Reckford, "Concepts". Uma visão similar dos deuses é atribuída a Hécuba nas *Tróades* (415). Zeus pode ser "o intelecto dos mortais", ao passo que Afrodite é um nome que os mortais invocam para justificar seus excessos (886, 989).

10. Com relação a boa parte desse contexto, ver Lloyd-Jones, *JZ*, que salienta a contínua importância, no pensamento grego inicial sobre a moralidade, da idéia de que há uma ordem mundial estável que ao final levará a ofensa à justiça. Lloyd-Jones observa corretamente que essas crenças iniciais sobre a justiça cósmica são sustentadas de tal forma que a transição para as concepções antropocêntricas de Protágoras e Demócrito é "fácil e natural", e que tal transição é em muitos aspectos mais fácil do que a transição para uma teoria platônica (pp. 143-4), uma vez que a justiça de Zeus, se não antropocêntrica, é ao menos antropomórfica, estruturalmente similar aos juízos de um juiz humano. Sem negar nada disso, podemos observar que a eliminação do suporte divino estável abre ao agente possibilidades morais de um novo tipo. Ao reagir a essas possibilidades, das quais não seria possível preservar-se com um simples retorno à antiga teologia, Platão sentiu que era necessário buscar uma nova forma de *tékhne* salva-vidas. (Podemos também concordar com Lloyd-Jones ao acentuar a medida em que mesmo a concepção mais antiga deixava o agente frágil em face da contingência, de formas tais que Platão considerava intoleráveis; ver, por exemplo, seus comentários sobre o conflito à p. 141, e outras discussões sobre eles no Cap. 2.)

11. Cf. esp. G. Nagy, *The Best of the Achaeans* (Baltimore, 1981) 182 ss., com referências. Sobre a antropocentricidade dessa concepção, ver Nagy, *passim*, bem como a Introdução de J. Redfield, p. xii. Há outras referências no Cap. 1, notas. Para discussão relacionada da imagética da água em conexão com a excelência humana e o *kléos* humano, ver G. Nagy, *Comparative Studies in Greek and Indic Meter* (Cambridge, MA 1974) Cap. 3, e também meu "*Psuché* in Heraclitus, II", *Phronesis* 17 (1972) 153-70, em 160 ss., em que argumento que Heráclito tem uma concepção ética antropocêntrica ou, antes, centrada na espécie em geral, de acordo com a qual o valor, para cada tipo de ser, pode ser visto e julgado apenas no interior do contexto das necessidades e modos de vida correntes de cada espécie.

12. Sobre o papel da excelência relacional nas concepções morais mais antigas, ver os excelentes argumentos de A. A. Long, "Morals and values in Homer", *JHS* 90 (1970) 121-39.

13. Cf. Cap. 5, pp. 130-1, para um argumento relacionado sobre estabilidade.

14. Sobre o debate *nómos-phýsis* no discurso ético do século V, cf. esp. F. Heinimann, *Nomos and Phusis*; Guthrie, *The Sophists* (= *History* III, Parte 1) 55-134; M. Pohlenz, "*Nomos* und *Phusis*", *Hermes* 81 (1953) 418-83; A. W. H. Adkins, *From the Many to the One* (Londres, 1970) 110-26; Dover, *GPM*, 74-95, 256 ss.; e meu "Eleatic conventionalism and Philolaus on the conditions of thought", *HSCP* 83 (1979) 63-108 e "Aristophanes", com referências textuais e bibliografia. Sobre *phýsis*, ver referências no Cap. 4, n. 30. Sobre *nómos*, ver também P. Chantraine, *Dictionnaire étymologique de la langue grecque* III (Paris, 1974) s.v., que argumenta que o significado mais antigo da palavra é "ce qui est conforme à la règle, l'usage, les lois générales". Cf. também o estudo mais detalhado em E. Laroche, *Histoire de la racine *nem- en grec ancien* (Paris, 1949). Heinimann tem uma discussão detalhada excelente (esp. pp. 59-85) da evolução do sentido de "*nómos*" à medida que passou a ser disposto contra "*phýsis*", em lugar de ser empregado em estreita conexão com este. Pp. 121 ss. discute a *Hécuba* como um exemplo saliente dessa evolução.

15. A terminologia do debate não é inteiramente consistente. "*Phýsis*", anteriormente associada à imagem da planta e à ênfase na natureza crescente, comunal do valor antropocêntrico, torna-se, gradualmente, oposta a "*nómos*" e associada à concepção que acentua a permanência extra-humana do valor; assim, não é de todo claro apenas pela presença dessas palavras qual contraste é pretendido. É interessante que Aristóteles mantenha o uso mais tradicional de "*phýsis*", associando a idéia de que a excelência existe *phýsei* com a idéia de que ela é humana e "toda mutável", mas não, por outro lado, arbitrária ou superficial; ele às vezes utiliza "*nómos*" para o superficialmente convencional, ou inicialmente arbitrário (*EN* 1134b18-33).

16. Discuto críticas dessa inferência em meu "Eleatic conventionalism".

17. CF. Crítias DK 88 B25; Iâmbl. Anôn. DK 89.

18. Ver Laroche, *Histoire*, *passim*.

19. Cf. esp. Heráclito 102, 23; Aristóteles, *EN* X.8 (que sob muitos aspectos reflete motivos da tradição literária mais antiga, especialmente com respeito a seus retratos dos deuses.) Ver meu "*Psuché* in Heraclitus, II", e Nagy, *The Best*, *passim*.

20. Para discussão filosófica relacionada, da relação entre valores humanos e modos de vida humanos, ver esp. S. Cavell, *The Claim of Reason: Wittgenstein, Skepticism, Morality and Tragedy* (Nova York, 1980), esp. Cap. 5, e H. Putnam, *Reason, Truth, and History* (Cambridge, 1980). Há outras referências em meu "Eleatic conventionalism".

21. Relações interpessoais de confiança são essenciais ao funcionamento da sociedade homérica; não é um exagero dizer que a trama da *Ilíada* centra-se em torno do valor ético central do *pistòs hetaîros*, "amigo fidedigno" (*cf.* XVIII.235, 460, XVII.557 de Pátroclo; para outras ocorrências, ver XV.437, 331, XVII.500, 589; *Od.* XV.539). Mesmo os inimigos recebem juramentos e ofertas de hospitalidade sem precaução suspeitosa, como a relação de Aquiles e Príamo demonstra com especial clareza; isso torna tais violações desses elos, como os épicos realmente as retratam, particularmente escandalosas. Aristóteles enfatiza a importância da confiança nas crenças sobre amizade e amor em *EN* 1156b29, *EE* 1237b12, *MM* 1208b24, *Pol.* 1313b2.

22. Há sobre isso atualmente uma concordância geral. A conjectura de W. Schmid de 417 (*Gesch. d. gr. Lit.* I Teil, 3. Band, I. Hälfte (Munique, 1949)) foi há muito rejeitada.

23. Temas relativos em Tucídides são discutidos em A. L. Edmunds, *Chance and Intelligence in Thucydides* (ver. Cap. 4). Méautis, *Mythes*, vincula a peça com a observação de Tucídides das brutalidades trácias em Micalesso em 415. Além de ser anacrônica, essa ligação reflete a idéia de Méautis de que a *Hécuba* é apenas uma condenação da brutalidade bárbara e uma justificação da distinção entre grego e bárbaro; criticaremos abaixo essa idéia. Outros materiais sobre ligações entre Eurípides e o pensamento político contemporâneo podem ser encontrados, por exemplo, em Solmsen, *Intellectual Experiments*, Cap. 2, esp. pp. 56 ss., e J. H. Finley, Jr., "Euripides and Thucydides", *Three Studies on Thucydides* (Cambridge, MA, 1967); cf. também Daitz, "Concepts" 219, Abrahamson, "Euripides' tragedy" 121 ss.

24. Tucíd. III.82-3. Segui, na maior parte, a tradução dessa passagem extraordinariamente difícil de Gomme em seu *Historical Commentary on Thucydides* II (Oxford, 1956). Todas as mudanças, exceto duas, são variações estilísticas menores. (1) Na segunda sentença, aceito o irrefutável argumento de J. Wilson, "'The customary meanings of words were changed' — or were they? A note on Thucydides 3.82.4", *CQ* NS 32 (1982) 18-20. Não são os *significados* dos termos éticos que são alterados, mas suas aplicações a tipos de ações. (2) Divirjo de Gomme (e concordo com Hobbes) na importante sentença que começa com "Abertura…". Não há concordância quanto à força da construção com *metékhei*. Na frase lê-se literalmente: "A [sinceridade] aberta, de que sobretudo o nobre participa (*metékhei*)…" Alguns tradutores entendem o sentido como: "Abertura, da qual o caráter nobre é a maior parte…" Se, contudo, comparamos com a construção correspondente em 1.84.3, cujo objetivo deve ser explicar como os espartanos obtiveram sua coragem, que afirma que a maior parte da coragem é um sentimento de vergonha, e a maior parte do sentimento de vergonha é aquela moderação e regularidade que pouco antes se afirmavam produtos da lei espartana (em lugar de explicar a gênese da regularidade através da coragem), temos fortes razões para seguir Hobbes. Isso claramente faz mais sentido em qualquer caso: é muito bizarro falar do caráter nobre como uma *parte* da confiança, ao passo que é perfeitamente razoável, bem como é um sentido corroborado pelo restante da passagem, falar da confiança como uma *parte* principal do caráter nobre. Concorda, também, com o uso que Platão faz de construções com *metékhei*. A coisa *de que se participa* (a saber, a forma) é o que explica o caráter das coisas que participam. "A Justiça, de que sobretudo Sócrates participa", não significaria que Sócrates é a maior parte do que a Justiça é, mas, obviamente, que a Justiça é uma grande parte do que Sócrates é. Cf. também *Banq.* 211A, em que "o resto ou as mãos ou qualquer outra das coisas de que o corpo *metechei*" significa não que o corpo é uma parte do rosto ou das mãos, mas que essas são partes do corpo.

25. O Trasímaco de Platão, ao lhe perguntarem se a justiça é, a seu ver, um vício, responde que ela é "uma simplicidade muito nobre" (*pánu gennaía euétheia*, 348C12): é o modo como nosso caráter é quando ainda confiamos nos acordos comunais, antes de descobrir que são feitos por pessoas egoístas com o intuito de assegurar o poder para si próprias.

26. Não encontrei esse ponto na literatura. A importância do contraste entre Polixena e Hécuba é enfatizada por Conacher, *Euripidean Drama* (Toronto, 1967) 13, que, entretanto, faz dele apenas um contraste de caracteres e personalidades: é porque Hécuba tem um caráter menos nobre do que sua filha que ela é corrompida. Essa abordagem, que ignora tanto os próprios temores que Polixena tem da corrupção como a ênfase que a peça dá ao peso cumulativo das descobertas de Hécuba, é bem criticada por Abrahamson, 128-9. Cf. também Reckford, "Concepts" n. 6, com mais referências.

27. Sobre a ligação entre olhos e confiança, ver (para citar apenas alguns poucos entre muitos exemplos) Píndaro, *Nem.* VIII.40-4 (cf. Cap. 1), Ésq. *Ag.* 795 ss., *Coéf.* 671, Sóf. *Fil.* 110, Eur. *Íon*. Para uma discussão completa do olho e seu simbolismo na cultura grega e outras relacionadas, ver W. Deonna, *Le symbolisme de l'oeil* (Paris, 1965). Ver também Cap. 3, pp. 61-2, 65-8 e n. 63.

28. Cf. o desejo de Taltíbio de morrer antes de deparar com algo vergonhoso (497-8); ver Abrahamson, "Euripides' tragedy" 129.

29. O debate sobre essa questão é examinado de maneira abrangente por Reckford, "Concepts" n. 1. Entre os críticos manifestos da estrutura da peça encontram-se Kitto, *Greek Tragedy* (215, 268-9), Norwood, *Greek Tragedy*; alguns críticos acreditam que a única conexão consistente entre as partes é que ambas apresentam sofrimentos de Hécuba que contribuem para seu declínio (ver Grube, *The Drama*, Pohlenz, *Die Griechische Tragödie*). Matthaei, *Studies*, argumenta que essa não seria uma unidade suficiente; mas sua concepção da conexão – de que há um contraste entre as exigências de uma justiça comunal baseada no *nómos* e as demandas de justiça pessoal, privada – parece incapaz de explicar o próprio declínio.

30. Linhas 7, 19, 26, 82, 710, 715, 774, 781, 790, 794, 852, 890, 1216, 1235, 1247.

31. Linhas 1227, 794.

32. Para a importância da *xenía* como um valor relacional fundamental, ver por exemplo a *Ilíada* VI.119 ss., *Od*. IX.370 (em que a violação da *xenía* operada pelos Ciclopes é o sinal de sua completa obtusidade moral e de sua distância do humano – comparar Cap. 8). O tema em sua totalidade é bem discutido em H. Bolkestein, *Wohltätigkeit und Armenpflege im vorchristlichen Altertum* (Utrecht 1939) 79-94, 111, 118-32, 214-31. Cf. também M. I. Finley, *The World of Odysseus* (Londres, 1956), M. Nilsson, *Gesch. der gr. Relig.*, Erser Bd. (Munique, 1955) 417-23; E. Benveniste, *Le Vocabulaire des institutions indo-européennes* (Paris, 1969) 1, 87 ss., 341 ss. Sobre os Ciclopes, ver G. Kirk, *Myth: its Meaning and Functions in Ancient and Other Cultures* (Cambridge, 1970) 162 ss.

33. O outro par de homem-mulher que figura de modo proeminente na *Hécuba* é Helena e Páris. O crime de Páris, que também envolve uma violação da *xenía* e é responsável pela destruição da cidade, pode ser confrontado, contudo, sem desorientação moral, em parte porque a motivação erótica (cf. 635-7) o torna muito previsível, e quase inevitável.

34. Para discussão da concepção homérica e outras relacionadas da importância de conferir tratamento apropriado ao cadáver, ver Nussbaum, "*Psuché*", com referências.

35. Kirkwood, "Hecuba and *nómos*", argumenta que a mudança moral de Hécuba ocorre apenas mais tarde, quando Agamêmnon lhe recusa sua ajuda. Ele precisa, entretanto, distinguir duas mudanças morais: (1) a mudança da confiança das convenções obrigatórias para a busca solitária e suspeitosa da vingança; e (2) a mudança da crença de que outras pessoas podem ser usadas como meio instrumental nessa vingança à crença de que é melhor operar sozinha. A segunda é a mudança que tem lugar na cena com Agamêmnon; e parece bem menos importante do que a que ocorre aqui. Aqui ela percebe que tudo é "indigno de confiança"; aqui ela decide que deve adotar um novo *nómos* em lugar do antigo; aqui ela anuncia sua intenção de ser governada pelo espírito de vingança. Conacher, *Euripidean Drama* (20), Pohlenz, *Die Griechische Tragödie* (291) e Grube, *The Drama* (222) situam todos a transição crucial na descoberta do assassinato; Méautis, *Mythes*, concorda (116), acrescentando que os "derniers liens" são rompidos na cena com Agamêmnon.

36. É impossível transmitir na tradução todas as ambigüidades dessa resposta. "*Ápiston*" pode significar ou "inesperado", "imprevisto", "inacreditável", ou "indigno de confiança", "não confiável". Assim, Hécuba expressa em uma palavra tanto sua surpresa como seu sentimento de traição.

37. A peça contém um número incomumente alto de referências a *týkhe* através de várias palavras vinculadas: ver esp. 448-91, em que a resposta de Taltíbio à desordem que ele vê é perguntar-se se o mundo dos seres mortais não é governado apenas pela *týkhe*. Ver Reckford, "Concepts" n. 9.

38. Observemos que a palavra "*deinón*" é empregada aqui para sinalizar a transformação de Hécuba: em vez da notável (*deinón*) firmeza do bom caráter, temos uma surpresa nova e mais terrível: a notável injustiça feita a essa mulher (694).

39. A importância desse trocadilho como sinal da mudança moral de Hécuba é também enfatizada por Reckford, "Concepts" (n. 7, com bibliografia). Sobre a etimologia, ver Laroche, *Histoire*; Chantraine, *Dictionnaire* III s.v. *nómos*.

40. Ver n. 27 acima.
41. Essa idéia recebe um desenvolvimento notável em *Alcibíades* I 132C-133B, de Platão, em que se assevera que assim como para ver a si mesmo é necessário ver a própria imagem na *kóre* do observador, também o autoconhecimento concernente às coisas da alma requer que se conheça a si mesmo na alma de outro.
42. Cf. a discussão de Ésq. *Eum.*, neste capítulo, pp. 416-7.
43. Eurípides era notório na Antiguidade por esse interesse, que é parodiado por Aristófanes tanto em *As rãs* como em *Tesmofórias*, em que Eurípides mascara-se de mulher para obter acesso a observâncias religiosas restritas.
44. Linhas 886 ss. O primeiro é a história que forma a base para as *Suplicantes* de Ésquilo: as filhas de Dânao, ultrajadas pelo matrimônio forçado com os filhos de Egisto, matam seus maridos na noite do casamento. No segundo, as mulheres de Lemnos, tendo de algum modo ofendido Afrodite, são afligidas por um odor fastidioso que faz seus maridos negligenciá-las em favor de concubinas estrangeiras. Enfurecidas com isso, elas massacram todos os homens. Ambos os mitos parecem expressar de maneiras opostas um desejo da mulher pela auto-suficiência corporal, que se expressa em violações vingativas de uma situação de confiança.
45. Muito embora as mulheres pareçam agir em acordo, um exame cuidadoso de seu diálogo e dos versos corais revela que não há aqui uma cooperação genuína ou uma mutualidade, mas apenas projetos paralelos de vingança. Os versos corais, às vezes criticados por sua dissociação da ação (cf. Kitto, *Greek Tragedy* 217), revelam, em sua qualidade completamente pessoal e solipsista, o grau a que cada mulher, como um "eu", está obcecada com sonhos privados de vingança. Seguindo-se imediatamente ao início do esquema de vingança está o verso mais solipsista de todos (905-52), em que cada mulher se lembra de si mesma "fitando a luz sem fim no fundo do espelho dourado". Um espelho agora se substitui pelos olhos de outrem (cf. Ésq. *Ag.* 839). Muito embora cantem e ajam em uníssono, a visão de cada uma é particular.
46. Ver H. Schols, *Der Hund in der griechisch-römischen Magie und Religion* (Berlim, 1937) esp. 7 ss.; Méautis *Mythes*; Nagy, *The Best* 312-3; J. Redfield, *Nature and Culture in the Iliad* (Chicago, 1975) 193-202; e agora, R. Parker, *Miasma* (Oxford, 1983).
47. Sobre essa fala, ver Conacher, *Euripidean Drama* 22; Grube, *The Drama* 223-4; Méautis. *op. cit.*, 127-8.
48. Ver Conacher, *op. cit.*, 23-4 (que compara com Ésq. *Ag.* 385). Solmsen, *Intellectual Experiments* 56-7 – que fala estranhamente de uma "idéia utópica", um "experimento da razão".
49. Cf. *Coéf.* 924, 1054; *Eum.* 132, 246, 253-4; também 106, 111, 117 ss., 130, 326, 412; embora também tenham traços de outros animais (cf. 48, em que são comparadas às Górgonas).
50. Recordemos a importância da boa vontade e do desejo do bem na *philía* de Aristóteles.
51. Comparar a discussão dos Ciclopes e outros seres solitários nos Caps. 8 e 12.
52. A cegueira de Édipo é auto-infligida e um ato de compreensão e reconhecimento. Ele reconhece pela e na dor o verdadeiro significado de seu ato, e portanto a medida em que os atos horríveis podem tornar-se nossos sem nossa colaboração voluntária. Poliméstor, também, é uma vítima do mundo; mas a vitimização, em seu caso e no de Hécuba, faz um corte mais profundo; não há dignidade ou reconhecimento, em nenhum dos lados.
53. Comparar com a excelente reflexão sobre o significado da violência corporal em Sêneca em C. Segal, "Boundary violation and the landscape of the self in Senecan tragedy", *Antike und Abendland* 29 (1983) 172-87.
54. Penso aqui primordialmente na *Genealogia da moral*. A posição de Nietzsche em *Zaratustra* é mais complexa. Afigura-se ali que todos os seres humanos têm necessidade de ser libertados da vingança; e isso pode realizar-se apenas pela aceitação da idéia do eterno retorno, e portanto da mundaneidade, temporalidade e não-fidedignidade da existência humana.

55. Abrahamson, "Euripides' tragedy" enfatiza corretamente (128-9) que o declínio de Hécuba não é falha de um caráter especialmente fraco; de fato, mesmo suas escolhas podem ser defendidas como certas no interior dessas terríveis circunstâncias.

56. "Talvez seja mais fácil, onde vives, matar amigos-hóspedes. Para nós, gregos, de qualquer forma, isso é vergonhoso." Comparar com as afirmações de Odisseu sobre os bárbaros em 328-31; suas observações sobre as honras bárbaras a seus mortos seriam rejeitadas por uma audiência cujo texto poético central é a história do compromisso de um povo "bárbaro" em honrar seus mortos. Tampouco a peça sustenta suas acusações: termina com a partida de Hécuba para enterrar seus filhos mortos. Quanto a Agamêmnon, a diferença que ele alega não é em parte alguma corroborada na literatura ou na mitologia: somente Ciclopes não-humanos violam despreocupadamente a *xenía*. Sobre Agamêmnon, ver também Matthaei, *Studies* 150, e Grube, *The Drama* 222, que estranhamente denomina esse comportamento "deliciosamente humano".

57. É velho, claramente, em relação à sua própria tradição poética: comparar o final do *Filoctete* de Sófocles, em que os guerreiros em retorno serão escoltados da ilha em um navio conduzido pelo "grande destino, o julgamento dos amigos, e o *daímon* que tudo domina, que trouxe essa realização". (Ver Nussbaum, "Consequences".)

58. Em meu trabalho para este capítulo, sou grata a Kenneth Reckford, que primeiro me instou a incluir uma discussão sobre a *Hécuba* neste livro; às audiências da Universidade de Harvard e da Universidade de Iowa por uma discussão muito proveitosa; a Ruth Padel e a Harvey Yunis por comentários extremamente proveitosos.

BIBLIOGRAFIA

Os títulos freqüentemente citados nas notas são referidos apenas pelo sobrenome do autor e título abreviado: as abreviações são apresentadas aqui ao final das entradas relevantes.

ABRAHAMSON, E. L. "Euripides' tragedy of Hecuba", *TAPA* 83 (1952), 120-9.

ACKRILL, J. L. "Aristotle's distinction between *energeia* and *kinesis*", *in* R. Bambrough, org., *New Essays on Plato and Aristotle*. Londres, 1965, pp. 121-41.

"In defense of Platonic division", *in* O. P. Wood e G. Pitcher, orgs., *Ryle*. Garden City, 1970, pp. 373-92.

"Aristotle on 'Good' and the Categories", *in* S. M. Stern *et al.*, orgs., *Islamic Philosophy and the Classical Tradition: Essays presented to Richard Walzer*. Oxford, 1972, pp. 17-25. Reedit. *in* J. Barnes, org., *Articles*, vol. II, pp. 17-24.

"Aristotle on *Eudaimonia*", *PBA* 60 (1974), 339-59. Reedit. *in* A. O. Rorty, org., *Essays*, pp. 15-34.

"Aristotle on action", *Mind* 87 (1978), 595-601. Reedit. *in* Rorty, *Essays*, pp. 93-103.

ADAM, J., org. *The Republic of Plato*, 2 vols. Cambridge, 1902, reedit. em 1969.

ADKINS, A. W. H. *Merit and Responsibility*. Oxford, 1960 [*Merit*].

"Basic Greek values in Euripides' *Hecuba* and *Hercules Furens*" *CQ* NS 16 (1966), 193-219.

From the Many to the One. Londres, 1970.

"*Arete, Techne*, democracy and sophists: *Protagoras* 316B-328D", *JHS* 93 (1973), 3-12.

ALLAN, D. J. "*Magna Moralia* and *Nicomachean Ethics*", *JHS* 77 (1957), 7-11.

ALLEN, R. E., org. *Studies in Plato's Metaphysics*. Londres, 1965.

ANNAS, J. *Aristotle's Metaphysics M and N*. Clarendon Aristotle Series. Oxford, 1976.

"Plato and Aristotle on friendship and altruism", *Mind* 86 (1977), 532-54.

"Truth and knowledge", *in* M. Schofield *et al.*, orgs., *Doubt and Dogmatism*, pp. 84-104.

An Introduction to Plato's Republic. Oxford, 1981.

ANTON, J. "Some Dionysian references in the Platonic dialogues", *CJ* 58 (1962-63), 49-55.

ANTON, J. e Kustas, G., orgs. *Essays in Ancient Greek Philosophy*. Albany, NY, 1972.

ARROWSMITH, W. Introdução e tradução da *Hécuba* de Eurípedes, *in* D. Greene e R. Lattimore, *Greek Tragedies*, vol. III, Chicago, 1959, pp. 488-554.

AUSTIN, J. L. "*Agathon* and *Eudaimonia* in the ethics of Aristotle", *in* Austin, *Philosophical Papers*. Oxford, 1961, pp. 1-31. Reedit. *in* J. M. E. Moravcsik, org., *Aristotle*, pp. 261-96.

Philosophical Papers. Oxford, 1961.

BACON, H. "Socrates crowned", *Virginia Quarterly Review* 35 (1959), 415-30.

BAHMUELLER, C. *The National Charity Company: Jeremy Bentham's Silent Revolution*.

BAMBROUGH, R., org. *New Essays on Plato and Aristotle*. Londres, 1965.

BARNES, J., Schofield, M. e Sorabji, R., orgs. *Articles on Aristotle*, vol. I, Londres, 1975; vol. II, 1977; vol. III, 1979; vol. IV, 1979. [*Articles*]

BARRETT, W., org. *Euripides: Hippolytus*. Oxford, 1964.

BEAUVOIR, S. de. *The Second Sex* (1949), trad. H. M. Parshley. Nova York, 1952.

BEAZLEY. J. "Some Attic vases in the Cyprus Museum", *PBA* 33 (1947), 195-244.

BECKER, O. *Zwei Untersuchungen zur antiken Logik, Klassisch-philologische Studien* 17 (1957), 20 ss.

BERNARDETE, S. G. "Two notes on Aeschylus' *Septem*", *Wiener Studien* 1 (1967), 22-30; 2 (1968), 5-17. "A reading of Sophocles' *Antigone*", *Interpretation* 4 (1975), 148-96; 5 (1975), 1-55, 148-84.

BENVENISTE, E. *Noms d'agent et noms d'action en indo-européen*. Paris, 1948.

Le Vocabulaires des institutions indo-européennes, 2 vols. Paris, 1969.

BERLIN, I. *Concepts and Categories*. Nova York, 1978.

BERNAYS, J. *Grundzüge der verlorenen Abhandlung des Aristoteles über Wirkung der Tragödie*. Breslau, 1857; reedit. *in* Hildesheim, 1970.

BERTI, E., org. *Aristotle on Science: the "Posterior Analytics"*, Minuta do 8.º Symposium Aristotelicum. Pádua, 1981.

BOEDER, H. "Der frühgriechische Wortgebrauch von *Logos* und *Alétheia*", *Archiv für Begriffsgeschichte* 4 (1959), 81-112.

BOLKESTEIN, H. *Wohltätigkeit und Armenpflege im vorchristlichen Altertum*. Utrecht, 1939.

BOLTON, R. "Essentialism and semantic theory in Aristotle", *PR* 85 (1976), 514-55.

BOWERSOCK, G. W., Burkert, W. e Putnam, M. C. J., orgs. *Arktouros: Hellenic Studies Presented to Bernard M.W. Knox*. Berlim/Nova York, 1979.

BOWRA, C. M. "Plato's epigram on Dion's death", *AJP* 59 (1938), 394-404.

BRADLEY, A. C. "Hegel's theory of tragedy", *Oxford Lectures on Poetry*. Londres, 1950, pp. 69-95. Reedit. *in* A. e H. Paolucci, orgs., *Hegel on Tragedy*, pp. 367-88.

BRANDT, R. B. "The morality and rationality of suicide", *in* J. Rachels, org., *Moral Problems*. Nova York, 1975, pp. 363-87.

BRANDWOOD, L. A. *A Concordance to Plato*. Leeds, 1976.

BREMER, J. M. *Hamartia*. Amsterdam, 1969.

BULTMANN, R. "Polis und Hades in der *Antigone* des Sophokles", *in* H. Diller, org., *Sophokles*. Wege der Forschung. Darmstadt, 1967, pp. 311-24.

BUNDY, E. *Studia Pindarica*. Berkeley, 1962.

BURGER, R. *Plato's Phaedrus*. Birmingham, 1980.

BURIKS, A. A. *Peri Tuches: De ontwikkeling van het begrip tuche tot aan de Romeinse tijd, hoofdzakelijk in de philosophie*. Leiden, 1955.

BURKERT, W. "Greek tragedy and sacrificial ritual", *GRBS* 7(19) (66), 87-121. *Homo Necans: Interpretationen altgriechischer Opferriten und Mythen*. Berlim, 1972.

BURNETT, A.P. *Catastrofe Survived: Euripides' Plays of Mixed Reversal*. Oxford, 1971.

BURNYEAT, M. F. "Protagoras and self-refutation in Plato's *Theaetetus*", *PR* 85 (1976), 172-95.

"Protagoras and self-refutation in later Greek philosophy", *PR* 85 (1976), 44-69.

"The virtues of Plato", *NYRB* 26 (1979), 56-60.

"Can the skeptic live his skepticism?", *in* M. Schofield *et. al.*, orgs., *Doubt and Dogmatism*, pp. 20-53.

"Aristotle on learning to be good", *in* Rorty, *Essays*, pp. 69-92.

"Aristotle on understanding knowledge", *in* E. Berti, org., *Aristotle on Science*. Pádua, 1981, pp. 97-139.

Resenha de M. C. Nussbaum, *Aristotle's De Motu Animalium*, *AGP* 63 (1981), 184-9.

BURY, R. G., org. *The Symposium of Plato*. Cambridge, 1932; reedit. em 1966.

CAMERER, L. *Praktische Klugheit bei Herodot: Untersuchungen zu den Beriffen Mechane, Techne, Sophie*. Tübingen, 1965.

CAVELL, S. *The Claim of Reason: Wittgenstein, Skepticism, Morality, and Tragedy*. Nova York, 1979.

CHANTRAINE, P. *Dictionnaire étymologique de la langue grecque*, vol. III. Paris, 1974.

CLAY, D. "The tragic and comic poet of the *Symposium*", *Arion* NS 2 (1975), 238-61.

"Socrates' prayer to Pan", *in* G. W. Bowersock, W. Burkert e M. C. J. Putnam, orgs., *Arktouros*. Berlim/Nova York, 1979, pp. 345-53.

COLE, A. T. *Democritus and the Sources of Greek Anthropology*. New Haven, 1967.

"The relativism of Protagoras", *YCS* 22 (1972), 19-46.

CONACHER, D. J. *Euripidean Drama*. Toronto, 1967.

CONNOR, W. R. *The New Politicians of Fifth-Century Athens*. Princeton, 1971.

COOPER, J. M. "The *Magna Moralia* and Aristotle's moral philosophy", *AJP* 94 (1973), 327-49.

Reason and Human Good in Aristotle. Cambridge, MA, 1975.

"Aristotle on friendship", *in* Rorty, *Essays*, pp. 301-40.

Resenha de A. Kenny, *The Aristotelian Ethics*, *in Nous* 15:1 (1981), 381-92.

"Hypothetical necessity", a sair em A. Gotthelf, org., Festschrift para David Balme. Pittsburgh, 1986.

CORNFORD, F. M. *Principium Sapientiae*. Cambridge, 1952.

CROMBIE, I. M. *An Examination of Plato's Doctrines*. Vol. I, Londres, 1962; vol. II, 1963.

CROSS, R. C. e Woozley, A. D. *Plato's Republic: a Philosophical Commentary*. Londres, 1964.

CROTTY, K. *Song and Action: The Victory Odes of Pindar*. Baltimore, 1982.

DAITZ, S. G. "Concepts of freedom and slavery in Euripides' *Hecuba*", *Hermes* 99 (1971), 217-26.

org. *Euripidis Hecuba*. Edição Teubner. Leipzig, 1973.

DAVIDSON, A. *Religion and the Fanaticism of Reason*. Tese para obtenção de título de Ph.D. Harvard University, 1982.

DAVIDSON, D. "How is weakness of will possible?", *in* J. Feinberg, org., *Moral Concepts*. Oxford, 1969, pp. 93-113.

DAWE, R. D. "The end of the *Seven Against Thebes*", *CQ* NS 17 (1967), 16-28.

"Some reflections on *até* and *hamartia*", *HSCP* 72 (1967), 89-123.

DENNISTON, J. D. e Page, D., orgs. *Aeschylus: Agamemnon*. Oxford, 1957.

DEONNA, W. *Le Symbolisme de l'oeil*. Paris, 1965.

DERRIDA, J. "La pharmacie de Platon", *Tel Quel* 32, 33 (1968), 3-48. Reedit. *in* Derrida, *La Dissémination*. Paris, 1972, pp. 69-197.

DETIENNE, M. *Les Maîtres de vérité en Grèce ancienne*. Paris, 1967.

Les Jardins d'Adonis. Paris, 1972.

DETIENNE, M. e Vernant, J.-P. *Les ruses d'intelligence: la Mètis des grecs*. Paris, 1974. [*Mètis*]

eds. *La Cuisine du sacrifice en pays grec*. Paris, 1979.

DIAMOND, C. "Having a rough story about what moral philosophy is", *NLH* 15 (1983), 155-70.

DIRLMEIER, F., trad. *Aristotle: Magna Moralia*. Berlim, 1958.

DODDS, E. R. *The Greeks and the Irrational*. Berkeley. 1951. [*GI*]

   trad. e coment. *Plato: Gorgias*. Oxford, 1959.

   "Morals and politics in the *Oresteia*", PCPS 186 NS 6 (1960), 19-31. Reedit. *in*

   Dodds, *The Ancient Concept of Progress*, pp. 45-63. "On Misunderstanding the *Oedipus Resc*", GR 13 (1966), 37-49.

   The Ancient Concept of Progress and Other Essays on Greek Literature and Belief. Oxford, 1973. [*ACP*]

DONAGAN, A. "Consistency in rationalist moral systems", *JP* 81 (1984), 291-309.

DORTER, K. "The significance of the speeches in Plato's *Symposium*", *Philosophy and Rhetoric* 2 (1969), 215-34.

DOVER, K. J. "The date of Plato's *Symposium*", *Phronesis* 10 (1965), 2-20.

   "Aristophanes' speech in Plato's *Symposium*", *JHS* 86 (1966), 41-50.

   Lysias and the Corpus Lysiacum. Berkeley, 1968.

   Aristophanic Comedy. Londres, 1972.

   "Some neglected aspects of Agamemnon's dilemma", *JHS* 93 (1973), 58-69.

   Greek Popular Morality. Oxford, 1974. [*GPM*]

   Greek Homosexuality. Cambridge, MA, 1978. [*GH*]

   "The portrayal of moral evaluation in Greek poetry", *JHS* 103 (1983), 35-48.

DÜRING, I. *Aristotle in the Ancient Biographical Tradition*. Göteborg, 1957.

   Aristoteles. Heidelberg, 1966.

DÜRING, I e Owen, G. E. L., orgs. *Aristotle and Plato in the Mid-Fourth Century*. Minuta do 1.º Symposium Aristotelicum. Göteborg, 1960.

ELDESTEIN, L. *The Idea of Progress in Classical Antiquity*. Baltimore, 1967.

EDMUNDS, A. L. *Chance and Intelligence in Thucydides*. Cambridge, MA, 1975.

EDWARDS, M. "Agamemnon's decision: freedom and folly in Aeschylus' *Agamemnon*", *California Studies in Classical Antiquity* 10 (1977), 17-38.

ELLENDT, F. T. *Lexicon Sophocleum*. Berlim, 1872.

ELSE, G. *Aristotle's Poetics: the Argument*. Cambridge, MA, 1967.

ENGBERG-PEDERSON, T. "More on Aristotelian epagoge", *Phronesis* 24 (1979), 301-19.

ERBSE, H. "Zur Exodos der Sieben", *in* J. L. Heller, org., *Serta Turyniana*. Urbana, 1974, pp. 169-98.

FARNELL, L. R., trad. e coment. *The Works of Pindar*. Londres, 1932.

FINLEY Jr., J. H. "Euripedes and Thucydides", *in* J. H. Finley, *Three Studies on Thucydides*. Cambridge, MA, 1967.

FINLEY, M. I. *The World of Odysseus*. Londres, 1956.

FLASHAR, H. "The critique of Plato's ideas in Aristotle's *Ethics*", trad. *in* Barnes, *Articles* II, 1-16.

FOOT, P. "Moral realism and moral dilemma", *JP* 80 (1983), 379-98.

FRAASSEN, B. van. "Values and the heart's command", *JP* 70 (1973), 15-9.

FRAENKEL, E., org. *Aeschylus, Agamemnon*, 3 vols. Oxford, 1950.

   "Schluss des *Sieben gegen Theben*", *Mus Helv* 21 (1964), 58-64.

FREDE, M. "Des Skeptikers Meinungen", *Neue Hefte für Philosophie* 15/16 (1979), 102-29.

   "The original notion of cause", *in* M. Schofield *et al.*, orgs., *Doubt and Dogmatism*, pp. 217-49.

FREUD, S. *Totem and Taboo: Some Points of Agreement Between the Mental Lives of Savages and Neurotics* (1912-13), trad. J. Strachey. Nova York, 1950.

FRISCHER, B. *The Sculpted Word: Epicureanism and Philosophical Recruitment in Ancient Greece*. Berkeley, 1982.

FRITZ, K. von. "The discovery of incommensurability by Hippasus of Metapontum", *in* D. Furley, D. e R. E. Allen, orgs., *Studies in Presocratic Philosophy*. Vol. I, Londres, 1970, pp. 382-442.

FURLEY, D. "Self movers", *in* G. E. R. Lloyd e G. E. L. Owen, orgs., *Aristotle on Mind and the Senses*. Minuta do 7.º Symposium Aristotelicum. Cambridge, 1978, pp. 165-80.

GADAMER, H. G. *Platons dialektische Ethik*. Hamburgo, 1968.

GAGARIN, M. *Aeschylean Drama*. Berkeley, 1976.

"Socrates' *hubris* and Alcibiades' failure", *Phoenix* 31 (1977), 22-37.

GEACH, P. "Plato's *Euthyphro*", *The Monist* 50 (1966), 369-82.

GIBSON, M. "Rationality", *PPA* 6 (1977)193-225.

GOHEEN, R. F. *The Imagery of Sophocles' Antigone*. Princeton, 1951.

GOLDEN, L. "Catharsis", *TAPA* 93 (1962), 51-60.

trad. *Aristotle's Poetics*. Englewood Cliffs, NJ, 1968.

"Mimesis and catharsis", *CP* 64 (1969), 45-53.

GOLDSCHMIDT, V. *Les Dialogues de Platon*. Paris, 1947, 2.ª org. 1963.

GOMME, A. W. *A Historical Commentary on Thucydides*, vol. I, Oxford, 1945; vol. II e vol. III, 1956.

GOMME, A. W., Dover, K. J. e Andrewes, A. *A Historical Commentary on Thucydides*, vol. IV, Oxford, 1970.

GOSLING, J. C. B. *Pleasure and Desire*. Oxford, 1969.

"More Aristotelian pleasures", *PAS* 74 (1973-4), 15-34.

GOSLING, J. C. B. e Taylor, C. C. W. *The Greeks on Pleasure*. Oxford, 1982.

GOULD, T. *Platonic Love*. Londres, 1963.

GRICE, H. P. "Method in philosophical psychology", *PAPA* 48 (1974-5), 23-53.

GRISWOLD, C. "The ideas and criticism of poetry in Plato's *Republic*, Book 10", *JHP* 19 (1981), 135-50.

"Style and philosophy: the case of Plato's dialogues", *The Monist* 63 (1980), 530-46.

"Self-knowledge and the 'idea' of the soul in Plato's *Phaedrus*", *Revue de Métaphysique et de Morale* 26 (1981), 472-94.

GROAG, E. "Zue Lehre vom Wesen der Seele in Platons *Phaedros* und im x. Buche der *Republik*", *Wiener Studien* 37 (1915), 189-22.

GROTE, G. *A History of Greece*. Vol. VII, Londres, 1888.

GRUBE, G. M. A. *The Drama of Euripides*. Londres, 1941.

GUNDERT, H. *Der platonische Dialog*. Heidelberg, 1968.

GUTHRIE, W. K. C., trad. *Plato, Protagoras and Meno*. Londres, 1956.

"Plato's views on the nature of the soul", *in* G. Vlastos, *Plato*, II, pp. 230-43.

A History of Greek Philosophy, vol III, Cambridge, 1969; vol IV, 1975. [*History*]

HACKFORTH, R. "Hedonism in Plato's *Protagoras*", *CQ* NS 22 (1982), 39-42.

trad. e coment. *Plato's Phaedrus*. Indianapolis, 1952.

HAMMOND, N. G. L. "Personal freedom and its limitations in the *Oresteia*", *JHS* 85 (1965), 42-55.

HANSLICK, E. *The Beautiful in Music* (7.ª org. Leipzig, 1885), trad. G. Cohen. Indianapolis, 1957.

HARDIE, W. F. R. *Aristotle's Ethical Theory*. 2.ª org., Oxford, 1981.

HARE, R. M. *The Language of Morals*. Oxford, 1952.

Moral Thinking. Oxford, 1981.

HARSH, P. W. "*Hamartia* again", *TAPA* 76 (1945), 47-58.

HARTLAND-SWANN, J. "Plato as poet: a critical interpretation", *Philosophy* 26 (1951), 3-18, 131-41.

HATZFELD, J. "Du nouveau sur Phèdre", *REA* 41 (1939), 311-8.

HAVELOCK, E. *The Liberal Temper in Greek Politics*. Londres, 1957.

HEATH, T. *A History of Greek Mathematics*. Oxford, 1921.

HEGEL, G. W. F. *The Philosophy of Fine Art* (1835), trad. F. P. B. Osmaston. Londres, 1920.

HEINIMANN, F. *Nomos and Phusis*. Basiléia, 1945.

HENDERSON, J. J. *The Maculate Muse: Obscene Language in Attic Comedy*. New Haven, 1975.

HENRICHS, A. "Human sacrifice in Greek religion: three case studies", *in Le Sacrifice dans l'antiquité*, Fondation Hardt, *Entretiens sur l'Antiquité Classique* 27 (1981), 195-235.

HERMANN, G. *Euripidis Opera*. 1.ª org., Leipzig, 1800; 2.ª org., 1831.

HESTER, D. A. "Sophocles the unphilosophical: a study in the *Antigone*", *Mnemosyne* 4.ª ser. 24 (1971), 11-59.

HINTIKKA, K. J. J. "Deontic logic and its philosophical morals", *in* Hintikka, *Models for Modalities*. Dordrecht, 1969, pp. 184-214.

HIRZEL, R. *Themis, Dike und Verwandtes*. Leipzig, 1907.

HOLWERDA, D. *Commentatio de vocis quae est jmsiz vi atque usu*. Groningen, 1955.

HOOK, J. *Friendship and Politics in Aristotle's Ethical and Political Thought*. Tese B. A. *summa cum laude*. Harvard University, 1977.

HORNSBY, R. "Significant action in the *Symposium*", *CJ* 52 (1956-7), 37-40.

HUME, D. *A Treatise of Human Nature* (1739), org. L. A. Selby-Bigge. Oxford, 1888.

HYLAND, D. "Why Plato wrote dialogues", *Philosophy and Rhetoric* I (1968), 38-50.

IRWIN, T. H. "Aristotle's discovery of metaphysics", *RM* 31 (1977), 210-29.

Plato's Moral Theory. Oxford, 1977 [*PTM*]

trad. e coment. *Plato: Gorgias*. Clarendon Plato Series. Oxford, 1979.

"Reason and responsibility in Aristotle", *in* Rorty, *Essays*, pp. 117-56.

"Aristotle's concept of signification", *in* M. Schofield e M. C. Nussbaum, orgs., *Language and Logos*. Cambridge, 1982.

ISNARDI PARENTE, M. *Techné*. Florença, 1966.

JEBB, R. C., org. e coment. *Sophocles: the Antigone*. Cambridge, 1900.

JOACHIM, H. H. *The Nicomachean Ethics*. Oxford, 1951.

JONES, J. *On Aristotle and Greek Tragedy*. Londres, 1962.

KAHN, C. H. *Anaximander and the Origins of Greek Cosmology*. Nova York, 1960.

The Art and Thought of Heraclitus. Cambridge, 1979.

"Drama and dialectic in Plato's *Gorgias*", *OSAP* 1 (1983), 75-121.

KAMERBEEK, J. C. *Sophocles' Antigone*. Leiden, 1945.

KANT, I. *Groundwork of the Metaphysics of Morals* (Berlim, 1785), trad. H. J. Paton. Nova York, 1960.

Critique of Practical Reason (Berlim, 1788), trad. Lewis White Beck. Indianapolis, 1956.

Religion within the Limits of Reason Alone (Berlim, 1791), trad. T. M. Greene e H. H. Hudson. Nova York, 1960.

The Metaphysical Elements of Justice. Parte I de *The Metaphysics of Morals* (Berlim, 1797), trad. J. Ladd. Indianapolis, 1965.

The Doctrine of Virtue. Parte II de *The Metaphysics of Morals* (Berlim, 1797), trad. M. J. Gregor. Filadélfia, 1969.

KASSEL, R., org., *Aristotelis Ars Rhetorica*. Berlim, 1976.

KENNY, A. *The Aristotelian Ethics*. Oxford, 1978.

Aristotle's Theory of the Will. Londres, 1979.

"A stylometric comparison between five disputed works and the remainder of the Aristotelian corpus", *in* P. Moraux e J. Wiesner, orgs., *Zweifelhaftes im Corpus Aristotelium*. Berlim, 1983, pp. 345-66.

KERFERD, G. B. "Plato's Account of the Relativism of Protagoras", *Durham University Journal* 42 NS 11 (1949-50), 20-6.

"Protagoras' doctrine of justice and virtue in the *Protagoras* of Plato", *JHS* 73 (1953), 42-5.

The Sophistic Movement. Cambridge, 1981.

KEYT, D. "Intellectualism in Aristotle", *in* G. C. Simmons, org., *Paideia: Special Aristotle Issue* (1978), 138-57.

KIRK, G. S. *Myth: its Meaning and Functions in Ancient and Other Cultures*. Cambridge, 1970.

KIRKWOOD, G. M. "Hecuba and *nomos*", *TAPA* 78 (1947), 61-8.

KITTO, H. D. F. *Greek Tragedy*. Londres, 1939.

KNOX, B. *The Heroic Temper: Studies in Sophoclean Tragedy*. Berkeley, 1964.

"The Socratic method", resenha de K. J. Dover, *Greek Homosexuality*, *NYRB* 25 (1979), 5-8.

KOSMAN, L. A. "Predicating the good", *Phronesis* 13 (1968), 171-4.

"Explanation and understanding in Aristotle's *Posterior Analytics*", *in* Lee, *Exegesis*, pp. 374-92.

"Platonic Love", *in* W. H. Werkmeister, org., *Facets of Plato's Philosophy*, *Phronesis Suppl.* II. Assen, 1976, pp. 53-69.

"Being properly affected", *in* Rorty, *Essays*, pp. 103-16.

"Substance, being, and *energeia*", *OSAP* 2 (1984), 121-49.

KRANZ, W. "Diotima", *Die Antike* 2 (1926), 313-27.

KRAUT, R. "Reason and Justice in Plato's *Republic*", *in* Lee, *Exegesis*, pp. 207-24.

KRENTZ, A. A. "Dramatic form and philosophical content in Plato's Dialogues", *Phil Lit* 7 (1983), 32-47.

KRISCHER, T. "*Etymos* und *aléthés*", *Philologus* 109 (1965), 161-74.

KUHN, H. "The true tragedy: on the relationship between Greek tragedy and Plato", *HSCP* 52 (1941), 1-40; 53 (1942), 37-88.

KUHNS, R. *The House, the City, and the Judge: the Growth of Moral Awareness in the Oresteia*. Indianapolis, 1962.

KURZ, D. *Akribeia: das Ideal der Exaktheit bei den Griechen bis Aristoteles*. Göppingen, 1970.

LAROCHE, E. *Histoire de la racine *nem en grec ancien*. Paris, 1949.

LEBECK, A. *The Oresteia: a Study in Language and Structure*. Washington, Centro de Estudos Helênicos; distribuído por Harvard University Press. Cambridge, MA, 1971.

"The central myth of Plato's *Phaedrus*", *GRBS* 13 (1972), 267-90.

LEE, E. N. "'Hoist with his own petard': ironic and comic elements in Plato's critique of Protagoras (*Tht.* 161-71)", *in* Lee, *Exegesis*, pp. 225-61.

LEE, E. N., Mourelatos, A. P. D. e Rorty, R. M., orgs. *Exegesis and Argument: Studies in Greek Philosophy Presented to Gregory Vlastos*, *Phronesis Suppl.* 1. Assen, 1973. [*Exegesis*]

LEFKOWITZ, M. R. *The Victory Ode*. Park Ridge, NJ, 1976.

LEIGHTON, S. "Aristotle and the emotions", *Phronesis* 27 (1982), 144-74.

LEMMON, E. J. "Moral dilemmas", *PR* 71 (1962), 139-58.

LESHER, J. "The role of *nous* in Aristotle's *Posterior Analytics*", *Phronesis* 18 (1973), 44-68.

LESKY, A. "Psychologie bei Euripides", *in* Fondation Hardt, *Entretiens sur l'Antiquité Classique* 6 (1958), 123-50. Também em E. Schwinge, org., *Euripides*, pp. 97-101.

"Decision and responsibility in the tragedy of Aeschylus", *JHS* 86 (1966), 78-85.
LEVI, A. "The ethical and social thought of Protagoras", *Mind* 49 (1940), 284-302.
LEWIS, D. M. "Who was Lysistrata?", *Annual of the British School of Athens* (1955), 1-12.
LINFORTH, I. M. "Antigone and Creon", *University of California Publications in Classical Philology* 15 (1961), 183-260.
LIVINGSTONE, R. W., org. *Portrait of Socrates*. Oxford, 1938.
LLOYD, G. E. R. "Who is attacked in *On Ancient Medicine?*", *Phronesis* 8 (1963), 108-26.
   Magic, Reason, and Experience: Studies in the Origins and Development of Greek Science. Cambridge, 1981.
   Science, Folklore, and Ideology: Studies in the Life Sciences in Ancient Greece. Cambridge, 1983.
   The Revolutions of Wisdom. Berkeley, 1987.
LLOYD, G. E. R. e Owen, G. E. L., orgs. *Aristotle on Mind and the Senses*: Minuta do 7.º Symposium Aristotelicum. Cambridge, 1978.
LLOYD-JONES, H. "Notes on Sophocles' *Antigone*", *CQ* NS 7 (1957), 12-27.
   "The end of the *Seven Against Thebes*", *CQ* NS 9 (1959), 80-115.
   "The guilt of Agamemnon", *CQ* NS 12 (1962), 187-99. ["Guilt"]
   The Justice of Zeus. Berkeley, 1971. [JZ]
   "Modern interpretation of Pindar", *JHS* 93 (1973), 109-37.
   "Women and love", resenha de K. J. Dover, *Greek Homosexuality. New Statesman* 6 (1978), 442. Reedit. in Lloyd-Jones, *Classical Survivals: the Classics in the Modern World*. Londres, 1982, pp. 97-100.
   "Pindar", Lecture on a Master Mind, *PBA* 68 (1982), 139-63.
   "Artemis and Iphigeneia", *JHS* 103 (1983), 87-102.
LOCKE, J. *An Essay Concerning Human Understanding* (1690), org. P. H. Nidditch. Oxford, 1975.
LOENEN, D. *Protagoras and the Greek Community*. Amsterdam, 1940.
LONG, A. A. "Morals and values in Homer", *JHS* 90 (1970), 121-39.
   "Aristotle and the history of Greek skepticism", *in* D. J. O'Meara, org., *Studies in Aristotle*. Washington, D. C., 1981, 79-106.
   "Pro and contra fratricide: Aeschylus *Septem* 653-719", *in* J. H. Betts, org., volume em honra de T. B. L. Webster. Bristol, a sair.
LORAUX, N. *Les Enfants d'Athéna: idées athéniennes sur la citoyenneté et la division des sexes*. Paris, 1981.
   L'Invention d'Athènes: histoire de l'oraison funèbre dans la "cité classique". Paris, 1981.
LUCAS, D. W., org. e coment. *Aristotle's Poetics*. Oxford, 1968.
LYONS, J. *Structural Semantics: an Analysis of Part of the Vocabulary of Plato*. Oxford, 1963.
MACKIE, J. L. *The Cement of the Universe*. Oxford, 1974.
MACLEOD, C. W. "Politics and the *Oresteia*", *JHS* 102 (1982), 124-44.
MANSION, S., org. *Aristote et les problèmes de méthode*. Minuta do 2.º Symposium Aristotelicum. Louvain, 1961.
MARCUS, R. B. "Moral dilemmas and consistency", *JP* 77 (1980), 121-36.
MATTHAEI, L. *Studies in Greek Tragedy*. Cambridge, 1918.
MÉAUTIS, G. *Mythes inconnus de la Grèce antique*. Paris, 1944.
MELDEN, A. *Free Action*. Londres, 1961.
MERITT, B. D. "Greek inscriptions (14-27)", *Hesperia* 8 (1939), 48-90.
MEULI, K. "Griechische Opferbräuche", *in* O. Gigon, org., *Phyllobolia, Festschrift P. von der Mühll*. Basiléia, 1960.

MEUSS, H. *Tyche bei den attischen Tragikern*. Hirschberg, 1899.

MORAUX, P. e Wiesner, J., orgs. *Zweifelhaftes im Corpus Aristotelicum: Studien zu einingen Dubia*. Minuta do 9.° Symposium Aristotelicum. Berlim, 1983.

MORAVCSIK, J. M. E., org. *Aristotle: a Collection of Critical Essays*. Garden City, 1967.

"Reason and Eros in the ascent passage of the *Symposium*", in J. Anton e G. Kustas, orgs., *Essays in Ancient Greek Philosophy*. Albânia, 1972, pp. 285-302.

"Understanding and knowledge in Plato's dialogues", *Neue Hefte für Philosophie* 15/16 (1979), 53-69.

MORAVCSIK, J. M. E. e Temko, P., orgs. *Plato on Beauty, Wisdom, and the Arts*, APQ Library of Philosophy. Totowa, 1982.

MORRISON, J. S. "The place of Protagoras in Athenian public life", *CQ* 35 (1941), 1-16.

"The shape of the earth in Plato's *Phaedo*", *Phronesis* 4 (1959), 101-19.

MOSER, S. e Kustas, G. "A comment on the 'relativism' of Protagoras", *Phoenix* 20 (1966), 111-5.

MOURELATOS, A. P. D., org. *The Presocratics*. Garden City, NY, 1974.

MÜLLER, G., org. *Sophokles: Antigone*. Heidelberg, 1967.

MURDOCH, I. *The Sovereignty of Good*. Londres, 1970.

The Fire and the Sun: Why Plato Banished the Artists. Oxford, 1977.

MURDOCH, I. e Magee, B. "Philosophy and literature: dialogue with Iris Murdoch", *in*

MAGEE, org., *Men of Ideas*. Nova York, 1978, pp. 264-84.

MURPHY, N. R. *The Interpretations of Plato's Republic*. Oxford, 1951.

MURRAY, G., org. *Euripidis Fabulae*, Vol. I. Oxford Classical Texts. Oxford, 1902.

NAGEL, T. "War and massacre", *PPA* 1 (1972), 123-44. Reedit. *in* Nagel, *Mortal Questions*, pp. 53-74.

"Moral luck", *PASS* 50 (1976), 137-51. Reedit. *in* Nagel, *Mortal Questions*, pp. 24-38.

Mortal Questions. Cambridge, 1979.

NAGEL, T., Irwin, T. H. e Burnyeat, M. F. "An exchange on Plato", *NYRB* 27 (1980), 51-3.

NAGY, G. *Comparative Studies in Greek and Indic Meter*. Cambridge, MA, 1974.

The Best of the Achaeans. Baltimore, 1979.

NIETZSCHE, F. W. *The Birth of Tragedy* (1872), trad. W. Kaufmann. Nova York, 1976.

Thus Spoke Zarathustra (1883-5), trad. W. Kaufmann. Nova York, 1954.

The Will to Power (1883-8), trad. W. Kaufmann e R. J. Hollingdale. Nova York, 1967.

NILSSON, M. *Geschichte der griechische Religion*, vol. I, Munique, 1995.

NORWOOD, G. *Greek Tragedy*. Londres, 1929.

NOZICK, R. *Philosophical Explanations*. Cambridge, MA, 1981.

NUSSBAUM, M. C. "*Psuché* in Heraclitus, II", *Phronesis* 17 (1972), 153-70.

"The text of Aristotle's *De Motu Animalium*", *HSCP* 80 (1976), 143-4.

"Consequences and character in Sophocles' *Philoctetes*", *Phil Lit* 1 (1976-7), 25-53. ["Consequences"]

Aristotle's De Motu Animalium. Princeton, 1978. [*De Motu*]

Resenha de I. Murdoch, *The Fire and the Sun: Why Plato Banished the Artists*, *Phil Lit* 2 (1978), 125-6.

"The speech of Alcibiades: a reading of Plato's *Symposium*", *Phil Lit* 3 (1979), 131-72.

"Eleatic conventionalism and Philolaus on the conditions of thought", *HSCP* 83 (1979), 63-108.

"Aristophanes and Socrates on learning practical wisdom", *YCS* 26 (1980), 43-97. ["Aristophanes"]

"Shame, separateness, and political unity: Aristotle's criticism of Plato", *in* Rorty, *Essays*, pp. 395-435.

Resenha de E. Hartman, *Substance, Body, and Soul*, *JP* 77 (1980), 355-65.

Resenha de R. Kassel, *Der Text der aristotelischen Rhetorik*, *AGP* 63 (1981), 346-50.

"Aristotle", *in* T. J. Luce, org., *Ancient Writers: Greece and Rome*. Nova York, 1982, pp. 377-416.

"'This story isn't true': poetry, goodness, and understanding in Plato's *Phaedrus*", *in* J. M. E. Moravcsik e P. Temko, orgs., *Plato on Beauty*. Totowa, 1982, pp. 79-724.

"Saving Aristotle's appearances", *in* M. Schofield e M. C. Nussbaum, orgs., *Language and Logos*. Cambridge, 1982, pp. 267-93.

"The 'common explanation' of animal motion", *in* P. Moraux e J. Wiesner, orgs., *Zweifelhaftes im Corpus Aristotelicum*. Berlim, 1983, pp. 116-57.

"Fictions of the soul", *Phil Lit* 7 (1983), 145-61, e *in Love's Knowledge*, 245-60. ["Fictions"]

"Flawed crystals: James's *The Golden Bowl* and literature as moral philosophy", *NLH* 15 (1983), 25-50, e *in Love's Knowledge*, 125-47. ["Crystals"]

"Reply to Gardiner, Wollheim, and Putnam", *NLH* 15 (1983), 201-8.

"Plato on commensurability and desire", *PASS* 58 (1984), 55-80, e *in Love's Knowledge*, 106-24.

"Aristotelian dualism: a reply to Howard Robinson", *OSAP* 2 (1984), 198-207.

"Therapeutic arguments: Epicurus and Aristotle", *in* M. Schofield e G. Striker, orgs., *The Norms of Nature*. Cambridge, 1985, pp. 31-74.

"Aristotle on human nature and the foundations of ethics", *in* J. E. J. Altham e Ross Harisson, orgs., *World, Mind, and Ethics: Essays on the Ethical Philosophy of Bernard Williams*. Cambridge, 1995, pp. 86-131.

"The discernment of perception: an Aristotelian conception of private and public rationality", *in Proceedings of the Boston Area Colloquium for Ancient Philosophy*, org. J. Cleary, vol. I, Nova York, 1985, pp. 151-201, e *in Love's Knowledge*, 54-105.

Love's Knowledge: Essays in Philosophy and Literature. Nova York, 1990.

O'BRIEN, M. *The Socratic Paradoxes and the Greek Mind*. Chapel Hill, NC, 1967.

ORWIN, C. "Feminine justice: the end of the *Seven Against Thebes*", *CP* 75 (1980), 187-96.

OWEN, G. E. L. "Logic and metaphysics in some earlier works of Aristotle", *in* I. Düring e G. E. L. Owen, *Aristotle and Plato in the Mid-Fourth Century*. Göteborg, 1960, pp. 163-90. Reedit. *in* Barnes, *Articles*, vol. III, pp. 13-32; *in* Owen, *Logic, Science, and Dialectic*.

"*Tithenai ta phainomena*", *in* S. Mansion, org., *Aristote et les problèmes de méthode*. Louvain, 1961, pp. 83-103. Reedit. *in* Barnes, *Articles*, vol. I, pp. 113-26; *in* J. M. E. Moravcsik, org., *Aristotle*, pp. 167-90; *in* Owen, *Logic*. ["*Tithenai*"]

"The place of the *Timaeus* in Plato's dialogues", *in* R. E. Allen, org., *Studies in Plato's Metaphysics*. Londres, 1965, pp. 329-36; *in* Owen, *Logic*.

"Plato and Parmenides on the timeless present", *The Monist* 50 (1966), 317-40. Reedit. *in* A. P. D. Mourelatos, org., *The Presocratics*, pp. 271-92; *in* Owen, *Logic*.

"Dialectic and eristic in the treatment of the forms", *in* Qwen, org., *Aristotle on Dialectic: the Topics*. Oxford, 1968, pp. 103-25. Reedit. *in* Owen, *Logic*.

"Aristotelian pleasures", *PAS* 72 (1971-2), 135-52. Reedit. *in* Owen, *Logic*.

"Philosophical invective", *OSAP* 1 (1983), 1-25. Reedit. *in* Owen, *Logic*.

Logic, Science, and Dialectic: Collected Papers on Ancient Greek Philosophy, org. M. C. Nussbaum. Londres, 1986.

PAGE, D. L. *Actors' Interpolations in Greek Tragedy*. Oxford, 1934.

PAOLUCCI, A. e H., orgs. *Hegel on Tragedy*. Nova York, 1975.

PARKER, R. *Miasma*. Oxford, 1983.

PATTERSON, R. "The platonic art of comedy and tragedy", *Phil Lit* 6 (1982), 76-93.

PEARSON, A. C., org. *Sophoclis Fabulae*. Oxford Classical Texts. Oxford, 1924.

PEARSON, L. *Popular Ethics in Ancient Greece*. Stanford, 1962.

PENNER, T. "Verbs and the identity of actions", *in* O. Wood e G. Pitcher, orgs., *Ryle*. Nova York, 1970, pp. 393-453.

"Thought and desire in Plato", *in* Vlastos, *Plato* II, pp. 96-118.

PERADOTTO, J. J. "The omen of the eagles and the *éthos* of Agamemnon", *Phoenix* 23 (1968), 237-63.

PERROTTA, G. *Sofocle*. Messina-Florença, 1935.

PFOHL, G., org. *Greek Poems on Stone*. Vol. I (Epitáfios), Leiden, 1967.

PLOCHMANN, G. K. "Supporting themes in the *Symposium*", *in* J. Anton e G. Kustas, orgs., *Essays in Ancient Greek Philosophy*. Albany, 1972, pp. 328-44.

PODLECKI, A. J. "The character of Eteocles in Aeschylus' *Septem*", *TAPA* 95 (1964), 283-99.

POHLENZ, M. "*Nomos* und *phusis*", *Hermes* 81 (1953), 418-83.

Die Griechische Tragödie. Göttingen, 1954.

POSCHENRIEDER, F. *Die naturwissenschaftlichen Schriften des Aristoteles in ihrem Verhältnis zu der hippocratischen Sammlung*. Bamberg, 1887.

PRICHARD, H. A. "The meaning of *agathon* in the ethics of Aristotle", *Philosophy* 10 (1935), 27-39. Reedit. *in* J. M. E. Moravcsik, org., *Aristotle*, pp. 241-60.

PUTNAM. H. "There is at least one *a priori* truth", *Erkenntnis* 13 (1978), 153-70. Reedit. *in*

PUTNAM, *Realism and Reason: Philosophical Papers*, Vol. III, Cambridge, 1983, pp. 98-114.

"Literature, science and reflection", *in* Putnam, *Meaning and the Moral Sciences*. Londres, 1979, pp. 83-96.

Reason, Truth, and History. Cambridge, 1981.

"Taking rules seriously: a response to Martha Nussbaum", *NLH* 15 (1983), 193-200.

RAPHAEL, D. D. "Can literature be moral philosophy?", *NLH* 15 (1983), 1-12.

RAWLS, J. "Outline of a decision procedure for ethics", *PR* 60 (1951), 177-97.

A Theory of Justice. Cambridge, MA, 1971.

RECKFORD, K. "Concepts of demoralization in Euripides' *Hecuba*", a sair.

REDFIELD, J. *Nature and Culture in the Iliad*. Chicago, 1975.

Prefácio a G. Nagy, *The Best of the Achaeans*. Baltimore, 1981, pp. vii-xiii.

RHEES, R. "Wittgenstein's lecture on ethics", *PR* 74 (1965), 3-26.

RIGINOS, A. *Platonica*. Leiden, 1976.

ROBIN, L. *La Théorie platonicienne de l'amour*. Paris, 1933.

org. e trad. *Platon: Phèdre*. Paris, 1939.

ROBINSON, R. *Plato's Earlier Dialectic*. Oxford, 1953.

RONNET, G. *Sophocle: poète tragique*. Paris, 1969.

RORTY, A., org. *Essays on Aristotle's Ethics*. Berkeley, 1980. [*Essays*]

ROSE, P. "Sophocles' *Philoctetes* and the teachings of the Sophists", *HSCP* 80 (1976), 49-105.

ROSEN, S. *Plato's Symposium*. New Havan, 1968.

ROSENMEYER, T. G. "Plato's prayer to Pan", *Hermes* 90 (1962), 34-44.

ROSS, W. D., org. *The Works of Aristotle Translated into English*. Oxford Translation. 12 vols., Oxford, 1910-52.

The Right and the Good. Oxford, 1930.

org. *Aristotle's Physics*. Oxford, 1936.

org. *Aristotelis Fragmenta Selecta*. Oxford Classical Text. Oxford, 1955.

Aristotle. Londres, 1923; 5.ª org., 1960.

Rowe, C. J. *The Eudemian and Nicomachean Ethics*. Cambridge, 1971.

"A reply to John Cooper on the *Magna Moralia*", *AJP* 96 (1975), 160-72.

Russel, D. A. e Wilson, N., orgs. *Mennder Rhetor*. Oxford, 1981.

Ryle, G. *Plato's Progress*. Cambridge, 1966.

Santas, G. "Plato's *Protagoras* and explanations of weakness", *PR* 75 (1966), 3-33. Reedit. *in* Vlastos, *Socrates*, pp. 264-98.

"The form of the Good in Plato's *Republic*", *Philosophical Inquiry* 2 (1980), 374-403.

Santirocco, M. "Justice in Sophocles' *Antigone*", *Phil Lit* 4 (1980), 180-98.

Sartre, J.-P. *L'Existentialisme est un humanisme*. Paris, 1946.

Schaerer, R. *Epistémé et Techné: études sur les notions de connaissance et d'art d'Homère à Platon*. Lausanne, 1930.

La Question Platonicienne. Neuchatel, 1938; 2.ª org., 1969.

Schmid, W. "Probleme aus der sophokleischen *Antigone*", *Philologus* 62 (1903), 1-34.

Schneewind, J. B. *Sidgwick and Victorian Morality*. Oxford, 1977.

Schofield, M., Burnyeat, M. e Barnes, J., orgs. *Doubt and Dogmatism: Studies in Hellenistic Epistemology*. Oxford, 1980.

Schofield, M. e Nussbaum, M., orgs. *Language and Logos: Studies in Ancient Greek Philosophy Presented to G. E. L. Owen*. Cambridge, 1982.

Schofield, M. e Striker, G., orgs. *The Norms of Nature: Studies in Hellenistic Ethics*. Cambridge, 1985.

Scholz, H. *Der Hund in der griechisch-römischen Magie und Religion*. Berlim, 1937.

Schopenhauer, A. *The World as Will and Representation* (3.ª org., 1859), trad. E. J. Payne. 2 vols. Nova York, 1969.

Schwinge, E., org. *Euripides*. Wege der Forschung. Darmstadt, 1968.

Searle, J. "*Prima Facie* obligations", *in* Z. van Straaten, org., *Philosophical Subjects: Essays Presented to P. F. Strawson*. Oxford, 1980, pp. 238-59.

Seeskin, K. "Is the *Apology* of Socrates a parody?", *Phil Lit* 6 (1982), 94-105.

Segal, C. "The character of Dionysus and the unity of the *Frogs*", *HSCP* 65 (1961), 207-30.

"Sophocles' praise of man and the conflicts of the *Antigone*", *Arion* 3 (1964), 46-66. Reedit. *in* T. Woodard, org., *Sophocles: a Collection of Critical Essays*. Englewood Cliffs, NJ, 1966, pp. 62-85.

"'The myth was saved': reflections on Homer and the mythology of Plato's *Republic*", *Hermes* 106 (1978), 315-36.

Tragedy and Civilization: an Interpretation of Sophocles. Cambridge, MA, 1981.

"Boundary Violation and the Landscape of the Self in Senecan Tragedy", *Antike und Abendland* 29 (1983), 172-87.

Sherman, N. *The Fabric of Character: Aristotle's Theory of Virtue*. Oxford, 1989.

Shorey, P. "Note on Plato's *Republic* 488D", *CR* 20 (1906), 247-8.

Sidgwick, H. *The Methods of Ethics*, 7.ª org. Londres, 1907.

Sinaiko, H. *Love, Knowledge, and Discourse*. Chicago, 1965.

Smith, P. M. On the Hymn to Zeus in Aeschylus' *Agamemnon*", *American Classical Studies*, N.º 4. Ann Arbor, 1980.

Solmsen, F. "The Erinys in Aeschylus' *Septem*", *TAPA* 68 (1937), 197-211.

Intellectual Experiments of the Greek Enlightenment. Princeton, 1975.

SORABJI, R. *Necessity, Cause, and Blame: Perspectives on Aristotle's Theory*. Londres, 1980.

SÖRBOM, G. *Mimesis and Art*. Uppsala, 1966.

SPARSHOTT, F. E. "Plato and Thrasymachus", *University of Toronto Quarterly* (1957), 54-61.

STENZEL, J. *Zahl und Gestalt*. Leipzig, 1933.

STEWART, Z. "Democritus and the Cynics", *HSCP* 63 (1958), 179-91.

STINTON, T. C. W. "*Hamartia* in Aristotle and Greek tragedy", *CQ* NS 25 (1975), 221-54.

STRIKER, G. "Antipater and the art of living", in M. Schofield e G. Striker, orgs., *The Norms of Nature*. Cambridge, 1985.

STROHM, H. *Tyche: zur Schicksalsauffassung bei Pindar und den frühgriechischen Dichtern*. Stuttgart, 1944.

SULLIVAN, J. P. "The hedonism in Plato's *Protagoras*", *Phronesis* 6 (1967), 10-28.

TAPLIN, O. Resenha de W. Arrowsmith, *The Greek Tragedy in New Translations*, *CR* NS 26 (1976), 168-70.

Greek Tragedy in Action. Berkeley, 1978.

TARRANT, D. "Plato as dramatist", *JHS* 75 (1955), 82-9.

TAYLOR, A. E. *Plato*. Londres, 1926.

Plato, the Man and His Work, 4.ª org. Londres, 1937.

TAYLOR, C. C. W., trad. e coment. *Plato: Protagoras*. Clarendon Plato Series. Oxford, 1976.

TRILLING, L. "The Princess Casamassima", in Trilling, *The Liberal Imagination: Essays on Literature and Society*. Nova York, 1950, pp. 58-92.

TUCKER, T. G. trad. e coment. *The Seven Against Thebes of Aeschylus*. Cambridge, 1908.

VERNANT, J.-P. "Le travail et la pensée technique", in Vernant, *Mythe et pensée chez les Grecs*, vol. II, Paris, 1965, pp. 5-15.

"Remarques sur les formes et les limites de la pensée technique chez les Grecs", in Vernant, *Mythe et pensée chez les Grecs*, vol. II, Paris, 1965, pp. 44-64.

Mythe et pensée chez les Grecs: études de psychologie historique, 2 vols. Paris, 1965.

"Greek tragedy: problems of interpretation", in E. Donato e R. Macksey, orgs., *The Languages of Criticism and the Sciences of Men*. Baltimore, 1970, pp. 273-89.

"Le moment historique de la tragédie en Grèce", in Vernant e Vidal-Naquet, *MT*, pp. 13-7.

"À la table des hommes", in M. Detienne e J.-P. Vernant, orgs., *La Cuisine du sacrifice en pays grec*. Paris, 1979, pp. 37-132.

Les Origines de la pensée grecque. Paris, 1981.

"Tensions et ambiguités dans la tragédie grecque", in Vernant e Vidal-Naquet, *MT*, pp. 21-40.

VERNANT, J.-P. e Vidal-Naquet, P. *Mythe et tragédie en Grèce ancienne*. Paris, 1972. [*MT*]

VIDAL-NAQUET, P. "Valeurs religieuses et mythique de la terre et du sacrifice dans l'Odyssée", in Vidal-Naquet, *Le Chasseur noir: formes de pensée et formes de societé dans le monde grec*. Paris, 1981, pp. 39-68.

VLASTOS, G., org. *Plato's Protagoras*, Indianapolis, 1956.

org. *The Philosophy of Socrates: a Collection of Critical Essays*. Garden City, NY, 1971. [*Socrates*]

org. *Plato: a Collection of Critical Essays*, 2 vols. Garden City, NY, 1971. [*Plato*]

Platonic Studies. Princeton, 1973; 2.ª org. 1981. [*PS*]

"The individual as object of love in Plato's dialogues", in Vlastos, *PS*, pp. 1-34.

"Sex in Platonic love", Apêndice II a "The individual as object of love in Plato's dialogues", in Vlastos, *PS*, pp. 38-42.

"The virtuous and the happy", resenha a T. Irwin, *Plato's Moral Theory: The Early and Middle Dialogues*, *TLS* 24 fev. 1978, pp. 230-1.

"Happiness and virtue in Socrates' moral theory", *PCPS* 210, NS 30 (1984), 181-213.

WALZER, M. "Political action: the problem of dirty hands", *PPA* 2 (1973), 160-80.
WATERFIELD, R. A. H. "The place of the *Philebus* in Plato's dialogues", *Phronesis* 25 (1980), 270-305.
WATSON, G. "Free agency", *JP* 72 (1975), 205-20.
  "Skepticism about weakness of will", *PR* 86 (1977), 316-39.
WERKMEISTER, H., org. *Facets of Plato's Philosophy*. Phronesis Suppl. II. Assen, 1976.
WHALLON, W. "Why is Artemis angry?", *AJP* 82 (1961), 78-88.
WHITE, N. P. *A Companion to Plato's Republic*. Indianapolis, 1979.
WHITEHEAD, D. "Aristotle the Metic", *PCPS* 21 (1975), 94-9.
  The Ideology of the Athenian Metic, PCPS Suppl. Vol. 4 (1977).
WHITMAN, C. H. *Sophocles: a Study of Heroic Humanism*. Cambridge, MA, 1951.
  Euripides and the Full Circle of Myth. Cambridge, MA, 1974.
WIELAND, W. *Platon und die Formen des Wissens*. Göttingen, 1982.
WIGGINS, D. "Deliberation and practical reason", *PAS* 76 (1975-6), 29-51. Reedit. *in* Rorty, *Essays*, pp. 221-40. ["Deliberation"]
  "Weakness of will, commensurability, and the objects of deliberation and desire", *PAS* 79 (1978-9), 251-77. Reedit. *in* Rorty, *Essays*, pp. 241-65.
  Sameness and Substance. Oxford, 1980.
WILAMOWITZ-MOELLENDORF, U. *Platon*, I. Berlim, 1920.
WILLIAMS, B. A. O. "Pleasure and belief", *PASS* 33 (1959), 57-72.
  "Ethical consistency", *PASS* 39 (1965), 103-24. Reedit. *in* Williams, *Problems of the Self*, pp. 166-86.
  Problems of the Self. Cambridge, 1973.
  "Moral luck", *PASS* 50 (1976), 115-51. Reedit. *in* Williams, *ML*, pp. 20-39.
  "Conflicts of values", *in* The Idea of Freedom: Essays in Honour of Isaiah Berlin, org., A. Ryan. Oxford, 1979, Reedit. *in* Williams, *ML*, pp. 71-82.
  Moral Luck: Philosophical Papers 1973-1980. Cambridge, 1981. [*ML*]
  "Philosophy", *in* M. I. Finley, org., *The Legacy of Greece: a New Appraisal*. Oxford, 1981, pp. 202-55.
  Ethics and the Limits of Philosophy. Cambridge, MA, 1985.
WILSON, J. "'The customary meanings of words were changed' – or were they? A note on Thucydides 3.82.4", *CQ* NS 32 (1982), 18-20.
WINNINGTON-INGRAM, R. P. "*Septem Contra Thebas*", *YCS* 25 (1977), 1-45.
  Sophocles: an Interpretation. Cambridge, 1980.
WITTGENSTEIN, L. *The Blue and Brown Books*. Oxford, 1958.
  Philosophical Investigations, trad. G. E. M. Anscombe.
WOLLHEIM, R. "Flawed crystals: James's *The Golden Bowl* and the plausibility of literature as moral philosophy", *NLH* 15 (1983), 185-92.
WYCHERLEY, R. E. "The scene of Plato's *Phaedrus*", *Phoenix* 17 (1963), 88-98.
ZEITLIN, F. *Under the Sign of the Shield: Semiotics and Aeschylus' Seven Against Thebes*. Roma, 1982.
ZEYL, D. J. "Socrates and hedonism in Plato's *Protagoras* 351B-358D", *Phronesis* 25 (1980), 250-69.
Zürcher, W. *Die Darstellung des Menschen in Drama des Euripides*. Basiléia, 1947.

Índice Geral

Abertura, imagem da, 151, 165-7
Abraão, 30
Adeimanto, 120
Admeto, 38
Afrodite, 21, 64, 154, 170
Agamêmnon, 27-33, 35-44, 291-2, 333, 335, 337, 350, 359-60, 363-4, 368.
Agathón e *kakón*, 48-9, 156, 162
Agaton, 148, 150, 156, 162, 170
Água e líquido, imagem de, 18, 202, 204
Akrasía, 98, 100-3, 105, 210, 213, 216
Alceste, 38
Alceu, 51
Alcibíades, 81-3, 103, 115, 118, 145-50, 149-50, 155-9, 162-75, 177, 179-80, 192, 203, 271-2, 318, 338, 369
Alexandre de Afrodisias, 221
Alma, 152, 153, 190; aparentada às formas, 121-2; explicação de Alcibíades da, 168-9, 174; elemento apetitivo (*epithymía*) na, 120-1, 123, 125-7, 136-7, 180-1, 198, 231, 240-1, 267-70, 343; beleza da, *ver* Beleza; como causa do movimento corporal, 235-6, 241; composição da, 235; desenvolvimento da, 108, 117, 157, 185, 189-92, 197, 267-8; influência do diálogo na, 112, 117-8; elemento emocional (*thymós*) na, 130, 136-7, 177, 188-90, 202, 238, 241-2, 267-70, 343; harmonia dos elementos da, 121-2, 327-8; partes intelectuais vs. não-intelectuais da, 179-81, 188-9, 267-70, 418; analogia paciente/médico, 82-2; concepção platônica da, 60, 82, 121-2, 125, 127, 129-31, 168-70, 179-81, 190, 231; elemento de raciocínio (*logistikón*) da, 122-3, 125-6, 179-81, 183, 188, 197, 241, 418; divisão tripartida da, 124, 188, 195, 241, 418; *ver também* Atividade,

Emoções, Intelecto, *Manía*, *Órexis*, Paixões, *Psykhé*, *Sophrosýne*
Ambitioso, 347
Amor, 50, 116, 146-75, 177-81, 197, 198; ascese do, 150, 154, 157, 159-61; da Beleza, 155-9; contingência do, 151-3, 159, 172-3; das Formas, 160-1; *ho erôn* e *ho mè erôn*, 180-3, 185-6, 190-1; de indivíduos (amor pessoal), 146, 151-2, 157, 162-4, 166-7, 171, 177-8, 189-90, 193, 204, 310-25, 367; entendimento do amante vs. conhecimento socrático, 162-3, 165-75, 191-2; e *philía*, 308-25; prático, 55-7, 314-5, 323; de conjunto de propriedades passível de repetição, 146, 170; como fim valioso, 259, 292, 295, 299-301, 308-11 316; *ver também Erastés* e *erómenos*, *Éros*, Paixões, *Philía*, Autosuficiência, Desejo e atividade sexual, Vulnerabilidade
Antígona, 12, 34, 45-6, 48-50, 52-8, 60, 62, 64, 66, 71, 105, 116, 339
Antropocentrismo, 136-8, 200, 204, 208, 212, 246, 254-6, 265, 270, 320-1, 325, 331, 352-4, 437, *ver também* Aristóteles, Platão, Protágoras, Ponto de vista
Aparências, *ver Phainómena*
Apetites e desejos, *ver* Paixões
Apolo, 68, 104, 273
Apolodoro, 116, 147-9, 161
Aqueron, 57
Aquiles, 87, 350, 364
Arado, imagem do, 50-2, 62-4
Ares, 66-7, 154
Argos, 61
Aristodemo, 147, 161
Aristófanes, 93, 95-7, 100, 150-4, 160, 162-3, 170, 173, 190; *As nuvens*, 152; *As rãs*, 96, 110, 149-50; *As vespas*, 341

Aristóteles, 9-11, 13, 16-7, 23, 37, 39, 69, 77, 84, 89, 92, 108, 115, 132, 137, 141, 168, 192-3, 195, 367-70; *Categorias*, 280; *De Anima*, 208, 232-3, 240-1, 241-2, 246-7, 268, 327; *De Caelo*, 213, 216, 225, 326; *De Motu Animalium*, 208, 232, 241-3, 245-7, 250; Diferenças de Platão, 143, 207-9, 210, 212-3, 222-8, 232, 235, 238-40, 253-7, 261-2, 264-5, 269-272, 275, 278, 280, 286, 297, 299, 307-8, 311, 315, 317, 320, 322-3, 326-36, 338, 340-45, 351-3, 370; *Ética eudeméia*, 211, 228, 250-1, 277, 279, 281-2, 314, 319; e explicação da ação, 231-52; *Da geração e corrupção*, 216, 221; *Magna Moralia*, 255, 277, 291, 304, 313, 328; *Metafísica*, 84, 216-7, 219-20, 220-5, 227-8, 243, 245, 284, 327; metodologia da, 9-11, 207, 210-30, 251, 253, 257, 271-2, 279-81, 321, 323-4, 326, 330; *Ética nicomaquéia*, 109, 192, 210, 213, 217, 225, 228, 247-8, 250, 255, 257-8, 260, 262-4, 266-7, 270, 274, 277-83, 286-8, 292-4, 296-7, 299, 301-6, 308-22, 326-30, 339; *Das partes dos animais*, 228; *Física*, 213, 215, 218, 223, 245, 254-5, 278, 327; *Poética*, 108, 331-5, 337-42; *Política*, 215, 218, 249, 258, 265-6, 296, 302-7, 316, 327, 354; *Analítica posterior*, 218-20, 224, 253, 264; e deliberação prática, 253-76; *Analítica primeira* 341; *Retórica*, 293-5, 309, 313-5, 335-7, 340-1; e "salvação das aparências", *ver Phainómena*; sobre *tékhne*, 84-5, 207, 226-7, 254-6, 258, 260-1; sobre princípios universais, 260-3; sobre vulnerabilidade, 277-325, 333-4, 336-9, 367-8; *ver também* Atividade, *Akrasía*, Dialética, *Epistéme*, *Eudaimonía*, excelência, Princípios primeiros, *Nóesis*, Não-contradição, princípio da, *Órexis*, *Paideia*, Paixões, *Phainómena*, Louvor e culpa, Ceticismo, *Estilo*, Tragédia, Mulheres e o feminino
Arkhé, 241, 246
Arquíloco, 109
Artaxerxes, 148
Ártemis, 21, 28-9, 32
Ascetismo, 133-37, 179, 184, 203
Atená, 34-5, 366
Atenas, 34, 44, 47, 50, 64, 79, 81, 120, 135, 148-9, 155, 158, 170, 178, 187, 204, 217, 244, 264; clima de estado político, 112, 120, 145-6, 148-9, 301; mitologia de autoctonia, 34; tentativas pericleanas de harmonizar valores, 58-9, 64
Ática, *ver* Atenas
Atividade: *akoúsion* e *hekoúsion*, 37, 246-50; animal, no pensamento aristotélico, 207-8, 214-30, 231-52, 255; explicação comum da (*aitía*), 122, 232-5, 239, 247, 249; contemplação, 122-4, 130-2, 138-40, 158-61, 165, 177, 191, 203, 212, 328-9, 334; critérios de classificação da, 107, 128-33, 403; *enérgeia*, 282-4; humana, no pensamento aristotélico, 208, 222-3, 225-7, 232-52, 277; imaginação, 162, 227, 237, 241, 243, 252, 268, 271, 283, 324; intelectual, 18, 122, 124, 128, 132-4, 142-3, 156, 160, 165-7, 173, 177, 179-81, 190-2, 195, 199, 215-6, 219, 226-7, 231, 236-8, 267-70, 274-6, 278, 311, 326-7, 496; *kínesis*, 283-4; aprendizado e ensino, 59, 68, 111-4, 118-9, 132, 155-6, 158, 163, 189, 197-8, 249, 278, 302, 316, 340, 341-2; relativa-a-necessidade/vulnerabilidade da, *ver* Vulnerabilidade; como uma ordenação, 18, 62, 69, 122-5, 216, 220, 227-9, 344; explicação psicológica da, 232-5; explicação fisiológica da, 232-5, 236-8, 240, 243-6, 341-2; papel na vida boa (*eudaimonía*), 277-301, 313, 328-9, 332-4; classificação tripartida da, 127-8; *ver também* Intelecto, Materialismo, *Nóesis*, *Órexis*, Paixões, Passividade, Filosofia, Atividade política, Louvor e culpa, Pureza, Racionalidade, prática, Desejo e atividade sexual, Estabilidade, Vulnerabilidade
Atividade política, 145, 148-9, 173, 182, 258-9, 300, 312-3, 333; e desenvolvimento do bom caráter, 302-7; e educação, 249; intrínseca à natureza humana, 90-1, 296-7; intrinsecamente valiosa, 139, 299, 304-7, 368; tradução de "*politikón*" 301; vulnerabilidade da, 301-8; *ver também* Atividade, Cidade, Bens exteriores, Estabilidade
Atomistas, 236
Atreu, 29
Áulis, 32, 37
Auto-suficiência, 171, 191, 204, 215, 319, 333-4, 366; do *erómenos*, 165, 168, 185; e ética, 7; e boa vida, 3, 287-8, 297, 299-301, 307; e partes "irracionais" da

alma, 7; do amor, 155, 160, 175, 185, 317, 321; concepção platônica da, 5, 16, 77, 106-7, 121, 140, 162, 231, 271, 334, 369; *ver* também Consistência, *Eudaimonía*, Excelência, humana, Platão, Estabilidade

Bacon, F., 213-4
Barnes, J., 224
Beleza, 99, 138, 166, 179, 188-9, 191-3, 269, 297; como *adelphón*, 157; de Alcibíades, 145, 169-70; ascese da, 157-62, 172-4, 191, 194, 202, 256-7; forma da, 159; amor da, *ver* Amor; pessoal, 81, 145-6, 151-8, 162, 188-9; quantificação da, 81-2, 156-9, 172; das almas, 156, 196; busca terapêutica da, 157; uniformidade da, 156-61; *ver* também Alcibíades, *Kalón*, Amor
Bêndis, 120
Bens exteriores: conflito ao escolher entre, 6, 67-71; papel na vida *eúdaimon*, 277-8, 287-8, 299-325, 336, 352-3; relação com a excelência humana, 5-6
Bens relacionais, *ver* Amor, *Philía*, Atividade política
Bentham. J., 79, 99
Bóreas, 197, 204
Brandt, R. B., 411
Bucéfalo, 89
Burkert, W., 31-2
Burnyeat, M. 220-1
Bury, R. G., 148-9

Cães, imagem de, 350, 364-6, *ver* também Cinossema
Calchas, 28
Cálicles, 110, 125-7, 135, 151
Calipso, 2
Caráter (*héxis*), 260, 282, 284, 299, 310, 313, 333-4; no drama, 331-40, 342, 349-70; *ver* também Caráter, bom
Caráter, bom, 191, 196, 267, 271, 277-99, 307, 342, 349-70, e *philía*, 309-10, 313; estabilidade do, 278, 281, 286, 289-91, 350-2, 356-8, 370; vulnerabilidade do, *ver* Vulnerabilidade; *ver* também Caráter, *Eudaimonía*, Vulnerabilidade
Cassandra, 364-5
Cativeiro e liberdade, imagem de, 216, 368
Céfalo, 121, 137, 176, 183
Cegueira, imagem da, 70, 361-2, 366-7, *ver* também Olhos e visão, imagem de

Ceticismo, 216, 220-3, 225, 301, 424
Cidade (*pólis*), 93; ideal, 144, 171, 198; no *Protágoras*, 89-93; como valioso objeto de
Ciência, *ver Tékhne*
Cinossema, 350, 369-70, *ver* também Cães, imagem de
Cliptemnestra, 28
Coceira e coçar-se, 126-7, 132, 135
Comensurabilidade do valor, 47-50, 52, 172; em Aristóteles, 254, 256-60, 268, 270, 272; em Bentham e Sidgwick, 99-100; como sinal da ciência verdadeira, 257; em Platão, 81, 83, 94-8, 102-3, 172, 257; *ver* também Moedas, imagem de, Singularidade do sistema de valor, *Tékhne*, Unidade de virtudes
Confiança, *ver Philía*
Conflito, contingente, de asserções éticas, 6-8, 23-4, 39, 41-2, 44; em Ésquilo, 27-30; na *Antígona*, 44, 46, 48-50, 52, 55, 58-9, 63-4, 70; em Kant, 26-7, 41-2; em Platão, 81, 93, 108, 139-40, 159; *Tékhne* como um meio de resolver, 80-1, 83-5, 96-9, 103; como teste de caráter; 35-6; como um tempo de aprendizado e desenvolvimento, 38-9; *ver* também Conflito, trágico, Distinção moral/ não-moral, ponto de vista, *Tékhne*, Valor, Vulnerabilidade
Conflito, trágico, 21, 23-4, 44, 291; em *Agamêmnon*, 28-31; na *Antígona*, 44, 46, 48-50, 52, 56-9, 64, 67, 70; e culpa, 22-3, 35, 37-9, 291; em odes corais, esquileanas, 35-9; e consistência lógica, 22, 26, 28; em *Sete contra Tebas*, 32-4; *ver* também Ésquilo, Conflito, contingente, de asserções éticas, Louvor e culpa, Sófocles, Tragédia
Consistência, 22, 27, 39, 45-54, 58-60, 67-72, 121, *ver* também Auto-suficiência, Estabilidade
Corcira, 355-6, 360
Creonte, 34, 45-54, 56-8, 61-5, 67-71, 95, 105, 112, 114-5, 118, 140, 152, 190, 335, 339, 342
Crítias, 110, 148
Cronologia dos diálogos platônicos, 404-5, 414

Daimónion, 178, 185
Dante, 351
Deinón, 45, 51, 53, 62-3, 65, 67, 69, 351
Deliberação, prática, 29, 41-5, 50, 52-4, 68-9, 80, 122-3, 246; em Aristóteles, 253-76,

279, 302; concepção instrumentalista da, 85-90, 96-7, 104-5, 259, 269; e medição, 80, 94-8; particularidade e universalidade na, 59, 254, 260, 267-70, 272, 275-6; *proaíresis*, 247-9, 268; ponto de vista apropriado para, *ver* Ponto de vista; no *Protágoras*, 79-107

Deméter, 64

Demócrito, 84, 109, 236-7, 239

Desejo e atividade sexual, 49-50, 101, 130-1, 133-6, 144, 151-5, 160-1, 165-6, 168-9, 171, 177, 180-5, 198, 202-3; atividade/passividade em, 126, 152, 309, 311; e desejo de sabedoria, 158, 190-1; como elemento de *philía*, 309, 312-3, 322, 324; homossexualidade, 126-7, 135-6, 165, 184, 202-3, 324; *ver também* Alcibíades, *Erastés* e *erómenos*, *Éros*, Amor, Paixões, Passividade e receptividade, Platão

Detienne, M., 17, 270

Dialética, 200-1, 220, 344; método de divisão, 200

Dialética jônica, 114

Diálogo, *ver* Estilo

Diálogos intermediários, *ver* Platão

Diógenes de Apolônia, 235-6

Diógenes Laércio, 73, 398

Díon de Siracusa, 176, 201-4

Dioniso, 65, 67, 96, 105, 149, 170-1

Diotima, 82, 147, 155-60, 162, 171-2, 174, 182, 185, 190, 194, 256, 260, 271, 311

Dirce, 61

Distinção moral/não-moral, 4-5, 24-5, 376

Dodds, E. R., 86

Dover, K. J., 165

Edestein, L., 86

Édipo, 32, 34, 54, 247, 291, 333, 335, 337, 339

Egospotami, 148

Eleáticos, 212, 216, 222-4

Élenkhos, 114, 118

Eliot, T. S., 205

Emoções, 126, 137-8, 163, 166, 177-8, 180-1, 183, 188-91, 202, 267-70, 291-2, 317; como elemento da alma, *ver* Alma; temor, 116, 139, 170, 188, 195, 313, 335-40, 342-3, dor, 116, 139; amor, *ver Éros*, Amor, *Philía*, piedade, 49, 55-7, 64, 91, 275, 291-2, 333, 364; piedade, 116, 282, 291, 337-41, 339-40, 342; como racionais ou irracionais, 337; trágicas, 209, 331-45; *ver também* Paixões, Alma, Tragédia

Empédocles, 110-2

Ensino e aprendizado, *ver* Atividade

Epicuristas, 143

Epicuro, 97, 301, 341

Epimeteu, 88-9

Epistéme, 106, 163, 167, 219-20, 226, 260, 266, 390-1; relação com *tékhne*, 83, 98-9, 253, 256, 261, 263, 266; tradução de, 84

Epíteto, 170

Er, 116, 196

Erastés e *erómenos*, 81, 165-6, 168, 170-1, 178, 185, 201, 203, *ver também Éros*, Amor, Passividade e receptividade, Auto-suficiência, Desejo e atividade sexual

Erictônio, 34

Eríneas, 366, *ver também* Eumênides, Fúrias

Erós, 16, 33, 52, 55-6, 60, 64, 71, 83, 115, 145-7, 150-5, 159-60, 162-4, 170-6, 178-81, 184-7, 191-5, 198, 201-3, 311, 322-3, 335, *ver também* Alcibíades, *Erastés* e *erómenos*, Amor, Paixões

Escritores hipocráticos, 79, 84-5, 95, 100, 109, 111; *De Arte*, 79, 84-5; *Das mulheres estéreis*, 85; *De Vetere Medicina*, 84-5,

Esparta, 148

Ésquilo, 8, 27-8, 34, 37-9, 42, 79, 95, 108, 110, 149, 163

Agamêmnon, 27-32, 35-43, 60, 114; em odes corais, 27-31

Eumênides, 31, 366; e consistência lógica, 22, 27, 39

Oréstia, 35, 365

Prometeu acorrentado, 79, 95

Sete contra Tebas, 32-43; em odes corais, 32-4

Ésquines, 51

Estabilidade, 18, 121-2, 131, 136, 139-41, 162, 172-3, 177, 254, 266, 278, 370; da atividade, 130-2, 160, 191, 203, 212, 299; do bom caráter, *ver* Caráter, bom; do amor, 309-12, 314-6; dos objetos, 130-1, 191, 212, 272; política, 120, 302, 307-8; das almas, 171-2, 270; da *tékhne*, 85; *ver também* Atividade, Caráter, Consistência, Mutabilidade dos assuntos práticos, Platão, Auto-suficiência, Vulnerabilidade

Estesícoro, 177, 185-7, 198

Estilo: aristotélico, 344-5; em odes corais, 59, 61-3, 65-7; dialógico, 77-8, 108-19; literário, *ver* Literatura; filosófico, 77-8,

344-5; platônico, 77-8, 108-19, 343-5; elementos poéticos no, 196-200, 344-5; relação com o conteúdo, 59; *ver também* Aristóteles, Literatura, Filosofia, Platão, Poesia, Tragédia

Estóicos, 221

Etéocles, 32-4, 36, 38, 39, 41, 43, 48, 55-6

Eudaimonía, 248, 259, 327-9, 332-3, 403, 437; e atividade, *ver* Atividade; e tradição filosófica grega, 2-3; e bens relacionais, 299-325, 327; e auto-suficiência, 3, 121, 125-6, 277; tradução de, 5, 44; e *týkhe*, 277-98, 336, 338; *ver também* Atividade, papel na vida boa, Estabilidade, Vulnerabilidade

Eudóxio, 97, 158

Eumênides, 366, *ver também* Eríneas, Fúrias

Eurídice, 54

Eurípides, 38, 72-3, 93, 96, 110, 149, 240, 295, 344; *Ciclopes*, 220; *Hécuba*, 349-70, *Reso*, 341; *As troianas*, 273-6; *ver também* Literatura, Poesia, Estilo, Tragédia

Eutífron, 21, 25, 94-5

Excelência, humana (*areté*), 73, 91, 109, 258-9, 268, 328-9, 363, 367-8, 370; e *agathón* e *kakón*, 48; considerações corais da, 30-5; e bens exteriores, 5-6, 254, 258-60, 262-3, 286, 292-3, 299, 303, 308, 310-1, 316, 323, 339, 354-5, 368; como imagem-da-planta, 1-2, 18; vulnerabilidade da, *ver* Vulnerabilidade; *ver também* Atividade, contemplação, Caráter, Caráter, bom, Justiça, Amor, *Philía*, Atividade política

Execução da flauta, 145, 258

Experiência, 251, 266-7, 277, 280, 318

Explicação (*lógos*), capacidade de dar uma, 115-8, 144, 162-3, 167-8, 179, 191-2, 199, 217-8, 255, 260-4, 272, *ver também Tékhne Epistéme*

Explicação, preocupação com, *ver* Consideração, habilidade de conferir uma, *Tékhne*

Família, concepção platônica da, 140

Fedro, 166, 176-80, 182-7, 195-204, 317

feministas, 182-4, 225; padecimento e o feminino, 176, 202; masculino e feminino em Antígona, 58, 62, 67; na concepção normativa de racionalidade, 18; concepção política com respeito a, 312, 323-4; e pronomes, gênero, 3-4; como vulneráveis à *týkhe*, 58

Filoctete, 234, 337, 339, 341

Filosofia, 125, 142, 162, 177, 186, 194, 199, 210-3, 221, 226-30, 270, 317; necessidade humana de, 80; e literatura, 11-2, 108-9, 174-5, 189, 198, 278, 343-5; como *manía*, 177, 191, 198-9; necessária para a boa vida, 121-3, 129, 131, 133-5, 159-60, 207; paradigmas na, 211-2; *ver também* Atividade, contemplação, Atividade, intelectual, Aristóteles, Literatura, Método, Platão, Poesia, Estilo

Filosofia anglo-americana, 14, 27, 164, 334-5

Flexibilidade na escolha ética, 254, 262-7, 270-2, 275, 370, *ver também* Mutabilidade dos assuntos práticos, Passividade e receptividade, Estabilidade

Formas, 171, 224, 255, 266; aparentadas à alma, 121-2, da Beleza, *ver* Beleza; do Bem, 170; amor das, *ver* Amor

Fragilidade, *ver* Vulnerabilidade

Fúrias, 35, *ver também* Erínias, Eumênides

Gagarin, M., 22

Ganimedes, 2, 193, 203

Glauco (*Banquete*), 148-9

Glauco (*República*), 120, 124, 127-8, 137, 148, 212

Golden, L., 340, 342

Górgias, 117

Górgona, 66

Guerra do Peloponeso, 81, *ver também* Corcira, Tucídides

Guthrie, W. K. C., 86

Hackforth, R., 178, 180, 183-4, 189

Hamartía, 335

Hanslick, E., 138

Hare, R. M., 26-7, 41

Hecateu, 109

Hécuba, 273-6, 295, 337, 349-70

Hedonismo, *ver* Prazer

Hefesto, 153-4

Hegel, 45, 54, 58, 62, 64, 67

Heitor, 273-4, 349

Helena, 37, 159, 177, 186, 204, 364

Hemon, 48, 50, 52-6, 59-60, 62, 64, 68-70, 105, 152, 172

Heráclito, 19, 59, 70, 109, 205, 211, 215, 227, 230, 297, 324

Hermas, 146, 150, 187

Hermes, 150, 154, 176, 204

Heródoto, 109, 215

Hesíodo, 109-12
Hipaso de Metaponto, 95
Hipócrates, 82-3, 86, 90-1, 93, 105-6, 112, 115
Homero, 81, 84, 87, 94-5, 109-12, 115, 199-200, 234, 240, 304, 339
Honra e respeito (*Timé* e *sébein*), 48, 56, 133-4, 258
Hume, D., 90-1, 188, 241
Hýbris, 180, 181, 195

Identidade, pessoal, 195-6, 215-6, 256, 310-1, 314
Ifigênia, 28-9, 31-2, 38
Imagem: Alcibíades como uma imagem, 169-70; como meio de transmitir a verdade, 108-19, 162-6, 170, 177, 189, 198; *ver também* Ninho-de-pássaro, Cegueira, Cativeiro e liberdade, Moedas, Cães, Terra, Olhos e visão, Abertura, Plantas, Arado, Navios, Estátuas, Raio de sol e relâmpago, Domesticação, Água e líquido
Imagem da domesticação, 18, 62, 64, 66
Imagem da estátua, 146, 150, 154, 163, 165, 171-2
Imagem da planta, vi, 1-2, 18, 69, 72, 91, 171, 190, 204, 208, 231, 237, 296, 349, 353-4, 358, 366, 370, *ver também* Vulnerabilidade
Imagem do navio, 50-1, 62-4, 66, 69, 301
Imaginação, *ver* Atividade
Indeterminação de assuntos práticos, *ver* Mutabilidade de assuntos práticos
Intelecto: atividade intelectual, *ver* Atividade; *logistikón*, *ver* Alma; raciocínio matemático, 117, 130-2, 137, 140, 208, 283; *phrónema*, 62, 64; leitura inteiramente intelectual de textos, 59-61; *ver também* Paixões, Alma, Raio de sol e relâmpago, imagem de, Racionalidade, prática
Intencionalidade, 235-41, *ver também Órexis*
Irracionalidade, *ver* Racionalidade, prática
Irwin, T., 86-7, 123-4, 247-50, 407
Isaac, 30
Ismênia, 52, 54-5
Isócrates, 341

James, H., 253, 270, 272
Joachim, H. H., 287
Jocasta, 49
Jones, J., 332, 334

Justiça (*diké, dikaiosýne*), 91-2, 188, 192, 215, 259, 262-3, 266, 304, 306-7, 364-5, 367, 369; na tragédia esquiliana, 22; na *Antígona*, 48, 50, 55, 70; como deusa, 56; *ver também*, Excelência, humana, Bens exteriores
Kalón, 120, 156, 158-9, *ver também* Beleza
Kant, I., 27, 41-2, 55, 143, 223-4, 240, 248, 250, 287, 314-6, 323, 338, 345; e conflitos de regras morais, 26-7; ética kantiana, e distinção de valor moral/não-moral, 4-5; Ética kantiana, influência da na cultura ocidental, 4, 6-7, 13, 286
Kátharsis, 340-2
Kosman, A., 220

Lesher, J. 220
Lesky, A., 22
Licurgo, 67, 71
Lisandro, 148
Lísias, 176-86, 194-6, 198, 201, 204
Literatura: resposta emocional a, 14, 197, 199-200; importância em considerações de problemas éticos, 11-14, 58-60; relação com a filosofia, 11-2, 108-19, 163, 174-5, 177, 187, 197, 278, 370; *ver também* Imagem, Filosofia, Poesia, Estilo
Livingstone, R. W., 116
Louvor e culpa, 2, 23-4, 35-8, 50, 110, 247, 251, 281-3, 286, 290, 292, 334-6, 353, *ver também* Atividade, Paixões, apetites e desejos, *Órexis*
Lucas, D. W., 332

Makárion, 286-8, 319
Manía, 177, 179-81, 184, 187, 189, 192, 198-9, 202-3, 222, 322; definição de, 180; e boa vida, 179-80, 187, 194, 198; deliberação maníaca, 179-80, 191-2; e elementos não-intelectuais da alma, 179-81, 267-8; *ver também Éros*, Paixões, Filosofia
Mársias, 145
Martírio, 56
Materialismo, 227-9, 232, 235-6, *ver também* Atividade, explicação fisiológica da
Mecanismo, 226-7, 250
Medida, *ver Tékhne*
Melanipo, 33
Menandro, 341
Menelau, 159

Método, *ver* Aristóteles, Dialética, *Phainómena*
Mill, J. S., 108
Milo, 265
Mito: de Aristófanes (*Banquete*), 151, 163, 173, 190; de autoctonia, *ver* Atenas; de Bóreas, 197; dos cícadas (*Fedro*), 199; em diálogos platônicos, 116, 194-5, 417; em Estesícoro, 186; da alma tripartida, 188
Moedas, imagem de, 50, 52, 54, *ver também* Comensurabilidade do valor
Morte, 62-3, 134, 190, 194, 270, 273-5, 363-4
Motivação, 141-2, 157-8, 160, 222, 250, 252, 275; elementos não-intelectais na, 188-9, 192, 267-8, 275
Movimento, *ver* Atividade
Mulheres e o feminino: e o método de Aristóteles, 225, 440-1; em Eurípides, 363, 366;
Murdoch, I., 14
Musas, 65, 170, 178, 198-9, 202, 419
Mutabilidade dos assuntos práticos, 264-7, *ver também* Estabilidade, Vulnerabilidade
Mutualidade, *ver Philía*

Não-contradição, princípio de, 216, 220-1, 222, 225-6, 280, *ver também* Princípios primeiros da ciência
Neoptólemo, 38, 233-4, 335, 396
Nicerato, 120
Nícias, 120
Nietzsche, F., 13, 16-7, 142-3, 367
Ninho de pássaro, imagem do, 18, 64
Níobe, 58
Noésis, 242-4
Nómos, 352-5, 358-64, 366-7
Notium, 148
Noûs: como compreensão, 181, 194, 202, 220, 223, 251, 266, 277; como intelecto, 238, 251

Ode a Dânae, 65-6, 69-70
Odisseu, 2, 93, 115, 350, 356
Olhos e visão, imagem de, 54, 61-2, 65, 67-8, 70, 72, 106, 122, 361, 461-2, 363-4, *ver também* Cegueira, imagem da
Olímpia, 145
Orestes, 35
Órexis, 239-45, 249-50, 311, 327
Orthós, 50; *orthós lógos*, 260; *orthaîs kórais*, 362
Ousadia de temperamento, disposição (*thársos hekoúsion*), *ver* Paixões, Ação

Ovídio, 350
Owen, G. E. L., 210, 213-4

Paideía e *apaídeusia*, 221-2, 229, 366, 423-4
Paixões, 7, 37, 55, 70, 81, 155-6, 161, 173, 201-4, 335
    akoúsion e *hekoúsion*, 37, 56
    apetites e desejos, 81, 120-3, 125-7, 129-31, 133-6, 140, 144, 163, 177, 179-81, 186, 188-91, 194-5, 231, 234-5, 239-46, 249-50, 267-70, 293, 311, 418
    como componente vulnerável da boa vida, 5-6, 81, 121-3, 125-7, 152-5, 159-61, 169, 276
    papel cognitivo das, 162-9, 179-81, 189, 194-5, 267-70, 317-9, 324, 341-2; *páthei máthos*, 38; *pathónta gnônai*, 162
    papel na boa vida, 70, 133-4, 178, 192, 194-5
    papel na deliberação racional, 39-40, 118-9, 166, 179-81, 188-92, 198, 267-70, 276
    poder corruptor das, 93, 142, 157, 176, 181-6
    poder de distorcer a deliberação, 72, 81, 84, 117, 121-2, 125-7, 129, 133-4, 136-7, 164, 267-8
    Ver também Atividade, Emoções, *Erastés* e *erómenos*, *Érs*, Intelecto, Amor, *Órexis*, *Philía*, Racionalidade, prática, Desejo e atividade sexual, Alma
Pan, 176, 178, 187, 204
Parecer vs. ser, 120-2, 295, 305
Páris, 186
Parmênides, 110-2, 211-2, 214, 222-3, 228
Particularidade ética, 260-7, *ver também* Comensurabilidade do valor, singularidade do sistema de valor, Princípios universais
Passividade e receptividade, 18, 62, 68-70, 126, 135-6, 152, 175, 202, 208, 235, 237, 239-40, 251, 275, 277, 309, 311, 332, *ver também Erastés* e *erómenos*, *Éros*, Flexibilidade na escolha ética
Pensamento, *ver* Atividade
Percepção, 234, 236-8, 242, 244-5, 262, 266-7, 269, 271, 274-5, 318, 321, 323-4, 370
Péricles, 58-9, 64, 170, 234, 252, *ver também* Cidade (*pólis*)
Persuasão, 366
Phainómena, 83, 96, 210, 215-6, 228, 231, 239, 247, 259, 277-8, 298, 307, 320,

352, 368; papel no método, 210-20, 226-30, 254, 279-81, 321, 323-4; várias traduções de, 210-1, 213-4; vs. o "verdadeiro" ou "real", 211-2, 225; *ver também* Aristóteles, Verdade

Phantasía, 242-4

Philía, 18, 49, 61, 152, 187, 259, 357; definição de, 285, 308-9; e *eudaimonía*, 285, 287-8, 292-3, 299-301, 303, 305-6, 308-25, 328-9, 336; e relações familiares, 55-6; e independência, 308-12; e vida conjunta, 311-2, 322-3; e mutualidade, 308-14; e auto-avaliação, 317; e confiança, 313, 358; valor de, instrumental, 315-6, 318-9; valor de, intrínseco, 308-9, 315-6, 318-21, 328; *ver também* Caráter, bom, *Éros, Eudaimonía*, Bens exteriores, Amor

Phrónema, 62, 64, *ver também* Intelecto

Piedade, *ver* Emoções

Píndaro, vi, 1-2, 5, 91, 110, 170, 190, 353, 371-2

Pireu, 120

Pírron, 301

Pitágoras, 95, 104, 158

Pítocles, 182, 204, 341

Platão, vi, 8-12, 16-7, 37, 49, 59, 69, 73, 200-1, 211-3, 217, 223-8, 232, 237-40, 247-51, 253-6, 260, 262, 264, 269, 351-2, 369; *Alcibíades I*, vi; *Apologia*, 116, 197, 199; *Charmide*, 82; *Crátilo*, 180, 187, 201, 204, 341; *Críton*, 114, 116; *Epinome*, 95, 142; *Eutífron*, 21, 25, 94, 114; *Górgias*, 97, 116, 125-9, 155, 199, 203; *Íon*, 197; *As leis*, 114, 141, 190, 195, 239, 254; *Lísias*, 114; *Mênon*, 180, 197; *Parmênides*, 200; *Fédon*, 8, 77, 116, 118, 121, 123, 125, 129-34, 136, 138, 169, 174, 177, 180, 184-5, 190-1, 194-6, 238-9, 246, 251, 337, 341; *Fedro*, 16, 77, 113, 116, 119, 137, 142, 166-7, 176-204, 231, 251, 254, 267-70, 311, 318, 320, 322-3, 327, 330, 343-5, 369; *Filebo*, 98, 125, 128-9, 131-4, 138, 142, 165, 200, 276, 403-4, 406, 415; *Protágoras*, 81-2, 84, 86-90, 93, 97-100, 103-7, 110, 113-4, 211-2, 253, 257, 270, 320, 354; *República*, 8, 77, 81, 95, 110, 112, 116-7, 120-1, 149, 160, 162, 173-4, 176-7, 179-82, 190-2, 195-6, 198, 202-3, 212, 238-9, 253, 268, 276, 332, 334, 337-8, 341; *Sofista*, 200; *Político*, 192, 200, 254; *Banquete*, 8, 16-7, 72, 77-8, 81-3, 113, 118, 132, 140, 142, 145-

75, 177, 180, 186, 188, 192, 194, 196-7, 202-3, 272, 311, 316, 330, 369; *Timeu*, 180, 238; *ver também* Atividade, Alcibíades, Aristóteles, Beleza, Cronologia dos diálogos platônicos, Deliberação, prática, Dialética, *Elénkhos, Epistéme, Erós*, Intelecto, Literatura, Amor, *Manía*, Paixões, Passividade e receptividade, Filosofia, Poesia, Auto-suficiência, Atividade e desejo sexual, Alma, Ponto de vista, Estilo, *Tékhne*, Tragédia, Unidade de virtudes

Plutarco, 143, 145, 149, 174

Poesia, 209, 209; concepção aristotélica de, 331-45; relação com a história, 338; relação com a filosofia, 162-3, 174-5, 177-8, 189, 197-9, 343-5, 370; concepção platônica de, 139, 179, 331, 334, 341-2, 351; *ver também* Literatura, Filosofia, Estilo, Tragédia

Polemarco, 110, 120

Policlito, 245

Polidoro, 349-51, 353, 358-9, 368

Poliméstor, 349-50, 357-9, 361-4, 366-7

Polinice, 32, 34, 36, 47, 50, 55

Politeísmo, grego, *ver* Religião, grega

Polixena, 350-1, 356-9, 361, 365, 368

Polo, 129

Ponto de vista para juízo do valor verdadeiro (visão do olho-de-deus), 122-44, 158, 160, 171, 212, 226, 249, 253, 254-5, 271, 274, 276, 297, 320, 325, 327-5, 331, *ver também* Antropocentrismo, Estabilidade

Possibilidade de ensino da *techné*, *ver Tékhne*

Praxíteles, 138

Prazer: consideração de Aristóteles do, 257-8; como atividade excelente, 257-8; hedonismo, 97-101, 103, 106-7, 152, 203, 226-7, 255, 258, 396, 403; como padrão único de valor, 257-8; prazer verdadeiro, em Platão, 124-7, 129-30, 132-3, 184, 403-4

Precisão (*akríbeia*), *ver Tékhne*

Príamo, 285-7, 290, 293, 333, 349, 357-8, 364, 368

Princípios primeiros da ciência, 219-23, *ver também* Não-contradição, princípio da

Princípios/regras universais, 260-7

Pródico, 86, 110

Prometeu, 80, 88, 98, 115-6

Propriedade privada, 140
Protágoras, 81-2, 84, 86-90, 93, 97-100, 103-7, 110, 113-4, 211-2, 253, 257, 270, 320, 354
Protarco, 133
Pseudo-Platão, 180, 239
Psykhé, 56, 60, 154
Pureza, 185, 194; de atividade, 130-2, 181, 191; de objetos, 130-1, 160, 191

Raciocínio matemático, *ver* Intelecto
Racionalidade, prática, 2, 7-9, 25-7, 41-2, 44-5, 51-2, 86, 95-6, 100-1, 127, 138-9, 151, 153-4, 167, 172-3, 181, 183, 277; e ação, 231-52, 296; e escolha de bens, 128; critério de, 44, distinguindo humanos dos outros animais, 2, 89-90, 215; limites da, 65, 146, 359; concepção normativa de, 18, 99, 141, 197; e paixões, 39-40, 122-3, 177, 183, 204, 267-8; no *Protágoras*, 79-107; *tékhne* da, 83-6, 88, 93-8, 253-8, 260-1, 263, 365, 270; *ver também* Deliberação, prática, Intelecto, *Manía*, Paixões, Alma, *Tékhne*
Raio de sol e relâmpago, imagem de, 18, 61-2, 71, 168-9, 171, 173, 190, 226
Rawls, J., 11, 271
Recursos tecnológicos, humanos, *ver Tékhne*
Reducionismo e demasiada simplificação, 226-7, 236, 341-2
Reflexão, ver também *Consideração*, Explicação
Religião, grega: diferença da tradição judaico-cristã, 374-5; drama como expressão religiosa, 60-1; politeísmo, 42, 259; teologia na, 25; leis de costume na, 57-8
Ross, W. D., 210, 213, 287, 327
Ryle, G., 201

Sabedoria, prática, 44, 47, 49, 53-4, 69, 109, 116, 123, 170, 173, 188, 226, 253, 258, 260-2, 265-7, 267-71, 274, 279, 302, 324
Sacrifício animal, 31
Sarpédon, 234
Sartre, J.-P., 26-7, 40-1
Schopenhauer, A., 68
Sêmele, 71
Ser humano: funções características do, 255-6, 281-2, 311; natureza do, 220-3, 224-7, 269, 306, 320; como um animal automotor, *ver* Atividade
Sexto Empírico, 347, 364-5

Shelley, P. B., 75
Sidgwick, H., 11, 99-100, 103, 108
Sileno, 145-6, 163, 166
Silogismo, prático, 269
Simônides, 110
Singularidade do sistema de valor, 25-7, 47-8, 50, 52-60, 62-3, 67-8, 72, 96, 99-101, 106, 256-7, 259, *ver também* Comensurabilidade do valor, Valor
Sócrates, 9-10, 21, 25, 52, 73, 77-9, 81-3, 86, 94-106, 108, 110-27, 129-44, 146-50, 155-75, 176-87, 192, 195-204, 211, 213, 216, 228, 238, 311, 320, 337; *ver também* *Elénkhos*, Amor, Platão
Sófocles, 8, 38, 43-5, 79, 104, 108, 121-2, 163, 211, 235, 344; *Antígona*, 8, 44-73, 81, 97, 108, 112-5, 152, 259, 270-1, 295, 342; concepção da alma, 60; *Édipo Tirano*, 114, 353, 366; *Filoctete*, 38
Sófron, 108
Sólon, 170
Sophía, 327-8
Sophrosýne, 179, 187-8, 196-7, 269
Suicídio, 279
Swift, J., 347

Tebas, 32, 55, 57, 61-3, 66
Teeteto, 142
Tékhne, 68, 72-3, 79-80, 84, 92, 105-6, 115, 158, 187, 191-2, 226-7, 253, 260-1, 266; e comensurabilidade, 95-9; critérios de, 84-6, 226; ética como uma, 79-107, 226, 254, 258, 260, 263, 265; exemplo de, 80, 87, 392; imagem da, 62-4, 68; política, 192, 258-9; de escolha prática, *ver* Racionalidade, prática; elemento de precisão e medida da, 79-80, 81-2, 85, 88, 93-8, 100-1, 103-4, 257; relação com a *týkhe*, 79, 81, 83-5, 93, 95-6, 207, 261; como terapêutica, de salvação-da-vida, 82-3, 88-90, 94, 99, 103-4, 227, 254, 257; capacidade de transformação da, 87-8, 94, 103-6; *ver também* Aristóteles, Conflito, contingente, de asserções éticas, *Epistéme*, Racionalidade, prática, Auto-suficiência, Estabilidade
Temor, *ver* Emoções
Teofrasto, 332
Teógnis, 51
Teologia, grega, *ver* Religião, grega
Teramenes, 148
Terra, 33, 62, 88; imagem da, 62-3, 64
Thomson, W. H., 198

Tifo, 196
Timandra, 155, 175
Tirésias, 46, 48, 53, 59, 68-70, 72, 93
Tourneur, C., 347
Tragédia, 5, 7, 21, 44, 152, 170, 208-9, 278; atividade na, 331-6; concepção aristotélica de, 331-45, 367-8; herói trágico, 338-9; críticas modernas dos antigos, 22, 26-7, 44, 377, 383-4; e bondade pessoal, 21-2, 36, 42, 284-8, 290-1; críticas platônicas da, 13, 108-19, 331-4, 338, 341, 351; "revés trágico", 285-92; e vulnerabilidade, 72-3; *ver também* Ésquilo, Conflito, trágico, Emoções, Eurípides, Imagem, *Kátharsis*, Literatura, Filosofia, Poesia, Sófocles
Trinta Tiranos, 148-9
Trocadilhos etimológicos, 203, 416
Tróia, 28, 177, 186, 202, 204, 273-4, 350
Tucídides, 58, 84, 93, 109, 112, 170, 235, 240, 252, 264, 355-7, 360, 367, 448, *ver também* Corcira, Guerra do Peloponeso
Turner, J. M., 169
Týkhe, 39, 44, 70, 72, 77, 79, 83, 87-8, 95, 151, 159, 207-8, 232, 254, 260-1, 267, 277-98, 325, 336-7, 359; e ética, 1-18; e *tékhne*, *ver Tékhne*; três problemas da, 3-7, 72-3, 93; definição operante, 3, 79; *ver também* Aristóteles, Caráter, bom, Platão, Estabilidade, *Tékhne*, Tragédia, Vulnerabilidade

Unidade de virtudes, 49, 93, 105, *ver também* Comensurabilidade de valores, Platão, *Protágoras*
Universalidade da *tékhne*, *ver Tékhne*
Utilitarismo, 6, 99-100, 103, 106

Valor: comensurabilidade e incomensurabilidade de, *ver* Comensurabilidade; relatividade-ao-contexto do, 254-6, 297, 307; harmonia entre, 121-2, 124, 133; valor intrínseco dos componentes da boa vida, 121-7, 133, 177, 192, 254-5, 258-9, 269, 278, 304-6, 307, 309, 315-6, 318-21, 327-8, 370; relativo-à-necessidade, 125-7, 128, 130-1, 133, 135, 142, 144, 153, 231, 297; de *philía*, 308-25, 353; ponto de vista para o juízo apropriado do, *ver* Ponto de vista;

objetos valiosos de escolha, em Platão, 120-44; *ver também* Comensurabilidade do valor, Conflito, contingente, de asserções éticas, *Philía*, Prazer, Bens relacionais, Singularidade do sistema de valor
Verdade, 99, 255; alegação de Alcibíades de dizer a, 145-6, 162-3; e "aparências", 211, 213, 217, 225; constância da, 124-5; contemplação da, por filósofos, 122-4, 130-1, 160, 166, 191; concepção singular de, por filósofos, 110; universais e particulares na, 167
Vernant, J.-P., 17, 270
Vida tirânica, 139
vínculo, 34, 45-54, 58-60, 64, 181, 272, 297, 301-8; *ver também* Argos, Atenas, Platão, Atividade política, Imagem do navio, Esparta, Tebas
Vingança, 360-7
Vlastos, G., 146-7, 152, 157, 173
Vulnerabilidade, 69, 88, 121, 168-9, 208, 253-4; da atividade, 81, 126, 129-31, 173, 239, 277-301, 338; de componentes da boa vida, 5-6, 8-9, 72, 83, 93, 106, 121-2, 124-7, 130, 152-3, 160-2, 171, 203, 209, 253-4, 260-2, 277-8, 286-8, 292-6, 299-352; do *erastés*, 165-6, 170; do bom caráter, 58, 80, 277-98, 314, 333-7, 349, 370; *ver também* Ésquilo, Aristóteles, Caráter, bom, Eurípides, Passividade e receptividade, Imagem da planta, Platão, Polidoro, Sófocles, Estabilidade

Watson, G., 139
Weltanschauung, 213
Williams, B., 16-8, 24-5, 376
Wittgenstein, L., 19, 229-30, 231, 326

Xantipa, 116
Xenarco, 108
Xenófanes, 109, 154
Xenofonte, 85-6, 86, 338, 341
Xénos, 357-8, 360-1; Zeus Xênio, 353

Zaratustra, 144
Zeus, 28-9, 39, 50, 54, 56, 62, 65-6, 90-1, 94, 99, 104, 106, 155, 193, 201, 203, 291, 353, 355

ÍNDICE DE PASSAGENS

ALCEU	
6.13-4	51
ALEXANDRE DE AFRODÍSIAS	
272.36-273.1	222
ARISTÓFANES	
As rãs 384-93	149
1422	349
1425	149
1468	149
As vespas 631	341
1046	341
ARISTÓTELES	
Analítica posterior II.1	218
II.19	220
71b9	219
83a32-4	224
93a21-2	218
93a22-4	218
Categorias 2b6	245
Da geração e corrupção 316a5	221
325a13	216
325a18-22	216
Das partes dos animais 645 a7-11	228
645a	228
645a19-23	230
645a24	229
645a27-31	228
De Anima III.5	327
III.9	240
III.9-11	233
III.10	242
406b24-5	236
De Caelo II.12	326
270b5	225
285a104	225
293a27	216
306a5	216

De Motu Animalium 698a4-7	232
700b10	242
700b33	242
701a4-6	242
701a33	246
701a33-b1	431
701a4-5	242
701b7	246
702a16	242
702a17-19	242
Ética eudeméia 1207a4-6	277
1215b22-4	279
1215b27-31	279
1216a3-5	282
1216a6-8	282
1216b26	211
1217a17	229
1219a40-2	281
1219b27	250
1220a11-3	251
1234b32	319
1237b12	313
Ética nicomaquéia I	327
I.5	329
VI	327-8
IX.12	329
X	329
X.6	329
X.6-8	326, 328-30
X.7	326, 328
1095a17	281
1095a19-20	281
1095b19-20	255
1095b25-6	280
1096a1-2	282
1096a12-17	255
1096a23-4	228
1096b3-4	256, 258
1096b16-19	258

1096b23-4	258	1124b10-1	294
1096b34	280	1128a11	228
1097b7-11	300	1128a25	264
1097b14	328	1129b26	306
1097b14-5	319	1134b1	308
1098b28-30	279	1134b18-33	264
1098b33-99a2	282	1137b11	335
1099a3-7	282	1137b13	263
1099a29-31	287	1137b17-9	263
1099a31-3	277	1137b29	263
1099a33-b6	285	1137b30-2	263
1099a33-b8	288	1141a20-2	327
1099b2-4	315	1141a31-2	255
1099b7-8	278	1141b4-16	265
1099b18-19	279-80	1141b13-4	264
1099b20-5	279	1141b13-6	264
1099b24	278	1142a11	261
1100a5-6	280	1142a12-6	266
1100a5-10	286	1142a23	163, 266
1100a7-8	287	1143a25-b14	267
1100b2-3	280	1144a3	328
1100b3-1101a10	290	1145a19-20	339
1100b6-7	289	1145a25	297
1100b8-10	289	1145b1	210
1100b12	289	1145b8-20	213
1100b16	289	1145b20	210
1100b18	289	1153b16-21	283
1100b19-22	289	1155a4	309, 318
1100b22-5	289	1155a5	319
1100b23-30	289	1155a5-6	315
1101a8-114	289	1155a9	317
1101a14-15	288	1155a16-23	305
1101a19-20	290	1155a21-2	320
1101a22	315	1155a28-32	309
1102b5-8	282	1155a29-31	319
1102b29-1103a3	250	1155b27-8	217
1103b23-4	301	1155b27-31	309
1103b34-1104a10	263	1155b28-1156a5	310
1105a31-2	328	1156b24-5	313
1105a32	258	1157a8	310
1106b36-7a2	260	1157b10-11	314
1109b18-23	262	1157b14-6	314
1110a18	292	1157b22	312
1110a20-2	292	1157b22-3	312
1110a24-6	292	1158a1	314
1117b10	257	1158a9	312
1117b10-6	293	1159a	320
1119a6-10	225	1159 a5	311
1124a20	294	1159a8-12	311
1124a30	296	1159a10-1	329
1124a35-b2	294	1162b5	314
1124b8-9	294	1165a36	314

1166a	320	*Magna Moralia* 1182b3-5	255
1166a16-7	329	1194b5-23	308
1166a18-23	329	1206b30-5	277
1166a19	311	1208b29	313
1169a18-b2	292	1212a34	304
1169b2	287	1213a10-26	317
1169b3	319	*Metafísica* I.1	84
1169b3-10	288	IV.2	220
1169b10	308	IV.4	220
1169b16-9	288	IX	243, 284
1169b22	320	XII	327
1169b33-4	318	981a5-7	84
1170a5-7	317	981a28-30	85
1170b11-4	322	981b7-8	85
1171a2-3	314	982b12-9	227
1171a4-6	314	990b16-17	224
1171a5	312	995a29-33	216
1171a11	322	1004b22-6	228
1171b32-1172a8	312	1006a13-15	221
1172a8-14	316	1008b14-19	222
1172a36	217	1009a17-8	221
1173b26	257	1009b2	217
1173b28	257	1010b3-14	217
1174a4-8	257	1011a3	217
1176a34-5	282	1074a39	225
1176b7-9	328	*Poética* 1448b13	340
1177a21-2	328	1448b15-7	340
1177a25b1	299	1449b22-4	340
1177a26	328	1450a15-20	331
1177a27-b1	328	1450a21-2	332
1177a30-1	299	1451b4-5	338
1177b1-4	328	1451b8-11	338
1177b31-4	328	1453a1	337
1178a23-5	299	1453a3-5	336
1178b10-6	297	1453a4-5	337
1179a33	329	1453a8	339
1179b23-6	301	1453b16-7	339
1179b26-7	225	1454b8-9	339
1179b31-2	302	*Política* I	327
1180a1-4	303	1252a32	303
1180a3	316	1252b20-4	306
1180a18-22	302	1252b31-1253a1	306
1180a19-22	302	1253a17	306
1180a28-9	306	1253a8	296
1108a29	302	1253a27	297
1180b3-7	316	1253a27-9	215
1180b7	302, 316	1254a14-5	303
1196a6-10	269	1254b20	303
Física II.4-6	278	1255a25	303
VIII	327	1260a12	303
193a1	223	1261a16	308
195b3-4	245	1261a18-22	308

1261b16	307
1261b25-6	308
1261b31-2	308
1262b15	308, 316
1262b22	307, 316
1268b22	354
1268b28	266
1278a20-1	302
1278a34-8	304
1280a32-4	303
1280a33	303
1283a9-11	258
1317b3	303
1317b13	303
1329a1-2	302
1329a39-41	302
1332a36-7	308
1337a21-5	302
1337a27-9	302
Retórica 1340	339
1356b26	341
1371b5	340
1374b6	335
1380b35-1381a1	309
1381a4-6	315
1381b15	314
1381b24-6	361
1381b28-9	313
1382a21	338
1382a28-30	338
1382b30-2	338
1382b32-3	338
1385a13	336
1385b13	386
1385b19-24	337
1385b31-2	337
1386a6-7	336
1386a7-13	336
1386a9-11	315
1386a22-8	337
1389a14-5	294
1389a17-8	294
1389a18-9	294
1389a26-7	294
1389a31-2	294
1389b13-1390a24	294
1390b33-4	296
1391a7	296
1391a30-1	296
1391a31	296
1391b4	295
1391b5-7	295

Demócrito
DK B197	84
DK B119	84

Diógenes Laércio
DK 68B4	236
II.33	73
X.86	341

Escritores Hipocráticos
De Arte 4	85
De Vetere Medicina I	96
I.2	85
9	85
20	85

Ésquilo
Agamêmnon 179-80	39
182-3	39
186-8	30
206-3	29
214-7	30
239-45	31
799-804	37
1018-21	35
1415-17	28
Eumênides 794	366
804	366
885	366
911	366
916	366
970	366
987-8	366
1033	366
Sete contra Tebas 1	33
12	33
16	33
191	33
412-4	33
415	33
416	33
473-4	33
557	33
673-6	32
677-8	33
686-8	33
689-90	33
692-4	33
792	34
1068-71	34

Eurípides
Cíclopes 493	220

Hécuba 16-20	349	Isócrates	
90-1	358	5.4	341
351	356		
367-8	357	Menandro	
375	357	Retórica 340.24	341
668	359		
681-2	359	Píndaro	
684-7	360	Neméias VIII	vi, 1
688	359		
689	359	Platão	
714	359	Alcibíades I 129E	vi
718-20	359	Apologia 17A-C	117
786	359	31D	178
799-805	352	As leis 739C-D	141
814-9	365	Banquete 172A-B	148
825-30	364	172C	161
836-43	365	172E5	148
866	352	173A	148
Hécuba 953-5	361	173A5	148
965	362	174D	161
974-5	362	175E	170
978	363	176A-B	163
1010	363	177D	163
1016	363	177E	170
1017	363	179A	166
1035	361	189A3	151
1044	365	189A4-5	151
1058	366	190D-E	151
1071-2	367	191A	151
1125-6	367	191A-B	153
1247-8	368	191A6	152
1282-6	368	191B	153
1284	368	191B-C	151
Reso 35	341	191C	153
As troianas 1158-1207	273-4	191D	151
		191D1	151
		192B-C	152
Heráclito		192B-E	151
DK B40	109	192B6	152
DK B42	109	192D	153
DK B51	19	192D-E	153
DK B123	211	192E	154
		192E-193A	151
Homero		199E6-7	156
Hino 5.18	170	199E	156
Ilíada I.225	164	200A2-4	156
I.231	364	200A5-7	156
IV.68	353	200B-E	172
VI.344	364	200E	156
XII.299-306	426	201A	156
XXII.66-70	364	201A5	157
Odisséia IX.112-15	220	201B	156

201B6-7	156	216E	166
201C2	156	217A	166
201C4-5	156	217A1-2	173
201D	156	217E	146
201E	155	217E6-7	173
202C	155	217E-218A	150, 168
204A	167	218B2-3	173, 180, 191
205E1-3	157	218B3	180
207E-208A	172	218E	158
208B	155	219A	164
209E5-210A2	157	219B	146, 168
210A5	157	219B-D	161
210A6-7	157	219C	146, 171, 174
210B	157	219C-E	150
210B6	158	219C5	174
210B6-7	158	219E	173
210C5	158	220A	161
210C7	158	220B	161
210C7-D5	158	220C-D	161, 169
210D1	158	221C-D	147
210E2-3	159	222A	146
210E6-212A7	160	222B	165, 172
211A	162	222C	175
211B-212A	vi	223D	161, 174
211D	160	*Charmide* 154B	82
211E	160, 162	155D-E	82
212A	164	*Crátilo* 404A4	180
212A1	191	407-8	187
212A2	160	407E-408B	204
212B	155, 159	426B	341
212C	162, 169	*Epinome* 977D	95
212C4-5	150	978B	142
212E1-2	162, 169	*Eutífron* 7B-D	94
213C1	146, 169	8A	25
213E2	150	*Fédon* 54A	133
213D5-6	150	58E	116
213D6	173, 180	59A	116
213D7-8	150	60A	116, 130
213E	146	60B	133
214A	161	64D	133
214E	145	64D-E	133
215B	146	64E	133
215B-D	146	65	341
215C5	173	65A-D	180
215C-E	180	65B	134
215D	166	65C	134
215D5	173	65D	134
215D8	173	65E	133, 134
215E6	173	66A	134, 137
216A	166	66B	134
216A-C	166	66C	134
216D	146	66D	130, 134

67A	134
67B	130
67E	134
69C	341
70D	130
79C	130
79C-80B	130
79D5-6	131
81B	129, 134
82C-83A	134
83B	133
83C	134
83D	137
99A4-5	427
99B2-4	238
115C-E	134
117D	116
Fedro 203D	190
227A	184
229B	185
229B1-2	185
229C	197
229D4	198
230A	196
231A	181
231D	181
231E	196
232C	190
233C	181
234B	203
234D	185, 196
234D2-3	203
235A	198
236B	201
237B	178
237B3	182
237B7	181
237D-238A	181
238A	181
238D	196
239A-B	192
239C8	191
241A	181, 184
241A8	181
241B7	181
242B-C	185
242C	178
242D7	178
242E	185
242E5	178
243A	185
243A6	186
243C	192
243E	179, 185-6, 192
244A	179, 185, 187
244B	187
245A	187
245B	187
245C	199
246A	188, 198
247E	188
248B	188
248D	198
248E	199
249A	194, 198
250A	142
250B	188, 194
250D-E	188
250D1-3	188
250D5	188
251A-E	189
251B	190
251C	190, 203
252C	192
252C-253E	192
252D	192
252D-E	193
252E	192, 201, 203
253A	192-3
253B	193
253C	190
253E	195
254C	190
255A	193
255A-F	192
255B	191, 193
255B-C	203
255D	190
256E-257A	194
257C	179
258E	195
259B-C	199
262D	178
262E	190
263D-E	178
265E	188
268A-B	199
275A-B	110
275D	110
275E	110
278C	199
279B	202, 204
279B-C	178, 204

Filebo 32A-B	132	361C	106
46A	132	361D	83, 98
46C-D	132	*República* 328A	120
46D	132	328C-D	121
50D	132	329A	121
51B	132	329B-C	121
51E	132	329C	121, 180
52A-B	132	354B-C	181
52C	132	357A	128
52D	133	358B	181
53D	165	382C8	180
54E	132	382E	139
58D5-6	142	386A-388E	197
59C	133	386C	130
63D-E	132	388	334
62E	132	388A	176
67B	133, 142	388B-E	139
Górgias 492A	125	392A-B	334
492E	125	400B2	180
493A3	127	403A	198
493B1	127	431B	181
494B	125	442C-D	181
494B-C	127	442D1	181
494E	126	505E	142
494E3-4	127	508C	341
496C-497D	130	517E	134
496D	127	519A	144
497C7	127	519B	144
Político 294A	192	520C	130
Protágoras 309A	190	533B-C	130
310A	82	533C-D	137
310C8-D2	83	533D	138
310E	83	533D1	341
313C	82	539C6	180
320E-321A	100	540C	3
322C	91	557B	124
322D	91	561B	121, 133
323A	91	571C	180
324E1	91	571D-572B	180
325A	91	572E	134
325D	91	573A-B	180
326B5	91	573D	134
327A1	91	573E	134
327A4	91	574E	134
331B	82	575A	134
336A	106	580C-D	124
351C	98	581C-D	122
352C-D	93	581C-583A	124
356C-E	83	583C-D	129
356D-E	96	583C-584A	129
357A	98	584A	129
357B-E	99	584B	130

584C	130	181	48
584C9-11	130	182	49
584D	125	184	62
585A-B	130	185	62
585C	130	187	49
586B-C	130	190	49-50
591E-592B	144	192	49
604E-605A	197	199	57
605B	197	206	62
606B	337	207	64
606D	117	207-10	48
607A	197	209-10	48
607B	196	212	48
607D-608B	179	223-6	46
621B-C	196	243	53
696A	197	280	65
696D	197	280-90	50
Mênon 91C3	180	281	46
Timeu 69C	418	284	48
86B4	180	288	48
		307	62
PLUTARCO		323	63
Alcibíades 16	145	332-75	63
38	149	348-52	52
De que Epicuro torna impossível uma vida		353	71
aprazível 1093D-1094B	143	376	60
		387	95
		403	50
PSEUDO-PLATÃO		408	53
Definitiones 416A22	180	450	56
		457	56, 62
SEXTO-EMPÍRICO		459	64
Esboços do Pirronismo 1. 66-7	347, 364	473	52, 64
		473-9	53
SÓFOCLES		484-5	53
Antígona 1-3	54	492	46
2	44	494	50
5-6	55	510	48
6	62	514	48, 50
9-10	54	581	62
73	55	520	48
88	55	522	49
89	55	548	55
93	55	561-2	46
100-16	61	562	62
108-9	48	569	50
111	61	570	52
163	50, 63	584-93	63
166	46	613	65
167	50	613-4	65
169	46	634	53
176	64	636	50
177	62	648-9	46

649	50	1027	68
650-1	49	1028	68
655	62	1050	68
662-9	48	1050-1	46
671	48	1052	68
685	50	1064-5	53
690	53, 69	1065	62
705	50, 69	1095-7	53
706	50	1099	53
709	69	1111	50
710	69	1113-4	54, 70
711	69	1126-7	71
712	69	1139	71
712-4	69	1140-2	71
714	69	1147	71
715-7	69	1148	71
718	69	1148-9	71
723	69	1151	71
730	48	1175	53
730-3	48	1232	64
732	46	1261-9	54
733	52	1264	62
739	53	1270	62
744	48	1317-20	54
757	53	1344-5	54
763-4	62	1345	50
766	65	1347-8	46
774	62	1350-2	52
781	55	1353	45, 53
781-800	57	*Édipo Tirano* 865-72	353
787-90	56	*Filoctete* 161-8	426
802-6	60		
821	56	SÓLON	
823	58	11.4	170
839	57		
843	57	TEÓGNIS	
852-5	56	670-85	51
872	56		
875	65	TUCÍDIDES	
891	55	I.84.3	448
937-43	57	I.138	170
944-87	65-6	II.37	58
950	56	II.41	170
952	45	II.42.3-4	426
957	65	II.43	170
988	68	III.82-3	404-4, 448
989	68	VI,15	409
992	68		
994	50	XENOFONTE	
996	69	Cir. 8.7.30	341
998	68		
1015	46	XENÓFANTES	
1023-5	68	DK B25	154